GIF89ah˜ˇ€€€ÍÍÍÏÏÏ[E:S<2L9/pf[tk`sj^ÕÕÕ---………
\J>êÉuidXTI=jF<Z91leYêˇrâÉtzpdcG<sZNÇk_àÄqsUJ`YPLA5wqgèÜvÇbVE!S/
(kQEkJ>b>460&ÄsfM=3.-+bIB‹‹‹
[?4···[B9-!K6/R7-ãããjbYÅ]QgaUÖ}n&;)"=/(oi]Çyl>=:M=6D5+jNHD904L%"rZR<1&K! K2
+KcNB∞∞∞,
c-++TKB3B4<-$5(!yk_hC9:!5B.%C1)K)#b>:NE;T61#
5,!PMIÅod/%[RHumbb:24'""!êÜwj`VlMB#%%$Çyn[6/lJBwpd[%$' FB4IsFBJ-&e]R1àf_<5+
ysf`&&:'Ä[NZ""Z/+äujs^TC:-WPGK5,\NC$
44"bC8UE:ÉeZô{qBY!rPC]IA;-T#"äÄscTJzXL|^R9ãmdk=9c51i[QTMDµ¥¥]
(&íyoòÇvwSF7523DkUM[>9T0,T$&ísjFEER’’’T(&dZQ-vMCf/.~vjf)(C'F>2|rhC($D?861*+
(%=93PJAK!h`W\VOI"$Å^W\&&à|qqbYYTLplcÅsiÇmerRI<cVOT>6{YQ{cY;ärîçÑw&UA7R
i53àb\\NGK)'e[T`C>ie]VOGdNGl@>>" JpL?
K2(3d1.äjb>9.^UKa('GfWJä}oqcWêÜvql`rB@umagaV<-#TA7rPD3"-"e]S=.(›››!ˇ
NETSCAPE2.0!ˇˇ,há

!""!#$%%%$&' +----!.)#.-+/%1
3"444444'55(!5, 6.(70$8889::&;*!<< < <-$<1%<:6=0(>4+>=:?9,ABCC!C'!C+&C/'D
D5+D9,D90D>8E=2F?4FFEII)!J,(J0'KK% K2+K5+K6/K:/L!L!"L=3LA4M
%#MA8OE;PH9PNJQQH@R4+S""S60S:1S>4T%$T-&TE;TI<TJAU+)UA8UMDUNFV$
W#&WQHY#"YSLZ:1[%$[-+[1-[6/[>5[B7[B:[E<[NB[NF[RH\'(\I>
\IA]UK]VO_(&_XN_YQa'%b:2bB9bJAbVLc))c:6c>6cG<cMBcNFcRGd,+d52dZOd[Re1/
e]SgaVgbYi*
+iA:j21jF<jNFjUIjZPj`VjdXk..k96kB>kJ>kQEkVLkaYlJBlMBleZo*,oi]p..p22pJ@pbZpf
[qA=qJGqNBqkbql_rGBrbVsQIsRDsUKsZNsZQs^Ssj^tk`umbwpdxSHxqgzj_zpd{XK{ZQ{bX{q
h|
^S}uiˇ^WxkÄZOÄmdÄtgÅ^QÅodÅsjÅzlÇbWÇeZÇk_ÇylÇynÖ}oàiaà{màÄrâj`âˇqâÄtämdärhäv
kâÉtâÖtéÖxéâÇêˇsêÉvêÜwësjízoíÖwñÖyñáyòzrööö§§§´´´∞∞Ø≥≥≤ππππœœœ¿¿¿»»»………ÕÕÕ
---◊◊◊€€€‹‹‹···ÍÍÍÏÏÏÙÙÙˇÔÃπË¡;ä)J∏P°ûÖäEáÿ®¢EGç0b¨®--%LÓDâ9Úñ…[πPÊJ…
•Àñ,W \È´fMaœà €…≥ßœùœÑÂ*T&Æ£GoëRJr§GGPE}îää™’©X´Nm µ´◊Ø`√äKVî£
´UÀ~rÙim[∂p>¬µH∑Æ≈Eã^,“≥wè¢=wÙLx`ô9a Ñ¶±„«w
,Hy-Àò.í»y¢ƒKç@kÃ®ÒíGêZ•äƒkÈRW'_ Ü©26Ø[œtı“ïª7/bAÉ,J<8N^D}
ıuîy.\œaïöNädZèfÕ~¬¥V‘vÔUøä˘/
™™y∞Á”ó_üð¨{ØÍ„≥üèz°w˙¯Õ˘ œ}ˇ‹ˇked]y5≤áD{•z`Öù!Peà1ábä=ˆÿqXA)îêDufë%EÙîi,û
“j´>“öR4û§ãI+Õ¶co°ÒfM¿ÂîSOC¸T‹PCAw‘sH…dík’qu÷Gflùµû}ˆ¡„z™Ö
%eó™ÅµflòˇëIÊXi}©&òkœ®/î‹•÷&òlπ%◊ùs}R◊f|¯◊^ô9xÑ^ábr,÷òbxÜ£
Bx¸•H•
òò,%ôf TP}dZv\äd&Oû¥‘-7fi”L∞“ˇ‘€¨Ω˜1ƒìkÆ°¯“´Æ«K.¬(ˇ‹J-Â, JØô$>t#Eˇfi
¥ˇ·geZÿnô-ó€v€î|‡“7’YSéÕuŸù’ÄsÖ6†Åx`_ˇ=x©`w‡!iÖÄÖâiÿcír-!ä(§•^%zÊôiä∞x…
faƒ)“â´∆õI≠≤ä€JΩÄ,2n¨÷fèBúN∆
g§pC´t!ªí.ƒ%ò≥«7ûÙ¨RPäT>-]m[*WÌ}eqWfñÈÙ~e%˝^H‹Òwöm>â'û{ŒK Ç{9(ˆÇÈKÿœä!
&Fâ9J≈£Rx1ÈA)rŸ>#r∆ŸßúFˇÏë"`ÆÀ≈Æ≈∆qlflÿõm=¢‹∏M'Øúõ%;!'âÂ∆ ˜+í√rœè=ÍÇ
+Œ§fl"].§†N„t@flÚû-o¶+˚’‘FMRH% û˚Ó\ˆôïƒè;ˇŸ=,ñÒl=,Ó#õ'u`°*íó_‘VÈŸsHxXrú°¿a-
Mw¬!2l¢"é®±G,ÜŸ/âÜÛÃ*ŒÜ”§M¯Áú1œ•?y +NÀ,á·%J9DâYÄÜ”#\9Pe*õ\ŒbÖ:
(çh‘ëñXhß4siÀ?‡ŸèÒD1¬kiiG#Àä™’•lP$uJfi[∂¶ßç8Ô.ç‡”Åí ÍÑÃ@ˇV∂9¶QèJ"e-
†∞)Hl“”[ƒBÉ>øµoÖ≠E·lt∏û·l7¥] ƒ($1Û∆gí!h$Û$W8â±à%«7:PÇ+3#1X+◊‡B)ˇƒ†-¥HH
zp$¢BM"ß"µ∞@
jh, "I…Dr©Ö[ô%"a‘„mÌ?ç-”◊Ë"ØF•Â/ïÚãÉ∏Ø;lØ{bLc§ØÀØØÒññIH-•íCƒX;^Úí¥`?q¨qè´
ˇñ ¿ú@•ôƒ0Ü1¢!ÕjF3ö…01¢Õn>≥ç>-…N†©Õ˝A∞ú¢KßqñõúM0G,ÅR£‘H¢'.$gjJ
>Q»ˇœ©]a ≥¶.ÓfÂ¶©aEòw√Q.¬R{pœa6Éth{Ü*¢¢ı(\.L3“Î[E>GX"pÑkM∆∏ËNì-™ˇ0e¶
%V˜Ãl/TöŸâ∆M≥9MïqS?ÂÊOT&qˆD'H-j7a/kj≥ú>‹UØH7ie≠6)â
¥¨#HCífûç$I 0»≠o¥Zg©Jπ¬T-Û¨ØÑù!B=Ç-F‘’]*ºÙr†À∆2¨‘fiœ¸%Ü
}Ô1Ä»% ÿÕD%äÕf&Ü≠,b,U]‹
nÚÁRfÚØ-Ë4}ç“NÛ¥‘L-jßô”üC¬Ä≠4§Ò//ˇJÉDÖ¶0∏
ÿÚˆö’îÊ9ÅªŒFWƒj';©z≥\‡,%∞quD°™Œs´É¨ùÌÃ &∂Ü)>˚ô”[˝„ñŒıue(fl’<¸A"[`∞7°]»_Gtâ
£""«Ê4ó@Ä€ßÀ≤≤cú„ñ©f6uµ∆»&1$¨/d§Vµ©>Ê6{™aŸ÷˚µª
qmq{T„∂*{Í9ÉkMo¶ÿ≈*„ËHG„ ∆FY-MÎvÏ’™ÿ3,]=d-<F"Ú»Á 'B6;ÖRÜQû]Û
=∞Ò≈Ø©®aÓ†ΩCsLBÙÚ-F6≤üòÏó c‡UQ˘ˇ∆?,¨ê<ÎãfX˘¬”ÿ05s·hÄ√´›iO]+[ƒ>-*nÌa,

wœÉÜ*EÁ‘g™ÇŒl&Æ/âcX-´∫®ÀÖ°Â’◊Æ=aÂ
$©f%T7%≠JÊé◊u'%≠4ÎmhKŸó¿J0Zàó3jƒç:jóQÑÏÄ/ëÊ#ßt•±   Y/
lgõDêŒ”0∆4¢1çnCöœ¸Û4!MÓ’fòƌœµmQ”m‘¢∫ª-Èé∞püÍgi™∏¡çÊ•´…Õß™Ûfl1ùrü+ìVÙqu
£^)pAäV@≤)AN·ê)˘ù8Ir5T™O}nû&◊zkRfÀBÌÚºáÍÂ ˘™®@ÀØ9X(1iò"N…©e7;°$ô–∆jT≤î°Ä…
àfL˚«m?sª€Å>-OoZ/“¸˘¬„6P_˚”Ÿ∆÷∂XGwàµÓZ~CòößU1T©yÕsÇù∏hü4pòdR0G“Q8)R-
Q§¬´É‰ê∑71≤,áœV É^Úry   çaöE>eˆñÚ/
R%œË;ÏòÀRñéR^Œ<±õK%#π¨·\Uìè·OrA∂∑>m÷ÁTœÊF-hÕçatÀVÎ∏è≠Ó£°{ï·ƒ˜ˆ∫-g/¸ys”“/$ª§
°)∫Äó7°✱≠ö:”í·GY∏(Íœ˝híêBfi{˘zZ≠dg´5;®)èõRY≥ÀN…´àû@ÛÆ¸   ÂÉ±àª|°ó{/øaÄèY°&†ó
≈Ñ…$g@2a9eaQÅ¶’t•ïmMuHÅ®5Å{VZ€‘t@ÇHÅF[ΩÂZT8Ç,Hn8Å”4[T7u«˜L5x\3ÖTK
6*ë,œë
H1Ñ´RÑ˝Ù}xg~Íw~¿„}¥dC÷4˚°V "e±6î°ƒW˘ÚÖeì/ÇQ/'KãQf÷y!
qÄÆìÄ ¡Äú5aÉ6a8nœ∞mMáåÄ&Å≤Éft®EuT◊[Y'à*(uÉ(u°5n8|
Ä˘u~àÅUWàB5N«óì«UTŒ4S.Â#oH4°$˘4äÅƒp´4‡ÁÑ€e|ßADÁ°.D÷;0B.†≤^taC¶T|
qr˙Úã_àŸ„J¬ÿá0åë•Üv◊åBxcSmqv?÷ñS§µà…✱g◊Xt,Üa®áx»àí(é•%ÇS'Ç'héäxà@
%u*Z✱ÿÇ~ËçzFM2ànÍÜh7HSfi¥å¸8+ûXÀ±-Åj©ìêîäîA‡gjfÖs_ïä^±~øÛ4˙A.TÚd§°ãR \¿®/
ÄqQŸc(»®ñfm!©ÄÄ£Ës.q(9@ßa•ugêxaÿà´eÅ(oH{'8ÉÂxÇ?Éˆ∏é'®à®m”èOdåxaÜxèª«‹îz)3$4
%T«’2?íõ“+∏‡
iôñ÷ßc◊':Hó{◊“"5˙1äWÛ"%"P!J¶1ªx ˜∑X@TòÑÇeÄà)åÚré°ÜPs   /˘f-
AìõEìß◊Lk‘Zã»ìflÿì¶µÅUYÅ£πìà¯ÅÿÇÉ∏ÇÛ8|ŸÊmEõ
€FîÄˆ[4X[˙ËSòÀè*ìz6µõmw'3ú.e∆©oß,÷∑1E4ówZë¨ˆjaB&K∆B≤ ¶¡qÛ,Ö#   Ü¬˘X_€
„/‹SMqÄovï˘Ü∏Äô÷÷Äñ≠Öì,8Mz8nO'î6{§   vC…àXé®©Ç/
ËáxhÅ@ï†QIM8{≥˘ÇB)â¯xõ°•hªπ2œ   M{6Zú¯8ôL5∆\Ye}Öì1'*wÖëÆHëIì~0¢˜Ò;ıq† PA
z`JyÅrÇb˙2˙íòåŸ=.á!© ôÍ˘í'Qm5ÈL…tñ2ø%èSit±Èôí¯ü¶n;πÇ™Ç*
”@¶dÍg m
*õ†é&å∏ÅˆhèA∆ïΩ©MÇVß4’ïrÜqê≈9?ÉcÀr®ßË-)-?˘fj“âHr&∞Ü~Â•.˘ô
¢ax¡WÑQ{Ä™Ü√Ëe«àŒhwwáÄÏ˘Üüà?8œ©ßÛIZ◊bXt¨ßáË¶¥gÅjZ^Íç`:†H   T6õi*
†≈†Ä¯†˙•„òÇàhÇu {vö°|¶aJaΩ˘LòÿèaŸ|,cÙ”1üÜ¢™ì¢;¶¢C”¢Ó
~®ÜÂ'Pß±Ÿfiπã
™@y¿òò˚¬!ÖïbêÄ†»YnîA∑ïòö°≈Ç   ZÅπä´¢y†€v•¯π•®e†€d†ª md*u¨gt™ml ¶(€g¥«±(
Îòö8ï°v™ßÚ˘ÜS8+a/ñ ÙbÚ÷N£≥i#˙NogU8∂úmô¢œ¢w*§ñ¥
%p≤.ë©ö∫kõíïb6uch_à1pÜôNZTA∑â9ZM±{´X≤ö≤:nË∂(€ìn{îÈHÅ"X¶X*öäX≤Õ/†Põ-
köt/éÑ8ßëÊ≠«%î-‰∞&áÜÉ∂πí6ÆÀ≈#U%F{¥XÖ©Éê&ö®q…¥”)qTÛ/-óÄÈëÛR Ú"6{ í•/
rí(∂ÒûõÂ§Ò   °’∞◊hüƒª∂Gy∑fiñº%[öœZ¶Œk∑l
∏#h¶¨7¶≠Á°ÿKΩÏ∂€´´+H˚y˘ã∏RÉu∫°ΩáçëˆƒÅ∏õ®|YÙ?ƒ)¥BÎ\ÙK¥ù{UNÇU˙À,ÈäàAÜ]ßõ-
rbPRqãO°©Ú¬Ö”ìÖô/∂ká·J˘2π2•góìÀ[√+è-®Çπ ΩG7¬π™msã´G˜º ä˙dÍ•'k∑g√g™¬,‹Ω
€ª¨ÇÎ¡„ªìÌË±∑ ßrò|fÅ8   {ù…≠8®a7ÖN◊∂iœ7¥DõúFkU.ÅU   Y]Í:jè/T°"·ë±•%
£ü:f3l_eê∞©?∂Ùàªïö®È¡≈ä¬>K-Ä;±!‹m3Ï¬ÿK√"<»◊[»Ült…ã´À˘ÍΩ˙à£i†[õ?ko˝)…
ñâ≥0Et˜∆a1ÖFFgƒ :ÌƒíÓD¢±B≈à cßò]£m¡B˘ö/πÖ   °y|ı©"©òaàò+ÁJ‹É?’∆èQ˙√´∂bä
∑a/z˘¨«$ÃÃ}å
”_
Ü<Õ◊Õ÷<
-å«◊ã«/<¬Ôê±+åtè≤h:∏rÎçA˘áÖõtÍ´g1Ö∂…ßoü°L“‘?ˆ@ò+Aéc2°Cc±∫â™p§%ÊBSSõ£{≤WªÊWc
åbhQáë=.µFPzZt¯Å
;†«L¨i:
'ÄÕ÷1Õ!]
-l“ÿú«≠Õ”ê
>Ê“.>“”Ï“,˘]”)ç
#ù”>f
”¿”>>”‘<z)ú»|å«ÌÕê†_óZ¨≠ÊüÀZÙ|≥Ô\ˆ<`u÷`¸3Æœ≤iø}£,∫0U§3 ûÜøù∂,WÃ:-)%T·Tí
£k*∫`ù!…Ö†z∆¥k6ÏJÒªÒIZt»ì+¶%;¶,
-”6≠”“¨”A>z.m
å-”)ù
0>m◊°Ÿ:>ÿ“ÃŸ÷Ã”>¿Õ€°Õ~´¶3\Å!®m,[ÃNGM˝ìœè;ŸçÛXM§5°ŸvüÖ€û‹?
ˆLÕáœ◊'`Ω+∫“+-Gp>XÑŒí®ä/Æ[Ö-ˆJxt§! c/ ô û˘Í @*_uª¸Çi î€>ÈÇ»«»€Ã7≠Ÿ>ˆÿ6ç
/å”.˝Ÿ-å
÷ Õ>†fl>-
˚˝fl>‡œfl˚ÕŒfl¸ù‡˚ç

“Ã””Ïfi€+≤…€¬•ùÅ=≠¶5±ÿçÊvM|Üü©’v%NvʃYv˝ËßÄ
®¬!$ù∏œ°+øq∑cÂ7Y·ÖsÕV˘xëX ìXDûer%G~?¸√≤<©ü∏*‘”∞»z¸fi◊LÂÔ“,ÕzÙ
“ÒMÂ+Ä”˘"Âé”°
‡f‡–úÊüÕfl–¨‡mÆÊ–‹fl˘
ÂÑL¬–L·j/‘Ä8[Ωu±PW±k{fç{ÊüëXnµ˘)πÚñz/ïð¿Ú™f$>"ü(˚€,Èʃ\lj,%qk¸E“sµïÍx@QáÄí!
lI.hwÿgT˘/".ÅVfiÿ†mÅl^Å5Á˘≠‡˝=Ïl.‡N‡nûÏmûÏÓ‡•ùÊ–Ÿ“~»E7√gÍ‘rª±x∏¨Ük…≠u*Ë
±gS6uâHÖâéfiïør@‘+3]¸´úJ°û]°óJ∆l Â.Ê.ñ∞yßœK©ûÍí“!rm±}ç•)
,”>flπ¸fiΩfi•úΩÊpÆÊ¡ÓÏ≈ÆÊœÏo¸flØ‡ŒÒ–Œ•ù˝Ï1]ÚA–,"K≤0ä∏;π«§°T…g˘6∑ÿûËUʃaK'´fi
%nÁ~Óö»ÓâQO°f:Ú>wÕ»V/,%·–yA ∏˝~µ QâœÍ´>Ä†ı±.á0U€˘…fiC˝fi•}ÒÏh?Ú+˝Ÿ#=Ïc
¸Â_Ó^ƒûÒœÏflÒÔ•êΩ˜ʃ¸Ï2˝ÿ»≥|≥+âÒ¯öÉÀ‘{…C˘/ïÃŒʃ>STç≥|Z9Ëï°AÈ…¡E
±π∞,<7wÆzL&xµÔ˙.ı¡X!Ú!Espm…@´nöá∑Ÿœéõlòzü^°Ê¸
Á˝˝Òj¸Ò ^˜v_˜fl“<
ÕÕ_Õ”nŸ~üº¯IΩTÅx6¬yXtÜ˘_•™¶‡Ø¯á¸·+o9œaøÂbfÎnê#Ù %≈+–
.ÒG&H&ëÙŒV¿–≤Ôêç.–ÿH–¢ÉzÈËN√;sÓ$äÕW4c1&õV±c¥i∆:éú6≠õ…iÿRÆT©≤6k/cb;)Û•…
ì4Mðdâì&Ãn/Ö“:s®–†IÉzKä”i–ß&≠ÈÃfmÅ‘ïŸVN”öMeðÆ]Kvµz≤$Hi%”Æ≈(M„€åÕ¢…ù÷¨§»≥tEÇ
Ñ[1cF∏ıv¸õÏØ_ƒk$≠11»–ÑA&Êäÿ% ô}Ò"¶Kò/aû7˙“UZWÆ”•QÁb>/µÎ[πnÕN%™∂˘(Qóp_,˝âwnÅ
^:h·"áÔ<°s»XccÜ•WD“#Iî%Õ+Dô”¶Œõ·[zÔ^fiÂŒöJa¸ú/hy•Ò”?M?˘°ÿîÓ€£<œ='Vì@öf≠Ã®
±œ¯êØëÊb∞"πÀ»:π¥•#¬SÃ∞ƒsÏ√»<Ò1–”l4–RÙL“T3Ì5Ÿ˙lÌ\HπÖ<r<MG>qÑ«K|h»Å2Ú8@Jn9È2ʃ
0Î∞ìRªÏrj…%†¿”r&ît¬Ê î∞j™úÙ;J>4·ÎÆ¶ÊÊäª™™:è;ÆJZ+8Îî≥˝í<k¿h<íF¿
ù´§?<˘äB©3‘–ÍF¢Àʃ%LÃPAtåƒM!õ,EŒXÙâ≤…0#–¥YÙ%_VmïU\Zäu6Zi’–6<|í∑Kà<NEQÑπÜ¸
¢ËQèí≠–*©˝)KÙ¢=ä(/ü}jNü‘Ûo/•÷DìÕo◊âÍ$9«ö¶?Æ¨AøÚÃ[â@BïóʃV¥ä¡zÂäPCFE˙
´¡D'Dð“AîÜòÉC–”ÃN¸,¥Œ"éXóâI≥òUâ}âıµŸp°ïèEπWRR¡1Hfi˙§K9Ó∏;Ç
ñ°Ë‡,HY|‘é>1øì<¯¥t
ËülZÈYõʃâ)(¢îbä)ì†nj[úfR˘WO˜“ÂI+û”–óÎ≠`B4≠@5&fi}'M4§ë,¬ôfi ì}pYê^¨¬√
{ÙØÑ3uÏ`MM≠å,Õ¶L,Ã(+Öó–Bs¸4WcÎ%èA^x÷Z=œÂ6flzıú»#ä9…K!≈PgDURÈ¢ô¸yZÙ®ÌÀÓZö
€qøù:>˙väiuDO ˙k˝Ë§Sı>:[fièË ØʃI–n~1ÍóÌπ14‘“Kè’Ù@¿KX2»,˚Ù”
ß¯p≈'¸’V]çUcc°ëÚ =ÆMWîSŒÂÉ¸j‘!˙<§«,lÒ,Å)y{¸sª°Yäì>b>wî6¡§Hmuo¬…R<î˘'∞âE
+¿„∂Œïù¬´–áŸ¿HΩ
LYq;>u’6CQj#™YÖ†Û∑"Ï@ù¢åeå8–Q¶}ÏK<h'â\@ë4∞±ükbµ1÷hW°,üÁ1ú*¢ts√óÍʃ&Ayı¨h?…ñ–
ƒ„≠¢–)≠Î†Ó<®îfi…%+ø#ïŒµG≤à•wZYOôÃ¬ñ–œ–qÀÛ^8){Yœmá…êœI¡Poà·^_¿'œæ}Ël$J∆e*±!2K
\%1∑™œ®JUÚ{Õ¨86£ÕÂFGʃ·ï˘·2Å∞^ß#I5H¯A"•vlö2…«9≠QèıÈ‡Í§6µ6˘µ©jFªÄ…ß3¶äNŸäÄ≈»°
idJ|πW
âô≥µ±;9¥‘˘˙JµEüá3•â0√OV*ë}üi„XEåMœà
kb”–+/™6©∏
/yE§·(»ù|9|>Ëìù‘)“¸îQ/ÿ%CN•=ú#RÍÛ≠k ßvVÉIØÜAÓQßÈRÚÿ“âE6“#q£K>H,/!Còƒ<
´cOGyØ`†$îÚ<J¡i&}É(?%+™WÙ3É–∆&+éÂr¢∏™çnr„9ÇDå2‘Ë4åi»≠° ivDSÎF˙W–
ÒµØÒì¶Ó™15oÈïè|◊˘î§Xçiå=öUNà!µ,ÜÄ8kÍdC!ÍylÿG^,1oA–ô¢RÔ4ÈkïVçH€áÅıT)äZW≈*…
Fs≤I≈»&zäK¥µ≠π–ë4˙\ªvIʃ,JHU™≠3ù©il˝nK[*M˘6>w=˝Ö+î,oNAâSM^î4kî**qê†(Tʃ∞Q2\
[€Ó¬_”%kì®L5ƒ/ÇMF2F)?sô/fi+àvä ™<nâ°≤äQÖª÷,,ªI{ŸàÕ:Å÷]ox¯*fiÎb–
Ø.~)âΩkcÛr•®‡íJdäÚc¯ò‘MUy+“§uʃQS˘äé1†°"ÔAz°~E{`(õñAnKÒÅÖ†∆É|íy0˙(?
4ÛðU~ÿB ˙il√≥¬úZmÉ</âXó°<'%»»†ªçvŸµq3©Å“pºDäJ¢]B]óñ∞fljfe
.m˘nö=">7≤ë"ØîúW~Œ:õ4ªäUÒ{éÇ^2°¸∆ÛOäö[<∏˝Œ'˙%$ÒZfi#
1S'Ã
&3,ìâc'[¬È˙/r€Ê5É¶~∂|®lÏlgQâXœ(˙ÑÆ∆HûH•–‘%ñw'mhªN>/o2ØäÓ¶ð1EÏÌΩÕ ª◊fi¸˘¥ú¢Ò•
éTf6Ωñ˘”,Aê u˙¢ûªú#ïŒʃÆÑ¥UvjÛH˙“+7øêZòÏ@3é•ÑSM[ièuÕs≥™7õ+Z{≠≥…6)Úúm^2ó7N]Ìm
ªHO˙∆çéÒ°◊hiGʃ–xÏ∆a–µ•;í5èdªÒÈoò%ΩµHâ63á2ƒ!aËB¬‡Ö0à]Ïg˜B∏Ä^0B "É3´t»´s÷.Ãêñ
âö–ÎmädLá¬∑˙€"ß<Í≤£
E±J;Eü¡"Â<Lmk˜ŒlÕvéJÃ\flT˘0∆4^v3m–>H4ÎÅ∏&1È>ív7””%X4Ÿ?däè5<Õÿö +ªC<Ö&4Å =–¡
ÚïœÑË`9»ÅZ˘}Í˙Ä PH˙ÊÜE|”„©÷LKqf1´:…*pÜû<»ëœ¿Ö™}$fa%4•Ù˘S˝¯«√09{3XQµj£ð
´çÕX∞9õΪ=À
ûP cä.Î ÆlầèE3ánX=‘õ£’;4Ì¢±Ô .•3¡x´¶z≥4õâ £–15Ò
¥n¯^ää^rä[XÑ9‡ÇÂc>ÍsXpÅê>P‡èà†%ÙÄ∏> ˝œ'ÉF¿Ö¸Cò¥(Ω–’ CÅ¡≤}!–^cêEZàC¸[∞˘
3b‡øA94ç±"(9À≠≤r®*ʃúô3ƒëm≥ç0–•∞±ì†Y¶”S
‘Ï¿\4qòƒG4∑$K:¡*ØET
¸1•YèÛ¢¡o0>; ì»ÖKË&»Å¯‡WåEP!¸ÄHB †ÄhÄXÄhÄXÄ∆a∆Å∏B@XQi‡ B!
ÜªAù0Tø˝zß™3Ï2ƒh$˙¸+ä(•8§CTa≥áâ"¯â¢ñÅ8òè…°Z)./ê(]JÖ–;ƒÛ©Sä
äF%@ÅLäÅ,»†êDFÏÜFá Bè†:ÇTHâHÑ¥=Mà˘m,+>˚£•

QúAê°h»E‡∞E%T¬Ä≈î\BH¬$|¬]∆®…ÄöÄ∏…pB`*•Ç9˘Ñ…HÆ8Ô·;f…£døôãF™lÑÍÈ5|ió6c[<»ê√hõ
%-»-4S«≥¢wÙ0 y9y¥çí)Â“%Q˘Ä∏2¥LHáîÜ\Dl˘Gd»J<D˘ÏƒN¸ñF°=LÀ=è°=è˙4ê¸qEï6QÑ˘ÄpB
Ä¬ñ|B
hÄÕ|Bœl¬]ÏE_ÄÄ‘TM’ÏI ¬üQøs êâCƒØ¥ò2≤!(9õø
<˘˘™å•∆ø©êcòãà0ã¿√g¿(Ç<_òax≥Tkçflj(©ïz\@@%<mÀ°Úé»˘»ΩúHı‰¿EkΩÉTœq®ƒƒ¢»ı…
˙dHÜ<ÃMlì;∫:˚¥7<Ò®´EúÜ ∏ÑØËÂ&F%‰ÃÂÄb∆ÃÑB'úI_‰…
>P’\
•Ä‡Å;H.^@ã! ûÙÛ©Èµ‘RÁI*“8•aêkCf(6∆s∞8å∂4ã<fiäŒï˚≠∫kxÆ
ÎÕ&-ÆµJÆ∏ÖpÎâ/a)°40˘hƒ¬,L˘ÑDÉ|DLÃ“°$L4¡“ÎœƒL
.Ω∑˘Ì®«Ù»’ïP'¥Äî\…œ°PaF?•Iõ<TùlÄÂ4ÄP&•ÇF∏gü1ê<Dî/5í™∏ëÜ2úF,ï ôå%GØ¥≠á
±√Wa3åëNqG><ŒS”ü#DQ-)
ó"
-I¸ÏÜ¸Ù»ø¨œ¿ÙKaï4É4H¬\÷d’œ≥£édLñöV˚"Q†0‘]lÄŒLI^Tr%◊@ÄA’-’‘…ÿ…àÄ•9hÑ\Uπô¸õ?!
$C≠3¨J\+N ™%1¢RB∂˘sN!’ò»sG»cïWçÜ“˘-
jR;ªç/ê†Èj,Äú¡b˝ñQŸ§hO◊˚“°<œ†`»o`YYsÄ÷˘åHôÖ)•òV.]ö≠ T˘ú9
ÉxBpuBpm…ï\-ösΩIú|/‘åZ÷<Pú°I’L
hÅøÒK-(…ä•<äπWÖ2OENπ…8∑pF%Dò-JMÿ√9ÿÚ9%XÍ-6[(»ì%…C+ °Üö«Z≠’â˙Ñ´4áTäÙî»a÷|
\ıDd=LÉLVÃeŸ`˝ò}VœUŸät-µ≈Ù1„ÒñéîÜluœ¸Ãñt¬W|
I•e/ßÕIAEÄ‘°>teMà/uMÄ˘ÄËÇFµåxQñ∞ı£l@¬îL*‰d!¢î´6ix≠6Ïß∫ï€í≥€∞ú<--B°=-`ÉB(Ü
<Ìô&-ôåµçgzâv√À`>K¸4¸áòΩfl˚çYsáò`a»bÖV÷flN‡øåYŒ\«≈R,]DŒï©vÈÜ˘„ä´∂íƒÃÕ<Z
∞ŒÑ…$ÃÃöDW(W÷\ÕA`a&T¶eZxeÇ2 \®@BD≠8'çŒNÕ§˘C√y9á´j$∑uC¸KÜÑçüÑ
%6dK<D≥^ê,(6“)6RÜöbYΩÓ%Në¡Q@)ïfln)§vCœïMc˘˘’_shY¸]‡a5»¸\`˝Ù@œcœ„gÌflàL÷`
%»¸ıc˘XS«2£´∞l5…:ÕŒ§Ä}d∞Ä∞]¶µIúå·>>-Äfi-˘dÊÄ‡Ç;Àî/‘£ÙC§4LZÁEC
!<}∂FrF%9d+Gã0∂&>ë˘Ê)û,\ÊÙ≈Ö… Æj´G'•
\∞
ç-!2û_∆VÖlŸœ_?f`6ŒÊ^`ı`.V.Ál∆c«‰à¸c¸ÙÜ˙UgñΩ¥ûbØh@-‡Ä^d‰(td~I]◊s=Ä∂‰PÕKÊ-
Nv·ÊdN&‘òE.PQòb JÂäŸãÁ“T!b‘,$a≥fi¿ëå&VÿM∂%Vÿ˘ÈÇbÈï∆√ñì≥…-,[HÊ^Xfléq_[≈
|îRØ˘èpÀ˙u‡~c6.ÁòucÖtVp6O^j®÷ct÷ÊΩÑ„§xÁ˙Âœ4∆<;Zù˘É
\ËÇàÄ`‘ÁxIHFk“WA-◊∂ŒdhhÄÜ÷-fi•>ö|ËÉ/Z5è!f!Á=FìL%∑™ÈÒàFR$∂E<2;ür‰ø_Ó?Ô
ÊÈƒ√+ÆÈVôi‡RÊe<éIÖg1}#©^•Ÿ≠÷<fif¸ÖÍnFj¶~`ÿ~jsF`ßÊju¸K¶˘wvg?Óm·ˆ1˙¥hòÉ
±¸EÖ≈W°≈M¬&·”Ë°Ê≈(h©U◊ÄÌfaÜVhu’]¶•ÄÄÇ9HÆÿ•¬6?A
$¬6€∂ëeeâó3°eë3«Hÿ]fiø †Ï8l0d[aXÜÃfióœ,Œ∂,UÛÎd^_
%ÌÔdR∂*D6"äØä7≠Ê¸ƒf86j¸˝fp∆ÌgEO¶∂mèÍ•ÊÊèegÖƒÍ’nflŒ19R \‡ÇœÙ”-åBËñ
%•ÄÃ,Mõƒ]õlW´ï/’dhªna%ßZ¿>®≠…`Ç8hÑ,≤;b»è<<·è õ>ËçeïöfI<ŒÉπÂ%Ã-
˘O«µàÂÑbd3G_3'pd•Ö8Ô≈…âü[òŒbñçd~πú
êŸú“ÊiQ ó£˘4†Pt°<ÍÃ%ÁofiÊ÷∆mHGgnnjLÒm&Í?÷p‡éÒ‡uL€»¢
iPàÄœÄq(LZ˘ÒFK¶Ó_ÑÄùå·Î¶/ÌÄ˜n]w/~ÚpÅà÷ç=øs1ã}çÎÅZÜfi/Û˘F€_À-Í
«7Ô?b€øõå%éÜ:øbóÓlaÊœ»Û)^®=OÊ%ïUì!Ì≥31ÊÆ:9msK˘AÊ_˘’wŸ.`LÒLøÙ/NgÛî<tŒÍvu>fi˙∏
l•/0˘Mï|…Ã%Òê%HÄ-◊U◊VÕOŒPÔ~a‘%I\hú|Ë&∏Åàç_˚ù:Qã”ÈÕX÷Tnv-ìó}πfi_{C«¿9
D65O∂¸¸∑s•ßs;Ø,Ö∫,ß˜ò¿çëxÑ•y,Ùâr/FßâEØG‡ñuÒ˙Uq:.jFcKßÎ9n`ØÍ|W„Õ∑flfi~Áp…é•âÜF
P-Xùx“°x]údËS_h?MÄç∑]ù,‘DMÌ>˘°^Z<mMF^.8Ô[P'%Iö≠føê≤ivL’ê˙ë≈Jí&(d
+˝éC˝pÖMz•oï;Op€_È¥¨ì‡≤ÿıµU∑4l•äet«âÃ6∆0l∆Í˝ΩÙ5~co˘˘s˘n¸ßÙ|Gc4i\5ÜÒfi÷·fq
öØn•Ö8¬Ωßxñ|Óß-“F 7|ÿ…ú¨]ùl¸_7Õ`‘s≠/£+t4ôs…±h-˝eõ÷P/¥h” JîV±,fà“ö)‘ëcDÖ∆
¢çLHÃ¢∞h £•$&Lò/ò1ì˘ÚïåÿÕhœXfiL&lÔM_@Ö∆
Tf/ô∏j˙Í≈‘◊≠®πrEÌï*Æ®QS·Ö+©Ø>¶uÀV€X≥fª}˚fÓ€∏nqÁ ≠K◊ú<qx„Ó5ßWÆπœ}ª&
\∑pa∫sÒ˘&fÃÿ•c≈>Ï˙ù<Œõ\Ãv1œ’úyÚ%idEw√6Ìì+r¨‡¿ÅÇk◊^G®m!á/
4ha¡Å‡xC‡Ω ¡Å¡ë(0 ¿-$X@!¬Ó(¿[ˆÎMÓ\%6R¥iâE[IR˚BéçÖú(-ò¥ë*˜Kñ•˘,…$M˘¥ì/Ã‡
¥`2>˘tîQ5-#SM09UìU÷¥‘-VYEUV fiïïW\ôàñiÿXÉçYhï’ç8n…(ç~˝•ó_ï-f_á
6é8såXéÅÖ5bìièÑ≈Uìûu¶güA9/hì3G*¨‡Bk±Q0%v[X†foµaAp≈Ì÷@»7r
‡9ü|:g@xP[p“ 7¶k◊5‡Bó\%ëha¥ûEíN”L•Uä_H•çTKÍ`ÖOUHìN
ˆf†04E8‘ÑD
ıTÜL]e’-π‡BT∏Ê™’W∑Ä5lZ•çuÏZl≈H£]îQ∂ë9Úÿí-¸ÿÏ_à
ZìÜA˘$]ÕÇv∂„Zy,idı“ÖÌÆ∞làr0õònÊñ€unfiðú
W\Ÿ7\ùŒ,@ùÅÇ (
('Ä√≈6€w.Ñqâ.a£^D¢ItfI«ÁU/fi¶EÉ)G˙ô*L/1˘”Tªö Õ©.≥ÃÉB ÉP<Î¨aS¥>µ´á ^5b/#F
U,W_°HV6,¢˘"apï+ô`{Y„a])◊ê[Éç#é::˚ZèA.î-~FÓîfit∆ÌgÈ{I±¶xd~êfhr‡¡öð
¡¸*^¿8~\ùu"åpux-Ê Æùp

ê…¡npê√≈ƒDJiFˆ©ûÈ…ôö¨|ÔÅÍK•NeUVK’ƒàM4˜‘™É≤˙ÇàÑ≈ølk-
∑÷4,T∑@ÛZç8,)ƒB≠"≤÷Ä„/Wü}#`d;&ë`õfl„]v
òcqπ8§∑flöÆfpãk˘eOvÉ˘Yñ)¢Ct¶œı
M∞ úÂ÷¥¶√Õâ7¡ù¯Â∏»1ÁÄ≤Z‡Ãy¿_ÛNb#ÅÜ5Ä!ËA.ëê”u¨c ˚H46¬:é<g=¯QŸ~\F°´‡
¢á”3ïÇt"DÈ%f?fi'ƒ≥ù ÕTL·PØDî_eÂ’k/â¢∂¢®K-lôë˜s£
[ëi“/¬&§≈Ë•ç÷:Ãì“Üón±Õ[u|[ïÙG.+a©÷•E\†É∞∆}õ◊k-¥¿AY.PÇÍ
˛ú„Ã©:°ã@u(∞H¿-ÿAª:òúQzNLΩQ
£Ê ãÑtuyÂE>÷ƒãÑ˘SûzœJ˛_Ë á”K≈STï™!à…‡ù#D°ÌRCräÓ|"ÁQì*øR/W™ßÕT–m2^ú˜»X§qƒqúÏ
+˚Ç§Œ≠≠S,0í;Õ°Ny“ÛùÑ°'˙% #l•F¯d` ıð˘
¥õ†
Z¢qã&<Ä9∏¡
T`ò†¢µ@-¿çr@0ÅÆì/7ı¶7â[ÄõRä…·¯∆ëPAnpÉt-_ríçôJ8¶Ù¿qX•i"Â¬KAä>ë:Ybë•∆Æ©
)ê∞pë¥TPı¢∏ÑSRÚªfi5uB^
Z/z´e˛$)-ãâU`≤ß∞uä ˇì™4;îª“ıEflÙÊdœ¡Ω&1ÀH~-g>˚Œ¿ˆüÚ=ÔyO¬Vü>«c"9X4Œ–\ñ…£<%V-:
¶à,-¿õöÉ.ô@¢Â@ 6jÅ€pÙ•ç
nVã–€ÙÜ7µ°¿Hıï&¬Y@P&∞ÊLPÇ7ŸvpØ¡-n9O»@°œ@0R£≤° ≤#M’èSõíïTK∞•Ó%RÖÏ%&rP
´òî∞≤WbmäQéòî¥∆DwπΔR÷z+©˙∞>4ë∞Ñ’ÕªΔ®-,,RŸΔÿÿ3∏¡˙tpbK~ˆ3Ñ]¨b%≥nQIˇÕ“X|
°&<Ä52]¡ˇD-ö/dt£ßmÅ
õç÷M∏ISrÂ[Æ.H1/‘fpÜÃÊ/<¡c™Dö-1˜xl 3ôzî*ãÉ:°
U¡fi´bU(^>fÇfª‡5ÖΩnf¢[v÷ˇ^Âœˇï¶4>ÀCi˙õa±bÌJ5¥d„‡tK˜–œ¿†√/Á@'Ñ!§K8üÖïÁê∞QçM+i
∞a€V∏Ê«ô<÷–√ùUh––¢ÿ¥++Ëj]c’°k¢˜2djm=„]˚ûTÅDu<[fl˙ò∂ETô<fÄ4ÕKw ∆X∞©è
ï®¢°œ¥·cß,ß©™jx≠˘nÒzŸò≠äÔ÷lˆRÓNEXõgπw@°'sS¶ào©Í
w}6Ò*•Ì…¡Á$c¥ÈÖv}îˆÙb*éjDÉ,«∆•„$%mè∑Ï8»2µœrA’%~®D+öZXª∏¥2ÕA>g»îwÙ≥˛¿b˛Æ¨
¶òõ)LKPÏ’
jµ∂¡çqGX†îŸ+C.ÑZe§œ∞/TØOù
ür˚Ç™∞@≈∏mq X¿¬)À8≥1–>†V°µ©˚%>a™¬€Ïˆ¶˜ùÔÀK;fl.f“Ã6£RE\Pm-flIå¿X£œîÛ–ètƒˇ¬
)jà˛ô·˘9ÜÀ~Lö[Á
_ËÅƒ¨V5∞]≠ZY´†°;–¡
¯∂¶é¶>∆1.≠ó´/Pá¬∆*∞¡GykÅ
»;in<Ù8ùJ† ¢àFPß]+ƒÖZœÚ{≤c6Â·µ¯√ãO†");·ùÂœÃˆ∞~≈˚‡∑ƒ%P!UzHfih’{ùÎ{g\‡∑œ>
Ã>∞tÖX^ôEåpè¯¯UbîÕ9(‡„9ÿ<9∆˙xö`=ñÂ±1TÉ?5∆∆uÀfi÷<pò∑†ED`BÏMâ¡C…T ï
»V ò@C%0A!¡∆‡‘û[âÈ¿Ï@Ï¿h] $_(êJ=Œp˛ˇFË¿%@WïIYîIü’…í}ƒŒ∂m[4*ê>%¿fl
%à>◊¡õôYfiŸ•MÙÇª}_¯¡_á∏W¨≈.-◊RC˛ÁóÆ∏UÃà‡"·†
[∞≈[$ö]àë9fiB _d\É¡œí¬-$C4dúbôç∏\+fÑ^7MÉ¥âX%ÄÀ
·
@TÏ ù-mTiÄÅ
∂¿ÍÌ`Ì≈ûÂ¿0ÓÄ
ù ŒŸêEë-ênÚ…Ë@#@ät%Z[∂e>ıeüBxYS§Ç˚-Çéwâ3”78ƒ*X x Ç"f*ÿ˜EƒÃU‡Ÿ}Ò–û…˘á•ó“wqì±
PMÊΩì^πE/à°i"B/"*ú•Ü=9"?5Tê>-h`@/ëfΔ\‡œ®a]∏H4àBÑ∞ç÷ îLô@
§,ä©@dp$AkÃû¨UNVT …†$¡<¿O≤`Ey@ »÷#Rðv4PË«(¡¿2Fä5HUVõ{`·4ÓG5vÿΩfl˚ç]>ù€ôÖ€ŸÇ
%¬!Ã¡!ƒ XB˘°1
≈Y·YûÂüù=è“UÆ˛°$·û7b[X`XÕbà”8%BBXê<"@Q^7P\2$Õÿ9ß≈”%r"Ë
‘yÿdDÉ"¥F)·
F‘
Ë§ U‘
– pÅöÄ‡h‘Gùñãµú
¡
¢%iˆ¢–¨b0˙p6–„8Nr(jà'NÂìQWïùGßdùÎhŸˆπ,¿ü%4Ç%(˛°B>%à1>Üî# ÇfÅ!Ç:¬ÇÛ‘M∏
<öUûÒ“ΩÂ!–ÏYáË
6Ò„rÀê/@§¡πQ^$ú£)%bËÉ!∆;Ÿ6pC2D,àüSh`5XÀc»Gz%Áe¢/t¡kËÊCï,
‘@Î’Jñ,j$A0A¥¿D…G•ñj%a•îñ»î
<@éé® Â•5ÄDR$ÈFmâ1«ù<˘°(LÂ4LePUeï4 bó/˘<Ωüvä0y„1≠W/òÂ!ÿ¿Å†'V≠ïzµ ˝©–„|
˚Ç.Ï=ÕÆ˛ü“fiàdÅ)À[(¢yM^ÿ)¢9-f§-Ëc>6<D“DheNb4d^>Omò1…d†Ö/4Åuò$JÚ† PÅ
Ê¿$A(û¶j!ùk•$ERçñÄK"¡
ùnûf
>•
)G∞“ ±.Ä«p&@·äx,ìb 3:#µ9UtjfI~4EWÜajc˛’>7fiÃ2ÙB0É%x¬ôÇ¿[:œ{¨òäfi’•|Í]}Í˘°

[˝
^Qâ‰U,˝)˜\¸ı°$Ÿ4†¢÷÷TöÇÍS8HMÄ°∂í>Nh ∫çFfV˛h§ΔÜûãËÇàñ),$â T`¡äb¡.∫(l≤ñFÂ/F
c∞´X@ <$∏ è^h
ópi$%N¿m±ÚÜLRp,D°PE)ïRÈ«PYu5ÆWWÇﬂ"x¬˚qßXÅk∏≤a-–»$L¬Å:^»Ò8–\.E˛Ò/ÈBùNÖ=JS‡ıi
˘˙g,já<”]HKb™ë4 Çlc1*Â
≈5≈-|_xaBŸ%É~ö€0K<`*ßrÀ-¨@â˘lD ùj%ã∫¨( )k±ﬁãœ…+ÒUÃd
†@
˛§œ™<✱ÕlÁL,∞î„4@“:Â‰Ä#8´ä§KMüQyå∂≠N^%∂VßWfÁv¬€0à©-
ÿBô¬¡ÈÇ¡ÿAxE”SPà˝>a=˙<^Í>N≈ﬁQÖ˛˛
ÄôàáΠïü¶[<A
nb¨¡%™¢&¨¬2˛h/ÜW%hß%P§/TnÜa$<tdámh®>Çâân∂* ‡®®úk
$AÏÅîkhTiïbEÌÓ∞BÄÕ .ºÅpù*™Æ‡œ●ÿTúÔ%9ŒoÁ≤^¬rbI5HÈ
¥Zü'j˘]4ÑU*à]ırm˛ÖœÑU0†Ç'xÇ°¯ÜÔ¬'t»SfJÅ÷Ñ]ΔÌ<“m˛Ó%~ÊŒü˝.˛g˛
f'H„âS¥Æ9,,:Ê?π?UM<nvÇvJÓÑffiµljgËHfebèÄ´FÎï¢D●≠% û)p¡0¥ﬁnÍdâÌÄiÕj$Ωp
¡ÿAÆﬁ@†*™ö®
¨$‰0«Ô“ -ÜéG✱¬Ä(<‘BYtπ
uÎl[IH∂Ü°Wj#¯yÏÕà+*‘k±√Å!xÇ-‰[Ç‘é©ÃóΩÒ_=∂o˚ ÁÆÿ£˛ ÔvaëX\[Ã˘≥`"\$¶Äﬁ»˘òb∂-:E
`)Ïdâ√'Fh!Úÿ©ÁN–Me1ΔYV˛@rß“
%ú%ök<l4A¿AòÈôœAåpŒ˙d∞*´Δfij˘&ÒÈÊfpÆ¡HgA¡¯®–m@kp%2/í
ÎpË¿-ò?ybgUP±‘"1÷='ye- hc[Ü_˘·B5€Ç'fÅ˘/B´-ÅÿÑΩô±úÊ_ù ≠.-–[∑ıTêB.H,„Ç$>F¡Ω≈
,ı>˙/>4¢:`≥S¬∂_4¶¿2ñ∂îΔ£Rf!+Bó^ÇÛê>`
ÜVv®Ö/4êfiªÏ†Ëœ˙d|v!¬»A+s2özt¥¶+≤Δãn¿ X@
<¥¡§´LA∏ÅngÅMÀT
√âpwfP%
á4¡-|C64kg9+tG[∂uLC_≈AµÂiÈ∂zÇ6r´%|U±U9vÔÈfB%î]VŸf®8–Súqù…ÌU§±[ÀØ+PÖ
+¯‡¶∑ºÖ^ÿsÈ≥¯dB&§ûS; ∂É9§dïÜ ﬂBÑ*Z≤R™;)Ú¥TVgfd&Ç6àò|@
\tÆ>@‘¡9zZ¬â^yéÁoÌx/ÅL●n¡L≥j€ÙHÎ6!∏A,¡MÌê≈I.˘á¡(G‰$N|Ä8ôC@7ÚNC?S0
+≈Q9µU˜s˙ÇYÇ_[r≠/wñﬂòZB!tÚHÉA!Ç-Ñ’PM§õÒ\à€ gZ”ÈZÔy.Ï˘-Ë¬üJ~«µ‡EEXà†˘Wç‰●",Å
£”·.&£>§¥©D/Ñ!ZﬁZn„g∑$…_Xð®áZ7√-ûD©Ä≠™‘Aã:Bhõß!tÇ'@≥9¢e!
§véWAè√ÅÈ¬§0¡`Ån◊∞gÅ ˙lQ˘ÎwfÄs,ÌD@,Ç08Ñi4fs/ßRGócyHXú≈-qW¶c[.¬í9,ê
°V˘B'üÓy,‘>Ö¥
1 Ñ©»<ŒÎ° -ùÓ]†Åm†ﬂwÆ%7†¡qQ[Õ®áf˜µb2/9∂£ı±fÅìÉKdÑÇ¶SxeRÆã4,˛îQ©qÍ…o®áÉfàØzi
Q‘K/;Ÿô●'Çôœ'€¡£ÂxéÁZ÷A!˛∏n√!úiªÅ≤≥j∏∏Ad¯d<¥Ø˙‰≤¥@L;üPáo0¡'fêä$5R{b5§H_˘uS
\u[7€√G5ÙBu¢c:ä9<Ö! t¬!§6∫vt¬õªŸSË™≠ÏŸ|«≠ûÀ∑¡z„ﬂ¬}Á∑+T–
¬ﬂ¶b.bñ”a˘úÅ¯¡.Ëê@V●?huJ∏«Ë°z^∑¶I|dÜç_œ˛4ÀM&4¡l¨:j©@∏˙Ω√∫'∞xØËHõÈ¬y¢ÁyÍ˝!}-
}'˙£Ï“˝n'}é¢ò@¿'oGtÄ˜O{áx.XDCx{§éΩ:k/?ıuW˛W% Ω%»x:Zg™8yüÓôD@ñ`ıZ∂ÃB_Ã|%Ê
,Cà}ÂÇh£/]πtUÙuKH]!Ifi e“’≠[§p·RÈ≤õπn>Δ≈§9Ó
€8ú:ÕçÎI≥ßLû:}ö3áŒhQ●Fô6uÍT<”®2eÜÎÜ
7àΩ.)RtË˘Œ°Cñ.aÇï¨Z5¥<¢q√*ÆÊ8q4Ê÷●[≥n<ôvØfi,Ú°fÅ9<H¨Kñjyt®0Yí Ií;ö˘ÍT…S●N£C"
«7Y≤`Ir$ãB£ ùv£ö ñ7848Ä` @¿Ä‰ZÃmZ∑l”∞Möéµ:∂j>¶U”>≠˚¥h'∫è_m|¥ÙÍ´ı≤e…
ìÿNû<1¶˘»êf.í·'©3∂ Ñ†9h¢h|!Δ°d rh´ã<≤®£GI§
Cr%óîr!ÂóX,êîoËi)ßõLÙ)ß°n˙…ßùÚÈ}BÆßlîÀ®®¶2G˘«´¨R+ô^nπ§±fRÑ¨fí–.níA´n
¢ ãJº™úIØ´˚∫●ä8Ä8PÅ ÇRπÑ>K:fê8‡`-â8±å74´£Kh±d–:1Õç@[sÌ,≤ ‰êJf)‰BÍp‘
ØòHÇ7~Ä8‰8ÇFöÍÆØ:Í™„n’✱ÃSOºX–K+=∂ÇÑ●œC,»¯✱≥C≤Hπp#éC:)» ÑñQp"Üö●»a,Í%#å6Í»"-
<)CiVr©√Q<Èf∏RTj≈]djúÕ9«Δxyd™«)Á 1&ª õhr1ØâU‰íKk(hzY∏h∏ Áﬁöd//
Ω,œkØô¢ì)EtdLH¢íKﬁÎ6#ì, C+ãìŒÃ
©ÑñYh©eñPj¥µÀb´£ê?K˙£”˛ÉÉöõ»ÅÉ6’îSMìCé/Ñ!/∫l∏Àk∞¢ÆªÍ∞&èºıÿ[ΩÒû|“óì·csÕ¯1fé:
ﬁH/
˘±_Ù[ŸDZä®u[ç4öê§íH¬✱9tåÚ1∂8≈ªXt®∏÷]Jﬁkf◊^)ÔïR&lÆÚ˜#≈œzù,KÃÍÖu˜˜Ó%´ ∂¯b,}ø<
¶ôT'Gö‡¿%ø$ì T‡Ûfêïπ†å˘≤ ê8¬gô;πôZ<-ô7ÌŸ5÷nÉ£6G§¡H¢Ñ†Ü˙8‰(¿É9ò˘&õ˛≠Î:UW€vf£
P=…8`/ÿ÷XÙÍmÜ¿œ!TV§πÅ˛)bÊ∑Ñ(d")\/(R-≈qDΩËHDB°êdË$ê;I+LBä\\ÃsûKóäà“ìuΩ+(°≥-
éÙ%%'QsI,œ∞,ØÖ=∞Hb©Aê'ãmÙ,∂†ÖÉëª$,´b√ÿ36±ΩL](6✱●¬pÅoóHŸ!Ä≈Ñ…0 yÃ¡nÄΩñe
°✱D-∏7ä?bPÑ:¬é,<≤
o˘∞S˙/W;pÅ &ÄÄ∞)„ß8@!
≠˝œk`√ŒvΔv&-˛R[[÷∂∞=ÕÇ>s”%£ÿ˜˘˛∑c√ñAB¡)»Y!úàE “èHàqé+ J°≈˚óXá
%“°N:ÁCq]Ó,e"Ï✱+JÿP,U¥S
ÖA–Hy¢bAû‘ãa¿bO[LF9œ(î+eáY“ÿ^tq¶-O9®√bcà?L& LònPQäZ6`òO-Üú≈Ço¿BZ∂»äﬁÄëG

®¬#Õw>Õ‘ç *ÿ§p<µ,$ ¢0%◊¨¡5UÇç;Â)èôEëµ=…
_AZX˘*ºóKCÇh˘¯É¸@I;à•>â& Bà$≥AœËÖô°≈ôïÖé %$«-\pÎ8º7á“¢Œ•
(LÁ8õ2∫πëVÅE>_˙ıNK@¶â≤ﬂÜ±0hi∂0d'f±årÃÀ(búÿ6}∆Ωd':…∏DLM†Ç¡<‡?bâÉ¡†ÀPJ&Ë„
j-GÏeÅ≥®Ö-l10t"|Ø¬n*jÇ/¢¥ëÖä
V"ü8ƒÅ2uZM?…©XMk[€tP'/Zïua-<Qˆ˙∞i™uò*!Ä≈>cëÖo∞∆0∆∞[.ñ ,°ÉNòB∆Y»Ö(â·5Y˘≤í
\è(J]<îΩÚï]9*Áœ“ñ''©nâLr†öAàƒzÇo¡@÷2†qO-é¶Ω∏Ï9Ú5¢Œä1åV2#ufbåKp! .∏Å
>pÉ,ƒa3¿¢Sr∞«<¿(¡
vcã^Å F0ÇAJ¿|<)mMP'vFXilV√.ÿ!^»A2µOj ÄêÜu¸GgUFC;≤T‡/ƒ*§˙¸ô´KF1hãÛR¢Ï
´∞™:UyÓ61U<j.åŸVZ¨dU<3Õ/∏¥NC1|´I\"WmÊ-'wµ+ËñR7Öâ˝JÍDzAcsˆK¨∞(!
,êÿ˘- 71ı≈gÕ:ÒáP®¯_¥â?c„1¶ÓàœPD≤¿Ñ>®‡M‡¬~Í≥,`oR*ÿ@DV(J'ˆˆ(D-®åZÑ,
m®BEè{Éh@®A#)®'`∞Xr@Ç%GúMEMî;¯ƒNÈ|™±pœÃ"·-
¸¨ãwêa∞‡Ìo;·PJÜìî*c«∑¯&&ΩHπJB®@hçZöûÄ[»B∂F.\ï√ÇLW°0X]qaºÄ¯jX≥sœ}¶¯xTµà'ï(-
Úl7¨>´%§˙åÀb6x¿£ƒƒ2cõL£z®√∂≠}k€>éTÃﬁßÇ@˘(»¡jÏ]É`·
ùòr0“oüÙ&–†°
Yh√mXcÊ
" ∏r:µ<ZÎüvÈ<gµI,áÖ≈U"$f¸û{˙≠g¶*I€0≤}Ä®-Lvr`G/ı1ê·DxatZ#Zú∂J,äçÿ-
[4<P.ÃòçÍ_ﬂ&%,lñxÎTS•≈=©ë\ä¢£$∂SA*QLﬂ™~©e√êö±x;_,.5√e(˛- hî„íç)\¨Ïñ≠
7+cT'_∞¡ñ&°Ü‡<‡™ ˆòÀón,Ï&Ò* /ÄBa>8Ó©/‡ë˘ÈPﬂ6‡∆Áﬂb#64ÉQ≤ :iSÄ∫¿;ƒƒ®íÅƒä,VÔ

(
Ò Çä>:Å™6$)%$…ﬁ†Q~+Mz•`bß``!TÇô¢Ö"ä/dÓô$N¢"0"Ó$X\Æ…˙˙ ˙r¢˙Z
%'x¡ c¿œbà(Gö(Hûp˝hß˝Äƒ='§◊
Å>LÜ &$Àƒa(a6êì
^¶%˜¸Hƒå§Dx∞¡(™Aò‡∏†,Äè‡@M,03/«
!<‡@|¨Í‡ d#hP%P/ÄèJ†ˆ-P(É˘ ,Rﬁê† ~êì†`}!ùXeÄ\©û'œü–ÀÓ),±–%®@„∑â≈∏ÆQB
ÍC ˆBJ>tØW¶(vz%1^¢pLhôNËA>Ç!Ô∞ÔP
£œ[ra'¸ÖnÆxGÆöçÁ“et†B¬¡@§p1Ëâ™¡IhO 0±z•™Ë®Ï=p ˚¬ím*b¢E%ª¡Q1c¥$&¢·t†≤¿
°¢!'%Q'´d±¢≤h,Ë€ê1êFÉ@·4†™Q/
™¿ÜÄëí–6™--≥âèP`ºÒ7~p9ÄÖáù≤ "f+"
0˘#-P.1,AÍå$zJ™j#%¸–ˆœ
»2z, *IzEúp
ão"pa"'#Ã Ò∞"LÆˆ
ÃÜ¸–{"'¨è#QË:Úô-^Ê¢rm1»Ç,–"a,ØhtEOn'ûaaNÃ&%†!Ï™œ'´(≠O(mBD>ÀúbBí!r`∫‡∞¯ËÏIM
$®å≈X"£Ú~∆hﬁÁ™¿
(´ft&Æ
jÉ±‡
™@•"063|¬GPé¿T¿4`.ÔÔT |a.¥;¿œ'&˝ûê0œ$>¸ ¶*Ω-g,!ìoè+IÉ, e˘êÑ``AËp3≤
ù)q@Û# 2[Ï∞"oA˙*“%0Ú'ç,5eé6{ßH5ßEB2àÃ¡Èí· cG´jI1TÎ√xÎvf&£n p)sáË"H£SD
Ü≤(0J∫¡Í@8†h·©†!Ü°fj°‡„<ã--Ö◊¬'Àd√fàÌ/¿é íXp?[-PdÉO"«4ﬁD§Ü `Ò°ëRÁrÊ
l,Ø°&;†C-X'H˙ÃÅ1“P4.>ÇÃÇ(…Nœ–¸¿l0„MÈiÍ†X¬`DÅ,<¢p≤¨24Ôœ,“,t.\XÛ˙vÇ)¥)sËJ6˘
´á∆œ(J±¥Ç+v"`êÍvÕ?ÚƒJÁk@Ï)ÍR2Åà
PDƒ·%ub™O^´3[Q;{°∞mo
! Ü†z°>,´1~+2n£EO[f6<–;!%–Ã<ÄW™%œ
""√äÜ8°,Hç`RÁr¥∂L`T`¢·≥ÿIU\ÖÅîpTü(1Ê[?¸†U))% Û˙Ò
≥
äñ ™≠Ú∂m`íÑÂÚ!á"h43,œ6"Ô+GMì'\·≠†èÜÄÙ˙2“áNmÏ–üX%r,ØíÇGÃ©=6Ã0{ÖcàD¸'k,
≠´äÈÅå±˘<°fâÍ''øÅ:©¬pÈıeç2JÃÅ_9Äd<tﬁ<`f“ûÊT≤H/†•ncge(kdababç ™¿¡Ù≥ÕrÚ“ÁcœìB
ä%uNvJ¿Ï P`!ÃhBS:^),ò ƒ£ W'UÎ§cuV˘¿D%)– N,D¢≤
Éä≈Ã,WÅ5!}¡3ŸPjM»ôrÙXÔp'*'Á'-Y˙p'X≥Á%JÏöM#='*\Õ(¯%˝ Hí ¢ÆãQ3»u
±Ç·É&10â¶,a/Ô^&f^+X^ßì^ØÛeèHud¬'(ÊÛÇÄr{¡Ïì˘Ëî4ósY*P>∑
(Î…ê@°uW
Jó∞†h-¿-edAvs…j w)'«Ê„
¸Nx3ã∞¿&V˙≈ªÃÊ_nv7!àM/g?ÍzÅ÷%…vÛsR)¢X£ÍIúñêø6mørjí[<"Yµv˙v¥'QèQƒ5…
≈üÏB†≤ÔwR±≈%"_é¢]åB;¸∆Åà$äå•2+-?ﬁ oÑS„í≈v<TÇ, ˜ä"¥˜¢ÇÒu&÷©LçRz!
t†ÍëÜ`)S¯*◊ûºß6Í‡!)P-G5<Ät!6d∏Ã“
b!ÖÅÅÎ“G™ƒR|î-O[∞à3@˘2`Ü¿
tÎå@.¡;∞CÄ@ã/¡√ïfEA"ÌäÎ¶ }¥±z#Û

fı^ÚÛ5r tÄ ¥≠ÓÄ`¿˜œfiZfi◆3'¬F±EG◊∑}sÆ¿§OH«%√6çêÀ∂ÅÇ&‡btô$
±0#Y,ä¶h/áNÍÄÜ§òxÎ∞ËË%s2âL±&,uîÂU¶«T(E%àÙRx|Ûƒ¶Äë‹Äfy&ù!≤h°4Û_Xv}ytGWòCA,
€¿@°ú·‹ë„<qÖfl
íÒï
``˘2@öá†
(°@¡5∏ôâÑUfiZlÃcV"£u»b †Xnµ
˘Ë§zÉ÷ˆ˙˙
Æ†ûèÄûè∂∫‡ˆŸ Ÿÿô*,!:jõi"î0üI3#F
Yg»[ñUè∫°¡a°µÈwƒéJVKÑb.p%)≤B©
3●=∂YkÚ¸ƒl°êa-
ÕWtp∑b¶ƒáhzîiz¶AY/oÌ*í¡∏Ä*ëÇÄÑ˘°ráÅ®âöN#6t¶@∂¿ß6~YΔõ†z¸@™AúaNÅ¡ΩÅa fÅ%

äv●|ÿ
é†F@N‡Ç‡>A¡Üõ∂„¶Ω„≠flkéwÆù
-$etÔ1Ù„
0#,-íÜñ„Y?-#t ¢ö ±„@ZîC˘{!ÅïôVú≤âï!Ìò],$¿EΔ5˚Y?€°«●l≠ÑÏ»éŸv|Dñ4âúà%
{±xMd'√P●>jÅÑ∂Åofl„1◆ƒ"∏●ßdLÀ…∏+ÿpiöxç∞í,@ÍƒÁÇÄ*˜∫üÅÕüAaÊ4ªW≈H£HW°eÅ†öA™C!
Öä!Ök¡Ωá·:°uy∏hcóåÄPä†Ü¿>˘™™öÓâëê;∂CÆAïÆÖD1#e|Ö}&£Úı^;íÙ≥
t‡@±ª , ,,ÿ∏ç˘X"ó!AG=B≥G≠GUp#°U¥âî¥πœ.-#)/êYªØ˘òûp1vm∂€á5≤êÊ„=¶û4Œ0!√7∏uDD^
Z(gzL≥AâÊµ(∑î´·∏∞`Ç`8¡∫ùÅflŸÆ‡Ø·∞˚jf°QPògaÜ˘!JW∂˚°ªzrx-·œáA!->`uk√™†h u´`™‡
fi`@·Ã-*ä≈YúÅ=
®vÜ%Æ√1*◆í¥ë5Í$√€Që†'Î9 ◆ôƒM\$ÇU!∫≈m4GKs}-rΔó'≠N¢°˘8«:¢ï=ê≠§6)∫Ø^●Ä
%§[rÍZµ5∞ßP‹¿{eœ9'„co∑x"CyÀÁ¬p´Û^·=JÃ…`°ßÌ=éÄ¨öfl≠˙Æ·fl€ú®©ª‡G∑X°Œ~·=Ò·AÅ,

a™sk‹õfXjwukd√'¨∑-˚
œ‡&.ÅnÏ0¢®p?Udœ<-„_la1F]ØgµN.¸¬% '3<?ØÄ@Î9Óπ, ,,n";XS\j„ò†3˚FÌ∏6\:
%Ü2Ú5°'˙qZâ2K~¸_LµSG;-ÔµÀ4VK2X£ë¯N°Jû,Ÿ
÷+!,[ñY≤´◊≤j·ƒY˜Õ\∑nflØz¸ˆçc7å·@ä‹àm£ îÿí˘Í%¶ ê U˘8
{ÊÃŸÕg-†9{6,®-_¿fubJñ¨YøòΔ˙%ãRPì™öD●XLgÕä%+ßNúΔr
EhP,mÆ˙aÛ
°U´zaá-o7l'¶ıùÿÔ¥hÉ˚F3-öÀ[∞.=lËèù:p∏°Û&Ûõ6o≤†…Ç%4ñ+HåòŒ°# ì&],R%÷-]∑|
ÈÚÖ;w.‹¬|ı¸Ω€W◆€∑wÔÆm<Æ\Âõ/øÖ˙≠\∑ZM'u+#8sπõ˚ûq‹∑q,«u"ÿÕ°˘ç◊ªO˘¸˙ˆfl"„≠VÌp2ó…
ñı∫T…!Ö'AHnÄV≈G$±†ÑxRê-)tI˘A!¥7Á\$éFÖRHô'-H!●¥W7·Ï●W5…Tr‡LUtÚÀ3 £åç>È§ì2¡
¯Ã0≥ÑJ(ùú"R¨Ä¬ (ßTJ,ßƒ¢+L'"î,ù(≈●ñÑ,GÉd≈âW¨1àV±ÙbQ^)ı'Õ4qΔ X7Ñ&X~˘%"K*
=v»dv¿fÑjñÇàFöiB°√:0¡Ew(¢á%ÿÕÊã1œ£[nœÒñ€m∂·VùpßÍ"ú™ª=«‹u->".∏à«]y€Å3H∏Δß^|Ì
©Ù∞Ú●7ŒwÊâ"f2ÿ(∂_¥-$4å-ïGÅn`¡†Çfiƒ·ö˘Äï@îâüñ(R…%ó§"ã/'å§l°&éíàıö§J)¢∏-
µU‹p√n-¢L/B)Ép/7ÍÑPP°'m¯1 UUM2h2 '¨ÏÚK»√¸¢0$á26O !ú,Â(Ñ¥Ò%î'RMJ-Ï%g`
Åa3
-Ä>9¥û.ırãüéZYe\<
Üe`dZI$ÅGò◆
®%-Du\™&≥'fâ©∑Åj1n˘ZÍ©rÁ™™"Q´/-Q+¨"ıZ^F·ç¯∞≤á¯∞¡Îfiwô◊~-Ó∑LO√RI!p∏15fi1ƒ'Y"‡@
%¶¢. äXrIm…DoÏ'ÀQI}c;GËucÕF=Ôã
-Öd!"m»Ç„»##˝"09˝§SXi]aDcbÅá}¨ƒUÙ1…) ìå£2Œ‹x2S*sR'À≥K'_¸ä'√DìW-sÕ˘_B6òƒÙ%?-
ÚE/`-@¢\É8µ™qkÇ●9B¿â0I●Ü5äX≠'&7Pô
n"î€‹NµõTµän}£Œ-Hœ◆VÄ´aØzÂ¡ÂPá!)V∞~hü ÚÂuì[Ü/¶uπYÇ†·÷ÁœUáB¢A`cŒuà‹b…Iá‡Δè`D
$Ÿ-Û≈û●®œ®Ñ˘Ååóõ<CdA)√nÚì_»œX
j¿ÜA¢h`Cä0É-`É8Ö,~qâÚï0'(„+N¡â´Ñ"¥†E':Òá)v¬œxW¸ÄFß:˘ÃNÇâ≥§%0ÖbBl…Ñ\2·jWC÷êê
$¨k^C
k.Ö ≥°™Sjc[€H∑T°pö»¡[sb≈7Â‡m:œ©a‡»C∏Ò§áá9%ŒyzΠë˜ëYÁ©èä\ƒ#"qΩ∞-*Q
™yŒ[°[P‡Pá(¬Ír-!ä^$ékh}Hƒ1vÑv*È>ú÷òh-bâÑpÉÉí«î_$oa{-B˘ëΩ+'‡Ä'X™0Ü rãÏ'ΔGœ>
(íïT
˚™≤I¢tÇE
≈,Ç±¸
ï™ÃR}¿∫ñGKÖ%Qá&◆íóœÃöWΩzÑXêò^[ç●*Å §'fU¶1/Í÷UE7)TUqX®7ÁƒjÜµ
¢U.œ)NÒ‹∞p<<Á9Ω√∏t2Œ˙"<˘"#Rk!©DªÂ≠$`Åj≠√@Y˜êÆNœÿŸH´√à,év¨- à-∏kËe#‹ÄE'
AñBB(¥häHÉ¬0gâJaíI
hb»-!ZPn∂∞Ö>úí"ç$¬NV…]DÂßì`ESÄ- ˘#'œ-ÿÜõzÜfiû˘ONâ)å_s™◆™\ÿetêöËwÀÅr‡5#≥k*®Å

T”E¥éV¢bfQWggÆt´Ê5è≥MøY'2Ù&‡ S‘Ó#±NºNaôxOìs…¥ÜÂ@Z,Ñ≤/Çn|µÕn.ä
<ʃ| X∏+q:ÌF4¢ÅÀ¢rB•ä∞¡ç^»üû%-ÇÚ»ê,v(ø@ã÷"ì!$W
À≠ŒÃÜâM˜"=ôNQ•∞,ß{ W:QàNX©9[j,ˆ«?®,â0ÒÕ7íAâ*"ıMÇ~"h≤JZ&®¥ (ÂŸ Ø˘UÆ~Ê/
,:·Tôãn>é/j≥ΩF'Ü≥Ç`7Xí”∞‹\äSlsq?ƒ†úda,cZÿ¬›É4{n%Åj`♠l'Òö◊(Xô)™O}íU¢€±Vµ&ﬁ›J
0äíp@ñ®Ñ';qÅa–¬+MÈ≠ÛÇ,0µ!bfΔÇ!øPÖ-hLêãD¯ gâ,e/}Ÿì™¬
Æx•Hû†E/∏Q715ïNÅ+sò˜≤iò®Dò†˝JʃPA…OnrJõ†ñÜC.%äM/Snʃp&n"∑e÷ïn…π♠©≠…Õm÷ √
ßy)∏êŒ€Ëπµâª›
-?˘íï±Ñ2W-h^ÿ§/°¿hWB≤rë”S%zôÿv´ÂHÒµ&«)çwâ≤%faâOV"(MÒ
S“≠ZHœnPKƒ/pÊ|ßôﬂ´
íºÁ»«yª?(d°♠♠zÇœ·»ãiö˙‘ø
ÄR ¢Bﬂêﬂ`7p¡
V-í´`ˆíVy•=P‹õ@uòÎn-ãÜ:mπy´ÒAMsQâ/U¶ΔÖpò£∑È-JÜ∏ÿ0)r"÷öGúÅ
%gF,3Q[sƒáäeÏi√-‹PŒÄó£≈%Ç˝|fΩjöµÂ?zà◊<≤IÜúÑÄ≈5QO˜Z˘≤/Ω√,P˘
‚Qnù`n'≤nÏ÷["%xô4o8ohPHhÜâ@HÇt1H,1Jy≤ x≤‡1ú♠$ëPV?ù‡ ∂P^'qß
$47qyuÏ≈›¿'òp.\‡h^£+P{¥gi,á{∏gO¯Ñ*êë

FB%Ù) T|3wW¨Ú|œWúr7≠x„7¥2tπœ¬Ü,ÑtàUkKXä♠°+Ñ.aD$Y¥2f ùd ÖPcT
£YúÂrÖ0˘w.ëPΔ†?+&,Ëëmm˜
oW"*·
+°Ä˙·¿
–`-
weù4$82≥ÄŸ318gΔÅ√ÅâÄ˘}‡É‡oÌcÇø@ª♠ãr¶Çe±ã√
î– \ÅT‹@◊T=Û?G'œ¢'Aì§§z˝W{ªÁç∑ó{(¿-Oÿ%êY†iV7pC|\»6 D7™Ú|π|≥–+Ùsÿ¥j/§M“
á}J,sË}Ê$8Ò}ÎîXÊ∑v±îI-0fO3FnÄ •OL∞YnPÖ‡™√:f£PÔÄá~(5;®/k¥ù«'√¡h~∑n*Ëõ1à(&Çîã
ÇDH}`îÖ«1eÒH¿®]¡∏Ç¨0 ~-2.»>FBÉ€PÂ-gMç>z?#˘z¯Å?˘°á♠q:∞z
%7{ñFi`∏«„8éÅÈñ;ÄPÖÏxsÀèXà|*d…qj∑1…q7yïj‹4+2C9ÄÇ≈ÜGßCà9dátXá^°kOK¿ó4ìc
Qu˘¯ÄápàäPqPYdeGâSíÅd ¡ZgdQﬂn°'∞
À‡õ-PìÎV ü3CÚ%=˘
† ò‘ÇŸ ë`î~PÇP1y€Uú¿oBô≥Pœê!°xÉ|ë^]ŸJs4à0∞ê˘]`5˙ız*«*‡ñ˜ó0é˙
†Lpó–¬∞¬‡
&B†B˘|û≤*n%è”tWÖ)Ü–˜*Õ!}–·
À–B!≤Ns¯Ü9Qʃ≥í
,±vyh@àaE+/2Δ¢TnQ%Q\‡\-Yq‡ñ¿˘÷d˘,m!J;%¡v'¡íœ”íÿ∞"°ò‹¿
€-®xg\2$(Ö/≈Å¢ø♠±†] #gsVÛ2˘HrðÇÏìl∞X‡≤Ω♠/@Yôï)“ï:Ëï?S˘q]¿Mr+ê≥˜p®q…♠Ñâ
Ö‡&êÄÄ
∏∞Ã`†ƒ¿§rÖ5«ÖÏò<g7¬qòcàaâ9+¥“èŸaê˜Dn»C<Db,7˘,'ΔO∑˙ë¢TYè·¢+˙´% BÖ“Y˙'úÚ˘àõˆ2
F≠¢Öõ(íùg≠Q£hO^· ùêâKÅh`X‡ì‡≠¿√pËJlvl2ªè$J¡îñ¥ÇQâ1Uʃm¿ 5≤
stzÉÔbq'Ë4ÔÚäqUu–aÉ_:♠zHXâ™®è
Ö`7¿î:†òʃ©ø·Ω¡6Δ7 %†Å¥|Δq7»QèzÛ≤~≈M÷G÷–C,∑}‹ßﬁ~ﬂ˜}DÚa~w!ʃJ!
,„ÚVVt@ÓGƒʃ96ÍäÄ@v,iâÜ•v»˘ZeT§,˘ta≠°X
œ`‹™%\AúbÒÉ‡FÂ<œSc∑◊•Ó´ÆKàf:á÷ôãÖ$≤♠◊♠ØõïßhÈ'˘°ûÔ•ΩêçaÉ±Éö+p®%†®qù´±@ê˙ã♠
∏ ß+≤!K*oïÖ%+WÒHWu#ò»q6÷*{Û©ʃ™ÿgê™≥)8Ò1´«Ç8%*ºße¥âqU≤öJ;à%∂¢OKY›ä-4
Z9JvH”)ZãôóΩdb¥d∞Åí^§§°»Å&uO√˘I"pﬁ^ﬁ˙¡ê4âÆ≈êÆ¿∞Æ$ÉOÔ*p=µ]√ÿ1√ÅkÄ"˙€˘ßs™ïÂ-y
zQ∞†˘aû”∞q¿@éÜÉ˙z&`±¿ükù¬¿îjʃJ†:*£*¬ê†Y8sÆ[jvÖ-+¡G°y'ê‹î"fN,m+=´t>öô&π{,Laÿ
¢â®M¿u♠cÈöV41û∞@`P£!! q}F¥P'/‹1ð±â!“;÷‡Δÿ♠â0÷yÁ∞!Ã¿ËWOñ!Å®%^\-ì◊yy´<'•]JQ
S˜Iú E_,QWä<9B
%0ßÈêï9√…nÚ.ÌU'˘Ç.Ú§fz i¨gõ;éù€ü--˘zʃ#âʃ°Åhp„¬7a(Î6ùðs≤À*π@ð™z°È70§Ã-á
¥¶tœ°t*ºFVNÃZ´ûß†|ßÜ4©∞hÄöKY-˘ÁàMkE¡`éÅgΔZë-♠:y!x¯Eª#áÕœ/Δº4eð{at|ʃâ
Å∞Åf!∑ıI}º»ï∞e˙;2ø Ø" 8%yJ±%ù[ô‘Q3Ûì~@#√P@·ÜKá€âyÅ<ÛTtÇ~±”Rà5zK`ÑÑm…π–=›`¿ä
-ºÅ¬0†œÅsÆM7GF√¢™è¶jM˘hÜ.ÑÜ∏Ä^ÚΩïπmÂ'Õ'Ò°Aº{èΩV√ßvjﬁl¡Å™ïPûÂ≠)!√àPz6!ë3&F¥ï
Õ&ʃm qF(1
eÑ
1œn≤!ª…§áFlQ§g
≠œ-x]±ª`yeq
è2ª/I2g*xcÒ%ß"ekÅn∞ILªPÈZ“räL+ΩÉ.
- ·IL¥O`´ß ¯˘¡°K±º]-:ΩÅ©#[†/éLùÀ'√ŒÃ;gª,[Ü«‹èã©'Z-&"õ,ù/
$ví*Õﬂg"œl"ﬁ¡äëµÅ4›"s¿@Y†UMêÅ'4r-!¡ ö[ú9Ì|Ω˘œ9≥~}ZËÿÍÕ*qÿáM'^‘

Ÿ✱,Ã–§¸QO∂‡   p`Y∞öû@Œyñgƒ±%gqIbq1-”1èß$R±Ç●M…aR●ìÕI%Q¬I¡¿€¿
ÕäãJﬁ-âÔ≈'Ø6ÜË90¨ß ´lül°Àê ÌIÂ…Ä¬¬∞©l
∏1Ê●’‘){*%4j≤≥ èÿ‘√ Q+ÿÅ bbj7/D˙≥u¯ZB\ô‡w;µ∆"eû¢a®cﬂÄ™UW”·‹.«:° ´éAalD
€†Tx¡^§>kﬁﬂÅ
œû’ê
§e’¿Ωµ!ˇ✱mêHP
pu Éá
∫5E∫^ôT_RR   &¸VŒ…Çtf,eq>–nÄX✱Rl–>ôãõ0   \ZŒ∞r∫…’¿âˇ¶^Éë%Î1U‡%crïvü´
Ï¡<>”†ZŒ"ã∫EÌ∫$ª6πåÖü7–∑≤vSaVÕ>–¡ò/4Á,
§µiX∏Áœåêoô’
eûèhÿÕó†Ä`ﬂn–®[ı÷ˇóŒÄ»èd…En2õ^â%©ﬁ∞ˇ!{1Ò–ØÒL∫©ı%   vÄ●a
%êêÄ(êû≈ÎßmÙWÅÙ¸vJﬂ1LÇIÏìIbZΩÓ2ê‹Q`ˆR/µˇg&l Ç‡†∞
O·„Úÿ’UÉ·òS   hëƒ≥5ËNüˉˇÑ«>”‡ –—¬∂<≤ü,Â–*”Õ6Ω°¯œÔ¬!∆±¯6yt<lÜo✱∏†`Îœëˇ∞ytˇ
¢ﬁIóﬁÊu“p†k].I£.ıç£ªË˜u_9Ä`u0¨2àÔ7![¸:˙ìFÿÌƒXøﬂmªŸõ   Åƒô   Ü``Ä
%ÄÙÄC¿SD rÙŸÏXÅ¶œ^E“$Qﬂ1.CıSÑ¸5o2°_@_✱j†Òøkêâ bø¿0€°M€∂d’¢Uõñˇ pZ¥dΩ*u"Dh4l™
πQ„Ü
&8î‡✱–Ç
P0°#Œ●[ƒ|ãÊKÿKô¬l˙JÊ“eNú¬\˙îILóÃ°∫àÕÙ≈ÀW.aπñ.m˙‘)Æ●πnY≈zı©[]qq%ÖÎñX
±∑∫eÎv6mZ¥k€~[€
n∑q>Ã≠Ω˚Múﬁo|ˇö”€MZ¥òœz>Jï8ï®TÓö¶Nó&MíË∏¨#«ë$Y∫*ÁP●JñL[≤´WØe‹cÎ∂8ªvÔﬁÆ}◊.Ì€
,Ãqc÷ï%Oûf˜d(ñ,H,l–✱@˙ (ÅÖÀü:Ñ∫◊©„«çÒÑ&q
≈â!ˇıìÿsö
î|N†ÿGƒüé¯6h™q,ã/¥p¿/ËP„¿5$ñXÄyÜmñIÜõdZhún©$¢Aÿ`cç*â¿H
£é@,¿Çê"0âÇ8Ë·êKú"&ßò|≤)Gfh“âG_hr&]ê"Êß°új**ßñ¬%'ß¬™…´»/äJ±¿˙
ó¥ˆÍf//ªÏ¿Ãl<“˙¶.π∏%À.1ˇbk∞}IÂìKqLE,–sé8,Ëb≤ í∏,âeEÎ∞£@JK–ò’(â&∂∏xÀçLM≈'úN;
'új∏·¶óaf°%P¸ %è7/∏¬Yá®·Ñ†ÉÄ:Îx∞Ô;B‹o<¸‹[oœPBaE>g’eΩ¸o<7/»
#Ñ®Å+ñ–B+¨–Ç:¬
A:"ôdó_ÜQÊgX#5ôd|π●Z:Ù£"6œ®b¿âj(¡£ë∂Ä≈9»Å●"_rÈ%ar âôõÊƒ8cåÖBJ©ôîJ ó°ûRÍ…ßö|
2)©k,∞™tπ´6·¢Y.öπÄK75uK+/0–ìK¥ãÈ0«,$È9πê8Óà#â.(cÇP4√¨3.≤‡é8
Õ¥KRÎ≈ﬁJ±A{Àµ8>Õ7q∞   ÌQóÈ≈ñNl±ƒœ¸≤≈,ä+êÿˆÜ!l®Öˇ
N» È†éP8"EâucÿèHé%$=Ù8iVŸÕÎKœ‹¸¸ò‹çÂ–àUhX¢upó∑‹ÿÈ@0A6Y≈¡Z~Q
ö{{!≈íJ
,÷XCç–œ"àL®a©ÂÊòì,âa¶H}Íﬁ«à5&j&é}Rò!ùJŸ…&OvÚ™¨»,ä¸THπ?ˇπ°¸&œ¸_S_Ú¢&4>EMm
Z_˙BlL√ ?À%.¡4?¨)¸ì‘∏PÀË‡ò–≤0¬,l£OƒÿzOíÉT£±°
ßÃ·6PÜ£‹(á6ûàYÑ,UÑlıÆ∞/|àAP]∑úˇ@0[m πöx●`+™±¸–¸®+ÈY÷<–∆–¬>Ñò\/ÄÖœmku4 ¬à†Ñ)â
Àéw§÷`ªHú"±ò0†ç^¿bxqCEíß°/¡y4(A fJB†*‡B*Óı0ùË§{ü°X∆ê2 ulNJä»ê"2©¯Ç*PrœTf±%Ç
+cÅYñZˆ0’Ãól/ÀòË2Ã∏‘.l
[¶ë
¬Ã§çQ”¸4µFmöS„B’2C®#pFÑíÉx
qBK∞§lD´l<%C2ù„Âÿ4êÒàaÑà¸©¬ˇ%~“4∞’   fÄÇˇn°¿VH\´î`#%¬x≤à»à
Àãa„¡®û¸°·ZÀÒ∏ïÇúÄ'EiÌ®Rr)àÉà(4ãaÿÇ¥
µπÖ5l!\AX"$Qp∞P≤GÂÒíìØb=–-çd2UÚ±íF2ﬂT’≤$µ/ñNëü,iÈ≤Øƒˇà¡¸ˆ◊øˇ–ÄÄ!&1
à†ÌNﬂ@À4∞1òı¢p ¸ƒ¬raj]∞&†kôÄÄ0 "lBö@ÿ:ƒ°`´ƒ%˙qú$„ h√∆ß8ïétê√Åâ(,"† hÅü'mùN
€Ÿtu38hB●chˇ@%∏¡>@X
À]4O!BQN¸ÅàalUDﬁáW-   W∏Å¸Pú3òA≈kÖ),a
dóŒï5$bõ8E,Xã_ƒB†✱√Dÿ¿”-%A[@,
g8Jı®&`¬nç…¡~p˜V±ü`l(´“K22●©ïTAŸUòDK¨‘œ+'Kä≈“Kπ¥xfv’Y\È∫@øÄ   -Ÿh‡`¢Âî[¿¢
Ç'õ–É LMjáÌ¬÷:h5DAVÑî≠¨h°Ÿ’tnÎá<Ø·åXòqhêÇ∞%ê9°pú¡‘¨Êî∏=ÅouKù^ì`$ˇ%à\D%Z9c!À
â”¬O!¶55≤pF∏ÅÖ`Ét†êA§√ãR+Å∞#É..ˆœ4¶Òç≈≤AëmA
c@W?:‘
4†’&i8–K§¬ÉÒâÉ}¥„£Ùzï%ŸèÆ:’”dVe §¢≤™¨L+)ÆWÚá÷T‹¨≠r‡_“¥ñ∫Ã’òuÖK[Œ2
ﬂ´+2’Æ¶"9…Ér,¢FŸ»ñ–≤˜>D9ÛUÒ∂Ç¿≠S’H∆2îQﬂ¸~à
jXC∏»<.9íôëéÀö0O✱t,âªêÅ
î‡∑7ê®ûçUπc±äo÷…#B:kØoGêˇ’
ñhFg†#∞ïleÄÿ∆–u≠ã]∏‘Ä✱H,†òƒ$¡F®ÅΩy✱ÈOù∞:√
µ®G5   ¿`â[Éh1……ˆƒ^$ ˇ§G˙5RÜîaıπƒ(!c%˙\ÈJ˜UeñÚ√Â.qô●hÛô«ÑójìñƒSg-œ0√
ZrÊG~ıq∫≥©ô\çÉìr°≤ˆXÆV≤\àÚü

1mvÖ^,<ÆØX|È!R^∏∆`%T∫Á2àAöOqÅZ<qäõCQ‡Ò
Ä<ãîs/0û„Æú–À_¸ÛçÖ≈°◊ØÅ
åX´`@kñ¥`;"ÿvi–˙˘ÖÆ6l"˘UdÚ∆ı1¥∂4@ÅAükKr‡9∞_`-∞òhÄ∞Éå˘5V¢™è1;™B6ˆ1ìy•¨àíÆÄ∂≠
»\»ü≥»ÜAµ∏1µ&<–î1 4Al»ΩíÜ∆ì*´¨õÉ©2XÅÄÄÅX7X∑!ÙÅ$¿<q∫,∞ Öú"ÑC8ÑN∞Ña
(h–h ”/ÖSMêÑ>êÑD`Ñ0§≤#3%@C%®∏5õ∏Ä˙Ωflc(»
ÿÄÁÿÆ:à®≠!!,H,Ä9ò3Ç@Ï¶*@Çn:ÇHƒ#8ëéÄËŸ>¿5ãÅ>õ-ùÉ#˘rùo©=qAAÑ0d%Q:0µ˘r$~∫>¸â
£¬∫†µ!i`ã©*çô Rj¿UZíëôô%˘ë©¿ó^»Ö√Ëäd,ãÆÖf\å≈`glΔh,&KQ∂8œà!¿Îíd¢çÿh†ΩöE¬üÆ
håC,(≤pÅh«<A¨È¡u3¬ ••ç:x¬á®0xàN»∑fiÈÖA∫Üg¯Vä4Ë¬/CD@Ñ1°#30p)35ƒ≠¯œÔ√»ò√ƒÅ≈πÄ^
ŸÄ
0êõúàZDLDôcIô√!hIô”à§öå§ÏC"ê•<€Ω˘êÅJ•Ç≠+©=r1-Pó°C8¶ê-p1*Ç…?q≈hÇ9∞5Øc0ÓÒå∞K
¥À
ÛëÒEç9Àaúb‰,Œ¬
√óKƒà∆gdåKX»À°≠¥Åçð∑˙íJ°pcãl∞Ü“+<1∫;iE∏É§ÕÄ«¿LÃxÃ §«#'∞ô[®©a8Y`YêÖ_`MV`ÖWxÖ
H–ÑD@I`IpHD>T?+ê»§$ó)P"ÿ=ç<Hå|√'z¢†√¸Î∏x.xÉ+!&Ë¶ñ|Ï+ÅÏ|ûF4ÅHJœÿŒÎ≥Å©õ8ú˘
´ƒJƒπ6ƒπû$ ·:O</9ê°;ê©,%ËñHå
†
ÿÄ®ÉKÿ Y¥ò˚≤™¬Eåëªb SKa|äY2FcT∆∏ã∫QªÑFQHk8kLlD¸·å!\Lr”1,å∏î†;albÕh«¿L¯
Ö«<ÃÕ¨<{;|ÏZÜ`xÜ'Übf·vÑ>òÕ0¥M€Ã>Ñ@†ÙKJåLÉ48√5Ù-å¸œfl”ÄèƒÜÍ-•¥@Ç7ò.0Ä∫Nô¸NÇ©I
G¸ŒÔ¥…µÄõƒœ'ë≠ıƒ-ˆ\≥ê∏Hø9Z∏Ÿ˘Q ¸Lêß™"Ë¯œ0•∏ıc0iÜ•q-[<;)%UÅåëª91∆ß1≠ıäπQ¨∆V
¥ÿ∏FqcQΩ(LG˝∫°A jÑ»dö…Ä!lG¯– ≈LÑG≈÷»Å…“G–Ö%Ü'ugÿÖ]PÖMPÖHêMŸîÑyïÑ.5ÖL¿W|ÖÑ/Â
É4¯MåSqŒ<s‘9‰HéLNxSé#O@H0à(0†Œ,‡å#»ô{ƒ@µ…F¸àêIÒå$8œnØJ/ä{œ8ªÄ∏GmœÄ#˘Ùƒñ≤O:$
rÇ˚´%˘XO X‰∫ÆSPØ| û‡àV]@Q“π[íôÄU©êZc§ä±
+≠X∆dQΩ\ΩîFïçÿ0–5AmD€Ω¿1¥a÷ƒ•*´xÃ;-
¬¡>AlRÃ§ÄÄEBÙ¡CI–ß'ÏÑY®Öb`®ÿåA–.LI‡B ùWSêÃ–Ö|ÕÑ/
S3‰É~–S3ŒàÅ5˝=ÑıHPNéCÅ®√àÿËÆ≠amZ…ç∞Iõ¸X9òÒ,¬·ñ€
<(8k√‘mYúØ•"3ÿóJ≈Y+»Y◊,‘7*H
/êP®QêE¢°EØõ∞%†˘hU ÒE\†äXm%]í˜iÀªZ*…ühÑ¸ŸÀØ•Fl@QaΩFb=V¸Q–ö–f™–∏\eö…T,(ËÅŒ\Å
Ã¸Ä¬.à
n
î r¬C#Jpê_ÿÖUpWÀç<yΩÕzïÑÕ5ÖRê·L(H∞aÓWå>–
”J3>ƒ9X Œ÷Ö√fi¢√ÁHàÕä•X°$¿Xçıè•®b•ê•AòHJ¥Pù%XT”≠883(’=Œ<Ø2k' tIµ/
™7*IåY&ËXêEf‡´TïÔπó9…Eß–%<Y∫≈X}•∏ƒó´=F∏Ö[s–°$ÖΩƒ%ÓÜi∞FkDã¥
qX[–j÷∆tL±hå<πÉ;ÄåTGªU∆‡ÏA(kZÂUÜ”Ü})ÁöØ'»]· •◊L®Wdéafi\H®·–Sfia>8ó)à8’˝ΩóUŒèT
N:Ñé,CÇ%ûŒ·r,™¡).òöÃb+fififlY0û∫% >√-<(8€»ƒA®òùü-3-x8¸Ç%ÿY˘|#–^Z=flR'±Ó°EYúìàÅ
\í±àU¶ÄZ©UKŒ PçN∆cîÀ[ËZ¯’K∞'KK·‰4[ó>tpî¡£êP´®π•†®˘ôuÃAvtGœd∑
V=(ÍCò2L•r¿ÜrÄÜ˚Ú?p?Ÿ\azµjŒÕ<Ãù·H>ÄÑi]2ÄÊ1TÇk>XmŒÄó>∏çÎ–Ë–
Ä∞Ä∞"'v,&•√âΩ@Â,å˘k¿∂H∞$/''H√·§üΩ–Éä≥‘5XîïYüç ®D+‡ßù>T¸™é„fip≠É9X°<’Ò5eó®–
<dÛ•å_SôÉcåd√•d<1e‘Ï]•K¸≈‰Ω\Èø‘d·F·-K¡1ö∆¢ü¯ΩhΩÑ¶Å…-†&∏]≠°´ÒÅ"ÎÇ
¢÷G¿ÑJ=,Üe˘òÖ6ËËÙAH0¥j.ÌR|≠◊Õ}·.ÖÆˆÍ@ÿW~khfiM-PC¥^SóÅÊmÊ∏
H
HÅÁŒ¯&…™Œ=>GÏÎêZí¯ká-òLl£N"ËŸ∆^ù0(ÑZk VœX4åJÕvqÇÊ'É^ÏH>Q=ÆÉ;Ëò
ØÛc•∞¨Jfl¶≈Ë¡•GnK(–P˙ΩÌ<nrj”_h€flÊK’´ƒ¸fl±"À„ÓKpDàj–±Êñi¨Uû \¨!ÎÅ
´a"Ì`√B,VŒ7*≥ó+$R◊+e˜fÑPú◊|Ω◊Õ≈jdÜÑ|uÊÊÉ/"°∞fi◊}'MÚ2^6#pËJœflÚ≠ÿE0¿Ç'®N0ËC(fI
‡àé¯à–Ï)å,6Å–>'Çv–áK√¸§„|bå;^÷Ÿl' hrÒı©§∫Ñ¸àÓÂ“[*åZ<±≤€
$úhZBûhöx^µƒ'`}dGΔ/˘≈Ì≠ÌvƒËm¸%Ö)0i°÷a≈rƒÑ
Ω«p–0óÜx'G§ÿZhöL®ôlÇüœ]Î.≤:É?ae=±LPçŒ,h0HYÖIÑˆC–MÊdÊ<B/tCøaŒ¸ˆR˝nÙ@ËRD65DŒo
k≈y¢ÄéXp$ÿÙ?|,ÍÑ,(ñπRÔÎuVëP¨ÎÇ±ÅDªÅ^óÅù#%ò:«¶ÅçD>ÇU≥5¶Å^˘/
Ç˚;Ë»fiHZÅ¡≠É)ªœB‡C'yÌ,d!g¿"w•&˜v*qrƒ•@pOÖ∂˜¿¸år*◊,°¥{Qh u_¶swANf<∂>+y˘:å°
‰π,E8s@9≤}≤ÀÊÇ©ôÉÅGj'¨Z»d §^pÜcòÑ|xà«Õ¯Ê\&˝L∞x”˜x∞ˆx‘flMEflÔ/ÕM0% XóekîÔïèd(
p5'$®ö€Ω>, îÕ®˘(ı,Æ,-.p~àeô{u!p-◊b8/i#4|3ÄrOò]35CË–T˘fll◊/Y©_5Ì
==¿Ì· OZPùxvã>_C∆|±ä∏+Ä¿uk`Æ^πfiàp†¬Å©H>J%J"EQ∞,ä∫îq£∆nŸ∫aÛh
€¥iŸ¶ay≤öIi“™Iä&sf2aœ|°ïQ„•KçÓƒåS¶(Pö mr
ó.],ÃπsHQ%Eä¶V∫‘Z2h¥:±
5)íüAåŒ2íÑQ&∂l3¡çin†@éÍÚ…À–>ªu'µÀ'•Z:tàô1bƒÖçdÄÄ!√…4@Ë∞°ƒçHíÄùÑIí#9r<∏°B≈
Æ=îÄ–€Ñ7Zÿ∏a#àìfiZñh˘±≤D8%Kñ(QBÉ∆å(NúXÃòqÜ'ñ˜vR${‡>k(G±°DêI∏‘9$™±h…¢
ã∆L¶0fıÖÜïflW¥õ¸oÊ Ä˙xì.7)î‡B-(P*·Ú†ÑëÚ‡Db(JFı‘aF$ët6ÿdCR7&ÅXb4ÿD”LÓ˘"L2π(ÙI
áä,¢»qÑASI%¬ÖêQÑ'XQuH%Ä–bÅV–” !ël2» örñ$å¥$ô‘'•\Ä˘ïG k!¢◊`Å¶|–VLADã=v¡{Ú

Ad@∞A
)Ïê√á"ëChä¢ñk&¥♦Zl˘±-∂ö
-§vÉ68ú¡9Ò©D,1Öq…)GCrÀùpÁt'-GC
≤û/€Eëj¨A<pDufq…-f°«˘Ò>flÄ˝ŸdìÄ˘AkÏM6·tKN !'P∂Í'≠(>ZX-%©ht-
E;qÑ ,óÑòRH%ù$"J"ffb4'Ãfå/˙˙ÁPOç42«é='D¡G%≈TEFuUäX¢ JZB-√ÿ2K(˘X)»
Y&¬à»l÷W ô|È●_uô…G{¡úW`i2dê±f ÜYaÁ ç9¡]4†dfÅ âqC¢âÇvZ
£∑ÈÊ/kVWzÈ●© Q√˘4hjpVX·ÑJê›i4‡ZDk3águ÷-Í5
ù*™v≤.áB5ëÖs"J2fÊ'ü,˜>GÏ¥œN„ÄœRãÇ∑Ù¢-Ñn·Ñ~{aE,bÑIáß_"â }DØL1¡˛"}5%m/üXÒ!áÿá
ê\ÄFLdëÒ¡ÉGu≤{'ùTlI%ïtJ(†Ä¬…$€oâ$âl)â¯[∂≈¶˘lÿÀ5´©f|òø˛pæiúZ(·ÛbC˚
ŸûîÌ PÿÄ
ØÖ©ù&QßπMZp©H9-∞TUÄ›h 2¿©¨úOıL8»Œ˘ú˘\Ÿ)wö¡bêø%,°7∆â'rf ´!$°xuòÉ%,≠f®r-Úèâeì
√I.ZY,B¥≈πT‡B .®®!âhh#Y‹¢Ü.¡!é|E&ô64¶!;ŸÕGZ' \/»e @LL]ÄÉêÑ«ØØ·é¡„˙®°?
¢ªõfiÛ¨
Blo›D$>♦ÂoKÈ´KúŒd…IûÔey-döfiøOÚ·}Ô´"êÜû)Ü:îYee"ÛT¶JcM¶RsööÊÄZs +Â¿¶∆6Ëöf-AQë
Ì7JòBœJ5úP!8…Iâ
c¿¬(a»1€¿£´Â˘¡Wn‡# .·É¯Ø-~ÜËNv˙á69ê:≠Öà‡Û˘¨PÔ°ààNüÿ"O¥®ë.Ú$°Ó…âV◊°q˘YH*lÒF@
ÃAv®#çóC=˙±è˘ aRìN¬§~Xi##!Ahífl˙^&h %¿fIgÁcY ÃÑMð/®°ÕF-§¡ 'AÇÜ°aÄO∞,¿
e PH●S-»ÅQ„Ç€ÏR Ø¡XU≠ÂÊ%
¢C*éçlS(ï©à@6z♦S˘Ç5˚öÕZ9!o5p
Ép,∏·
¿≤,'ÈŒ«
-ùëm'¥hîìkuNä˘:âg≠HëO§b†%(/ìåÃD()cãdbå1√q7ÈEDRÅäK|¬çÄ£
,∞Q‡=Å4£IÚ¯»Ö7¿πoxÉ/ê,†∫hòÆ -≤≥`Wd\
Y&F∆¶JÓîì|ü&Ÿß…óâ2îÍ%/ú¯ÄT·∞p1M≈Äû˙¥'XV∏Í
¶Ü@'hïóó2Å
h)H] ∂ô
S°œ˜Ægö+/f&™∞áövB'q:ıµfif
php˛áCX,ñSßc◊D˘»°∏…âe˛»QÀ&,ˆAÇO\ÏSüÿzë+2Pâ4…Â»È-Âí'ªfå.ä˘F{œ˘Hh'óÄÿ"-
€flœx§.íPÊ* ·W¿B-pÖ*∞Å
UPùÎâÌä©K"kÀMg∆"ùQ"|>●ôÀz∫Ió≠WΩ/C/úÚ` ‡:Lu%e¢ ßW øõ°e-˚€_≠™∆é'®)/†-Aqfi{ 1X÷
t¢">xa§ßNv2&6ç£'' ÿÀ˛♦á>Â.Ω♦·cáŸ˛?C,H.Øã-n1Ñ»Ω¢(P!-%ÉQã`LËe◊û˛<;!
°]◊ñq@Ùðé¡Õ£hBÉ$4mö2B¯]Ö/˛˚_PË\♦øXÚLÄY8&˘€¥"?-
DE4"ù^âugi†Ücù˘^˙©˜}eıÀ_P{ı"´·●©,jHÂ&'mΩ´ô©Ö1åmf∏+Ík\"!Z‡8ŸÚG FU1faá∏7"ñ@*
îÌÿKà˚y6¥júD˘Ïáûñ>ÁAÇL
ä
mhEÓÉ.9°∫ÑL™|n*£ª@≥ç-Éÿm@HÂÀDsÃ|Ô{'fl∫ ˆ`ysk-%!Ëíè<^Íb≤Û●œL4Û)Á{˙"ö°7„áFÙË
ùfi7=/
4êÅ5õJô˙˙Ôœò™6∞fl∞'Yuîn‹Àfl«˛9éî♦˘^3ú"≤ûÛôÈ¡4%!˙BOÉv^'§#∆8€ë„áÄBBêSO≈Épq7Z1Æ±
◊"-\˛=n"˝©à≈Å~˙∂„∑i-e/Oú€·PôJKÅ»˘iôf`èxApÅGŸ€"\-,ô@
îÄ¨ÙFÅl¡®¡ßPü£ôõÙ≈],\¬˘ô√¡IÕ˛°≠¢-/°úóÀU∆«i¡"h@XZ}π…!@¶!@†X¿Ì©∆ÓÀXEä®9°
<an®öV´%ìÚëÕŒY_ù8flPıï"-çÕ-eüØı∆"'¿
`'u¬!x*,[ÊúflM8V˙âI÷cy>Å%áçù/»_Ÿ ôŸyŒDÄ÷'xõ€°Ç€ı_˙˘üçÿïA"˘Q
%˛GëÀç(‡éfQpΩyÜßuZ™ï@
às«"}-F^úTí…-Ö˘ú†üôâO±Ã˙¿ úò"-∆‡°U‹-nQQ˛Ë˙tÄ‹Xö●·W…]FÌm∆UπF"F LäQ£P£ h¿\
@»Ä]9flŒ●ÅZ¡Œç3=/∆ ùa _9íÕ-ÂM[jõ'\B-([/T˙µÿ'˘BâÈ°Räÿ-·◊πì˛Òò=>1%
î#ÚDh…ÍØŸDvà#+$,%‡mED˘áD è˛Np%ÅgLM¶%∆(^
†Ä
Ÿ™ÿö)ôR-ïå]‡%%=ú
äOµ◊õ {ùW/ûÙ¡ Ù#˛»ÄTG●Ì -\öTÂ◊e4ÄÌa„U9£lhe
°5Zc
p@
î¿h¿8Ä5ôJ8Z¡8∫£4fl)=ZÙ›`)µeù¯Z
A A∞°ìÙÇAp]AN[¥ÿ·¥ÿ?Hâàù˘! ô∑T)|ãDx€Eÿ»˛â&|Çf:¬
%t¶Èòé#àBgzfOtf{ãD¶µXbOXE&ÓàS…♦$¡©§ØU†"@
°% \"1¨}·˛"x˘≈ ˘˘õÃ¢Á˘$†%
/¢-yE_°-ÁŒ‹˘˘
#»È IeA∆el@†ÿfiÌIftez™ßpÄ♦fV¿|£]µ●8í„ú„Zz·›*Œ…)-â™V

AÚ∏·%†Ç˘E:Êé5(%*&≥IhaRC$$fA∑UƒÖhÑhAdFÿOÑ(ìiŸøò®O0ã„Pñ"ímôﬁAl÷Qiòj`•   H£4
ä•s\áoSrúM2}·/Ó]∏"NÜOŸ"Ë
-Zú'†Q:∆`ÙEg£f" ÃWT≠íwÇ'†ê©x-uÂDÄDÄöǝÈöÆizñ@˘
4'`Ä13i·ûñcÛÈ‹Z"ï%∆∆ë¡∆ëçÄÅd∏°-P>≤ëAbùa˙êé
¶?ˆ#"HB2H.%ëI¶NTàË|,\¶àTgä¶™^BhðÍ't&¿¯D#¯ÑAfNPÑkJåTÖlrAç
XÿéÚËú∫§è2sSˆùMñR%Â¡ZúœÂÌ%u:ßËaïR'ï∫åtz+"ÇaÑÕq#òÎdHFTVF+ifTïT%öVeõB@`∆°
¢È¶¿°GÛi°Œ,ÛÂßÚÒg%\)-ÅÄ–Ã
ÿõ=V:Eã˘Êä)Q¥≈X˘∆Vñ˘TËµaõÜj,H&íuà,™ÆÏá:"D˙DÃZ≠.¬«VÆñ¨Æ¬éƒ¶êÙÄXÅIêœZÄKn¿s(≠s
\Sê¸´®¢†û ôXNR´
Æœüe\∆qÎïe∑j^Q…%¡mÅ2}ú˙ ∫äú–¸Id`∆€íÁA@h@∏kê)ﬁ≤Èı†1≤}NÅ[ö¡‡é£Œù#¡ÍÁ¡÷%‡.,«µ'
8…2Â÷D%L™∆RjÄ
É@§ÉRjG"É¿_>âÇdÜjËËÑDXÊ∏]ff¬Í´™Ífœ*ÕÃÃö"ÕVõäaéÉ$†ƒhb4Ö1Å–ﬁ¿˘
¨Ä   ¥'öû)ﬂûÄ@GÙ6-°
',/∆©
^RíV≠˙Øß°±†∂◊Qï"%˘"§˘>´a|Åù@0ïπF∆dƒû-`Fd∏-f•mÛ6@TeΩí©>÷´¥iÙ
8ÿ21_¿,~.p¨y·8öö¡úÏ\p¨
<¿!Ù3ÿáÂ&f¶öﬂÊn.◊y¨Â`lA¬üA`€…NÎJ¶…~ñE¿,Ãˆƒ©~hÀ˙ƒ"\7¬"4B=ÒXÊ(§N•ÑUÏ,èÃËØ÷®Ì
®Ä¥gP1ﬂ.cª2cÙBG±bá≥ e¥∆,M^-õÿ,˙ƒ   î÷åðñoP
¢o(°Ô˘˘>| ◊úÌdLÜÎÖÁSΩ-‹÷U6Ô‹&¿xpôp°oe,Fœ%ÈûÆ·∫%¡ä£,öÃâêÅ%è
ï,Ç>.√«&&ÖJh)GõÕZÉ˙·9'S¸% Æ.Íö¨®ûF$T
ÀÆg∆.gÎr¨±%¸r#ÿ÷∏ÄV∑Qfá∏€Ódî8 •%ëÒ"ØkL±!ø´ü¥khÄ_SbxÒ1
ùxâW`ØB H-…¨Eó4-ÓTî÷Ãõ†WõÜ…ÛÁZ*Ä~ê‹t\sS=Â˘¯ –X«5ü¿hcAk£f≤
€ÎhÜê}çÄ7>≠Ñ¡/‡∂•¨…/˘])pû«û@'*ËÀ≥E÷ç∞˘•Ù*c,=â].PL√4Nƒ¥0¨0µiIÑ>Yƒ…
,÷'uP∑ÏÀ¸ÙÀ"j#|R#5Ò˘•g],Nÿ»"¿-»Ao˘÷Ô%òÅÒﬁ(Ø45J€ˆ`6Kos≥£Õ–©"d/   ö‡
%IÎN©≥†=ß˘∆Û^œÛ#+_G•ÕÂ3
´6∫e@@wBFu†ıAg≥§d3cÛ/kÚôj   ‡IdüGnÚ®;œœ–ZÛ•Â[
dÅ%§¬ÄT¶™0Çhl
´@é2b˘£0†.ÿD–àÇúib˝t˘qá(ÍÙ2¨*˜Q«¨ÌŒ,Ss∑–∞ıƒ"\PÖÿQiJ8êÚN≥!
†4Üü4ï[Scﬂ2y
¬u ås9C¬'/&>5sZ¯∂WïΔ±‹ÆÚ   x=S¨¨âGÙˆ†c8–Ù‹h±uÙ   §Ö[@Ûb¯ôF∂ƒ/∆|/¿öp
¨¿f·EÀ/á€eœm"åbÿEÀküì`:÷¶ÊÅË¯?µc&È"Ü^@Âj∑5P∑,R5s;π0
$uÃB71h>pá,Uû&j˜vówõFxá5óÈ∫
Õ∫F∆,¯blÛ≤"∆˘pxêadÔ$>E9£œNj≠˘LÈ
¢/Úç£)≠ÅÄ,=?ö,Uﬂh±ó∫–_ÙJxÙV8§J t•®©Ì•@TxDè¿RzÒ¨ÆŒz.ÛúÆı\™#a*ƒSdŸ!l´"J£∞l◊!
v,÷:L√K≥®@∑NàOsÑíwQC§RC˘QGπR¬î3ı b90ÔÍ!E,±êà.Åwkp@{ä5†…≠+üçcÙ†u¨∑/¡á˘ä
%Ök˙å3a‹-Ê7söÿ¬≥‹è£†á˙_ì:Ñ©ﬁ◊∞Î≠ötHGtúÄ˘&ƒ7áWx
§Ä≈Û(˘W∫ß††Yj∂ß>]âx√e¨ä„;NS7csê¢¿ÅVƒ«Ä‹8ç˘nl◊:2õm«ÿØÛ°Jcäf{ jfÍwíﬂ∞ç µ%D˙"/
BR;=¥3˚¥C˜Edπµã$èƒÅpΩ'&jHÒ∏èıπC,ùπ}ˆh¿zœS3¡˘7á3û"Ω˜zØÈÂÖî"§ü˘y¿‹©Û'Œ≈öe"5yú
´D«·Î‡Ù6Gs¥ï
â
`||†Ä{≠Aü   ‹°1!«]"ü´Ep-ÈZ¸•Zb∞ê%gÅ'§øÿ¨•ÆrÏ/
õ:Y,lÎ‹b,¸ÅDëÓvBhVaHAm®˘à˜Â*Ω-/u
¥Cy"3˘˘∞'[wéDÃﬂ≈hPxAxAw3ÅgkÖµXè5ôöª™k/gÄ«ù>©¸´®(,+÷Ωœ+g¸◊EîN©(ùØ‹ó
£¿˘∂‡Á3@,!"ê»2ÄÃà1»¬Ñ3f(Q≤Ñ,A3
BÉc
O†(ÅE»
'NêÄHÑÂ+/µ§â9F¶ô44≠h-2∆äDñ!Œ81£§â#ñR˘ÊãòR_O}ÂÇ:◊"™R±Z}z+*T]œœÇ€5WU
\∏rï=ÎÎVŸ[oqâ"ïJî®KuÂ,≠{È"ßK|?-Í˚©-'K}5∫'®pb¬ã N‹h-˘•Eâ-Rhg@ÄÊÃâ„ÖKi0Lò
%P≠˙∆ç*8p∞`aC∑‹xÄÇnﬂ2>"√à°˘ZËRß:œ-   4ùL >"£O◊œ=œvÔy¯ÄÁì&|ÛÁm¶
±i"äô1Ó>ﬂ§πsgŒû˘j$"√!F"ópB@'.∫((:¢Å$,(¡#P8IN∏à¢ó`2#¶òÃ€pC˚îPNâÇä(n»¢ó^pIf*
±§Ç*+≤∫Í%∆πzJ™∞∆"Ò©ØŒ ≈∆!ÀÚó[Œ∫E∫ˆ≤´ÆTË∫äØ)˝:Ãí¬k,∞¿É¨∞¬,´Ï2 %ê;   M4–
˘,‡¢"∏@má#r∏°L•¿Jêç¥7r"
>z{Ç2ht
bXH?ä¥XB'rrÓ9Ë™ãéèÏI#êÓH'ë@NıŒ∫Ï»ìÓ‹Û÷SO÷õ‡„=[·"i-¨†øY1D-Â'>ñzàå¢·Ñ>©$îPíÁÜ
˘ñÀT¶"†„‹ùnÍ…'ÑBâ§
6(!   O§™Í´çÏ™´$Ÿ2-∂∂ÚÒ™®∞Jk«¨§j≠Åë,¯»'Ò∫KØ&ß%K∞á-πÏ +ì±á/Û≤ç7-Õ-,Ÿã.J„
&í`ÌŒ=cìÕÇ,h`É€Et∑ﬂ∏ÇFä"¿8Ö0±◊Jö"iSN≠ìÓ∫•¯èªÌNMµ;Q…œÍÒ`ï>ınçè¶˘vµoâ)âËıß

% (S'ö≥T ≥
*$°PP0$íB2●Zó\≤b€òÚ‡÷€Ê$Ú)(„N-@É
nÄ„í©f¥˜≈xÌµ-^≥|¥ëF«/-»µ0Gí≠#èd“I'ôTÿ.ø˙ʃrÀá_Áí±+…
¥å12+&sé4Âà√˜8¬ËÇd“ûh"âîÌƒ≥ÂŸ`é†6ôi~†Pfl--ÉE5pÙÑékImLõÛ^ËÎË ˇ<ßØOUUE
ıʃQΩEOk≠ªΔï'y2V9≤ˇO€ä)0T4ùê˘!'d{â≤^cʃÖÑÅ
¨ê(2^mH&Åã∏xU8("âS<,J¿@Ù¬G0Ú-çʃ¬ïð,*öıäÊ|Ù.~ˇÀ_QÅK¡êD:ΔeIkííÛó÷5"bØ£ÿÏn˜:«à
âcÛ]Ä7ö0î¨40êìjZ∞Ç<πl6/{fvfi‡Ã7<”fiœÚäÑàm^°CLË@ÜÚÕqiÂ#'¶
£œQÂëèL√#’%∑5¯‘J>i∞Ç≠Ïc,"ÙØ˘ ±0¶¥●ÖÊê¡XdîU
Q´$%9IµfÄÅ,!DLC¥8 ∞prS\ÑJê7êÇ)^ÅJUÊEïz·´-˘ªî¿hîB~ ,Kíoë
\§b.SW«◊πnEÑ>«îò0Q&wπÉœ92íï
≈ªbùT†<¯ fÅ≤†4=CÈ¶z9€ô,Ö†Ap òü-ʃ’-9÷-iT+Ëß^∏>ı>ëiÅ‰jU´["“>c‡E¢6œiÅlì
%ÈêbË˘òÃ%A®ïRjô#`Nd∏Ä~°C;qÇ6H.„(.]7ËÇ"r‘£}·ÚÑÒù
´¬ï}°0+ʃ†!/g#§œEôÄ4>í§ÙC)ı0‘§f`éxô◊ŸÆKM‹ÿöΔY≤r¢Êú…ÀS ÷Ÿ≈ò≈¨∞˘MoΔË5g»û,R*
%®q"è%®Ã@3ƒëé5h˚/∑œÈ@6Tï}U¨˛ðû˙M4ˇ’-\äü∑-°£≈rŒiäFR≤-!(1NP¢ï%Z)Âð*à[Vrê\Bë≠P
îÖ;¿,)M
„ET£&-°,°ª"√Ä=ı-≈$ù≠JÌj’áBLa°JD-=wH¨X7…DEìïÜ V‹¡t†ö◊ò`ã≥aÁ\Î
ÅxJQʃ-Ÿ˘óü≠hi)˝È+Ñî6!√¨^eû●·qè●Z®˚ÊËP¨±á~˝ö!Iä!ódT9D Cð,EIù|Åí
m1ßc÷Fjè≤q`®FòËñ®|cL%Ó’¯É7`B˜ï¶˛R+ÚíW[fi¬K¥¿ê+LçnΩÏUeÉmJq–.)ú…>≠Êö±Àùbƒ$;%öu
\
∏●Ñ8ªW:ÿÅjËÎ>…f/öM††ΔõÌlg:√ÄÄ?ÿùçîÃ1VL(πÿ≈Ú¡Á#0zñvµU}ÍS> è˚<ø¨≈J≥uEy
íjåñò ±dØú--●m¡/!C˘2"˜lð+!»a˘f¡öÍdD¨qp4PÇ!‘9j ícÑÀΔ(π¯Bã
iÌ+ ≈,Ê
±ããfn7ubðã#∏Í˘0√@àà◊$SÌ-[fiäï
Â|BÒfi´¥ ã (Å˛-◊.n¿y1´Õ^+`zgnîlWZ"ãXd 4®¯≈}≈6bpSy●ñC#|
JëÔQT§≤tÉ◊cïØ˛‘Üúhà_„íÔÔlfis ∏©@XÅÄ#"_åY˛ÏS●1˙(≈+êzÎ¡œ9≠
rÇ'Ó
∞Ä
ÑK\b|E]w*
WË/¥<µ_”≠aÿg8√≤{;ágq;¬ð+ä0§BJ±˚>˘r;/5ÊvîâX5ˇ˜àYÛÔÅoƒΩflÙ`0»¡œ[●Åx \˛3¡-
%3Õœ,·X∏Œ-‡j˘UHÅ ëN_ê% } ¢§àL+…T~¡„j8●¯· Zç%ïm0●!/·T“1˘ÜîZ≤’<£iiœü”Û
^L?ΔSPñ-≤ê°D"˙!ÇNjMIúÀÒçʃño●3‹Ä@e ÷∑#`VYò*°◊
yyØ¥Ù˘˛ÇÚ[rhâîƒt°Ï%Œ.●Ó/AJ-ÌP1 0)c»$bpgclÁ°z†x|Ä œ\Ú&œŒãʃ®ùé‡ û</8Æá
g≤q®Eì&Æ@Ç"6(„ÿF ©ÇP)¶t+¬Ú`á●îà●:ÃC‘HMV(ê\ˇ˛'D¶ ˘˘â˘‘hëdÓ%@Íëàè
%ñO#.b[pÃ@àÓ˚&ð¡¨+.E Ñ¢qÆB®.·ûM,°éÌ».ÏhÀ∞¨_™Ã€^Øò˙ ƒÌHH·Ìz»
ÏÇÓ%Ó.>°˝¬!02"Õ.F●œÔoc●<-{ÀÒz@5^
<¿$@Æ˙ÃÍúß1]nCQe·- ÆBHØË n∞●%üö#h îpÎ&Ã√°ßó-é¢fi√ ”’
Ë¯Δ‡●ÈíñϾ
œ&ãœêä/ÊÄ.Ë(S*˚Ü¢%HÈl¡ œlPÔÃ(J‡Í¿n°ñ,∏,™˘åH\Hs˛-ÏÜ©ÏÍ≈r∞ëd.¥+Óê.pA
∞a"±a-/
„„9±õ,∞õΩ°B-flä/ÚÙÃeZ-ã˙ÃœNØå<8Æß˘*qf-kPYä-ŒW.%µfM¡Lâ&íèTêí|*MéãÂVn¯&Ë%BdëÜ●
˘~bYñÖ%pÄ≥Ú●B,”F+1¢É¥è●é√?÷Ò∞fiàíé%Õ»gr‡I*‡èÎt·Ó“©ÚÚ.ã…©¬Œr¶_°
0˝œ- ¬ʃH!ôZAôDaôpÅQa0 ì´Œç"-Õ/-˜'#1>ëõ>QC≥z`ÒJ"ŒÙ˘ÌGPX≤ÂäÆn£=Ô-
≤ßDèZT¬"PıLd(zr%~rç&®9r"CÎçí&ñQ%<Æ|%(
KV,Â:k¯zÄ§-ë™●*∑,˙í£WÃ¶;∑ë%ʃÓ7ÖÖ{$Â'.E≈ð0§x●ıÑ,ÿL !)Í●G¯±ÎzAt@ø,4-¥ó-ëʃÚ-H!
2S·"í.ÊéB/tBÅ#©ƒÓ0“Ωd1√2>≤>BwN¥õ!ÓÏŒ\ %ÔcÉ,Äd√"GqîlTœRë#`ø●6ÓØrqÙf∞ËÙ
8"d"(%ëH˘äÇ(®9{, qO|‘PC+*£R*£p∞●Êð2!ÑNË!®˘j.+µr+çNπ%∏ßYà¿O-UL'§Ó·6†é
`●1\$ñ,˛˛-/Û“€ï˘ú*@Ω≠Ö”/≠äØMIzà.1"#r0@ï´&Q1&Ò2P3#3G¥3Ô°:-;1bB●Ò Ø@@
%Sël‘tîÙ,ÆH●Gd6f¶d”NàıHu●6i˚p¨ÉXj+-n"
ãh´K˘¶[R)
hjSʃe±¨¯/±¡¢Ú:i*_bLœ#¬”""%¬Û
ó+∑ÚNÒ’∑Ø\Í˘t-ÃP≈Z,S,ÈN)K¿≤àÎEU@‘a3@/Ÿ"R/ÊÎ¬n`œÌ5UC#ÛB62!
SëuÏéT>2S#˚ÓbƒÅ37±b¿J$)Éflp÷VÔDÚ<`‘Wy’WaÜFS-W˘Ìfl6¿,ÈÉÓz«Xçï:Ä®ñTÍjØð\f‡˛Δ“¿|
E9\B"ƒ●'6N(●Ê-ñ;˜á
1 =Õ‘BRxÒÙÑı&ŒnçéBÙV’Sn_/|2Ö"h`ìáfÚ”qðÖ●/ÛrqøçÌÓRGT»R=G,˛O!01≠Í,√dÂnB
CTÖH1£t˘0ÔD¥t!∞tYïÕ
èÕ8¶B@nuv#L`Ú&/6ÇhÙg˘
‡J`xâUYıÎÉñ6¿e: %dÀjaðð∂\Ù)(lP«¢'¥WlÈCWËC&L¡Œ6*’µ;≈◊˛c,

¬–±Ìvn'.oõu˚'u˙¬Rr"éT£p¿0Â–Í±<AÊrt/'∑€◊Üfi™™˘"ò≥áñÃÍ"dC7É–ít9XuWwD92%vGòc>ch
˜Nlwvióv{÷g◊W˘4O")ùZ¿l¿AR‡ÉÙ:y˘7ïï8ÚÈ∑kqN‡ì≤ˆË"3"FÑî2˘JX2
ˆn
ˆ•∑o*Â%¯Ê%Ø≈Rƒ∂p
Á'á%4"!ˆcüÍwo
+wo+IÖ¢NÈw(%v"àmJ´,6ầg‡–ë¢ó^D c)6c◊/ÒÂb1Î,cÁb=˜d3eE·KP∑t=8S∑·2√¨^∑UÕ
ÅflV
g[†VSôflRÒÚƒT@ñUÄfl^ÙEÔ,Z¿NR¿6†~ôáÉYH‡6á#àô˘¯&eKáï4éÈÿËÿï√ñ<Øuã≠†ã{el∂∏pz,lÄÂ
'"(Ø¢DÇ~◊∑çMƒYyíBfiö'3é#–%4ŒióBHÄ8˘«á:
ò–ÊÇÒ2A+ˆ– ∂óƒÖÙíê;∂≥ô(¯ÇCwd˚ÉêC;ÿÉU∑ìoG∏ VEöc
œ3BpïCpflRZ•Wπtÿn@•U„ΩBÒÓ
ÍƒR h„ó}]ñyaë7âç˙$úôN´Ö…˘ÉΔZü'W§z9§zç¶XJLá±Â!ÏÀí=ìTçìt∂x≤¨ı)˚,Z≈Op„
ÒQáqí@.!4ß*Üf,grª.ë°Ï.Wà+(óê'ˆ€nAsÁÇáÙÇI&4PÅ±MVd!≤ΩK33πÉ!
PUAxUIÔÑG˘3•‡Ω@õEA{¥ı˘ç vÄ$y`Lõ :Œ<ÅÏ¿‡¿¿ê n¿j¿A–eR¿∑73Z•–
á˙®qíYÂîI"9(ööÉ‡'k3jî.%ƒGLh∏Qúªz%ˆáËÊW¨¡z_ó'ç∑'ûIOm8*÷¨ÿOı95 ‡¿RAza)®
ó\®/ÌÔ˘ˆØbÛ≈@""Çfl¬˚I¿Ï™(/¢A˜¢!;£Qwu–#Ô2ªØ˚JBπâ
oî7Ü3:CÒ:–x‡ |ÄƒY˚ƒü†fiR<≈Îç®‡µ≈@%@ΔÏ†ΔΩ‡
fi¿∂Ö áw˙∑w˜i•àä˚6íy˘'ïÿ8dêNÛ~
˘(Ó'?∂ªÊ|Bä√πÊ'∑ªÖö]k¨S@•¨k)¨©¨"àR: û…Â˘Ã(ÏËöE≤b.±
R[Å+VHƒn¿◊†˜cfI&"sÔ¢d'ìd#Δ,3˘¢2:ƒ7YDCö√I/¨¡î·¨≈5]Ω^¸≈°Ä4@>d°`'≈¿,@|GÊ¿A¡j
á@∑$âw8àÉÉ∏ÅcP.¿àyaKàßΔjnùº´°_∑Ú^´£¥õ˘Δ Ω;(Ã˘úëtR@o≠6Ã±ñº·Ÿ€e†∞b≠o8
ÇBfi˚Ù≥œmDêK†Û/r˘r;¿ƒ^.wa¬˘Ït–––Qñ/,[ì9YÔV'ì=yî5v=£3FΩ·û
F˝µΩ ¬`,–œ·}GMD„"%%†ΔcõN#•6i„ÆhÜ◊iføÙ´∑ç:∂äcàòZ`K…•éÓ"©°#Æ≈,ÿîª"^œyËÀ"Êëkø°
€©e…ïû{î`@†ûœ¸≠EÇ·Ï;Ïõ>±bÏSπØ/7±ƒ
;ôñ§!°©Ó*9TÉe"
Õl«uÙn2>3@Ô7¶°&¶>ÿÃ>>≈fl·œ,£äÿ§BfÓ`wÊ‡3A$ÚÌ NR„ˆd‡8èf^pÂè˜◊Àáé˘ô◊p≤Ê•nÃ√ªYÛv
ı9b#.Ó
ª∂ "Ä8m"F@ßfÄÈO‡À˝WQb€≠÷ËeêBúE=O`8≠ò#Áz6¿n‡ÕìbÎ{Åä Î'øÕ~
ôÌ21õÇ–TCa¡aAÓ/>'1Kµ–Yó‡˙§'CÔÒî˜^$9f.É,˘ ¬ƒ #ê†ÇΔë3ß°√;w)jd…""OÄ/x(ŒB;
\∏$…q√(!@x¿Ú*®Ñ†aÉÜõ83h»0"Éæû<5â8q"C–°Dë] tΔ
ßNe<ùÅÉ*UDà‡»Jd_ctçc'≥OO˘àpƒñ©€)fií :óÓ"M>ö•ÅÉ_œ8Nh¿†≈ë,ÄR˘Í%Lò/_π ÀEŸÆ
\∑,GœÖπ3Áœòo>"≈Ÿ≥hÃ§DìJµZ,◊¢RâuÈÌOü.áBÖõ˜'fiój7¬¸ì£/≈?5ƒ¥|–%ÁÃó7Z'°–
ƒÎ÷)Zƒ}:≈Ôñ¶s?^éy9À0,„∞!√ásÓfè∏]˜oT¿–e4ÁzÙvÄOD7îTÇ3%®†J8ÂTîP?
E'Ñ<Uò'RN•uÇT¶uñYfi'UW@d53»ñNïı'ZxA'÷[uB]sÕ•'Üoe»#U,.•¡ %˘Ü®0Êÿbì˘¢
KeóQei†ùf%f§ôÜ.∑ê¬•ó∑f6õl∂ΩÜ
mh¬íõ(∏µô€õ¬¡Yö#π1˜<sç%sÅyùvÄngû'˙<xÄ,îË"5Ds‡fl|ç*rá"€ı)Jiè9Ü.©%¶(˘
ƒÖÄL$–ÇI(†d¡∞j@É≥ zìO;IË"Æ#ÏTO¿Bx!çR!'·è,zbà)QVYPA;ïá'‡ıV\4f´–
/"∏A 7dq œ,ŸK.∏<ôîîqÊïÌz¶Âïü}…eó∏Ãf®b ÜÊ%¸/Göƒ·^õ≈–Yútv:']û~˘^2u˘f
®ƒwé7ù≈ÄVG(y%Y∑ú}˙FΔã/ƒçO–0®¢ráaÿ·pp1‡
*xC
7î`B œÎM6
©4P2=·ØMÛ'ìZMè`µZ'"5ÇT<≤®b≥]•hñ◊O≈H–^÷vÀTév±}£/Xg´" 5 *À8÷X/
ãQYîõE©ŸgUzF·¢>Úeó©%ÎolàùyÆ¿kÍvâoò◊È¶%π– ßr¡9'˙û'IÏgvO'1yädl±≈nΔ^
€ôkΔFJeù
£ÚÓ–ÙNá4çYüs2ÛÁë7É–DÃ7˘ƒÛ7¨Øt l`ANœÊ/+Ø˘:˝ìP7˝
¸PWOΩ„R_{]'à*~ç∑hAUÌ¸p◊ü–
Lç∞¡[HõpÜH1Ã≈ã…„2QÍEi,≈@¬.q°ŸRjRì/\¨ÜõÍ◊lΔ¥¶<•ÀM≥£>"/4ú,\BavÚƒñ"ßB˘Èu√X
°Íì(/ÊÜl/†gôr°,eΔHŸ£ºh¸Æwœ≥õ˜$ü8t¡] ŒBÚ0d!UG•–J0$¢t±(<€U«X!•=m|"S/«¢çml
…ÖVãÄB≠˚Õ•n≥À˘‡¬ø•‡˘D±@ë¿p[(âé…Ö0ò!8ø°´3É{ó·
à8'(ŒKõR˘çò6x¶◊°&ñÀarV∞ŸqN(ù√•'∞<ïNdÿ…'Δ,¢ƒ÷QÃ"ñP.Ò©^ˆÚoÙacàÒCï–wFîÜ2á(
"–1∑'sdÊëÖÙgÜòÉÍ¿ÖÅ!UI8ÇnØÑR0¡Ç∞ƒË¥^mOá>ãP;•∂µ∞Qlbg ≠˘Y+mË|€Í¢Åd¿†bÃ@ô≤?•%
V÷3Å≤¿ÖC§BIèÈTF!ÛH>"oó!úº
óö.%Éb/ólHÜ√OÄí6d
·ÏûÛáEÑÁ`#cXu¬C®J,ñfiŸévÇ(@iG"äíœ •ã«4µ1zÉj.HÃî±lw"¯ù öÈÃf6SeâDWp¶#≥C\=q∞@r*
+f! XB
P@◊¸ôûígP<µÓa ≈¿[µ≠m–YÌ˚ä≤§"ø}¶%mΩ"JN–Åt†≤%˘F†ŸeÄï=ËgçrÇÜ,D0H˚V
òáCX™MWß¸∂ôén©íîL,L öfi &L% (áJ˙»aó8ÿá√"ë5O<•N–])2ä5ó/±à†¬É©DedÜ.†/E™TMŸÓx«^

ØˆÆôΔ¯™¡Í$éÜ™ŸÄ“0¯◊ä„Ùã_¸®´WhL'Q¢f˘5z
vÄpÉ'lµ≠m(Eà≈g◊Ëá∂ªxùΩ"¯H‡É"°Ó‘¿\Çr´ù4»V∞@
éáª1feûR◊9˙.r&§Ï¢dKZRWDL^ óœñl>l∞…ªÈ`?7BŒçpÑv ≤°®´ß>5ñ÷u·D¥Àãd§# Q$m%
[ÙVıòZÕj4,ªUcL#œD4ÜÔ≤
V™ZÊ∏°»EHÂ;®o»¬%ä4/−D¡flˆRLi5.Ö| é∞¶{ûh∫¬ΔK˙Î5ΔR+Cê=äQ0€Wfy-äC{WœD%»,ë
$aH√eKR%π2
∏z˘âÜK˜“≠jLJ%eWê5a/WJ]∫ Ω4î0)Âõ¨\”OXπ6–iNΔí˚ù>Alb∞D]vEKÏT$#¸}Çqa@5˚¢Ä„-
fç¡o=˜õ¸ñF3§flfÿ9œ¸ûs¬ılf%ÂÀ7Ç>Û!!á?ÿF®A
hPÉ¯úëµfl[Ü"5ûp˙”Œ¿˚‡°XãC*/páäU¨êœ(A-‘0ã–]ı|B.÷â–m5iò`◊ôYd♣8z@OMΔë@¸qgWReótS
–Δ„ñ‹4Õ jBÌ>'*ow{πcm%°¢1Ó,   ;÷
èu˘d”uk$\`,SÔ¶è˘°Í,Ó¸ªÖ<œG∏WÌ°L=gı1ÈJE*♣úäx¬û♣f2Œq;/G"oÏ•’jOÂüµ?
Á§ôoHçõ≠ôE‹ì–Δ0>/1Ævµd˙V∞@–z˚–I,%6%{u.€§Ã6©(VmfiÆ&_–Öíe”öN∫îrhBÖq?
WnWt9kt3&≤sßõÓ≥»Pπ;˝Ô`HÇyÆOIFÕz£Àß^t÷o
GpËosfp”@pâ'g_ÖHÍ≤≈7y¯Qv∞h5–y‹¬-˘D`'pNS±O"√BzaVìzêzV”a.“aÜEs˘†÷`QCb∑á
$Ä♣Ä≈É∏á+`‘{≤&¿∞∞$:ΔQuL8«Ü/»÷ltRÀÜd™°d–∂INÊdbG2jBv∏qegWŒQS
–!:’¡BÌáns]∞DfÛwwpê*7êH}g|Êu2f ÄHÄpp˝ÊÄwp®x\’LÃ¿LÀ¿ÀÄΩ–˘Ä6`NÄá5@‹¬ÄÙâßFG~AG
x1dÅÇ)(a–∏ä5H>fa<B20:¢Yñ’+’j?»rÄı{ÂÉ♣WA8t:Qtps––êQÿCïq.àÒ7•·|Xÿu≤qç–ß[ΩUA%/
˘‹Á/g*Ÿñm Æ1~2≈9ÊßJYˆÏg:}b:sW]0%B‘°]gÜwLêEπ–
é‘è°ê∫¿„%4@°xäwàâ7gâóê˝ñpΩ3
––Ä’–L’pëÀfÃ–Ü♣HùWıızB bíÀbœB6◊ä–Ëp∞r)>ófY$Pï#w$Z?gbΩ»ÉB9î®ò{/Üµ≤%,Cîë|ıˆÑË,
cˆ¬lçCÖ]≤I;%çbÇAa“u%Ö˘,uS6vy¢é:•'fi!]póÔ'èañ\∫óπÙnÖY@7‡7¸ÿèπ¿
˘x2Iê∫ì^p7g˘àipÉ®Äxp
(ë–Ä
ë)
…
–ÉHÀ)WN‡Åë!¶÷"y¡â)   "–#–É+h51)ìùXΩ85EëìFëì≈ì¢ÂìÄP–â∞rD…É¡(FGâ2a9∞îíQ_ä
%âM,HÑÛ%ç£}©–['◊ïΩuA€Ÿç‘[0ıï;%u±SûW60îB+¥B_V]Ó©KŸï)rüˆ◊flÑó≠p{…è˘ÿ
˘ê})ò9^®2¸ˆêáx†
∑o
ë“@ëD4
ïŸ;…ê7îË}qÅ°6\£!(π•©íÀ,"®∏+ùÊö îÏÙYxÙYîuã˘ïı¢£µã<ËõC)ú¬IîΩxP«   Q(ëñ‡
Ãêo'„M•fPÁ‘òç¨±Ièsçcǐ¸rA%ï_È/≈5»Qû√!5ı0ÍÈnánkŸûÙx(∏dS1q
\êHÄó˚»˚ÈèſêÇ9^)xÖàpÜŸêÄj†z÷…U
(ô/ày”öâBêâ|ëu°{4öçï"’2¢fC¢…4¡9ì´8î&gr≥ßÉ£EbñuPΩ   Xö9∫r+ É>¯õ   µ?
ÇQZ6Å%–∞@Lı’C'≥.Ã8!5Ö€…%”˜§˚ÇΛ‹…ï$mZÈù`…•,˘Ö∏·9ÃÅ~ËßS˘lw:Ťy¶®ì)q
Úw¬xi∑s;˚®óI9ò)àÜIà¸¶UAîUâòô'ôâD–CÅûÄqF†°|ã√{q≥♣G¸¥O¶fí."ö>≤+≤/É¡πã
$p99Xö5≤ú%≤A)î8Jî,™¢*âp•5$+(pu†LÈ'soLËcÌ}ˆ¬ùS˙§R:¥S™ùB˚8b
¢ØñbÁ9±Éûa:¶iÿ~‘e¶AïnŒ1fflaSa!uòE+P î^Ç∂Ì/ÆOØ,ıðZØyòÖ∑p p…@®àŸÄYëà/;Ãêô
ÜW7`5Äjo„∞{d–P!fSö#∏,n·©Ω®£÷Ç˚±:∏rùÀÉ;ÿõ,J∫By0ì,/£∏2Y˚Û∫±"H7@|KÿTŒ
%“âlÑ}/«»∫Öð£¨Wz•E[•O
;‘Ö‘*Sûs¶e˘•§Ûmès«BeS∫‘˚ÅwR∂@”
§∞Æ˘πó¸ÿóMØ∏o˜*xÓkòà…pŒ$°
I∞…∞®‡ H`B `ö#Z3{∑hi"?¢¢GÇ(9`†∑N?Ë¡Ÿπ–¯πÏπ√…r*Îö@(â°w´Ø[Z"¸*%êó†QFZ.¥
%8ä#A'µ8˘°ªAJ[°f¨¬≠hÚRb˘ï◊Í•c∏é{¬efiöµ‡:1fj:ÚgsPw©&†=É/Î™∂Æ∞∂n€ó¡:Ø œ
\<g«œ°#ø|+öÿPø–≥â¬–®@   g˘±∏•ãV£bo–aò
É¸!"Íh~Å†WØ∫ä≤Ñ°É£;∫9 É´Hì–HXF–ECÇÄ?pFS`êÑÕYÌRÑ”¨’©I3<°[ò¥5¸¨9î°‘*v≤c°Éû£û–
Å|“ñ@UèÒπnœQürêw%a¬\ÎÍ%„ãÂõU°óÄ”ó˜F9Ä“<Ä…‘†¸ UŒD∞˘+≥ΩPñ♣HPàK) ©72a≥…3*XBQ«,
9?Ú$òöNAŒÅëN!Ç¬Y9ŸÖ≤ùkõ<iõ:à»CI£PSPè¸∫2Q`q@§äq§„µ.ËÖQ&Ω§8S:û•¨CJÎ–"–•+’
         SûŸ:€Ω≥ÏeYf∏,TŸ+1·¡ qó¡¸f7pÃ<=≈˙IÊÀQR@∫„á”,Õ™g)„ØzΔ∑…UΔ¥∂‡   ``6
í‹9ÚYúer ¶5Ôú6Êai¡XíU1`¯âœók»––oùìkCY72–x§É°ıW`%B6Å´1˚*7PD∫tðð§=ÖZgÃ“◊ïõÙ}
¢d¥2¸ùì]¥„©°%Iò–9 ë,VB:enÓ®µ§]1/óáo 1N,Ã2œ§ œ∞≠∂∑ìüÏ"‘j÷áGΩ€˚ΔgLë;∞êŸ2Àê
òÁ®ó∏ÅhM2/j˘µÉÉ’Œ£Èr¸Ùäíªáú É÷hΩ∞%zðùìxà1Ázm#◊©/Ñubs”P∏
+' §è®Q}Á7”©8¯çflŒßAXŸ–"=û¸ùï¸çŸ∑qB≤#ÀSÀ“ih:ßèXk/2
ó˜áw\êE≠≠”Ã:}~∂ÏjœÄÛèça‘G≠AtêAÙ≈«fpéW®…∑˘H¥ñ`„$W˘ë/jÉer°,XÉ0(÷ÔÏ/wù8(ÄèÜlM%
%>>äÎ%Q>ÂS.OsKAbÆ {ª2{êð‡|ì|Œ98ó1A‘Ë|ø´·K
€ 0e9◊ÊuìMŸaJ;<ñ=ú≠‘°b∫û.Ì‡’´nÚâΩ˜Á˘◊9Ì?;≠·‘
¢–

>≈»á€~IêÅ¯áö~,Ä(®:®wÍG∞<Ï   ÜpW,°<u=Z¿BX:HX;Ú„ÙC#Ï‰,Jé‰°~‰T¸ÎZ±8
ÏK@≈ﬁUn„™ìÍ
õ¢YÓÌ-¬gèq.:´¬ˇNR¨˙ΩÌkŒﬂuØŒ M
€ﬂÆ•&Õ&ÿä≠_äÜ<z•Ûé÷˚û∞TT2>Ωyó≠ÕÆ}·nA„KÏ˙QÈKL˘X†°mØÈo°
7pŸ°ëöáqËÂ|„Í<Xœ9XÎt£÷÷Çi÷4ŸÚÛôÎ[ëÚK∞ÚΔœÚƒ>Ï0˘Ïä´Î$R·öÄÂ4Ö4Ä
+ÄôúΔzS_I*†°ÊHüﬂ™°AØ1≠∫Ò-E€¥MäŸ]Ë&cÏ¸•~:^ˇ≠∏\Tπ§qÇÔ&!4¬<3ﬁˆí.œh+ÈX| ÆÈªM,}»
≈vkÕÍ}˘˜”†∑˘Ä€ãÄ°rïäªqÿBõÕ>XCπÒj!ÉØ8ÌúW∞F#NÁ-(ÄÒÎƒœÚ8‡K ˙*˙/OÂ2`„ï™ﬁ>Ab*ˆ˙Ç
-P6a&PΩ∞®oÂ≥Jäl∑ÖlY& -“[∫•N+¸NkıœŸƒ·°ù¨J˘~Åx"ÔÔN1Ù>*wp^¿%¡‘#Ã%-
3·Œ”»%rÔ∂YLxøÈÎk†Fd∑Ñ/˜é…x.ﬁÎ®Â¨qO§*î2àx"√á'&á1„DÑF§8p†Dã
¶-x"Öá8BŒêÅ£d…%Kp§dπ2ÂJòKà‡ò)√ÊGÉ1Ï†°˘Á
'6*≈OÀz·Ú%Áó/]Ms˘ Uı÷-\§niÂäÎj÷T§¬¶Uˆí®TgÀäR{V-€µl…Œç[∑≠Y°g?}∫‰hÔßFü]
<∏a¿ç7R¥¯R„ΔãOñôÒ"Eò1[ZËN.Lnx(¡°Ñ   &L<ÖI‘£◊kπ~≈äÀ6Æ\∏ùÚ“≈À1]ƒÑÎ26\¯q·Δ
¢)gœ\ö±Á-ïGãΔlY0Phú-¿1É
á Aé 1-¸NÙ#ögü°FÛ/XÃ@?É@Å2ÌX‘ÊI\ÇÜóúhI%a,Œ$ì@:ÅÑÙÀ†ßÉˆÉ- ÖÇ/@ÉÍ˘@•)sÈ≠™™|
¡Íƒ€∞"%´≠¬k-∫`Ñ.∑.·äØK‘"-¥rÙÒ,Xrd´ΔODqGáÂø¸L0GìRë«±DëÃõ≤ë &É3,Qê9Êà√-L Ì4J(
AHEN9À¢”´\niÂ6<z©Jò\ÑÒç^ÑÓ∏‡M‘F°c4öf†kFöI+ï&b®[P∞0êÜPÔiNØ¢Û‘öhß(2Ô=äÿªè
¢ıÍ≤®4Thp-•òä&ö¸≥È!¯4®è
HÍ¬5∞ˆÜBzYÍ)\tÒVDΩ¯™^¥/Ío˘E]ﬂÇ•N≤Ô*ïy˙Ñ^zÔÂqÆΩ ≤◊^%˘&˜z$«¿ä2 -ªƒ∞√´“≤».SdEÓ
séC@K”4”ﬁ,!Zs
ìïÁ<*+qmÛ^pPAõ
ÓfbŸBπÂı˘πüßk
[¸`c;Pø5<Ñ/KÔÈU€{/!ˆ-√‡Í˙ÆΔO◊˙Ù”O/û|ÍH§`46¿T$àHpõÑ¿ˆíÓÄ≤ñ(ªç•§aòbä7I§
EuqIWØxåñµ_À≠%˘>äﬁ%EA%r…ÔùúØTˆ:´I%?ÿØG,IòaÜ©TL≥…
nL1ÀƒÃLè1;˘ÛL;∏Hb47OsS8Àba¯∏Ë°Íñ<m„A   ê@^‡Aóöy1ÓfùìcÙ9ÁÇˆ”h|I¶óZπb@•D=aiS
≤(’ÙZ>È’âä5œ[’´ïÎ\m>œÎ I´}ÌãÅMÃv@ÆÕTzõ€F†übdB9yQ¨e≠
Ä°∏ËU¶¢p   éE#LãV¥Æ¨(Æ,;*&˜Ωxn/∞∞Wœ4gCÕ˝%ÜiM¿
V0ƒ(&1
{ÿcCò≈ƒŒK” ö∏à2q9PAi¨XE,∫ÊÔxAÌ¥≤ï`=XÄ•¿>‡ç†ïΩCß8ƒÿ^£˘ñs«Êlè…F/<1à+p«!I#U˙/£
*Uµ™UA’r?Z]M'˜…÷¸W…]1∞?î   :π¿Üí<#∏@z.!gU»Çv;Åj-XÙç)π\‡íá¢^q©∏äX÷µ-µé£
\¸ÇCŒÕ´r«¥óçÏE√Ω$it{!òììòÖI…t_2Ã#; 0&3Äÿ <Sá-<†äk`>õÇ-P@†Ä`{R‡∏ßÓâF<√û¸A?'-
b`¯d^?APP{FTe®cπó3_ÿ¬o®¬™Bäßiäà´yHX5çX©z(π˘]Â™˙ò¥Í¶∑U•AÚ§&XÑîÁÂëdFü\nÚï6pÉ,
,C~™
my"≠%]^YëXN®B∏≥.x)í3=◊π˘-≠:ÃΩÃZ§j∂ÊáML#÷0≈òÓaZí“e∑/ilLsËrp5ÅLdX,K@ÒIwÿCÌ∞8∞
{°ç‡‡á;PÄ÷˚¿t)-ÉÍ¯¡<Ë1è†ëUGd¡°†≠QBÀ®!-P|T§rê¨¢f“˘°jj•áLµ^\"   ‰ò.◊tÂì<îZõ
t[cé=-ÌÄ˘w‘ú˘
e?ÿ@
Òá/‰¬∑°+‰ªï<ÖQ,ÜäWπñ«ÂÖ-.Ñ<'g‡Í•F˘“ã
ï$Ö"%…ö|±kÖÛ∫Ã®NKﬁ¨Xá1É1s*4I†bõB÷Œ*"È≥¯<á¿£q,x¡>•)P«Æÿ˙‡Êa^(`<Ø8Ê!HA-
áä˘QP4˙ÃQŒF¯zaﬂ!∏ÎSàC¯•Í§ä$•‘¢“Íok/≠œtßK…ö÷Ç$®[>|ZAÖñGœ,Âwá∫ìõÇ-:»QÌñ¿¡%¥
)Z!ﬂ™‡¬œX-·X∏*./-+çY√f.È˘≠7≤ë3ÛCÇM”IÛ¶ÖSªor   aZ¬•!Ûf;á)\ÿÁ:’‰¶6a1*pÑ#tP‘
˜Ã>A{cgG[éù¿ä}∞bdC€é…°c¶örK¸·∑ÖÈp¡l<´)2Ûa˜∫/ê˙¡OÕ(%ªÄÅ{?
@ﬂ˘Δ7umu¡M,T‡o#Oy@Ú”∑Â$n˙/@àzê
dÄΩÄHEng_Hì"]≠K*:VâÇòB∫&H>$≥ñZÜouÊè~§`∂PÊFbí÷Wÿ&3F¥+7úDÕd∏áw0Sh´“®Êw¿ªA
±súm« É"∞qéó≠„0@
˘ ≤<^`Äu-…R¯1‘-ÿmC#Ì9ÀY*<á+$^÷àCòuHı¥™Ãd.3{ñ´ÁY-{kW"˜Ùçoƒ˜O∫§s/§…∂·Ù‡}oBÍf
°†§ô>ÅÄJT\|„œS+é«£À}¬„qŸwT`íCéFVpép‰£¿òÓñhÊ_ËöÍÇ˘%÷8Ob^ÅôœbÈK^ “-…á'V‡
R≥Xë9†W«1˜pwË#/
ÿ¸?„Qè3°†
8ÉjY;˘«ˆ˘àˆãcΩ‰P«náCj‡QRAÅıô˜àèÛò2œs™©ùxÆuÉ≥˙¿˘è˙∏7\±.˘·áÚ*/QÚÆá¯ÆÔR∏Åõ
£∫<kÅõ[-öw3,hÑä#˙ö/WpÖŸ˘*∫∏AMä*9¸úqÓóB€€ãEÿΩ<Yπb{ªbò!B"”Iœsònzù÷Qœ&“É-$:¢É>
&hÅ6!çÎ[,í)6   ò5|5úÄ4TÄVP∞h√4l√jC£yrÅËÅ(~r(<DÈÿ≠G©é[xª*†ÅπSà·ä7T°72S∑E“;F
™öïÇÆ¨…D7Û7}´@ÈÍ7\3Ëí§®3V°∑8≥   Å.Ö@Å»ÇBXó´†¡ç≥•Gõ/uπ¡’”¥π`˘°`R◊(0Ã…
úÃ5bò"Òó≤ ùÑ¢≈àüã+qà,‘á-t¢1-éÒòC•S:ëI
=∏.$G.l=XhÖy∞áGêÄK8j,4ö{¥«Æ
RË™< =[yä[XÑ?»!©£∫„ ühHá|»át7RöIÇHáÑƒ0°á‰∑|„HOf7√…pÄÜ$II√{»®ÄïTI-´¿zs»
®ü »;Ñ∑(6ÇA#Èü\”…@¢h‰´áQ>E∏,°ùk,'szJsÍá„Ñ©<0‘<Ä¢©íJ™\Ñ=¯J∞,ß=¿É;∏J<ò˘< À;(É
qÙ¬9•éqÀ2ôÀ9É∫°ÙÇ0-ÀΩÑÇ.‡(`ÇC∞Ä¬T¨Í´œ¯ÄhÃΔlÅpàLà|2ÿÅÿÀ`Œ‰Å•'ÆÎ‡ M‘Ù'Õ”ÑÄÄÅp

ÕòÕ◊¨M/‹XÅ∞pìI‡l§D≤H,¥HÑ» …‰ÙMÊÙÕÂlŒ};°√SNHŒëlŒÊ…‰d…ÍtÄ
•NÊLŒËÏH}√Œì<Å#.ËÇ'hMÄàÕ˜|O…îÃhhÅhÅX•O"œ˘\-P˝œXÅ"Ä¯Ä¯`Åù–áö>•ÄÈÛ∏PË–UhÅ‡˘=–
∏–ıP¯ 0–ÂÄêQ®–•Q•Qµ–ïQ†
‡Ä“8Ä@&}“Ä!˜ı,h˘Ÿ (”Y≤&D®PVáy"FTì«FEâmÿP„@çBäâ†$Ç2'À®D…Ú§Àñ+cñ©P!é.öʃ
rÍ‹…3g]eÄ–sÄÊÅ¢;Ïÿ1R‰Fç?BùjÉ∆FV≠J‡∏$«"WµrÂ/¥¨Ÿ≥h§]´∂ÌZ¥p„Ü¥–µÓXØxÌÊ˝*,
´Ø5}m√H∏•√Ö'∂Å>Ø«íaG∆ê!PóAifi˝˘ (`ÄE∆$P;”®Qø€•∞ufO)ZúùÒÍGèƒ
ô4È<ì&aœ>≥xï5ov¯y”ßÛü–uŸJΩ
–ÎN˚^:§Ñ®≠RTSpH"Î“π¸˚˙ØtÈbe˘ª˝˙¯œÇ§+LB˘¸“ÄÈh`Å¯{¶'`{>» X4¸`ÜñP¨!ñ;¢@è=FF2ÏR
7Ü bH8ôu∆†tÒ@î±CZA•!§ày¨$FüÿPdFYDGùß€GÒÏ%pƒQeI*GúL
pMÿ¬‹M∂Ù‘”qBu®G5OI)•SeÌßëØ"'zU}¥ûZt¡˜gUÅneü\qy«÷
¢ny§nÜB*i§ìB*ìGÅÚŸ†õ/˜ïßXU(jUXaò«`9§*F!Ü/œl˘,%Ê(Yäd`éfàtÊÎ¿|ñ„dìïv/iÔ$kD*Èl
‰U¥‰û\È&ÂRî‘õïWr+‹∑]v…RrÀuêìMÊ/dSÀIwSPB©§¶ö2!•õΩ/.EÁHM"Íù¢f…«'ì‘LØYfl6flü
É‘flÅ'(ÒÄ'2¸ß}”ì±ÉúJ°ÖUe(≥¨u®XBçÕJ, 'ÊxYeòq(Ãl#éƒ¥£,
… ö;A/¿l≥y˘îF”˚R<dõ–”röƒ≠ïV≤$$SL)Õ‰eqÄ)ÊsÕô©SPkÍrÄŸÙÆT%◊>^i“oLq∑Ôø
ü%_µó¶á®ø!π˘ÂwZjÌΩwøôÆ≈§ü†r˙i·|Êó©•Íçk©öCßÕ/c+t"Ã–jñôg†xZç∂≤£è¶…
éêÃœÛZEFΩyäwRŸj\RTWGVÁÂI÷m
¶ó]œÙìM_ó+Ts–ŸØŸ◊±Y\‹wflΩ–fis{oosÓ+xfix◊1ƒdÈíG∆`˘˘'˘fl"ıÂŒ'{÷wWn]‡¸ÙT!¿p$4áF∆!
áM!jÃ3 ì# DEóQ(v≈ô`'uîŸ–±Z"Y i5yMÌ»Û 5LJi•ï|‹Ó–§k5π°sàúÍPb
ìô˘ÿïs˘§]‘1öÖb√Ø9|AÏC˙Pµ7≈$)pÇ”ú∞˚Ω∞Rp!–fl¸√Û5•IjôêΩhp±ªúáÉ„Ñ˙QUËTxƒ»–VÖòáîD
±dCC≤2dÄQØ8®–:2ñiíı3!)K"≤sVëpóõ›DÈìQ£'j»<öH–â`¢Iuà√Æ·•&}–Itâ6w•…lhÇW◊¿'E*B–
}ì„¿µ•©d(˘çÁ7 4≥,t¢ãS&&1˘úß,≤X√vØEyì`Rzncü˘§•OÙI#«‹C(∞X$Å
\‡–Zc2”®"V<§33Œ|F3«"M≤FdO!f#–í÷Ì:ÈÃ∆ØN¿!%'RóJ1YTò¶|¢F/&[î…£@iH?ʃÊàâ'çÉG–˙ƒï
ÆT•Æ¨…'d≤úÜÈKn
5„fiÜñ¿Èõ#ë†°(ʃµáúôbc; à«ø‰ëUïã»Â¶äòa$dêë)§…œx∞t®àBNªìì∑£îH à÷ê{^ì]zQézt
£x–”HyD7ËÇ$©ÿv¢WóNòàÌ(]M Àöxèk
+A¶vLBœ /Tw˙B‘35∆E]s}‘Ï_z§ô©"®_J„J}¸d!«ıE<xâú!R2Ü˘Xï1ç±gd&c» °hü¸|$(B
¥ûÅh5ÛT·¥>±VO2eJ¢ÏVL[©ÿïVW±Ω.K∑€Q¿.√~Ø.¸*“¿ñî§≠Î]Èjÿ`“µbre˜dbE+"ôV,√õ∂≥9Ò∑
°Õ4üè
‘/N*oÈâ„8˙µüë•P‡´“FUÑôúC:$™ìù¶VÑ$»ÁrïÖ^ïÓƒ3EXY#ª.KπWa(oÍ_©ìd¢9àÈ[jãÙÿÄ=Å–Ñ<
‰"yΩÎ2`Î•äw…O/z˜e˚"˘«XÜ"Ù@KØ¡‘±2%ÊLã©6,f±∆5ÌoÄ„,˚†˘¥
“üü˙@äuö÷‰ì_Fß6'Ø˚#b2W¬cE∆êZuâ7ìb=· »ʃ§DVH≠O.MJ D€F]¶Rä>Ü≤®<Í%Û
ªµ_˝ d ~7°fllzc^óÛ∞.ı±ïwÌ^ʃŒ5L6vßWí_ï‘◊% ƒÈOÕ¬”≥¿•¡sô≥°F[NjÔ/õ¸òUNe@@w®Åı\»B
ÉO…`êüÓfVú°Mj7#âRCgX%/[£ø˚Ò
x†o~Û»•≤¿Ö¨‰"Ô°|oì√ªÎœÊ§∞9Yx_wΩ“ËZfltU)≈_Z¶^vÙ÷∑˚h,ΩÁXÓ]≠ÿZ˘¸ØÄw˙œ=ÒÔÂ
¢•¡/¿∑°ÔÊo–£∞RG
√–B•Ã#ÜıH9
APêYU"5®nÕ h/~Õíʃ#Ô)möJ∆°®*´{◊~Î{fl°^r®=
XÅú…Lñ∏/ÅX¶•¸''@‰´–^Õ˚ç˘X◊ª,∆ùâw[KÅ∞áUÈo,J¬˘>‰cûloñ≠S‘fi‹;˝Ò"≈"∂8ãE;
7ÎHkù:tóL–Ãí≈‰h5âÅWàƒLà¸yJJƒ>ñ™:˘Ë}≠{Mª'ª≈w?˚∞{¥‡E.5Ùfid,<Ì‡u√ÒÓp'/
\‡}'ª≈Ôœwª5°Ó ÕœJóÀÓkŸ]b>π˘±µìÊ`otj•>&OM˜tD/<mRì°ìTC)*aŸƒ ù.ÇëFUrî±"
ú≥9$b√ÄH·ê+È∆Å.F"auÙV<ûVQÜ≈uıo^gv8|§∆Å"}WÇnPvrWvqgv˘Â| «^eÁQ'Wq$X}3òR‡£
¡§R¡Ñ}ÇK‡3E]”}%áxXc/…Ñ8µ;7ïSÇÉ)rD`@µ'3˘◊TNú¢}Û¥$S°@ü◊*¥íUÑD&Ç"œ#jªÚÄ∞–Bëb
áP3CV2Lð˜D'¿{˚Å$(Ç˙fj%8|˝Ç˘÷cPvpÇxÇw|ç˘òpPV|N¶wYð7àqñàe–
w}u'Q:ò^†∏XÔUÑFxE∞ßh~jòx+FgDm˘ìF>eÖË!˘¸·SW®7¯1(Jí$¥!Ua9®XUzùcÜ+“"òÒ"±I(ª!á
¥WoyXQ˜Å¬pÅ®w°Ê{zÇähàî8|,h|àxÇ∆Ç«ópÈàpÇHâwèXpΩ˜|7äΩñ}BÙ5B¥è–Ñ:∂=«–
<l“&©ähñYʃ`Ãñäx∂8ŸmÖr(ò«Ö˙gÇÅ$I–˘µzÏH¯TÜ(ÇÄKß"∏Ä„–ñ"ç¡·]WµJb"|
Ô(é˘˜çcéà˘ç˘FâaóàáéD d óéh7âó|?ôâôxwfl8à»áâV¶q«v¸∏RuÁâe84‘ïCpEAñ,!
Y˙Â;M∏fÀ¶(≠∏`–VTÓ„j OA;Än~î[bVEn$“2
òHø5®tàu»£5Œs{•d|àìÅ(ï¸∂çΩ'àÅË{A˘á>ôì9πà>âî7¿àïIÇtÖw¢¶ôQ©|Œ˜öËïÇ‹µ^®vj
¥Ÿ5ÑÁCayc6Sq2>sú
Y'◊T–V8cœ‘”däÖÇYÒ1–2ø4ñ#Äc»9¥ùîëâîHàû†˘êò∏iZ#._2ì[ÁD6Ÿì°Ià°î7 îü˘ôfiHéHâé¯
âàMÜâÄàâf∑ôÁâéKi|Ø)q']v≈cudxïJ_I`ôûŒSLèÖUÉ/¿…ôúâÁ>râ #™1j˚ãÜÜS%"HHg(dØ£DK3á
–à`öá‹ujÂhà€xô"Ëoàxq–ßì‰HjÒhj„Ëé†9|≈wpCJ|•Ÿojjô9é¨iî…
˜•·≈W)&ÄUB÷RJvEf]¿voðDpʃû¬DL˚¬–äfʃf≠àú©ú87˘dÅyÊîëP¡˘)Ùã$U†ó[≥˘,¢€©t3
†¿
d át8áıò`¢©≈ágô¯ÈoA
éKéöô§Û…§¶*•È®ünvW/cØ:Ç˜y§ Wö≈∑§§ZÇä¯|Pð†1à]FdkZv•QªÙÉ≥˘D¡¥É‡#<¬øa%˚Â_/ß–

Ùff9Zπ!G@•'^-áZ{Ä∂ï2≤BA&B3/ÆÌ:á;ZÒZ©ƒ©èYd@¨fi'á¨yôʃG§D™™@∂ô±jà†…ô
£™ü˙ˆ™≤ʃôGz§¸j§((∞;ŸöI)jÿóØD÷RÎÅFfX÷≈]@îW"µc·<˙U«',õêky≠{*
¢˜'óBux˘2ù≈ë~'@"+≠íH√Pí…»A·@YTB°'∏ugʃöNdü∞J∞K∞+î∞J§`◊ìÑHéDâî¸vÇ•˘µ˚∆∞aµS
€üFjö°ʃ´Í∏díò}◊¯{!KWD6±e∑:õªxW≤p~,7~YdYïï≠liÖT§Ú
‰q'"ŸëDhf~YnÓjîäπ„íû8°udRp@:|Â¥SªµßÀoR±¢
´µÖ®∞[∂ØÀÅ`î*ÇíËàQ…•KYö^™ürÎÅf˙£|r€±18õGp ÁD◊∑•Yj£L˙ElwöñM1Î`q©\˘H;
8À˘QeùGá28ÜdÜDãAʃ2k≤©©t\YìÏ©¢;™‰hq™€ø¸˚Øª7éäx§˘€cfõµf˚µ
\∂•   ´∑K•lªÆ[ôW+™§äq™éQʃ¶GfQ˘Îá7áØ¥©¶˚Kœ
E;&EΩyΩÇ˚íuf˜ïiô•ß3∂≠EÖ)öçãP<,Pw‡&ÜÑ∂9!fnKGÍπ∑d≈€¥fl5ü°/™<≈¿∞{¿Vâµ¸[≈SÃ{^¸≈|
ô¥˚o°˚§Ö(´L†oè1(ʃ2Ëá;˘∆ƒ™^ø ÓÖkΩ& w≤"∏∆vE)ßØÎL Z'§˘-í¥˘Cù‰KOVU^‰®ê°"hXí.
¢ƒ;ƒRK÷Ç@*ïÀ‡§ÆÎøT¸ø¢|•˚Î07´V¸øʃ7 ú≈´°≈ʃß È∏∞TªøJª¿{é%Ë±∂)¿VÎÅL¬Iv°¡:∑z|
e¨îc¬FäÄ[/)€≤ïïÑ<»Aïy,Ò01à ƒSUh£-[œE^VQä'áJñØ•KʃQ Øzó¿ •L ≠, ≠lqı∆¸ÃœÙÏ °ßʃ
´â¿¸ÃÅw'áΩïʃªö <è*É√<ÃB…ƒ,•k£f}àµ-Ór0êÃÄ«'ã/´òfÇÃñzS*pd(;ó@è+[PÂ#
±∑ï2XÂ9hXÍ©á¶∆Ø˙Îµ§…˝\œ•pE}'Fù'H]'¯â 7@'ı<'='}'ó0'V˝œÌ≈]ç Rzî™∂
∂∑õà*jq\Éúªµ;v%\«w◊7@◊Õʃ-™Ñ9>%€∑À<]œâ/Q3{pS>óÚ~/T*wy;_∏ó@l"≥2AAõtî
±c4πu∆,ïZ≈≤L-E
'†"'¢/˘|@œp   ©'¨-/£˝/°ù/ß/¥m/ê@/`|/•>€^‹∞>â•a◊ÅTâ•8IÃʃJvªku≠ÅÕ
lZ6xT‰X"¡}ldF_#˝&˚ïE˜˘RÿÊìZ"ˆB∑ìP)¥*Q%"≤`ÏÕfi∑,ÆÌ R\˜ìÓI•ó…-∞ãµ_Ã'ImqHM≤å/P-
€P=/™} †ù€
N~€†/π˝'¸/N‡
^€fi'£L-`Ωô
¸µ°…÷ımv˘Y™ ËáwÂ§_◊ctMïV>÷'}˘óÉÚuxŒ¸ÃıÚ&H¯pCá≠()µ¯xÈBÖ>,#
Òa§1A√2,dÄdäÖ§T´¨¿E-'m'K>fl¸˝'ú-/V≠'b.'é‡YÕ‡π˝‡∏-·~€>/oÓ/≠>œM>ø°m/^úÁªG∂ÕìJj
¿nülõ•+ı¡H˘ʃRÀã§«<¬˝ÿïd2Ka#fl^Fê≈°6Yí%‡ùi;ä£MÒ(ëró.î≥∞1;ïì‰œ-‰Ï=§-Í:"ÆÏß]ó§Ï
ü¯l¿X]'˝]‡¸/•∞·^û^œlN€hû/¸'Ó‡j^·Õ^€ƒ>/ŒÓ/YÌ€~·S=€`7œ<∞F*‹ÒxΔ¬g7∞j¿Ê^vp]p
\∑uëŒèb_®È>T°`˘«ƒY"'Øh[1ÍqV§û‰>ÚÎÕÍ¶·ÍìÅ   3öwÓÃ'ʃN'R-·I]‡øûÒ¸-Ï^Ì.'πç
Ê!OÚOΩÊ∞
/>Á§]Ò¢Ω/T-◊˘¸≈ßmÁ
úœ>à÷≠≈¡ÇÉ¯-£F•ô«˚±y;≤µ.¸(Ô]fÀ"1%:éÈjÇŸë%ÒÈo(≤-∏""™í‰
IÆœ#ò∞]bíô"óÛ^«≈[='/·œÒP˝Ÿ˝>ÒQ˝Îƒn'‰œÚ"û·éÚ*Ô˜…>‡1-WÕ{/^˜°Ω/`‡
´{˘ÎòY§@_ªØ[É|øä}#ïïB4≤#˚AA°ÑßÛïÔV"õXœÈ˝œÂB+©≤†∞Q˚I>"   I°üw≈ç¿˙∆o˘'/s/˜~¸¢
}'äØÏn‡%fl˜.¯ƒfi‡ƒO¯∞m·®mÛ˘
/T>¸b¸≈ãé_«Å8¸ÏÌÜNèI §Oö-õÕ˘ äÙHü]ÉwCB1ê≈‰Ã+e<Ä`H`(AçC5mDîêGç≈<eÂë'-#&YÏBbb
Gí&['lU‡Q¡[7x»°q#fÃó6kÓ§P≥gOxÇ^ʃq)Ö†•Ä
ΩÒÛ°¶Oüù˙)ÖKN)`>j5ÉQÆYªé>ïU≠f'ˆ,ö°¶Q∏=´Ω≠I≠Z¢7œʃ>I"
Mú:i"ú930è¬8„| "ÒÀ∆:
◊ÑiÛ±„Àêa/,¸Xóc]ú]/
]z%i":T®áµk◊+˚°n]õı˘Ì
eXÎŒç†L¡Ç.Lÿ-ˉ√à?iT"ë„«
ò¢ód«Æ3gÀŸ±Ô°Ÿ7™/µMïÇµ˙3ÈY•M-OÖJÙÏœ¨Y£∆áØı(Z
¥V√ßMKÓŒ°¸kÍ(∞ˆ˚.@ äÈØ À)ß√ìi2ƒ[l1»dÍÆ≤«tʃ)≥À6ªN≥-P;Ì4]\™
4'V'%]^å√ñk¨-> 1∑<Íq Ñ*C»,åk(¢äí‹Ëè<¢N:LH ,√ò˙™"ª•¢JÔíÙ¨èΩ£ÇBä¿¢'; °´‰´OÕ¯
$ÎÕ¸'3ê?˜j´@:˙À¿-œv â∞!¨È
ÀÆ2*
€˘l≤óïl±   ≥L≥óT
2J/M≈Wt-≈EÎ„E]´-E]rLµGV:‡7!Å"Ä èÑ»¢Ê2ZÆ£wDiYPQ Æ|t0üísøe… J®0£j/floL¯-´ÕüÓ+Î
€9
¸A¢Êʃa.∏œ
∑-®ÿÍÎ/7
¨ ?)TRƒ
ª•%ó
'-√˘%e,fl∆
ëƒóJ‰¡4'B˚¥µmµ"F•Ò≈oLqµw|U fl~R†8Ë‰ÑRÉÜ‰öªh#'I
6$YÛPB¿∞¨©À˝¬,Í™1õ>JL¢ÉFO®´™UÔZ˙öÎÕ≠‹;‹<√√˘≥≠2'Ì∂ÍûÆè¡ÄÙ¡
ï•CÅØ˚Wfiú7ƒ,-Éar#aL=Ì4÷RÑëµ∂•Ô
,¸¥ååy€[UuT¸Uêµ†·X∆®ÂÅ8zÆIY2ÌY?±Ã€µˆÍÍ/•œ4+ø≠ØRjk≥Ë˚äı˜Ùìik´£rÀ®¨>kãv
¢†]™®ú¿Ók2…äó◊Ì

%8˘∂-Tå“µfiŒlnÈª5ót±8˚¿i%Ï{Ì_’Såy$|G?V|d≈kçàe$ìÃcWò/∑∑–„u◊À°πZΩK
¥à©˘FÈfi„4†©I=QÉ/ª≤?´Q≈?Í◊]hÁîdπãA˜™ów(§˘/H°-gã, ¿%ôu®Qî¢û-ÊÊBŒ¥púQ
ã"÷©ïîhF.ôgP’¢€Æcû,-´*ÄÄ
†à YêRÊ(∆Ô"ÙsŒFU<˝}ÁÇ¯±0Vò4‘â«</J‡}<ÛE±x´Z¸π`{◊;uÌÂjU√’5∞ äx∫¿£Ø∆,ä^&
õ/Ñô∏±-`‡Û!fiV∏œÌ-ë¨Y…fi»ß7ΩulUÎ'ù∏á®å!Rú_)óÛâ@âÕXû3Ky∏:“G)jå]˘Ê3†¢a+Ä@£e}fi
$@ÿA∞k¢+ìQéq'
s-úõÉÛ'C·è7¸Pò/„˘=≥`ŒÉTá÷Bπ¡-
%/ˆ@ï√I:ìñ¥d∆l≥Ù17URA|ÉêÇÏ¿√Q£8?t9ƒ2TÇx“≥û∞ï≥KãÈÜv&`œ ,a/œb©ïoëÖ°
Ã(^Œ•óc™KôøìäŒ‘'É¸ix©,Ëÿ¸¥πyT`!¥ôf§ßπÂk≥aj8µN·¶S∑˘a∆R$DPΩäqÆ,$ê@+
ÑüÒ@é'bëï∆¥/d’ ≥2˘lÅu%’™¬Q˙mç€“œõ∆ä-Vzµò∑|£^“ïÆñìñs
Ÿ≤∂¸Âqêƒã)±>ò¬n.2ëfiM
W4…ü>˘áD>€fiéz‘<§*GÈQ„FVê!%‰©ÈÁCF ëâ»ØlZ=(P¥$∆éŒM
|ZF- VXÆÆ∂c9ìÎûu[å~ut±%´∑∏X¶Æep§Z,iW˘R¶xÂl•Öj-t√&>¡>Ûöô/◊§&ïHÈ}&aÍ
Y$T†5oÎbßR§œ%ëâ≥'T•*Åx‡WøUMRD%6Ô,%içÌXt[Q¨ mÄ,È≠“Œ≤[ãFò∂µ¥--◊,UÆâ.?SãùC≥‘UΩ
¥&-%õ°¸™°%UWxÅÈú±òô¶0ê‡•î•`2√ÖÒ+%+QIzúC<d≤®ÌM¢.îË1>|ÏàM˘ôTıIZPÊ7äU≈àâ˘∏≥µ¥
´].∂†∂€fl:k∏^KZXÊã6PÕðmÅÁ$Gmôqå∂ï”[ÀÊ7CxXÇäJ©©wÂÒ_ù˚„ ≥°nœM;4œÃ8÷í-
ú‡Üëjê3ªfiKØW}âc,=aπßÑü˙ÕoU!BÉ˘Æ2ÀqB0,◊<5˘¨i∫t
Ñ#lÎã,öÕ
Æõ∫4Û¨ŒRJØ|ùÄ ∆]¨ØÁÓD-%‡á÷ˆ(GäΔñ2ÿ£?#»¶TÎe'®VÖ*U9…KN¢|}Û±Zç ¯>AGIñ°:õ˘ÍÍñµ‘
i}Ÿg.˘‘\}Ê[£÷_snQ'Ï≠Yÿ)ÚV[È%¡”∏&¥J%ëâ$êŒ‡9ú˘nÊ_Ú“†Uv∞-œt¢∑˚ná»
8¶õ§}°¢¶7ìñ.*è~∏"≈…wœMÆß}°∫ê¸&=îP§Âú©3Øé√jðı¨π,•4#<·'xó◊àè•Z
d#Yw¡!p@<˙ê4©$d†;™≥5¯∆5´iîÈ,'~[˜le√á˚]úfäzflŒ±JD”íWà@LUR€Ωn%Ü¨GKUjh
•dQGïfiR¶àéÉ%ðÒgñ x’≈ÏEáö˘i`≥-µnÊW{j}èák˘=l‡õ˝˝6A»EH-Ä<†Ë¬∫-à.pÄ(»E.Ñ
`˘˘0ØÑ>KíáÑ&/û03˝Ãð˚+_.W¢À>∆0¸Ü)Q-J Ωfiqõ”HÌT-ïÏì¥ßß:ZIàxÿÅÄØ·xdp∫,*ª<[≥/ã¿
Û2´-¥Ω3sµ<™®fy8
À°Z#5k•ñ@5 â`ÄË´> xA ∞>!‡#0Ç)ò*8É3É¨A>∏œÎ˚0(<;¬;±¶@ø@Èém:å
qõÅØx-Ö≈≥Öí¥”BJ√
ÀB™ˆ"u:>ô$K≤{í“r"}:≠˘”Rë/*ÂWì
∞√∏√Æ∞C=Ï∫‘µ?‘@ k Üz5„®d"ã3ôöEÏå@Ä<»ÖÇ¥A0ÉK¨A<É1Äp ≈P<≈P@2ÿ ¿3
òãπx!Ê˘´ıª≤Y?@˙.¡)πÒð´?iâñP/†˙9˝+2¢:C2¸ëNbúΔ¡ß-Rà4=k§Å·-ãv¶%CoÏC¨[8@¨-;,GÆ”
∫Ü#ãÉ+8∞Ú®±∞”!wð®»ç<x∞A¸DO‘A0%¡NÙ«Rd6¿Ç$ÇL»ÑƒxÇ'‡
<1õÒ≥˘2…HÒ¶]4$öb¥GÛ6ïI,ƒõI#∑º-çÀ
"#3Ÿçv;≤ê°'$r¢®˙º'j”É¢û†
ÊÆ:‘Cs<
>|ìo|=1Æ5+JÑ3G¶å¿u%≠y<ä©,38#™t+
Ä `á|<«OÑÇ1ËG'É≤Ï«3»APEÉdÑ$Å πîÀ∏$†>–> (zÆ¢åú?
iCñ3<ÊAÇA1úÇ6Òö°àπ!íT-9˜*¸:-8ÙIêq¢˙≠ƒ/”äÊ´…Z3wd 4†Ä÷, £§:?ßT≥ßJ<¨Õ68’%ÕªA
p«˘4•wîâ8pDÇ3¿K'Ë«±4K'ER%G_•ƒÅ4H∫dÅ‡NÔDHÜ§ÇP%2PËx…EG·´
≤ñÚÆÂë1Ÿ˚ñ∏O»:ß†™º>@%
?fi8üÃ->-ë#rõ-Öx¢ù|-ö{•©1«◊Ïä÷|ìù0t<P
»C>lÕ
J¢G
TG8ô«©”(ß ŒÛ∞Hl#0ÀQL≈3Ä˘ÙDÉdNSÑPúŒ∂dÉ/ÄK"≠À∏¸ÊÑk •P»¯À@r¬,Ã±I±+!mCq
¥í∑ıjâeê4eÛ1»˙πºA∑°Íø˘M/§<Äßv√ß#äF-\C~/ß~:M®Ë/Ñöµ√
Q%Q √=‘>äjÿ√>ú«/|TBÖ∏öJVÛâ%}á:uÇÍ<K%A0%H®ÑQdÉÈ$»/
pÅπ<R∏<“¯k¿k`ÉkÄ»D»É2‡Åxq°œ˙3+£èÃ©ƒ”≈œXò;ØÚ±È±,°9Ã75≤ï4* /,4M≠”~ZàDÜ™π∞Éì@‘
M◊≠‘?%Q@Ñ>ú«÷L◊tET;dWDeWyÏä™<8w§‘W3≤r«xDv(Ñ3pÇ9(À≤ÀH!RÑTU∑RÑƒÿX-“W}K[EH_‡^@
Y úÔπ+©“ø#9I!1,UÀ-E˜Ûðîteªõr ZS°∑ó™Ö…â”9≠':ı8-ª”~JDfi˚™oJvNtçZ◊L@ΩÕß˘∆'G|≈M◊‘
√◊t-}/<ÑöÄ]≥£òJ;ã+ı®Üj∞√(vN5K≥<G(àÿuÇÉ$ÅU=HV≈X∫ÏXW˝ÅkòÀ-%R!xYx<´xVÒ¿
$÷ÄQL√K÷óò!/Ö n+SíúLÀ%ç *]éÛŸéã”2®∆°…#¢ @Qc-pïÄl>v$Jv€;§Zy¯]‡•Z◊¸>>Ñ∞<$
÷‘‡ÏZ~•◊></∫Õ=,[Í]^è∑pè®±5xÄ=ÀËÑÿ±LKµHœÂ[Ö$»¡çUˆe_Ôâ’kh_π¥\Ì2‡U+¸’??>beû1±
„QhCdØôØos°ñH'õ™Ú*>“%>€†'zbç*òß9ı8Ñµ8//]à
t°*∏¢‘Æu◊ñÜö„ıZ˘J}Â/◊[Ê’/Æï/-«≤
Œ€¨ ©˘é€@DÈ¨€~ƒQ•'ŒAQ§ÿX’∑<flı%Å¯ΩÓÏŒX>,ˆ≠ÀÜÇ.PÉ®âhÉã rÉ˘KÄdC!b!
`Õ<pz4`}Ã-Dï»BÏâ<€»$"•‡óÃ`ÆAV"ö%<©"¿Y˘`§]ä´@ßq(%M·©]a™Ω%™^&fi|Ì%Vfiˆ aQvfi/°◊zm
Z~Õ◊QŒ ÄUeà€Ä57êD‡ÉÂEº’A*É<ÂP¨ÑΩÌ€Ñ<_œ=“,Óbd~_†À)F*-â$_≠»…
51lÜ<˘ùâÆÁ)`_uàuä?ò-Ö-ı±IÇ°Ùí<vfÁB÷çœ‡öDÄ*êFÉ†”õaÖ∏]<¡ >RWJ^wh·ïáEmÕ∂≈Õ™ƒ-O

Ó/OÊ·;LÂÁÕZ˘àf y,[W^hÇΩéΔäx>(≈QKÄ<G*XÑ^÷¡Å°XÙ-»É“¬5Ê¯eÅô÷,˜e_b¸Ç§V40i~Æ…Õx)
d;ûf∫¢^ßv!Œ]+˙$FsSq£L ™e¿4B÷Ö*-j∂V-¶gœ∫ß4:F÷g¸‡ñXc‘ÄËfl1]éÎÇvQJfi],TsLhJvJäÂ®
Âaà÷◊Í1dtme ¶G=âE7¿ÑêûNO
'ÄOP‰ÂPRUEfl ≈b"ç_,&\dÊbeéÀ!eÉ)fH Ëv c>Äðè ÄêZcäà©Ër   °ˆUΔ1-h‡´&F˘…≤?
¸lg÷8¨ny¸j≠z¿Ép≤}"@Ëé>5!&
ª/vmkÅΔÓ;‰kÿºn®Y‘ÑñËUVeÒˆ‰Á]fiÓ·‡\ÕVfiΩœ¡ä2hÑÖı‘ËU˘≈E@≈R¨U∑T»QlKò.“k»bömúfÊ/`
_T•ÿ’ÿ˝i∫©°o¶&i"±6Ü°GC∂6†û˙‹Bs6g-u   ,^g,q<‰J€j∑`÷@"y´8{ÜÓP˚<◊ßH∞9"·;h=
¥Î·ı]!fiÌÂ∂Æ/·ΩW±ïZ~
-‹doO∂◊r-IMTÅ=†µËh7ê ˘ƒ˙fl˙Œo"UÖliΩ˝X˘-ÓÏ¯ıÏ-œi"%mÑ‹X6 `‹®R¢F)∫à‹?˝M‰
gπëøÑ±œ´œÍ#™<¶L◊OL„Ÿddç˘$d‰^>fl8"zR√Eé]N`∞ <∏EeÎAuh>u
ΩnO÷ÎÚ6rO^◊®››à÷d>D◊àV3YWobÎèK®Ä‡‘}N˚œŒ .≈ >UR]’/`ŒJ‡oV-
\“Æi.ûvπtKùœv“fÉJÉ.¿•ç˘é∂flg74,§9éc-ò!»l‡ëdçΔíÑVyGgvÊY·‰
ô9}   ¯`OxÈ¶=7âäX<≥Ñı
-‡}x$wr˘âû·S¶ÎSÓ√@ÌnçeÛ∂u\«Ö6+Ã8É)ò-
Òsï.v»o'®US‘ŒUulg˜XÑpŒΔ˘äU»4◊iÇ§sPëÖ†§8ö‹jJêø†í
£LÃ∞Bwgj“(Á˚°ç©>Òß¶w{GïuΔ"L„ŸxdAF¢8d≤û-î]Zy‰ñ≈Ño€Ñfi/ßçxKFÚ
‰flk∫ÆMâü◊[èuœoËR¶Ú±∏ËÂÕËÂ,˙®P00†¡˙Œ-Ë4ˆT‹ôÈ\ÈÖ§yÌ¥y4ÁÏ∑dŒ∂$“GUÜ@oè“Áö
∑à‹hÍ¿pŸCÒZò≈Fs∑G',Võ„c˘ÃTØ*é„
-™…9e›hx‰/Î∏›èÇäj∏ÑE˝›ÑvW±MW™µ¸∑^aÆΩ·ÓœaYWÂØÂdfia[gÚ(ÔMΩ◊ı≤0|¢P-DK‹G˚Ê¡µ<≈¸v
y˙≠Ï /’ 6$ÿ$A,/AÉ?,Ä6?$d„ê
ï)B∫ê°Q¡77.çiÚÜ(o‹P…√÷
ê0Aðî˘2§.∫vÚ-ysgÖèAá]ˆÒÑÆ∂ÑÚ®`Ùfâ
H£Í"Z°™U1X+T©p¿jWe™îAp¿lYj8`ÄÌqP∏Q∑/•ó™›®F·Ø_y’‰QHS¯∞<â ˘ñÁx±°4èV¨òaΔác&å¯3
Êøó=`œ°òtÊ-™=ß¶ê·ÔÎøHiûÌôˆ_ª,o¿cIÅ!Sà?c¸∏Ò1g¬p,pysáä`dS)¢◊!ƒaÕk.d”ê òÊ÷~Lúh
-8ï3`âp`á‡£-ë$WäTπ≤'J08†M6ÂdÀ2∂ÏTïO∫(8îQMµÖ∂(ÖîTNiò‘RQµQ ’UWC
°uäf©xÄH‡âm›E^zQê^ÅUcèõ˘(èé]dhûŸv§a£Uñöiá5ôôí˘A6[iPû&ñ¢…ñòl®Qôoœ"Ö˘@#|¡Gq …
∑ÊÈ1∑»T¿‡ÊÈeóùuiÁùwÊÀ7-@◊d
ÅÅ^%l $ aT'F†`C ˘«_K˘e*`H2≈`L7Å‰‡VU-8îàA)UASM9(TáREµ™R5îbUÖ.
%VPFP_ëEñZe@"äm…µl\;‹ÿI7œf#:ûvÌèàA∑î!˘óa†Ö;ÓaNâ/eRJÈ‰kÎ™ˆ.ñØ·&/mT¶
€n∫©¡ÅBaƒ»≠   ΔN@«‹T¿âëúN∞·Ñ√fi9aMv÷ËfiwàVtû:
É5$|1ës úfiSÄ¢ΔG∫ù$˘¶!µ‰ÜÄ(Ö‘SOÍ‰î©˙lïÜMa∏î-¥&8URR%bPZ˝<îØœzUVõñä-
*#]Ø·ËZé'V[Õé?VπYdí=÷§dfi©ŸëöYÆf^öfYdxiôñ∏’Êwë•∂Æ]XÚpfÊÚ/¡ØyΔ"N,
2πqä‘i9‰Õ›πÁ√zn¸DÒÛ!ÑT8Ë{Ò-ÒBéa$]râπÁÆRJ.πîÈÓ3â™Sœøzı∞_}x°ÖZ∏TÇRYòaU˙l}∫,Ít
œ»Îí¸cïUÜ¯jùe÷YÈ´èÄl~›à◊_{U€¿`Cö$êîq´˘ˆ/ä9πdi •7˘
±KÄÉkMj†§ÆtinÙZçl-UófiÿÖ‡2h-Ä!``¯¡¸Ö1@!
rñÉA¬éÉBÊ@à;πƒ,áÄáOŒ¡àÑ†Ö‘QÁ_à¡÷ÙÃá≤(CÓpá©›’T"Å ÕXí≥ûÖxËSÑé¬!Ê]%*¢/
$YEÀËØÇR](œ+U{£X‡x>≥(ä-0íç¸j‰ó˝ÖlöÈ ˘$˙5FoÅMf&„Œ(1éq€mÉ.w˝mKÍjMó"à•fi‘Ö•∞≈œ¯
†#aî˘ò¬¸pÜTßÑ(¥‹)sêÉ çaˇr”qƒ>7'Ê•”Ò‰r-1-!ußpÿuP¯(îùA#»CL¬Dú]j7óÚ]Jd)
°î!}kYëUéˆ<§â3VJöQñw=¨§ÛgX·∞íÁΔÆÎX«2ñäÆx>ÿ‘Hl’í_µÆEHAr´†@zà@Â&I∏µ-
ë©Q[g°ı»Ü&poX*˙ñÏu∂bI7ΩAÄ,P@J#d®¸ +UiÀ¬r
S†¬‘DÀÈ@AsÃiSöü¯LNa¡Ã¬eŸdGô`• J'Ñ\<A
∫   J.q3MËS¸¡YK^Rî¶T·õ.RÉ[`Ä,Z®U": Y'§!¢°µ(˘öÜ≤◊´ùã+kt„WÑï°±ÿS-u‹Z¸¸πóK
¶ÙÎÃc‘vP≈FÊ~UÚ_è|‰ô∑©mñ’VD)*Q≈4≤5¥±íjjcIu˝≤‰6ÖïöïT™%l   Àg
≥Ñ<q`kúß÷   >   Àr†”E3ò:»Çp#ÁÑJ\‰P-ô√N'ê·QM   •¸ìOÌ¶fΩÎ]O¢R±“
40Ä“ÎU5oUjïPTñqÇßÃöz´
V»xï´è,flc„‘ÜE>+,ÛgŸÅÅw†"¿°/6|,l˝ ˚@¶mëV€@9Æ’»-ë}hf="ŸGI¥òÃË˘ì4ô-“/Çç»
Xöó¶‘r6^Ápv®Ö •Pñ∫X;hÑéŸ-ÕÅ-É)Ká‹Ú9èÚ≈M#ïCDî·v6À*•ÚıªˇˆºB´J-k5êπÃdÓJNÃÍE•
$•ÕSq TfiÏV[ÏWCÌ‰ ˘ÔZ◊°ÿ¿¿“ß_›bG›Â}˘Ù'fC¸Ù¬Bä‰∂πPzôÜƒòΩÏCEÏ·Gw¶I&ú˘≤ƒ-p¡„5-ë
¿P¿ZÃ•®\•-Wôb¢îõ≠K3B€f∫`CÊÉ◊X=„YÚ¥ßƒ"•/7·`ÖÉ˙]í∏·œÀr•∞ç3KEè-
jsô¡˘≠`ù†'NakRÃ}∏¨“Yœ]J\·Z≠`‰ûΔ#ü<√W5k}FÇŸ˜œjxÌ-dD   Ÿ≈0∂-ú®ë)QÃZmö1g#ä
%&eR‘Ôî`ñL€îw,`0÷¬jgÃJ‹."ïSBP‡Ø[6◊∂
ÚL0dP>˜W1m”ÿ˙“ ßXƒ)`P”È∏éŸ
Q&8@"ÙÁ/V’≤o¶usW
‹y0sôá¬É£ùS) ±3ÆpÖïXÅ»in]·ôÁ„X|fiLfl≤∏&öÿÏ±èUtkaÉrÀ~/öåc√exä_˙√h
£àbSQ&qiÚgª§aSó˘H &òÒdúÖ
∫4©°¬"Æ•áY«(8Ñm)G[/∫∫ÙÆ&f
ÑZóRZ¯L'ßπÅÛ2aª‰Â"Ç¬3Ë"9vî)ñÃÑ˙Xû"Œ¢bÄx®·fi˜œôär8˘"®‹™öo}≈∞]ÂJ+/”o|fl}g°~œfiˆ

60^Ì^‡)¯,ÄÏÿå
aêMŸHX ÂO√5∂(<ÜMVcY÷ƒπç˛,BÒèm°hâgMV ®Å◆/™Ii¡‡B*˝¡%˛Åh
`6@CË@Ê◆°ímŸfi,ëíÓ'Z≠˘ûmUŒ"@¡1-ƒ06/'/eGDt˘é∞É˘úÑÙ©ƒvMó}WO,ÉQTA˜}Ç,|ÿ@àAπNʃ…
óQ`ÖÆT∂!Øhœ"'Q`HΩœ˜˛J˝}≈}Ë[˘úExS[hÕökÏ≈`†`û‡TaûZ\ÏO/
$†"*"•Yÿ*<d4L¿_p,π@=âó|'Ò;Ä¡å^åµ,jëT,ôfiÎÂ@ƒ4B#¯Ï…,È/Ãç-ñËûúÉÔ≠+Ÿí"a%‰"µêûpá
@TÇ`Ç.êÑµ'éNflU]ˆıÑT2tfl B˜©A<ƒ√X9≈2å_ππ[ThÜïXÒöëëıxH;U≈ÿK<€'%ïˆ·ä†œøùÖfl‡fl,¡A
`!˝ëA5,"!FΔ   âR∑Ù»Dmg·œ‡='ö<òñ%-ŸÏ
«eâ]ú¿8¡*äIπTÏB !WÏÇ4¿`å!Y≤◆≠íÎ§-/ °",]‰@Å6£54„Ê¥Pƒ4·@◆AËÃÏIlY7fóÔ°ƒ
◆@òç„~ôô◊:œ#´Ã◊ÿ≈'"@:ñ!à·±0ç^Ó%ÚT@@/_^πëYÏ€AŒë7-%˛ "ÜFêí$B,d◆g!&6§d@§≈ç$<Ni
]˘íJÜbhDIfd@©Q@%úå≠Vke.-§B ‡fÃ@ƒû/QŒk≈÷ñP   Õ/Ô˝ÅM¢<.∏÷JAe%<ÁûT0ó≈lw‰AH
ÿTÌGœlx°•ƒ%∏•Ç,î#™#™flÿç˙AMò'•¶Ç É'E;› P-!Δ"?V@t@‡['ÙY7ëèX‹››Fb^Qj¯-
E2¶ÖEfiFf‡Õ%&f†CmVE^A…C4@INò$Iäfe\Â≠ò] ¥¶+¬b*!PÂ†@¬é"¡j≠pÚîCD•%˛"¿ûÍ›%Íù˘fi6c
¢TxLÃuPQA4!AdßÃ√J|•q„ó5qï Éœ&x!"ÉÚ 2Æa¬Yí#&§Èö6M^îë™ƒ·P¨ë˝}O˛ ^*ÇÓfl›©»B:®b*
ö≈-H"†d>/∂X`^ò„1"£ /â§âJÙÜ¡√$)-jxâƒy Äå+™<,'!6°@ÚfP!›1˘",%<Áì›Í¬Î%©1"c
ÁsD¢%   ≈XLuœPu◆Å»LwÊÀónW7R∑q≈8~&»B∏Çü:˙πWp·'åY*<©ª~
XM}›ô€¡'~™Òdϰ,€Ä%Ë°öOa"¿!
ÜC&/b§F:"db&Nâ‡·çƒJ$$iKeÜË"zjʃΔ¡   ∞D'®ç¢PGÒ@ @!(G µZ
"¢m¿¿°Ä,$Í≈mYÊk3gƒ6Ä±Î.§†
au<åyÑ√TL4Ñ»¬vʃÅëDoTive›ò"Wp∏ʃ+&t_<<ß∏g0™A*p√◊í ¬ù™/Ÿ≠lMΩ˝gËkX<Ë¯◆_¢˙C<¢∏Tò
#R(DÅñeZf•=Æ%Rh≈ÚM∏∞Δ¶˝W-Â}|&û˘ÄIéßAêhfi»™¢¿I¡bÀ≠Rmœ‡4BÃ †è ,
N¡0ö í"*œñ-%¿!»Ï.\.¿!≤¶˛*≥&mwòáû\)Ù,@'öÏnl^òb'Xä••t'8Ç≠∏¶ßÊä|Â
¬'à`¬$0"(Aö~[âËJ>>\ïØ(è˝/flfl´´˘íœ<‡S>)$É˘]"Ü_…bI"ÜNnB!'ƒF0B!V˘Lúf:FÜ®V
†cŒ}éªƒMJÜñl◆Ü- Çt-Ë-ò
#≠ΔÏLÇ≠œo/ ô‡ëÓ*5)œ.Ç,·B®Ä8'ËÒBRŒ˘¶*9Å8/"VÈC$_ï:»Ç^Ë≈ıZìW'XÊå˘-Ä∏+`˛öc<¨ßöØ
8ÇÎ$`CÏb√$¿≠fiØ Ö^®ïZ≈]yEØÏ1†äè˘ËÄ,õZÃ¿ÄÇ!òÇ,#˜ëµ‡
V(êH∞_¨%Bp§mãÑuòà™Fopp<8¿ÿE:Jpbª¨(ó   wR∞√
"ÿ´π\`√Ã◆$®@.ÁrÃ/*6-Í/ÄÒö‡%˛*HÒÓÇM"AÃf¡‡D3Ú"Î8ß√|A'mΔPÈU,µÇ   œP-
ÔâÛ8˘f^U@<Ä!&âÒªÇzðü<"C``Ç
@O˛ÚêÅ,<áΩˆÈSTòÅŸü°fi[˘o◆<Ä!'Í ¶µ,ÖEficvÀ%?0&KpSÍ£
…FZZ'{¢â™E:é-ö4tI®9Óh·Kú,˘ê´Ω÷B#¿Øª*Å
(Åà&à&§ÇPfl©0¿@å)Ôp˛Å1û¬/≠œLs
./2as6fË@ÎÁÇ%F^@÷ç≥7éiSêYNèÒ÷ÁzÍ/VÅ&|B*L¬¿†^OÇ9Ú3~[µï€'PÙ•˝ı´ ˚´X @C'2"˚_
ŒÖnΔG*dNÏ„nÙEw4&g˘ˆ¶m¢˘Wtpôôt)ü¿)ìbe<#≠X©ô÷
°C!4ì*ÅÍ6 Ç˜A*µ8¨¡oãÄP¡'wª*"0Ä0ß.‡Bú»¿UCı oÄ¨Ã ¿9úCM¢‡:1A\√\É†¯…
uD XöWVPò◆Δµå)5E ∂-˛í´ËÇèc*à√€jÃÜÌ(ß›Ê◊˝™ëëÖ@ˆ/˘ÚÇpBãE˘ÂÇT∂èêFd·E6lâf¥&kÙµp
8g˘§Bâd'˛FT-•\@zé-:ö≤îâxß]`FÒÄ
¡Ä- MAL¬'Ç†/&àC=ÀÏ@P˘˘ÙO∑´0¿/˘ÚÒFsXu4€ÍÒ 6¥ÄÃN7†úÚ.W67òx≥BÑy@âêA%ÖÌÏá8s„{˜Ñ
Te]~Ì˚é1 Ôû439ΔÏ$ı[p≈ÜÑ»9uà◆#A^†˙-œ%∂bó¡ ®"{SÖSâ◆âÖ_˙ÖV6√ÌOahv$nv˘X≤&˜Ea∞àr
,åt:˘B|Ç(WA)ßÙ)#ñ˛xÿäôn·8ÎÆ"π.
∏/u=€*4Ds≠Êrê#yQ[X¿¥@îœ,µ[µ≠∂@#XªÒrw-BN¢Äπ@∞π≥°Å,pÂ≥tgÄÈösŸ·‡˘åʃfi) 7û¶#â¨1&
X@# {#$w*|BW'
"PETËó^t≈û¯¢tÉ#tBóÖ!<!+nD6¶C"bQ Hé˙á'%{|à3∞H&â~f◊zfl;%¡;†#˜!@π
°ÚgÄXkgo»ΔÖrhA#|B<†Ô3∑.",oΔÄ-ʃÒ®¿˚Ú4ØÅX'3ÇH;µÁ(tgªÃ3;Û4«}˝Aà˘¢ƒ¯Ä$-
µB''∂πò∂Ñ9«˙úä+rø/û~[õ!°É%µÎaÉ`¬;¯°ØÃäÜêQÜÄQâÅ'8Är$6Éè0§üè7ôÖπ
\˛l`zb˘„"†§Zjgã:gázgWfcpw"<úÄ¨wÀøzI≥!odΔΔcdπ®™È¶Ê_úÄ!◆/*≠(A<ËwP+9"ÿ™*
\ıS«4¯˜$(¡àÄÙã¿Tø
T;∑„h<;¥≥0#±   zπ»Hπó;APï…âzõµªc[¶Änπ
¬úœC*◆4rã@èøzy#61xßÊS°*b*TXVÅGÖt5¥8q"Eã4,S° «èq*|,Y¶Jú2+Y™,
3oÅé22Ï8Ä¿&<»Î˘ìBöùBÉ˙4öF^ö¢Hô&ïÁÙß-ûO£Vï˙´Q™W±NÕ˙¥˘AXx◆nú@Ô"ßwÏfi•çè$<
ÚÊ÷ùKoP
{˘ˆΩqcÓçw&Œ>≥Ëåj-¶Mıì8,P‡-°∞Ωx¡`M™4§!¬Çœ-» P‡úlîàPbÅreÀB¥úq¬Êõ√˘∞ N,áòtÒ∏t)
√•"ßfl {ùÇıø<n◆‡è«âåU¶˙yí
LiëA®Ëÿ∞ƒDËmïÖuù®(±"˘™Ë°ç@™®£í<RP§íàC•Yb   ÅyòÈ¬(„BΩv˙-'°DÙ@©¶òb*(§z*
±®Ø¥rF´íÚ
+°\¨+¨Ω†˘û0xÎùµîXÔ:ʃ˙R´¢Ï,Î
.ëãá§n»(Œ˜„è¬A$d"˙$LòÑ2hz-$
®ÄPAÑ-.(¢ô5,`§Ö÷î·MlP¢∂5∞‡-Ê#à Œ¯Ç∏·Ë∏ÜÖkêc√ $p£:)ßiʃ(≥Ó:ÌœÔ[Ùs%,CÛXço>˙

`@ÑÑÙ€U"à¨¿ñâz»
¸¨Ä§ï*xpB 9Ñ©Bo∫ Äõ@Ïâ'ûBj≈è◊ƒßê˜E´'Ö–∆πBÍ´∞%´ÅO®"50¡ë~Éd¨πËÇg«%ùlR˘
…Ω¢ÃûÙRÉÉ¬∫%LÚ˝2%&àh
àA≥Cê˘≤é-P,
ä–‡Ç<-(a ◊d8á–'e ∑F^hõŒNR„*é6®g)=Ω§öÈ¢"n¨Ïx¸´;•¥oUµZ'xP lïÁÄ6€
∆ÙÉmãàÎ'ÿ^Ö=§ç>Î®Aì†-C/ Yí…¶i7î…∆°™±DrùBÒ\·Ì
∆»ø™Æ«∑äwfiwK<9èP/i+û(ê«yÔZ]©ù˙Í+J
l˘Ñ#¸òbä3âh$ïÚ0Qa„◊.;$-≤@¬x-FˆÇDP˘Çh4!Xì{ÿŒ9ß◊jA–‹~œıÅrp,Hãõî8ÿòB7Æ∫c™
ïGÜ≠Êa¨Ó¨„_<˜∫¿'D•ªÙúI§L#rC%®≠mlc∞N∞âb=§@√"H‹<ãkJI¥˘∆òÃÑC»ñ
Ø•¢LÓp,R–,R%rÂ*Îä
%ÓB∆Me*´C>‡1•â|Ô°cFó•u´ÀSÙB≈°@i˘»√Ä‹˝!çÿó´&¥ö·Z–¬.¸ê-ú#ªP^Z‡<ïEceyzAfñ8fê
€Éçl6üZùÈ òp$UÕ}|˘PÉ@˙Ì0Srò\™∆ù˘˝œ^#•(£‡° hÇ*»ê•É1úÄmîà-"íëbπçÇ<ñEÚ∆,
ïƒ%-·-¥.d!nËB ∏òâ∏πëÜihä[dÆ EŒE^·ñQÓ/xÌ,ôk¿%Í'#1T·sð!Éñ»ÄıƒÉ`ÛÚa5}XOΩÏ%a~ë;
-d¡SA1 û–@Y∞à+»ÒçY¿√»^•<M"Å
^@$‡A¢Ä%õ5u¶>àÿÿ–7£M hl(¿¶‹PSJ¸ÖS†˙üw@9¸˝tÉ•Q(†iì¿ç˘œ|v´!Âñ|ÂDë˘ƒ-
U„iHtQÖÒrY$yVˆ÷7ïPÀB◊RaNË¢Ãƒ™KE"Ñ ,BdC«A"á:'Jª•bœª"•Äï'èÏU
\‡_k'0ÒxN≤¯|"π¨8Oÿ·3
'»C#÷¡ÄF!@(jÀ¿tá(ÄÕ¥∞àJ@âoB ëÅ h@π%D3T¿«,‡,∏òpGäâû„à@
Çàh¡ Í˙Lã36<·5ÅÂ-<¿]Ï"X¡:AxP≈?P¸T<@'ïPô•ùâ2Ùa ◊£â"Lµ±§`˘‡f†á
\uÉ˙Í≤zπí`xò1yIÜÊÀÃ2,Ü?±
ã∏E·∂Œ•¬'ú!Üs®nΩé/€¨KOKÅ Ãä`£Ä« ŒIàwÿ¶ÄkΠÕ°´â™1I≤8∂äR®®0Å•ÂÔÌ±/•ä3∫
°è*±qà3T¢N¿gê•á]df©(Ç4§Qtt∂9£˘J\âx–Çl÷D≥abBXÑpËP]„Tó
Ã–Ö∏zÄ*‹§=Ó˘D' Å*ÑW"·ŸöxZ\'ˆ–W|(ù
°°üâLıï≥`V«ªiçDd¿ªtVÉHr!ñú§A¶V·™W®÷õ†Àp>©JTÓ ¢œf∏÷ÊZ>Û¬c˘j*©uUT>N7Åq
µ≈¶ëÒmRÉ≥\¢àW'1∞ªu≈ÇÈH@D¿–àO ¥H"‹ªd9MÇùâÄ¬œPâ,PÊü≈KÆ
T¶âTÅ£§†n(K¡∏»Unõ˙…/°Ì◊`fl#Ÿàaœ•3/#YÏl…√°/ê¢ GëF:π1Ò)
•N}ß~*‡J˝ í"¡Í®¥†fÅUY§> ÉFÌ7U6ô
&ÊÉ}¬ÃùHÖ÷)"0á∑©◊É5ùõçÀg_î2≈ñ≤ê]ÒΩ,qL¨¡6òHMŒBCàA;/Ú®]÷nó¥ÎHJú‹êª|˘B
CvÒ…œM†ÃR¯CnıÇÃdFr¢"ΩU†Ñézt ÁpÌ,ÆêÅ†+@g≈%†Ïñ.§Ë "P˝$†Ü<\ú-Ïê";l∞Íâlz!Ë¸úd
%ÉçI°‡>€ÿ1$∑Ë˘ÕÔ+√+M?_X∑dñ›pÆsë¨%Bœµˆáπ¬ú¥:[±ó¨shÎ)}ƒ‹úg,∂¬a
´€≥rnÁ÷PÆœ#"÷ã≈ÎÖ±8Ù§''®‡ÃéúˆbÌ™Å
p.™qÑ/v%9v§
aKÔŒî†
.¿% ©Ü$töêÄ‡NÜπ/5Nc£d7˘T°:äç–,πîãcîã28•Û`8D/R® ıZœ=Ùe-bÔÅ-l¿Hí•„úoW°Rlâ>~∆3
Œd_>·•Éœ÷∆„$"Ê`Œ˘B˙z©$*"ÑnN$R'ê≈Á∫oòß˙
Á≠§ölƒ[–ØËò$*†ÈÈr®áVÁÌ|
aÅƒ¶àê- àzXpÏT`
ä F¡ÿ¿©'NÌêö˙B.ààì,† ¿Ñ‡]âPNTÒ6‡58câ≈ë´é¿ézpcè,@¡3Ù
í+7Z Û∞!Û0è>˙ÏÜ DÔÅ>Œ‡° ,‡-B˘ÿ¡U˙Öaˆ"Ç1@v≈™@,Å4JT√3ÊC∞A ›r≈-ÏkW,-1B°ƒ+nHB¨
B
$òûÖ˙2CÄ.[œO≠d¬Öß[JDô∆≤&"˝"oäÚJ¨†Ó◊fiœû¨®ƒÏèàXLFéÉ¿6LÈ˘"Q‡·ƒNƒN«¿%´`6áG%·'†¸
/B `C §Aä`ÄäÄL∆àù*CNnQÿâh¶¢.`4ÙÑèPPU°fliKNñj¿'Û2è{ê A
ñQÙÄ£¶&<∂Í,'`-fiAπQ.ç∞H,A¿Ò-Å¶G,Î˘†A030âœùà$®11ÀQ1–1Û#¢X*B"îE¨˙Q
Ñ&Ñ˙úÅÁ4ƒò4D'‹ÍÖ$ÏË™¢/Ó…ÒBÚ`‹O¨˙Í˝xçu•¬¸±∞–4ÇÏT 5^ÄNa%[Ó4g&&9q/à≠j‡·°h+Ô•
(ÀÒ¢F±N£óî2N¶ΩZFÄeFc£^ hÊY#f ∂r!7fi≥22C ˝ ≤fÅ›f°`>a°@.X™Ú@.˙•_ò(>ñh_/,¯ÚS
°4•Õ3T∞"OZ¿BÅ"VQ ?™Ò-Ó2S¿r˙îE˘≤Y<'4ôRF≥#≠÷"Œ≤|mƒ°≈C´*/
˙∞ËfÛÌ®HÍR«ƒÒÚOË4L%9 Ç†"XRàÌ0&´¡8ê/8iJx%9≥Ä∫N I r+∑Ñ≤ÎËÎ
ÛQbûá4Vf
¯d@Ω¿5VÅòáFg∆Ng¯h 5 *a
@
úcJ°#U@"l`-4AÄ»Äâ•-RTC5Â^C€LC€iHà%!$@<JTcunlŒ"0s˙BH$6Û'6Ë∞XLCÜ)√ËØèu/
lÌ4e«/äY˘b9Ã≤@lÍ˘À%Y2®`ÈG"¥
®Äf¨C?Aâ≠]R&ëÛ8g"•Kß$8‡>ÙJ‡"T∑4JocèàlöM-@FÉ4÷X#°`#`dF{55nÉPjc∆^†p
§@c°â§Æ†Q
†àû#Ó¿c"¿'b-ˆÖ8ıVñV&62‡¿î8JQ∞r òPó"Å´±daLä%#Çˆ˙k#p5E1"˙‹3¡(d%bt≤&p'™°u÷èG
´6√¯ÇÒiYÁ06´√"¸%ÇGˆ"I\"%"@sësîT*?azD@nt.†
.¡JeKaR&˘˘VK'Uaÿñx eJ0¸†ÓU¬Q(/ µ]É√Gï 2A$azFÄèBÄ‡@Ó{¡{^0bùgl√B≤‡

†¿ §∂°@Q≤‡P úc,¶$R€_‡,ãù<kœ8-U/=T„=Mµ£¸ƒò«08CPbqUﬂ!Z5h•qhÖÁ6HL"3lÑÓ∆
CXí'\Õ-ÃCÆˆ¸ίb/ñïG°µä¸•¬ú5˛"»\%À%â≈∆¢mœIHB«FâPF!∆…iÃU–]&vòì∞™¿≥í2vq°–T!r/
`ÏV„+ﬂÛPpÉ˜ïÄ`5¸$‡ ∑äÄ£ﬁqè∂25Z˜4"g à«†`§¿ê@Ó-vÂ@oªî∞∫'*-Ú`_»†
˙©ü"√†LŒ3JuT¡fôGu‡® <I{>n¿|çÖ-EÀw˙TÇ˙Ü5XÚ&Ã&û6'"ÄjyDñNƒÚ◊u¯∞Ë–/
à¯wH•Ëu¿â#'÷l«B®`â$≈&
MCÏ™6@»)vÆ&' p˘∂8ùfsbÁﬁaâ`fp,¿É„·\˘ßáP"∂uï`fŸéHC$A‡`!"¿4¿'A¶ß[OCO^®éîÄ∞¡{b◊
§‡áØ‡T
U∞!o xúö≥p∑É@„AîÄS=KœnE©(8◊±Bo÷PóyVã38£ü@„ﬁBn^˘^"SXL"ÑrnE ¨3;3„òéY»˚
Pè/j˚∞G˘M#˘¥≤¨(˙–◊*qm+∞î
$GX™™¿ŒQ≈ÔZQÓC"ÆÕo#ÿ_˙œupydsvÑ'†ΩZéTôïsÎ>¿®M•R^ÏxYF¿sK°syŸó≠'Z¢ÅàY(W2a
^@OÂ"5ÆÆÄö•‡
B@ö!œ·†ûÉlÂB; ñ;&¬ŒÉ,c…˘<å;◊Ò†Tm^fÅOmÍÉâÿ·.œ¯{áñ˙R¥çZWyé%'∑ÑıZÓ8js,<¿Á/´(Ú
äf"6RÄ˙XH©®`ÊH–∂^ÀßdI?F„≈dÏ4ä‡Î,cDÄƒä¯b&´¡ì7πw]•Ds‰™@
†˘pAïG¿ß5a®É8¡ïä:∑^4ZWﬁÅsIfs
^¶™%!∏z(ó÷†+1Ô{¬ödó^ê@T†z†A 2ôàpÆ≥√°Ï!»¶Ä¥™•8ä£%d5™◊ãΩ‡2∫'± BSi/
í≤C¸^áÂ≤Ÿ8 ˘G"˘í≈'~5◊7Ö:õF{¬¥'Nè/qÌD«™«ÛóY•(#õ%q:Zû‰EsXR[$2∞/ıdΩÈDllÉA?°
ê$mì¶Ø\¶gö95ß*‡Z„∑pA∞;¥˚ßã∫®É˙ß?MuYx˘©/ÄswY÷`
òΩ†Ü˘Ωﬂ[j†´©ZY£é •¿Æ¿∫Ò`d T&·NÄÿ*ùìÉ,
ó˘.¡p%‡<Jê6¬E;∞y–T14û3£D+±Î„íP
¿ü%b Âf en≥9WoÔÊ/ê%|u≈3DFü^&û^∆iúÈ|¬∆ÁI"wl˘mÌF>6Ô)I÷6/ä¸júP?7; 'ybÂw@¥
¯«%]Gπë;p •ù€%/a^N‡¿<∫œ¡ﬁ¥[ª1®˘/Éª:∑8˜4v∑6WÊ|Ó|O™/÷†X&¸¸®RaÏPπ∫≈úﬁ‡
£VÅ QŒÓÕ∂l…Çj.a<p/≥jÊM:¶3^‡˜LiN(úã◊dA¥DkÛ8†∏ë–â§{%;ç7¢"˙†"(Û´.Y4"
7ª≈·P°AªpÆ¢¬∆uÙÌ"N)–6+K+1+8:,H!Î•o0@Ω Ò∫±ƒ\hå˙≈bNÄ‰≠Ë8ëã˘•w£OG.Î,Å6ŒÅÃ;∑^Ω÷
úÕ›É3·<◊‡I™7WÚ%¡ó! ¿8˘
<Wó5`FøuG?5Ä{"†˜‰ãπ@ÛE ì„éakÙßÆΩ„,Ú`Å&±Ö √/¥ùw–ùM5f2£ãDÀÁ·÷Ç1v`
´n©Vwiç„°ÄÂVﬂ8¨/Í≤˚∫&œ˘˙l¢«?1–ÎE€¸Õ_Ò71ÒEzMÏ˘.à<,ÍüaÜäÎ§•Ç¡D§SB%J'T9qiÖ
‰Q®XÕ¢≈ã/]'»ë"Eâ
x`PB‡.<ÁZå–î f
M5˘>|–Ñ"¶MòDHZ£dç$sïF¸îŒà§p$5[#TíÜ©ô4dí$…g÷,0j°EW\ﬁ°QNjó.¡£pÉ°7.›òÔ∆›ª<l!¯ƒ
é¡(
9$Ñ¥U|•,€U–xëÅDêC@
‡–Ë"vyƒ€Q•Çj'∂TüXΩ:Nÿ´[W∞5;vÖ2ª{óA∞ªâ•
Ñ#¯]°¯ÒÂöÕ8–°Ö42R• œCµ4€´aœ^^x•5Jè|äi,∂ü^QcvyÚ'_ﬂ`B¸Q•ù8ÅAUHœ'Ô(TêAê
ƒ¿Ba¢ÜÉD¥^E']$]5Q‡GZÿá¡#∆;¥ Cä°S&ô'„3›dì#öh•"âD`\A#%òeÜèîîí .∂Ëb)°SJQE
AP¬Wå_ΩAAH3^Gwe◊\wïIó^‹úÄÄÕ Ú(±Yg˙ÛczœP(†+QH°=¿;ü8–lØΩÊ®kπ≈–/l≠ŸV¡lπÒ∆
€lúw®…5á¿œï˙<©¶ê°t/Mgù∞róz'5†a5‡ù7zı–_|¿"áùF^'G¡ ¬"ÄVOÅ*!6ÿ¥–H1ÄêBò|,–
˘Ñ˙míE"yxëG]4"E•â0<kX P.–%,í4iR£&é‹îcx‡BDå\B B.±D`≈ëI"„LMñ%VKyuÂÕ¸§#*®–
L3å,ñ\héyÊ^<‰≈C°CF#ÿ†ZlV4xÊ…gü1öùyöhÏ°cZ£¥UÈ"Ù[n≠Qù©jù˙ñ5p√ÒVÍob+'v©füä¿|
„u˜ùx'–/kÜÊö∑x˚uÛYHﬂØ¯¡£_≥ m<∂°√/b„ÁùÿÑ&í'oÀ–y rËaxv»9<Uò(ÇJX†Nö
\êo˘L7˘˚¡øÃÀà∏P,L-(lVDP≤â;!îîØÓL8eÇ±∆@2ÅPSA''"r<m≈≈}ôcÊ•◊
/«¸"pPY±Ÿ!(
4(4^¿!^kq»99w∆Å"§©±Ã&5R{nTÉ5´e-kû ßÇc·D:–Q'~@Ë ‡9∫Nu,"6ÌàßmûÀHÍdïãoÚëœ
±‡≈¨˘H@ü0µ™EÄ˜Ωè^J<‰œ•Ü
°Ï>…á@tyÑ"ë»q°#äW∫¿ç™":úÿË&é–¿°J@ÄÜ·"xCB∞"∏√Qp«˘"I°àbƒMîƒ°(M H–õäÁ•°
É–ﬁ[ﬁ≤ªd /ﬁÀK^*P5`ç@¡˙≤†ÖùπØÛ{_aÍ£·9Cöhﬁ¡58†
NÀ
k
H)™fRú%◊<ÂµﬁßªªNŸ(∏¡Uï™W'°ïe•7ﬁ :©UFƒ#°πG>ÿa·}Ú√àï"¬D,lÊôsxF∞ñÙé<|¢
<•∞öππtqNWÎb¢ªí5xh,∏ÄF +VEéT…âÍ4±Ë(Á £–∏Ö-ƒ"¢[cÒìì9j"y.zR)Ã±1 aG@Å ı$˘'ñç…
{ãƒã^‡≤¶Ê†ÚÈ3¬å`Ñù
Õ}õ‹i(µÄá,‰¨P@'˘%õ•Ä∫πM'∏^µﬂ@PÇ•ÅŸ(8è„†≠Çp'Ö∏´ÙpßnÀØÏFOıhËœ
÷∞àE˙T(Ü•¿¿≥†èw|ÇZ6√F"ƒ)Œ;µ‡<Be:É¯ñ
ÒÌBåÂú;–∫ãê§Uxí
-`ï™P≈*™≥ÿ?ΩÚÇ@o ≠–xF≥D¿(À9Jÿ∆èMz-Ü≤ ≈*OÅ√Ø°Å*∞eéÙ˜\ö‹ÂëUù)÷7Ö,L!ì:„å–Ïg]-d
aª•‰FÛé
¨RÄ™éRKM–•ÀÍ"TU9E^∞Q5T«Q0+h*≥≠≠ò◊Ÿé·ÊL[· "∏∞Ê¨≥Î¨ÆÒYO\êMHÓ
°÷Áôà≥úw,ñ‰k!∆≤$.±≠<4¢â‰sU DO§®B\@*X¡"øVóØ|,^ä¿*ŒH∆÷&áx>*∆é<∫LdLcπMäT4•LHëö

@ ∏G¶✱ΩÙ∏zÅŸk,ë%<8Õ©§õIÍ∆ gô4B≤êÉÓ6Qyày_Y[“&ñò,
¶jˇäÌΩ_#é}œV∂2l5ò^µ=?®´∞“Ê/F+í≈jˇ§X,t✱àöı¨hQÿ|â ªp=„'ka#qÜÕ'*p¶â8≤ÚHáƒ„!
âÄÓ#Òè4Ù
|b*Z)ËÚº8ÇÔŒ^
Û±YvW+¯H∑Êx-Vê|#øc(EirçõÒ«Î   wˇîÀ"πe∏ÏEMq/ƒé‡t
ÙûnΩ£´3LjÅﬁoÊ.QG£58Xs™‘\I)ZÊÜj¥¸‘CúPEplW%U™4X+Jì«m(4bÆ
¨‡e&¯nö¶¶±Ê:˘l3Z5dH©˝ 8kïÛZçH∑ÿ°Ñw®·q!9âë¯9Õ}NeE~ÅÅx\@∆¸,]Èû°§œn©˘ˆÀéÆ¸Ü
±6aêˆ@j#gJ∂Õ
HÅ$Ì¶|,+"à1aÂ+´[>]NîÎHΩ∞I
î,ÛΩß✱f¿OAıŒø◊- "6P%¡Ûåg=Pœ∂-E=AV!-UÌM}ëÉÄyê≠8™rŒk.G◊Œ¥êZÕ ˙\©g¿övk
aè¡EKØÔ@‹7≠EƒúÊÉÂñFì
$Q±ÚQÛq¢
u(üð≤ˇƒ¿åE±"‡œT˙yïyΩÄÍUmXÃê∞÷f=ÎBé6#F`I@I€z¸˙§-mY*KwDˆ
¥Áéîe‹”e‹ÉwﬁÛn|«Ûvˇˇ✱S✱9 ÅÜ7ÅhÅBe(à≤(êXÛgê˜4±45Z„T
Áyœ°yƒKD_DA¥A¡4L"q.4x!ˆ6✱Aª bV¡+r£!-T{“4.ƒ,rÅtÑS Ç!
ç0P(Ö6g‹“Ñà¿4Öƒ.C«Öêu.ãek*„D¿£0bPY/∆}„G"êl=Fo@;“-£œ√;™µZTÁudwdÊ `gUr0$s“ !
%∆Ê6w·ËVÄ,3m
hSg
ˇ@ˇp9ägpã@°8ú$uF*êgórÍ%Kz¶^≠aˇyP≈Çe∞yTı@…ëhdUœÒÇÄ.-' á!'¥;òzÈr g7≤∂`Ú!,ÎqH¸
°MÖsRa6◊ âC-.éÅÖy¿NG˜Ã7kÎËÉÕ"#Äs   ¸1ú-t›Á=192á<$2 ●✱1J
±VêØË«Z≠vX·ê›ˇ9df¿W“vöÄ‘%6è«5ÄÍ>ÌéSÔ✱ò∏â†xúËá°Xä/âIÿ@XÈ%4LE5T√TOµ8©≠Q∫p@yy
$Ë5q4qÚEA¿TzŒ°_ wåëÃƒLÎOÊÇ+g●+4Hr+Ù6.$˘Ã¢rxUCü✱aÒ&ÔêsΩ◊{7éKÉXoa!ÃáDu   Y-
®2Ô¢,V¶,£ öê
‹ÁtOAcÛ!¿C=“v-
ö
M"G●ˇ|ÑêFÚêLvvBRFY˜~1·é@
É¿àÜè®eß)>î(>™°ÒðÄÙFä
xäüxß¯íãÄä@-à y‡´±y∂d∞ËÅSîêúñß?ŸP-ˇ@,ª(hƒÅå+L¬LCw   ’`k“!Ãî9ÊÅ!≤G7Ì»!
·9çÂ¢7∆,πßMxµç¿69Üu8á#gisJ†(ê=ËÚN]∏é¥˜AÕÁˇD)En˙1'†   ÔP:A PëR!:“-cE≈
P5
3Q1/v[’∆môiˇ…6à
#Ç-Êê   é-
≠@öf✱ˇ4èr±RíÏ>ØÅ6@I¿Ä≥ŸÄ∑ŸÄã†õßòäZPd!çRùð¡gØd)≥®)∏-
ìÎµ”π^3pUµ≈Ahf≥îŒ¡KGå„)û’ûmÒXBR.÷ÒÖYˇÉÎbïãıÓrÉ-†6ƒl)ES$jO“{ò`"✱ Ò ˜.Ì≤Ö]…
û-ó≤,|∂Êót8
òÑ✱   NN'EY!V§22¢ÄPÄ ´∞
ˇ#≤∫Q.BvXànXôTRF% 3/
8˙£0
√
8áîetâZ¶ey¡&oríÍìí°ò§8ä/ˇfÑ7(!✱4   ƒ
$5ïgKº!î“ŸúTUòßÇîhZEq@Ø`ıö.o˙¶!q/AWâ.èvB'tõìÉE"ó∞&ØA8‹(H™Kß   Jwüf…¸$
UÄ*kô∂.Á“AëÊUõ#ßïJ}p aUPä   @q:
cú;7+#"Í"Ä
∞Í≥I¢$ÙÁêÄR-s0-PZ#0£úP£≈j¨»
Ä< H›„£7êd¢\<¿Ò4Eˇfˇ∞â≥ôL™õ∫ixÇì†¿∞Qú#ËTïr@}pã≥-∞î-ÈìÏ
*∆Ò^Ãëyk*L>πA∞Ü+ ≤ØàÎØqj+∏v!ÓO}✱î†QßFTß°∞Ù)aJ≥ò@/±mGªç€ÿ{üê∫[ÖÙ.…¢2Â“7µGkÌπ
D^AÜ˙±≤@
Ò`:*†Ä:ÅT:¡÷O8A¢-bdH,"=ãQÃsÚß´●PW“(“ZÔ
Í@
≠¿   8:¨∆˙DnqH*≥n!9bÌ∆∞j†çê>“Ö§≥πc¿§0†õıVì ●…i}äYJ»●ö“ìù,^°òã-»ù,
(ÉfcØÙzØÜõØèÀ9q/X~ö9ï|#≤|Í!’T÷°∞Z+a-ñ
+J0   Å:@-v˝§´.5$©©-±áîi∏€ßÒ%X∂ñR¢:«@
À h*✱8∆ãÙrº# °’OkQ≤Ê∞≈◊÷:FÜ#‹ÊFˇJ¿ÉHá,Çú¿   ¿¥7j¨Ã,m·R∆EÄ#…¨d ‡W@@oùxNP
ä˙ª0N »qÜàú∞@   …q-●tõ5o;ó)\
… ……∑8ù◊   Øı’¿T*/ò_;ê∏©lØéã!¸ ¡Çûqˇ∞°Lv∫9$\Diï.))`»`ñ" ì áë
r8RTñ¸©€Ù±¶2wŸLTy!†ìón·IåÜ§ö
,†@”EA/âsº®:∆ MÊ#D°GC©mnX:1Å"2✱k@#{✱/é¿œÍ¿∆ú@öV¶=t≈£©Ÿœ1ìWÒ;∂>Hä¯ãøÜÏP‡ï∞:Ä

dÄU†è|õ°ú∫@¿'∑Jıú'•?…ãªÙ^˘;6Ò K¥hLØäªºØ˙û∂,π>ù+ ƒ¡L≤Ç∞"x n-b a@™ò•¬ì
Œç"8ǻa∫Vñ-2©<W˘ücDô˚ßï∂Àm°µB-¨€ïPP ≥á∞j•f°ΔÀ•ó°#`Δ@¢c-ÉôXQm•ve¨◊ı<~-0á
.q-†å>å>vçÃw…:« JµÍvye>~2ø"ÂÄcc»Ì0@S òÄ∫†b`À`!
…Wîh¿≤ƒp@iã-…
ÑØ Å¶®zÑ{∏;pÀÕ Ã¡lıÖ"°.ú/|açß b¬Ú¡IΩ&êtj ÃØÃ/PÿÂ>2•8Ò z-˚É•2k•¥π√¬7D| É∞,
¨/‡x∞ß‡RP˘ Lê ^ ˇ ◊ BŒ]q:ı<
eV‡◊•Ê`ê∫˘Ö·• Œ¨ÿZ\¿ﬂ•
\¿)Æ,ﬂ†k† Ã`Ü•âœmµß •$ NNÁ∞]Yê≠Å»NP»ß≠/å|ØÌ/Kœ‰ π‰t˚∂Nuúúåúô"î
+ΩÆfÍ"°A6œD6¿x §|"†<;ê"å;ƒ˝
ßö#π'ΩBHÑk-Ω&°Bœ»>™Qø¨; Rç
ÿuÁÄ]Í˝´f>˝ô'í* uOò;ß+tn‡É‡hò
ì•ê>>≥ê‡â0_ Y@âÖ-å¿å0…G="#∫ï·J°·π≈z}Δ\ÒåpÿsxZò±
´‡√.^ Δ¸"
'0ö/√/"=Àö£C-)rAµ]A.-à,»› »¿<†‰b∞èÏ‰êÏ/zk5Æ§€ÆMÂ-ÈT`:ª$A£˜ÏÇ®"ÉÙzeÓ∏,)•Œ>A+
'X"ÎÉ!ß7`ÌN„¡9J˝z.9Qù ~rZ Ë (‡èw¬ﬁáj Õ|Zx9øÚ`m°˜ae«∞ë<∞ƒ"ê
/@™@x‡Œ0û¸È£Í^NaÃ
,Íu®ΩKQôF˘u[¨>"Îglÿ!¸)Ç!•cTÇpı´ ˇ…ûÏ´¿p†„Î¥t5>[¶µõm"`ëÌAÖò≠ã »N@/g¿D™·/b¿‰
…]JK∂Ñp;â^≤‰¿ı._üW<©B∏¿dØ$ßaÚÙ ÆÃ∏Í!ø•Y "9àπ ¡åxÍ_znñ
AÃ|ËΩÒüjç>îﬂbg©°µo11.…í±,/D »P>Ã'1H ‡W‡P C•÷_•È¢^ P`ÍxíÍ·Í]ëÎ∞•ßÙ[°J
|>
5-/Ä"Á∞Sø
±ÔÒ˘¸Úø
ép¨b ¡C‡çyTA†˘Å¡2B‡ŸíÂœƒ?g,ûsΔ ã0U∏lôÆe∂Jö'ï≤Ç-]∂VVÄÈ≤Bò4m
Œƒyg Ö20ÀÙ˙≥°ÜEp`GR¶ XU¬éx;¶V•p©Öjó∏jı
ñ+
Ú RHCV-Ÿ≠l≠f˄¨Ÿ¥dÂ™ïW≠/[≤ó.π·Q°ä5ü0aR¢d"§ì^`#Ä¢Äë#£¿å≠r#à<ø;Aï<‡¡£0AµjR§L%É
¥""‡°x°
7/^• Yög◊gŒ§©4KπÚ/≥†¸)@[ã'-0`dAªÖ>◊åX#)¸ö•pœ√Èn¬v˘F,‡~-¢·9\[∫±"ΔJø~QΔå±%¿nb
âeïJQßaÉx∞ÂÑx.Åë"p\≤¿e¢39Ü«pb'r!Å
sÉ•îLZ…%ñ*-Â•úb/)Gòv‰iG†*P±]~™‡Ä"âÍ'¶ñR
™&wP™IÆ¢já˙Ú*+-ª,Úíª/ö+Æ0>*+.(8ì-π<†ã,œ<ÍÍ7N(í∞√0AD†ëÍÉâÄ»(ª¨
P`†≥DyÁ,ÅÈx.ô‡µ \ÉMi4XC˘êÄhQC><∫Ÿ≈ô+(ë,∏!ñõ•íJ§˜„È∞©Œ:˘î-Æ;»ì<ÛÃ1ÔªÛFPa=¡≠Ö
˜ïA∏]é ÇKb±6K¸≥‰/XDaÖ¿·¢ô®iÖ¡A&.!>áBuäÆ∏ÜE2r,#d1†Ç"fL©§ïFZf•ñh¨Q&ùn∫ÈGyÏ)»û
åJ…2ú,˜©é°Ñ ∞ädí´Ãj+∞∫'/1Õì¨3∑z.≥nNK.1]v≥-ø<p7√•údœp}Åœ\±Åå-»ÈiwEÑåw'≠4x*}‰
ëQ'q§òf h·ç7VâT'¶dm@ÿ≈>QAp
WïKnñ!§Ä,ä,
xÅÄ\Ø„u◊D<˘…[úÒ¥S·=˜†ï·ú]pπ"®µ∂€kª>è¿k∑\@§F>N®b¬«ﬂ!v<B¿•ˆ?Æ∏bëE`p¢ﬂﬁç £
[ÜgòïLbIΔ
F~'ôt'ibüzD≤G£Ä¨x„$ùÑ2*ß$H™{$òRÇ™¶Ï´ÀÆRNŸÀòsFk.µˆÛÃ∫'ƒk-œ¸í0ò3Öç«@~Ú"0Ä«j3L
C6ıv(äÏxG<,QÅç6ú-Ñ‡`U¨-Ñ!¿ñ;PAâMlbŒx<vAÑ∑«UCxïr6Ú\†‡çhÄüpÌ• ;ΔB"„å˘ı8XaYîóp
à-‰‰X€,ëÑ#PÀZ¸\,D BfÄ@40-äP„h>;x≈ÿ…é∂ÀùÓz«;'‡‡ê@ÑC#ÜÈ¬x+9KòW£≈‰&.yòÙ®
∑##Ö'"^ˆúrß0≈I&Ÿ®4œ†}ß\üX∏r≥µ∞≈e
ÀÀ ¬&°‰/∞TKX‰'.Fxb@#∞
AWç-†ä…ôDIÌüê„´√%dPU‡'>ê p¡lÇà
ªuÑ$Ä
Q†ƒ9◊∂∂ÇÄ8Œp!ı&+)Pb˘»¬!∞!Õ¡mG ä{\zJûÙháY™PE5ôC ©**P-≈âvÒ¨∞1,Å-X√*£
VaÖhÏAÍ¿Ä#&§ùò°é!ÿ
Ap;('T#Ω√Ä¿¿/ë
[^√JB†.Ãa;ÇÿNz2ΩÈ˝®b4˙-ıí≤Ω<)JOaí˜»gÛY%}_iü˙ﬁt˜±≤-Ù3ä˝Œ&\n ,
7˜Àú @LêGªâtÑI¿Δ0p:∑@'î•âƒÉxá,0ùFÏÍ∏!2-oäT§!•÷ì∞9âF¡Ët.bH7g‡âï@á¨(qÜ€˝·/∏NÆ
Ë√q«†€Qèz"«F¥˘@ÇÚ*w<dTtkï3$zÑµ%¡π[ƒh1
Q,Z¢(P?•Å*d"ä-Èb±lÅ@¥∏[˜ËpÑ6‡ëK"Cœ®0"I√pÑTI
…'ç§ëä"¢hÃ(Ûd˜LVJoµ*„KV¬íJ-y•Ú∞%Z_∂ó€e≠cQS\ﬁrÀ¨¿µEÓBÜ~â`ÉS,@å\¿«ò/P†D•X»j¬
ö-D&$¡àññ†V∞Ã- 3x¢ 'E:$œ¬πQ@E[(QgL£À•u°"-°úΩ≠ä∏8Ñ≥¸TÍ»V;CT€„<Z˘18Ñ¥êÖÏ
¢•¢õñœâÂ#ÄÄπ]4Ù8=.QåÀ-±h ä
8X°8€C∂P;<'≠¶5ïBÔz«2@JEI…!cr˝ÓËy<≤¨iÎâ-ï÷@¬u%èR`éÅÃ) ì˘¿'≤•åfŸÑ˝'2¡",∞|K
¥7¨6-R-cï0˙◊¢9E

y®+"ÑâÇ<Aœ{6Æ†ÖõÍË¯±Ò–¿'|,
MD£.5õ'"‡ 3î‡
MD;¶¨-KPŸØÿ¢D≥¨egPû_¬&°àYåyî¯%ûsÁ™Õ”ôŒ®Ûò¿©[°ÍV˜!öÖ,L!}ˇïü>B,KÂƒ9π∏h9|ãábîF
pCg[≈∂∞w™™oü5ú•»BEÀ ~[BßÓ– ¿6z5ˇmΩT˘“/©G™$êT4ö°∏≈^ä∞Â.Q`J#ªRXÙfiœï¡I/˘ß
.∑¬ ªêI+œA‹∞x%Ï)¯6;ÿàFê;Fò¬Â˘-g-":|≈Ìv¨ âhLñwHGöêA¨>R~r;‰0˙@¬sØxE9∫ò,ªp+úÜó
±0
∆Soıƒ@•Z…UáiÍéqŒÑsúª˙EÚ|nñø|"/’“>ÅŒM`À P°/ˇñ´sØvãâcƒÆ ÃÜÈ7xA´x™jÖÙ~∫¶
¢v#hL@]òëHØì ó–/k§∞£ò[ââ@Ï©Çüÿ§©∫@¶0ª∂Úôí6t´dC°¿CA¿Éô/…W™0∏21˘·â«ìÄ<»DxÄ
‡…0ÇÀõÇä»ùâ»[a∑>êx.∞Çf(s∏ÉNH=Aê)îBQ†ΩH®=K»Ü-ÃÜrxrb-”≤! >,ÿ,PBáΩ°,Ä\•ÌÄøÇÈ;ñ
cπ)ÿê]¿√<îâx9r-ù∏ò[:T¯,T®πÙCÖÙ?Á"'0,(Ï
ë˘*ë2°ÍÜn–ú¶É{µçËù1ò ¨1$pëÄ@Bäµ¯/ëÖ–ÖYª±µ\™<KZªÿ¿é°ª¸@Ú° @ †(∆
c,10Ä+mÎä–äH¡jâ∂≥1√∞∏• É¡∏Rµ°PF»ìÖ
ÖF‡!0∑)¯Aã¿ù+¯É
!BÌêè .32z†zmhÇv•Ÿ?•Q89ÑHP»l¿=Kp‹sDs∏4L√!¿íÇãáßWπ∏€QÏ]Ä(2¶£¡Ü8
(Ä<¸¡ÿºÕÛ>ñ¨ä–ùEÄ«•õJ'E¥πµQ!R8ù˘≥ÑŒ˘ê
¥A°nâù?ªwrCœ©ÑO€>2Ç¯ [‡ÁíâÖπ5Zs¿[k§ãπ≈¶Ç5≤≥¿∂S;§‡ëüaî;A∂X∞†K
k´ª‘l‘πÄ%0ËäƒKº≈âFr
¬∞Åo+«Ï>`«? <Ù´É]H3Ó`ÿ4"ß&ËÑN–mH=Å#Õv8HÑLHÖÑH‹{wàÑõ£ä8E•Ωãº H”¬Hg∏ù+ -π:¶ë>
ÇñãGä@Œ`≠ÂÃÄS8ÖExNòäõ]-IÛkƒuB?EâÇD-≤Q¯(V¯èp¡ñj!Çòä°
,`ïVëÇß| ˆrÇâD¿êX¿- Á˘:X˙ t≈IZªäŸOâ1Ï¡5O
YÀR%<∆cácîP•ãΩÛ
S∂l´P-ôÄ¨ 1iã∞

L¡Ñê¿P»ÀY»2C–¡\Çd«ãË>©xÅı∞ÇÑÕ±3Ú–|Ω–4ÕÇ4M‘\H÷D8w88wHwØß!®HâìR‰∞»à3≠6Lrÿ$Ävª
±Fêéª√ñ˙A*x94}π3PNÂ¸>…‹…•£°$X!H–I∑Q?úlDBÎ¢ŒÈè£†,4CCøN
´õVë˜â ~9É)•àS{˘L¸ÑâôµYk≈≤,·†Z–]‘5Eàé±;ª|À6≤†∆KêΔj∏Å¨»ÄhãKxÀ
\öÄΩ•;´∞€6Åêâ£ √vÿv`‰Ç«§–öäGM¯
Äÿ1œqÑt•Ñ◊“4ÕrΩBÖâÑWÑá\“-≤Sx¬“â√!€¨Ñ34-g á+rÜàÅ√

N‡ÄË+Œ«TŒò§Ç?Hÿ3†–ùS`IòÎÛ‰¨C3‘BS!,k?ı"œ ‘kŸúBÛ,w(ª9YAéßEé8 hÑ<‡†eP≈˚
UªTôµXÑEÆÏÄ¶˘b
"Y*#–E£®*§x
O:Z¢∆ÒiPa;∆dÑZ»#Ω{’
ï∆e[∂^≈/π\¿ª∆
Ö´ø0JzäcMQbC`ÄËÇ ã–v‰P£Ñsh
HêVÿ.ê¬è≤Ñ’[ΩZx='K='k)$H?®Ω/√¬H0∏v≈…xÇ‹4¨Ñ+≈ÕRgËRÄ% í€´:îœ<TXñ§6%>äò…EøSâ©j
±(.≤(ãbH†πF|>/Úÿ†JwpJ‡>V1≠…]TYiTRÃÕF¯Ñï¿07hµL'Ÿ˘¥ëØ‰ë¨ÇM*P
|
Ñ@/¶8/NÚ@,aS»¡b‘6∫˘§∆™ï∆W’-\ıä’/[¢,q∆ƒì¨Ñ*#È%@LfeVuV∆ƒºä–à3Ëõ?
(l˝Ähh239¯+¿ıGøUΩ¨4HÄD‹ƒÖB€Ûú>Î>M8éâì◊ä¨y5≠SpŒ/’çO ¶i†ÁK…
h5Çà]ÿã>yS4Å√Sa]+}]¢°.¬It“…CÎ¢€
JÔ/]fi˝>‘BéXfi∏mYx5ÉëYVîfi˘tfiF∞W£âäô™2¯E4V„¢m;K/7>’ëΔflÚ·_ÛëÄ´≠Zøà’
˜M
.9•,¡UBÊüøòëy<5P¯%…Û˘tVïâÂ%JêÀ`80(Ö;†ápΩ‡QÆÖv∏ÖlÇZ@e.R?@Õ@@\É'w(Ÿ≈“Ÿî◊FCä‹„
X·]Ë◊aÇabböb~ö,‘vú“mXãëâXÑÜ%á»Çn8b®ñŒÜ%¸”B„Ω(ÄH®πr,úl˘Œ/:>%ø¬õ‰®6Ë©{T‡ (
UL^]`fiÆÃŸÆ|≈Wkª
<ZÏ)∞µh8Ófi≤U
iôªq4F¸-_dî∞øL_äñ’øV∫Ñ•^ÌP∫4<oâ+º$¶`‰MVv•â`•A‰4Ç»iÄÉ¢ìø7“nr-W”˘$‹r’iÇDHƒçe€
- Ü(h°,#·â;·ñREò\,0)¿‹ÄÜflb*¶ÁCÅs»3ÕÀ3≠âgÊ·QS>‹ƒ-¿]k±ñ◊54#Ó,ggB„¢Œi?ä“]2>X
°b·>à3@Å`´õT„…Jï†öp@âîW#c≤Å$Ní4NhÖôÀNäak/àœ„ÒÂflŒñÑ´´Ã∞Mºj-/Æ-/ØP?¸À
ÃÁÈ§ëQ1˘e2x+AÃ Nâ†às¿I(@ÄOx1A\ù.◊[hÓù.WQpnÄ§Ω
û=É#ßr-≤ä$·y¬Ç&·‹§j`Œj˘ÄÜ ÄábΔC17Ãs9fvXâ0ÎiÊ√]8ïœ¡(œ…◊
Yä“Œ“Iw†X€ÌÔt&ø!X√‘¬õvà©,»AY-,{∆œ√KäŸœIzât≈äqäÉˆfi°ËŸÓ¿§Ì§ÀfiÏLΔÒç-Òï/á’iÃ
´ïU¿‘;≠}_≠Ë-çF<Ω#QëfiòΔU∆%“mt‹A,LI#-≥|j%»8oB°)LÂ˘H”ºÖ+flÈ+H,HW&HXÆΩX†≤.“nâ≥ßé
ï5ü∏Y†∏ΩiïS oËs Ã®âı>I=SÊeVN>?˘πÃ´f?€VËú¸∂]ä*pÛÁÎ<\˘®>Dá“?≠1ÀõEÖÇÃõOL®O¨ÃJ¨
$ õï@flœ∞Z£}„TGËAccUaã/bTËœûıZß
•Ò˘Ò∞eM•◊QÿVfiAÍ‘Ò_Fñªîd#GÀ\`Ô,(Œ!¥ïVèqx`)4ÜAÅ/œÚÄÅÚ,7Á˘É&∏Ú√=“°9©É´e-Cá5LC&

xïÔ&aßŒH™n·‡äéËÉÜË∞sì4∑∑Â≥@SÜçf*@S4'Å,@Îâım¡˝~>◊eÙpVƒÕ¡t¶ÿÕ1ßfiç,"^|¢ÁSTë')-
UD ƒÆÄûMl\°Y˝ÑfiJRÀ ˆ^ObÀ£-∂À˘vZ ùíb\q->v»Si<_i_>Œuï∞≠´≠€JùAc/
È≥ïd∂EG,å-À"˙Œ;X†•Ç‡éöBÄ'`Ç4e?wq'˜p»,'˚√EMu«Æn)pfiÑwO•Oé6/
·^Ó≥•Ç¸àÅËìå√z=◊Å6#x∆0XÇg«Öœ-rv?&Fgt÷"fiCqntã x/˙S(>>Ü´\‡mœL/Ä}≤:òÄ¨"J¢b*NıÁ
ßET«™ßÿûÌq„TÌ%VUUdúPd¨ı,ßu
˝FX=§7z¨Ìä∏-éVÌ`Ôü¨D$û-fi)AV<…¡FxÄqãQòÃ˘√C<8áX3ä(õ¬1Õ.◊√ï˘˘'Hc•ch˚ønW¶=ÄêH†ª
Wê-m/4]•YäBT$Q-êäC∞H!áIåéáb DÀ! á¥†Ã2%ãSt%†rÜJ0.uh…≤+ãbWé=bi(-$ŸåI¢4
à$® AJ)äª§IÄZ"®;TÓ(m¢4D
)N††=Tà[ÅáÆ
umU¿ãWnÖ8v„÷-¯n\Ωq˝ñ©p†Ã[∆;°>yÚ[,[>•ÿÄŒù%-¯,AÇ"£0óùZÖó.ex}
£ökÿ«.'~M·µnfiØ'‡˘v#ú«2]'ˆ∆ı˝Ê&LÏÅj'€tÄÄÛG˚J\xBÑX>D,QÊÕ2flNTªıÌ¸àÚ#flÿ|
˘^Â∑3f¨ù¸ÔE…·á@íM9P%ÑŒL†ëCï†£Q4D%X\ëCÅÑ#ïDí#°îSKSLFLS
%Ä"L:Ë§".®†"Q7fcI6GîVIA%Ume…V tÂ%KRÇñìg@°
ÿ(¡Xbr!'W]Äq)◊ï|u)ó_q-ÜcoQÜÄdh™©Ê 'gsJÄÃi£ïVj¶Â…'iØ≈Üõl∞zI5Ü^≤€°œ1:qúf˘
£Ü≤»¬à< 6SrÄ¬áê˙.û^,ñ¨ ÍyÊ¡_˚≈Zü|˝≈üÔÌG_Äø
8ê,á%Ø∏'&
*H·ÉŒ¬ÑÖIq
9iÅƒà&ç'-âZ‡t¢K+R1„Í∞K∫ªÏ≤%U7,®céF•Tv@ïîœFÍÀ'ê_1˘%PûQ6»bf_ˆòâA¨eóÑÂ'ÂbìûŸÊ[
ö°)Ÿö\'ùú-¿ôû°Ï'û§-†FÀ/◊ÊmÖööoÆ·|âp«∏ÒË2`Vq@ÄÃ'ôbÇßçp•i®(Ä§≈•fë≈*2l
±Í7Íßüy˘Ω¸∑Î}fiÍ}fœóü˘˝+á€√ qlQ$¥-ŒRx7E^t
99ÏT,à¢Db∏‡œÙíäãõSâ;Å0ƒ&I∞:T<uîÊÔ
µîRÂi'œW*¶_·ŒWê
≈QNÕA#d|ÚVK*1Ó˙v f\˚~•ôVöÈÊ«è±)ôo" ö…wÍ ˝ +˜È2n8ª[«dœ}Œ7•ÏΔkéi§<4-E
«£Fsò00…t>@}UÔí√Í ÄÄ[d
^CâÖ1X-5˙ÄÕ>˘Aõ},Û6"'>˚ PÆnE¨∏Y¬ÂHàBöÂ†YaïPD%2˘)Ha˘PO
7"¡i¡1d KXƒ¢¥á7L◊∫ú°H°^Å +≤a #eà:í◊Qîˆ´ •Cí;ê¥∫RÏF‡¿î†Ö]iL∫„Kƒró;1.ÏiööÍ◊±6
A∆"s^ù@√≤=UèOyzôÀJ3@qè{∂qÕŒÑ"3r?§Í"Ü*ÕàG•ñÛåÊ0‡ ¿Ü
PÄî%/WXÑ3Æ-?ÏÇDP
Q,v9Å∞=Ú-'>†Å°≠XÅ@ ˘b'6≤(sQ†õB2ãE%nzà´Ö√j·/,ë_¬íõ∞$0aL¥©Õ¸Ì˘,
î˘!Â,·JKqàF\géÜà¡Ã9-âÓ∞ƒUHá§"Å‡™√,¿àPÄ ,à˘ùócPÜ}©w˘L\ò∏¿•1fÚ5èY∆y4Pç,öxò∆0y
<cıh-ö>hØPÑä
˘x‡"ümâ/ÈÉ2@àÂÌ}ì`@#†AÄú$ÄÀ9Æpgt•FA±D9ÿà!F,©O} ÔS¨akX€Ã∂∂^∫m Ù,>¿r∑Ih ,°'˙Ö
•p#Ç&5U"Tò%ÔE:åIq£]8C
ÅÑçÃâŒ√F,«rÂ
√¢"àûÛ\Ë§»ø*™ • √¿péF _Ã>óÄGP/≈çd$ìbäw¶åµiM> 6zGíROè§…ì•˙»GARP€Ó
˘"GÒ%RêÑ§-(i)Y°/iìêflß
îàruG5*Rª,éañÉ±Ø(b6†ZfiÓrlˆë™¢äfi¡≠óÙ™Ä¯Û´∏ipò`ë»1'*!eZH≠",a%†-¢úT
Ü+ÅëÜ∫âCœ"Ñ
¶ ‡Æ Q"
<≤Q:üJD)ˆúÔ'ëœ™E†Xñ˘ ∏Çf5˚Åa-çxá
,<E¨å9.®qá∆2TÅxe:ì«>ì≤--â£•Òh…B#R"ÿ@
P˘É
$`Éñı-R4Ó†Ük»·,„∆â)˙%RÖ∫\¶
ïj_*fiáàL6Çÿ¯È˝rÄQñ"‡ç2L£(î√ÂÔ+¢âCó◊ΩW=€Ÿä•h©ÎÇı•†/Å) ∑%Ä¨Q0´"!äÿB
afiZ¬Eúp Nâ]Á◊m∆d≤Nı"r∞à¢û"Ñ-pé õD®*Q±!éE<T´P6(R¨¢Y«Ÿ°»É@Oõò
41j¸>CÎ,ó-!«klL2¶<-àL;ËÃ…XñÂfiÓñOQ&iiÚ†Ü<ÿflj¯ûmœl<„@ ÁÉË§"WIV2ßÕyÛ&˘´{]
°äRîGu≈M˜iß-ÉØ{çâÛ>´Ùπ*§= Ω≠´îÆ €ÜÚ]TpöøôÅÚÖöœÇ
N@ıÉcTµ>¯¡ñı"`@tYã
B»UrîDt"™V¨Â,ÒÿÀëòû¢
.¶»ø'9ªT-nlÃÇb{aifl˘ÓV+&pì1»g/k◊d/,]>w7Ú </'%[ô yr
¢L¯{#fifi˜.Æø
È"«€bÃí∫Ç|p˘Yä9Ôãfl¸Äö:cW8EË)NÒÆÑO)Î MfiC√fi-X'•V€€^Høó`ïÔÓm∑l†"
í»Ñ$2˘¬Znù≈ÿ B'ú, Câ√€˙D7:-© krV◊Q0äb?iKH=±It•€K,z&¡§C±äWlTS≠`;Ï.Ó˘_â∂·émõ
_åIiÌŒbôDô€!Ÿgƒ√∫ÅTGÅIÒiDî]†√ΩŸõ,\J|"ë†q=ÿrAä√ê…"\<|B6á ¬$ ¬t| √A<(ë)ïÖí(
*l¬S®$°¬†Ÿ°eCb¡^'ÈÌ9/S=/Vô∞H-/T/z<=ıôfiHCê-Äô-0fl®ï-YúÇ¨±"¡"xfl--
¬)¿Ä ·˘ŒÕaäû"&ààñTI]:ΩÇ;µ_˚
Â ,éÃ®XÍ®Îd¡9P¬®¡-¨Qô OÓŒµÌX_x,@â[D±Ò°≈h‡>>E‡∫¡…∫¿HâTÀ`˘]ŸïÂ…Ê B∏T

¢‡ ˆb
öQ˙†â$ŸTjﬁNÒTú°ÄÁMA©%l
1â3(ƒ™^ÎçW6p\°ô§Ó=·ÌIÀ‡Ÿ8–§yï€òG<$Ön¬D»£D(ı -üZïê84∆°Q…Z∆a¬@%8AVBÙAﬂ?
íÉ“=ƒ&ÃΩ†∞E%Y]]“ì÷’”·B#Æÿ˘©|VaB<TAEÃç)A>XÓéEÃ∂©\î dŸqF™[,‰rÜùdñï∆,¬"-
∆,ïâ†-ﬁØ“
¶†-§‡ñêÂYIR˙»†t16ÃŸ2éÑËèv©!ZPÇPÀòUBP*/∆)!b Êû@8/
Ñ9ÈﬁØ¯/ã≤Çëﬂ4xaEﬂ2·#ò©U
9…)@ABBûÙAﬂAdAFfÙEüÆQcë_:AùDBàa%9
Vl$◊yí¨¬¡-\ú¿¿ÌŒJ¶$√lK†'L&Ü(Jîö<>ﬁÏÄN*èN≤õa˘Ò÷·ûÈ.^ /Ú¿ ∏î.•¿_ƒTÂAÜ-Me
$<%I◊TóîD¸Å≠©a¢E`ë•EL£{nB6aZ7ö»â£Ê' ΩM:NP/U-yÙÂ¿\<∆„<í® >,£Ö†
1&cö≈ÖQ¶5ò≈@VÇÖ$f:Éﬁae%áyÿà~X˙÷cö°lë§¶)·.¥&êÁ @l<Ì†K¶>∏
`m‘òÄbJBÜb¿vvàgâF∂…i¨€îîoYJ‡MY∂LîûΩŸ@î>b.b
GSˆbò@d¥c¥"ih&Ï‘tpÂH4£ˆùÖì,Ç˘ìîÖEXÑYI%dc-ß[n„7Ê'ÌM·°S a!
•»~(P¸•á/)®üÄôP®]XY<Ê>&ÊdRfÜJÅ5ú¬ANÊ)Ë„Yeg:>Jd$Ö;
≈EfééhøÄ#™òw¨Çú1ÄhU#…¶¬°∆¯Ëï∞›˘‡©È“§f ©)ñbíB+ˆ-nµLƒ,J,bÈΩ–¿^J ÇRZÁ\TÃ^î2†+2
Bƒ∆√M}BõaÇ8°uqeJ∞»âÍÖ=(
INEØIÕÍ öÎ≠SÅZD™~&,§•ú°Nö-=ï(Ë«X9√4\£Çl…Éä˘µ$f>2ÊcN(ßV¬@FÊÖAfÇ_árêÜuE>ù
\ Â™äòamùqEGÚœF¿Ä
`¬ê§€çöŸ-ÓËé∂>¬ƒ‘-k)ô¢ Ú…π°ÜomîoQiï
^îy-∑Êœâ-,-•¿=%_ò…-∞œƒ™¡M>T*Äß
(
täut%ãp÷ú÷\%îeEPB`l|
l97.·yïW¢€¬,ûÔ˘^∞<R˘Æ£Vuçéd≈·È≤<Õ˘Yﬂ~¨É>ÊcR¶e:ÅÖ
%ÈF_ÜÈù¬5ëKÃVX˝·”Yd¡*ŒŒSäÕÍ!D¿®¿`¬'@í˘§ú$∆ÙfπK“r¢.Ä.Leè≠ênÁE≈âÙ»Çìe-PƒLœΩàñ
^t´‡%^,[è±÷Ø¢+N„'Ä'7LÇ
t
õ
¨©h_YÑ.Ë.”˛´ÅBÎï˘q£˘©Í7™j\nï9Ê'ŸXÀ¡çá]é°Ê*DÖPDCDC&µ<®3ê≈Â+eûÇß¶l˙ç3¨,…
_RÑh'Ω´BUÌö±¡ìË\ÖΩ(úCÖ(Å √ÒÚXéN
>˘fı÷≈ô
FéIØ`-‘ÇÃ_î$=`H≠"jl‘À|Ô˘äØÀDYöÔ∂bÈ-™±ÛE”íÈˆç˘ªΔÔ3\î8ÿ‡$¿HW™gıoA/£1:DßIA*Æö«
°ü{!l†¢ú§•<•h¨‘“•
ã1¥ﬂ:epü%üÁNÀX†-4NC K_ÈaÊb&ﬂ/v9C•-ÚRñà±÷-Óâ¬S<ıØ¯œ9Ø
®Äo˙Äâ kobÃÓŒô=oêMÒC-‘Zûopﬁ…~-ùò'g¯û/◊Í[96Øém.ñ€:3Ô≥Í¸ Ô3¥ô°÷`k%4ÄòòÁÍ»ö“Å
ÓÇBD†ÊtMT√ió«%ZD>/$?0±\ö„ZZ¢∂G˘p≤„¢S˘_fÉÈÙX\£ø*)WÑä%≈È£ÈëΠp¯
È'(9¸Mõﬁ4-àRï”çàâZØ
„n#30„Ø8§¬'®¡KÃÌ∞dD˘™∂UØƒ®Ô`´b8Ìbpıv“ﬂq±¥v‘ÉÒµ“öÒFÖÌΩìÈ˘/ó™o‡NƒÅ<UÜX/«R_xä˝
,Ò=„Ûu}Âú¢E Ö-Ç"6Z}Bl¬A£BØ(Öàd/pá}&√,“}iÚÿ¨\¨P•-qrh/S
%ÙØ”Á2ÑùÓÎIì•v≠ÙJŒﬂ<Q'ÙyjWGçËAN.€ía)ëΩjR§ÿ˘•¨*®Ä§B
€JÉ<éÙ.TJ™>ŸU3+LéB∑2≥ñêBmwÌ-©h@OÙ•V8øÃ'TÎ'RY9Øµ{´/óM!@îffi•#&•5&-/Áa>[WN
¥ad~ÏÖ1Ûf˘!Z)ÇÅt66U6∞»!l$gvXù\„•c9V}ar˘x∂/i¥áyé•=EŸç>(à%†•ÈU<,´ÿ.ªÏB"’8ª†KS
\NÔKaÒ≤F"ﬂà™j]ÈòRÑ@œ≠h’»®é∂Ô¬∞Ûî3oπÌ≈`ñ©bXûì3ÜWYüPèYkôY”ÄzÀ¬Y'ûÿ≤˘Zc ñ™q
+ y<LR+∂ïÖ1&¿k_OW#Ëq`?<ÀÔm%êa¥ƒZ¶b˘aB¥3@¬+béZ-à•Ip|°«W}xÿ¯J±P'˜%=-ÎMÖù¶xø¢%
%LÉ3|*òKÛ1ª¡ç”∏NÄ@Q9CnÎ6V•t".a§pØjiJ%‡-9ÙÏ$`B|
¬ƒZé2o]Lu(,Œ•Ø3)UkıT:˝˝˝ób˚œÛrñ9î~Ç7,áØ†y¶oÿ∂9ó™q¬„|ÛVÊŸs¿m°™©“Ùy`◊ô¸Ù3[-Ëî
(<ZÚ!3:Ng#dKxeÑØuÿÖ™˘˘∞|Ñç¶˜G{¥{®ÕÆx|~@¨á≠ì€AÇ,:∏<¿ÇEØ√8ü°S
\C7lA7‡<œÅŒ„xÔ∏R=EƒR;öËàwA…«9˘êäúaC1{Q…4F∂…≈≈îò∂[…Új>`-)wB-MöIëbÒ´"¥Ê{œüØzØ
˚r-Ä7ú5ªÉ˙ÿËb:'Ω”˚$ÒùùÔ÷'Ï{Ú57‘‡örR$ÿ"<¶¬G35KÉ'Ñ£?d≈zÊSy~C<Ñ¯{ÄxÄbr˝á/¸ßWÖ∂
ÌZÓQºBÄ4B∞8-…'üNÈÙ∞Sîé*¨|÷ƒÇŒwC7Ï•9|râèö’€+¡äb¡+•Ωh‘ıœ:{*
ùÉL∂”ùtØs∂„XïüÛf9ê+ÿØ•≤V∆e-V…â¯ÓVoaô˘ z√=@|˙$ÏSYjÚ$D∏PVBá!6l®FÇ5Ò,V¥h
±‡'Yò@äCÑh“§ç∞A+pHKñ9¸ú:•RÕY≥ò<d≤ìgNEäÜ>4d”4£êP!-,[6Vë,Y
(Ê ®ë¶í#G´c^€˘%∂ùú∞cÂûm∑v≠®µd≈í˝*jk>@ñöÊÕ “¶œõ˙Ö%
*√IíaE%H6"¨9Bà˘±nñƒu€≤•€Æ] @\1ï%#â£Fïcâ.>ƒ´Sﬂç*Ÿù%ràáÒá@#DòD§RcAÒ2*î©Ä<ys ü
?/s|9ı2UÆg?p}˙Å*>ª??Ä`¸x;HP/Å
äÓi%°hC

Ò?-•FC+ß"˙,O>5zh!˘í(¢'¯d#- „Úx$Lƒ!£§ì∞¡∆áÄhÈ•Æ∏äS§®%¶JrjqñDpÚ©†ÑrfÖ(úA

;ÇI"/®™ö™*¨§öä´∫,B+I?“äÎ,'·R≤c^;2VÓ∫+/T¢å/œ+ƒJCÕ…X±±…˘àh”Õ6=
gD#
Ñ»NKM5+¯< ?a;”w=¬ùls«ù+p9‰ÖIÎH≈Ad nªÈöSnπ
íõÓ∫86≈T:L/≠‡SΩ+„]hï°W«´TÇ“;@ÇÙêaè"ãË≥»Ωçjê HYRH>rHA
*Ë°   •}Áù
@iPÚ-áÄ»"J°,îEf™do“©ßù-j¢6°dì ˜6Ω≤ë ¨Çf »@°í¨
%ülr,∑ÿbÿò'ï4∏ ,Òj ;P)'©(·¯∂5èP3‰4ù¬+±»/îLNT@£gÏLÑ”ÚLm59Di
Á?yT≤B =yŒ?pA$ïÉ‘@ÊªWïÛî”ÂN-nS,ê9È¶VÓ‘≠[Ì/Ô\-è°∆S/=/´H#5ËÀ„◊ˆ‘•FX˘¯”œ?lñ
°üÖ°é$§V¬k+DÑÅ
QR©[“ÅDtgÇ"≈-i◊Eûf˜ifiymÃ-sHÇ…ò©¶†*Úflª† ÍH?ô2-≥`Wÿ…Ñôt"·áfi™`≠¥‘-$n7”,I≥±
,I&yMôî0åg†ßzwúaôy…PyOQ¯Ãy+ÓS#T-Aqã¬-p)Äê*ê1¿Ä*û~Æ∫ÂäãZkOõÆ¢ÍÈÙ«Ï∂FûÆ
˘p;-9é≠Ã∂   @=»†AE‡≥ê˙-Ámt»∞Ñ¨àY}Û`D¨µÅVËÏ(!;P»√q»(`\∏wt-,DìSªfÅéú‡
$áÒîΩ•ı%TÿÀà<]6^·£´`E`°ÛÉœÚ0&AiaLzX;÷,2…-N˙JY®¥ï+ç15∏AL6éóÑ,≠1Mx-SÒ~G&√@Çu|
û3®á«-°4ßQ£oˆÔıl6¶©Mm@@ w
x_q‡WÏp
:WõyBP}äj’¡Œ"PE¿Æ!Äl €≠Pôı¥'Çlã-ÅÍ#aXDÃÜ,¯√¡ÑKB˘·`A>x,vTh2·PhBvé[çH„b ¢?,¬
\5tBäl“.Ê0sö€<&†7
Tà)¡ÿ*^å‡!™_ë®JëÜ§€ŸŒuV\ã¡h∑)^ÒaUz
≈˛e2v™-Gi2hj/à%˘≈11\≤c°-ÍëÜè4˙cTd(◊‡l5±8ì!
53-Ï   /¯D∞cMQíSWCN‘&i¿LV
TÚ√Ts¬&@ZÌtV_˙◊s6∏A•ïÑ•CtâêcÒ“ó Íe˘¢µ†gUÀ!%4&"ñ…
≠@„C@◊∏¶0ÖóúAÜ4úâ*AlŒBEË [ÁıìM`AEâ˘fiÀsò3˙(/ıóVÊ∞Ñeäa!¨` ´-Ú≥-n1K?ÌEÆd%|UìA
9∞K\Qh†>Jw‰)\"*F+R>ˆ10″Úœn^F"‘&§G∏Ç;(Åãiaj®Ä.ûñ©Ï˙≠iù¬flq¶Ûú˛!7:P3’sS¿Ôtçld{
`Ærı@]≠≠WZB,„§(!∆Ú»R-õficΩÉò &ÿfl¯Œ´0¿ÄtHq@W„`≤ò&N∏fMTdì-à(A
`Ü0
HtÆ¥\˙òè|D®W¯µJÛî¢`A\œ}+é-jYí[‹B•0∞´πA˘]{c•I≥˘/,˜4ëŒë¥yÕkEÕÑ=VhÕØ±->öÑC∂Ïª…
6R±RPm“∏∆=Æs<I”ÊRmT°°Z´TÖ™2§≤VÎ Í*}µÔ’mfl}»DñÍë^zÑ@ÍmH1ã)¯*œÔ √2Gb∏˙>¿ô*Ä˛´∏
%
.-Ld"Œà]Ëò-Ê∞◊πFúı∫W(Å‹ Øp-F´ÙƒÉy1± .,[ö‡·)%…`fiã¨ï≤“5∫V≥¨EçgFKP)«ë!
∆4f1çF§Õ≤b•í¶ªƒ∂◊©aâH-"·ò`KÉãßâªS£≤só≥˘?˙≠<‘ÅU•h•ü“¿ÅıñÄw%^6øR>m˙nÅ$b¨•$Œ«:
/Dw-2¿´XU†"BCÉ(•™¥ ÷ú!ãx<"úA√K û≈∫,˝√!Ha(Xå3:
{u   f‹•Ü˝
[$-Ï∞SÙJa]çbœÛ‡t±›V¬h≠˛IK&{cTfcƒb5ƒûq†~F&‡&ØÖπSiÇúbπç±Âfijjú&"»LQ/£fi(¡®fiÇª∏M
˛»ùtsπÃÂu¢[¡„ähS•P◊A}K-ª·]V≥,èdÚvFoÚ\L20ÄÀÆÔH$.ÒF˘p>∏¥†çÁ¿$"GâhË…Izsä®DÂnØÆ
ï;Ë
¶Ñ¶a/pÍàÖ9„^2ú€ÿ∆uâ¢ÎRÏ∫-.,˙X¥œ-[#ñ¢KÃHVölctΩ∆≥ÇÍœfÕVj®¶ò
±yrlûèõ}ß`(&   “∆ï~çckäe∏Å=(a˛†»Ä‹la XJ~lÍìàì™C´¶:>e:.≈S(:PÈh@Èçïmfiñ•ÜÒ,„®
úÍ©°¡#R•ñŒ´‡"·@AÖ
øBœô8†Pr-Ä@ı'^è<Æ\@rHn^tO   -A
VÓy¶°^xzp˘§
π$c÷ÁíÔµ˛È±ûƒI™®û»≈¶è,bg+^«üxßHéÁ‘¢ÿ§é.ÜM∆ä-…¥Æ4•-ØVkfPÅLC1ú«%†˛-Øêé®Áy
$ÕD≤†>Åí ¿8eì∆-π¯ß¶“çÔéc˘.p/0:ƒ∆î»„∫X   Èç»=4Bfl%£s©flb°v)Z"%ΩZêó2œ
BÔ   -9ÄÙÑ@-ö¥`D`ÇÑpØ@z†ú•≠6A‹j^ÍÂy¿)‘Ú™-∞-âh£‘Ùd/®È¢/J+œëJ°ÇqF˙évÏÇ≈éƒ_
|%x÷ÍX#D!åj˘|¢-b~gLfiØ YÊÎÓ1Ê/Æn∆\#MfÃ˘hN¢G“†‡P¿€öc , úÊ#3ë¶DÂIR:ñÎ)•ÄécÅ∆Å
èï`2&ØW$i/¨œoxIÚ‰Ü'sÒÚnÄÒqpQÄ
-RO¨Çê˛¿)wÅ@¿°' „ õû•é(Ø∂“«∆Ñ G≠‘àL6ŒNgƒwXmä∆Ç±œß,ûh£¶+å.˘…≈¶∆.Í.“‰◊rÊOÆnOÚ
,4~Gcög"õ!flÔÇaÏ
jÿl,˘™Ì4H„e™R
.¿û¶#∞(ÒÔ˛À®Ün8±4πÏ4è˘£~HÈUXí€√•/√%;pWh”ÕƒãÛF!$¬‡,°,hRê7   Æò0/m(≠
mÙFo-]br‡3>™ì4»!zl$0¨épƒ«>Ü»ä«£¢Ç<ün0©5ÆØa¥àa¢Ø÷ ¢.ühÎíwxÁ5`À1çA≥~-
ÿ§ÆÍS"~'Ú+øÚ0Y¶è2,πb∆zΔxTÜeû-QQ"…3=≥#=ÚS:;¯nTÙÀ†#∏¶DUœå=dS&a≤>`4ñh© 8(ïeYé‡
ñ*É”‡xTΩÿÎX°Ü‘ôàîHáqª†v-Ù˛+ıÇ0@˘`:•TN¶Ø¬©(c(a|¨0˘(MbaL…œ£bA<ıƒLÕÆäÑŒ∞
Käf-w&F
u'≤ñŒ>óé0§.*¯rßÈåÏçÓ±"A+*Ac12Ædÿ`√A   äè¢Á˜,.@4s5u 61$Ctjl°8¥L$;âì™¶8ä
£∫HÈ<P…E]4F'>% z…ªr"Œ7˙cG[•'   ÓdaIÖUX9`I†äïÜ\ËÙB$:•Ù:AÄFÉe& 0¢PKã/
Ø/Ôx†ç≥8ÀL…Ô<Û≥OZ˙∞(g-µ=±à£$&qm≤VÃ˙+På¯d˛ ì5 ∂z
6d˘c†Ó∞"∆$f(™¡T1‘1£Bh^F-Û

v¡∑Ç´êC3)%0π<3ÔíC˘Í.:VìlVsE-¶fiÍÌWê¡"•Õ= ai"ê*(Ñ!"ÇW{Ùe°G"kòí¥g{6Ühã±1n-r
§":sÄ»˚õ÷NÊ$)¢•/f©+˚ÿ®L…œ˛ƒ'L˚%1˚ãbÕM°Ø«,÷,È]ìé+òNåÍ–<ä{¢n≥Ü-nUåflç,!
Wk"Ò∞0˘àQY!ÿ˛B…d
)‘xÉ>·€$qC+Äb%0>‹<-πÆ¶¶<Ú„†8dYRdmEï÷„d;˘-%ì¶ïO
f A˛ΔÕhñ°vuvU∞uVΩby!hyh}äÒIçV:„D*…a2XFZô6A•–ÀéÚ*<Ò†Ê≤z©./»k©Æg∏Gg¢w"ï
±0,Ë≤˘ÍÇ˘u5ÓuO˘‘1ÅÕ≈r¨_éá0Û«‘0Ò0í≥¶KXç%à2go05%Q)wì:≤Tóπ,9:5W<@v»Ã
$`É9ÿc"=dì/„>h)Õ˛≠ób–Fcò‘Îv}ÛveXeaw9ho8ás¡wwÿøÑw\¶S:ô6Zü÷ìß'0Ãâ/$l∫Dp¯
ë˘«[ı3«Ã3n∑«yNä‘–vr&åUÁ°8êÚPxΔ!k¨˛•UnÂ˜μRMp√@+j¥˜PâA!Ωuâ8N#Ø"äB+a1!2TSÀ†#
´,s=Ò©å45)9@6U(í9òÉ„·tYâÑSnT˜ïhμFœFs4Ωr–'–è‡nÿww˜ww8xPxSoDòëåó4î∑Z˙0ï
ı01–(°w≥∏g{·vò«¥g¨ò£˙1ô…˜,≠o=qß{ÃNÁÆ$∂Δ8«Ù¥◊∏ß/fip≥Æ
$"ƒù‹®_ö¬˛ı0ˆ@ë∏éÿˆ")ë4†Gr"

¥¿që£3'ws?˘r47%π¨:"ê 0:Rs<X=$Y`=ZF#H>(OÇ(àuaÙfl¥Õr≥fœ+8yÙ'–OÑ†E:§Izhãë~êmD
¢"3vÅ^:ZQ·•â!Z≈n2»ƒÂÍÂ0hÊL»Ó1äÌËvÍàôòaÉ}œg¶dapg.≠èËÒfƒ˘Ï˛a©¥–3_–85ΔØHÿõ
+ÜùÖú˘PÒ–N˜ñÖ≥°˘Jú#ä$Á" ‡•Ÿ3=es::‘s?È:6ñ4=Ò4–
√†;xíZ=Í#&ÁF?"Dì"¨m•¶ìõe7u4Wy≥W;:Ω¨ä@;¥A{˘˘Ä¥I¥m•aπJó◊:k∫éì†G7dx‘
x AMÿ…
Ÿ®∑mÜg¶≠ö{–ÿË¬◊p]πıÍƒòb@
´e„∑≈UO2ÃHc8Δ>ÜzƒDèFkz™gZŸœ[Y¡˝ûü'•@3RêMTC)iTR35EUìDu˘ÓŒÔP5d"#àtwEm€°>X
ñf÷u
D7/€Ω^ÿ?|¥ÚéÂ‡KÊÎÑ`0\√ÖÄ~A¥A€z¡¿@„»°••2ZUú`Îx˛b;∂Q!tb;x a)0çÍâ
än66r,P˘≤{9ä–μ»qåJ≤dΔ≤D°¨ôêfi˘´–…»S2
√2cî≠c†Øfz•»Àπ°¨Qa»à! #taÁ
≤†&A
NÂ¶•π¶/ë7qœπ¨¶®ÜÌ|øY2dIv=(BmRëuÔ¿g)Ç∫´≤i6'Dvuîvs÷v˝„,œ,ù¥3ú2]•Q€Dúƒ©`
®Ä
^Ç≠ìàg/c˛≈õ"f; í÷YùØö"Äù¢1°8≥r.∫m&Mé˙kÀμ»Ωg.ß~%∫°˛μö\∂•{b[1â!t∫–
+¡˚Ûà2>nZøOh¶4&'"Ø†ë>ûF9@•: S.≈8@VøÌ°ÔÿUU5ÅÃfí˝fiQ˘–¿
€cñfâ6˘≈u7(fÀk˘5œú'd¬1·#∞%œ@<¥u¿"G<t¿®F]‘K˝3R˛μU°≈˘ä)rØvª˛u@ÎØ†NÕó€H6ÍμÇ©ª◊
{w¶Y√pAã◊}\ú≈q˘∞:dì˝fi∏y§Ω«Ó°°gNÊ%∂¬˚Káfi«°°2˘fA
™∏8E"ΩìXÂ∏<Ω>;ÒëC1UUÈ†˚{ÉÒ˝=Ωm"HËfifl[wo`vÖ!OvØ%Ñ z3g'Ä"üÅ(•Ÿμ9]¯¿â@•%‘Gù‘_¢–
L=à_€éMç)\>Úm=/hùØ8˘¯JΔóß[\€˘(Mù<5–A©πÈNÕbj√4˘Ù%g∞«çÕ(Øäû«HÀÀqÃ¡€'"+©ù2K
†¿ v‹˛π @Œ}˘ÌÓr"9D˜úπΔ#tIiVnÂ∞Q °ª˚ª_ìaí>Ä¿Ω≤>å–˘©‡
;/'˛Ô1°·ü¥?ú¥?úz°,?Ω Œ°í#«¢ª¥tÎ∂´1Tfí;Ú*X∂lƒ≤±¬x1[íçŸ,e;"ÒbèIíQ©""ëç/]n
¥D≥f»õ"kÍ¨ÀRœûñ%j˝f†ú!ié¥%Ó0T Ê@fiÓu∂)¡–©•]A
}ƒ)rò*MuJ9X"≈.¢cμ%ò™T©ÇÖÿƒvìbq&iÀ'4ßâ+j¬–%–ëõ}0ìü‘X'á√ZeGÖ¡˝%WÉî
%Ñ'DËqßM7<r9ÅÑ[/Uà»ÛÃöàÓ<Ërâdr¢∏huÒ™ÕY"ÇΔ/‡
MŸQ°ä2FÅÄ–w4û≥fÁ°@èNàW˙1ÄìÙêàK"μîÄœÑlÅ`LbTΔIÙ±åeÊª%˚89Jï≈©2<e)
°ëëb˛¬ì@√Záõ¿™Ouî£∏4™Aß˜Dw2eAaZ∞S§©Lμ*V˝bô–°âE§9.RS=,ƒfKx°Ÿê5,¥Ñ
%xXN¬μNéB2»Éœ0>òbÆPM∂„–oë√±˘ÙVÊN,9õ`±üÈ/,ôêa–@Ñå∞É»œÄÜ9úvs–D–ÄÜ/Ëé
∫KJ°|D<;B†Ä¡Ùx/Ï÷Fd!ir0=+–¿ê*Ω^ˆ%íÅ!\A÷†'MÂî≤LÍTMŸμ)OÁÑß §,4ßÒ"íVÛâIÙ·
…"äm¨20Y 7/B§ÆÄK·d5;√,2™ñμbNGo…,ïY"˘U‡"*%ns√ÅÕl÷gÑflHj®£™œ ?ÅP}˘»õd`*¥˘ –Z∏¢
…»}:TtxDÙÒú∏.;:ö´ΔÕ2q–œfiÊ≥Ò¡¯ âRLÇìê"!âHâb©@Ú$&Ç§∂†ÉÇ0ñ@âçÒ¬D*\ÈU…•à°ûñÉí`μ
„ªèu]'Ìb◊2jJôu;Y>:70ç9Mhûc^+ÏÕ á˝fi<†‡EVΩ¬$Ñ≥UV8g¿˙‘uÅá¨%áÉ◊ŸŒYSÂäóú˙D∏r
´™[®`˘–'Ü÷¿YÖYC ·Ïëá∞9B·^òï˘ÖÖvDñ–8ÖåKzƒ%·d3‘lqi®D[Ã,yHGPePÇO≠UZ@;>XdI<≤$*R
Rî¬∏˜ëÁ–Åú≈Y<xÇ;Â≠;•¿z–]…fi™•áÑrØ'ó
a·Éå∂ˆ|
:Øßè±sû#cœ8'O3Ù"∏À¯d3ù–¢|–W£dŸfiÅù°–∑·Õ|%5 ˘X";ì€˘˝ùNmmk.ıÿX≈E–um
ûï≠L.l‹áOfl°°V?Òü@Ù°
Øh8÷®¥fl6E–êëIFnìμœ8"¡9ZU/ñù?KD◊·§1î Ç'ghE˘ÇÈ˛D)JAÓ=Ï°ƒ%Ê˙‡I!â9†¡ÛnBö∞/‡^H˛Ê
]ª€%~fi>xZ<¿%"7/*U©\\ö*î…fiHâ>∫qçktC∫MînNÔ¨S€[ììÚ€S˝Í˜ÔROBÂŸ)îäÜÅ¿∑_¡À
>ü™Ì(çÅî~‡)8U¡˛ˆWÉ»Aï◊ƒ∂L≤Å«Δo]·¨Rx‡W´ 5©ykö˛üÛF]
Sb, bî/VZ¶†~fËΔbÕens¯ ÌX
t*ãl¨tn,&ÿe!>ÀçxÄ
"aè‹ aÜ_|Î0"ê˝""A\•eœÙ‡%èÚú¿ù˘°‡μ$o
ú@
`Ù°≥%é‡™a∫ŒnC|^œ^ØMv

ì(nßËÑ„™k„Ú$3∏A-ÍGg\¡¯‡Áu8™b`≤"x‹E€Hipiax)9hT2M:Ç%Á6ôƒÜl¬&äðinTÇ¨ =äÆ
¡-#E‡GÈÿØZŒÍzhp^Èu∏≠xÄ¥Jl!gøËF/>bÔÈC*+>p/P
´-\ÇÆ ,†6Æ¬x‡&-5»çRÀ∑b∞Ú¶@ç^†ôLÊ‡TÎVGPÚ*œÒœ‡Œ`V•y∞¨ﬁ"/œd∫/ ä¿™!1˘
¥ˆÏF∫ƒ1*©,rJ €áNfÜíÇØNFI-¨°
?Âú§ÄMH¥Ç`ñœ*˙ú&&à≠˙<M:ˆ¿6HoX°¨@àÀÂDÊÜÀoËN®ã∞A4T£:\¡>°ÈÄÊÈ,œáà ,
»!™Çv"ÅÔL·ƒ∞≈0ÿÉ≈JBsÍ %ümüÿCV≤Ë≤-ÂÁR%LrA
j√6∞¬|`4A‹o"aÙ†)4Ôyˆ®¥ä•!"¡)°OÓ +œvÚa• §‡Ibı¬¿c¢–π>Å™A[Ä∞1N∫ﬁR|0) óê.
{jMhÍ,JfOB…¯á»i
˘ö*ñ¨Ç°p*ÇƒÍîOñ™™ÅûFÚ´9ˆÀ9>E:pN£∆ WE&%¶&VbÏ·∆¡∆/%–§ÜRÉ?Ú oûéúÍ
+®*™¬©`TÅGC2P§%BÑ“ÓC|”C<D&0õjlÑc<®°«∞¢å,¯†Zˆnû∆Ìı _ÊÕy|¿Ò‘HúÚ)#†Ú$OÁÕÒnÁ
aµ|Û4ØGÓ¬I
d§q
>·Ob(‹“-ø1 µÀípœˆ´,„•≤3¬Î4h·gg
à` ”◊f`|1C`∆êuàó§™#¨(ìò2:`ÅÉPEjL a°\˘^{ì$∞…ﬂ∆Ë∞ApÜø~Å"-Ú-0#Ò'Â*í$vHÃ6k¡FâÎ
£ð©Cê≠ä6–Ïûü©∆D«&%cá†k|`>>¡-M˙†(Cp
(oyt% ö¬Á†…F·)!"œ*èqkGö‹◊_Ã†)f‡,`/∏g,ø§8†
>!¨Ò>/$N∫°e‡nRø±.Á“.üp3rÊ4•ßŒ´ïl$(Û%@Ä`°"HR’BÎ±– (Aí„8:-:~ÅòÆÊ“®Co%0l<®†
=XÕ≠Dì¸f'<)XƒF´lÌ˘ì¬u"I∫Ì ˘Ê¿ƒ∏.3éé&DD]bËŸ‘CC|
ì'ÓÁä”\Hãä&¨A®†_ ,*Ü@\!‹îL^ ¢ò"Ûpd§z¿ /(bDaFA=Â¿∏ÄÚÊç-O$!<œ‘OôÇaï, `>…
≤HV°·Ëﬁ≤√·ﬁ$}%2@ÈD@>'m¶„‘±¬ÕµbC(,v¿ƒNu+îUç¢œ^ı6Ì9ˆkòéVXÅòXA˚2E1Û@«I{3%>ì¸Œ„
l¥Ap2lsË"œ´ÅÁ

%'Txx¢ﬁ˙ÄZà[®°MV¥>∆µC4ƒI°Ù%q≈∆ Õ£\˘
√%‹’¯™,‡ l”5˙“®)ÿHÛ°l^xÄÛ-<VN'”∫ÄYp,x† ˆhÚ@+}
Ú çŒ 6^ ,ScÈ3:ñ
é°^`ˆˆ32*µ}ÿgeW∂,ò∞d˘d¬é °» (,Ö¢,h%TZµ¬+J1HÇÁB]§œ˙¿8ÂÇ†#:2à…S,So∏C
iBn™ˆÖh%FU"k 1°6Y ±Xâ%p§@∆®_Ñ¥€H+Ùè:m≈F\GÑ#ÍÈ#P_“\ßT]I']®Å¯†lì˜
&•°Ú`
Æ”qJbàKrKRÅF!ÑE!∫rü§,˘†$z`k«Œ wŒ-@_áÄ¬$4V@†L†ä°$UR˚SíÏ$}X6sów;…ß®A≈˙$g +\k
bp÷6H 1w6Iú1S5x‡-†
(aä„9Ç…Snr·ça°iQ•D´„X!XiÖÃnVÃ√X-DjSî’°·…∂lœ)é‘©
œMNÈ3Ï√Ì∏D
Xä¬ï\[Ú$0≥jÑlí>≤!!∂ ñ,ç^Ãû Gûá!“Ç @™ 6ﬂH·Bò ¡§Ä§^ bŒBŒ¬a¶l§ø‡¶∂áë ö˘@,·^
/ÜZOÜ.,jä.õ∏|C„÷%°∏®p‘5á
ÛÄ÷+ñﬁ+BùWQ5x¢◊-ÆÄ h2on{èv°Wk$®:3S¢|ÂÜê->ìXœ&‹ƒÉkeM+xGiALw(@§ÆúÍ7,ÇÏ6|Äi§≈ê
¡n˙è%∏ısœu +ÖuìÖs&ç”ôXC,.)àÏÓ
Ã|¿^1_éíﬁ,(¿à∆Bvx`ÙÄpÅÔ%t6Ob¶%d‡®∆uÓÔ°Ãt@¿K@ÜáAf>^°Q[Ô>n∑§%N,%2[vN2c4f&"˜á®
,¢Ä,ﬁí∑^`ã˘aÄn
≥TÅÑû {]ƒi®/2=e9ÜISFîT¨i{ıé=”ökü…U∞!¨°FmÙÜ,˙gﬁO£Áú\qZ`®¿∞4!í©A2˙OD(ôD6π#:
Á7Ûv\œ]œı¡∞$êÅàB
ÜRßùÏÇııÇÛ•=m∞!ÇÎ,OJan·˙Œú† "∆a^ÄJ<‡å˘aœóR%H†´]óë@Ü˙`¬|0õÙß8©âsÔ·zMÚÉ:¥
ä 3ï≈B,í˜ù
(˚%¢H%Q+¿¥MÅ†3ç=m2˚Vèð8òñkBm†2n‡°q≈V ∫|d≠ÜJi˘˘X#â$£Áwp®7ÓózãõN7e¨˘∂'Ï
XŸ-5∑318”5/ptûà%†Å>k\cwœ@>Gﬂ° ∂œÄit« ¿é`†¥úÄ°•-Æ€∫%·∏@ªs`w‡ ,è÷FÔ°Ô^`ûëŒ©>¡
™œã-vk*e≈Òˆlof°Ÿ|HÉ˘®¨
/tíW°‹»n„ØõÔ¿&UQz+4åà`ó2%òÆFT{Ç,ì:í);~'$ÿ°´(Æ`%îG‹ÿltgxfÈíàHõl[ú7r„6¨."ä[nG
%§C¢&•0Ï<Ç-Å%üT\˘‹äÜÛ≤˘lBD !-†€¯Ha…iÅJ·¥Ê†¥ZÎv(¶ú†∞® ê$wOI!Ñ!·«lss‡Ã¿^¿ù˚¨
(_Ù`"r‡-0†0ÄŒ`
^aàOví`Ø˜sœî∏.m®†äÛ#ÍZ@ä@0˘§^'%s„Ø#]€,Ÿã≈¡”6∫.•ò@e9Äiç·0¿¶lú<ÚXuEk±ak„DTglu
rˆÁ,/¸„ê9åj¿√JÓ©zC∆Oi0ÜúCf[\¬Æ75K˘âä,„c:/S:~€} TÅ®ÀK¡^ØNã&,•tgƒX[‹˘=*Ç `˜‘…
Ú`¨@t…” vÄbdÄv∂`π>‹ogÃñ±‡ﬁ‡'`
ä·>.µ,-é≠Î;G©Ü~A„˜Ê5xç(∏
éNQƒûJ%$gõ0g'¥¡Oé*ÃÑi‡π®Ôór?®f:å)≤wU√Ô¯W2&@¸=¸ÿ≥ΩŒkoÓ9¯«"ôûú¸äpr>Äb
R‡)ÉY¬∆/ßÿR%o‹n'Cì=Ñü¶4&˝ât¶}≤Å®†&&·∑œÇ-S¶$Iät∞ü9_û8¸QöÜ<x8¡Û(“(H^úp…
ÛHOû<ö%h,Eè 3[BdiÂ≈á ÿ°yL±oÂœ}ÀÜ≠€µl÷äv≥F“¢L≠)-™Ù)SdT˘˝™Uã’™Sî]!R"à-`åm"
≤k[î(±∂/¬Ü»"^z3Ñ∞pWØœrK!r•V.]≈Áj\Lóc…µtÈ™¨´.XóWaÖı9\8r¢Eì]∫48pÿ®•FŸØ«V±∫:eä
£I

'†πBÖH
4`¿}´∑ç+Å(ÂJ∂\∏q"√ï'=;ıq'…Q˝˝ªıpflΔE«n~u˙rŸWcè.=µˇ˜‡ YS5§\ƒ4}…ÒÖ)ƒc.∏î¢)ìD
…z¥§"s0¥ˇ(EBJ*©D,E9l1«#yd%≈SlqΔz®®«*E¯9|PA4y@"|†S9Ât√çO@5UT6FUSD!edì≠!SL-
¶L2 hP·P0¥÷Ziq˘•ZoÖPB]Å˘'◊`É˝µ&`|
∂qàÒ¡J1»,Ÿdπ'"eîi/ûüaÂY-©ä(u¨YC
l±Â©c∑ùÚ #åH"h\<>l˘V …ïÄ¬jPr .÷úw]y%ç„Í7'ÕJ>u"…zw'Å£´zŸYvÿ∏±-
eN6î<A™h¬«0|ÅÅ≥àÀîÚ-bDJ¯‡ˇNl°Ü§ê2 MÏ-Ñwxq«ª[laΔäh®41„x0BxP¡é °∞«3Â†"M7NEƒÿπ
$RR1jM2ç:ZÀm°°1≈>•Z-ÃÂ•6j≠6q°Ü≈ö2g0òÃi©iÅÄg*%µ cŸ.zˆπßeãaä†É÷R(,Ø
µjJ5ääå£≤ÕVÀ/iö≤[}l ÈCw¬ò»)6ò¸åÕ∞øvy"…*∑≠ÿU˜ù¨µN«+∞ÿ±∑{ÙeÁ∂±≈&K…TDRÂN¥‡Ö-ΔH
À,∏d∏`É·BÑ«äz<·Ñè§ä-£àíáÏŒ€˘N8a≈Oxqæêdâ(ëÃ-Qå°2° „0H
:flú„
≤C2•≤KÒk∞'Fã*SzÕCîB¯,áü÷ dïü ÁáJBôgˆU_z>ıW¯‡úÅr=üí2ª< «TÜ1ê,"ûu-'
BÅ†M'D#é',äQ±ˇÖl∞B®€|ÇTÍÉo@VÔˇ†8e£_˛ñàS √)øjïu CÍËmV}Éïh§≥ùÒ%äX∂öO±
¥¨ˆ<ÌpßP√Ç•Ä‡ö0-d†ÌŒEzÿ¬∂Ä©Û*W*HaRàB\hÇëá-H° Rx>ˇ∏¶‡†90H#ô√û∞ÉLx2√^-ÉI$è
aìÿk,Ü¨dEØm°->A%fl\·
O(éX2•öÂ≈ flXH`ñê¿-h \/WQâ™/Å'_ÿ%&ôÈO
ìpUtÒÍBhñìå/sÕ∞+√d°∞Ç∑Èx<•÷k™r5AπbR™‡`ï¨¬ê¡S3pY Ú"π3•„¬CÕ∞Ö7dÊ|Δ≥^
°SàÁ9<‡Í∑Â"j‡Wr-=HÆZÿ/øP¢'XQã*±,#DaäTòNèÿ∂•R†,\êÇÎ.ƒ/§ŸP$Ùˇ‡Ö'%@¡ÇV
¥Ö<·fiËΔ7∏·∞üHÖŒìX6®ç†:CkèÑd ƒ˜ÑÔy)|ô_'ÒÇÙïØÍ{Å\/g4≠~h
LõB%'*®!™¯-˛∑ò\Êb6íÅî/òVpitE'ƒ√öEi,ö≥πJ-Nÿjv-SW"¶ßä"2ø¿ÄXP!tp8
1åU2-√∑ªç':Ç´è{ÿìû¡q5n√Ü∞fiCüÈ CF§N÷ÑHTÀ@Δ-LíYë\-/0¢°/ "èx◊qccè-ãÚ•ÖŒ=, s¿CG
ú¿»@#ÇFdˇ)|a5=G√ö1¢(6…∏-≤6Ω)UiSî<Ïñ-">
Ä¿˚>Ø¯U©ƒÖLS•À]B•ó°-,9iÒÀX‡,"†a¨ì@'ZÅ¿]
,"híÒe[(®a≤¬N3Êì)ûkjU)`÷¶9ÕShœöú:E2PÅ ,ˇk%~¡B~cô-ë>%´b°∂:◊AOµc8|
˛™=ÙLm6\¡ä¸Û §¿ñ0Ñ≠[‡¬ö¯¢Ü2Ñ[=dDC•Ö'öã;<A¬pΔ4ña€Ràb'µÓBÇ-9· Mh¡D 4Å
^p>à¡
û"y'àQ†°µl-˘H!V/¶@Ñmâ,¸¡Û_
píf˘ı^<)©¢è«´<•¸Ê˜¶¥î ¬W@C »zäÃ≠ªàÃ∞á©HUƒrT1KµÔ∞Üë…hom¸:MZVΔÚÂÉÅ≥MO¡‡'ÿR¸¸≤
ü!Ö<Á-'7/≥7µËî€fÕ8`Õ"áÉ+úîSÀÏ˛"_Ÿ…•@P\|Ÿ"0F3fiáCqÃÁ"nsŸú
YàÒv≈µ($Ñ-åmLC√¿ÖÅò´€+œN°è€Æǂ‡>;òaíòOÉté#q√A˝¶≥Wä@Ã·JIÇßFH≤l≤É9u@ÅEù˘™Êd^<
ÎXèe,&r˙v2ˇÖLÀA*¨ä`˚µˇƒp-"˙·∂R&ÆJ¶+jÒ
X<4·ë`^[cç
Δß¿nL° *Çœ¿a÷C)ño2 Oò2ÄÚ
∑1ˇUr£,e'˚Óy+ôûOû'ïÉ¯"Ê5‡ƒ*\6ê° 4àƒ|ΔÄ¿ÃpàCä∂ËΩ=ëª<ıfit©Ö'n∑är·∂Ü0JÓ|
c<ñâMÿ¬ÊR.¿<9¬>$"[@HM˙£0mbP…J!ÛîåJ¶tSáœ5™ˇÄ
%øP5"-@ UcaU!•Â√u1„¥ñˇ?gS'0W‡,¡ÜVQ@≈ÄÅ∂Kë≤aEs.6Wê"lZ±
#∂
´‡
´§°(Œî1'WàÒ^iGâ7 Ge%ä„x†BJ
f,îH,{Si5eîuOSpú,ÇZPpÙF£%,´q-bp_@
g¡Ä{°7faFíû
§c≤êÜ©Ä
Õıqf}é0
≤Ä°` ŒgèP"ÒrEY¥fTFMÄ êÜS?'sŸ£=âgD
·>†%/`jS6Qåòà˘¯
uP7uQ˜˝´F>i¡ua!>t13i2 1D@œ¶
´`T˘5P"ªêKƒˆÊAzWäQL%%Ë
ZQ}ßbE-^P≤VÙ^ŸsxÚÖÉœÒ_A#Tq±cjøêHÍÅYÂA8%yÁ(Ö§ßÑÚ%d~c8QàOö"Q8÷@YF>-O•ıÖ¬ ∂Ü%Q
`§;®¿f`§Ü≤P|¢
®•fépé•û Q≤p¢∞x∞z•ëø%RÈÖñ\¿e-∞0<
œ‡
¥•1DÁ,∂%¯˝w†;©ìûËåôòåöH -RGˇLóXkdBJv·uÔ√cÑ±¥D ®r
wá'P¢PrlΩ)∏¥ˇÿ'öAL$bLcÇi9+™¡åèÇA)®m<&_7®/flÜ%ˆÂîs'Äß∞*âîCCV+F&ÖÔÜÑƒiéA
%Y˙,Ê·C>ÑòßW7™∑b‡`
µ <"M†Ö_ÊÖ]X[
Üad∑p:|6
¶#≤0

±∞ë®Ä
È µ õ1|BQí!ÈÜÎ“O`∏ê<>
ƒIç˜â#Ñt£6˘˙◊â@;Èìö êùô8îQGîG©&y±u
`0PUvkeÛÄG`*duwwá{“'êQln'4y"π‘ÅÀÜ¿îfôÇLCb)»L7dô÷v'“XäXMTrMXíç£&\G& @~y+◊Z€-
w†ÁyC$ôΔ"¢õeÍòòı4D/Ä@¥bŸ•™êô˙¢P]Ü{∏_6f∂ïëi:$ ûõ)
≤`|è∞ùõ¢P:≤‡ö±@:>
•
È Ÿënÿ\,";O ¶0≥P%SÄ]0ê0êc%˘ßuAâ˘;Yù'©ì: îÿââE…F˘˘∞V>nQû
¿ÂsB4 aÕÅï4v≤ïâäa≈VüFClø 4°ñjïe˘ühôÇj©bVxJcΣ¡†π1 –Ró◊»,ïÑXRN
%¿‘‡YÏZz#+‰-˘|sÑÜ9Y¢We•Åoü%Ov"Yëôé,Í™–@ì† ö`*-D',Ö8j ¡ êây:è‡
\pQâ§Õ≈Qe¿w- û`Ω 9
ê¡Ä£œΣëâ§9:oñv†•qC7=•)',„Ø'PJ◊Iıî>I=…ì÷â˘∞†ŸŸù˛7y
UbA°j*^40bïBàV≤ë®{B˘≥ïç
4è!4_ôaèq4¡‰üîôJ≥*8mâx»ÄA{2)2¶
?´¨ö–•°GGV°ı|PŸ0Â‡¥†57„‡MV´ÜyòƒèM(z°ı˘éëâ¢‡¿¢/`¨Äßàƒ
∏∞;[êÌ/{‘*≠9z?ä/˜repv g\@@†:\- ±–°¿¬¿ák[√G:Δ˜fã•P©•fÚÚ:Ö^·#ì80Ò>ù‰zƒI≥â£´o
*ß•∞û»∞Pß¢»tı7„3vKu – Å±ÿì¿?˛)4lfPbV'Klw¢Å *À˚KüW
Ù«†≈(,O·ñûëÇÅı≥'§]Qç6è∏%•ßtbT
F‹Q≠Ço/$†GXªéâ˘7ãÈ+öð≤´JD·‡¢w¢
ì†|† ¶Ä˘"QΔêΩÜmk≠Σ FzÿâM ÆePM¿2¿.†M†û–¡â´∏¬0fç{§nxÜÕ•◊á]9ù–…˘˛70009\˘u–â
âl™ìpjù®ª–ì‹9=u±[±jä,πXh0ViA^ΣdAfuVƒãaèZlo◊KiU4eâ2[L'®w´†w¨Æ◊"1ƒΩßÄ
π¡AëpT``°á1B&*˚≈_h‡
œÈaÑKFY∞íoq"N#/œ*8PKeÉÛéŸ°‹Ò¥Ë`$‘0Tƒ`

Ú:¢"•è0©P '
F`$êÏZö¶#"µ˘.AQ@∞}L–v‡ ±`¬%l¬8/∂‡öé€ ã`Ü•ì
¶úEN†D˝Á:‹9‹Õ"¨√05°˚∞£ªâ†ì‡âm™ƒÿy√˛◊˘:¨Œ,ì˜≈u0‡TpvüêSê±ãâ ª†®[yKú˘≤v,≤ƒ4@ñq
Δ $≥
t©√d=ÇWqÈ≥òPM
∫ Å•Aú¬,ˆ5±+W†
‘∞7π,*Îh,Ä¨`+¢¶Gè≈í…èLoÄÛ™Ä"s/y9'Â>–}„,§"§0[sKê¨ë©p;Ú¢|Åÿ∏‹dPu¿upã-
Áj¬¡pW>{PZ˘õYëiÒ 1“ùÄ÷–)∞Õ˝ΣÕ˛W∞>àâ/9ƒKŒq™Î∞flúâK˛t˛GuL◊IÇ,0ga<>•î• Æp
\IƒÜÅ*{'nÁœå
Ÿì>?ªD4Ã€K~“üteL“€1ÕXAw¬
€ˆ≥M ¨xM_7ñTèHεa°-@¶
÷`µ„Ao®˜™Ü9oK∏“øí
Ù–Ë‡#=·#OõH2Ì#Ë≈
CU “\"ÂM â€zÄs röP
r.Ω'‘ƒ≈Eÿß|â>,'ä0'I`ÀΩ@flYM≠‘jÃÈ …πFí"J«ùhM‡–Y˘√€9ßAÃâ§ªã˘,°â
+îvÍƒEiuX0–±b5 |¬ïvÇ–Äã˝Δê˝?êâ:Ÿ˝â'ƒ»Ÿ/Lú¡@ñZL√‘^∞ël˘Â≥™Ä UYï£äÉûvóÀâ
Xv±_dA_é≈Õé%-…á≥0ÅC¢G»Cç9m…í,…çÂûµø´A1‘`Δ†
§∞;ÚRFíQ∞@‡. !ıx
[Σ0fiÁbf©;êÄRÑÊÆ√fiÿ˝‘x†ã@Ëµ˘ÀOzÆ∂@≠OÍ∏ÑNËÕUö©¿[ÿL‡hçâÄ÷>9ßùfi∞‡˛‡£·‹âÁ±5bÅ
u ∞&_¬Sp˘vâ• ¥,Pí≈
Σ~Kë,˛Ûœ≈K°êj,è*wV4Dñ¡¥–¢]å?#œx/ˆ≥2∂/T¢ Å0¥fiˆ·;Bƒ¡ÉX‹Äìê
O»y0tOÛΔ>8^[…'z8»r‹flÄınÔŸÄıÅ‹M
Õ•b Õl\Pd¿¡¥Ï}Lâ‹fl◊‹†•p
ÇfÂ>Ã‹-.M`!Ì
Ë,*'OËùPÆáN∏[ùfl'\âfH\w∞" 1flÕ¿∞1flâù®âFÃÈÂú◊=fl¶ ŒÂ˛Û+î~–uwZuj¡±6 ÖÚ3Σ~ÎËÿvÇ®
_\üıÈ˘ÎñÕ®(ŒŸî≥0Ω
¥45˛3êƒ'¡&Ì‹œ/UyÌÿÆÌø·ŸHü,2h2T0 ø†‹=øß‹êIY√&]¢°˙>RM"ì>ês9«…¯~$CÖ¥ÄeV]%π‘Q†•
€üüh.0e≠√^† Lfi?¡(<u>&¡ÒãΔ≠‹Zu∞ÔflÂZ:â^:±`Ü]>ëuπu++%∞ì106üƒù∏◊D˘Õ
õ◊öÍ"Ø◊?ù~M˘™Fup?0•}0™pwTëÎSØÎ≈0ıZ˘≈œœïé·v»€?ñ˝Kì·Ÿ˛…–dŸΔwW(´‡b·Í‘©ZßTaR•˘â
%MÅÒ·£
ö+TàÒAΔΔ-:Ü¢E|hACWÆ∏pfl¬ï{9.Kñ2«Å£YÓ[6pfl¿≠úâÛ&Nò*Å˛˛ô≠:¶Ë∏=uΔm
€6©Oπe{ƒ≠ô1a©Dy¬sáKô&dΔåaÖ…/ @d»p·BÑ"àB
W©Iì"MJEJp™Hx∂4·ë#Hê&M∏ÿπÉOù;ïÎPΔ|Gë'Q±Ç≈≤+ñ®Øè‹=Ztg'M‹ ç!Bl ,∞Ω@Ç

&(X07Ó/øq˙éªÄÓ€6Ô‡¨W†¿ÄÇÖ
`π2Hï´ZƒäK-˙˘b»ÿ≥wø´Ω.d»ËflœEflœ}ÛÙsÌœOó\ ´e¿Z‘Aa©Ö¡d¬» UT1h!Ü&qàè>"∫¢¢ã4/®B
(!Ñ<∞¿ªípA…®óZ¢1ôV**(¢¿AG©ïà“Q&úv‰   û≤È-)núa≤bû$fböå™ôfh-
D=ÏXç¨≤ :K≠µÄPà∏‰ÇÀª(‡!SJ!Ö0R"ådŒ8ı8¨1'úÿèG-":Ydë…∂∏L≥E@≥%4-H4µ:öh+.$¿¥
Ä`∑fiú„≠∑flÑªÌ"QëNÅíK5∏‡äÀçÇ(† Å
,∞ Ñ'˙0ÅWV!ØñbÃsıŒC∂=eä'¿bÚ€Øò]r…EZiÛP@uIp¡nL-¡UjqÖÚ∆5»¬U-PìI(q(íá-êHƒ!|ÄA
£RT±Eë|PCì_ÆÍ)õo
©ÑÖ
'¶tR
…îR˙¶)ãSRä)sÃë ô≠åFòêGFc§1∆Q•∞£2¸(√¨≥d>k-∆<SÆπ<†@Z¯¢îR$ëÑN£5Ï/ûxb=M•Q©m4OQ§
-Emî[°"Ì0‘ƒ
¢.:Ì‡l :Ö†ÌÈn´m7Í\]‡jsı∑U¿≠9ÁÇı∑€Ñ£‡6˘‡2ÄaéI|=•<˜ŒÛ=Ûÿä<Úb|-ed‰´Ô>˙†µOœ
±6€ÚL7•¡UÔ∂ºqWy˝ıtU1≈Jl˘+ëÜ äh"4œ∏Çà{7Ç°ÑëTDû®∂ƒh¨Ÿ)õl˝
°¸‡o∞r¶ôéÅ&ùRZj©¶æ)áßä-I™G¨∏ÅÜö≠p±EñQHeYdπE[FπÅ[¡¸@6a$ Ë`3-DA   m-Å•‰2Ù•Çõ$
1   >-…/ÇπSdQ'[òá∆‡J0Ñ¡å`¥P4û‡ÃWbA
-àÇ§åÑÿC)5I mò∫€,ÊúðÒfm>3pÛ)%Ê∆9{S'V%È¯
P<Åü8∆≤/ÉàıDŒ=…-≈zË3fE´>Úô÷≥§Â¨jq´éÿ:›Í¬u pïáA<-*Ã%»_±b]¥´>ª˙ÚàHdFÚ≈êÄy$
°ÇI~10j@É‹Ë§'©AΩn¯)1Q…8á¢ís¥“ïØ‹«Œ±±¨L•"`a,P-åN†¬úË%*ZÅ
b¢BùPDÀb∂¿é¡t¯Ém6¶ZJ"Å<Ä)fi¯@ÉtÍ`Î':¶Ñ\1∆   ô!2√ù,Fh‰Èµ8>P9|ƒËJ…Eó“¶0%D
˘PŸFnøépúÉEÈgo‡[DÉìÄ¿
nP¿>0Ö>ú,Á°°°¨ı\Œ§»rœ=∑,Œ·«s¸·ñ|2'†qKA:ê.π∫úãê?E$ª,aäæpË!ÒîzëålÑ_!…ïäJ@Ñ/
¬øpF1∞j¨_,ÀX…•5≤Å
ÈEØ)≠ÏÜU‘/1gl£≠LÚ
πBµ"`≠ä-'°àªÓuéHÊeÕ?åAÅ˘(Ï‡p≥2·¿LÃ&6Ì¬õ†°/E„√#ƒYßHh-∏0YhK∆ŒxœÛù-l°‘nhœHÍz-É
Xöók^≥?bßfiÊÑ*˙t°ø≈n¯ÊP·,ãW‰Ì+0ú¡é+ÜzFz∆aŸß∫bå\´õπΩ@Í˘~AS9r´¶6]êÍÙ¯
XºÇAØ§πlGâI•ÖC}åDDœ•;•R·   ÇFNê"®z »
ûÄÜH∏ÇÆ≈ì»Ûä´vuìXçn{ú¡I´¥U*SôÜ4§bãxÈdahé…ÀVËUçhƒãa„LÃ∏vPDÅÿ?¯Å∞-T {3-
(°ö:Aíì\8üy‡   ëÿ‡Ê Nq
Ê≥∏¿r0‡'µTÄFÖ%Ég<ÈIö{fiÛO∞
K f)∞ m∑ı!€t´€>Gå˘†hCJ-,¢™N†Ø∏8Å≥(∆3™-ı$c=èvú~÷X,1Rzå÷]-
ˆS8∆T@√“≈xª':@ˆÒ∞s,~Uä◊ï´/Ù]d88Ø/(ïiE^Äù™"dWø¡Ú-à/},≥8.fqlZ§Ÿ¥†≈1\·
Z8ÿŒòíì§1%)-cÀXÜ1Ç-ø¸…"Êˆe•∫◊d6"çD"Í-à?$¬fi3ÆCé˘ ÿG3»t0åÆÇÁ¨∂ŸTS!@Å0X|êr
$Ê`4:!Õ qÚJ$`¨à®Ÿ¢∂àg◊FÉ√÷ä
Õ™°\‰"ó€B†.˘¢€,f)"g∏∆ÒÌp˘Q)Ú
ã?˙û∞á0>C∫'¯Í{“®>ÀQ/ÈïfÊ6˝∆gÅ7@•uÄj «ú™˜Ω¨6+`v`M¢!ÅËC/y«ááÿ◊C∏
ÙUÇêÄÄg€±B0Ñ¨¶Ω®˘Áä-Ò¶0‹˝3.Ocfi∑‡‰{¡äè˜B≠∏fl0;ÒKN`≠vå1åÅ“ìfifi•/}"Í˝D∞¸áx&3ªÿ!Y
    8`Am%õÕ¥≠7•Ä¬©àC<øß∏'•©áBiÜ§9Öi¥3 ´â-csü˙€ä‡Â(€Ä£DÚK£¢€p˘ÖEä˙∏Ä´¿r
åY<„_U“ã-»ÌÎOfl?œ)´-k1è8 è…#õ™©?zVóUCµA*V{àá¯êåPÉ)C˘Ç\ÛÅå†Äÿ‰A0Ó¿Å!†óGZªŸÉI
ö>ÿ†°öQêÑTò¡∏ÖTHÖQ@]*¶aÚ%NpÑJ®Ñ;∞É%Ã1Eÿ7-≥±"Û‘;D®¬÷Û±~Û±ÿc&8P,-†Å8¿Åπ∏&
‡=4ÙΩ• >=@)õ=8>ä˙ì9X<d>ÿ*‘0ç*3:…ß|ZÑß¡/•.H9pÅ‹ÛœGÙ>àπ#∫
%˘bø&¢õL\øàr?,ú ®ÿ®Y8hÄÜjPè˙•?5j∫K¿˘SE8™:Î2Øó¢)")©)Ÿ£'Ÿ©W;¯*$Çóπ@5Ë§
¢0êà)Ä;òÅÿxê»Äj‰Ì»»@D/éÉ<pÑp\¬%‹Ç-∞3ÿ+Õ˙7ExGEx7{ÖyÃE®1-≥∑-À«|DÑw£B+¨¬Ä,Ω+
¥¬ÇÏ±C¯ÉBà!0í¶"√ù)úð)ú$Î•†Åà=ð29í8<Ã!<…≠Ÿ±õí¸ìí∏B'É∞®;Ëß€Ík∫¶µYfl+ï€X¢ÉØÆË¥º
˘é,2Æ˙õÄ€∞C#≈Ù∏?h0:U\U¨W§43˙?»iÕ°)Ô∫èa· [DÙÚ#û,∫∞'ïr∆U8∆@PµÏä∏0†*∏gÑFòFå8¡
`Î∞$m‹+(«q‰.‡Ç.@ÃœcB√1@∞'Ω÷õ1˘dΩ-c=CÑ)ú¬“{ΩÇ<ÑK•Ã-$HÕÃÃÃ<Ñ"åÉ8X¨1É0,≤:√≥¡…
∂9"‹(40‡H)äC=-ßfiÃ'<4Iïï4…íCÊìå∞ÿÇ20ËÄŸËÄ‹„Ωó≥…Ÿ¥
fl/IT   ¥ÑÍINú(,≤é„¢ÄçöÑ˙{ÜËb b˘y 2Ú™5¢J˜•Ö©[)Õi©g±.8 è]ò)jY@]Ù∫qØ≤±£¿]ÖµSÉ
à`;∑ë*(Ç!Ëy¿KjºÄ∏Äk¥é   ËÅ&pÇ48Ã.®∫å2(-?ÿ±Ñ:@¨ÕD=“ÉΩÌLÿÛÃ"î-"ÏL-,»K¯L+Ù?H!}
&"£ÉÖå-ÄÉjH#õ Iƒ…ÅÚü°•Ç8úÿ“ßÃ*NïÃ!Å"?LI±I…†dÍÇ&-àò
»Zàπ5$ï‹-IùT(Ùàı√3PÙ"˜√é84FK:h #®‹ø¨ÄJ6™JEçd¿ñóÍ9˘J¿\Ï:-)ûz/±c5V3ÀOeåPÉ•fl©*
8'"(|ÅFåJ K_ªœ§Î¯K,ê'(É± -?ä2÷2Äô~÷÷
R5Õ◊RfH!Ω-Â-Ä¨B-º¬C†D»+Ç¸7$eM:h"Fº¶(Ììí‡Ä•Å",M4‡M,l-2ìWç3
z•◊îÏM‰;‡2ÇËp"`ÄÌÄ   x9Ëí¢   ¿N'íé=Û…¿Äà(äÖÄh,¢Ä   ®Ux.Ùºø˙K42Ç¯t≈J{©©
c#¨ÃJÛ,ÛäT\<ê'…)Y¯j5±˙Tfl˘ÒŸ§¢Ç#»µ§§e∏'Å»-Î∏ïêh-√4ÃbE,"?
√"f˙∑Rl≈QÑ[j•÷=Õ≥=[ÄD[:¿VÖQm="#ç≈ÇÉ
8õfi£ÕΩΩH‡•ÄpÇ¨öàåõ8£!år 8@-∏/|b…‰T
EdÁlS7Ì>PXáµ…¢úÄ,®¢†ƒSÈ∏≥)í¢·(ïü§¢Ä08åj@EcAÜ¶LÜ˙ä EE£˙† ˜ƒÆG

£¸ÿJnÅTÃñ·ÂEˆ,ƒ?í¿BJ^±"@flû§ÇΩó‡é∞§ƒâ∏'•Ω'F]ÂU√$÷2¿Z™ôÛ=Z"'\" √V"÷¥%[¥=M∂•_'
U†˜e€¸'÷¸e[$mM≈r†F§Hr-WL
Åòvï≤!£ôœí[\Z\1ÕßñDDî\ •œ@Äò
BXó[ÿµ·<Î°S'¬fúÙ
ü <-ÿÎÙç•ÇÁzÜP ∞ŸE'ßú¥F]ŸI"©ÉŸ˙-œZ°£f©úrØlØ∞3P∞+§•à˝ƒ‡ÈØˇÇ /,Å'§"Ä
„0û'Îdé»Åm)•U?àóB_÷1Õ9V¨∏U†B€¸>flg:[˙€Bÿfl>û-A¶@.ÖáÉC(Ñ7à@∂- õ€π˘
WπÄRflSX!Ú€•ÄË*ÄCfi'':π'¬f÷ °@t≠<D≥/(«'PfÄãÁa7ÕLÈ<ŒΩ¢,pX'ä·ù§9<ª≥(˙flïAõÄíxÖÓ§
Ø:œØ¢ÆgéOìù ˘b˜T≈j¡ a˘Ö]¯l¡#mi@„çêZÁù-Kû§+‡©5˘z-â®K„¡fi§Å1Êé-c˘yÅ‡g)(˘V7Œ/1à
¥ê„0˜V/≤ÖÜlmfl˘SflChh¸U»˜UdãfiflBhË ıEdCÓ÷#
ÉπÖÉ0`%ò†äÙΩõ?á¥ç¯„Å)@É3Â1çÑ√µ√V…<î/˘`Â/`ö÷H96ùç°aõî"‡∏¢¡˘<R˘≠°·ŒLÙ<¢LÍ œb
®ÜPö]C=ñCmèßâOe-èe ,6ÚÆ˙<4¨öÍOÀ◊©˜b5A2-5ó *®à•-π€µƒ;0„Ω¥éY„ƒÅ}Œh2(2†Ç
f9É8hMÆUfl;fihçfh"]_8HMÖ'Ë-Üçñhl%ÖVH∂}ÉEFdF`I8&¿¶%Î=(JÕ5¢flõïxiûûÉ/•H
%"ßAÑ≠Aî2=¯<`Â-xÇ÷Hâ hÅ«zNÍFéQ®Î¸\;ÌI'≠‡‡
üÒŒΩ¢*˘'SPÊE3'ß|è/}îµfì¿j~TEU©Ò
fi¸/%>fi˘LµrQ^ÿ•_YÖ°^™†Z¢=X'^˙Ä˘Ä
P/[l˘iÅÜÅ(»)hÇ(0†'Ë«n†0 Ò…ÆÏ%ÖGqÜ~h7ÌBÌœfiË˙mh!+ÌçNÕœŒÒ'ÈÖ$ÒÜÇSlB√âÏ\ÅB‡:£Äø
}û¸%û≤„É∏9Ñ≠*ó%6âÂnÓ\Õ'»Åx˘*ÍXÈ#ßéS°Ya¶4"Öaü Ôr≈¢òI¯®6TíÖ4˜ñ¥©|:¨t#˘∂o˘Ã
úôΩEK],úmêT$Gµÿ˘·ŸI*òÙã‡,,9ëƒ˙Ä©•
øéY}•ƒkfÓ•&ÄÇÇ&ËÇVä2Ëßl/ÙBgqóhÜ÷Ï%ÌBŒqÕ>mÜñ€œÒêNÕêÈ$%iì÷¶"óD\∆
$wXfi∏®pD¸Çk«ˆk?É/ÿv/òÇ•aÓpgöq˜.Oâßâ«™- s$èéR-n¡±çñïÓvÍ PX\6VŸXò0)€
£€eÔ QŒ±?ØfYâ#¥÷opŒñâ¯KUúÖÖÿ•_-«k"£]+û˜Î[≠pÓı ˘Ä˘â@lèqÇNãµ@hèup˘e»%
É˜˘vÕœÒçmœfiÖügËÜ§= f˙cœq1 ÒÅS5°mîŒ\á?®ÄMÊ∆•ÒØqwx˙Ê.˜∞'{≤œU~¸Ú/â//õ∑àe¬îvÔç#
RX%RÍüú<êÔv?ÖÜ=Zπïâ'êW8C•.H+£/MŸ@ß4Ño#L√4H5èô≠ƒ™#fiQ„≈l5B
$"≈ƒ>Ç†Z"yœ.Åq'ÏÌÙN„Ïÿ˜óéxÿÅ»Àò˜"flí∂˘Ü◊ëVË'q/
°˘˜˘ÖÓyüvˆÕ˘ûO¸Üâu¶ó¸êÉë÷ÇÜdÿÄ&5°¢K˘ÅvúD√ê+xÇo˘Ç!˙ÍÂÅ®^m<∂Ol~â¸◊˘"W9Äp-°ÉÑ
Hê†`ÇÇ,ââÅÑPX˘Q„ &Lp¬Ñ-Z°Ä°íáè<z8A3Èï≥d»ê%+ñ3'≤bœäı°©+Áœ]Au-∂(P§Hõˆ<
ÂôÆbƒr]ΩZ¨VV¨π∏~'≈µ,≤Øj≠Zıj/UÆ"Æbïñ'€∑i©¡Kd/4`îÄ"@|¯¬¬Ö/|
ÄÃ¯p·([%ÿë#J(Q>˘fE4ì"a¬h-&éj8ß√∏+g◊∞g√ë>ƒ6Ì/≤·∞˘é√Z7Ï"±SßÆ%¯rÂ®U+Q,BÑ
#(P-qB¬Ñ
é1B'OŒ?2fï0^¿áqr>"˙ N¡/c˘tv`DI%PD!Ö4ëÇiDU-^Px∆g†°GÜh•1â)µ@"S2-ËTâNœ%OI-ï'QT
±#V0Ó,'V]ÅeUXW'RÀWµ°ÀY´ WZuπ]n]q^OÏÂ◊_%aÑIˆAâ]Äÿñ]Bf% -
°óŸQÏ¿fôcÄ6Zinö˘úmØ-9Fvrt7[p∞±ñ€sß)qrá&◊úpàqh-y Çx˘÷çf>A>EPÈH¥∞R†˜Ñ>∏òJ/
îPflIñµp2<◊B~A!É∑˙'AóRd
a∞CeîÄGY§Ä≤\-√_Ï1I$ìL")ììR
∂∑°BP…<#,â,Rµ"TP=eìQ7©ïRTU5c.V˘ÇcUƒ¸2Ω=Ú´KYÅÆ∞ZJŒÖd\´8ó6·óJ-PYÿaä1vÅ]Fd(VôÇ
¡∞É»hí6ZA0Å2 ¶©Ü<q©1Åö°∆=ß[ÀzÊñ€°Jh¡≥œ<3°E-
à∆ëÛj©'ÃÑtìZG/iÁ]BM=Bß9ÄÍ®ÌΩ'ò`˘cvÏjúr/Ç¯…/∑≤ ªvÁ‡Ås˘/ëFe4QH
0SâBä)•¸…,áœrâ,«ò»îâC°xS2UôπO.*Ö.âÓ2ÖîW]·®#V\';÷Xbïã+dŸ◊Zâ$≥SA©§
V%bFYaäüò•ä]ˆ-∆wj¸¥"ZZ J8Ô<òÜ"/sjÖ" sAΩ}ı◊≠¥"-G'œfá
œëVw>$ë$Å•S#'-Ï-CzP!jK3Ä‡T$∏"`S+µ*Åg„è\)àp;H∂?Ó`ê$¸y'@RëíX°√(Ü,^¡8˘∆„*L°3T¢
g4Ü0lúMn,∏À]n?π äla1Eœ-âà´T•EÔ",çnî/"ÒHER+÷î§Ç…H´@-PÖÙ¯Ä$[êòPÜcÖ˘bÜ'°¬
%»ôâê≤Áz-+
Ã¨¥(≠è<§ 94üÅ/:=fl¯|∆«°µfP€Ç≠"5©˜Yp!SìflAF‡Å≥}J=SPœ®Ëû°‡JV≤í»©≥©Mm˚±ïF LM-AE
Äid$ H<•Ç)H,-X°3bàâe>£Ö≈p∆3Cçk÷•-óN¬Ö¢˘®E0¢J8ë·Cs%+ßKä®£Õã+[ÈëX¸§$YÒ-tY
\N±
˘`S
`ò√FŸí˜§Ú$X#a¬ü8∂Íw&ôhè◊#°£Ã≥cÛ(œ"î/:-3$-ÇV>ÒÈQhfi˙®ıIœËË@
yà©HıÿΩÔïÜí'q•0……ëPM~,¡r-É!L¡SÇz-Sœ¿/®L Ë±˚°rñ¥¥%-ªÙùë¸RoÒ≥î"FPÀL¿|¡LéÒ∑F3Ö
/$]aËâfb3\#"Q∏Rà9¶†)ÊÙ P"wNs¸-)bAbVòx/∆÷sûU°ßÈ "¥»%ã˘ãÀ)X-ŸŒÚ!¥`†¬f‡T-¥U
\•C_ «8~VäÅUÒ\{#∑(ÇtÑ<œî|„-)R•r§<3©I˘&R‡ˆV :¿AM …'j{:•@-≠„°Ôó-
$xƒ3Å˚uä%B•¡z◊¿œáâ´$†*Õh∂˚ƒ`?ë™%ÉöK_¬¿úÏ¿®#0~@<«LÊ3°1◊e^ì◊Ñ∞ÌZƒÊdõ·Í+âlîûñ*
Ñ]ä`
€√õ¿â?¢'•"'s≤Î<Zzÿ%IüßË?=à>YSÚ©3¶T∂¿» #ì{R≤∆‡≈÷µ/ò˘Âîç É
À°>Úoe:œfl∆4ß¬≠)Jïð=>é4Õ(itq-[Í,`ë#"^¯∂+T¿}ú¿‡∞fi000™/˚?
¯í@™¨*#äòWΩäñ∏≤•˘)¬ù¯˘Ú }-y«„IAKa≥p·5´QçkrÉfi†5ê±ad<uö(¸•áQLîYÛÑ∞!FJ%-
iC_√ktı§Á°é®Œ…ªûg-≈Y BE}ÍSã´≈¥´ΩäI0¢Z}∞PRIï˜à<˘Å†g¿ìñ∏D>mcew/p?`fi≤oeÍ[fiJW
A•≤eÌMS2´˘•kf3uß˚f%P∑ƒ&µr˘PPáizfi';Çi°ö§®-a/üz*ê °™"*!"™

±5p:∂Ñ`w*Çê_Vú¿•%A
l÷Hµ@∑pÎ9NΩÃjP√û•Öã~Wë´D%˙uU~2DMÂ);%5ä[D(∂+WßÏçh$≤ÙHur·g]2{
jß≈ü"∆∂∂˙†!4úa=£ÚÅ(ù0JÉˆÔÓC~B,xüƒ¿ >±ï
%µ∫û∑¨ˆmoœx0˜÷‡1•)#Q∫»û'4¶8pÛÊ7?>Õ#°ëÜD'√e q˜ù$ˇ)'Ç‡N9ïNÌ¯{£äZFpçÖ!õ§m
%©["Dı´∏Äfl˘z]ùWÂ2•)ä±çj|„'0-5¸Ãj¬˙öÕ˙-'°åkÈL!¨àMdÿ¡ÜXƒF$+`äÒ*Ô_,Wƒ¬7{-Kjù
¥YAÌ˘˘ü)†∂Ì¡ÃNìTÅQÜ¿<aŒéTÅ8'{b»¿‡
^‡iU%!fiz†Ùñé†"< ÜHâœTM·‡Äƒ†N◊ ¸€¬j•÷ÔYG@ÕyQü!Dx¸TZ}"ÃÄQ ¡Ù »)Tíê\´¿
ä|í§Ò]ZDì0uA`@`Äv»|ÄêB,4ò©˘<àh"Ö=˘ÜÅ]]PÑù´}SN§ê_-˘M≈%Äà"Öf±B¸-ËúŒ∞-çâ]¥±≈
%∂é?¨ü\P€$Ç$ÙÅ$àb•êïbhÒ¡Ññ*ñ¢(Ç¢)Ó¡YòQbx@`a.f†|¿
x¿
»,Õ"≠<äà‡1* ı† ÚV#Â2¡ÙâNó¿†5≤œY%Öı˜ G-#˚•Z]G≈I@üùóU-
¨Ä)ôò ÄúUÈ∞£>é
˘£YQöBtíxp-˚<ç≈AÕxÏÄ<BÉ´¨…^ı]95 ,/ƒ¨ÂD_I%¨ÅR•Ñ`!≈R¨B`]+∞Y%,¥$V4b#/ü$¸¿8€ç]ë
¥ù>¡h∂QKµh€(Ç"(j[LÇQjÀQ•$ÏÅAT¿‡¢Zy¿¨å«'}/
£≠„„2ı‡/ı†öõ‡%%\˘,Å"∞†ÊΩ‡f#j#ÅÕT˘¨ryö§à«¨‡y"X≈R~¿∑1!êTIU ê…©ıfi´<
wÂW^xó˚$e/x4¡åBÉ94T√™ù∏X$FíHENFfi°ÇdÆud-mÿ
ô'çìb)≈ΩÿüeqEL^ÖoRÍ<ê¨&jQ& ˘@Q[g˝$€Qã$4ßQRKR¸d)à¢'%SûÅÄ@1ÂYlIZ%ÿxé¿
îÁ≠ò1£1Æg{≤Á2£,ëÂIóõΩ%`c6"†õ!pù'ri¡/HJuPx•ZYPUI ÿ®:a`'£bÊŒ=ô>ÚcÆè5-NÂJ@-
ùùÿ"H¿A4§
©öhBÉÑÅãjZdàP5µ&,/
b„4NO8Ö"}ÿO,% ëé»flÿµK∂dL¸H=ïW∞≈ê`ñ]»˘ΩÖ&V€˘Mõ)P∂TK∂1B)XBò~B)Ñ©ô2B∂Q't6'S¡
L@Fe˘1°UUV•yVe^¢ß5™Á{fiäW™'1£¡ÒgtÅ∫ô
ËÄ
%Á[∆†ÁÕß˘"etpUû5M9SXU-/âWû
& %<Ü[bíÄb.î≠"ÓÒclôÕ≠TÆ∞ADP>ô8M≠n/4.∏'6ÃïÙπËåN§åÎ4QüDÜ_Æ>PO4Ö˘]é!
E"µX5"O∆+¥d-0iÍòEÿ-€Y ïÚfl?ô´rû&§(Ïÿ'-¬'Œ
+¿Î,¨¬·°¬,°Ç°œÇ)Nô˙köí©∂ÏA®HxUzíU&ÿ/ñÁ∞Ä√Bl†Jl†fißƒ~MA◊õ>g€pl˘6>*YN^LyTö ®áÓ
%9öfÍq&Uê^ñDJfï@`î-òËfi±c‡i(˘l® ÑÆÄh§Áüv»¿ï6'·5US-Y"MPä-(¨a_
¢≥~è÷PX"ZN=kç¸ffe[x´∑F-ìä´Z†ÖÍË%π¸"éù¬&ú>eŸ-◊í
ÕPÃê,∏Ç %œ"-0€1ÃÇ$%Ä ~gùÊe^Ê©û:Ïƒ 6≤ç¬∂MfŒ ÁI^%ŸÁ[∫ç®Ä€8™rnœ…}
Ëùa*ZiGRú/q«¶âó'Ud†,T™f@>>;*∆+çÕ/¨#˘«˘@Ñh qóÅ◊ÃÑË¡6xÉÉ=ì©mìÜÒï'N≠'V%/êà-5+
ÒhU0a}-˘È/◊Zù.ƒ%ŸL/Çÿ=È∑Ê\ÿ≈ï"m¸bB>¢ÎŸU√5xÉ©Q-yC7|∞5%!
Ñ-"'3=¿xfÑTJe¬&X¬öÁ√BÏù•ßH~¶1fÓ∆œ%1ÇÏÁ=j6BàÜ.È^#ÁN^œ°î1F
\˚XGÀì¸˙ZâWEeb<,«Ü∆∏ëx«d'‡Ò·π%EÊÒ-≈B-Ö>R¥¿(úÉ7§¶ıä&∆(jZ-äa
%¨©¶≥Çd◊"°LêÓ¬¡H˘Q®ò¡Ç¥IÍ°BÕ/W∞-ê%kí∏o/ÂôèÌÕ>/≠>û5dÉ5tC#sC#p6|É$[É©q√5åÊ7P
$p7\6x√¿&FxU¶ïUFÆxt?¨§P.~Jl€åÆ
t,,«†« ¿Ê≤¿ËÆ≤€{l\F◊øî
Áe¶6M Ï"ÒÌFFhÃ≈X@0Ü>fÄ 1;~R§…,QR·ıàðç€X#»0ÁeAÏ¿(4≤Ñ!ÉÑÂa5∏f'é12¸˜
¢&H">ä8V"Añ;mNQ@ùTi K[7[¸~´Z%ì©]?!Ú¸Rt∫¶Î5|√7`É˙o46`46h4HK≤Hã
¥Fg48ÄÜ7p√'LDeF°^>Æx<¨
ÃÙM€" UÒÔtËs¡2~ñ∞˘DàÍ
QCÊ¬*(^œÌõD¡/ú'„¶^ÀÚ∞ ¢,üâHD•5G≥P35S@ÄÁñÿb·y`2≤0Èn^2Z„NG¿pÅ0p{1Ö©P¨9É˜¸Ç-
ÈmSË¥ì;"≥U vT √∫¥'ÉWÙ»ÿL/∫¬˚Kœ
I[XQ<Z[∫ÆÇ∫V4h[É5dFw√F_CjáÙikÙHOrJg8dt6Ä21ÄÅËí)ß≤yj•Mmß=ÓÜ>ÓT◊"˘YM0o,
6˙4ÚüÛfiRü∞62£MÒV€à¬,H‡%Ç"hh!Äg5Wà7$Äyèµú
&Zœí/0^|c:#∑\\W1ÙJ4p√\≈°6©-^E3¡/¨-c#6ä!∂;öØª»ÒÆA>`µ,¥B◊1ë¿Ö°≈Z'òÎDÙÿa)
\∞Î*≤gÉˆ*x46XÉGüðj∑¯'otkö46-ˆ$£tFSC1•¡†wPxû≤ù"¥-,Ù„¸û≠dq„•qwhR?9«∂0s?w-
Œ<N√r13]2{n∑x|ßwswÀÚÂÅ¢ï"Tzèu∞yÉ8ƒ˘y·¢·)fioÕ[ΩΩŸÅ≤7é†P´\å¬6PÿäVÖ≠fè&
+ÉU'ã.êm.`E£„ãSå_Rî%áEù˙5:∑÷Ç%…í'òeâ
…f'ßµ±kä´´EÉv∫b¬5XCj√∫'´ˆ'Ø6ç[√$k¥l∑∂ÑM¬ó5xÍeUfp√ög^hÅm7wŸíÈŸRq§ÈÒiÊµ/
ØÚ@Ã<µsQ"¥~¸i0FóGïÜó_∑'•UπÁYUouw˙HÉ$¿°ªökƒBú◊ n·÷oÂHÕT5,ßÁI◊tÂ2ª
‡¡2:{AÅ[d£qä'À/êÿƒ/Eç®Ô˘≥ö»≈Á¶PLxaãEqÚ"%í|çUˆ=E©Ø+âÔªñ¨gS4&ƒ¸)`É2`√äÀ∏áâÙGè
¥kß48ä4âÙÀÄı0#l*Áe±?Ó*ÁÙ≥/ªûR«ûÍÈYIJ€Ì--ÍVJNÔ4üÊÚtáª1è{„Fe∫[pUg˜V_Ñ°≥}C¨Ü÷-
1Å…"ùKwœU#{äG§¬4Ñf˜1<â8≤bŒ/Ëm§k>£'~VL°V<∂V|<ªi£˘¬Ë<ÈçeV[†≈[Ä]Zêz¿•ò∫¸ü™
´z™c¬'úÇ%|¬&|Ç%|≤2|rŒÉÙÕ˘Ùk€>i„¯çg2°Ùb=<¢˘∞[%±ã«
∑-Z∑xL«ÅMG-9øßE˘í0ú'ÑQflH'™0UΩ9„ÈÙYóO/∏_Z}õi£L£Ï˙G%É,@°˘˘@4ƒBXÁΩÅ¿<CAià@@aEÉ
LÎ0-ÅÉ°áJîq®√EE@°•/∆Ì4h»û!Û≠IgŒä°Dñ2Â b+WÓz©kWÆbª~È ˘ßN]∫äÂ™Àf-

b@q TzÙhÕüDu'™´÷*W´¨≤r•u´UUøÆz%ñÏ™SX±b2´ˆîZLmWπm{ í%ƒüÏFª¶€µk}b˚Üçp7¡Ç≥!
∆éÒ‡o»hÌ·QÅ≤
*x–<¬√œVx=ö≈h"ûeåê±zµãÆe∞p˝ZFt∏
°|OÄ0aÑπãè`¡BJB"–Ö–FL¯@°Çh,<L û∏gÃ#,PøÄÄÇ
ƒ_ø`°jFå\Cp ìÇaò–¬ à&ä"Ëí¡öx§ôçNÇ&$íD ôìV¢ó\:
¶£lÇ)uAF(£l:1óòê)±D°r¡ FYôJ™U®¬Í™ÆÆ™
¨±–2+»0"öÀ≠∏å|kìO0©ãÆ&ØQ& œ≥Ü∞¿˚ÊkKLÀƒ¿ˇ&±b>·£á>†Ï≤Û˘*¿N–VH–¥ÚD[n¥Œ\õm5Ïì0*
zÕ3DP!7$@Tù@ÇÔ:¿≠NÂú[»R "6Î8˚å∏FËÆÉÔ¬Î°P≥„L<
Ê[ØÄVÈÎå5¸åÈØ Å†–B T®@Ñí»°äÇ∏Còmê}F%g,,Êôîú   åYî^zÈó;dä¶=%6ok)¶üÜ¬÷≈
° e‹q'µÒ∆™j¥
ñ´°Çw«UhAãH¨,AÚ»ˇõ|ÀÆÀÒ:Ek§¥ÊÖ˚rå0l≤Ã∆K/,Ld,Ac`hÑ<·Ö7Ax3ª–F£7|#îS÷`VP¡@–™ŒÖ
"ˇJsπ∏E˘7ÎpÎ¿Pds&Jàå Ü'¥ŒNCµTœ∆ÉZ°´a]/ÅÃ2[Õt®ı†0
Z√ -ƒ–Bä%¥ 0ƒ∂>÷ ∏àEödß}i/
ô-…Ô

¯
±/ï|Yå®¶`1D°Üj|'±
ÍßúÄRó®sú
´™∂ ™GÖ'WflMûƒƒt∏fiíÀ"W_ùue§T¶/+~¯«ÆÒ"·lÀ&Ã«NÈç)û(œá„sHœáz¯˙œœ
ª®EÉ–f÷*j≠¢@gœôfóEp'g–$5T9Ÿí;!¶∑˜,4Ï∏KU¥6µÀn˙∂Îå°·&X =@ô6y˘‡2Ÿ◊jïüÉå¡?˛!
[ÃñpƆÑ(X8Äö∞clc»r÷Ö>$–øQH%≈∏IãLX"∂h[FÈ ÂTÑ"5Œ\ÿ /`$ÃIÖs\Ò Ω–D¨ÏãHD™KÍûÑƒ∏
¥.`uq"&¢t∞Ö˝Öå∑{X7v∑•fi 1…†≈$¯4T
_x°05Z¡
S∞Ûz∞(4Ô;ÿ≠åÑ ‡«é;hÅ¶bÊ∞]O2£ˆjc%Ê8A+ç°ñ≥úÌU
S"âç†ÓdûLRÔ4¶ö@&@ÅPZF3híA…¿∂#ËÄ KpeØò¿+^±m@JÉDÑÑ:ÿ
oˇyÉ≥B,∑œQË%2ÈáRà√t˝d:Q
ƒ$ó…rÀl¶Â¢R#∞Ù♠s\±JWÜ4Dq~bIòÿƒÍå4ó%
,`M<Ï˙í0*Ü0bÇ6x«;|Ç√w‡†Ü.>1å@Ù°|Ë√"A–=,t°y»É ˙P3L'
]HÉƒ–Ö–ta
]∞å–ÇÎi™ê%I%¢)@*»:÷ü§:Pöòv¿{,8ös057ãåe(√_ßD£øÚÁ~ö‹å˛0£ôRÇ†Ä^K•Cñ†WDaPõ/têÑ
¥–@q»!å!+Z˘ÊG¶µ∑¡ï('Ra3}"–2.E·˙ˇåƒ®IÕµ('π¯≈ƒtòXÑe^X),XÓu
Q_≠{"Í,"µ≥uï≈DÏ¶H•)"Œäb,"≈&kPÉL≥0E)a/R¨ˆ¥´–Ö$`  HHÕ√·–€fiVÕÅFˆ¶'í§`#ÆJÁ¶ÉÈhj
6·STo<√‹D"6ECö‹Rz3AÕj0ª'Sì˝q–T·Aì)X†Eu™K»™U√_©M \
ñÍv∑múƒ$˘»G¯ñ!WK&ë+óáÁ∆ΩË("äQ¥ï◊ªNò(RåJ–j'ÕW¯♠õAÚ
V^AƒUêìú"B';M«$«2ë≈÷–ã^˘fç"3wª;L>√T%lx„<Æ5:,¨gˇ≥òE)F±ÿ"∂°{ê√Co+[)ÁA
;XMSYC‹A¶tn]^Æ¶85F–29#Å%˙n…ÎJdf–Õ$v.É≤¢ÍÔ:•ˇ9C¿§ÇákŁäìñ É8ƒ9ŒÔ`Ä»_ÒÍ–JD»♠à`
tê¨˝·/\!LÎ
pÜ3aÅUh8®‹§≠fl" 5}≤8ù0.'5Q˘¢√·Ës<
Ààkï≥àsI#¶À9YgN&ôéùGt,±1ã
ŸÌeaÅ∆>!6ò,!Ü1\,ígπA
o@£D~∆1fÒå0†ñH^2m!˘eŸ¢Ç∂y∞¬E
≥B"!sìAóÑÂ lP°)3iE>äí"8sfliä™IûäF°aÕ
ƒ€):"96
èçläõ>Á@Uç/Ÿ∆fl´fiWnQ∏C,ñQÈmË#◊ƒô'È
)≈Dÿ/Öπnbj5ÿ'øÄ∞M|î2eÁ9 ƒ∏"π∞(Ω√A>àI°
KùÆX∞+{Ïƒ([Ÿ~ô±_4kO,F;1c˘Fò|'&¥o©m˜F7°·ç!„√W∏ç\
^åÇÔRf˜(d€Ö*Ø&fiÙ>ÈΩª<∑ÈaiLØŒZ˙oúUWÕŒYçmf√]å®˜Î©}
¯S:˘o~3Ø¯
XÄqÜ4$ÇIÙ«Eû'Á<§   ≠0Ü4öqn¸Ê♠_Ú°¿AÆÜ£vf_i≤–°%\@o5MT·®DE]Ò,Ê"
ÎÕÔ/à#ñƒ'ÅÕDcbÿñe"!†„Õzù˝2f˘˘
Còƒd#b g>=õvfiQÉqØ∆∂áÏ¿çaÜ·F…¯…Ã† v¿fiT
ÒÓMnåK"òÄÅÿ¨Õí√e"%RI9e{¥ß"X‡Û|j·P;N5PPN8ÈïC9\†·h0iÊK%Æ
´$°¿0§ø˙"ÏÂ,¯bz¬Ö∞≈\êb¡¨|N
˘g\¢B¬(ßØ¨0÷®¢…,á¿   –>+Œ,Ã–˚–♠˚ä(ÿ/©åöËÿ¡â&J÷0˝fßvj«0Ù∞û∞¡ÙèüÒ}'¯/,âÏña
ñ¡–o!∂@
♠√fiÊm∏0q"ÄÄ   Ú»À
)Ov¶•:–6bäP™ÀÙê&6\£4fc·>o4Ó‡\,~äìà#Û@êÓƒÄeœr0m"H   RQÇ†RÅø†"í≠XnCàp"í&
^Ñ¯Œe˘ÇÁÁq*G\û0qûb˙ƒp*À÷¿–@+°¬œ

ªè±Í¢¸<–Í∞.ù»,°Òëa¶ha„/§˘≠aÚ'NÌ•èwƒ§Ì<ÓÂnûAÓÒ€“-
vÄÔ
ﬁﬁ∞knBè∫L{<ÄSZäP¸-Ã`C5d„|8oÛ\Ò3bj\05°#9t√4ÚPN„~•W‘Fÿfm‰e ÙvèYñá)+D);-¯jDäi
&°DÏ*D(*€Â)@§
≥r]¬±∞ú^ŒqΔr◊ÿQ
øoÍJá
ô»ÇÕÏ–Ï1.-a'Ô.˚¢‘/1¨»0¸¬0ÍiÌèü1ÌÔK/é“∂A!s!ß° ¡§
à¿iV£∏©±ki.pêl&|ƒQ"ÂP6∞4h˘cSÏ§4P&YÚ:B#6y™5UíN"®<√{∂}çï∂ÍΩdÇp©êö@n¡ä)ìÑ6d)Øe
pú“Z¨ôîP ÖB&&L["Úp,áΩ(ΔÂØœt`·Δƒ -‘-NÂ±∫oÍ‰/ﬁQ>íÿÿË≤.,paÏ2ΔÓr≥„ß-
bq1‘ÌTbÏØœ!“1∑
WÀ,*
v 2-∏öc∏êKÒ∞ä"™É(`G Q ,Ú¨SÚN"ŒßV4d≈cTL‘3(ÄQ1ı
ixî™(8%ö4!B> ô2ïrp`¢:yÕÑn˘ÇÁbDØ∏*˙ä-l]tÇ]œq\^A*6LàúŒ,‘1u““˚%”ƒL/ΔØuË“-Â-
Â)¡.ìÁí!Δ®ΩÓû,Ôv:ã/„Δ
uK$fÌÚ Œ¡Œa1Óû$".ä"-â∏Ljﬁ.•J*Õ\f¨CfÚg6∞:ì∂Î5†¶3<œSL–4œÉ8n3U_cf("W{"!z1
´ÇAdÉAÙÄà¡~Å.ÕÂ2Õö&bŒZ\ç]l,ÊÆ≥qnh\ ¨¬∞'&÷Â(∂‘
ΩUVA\◊",^·ŒUH‘Q·sI/¥>ÂÛúVGNYÃÿÊ4)aNÎ2aí˘°ŸËPû^ÚûP{Á@süz'1√k¨ ãÏØ˙é‰Ä†
.≥" ÆC∑6pl>v9>pg¸
$otE›Séß¶ÁQì8Ç¶8t$˘‰c'KΩ†cl¥
:4N60»åa~ÄZVËZò≈â∞)?dÊ¢oÁñ…Øí0Ø¥î(¸*\Î¬¥÷¬,ß–HÄÑ≈^LÀP-LlƒŒâ>'^Ìï?µÆN-Å(¡Ê∂.
·®·˝˝¥_>èa•“/¸Ç@L|ÁΔÊü∫$Ôœw/.∏a π¡ºÀÜ°PAÅÓ(=u5Bñf>6Õ"I$ET˘IE˘m4fñ·p≥EW`PΔ‡D
ÉT Â4≤i*Â!ûc#ïÊ bå–" ‡éìú·à!IïÚÆeYõ∑iYDj%'q–•r“%<ª\Ì*\§B\x(÷¶o
\¬lÕ2H mﬂ"˚<QÍJÏÂU^Ì˘ÿÏëÅrnÈ÷Anﬂ È^‘ÁPähGa¸"Jp"¥$F1ÏIa˘QK¿·ΔîK•œvØr-6
0ˆÀ6µ{@Qí0otmcg•7E$C29PuuSF~`pfY∏$ uac!$ÇÒÄÂœÇx¬!ñC¢†Da¶ÅøLH
ø≈(\.zô˚"™s˘{µ*¥ÚZßØjk°k/∞,l˙¬Ù<√B_ƒ

œ¬.Ã∞ú“¥.“vMßnÚıâÊ∑Î˘¡Í.≠aOÛa¥ÎÅiG≥(fÅòÅ˚∞K¯ qtëÒI€†°r/*sïà1Ò&BiC6®
+ëFòPiÚG∫PW$WWR¢Ê=£4Y9»ß8nV5RëÅxÿ ñ`gY!H¢`Pa§¡àß·huÇ'ú7z˝ DR(rÄÅZëO'(]én(¨á
∏õ∏ò*,Ïk√v,Ãí±'¥àœê±%ó>Ÿñ~µŒ~ÂínÅn˜wÓtè˚5o£ƒ.€ØÄ◊∫°v∂˘Ë0q˝y¸ra˚
¢Ïƒƒ®À˘ûìÂ@É,>í´sè&45˘fÖì]fëΔ"e0ZÃFÄ©DU˜4œfïY˘%Â6a&dÖÖïnπñ&,Ö%{|
PpÁ†≈X≠)o»&îrE|˙ZT»'ûÿ)`KO%GM]¥x≠pKœ=m‰<Yl≈÷õ˜≈,˙%úÕVÍ/Î,!¸ö
‰m·ˆ^„6˘)aù'YÚv≠45ãÁÔpıüË˙/˝/∂ü´§≤A/
ZYf·,V»†2ı¶ìKê/≠+ëLh¬gÜ1öQDµfqT4IuT0`§…,UL˘4©<N˘Z4`i•≠•ç@ V©ﬁrVDõ@hZ~
%é¡yù7pÄnEÆÅò{[&gE†∏&x,Üd÷¨˜'¶O©≈7kmƒ™¢<Ωvs ÙÈ‹Ò<ı.»ØIûD≈ƒ/n√:éÎÒ¨
¡ùÌèÛtoÁ≥Ê'o¯˘í˘˘a„0T/Ò:ê©Ë Ò»ú°b˙∞°ÚáÉ[íjÛj√fl£•écÃÅD?∫8($1Ä≥çÉSÈj
$E∫J:UF/ÕN“êœñwxõwáÂ˙Ñ Ó p°àè%é'Á/Í9q®ëíZoé&rŒÊ¨3j©ÿ˜ûõ˜y|∑x∫_·*Δ"L˘˘
$Hv§à§mΔàH¨_‡±^+ã^ı'mÌqn¡|ù€9íA≠…|¥&ÄÛqaÚ0˜öK˙Pa)Δœ˚pv^Z@ΩÓØ˝∞~©
€c≈Fl∫lX(z7=ë™#ÚE8"¸tÁ£DKî7By8D"tA9:P"ÖSY≥,Ò<sÇÍm•{ì!*ÇhnFL.ñ·$ˆ∑•-
Δõw'z∫Ê®5rnÓ&j¢',ßØî©®Ø2ö∑p|√ë,∏˘\õ-“UtH¨◊‘TM›‘â¿:Ί‡˜m˜"nœ
€°Îò“[»úo˜T~Ï˙òä¶Ï™ƒÅ·<„|vÆ§
∏Ò˚°ì˘íÏ“@É˜h"˜Ë}≈ÉA∏¢Uë√“á√7&ú$ƒyC8éCTØÜ¥S97lt§À„∫zwáÅ7SL}"$)¢-¢fE •
Üa#ê◊yâ°V¬ßs:∑y"pvºÊì,Ñ¸JÁñi¬ñöÁª6|>e*Ä$_òŸÖ
$ƒúΩàñdI•¬}øz/ß]¨õÑÁ“â,∞~Àz(˚é·¨Ω=Ωı4o¶_•(ÕÌŸÌùaÍ…>°ç`ŸÄ¨≥Îfg¥FKBúÅ•r-ï»¿^‡
œÚtÒc EDÒc∞8¸-1˙·AzÜ•84U4˝8Dz4êÜ@.êÇD!$¬g
=ÕHP∫:PàÒla^=ÔáA
á†ï
]'Äºöê9ö˘j[ìÿ»•o]é*∞YsrM,>AŸ…"_î¸\·sƒÊì¸<']ø{MM€È
€Â÷é¡ûaCí¡˙ıTèF≠◊o"•{äÊ¸Jb"K<{≥‘˝Z1©Å$àap·n “îa≤É ì LÄ¢à.DHú(BΔF∏¡±#G
EL•ÿëFHò BÀñ tò9¢öGÊ'(CGC=>Ñ®√ã£HE∞°b&"fJç–AΔñT∏às^ÎWÆ_∫∫Ê*ÊµÏÿ_»äÂ •Î
´[Øl„∂'Eón-∂∫jÕm´o‹bzÛ+™k0·¡´Øzu*Ò'Δ´GV¸IÒ*K´*c∂Ùi"'KúA˘
ötÈ“Ñ0Q≤D©5Ë+∞]ØvÕhv≤€∏ë%£¶Ïok◊í]N|
¯pl◊ê#∑Δúyrkÿò˘√ñmπÚ·+≤5«úövh«hÕöuk™JÄï˘≈ ¬É ÖQ£}/Í∑8ÇB˘í˘'‡®§“
8#(h"É7>%ëN#∞@TPÙe–J)u‘MI%ï
*D–M‡Q 0«4Cà3l˝¢V1»åuñ.5ñµãWjµ'„/µÙ(◊Xy˘ÕïK_Ä˘„\Ü
ã÷á'≤ ì´HŸÿ,´˝˝ÿbï=VôñiqˆŸeüç6/igûΔö%ò°∂/kjûΔhµY2'#∫%Ûn∑]£s…XÛ'vÑg\6◊Á<v/eŒ
7Œ!∫qãrc
7‘PÉ1¥•rÀ-®†¢à ~êAQºgPB˘§aGYÑüçêëG¸qt´G"5òSØ"ı:¬M"·#!;íÖÙ-uîá,T("à"V;SS±≈(≥

h•’1`Â¯è;v÷åcÌ¯UX~)Y%ZÉÒedìEÍeØ`Ñ¡¬ îñ%ˆJeôΩíŸ¿]RvYfûyΔô¬g¶©Êúj˘≤&ù€Y1ƒÜ‘f
%y&”q†ø 5…Th5≈•°Ë »Mß› ‹Q/\6ôS1∏‹Räyïå˙k¥◊ﬁBD·ê¯mÙ-E-j+”dtkFR‡¡Ä"ËQÅœ°M÷dÏ
◊5eMëŸ=hmTQe≠R@21”¸.Y„“xñX≈ÏXÆ.ª∏’∑çIÇWêÚ,•XıﬁÎ∏.Ö≠≤Ô%ñùref‹e¡ß0°pôöòÜ¶h¢Aå
/≈oB<'%w≤N'%…√ßn÷™o(+ì;pÉ¶¨Ë 2W]Ã¿g)4ìCﬁŒ≠†
å¯!˝CØ™ê|›¨u˘Q}ˆIMá°r‘AMûØ~MB8Ï˚…:•‘/Ùœ‘v€l∑øÇfî,å∑d˘ª‘R£œå%\naWW‘’œ)^åL^
CA√P-â¡ É¡ΔtÈ_ $òcfπÕÄÓî0ìË*'8Ωâboz·jÍT'›»Œc%ÎÕü%≤ﬁ, 8-YNÖ¨)Ë$á;Öjé≠A
õçGg≤ï#-àD,•ZıVe=%
EíñëYy/"0˘‘ò Ûë%|Êì ˚ä≈ H®Q©üMîø¥/Zq#Δ3¥b≥cê%,9ä"yÑñ≤Ñ%pÀãA°•ÂHåR%$áò
&f_LåÂD¯òShNÑ´¿DdN(:á≠ê£YçƒRg'Zﬁ…bàØÑù6f Êf7Å∫MÌ¸î;?˘i9å"N
°√ÃË,jxK§˝ƒj@< 3≈ŒBÂ°L4B-#U-‹cΩÉ|ë!B…ê}Œ®ü4ﬁ*k/<ﬂàœÒŸ”û•î˜ï~/D¬¸ÿÅÿë&/•B)é·
õ5-o!†W
(Æ
n]ÊBúë.y/Lﬁ≈ÇP™Rø˘µAO*fîö€ñVJJœêÈe"]i\˘ ”≠4ÉKCâåÕ•ß≤*n™qª€ ≥v0N4|
<ËÒ8M•¶s˘íçõ-Bõ£ÄD®8-≥o"ÇTi √P≈≈¢m>Ù-àúÜé¥µV"»H>…Á8éo}Î_≤T5ä@"8IJ€
<˘n≥£A7IÃ¢œ ç(©»v≈ë2,[‡“ıãµe-LÚh%˚bØ&}2îR2iøÉRÃë“µö;Ö*…W∂∞4™”eõfh±◊›íÀ•p
·_‹á¿ô0ÖÛ'QeÖ:Œt&’íe
òTMÀ1pQäùôßSlDë@|h\|èBÇ‡≈V˘CÅ˜6"óúÌ%¯Õö]Ì/ëx@+•Vpœé¯G$ $∞˘‡3XÜ∞AÛ'PÅ,%"R≈1
¶QÜ/Ãf»Dg%Yàfƒ-äf®°Ê%Az5âÇ¨ÂœNA9írØ2Ù‡ΩÙØÕ¡Ù`¶ÑiLá\€ô˘Vu≤¥f,q˚¬âQbñ#Ò%)#√±√
4¯¥\€°ààR‘2ó©DÓHì;∑!2“"ûÓéB®àfy®(ﬁË}Û?+Î™îÑsÂœCYäQ:Ç_ó»fœà¸´I¢¥ãò¿^ÙÑ8f£§¡
~0Ñk·
€q¿F8√-éaHáÇò,fÈäZ&™b/…GïdÒGWVF`üd-+hÃÎ ≠V2ùI)Ê~¸„Ñ˘ô“3D~òöFc∫&øébøµ”î´LÂA\
9X>.üHLA äöŒ%é2ö;Óq3gáeÆ…òàåL•Â≥¯ƒ(Ê≠UÆV"^çû±®E.z1!J¯I˘ﬁãÉ°ƒ◊B14
X'ÿ&Æ'Glë@∫¿1âÇA2Åg:”ÅÖ0ÿ&¸œîx@
{ udKbÜÂÂ9BıM"C¨§¡°kHLä◊`é4[ø¬÷í∫áÉ.O≤v2¡ﬁ1ló¸âS`¶E.2,K«¬;È25?≠XìÖ
+Âå"óœ@Ü.∞}m.3π√∫ãÍm%˙êwÃAY†™Yª€§•¥‡Ó°Q GÙ˘XDÑ»[E,˙a
a-°•ΔüıΩÄfV¥:‘<œ%-˘k`Ûà†Ò5ziµí
aóf”O}Ñ%l™tzFÿ¬B!k3Më_ ±çjÑ˚˘÷+∫†%F◊èñV@óú+`tQÓz2†»5éC
ÏÅπ‘Kÿ'SËú^&"€6NÕ>ç≥ï=√ØbÜ∂f &qÂˆﬂf…r”úex˘v¡˘ˆ∑ó
eD„KÖnmWM c]iQ¥‡fZ'3vx_ÖåÄà0^à•aJ`ÿÓÂ^@QpÕbÇGƒr>Ü5'hX_Û -∂NÑF
˜q˘∑q77®iÜePÆ«Ç#-{0”•ëıaîÑÍÇ7®&v.´Ü.k¨éU®s<Wk!%RäJ-'cí!Jì1JéÅl√[cJò`J¥S2Â0i
Ç1J∂&™≥SµAe”Vmî`\a◊á8ÑÚ«miÊC:$(róv˘wkG< #2ÌvÄüP
í¿wé ÈÒeÅ(ÅÇ-∏q^%◊=Òg!∏5!Å 3ÅyÆhX'àW-8q˙Q¥∏z•wÉ7®
∞`¿`¡(√(a"'rb+V°aœPÑ¥ß74#%íbM(Il¡{DBIl-@˘EbkƏVà¡ÖïJŒ'}aÿZ],R◊á0öëò•
míln8'5%'§Q'8•S∑E''6e¬µ}à◊˘kÜC‹VT“fä¢Cÿ‡˘÷¿˘~Bn"√DHe]ö¢« oìXåÄW“3x‡4x%%=q
äóÅWV≠,Å.P8∞=G±O2ë`˘UX8IãÌsÇ µB›ò«Éå√HîC9å`î«aáF&;∞∑çÜ%w∑ë%rb!.9bYÎÚ@T∏∂÷$µ
F%’ÖíÛÖß
˚}b»ZaËéñ¿Ü¡ÜlOß}nSu8:¯K1t1U∑KyXeª-~aÁ1¿pm…'m◊ø·òÄﬂ¶Yôo◊àª“fD£Æ`
YUåv¿Ü'=õ®o˘Å~píL†K†L•∞ yEÅVF±Q!eÉÇ9πõ:âÍ„Ç>πFª»äC©ÉΔXú¡óúPåFrÀ(P)+bÑ-h3c!
vçTfH‘òÑ¥.òTIπÅS|NRñeŸ|Ê(4÷|ëJp©cS0¥eB&%}Ev&ˆ•†ut»[GVKyêT88,áôò£∫a]if
_¶v˙«_VΩ√;FeMƒ‡ô{`ídí~ xÅ“≥k‡o>¡Å:‡E2-*˘©HpW-ËfG°Gr>ì«>.ëå¶∂qÄÉ:x§Ã añc
ÙF Ñ√ç•F#kvwîµ¿◊Yk18Å$Üì‹®sµv$Êyû$%RÇñlônπk3ˆñ#¥
.Â≠Dü§ëó˝»óΩÖ[œˆó≥ÅB¨z8Ñ
8ÖÈáäòv◊†y,mªQTœÅ˘ÃU°ÁFMôië°Ò'ªA
µ`
í†]Pe`*!)xáêß âo-o±Øp˜1ääÄVÚE>xf>y§õΩyìA, R!¨xìƒYz
ñÉœ¯ã;¯q˘#•-ŸV ı?d{;2Y6óç˘Xä#uHj-@·y$l¡
|éf
g∫
È˙ûÁk*ÜëÜÎS
Sü¯)Sm»SÁJ¶É[5ı„ß:5ÇI®‘∂Ü/~âôòœ%†…©,ñv’DàΔÙC;Ñö D--ôíêe-k`*k =o•~Ä≤o x•"V
´©Å-jäJ‡!õAQÅÊ,5Ïc-2Aã-°,ÿìªXX°CäiÀyúE…`-¡5R#-∫^0j
u3ÄbùïÑóÂ≠ô•.6BïÖ8ÅAÆzQÖVhÖ¨•
©•|Ó…
m/¶œ6ØñÛéÛπØ˜9&˚uk'
”üßa
C∞˘À:≠1®ÉjÄ†
Î~Ì±vGT¡4L>dLÃÄaÊ\gÜ©Ê2≈¿è‡R0$õ≤)ã≤)+xâ@´¢¯™1´˘ˆg5+Ç-,,Q"ª ´ö◊pÅÖì5·ÇxdX

ÜıJkhgå«™§CÖ5QÉ-)-ê)óµÜ$#ÁRòπpïóµ$#¶b·˙.c–QÊée©ÆÍ
∑q+ª¶ñ'g9:ÜıyØ¯âó¢·9*Ù}{∫l¢a∞<5¿3D®Ë∑∏jÄÀìçÖπ•'ê)πÎ&HEM+(i¡q'(ãÿ\LD
Æ@
{‡Q ≤MØ&;(˙U$™E±€x˘-äw≥7[´=ëVª[!iC?Ω´ö†“b6«[_ó5(âÀπq&¸≠-˘-ï\   ∂Ωd$XY@ìêî
KH$sÆî'QÚ≤œ‡cR¬|î”Ökt_xZÏ9JÌXØCÊ9o∏üS7†t“03%¿ö:?\îS6   å{U¿
Î¿
¨Ñsò/f]:¡îvó€\b˘'(√¡øA
ƒ0   w@¬Q@„∫~†¬*{≤o4±k/√∞ôä=ÅNêáª–©Nœ¢√"Rã3A¨Î£9<W$10¢`Cä¨5(Ω–jΩA∞N •«§
f7v|$v‡öj˘NXsê¶,JZUx∆RRcÍ   ØÊ∏Zï3JlhøI¡+õA[zK:*ƒóflÁJáC≤¡∫~ãE@Å≥¿€»Y|
&C2ˆ∑nD5ô¡°πó;±˙Ám^á©ü°RP@=t0*°´
“Z4V0´¶ÿ/y≥HSª3öN8Ãª¡ˆìGlT°-ò√.h∫¬q≈!F|ƒ,”Kµ÷€Œú§¿"Zk{µ|[öçà£∞Õç¡«cl`Z/
yÅ∆·,9ÁlÁ,∑î≥ñistÛ∫   ı;0}ª∑°≥ü"´lw™&´A∏ú!CL†O6   Á7jp4Pq°»^¨Ñ˘çÏ~ÿ≈m
ﬁñ˘“¥C¸Ä]©h˘¬D
Ø0   [ê£L %ªt¿Ÿ }≤c/c– Æ≥F≥Y√™
K√ª∂iy¡”∏¨*∞ØÇ4j≈V;ç+¨ë5í•_Q<A ^   £Fjí$îır4ÚrÑ3∂Z
8Ü≥µgÀsGíæg÷B∑
tÎñÌyRÈ|∑£÷âÔŒ°±∑~+∞ÃÜ&{)SrΩ&[ˆm¿ÎG|]'ê√G
|®¸1É82ΩaŒ;
ô(îô©ﬁÊLõR
^∞F°ÕŸt•cN"M“ØÀÆF`ÙíÙ–¢7KÀ∑˘€"Ã2„FQ„∏ç4∑Ï=a+Q#5>^FR≠–/–`9†£Fïv
$àÛ•K|›|›ÀÒ8dÖµ¶/^cÕ◊¶m,tjπ¶Òi0xª÷Î≠ﬁ˙äß˘€«z∫&°ƒì∏z≠◊Îg»h@
%êÇm®]òÀel˜mðs¡ÖHà|nIðÏ÷°rÄŸd@)ÍùÕ–ìt"Näl{√`t√G√≤zª"
h"_É∂ª˚!,•g¶/''Í''„=¸_˘5<–J‰A¿[InHÑ$#A#D¬8$∂¿Ì–cú$§egtÏÎûpL9_~ZÚj9
kX˘ÌhB √Jn(uì«m^ßß°KpíKÑJ®Å•ujê3‡¿∫∞[\a'πÀUëã¬\DµÊ∫#©ÿ∞T«ë≥∞\`*d`xt‡òúÌ–°
(ä)i/1i´≥   1ô,≤Ã,†.À¢ÃR„F°7ª≥kF¿)o¥
ÎÈ',’K‰–πGÕÎØ¿P•ÏÄÅ8flã◊≠»ÿËr?,8:'é@∑ÆÍY÷‡}RÒ
Ø'Nø‰RÔ¨ü˜Ÿ∑2Ór"∞·~9e   ∫¥1Éê~{Ω~Å¿◊Cp ‡flÏ≈é´Ñœ ˘J±y22Á&ıÁ'ãmLo«ÿ|fl˘Y3¥ê
^ ™§˙Ÿc £çx˘Å´Ú ÆrÒ(>≠Ìgä1
Í5kÚ>±Í+pÚ1Î™)o)*ØÚ@`Ÿs˘Û·Ú(//∆}ΩM†éEjÕ‡Î¶QB,≠è‡rÂ<*¶¬/Œﬂ
ÌÂØm)ÌïƒJßTØ¯jıq∞~∏q,0™–B9%1Á∑◊˙M^|p>‡Ó¸Õ
ã\¸àÏˆÜ=uáT<‰ò√d‡˚
¨ëÇ
ıó)˘3
yö?o∆–3&Œò0t÷ƒ ”P%JtL'ÀCáà/∫¿Åë≈Gå2tà$9≤§ @P™§ÿr¢HóLdë…
Mú3Àå4)√ÁO#2àËx‰Öë;úlëtk÷±cƒäI=V´ò'\≈rÈ ık´UÆZsÌ öU◊/]»r'“uU◊
+∂µÿ≤íKó'™UÆV>Âªw')P´„ı;ò•>S˘˘&∂¥™Òc«ü,Ié°ÈìÂ«ó%Kû<ŸÍ%Fú?èÊLi¥*”üU}&Ñ…
RÎ◊îM"4h“ <Å'ô¡¡ÇÖ]ª`Ì“<xq„»|)GÜ,YÛd–©)õN–ô≤k÷™)≥Üù;ˆÓ◊î)âˆ}|
˘d'®9+6Jè@d˛¨#P˘˙   >Ñ–,ƒé2 H]`A@û~Íâ'vrâZ2b¬úrZÇ¶°òâ   úhj(°N
ä–¢í/Àá–ŒÂ©c~9¶ôbé)F´´ä·ä´≠rÂÒ∆u'Â¨∏Ç'Ö.°j!r/ΩÓÚkI°NAl0œsR±≈V˘ƒJ,7≥≥Õ<ÌKŒ˘L
Ã1A3SL2Ω¸“í'F#ÑÕAjã∑IÉà2–s»]XÈì∏„Ç[nPÁú{Œ∫Ù®K/óÓ∫´∆FMÊj¨ÈNQÎîaî:j†)ÊHÏHƒå2
BøÜ∆„'0ò–""%v˙Ô¡ç6:–@\o
ItaAëR/I¢   /db   ì≈•X
°@∂&ú.| DüF§P®^ÿa§•ÇèRfyÖ©»“™∏j˘¸•òuŸÍëGµ
RÆZ˘©K/WXπK/¬˙u2∞¿Ó•/¿˙%,±S€r4«;e≤–5˚¨K–∫Ù,Õ/…4ÂKJ6nÛ5Lﬁds6Jl3ô5Æ®!O2•s+@˝,
9]&∫d™Y4SÎ˘ôÓQ•œRÒØÕÙPdûq¶î=H¨É2Ë{#'0Ó""ãáëï(¬â
,•@∞<ê@≤]Èôí(J&ÿ¶È&õ8tV&d5<ñ&∑€Qá†¯ëB#v»!¡ù#\®Zlë∞/]vÂöë-¥ﬁ›™ÚØ
¢◊^z"/∑_œ¶lÚ/√
&`*∂í±08s=Kœ,ûxÕ–»˘DÛL/–AçMKL1
6Ÿÿ,79qSÉ
8`†Å!a–˜œ\Üî8Ê¢34ôõ≠«ôö°≠≥NgÎÆIœ˙EìÅÜd'KFS¿p∫?Lc!Ñ,Xà   ¨µx5"ó.r–Vè‰Í#∫êŸ~B
íîFX‡Ñ‰ƒªE∞&Bñê≈∑ÚMÉZ`Ç∏ l´   V»C$nÒä®'BFØpK.÷¬
£∏¸(Gö”%<%√né^ı™E^≥óœ˜Å_Çi(C:˘ç.aßÿƒ)Æd∞øDÃJñqÃÏ\ª<≠…4[§ƒ«,aJ¬5"+û!
psF›y ¿XQV%,ç/{Ÿè˘|Q≥ö9gP÷ªûsàÊùFQGQ>€ô°“gù_|
§Ç_'Êg*˙ÖÅ!
¡ö´î†D#@–àGn6–kFD‡ì•§A
bíı öƒRñ≠î…NÜ≤\¶ÑÅ<¡ö‡H é*Vë
[pxñcÊH.9°!Ã»¬#ÈêsÑ·ó¡%ù/¨(X6ïà0'eÜ2ñHòñ(ˆ0Õév©Ÿ,g·Œ/∆sMÔ|!¬xF|"X∞¡   8‡∏

L_¨ÄEÙ˛]Ho≈Xé.ı·ãdÏ¢9Ÿ€≈ˆ)>Úâœg%C˙vÜœbÃb§"É Ê#øU–A °C˛ˆ+aô$#¢õ)?RJîr#êÅN}≈†
UÆ2%¥ÃâmBAW*A&lìH€Ñ≈@#•UÉ!îHÒâq±êÖUyé¥Ø …á/ÏQéË¬CX∏¢áı™¶¡îƒM%°apåìLwƒ%*Êa
À&"3≈ÀtÊúπ3
#/…¶w¬sûaî'=ÕXõ,'â
*+8–∆8t†CÇ„3âC®AIŸãË¢4∫©"
≤RÖLO˙ÃáâY•aTP#CAÚÜˇµtíyHD '5_ùMl¶tÅX`‹x†∏8–•rwu∂ùÙ/'≥§.¥ñÍT°ïó ÃÅ"1
π®]ëÉfXöy£∞˘¨•^.ÑWÙ'M÷/m}"6KGDÄ,1◊˛f±4L|"¿òx5c±+
VùáÂ›hƒË`∆é∆4b¥'nÜóõA¢nPŸ.õT_õÌìü˛$úœ2T¢Ö®s*˙úDUG:ÉTç«◊ZH5'}:&Ü$∏ Ö28R~k†%]
ëà!ì]{êpKIJÏ4 #Aï´,eù›ˇîø
™PâÑÍn»Jm[€bT]ÇyQ¯ %P
"¢FíÉKÊ/Î. ¡+ésÑô{È2Mˆê_âÒ´`Bg_"éÆàzïÎUG‡òúÇ,ƒ,-1-Jòw©Åç»$˛NP«"ˇ≈√'nÿÄ5ñ`
´.ÅàG,«?u6-yÜãWÃ«Ì%j;6ÆÒjΩÁúéœñìËBêiK©Õáb¿≠ë]U•,rï
$1î≥°‹ùÓÙ X÷ı˘&ÇKö®í∫À"ÛòŸÊ [/≤ÅΩ‹÷§†SDeFsvé ãd∂ó≥[y£ÍÔ∫%≈õPL4~]ØP»'à®Ã˝z
%∆Ïb~òƒ;ÿâπ¶3ÌdgÔﬁîÿOøÊ5ÜØ£œÿáAL∂ü'PΩ™=DÁqˆç?™Ÿm]âc¥ÿ√Ÿx Æ3Aéß;ÖTF°¨≥„o¡ ¥≠p
;Ü¯µt î%m,sŸ%ëT;#:˙ù2r;¿mÉ=ß"à≤n≈+TJ®Âd;€.´2+a(≠d[vôÊ©Œ ﬂÖJ1‡¬ñ:€ËrcçWè»Úo›
œ–.˘öoZE√ –âêNò_ﬁ•…/a∞Ä=?ÈS∏" F0«›sX∆+ÛK`µ®gSFÇÅ∏M˙ÄÖúÄ'hµÁûóY9rP*FÜ≠ïÉÎû
sgS€ôŒu'W£?–H˙"ç]Ñ°·§S;ï´™^!∫/…:)ô[‹§_¨»Èî£Lvê`§#0q ◊%›ëV.¡ïlsj(,
° Hä–@úbP+¿ã!dö!≤´≤Ú3˘ì##Q˙+2|!âM8Ü˚øÇ4°•´∫,@Bs4Àà8–∞œ≥íK˚å çL´/
bç„0ä'91£@8πîC(ñ€›3¥Å–#aØ≠ò„P±Âê®à-'$≠ÎÿôM¡'*îÈ{éYò9‡.06Çà5•©KÑ∏ööhßR
%ñ†6_·©ú¢≤¿Ä8 ê∏≤±S.„
†bÅ0õãË2oÀ.W*DÍ†®
úêÅ•qâëz≥3¡√3ä!≤,
Ñr!/3#·~˘ƒ«£#¢íÜ+¥∆ 0˘¡…#∞≈∞Ñ±åÉEäõ¥Üâ#=◊ç.˘ë 5ê£0öıªçAê‹6(Ç5/U+Åﬁ{´Ω0í!1
¬Ié´µÎy±BÒπÊ§ÚAÍphxh@ÜaêÑ-‡Çc[Öd+≤#Éàñ‡$\Úâ°≤¯À©êÄ¿Ä~ÏHÄm√ïõB»8ä`»_Yo∑BtÎ%
£Hä3ÜAiè§9|˚äÚä≤~„
ª0$!∏$Z{E&
=*Ô+XLòQ$0#™´ú$¥OH–˙IáÈœBß[…hìÃ¢d,í+5‹`Ñ>ò¨"–=pFgB∏"¬8¢Dèd(AÜbhBù{éõ)ú9ÀÊÉî
È∞d(∫¢kés4IËÇ•ìSqGÏ≥èÅ`íÔ´G¨À∫Ús?8Ãðúí0ÃÅƒ√++Æ)À∂®©QrÅÖLõò¢»˘ã* H
4†ä…c™!k,K¥DîDI9≤ JíÕ"+'¡í&jÕòÙØ∆à…–s¥H´°+–â»âEs [Œ¢‹ 'Hìﬂ ë˚∏^#Ÿ3∆ÿ
£=‹à *XôÀz∆hƒ&œÅØ–§π,c®,+≠ùõ®ÁxÀsMGqlKÈ+dpZàÑ-
(ªâÇ¿KÅ(àfk)™Î≠o„§@D_);ÆªùZL√ƒÄ√°√;¥2µ≤ù:.©˘)∞âø@Ñâ\j]Z†`†ËÅHóqã-
4¶0Íë"l0=(ÚW8ÕeÖASá'á¢òÏ¿ƒ–âás"áÛ…ä{I°íâŒä
±Ã¯å"Mßtr¡èÒ4x™¡A0Ñÿ3c'¡>ÑF,u∆Ñ√&ª"J"ú5úCÜ¥–1œ≤'≥ú°k∑
¥B∞,ZP«bìè/∫O©Q:»"©"O˛‡öë©≤…28ÏÄ Tµ≤~‹LÇ§≤ÇD'DMø«ÑL…ÏCì».Ç*øòIê–eZ¶™J§D\°œn
rO&9¢ÅpUº"'ö"ö$∞Ü¥ÑHö4Lª˝"…ÿœ‡í"›'Ã∞¢‹˘1°'+#{
£0ÇRŸ3ô´Ωî´"‹ª¨‡=UK8ÃcÖÅŸı*®¢πYké]∏ô≤Àò4K`+:∂,:≤tW∏©H∞Éb+Ëßy§Ç¿S˙»"ÑH>≠ °ö∂
o úzøùö:H:L–√lX}ÿ:»~˛¯ö«'Qbî`ê Òõ¯ÇRÄ
ˆË*quãé‹ë™ÖKdØ9ÍD$–óÑ©Öπ'áªöºQ*"âÏ…'ì¢˛…ä√¢âŒ$%Z5¡∏6AŒ7È"í+3äΩ€òΩÿ{ AàJ
$®xF›ÉFL¿Ä1âÅ/°e
Ó'˘F&'π'ƒ7e"ÒhK†K◊xùÖπ≤2@6S:†OÑ à©+C˛¿–ëXCï¿G·)mõ˘ƒÄÄ:ÑƒÌ«∆e‹;D‹…ïÄ H
8Æ„"«RÚ√≈ï¥QëË¢8Éx˙∆UUh*Qcz!cä°ZÖ ãÑÅ´›°€%°,˘Ÿ,ë8á–QœC¡N_µò*'°ı'£Õ
¢'ì¡è#9È∆g5ô›Ä ™≠"¨Ë¡(ÅÓ˝ﬁÆÌZô[¥/Œ≠SúªµÂ≈5Ë0î6uKe–πõAüsÏ1;)®±–€C#√≠É–h˙6ùª
ÅT^@–≈ÌG∆ıG˘î˘\;l‹:|X^À©Õ˝∫ã†¯C@ÑHò â@ÉYàëcpÖH¨!&[eÕRÂ¨¯r°/Å&ª'Õ€´,πa»ÿÕ≈®…
\ï¥^%VŒ®"Ÿ!
$U0 û2ô0ë£'e}"/∏ç)=#6`6ﬁ0•ﬁ Ú^H≥‹(…N∂–úÌ§ôÔ\±,"9â"O6ÌÎ®6ˆîYÿÉìO˘®è/l)?
àﬁ§˛EC2É˛9≥ù ëëpC†Ä •Ä XdÑùÄ≈•Ä≈Ö
X«µ\;D‹ ŒdH%T«Ã∂ûÃA%QñÅ–Éß¯L–y]qe¶PuÂr°Vuí‹]U'Ÿ]˚˘¿MËZüùMLÿÂŒÀUõ¥õß.,ÊUß"Œù
c˝0"Ñ/êRJàΩ©55F@∆Qê=*Æ¿b,
Á•_c!!–∂X13nBÌì∂Ï∆FŸ±é:«ÈÉZê„&0∂/rGïäÉ8•Éî2≤›:ñÎ˙≠?&?ë•Äl£ÄòDñdGédH^\†‹Jn\ò
`»ÌGÄÑT«ú2∞")œïL•‡ü•–O•°±]Â¢π#Ñ›Tf{±Å€ZÓRΩÂ%™M+y… ªMrÚÈ&f◊qçá R"&"!ñù!
mjKb÷kbß=#®=FFà,gÉ*∂ÅÓ–Å,˛Íﬂò'˘Vﬂ[Èz;¬È14û(6'π6Ö€ˆµ˙ç≠.h)8∂/4à0'OTqðc!
3• $q•V:ƒ¡UË
`hávdG¶%à¶%®h…ÜÄâŒdç»ïÄÜvLè÷©?$i:†)2aÑb¶Uñ]ó¶óTéiπH´œëY∫™ÂÕ{Iáô
¢ÆuIó¨Q&"^ﬁ]ﬁ ˆí!&ÓfŒ¢g~RFòÊÂÑí©Ï™M9®ƒ^ÌÕ/,.p∆nãÅ∞Å&ä°?ì∏(
8Ä–8$Hm\ÎäK∑~B∏«2MOy9≤ªﬁÁÉ∞ü˘ñ$"£§1`1†˝£Æ(`ÇPñ√>˘dD«çp≈•
%Hû«∂C≈ç‡ ∆Ïà'ÌÙCÿB›©~Ã6QBH¥ŸÃ)∏Öy„nÂpUmôé/j™·€ù·*q"VÎW§∏öl"H^œ{òbŒE•^¡";f„
fÊs∫"1iVßeì3π™FπÊàÓi≈Ç!»nÿrØ&ÅÆ≠w∞Ø≈ãÄ)"Ö–áyàÅz8Äpá09˘vÎ¯n

€∑ÖîrÑ„H®kR2¿"8xÉÉ∏J¬üØÉ¨°Æ1àÇè#àÇmÒ ¯Ö¶
®ÄX<∞•ÄÏ0èlƒÖl
∑Ïà≈ÏlìCB]ı
Êd∞ªÁÚâ3·…©ƒÑj˘Ò∏òÈ≥jmfõÈ∂˙v4ƒ-°U ÛÒ€Ù@†˝…ü<rN#Nj, "ç'ùÍí&Fh•nÈœ^€õNØ∆ÓÎ∆“Æ
5Ô@ÛvsflÄÿs7o{ÄwÛv˜0w¿Ñ]XÖÚ>ÄU3w–Ä
P˜P˜
¿4Öî◊¢Î& É sGwƒ
€Üòö>Æ§X≤õÇàÇFOp5c†JÔ)HPuuíáÄäðdLðÏç÷l˘,TqÄd<~TBe^{Ãû¯ZØıejŸe*(Õ*flôF+
§>ÉyMªöeG30–≥QÏ¿>~I;Í£ñà\%íg',jgj£4/2ÀÚ0ä˘RÁ~“32F*übo0/*Ç®¨q7ÏkL8Äx?ÄypzPáv
†qpC†áwàwq–áv8Ä6ß{Û÷x†C–`@Å,–}Xáàáyòá∞{°◊{œflÄÒtÁÊ†Îª66Ì”-°e¨QÙD◊1(•
%ÄÇ1ÄÇ&pt˜†®ZƒEL.L'˘ëÒ}fiëÏNóJŒhÆl ‡•˘%‰O<ÙC–B%Tx¸=¸â òıO˝ª,±}Ì◊Ü
Ôü>/•&>}MΩ¿Õ'AX‘mıÒ†î8÷)fi£û[lÊ÷Æ'VjwfÈ=#iàA Ï√®O¡A}˙∞πRdF
%˘JòêHB"&LÏ8ê/≈} 9 ã#_Gé;÷;‡ flèÚÏ:/…mÚ≤»œ#Hë8&C¶¨h2j≈fÒI”ÑL2dË°°#ÜNò7a,h–
ÜIØZòà)+& 2còD Ñ 2\»·^
•%†¿/‡ø–aÇÑ0HhÏ¯q$t!ÉÂ»ì;@Ë‡ôïY∏–!W∆Z≈¶s•´÷kXµfø÷ıJ6nŸ≥w”œΩ™,W´ÜØ:U|∏Ò%≈O˘Ñ
È'¶OÕücZı|")Í–OY,œ™ª•Oñ0â'>¸ßMñ÷ã∑§^<¸ıÁ€üó˘?>{ˆå,Q2Di–˘Ü4!
É»$)têBl0∆Ö0Öft@K+ì»=>√à®§RKª8–í+·ƒ-àu®ÃQ»E
2≥D“ETd§E«cƒ±VaÑ!∆X]â1Üqà1%iÿQFú&ó#@0x)∂]z˘
%ò~)0¶çAêcóQ¶Yd"HÜAg#xÊŸïÕ)g,t@]AÃÄÀ1≈
lÖ/V(¢ÜŒ^ oå2*qµ¨"s«)∑<v√Iósÿ]«>v/ë7™s<Ÿ7û}Ò·w*´Ù'«Í´ñÏgü˘É‡Äπ*TêÇ±Q
Q˘$ë 0TT¬Ö–ù"Ü6≈êJt(≠ã·ìB?≈pÄ<?Ñ4OYÃdè‘ÆÑ∫È“8ÀR4≈cÏ8FA
ñKé¡„Hí–à#®T¬E,â‡Ç#à AzE•◊òaJ¸%dû©bè5∂YùX¶Êööu&ŸúsíFóës1ÆÛ
m¿ΩB®.∫'r€nØIz≥§√±©œ´∞R)s…1˜<)•B˜…*“}*ÍvÿÅÍ‘‡≈ÁÍ©WÁk´´ ∫fi~≥ˆßÎÄÅÏäí, BU–E]d
°%Õ/=-GÜ‘„>)˘Ωa<˙∏;=Õ#è:?»sx
¥˘∏R2ëÀàÃ∫sî!ÖTc¯·GU?∆!%íB~¸∆Êõ˘–*≤•"'A∏`•
T\qƒ@@ òìô¶∆ìÖLe` Z…ù≠YÚú.∏–Çì<SÃ1≥¡Ç€l´¿,€k/ÜÃfiO:>q√πB4rƒÕùyŒ9W\t‘Ygß>ë˘zX
cÇj~Zgù*∑ˆ?¨≠«ñà!í+7ò≠miS»BƒØ"(AÑ5ëädD¸ S%ã§†C!°Ü4êÇ$ƒ EpaGNàÇ"]4ÇÜ+&aá–Ç
˘¯√Ê÷•#!ç°+C¢CH∑9A$¢≠X∆2xÅ˘ä (,v@¿≤®≈,Íéw]úXó ª2ïIgj•4„1 0¶uz„d6Êu@taBJ¡≤c∏
6π∞Yˆr∆ÿËfãŒŒ&eú°ùœR∆YN˙î"úU`'S'ôfl¸íðœÏHß;•QU{Æ¶™W–«Uüåÿh5à
»∑ ƒÜµ1%ATÄÖà%,B•í@rC/yiX»Éö8¿¸2r…M¨¢Yõ`4Yëãhgö∫`Ö.rëMXds7}Œ/äÅã=pA
c–ëê∫“&,Å JPÇ:√0Ü7¨¡t• Z!ãe»,2∞"∑ò≈Ïnw°Ôp–/˘ÒéLcä]ÏÄ∑±‡9&MõqÃKð<»
R‡√,>1ãS–i®jZvœ#ù¶!ç9Ó≥ö}(¡K®Ç?î %rä”ú ˘@∏˙P˝„ ¸µ®@µï˘£´!ê l•≠¢*
Íä™>E†+üj'≥πÅ
lPX√™,Lf=ÎYØ`÷*‘‡$‡@#BÇ∏ívΩÎ]iÄ¥µ#AAlP"ÿ‡GH¬∞Å ˆ∞Ix¨cìpÖ«R±ç%éÄY"Å
h@√Ä‡–Ä78ÌìU†Ç¨ˆ8x≠tÄËÄ d Ä,tã˝≠B:Özq≥° Ä F/5&chlÃ" ››2¨b”}"¿0Üu £”Ìne–
É3PaC®A`k@ÑÛû∑Á–B
,€^˘∫∑œ5‡+
Ú´fl˝Êw0{'´ˆMpÇX¿3@¡ÀÌz,∏¡∂´ÅLÉx¿%∞∞ (2¨aU§√$••á/Rëã8ƒ«:1 åU,dxŸ\°Åø5
"pÂ¿[C¿Å°5X@¿Ä!ô»!˘˜,há

##""$%%&&&+,

,
,,,,--"--+.'/%0
333"3&444' 5* 5,$5/$52,9::%:&!;+"<<<.'<;9==1%=80>2(BBBB& B.$B1'BBBC!C*#C.
(DDD5*E8,E90E<1E@4H>6J7,KK*$K-(K2*LL%"L3.L91L=1M>7NC7OI@OKFR1+R>3R>7S!!
S)&S2/S5.S:/SA8SE9SF=T%%T.*T:3TI=TMEU%$UMCWQGY&'Z!!Z%$Z92ZTL[-.[2+[62[:6[?
5[D:[F@[LA[OG\))\-*\20\>9\RE]UK_YN_YP`72a&%a-.b*)b20b>4bB8bUKc;8c>:cE;cI?
cM@cNGcRFcZNdGAd]Se
\Sg^VgaUgc]i89i?:iF;idWjFAj[Pj`UjaXkMBkMGkRFkTLleZllkpECpi^pk^qMAqNGrQErVIr
ZRraTrbYri]sVLsi_tZMum`xm`xqexseySGy\Xyf[zTPzUIzZOz]Rzb\znczqd{aS|ha|
uh}rg˘xjÄ_UÄ{lÅ[QÅeYÅgdÅl`ÅnfÅtgÇsiÇykÉc]ÑzoÖ}oàkeà{màÉrânhâ|
rädaäskäÅràÑuçÇvçÜxçáwèÇuèÖvèàxêÉxêáyëslézrë~sóÉvòà˘õtqûwtüxuØÆÆ≥≥≤µµµ∑∑∂øø
ø»»»ÕÕÕ–––ÿÿÿ€€€››ÍÍÍÎÎÎ˘˘(∞è¡É|¸8Í…ëH#JÑ8©bEHì0Zú¥ S≈P!%”G‡>{N
tfí•!G(Îêô•ÊêõHÜ@Ò,eŒEu ı‘â®'¢†<5“*V´R≠HÖjjj´®Tßííz µÎ$N7ÖúHð¨fà–Ü˝∫Q,X∞flN
'1'Lú@“≈d/H∏xŸn
Âwn]¡ÅÀç+òßMèCfi4π≤d…î3g∆¨π≥fàë,3zOùîßSì˘2•uk/SXÀéÕ:ˆî3vŒË÷]f7*øÉÛA3°`AC}êG"

È0"CÜ–R'(-&±Aflò<•w4)I'˘w ¶h"dÆ'àÇSî(W|"°#îë"Fù•{2u¥SMW≈)Në"äÄ
±°,'+Qu≈atqíXU®÷FQW°Xõ`'°[ÖA"ñ^s}u^ÖÌï◊\w≠XUâw≈ïb]-¢â1/X,_l-÷#GóQ∆ôfòiÚòëö@
¢I$õDídíõò«G#çÏaáw©ù±/RLqÖm∞±Ê`LAªÂvFoTî–ÊôUêQ≈ ÑFIx"âAêÙ±êY
•E][◊ÈÂQZx:,ùw-%"BÜ†GSDAÑH∏wEOt%î"F%*#çÄ"ÇN® ™©ñKS]u˘ÂóclY(!GÊZQá∑™ÖXÇ•Â„_Å
ÈEc°3û®[$ˆµ"cåΩïÿuç9§]Bˆï[ï)§ëõÄ´ô&ô $
°ç6ÂïB]iöLµEÒZô`∞VØm¨ëAFndÙ÷Ôö˝NQÜ¿€âRI$˘ôú}ÏŸPü€A◊«ÖéXT1ÜÓ®>$,ı
±áA)ıfiI{8ÚíK§°ß^E%$ƒH@q≈>'∑~†ïIQä4IÄ¨
ËK/Ω¯K/BÂj,Pmı†_±jkÑ≤Ê◊_n=∆c≥Êÿ"≥ÜÒ'¢^1í]¨âeÊÏŸ …8"G(Fâ\p5ñ-g¨P∂
eyè˘+,íú0)xá
¡'iÌö¶∏œeœF&œ≤>KkΩ©Ÿõõòø È&√·˘1IÃ)ƒ•π-ıY÷≈ÜÖl¨|Òı,$
W92£évlrLd¨W)ÃòÓ%EAŸÍ•F=ífl"ÆJÀ,F˙"å/ÃGo¥ÄK£zWReä˜€« ∫˜s6…Ÿ-V$≠¥-
äù¨ã«œ≠ò_W√-è_"üXdŸN^XbêÕ>-gG
¸»E@NêãIR:úw™ƒ.2‹K
c˙Ç…4õ2}Mu¿
o6(ß2
¨˘\¢≤ê=˝…tπÿ≈0Dô÷QÕ{U)TîñÆå%0yT d≤ûõ·áBÄœ˘Ë√àO0,f˘–Y'2±àûA–ÛEô◊°Á≈b≥P≥à*•®i
O9êT¢,¥Ó=(V,"ñã≥¨ï(~}ëö±'w#∞ôÌ.z!V¥î%!Ê+í>Ó¶øÃÏç´∏π(C¿@ŒçI":W∫¶D…+ŸA5dÄç„,¯
8{'f
dXo–∞&R∆ 8qöS–@w?1¨¢+ÀE4R±(çà/ÉÅaWJ¡:éyÃcã:âüZí√HÒ–&ÌÅ¬NÊîR!qD…QaüFp
¢Ω‡b0fQ4)rSW,Z∑ÈrfqyIZQ'ïÒàU√¨`î¢±ÖÕYwd£â‹≤˘O:&}u¨–≤≤Üø¸-˘èYÖ]jP
$ÚH·ähíBJÓÅ®1çñöz]PÇúIœ@πØ:†°óÂ vÜÇ%…Q
s»πDR°âMcπÑ!TÆR
^ˆ¥*·ÿBj8ªÍ–òπ´I•ÄàÑ(¸Ó>û≈"†I<ùÅ ö≠0Z0bAoJ1ä_ùE0∫:ŒÆíuz,":'…÷W1≠A∫|QU¥ó™'s}
s<ü≤•)5¥%ÊçgËc˘£∂i≠êá5%&˙f$12íM
· ©ÛXÈ]gÄ◊'a3iŒR–^≠˘ó @JRí∂_oíFB¬÷*qDt.¥ ˘'5ß°‡ewÍß@ÂUtÍŒ¿®èçÜ%>√j
¢•ù87fÒa(4°
POgè0~4qã¢c¨R|û0ûÁ<Á=ã¡(ÁY«y≈XêÛ¨®,b[ª∆≠TÂáÖ¢öÎ°G8Ê5èpõ=È∆«ØΩ-.úêB yù\
9Vo°PhÑC¡ä E¶ÄãúËhDS–HUiçÄ◊§ //Ë+É2YMk §Ø ù'¥¢¨¬ö¿PÜ~≠Va≠U
£ëÃpƒ{˚≠änwZΩt
(+Æw∫s‹äÜx5Me{rÖ¶"a)™®Ó'<Q'ùÅä¿àÙ"KÒäµú¡FW}Aã≠∂ô˘Õfl˝nWø{f±∫◊¨l.Á9D
VyiOqÎ˜,j◊5
8èá~ëävƒË∂MKéc{d£ò«|≈±˘„€Ñ7-
BVFéL'D¥·îUƒVí…k∫JôÿA_*û ¨Ìp"=î¡÷g@√ÂBß2î!99&œC&íñ>Ó7»ªú oã‹V™àE…$]©Sr "s-
ÉôÃÍ¿U¨bÆH
1ßŸâGÄjDÎx„\ŒréÕ–+ôø´f8c†úÓ>&ôÖaN¯∫◊Œ[çØ|ÉÊ*x∆ œ‹"Ø\À∆"ø∏•øÒÎc--
ÖbnéAÏdœ"Hé∫3áàÃ!.àFÙ\Ê˘Õ·–àHÒKÇ]*1…ê,{±8îW∫5i}ùÎ5]Æ7gh-yösñ„ u∏>Ânm=1≠œ}ñ,
SÇ;T`.%'1ÃÜ@©òÈ =≈&v¡ãMÄ")¢ÚÑÒ· V»Bäm¶˜ÛËÁÒé'¨ié{úø{g}√ôŒdŒ3Û∏jÁÂmä[$°ÄåG∆
à@∞,•.sÈ∫ «–j{ ∞äzT,{"eéi!Ïb•2È}|ëä˝¸&H^H»<IIÅú®…6,î]îÊÆëWóhûŸ‹xî$Ìçï¿skïn
PîÆlXÈn
¢fi7ŸKÔ–™˙,Ê<Øπ´Gn≈u:ûh£FKÀç˘ï[÷2"4ıw†X≈.X±UÑª?K%Ú"XQ4~;/ΩtØ˚w-
°˜8óYflzógi∂wf•f~p≤U
òofiî4b=Æ"p'=˜%6üóò!Æ≥#û«hÛG6¬FÊ"íÇaJ"v7äd@·" †A•°r©¶/¨
$6&<ô•Yı,@4¥Êsh†k∫f|∞tB≥µ+Æì+J„VL«g\ıUpxbÇ ´‡KäL¶qR[2)0SÿΔu,XPÈ«°¿
'ïhG¯·v¬–œ0{«ofl'{ÿfe¶w"xs&VÄàÄx‡w¸6VÔ˘EÛ4∞"Nœ7W.dÅòO
7z^",2bi ¶RÇíÅ$%'.EíPè–7·28ô–V%)£Q4bìJe<√eÉùJep%|@k{`Ñ)Uàé2l¬!»Vâ•@
øu*'ubÜwÉ∏˘ß}Q"\XGJ§/≠ÅL9ÅDPMµ=£
¨¿´ái'M†ÇMÌÜà{Áá'∏wz®á¡†áÚ¶^÷»oÄ®f¸®gÈ=w}a%®2=h5p's*ìh_Ñ∂Åûò"0bGıy,¢?
ë¡",H˘c@.(8."RPtr$ ãÊa%ásI%Î1b<'Us_ÑA˘»∑¶ìh@k•µAΩ±|'Q∫$éw ß4Qáwy&EqÜèm
6FÉç∞ÛÖ'Qk∫1flàñ"e5ÒË«~¨∞é·
ß *Â÷ ≠†xòáq∂¯ÿ√–pŸ˘qwè¯Ë˘twà¸∆àòà◊Áwe&=N'E'«UéËo∑xo•Ñ∂puÂFÔ"_kÛ5>Úq˘!õ†
î¡ôO"$/Xràe®êòËB{ë¬å–çµàÉÚ"j©ñä`∞3°*å6¥s¶UZ§''JÿG9ı n≈l¨≤î"¯wÉ8 96√Äê≤-iŸË
Ñb¿Û0âÿ˘Ô–T‹ŸTÃÙ Í˜ª˘ö‡
ü
®PüP*Yµfl5p)óx˘û…ôè√•Àôór6Ä¸ËàÉ…<˘7gÖ∏oo÷nÕ„^NŸ<÷7Vgd' "åN"åsU_c>" Jëh
c,hA!ö˘`åDí·≤$ö‡††`flðé.J@ö£1∫z1*ç¿ó<u`ù∞±28à^<ÿç∞ñYøhI±çπHJ
£µ&ƒˆDIÅÆh"wgÿ∑Up◊nz◊f~àè˜hòŒ÷ëÚ.¿≥◊…ùÃµiàù^†‡πø™†ê
®

üpûã`≠ ÓiüÀ)óÚiè˘X®Ûi®{Èà}9àq˘◊f~ÈàÏ6gaeòÈeÖÒxfdñxmU=¯E+÷N»5$`î±+ô˘!L≤
÷$'

&£ /a•7ú†
2ö´5 rótIùs`ùX√äD4◊.¢ÙjupI∑Im0àEXJπV≥%"ŒWà˘Är•N∑üàXü~(® ÈáRÁl'ƒ∆'É;jùÎ
°ù,WÔëÜrPo˙Í£©ÄûxäßÖ∞
ÂTóÇä®rá®˜ÿ•[®z˘ó;à}˘nääfÌÜ†NyfñàZ
=˛÷†Í¥4*°H5I7KO´z©
Iöy@O,':´¢aƒö´f'´,˘≥8zI@<t A<¡÷…£Û–¨D{IπxY°.(≠√¡.πòYkëG±¬4T[µ>/àmÜ†|∑∞Ü*ü^
üÈıúU!¶®!Ì _ô¶i
3ÁÁ¶´˘™‰ô
·Ê
v£}*E˜H∞ …∑;ü{[è{∏àœ`∏~i˘ËUZ©…f~)V˜ˆopQàÆ"FÓƒxèπpñóKû–ë¿™·,õ Ø≥™õ¢πƒ¢,w£Ω™£
≤´£s"`¨¿Sª»™ããÇu·QQIä|≠•eRπÒy™tø•NfiƒÄz¯fR©w˜ü_´úpyÆTW%'9d¨hÎ£Õ˘'ùızØflFûÆw
ü@.≤u©á˘ø;ó˘Y®˘€•viø{Kèflu∏˛õ˘ããàJ±i©È•∏ñ
wwÜoÄ»UwF=í8 T1¡T8yt™D¬≤™´ƒTÚ¡<¡T2ªù2Du–)'<ª¿S%´yI8ƒrI[j§–JkàÜπëã…
[T·EÃª†á©˙Ÿ∑˘Ÿ‰zƒ ¶T7¶e™Yhõ∂,We0_‡∂,π
rZ¨≈Á£´ vœøÛ{∞˘8ÆÙ[Æ^™∞OrüÚgák∏à´˘˛VÈU}òj†÷8©É7fX´U˘∆U¥0»ÃV≤tV+Y˘1L≤õ–-‰,≤/
Î¡¨£!¬!F¶u¿L3)ªΩƒv–r¢±¢7j£™K√•ñ ¿B√8\∂fRØÑ»≈)4«â†*àÉ
€∆hlƒÃŸÀ˙˜*t·ö‹ΩfzΔ,Íœÿ„û´†≈ö¿≈[<£oóÀ`ƒtIÆgl∆‹,®f¨∞ [∆Ù€Ù¯w»∆fl≈˛πwÎMéÎŒ ƒ˘V
X©
Ë≠x∂•˛iπl'NWë»YÒœá‹itë?ôë7ë°´7˙¡´©£ö°SU!¶£(á¬‹F%2;≥lÈ~¿a´ú¡¥∏ik?
ŸØhS:}ÕÉw˘+®˘∑øEüs)ó–˘0ó≈ "w¶ß˙}'È≥^2Û \‰◊TÕ|≈„©≈s:ß"≈œaÁú^+ŒÂz∏°<'fÃúÙŒ;ÆÓ
KøÂÏ∞l©Tî†k&±ÙL÷Û¶Äé®UÛÊo∆È¿'w†¨"F"°»s>»
…Æ˙≤üê---u∞¿ÿóL%ö°£¿cv •Ç$¨Ä$2zv2 ìÑö¡(5°ç¬®sg V=FS·[Uà»/≠ø÷[ƒ°\"ÕP´]
©Gvì\ÿg´W†L°√∂`gØÍß≈-
r{œ© ≥ÎÀ†/3}‹◊ülÏÕ«çÕfiàŒ›Ï'\çŒ˛ÎáRgxhçTD±èf˘mç˙'à,†ÉÃf√ çlVÀAs Wq=ÌÌfi<Tù∂»à
T.%:{TrD≠¬ßa- M¥:J*1ª'3ö´í≠–1€a"W)≠'ƒÀÜîVÀgZ%Ä˘∂∆ÄóΩ°Às
F\–,Rôáœp
Ü\e´£4„ÆÃ5/É)òÇ]∞ü¯ƒª ÃƒØßÁÎØKó¨Ì·Äçfœ–BÓ·BÓ'‹°‹"='Õ¨ø◊ΩŒÙ®«î˙ŒÚ»ŒXŒ∞s∂nw◊î
˘à}Ü ¡"◊[Ïù*Ô}
'fiú˘1*…≤ƒûìÿ¥€Éäb¢±◊7*ªu.‡´{vö@‡¨k2°1Ÿa4Bƒ˘QÑ√8Ñh¡‹Í÷÷ÁîêäÀ˘)ü˛µFfi·Hnƒ$^,ÿx
¢'
¬öÃ£ÃÂu1fiô5œ≈ÍWœË[ßÜ ö F,‰¨=‰F\‰óÓ·¨=∆=ÆT›‹ø˛‹Œ-«œ 'Zç_ÖÏèÀn‡çÏ˘{÷[jV˜úfi
Z»ëÿlVÒfiÿbfl2*…Øö…≤ÀLÃ–¢l£~≠£àÕ|.]Ü∞¢n¢&3{
nËJÀ¥mÄäN\e†îÃfxvfi˙á·2-"'€ÀŒ}‰ôœÁ ÖôALÊN¶<°ìí)ò„˚Ø„ô„Xáœ™êßTÚ„œ∞ÈG,®ªn‰&/Ú3
ÌÕS≠/5≠ÎBÓ‰ràüÕ˘p>Ù»ø†ŒèÈ5Æ˛óúyΩNÈ"˛©^YjÖP˜U±Äê,ú¥àVNÒúœŸ
"
iœzÂ"ÊÊÿÄÕL˙2Ó+¨-9 fl<ÿG4)
´2{2£±3Ï–¡öË=IJFF·xffi$^/1]Ú¨]Î|o‰H.ÚH˘
œÌ.k£;
ì,˜C·ËT_@„öê
[°≈Æ†ÊπûÚHfi·ÿ˛‰õœÈ)Ô'2?Î&/˙ûø˘∂>>˛õÛfiç>¨OèÓI‹Ï¶úùNRΩäXÙÁù÷kñê¢ÙÖiòÕÉêFÉ4©b
ÛΩzTø71/xÓ'"4#ªŒ?¥Ûaª`§¿/)ù¢Ó˘fi◊‹aó""‡ç~µ'˜Ô¥üüÉÀ·6Ω/4Ì˛°ŒÎ'?˘IÏ≤0.û±7{.
P†A"Ñ`î+^Ê,'§),M∞$¬JÂ*'ßNämZ÷4èÕö
9≤$IêU~4yÚ4í!°KYSdÃö9[∆ÙÃgœû>Ö]¨ôœ£Gç∂lÿS®√h
Û%µ*'©R©ZıEÀ◊◊Ø^Ω˙äE+¨"≤eg}MÀ6ñ¨^±zµ¢[wU´ª´6i,€Ëì°FçÍ˛2áÃƒà
œLÁò/^¿x°\Ÿñ sº–°3ÿs`¿}ÒM/Oi>©˘†È≥ÕÍ'{b≈¢5ª∂˘ÿ™πfÓ&˘¥Y1è$Â"‰pè+˘è\ÊKfiΩé6Mœã
óÓ–°´{ÂÇdà¡É
5~˙î ·DäÆ:e\§…4i6AÜ˘ÚYÚí"Sover˘ˆ©7ùàJ
)üä
®üÑrä9c"∞©fit˙ä™Æ∞ÎjC´ÇÒj¡ûp3ä≠c±,∑»R≠XZi–.ƒÙZ≈MiDì=Ã∞ƒö"±:´3)Æê"
,¢8ÚäÑÆ¿à≤9˙lC™Õê"N„√>/HÌ50aªç6ßÚÍ)_FÍ≠7„Ñ.•ÄS ø¨ÇiNYÙ"dØÈ6i
%ƒX¡sPº@!,ä(ê@T°9˛"Ô¢à$™»á4Z≈ó˘ˆ 8ì@ƒoNPsÇÊ%¨d¢SS9ı3p¬ó Œ¶íbu¬◊Lì§
´ÆR™™Ùá7,QdÎÿ≥÷2k6¥û£ÎπUÙJ≈FMàØƒÆ@!n#£,…#=ä(»uí[,"ı"°¬Í≠J",EMµ/a{≠
∞ÚÕÌ*™~Û–™]a˙m>ÇKµ ÙÖÆP˙§.∆ƒdyEbYÄëXØMŸ#»:[d<Ú>ÂHRP>Yƒ≥Uñë·L„ÀõïbP¿‡>ï
Yfùrñ @ë4ä$£úZF`îfç–§≠r¬–¬≠ÇzDZ¢Ó™∂`Lú˘Ì+_Å"7_¥ú´ä.LfiÛ/:6éÚmµEîI/∏Âˆ

r„FB Å§H“ã»Ä¨„*SÎcK.˝|Kø_˚õµ◊ÄjſÈf“Ts◊Âê+ÓÕëhœÑAblå'-∆V≈≥`Zπ/j˚ƒ/NÈÑ<â*Ÿ‰éÎ
helZ^sfi„Éôwl~@ÉÈ|Yπ„˙´Ø¿ñzÊY÷N˘CZi5kuÍV5ôfz(`K¨˙˚±»QŸ|{Ò≈|
Û¡j≈,ªûé∆¿ˆ8˘∞/<vªm∑…-7-∏Ö®˚I°È≠lÜ
!ö,Æ^¢ò˙•ì}%ç@”êNv‰±D%œ£œH»£∞M«:w1]ËB':-µ,aY>«Bªãòlä`å,§-
ç<˘>˛à•x®A˘»‰r»+UÛH,üg¨ägΩZÙbßMQØB”€ŸøXu+ß˛J(√BëØÜ¨≠Ået˚ì
˚T#≤umSÿ∑/¶≠$i
WP‘/§,HÅ2à!Ég F•-¬|àDñ™ƒ•øÓK}xÕ0ØÙØNMêUÀ)MÑx…b.Sç˚`+Ø≠O~Õ:œÅ≈&vJg>Â´-
yÒſGïÁuù†a£Tñ;ÃÂf0sY&uË√!™dó;‘ ùË√)Èôƒ@-3bY¬)m'SÙMUá+˘>*O[êWſXñ¨iÌ+¬¯
3|±…,+Œ•ü˙b-lŸÒmk£ß˛ÿ&…t∆èç»Q#™‰,"¶ (!˘•7’∞6d\Lä·õb@S&E´Iq0…Còy$£õ√&Ë≤â
Á`áÑ´]/H9±-agt-jÂÍ`˘¬å‘As-Ñ4VÜÀ]Úx1˚ùNuHÃî°‰#“ðFÒ≥ÅÈÑ@˜-èE;XÃè∞*©¢-
≠åð&ßTµqJià°
/é,‰‘ó:’πNØAçÒS£//ÿ6™-IÛƒÍ`á:0¬˛¨Rïj G@"ëÄ◊`ö•ø!í^´qdnàf,Té˘@PL^03 ÑeÆ
9`3#u™C¬gÖ÷tØPÈ eqñíÁ•…
ªPáU¨Lð¡ìÌNu*ÃÀoá√Ï>PAULëêjL
n~píKá>4€…MfiÉMjV•VTdŒî5Ïfç¨œ0ß9ø¢_$#°Œ¡”-∞”
œ§N0{HÃðÍò6tµ
SÿÃ`¡àœFÇ/˙Âü˙_Bˆ¡∞àEhj»ü,{ìã\Ií˜üö-Dá-≥≠oè“…>ÖMÖ´¿jGòóUpÇ#·ÈVπ
ÛÑ,Ü¥Tƒſ-Ê0ì¡€iÃ~…ªõe™¬9Ü™Sè9Ω§-r£nëv!ÍV1… TÉzRßeçì‰Fs zN1í“t¨\´`≤Ö.
™éËöBB*ÛÖ¡4†-õ5¡â=Ìi:r˛/Ä˘ã¿ƒ™¶¿^ê<9Â«¢ñbO?íçjÙ¬
€$≠M¨"ìt§#-#œ™20´L≈C(R≤N$b]@B#í-
id£œ€ùNqYSfàÆqFÅ≥â»?˘!Ærsú!_•äWMÚtc’Î˙™9]µïøRfÿÈŸÕ°∂:
{aR<Õ˘ù{àí/êP«0”ıÃÓÚ'(ÙÀ«ôãƒ&˛
+X¿÷Ÿé•√ûU3=« :rK’Ä`ù∞ü∆ſ∑Ω0˘ÁÏıwŒ{Io˘e‘∞=ùxïø¯≈-~ãäcD¶W†È-o/jÛ÷∑àˆ
°©‡3çüä<∑.sGU\Ê˛òf»1Úë©R¡´€z¬.X£¨ eÉúVÜÚÇ•tŒRJO{πñα<™(EÈ/ÄR™ÉF·fœ∞B>ñfi'V
M@"∞ÅÖw$‡>á&25*2ëg,rìÛÙ≤√$9f?“úytì@xfl”ã•û/l>#√£-ä'~ïªÄE•Ê0áT®á-£ÌN{
ô…ſCı≤9éâh…,÷'˛69∞˘M∞8Âd¡H€˘íi5n• ^\êwá.t(cÀ‘^∆µM˘äZ=Ÿhcá3‘ÂF°EIüÂ∆zzÂÏ∞È@¬
>êêœÙÕnv?@¢fiU˙íà6”cp˙∞û˚JÜ…[[˘•.Ô‰ßªˆê£≤ïçü†°ç¶ï^ƒÀ,≤H∆/d±ãN˚EhÑÿ≤)\Í•Œ”1fi…
°ÃôC9C´∞“≥§‰¬¶Úµ,±·h*ÈÅ
•r=*zêüÈ):iôΩsZÜ¢`¡>3eÄãπ¿ãÙ“ënãÇ!≥∑Ÿ£},´´˚A-Ú´s;Îs∑M®>ÍK¬$,§ÍÉDöï˘Hé,®¿`√±
¢Í<ſÉí€•¯‡§Ÿ·Û28õëí>Úàçy?k1èU†∏˘[8Ü_HÜcÄCä è_PõR¿V€±Û#"<ÇDÀ@¨5œõ-õèO!.˛òπêH
ïTë‘€*%#6ðc"yö'näðe 'N‰.;±ìdAQ<ß^XÜ<-ìkÒ≤6:œ=B≥œ•ßF`F•'Z§≈AÍ;È0BÈÎſ#ª$Ã>z+F
'lÆ(8"!ö±\ÇÜiËC@fÜ-‰NäëM‡ß·˚,≥\õ°·F∆àEøÄÖ6§8YàCuD1M‡?"∞©Uk]¬¨>\@#bb¿Bå¿í
¢'Rû,)Ω`õ(JÇ kí&KdJT»£Ëàépï&ÎπrZ‰ΩûØß˘fi√2ì2£‘1¥9œµŸ#}™Eœ
åΩbÑìÒ°R√˘2Nh7NFN‡H†II†œI†œ>;bT™Ç¡†è† Ú+ø]fù™ª-¶≠Çñl<5™D˘••éoCõƒhóÖPáHÖƒK
9§∏U¿∏ä,â.tôê®±Ãï®ªAdÀÛ≠Mjπß*ΩJ2ƒ\”î«j N°Dùª*KſPlr¬=iÎÆNÏf*#'•Ú•)œ∞¡0˜≥˙?¢
ÉàÇ1(∏á6Ú£:¯ßËÎſP(M`îÑ#TBùL-@ã"X ã/-Ã≥G§‘B-L@h`YòékŸ˙AÉÿÅòòÉ3œ˛≈XÜxîsT<s
$)YÀx¥)êÿ£îFk4øŸÃB,DÊíèQÒîe§À∏"kÆù¡Ö$êπ /´=äëΔaÜ√lÜ√f ß^ËÆ<ô≥’±¡√∑(ÿ£(aå¬òå
r Nÿ $ ÇfË#@íœô<ÑÜ)ÕPà…IË-úÑÑùTB3π)ƒ ÿ\ ¢ÍŒh¨ÕÛõFÛ ‘±œh/!ÿÅhmÅÿ-!
•éÌ-(XNÊ|å˚]8°6<ſs"K˜0Àú:J£0ÀDœÛŒÀ“èP9ÆçB ¬Rſ˛…Âê$ˆ”˜§∂H¨ÒD_ò=˘˚Ï.<Îa¿HsB-
ÜÉÃˆ¥°#zZπ)à˝&-Å>ÉòÇ2†ÈàIN-PG-MNòI»…QH•ó«QÆ°°ô¢Ç∆û@fÕÜifl0UADò;A/·«CAmÅXÅŒ∏
U„îJ0“«5GQ±N3«tÙøAa¡˛¿(+-4€LV•¥F4°
f ïã™ πâ˝¥˘„7d<ÀDF˜å,ſê^öXÈ˛4”¶håtA˚‘H∆ú4œ¯Ä
åVb≈®<Œï ‡<->- TœÙÇ) É3‡Hp¥ô‘-2Ç‘
ï‘#§T= úôïË‘˘C[KÃYQj°Õ-Uj˛X˛Oà>˙MÇ[mÅ»Q\5NÉ@î.`í9ò)E8ôè˘òFxàslCX •≥™ú=fBœ"
¥˝0∑<2˙§P-ÑúfPſ0üccDñ∏§”[.Ô[O¨•ıÑê÷{
¡∑6ÂÆfÏDeËΩfi√ò8k%¯©5JîÇÔË}>W'Q!HNnL‘¿¬-“˛@È[MXÌ-ΩÉA&ëôNE¥hÑFlh<T'ÿ@<ÿT='\R'
Öôëë=C<ı∆!∞-µU„ú©≥.àŸ+êÉ/ò©BòÉB¿ÚàŒ∞åñ˛
˝/A<Œ[£“AîµçjëPpÑ˜#2ò*¯Ç!ÿ30Ñö‰Ñg¡öéÄÜ°πôê¥≥® ö™\ƒ*ÍûêDlZä&Ç°≈¬<ßvUWÛaÜÏ¿
¥=°ëœÿò,k≈rôõ%˘ÂQ°%ÿ=pÑI0M@YÿGÕ-ô‘‘î>°Ñ0≈ΩÿΔ-*Δ
û«
ûh‘X
6UñÜu“ãëÂò>í6ÚîΩUîÓ-oSî0;]iéõY◊Á€íBë‰»)fÌ˛Œå¢ä¶d£!òÅ(ÅΩU!Ü€)8É?"§¿rë´X¶ï≥fi
*b”^Ì
”ú(”≠¬"∂[
Ö¥ÓR◊sJL•Ø1VÄ4.´ë˘‘©6*-+(36jc(Ë-,,NÇ¯„Â∆Fp¥ø-£W Ö2r^œù…ÊÌ:Nh∞Fl∆≈˝à
¢r`«Ö<èçdT˝X£LUl∏¶”é¡∑rØÖ€Ô aÔ¿¡>·”=e9ËÇôír¯Ω∞•à_,«2/∑Ï-Öi*Ç ŒÄ»`Ê»Ä .ÅÄ€c.
C%XöéŸßjïÿ`ò†úÅ¶ù©bn=ðõ WÜrù.ÚU◊e0Ã*3≈fi;≠ä¡ìW†]m≥˙I°©å…Ï◊ ·eNfi=ËÉ=È[@yÖV%Fu

'ôËHùIô;ïfl°5»e‰œÕ nKSÖ<SMU˘ÈıñrJ,çíé1ŸyaP.·:2e$H·SÊÇ"ïÉô Jçå^§k∫\∫&
ûð«flI-`Ö=0Ç»Äh†œÄ»ÄÅ
Ê(Å§Ê ÆÅ®Å!0CÂÈîXàûò„úê™kŒZíh" Òfio¸KtmAå,ÁvUa8≈SƒlÜç°ãÉõQxF^¸ÒF✱»A<&^Ω≈è*
£fòÖU°
ï…Å&4AÀòûF€¥‡I&UJ6Jo†±Ê`%}g√xJ&ë'™¸QE1·D)e.8a&@ì>]0k·ïnÑÑ√u:9«÷GôëΔŒ
YÄ2Ç¨È˘Í°f£FjbÓi_ÍX†¸mßÊ
ò#ÿ˘ôñ- ∞ÆÓØ1› Ô- ÏIÏ·,∞F_ÙcÑS2ÓePÔk[oËxLç˙XDë€Ç8Nœ‰ΔÀÌ_ß•ã˘Ô¡Ó€Äfi–Çf
'✱+X„]õœMjú‰'è‡S˝Xê@E¶€≈Ä≈:CƒÄ„N¶JêtΓ">a+˙&(mR;Ìn5L∏ı-(ŒN€tΔî‡◊úV‡É)(Å@ÄÂfn
¢>Í`f`¸Èhx0Ä0G(?ÚòÇ>Ö4©å.ÏVú-7iä$•!Î£aH✱fΩ≥N◊/€NÏO∑v¡fi[Ôk[)0$˙°˙/ñ9&aÉRÂ$^¸
Δj˘@&lH%ËƒH(ç‡ÖnKéÖlQçlDß≠Àfi
«´∑Í‰…A-¶ .Ì@iEË9@A'Åoª Ç/)õÑsúg¥RY€«ÏlÜXpÑ:‡e_ˆÌ
`Ó¢f°Ú`^n%Orpr'Or(˜Ò
Ç/ÿÉM»jè0 92KJ∫fÍj Ï1"s≠ƒÚg;¡O√cå„6_oëäåñÔ-3∑
Œ|>ñ„ÂsÈpëû
zwTø
<
>˜CÆ,ö\òéF eÙ«µ‡Rmp-DUKŒÕ>√Xó+∏ (iäflÕÙœ6a$PÒo;m9¨ä˚R€¯™åΔ»?9ß°¨e≠RŸ¥≠å iGòÇ
‡ÒÂ¸i°n!˜Ì†.ÚoÄ`7Ävb?ˆ_ŒËfiÉP»ja˙rT°$˙»n& «qðõ.
1óƒät»*k◊pfl=Δ,Ás~éΩ¯ß,åèÄk©Ã_#">≤j?
˘sÒg@~TBËP¿µï@ ÇøÕ«nÀ∑‹»éËáôdàÖU‡'ƒXîàÔ˙÷ñ°ûÃ„iÇ¿_'u$PíÜd∏ÖOòÉo{PEÈ£çXí∏)
°m÷XÛ!_ÿ4à >nflÓ,fü˙öÊ^?Ú˘%ár¢˘˝#?Ó(Ç=ÄÑV∞#£ßß9Ñî"d'å™flÊÑ≈q˚˚√wΔ4ı5ßïä_<•oΩ
ˆ◊˘%]D°ÇÅµjG¿jzß˜Ècøm'F
\N»-í´dPep@úË|˝àiŸ∞eõF0¬Åÿö˘í•…Qù/^œDår≈,≈)+V°∏±"í(C*
A2II$*ë0Ÿ-eQ≤r„»çªðÍ"ïêÁÏi¥IñØe-∞
≈FîË¿°JèBS∫¥Y,HdÜî»ê°÷
.\∞,kÜW xÄ'l≠ZîE`¿¿∏r
@¿AÜQˆ@ä5+X∞f√Ç-&¨∞·bÕö˘A[Õ✱aƒÇóMnVÿ≤a_ì!Œ°ô°ÂeÄ|1#<zô0'ÀTÌ•,hÎ^≤nµ/§©-ûà_
¶ÄåÇÑàê3t¥^§,Ó= Öj'*V"Á-ßìjÍz+N°8m/ŒÈ{„Δ"öJöð' 6É≥AKÿû†¿ıç
<h°7£ÿ§˘™>®-u‰Q]`T`EËH'ù¥"J]®'≈ö\„M9‰H≥°,ø<VG=m≤J,BçgTQµ∑bS-
éÕåç≈,3lêÅZ[meïW%p`'YuëeV4`ñ[nΩioΩÖdÃ0êÑ"
`YðòcÜ=÷åbåqΔ˘Âócv&YdöaðŸe√,≥•hq2£ZjÀ¿fß/ØŸ©å,≤¥≤ CçD‰≈G&!!q3Ã
ƒCL1≈d(◊ùs≤@'>sØ¥Ç]s/yÍÈv·5E'yÙ≈fizÔ%¥*´≠∂Jä
m"Ë†ıíJ -∏ G"ıö‡!A·"∞H"çÜJ£·2Ä>§…&≠h„RG%≈Q/.%£#SÃpUV:r≈#îVG*˘Äit%Ÿ.ìMW]e5P
S'a•/¬„˙ù5cãÖôòëπ0fîπYôô†1"ŸjtœiÁú´' €kw'gmÜ H&
\3§¨ËHèíq˘Δét7¶óΔB ¶ŸY˜ùw<S€bµH4_{Æ}4~
çÁß&|ÄHÜ%£tË'+1»Æ#Ö4Ç¡^-≈s4≤J2ísðÜÃ˙≤ à"˙"ÿQ˙≠ò{@ìJ*4¡lB≈∑·v•è^ÖPéE∫U@ª-Â
‰✱ŒÂ∏ª˜Œ`ƒé<Áã/Ω`Óp¡_Ü˘ÂbgåÊòá]¶Ê¬ß3t±esé˘:i§vßù´åymöR´oç™r¡´<RÄí˘!
ÛsñNG≥s≠‡°ÈŒ:o ®'fimêä
%4Ù-fi$ùê˜fiª™üQÕ¨Èà!πAM"ÌÎ-¸Bà`ÉøãQ∞b≤ -fè"ç76
<˘I3'b
{Pî¿m9•1Õ≈˙Üï. ∞†πŒU8≈±´àsÀpÄΔ-…Iqëìîd≤‡eE C$Z°©ÃÃ1°Îd-
l1ó)å√8áŒ1Ã0KÕñÇr"˝fvx∫ÿÌ˙cA≠0$(N✱ZP-. QíäŸ$Vë<öMÁó¬ôu¶*Ì¥»<ÊÅΔ±g™π¡
i,õœ˜Ó∏¿ËlB}^‡
Kv†,¨†Ôéò! ©§$Ì+ £ðF!å|°∞∏≈2îElhàKééÜˆNe*T1h' F3 ÖÅ
pVÅXB¿À0îÄ˘8ÇÄ·fiÇ8, ÑO"!
É)Ã≈Ÿ•3Ç§8·úX'06<Lx£√r©tc¢'-£MmRÜ2Õ`Δ7[G◊¶v#ÃÏ¬ðE$
å✱Z`ÇîÄeS É§1åeJGy-°éspÜFùuß;úÄcS,»"9 g=uÃÜıà¥Ì
%öÿÑ#ˆ@ä8>h¡

Ÿ>&îÑ§ä\IIt-í°•%yêJÆ✱Ö:XRÍΔ±§±ΔåGßq"èB'3î∫ïÚ(¡@CflÆ"å%,À0≤Äê≈4í,F®'0†Ñr
@ªút8\†D8É&ö"
Õ>a=åÿË £¶πRìKfiÙd7>DÒ9µÓMs
FΔ åŒ&QΩ¯"˝"ììì°l&-¢Î)Ñ(D™ri]Ê?c·œÁ8GSœªŒu@µå°òÁn Mœ{'Cê¢mU"å"
ƒ:Çä˘D…p@"Bœom£ ø,"•å4î∫0ö¬¬ "NRQJ7î
¥[cB1¬ÅãGú,˘fÀÒZó!T,åT§˝>‡Ê[¿*/±¢◊˜ä¬ -i&2ã¶óvË•lzRMw>Ê6ªömÇ≥¡›MhkŒtvµmßIÇ
£®‡ï†√^î"E}bÇ≥öÕÏ˘?9˙ŸÅ6áRm#BÕÉ™¢='hØÖ®kø∑*£¥VNn+Bð‡+ÖÙ¸XBµñ∫/QÖ4‰ê[¿ÑAÍ
πd®,lz,úvc>‰˙Ú{27ıtTœÿC

*•uXñV˘ëU∫b^¯“IÄ†UpïÑ',aì<µ§∏4¿{1Dsb-å¸F≥-
S¡°5EÊ2>°4¶¨È‘§fN¬,a”ô9e8ÇäöJN¶2zjqp)¬£ŒpÜ>hœ»Ï≠-•<Œ:/†-”ŒÙBÅ=-
TUâœˆlú„áE≤∏ËÖ7jEÏ+¯o€°¯ëî8ﬁŒ,pÑP,í≤uX≈2∞-
£¨˚À@≠#˘ä≠£)/Ânœ•A±‰HŒ4<±rÁd’ç;¿w¬?øÂ]ÿÂ§4Ö=ƒ∞¬∏a
£áÕÑıê¿ﬁƒÇÌäWipS¡Ãhp_·§ô†î”cØÒ†vájΔ¶≤[‹h|÷°õ(1tnçbõ=G†ŒK„u∫G¢»°)»jçvê;äÔΔ∞›
q3j„àâ÷A/¡°v@ vkÚ}+9)¸»ΩÇÄ¥Ê>‰/WØÑJÆﬁ@÷©∫´0ìOUES-uπ‰™lﬂÖÔp∏%îw-\◊ù-P$Çoïœ
X^ó˘≈}/∞ﬁ√&b-Fsáëp§´Ÿ∞‘ÅÊ“$˜¶¶π N'|ìâÑ
≈jónglN±&.áœÖs!·0”'fÉ~,Â=†°àhWÅN∞G ÌQ‡Q5œ´K‘{·»Δ˜√˜™•˝X£$§n≠˝≤W…ç
$ïâúEêÓ`Ì!X*d”uÎ¥›ÔÜw}‘-‡
Q@Ry+Ö≈w
éSe„Eâb\Äyúz5.±•í¡yUÊìê∏EUΩEYDã/ÏP¡(ÜÈPxå^
CP<Ld\öÇ%ÿjÑ”ÏÒU/êSh\å¡Δa]ì†Ã¡@<e-/}X
@ ï&(œ≠Iá-ÒöØAOuTh-]å°ñı·Q“X]“|´pCBÑüóÌ«üLAJ‰÷
à›'a[HR¸∞Ñp¡ù
∏Ö‘" Å†õ∫Ÿ› ¬J°ô ª·ëi¡àyËÕv)
XN |œUPﬁù-YHû‰·ôûi'[(‹¡πã]úW[∞Pƒm-ƒÖôÄâ£E/ÁHöelÎπû»qì6Ò81-_≈…¢ŸŒ9-ÉÊ°*
ÏŒ\cÌ@Õ-}e=·œIáÚ°òâ=è-Å÷uêÇR^i%i
M´Tù´|í!´¨V˘¸X;πìƒ›ÿ}¿˝≠K…èJRo!˘¡8¬-¨†|Ç#h¬*»B7ICÂ«∫)D‘%bòÖíä‡
…Õ»* 8UU_S˝»(@‡@@0û^R/˝[Ü$(Ü¢¡Ä]Vÿ≈ÑY4@∫‹ã*:B/`ú
u¶ﬁ
≠\6›'@,,
Í¢h¿Ij¸†ÑQΔ0n ÖÌ¸û!œ
î¿
¨ZÀúÅ! œ? 3-_tÙöWb#6∫QSÃíRC
Zù7ò·ˆÖ˘¨&h¬ú¡n∏TÜîÿÌ÷
TŸŸMô/…#,¬'¥ÇPÑÓmôN›› ÊG~8TP¢",-C(‘Å¢Hd∞Ÿπﬁw±“RePÌñ◊Jb
ú…u‡I"@ÆE[h,ﬂŒîl¬≈µ"n:P«I6ÅÜ-…'^ô\7u%ò`·^Ê8«&ààbA¡…(c•ôá•L‹SÃ$/Â0ì4¶ÛÑ¬
+ÄV)ÑB)T«ò)îQ◊≤·{BîÆ•8∂gıéüü`T#-%E ¡GRΔ]•‹°íy[;Óe‰ña»›uYó5€Ç¢ª'ù•tƒxçÃ@
¡ú@SQ,W|WΩYàÇVaÖ‰a .Qﬁ(j„Õ“èA`àŒlBΩE/Δyí
ÊhÅ…bp6É4ƒû7°_-i¸`ÓE3Ù˘-2»BÃuùDú dQáŸ ¡D(«›QaVûò•¯ŒÑgul
Qœë%Rî%8≤ ô#’e[RTS0F0-Vnêâ∏“/Y[ÿ≈£∏_KP[˘"¡$9‡]9òCÇ/››1¶¯Q°),CŸG‹‰ç/tãÜÅÜN
¢XxXf6U‡p ¿h¸»H¬d,íd`l'a`,ô@Uh≈ê`E,Ò[úe@
êA(ßní Í…,-™û»©-.ò…ßúxìÑï”hÙ+@≠ÏJL)HÅWï§‘\ñÚi%5™òÛÅ%ıT_Bô+Ci_é¡)
{r√õœg{í / CòüoHg€≈°µYõH)¥Ñ^ÍÄÿ(ÉOmH!"yœÇBòA*äRﬂ
≈b¥¬xÀ…‘¿-xÅh7Ö-ÅÄ-çÎÅW§KLΔ§V‡ô¿úûıRêƒlU¨6&Ç,·èîÄ•A`lúe”óÑ«èÜé7Â‰ègÏ} âFÏ@P
BQú÷áH2∂T
LÁùd”ué&<ﬂ4ziäΩBònJxÊâu¥BYéÂòôÂ’·ò¯∏Î≤Îk
Eg° "p›1äÑ ‘a˘Ê%Ÿ
í"¯°d&m≠€&yÉAÍá„:n§RÓ™LÆ-îC8¬hh
fr˘Íf6'»ÇÊ®äÏÄíb@ë`E∫0ûfÀÜ‰Å÷Ì¬ hÖ&FI,]E‡¥¿¥B+¸ÏÁâéØ,' +“z“Î≈^/
ˆ8â<aNC∞¬áÃA~2ïÍ[\&£@
¢a÷≠ÅkäÎŸ¶msh£π¢kz‘G}Lî˚Í©†ì˝£Ω¡êÈÈÿÅÜùH RÍ¿¯+ÙÇ4T√∫-Æ£*(£¬-
BÍz»«©ÑÖ2E÷5¬rØ¢üE:TY tXÈí •ö\@ZLPZh‰-9ûâœ,∞TVôEW^¿LI(‹‰3mXN)eêú±´…}”É
YLØ)ÏÜ@Êâ,°ÇÖçâ@'ˆôœ ﬂ˘N÷ÄﬁÛIaÿb
)DxÜg(h!Ù jë•Y
`D¡ñ¯Ω)Bÿ-¿√,,Ü¥ùÃµˆÁ`Ò+˘jµÅ@¸-+•B&8lí›ÅC£.¶›¡m~@,§ Ô]∂¯¬$LÖÁŒÄpx.Gb_ê◊R-…
í)ÛWòpG~&*O` ßÖô‘Y§ãYÑËZ‰≈8ôâá'≈"nzú∞ﬁ"Ï%òÚ,ÉAØÓ…Δ+∞¬¨ÇfX
Ï-[©ˆ≤ù¢0J¬$DKW¢ÿfiäÖßò¢Ì¶¨Hz ;C›-àaúŒmRX˘F0|ÈE•Ü
Åpƒùœ¬íÿÒÔ Ìò]A8ñË#Gn3pÉ¬o|¿á;ØgCC+8ÇHlÜe™xÅÚê,,ë@•¡Xà]úq≈híãÂÍlÇl ﬂ„
àVT@Ü@
ÏA+å»´§ââ§ùIe‡U1Ô’Çyö≈XΔ-÷3»ıÇàD
t,ñ2™L÷Üá^ÈÄ¯r•w“å9k!ßêÇçu€∫ä¯¡q<Îéﬁ`â÷·s~Íq•ÎﬂÓkð@;
!À¬bT6Ä#g8ÑC`7c2Ù‰¶JdÊä@É/lÇ&g4Üf•ΔÜ@Wx4»jQ-ã•À/˘¨ìtπXE-ç≤ à∞iÉlTeˆë…
éKTÅKîÿÍî‰4OQê¸™Ú¸¨6F˘
+Ú.Û…iì≤*o7AQ}Ô•FÔ¥îPµá≠¿·’ÜAPä•h•Æeñë≠YÙAè/V”•««≤µä9¶u8Œ«x`NWBõ!ÏÄÑ¯¿W§ü˙ç
]˘Üx¡&Ã3Ö7h√Ä6£*,Cg√¬Æáj·Q˚û•‹≈•j(•(JÁnXõAUG[P∞@¿¿ÿÓWàÍ˘∞ßzXá=V <ñ<±¿hÁØiá›
R¡íS±p

G¡˘ÎîRÛmÁ6Å)F-ˆ&1#s85/∆˘é˘h÷^+„F∏î5ì€'˘€]ÈÏ◊tÄ+W PW_G”YflX´´DªßD
±Â7%XcÿâüÄF¡uNJ•¿í;nÉÄ4•Ö6ƒÄcÅˆB6Ç7¶}®«C´Î˘
˘ê¡Uo∆^¯ÜÅEÿ˘Û±‘ƒ∞HŒ€úßgt`l•∏8å]<9Œ¬“Õ˛[Vd¿@¬€ËTôÒxè„ˆœfi-o3πÎPL∆p…Î!
ò÷’AÔ@Ap¥OÕùKTR9€I7uÎWÚ¥Bv+O/x'gëmôÊygO
Ñ∑è#ªñ°ZãO˘tÑ¬àl$Ç”T ˛≠œ~˘¿ùÎÔ
¡&PüÁÅ{Oü„8∂Ç„ÿ¬z|<ÑF¶!2&DAX¨Ã6s2ƒ3#≥∑ù@Åà[˛H3F«∑4Ü“n®cË®ì∞6…ñ•∏\ˆ,•ÙY
VÑÄ8ÇsÌ8µdêfi<…·6˚6ëÛÏ!1`1-∞cöeNsŒ∑q=œJ•U'À\πZAá?eVµõQÛ©U∂
[z<≤ÕÕy30Ø•Y√÷öõ{m†ª∫„≥¥πìt˙q°Àªÿ”)•5cz6hDÖC†á√#«Ò#+(√:¶C%∫c,ún¬t≈1È3ƒflCeLo
@Ap¯,-íïx÷˛'∆™átí¿ûÍØT@ ó˛+•4l“E.œÄ&¯Çley¿àpÍÊ~¿œÆáú§È¢ÉAXú1≤.Fµ˜-;¶?π5;ïÎ
€ï÷(8O˝âU;tXΩ¶°¬Ÿ¢ms<>∂o˝∑#ƒ◊#DúΔÛBC¡/ƒrÜÇ~A$‘÷Do»5˘œΩ˛¬„
DÅO•ı3%˚"√m8 xó∏lfiÏñ-∂l”2T¯04Ñb≥mô£
BA"D»éBfà<-¢≈
î+g ¡Ú≈ãê@ÄÇCà%tfiÙYbFç?JÓÄë25-TpZ·ÑS3dò/‡AV\haH˘4l-öAÉ&Ìl3ij…ÆmVÌ€∑d…6[ˆˆÆ
\Ω{Ô2≥kóY∞eÃñ ÀÎˆ≠¥œœZi™3I…ê'e¢%π3DÜù;gÃBΔ-¶V±dı"5j”±FøbM™’´P≠BÕÆq
°BÜ∏ß)D¯õ`AÇ√˘GÆ`¬g¡á/)¥!C{»|ôeIî!V‘"˘¯+Ü‘ïï¨ôEı
Áçx|lfiÊœà≠wB˝∏˜˚ˆçp¨fÜq§éÜ»Œ$ìZòa•[-ä(°êBà•™¢â¶Àj,Ñn2aëZÄ·$∫Ûn™ßX†¶zq≈ÿä´
Z8£ó≥∞Q˘.¥÷íΔ-∫Œ2±Ωå,íGπ˛Í´¬å∞ƒ“B¨eV1Ñâè,JáÌ|˙RßŒÑ¯¬ëŸZÒeµ”“å≈µVFk∂W`≥≠Ü
$ o∑>äÀÜõ%Í≥8nB.>Çv¶/6ô:C¯®√:Ï≤k°ÑÓ>H
<KA ÔãOÓ¬¶ön¥ÒFölF(fl°9H†É,ª¿"¯"Õ7ä‘ªh«=Z∏†KZ•.[0©Àb˚òä2´<ön,È¬mZpáÑı°ì
Ø0XÉƒµƒ]`¨f|¿Ä2¯¢ï[w$≤Æ∏ öÎfiµ/™ÀH*ï˛À/øödr`°Ï∫´˘4Y6q§ÏBí¨/ì,”   ZÕÄÈ3>DcÕÕ‘
<ñ•M6a£Ì/l?fix˚oœ?_
Æ8ò+"ÀóXBôdaGŸcè«ÆÀéAû∂
Ô;ú√êUûIoTãJ’Fp†>·ön>C˘ì(÷˛RÔkı|Ÿ„ÑZòåAå§áç•£@Ä*•l∫©√/òvXîT¬÷DœsäEt-m†ƒ-Âj/
>ÍÇ/z¡≠}‰_{Ò%“≠°Ú,´fl∑Æëk0œ˘ZΔ_ñëEV6i$¶dä8ƒP2·≤õ.»Ï&gòb-daÌ¥‘ÜwÌïí·\>Ÿh
£≠7;˙ç˘°>˙‘O‰≤!{ò

0ò`Üo≈H†„cè3»à¢$Än¡'ö°[·É|∏bì^ñëWΩS·+58§¢O|˛WàË?q»n bñ±Ïa!ËÃØ‘ñí¨@;@ò∞É"°D∏
ÄS®í°°ç•"4Zfl.ÿ∞¿Ç x¡úÚ≠Œp+BÄ∏ÿeÄ¥ãuàÂ§A9≥¿E.˙∫óêÓØΩ¯ã©òZ˛2∫∑Ïäœ8ÍT'
7]È1H»‡∞jGîï~7©
Ô¬4É/Ø≥ËòöÿƒŸ7ï¢d#s^mf£≤;Òße≈-^pœÒõBÚ…PGdNÕh£3ù°èS˘(-ÇFìΩy'S+@B#ò!™j`CTÿ-ÜE
≤!5ÅîJ8¬ôO[5´˛» ?€é4rÇ¥Õ@X+∏âJ¥¡+t
P`¬ñÚ"®L•&uÀ¿SHX£Öh)˘≥†•hËîéqáK~¯Cé¢>äK\ËµDs÷ùI‘b
Ûπ$˝®IÒ\∆]ñ!ò.˙¬ä¨0D√<Üí•Z¿öáB@ïÕÃ†uÿD(d14y,5%À£õÊ¥GË©å?z˙S*r»çÓi,d©Á¯j
£âÚÌÏ÷öHxrÅ™»/ÖFªX∞R©áN≥èMΩ¡”ÇD>ƒÒöıCëX>J,dqÑ˘-H≠ïÏí;°¬°0á+ °4L!T†24=‡)ı[Àò
∑¯@>•¡OTMÆdeEãC@∫“Â∏†-pD0~†∂4q.„<W:èTÿuÚ»ä£cÜ[î±≈y¢
√R≤V“TñPj†Z#≈<SÜIÃF4ΩòE,÷ƒ<R‘MÕ3ô…R&Æi‘8øîÀ∞«ß%PÓ-¡@ç
¢rÜ>ıIR5ZK3ìÃL]œ®©9¬énÄRîYHOÚûüf„ Æ¬.vµˆJØM@ÀX6ÖÏX•ÎéŸ>àÑ©b¡Xc[ÁÁ•v++N©…
4∏VÍ ≠”¨fl·˝/∏d3]+“
@ØÑMÏÔrA/<èX·sˆP<3™°ñ•˝K`SlF/@∂âE|a{TYfiY•†ª;¡Ç>S¶V,45#≠«N{/
85Ôd≠pmn»lí8%Hüd6ña0ácõ»Y#“Wù)P3xªdxTbÂÇÉπ?Ω’‘x∫
ÅòäT©dO*ò¿Ü»2!∂BÍ&»p^î0Hóª‘Å/fl{Ö9`adı†flä¬†->Úñ6ö¡
¶§?plM\sÆ8§´∏*!ê°j°<éx%S”esöÏ^>|EΩtÿ-ãm∆Ë‡π,2Éƒ˙˛B$¶˘ÙZ∂$ÿÜ¶Ç
Ñ©∆¢©ç,FãfÛXy©-YmLÜõ;•L∂ô≠mãS»/˛∆"xaéõ§<   GPY}*Óƒ,74ï
A'∞È7¬Qoßdî’’∆A`ÖVïÚ∫˛v3,¡€Ö$5!≠8√yπÉî§¨†%W¯¬&NÒ9Ã¡TÕ¯¢-Ò(|§K)¬¿ÄÅL°5òk'ò`
%‡Çı≥Ê2˝ÄL„∞+¬˛ñO"f_laã`ÂÇÍ¢õ3I°Îp5÷Îx
,÷Àh≈*„ÖA£-◊Ë]â.•µª>=À3üÈ√Bq<<à,1§@Mú,
dfl%õeÅ∑mªÌnG˘Ñf¯dÕ*0±0*◊!>◊âI Ê≈Ù-∏Ç&¿a”pD-∫œµ}≤Ê?™ió8á%úç 5Z!0§h[ü•íÓ†
_Xƒ'@äF4Çä®É"·z◊7buê√«ª4∏ëW‡ÇiE}†{…Aó«êÜ◊D◊Váïs]
ö•EÜãà$x¬≈¬&,K˝Nu÷∫˚j©µ_÷"uNÏs
ï1õflR≤•ÑCVÒAYL‡âF4£!M≥ÒËc‘™ñ/jcîJÖî^ÑPËŒÓÆß8ÏD@P«Mn,gz&•"À^¨†Í«&ê§ÃökÚ¿·!
Ëcª®Üj%‡˛-86œ®@™k˘h°í Í`ÓΔ'fiÌ¡4A4°ı@ÅjØZOVaqœ™ƒHÿ™~z`Â:à   ê`ƒ»Ω%@òZ[b
Œölé]ñÔÜ Æ2@
B¡√~$H¿Ô¬ Èú»…‘œØ˚¿1ÉCxRB"ç/o-Î˝Ø*vgç4CL¢ xúcé äMJµF»d£èƒÎiíC{)ã√,∏à4 -§zÜ™
£„∞¨bí"Ö¿CÊ@Ã¡fiÉT§F!ûÎk¢j^®‘lªNVpÉfl,ñÆ,∞¡4,Î∂ÖøÆ`xpAa.ÆajØoØ¨™6»z@
˘ê@∫‡ó∫`;»ΩÊ@¢êÂ‘™;f]ß]¿¿V$¢Äû·ì‡ÒñF_÷b^à-Pm˚âŒ∞÷•˙öƒ÷ûnEüÍ¿@Ó©x")&ç,J(3-k
¢‡·∆PcxûÎb°˝8Ü¢¶Ìdtcî°kñl…6 £¯Pe†aRác0aÃM9QRX*À°-VÄµÅπÃA+o±K!
Â[©ï¥Ü Óª<Ô"»ÇñÜ),GìÍ {¯Ë‡œÆ`¢Ä™Ê†!¡í-%π±%Ä-Â‡ó¢êÉò@3Ná"%Ê¶¥•z¬-Á˘òÓH≠È÷P

Héh/“â_∂Ô-3√S2L÷§ã™Ñ4av
Ï•©t   ΩzÇ':$3%èç8c
»`a“]„Â$6ÄlµPfî"ﬂL≈Á.Prsz0&p2±¨Ã„ﬁ'ÀtÁ–†,
Z°o †jÍÉîûÎK≤9_‡D–"ºã?oVä™àÃV!

ä;¶   Í‡6ˆrœ™† .ë
∆`Ë`g/uOÿ/é-ˇiÉûê   ∆Ä+«@ó@LdnÆ…Æ|®¿–9¡Á∞ÅÔÂÕÇú&LıÇHíND]muŒØÆ Y‹f∏ˇÃFh0
3.D¸®""Åb
Œéd°f÷d#˙OyNãNlC?Ú
ïÇ9∞Ggk€¶°%Ûé‹§Lg®#Rÿá8”à<˜<ê`§°ßœÃ¨¶†ÀI…>‡
£ËjÓ√^©ÅXê‡"©D–»L2p4¡NëÒı<A,ãÉÜ"Éò
¸Ï,Ê@AµP˙”–ª`¶ëÉ’?
4@%mñ   +∫ÈÓ
B#î¶Ä¸¢:lG2¨Hï^ànõsédJZmÈf
{°.” ?$ä≈2“(wxÇJaTF7(q°Œƒcûmì“é5Ú®6ë6nÒ7¥Å:˝ƒ»∞%ˇﬂ&1°&Å&°t
ÆcíÜ›ˆF\5…ñ·˘«π@GIÛàr∫dÒe¸á®¸√M§»Rf,,-bÙlÇÎV
·7yêŸì¥E˙Ù4á@´Í,Qï-’QëÄ†•,·,
¥Ou†D»ÆÄ@d5ï¶‡òa-îGñfG^VË¿Èáéfw
I¸J/f0z·&@®AlßL~Ñf!ˇFctçÄUXﬂ§¥Pc#ﬂd4Ù(g„bNÂ8∂áÓ¸§zBI…,%cÍÃmg4±[%Ö$NB!
AôΔ SNQj /(s*:+¢PÜcTŒî n?˘:‹¸÷‡p≈"zQtâJø`ÌÙN!ΩÄ.·≥ÂVN>µqıP;·PÁÄ
‘Úb9

ba-
‡Û(2‡
@dIˆZ◊L†^¡Á†°√p*±ØáÏsz◊Cıbi“¬H„-î°u4≈¿5%ZÃ2ÑLpB'l,BÙÊ&f(@c605åıXOÎ5RädPF?∂¡
>éÄZÜœ∂z™µRálùî ∏µ;cÎœ%!˜¶Í`jj-Ç¥!ß†±SÛ^Â:S)E∞‡X0?XF°é·"cV‡VÄVa5ˆ2rë‡:H“t Ñ
ü∞Uˇ:°>As≥±>∑Âû ı4vPﬂ+ò` -q^wd ˇ{a?©ñ.wˇ§¬Ú±fÈÎ-Zç0≤uˆâ◊‹¿(%W]‘'rÇÊo4ßó4èÌ°
ÜéÒÏ8ÜxﬁÑN¶è,|∑ïàîÓ‘WIùl∆∂Iw¶®#í~F;.~Ófwê¿ÃıÒD©ßˆ
Ä?I &o(◊,ÅØ∆>¸≠!¸√Õ.ìX,∆À"d!3±„$∏ÉÜ–=ò+7”OØ∞ÕÃ
∆¿PWXñA.ñÂ&¿ñPÈS¨
Æ@
ê@uˇ®u@Äx`ÄÑ°1'ˇ#¨â'lw?T/¥®H¢»JÊur2˙∆A(Öbz"'ÓFGÛEH≥wJ
d∑r,çë6DfyHÜ¢lÛ7»◊b%"l¡”%π(uØÒı¸∏[ç‡@&àJç”'Ú7‘ﬁCjÇˇ∑^– ¯Ä≠;ı£ÅèJ§+bñvy
%d•äÂ
Í ,£ë@OW íP   ÉOóÈ3ÖYØ@a∆Ä   4¿`Ó¨–Í Ás2.ò´ÍÑ2Ud†uì§ÄîAw-:ÃeÛE7‘w#ÏB.Ñ!ä
dïg98œBBX§A6É–®'^,iˇ–W]™ç¢`¥∑x<¶c§vçˇÔyd~„Òàc¸yOîtIèË%_í•      u¶–`ªu
°È˜YÿhwTb4aˇN-i†¶¢ÔˇÅ™>∞FÄR   )9MkEV<Ôïú≤§ˇUw ëpÉ6,Ω ò¢0DípnΔ√Ù-j
ê`à<°,ÁÄ   ‘ÏÖfzS(ÕÇõÙ
~π¿
HÄáˇòdÄÏÄàW˘ôèò˙∏˙Ë~∑^ËbúÙb¯ERGVß.vMpuúŸœ≠[t4K@3í6á˙ê†$h¶Ä
°PC«,Y¯∫û˜Z/‡ï≤a¯çkΩÅ%s±õ¡}Ò…ãnÃ§®l"I°á`Çx,ÿéÌ%Ë”ˇ,•¶LIî§‡D;®6∫=‡UïjQì§
+¬"2Zda<w@,≠N∫†Dô¿œº†>Æ∂ë`*`∆¿≤ÿò@>¡z∞,Ä   î [V¿Dfh^ ®ÖzÉî™¢ëH`uµ{
@`8·TVTsùŒ[â:T1€bÄ%.£
qçfRÆäm(„WpiãπXhr¬W˝{¸ºŒ•(%¿˜‡Mj¶¿
úx\jÁdyn \Ó®S®∫.Ü°ûƒ#ßO7ˇÓè±É:ChéMçﬁ˙wŸi™fÄ¯VÄ^°oe±ï≤Î:Òıíc•Å’Ù@I«[!
4©4aÜeˇ4a‹ã.ΩrΩ
Z‡‡B@Ü!ç»©|™\ÊÄ~‡Ör@≠@`ò≠ÃÑ_∫ÃF€
BÄuŸ¶@¥°8ÅvSË“CU≥°ÎE-˙\·Ìb-˝∆aÇC§Z2Ë$DDD÷~0zˇ03*Æœ•:£Œ85„„Yç˜˙ûQ
´ÿTê∫6§Ï¬‘_Rûﬂ~Y˙vm≤œ+Àé≠*6@3*:Ÿ=û3∆0   ® 4‡FP∆?/ÛÜñÓU°°4A…£‡V
°<Hˇaa™j„Æ˝D} /1@ï2n≠–™™<A∏ÄzZñ`≠D`DÉˇXnÉ¶ëßäË~¿lÓÍÆËÄ√B-‘-Ë-ŒœpfûÈÈ/•âV5≥≈
¨ÂA<ˇXn©≈Ä’Eø83Äœø˝;â]™W»$Ú/ÏÙ∫Ømfç”nd`cZEÓ$|"%bl…M°H 8X)0ƒ[ÙBœdP3^B
jBIÄt]8 ¥ÄÙ÷L»>xÅ?ØÕœÊπ¥tA&Æ¥>DÊ†¸„,º‡Ú„î|<v†»≈»ÖfX<°¡@
Ù   Ç   í%,08-b ÅH∏@ÈÂ ï:äº¥˘`a¡ç¿PÁ8m’öa{&
JhÕZ¶l…≤YÃñ2ˇiŒtπ¨≥úœ|≈jµ*Rù/Bv¥8ztEGçŒh/S-JX-¢á!2t
q!CXØc3Ä õaFî=≠b≈Ú   ◊ÁOYn€∂
ı≥ﬁV§ZÒıK*õ∑lÇ &l81∂ò<{˙ıäi’¶Mé’!Û%Jî!úgxûauC◊§KÃò“'V0hÿ≤a{˝Z,l€Zœ}xpkŸ‡∑∆
÷Ì∑∑◊Æaª.Óz/Ôl ë√6œ¨ŒáçViö≥cá"X∑V¡˙‘®–"EuÊÃˇÇD$]ÃœÈÇDâ&lÊtRîh+zÕ–£«>º•¡

>t!-c\¡ÇWòdE TP¡˘ZX¿uTCI%HÉM3“4ìSJØIì“K0±Mâ-†¯!à“(”ã,¨häxsx¡†S-
Ï0√”’∞ë”Y§gTÀvUV\ëFZX£=Ÿ’X4-@ZdÙ
]rπıòmÖiW]±Ñò^~ÕΔ&bfips[Lœ≥âc?a“ dìÑ∑«e_LQÑü=Ö’Pñv¬dL,ãIÀe#õm≤…Ê
•¥uCXoñÊñMp≈
◊ößÿWqøAsúk®¸vbkÀÏ±^ü¨R;,≤ /πz˜…'Üâ7«]¿◊≈ﬂ\$íH'ù$"«>∞ÒH"z»°ÈØÜ{;>Ë˘è   Ó¬a
`ÀÖ<•À'ÄCN52¢8,à".Û"4˘≤HSK9-Co2À‘x'ü-Ò≈HÏ¿T>D5@Ó Òè◊†√5h‹ÇíUaÖ’°§À0/YS^PVXC
ú·à[r-%fÃd˙ï◊_˘ı’fŒÑ¡9MKæ‘Ÿì/èIFYe}÷·ÖfCJhU!
z®iTÏ 0˙ßÕo≤] f§l&¶Éy3©†v*ú©ã9˘/™Àµ″/2çD1Qç`ßƒv∑ÏÚãÆ°~≤ày_ 8á_ò'GLp!
á"ü§ä"s,ë˘a+áÇ
zAfizfl-à•AúéA,˘#“ÄSç°ˆ∫fZΩ)ÊKÔã˜
,ã,ø∞≤ (9+A«K+¨¿TAN7§QE2UC«&\eU[âÊU˜_ù%Xbyıt   d8“\n-3ÃaÜπW)jˆıX`Ñms?b˘√âK
√ÌˆÂ   ìqÑ-œê4$,MPÀJ˜ï(4L¢Vcïr¥-ú¨Ü7ÖLo4uHUjlœÈ‘qÇ√*µ-FÖŒ)ï7ö°â/ÓpH•ÂÊ-
7XÙm÷O‡Ç%ë+NÊ!V≥zıâg1¡J‡¬ú® . °[Ó-ÉÃ#π•á•√Äœ8ÂUÄÜxW5Δë;öÄËD¨
Q˘øFT'YÖ™¯Uy¬ÖÜ¥`…˚¿íßîéuL’õΔiîú¿*ŸWH3%≤pÂdçgÜÄ>óΩLú] T≥ü†   MÙÀLπ3ùµ(hr
lÖ-Ú$6bÁâÇÖ Ñç9mí"Kj6ãbË6YãMa¥Q)Hm∞M…[a0%∂ﬂ†∞TòzNs/V*VgU≠Jë∞$Bá}
€ÖwR∏Ò("qr"Ë∑àN†ûËƒ#ÿ¿D+taK∞Çò†ê+¯Y∞¥Ç|Q≤·^†PH#^k-ΩDÑ"l-KÀÔnq·âß<P∞’X˘Â˘1y
XÈÚêãIÔêÑ<
U∞≤“êoß]9 &…ï!
ghDóÇÒ≤X∞œLü¥ÀcJq&Ω%•/8K•UO   'ñÕïèŸ-dŸ'2$m3K#T   L…¨·|±†ÖLéCúbBJS#‘
1G5öH±8'|õ
MUÂ°-õœhÑ±“£É(a:ÑEcø£àunX√",
Òûˆ»SûıÏî@üBË¡
JP¬≤.<à†Ò©ñ∏T@Ç»@¿MH#v(¬hä2*#%#Ä<‘ƒ'»£∞<.ƒ§
[/RñRê3®ÈRYSú6©á,fih.ê“˘°S √ˆ‡àI†iìö¸ò‹◊Ißfi%°Ë)Q©3ƒL#Z
‡cÄíßMh¬Ä}öflâÀ¶uR2‘iˆ∞ ZXç0±1Œ§îya¿ΔµlïáIÀaõ≠i„/ûÛ7cuË√|p†N¿b3fiçìË¯4§≤sêú
%-,T|ŒZ'¨`Wtb¥ã[Æâ®àNâZÚAløË%(»9+§ÂΔkó£Ì®ÕVäO%à•YÇ%Û07o9pnKW™º%!≈b?jAı™”™4ê
J¢˘.$•ÒF·vsƒ&¸+*ı-Í{'À$øX»˘OM£\S~ÒÀúfluhëpe,3îÃ ÀÀÑ,%Z°RE9"ç2Òn∞QÃ∫÷Uõ~Õf
C≈kVπMm•,orNıöf»bn:H"%ê
ÛÌ6FgØAƒ[÷†-Jƒ%íh
g9+l‡:°^Ë¬â•œµΔ0"·'X•aÇ\ÄeYa9•¡xqçjúÃ˘ZFGYaùNîGaÕÜqÍ¨◊Ÿπøû
H7€¨tœ~∂Ôuüb÷"XeßPCKPá•˙%"@Ûáó"«^N~“L1˙oßÈÀó´Ê≥ŸØœDÌ_9
x¿|2∞ïVîFrE4cÕZX÷ä’úXÆ˘F±Ü´aÁl|±±!ÿñ8U%;4ñÕ†ƒ.Váªàðç©}â_„∫H:Stv,¯Ÿ,*NÂäNd"Ö
àñ-çg8cÆ•∞2`„.hã!±ı¢˙ÕÖ,a 3äñ!G…|¢<Ö@%ûÉ%`,tûxV•z•-è¥˜,lÒ,hAr°H!¡WD√ÁÓI)J
¡   ‘2Ö:Ï4ÛÖ0f-ãIOœ2ßπô/íi˘…èœùnnT©ØQÖhöOR}ÕÕ(-(°« W&ñú`
{hƒ£fl kªfm˘∑Óı◊≥   ñB™Äpıd«_+ƒQ1â≈ã†tgcª0wfp«p…p≤w´pc˜·mü`
†0Ç,FxÑ¿b`è†ä«°†
flÒ,]`H¿ıΔVPg.@g™∑Dc¿„ Ñ íafl"Pß´∑<=∞<. •RÖÂ£R~4§#[2[‡°áFhGQ+pÜ\Å[!2Xûë| ì-◊
ΩΩ-≥->"G}†àèÀsùf?áB"”_]5VtΔ2H$fË~ëï%BE{-õ-(∂°5wÂTÁ˘¡÷k[«WYáu©¬ÕalbÁ
¥2âÂoxgc∫¿7x˘s7ã∫êwÆê
„ΔwÚ40ß‡,ô•,ÖPnV¿ó‡
π†1™†dr@Z√¬'®-•UZ=->@Zâ†“@
EhX´V]Gcáz+-/‡U®#F.0Ì(ÚG¥«Pð'["†gâv'É°óh"∑ÜP2ékÊeìÒ_`≤án!±0ïˆ^uJó¶i~°}ú¶h,}
;càÜ¯s=°T&Dg2î~Íw<N„H„˘Cu^Ë„∂)÷â≈4bøΔ6Z˜a°VM<˘uèÇ`À∞
é-b”ã‡vHmòË40®‡
Bvó‡,¶Ä
†p
·∂˘wÃRÖ«@Ê,™É'V'XñâCçVê8\†tÊfÖ
hF^ÄgJ·\U(/†"Äo_4%#¿éVH{~4[è)¿Pâ&Ü∫'ê(≈$∞Kê$rjqâèÊTuËên}-'˘^¬Iï&4573≠P
£DJ≠@B∑¡?ãtØdj≥dtW•àúâ-0ê•Y1E`^˚◊
&Q∏ùUá¸gÄBäe√k=È˘ΔΔ&®,À∞   w3QZ-∂¥8ã®âÛtïÆ‡ûùı   ÙxÄÁ   ·ñ
ô†ïóp â@ÑPZ)OÓâ
%&c©mÏT-"=ZÇzpˆ6q0fe*q/∞ÕÑYò‡"‡áŸ°[®ò¥'¢˙h:¬P¿”µg≈^Ù$¶!ìé6&A#ö¢èÈ
®IíÓıád23π}úv_o¬)á°/@ì%GÊá§ÎghòS·kjq Gk"°
vb‡/`Jä°¯k§XM“%afzu9"F¢ñîã∞Å#H0nßußãyö
∫‡
∞-â-HOÙƒïıYü¬àü˙Ià·nóÄüÃ"n{7ñb©mÖÄ¸©8°;¿GÄ§c K°N∏¯Üo/ *¿°¿™àπP#P[´≥e¢]»P
$ì{vÜÓó</É2RíêËs¡‡ê-w£¬∞£=™>.&ÀdëØI3©&j2ÜX#Bíê`öÁí}"Cc5´ñI>¿=±ˆ≥%´‡ 2]/

Y¶œ°˘ƒW=)*˜/uX«¶oC6Hjp@17∂‘cö∞
ü-cOπß}äwz™
~Í
DÊ   â•ôP¯Iå˙âÑ¿Ñ†ï¶`
µêπx\)Ç,¶üä`†   ö≤(hç^¶Ë(qJ≥´ÖÄâò˙°á9^îò´•à¢_4[>+fA2ƒyâRg>â¶(Ëµ {·2I»
}≥•{< ˇ^‘ÁI@
õπi~-}°Põ>
ˇ„T_5`∂¥Ñ+π@„:â_^jQ{¬%õXB(V)§H¶Ÿ¶VùƒÅBÊuÆM€l«°¢ÊÂGC∞!∞Ìë…˜Ò   ¥àwvó
Æ‡ßÎûWÈ ÀV`n˝ŸüzV†J†l`   ÀåΔ@•kwÛtaYÑ ùêDdYçH∞DÕÊ\'€H°u∂é•x:.0ò ;+®Éò©ìΩ^ƒΩ
˚ôë˘f¡J´ô\ë<%+^…   Î’£îΔ^_4…µÃÍ¨”˜cÚ>–jxÅ&õ∂:Éõ¢V3x≤à≤4ˇK~Ú'J3√
T‡U.)5ÈʃlÜ∞
ﬂﬁ»¶‡ØUwW∂–∏WóB∞ÅB#‹
“_
†≤¶¿1*¡-
1“Q≠Ä
Î$ybêçL§çöYü[w©PïV   Ó   ∏–åÅwOK-2‡b¿p¿o∞@†)‡Nó`
∏0≤ʃ¿åSYÛñóê†ﬁfÇò%\¿DŒÖ/∏D˝Δe´«eVV™Ü…™¿™{Ã™∞«®É:=õ:
ê:Îr:≥ï˘îR*/˙˛∏4Qp>≠¿rëΔ>r·¨v};zößÈ^’'3cR&wÒ_l∂Ÿ&1¡∂KE„q[G«¿ûÅË{^+ s†   ≠`≥
≤âΩØ¡°˘˘J∏≈lØÛ:be◊2íÃ.√dÛ
Õ>∞¬üâî+94XZ>†ç›‹^∞üdüpû£xÒ9ʃ¶[ƒû‡V¿Õ/¿†JÄ√JêV¨@–Z¿≈#;≤VI≤d‹
¶†üf¨ü'ÎcʃçOÿéÍΩ™∑ç˝Fg+Ä°"0;kΩÌ|°.˘,»P!¶C»ÎB!µÃRÂ"]%†Pp~)ΩÄ¨»j£ìð¨<ö¨õ
%¨Ã_a“öÚ•ëQ5≠˛ú“?πÈã8   ΩÈõòÒà±˛ƒ9IÂRÀfQB∞‹ ≠´ ﬂà
%ˇ•¢
‡ê¡ﬁ÷bÌ¡Û ¬\muV√‘ú¬ﬁ†¬B%√rΩ¬+Ï
1f“ ªêDâ–´+Z‡ZêNê=‘´@6â•   ∞∞∞
ÓŸ+¶ÄŒºxïD¶≤c@ZÿËJ‡ü›ü¨Ÿf•Ö≤#;Δ˛\ï≠ü˘i©ó ƒYQË\<®é≠Gg––õΩylΩ≠«¿™¬MP‹†.ß„-˝-
Ã=œ,5œ+0TÌu0á≠•
/
@œÄá©i”J5ë6Z”>A¨ï¶ö@/InUyëëR5≠âQî-0jõ@@D`®v`∂¥@≤|∑$Û´Â≤C5ç•∂ö•ˇhΩ∞œP
ÿ∞‡◊_çLï¢÷YÉ÷à˚ Ú!ÂÃ*ºQ¿E◊Û≤∞
ùêYH L Å=ªÜ>8@Ω_§ïÂîy◊+ƒKºVâʃ˜1Oƒ[Ä,˛%Ÿù≠Z‡Oo-ˇ`/µê/\ô
cå
≠ïc)Âù ƒ«5‡Dq•Z™/p€∑≠z––è= çÊ»}‹¬Ω=;¬‹pÆ.^H2hÿBêÆÜ†   ú-
.ÌÃ¿›~~áJ…/£·}”ﬂ›I3óﬁe,øf+Ji Ñ¡Ze‹õı∑d•§H'(@,¢$’ø™s`7ç• ‹

+…Æ ¿˘Ã•Ã ">0÷b˝¡[Õ’q-◊ºNÕº>œN¡é"◊@
◊
…@
‘∞◊‡Ï‡H
ŒxÑ-8,ÿ≥;%Z`€^œ@‡,ÉÈ…“<l\6ûDHƒnèPW¿O`[-„˛¥••S|%ˇ‡ü˙   ≤\â
NŒï¨}Ç˛ˇüÒy]ê
U™.¿É¥’éU®•ç™‡/Ω{úÊhNin‹»ç‹á¸0“-p%$B5)∑ÁØ•
W€xËÁ¬†á0Ø…öÃ£à˛>âéøÆ…ﬁ˛{ëõfã§+$ﬂ>°àG> qk˘µ¥E¡ﬂNÇœNÚ
-pác7Cf˘’WÌ¿í->(°÷dÕ’¬!ʃœ’ÿÏ°.“ f‘ÄÅÊ%ß™ê+ w|ùG6ÔÿNªJ`ŸŒÌı˛Ì_¥‹pC´ê
®ûDƒõDJl-ö
P˚!Ûéçˆ˛o ˇÆÔ˚^ï ªw'Ix?ñ†œÚ>êΩ•Po™œPÅ   èÛò°=PÊe~Ò¿jû-ù:^H!
`!#/Ú 0¡{`‡Ø‡“/-/
Ëx»>u®¨yø9üﬁ◊'∂?‘êÓëﬂrR3õ0   ¨ú¿ú˛'¡ÈÙÉN-ÍbAÚµ‹Î-·b7¬#<ö†Á<¨¿
¡J`/fœò1kΔ˘Lö¥j´]ìQ‹8ä«â√xç/1bƒt°2eÍ“»Nô:°B'©”%8o¥ºÑˇ“Ã<4◊ò…í*Tàp!
√Ñr4¡µË”'•ü:5Rîh$Lñ¯PíU´+Vﬁ|}”Ö–ÿë#MÅÚRßDó
Í“Âõ.VîÙp·a¬}?¯Ì+¢¡É˘^1x(ÖΩLp¿ÚΔî`x∞˜É+|Æ• ÙÖ3¢‘Å‘™ï¨W±|5&Áó/ŸΩz’ˆ’+˜,Y°}õÚ
Â:÷•Ÿ¬c…<¯ÒX≠Ü#wÓº˘ÙËÕÙìj™ïˆV•Ze√Ü
Z≥f√f´nÖìì#GÎ5™SáÃó)S¢≤cFã!ZÑ(2•Ç*∏@@Ñ@"ä.Δ•bé:GE
5‹§CMZaÂñ’dëÖôeîA1Ee®YÒöq®-(öhú!Êó\Rbãê?a„èCÙ dé BÙ@D6ƒ-¬åòí‘bç7•®È¶
$¶ÏÈ'T®`Ç>Ë,M>idìîì≠9∏`B   r»A´Æÿ‡"¨7,|„π˛¯£êKŒBÀîï.i´BÊÃ*áÇö@ÇDL0°8É
¥3°F‡lÅ ÉL2,"íÇÃ[`®Œ0√L¥*a2ŸÑªV^aÌ€h”MòXnÆó˘[ì+N9Êx.π`ß#∂:c´#•;ÙB±Œ;Ì≤ÚŒKœC
ˆ4yoè=%õœœ!ÑÿÅø˛Ñr3@?aÖò@â«∏béGÊH$*EâoC˛≠0√

5TÖï_x˘eó]x!fgú±ÜΔ]:“%óZjI ˇÄO(ÎÏéü°c¶õL^√¶îo "'û\p!Ö+Ör@
$ˇî0i§ìOqJ9“T¬á6ô‡ÇçBI‰≠±%Í,+ƒZïO¸ÏƒOE<*D.îJÙ/´ÉΩ¯ÇÙ–H#
M1≈H≠,n(xÏÅM'Íª9”[¥¢h§√e±-˘at>
Ò^f–M7◊|8_â[.8%î≥|8È¢´ÆY’°COŸÌB–ÆÙ•ƒ[f6_T≥+ë=\od€:ÊË˜œ¸ˆ#∑‹¸ t∑tàó.∞`C=Æê„ä
+ËàØ;aCad¬˜@qEWœÔ¸SNÒÑ¸Ú3π˝CÿÄ£•A>Δ„(Ω J1Jæ#Â&ı03p BíÄ¯$ËÀdV0áO¢ãXÑ" 4ßÃ¡
L¿ ®víî¯iO#XvTµìx•äXöʃ†°t@/dõ¿˜B°A*3° [FÖÅ°m3ó,Tf,C∑ Ã–
nxÑˇ•C¨Çpπ9\lrC√5ÓVʃ¬,,z”´…!gãΔV∞åEùË0K5ØHVsíı
4ngt£4†°ʃÓt»ì`Oð¢G;2D¡v·◊
Jp.s
(Xóπr†É% m\Ä√/◊1ˆ"AqàÉÚîá"!á8DëâDd¬îô∞ƒ(,ÅJK‡Èˇ D,ﬂ˜œ;»rñÇîtø&Âo)3ô‘0Ãñ ∞J?
A† „Äxa)a/◊õíà+ Å
rHÑœ\°[ËB©»E*0¶AΩÂer òP¯ﬁElgõÄŸŒÜ¨M3∞‘6#–Täá§“õß0„©ˇ∏i…†ùq@†É/8b5∑i≠nú,
2ÓVáõ¢·&z’π&s¬Zéˇ5F’Î:°k÷+NZ:”ç'¢Ë±c˚†≠¯Ã·ÛÒÇø5@Ü¿ß*Å~' ·È Éc√$€«>ˆ¡¡xNu*$!
©‘§µÔIy%,ø“1<°A~xXÒ`ÀA¢¨∏‘Â‘™÷ïÕD
¿\CﬁJÃ,‡»õ2‡Ä‹lg≥[D"Í–î®»A>K≈.t11≈Ê¬õÀEZ÷í5ïTvkˇ*ƒ°ÊNΩt@ô•‰ÀÔˇCRÖ™ü|´3É|v™S
>åß&@©œ/° »Õ2ñq∏Δ1ŒVX°„lS8+ ,7[úÂàÉú0í¥9†ùwJ°RRP◊9§scÈ»Û“Ù¥"¶{à>h˜ÚÊ‘[BòÓ
Tàwà~–»'ƒíqòd8Üß<ÙbÉ‹`7°!pËo Ó†`<òUñÅx_.q9a
Wò¬ÄàﬂZÛó2πsÆjêÎLäŸÑäÌQ{πåÊ∞3EÃÇâh S:ë
X(ÃΔﬁ¨ò.:b»¢"(˘éŒ (©`ì
V»Ã8ðŒ“sÜıÑ‘=M}nfáõYÄ>ıŸZK…V†y£@ZpCcÕ∞çkc+(N∏U>u3E_8ˇ¬a.ÊÇı–0íë:…z’´¨”äd
%ãtÿ’N3ÇqLxwö`œÎð5ü/xa
9Ωz˜SÇıÚêÎÚ]Ç2@Ç’
PÄ√,¿œ8°≤cohIK`øÑ÷Pí r)?µfò◊wÑÆqaûpM6°Ü
œ5e√\à[¶∞ >Yr'Ç.(*ÄuÒä≈Ù ◊x
±πÄ≈˜PŒ≈CΔ»E8ÅÃñlbVHrh'^ê)6&ÔE(¢e≠AkÿCÃÑÜµ:ƒ2ó;E◊Bä»Å@af£ ≤¡∏ú}+9ﬂ∑qr¶súyµ,
Ùô:‘ÒéKZËœµ±tŸ-˝>¢WßöU|7vÒπB•˝hª!‘`”%X{ÙD^ë•e…ÖGðìˇ¯d«¸•Ü˜AIk
√íî?∂™uÿMAl@ªÏ¡ˆŸœæÜ≤ÇŸj({≥Ÿ>L7A
vœB\ìp ¸$¥xÉﬁv‡,ŸÖÇƒπSAÓ•`m%'©E8+ñäßì–Åm6Ò]%Ù]Ÿ~°2≈FOeäJàZh®Z[ÅË3ÆoÌ@+√ôáØö
ΔA0åe»ú6múqÁÃq«%.7ã˚MrWÁY0GWÃmÓt@üT•à~9K„‹äU®'“7óœvé¸Ω-(`˘}ö uh]
HÕÑ'<ÅHÖ√™◊á'8¢ˇiΩ:-Éˇ!¿ô@ôïi∞ck0 3ª¥”µ<∂≤õ;∑Éð∑*;ʃ≥ªªì6†ò=e™ßΩ¬ÄËÇŸ)
°EòÉ}â&üa¡Näa¶y=…?â Z¶v¬7/Ë1–7¯°%ã!zr2¿ïK9◊€'Ä˙ßPB&§KâîKÒF‡e@Ñx
’ëçﬂÆ„Ré·2æﬁ™≥éöú.29YËŒâ@c9e14ñz£P(éíb˚àJ˚Ç(∞?"?Û§qíØ¢#ƒ¯cò/+‡+x
$U”øyµAäˇ¬Éóˇ»\ô∏zðïqªNlªO¸DðK;$≈dªhÉªπ≤ð&hÇñiôΩ+
¬‡âˇ”öö≥ö”2h1úÕ¬∑Ê1ʃÄÉ.Pö•a@ D!¶I9–¨+Ë$•ÅËäªí!–/ÍΩ1(!ÍFŸ ≤R–2Ç
ʃqÄœÅ(–Ñ·ä"‹˙Ω8£≥^∞3x‘¢>Ë
„Z>è
ñ{%çÊ€]–úì+ñÈCè8úC9,ù:≥éPhï1ö™ÚäÒÛ√!@p¡ùÅPóﬁ1ʃ>Y–XÇbƒ˚[56–Ø¸Àˇ≥übíK°
j{+3®¿πÍƒª%IPlªRˇ<ª`K∑ªhì+W°Dó¡≥'ªyÄh/àè
\îê™Ï≈9ËÇ_àä`dÉk"Ñ•âAfdíÉÆyΔ1‡Ç»Åà!–ã!–Ç°°Ÿ"b8 ††xΩœˇ'OyåhÅ:`Ö^@>ã≥.ƒ®ﬂ–
……ç‡2.ÂàÃ)Ú
_…3aËìéb·úB≥ÉD4òÛ.:ZÔÇM0Ñ©¨è>Ã4Û„©qió°˚¥ﬁ·HsYÅ–†5I:∞Ij…ﬂ|1®D$I°D{´°Î∞
%DbcªN<E]{NÈà;ütNð#6A®;W‘;Rz"–€ìß‹Å/ËE2®©´ÙEÊˇ≈_Ïclå¡^Ïö≤ƒ7¥dÇµ$ö%´'Ç!– àʃ
°À°ú°¥Kr‘”(ª|$BÇM úä≥8√Ü>öç.dú8õ≥Yð3◊hLƒÒ®;õ
˘<Æ}<9cI£ÇÏÄÏz#NhN–4ÜÏêM0ÑF(ÉàdÕ!(!¯ñp¡ùs9:P3óIí∞Æê§Iˇ¢D·Ñâƒ õ5Hì°;ʃúL≈N
ÑªÈ‹IO¨Œ°<E∏;∑CEi˚ó ””åΩjP–Å(»EÛTœ´tF˙ƒ¶\ddöÆëä‘¨˙îÉ1`É'•ÅH X≤"¸Oxˇ íÀ "
–5–(¥Ω–'Å"®(Ñ®!àÇPÜ
Uﬂ£G.éﬁäLW
–è,≥`»ÕÒ≥ìb9ñ√>ÌêQÏí–.éeπ–HÄè3†è"#¿è–4Ù§r)“aøvIR∞1x+Ë/´ü]ʃÉóPÇòtÇú ʃ;JõÏ∞aÍ
“/e◊uµ@∏ÉŒ d◊ï¡Rf[ôâ+3Ë@
Å”íΩ/îÿÅ(•Ûú<%‘ÄÅ¶aXft±Ã,˚ƒ76É–PÇ•GMÄðÑ'¢Ω¯ÿ≥ PÇ T°ÃTª¨2ÿÚ>h
$XögHàä3’áÀ∏âQ.¸8ı ˘‘≥ÂXÄ<–ë
»2¥Í34Õœ}ÖPxEä®√a£ÂÑGã>hÑ’àd>©0ı”¢ì÷ﬁê Å•íTZŒ–00·îRòp3P3pÇ$–Wöð4@J€“øuWuM≈v
\w]W@H¢á6˚2¿,ËÄ•L ÷¢ñ>h!àÇJõÑMAl¬ó^‘?çœÜ≈AC5í1∞Ç%ËeJÄ÷UíkúK≤¡îáÎΔoú! À(Ñ–Ωa
LÌîòÄ®Ée»¬
%_¿–ΩP.π,„Yû≠G3<√;€G]C2ÇÆ7$¥ÉàQ¶ïQVÿ.E´
ï¢ZMàÑHˇêè)‡ZM€¥–ùi?ˆ†û· ◊%Ék•µZ3ÉT–ò€ûí$H 08 §,¶øU‡¿>“√–\.%\ƒm´|≈
ùËŒ≠ˇïSTi$òÇ+àê°œÀÖmã$2¶–<_|ªÇHî ÄG}ÀKŸπƒaë––Œ‘π)Y>

®•∆òs¸Ä+XaòYö•ç.\4`
/8ìúù≈Ÿ∆Ï
}\4<kUeÆ5l√WÒ7<^Ñ‰U“i/Phô_]Q)NpcN-ê2 oÇÙR>!¯¢MióHR≠-¸d,Ùﬂˇ `'@‰Œ vE‰
l‰Ã@ˇñ‰I<nª4ÿ∞6e3Ë ∏`ÿ'É™öÒ$
ÅÇﬁS!¡ó|¡¡≠Ÿ"ã
vÚEÏÇE\Ç`‘ h>vE¡$î>Œ`‹Ω]íıîç9,∏©ÄØÑ}Ü^∞P`}«j.årﬁ*√é bÃ°ﬁ_1)1“ú-AZ7„7jï
W‡unZóJ„aH„ÊS
8ñNØ>®É)∏HpÅç*é4:=ÆÕêIh'ÿä¨@hDVÇDÉ‡$ÄËà÷[§L`°CN¿ù‰.Âh¶dhõ`”W»ÌWolŸ#/î∏\vû9®
ó<›‘VV·ıÑFbµÃÅ÷˘ÂÈ^VlDBl¢ªÏ°Ã] »ÀΩ¢]∆•2°Y†€e Ÿ(à€ò(~LúÖﬁm~^Â}¥Lﬁ@-p#3R91Ìhï
uk9ífgP„Ÿh„7¸ó:•#@l˘{_¢S ∫¿ﬁH`¥eÅÜFhƒFlDœ€ª
ÇËdùêÏàf‰ú∏Ë
L◊è÷Ïø= á6@jÀ◊E~Sœôà¿;i-XÅ@($‡AÊëÈœ≈ÕkΔŸˆEjm´-%0î\ñÄ÷u‘^~åM°EëƒA¬_6È¢¢!
>Ÿ†∂≤≈¿¿Çgœçäɢ€†«lL'á,ﬁ˙Ó˝Ó‰ÎY0˘JC[MQfyC7Ã>“ë-Ó]gNÄÜgè˙~Ü`X¥¶ucIpÑF∞/¿(Ç `
Ø£#∫8∫ç¸Ä(l»À`ì gì$»pÇ ∏€) •pû∞´à n≈/qãû‰HﬁlG÷¿Œ> -~E'•‰ÂQñS-∞‹àóÔñÉ/
ÿ”TÓ≈lh(¿†ë4C ää›´ÿ+Eyå¿CÓ≥ÒeÕP…¯TnbÒÿÒ¥õsÃ¬<U≈Íéé’j:ãúú≈«„©Â
#ËHÙ¥ï/’-tÎ∂&h∏¶Ô˙Ü^-o8Œ-:ê(ÿÅ`x_¿ˇ&Å`p¡fÅHƒ§
Ø•ËÅÇOıù‡â&(uV T†U?qoÒÉ‰a @π≤ªY? Z˜0ëF`â^J#4È·œÒ
PȯÅ¿ AÅqûâty1û∏à∆™®
&Iµ4öxÅ∞Iî‡éÄ^ÜLëÄπõô†6(…ÍáCÍ!˜qgåŒÅƒËåÄÇFl∆∏€¿8∞ﬁPå/Í‰(>‰ fÃúÛb »
„sf©ók>ggïÔgÒ-Ü∏ÜçXPg7&V;ÿC(@ÇqitœƒI¢{K'ËL_ÅNál»~ÏNﬁâóxû∏7ı$`Eú˘OıVouã YW`
\ØıUyZoqõ‘[m/È“¸ÚÀ ¥ÕÕÿ&†˙xaxQÌbØzcﬂÅ%»Õ¥ïp _C¡vF˝¨p˘Úu˚Â„-‰>-!Nw°±t‹§˙
'EGD(†ÉUhÉ¿˜Âùb«d’5O>˘¸jÂ•«À)π…Yç>Î,•ÓM]k^uc>'ù?óxhòxlêYa`£™>Î©/
Ä(ÄÖüɈ¯KÏ˘l_€áÏîÇÇòyÿ àyqS?uSGıÅguWlEÁ◊@Vå¸Ë˙Íü~tUNÀﬁâ-ã≤nß
“(*†zÚ/¿M®ﬂ¥≠ˆ¥ç•§ª˝€ÔÅîœˆø∞Ú)_&Ÿí,GBÄp0·Å 2»ÄÅ^¯Sá#PÜ]dDáN#M≠d ÊÀó
»Y#IŒÍÂKe/ì¬X˙äµr¶Lì¥Ç≈¢5Rf¨û>{∆åŸÍÁPYCcMäÈ-V§Zµ
µ'™QCmíZuÎ+N-∞}Ö¶
¨6h-û5ÎıäßMë’Ò"%
ë%Z<ùCî'Ov¸<Ç,>°@¸bÒ
∆/øêYÜ*,ª¿°yÛÊöõ‡>d4i“Yöd9≠∫âö÷¨_èNç/4m5©≥ÿNíEw 8DL˘¿0p∏É?>°¬ä>|Ëà.]GãÍ$Œœ
≈ˆÓçøØ“ÿÖ&†?.p}záOêê~8A˜Ó0làaf:å4±¬ä,¿»/≤¬0≤Ù"íÉ#=∏íI#©tíL*≈"LM1ôK0≥
‰‘í,>ç8"â=ô˘äK%U,RIı'°t åUie£é3Üb6œêÖç6eA√åZØl¬â&Ü‘QW|EEH)
%^`È[¸ÂaÄπòòêâ9eîâ†Çö*‡êûy^&goém™È6€iwÓπgI-€m∑Òñ*à\p¬gz
'˘9‰∞B>Tó)a$úÇ∞Ça°Ü∞Bw∞ ^x/îó(zÚ=:~ M@A≠∑¢Wﬂ{Q`kC∞0#¿(”0¿
£à≤Ω(´l≤œˆ-àOÀ0˘“J"…2ìÑ0e",CãIΔ‘”Q?•h,åE©hÆªCÖ¬ç7vuU(ZQ’UΩ`U#÷3œà%‰ø!
≈<â&ö4rQçØ¬pì{4b\ 7πX<Qò#$ˆÅ#êÁÇôi™ôf¢*x†B
)®ôõ8°0ggõâñÑÕ7€¸Áj•ëfÁ
M‹•≥j∏≠v3ââÄÄ”π÷ÍûzÏU0Ç•-ËCu,¸êi◊ë˘ Ñ∂ÿ_ì-™©g≥Zfiy«I•+Æ∂/_‹≈}\ØÓa•¿˝±¬l≥Ã8€l
±Õä§ÃI$ùdmÖ#Mhí„œ<ﬁ°NvS/,ƒKä+í¯-GL1ïSW±2ØçSÒxØÍ™ö•
ê@bÛ„èÕ#3´(π§!ª¢¢á#o•¡â‘Ò»FP¸pòå¿°«#†Y^…*óá≤ö)∑|ÉÀöeÊBe2˘Ü6„Ä3†9 ≥fûÕÛ-Ñ&°Y
¢J/ç^ØvØ-"åB¶Yg≠:&`¡ªF∞y-Åc3€Bıµƒ∏‡(äèrÙ7üÙƒMuìœúV¿
à`Ö2Æaª˘gPÉÄ[a≤Å√¡êB◊Í≈2hh∏ì»b#
 ÂÇ"ùLr8˘-Ê^±î#∆,rÈ¬Så,¢-=ÖF™´Qç¢í∫’Ö,≤ÉFø∆ñj4£œêF3î¡åeúëÕP£√®¬gÙ{ÿàê‡ÉPç
èz‘#“<ê®îôÁèÊIY Xf6]2-õπ»ÕA|„õ‰˘Œ7@ÖNÎ˙Y-.y÷•/¡¸Äú˜ƒW,H‘Lï5Xç±L >µ±ç
ó°˙ÄŸì∂VQ∞mÈ-†,´ƒ=¿8¿Äí…
|
Øh≥ThMeÿNp4§°O¬å√>•på
OÇ2!ë@.&¡ßõƒ$¸‰rÓR=_Òä¶à*0zE(Jó#,b"≈D@˝µ≈~UC 5ÀW™Q
l4Cï6(*-◊=ååf∞•É8o?@I˝ò?2’ÛK≠∑¶5µ *X‰L5Û»ÕÙ&ß„À)†|ìIM-ht˙ŸüXS4 |
¨î°ï1¬Ä∂QÄ˘ÜiØ≈ÇL
-$XÅ¡Ü¿∞yïl//AµÕß!`qpÂ‘Ù$-iaF^£o4£ÌZË∑÷-54“L∏…tÓÑúäïI:7Œr≈,ûKë¨O‰˘…∂,û˘MπÁ=
üE>ã*0≤&6Q/”~H\KYZäçѡ+v≤ç>CgK-á>„`vòt•Å®U`?H#%)Uä“@ûî•Å4©T 2ï…`¶/]”ô
ÑÎbwßM_h:£¶¨ ®E‘ní¿*RÓO8ËA÷ä?ªßyWΩ/÷`@@¬î‡:!ËXqπ_≤Ö
<"˙„/†™?ß)'!DOÛFœ›ıçÃxÜ5U®,¿ô±ÃI8O≤áœ»aâ*WŒt^»±ñÕl,H-,v˘ƒ≈H1"ç7+∫ßL%¥XL]@zØ
Ç∫ÓGÆÀCΩ‰Ÿ"9…B˙-íà7\†¡≈¿HI∫\ÂÀHÓsYñ<w∫ÿ{Y#}*>ÅßÒ;s-TpÉïΩ®Â”Müıõ˘-
nÓMe”“´
° ;≥‹öu∂∂U¸äç^ıŸ z^ÈôB=ˆªï”,¶Á ¯ë +∏Ç+Ä¡p®•Ñœà∞¥Ã88ﬁ¯ÜÅ˝∞8_®-Í-ƒAÅ\∂“iπöh
ÆùÛ=óäJ1cÃŒxtôÖ gÌe©dEu=fùU€/ÉzÒ+JûvÏû± ã‘!

!¯≠¶Ï™AÇ€ ÉDiñπ2ï°Ï§ÕùÆö/î6Õ\WÕ>UŸ Í
g9Ÿ…füÏÕ˜[µ7ïˆQ%ö«’¡PïV#¡ˇkIÇZˆ◊øàÈbD≤4ò (»pj’®ʃQ‡<¬Ÿü@–ãk0£!1RÖ–
¯B#e∏X0i5Õ)§a
è$[öâI«iô∏∆NQùØˇRÙWîb(îΩg“ù“Ÿ–ÅV¥™„–iˇÏcÉœÓGYÿøê\€$kØ5\°ÉHπ¡$πØ<vñ¬]πŒ
%§sÁn≤Ø∑3•ÓMí…Õ§‡Õˆ܆Ü≥õflù ™wNû{≈gc™ß Ã¥™ÆÛ©¡¿‡:ZmÅßJ‡_Eò¨àQÃD]ÛÑúm”`”
,ΩTLªÍ>XDflÆÒ/
'õi\Ü·j®¨ï.ƒ¬'´Åøˇaòܢ̀ƒäÖ\Kò_Y¢8%ÈœnÖØè^äW∏XÈõ’Ï=£éE‘≠nú?ˇΩ≤/◊•ñ,]ÙʃløN[lÄ„
,¨XíÍÖ¸ˆY&πYäÅe&Õˇçõ)Eï–¢îL
ȧ@rYÀ“…à@Lù°1í¢Ãñ=xq†‡â"ô«z £ÿJBú„9ûlià 4<√±`~>R!PËÒ“(π¿
êI1Çπfi≠∞ûÃœÃA+hÿÑMÿ≥ÿŒ2LãH∞<≤Ltÿ· _a><J`»ÂTàcı<Àà–9ÖgµÿPÏöÙaVv?é‹àÍd'`ʃ!
&ò˙!T˙ôQíçE5¥¬í4IÏDYfiî[≈’`‹
R»∆ôGr
“6,ñ†Jµ€`◊f–ó±TΩπYú‡¿–‘ ¢†3Q¿zç`Î°bØPYU]’]pM~ÖÄÁÂXâT\≈ôâ¿ç|T/€‘ yc¯¿Ã
YÿøÑ6a”á™…\ʃ/•âÿÕ%≥dãÃ%M0ñŸZM`Hãë¬Íà°ãô#ı=ùfõ=ç÷?≠Œ&¥BV¥a(LV–ceùÆVlI
€◊=î? ñÿ¡'»–#`Å‡ü/)
!¢‘DU»Åõa/!bK– q) !ç[<!`ÀpOˇõ “¢ó°õ&UQ…T)–$‹‹û’äûÌ™‹,Yç î@–·‰V¡†Ü…Ë]J≈çü]P>
°ç‰¿4/òQFQÓïöHl”3>£´©Ñ2Ø»àÂJH∂∞DÚy#<aà≠≈ZÛ≈àl°ãaë>ÖÙEüdÌ/S•?Ö÷ï<ŒH≤’£i>„&˙Ω
ŒêµÏP@é6Ù¬÷flAÜ¿xõ ¢xÄ!:dD&JB$‹ôLs°î
,F∆ù≠âfiπLΩI"<ùîΩiÕîFJ)Æ◊≠<Ø‘ z≠¢a\<$n∂‡√1òí.,,/ù/≤$üŸˇÎŸä¨¿ã≤4e>√≥V÷P≤lXÔu
eiK\#÷ZXˆPycJƒZœµƒO|±ÂZb±=Tpé\Öh%[V‡%Vî
îYÃ·èú≈è ˚ΩVÅ*ŸX4√+ #h…•]~†d2ì€°/V§ …ˇd$g≤î!Z®rùª≠L‹¡ût@<uYjÜ&YF¶–˝‹O{Uö„D)
∆%◊ê¿Â(tÕ◊Ù¶oˆdb§
eà§≠¿ ¡Gz¨ç¯¿#\3Æ\®I‡DK,xXÉtìV"üÜıÑe¡Pî”Üò”b˝ƒΩåc(å£g©)5ÖZFEç¨NÍ‹'ˇV
¥=éfl¯mÇ¯ÄŒaø®VêLíπflkÂ·3»'$&Ï¿∂}@∑UÊrëR¡]ÊrQ§Ii‰Föá!ä,g*¢•¶õiö®0N¿âÓOKùõÜOPO
¶≈‹‹{qú´éï]@ëMd‰™o^Y’*YQú»©(Ü‹´∞≠$)RÄxÇ^çö0C3√t~S¥lSa’PTRà7FaX¬SâhN∏jé¨…DZé
âıÑÙaëÍtaª,éÂ”Z¨œ•»*ÿ~Íà¯ô÷≤aÚÈY‹û÷µfl˚hC)ô°r¬4âñPH%
)ÒèúƒŒOñ `%‹ëîFf˜dâb&Gíh†á0ölK¡Õ^\µÍk“®´Ú
Ã*ç\@|¿‘lŒ"Œ÷ÍÚDYÛ ÜîfixTF…¿]|”|àz,çq,Å*êCZ@ÎMk/ÉrSÕQHIÃB2^£Z
°)ë∏rcï”XE)úÈʃ~|Ç!‘…•é–ÌΩ‡kùÊ©ùN¬œN¬$°NıÂY4√jÖÖíπ_ë¡÷@jÇ¬ÇA
¡¯H1œpEÊvlÂ≤]ßÜúébÂ™T¶~f©˙–âû(Kç™È*)¶iôı∏Iw…îq˝˝H¨ðû{°™z–ïUÕ^ÕÚÆ¯ÆÏÆîÂ–4èˇ–
íy† ¢DI‰–”™«√kÖD3IK·LÀ·¨ÕÅUn%9â–‹Ö<Ì–Ñ†ÿbqH,Lfl–≠Î[NõJë\v≈V õ=ÍHVËk=˙/
Ê)¿rê¸cÅpaŒ÷Cı„l!∞Ø¥¬[ƒñ\ÿQÄTÜfô!blπÖ,ñ"B «R@rÖÓ/Ã“0«À¿…%1!¸ë“∏Í´¶fiK p‹%Æî
o47¸•T¿,¿%.ïm¢êá"yœı∞îêÏíÆ
…ñÏyD@,¡.TÉÓ≠\H !a°ZWûƒÕM·5~©ŸÇ•Üë≠àî–„¥ƒo°ˇOt°€¶)öN≈{Œo\r¬˝ʃÌÍ‘à¥aiâü è¿4É
ÏÙ)Ωñ¥¡éj…V·,Z™!¿E\ÃL0ØÅ%à“∏],€±TV#¬•.≤> ë•®.X…˙[˘mʃµ[˘lFs ‡ÑʃÛ¶ûı
q¬ç“°ËÆËn4Ûq2±q0S‘x´,íoÌ–í,©™.ëÍâ&Ä Å3 ˆÆI a8flP•ñY#ñ–∏viø¬ÿ¬”;{Îb]ŒPîBàÙ±±
I≈Ëƒ•Ìà‘È%fl÷i^∂·˘ˆmfl
∞ü ¿®#√#€·∞Z4Y˝5â%œà@¡ˇ,Ad@¨€Yh∏ïÚfõã,ïïÓ∑Ú»«VOIÆh¸¨ââ/p/fl•JÆM2!≥1/Oˇ¥¨•4A<
Ï«àåƒƒLÃÌyînc¶IÄDµÈ™¿DÀ≠ë
ˇB©
™ô3Œ>\JpãóÚÑäX°,¥≥ÀóäOàäà<h±´èé’Ô=Ì1¸˙X¯˝øÙfiîü!flfiø,Ùøf#kQlŸaBKÎ–p
%O√(ÇFhÑË¡<¡(Axry¶K 1df˜–∏=ı4≥rÍ>µí"…<@Ãîh»fé¿%˝ÚÏ™b\Å‡nøGqµ1˘vq˜lÚˇbHÜ$≈ëé
lñôh… <)(§ê5%·7}S4¶/´M!ŒÀÅ;Á–äî∏™uÿvãyíà¨ãπ[;Êò˜…–'•Hfi„ùÊ%`„È@è`C¬$@$àZÆ%Ù2
tÏ@2+rÅ>îë¥(T≤%◊¡EoƒPxÖè@¡góûÈ!
íÇ∞Èç˘që™ Øtp°2‹…≤∞Oo¥âq%çX¿ÏÙüç“f“ÿ®ã •o˚∏@
µpÅÃà“ô4´Ãg.W§Eq®Ó∞¡.§PàùëÎœvflÕ>ê¶1óz√iπÿ¶œ°±äÏöΩËX}Íÿ˘°ÃHœ¿7>÷c@ˇÔ=¸Ø o
$ÏyüCBÄ¸7Óø“V·¸£¥ı£`…™E•N¬ÄE\å≈œË¡p¡hvD…|xJë¢ÄLIã2zPÒ|$+Ùû«π‘
˘TO>@s¡≈Í4≠€h´≤l”Ú4ê?Ä¿Ø˚¯lí“«D∆u…ÄOE◊:bπ≠6“äÄx2†\36√Vgy±¯•QeWñyw´»Ö´jWZW∆
±Ÿ&E”çcé·s{ãñhÕy4}”7=ö÷fiˆ˜û˜7$†Eøn>¢Ä&4D•÷>˙ÁíΩV3ÄQ®EK± É2à*
\ƒ"Ä(,Ç'PÑˇ'Ç`Å¶{r≈MœÁÇÊ…T∆®Ô,È≤rs£ʃä´8∏Ω‘kˇwπ ˇ‡ÏŒ¯B¶∞é/$¬®3%S¯¯êG
«83ÃhFí”‘iʃô.SünHÓ_–C8C»™ëq˙q{∑[#˙¶˘ä(QÚù≥[˘˝πfºÆ'‘…ıõ∆ªç¿˜å‘„ùÚœû÷~ã_œÔ{üã
–fiÓY|l9Ú!”aBˇ’ñ¬§^ïP≥À–».$+∏Ç*xB&<¬hˆ«ì«ıí(" «p&Û^Ÿ Us+?uDZèúÏ‘u9q E˝\,
3ˇ≤ÏK,ƒ∆ÓO˘|Ø=Âëfib†g≠ˇʃˇsëœ®*ä∏B^9ÀáâƒáÌkÅı◊¶XÉX„+lN∏Ç+Éhé,xˇàt}¨qéâ–3ıAªœı
õÔà€Ô|˚oA”˚@€='•y˝GB˘˜˝øHÉ¡<@`{Ü≠ô@l–™!D˘/¿Å
V√&QöDâ◊ûU”¯ÏZ5iô]S∂L5e»Tyzá%+V∏°B≈L7q ‘9SfMú7=LÉ0ÅË¢Gë¶P·Å¶
8p$IM"<d≈z'D`¿6Ïÿ±@Àb†0Å¬‡Nx@A¨ÿÓœp!Éo®|U‡H°tØÕ.úfÌ¿’C^tRvçŸˇ≥eœ|]Êãfeû1/
ÎÂkt¨^¶{•Vmöu¨X≤^ªñÌ˙¥¨”∑SœíÂÎ5fŸ∞]∑ä’™T´P≠àá:œ<πÚVöús

≈©'Î◊•O“>â§M<1m¬ﬁi“wHê&ùO¸|3àÓü14˘œ¡Ç•5ÑF∞œEiÿ¸£h"ç‘hmΔ©&¡q>¢dlÂ:,`¬á zxa)ü
ò≤i¶ú/ÀÖùjä√¨ê:
É Vú`C•hÇ
ı®ä)≠Æ,Ø»ÀÇD∞ HF»Ò¶∫÷RãE±*aÑ&?à“Ö¯íÅ*dÄäØö`t
SA)¨Åâ]™aFÕ^˘:Ê2Ã‡¸3’H#M∑;GÀ3µ÷f„
6?kìÂï^^±-ﬁH;4∂ŸÑä%îXä#≈∏Ê&=∫Ëî√Ó∫M»„DíM–€é;•»C‘ıÿ;ÔôfZ5œW2høÇˆ;»÷¸¯kïøâfÜW
%Úï◊q∞!ál¨Δ$`"|Dè1¨P"á´âCúúa/m˘“kfoqJ1ES»jØ•p∏ÅF €ä+¨¿ +F†w, â°H¨~≤É
¸}H'£°k
±L8]n‡RÖ¬ûz™™só
jÇâF§^îqŒŒ:cs¥:ô…”ODWÎEïá´M–Ÿ\É
∑ôQªs6ÿ˘ÑÀπRÊñ;N∫L´Ûy:Î8ΩnI∂˚ÓTÒ»˚.=TS=V©^µ¯\à÷Ñ∏VhøXµûhøØ¬’"d–>v¡qΔ1â^<)
%Y1î¿ê]öÄ≤ˆ&¥’ÎÖø_ò– ^à©ßÆf=j1c°∞©B¨‹•¯Âó« á¨WﬂzÅ¸ ß
6o≤I ?Ω°úDàØÑSÃı-˚ÚÀΔ'˜@Ç¨ÿ•#eîÈlè·úS3–ÍÏÂŒ>L#mÂîaé
∂Á_#˙?Q[8ùçÆÁJ)µT9†5˝Œ∫Ú¥Cz‘§µ;ıiÙR]ujW·´>VJHVYÌoà Öz
ˆø_$¨bY˘§@'QÕÑÿ¿Ö%(°‘ëán&ùå»o˘√Ø.¨$Eåc %Û™»Är8™<ªÆBñü,_√ ÈnÚ»ØÜ?1
ñÇ,¶ëû∫£˘ä,S©LS&)ó™`^√zu ’4HŒ“™uÜ*m[∂j≈
Àñí3ªŒ†H9ï#
*®†+p]e*ƒ)√∏Δè##àÉ@rô»î#Ô@∞„gû%H0 záh“ÒFãñ†FtÎ÷4h®6[Ml
€j»Vc;èﬂœe˝ŒC<¯oY≈ëÁŸ@¸ù¨Áœ’x˚$\÷'a≤¶ìÖi¶aòÿÒ–1œ°é^|LÙ2bL/*`ÊòB?Kñ@C
¢e◊√à¡∏ëE¡∞b–G±rI
ÆÑíV))(aL/%ı‘Rñ®4K+q'N “f
àIâ%–R'1≈‘EM5UïK.M’îJÓlU„\^M3çY”8sñ[k≈u≈ZÓ˘¿VY®@2Õ&öêE^ïTÚáOfsX`∫fë%b
$ñÿØ&fdóïYôdh"‡Ÿ†m6öi§I`öú´•Ê/j∞…
y–`
∫©Ògnªá‹oàóq Ω√tœQ˜…tî~B›3œ∞ÛÃwﬂıbÇz†~
Δ®§ÇAü%°j˙aÛ4xÇ˘ SaGà +Ò/´F B(¨Çí%!âO¡òÑ≤4-ÀíK«ZBM”Ü(“à!9€l6SΩíÕ++ZÓT
+NµTSG‘»ï;8Êÿ£í>Ÿ÷[C:BZÏ¢¬nlµÖ]L¶≈¿ãdÅÕ'Éf`äu…Xòb˘Vqôcf^Ü¶≈Ã√Ÿgù
±yö¨¶iÃŸk(ﬂ&äù∑Ì&kzwú¬)
\uy|íréÓÈsﬁ®1©–÷ É©w‡Å«éÎÒL!Ñπ¸"Ñ’ø%–Aç<Å"‹`"ŒÿìÎ.hÉQWf 1œœ$7Mr≥ÙQ0¬
€aJÎlﬁ¶ª‘”q’±'ûîJâ{ÙTÓxX#∑ë∑RUÓ¥ySQ∏E9m°ıÆé>ˆHzêÚ¶Ö◊ZÛR“V¿jß%E
%R¸Q†u9fá5&øWf¶egZ°öùÖr…™Å<ß»(ø=l2'®
ÿ'ä®u¡˘GÛŒãÇØ£êJÙ–ïr«&‹ÅJ8†ÄbH¸·2˘¸dÃØÈ3œŸÜ!4(¬'R!éILB˝Ò1òÑàÿÍ#/ëàdR°óN+Z–Ü
¯¶ïï\–XÈR≤Æ¢¡≈)ÓD$±[πTtqk$3JWã<á
–˝Ë,=,QÈÜ‡à&°Œ-ı∫Ç]ÓU$}çÖ.±ªÇ†éÉ,LB
Ö ÃÔ„ª2MÒ1û≈.£±çqÊ ;Ä«ò∑<:·ÈN“ÉMo¥◊'ﬁ»l{›fŸ˜¨7>ÒŸÒg–
ëîuÆCY<<ÿ‘0fDHΔt†K(Êñ¶]ÿ¬çT2>!6f q˘»è•yír„’·:%¡ïD§É)Ÿõ'UÚ8O∫Úï–íV,WŸ
°Ì–ï¨DeJjî∑˘≤FùãBÁ(!Ã“µ≈t;‹(–£M,©ák¡%Ñ®ñzyÿD≈ΩÑX &¢œ0@av'¡|…
3e•àö‘§Œ4YLc]‹õ‘90:ëÅá(≥SÙ¶∑≤/¯Ü6} É
Ö(9
gv‹Ÿ˜ê√PÒ"¨èAKüü·G˚≠Øêb“E"©–
@≤ëè%ÅH›¿É
TA
õö4|†L.ÑöÙê≠@9"bàËì°ú*9¥SªÂ–Ñë˙ê·p–c9ÓÇzÉ‹.óÍKï#ò˙%˘Ü
fÍàtW¬4§0ç!xµ´\–&f/CiÊÖHpQ6ÔEâ!@·
Z@8 C◊Ña‘ä{ÃÒ*≥W/nÊL»+ôIfè¡ zidM†$¿ßﬂ–@çh˘UùÕÕqé‡ª£C#Uœ
¢M™è‹ŸÄ◊ó»“rKqÿ®ññQHF§<@ÃcŸ¡çI`√^∏%*V·Rb¯áif ÇMªAÑ,œ“C
\rIy<Ê:óp”z•O!fïîp••‹u?'Ã"ÒÀuõò™x)–§•ˆ"]Î¬™U±rõêÇ3§@ (‘óœ´√W[∂)ª3dÅò†A
¢ÿª.q bh¢ÁöÀ˘‡ïïLyŒ[p»>Ê‡ÁâΔNØqÄÙb#ŸΔVœ√°¡B3ð≥,Ë¨°(Δcv§#)Pt¢·aÓzÄD.Δ
¥çÃ“#=˙»GÍ,≤!&Ò
U˘^xÉVÒRbfbD[(nQ]…¿Æ¨∏‹ÈP±.sÛ∞Ï‹Ëœ]¨Ó>Q]`÷Q•WQﬁiLøm]|€€^,xıœ_ı™2ïŸV)H!
œÜ¶ÔÉ§ÖLB¿„ÙíÅ≈D±Ø≠IâÙ%´¶ëßiø:â`Ñ∞jL¶œfœÜ6Êì™ Δöté:c‘¢PÏ≥<Óq:Ÿ–
„h3≈ç'§Û◊°ªk˙•»8Ù¯ÿÖ u0¡ç±©@EVÖñ&«¢¨0Æ·Ä+\·N˜îÄ√≤òπÃ2≥ÚïÜ+\sóÀ‘ÆÏ“+˘Í
ñΩ“ï±ò’.vë/%%ÎL±öœÄ¸≥"œ^C;cΩ/¯TÒÕ?Ïx&Ì0JO±ù…;ﬁH£°Õ`c s∞Ú÷ôÒ8ÅLN&áﬁ>m¿ö<˝ìè
%hA´sbÃ.*÷¥f(g˚3ö},±4{N¶»–ÎF–x£ΩCb:∞Qbw‡ÿ%uXl>Òå <˚–¸Fî°äXxΩ±Øò«›,fŸ›I0˜)…ç
ä¥CnÃaÜªò=Y∏tªr∫JÌ•€ΩÏe+√Œdπã‡ΩÔ¬∑w´|+†+1•Å/œÎ–4†}óÕﬂEœ∏ê¡$0S–
ú[Á`˘ iè5ÔL~≠à»,fÒë…iN§1uÙtﬂ–’o°øw,œ´éxÑËgß”«°#¢](√ †Δ4üê•Ì@j5jãß?˝ÿ7•ÒΔÛ•¢
OBﬂüÑë«Å%„ì.uàp «¥Ìb≠kø&ŸÁw∏w€gsrÛﬁˆ¸ß$,[6oÏ¢:Ç∑$Õd:˘&h

ÿxC†8≥ÅÅ7y∑DßØØP∞SB†ZRáTHÊÙkë&jF2¶∑¨Ga'¶QF{¨aØ¡e-„2êıO'?¨ÛqTG≥ˆy-3Œ°sê¢P
¥∂lòp|‡ÛpUXÖŒ}qêŽq-LW}†ƒˆH7-Ÿ◊HGud@*Øœm-¶
ÂßdÇ∞[]G\DÅ
±[∂eqeÛ&n/‰v,ñv_ÜnÑs\v„A‰ej”˘ë8-Ø(V[5V]5VÿÄ
ËÄËxä¿x8yâ÷MPp
∏áÄêgtï]RÇíëq ÁÇX°xrÆ7FÕÉ<7∏O9àð±24@≤P@W=nÙjÖ±Ê{ÃÒ(Ã-3)¶YáÄ
˘(PÀ∑|ÃGH êHÜîZ™µQMgchÜ9dj¿le~‡˜Ü*-ˆ™¿@°Ö>êôI≥ívW&˘hàrg˘ëcêÕTÊ∂T¸◊]÷.
8"xLB^ö(VyX†˘ë
8
Ÿx†xí(˘gâ&wä8ﬂ6pé
√;ñN|ÖÇ°Xa”<˜‰ìc4É'wO*óF¥Åå<x}r(ﬁP¿a3ä2G ¡3◊¯(VYk9WkòÄ Ä
@†£|VXÛpW[»tYÜ◊«éŸ◊nQU@ñ"*P@ˆxuoàuW˜
\ á¨ÿèI6m´`+®M◊Ñàëòêàye4í.êTp∑˘Heë8ÇÊU^{∂ é'Vä∞âçGíüàí§©Hä^≈í+9;P@;É
ò†ÄAWäQgE;π`bƒ`?9jÃ”Ç˜tXßAî##{<ÿ'-ìî?ó1g=PYÑ‰cb≤6ùéÇWπ3Ï k
µl«WZØU∏ `ÖeiñÃ∑bbc%mŸgË9¶Upñ"6ı»
o¯}w)p,`uœ&ﬂÄè/†èFΔdráòj†jïMŸî.ÙwsôJààiô^Å$wagc≈$ä¿ô
_%ÈÄ$YöàËÄí≥‡Ä+Íâ´yÂ≥√˘> jØ`éÜ∂È;W‰∫ r/
hr)úBIXvzàÖF˘Ú'z“O≤P◊·jŒy”©ç,£Ñèbô≈Ñê“ï¿@Øg∞·)FW»gÈ|Öá¡û«ˆtç¥∂∞çTt:I© 6ò`
èc#©-ßA¿ßA‡ü¸ièﬂ†uo`+/4âs±†
Zà^∂êbFvn◊!èZ©IÛbÍÕààÄ”ê¢'…ô%
ä%Z¢(äL†©
ähäÜ÷íz±†5™±ÂZâaì¡ˆø”ó¶zF™rA™äÑ52D˘Ç(Câ∏°îâ'O+S3≈¡'OYïE÷òÑÃ±3ŸZùõıÔÖçÄZg
F;pÆÊJñ„(lÜ§ÏàlƒüÀ ßr:ü» @w*<†wâ Aê
E-ßÎßv˘ÜpPd^-
™M‰Ø/®◊TàXÊÍ!êX©˘»w8≤#Iî$=ƒímÂo&Jöü
ä†/©®/©+ääXpÛµoâ÷öª-»@ßëdT§¶a"1¡£`;©÷õ∫8¥´W¥C''ìa™∂îJ˙O/ú5ï„≥ïç≤≠Wzï◊®ïê
¢àÄ_JÆËzÆc©,∏|ÕW¶Ñ¥%ê‰càün‡À‡∂Û uä©Ø@òØ∞ª∑˙ü
q¯´†6%;˘ô//ä
Ä
ö±w˘«∏;;Çá;„L ôô˙ô'y≤'ä≤(:ûpX`pÚı™¥ZÑQÆ[ã_2&Û´òr∞7“ì'”õF)¥)wFƒ∏'®∂'µ°àldŒ
IbTöPéÇïŸö≠¡g≤ÏÆﬂ ∂tRXd&fk¶SHáÜa¯Q∫ ßp;ØÙ™Ã†œU
“ÄøÔ{Ø∞}*"ü´“v/bâpa$FÚwF$nˆg±2nêªeóiI¢$h-CÍ%™Ÿ°Jí:,©\≤û€â¶x
xÒ$Û9Ä
» ì´ì<zÇÁ≥˘Õc¥B´rD√@ô¥gT-sàç%OÍàQiYÀäbÄ°ôÖÑIXÏ`'FIPY@Ægö% È∫|‰9é&Ê(Üb»Z>
üÒ
ü<ØØb†iLßlL∑t*
Ì«Ô[¥∑ê
Vád
ÎøK±ÛRñ©V…∏{Gëñâ©;≤#i-$¯fÄ:“$XuUŒtUî¸©%€âé'XØ_ya_Ù™òì Ntµ%
¥XEïQª;˘EπîØX''À4|§…öX{îàƒ€XÂFQ˙{/I≤ÜÑuÑï≤¿:CI≤†Ol‰´ä@√3äÛ∞|gii-◊HaËH˘
‰ÎHrj´ÂßoäœÛZœËÀ,°l«Í∞œ¶
x-«
™Mp·]waDÏí/^ëê`¶Mp'±âÍœà$>§$Ä/õ‡¿ï°-Wıô7¡Ø …ßØ_™ô˘p@ ∞Δ“Z≤“CF6<À&2v
¢O˘=8ò¨¿õ¥z2(¨ÅàœA6√·XO©(<3ƒI\ïD8µ>≥3‘±>àñS‡ÃS\≈Ÿ;ûÁöNe∫Æ]\≠elΔRÒ["ÂÕÙzŒb∞Ê
àœ‘∞a]Œ^ΩÎü/‡œEÿ4FŸ$gU5
,RUrg¯±xç°Gí#Lπ^ë-ä∏ò:˘h°$œ‘°ñÎg∑…<Ù$}MDü-'MqÑ<œJre$2â=Ê“ª€√J¨µ|'äuÀπÿq”'Gø
∑ï/ôb:'Ãyò@ç≈‰∫°Ω¶Øß≈·òNœjÕÂQÖÒQq[püðpq
I>,ØÁ|œ«÷c"'Ì[A∞è±Vj˘v^ò˙»¶ì©™®áâ$eÅ∏MgêP-âı∂ﬁj-UE ~Δí¨≤ÎuSJÄ∂©¶6â ø∫W
°aø´j†ª¥/hDà.m/8°îÑràà,√ÕŸÀøLTªÑVäƒ-AΩà-_À€gp;‡˘‡,sr<” gHc?
v≤∏„Òy'é>ﬂ,ß∞uΔÃMŒp{œb-÷Ê°‰U¿>~âIÔáM
Îó{h»$WM9g,w˜¨◊ä,ﬂà;◊®`Jo±61Ì>#i·^€#ÚuV,©{ÁH Ÿ6ü„Ø«´¢ß&=»∫ª']/
±,·4,=àŒÉ≥À/kƒ·- 'í%ïΩ«” ëù-Ω>CΩdÄpQ|°ΩÀŸÎ,¡çiÈ&`¬Á`“HkÍ∫´Ö‹€¸Õ<Δ=ÜÎf°∂[
÷dM∑Õ¿ø™¿d},m1UÏ° ^ﬁÖù¸ÚÏŒgsq◊z¿g.ﬂ˘À6lÛjÛ`!p-#ÌÖhŒ∞…éùöêç-
t∫ØÖ‡ ˜Eõ1X3ÃË≤¸“ç^à°±Ô¨á√+wÀÑ≤2˘≠l‘=”,TäÑ=ìÑÏ¿PûN-@∞€ä+¸,®éÍØ6 ÏfÍ¿≥7~%pHY
¢éŒ
ßØÅ∫∂[qâ'ÃÌQ‡ÎÂÃœE¿ø\Pò‡çM,-¡ö˙° $X>…:“ÏÖÌ:ÆgŒ@Ìl~DÚçÌÒ
l„6iNıÓo±âú|∫3_ñÎp1Ä

E¿ÁÈ¥ÖÖî`¢Áq@Èz#=oo/âû¨4¿Xuè±¡Ÿrøî≤A{1c?»/˘Q˘//€pùµ∆ÏÍ Æªmÿ¶._r"OÇ1üòOì≠˚∫≤
Û∆∂c«˙!µÚ£èÎg|Ë+™Ø∆^"   ,ê÷|∏V‰M]•g¢ÍÛ†®^,≈ê‹$♦,ÊÚÇfiG4fl◊û°É=flkûÊsk±Uö<˚Õı¯f
MTò¿ÓÚIã9Ÿ¬„&@°zoú˚Œ-◊rÂøÔ/≥ˆH´r®>O¨ñºOÈs%f)œ'ï¥∆♦‘ª‘≤0…˙$ã"Dç
¸˘se-áWv8ÿ!a¢å% 8pÄcï2U:T9§Æ∫tUXiKW[˙»¥’«÷Mú<lπ¡È“ß.ó'ñ]∂Lå]b™,+"Nï$‰úÅÅ
ï≥´”úm2m»&Eä¿*ö&ˆÎ¶MŒ(Qö6
í3H”Pπ>™’Ó\´yÂB {µÔ_T|≠Lïafà˘:”ÍÃ)\±8;EIä3([O]ŸµÖ85$+t,Y¶Ãé2vp\ç¿¿;H0@;£ö€,
Ÿ∆>[ÇÔfi¬‘®q0¸∑6î” ŒcÌåÅ˘VCÉ˘ı<ÃÖ}ûGç˜<·Û|
/+¡Ò·…£g>œª
yÿùó≈N÷ª˚ˆï$D°ÂƒE†xhåê¿¿+™H5éH#≠Éî:@i•2^ä•òl™ é
2˘ÏÈ¶v∫ ®mY¶*(®£ñ©¢)/°Ër®í
+∆6Òä´≤¬˙ GÆÜ`ä∆ÿ≤Î≠i“Rr∂Æ¬J0´†|´/¬P©≤J+
;Ã*-∑Ã+«¬tÏ≤!Ü∏å»31ª"œD¯‰Ä
FC¿¥2ÊA`èXM=c3†6Ël˚-∫‹ú≥n-ÍÆ#n∏,ÜS√Ü·lpQÈÕ
7ÎÑ…Ù;Ìœ/°Ô<UC5»3ï<ÒRuœ<Òfi±ÔUYÍàùÑ
ò¿+ Ç,˘Òı¿Ë\ç4^|Ò
cÖÇ”t©ê%e/∞√ôb˙∞'ùx»V'°∫=Aåeí“ÂEû ÇTv˘ë …´∫ÍJë«À,Æ6°$≠∑,¢$”b2I∆¯öRJ´‡B∞/
Ω‘2-..∆ª2»üë¬2µ2^3û   -%8†sN’Ú\má◊^”(-J
òé   ¨√‘:ÌdœŒ $Â¥:H£√ÌRBç´Æ∫Ï‘ÿÓSOœuTP«Kö’ÚVuVWÛõU   P∞¿\
‰ä{•êJ1Bô5“/®'Å_hClfõç#é>ËÓ¶ª7¥&òz
Ò&ùl·®¡cJëá≈`¶äT^Peï#Æ™™ÇQ±-Ã¡Bk^ÕÎÌ™-àè¨ÀôÆ¬lLL‘±BJTíhùKÑ±/ÎtâI˘OÚî!2N”ô?
rÄÊi◊™pñŒae„€}NPAw:fCa6‘hÍëRùÌÕÂxzs‘QD9MØ&èÛõïTˆC˝ƒÜ˜Mç/<˙fl€`>Y¬Ñ2ÈÔåØ-,kP
F/ØÜ6§†
hX flv,é
+@¿@_¥¡
LA:@0,∞
d`/R Aé0=Q…àbr[ú`%CI3êÅ «ucTAEUp‰óÄù%^ú„Z‹¢£$ΩeX®óÊ>«ò∆¯G?af%/f/pëKƒ¶1±»\ÏL
óQÀ)ú¡œ42ÕúÏîèTaA…€°tìÁ9ÔP“€fÕúÛ®ú%áfi¡fi†hÄËAOzâ§˘2EMi
}™èyò∂4♦ÿ@UÎëZ}‰√é™
ÑVhÑ≤¿Æ »!≤`∞X‘ñ3@É7bI¡»rÇ§ PX#∂HAêÄz∏bÀtäXŒ“7·I∂w°H(àC4ÑoxÅGòÆÄ
w`eHLBÀYƒ¢π"œSG:bëà00±LvIÍ¸Ú-Å†K}ŸãUË:≠`!wfí-d.ñ;"È
P»7Y!ë’i≠Ò»Ò•°Â>±l>ãŸÃ~c3·GgÃ·Ÿ£dv˘Rö%äÒ∞2j
3a®ëêî@˘4©…P±
ìÓéw,ß…˘π>♦aá}ˆá   L0‡˝aHÄ¨J@(%lóh¿Î±A
.‡=@/ÿJ¥
ÄøX@:-Ü♦
3X@-Üz†A^ÌÖ/.àu(2TQá∫ŸMG XUg§3/˜ ‹Ê‡yŸwä%ImŸƒ\ÊÈï$ÌÛ+ó9ùì¬ƒ.)Êe†}ÅXœ∏ªl¢
°Rê¬1-2B
ZH2:Rß2ƒaÛ8M…RÜ2î-ëerûv„>b
zâÍ
rpÜΩPÂSCSÕ°ªSGíhè¢‰wHÂR˘
Á°yÄîzíjû
ƒw©N}á!jÂ*§2@´tZ{y÷û’°$♦V°À8¥2ªî+˘K‡ú\s[/“÷2'î*|™¡»˘X QDBÈ*
+t§xËËú˝µ§≤xÖ,≤˝bBOã.«†¢FX°ëUxË„≈4+siËrGFãYå∂§#m+5ÄNƒ•≤iÚ‰ÿ-
&πÅr‘†ä„\Ìu˘:Üíî ø˜õˆ≤¶‹ïÈò´”SùFí8fi9RôFøX±=ü(™™ÍWø♦4µ©ı·)muÜ?PW¸C#∑/KH£·
´ø(+Z\¡Æˆ`hËÅ§Â∫6ªÜa˘”ëneV“ï∞Ñ%∫(Ö„$çO® ±Ò‰*ß$Ã˝(,äHqØW\/≤»ÛàI
∂WlÁ.˘9°©£]é˘»"∑∂»À¸bí≠>%!(Ç∂˘Ä2ê±É°q∏v≤∞°\êÍπœEîÕ®
IÍ™TR   !!'ùÙîj<á°)Õ"   oúœSHuœ´ÕÃ>TÕè<♦±fl{@)Ë˝)Å‡rêË"∫!gPé|A[Ü"nÉ€\$£K♦Ö
1ë©Ã,†ôgç¥M€ñv(¨>¨·♦ÜnDŒ÷ÁA:)€NÀ¢∏◊ËãÂiƒÕÍ(ÿXãW $[ÖÊìlì˘¡¬dîm:hÛ”µ-≤=Á…ïà!
9cfRf,*q ¢çw“hùH∂Â@Ò€:µÒÕó)µ®î¬;}Iè®‘WxHï≤†¡'∫À]Â\9È;|™8Ÿœ=œèU¯ÀC|
‡#_A7dxÄ˘,¸N‘!
QN
\ü¿˙¬ı|´)`Å◊Á^˜ªL†)x-"´
"4°ÓuÔ _s&í♦   «8°Å~¨;ÆÖgésË‡5ãΩlÓ-≤‹À’°œ‹E,u∏%R^TW0πÿÖÏúEGíñ»#$õ…
b♦*ì3≤Äç7©‘ ..·‘
@AI7åÿ
v3êfi♦Æ6˚˘.ô»≥§@
¥‰P$A¢§Oq/ˆAØR˘TaWY*œcá˚°D ‰èCòÇ∏8Ü-∏E¯É¯bAåØŒè_PÜÄp♦ÖÏ8ûpÿ%p†ã7pÀà(<;ëç”-

ì9π≤+3∑82Ä*®hä«°ú(P"q≥ø!Í>=@á6\:_˙œ˙S∫iø]É<§∆Ë
,Xãá!1?¥óëøð¿ß`Ó#?Öj®lÀ6&òÖYÇE8ÑF`ºQ`¡ÌÈ3§Åö®yM2§íÖ
¿Ñ
êv@≈ß:≈T4EXLE˙àØXÜ–{L∞≈axY‡ˇ≈<3≈¯/AA€≈–#¸   =vê8c$É–€A;D‡CxÄiúFj|
lÏÇËÇFxË(-»"-s†EP«u00‡ÉxÉ
*!eπ«\‡Ö|œ6-G^®É\®‡Ö.‡ÖÅ»\»HHÜlH!»Öáá»{DäG0•r£óx…5ÕID7dë'& …•{√•[±•Î>t`Çñº√
∂„œY@D<Ã6ÆÄIxÇIùîóÓ+ã)ìlk;&HÑ° XH!X¶\!(Ñ•tJ>‡ – 00≠'J´‰#•J≠4Å≠ÑG≠‰0òjò0–
Åµ*pG∑áK∏t«3ÄÀ∫ÑÀ)PK∂'ÀXK¯À)–Å¿DKxKuÏ∏|À3HÅ∫<«tL0hÃ«áÃ∆áLwªÃƒLÕ'Ã3É3p«Ñ'¨Ç/
†'LM:HÑ'!ˇ˜,há!"""#$$& &&+,,
,,($--".-*/%23"4444%4)555' 5546-$:::40;;$;)!<<% <-#=.(=1&=<9>5*>8/A'BB@CCC%
"C,$C.)D3*D9.EEE!E6.E>4F@4FFFH2(IJ.'KKK K1+K5-K5/LL!!L&"L'&L)$L9/L=3LA5M
N>60E:PJCPMJRSS(&S/(S7-S<2S>7T!T##T1-T52TA7TE;TI=TKCUMDUNHWQIXX$%Y"!Y
$#YSLZ6-Z91ZOH[)&[1,[21[64[>4[B8[E:[NC[RJ\-)\=9\J>
\JB]UK]VN_XM`90`YPa62a>;aVNb&&b-+b?4bB9bB?bTJc)(c2/cG<cIBcZOdNBdOHd[Re]Sg)
(gaVh41haWhe^i0/i=8iB8iaVidXjF<jJCjOIj[PjaXkC@kJ?kQFkUJlMClVOleYoD<oh
\pf[pl`plbqK?
rGBrPDrbZrcWsLHsRJsUJsYRsZNs^Usj^tk`umawpcwqgxRGytgzWKzbZzj`zpd{ZR{^S|
qg~viÄ\PÄsgÅjcÅndÅrhÇ]SÇbVÇb[Çf]Çk_ÇxkÉzoÑ|
nàÄqâiaândârhâzoâ}oävjäÄrãÉtåååéÖwéÜvèÖwèÜvèÜwêˇrêÉuëyoítjò{qôÇwØØØ≥≤≤∂∂∂øø
ø»»»………ÕÕÕ–––◊◊◊€€€›››ÍÍÍÏÏÏˇˇ»'ëÉé¯$t‰»CÜíIöHq"Dãî(f§Di%Tõ8°Ir‰¶í®r°,ô
+ó™ñ/sÌíπ´¶Õ]√ÜÒ2ñSgN^?yÚ
íßO†8o/\Ÿ±£HéP3RúJUTè°öBÕí„&K!øÆK2$Hëf"¢]{U®±j€∆ù˙î+ßØa¡ﬁ'äwoﬁøî,Yï$∏™aIë"ä
‰G±,≈~9'82¡ÀÔò1CÜ32e>ì3EÃ"¶   &xP≤BÖ}
r±ˆ≈ä7Êðİ4,/ì'AÇT%KUJT´ê+_"eKÒ2á%ïésÁ∞^◊≥≥>tò±ÈÿøS˘ßnS¶qí"Q}Ï®ﬁ£«¡∫
£rîÑïìSÆ^9ÖÜH)'ﬁˆwË€Äl–%WÀ˙%Ë€Åí˘Æ°~òïz^ÿü$°p8Xaá)&   –¶ÿdÄ$ë•ë¢d}¯–«ef•
Q£v‡hFûÖVZiRêQw¨&êëØµ∏êCë@$ë#õ0d–î•Qeo%>• &[v…eLƒW*≈=óã.gŒ§ÊM√
‰"]NF˝îNø•ÑN·!≈ìM√Ërì*Ä¢ÙQXÛuDïn'∑á˘oı◊ü%Í©◊ÑëE÷†"1©Yö~§È[Lπ•_§ùä/®©, °
´ﬁµﬁÄé~˝hëáSEÇX≠ì16¢cÄºð+á%$–ôqGg°ëaGhcáÊ¨≥c)Ì@U€ö#M÷&–Dét'–(îÄÎGõ¢róπ
\¶˙"ó≈m"ªŒ)µ&ün"§"v√'π".€   ÂQ"ugM},Dìôπ∞,"y$y:"zÌ
á)®Yét.ƒŸÂûHõÎ1«'YxÒÀ'aZr§ØurXõéÃ≤ÑG®°ÃØR8≥`ÇxÿàëH"cá9∆bcî
–#3;Ïf9ÀY≤S)u'"…«µ@'–ìµÅ+–îMm"ˆÿ¡ï‰nó.qYf¬#<ØRmœ9ú>e∞>wÊÑ>õﬂ¡Ω/˘Ûíã‡–)Ã•Há
£r^z+Å¸pÀ¿È•°I¬Wπ≈¡AÏ˙¶OπÖR»¸µ:ßlç.†£œ
)Í≠>≥ÇÑYî3aµíàòÌð&∆Ûc@Ì«lØ!M„ö€h»C≠¥vâPCÿ*Ñ≠∂‹•G†Äƒ2J≈…≤∞s+‹í‡‰ˇ=8N>ΩôìÖ'…
      v«ÿ9ÁP<£'ø˜"Ö¸ú"Ò,ˇˇ¸ús5¿ÔÍ%äK`◊∞«}dTÁÍò?÷¿Aµ¨A.SP«Ù≤≥",É3Îè´P∆™öy
$u_°]a:¥≥©ê»ªZàdd(MFx+÷r£ëA3«+√˘® "ÒH~@¢A"°"Ü§àz€ó∏¬v. ë Lœ¡
¢«78Äπ…'"a˙Ä"ßû¿)_ÛKœƒÉ>˙…Mn>! 1éÚÚ±¢&
√£Rÿ˘UÏ¢è.πî\Z˘ñ≤   ÚÇƒ‡YNÂ9+VJ–ßz!I(≤ˆÜB≠zùÃËC+√‰n"ü‰Ø«8$iI¢@rd#ß!/Y…
KVAê=R.…VTW∏º%À
Á8‡{é¯∏¯ø¡•o«ò„ÕH∆ú,ç=J¸íiá~ig's‰éu≤√/~–œ«¯·F†¸B^ÄÛﬂﬂ‰ıß?.áÅª†Y:á
±Hy∞sí'ÁN˘©é°LtÙ†«:Ë(ªdB|q]o\Á™á¶083àÌl√Ωp+JÃÔJtµ©íáI'–E:!öte∏B
r∆$¢Ií±'ìÆ4E±°K8WÑW€HæfsôD£2≥âLqô»ì&2ì…Tj∆©ı€€ﬁ|2UiÚÇ©˘JÊQà,øÏ•&TJv¿@Y
ßge<ÉF≤êµ%ûÈ   pWãΩud7≠'@ÌôñÖr™=5Ò`˘s–R≈V?3QØ∞ı¬»4∆EA%AäÁ –î·≤ØDû#V
=…LÜkπ}Ä#◊í¨≠m‰#0øòq.µ©ZçÌkÉöT§÷…©N'8á∫[p"S('ÙéwòJŒq¬6úµM&vÙıø≠éù–QSµ8AZ0ü–
Áää~ñ•äñ3d;H®∂¸Síö´$&Zbv–¸}ñaÎw¯çÖä> C"mf§«çeÏÖ8[KÌmËäªà˜äß}éjÅ,&ÄA3∂>Íq_ª'
5ô"8Fà•1biÏð∫=Ón;LŒ„¬∂≈ΩP¶1»È[}·Îπ7¡ÒMÚ8ìûµb@&„¸Ÿ»«ŸuÇ≤'ƒ E:.Úº£™'B
€ñÉÇÖv*tËa˘v+àäH±@ª/ R©4„qFY†iJ◊Lπ˘hµ¡ÂhGÎ+öD%ejŒjfŒû∏6¯M•àìô¶˙áF4Ü=<,dNCƒÉ
ÜtäOºh7ı™ÅNfã}'Ná"ÿÈj/¬˙\¸O^Å,kYàí!£Àq+√úÌzπ≤Í…j)Ÿ…§º»FhUÔ}Ô£
ÀBâÇrœ=√•DpgJ·a∆¸'C„Ü2†Ÿ
dpÉCò4Ωm>fJ',–Ñi&¡ôëô≠M∑ãbA≥`'1§]È?Zﬁèû7Ωgõ€¶∂∂©ÇÜ7ΩN„:!ï´"*WÎX˙±p\ıYÉCW¥ÿö
rÛÙX";áûÏB»\Öî'U%BÆª∞ zËT§rXûŸÆD</dØFsµ"i@¸àµìUŸ4D¶S˜¢lZ∂0–m=A_ù…
Ù•∆ﬁÌézΩﬁËH∫–çœ¯1Ú–oÉsî2ΩÓuJ√ˆµ' g/˝"i^,w∆¸tùfyUrä≥≈ÊÁsi¢Gafqa(a]
„âêY<,NØIÚ÷ìû§≤êÍBñ öVY±ÀkuMfW1Rfà$mÕX€ÿﬁπl)Á9ãç…+ÒûûÕ¥øs#5√∞¥ª©·ÓO˝>Ñét÷!
≠ıGk}ﬁ^ü&8C˙aàù∏…∏Ó>•iŒÓ˘∆tàóz˝€^U'8VÁ:mrG∂
p∫
ÚJ/äd
ﬁZsyÖrÊ$iò[f"<Ì‡ä¿êgÒ˘ü∑+á–9íDIí4;ts=Ú©Gìëð1Zr¶E√$a∆§>=ëa¸÷T"0}Ò&uOá|
øu'hof7u)ÿÇ]ó{«{•¶vlc˘¶\ Wpzá[LÂ?3Ü/Å„\,∑cªêGyÑ8¨Fk

%ëHfs9s≈A"√(.cOI∂kX2*Ô']ã"ÖEMª¡r/◊3∑Ú+¿„lìE,a,e‡vPmÀáŸÇãÇV$a/°0|
88y'&ˆS îh∞uÒ∆{ÌiOÁn.iå˘®u*h|[7ãêiL%oÙ∂v"G}MN1∂}ˆ„?
ßipTDÕñÓÉp‡w~7]fıcuEdflE•^w¯`Ég6P/ÉVÅÉ-r5dÜ…."z¢7#w-f¿åö·≈√#óuY'3%
(ë¡f6©'SÿÅ≥uhÔFÇ!Ç"Fb(ÿ{T◊àY'â·8u˘∆uëv|"¯"8ÉfUä'óèg˜L:·F¸Hw…fU`8'pjÚ.T@ØòVá
%Kbs1Üf2Vòd`qSxU3Zë¿®√X+ïX,Rs9$<Isk@<w¿#'∂#†tfÖSÃ-3¡EÅHFÕÑU¶˘vıé
$÷ìé(bËhéâËâ‰8}ÌâÛñoÉV|+hoòhè1ÿbJ©èT…T'∂TÕt¸Ë}ˆìM¶ˆ7‰ë5-hÚ.}®j?
ñdÑ7o*†íIh)È1óèC3Wñ¡∏y∑"g∏Ùe7§_ëÂlÀHzf≥*)çf@%D7ÿ¯)@«•E7ÈsdT«≈n…0bô)î„òà,u
$àÇç˜àÌ∆î˜6
*hÇ≈'o∫Gè''h"êv"•SyÉ◊T∆'â"êbıÜTŒdaftÉflGc¶ÿ>¸3'~íú‰7ñÓ§á™0≠ÊÑ"9∆!
j^8ï^¸Q(ªâfËr…fJ-˘,+I3#}∞CÀXò≈„fPmd„K)Â@ÇsäBUiZÖu%fé>9Ç=)u„xé<πì?˘nLYuïxî?
ö'âîHõ.∂v∞µõj:hœáïÈ„FÆıT2Ê°¥ï>≥Ï$V=Üê*¡jzò~$óp˘9…¡,:Ì∑çÇÔ1+ÁeúáK∏C*
"#G≥Ü(ynp§ovÄáá >{Mfdä¸Üu.»ü"˘üÂX†£ôàC…àÔF
öõjé®ô•`*ìì¶'7ï-ÉØÈ¶îh°îfòËö®('"diKÂâ˘r/>'?Q¢}g8Ëw+∫¢åπ~ Aù˘˜9N∂˙◊!Ü¬ë.t;»e
3# QûÀÿâÖ…ü"ˆCo∏…-#¢îYô∑ghäÊ•ÈËü˘´Â»•[öéV ü'ÿ{œá´£ôÇe™{ø∫uApƒ
°Ø8°ìÿîªUßIôˆ["∆[Aïï÷¡g?a?tßcc)>ÄD]*&ãÍ¢-ãà*ó4Z9Æ2.ìÍù<"4d"IDÊ9Y'˘åIäzd
£)·1c•[áp·´≥z∞˘©{%∂à˝i¶ÁX†YÍìVj¶¡Çøz¶é8
∫)¨…öo¿/†•Ê†d
bÀ*bˆõÁ&G8[øÂçı„≤∂UTsfú c~˘¥áÅ§ê¡Ñ@·∫®ÅWxÑGqfÒ0ÉÁWQ
%Òe©ASJ#ÅπC}`íEJ<ÌŸûŸËòcU>ı}ã°π:o#∂ +±œß∞1x•D öj+
eäönÀ∂EŸnáXîà8}ê(∑!ª¶é6â/HâÏ8o‡îh∑◊LyÁç@u{W)
[±•TAewIä&ìwD≥Ê«≠;uπq©~t•Wô#1î◊ÒÒ†Ä|È35§Q
°®TòDrìeêì¯zfÚŸçÜÀaäVuΩ∫•∞/ìsKbá¯∞ú9é2∏{TW´>Èð[Gb À{àË¶≈˙ªÒõEŸ∂˙∑√W¶l
€î&®∏B≈t9|8â{¥≈µç˙∏VÏ4πE(®hrê˘†1Qáöπ7'Æ∆:©C©∆CUC≥±"}0Ø3b,7Gµ∞[¢?Öªéπä´CI°ù
∑oäö¨∞fö˙˘ô¸i¡X/ìK∑â8∑¡{à® ¨•)bè¶¶Æéßπ°|
[u∑7√ f∏,b√pu"ÍÅ«5úµe≠Âc8v>Eh~Ô{&™Ä&∫‡'0·c∞ùäÍ`b√Ù±Æ-$"ı≈X«òQô-
ÜTªÏ˘∫d¿'®™ïxâ˚ô+¡'ö'¶s˙™¿≤Œkàj;Ç¢´°!X«uo∫˜«&«¡
¶+¸´QWî0˘<∂*ÿ∑3°™∂TU∑n˙ËL·Àv}ñ≠¶VjÇj~¬ä3QñŒYøŒ9£-iq6°¡Æï:∫ã
°"5§ÊiûË9#µl,≈c0∂°¸F√TZ∂√´∞$Ã∂&l±∆|¶°õ…»n°Ã\∑u+´°'u-Î«%åÃ ±Üú∂%(î'Ã»°äì˜∞.F
à±bÑ∏™M5N∑gTu∑µ‡∑…œıF% f>™¢
Tøg≈ØÁäiXπt≤ë"} c6f√µfBY"xÊ„˘÷°cÁµµä«a{«r€∆n|Ãm∑p«"Ì°/Ã∞Ã°Nâ"g*∑◊L∑"\Ω'õ∑€[
ö#˘∆¬pºΩ>¨¶+úàvΔä{√à¶Œ∫€Œ˘˘b-'≥éœeda6yúbÈ'‰÷≠ÁHHà®Ñùã¬IT¬I°]M∫g˜≈D/
Ç4â¿-Ñ©û≈≥'ÜÎ¶Í<hklÕ.>«}\∑Ÿo/¶y=
{ù◊$}"ˆÕ
"_
Õ°ÃÑ<"Õ‹«l¡ŒÏ«Ä\◊-L" ,"n¨±÷°°ju;
±Ë(∏R˙aoç«}±Ë¨hF
}Ì|üûð/n$˙¬÷ÚrG"e@ÄÁ≠ácqxÅÑE≈S,'∏¥ ≠ß-M2≤¡É∞Eí÷Á˘≈)IF}ôSáéa+»-¨Ÿ#Ã
'Ä>ŸÕ{/≠>w˘-áΩ>'Ä>›@»â]∑m-"†>o¨±˘˝fi-,ŸÜúÄïÕ•»¨ÃêΩŸ7>ô,h/KÂ¿&ÿ¬^ÀàX≈Œ}≈
%≥uWô?0tó/7F"MJÒpÕ©≥1a8ÔÙ]ŸÖÖ±\Ì!≥rPsM2‹≤-â0w¿,,>ò|
PÀw`ß∏«ö;©üÏñ»˘©Ãìç››Ω>ÿ"-•-Ÿ'ê>"P
ì=‰•Ì„Œ´>$-
E>fi'P‰Â=ÂVÆ‰#LéEéÂ•mÃ-Àÿ¢±Tg"\°Íµn
î7à‡DÌõüM√P%\¸òtÇ:πwîÅÔÚ¢M¯ê†9b√IÄ -m6K!˘©, (ÿv9¬ûv•a-Ìn˙â∞
± «Ä}¬LŒ>úûÂ‹‡„õ.ÿE.ÿÂ-ÍÂMÿÇ∂ÂE~‰î=Í€}ÍSŒ
£>fi¥N
•nÎ∂.Î∞ÎXÆÿ√<»«»Ω¬K´ØzŸıX¬gªâÈÃâö˜Ïlgô‡ÁnÁñœ/
]cŸ6WÑS!7t]ÿ!
Ë†4ÿíép-±"gm$Sãì¯©»28´∑JÔë=éÿMºÒvÎ†fiÈ?éÎ‰˝Í@Œ{´^
¶ØÍ>P
ªŒ•∂Ó•∞•R>Â/PÎ≤•$<‰™~Âoÿ',¡fi‹∞%làe~∂@â∆úËô-´onfiÊü>ï9I√¥˘≈èH°?'q0ÛL ¡@+≥¯mÄ
%AÉÁŒ"dΩRi]§íûiÅ<¶ÏªüÒL>ıRÍ˘„SèÎG~‰Qû•\o•≤ÆÎπœ•aÔ•∏NÂSÎhOÎœÒ$ˆ°WÂÿÕˆíM◊%"OG
´¬»-À•}o´+/}}\ÖÖ∆¿o>œ‹≤ÒS≠o§?/¸òÕ·≥'-Á QemçCfl"úèËÓ.-
ùâ°yÈ§üÒ!8ıY•¸fi‰W‰ßÆÎpo•`/ÂÂÕ•¥fi
è˙∂û˙ßŒˆh•/Ò'PÒ√?Ïpflˆ?˜N•I>¬/KÊÁòÕÕm˜%üÚZ≈àFôÊU∑Œà˘˘¯ë|T∑Luì>˘*74{ê¢°
)jECë'‡&Ë‰.‹-#z¬,lA…ªÁº; "
<FM‡4i'§∆≠°Bá´E|ÿ≠°Eã‹&n§à-a7ç'2VIç§FçKvSŸre√jMñtX2¶≈j/H.‹YRaœôù∂∞`Bj"
"< êZ¡Ç

dıÈ'¶"é'¨'Í÷ØZªÇMv¨Y¥iáô]{¨Ì/∑h·;få◊1^√xŸ'€7ÔÆaÄÔ"\8Wa]πÁ Öj*»ë7°
µ…"¶ î6I/°)í$-°Ir… Gé¯•I''-ù÷≠>¶5ãÎQÇq#\àtaM‡2AÇú¸!≈è4?FtÈ±FË,°?Ô∂Q
%Õò:q>WhQ{Pö>Séfl∏eR†I£&Uòª©T´ÌÂ#ùj€ÏX∞b°Í˜zü6YÀíÎø˘/bã-ƒåF/wiØ∞¬
&óatâØ¬√ÉÏ±«"Él≤!´l9Îl4-F+ÕèD·„é>VÉëè¥§YÎ™Ñ÷€ä**ä∑°êÉ»ªäΔsé∏ÛíI
$î¨[âªÍX≤IJ,®| <°°€HßúΩ &òÑ™I•%dö&£°|î!•RËΩ4Ø≤G>ÍÃÔ
´9èƒÛ>≠ŒÍi@∏fõÕ@AflR∞ód˘-A¿L'B¡´¬¡cÏ"K='4îA€,E"L3çE◊¯fT÷•{ =ß¶Ë†WìJnH„éÉ≤!!
ó'R'Ê∏N§Ê^¢íƒ*©&_©- ª.≥ãâ;e{r»K`}¬ ¶°fZ®®'´™∑7Â[Øœ¨¨K¨aÆƒ¨U˜Ïs-"¸‹Ò@
§◊ƒÓQª\pØ}Ætó√ §î∞w±PUrQEC{3NKÏ,4"$âfG¸àÑ'Bœ≥O9}€-U™~§Ë•Ûä,n$ÁñÉâWé†Ù5•cèÙï
X*É>©:ù∏%#cErvZ£ÉùV£â2B≥¶6Â+*™n¡µ˘Oß¢"ìö∂Ú´]±Ù;7^µ 6ê-B>¢kˇF¥/¿àâTØ]ñîØ"[óf
k∏aásâ5„Ï3PSsçEQ£Ò¨¯œΔÒ'rhöÛú∂uπÁ|
•_ìeI;mXƒ˘»Èäïéÿ'ÉΩÓ&jÉÜRˆôHZ÷uì4,ÚÚk≥eØ(ˆÿÛ≠<¨Âk/r>™Õø:ª[^∞˜pz≥®?Δz¥Ër
+Ø_tãmÄ˘¨B¬ÓÃ¬ /°P1ΔÓ{ï\Bˇê30ÈO-4çÛ/MÁ∑ˆù‹§P≈!Ÿ®»LòÕµ$Y4"Fœ"§œAáI'ÒÎ¢'9cë
YBπâInE˘4Ó»ÆKflπéJ†fúax?boö≤£fØ>n¬ìV"UC<±ÎN-;WΩ|Hõ∏¨
_{!¢ø¯%ØÙıEn}Å''¶Ø≈<,CÏÎ·*S˚â&c*"çK'‹-r«Qíπ!ƒ36Ìtƒ{NNÃ¯^Ep%©°ÍÜe%¢·%v-*…
U≤,í¸¨ç$DSe≤¥•úâÖïä"Óú"*Ü|-+dkómƒ"CLÍ•O◊/ïñµ'Emsa€ÇÙ†%&jâKú€§'˜DHaä1öL-
It"àÂ≤[[£∏'fûà(RÅMC‡IH:†it¬ƒYS"πV-t©+f?H≠:˘Fê/˘†IFr´&]â[
ô/∑Is i>t*»
'gÆ"hrá#"JY¨Wña‡Sü'3KÇ÷≤µ}`ST>Û†ΩFaZbûà∞≈®¢ä!/Ñf*ö∏-Jû≈ 1∏±¶ÜH#òNÁÁà íèL
"sÕi`ÈR:ìV)iydRîÓx$£%gh|4/±ííÔ`3<$ìO sífl /x,:Á{Δ5ßK.Øj°|˘,â…
M¸∞^Ü˙û/¬W R÷çmb=•)Ÿ6∑ÖFoOú"˚fπ!M'"~ü˙:mÆù$ÑÄQ$7¶q¶jÈ"<÷qÂù(=)Ö)Âc€ΔûÕ
±˘õÅL¨-dGB£YS[f,
YXèoúlza∂`.flo*PŸ
T∑&œb•+eQfiÅ,"(πH#îflÎû1ƒgV≥6 Ad=Ë‹™÷Ñ%,ñnm¸T!…Æ¢ürÑgË∑À8˘ÊëDMZ"Nä
$•Vi8îNµƒQƒ"ï¶œrÈ4á£F8Úlu;/qdó«Avsõ]äVbõ√_õ
G:¨O7ò"Å•17Ì©O$ë◊'±-â£•Ö≠˘ŒíK#fipáÎôœQ÷Ömuîø/÷†∂1™îh5XÜ*$(ƒïoÌ[¸P1KËBóñ$™ÿ7±
-£"¬ôcc«€3-¡Ù»˘Q©˘g`˜"Wt/π†M£fÿ)Aˆ%‹ÙŸOø"fl‹ù∞:HIwi´ìëK&ètû'dòßoQÌµ\ŸU˜T/
Ò"ü]]-†J¸gcË,î¬êõ¢T¨ØÚùÔ0àÊ€§/:ÀL…B®ÄÓ&&vEPp*"Ë¨öST%9…»ßõ‡ïß
¨û90ÇJ•xÅ≈fi˜/T…%πcŒ;≥[Ì◊õfi≈„ï(Ú*±˜ãnÄqK¨ΔHï'¢≥µT´JWœE°Øe2ì`ˆ´§€c0c-…ÿˆ/òÒΩ
´2QÅ·À*ZœÕΩò`}#XÖr!áf¿Ofiç-q•'£iNÂ[UÃ
NœjÈúÉø:o˘¡≈ªΔ&SG·_r´˝ST3 Âu>5ÅΔÓÚ∑;"¡Ïuòv9
Nƒ¶YgV7∞√ûñFOÑb≤´yÂŸΔcjTc;œ™Zò+¯/
]t€I∏8 œ¬.•âı6D)40äy"àÎ¶ò_jeLfr¸°|„;lÊƒ6Gÿ•ÂËJ w8±îL¡Nì'≠ˆ\€…>:∏ØŒ·®NªyìÛÃ?
ÓfK\v≤´}%êU&âx¬ ÖØÑAb∞C"ØcÈ Xq2í/ë≤„√9{™œ÷/õ¨˙˘y1!ΔÈMfls q€É˙û£¸|œ
}‹%{ƒÖ`ÏÙuSËÈªÄ∑‡˘8«‹2ïŒz÷%,%\Câ…GÜfLè|:S;°…dwªÙ£L,¥S'\¯Ä;gÎò•QêÁço¡QË
Ôb|∞√·•♠'‹‡6h¡¸y‡)àAdf†˘˘#ÉÍ/UÄóø:óÅa*é≤$^¬πcP
<"”-¶-- 6>¬'∏»@◊„%*:r¡S2®ÖÇÙ-ßõ±ƒIahflÛ=JõA«†ò,ÖrÈ¥Ö∏/ó2,Ò™©˙b;πcµïÇ
œ¥ì/!°œ∏3∏%,8`IªñH¨&˘é""°Ó[8à8ıªÉØ‡ÅXÅ
ÿÄC2‹ÄHÅ˙õø˘≥Å˘k6ºÅ'ÿø;‡åE„Ö
['§»´¯`∂^≤π∞©≥™
6-√¿iØ="˚πƒ†≠µ•∞˙3I1(S•FAüqƒ∂öÏ=Yƒ±©ì4ËöòX∏¢|;'flI&j1Úr∏Í∞ïäé
%kE˜zœÜc≈'Yªc5àK5ñ∞ »™@Íé"¡œ]în€ÑDêC
† - ÿÄflF
-2Å
k¥F
Ä
Å¯B8î3∏2êÑ|§xπ÷,ƒØ¬ç¨ò3@‹ë-+=zö"˚6±ßl4GQî<´F4Úq%€„=ÖÈõ/ÀΩœ©ƒú%Ã7Ãà3p·&ò
Ôÿ8˘•ZEÍ£≈XBÙÍHXî≈∑ªEÎ"œa%ñÒhÒƒ°ÒØSàaê2∏Å
`FgåFh°I ÿI òFg'…@Ä†DÿI
∏Δo¨ø'p
£áp§^,√ô[6õìßv˘6{%
¨§@ƒHïÎß¥˘@Tî~$7±j"Üäîœôˆ-f≈X·ky<Q<:Ì
g©≤;
IÈ„ÀéBiäœøúE¬,I∏„8],21K>Ω{2ÈpË≠»IÉ-XûlΔg‹Äõ ¢‹ÃhÃL@0Ä@Õ"\÷‹…
Ë;pTÄTÛ°·Ò%N{¿%©ØÆ-@±¿J≠¯6·,±ßµ :p#À≤*´qÉΩß£Ω/ÉƒÖyAΩ¡îy≥±áÏ±ô€¡Ar¬äÃ»Ò*BéIÒ
ÃijZlEçlµµ≥EääBπK°c·∏ï‡ªnàL∑Xø'HÅù\(JhFjCÃJ˘'L-îÄÃ4Ä0xPÄ"d-
h)I‡ÖÑ@:≥+vtÅ¿úf¯Õy°≥-«∂8NGàDõHT∑i¡aXAˆ¡DLl∑äK·£ƒ%î'/-äÎ∞>øÏÀ¡O√\R#éˆt8d¢2π
Î>[Àí÷a¬jê^ÿÑô'I •œùÃœÙLgdÄ m-Õ,"=Õ˘

à-•-hÅ•\‡Ò°ßB6raï÷QM¢G@ƒ¿
<=∂*@π-*·«Â4ÉyŒÇT´/[»∑°îxÛ=[Ö|√N-‘‘äc*∏ıjœêáoËqà≤&-Lœ,Sm’V=UXeRÈ[ªíØ\Tµj±ñÓ
†©ß»JÉH-ù,Jj‘c-S”J¯œ-Õ”4Õ7Ö-”‘Äÿ)êÑŸà@¯‡4„Y°…¡Æú„°˛N‘@Ô·6Iƒ≠»'ï˘¿%∑FIªêÅl4®
É:x£NÖ¥∏|à%îöYäF(#0ÈÈ(’í<“ëÑ>á;’Üeâ˘Rç’XïUWî;^´5+
-]≠)ë∞GxÇÄ∆ù°IgÃ”eh}Ve”ôÖ”iÄ7çS÷ ∞Å1‡ÉmUÒP¢x≠3√;ÎM‡D=
ƒ6|\õuıJx>∂a¯6©5+Ê4πQJÑÉQÖ˘ZΩ…QK©Tyì(L
≈PÖX@Ö‘“õ’&$LÜ=’∫u’$t;àe ªÌÜR˝RÌ[äuXÈàÃXƒE∏sOÈ´ªÎ* ëbÉ»>pîMYÀï
∆ı†Äı\‘LÕ“ı\ÕŸ}”J@∏Å0*Th- L-¿¬úmâ§K˙C;Ãè˘s˝>“£ZpS◊-∂ÆúZn[1#¥~,4DC7D£ê
É¨œ°Œ<ª‡ìK˘ëüðR°!:˙HéØR≠Xãı€à’XVùXøÌÜq¿[¬ΩXS\°’ÿÓ[RÛ-\aíap`˝RΩ\2S*Ãù4MÖ-x-
Ü”6iï`ú≠`‘l>Å¿\Xä\iø˙C•r!oÒCﬂ≠6§-Æ¥«Îi◊}‘∞Î·6N´Â§◊Ü∑âIYêƒQ
aÇ--Uà7]pN˘ﬁP¿‘Ú77UçÂ[¿
qX_Ùu8VÕXäµœ->ﬂª≠€øm5à}’˚≈_Ñ≈B†,.˘%˚n‡GêÇ`eÕ-|∆üÏ…e$√Õ%ÕÄêPHMÄ`A]“
]êÄ‡> Làü!·ñ!
rÍüﬁç«∞yï
‘NÍJµÒû∫¿|AQ4CS%3ßs7Ö\HÜâ¡‡ú%ÓﬁUêaÈ≈í„n`ÿq\¬„o»,nh_ÛïUÜ}ﬂSÌeœ≠ﬂÛÖﬂd∆
€SçL√ïªâõªñ-≤€ëíMx`%Cjƒ\
-‹ÕUP”LM>~P(ÁAÜ`‘5]”eÄ

ÉHò>îaü 'Û´<=
•»
¨™6z
6EÙ¿uù/O•≤∏·±A¿8Â{AeAˆ…õ˘˘ï(àA,UòËí2U[/&’Âpá*∂_ÈsXîVÊ0.fÜÛäΩ€o iffÿ0ñé¯mUô&
iôﬁ,hñU*≠Âˆb c îEP◊ÙÊö˛…mTSgm”>6Ä?&Ä@dwÄ>û÷>^ÁCÅ'∞ÉU‡ÑíÜË´§¿âÀ
wL:ƒµ∂
‘è@Å/EÏ@∂
ÂÎâD◊sΩÉÍaáûxõêT∆]ê∑≈(,WÓ^ »ËU®R«Ê`VÊÖ≠,¯•,`˛Â Ê¿}ﬂ«\Xñ¿lı-’˘ïÈ\œ0fé_RΩÈ-
∆eSÖÊVCBÑFäÏ&-ôJ†Ia%CnîÄ5 a'c˝=ÁHgÄ@wÄ¿Í7]nõµjÄÁ‡ÉU0¿øí0äWﬁXì∞∏9`£ßì)◊V-
^ŒÒ6mccXÜãî0+¡pﬁ=xSH∑b™;bπD,ëP@*%±¨ç>,ÙUﬂ“÷Â-.’b&È^ÜU¿Ep“^f¬ÕÏù∂ﬂùnU”fÊX>Èú
∆È≤{Ì◊6ñØã£á0;ÿÊ-√:ﬁ…`=NÕx`®v÷˜<@FnÄÅûVÊÜ-¨~Fy>9x E*Íá`$~¶ä•X%_Îﬁƒ‰ÁY-
Ÿ¯∂©MQªf‰≠/FÃÏÜ-HéoLD» .b¯l¡9b`âÂUàÖUÄ.¶π6,HäÌ,˙µXqÿe¿è_”vXö÷l«fâ/
~_ô¶ÈÛ=’‘fâõ&Ìøœg¶ÿûˆpÔìfÛÍ≈`40Tx2ÕMﬂ∆a` x“,Mh
Äàqnœ]ı‰Nnpı
~”¨Ü`Õ<‡Íäõt≠ì®Í•∏ä∞ã~˛‡Â¯Óú¨Tﬁ&•%ÛVõÑ÷Ú-ØQG˘Z.'¥Ñ∑°…-˙|eÈêõ,ŒöX¬5t◊ÂÃœ*gÊÕ
Ó[ÜçLÜei¬>Â-ŒiDof‘Ü_H_m’fR◊∂©+-éd>8Ÿ/<Lh<Ùﬁu˜O¢ljù-
M©n™FÓVóıG]é”e]Å'‡K√u"ﬂuä`§Ï∂1
ÎŒd'Ø'ÀNΩn[moÙÊ∂Â≠-∂ë.w%io≤eÂﬂ#l√>˙∂ïÖ5wâÊ ùöÛ-Ì‘éÈ;◊Û¿=ﬂ}ÁÂ˜]pátÔÛ-ÊÛ“vÊ
_m“ÓpIoÌV„ŒiËTÄ„9Cû‹ÙÖÔû-XÄó”<ÄßÜŸ¯„-Ω¯‰ÊcÊÊxA>Õ◊µë/GÂô]'ßÇä_w!≠˜ÓÓM‡E=Ç1˙
‰òÂÛﬁ«ûüvj˜˘Ü»€s¡u#€˙6s2óò√Øú2ªV€¯BW_=/m˘^Ó˝äµ_{üÏœŒÏgf√ΩiùÜzúÜLÊ_~G/
ca˛*]àÙƒ≤7“
G@¯V∫g¯2ÂIH`¢%˚†4ÄSJROı“ç`Ø‡>ŒY-m‡Ä-ÄàÕk ø,´àài‘¶I(MµÉ“é%,(mò1à√
Jcf,b≈âÂé1õxÃ„∞è«>>L∆Ò§Ii∆L&ÎËr"Ãa¬"∆Ñë¶0]√tÍ/µKgÆ\@ÖÕ•j’-£®V-m∫™Z7n'∏u
£Vµ™‘nQµj◊ÌõØ∏Ø>¿â'éÏ∏p,¿Æ
Æ[€∑>°~Îé´\ÆuΩÜıjwÓWœ'ì}.,±a˘√ÕÀµT≠ë„kY+5j/™Aµ*mô+Zàñ∞¡ÙÜ
Nüñ‡Z¬,0X¿‡ıv#x*`An>0˙@Ä(~ÇLØœ@¬
)â(° µkBjYÃà·±i
[8mÿwõ,ìÅWπPZ≤˚‡W∂2§H∆#‡E&cåK=‘-M6MÑì1¬¿§ìLªÛ0AÌ,]P∫µä. 25¢SW]EïUYQ≈UX`°U
\`©ıçY˘µòVg>Ë_1ﬁ®U]u>xWXwuÖÿbd)÷ò[M&∆’diAÊòVJ UÕf’d∂ï4®H±¬h`¢f˘/òH`ÊkgR
¡mØ1†-ŸÜ¿-
ƒ7∆gÄú∫ @>†ÿ∂Å
b*±…*!Ö◊
y<î'•ô%‘ﬁ@È}§KOBd˘ä/†H´˜ê}ß2ìﬂß+ÒW¨5·¥KÑ<"4àP@·*á"ı´S%ä’4ê©∏ïU9˛ıVa·&é8ŒB{]
s-˜`ÉIëâÅıçï}·h%íUvnïîa%dèM&ócZnñõ§√*q√
6à∂ÅÔ©˘õZöH ∞¨9∞∞Ω ËõµΩ ùù√-á<†“-i
€GËu◊A∞Bã:*êT<Tjêy©óiCrÍ˘a.•ƒÃB,c3™˛ô-Änt-œ*hëD±∆z”Ö]ò”wzÁ!‘Aâ»i∞#B∫T%g-
ÂW}¡HÌ\-í’÷˘^]N.ˆm∫A¢À6Y{ïÎìuÎ◊aÏ∂´.ﬂàq•çâ¯°i6‡õÇø*ª∏ôf
,∞X õ„ -0t(p˘Êw\Œ>©Äkn^u◊πñ¡-<ëHÃÌQZ’§µ3‘-•√k.´Ñ≤J.¢äﬂÕ˝çÙœü¢T˛F&)8ÃK}D_-4Y
˘†L*MÎÖ?1ùtP∏%*∫tG"˙í]]l±«Ruòã÷Úh_3B˙≠∏~ï˝◊∂ ÷Hd˛”"∆(Èn<ó\Œ¬∑«X%JèqLﬁ:8i

%¬=-WœDÉ∏˘Ò´qÿlB =sr™Õ≈P'<«8àj<@AQ«P-Ä,óGÏb$-R•bêÛ0$=π;∆.PÅäMlB1õÕå°êé-
ßy≈{»H§≈ˆHQybIof4YM»ÇO˜n'!Ò¡ÃC¿VS,8ï»-ÒjTYQ◊ƒ&§-®,:jÀ]ﬁ"¿∏-ä1kK´@¥Å9bñ#-
còƒÑ≈*…Z`d¸VIm4P«ÿfn†Øÿ`)-¿)K†ÅtP7ú#gRÄ˘ñl2a√Ä¬ŒÈÈ«å"(§Ü≥j¯Âêa‡ôÜ§¶!
MiÑ<È,B®±cÑ(L<D(û∏™õÒ'g«CûÕúw3ï$hh-Aê´Ë„™1.cô…ˆ"‰Ω
ıÑçNs„QB'îX†,w°-ä…¢"œ…‡HEB€y-F∞.àÒäí˙∑∂Cöç08:[íi»p)À2ys◊ﬁﬁEøHÜì>††#¬pQ¶†?
XAjXy Xf@Øå•   L†L
Ï6s:!ù|≥•r8qBÄ<†Çà@3<¶°»Ñ&"8°ôÈ·X≈£≤Å`≥àŸ°è1r·ÕHD¢âç˘
        KjF1ö3@"ŸèÛ†Ω˘á&√êß=çÿöÃ$i;Ÿáöö&~ÚÛC!:
˙ö"@H'%kWãJ5‡&…Æ<ÀEÉ   da∆ÇQ∆tÎê-Ècv§pØKí•/lƒñ§¨≥»Âîõm-j◊%¿}R_2%ò4òÇTÆáØÑ%
*g¢z-M(¥çTà)‡'ÿ0W†ÇYscPXtMs1lBäÏ£&•∆öÚÑ!…≈&@·˘n"´•T£Zrêñ'z¸UH~<ŒúÂÏØ√∞gÛ
$"œöü0ëêN¿'î]màwD)àT°
≈Có=QdÍ≤"πÕo¥÷"-˘µJ,/%}CnoõÿLK∂B&˘uS"/É„ °•!"PW^pÀ∞vpZÜû‡Ñ|• _•LÅ
t SüƒâÂ&XAPqx&≈ÒK`=e@õ\s0ÿêôÃ@ÿïµ{>Ír¸Ç¿kZÁÑ;¨"=ê™f6íçÑd∆ΩË!Î06! G
$"†`î}Ö·©U·g"˙O~®ÿûd8T%Ù/ıÏÈhÏQœ¿~>ﬁDtu!¢Ù$fN#
à0úîTÁB+Ï£¨ä˙«¨q∞V≈∂F[≠ó§§¥≈®◊=©ì,:pY∆/y©≤ ®¨   &#fó$©l>%
,Qc†ê©
Ji"<Ÿî™åeïó˘kÇ·/ X.∏cy¶4myµ<Ä‡]∞…u``0¡vQ@öá>Fôq^¡
û¿áUc &ÛÒy,ıgıWÒM°Á€D˚Êb´ƒx`©óíøNè„ÚTßÕ¸;Œé¸u%ü*ˆ$ûtèi∏b„Ü:dœﬁmj™ä*&õ"®|
Éﬂ«¸¨[ªHGªûKkU;?BÍè˘à°÷!≈%»h˘2Ü%äy§¡´aÿV«,≤V~HA>˙0_£Â
~0<SÓ¥ w∂≥>AlÄïY¸69ò@95ê<¿&gçøüªÑ-}wkLp'H!√à&A sê>ksΩiœ1V±   B/-†¯ùß¸
£Yë"î69Åïwz˙àÒ"ü÷Ù2 îÿÔîz|ﬁuQh~œU4*   ""ﬁÚ(»°ùGEﬂ≠ëntâeHçƒKãp%-
,ËÍ«VvU.ìò"∏2,/1ó4ìôM<@`S<Eiˆ·™rñ±,)ç-Ñ'`ñË~ªPÉö
@π…Á/•vÈﬂLŒ„XÄ%òπóçôiÿ¿•¿ËÇx\6Lﬁ%Yä4ùïJ¨Ç$$tûƒ>ó¢Y˘i/DEË·áB<ÃÛ<UQ…
XILƒÇUDËÌÒDÖ ñÜ»\ÔîÜqÿÜÂT!WKœ'E9'≈'˘≠>MGŸZk5°jÈb‡äêÿE…éQIhE[ë
%f   Ç,Äe(P^úînI%¨
˙ŸîŸô")ÕRî>õ
AÄAî€π-◊ΩU Ú6ôœ<¿ÿÄ
l†¿ﬂ`‡`õP°mïi•]ÏA.Ä•úG¬πWÂeS{0°>AÁµ.<QÏ-á¶Âƒ*°bÃD3P-_¡`Íô˘=ƒ``è.∆"-
Db÷ÑÆË09÷Ø¸‡Ø®¬V`ñ˙<QãÅÕ-ÈZ_>≥ﬂ "¨≈]t„c∞ç`¸ÖâFè\><h‡hÉ.¬ÅGﬁ§·#Åù¯%∞`>˘¿p€
-¿>ó¸ï@î-Ä
4Ä¡A
<é,å€∏ıﬂΩ≠]œÃî/@P°@qû¿'õúŸôQéπFm(‡®Ä¨¬4LE%y¢•TA(ƒA¨Ç#<ÅÃ§(»¬}
É2$√2(É¢   √*»¬7≠¬.-•·G\ù
Ù¨ƒ®,>eM•UÏ≈Ñ.òQß`»Uö/¯@
Ümò*a™èà%af'Öë¥F≠ñçI°ä`í'iE∑<F8¶%G=Ie†KXîCëeü√Å¬°   √%˘
bÄUD7$É∞å)N)ï"Mı#
¨ù¸   dÑAÄÅ*%€>õg
b˘e˘€¸eîeôœI¢t¿|Ÿ¿å¿∏F«,¿ﬂm¿HÇëUJ&Ó<GB†(»§Ã§)÷óL'S=…P2`Ç*ƒÑ
äQÛXÙ¥Ç¡‡.öúÎ=>-ﬁa≈Üƒ\Ì°Z.tXze´}UXTf}≈¸úÜV5¢™%œ%ä=î_°6WòÿhˆEÿ®Y5$/%
°mB2‡ÅQÜyPC.ÙÄH@>∆]∑Mf
•c∂-áí"hAÑ¡¨
∞   ~¶Íü,à¶
'@ãö[,-∆œÅòùŸkà∆@cFBAò7X ü>éC\ﬁAÏÇ#-§Ë¡$˘B˝dÏ˘§0‡Ç|ïÇ#8£'¢«i<àÑI¿ï»±}4ZD|\
-
¬|®Q"¯DØtÜ°Ç*¿©ú2#î¯úœâ≈7,aZ.ùÕè¥X„Ú-éUä1°9å∑∂P∆b%Õf°î√ö»Œ◊Èeb<-ñ%¬
Lh∂ådRÊp   %¸Å
-Ä¸dP%%∞…π≈íg,P¨j
àR
'@áûÊ (ò@√¥…mÄô
≠êúÿÄ$C4>¶n˙XK*D.ÄMäAË¡ÄÇ}'r∆.pf>dË¡•>Ú¸«£≠ûÇ
_=ı¯≠|áª"Æ¯Dºí/Õ!˘EúΔÈx∆©´mÀzÊÈœπà†"ñ-≠%EÏ¸∏eçòŸ|À¡ÓQ≠÷∞-é'»`ôÚä|
Ÿ¡#8SÉv,VtC.¥¿dÄ·¸d¢¸ëí
hÅ4Å©A4¡-Ä˝1@»Ë€Ó,≠ÓÆN&Õ™íî¿%dçFò]çÍRtïp0lÇ4I
'äüÖ«
˙ò0lB"ÿÅÑhÿA)‡d=îJ)ïvﬁM∆N*öÅΩ]AQîÈß…ÌÇÈ`ª¬á©©0F
ÃTwÃ)ú~czﬁ©Y-j-…≠-.≠ıà<-Ø-"]Úg|"üç‡œ` î§,Ñ0®-&¯˘¡ÚC¸ÿπ¨£R∆è"Ñ,¨¿ô|ÍìA@
$)9AA∂Ï¡'@

X§Ù'ÕœÍ˙ç/Ïrë&@rhî--fiÏ-"@@ù8â
-âùLËË¬'äï'ÜG(íïè
.tÌÑÅLk"Ñ¬÷ì¢°≠/fi$ía.î·ÅqúóðJÒÄáÑ|ú˘W È≠fiæ+/†©≠\P¸≠ôœΩ.ù^\fç{¸<¿^„¿ü
Í|Ê' #e'"",fKìàC9Ñ9Äï6h}fo◊z≠ï√ìê„57†¬
,¿>Tπ¡®Nôl˘÷lÅÃ"lÔ^nl†ö…•"˘hî@
A
îá≠Úm-DoòPnÃ…
QáÑ¡&"D'n/üÌÊèû0ÆÄB"Ë8A˘Z,0*öð™q"<ÇÁ}ë°0D˝H<Ç)ML•/Õ °Èw•Ç¡á^SÆ<≤y
ÓΩ~£dl-â
")kÂ√÷
èH'$a·é∏Â"eíh°ä
Üí®_ñU®c≥…¬ëgMnB˜--Ä"Ìp™êìM&©π-.'¸∞ÏÓŒ¬íäûçÄò›-@A@Ò©UÏ^.pÏ∆S]ı´∆|±¢5ÏŸÉñ±BH
‡lÉµ≠˘1‰Ä¬}Ÿ"´/q°UÈr.'"‡¶'`ÇÕ`GÚ-∏Î"Ámª0Ì©-fl~»ÕM¥Q≈œ¶ÁðÓY•àaH∞Y§#
€Z<°ì0][ú4H„XÙı'DÈàü/E¥îÉLõ0}»ÇÎÅ$i"»Ç4ÑÖ•™Ài=Ü§TE.<Ajú_ìπ*˝¿
hAA÷¡◊"ÅÃlÚ≠åõ@BŸ‰-®0@Ws¿-÷@Àñ˘@GYîUÒ¬¿ÑsõAo†DáıÊB‰U-'&úJ,7öM˚∞©:¡=À¬F)?
„±Á˝s v=âGTëQö<≈ ¥ÎëÈD°kfiÚ/¯Ñ°^"w˙˘ÌDõgZ¥ªÓ.°Zmu¥->/H„/F ëÄçëx#€îrH€
ß*…^í0
ÉM;¬#‰4N;B.tflOßñPo'r/à!"!≠Rì-.f&È◊ÜhÀ¡Üm<-¨3ÉYWOÛ î@l¡àwûjÜ∆ÆÄ˜nÄ3|
øuù,¿+'nB5AΩ¥3^ÎıA†03ƒB"ÏÅÅ8Å$.à‡÷ñ¬#v?/|¶`Â±=âë®LÁJ¨ J‡MX'¨DDª.r"Jfß©f#÷w
!RXZÙ´>¢¸ÎFèÖfl8¡fiZ<t'6J#5^À≥únèòÖZDKXê˘√Ls√ÀÇÉ[˜#8Ç,$√q+7W•e7,°Pg∆0ËNa¸©
+¨ÄÑ#<87B#ÏA#'Å1É¡'Æ;Å©¶µWGs`Ø¯0Y£™Y"@¶µ-ÓF[K8Cá|Àµ\«
®B]Ñá§(ú:^-^0≈0lB)ËÅîR<Û&HHÉ€Ò#$∏a/°Ö∏^ëŒ-Ø˘¿ƒAèQeÎ"/Ùfß)á4÷xre02î$!
û^rä>x}~∞äÅÕ¸L¨Iï≤Û!I√4Lè•LÛ%XmC2ÉMflÒ®?8(˜ïc¥≤\ÊQ%%D7ÿä˘'>0uÇ
´q)<Ò˘˘¬#êB"êΩü¬ª˘-¥¨
ê5m -p¿sh3Y˘ÄÅAìu m4≥µ/Ì∆ù‰I\œ∑HA.<≈∞ÃQ§´§˘ÎuC\z"àÅff
€X)•`:¯®"df/ß{J4<¬≠˘ô\…-≠¶Ú"˜öñx©xÌÖ»KÚ‡BΔiı´]∏Á4¢°-Fªflÿ!…>¯""-°Õ˝êÕ
¥Ë67∏29P˚2»Çî,±<x˘Ù∑{,Bâ«1•Å¢Rq¡ü
ÑÅ°I)(-{#Ã;$ê¬)ú(ÿ¬ cª•;†ó¿ å˜°
‡j¡"
°@dÀû*áíu;˘/f8áÛÁ Äÿ˜àÅ˚®'ZmÍÓ¶™#|ç°î['Å°Ω/?'-
˝`ï6QÃe:ı«£ëSó¬zà#Ú¨ªÎCØÈ"LtÜÂ+R(•ê˘∫%[„&„¯4Ú≈'Ïí@€ÿ»V8V7íVLáC+õ∞4,a~ªGy:Ú
9tC¸£.VdF2¯Îœa•Äf#P≤pÅEÍQ£=uÍ-©≥)Râ$JîHè#Mä-†Ò„á#Y¥-0¢•§ç&`¿hiÉÜ
20`p¿Äú 0Ç
0X a≈†a<™q£Ê'ÈSi'§MµJM[U™√6a|b˘,ò=â@mÍöËë=kÌÿI‰«®\¬Ü
KñÅÓ±dzıK†LÔ∞¿uâlàôp,∫-v"5"Ò.»ëçÌb,Y◊.ÃπtqÓÃ೦*U¢I´Í:Ì[∑jfl∏°F]Ó[∏n„fwÓ6np∫ªÅ
£=∑Ì‡∑≈ /^<¯∑,¥É"Æ-NyjËœqC∑°[8q/≥ã+Wé9m€í Ü´'£Gkı$/$LZ7m› …
Ô∆≠ıì˙˜˘üf/ZGnê@
R(∞ÑûpØ†RJ°Üðÿ%0Ëÿ£ëD"JƒîG¬p®%-Ê±
0Ê@ %Ç»¬B:¥»,è^(°&0't`˘ÄüJ£$∏!îc•õ¶õì†¢Ü…©®¢J+´§…•+;ú∞aúx"åä°‰C1÷,„G»/$
óa¢πãMœ^bÅÕœ<ŒøËTla*´l2…zÜ^4î-AY-EUtA%ó-m"ÓcMø'œπT6‡|€M∑NâN∑„B
µð/¿9MðÈhìM9S±≥mðÂ¨≥≠ÌðƒèÒðYFÙ'[/1ÅOõrÊÉ5?nÍ"èŸ˚®ÈFöj®AÅÜ,-=6¡e…ö®µ8-à#Vb®ë
F~]0FjË:Ë8ÒDó~-–D:≤»¢âc¢ëÅË©ß8ÿ˘ß"Ç'VôI%üöÊ©&ül2 ≠@IÑà'V»R%'Ùp+ëðÙÉ-∑1ã.6˜∫
+Œóá/√â±ã∞cªYœ…Íjåó>ç ZP»vîPUv…Öï\B[44U"Ì¥j\[Õ5ÿ¬ª0EÕm'ØA=Æ7€§S.∏‡dKU≥MÖu
úT√©µªÔÍ#'mñYFñ["S´0Ù%ôbè%{Ÿ˘»a6øg„Î&ó'4ê‡@k≥≈EP,Âîã"dI£"ä8Bá^¿P=1ÖO°#^yQj
¢_≈mB§g"Çw4ÿ‡J(<ÿEIäπA≤bßú¨JJËìŸƒ˘G¨ƒ,nvd0≈¯~d;™G≥Åd§πÀ∞ΩìΔ09uf¶.ù˝™±ƒ$„S2†
Â•óBè&îiçBTgJSö"P
Å®âçr¬¡©€«S∆©
m°66∏eV≠Z[qRıõfiêMV≥I'vÆS´πï#o…‡z¢á¿Å·≤êF}ÊSürg?ÕÍ0kdõcàar÷¬ñðd--Õ°C"Ìä`É#l
°EåxÑD®h
S4¢yä@B;…K_¸2LR`ÇÄ
ÏwP„¡zÑ§D¬cfiÚö˜§´\e/öÖıœ"ÏŸ¡RÀ˜P&ïö%Mk™ ¸ÿ˜≤^Ÿ©/à˘Å_˝f¶∫‰oO˘∆üä¶§!≠iáRTh¢V@
I©Ü5©|Ml&¯¡>‰ÊSa#õÛ¡FGUn£M´`uöS«V<©'>Ëfém`#Ωöàª@˜àd‰ ;«:ç
Ìf√fUÏY>HÜl@ï¿MHÑ,2g¥0fBÈ§êH6bªFP±µ Ö)F!0zΩ®_˜¢#¯âNí∏,ffQNº`<2Ä¬†
$Abc"}¶,<(qCY…≈∆Ï•Ñÿ)»fi
∏¨0úTLv•É\"$≥d0C•[_ahä≥¯·Ö/3´fl2# ¯ïöFfÖ¥BÂbiùATfú¶äF∞5ñZel∏&ÀOπRÇd
€üÉö,§¶ñπtï•»f6ÔhÁ;≤Æ∏qÃe£• #\ÿê0î"ÈêÊ,ZcCK¡∆5å≥Zqé!†•†HÅ≤âŒ%¢aÿBf◊Ñ/àf¢3¬Ë
¥¿àwñ"ûµ(ÎðH~ıã≤uê,\fl"'4¡∏IA'h∞ÇÏGΔ3∆Ú$:

´,Èbv‰Ü44ʃ11xî+†XVpÉ&<· `∂.¯¯∞≤4}ÖaÜ#)ù+Âf{¡Yxoñò«u2¯ÉÃc<ÈøPÓBQNçoƒ%õ∂”L√Rò
ʃ+∑s*MÒ∆™≠téÖ˘„KÏpmVø °vî√AXÛ:¥[xî’+k$3Æ¨{ù°!l|
gqÀ™œ≥É©^Ó∞5‘»<∂Ç"†)ËR"§ê:PwGhbk‡a$ù5)B+0◊Â·E˙2BH~@Y0•iü.îË¿‡Ñd‡¿£Ì £¨éiÜò
°Gï·:E√ÖRVŒóπi·Nπq^Æsõ‡Ñ-âLqπÓ˘Ï,f¿T}4MŒ"©3õÅOàÒô¢5Èø˘U3J
¢EiD1Kø&éçn¥ZAXÜ-VßAŸ(òöT1-:©n∞l¥~còı¡œ¨1äçe@£∑ò'ÁU˘Rc‰PVô%µJU6:*Ï
Ü¸‡c)¯Å»Pðêñ8aå6c
¿Èc¸¯$t -laã[-Çû8DíÅ¸ê4ô$`§C:YÜ+= 'µÄñ}"Ål¬UÒ≠oè1ÊäVÖÕ–´J2»#GË`°A
<Rh´‰πZxÇ"a®/Ë3wè!”Jñó0•ÉüŒ•Ù≥ʃ∞∑01oØîﬂ•…ó“ÙÕÖTà¡K•ʃ7¿)
€ßaŸUÊ<;√i’©∏SÍÎ∞Ñ≠,`qÜÈ
[WðÜF0Œ>Æ-2¢-69D°¿p¿ZøðÍeknïãfáÅ%0ÀkÒıB&f˘vå%É@∑}¨¢/‰¡Ê.w->–∂·AP
^–wêπ%ÛfI‡l`dYﬂ=ËÜ
]|^26”KU0™
¨d4£“ 0û6¶l√f«1Y¡0Æq¡ÒMuIwa˙Hœ¿//5KL`Ïîʃ†WÊÄÇRã˙øBI˙ÛùqÍïﬂìS,“?>õó•:Xç.´T¡
¡Áü’<ÊF+•‡'£M2·JxF¨ªtå∏E4ÃAˆ∂mïíÕ50?¥C6¡Ÿ¿@Lœbú ñ_BÑv&ê, "†L,Ç¿#Ç‡·ä°à°XG°Ä
=¬^¿˘¿ÈÔ#ÇE¥‡§¬‡, ﬂ
jﬂʃ¨G¸-b!6!PaÜè∏¥È|àk·ŒGÑ·"ÏÕ_|¨å^åˆ&Pp»"1§A/Ã–Œß‡
-¿À¶£Â¿®Ú$h-úoÊöfieilNBåi¸jø†„Á¬oS^)T<ÌÇv…:¢„9qU÷É‘ÔÕ
Vœ÷¿√0ä<»√∂ÓJ•ÍÖ@PÃ!œÉ>LÏÏB1Fq0Cÿ¥0° RÜ!<ÇJÅ*ù¨%*œF¿R§2–Ë¿D∞l·Ú :¬#2P&zú
80öl[eú.è∂4èç@¢ ʃ",BVdÑ!Mr¡e
á<í!V=å ˆØ'éˆ*DWÊ¯v/ a ‰Lé'Iq¯ÍÁ¯^.˘Ä™P M3X¡ÊúF˙(œt!øXIH˙d©SxÉ8niVN•ïfól
V“"-/:D"¬∆cyE†jÅ!/%Å»¢¡˘“·ÏFå–NÅ~N?dç>¬A∆û¿ Ù`,AJ·gp,dåÀÄ^Óö‡€~LH!I0\.+óãh
$ÍëeO ¿¿å x`Ωl¿ ·Ó "!V¡,˘VaÊÇ“eV0"}¨g@&,N%l/œ6A˜ñê/≥}~ À–∆´í(…¯|Fi“p2êÍìÿ©ò
&3êJiZ”ÊÃnø6≠ÅŒn”®ÈF%¨R√ÉX≈ó°ÔÅîn:òj≈;œCYÓ¶∞é%∑Å÷iiÎdíu/ Ê¿p“∞!<ŒÓÄ
+Ÿ‘j(˘c÷nh¡2†",~†˙ÊÇ%X¬!\»ÃàJ† \®$ñKüﬁÈ
œE6À#DÇ2¿†>cêEj±Óﬁr$¿w‘h*x†§¬ÄÅ.".Ã¢ÖAä° C¥ ˙&Í@`/ô˘A_,s=?N%`FF
;ÛN^F3+âÂXÂCΩ$#
èj
á!5óÜ©ú¶©@Iù&66¡°ÅœAËv´NÂózsV°jÇ†ÉÇÜÓó¿ ¡“Ø>∏£¨I∆·oŒGÖñ¡9œC&Å/†
·°p»n?(ëM?Zcq“">Ñ!blp@°ö¨ŒÉÙÄÆï=/”%ÏÜ!≤`…ÓeÍ@]B\4ÇtN¥
4b•$$êv¿†\±Út§`t0`¿,nÄ∞-»†-»dC?TV¡„ös¸Êsãµ^ ^/úå*·öêM¥}∂00˘&âFÎ
$0»pGçAOŒêhîOì“diÑtPÜtH%
œ$rÄ¬/:t#–¶#˘ST|á¸Àm¶9|≥JïÆJßiöÜ©LG>≤Óbî!ô<4◊$¬!^<ÎÍÚ‘QÉˆîØñEÿ∏A∏Aú†l Ü@Ål@
÷3&%Ç"‘£C÷£ú ú@Í`-(ıDÉ†≥¯…äA:µ‡¥®tJ¢N )_P%ü"Ë`,p`-(Å∞2ö†VÌÃ PLfdd fna
¬ pl◊#Rëï¡i@/(À!Ë™„ÑaM“-e:ÛZ–v¥ßÚv2ÇÊ„–\˘Ö \ç‘©å"ëQ*“´ˆK7XåJ©9~)8l…¡pC7%
$˜4∂48ıcqÚÙ8ë£§°`¯Fö•<nA◊H·4Z'•p!ÿ¸ 5œ·b•'<§¡Oe° J÷≥ıw∂@A¥‰je]hÚÇf◊F
¶s»vm:"ˆI^a:¬Ù©!Êçè6#l†n,i£÷6† NÍ ú‡∂§≤ˆ{¿«-&,AJ¡ 6Ülõ &V0YW0ıìEË¿Q
°ûı„÷Òe/$‰"Èë°K[+ Çœ•1œïfi\s°Ç%
„o7¯Êñjîv.◊¶Å•P^áÉKÀÊï˘å„ÄÉJ¯6ÛuKßsì";rh≠Ñ≠%Û§ ã*Q"¨à“≈≥ÜÇarÌjÌ~6÷äá¬ì6a{√
naXi Huµ¯ÃÕo$,<E^">È*…°|ÿË ^†¨◊zmí$Ê`ü»XvPÑ≤hj,üG,‡°JéÀ¡GﬁÛ§+b=~Â"‘C¸s,ÃvFê
ı#†qf•ËW^t»cEÓ0¸"°tF°nîÂ#h\noïPúFP0∏o«’iàtpôäHïj˙¿
ógc”†cÑQrç√ÑO2óÏïm
áiçóœsö¸îá“l·x <Ç°o˘*1=ÜÎÊÈäÅàÅ≠?xsOı45¯Í>2J>>ˆÙ†Ö~¿>µXû“u„IÆuﬁÊô!
§»Dgñ»“∏È†/ê,lRœ‡P¬!‡∏{MîˆJ¿¯8pfF@Ù@°ãÔóƒé÷√†PFëÌ -îw`bF"9Y?b{Káf>ñÄB
¥¡e§’ëDôn˘/#~£°$É–ÑT˘“Ño…5/ÿoãʃ©ñJ´(“ÿ¢mtôr]Èq˘≥7¨ïZx™s
£¿<∂k¸UÜì≥¬∞.tŸDá÷áÁ)!TVu<kú∏YY*÷‘n◊;9wúÔCf@%Ùÿ9û˘ʃX¥ÃzÆ^ÁD¿HµÊ•
*1ûLa>Ç °`éÒã¿Rå†Ïòöö hÑ8Ä.–"¿&L@vzCHã®d ŒŒú,>9N-`d{30Yè'#hÔ^Pì˘•äaTnÖÔexîs
Çı÷[ïØÇá‘o/8ÉWʃmI{óÒ•IÒè9åJÅ9^3(so T`%Öq»9∂≈öðy÷≤,.ÜAWÄ5&Âj¯©]¶åMAµ÷sÊ
„vπìŒÓ'YÂv+Ã´˘{2"p\¢≥`œ8çã!û[å;ïéªw^F°Ä!û`Åuÿ(˙a≤5ké°Lä˘¯iœŸ-¥1Ä“≤°MõX†e–
<Tè0¬ﬁP%8ZL|âh/iq˙îã∑UöQ˘õ,d¶Ÿdoñ4wTîÈooÊîÛñÇÖ4®ë
ÀS3ʃÕuñ◊É)íóh:XÖU<r•$˘∞6ŒÔÇFç°K%áfòÏf-9Soo∆ZxXs4"!<Â≥Ç–AÿfXOocaçY¯JYf!
Å! ñÊÄ»`!üÅ·ù;§ü‰Mµ†¨mkA√Å):I,Ü¨/ÒÇ@t˘eü†l®»Mc‰ö“í$∏–Ï`2™LèÕ|ZH]ë∑õ¨…PıÖ•F@
¢S•˘Ä$|õ„-hÃ„“‘.T/TÆœû\1¶<ÊRôo+∏ïó&ʃ[ñ w˙ÍK˙§jó ÊR¨Ös+H‘ZeªAÒ“Ñ)á¸ï>h-¨E¥
Wd¬òü.'ÑœI¢ax®;˘;-˘
<iËﬂe,≤ÄiÄ6ú`ÑQS∂‡·’%¢‰Áª¡€“ÎI:)ùH•¸ËeDËxüLûäÙÂ^¿88‡ä`Ha<,ˆ€>|ù∏C\q§iè-èV#˙
%∆ò}∑°-!÷∏e¡…ªﬁ…>;g¬œœʃ>îwö0®˘/ß]ôo5òHäzñôjœe6ùJ©
J3Å¸˘ÊΩªª˙U‘Él©l4Wr-CÎtÖ<∂WPôÆ<S^-!<VøãÅ˘¨œRî8q˙Í>∂RÑÅ`§≥_@ °aa;‰ù¢¡úaœ
EP±Â™F·’A`°8°¡/h(QuÅÿ]§ÛfÎ ≤-ıN~œ¥‡ja6ÇíƒʃŸ|JÆÈ√∂∂7ddfQÇÿ{qFÀ#∂7µuë€"°¢q&

%˘“3uOb◊∞ay
„%ÏW.^áÂròkWÆà%Nú®*WF]™VÂZ’1◊7q#¡ç¸v≤€∏o‡ƒÅÆ[Ãn‡ˇh∫◊Ì&Mï9øŸ%Ir
\Œn;Ö,%9ß8úÂöv+GN[Tm…í ªZÏ(PèH1“£ßN0t»÷aîàQ#=çn €ΔçúÃnfl …%Û∑n{}>% ≠
<fi®ÇìëìÂEâA’™ä¨Z≈äAÉf-Z¥ÃŒ*{\ãîhX∞Ä’F/í'FáÊ∞…r»÷Â`¡*„˙ÃhN-áÍËn¢%q8°h”®÷'-Z@
I„¶M[7i-©i£&çöıa´-iÚÉÜ
?lÄÆ¸è)J-(Q,≈èÚ?ö-aÙàë;è¯Éí5L4√$3‡0À8á1 ƒÃ@*Ë`Ç
dê@√ËB·AD/ªH$áIƒ Ee§
G∫pd“J1¡‘"K$}é05µ4Q7●]@ŸH“PB%●cN5ıòì]05UT€`#†0≤‡≤U)è<¢#b-¡\Yu
\i«Wâ<≤Ã6%î≥N~●$Q|ππ_Çu#7…Ä
/°@£@ŸiŒJhgûsÀcí˝Iôi∑-ã)£t2GX¥- 0≈<CL1¿tZã)tdÅE∫eë·ù¿'°●≈!ü@Bá≤h√Õ^“QGßu÷E∑
LwuÒfi)îw^‡Ÿ|ä●ê
%eFaÅeG"â8`U¯ ˇÅ…„ Å:xÓ@È%-ÜM§·C…€·D°òãä yÑJ.5“ÙÕJ$
p¿*-∏J2Ö”êHˇhT0@±R8*eWT0ëCŒ6€Tçî≈Ty%ñaïE a‡á%#§»≤åTr≈D≥L(µ
g8vÌlÆT›¢GAÏIˇF6eÉc®gáBF
d∑x
åiëé¬/©áxÚògù,ΔΔ¶ß#Y-†:Ë¿Dr»/»#-‡ßt◊ucfi-I3å,§‘a√+kC‡M4ëE‡)°∞x{|“◊●óz●±-(õîÃ
2ä;πcÆÉöükêÇû>ê@ƒ·ˇ°Å8/ÏùàQœ)j‘L√»“ãœ8∞è;È&N1 00<·h‘ç
Ûòd7”©Õ«ö]%KïâËAea§L`|Ÿ#{îK2RÌ¨îOÓ˚µWú4≤ˇTÆ“K##ÈAC?-5“î»(F”*£©™›"j¶©ö/Hu¬ùË
ƒ!qµtÇßÅ†)t√Ü9ÇÜhMî●ÉRyaÖt●Ñ'@3]È≠-Èï6®Û±mu∏Ay
˜¶ß<4Xú≥¢5‡ÄÀ9ZxÇÏ¿GPB¬ÿ‹ÄB«c(hãZPÑ÷e∫Å`àuÒj»C$,ê◊ŸÎ"%“»ˇât-Ø}ÈÇFKâ¿~«íÇ›Ëx
'â Nr7í-Â$A
“ƒîr"ï#:ä"^U""YhÖ+€;Ÿ¯ƒ«%±pØe†Ü˙¶Wé@2Ï/nrSõ%bó¡X≈+£ ¬|Ê0ôQ∞»ËL3*S@œ<f2íIij·
z¬ù0Ö+<÷bÇû0w…C0kπ°CP5∂¡m@ƒ'>Åãd@GW4‘õfi∞É+ìò√*èÉÍ”√)Kq|*b|Ê„Ñ,,ëâN¥É#± UT-
äÃHÑ:ÆqqA§SWÑÿ≈.22$çÚ-gg7∫ÒvÒÀIJB£ö‡1HyA]lˇéπd'/
8\jìí¸-H=Jì%,$êE#ííE)FÒj¢ΩIŸ}●3äFê¬-ÿ0«õJ ’®≈§PÂ5¨
PÄKÃq,F·À”8ÕiÑâ)HaäNLj£pÖjF°âC¬ÇË,\ä`Fä4ê“ÎWŸ*W:Ñpå`Ñ€†A4Çk√ÄÀu≤£»j;ëµé4í±â
±<aY@≥VPƒÒ ,{¬fõ˙Z;¯¡röx»CDÆuΩ÷A/Öá4$ê‹∂ãCÔ™êm?\ŸïE∫∞]qUîØÇÌ%/J©ÔVRB¶ƒ
'0Õ]"sóªù®Èyi ŒdÊ»ˇk$C3ë‹
)ÆTÿC"eå†Éo‹ãó-f
ÃS●øßÆ©’¿õì·∑Æú˜>¢ÖdJSå[,“ÄY Õ(a),H≥Çá-Ñ!,u,∞¡vı1™,™ÌÚ´_ç& ÔVO4¬yX&)l≥
ÍdgΔÿ°1ç∑!çelb{Ó4Ç
^0i˝¿H\¡ùÄd'Æ 7p"§P◊ñt∞ÌúïgÎ.e®Bu»1DÙ!Ç˜¢=ÆFäõØâp$t!IçH¢ªñÙŒ}
%JVá90&/˝ä√ê˜<£,%c-°
»Ü!å[‡,●8/k/kT˜∫◊Z¯1≈#JÅãòùˇI.ÄyS~●∫_7U£n√≈y-;MRÄ’b+ÉQc
F¥ÅØí∞\+≈Ü+Ë‡2P4ë◊™●√ ‡_-8¬eû’£HY#LQ
O0≠≤èΩ:+ãùdÏb«vÉíóòÄ»É[A·ò‹ƒ&öˆ7hÇ¸ŸZxaÆ û˚¢CΩ°
M®∂]^]≈¨∫Äœé£k.näûÊìà4(!=…˚x∞ è●3µnQvΩ!íaMëä#£$åbÙ‘+¨9Ízá*
±T˙¨§FôŒƒ©F5N4È/˘·Dr$C+®ΔOÅ%ÛMM≠2ù k≤†Ñ‡●√Ü`É∞¿"ú ˇ!-˛-â£ÕpF3B(Xt"öÍùf
dTSÿgÅf{„d%˝´>GóÕ≈&¸†á0ƒs<-zh…ƒ√ôˆpÏn≤¢Ô◊äBù≠D!∫Ô.§] 8Ï.Øâ†Ÿ‡hVÛôM˙p8€∫-
5IÚ‹ÁííﬁdG0ΩxûóˇΩipo-Ñ¶äÄBÚD[IKg-Ô≠’{Ôùó●Äôôô2¸fiw™Qµ9õ●‡¸‘Å≠í
+¢4Â)¢ï5Z¿Çò†·,<ù J B/p†ÑKçBÎ §öiÇ)K
´¨©I™œaFÍP˘±◊Œé€#Kw“pπ
xßw‡6n%Pn6pˇF-IÊÌΔdNƒQ&e˘F.ÿ9±EFyÚÅÏ2yœ≈.ï∑ô∑y√Ö
\gvphv0'%q/“f&!]nv0k,<ÀhÆg<Cq<91<èt!#YajÖ_●ï%Mx%hE
â-r/'©%iÀ◊in¬g7˜&flE ªWX.É5l5◊Á)∑™ñ5◊ÙtN7~%áWê~LáW Ü!FÄ2)-dA`hg
¨˘{√˘˙7YíÖà3F ËzÖC„-«≤>∂dfl÷nM¶~-Z¸6[Ë9_¶.-
û√eë«ei∑:&hÇ"∞≥"ivffÜsdˇÉí5#S√sRmf0»√ã√≥RP●g,p<7÷sRR^Á)◊^œ«=,si]ëôf&GAs●'€Ë
#Œws‘êst
åΔ{.Ü≤t∑ÄÜfï5ïÇXl‡tX●tXp)Ú(èsÖWÏbß!@Æ@Lvd¥‡è`
◊X&ˇgcVEcÖËè5õ†Ufif) â-R8Å„CôX87`áÁ°!ØE.ä√●Qo[ñ!!ä"¯!ÅF™√.ôWy8…yu\ƒu;s
%&3ëj26=sQzFˇg”z9(1=R1“#cÿsíd%èP)ìMFı_Qˇ2â-h]·Iq!fiòÖU●Ö;-_ˇï
+QqYÅò^1Í5AøtˇMsP)Z-rêN'òm-s●
å`ajïWy’AyHÆ¿VÚWAœ)πT¬c7%ˇ4Üˇß¸∑àhõ¿UMÄëìXDû≈ÄπÊvá

!Zñ û≥íVví*©õVvä¥Q6Iì&fÅì ¢ììVp»ÈF0±&°TJŒ9∞∑#o6?,eù9h:ÚGAB$~$Ö2ÿsÑìt%e
°d1i`ñß˘†ÄôΩπbUü˘inbîD-_,®+8≥≈P
JÜåpV°k}è_ ˇèYm»m●Ö…aìí

wE®-AΔ÷Vù0˚äÈKh’Δgn7üWe¢Vu¢/Q¢œRw≤‡è‡mÇCdÏ¡8}n-R7‡Q§
UˆPä%io°êõ∏e["(f4Ÿ.ʃ%ú y*∏,xf…ıy¡ú-Èú[àq˘bz,Q<ì]¡ò#œ3jÚù˝YïÃ8rX¬%ÃÅûΩó-Wb
%ßV|À●o"é˙Ÿñ2'ÉWUqSy
∏k)ìA≈tVê±ÜÑ©Ø°†ÚHò¯àè˘`ò‘V
L¿Dë…°d©Åà•p-P&t£˘&ö¢)ä¢ºímà
ç7●8
˘-ETD„¶nOPëíxe¢òÅ%≤í+9!œ©[H eÚäʃUú•fv; ô"ÃÈ>Œy≠EqÃß;~±R√£RG<∞7J©ûUI"ßV˙
%¶ÓµIâp%ÚZ2Óôl◊i{°ü˘z_FπÖ£ˆ&r#j’#^±^4Mfk≠®,6Y@òÜ B●ÿlÅ9WÜŸVêÅ°ôΔase©]1™•:¢˙
á¢+ã™*Í≤"G ¬
v†N`+PP„Δ≥∏ö´%‡b
˝≤ÅWfí
¢ÅDzo+ì$®[π5úH˙!ôáF“Zú¯¬yX´8Güt¡˘
>1¿(1
ßùw•§•≈”HÚ◊ah,…S>’=LtûìF>Ù:ßWbØ,î_W•Ø<`s,~°•mYN“âKÊ
¨Du©∞´ññ"±;Ç`X.$˘ô-tíöèv5°˚Uê9);W$dX¨Êrÿ‡1’AY%ä¢©ʃ™wì˘V±   4€Éì:ª≥<
´≥êʃ˙â@¥†§±ïõI[í
%µ∏UÇ∂≈¨Kz!öwÇöG≠¥∏"Q z¡Ω€˚µ˘uü;2]%Zbj4UlÀtWÃ»éÏhjsJî2÷≤IÛZ2ÌâôÍÉßÄ
∏˛™_˘é6?kÊ¿˘1âÀJ]Yv”îVʃÅ~ôAœDÊêrWΔÑll●âu≤dln%)&W;W©{¡
0¬vlwC◊¡≤™ö™˙˜X|#|†Opë●¡√<ú´ ∞z‡DÎ£)…õ»¥,ì≈™ dfʃU!Ú"Ç¬9fúG";πf«yY»Ωfl;U}Q$G
$ÓÉ∂?°∂8¬ãj;H,vó5R2I>ïïc!>Á©ífø˝qiR®∑¬
˛K'x„iŒÁçFŸ_6'„ò+ã¿â[
≠Ò∏è[vÅÿl®“Zù¬u∑DƒÊ@b◊©÷   x•°§[A#$èu9Œ
◊∞
Ê˘Àì≤ã™+ÎêÉÏ+2≥9|≥9˚ª●a¿°pzõRV¨∏ôƒ,ÈÃBÍPπ)≈R´:Ry%8Ωœäú÷≠ì6≠fi´ûˆ≈<{;
,#`ÎîgŒ„:JÁΔŸ≥ÂE«¢c·¶Áπ%{˛b…ûnq €¿£6ü{˙øh   éÇÇ¡1<Ä¿£
ÀP[it0v´FM˘≤)œ†-œ¿u»Äƒ-»¿u¿L¡êΔ∂©Ö5Àóô,◊pÊ”2]={#Y∂l4§¢‘Q
twV·>ΔdÌº¬ºπº?‡â-Z!°àíÕàõM¨!M+fÕÎäO{yW˘\ª†
öG\∂√ìµ»Ø>Δb<Æ|ñG<i€÷~UnÃœqàãF|¢ëzÄ2K4>ıløz`%c©∑-†9≠ØÑ,çs'ë»˛5ü2!π",À¬ *y<…
têAÙtÑŒ†-!› M‘…wxá%aG
§;êÍÜ0
»`
1çËp1Ω
ÁP=s√∑ú”/P
/õ7<Mw:˛:°G°+●Ì /¨ÉíJ¨Ω0’Fª «
≈íw'ˆµ¡5fö◊’ƒ)÷«Öf)R\€Îµ,‹4w∂Í[SÌ\fl-ÉHS·†3· ün«À %T¢-W“˘Æ·C∑Ôı¶_Úœ%√ò»í¬
UçΩÖfÃ˘
<1ÀÄ
√ãñ˘lÖ%ƒ75ÿw(D“¬&“!}áUì4ë˚j™Tlub01
-∞¬◊p
ÿp
öQ∏»UÄ«poß’0<“Äcó%≥SVRâcäÕç‘êM˛dƒü’XVí«ä%©Ë°ì"1;Å!’FïÖ
™PÁ QÁÒ Œfiõ0>aH“•∂Û]JLq∂¯><ì1<ê
√≤∞   •†-kÒ=N@∑˚Ñ2^,=Kµh•`i<É0√í◊1¿4ÒÊÃçnW=Ÿ†Íÿ¿◊∞¡˘ß-Ëi„3iáp%âö(Ìàèi°¡Üá
$ù¡ëb…@5v&V)s`
≈Ä-êâ5¢Q
∞ ™≤ „!5F
«∞Ì‘êNÓ∂óe∏P
zM,Ôq'∞Õm†+‡a●d´‡≤ƒW∂ƒ)…xOm:Δê¨j˛°Æÿ§µF≤É
®∞
ü●   è●Ôfifl˚≈É˚µÃyî•TR˘2fl°∂qUò#ö·äNwœ
±
ëœvlZ@ÈZ¿óy‹ïÓEå†h∏O·T4 /!s9¬|{!8ΔÍ˛ß   ≥~4ê(`EPÎvÀ2Ph`lVc∑LûJ~•W
´V˘}˘1†Ìa¶¬ƒniY£Ÿu9u`
†P´%Ì≤Å<ŒÌ‘0PÓ%U±;Uè†ƒb%p° ¯`&∞ZÁ≥   !fÆõ¿z.≤u0</=Õ0pf$;3YU;ufi/!˙xŒf‡<ç„
?~∂s18¬|)qfl–≥flùÜSπí
nácàè.Ø{Z∞{o√06s¿Ú·cûu-ríT•ÿ¢ä
≤●>ΩÛÏ˛&Ÿ0

nç÷yØ˛4Ä‡ ÓQ∑fl„^á0ç%3ÜcXaTı•°°êI˘`T]Ø%\Y)¶2B1GÀú6Y∞x˘¡˘D°ë9ènÅ¬%K÷¶
\™r
√xÏò¥d√íq‘ñL%2h¡@1rbÉFâ%,X»SBL
6¢ÑŸ3h≈ãy
;tÿ/°çÛâ£±üªÜÌ/Ö¥◊”aMù^Ãµ+kÆ¨Z∑zÂ÷b.Td…¢í•
Zµ>∏π˝ˆ6n‹ntÈÜ´€M/8Ω>¿âÎ[Óõ‡œyøÂW∏‹[nÂ∫ë„ô[∂l“§-∂J®Dâˆ‘£≈Iì"Eå˘aDÀj:≠Î
¥nm™T1\∑J’*E*Q)P†d &≠Z5Δçã+ó‹q%l€ò ≥©Nõ/Afú‡¿!ÇÉ 0(°ù◊uÍËaÙà-z˘F£ÿ3Í
ƒËPßCö,w¬fl˝®Qè‹∑_ÔµCË8dé9Ú"¡·•&Æ`B ï¿Ç
::y%ëŒÈm'Y∏¬®#éD/fÃÑπÂ:¥†ó2ÄÒ•-0¡Ü'ÏHDßMVAeßÇÍ' ãR
##ç˛…Hß†¬»©üty
™%ø¢í´],REãt©hµ,BEï¥*JK/∫‹Bì.nÊ2∞ƒ√K/qÎØ9s≥∞nîs.…∏ŸΔ2fÜ…,ñM:Kƒ<–å`T•“åhB:¬x
çdD∂bp√≠î·Pâ®–FØRµyãÂ»ôfömú√íF¥0Ç≤ã†˘ÓËNWä-b<ÛÃCØ˘÷soî¯˛ªø˛ú]ˆ=ˆlÌ@ƒ"[Ö"îê$
<®
:Ù ó\ÌpÑ√Md·∏éDJFapÒ¥-ä0¡•:Ä…Çô,`¿Ç
lc7@>©,#èÚ®aê
*(•êJ≤I#°új™%ó&´éµŸ ∞¿,j¨≤ ¢HLµ“B%Õ5_VSÕ=ÈÃKN:Ò¬Î0öiÜ”Ã∫¬·h…≤ôFfñ!
TóU6·,;¬c4¶.ÇGö÷°÷VcàR@y®70–ê√ü®ÈFõ%»–ΔúW∑i{∑ù:˙¬VÏ08@W˛ˆÆÇùî°˘:-
ÒCêMñø˝:·oSúUœı,3ÑF`ª˚¿ Ç`,†+•∏¢"∫@Ω$Pøbt89¥ÛÙ»ê˙D|˚ç+ar PHa$è/™ŒWF„
cí@Él√éÉ#Ÿ§G'è˛©·#Ø0)ßÜÅiI™¢b™\x_d*U-
ÀäƒBÃïUQY/ΔÏö_Æ5Î∫≥õ9m.Ï-¡ÚœY˘%Áñ…LΔUó¡H°&,>ÿ¡`ÿÇå`ÉÂYç5Hç∞÷≥
¢,d·ZÿC-"ÇãfiÂBCvxé.í¥=¶/ÿF4Ñå +∏HèP&Ã'»0–ÄÄ;˘„@ l˘@∏ÚúÁáKèz˛#9˛ò£pÖ)óüc¬ÂÅÕ
Å¥`ù(a ]∏∫ê.XÅ®≥¬È–Ë∫÷å`ÉŒÛ=Ä
lha(<≈-dÅá,Å¯#ÃDSû
ö◊ô;8B–õ^ıêÙ∞à •HERF∫ß=ã1…cÂYXT©Jìalec:ôüd3?Õ¨/áŸü˛œòo%l˘˚Kå˘4
nMÃ@äºr°¶%,OCJ¶¶Tì™!zÙ∞¢’§Üâ∞E0Ç±€•-vøIÜ6ÿÊ∂k@„∞0Ö|-:%A_»B°Ñ%Ã@'8ÅÊ∑˘ø1 5Xç
ÏÜÖûçÇÖ)"
ãZX–Víú-ü
rŒ@c>ZáΔ3vA ¨K>HKóF#d° å2B6˘»GÇäÍyÕi0ó°%_1i
$¶°8a9πC"$qIUl“'C∫(´b1QrØIR¬ÍS®Ø®K\Z »?ñï©ñsyŸYÒ◊ç8ÈÚñé9L8vπV=pn!f–å6Ã(ÕPLã
Ñ3≈Ü'4¡+H¡
™)8´9°(°))Í–¡%ÓAÿà.jÒ;=ˆ ÇWInœ<Ã!AX8$
ò@ÉœÌ≥á, ("Ä\`;H,5ÔHF0˘4ä§êhp'J
-^û–bÂ8J≠je°êX
Ã∏&†. D8>I–x“÷Ω·
§CÕ~`0J≤+◊”@≥ö|Æ§/å É5í8q$¯†‘Kz,ID 1>π…ämœ¿fl'^˜∫rëêëØd´|pX–TëM∏/-
™XE-5åV4Ü˘∫%ÂasòƒÎ∏/å!N1πaé$pôE$“'¿¡Ç·SKA
4†¡ïWv¯/C:ŸÛ>BÊ-Üã!\êÇ<è ≈-nQgcS£ƒ%,\A D(t0É%îy ∂`gl/p‹ñËÄ é¿ƒ
rE–°˘¿≈3û·y-ãÓY£Ï „jV„ÖCŒÄÃ']ÇíêÑ’•.ujË§'•Ü1·Ã–•Aj≤p«<Ü!ÇnÔfi[ÇòU®•ØP-
†ÅÅ=a%“ÕIül™N•*Uù•ßCP“«∂ÚëëÃ˙ÎS.*Lñ¥4ª-.£fl˛ÍrøÊr≠G˛Ê/ø°Í'2¡ÃãõÈàD•·bla)XM
òÄF‘oò\€0,<å≈2ÃA∑a¶¶ò√∏˛S
Ç_Ùm`∂ZóÑ8¡òï†CÎÄ%ß-lãÅú¿4(¬ËbE–k¿ΩsDÒQã^‘=À}˘ç@:òÖ"ÜûA °Ë.
DÄÇ>(D∫îfiVjiÓ:A4¡rÇçÑ∏ä09uÑ∫ÄFŒÑ’E≈…ÏkIP¢,€õÍé&V‡#°˝zΩÆ*ìLÏ*©/
¬]¬•ÑU∂¯˚•’~">Ld,¡îg,GðŸz≥∫ÏrÆ˘ 7®·ÌΩ&M˘çqπùi1pÜMÅ v‹n8v7¡(Ü0dAÔRÙÁ†9“
¡okå¯√gMd"A‡≤w'i"!A!¡ p@Ñ–†ü:»¡ DÄÅ\ „∏µ©ANÚÖj"?
+˘ËCJE>'ksı˛ËK˘ç•ÉœÕ@Ã9–ÅM$‡ ÿΩ?í‡F'•!“jÄ/[Ç1{Å¥ö¶S?ÒZ-Qc ·x¿ScÆs§H¬£
£2ÉXs≥„
M¬¢PääQ
éA0¥™]ÒôêI•U2≥(/π∞Tô´ü» 4I´ô)<öq√3ìŸk”ã…c1i8íUPΩùË
Õ{&2@7¬jƒ/Ä3àî=ÿ
\¿Öb'YxàqàmHt-h®Ka6hÑÀΩ@œ+xÉ+ œ‘±8%√1˚ñ1;ÅËs∏/r!¢}π&√1c˘≠•{(ıP˘èı0Ñ“¬õB˘ö •
K≥êÅ∏?(¿!@Ç˚≈P|£7ÚøI´4 ≥˜jâ∞ö©Q:xÅ|!5≠™ê@ Ù∫;%?•É
Ù/°hò{ªc‘5ãa∞´`Δ‹ä±∏;K6ï1ã0È;B´ò¡¡5È¡¬ÎΔ∏™¡¿∑ÍΩ:ÜA!ÃÖXflAßq =•¥®¡±j2Å0ÇÛhÑRê
2.¥≤[®X√G(Üs0ás(O¯6»,¿ÉÔ*<êHâœä,EêÅ®>MÅ?®Í´œ®Ä/Ç8Ä:êDÄ
Û†=ä"1Ï≠±7{[çë„ö#ò ïH≠ä”DÄiÅ=˘\>˚´?`E'AICEKÇ1”ÅëQ+Å5Ÿ≠”¿E\‹:°“:
XÅ^‹3∞`tÑ≥CàA
PJéaK™†*πìªƒäf4∂ı©Δı·k<∂`Tìî•oL¿ö´ƒÀ°+c(Yf:DâG=,'êö†Å(Ω&–ú=pfl@=YÜZ .>j
RÄk∞ÜZ8ÜƒÉÜ˛.<(Ôz.x5H7,5‡<$çLœéîœ<Dœ5c3ËÄ@Ë¯ÕÅç;

√-#ñ|ç;Å
Acî"®ÅÀº«C∫πÎ¯»ü¨øÂìÀ˙+O!˘∞?˛Cù7ò#3Z ¯¢ásßt PŒx3"*`˘ƒE* †ØÅ¡úÉ˛E?‡Ñ¨
≈%$#1Fdºò
Ìòè°
¨8%+±∞K/1äHg+∆♠K}E≈Ër¯r®´>ˇm∞§!îUX¶•yG7p†=♠4 ¨L´i'¿#=hÑFHÑ[†!'€XpgYMC-W♠ÖLX
Ñ÷y»÷|HŸ¨Õ<l#+"˚√H%#%òœ4≈X≥55I8Å x"Œ±I-hÇ&p©hÇ'(/>"(ù§@C='BuœÒ…àêPDœPˇEIMÇG
ä¥π"ì?»CÍƒÔh≥ÌØÄØU˛î@eÄÔ-EØºÅ'êÇ1∏2ÀYÎ d§ò©"$♠±™`sK_˚òº-≈ä>AAíπ.Q,·i%
k¥∆∂‡,¯Üiàjµ÷i'¡mÖQ]oı„Ä-T¡+AÈàpkÃ•yL=™¡Çßi¶ä<ÉfizÑSêí°`♠Ö…
ÈCØÑ6Ä6ØÑLËΩ8êH,xÖ}Hä%Ç/µÇ*@.≈1≈-8Î√84"ÎÉ"7=Å" z™#ö|©?"Sä≈'∫¬° ©ºπCäøèt'G
EFKOHEØÌø.ˇPà/"Å=<œê˛öPu¨öSÕJP™£Õ≈¯:'Ä'Œ√1ÀÏëò©"U\30a=íS"
´zäüè1dÎëµX€∂]ä
c€ñÒªZB–∏(˙…¯ô¿»êΩ2π\GTÿÑ¿∫7ÄBOÉö'R–p∫'¿£ŸaÑF ÖbxÜk¿Ük@M_♠Q»9>8¿‡É√@à»-œ48>
<É6BÇ*ÇQ"ø<¥œ2≈8ç"á´œè≈é(Å"†ï¨£;∫S√Rä≥GDEÅÂe^}·è+ÅC≈9Â"DHçÅ=ƒÆ=4œHÇÛD(@+
(:"È†<Å5ˇsÇBZ#bfl€ZU°PVU'%-h'ZÀ`áû[Ω í$·Ö\çª∂º
π;¡`%ô\\-Y•Yäºå€µÄµ†`π=-µ[l<∆Y¬€≈¯ÜlXäbjA1ÆPöù 7gíL≈ç-x-‡¥ñÏ-;@S!eP'|
Üf♠ÖW¯=9X8X<>E@bÿäHEò45h>/≠! !êÿ=$"åµ>èΩÄÈ€ÿ7≈Ä♠:ÕÉ;Zç;e:ÔÃZåfi65
@ÅÏ„ó˜ZfiÊ˚'Oı'Gï"¿F"ÅQÑT)ˆfiÔµÇ˛SÇ†≈Cá´Ä
(`_Ô0¢Çˇ*U●d]Ï:VkÅ»_Z>/G∞{´µQ6∞¨¥„5aÎò≠Ä∞U"ºÛëe∂`[ñ[lu
\.¶'€^∆[Ã[¢·fËe∫<„å/É1Ä¬»Ω£"•/˘ı®ÀÖh b♠ÖYH+≠$.ÑBXr^EÁ"V&Æ»3àÿ(ñ,)Ó^„√√é
%NáÛXÍ¢ÈCŒÄ∫¯Ç<»ÉÁåÊœC„„=ÿÄ5ú♠Ä6ñc}Å„ùÚ'Â≥^∏fi˛"♠µ?
Hç'èñTçFÇ4√g"˙ö0¢Ó8H6¢Jfßµ%
<Ä¢zZ;G†∑;ˇe∂£
]êÀcµ*SœäÕπ;jVjT-¶^[œ‡ f€m≠üçº,¯KøKQÊòMt$îe¬<Œ‡-1p◊gÜ<
1x,j÷êOIX ÜgxÜbÿfX♠\+E,r.tÁÿ\,áTÑ.m>*0Ï*∂b)EMƒgç<b{÷8á®Ë"∏¯Ç-h:¿lõ$R;>S
*'|Ÿá&ÌDÍ©ó»>KT[¡√<∆h-"È˙;Où"D$®'üÛ<˛TÇÍéflÓõXiGfiéUÖÈS#P>1
ÿÄ∏_t„dúf0PAÆ`Æ≠™ë·íéA`¢NA†nÂ∞x`h/ˇyÍ∂ï¬MÔË-‡<ÍºÖÔ¯nΩbt<ëe/âMpÑAHï«¥é»ç'<//
A°ÒîßX♠[òÖY,!∆Ñ /LòÑuVÑWB∏pB Ñ˜♠78w6låÅÇ* ≈ÜTN,lSflgì%€öÅ#∞ßÕ
õ
©ˇS%],™'ÄÏ{ ÁÕ>°Ë;Ü'àõJ@˛h˚ÉÚÔi1Û'∆fdìnÓn˘¨éˇ-%ŒÄ%=Ø¥Åxt€/ZC∆≠Ωµª
VÊÓπdF®<§Nj}∞Xv€ ÜÍ∏ÕÅ∏∏´i}äl
t™ébR±bö< #fè íéˇT0îvMÎ'ÿ-êO=Ë-jFp1<.ODØÑ@@ÿ7 gLÿpü«♠˜pl'>qå≠Çá•ÿPÙh{ÜÒ/∫gì
®¯g/»É-d_çhv:>EfiÖm
@ióh!œ>¡AÅ':d°ıËÛÙñÔ∫˙[ÚüTœäS"ê«Ff3ÓÓîvwGn≥.◊≈0OÓ
ÿÊ˛ '8Û0êµ-È●XÅWK∑%Û 6AaHÔPÒ^¶£ée-ë¯ÚŒªY~[∂MoT(éjfé˙`>Ù]ñ<…ka6·FO
yIa".∑'T<¥ûa±C°ŒÿÉFHèä îx˘Ö@XÑ8Ëˇ9˛Æu.Ñøp
fl♠£«♠
œ'm>à'ıáÂu€mÏ-~ÏÔH-8XÇ#¿l{
ñ-xa-0^ï@"-s;Ì˜∫vCmYH¥%˜vâé%flcsfl^=ˆËä≈Hò˚å%"îÊwá%iŒ≈F |g5|œ±Ê~U~O™˛●-
¢¿Ï●≠Ü`€ÓŸ5¥U%∞'ıQV≤∞¯>'\¥ò‡MËÜ@?Ù'∑€ªR"ª
´l†ÜCØå#<îb&îÀoÃ/<wÖy<92ê˘G∏HHFÿÉ˜xƒSGX/hMŸåÕu~'˙áı
£ß˛Zg˙÷'M]«Ìπw8åuÒçˇÉq8ÌHçÎÄ%Ë'òÉL_v®s©i≤Ã≈oËáÊ±ópëiwëñ54ÄPíDâ$Bb»@(Éí
$Hê»8(DFDä2¡!Éå.4®‡†¡Å%Mp‡‡@-¿Ã†aÊÜR'<∞a≈ç'0ƒ♠ë¥iUÆaFáÌ2öÙ®±£NëB]:LW.]ªra≈∫
KXÆ´√≤RÕJ'™≤eUÅR●U.Td>œ>ÙÆ,∏<∫MÎV≠∑o<∏ÌΩÀ-Öfl¡É©eõ&M±¥∆"í9fLÂ
\¬b…/t*Q"=zÎÑfäì-[¿-°≥«ŒÍFvÈiƒàŒ°/áíœ4Wfi˘«ÛF-pEÑM"t|πq„Àfl®åÆÊå.'´3á
£#Üè?:¿‡‡#y"8ú¿Ä·Dç/Z¥lyˇfi }-Ùç4±°_E
&PhPB ZPBÅ†PÇ
+@√K$±Ñ@P °ùvB<Ñ°Aq8-E8h¬w U-Äå$∞íJ)1 ^p¿ÄÃ`N5≠†A>åAÜ#CuıSB˜b/BÍ¢R¬\ïïìORuU
ìIV●Z´Ë2ñ[m¡Öä\] ¶ó|ÒıW5ÉÒïa"Üÿbé¡…Ld√TñK,±‡≤ (●pðáaí÷ƒ[4a`Ï1∆j{ÏQZ%Aˇǂ-
Fp`<oxx\!≈),<r£*ß)íFÑ§1u\¿ @l %ÅwÅx∏Í∫ûzÎ-q§Úi-Ñ}Nÿ◊ƒ
FË∑˛°`ÇPk`Ç¢`
4,°ÉKt°DB§>EAÅ√ÜZ%!D»Ä¡≠$60RI+™AK1r ÅLò†¡%Ï¥"
flÜèõh%ïëBs
%SIQ˛ï≈YqVîVU'§XkÂÇÂY[í● *nùÏ●[b~)&5ÉùπÖÜFÕ4å¡)Õ0êEFï0∫<ôY)†pˆàüa€fh`'-
4£u4Í®|m%!»Ü¥!W˛ˆ◊˘¿G\©ÑúzJ©hÑ:<dß´"E«≈±ŒZÎÛ^0fixºÍÇØÎµÁû{∆6QxN4¡¨~6'†B„&x†P
´Az`¬¿l+°Ñ]Än≠¥jà°È!≠È` >åToΩ*¶ƒ¢1¬h¿¯WS
%"ê¬
˛ä*B"ˇdƒO5Ö|îHÌ"%VhIΩìjaE%UY¶<ò*´,f¯Ä>●f7/€ÃçÕxMìMŒrB÷<dLrÚ*ôÌ…Y"´Ö/ZD¡

éÇZ#ˆ-ãFÑf4Ò©î%‡@LaÅkø]◊fiÄ∂µ9gmkCÕvAB®M
≠ÇõÄ´ˇ∫ëÄ;‡Ifit≈´Ó®ßÏ)Ç‡öpÑÓ‡ÀZñ
é¿8●á?ìÅf2 l4H¬∫Æ+Äé\¥äÅ¨Ä+@¡äAàBR'ç¿kD‡ô]JT∏Ñ»ÄÓLêÇ¸∏Qxîƒ‡à¢@E)3JÛV§a©bªÿì
ûÑñ'e●Iáf“[∏t≤Óy/|,ÛÀ¸BòÚ©O}y±YŒ√«ßTÖ+´¸à÷ß=Ñ°≈2≤¥-¥W÷Åy8çifiìá<x!óî
∫ÄÜ_˙“ó[©<¶àËò*ô%$Ñt¢Cgr°
SfirÅ,ÍW»¡ä@√#|·Üã[<Ù”∏Δ-‡ç(¡:)g9`Ÿö¡Éò●D-u¡
B ÄPE+4ãô»Aíç»ÄöwS CUdÄñD@ç1*P
ΔiÉËß<ˇâ¡<,1è√0Ü√D:§»TO+YQEJWö=ê=Úë°xKˇV-2IÜèí®8”ˇ-§…iÿÏf/x_2öwîü
É(!£$(6ìHÿ·O`@ú
ç%®●&>E8B·NCá¯hA∏ò-Æ·tΩ¥‡2-∂∑1ìônõÎ©÷VBd6S:\ÿ' "¢ÚÄß;/Ï'zPPo¡E0B9WÑ÷†
+"NP00…ÈÓ@ˇ
ò fPÇÅ8Ò¨†´_ÅYu!C%RùÖ.Dà»oC‡í€¡dçp£
â@˙<‡ ≤¡OÙ‡áèJIè&UÆH˚ï∞XΔchÅn"ªrΩ±t/dô)\∫&ñm"°,●ƒ&®ë>õ
°˜f9käúÑDô≠`EeŸ.@aJŒDıP●°ÉP5Gm·E®Åg¿'¯d°LX¢à@-*≠P°¬]9®∂„ú™ô¨RáU
%¬4P'ƒ>z¿ÊM∞`°zfÎB»Pâàµ¡V≥pÑ«÷Äq*ÿqˇ2gYl»ì-:& Ë`ˇË“-Ö*X¡¥˘˘h>ë@ZâPQ;Òk
+‡Â
Ëä°‡¿Ì2 ¯V4˝Îüh¿Üü$Ça˚JI°“°¶$●yÅdÆR¨óñÈ˝YáD°∑ó●$ïe-èDŸ çäô≤à9UÔÕÇ/…cËÏ;;Íú
±bñRÍèQüC·fi‘Íë●Ag∑U#¿:“≠q‡‡áK\<kt-∞Ã·Ãïô#lïá;úÎ ˚√ ñ≠¸CıÑ'o`vÒã˘uÇn“¿õ4fivé#
´Δ●¿qp2π7 ∞IâÙ|P“öO}Ó≥äW¥¢„ùÂ-iD;∂∫€ä¡ÉΔ€ëô(A
~ ¿=àÅ5bçˇƒ1$¬£EôxRäR±£HLb|~äí∂"ΩÏ]ë _Ö…÷¢hF√ÂK9mY(¬4SJ
¥°ì2«¥¶GäémØ*KïEÀˇtJ-<™p[ÌØ”-Ñhï‡-R,∂î0ZüDÍö7˝●…Ö.®Î˘`tà≠lc[U\1TeÖ4îV·[6_¸B
¢ €8fú7#€mgÒß? ∞Ïèè8d±ÙL¬í≠-'4 @ò7@â†O}í.SL(jıe0ÎÌv∏u¿¿mpp;@"vΩ
¢=<QAö8ìúrÒì●bV-c«µBË¥@˜ˆ∑79MfiI¢]H7zí·my(»Kfi●¢”√8Δ1å!
Á”°)zÜäe@¸ï∂ƒBO>g
hËcC˜ñuhDöPd†ê‡Q†ú ¸ ¢»bx.ÎWœ∫á}
W∑ÿqÿ·â>±ëÿá≥≈@l±ùãÌäÆ∞ò“1>Ä¡Ä-X∑˝PUñÊYÊ±_Ç<›∑¥[>·SΩˇ@Õ€ëÀA§NñQ5●-≠îH©ƒò≠ëx
Èg<¡$¬#Dú,,ÖJ!9Äù=LI%E«MùyL»M»ç\[,Z(úäèÀ fl&fl&pBÃaZ24Δ1$ÛiZÕiZ≈aIUòEY
¥\xˇ‡”ÙO˘≤(Œ∂-Ä>]` d¿ù@“%› ƒ÷ \˝ëîYA¨ [±q2 †™t¡D"à
°]ZáŸùA,lΩÆÄŸ≥9‡fi®ü“Âa∂∑Åÿé’@
¨¢
¯í[Ä¨”µY $ôD Çé·¡[¨`ΩŸ€>I≈ñBMmÖî
¢Ïè$4F#gîBx≠ßU\Q(IÏâîT‡ôH9·ƒY†í¸ŸïòLb!●ÁóNmyüRÇÒ ÖPê!ÕIÕ’úSÄÖ˝dfl£y
°ûD~}“<A·ò´%¥¸¸ı°¢fl¢F‡A i-[â¡äìq$õˇG
†úA&V,ŸÖ›´ÑùHñò0˙M5ïáx-V'ãÆp@(Q
ç·X∑9é≥°ë+ö¿fiY¿|[‡±ü‡·¢Ñfiª]Ω-Ü¯ì%UΔ:äQxpfi“@ˇÖfiW>gBú·-*p≈Q∞^≈FÚlír) «<a
U@!XZ9¸V†Bñ∏ÖvÕI
üó¿ú<Δ·ÜBÀY"Ê>E.●BWL°_dxEg∏Å8%
$dCñ@¥°“%]åŸΔü≥Ö@¸µÀ!NYâë%vÿÜ€ŸT&ädm‡FûmöB¸øıõ6©6çŸòu@<-N^†ˇ∑µb∏ΩbÔt`¿¥S
à˚=Ñïù›^Uî…°Ÿ€Ë¥Vfi
ÏÕÌîh4BËù¬-l(D-&MıU˝Dù ÉÎŸŸ.8óry\~™îüÌ¬Ì›%°yœ
¢˝û ¥<(QRZB@fl;œcÒ≈cÀô·Öû!œ<LQ®¬ï¿!œÈ…&Lf"●kHf:ÅfÍGˇÄfÅtÊãûÄp@åÊ àÊ¯MXB\
%îè&áç>® HÆ
$J"ë÷Êíí§JíÿI™§>ÒÊœç'ΩX¥-V4¿©)ö"OÆ¢Ò¯áPBŒåQYí%.&/û °"¢ˇÈL%ñq láxŒdÄ
h#‘.ÍùúÇÇ¬ùÑL}™Â}ΔWÙ4°Ql„RH*TtúÙƒ%îD°#1…±Eß^aò●en¬ÉÊÑ ≈ÉÜB|
ÖÒëÛ-flQh/ëíÇ$|FÇ#Ç#●ÅÏÅh ¨È«ÇPãƒh tÄã"hSb(kéÎhDHë4˝Siá]+%édmÍ&ì&ëé]∏¢
>íB^lá°‡hµiSØ®+*>ß>ùPÚéNx
t`Qœhœ¿<"ÑdQ,%fiïëñïÌxj«Í,`≠§PøÈJ d#-B1É2Peòe~“œˇeXùx?J≈£Ê-Rh(-Y?*“ü
°Ç*t™…Ù^Òi!aÜâÒIh`>®÷„&Ïl$HÇQ®°ë`Ecf≈ à(HB$ÄÇ#¯‡ÿAh Œ,-¿
òµËV'●_0+±Œ(-(l=+¥ûÄπLÎT¡ŸZ"¢ëé$€`&Z+¡~k¨Ì"é>l >Ÿ _u"Æ8€≥©ç
nù¿0>*Æ"sjxÂËéÂDN¿†Ää&àt&õû„AÅ &,YŸˇ,@ôñÍ†Nπlá√/
òùËA)√3(É2e,eLFSt,»ZLßMú]úƒ»●ZâíàZÙfiˇ…∏¨…(o 0(§µúóÑ¬ŒÓÏÛJ®àÚ,œ÷£
$Tú¨ *V»Ç*àW¯/ó}ı‡ç]9≠"´Ò·Cv)±2+≥™‡bÄà‘Øàâ≠¥ˆ®j
¢ÌlF,†¡∂©∑Zkü"éd∏>)πB^ÂçfiÁx¿ç™á≤b@ã¸a<'Äð4Á‡k%ÃàH¿∞QÅ¿ü-/bíç ·ÕÁF●>
±`°EfiÍLû¶-Æ`#<4@ΔŒÆ2LÜd‡Ædp,»bji£[BEΔÈÁRl£U$…]≈!ëÃÚ¢¬˜“Ö…pWf@o@∂Ã
≈ÉÆ*K¬™FÔıJc
Cc~/|Ôˇ&ÄØø£# -|&¬dÇ”≤Fˇ-fNL\∞zòY!œØ◊Íçz@´bE ÅŸ^$úÌEûÌã%∂∂m&“¶&ÀÌl&,mV«&'"%
…@G°Œ)´L¶ò_SDy≠ª.c¥¸%4ÓLËŒK¿à●∞&HÇ†0≠°¿‡π)ÖÏª=^/Δ∞?ë.ÈNQ√RS˝œ¿!êB1,√«.

3(30ÌfinΔ÷fiW¥û6™ÂäîCÒJÒTR»≈lßðE.|/ÃŒ◊£"#´Òı¬ÖüÙû±P_˝p√lBfÌèÿ1ÆÍk†“õK∞
´Ùaãh●D=´ÃÕfi(Úfi^ˇπ¡ôÌCXY/vÚ∏‘∏ä≤&∞H'p(ó∑ÓfBµ‰>(Œtª V✱zêb¥4nÂ‰r.w<@P´ÓÏk·œ≠
û@hnl.¡≤ Ω
T0¶é¬ΔLó¿[l4\l6±1‹.ù%Á6^Ã}ÍVE~>!≈‡Y’[nœUPå∑lÀ~Øk
±<√_6Ëx·Ûıfi¨Ñ´,ˆäh“ B]ßÖÍÕox4%,m˘Ú*¬ÖAÂ«ˇ«∞ƒfIÙÌÁØËÕ¥·®GàBÅt¥¯®ºUÅ$À≠%˘k$z≤
J"¢Kiÿló›>&`€ÕÎ»äeçV´–ã^éÂX¿Îruq+˜L¯rÂ,≠%ōø^sñò
Bıïµ‡vì≈†≥ΔÄd¡4oµSÜ+Éí‡Æ.P9S8W\§/s…∑[O1Ò~ÖΔT
M}o[®B<◊Ûf1≠¶Œé*œ¶1#x`´l“ˆ≥»ÂBbÙ“6ˆX>’-L’˜π,‰Ú°+Œ(ô©ƒ*C¥≠-x¿VàÄvAG¨å}njˇ+¡r
rå_Úêä$î!Øm/Ø'ãNBuálÈ6˝ÜGäìì≤∂&›∞+.?Ä¿Ñr?n/»   5R+ôí,TÚ,/
f∑©ŒóØñAUfiFË<Ø√2ƒÓ≈~uíå‘ˇ«w ZjrÈÆdtIÅlÛ8°°ÂU,/\ıú˘◊EóêÖÜB,f
¢_ÀÒ≥Ù™q`üÒ&8¬6√‘µ¯J:”ˆ $ØJhDÅ
≠@:»C¬»1‘*äŸÆtðÆú   àûÊÄ,Ü`±`ˇ)úíÎ&è+î°¥ì/ÌíÆdÑàGt¢ïB[t«H¸ä≤ŒÔ¸F@å^ŒíÎ≤
.wÄ¿Ñ-ôî[ÓsC∑í ÑC‘u_7„E%wo7Qƒîrd Å)‡ÇØD√2‘ÆÌ∂fiV–åWáµ\F¶fißZœ793åWª˘[/g~Î∑¶v◊
\ÿ5¯*ʃ=f$§±£◊c<F´§c¸˘§gÒˇ¥Ñg:–h´Ë=-‘Ê„@éÅ8πK‹V©Ñå»é‘‡G4Æ§∏wè6ºÈh˝/
jy¡ät/Z2Øª4∑ûd&ã$I{à≠†+w¸-pZ∞k”êGî]ŒΩ*yÅ\;●-¸a@7õ,Cxn'ÀÌúzÆA@DwÑπÜÑ7ò1¯∞ö´˘
d–;«fÏr¨«©%≈A*ùËÆZOj¡“ˆLÖˆÄuóthÚðÏw¶°¶™¶jˆˆÛSBÂ;∏œjœP$∂«tB€AT
°RÜó”ð8.L¿Dm·ÀHåƒåƒ<ÕßX#Å∞∏¿Δ✱„UQµ,/"¢Ø;©lgÁlS,ˇ–Ôœ€∑§º(≤;Îf3?gkS§fl‰NÓÂËt¥Ä
¶Ù'¸ΩflsœÄ◊;CXÅ„…äœè˝ÓÎFjHTªE$ÑxöB1¸pö_˝¸/√É5|è5≈Õ≥\∂@Ë¶KÿÆ]s   T∏+◊¿Å
s1‘ïUEãs©≤®j™P±BÖµ)%&P°$Öä¥)íJI/)Iä˘í&●HíVF   jSOüõÂàh¢D|Ùÿ±ÜÈ'Ml‘†°¬
Øà‡`´4€†Aÿ
Œ^P{C"Nƒê1d$Pê$±2DH_+B¸Z±ÇDp+Üœ ÆrΔ
„ΔiGv|rˇö361ß±,å!H\ –Ci∑●1pPù:5‘●†>1€™U4L–@±{FU/PË~BG·Δu$ABƒÓ‡»œ#¸ã§
uªBÏ^"Càg8ppx–ÊS1e å   3f˝Øa¬‹«'∏kX√ÇÎ"o(Ø"B˝È„o>a&ö¢“H#T8©Hä*Íà§ë(¨Ø§ñRʃi
ôhÇå√ó–IDùä(¢ÄÍfDÏH$)=ƒØú8–Ü®L(°Ñ´–äź: Ü¸ä,¥ÃZk≠∑,ÚÆ3°✱Í´ØÍ®$ÃØË´,J¡;£ã.'≥
¢2 ƒfåã4∏Lˇ>-Ñ‹:≠-◊\cçNÿÍº¿28a∑?oìÍ∂AoCaÜÑ#ÆÑp–!πÂÚ≤ÇI≠H:È¨l0$∞[Æ/ʃOÜÑ`,êZÇ
QfaVuè’Ù\çœœ˙
:(¿´t±5ø˙p>/¢ÖrÕ5!]Lhï–/D¡ã:…ŸPN: '66‹ê√ô<¥   ßmI§oÖ:±(§Ï–Δùp,ÜkH
°™;ËÄ¯™^±à,´¨≥HKOð.ÄK`ÔJ√
!¯,‘:√2ÕÚ∞áÎ≤1å„íã3.ŒÏ14#Û¥èCô4‘B‡†%ì_K/tò¡Â"ñàôÜ%hÄˇ6óÖè–,íÄ"9Ê&ïʃJ&LàÍú#Ã
.à¿   ✱¿ÀÄM≤hƒaTuoUc,{œ=[Ã●†´´cË?≥yM¿*ØÏâvðÿc/j✱"TzÚàBí&|V√è   [IB
$Ò¶HƒMú(>ézQ1¿p
™>Ea«´:»@´≠¿
ã»{=G≤Ç~◊·–Bê!πʃì·`Ï¶Ñ¢JÁ∞LÏ9« „R˜2œ$ì2 Œ‰åÕê·y¥9Ms≠%‘J>Â9gõa–%ä✱¢´"∞/
¢fÈgptð,t@"9ÂÄFÇÛd˙a¿ØUx9"òsöi2êA   :H)Ê=e‹c/œÆ2∂Üàˇ-?å»q●∞dlƒä€A&6c
°B®@*(· 5´B–ÇñJ@qï‹Ñ%ºVá˜í√·ÑD&J„˜¿∏r≈(rMòú
<e
\%Ò/<VBWØ!ï●HBÀí÷ßê©nu@†ãîÄØ%ÍΔaWròÌ*Êª,6Êbêπáe¿®õË»Ä$i,Tìù†-Œs£ÛL∂F,Ë f'Û¬
ºê«<~!fKHB˜≈($!P$¸†p>●uA2V`‰sé6ºdÁi✱#Ç£têGïå∞E,†·øˇuMWºCrJØmˇ   V<
D"\"«Z≈*ÓΔáéØãoˇ!9IK"
IZ€B   ‡êŸ!¢ éôàS<Qé¢îÜ!]O±Al`ÓØ>|Äj6gØ∞‡K_˜ʃ@î¥$”Ö,d´k"_Ñy°:Ä°]a
Üò,^lw∏ìe2Cé
¶;1`ßÒÍÑΔ5¢q6oŸ d–≤òa·qêC,✱9‡q JpY˜r¿($G|%●√HFbÏ9Zjü!Ìí(A   éjî^Øû¸±j["
/ØÄ:∂`–jÄi%±x% á§í!!Ç†JAT‡ÚÇ%‹ '(–7ñ@ò*qåKnÇLGÄape–úàBM£DS)Øz\å$gÉuπK;°ˇ
:ÄW≠`à°+'È‘ÇNµºÊMIdÁÍH–fÅ;ÿaX#£%»>"b˝˝l–s¶ã●©31(c»ÃxPÊôÃ-
5Ìi=”(%%£r∏ËE9≥$»‘gflÈ]Úí€I%Å]Ë–eœ‘ÖGÜ}P ¬$]ßÑ.·
LP¬JÄÉ¸Äßà÷Ü¡5Ø$ÄÜ™õ:ÅÑÑ˜Ä!D$r b≠wΩ¡Â{ì%°°˘ƒ$ÊKBx_PX"ø`●…
XLa¶åà"aΔ˘Üv‡É»‡V»ì·)Î´A
RPÇ2+–‹°"¿!Üeàû;Áå”©§7U4eL¨\˘Ü∞ÿ8Øÿπ'tl'±.e…v<Ê“ˇóŸ1Çˆ†ì<Ÿ…‹ÇÜ*Ÿ¥lj‘Æ†Qãʃ
£yÙ£dö®¡J&’˙YôØG6Øîtîl,!9}A¥¿PºáŒ√∏ï)ˇ≥T¸êmœË=%Æp'a–
2A∏úÎ›"¥å"*ʃ'ıEåWo≤_`JzÑ€*Î}ôyVGb”ˆ√Å¸à?X~+5üpÉuµ√‡°áª©WsŒ^e!&Xð†FjA]¿&Ç
´n.çùbçñ%»:¨≤ʃ”fØ+&¢u÷≥°-r»H´d&«¢ïÅ∑=ÉÑ%tÅµq✱ÇπÛxˇÖ.¯q∂80$xn´º¿o9íRi“✱●|
w¡äÑÅÇ$ùÊ®ò…aÕlfs¥`
\cµʃè/ΔkÅØ©dcà
¢@àÙÍÅΔ™‡«âuËäZBxÎ»¢ÒîîÑÑ¡Ï™N$¡í˙ñıp0?\"1àMÁ“|∞R»`á∑¬ï¬ÎJ¡
V†MÃu¿√‡@êÊbz’öØ'Fg’q≠bµÄFÿ¬ˆ,±›Èÿ)™üã…"èsE›Å1»„,bCkmlœ›çflé¡   úÏÌ¥nêt\w¸8
nŸŒVfi·cì!è{ó$ÌÀΩ≠îó°$m2„ˆì%ÖÚFıò#d°●∏.|‡fÁÉˇîM®v>●∞ v@¶ä7mj„ÅÿK,U"
¢ÇYE(Pã·≠Ñ>…™£ÔBKº\òòÊKVh8ú‡‹”ëÑ–aTj   ã·   'wä™◊ÖCʃZ†Òí:✱Õ¨D@+ı2ˇpù¸

´ˆ-Y«uØI-ı¯Øéâ2Çuÿ7Ÿ¥6ΩŸç‘Áƒ/Æ2¢CÀàäùHã%,3°„;-…lK*
BäSÿDÖGJÀ)   œ#Ô¬íÍM/z+∏°$ﬂ)2úÜ
        •°@%@dPÈ`N!ÑW2.„"ÇÅ">~pï¬@4Ó@P Ω~Âñ¶J oÔˆrØ"pè–™%ÂB˘°œR,
3$èIÖp˘∫êDX(>-
Ï¿"AÑÓq<*¨Ø´‘E’n§V¿]t§N ^TÍún÷∂b+Jù÷œ"´◊‡/4D†ÎËO.Ä Ê0îF}‘Œ1“.bÙ…Ï0»ÿn≥™ù%Ód
-dœ-!
jH-i:„iDEuf√;¿£iFä+œ>ƒ
â+∑ŒG•ƒ$∏ih˛Õ.r†iî \+ÚÄÍË†¡d>°»ªLØ®Ê„@ŒãlbÄ¯"Ñ!nâˆ(Hp/ƒÒ   GÇ˜-(A'en[¨
%ÑÄ©Ê∏eDX»´¿¿
¨¿ÜÓ‘ò˘¢)hƒ   %JÆRÄ*g7J‡UC^í¯
˝$Re-`J#ùB@ÿB¿≥<kûfûÉJí
üzÏ0K*´KÿN3ê≥T«≈<Î†Í=√€ú¨·
u<ˆéÿ-…` >‡MﬁJäﬁ&eRJÚÚÌ$©£∏ƒAi®Áà±Ë†*ÎHV!®Ë#„
»ljÂk
(?ÑPlBıTœ@dX,Bõê?¬#%r≥*ÊFbÄ/Ê^BÊd.¨¬-Ö)˘g˘ƒPÁA'bdË¬Ä˙™è
>◊ep!Q†°8¿`: "ÁÖØ¯ 5Œ)"¶◊/ÿﬁ$#˘PΔú(ä˛¬ΔnLŸÙI)q«RrbVr†ä#ÂÓKF.8¿;F±QHÒiljÏÆ`<
£u-gÿ$È!E/àÄë~K˘-2cíî£Q∫@*Ë‡®“Î@m!ñ®∫“lf)°§–ÄZ©lt0xa=ªq≈kñ&,ñB·ˆƒÒ#DB˜J
¢'ÆpC≤™.Q¢Z¬j¨:Ñ%ë[œp0GƒABô/§Ä).Ù   Û1’ÂÜl¿   ≈*,Â3‡2Â%s2G5B¨5Ëƒt
ÿ¢◊|≠tD#ÿ∫.09&SpåÏxÙ≤*É%Y“1,Iu~Û/Ëo#Q%‰;Æ√.ñîS¢ÑS˙˘¢
±˙¬.†∑&ÈJiëı,ﬂ)•¿‘R„ﬂ≤L¶ñ@!ÁÚÍ`< ΔKÅxaÊS?ÍÙ+◊S=Õ&WŒmb”+ñ°±"ƒQuØuÔ   Ò≤Q
ı≤Zï5“ÏqD,’R√–R˝†
9µ˙∞oƒ$3T`*t#!y®JÄ0z®0J¥3UC5D 0.ÿL3`,/˛D@ul¥ë}
±6)ãÏ∫§ã•M3L•0Ñ¿ùÆÌ∞Í99e∂tK©„`ˆ ¯û§DÊ`∞Jπ∑zÊ∏¨†KøÙë)M √0˛-|.)   î‡°<°
¡(VañÑ°NÈ£NÂ≥…“lÇPPyPPv=#n"dˆn0˜ı?=@˘¶.ı@#uCL'ÑIò°0˘hÓÅF÷$‘:µ˙z ’z‡SoD2?¥T?
Tõ∫Ô2†\’fª…Î¨R„8ÄçLß˝HÛMÒh3209À;áÊ$y4L,f)ëï%áã5us#_L.öHa™¥´¿Kì@Z≠/ ∂lÔbZµ‘J
ŸVKÀı.Œˆ\#M∏ x/î√Qf Ú†>°@¡wpaº–"ŒÏl>Ás`hOSoWåÍÄˆW•ÛA&b%*bC
$B,ˆB"´ØR”qR'ø.˘’RœJ˘tbrŒ˘‡   z`ecvi˜
±/T_V*j†,'sr`¨ÕUcUçT„g530¿tëIÒ7rW=Ci◊§9≤32pÒ9ráÃ˙œb§-ﬂ°˜{%-
∂√†äâpΔ$JÏÈﬂh±ÿ◊ﬂﬁwLÂWKÖ ∏5}”ˆ∏∏¥\≠LU
ãΔ∏âcò <¡ä!Ç!%tË√Œâjx°>ÓîïVÅñ0%óqÀ´a1◊?ıÊYú≈#:"Ê¨ê-"ıQ«ÍpBàAAˆÖ√∞dÁ"°ú¿Üqÿ
        <µeU≠éÓöp∑>‘rNUo∂O f#hÉveV&h˘J`2í€ö7D‡Óññ;∏SP™˘„K{:-
D)èuﬂrGJgÃùíTu∫É5˘≠.c˛ó}œ÷lÈ¯}i1m
±tèÓ6R†äüCL#„`.Ioã˘p·Û>ÄJÙ“ì`)8`'xñ&π`'°»≤@ƒΩFn5wsEò–,v@MAUH(jóR5ÕplŒXóÜ
âTÕÜg˘x∏á≥à£bä@Pe6î∏Op6!m∂òMÊâOµ‡"ÌÆã±™tØË÷˘≠˜ã"ÁΔÊˆÒŒDﬂ∏ô%%/M§Ñ∑£`ÏÇÌ
ê«T∏Ó¯l˘ó˘ı¢gˆò[
&˘Àñéwqq±nw˘ë]â@¶tÄº¿j>oî∑©˛4`Ç-ÓÄ*πï4ïépìgÔ"8WÑ-
∫óPXt˜í&¨EA]ÆcÜöâqrÁÏS}¯SqπX`ö`6Tã`àäx6´ƒÅπò68N‡,r<<„Fª√Fs‡ô°Ä/
°5;ú„(SJ∏Láœ'öë22Ë∂ÒM∏ˆ≠™–DëÆ£J;vΔë-ïﬂÿóëﬁyı¢ùı¬}>W9†Dµtﬁ ùSJhﬁ69tÑ¥‡nœ,p%a
!∏ÇW„∑
õ!ÊsñT·rEÓ–@$ îq°$Íã(dîıít,ï]nDRBqôØ¿˙‡\¿\ó±œáYõêÓ•m{§BàYUggg:∑gÉ…0 |
n≤g<ê•
f+\Ÿ˘ﬂŒ'M®3ÃLôÆ”ánô˙ﬁ“
˝∫™9kSî&;òÉùÂ62í@≠√\˘≠>˘JaGKô√éÔ:%öYjÄ!ô+∑Ä"∑7`[>uê,[¢3"#Ë¶
±A9.+˙Yz,≤G"≥7/ZbnÖq§EöÊ,u¥G€¥W˙X/√}x\fo‡n@à{ôt‡i/¥êÿ¥î,`f#§pÄQ\∑`yZ˝-n…
lÎñ:€€ëN–™ÎVüâºR∫√{Ø[
-˘ƒ∑§»"ÑÔ\-u©ôö©¡öëÓXm±îZÛ∏}ÛbRΔ˙™≥7≠…ZÀp@Uã`6¡œ   HnΔÚñ¿ı°%7œ
\<òœÔFb+z≤Ω$ÿÒ.Î2≥Wb/T(¬P=SobÖ≈P' -∞©•Y€√5ΩµÅöp7∂?
t~ÉòrUÅàâÿ∑·<íC~B∏πî¨ÀV°…:ë•9õ˘∑LÑK≥¢õÏÑ¶…âÒÕ…≥°ÿçü-@0í}©√ª«Ö
˝˘∑ÀªT9®>∏àªlwÎfl&¨ì2TJhÚ<tDÍªÅ°rñà•`
°'sí˘`>˙ÄƒÇË-Ù¶¢#˘˙Yp˚œx0C7≥%(TËtAñ&”ïôèqÆNõµ/}”Ø   TCul†   v¿é ¶Ö)ôÒÓ€
ÿÈ€Ñí\ßgà˙èi±ΩqQÅwë Ìçh™”{ä|ÊÎ÷|ûZiÍ6™}Ì∫ª¿…’†Áç]∏ﬁ À>{ìùLÉ˛Ÿ…{/
‡Jfimç K©À{)ü¨ËÀûõf6J¿ÙbW•£meø9ò¿Âı0õq÷-0óÌKÓ±EÇ$&{Bço
5Ê¬ ZﬁëR˝RáI'dÆ¯t,"&tBùµA<Ò1=ƒWÕËû"
ö`¿˙∂†  ä‡¨'ñ¿eJ}6p¿yp`äS˘À>\g∑ 5ÂÅ€}Ò˘ŸYﬂë,eÂ…x◊°˛»üZ©
C∫K∞∑~œÁe~ÂÖK>ò˙ÁØ:Ÿâ˘Àª °Y˘èïœéQøg∏‡/©=/•¢ñ£KS {° Ÿπ<∑È€˛ôœÌöWDÔ+˝„íœRı/}Ä
Z°ï$˙n<>ÂHÇsq¡$>àâo,;£7 $míDpì#Çë&iPBIFí4Òa§DÄ
Û3£-n¥)d»(m<Py£âì'Z¬Ñ-≥ßN0yË%…£ÂKë"%NË8ATΔâ"B=!É(Ií@Å“Ö»T+P∞Z±“•+Æ[ªX·2ñÏ÷≠

\“˘XI”5
ó.\,rABñ»Y$h≠ÿµó-\5]‘§¸∂kó7Å
F√÷Ô,ÆK+¶∫5´Â©03Cyjô3"\>ìÖ¬÷
„≠h6#IB¢%¥$/4¨ˆÆ\ªÜ·÷Ω´7Ó\°p˙œ}˚7qﬁ∆â˜ù+ó™U™r
°Z5ïuÍõ¨áB*‘¶Ó‡ªÉø…“¶ÔîB ,H∞"¿ˆ7-TH_!Bäí@QL»'RGÄ$"“I%πp√ÅËf
N°$”L{-Ù»{4b!:È¥
3Ë•SIapA!‡ê√jPX’äV$ÅUYâÂWb≈ö\qç’ò[m¡ÖcYtÈeEêq˘¡e`Å
∆íí]-ïìä©%£c]D÷U0¢q%åXMïbã)Ba∫HW´
9•Xgµàƒõœñ
tÄíÀ0∆ì[ozÊvÁm°Ë∆À.¬•i\s≈)W\så6ùsπPg>uì¢í>w‰y7ﬁx‰ D %Ω'*A†têlë0
Tü#°*_~¯E`"2Äh‡Åª¯ƒ2âAÜ√/qáâ$káÖçxb!"á‰·ÖKt¯Z$f+CfR¡òóaUFc∏`Âh÷X:Æ’[o…5÷^[·
E•-UªÜ•°oa]Êo`Hñ÷≈WèI¶•ñ]ÅEUVCt˘Vú˘iΩsëInõ]z®É%°`Åw»≤ .°”€…ƒ˘
\ √˝Ü(pàð<\tèFßãtïV7)vñr«ùwí®'t-A˘*{Î¡'-DU¥üB%ƒÍ~±>
`$f˝Døv˝+◊øJ!∂-õ»|$ÎH≤lìB 'Œ(à y¥A≠á2»Ä-âyø91Ui^eôVge≈]b>ànZì˘U§ªd≈
‰õBÇ∆øG∆#íà>+Yc4R)ŸËZ]6±Th∫à∫õc¶.$∆m&ëÉk“Ñ
zlÀù°¸rÚ°¡3 ä∫ú(£™‹úl.∫,ÔuíÓúsv>Q^xËÖíﬁ-K˘ØGâ$•¨ı…Z5EØœJQ"}$¬G|
HÜÿÙã=˘É3ïçv"kÛœv"†Ö-paãZú¢™C#vB≠E#
ÅNîôQft4ÃXÿπr˘(08Úëª,w.≠$ÏH Ïó
˝•Ü¶1^âíb6∞ÇE,ÜÀä°¥Çó!Òp33aã∫4ïe(@
¥@
a√âµÈ”†E<òáQ≈ '<Â1œ99ì‘•¨sKyßzC”û^åvû£Öj"¯QöA‡sVŸ±|x¨¸ëð>àA
d˚„ÔW6=ÿÅà§’©ÇãX¨Bê4ÑAàS@,Bt˘Ñ®ı‰Ä(Ã€f°ƒ¶ﬁêF¨ãê\ƒ…≈H∞T%Y•R±√≠ì]*Ñ![¸•¬÷•+~Å
°/f6Â0à:Ù·‡\#¡
ÆKDú]PJPÇ»&√XFmÚ(,-Íxø+ûr^∆<õ5ßy®`^u¢∑äÏÙ¨g%1€ËùÌ-ÌU˙HDÊ8GÇ%3"ulH’úVüıe
#i#ÉB:,≤Ÿ¡Xw∏C"¯‡ààD¢çÈ°"0ðëMa,C± ÖÅ0h°“Åë¢∏&uY˘*π"0
zÓîË™,qYòvÂ»r>$úÉÀ¸´Öâ fèFG∞&åôŒÑÿe˘ÜË" ÆÊa¶#¢†pÇOû†30B!å<·È¨~bŸ†å˜2q 97S^
Û†ó3Jıláò k”≥Ω3œQ>Í3D;ÿÄ≤JVRK¨EûFëÉÚÅèâL"˘Äð˝Òœ¢ÙD≈Õ¢8ådxt∆PF,@1ÌÀ'^(¬j∞Ñ
%ú)|√¡f∫Ö%ç´GÍ-%ê*˜.XÚË-Ï≤Ì,…"Ö+_∏Ù¬é˙ÀÛ+-E%KÕdÓ0ô1eU/3(a2¬ >TM0@"5FYı‘
'C•µ9W<[ãcNöÕL:“yŒ:+ÂŒ¸¸Ï=i\èÔI‡¶¡'∞˙ƒO@1˘Päð" ¡F¸ìðä“"v,H>πäÕÍ¢≥∆H∆1à¡fÄV
∏(Ì%Î¿¿#`AµC ¡àNÄpF2:aé%ÉØ≤xpÉ¯Ú\O«B≥Ó,bQã.çCœp]çA√ƒB0a
[XÈT3 ß¿‘^îì
V◊‡@A…@õ0õı¢’{JYr5Nóë3y4õ´.§ΩIïÒœzµDÄC™£ÖB?ÆrZÇ˜YGÒA
±ê¶œA*2µÉ<ðèâ‡#É>ì4Åú«;ŸYE(òß>mSƒ“êF2òëåd#ßHƒ%∏ì/ÙDµ9HäJ$[´,Ï©∑>ÒÂtäÑ˘ È-Æ
ÏãëÇ[Æ#ÓÜ•Aòñî™•˘-ê-“6çð◊≈ïÖ!,aÙÆfû,î!Z%p@°ÑPÊºÂ-(Ë
ÍÄH:±¨ª0knJ]E∑/ô8ˆΩ\W©tÜQzÄ6#ÉvQ¢©g ﬁπh$ûË~∫g|ﬂÉaã-G¬ònﬂv»X)Ç?
áQ∫(u©mìßcpO«XuWÅãR»ì;…√Æ∞ÑŸ1e[8H>∑ÜﬁïoÂX©ÌB◊,ä
d« πFµlì≥£ù‹«Tªπ0Ü·î FÃa>µQëä‡-
dßÃˆ)d"SŸ≈4 Õÿxvg&äJ`ÑA„√∫»ìœQ∆õBeq˘úãbÚ
ﬁ<úIJ:}œ´•.µùÔ»s=°òx√.†È-påO@=ëIcx?6_Á *âéd
”î¢Îr¯>åAµ~õ0∆1@úi„ƒðàı%ÈÄ’∫µÆ…õk4#S∞€V1√6“·Ê¬A, ∏Öav,ƒ’&Ï˙E≈Â’3ÌÊFW
-_· ∑®bt/3»¥Àò¬d2aÜ˝) AkÃ‹Âî†v@o°†òo€ËIÂ[îE.√
ãÚ<{v3È=˙ß3äw)ÂqFÊ¡pî*Á!qÁ¡p
◊=Ñ5GçPˆ-qwX¨¢i≈G´w2°(∆p%3{z◊Ç-x˘4XÉ5à'“¿Q
ß0!uP!$y ^pJ†h2;ItPb“-»’SuÂÇ9-áB¸“cl;‹¶}E’}WGCh¿dò◊G#
\w~^≤ÜbrUÁvU]1¨ÒeÒß>'P` ´†w√êw,órU§t6ÄÉ)èB)™PW-3FÌd)ÊA
î•3gDÅê∑∏4L#+˝‘hé∆yÖe5àuG°«*÷!wª±'+8bø0b≤'{28b-b17{«
'Ü±F!
‘t≥q‡U“ÑH†ò--™”"Kı| gLWlWòBKíB∞t[∞CS^(Lbòj-ç>ßm\á:Ê∑Üb∆eÙ¬eN°v%6hr:«òCA`M
èT∫pww˜á¸ˆE*Wàå"xà)“±g¯ïzXÓDrxe4Ç64∑ÅnîÄ%qé¶>Ù*zy§°wÒXi„MSƒ∆-√†íøPã
∆•íÃ-Ç≤«∏àãÆ&
O4Zƒ,B7DH-J†KvQ°∆Gt2C¥82Ç/jPHÚOI¶§0N≈\◊
\5dmÅq0^9#`9~N8ñÓò"dwñÈ∏vüÅéWµ1Ú'0'¯áOî'NÑw∂¡o-≥w(ˆïÄ-ëQ3Cœ±à|
ñ3˘≤‡êfd)úP=Ê1qñ(*(qhQüx9zâEäêfGßGígÉ2+¯zÉíí√-í+Ÿz/˘í3)ä"68ôã∑ß^°xs<âà Dx‘¬
sA9îIﬂb%Õÿî5RlL◊SéÒî˘ATB&0œf}XÈuÿña¯K‹ócYvﬁÚÑW%fÔxndó"iy:≥ïI0“%pu
∫Z˙¯áÖRjÖÇrYg 9òœ±g˚ïxIrã◊òõ-òô"4ê9*˘µâûó`ã÷â
6X™Úë

¡>u6w@2∫ÇS'˘¶íΔ(®©w#ñ¢5õ∞˘ı)ˆ ∂Ÿ,r£s_0-”,õ`7îΔW[<≈.Kâƒ≈/
ÃITRYu'SC#“e^xùá•W•m£3tMx~VûnHûe˜ùÈ»-A∑1:Ä'-P4PÉÄMu©^∂±o|
˘E Qx˝Yêgpà8Wãà3ÍgŸ!üvF~
˘êóy˜4ó'à65˜â¯®$8äîÎ£xiôvÉ-°ƒ”z*à'π-(âí´ä5){5¯íÆ&4kü@
â‡ ü û‡,;!r•πJå≠5tHô}99t¡ y$Ì¬\˜,128øvBfl¶\÷≠Œ'9«Wt=ä:
(Ç"h≤•˘jÈ•]Üå‡ÍU•UZp^π-è¯vVx˘qeêèRp‘q_çbpírxueW‘cFüÜ)ÇÜ)ïyëXò>ä*GßÇèfGúâ°Xì
[¥¢°ï ª@Äfi¥'Δ•aÅ2ö*©í∏(ä78{∂wV
§p
∞˙ *K´$Ö9Qk7∫Bitƒâ BøulD§Pi$H¬K`&0à„7Cfi∑ï5‰$WÄ¥PÇADIî(B©á]/≠_èH
˘Ú»1_UMt0jyÚa|…^xßÖgNtZ3∏ê
ixáŸgxuWÇV4é)4Ú°L”=≠bëpt˙·â
óôwíîzGñö˘±©â‡w€yóo$S¢(™%Zπ≥á™¶™É∫@s<X
';´ü¿,t∞@.;Ñ”≠≈Tû„Ñv·|ia¨˝RçLK‰∑§R¡åè·’ôùZ2•]
%PbtC'úc)HPKû„9µfôé≤uâP†1ü§D(`upokıÈè∫q∂e&◊
π
ÒjpÜ…Nå»_9®˛*®©h6ó®4é0G£óaúâGªô1±n∞™¿
∫¿
ÎM¢*™Δ-íØ¯ä3XÉ%"í.ÉêD@ßÄ≤êêü•Çö9GÑ7ZÑêQ%§Éd¶d≠ÜQ$Ñ¥ÄÅj@°WídíªQÖ°Î
\ÉoØÜc∏T“v®3áHHÉ:@Ú7[kó'RfÒ∑Ñv¯A¡Kî˘êÀ'WÃó∑!p sßÂTØ˜Δì≤àÜ)Δ~ÊêÊëΔF4Êiõ
°∑˛t∞°(°ïñ∞ùÁh„£«±°i„c•…C¿Ñ\±ª-
ƒ√Ω-)Ÿíå˛ä4…¥ì.˙í e¡ß•™â¿,ä@R¡ò´_Ä√ò¥KkSdA] ,íÖä°W¿K•lfl¬¨&D;T√SJCàqm^ƒnàåP
´´tFÆvÿKXcÚg"b:M’Ùû¯∂oÏ≈'•Ür≈∂’ë_Z)då
e<Δ‡<ŒflŒctW˚ WÂqáäoXË≥â˜®Ö≈ôe>§XQudX…r«O@¿™†
|I¿(É»Ω!¢Ω‡»‹-íLÉå,É1π†•^0j§eI<ˇ,-ísq √IK¬C7D<dlP-mŒÿK-•-D≠:∂§>ƒLß¥c™õAUÙÇÑ
‡Jƒ6ÜåLòûScevµHåƒ«L¶(P([ê±P¢˛◊pˆè7≥≈Ö…Ä|Jò˜Õ·lΔ`≠xƒƒW†ñÅôF∞ÔQø}KXí
x<XÙåaRC+ù7Qv-70-L-|»'√

çí˘ä°¿Ö¨äΩ…)Iä1ì°ıD¬£5êPŸÃ,ù@Rá :Å´Å_q°(l~/Ç\≤"iáB->“ŒiS2b”U\’°Tä”ä!P€ñH|åR
‘F\f&r‘X{åÆ·ñ‘Ñ3Ptê°∞
îg'c'6S3˜•3>Œú÷aÌ_˚ö=ú`®
∫÷àÊŒyÏO°∏∑ûga˜¨∞¢◊fiё‡é‡â‡`¶»v0<∞&-E≠≠-<Ü‹õ¿M™6x-É´ióˆ&°p
6G
ïΩ-tP°G7>)/7Z#Ω[°:p∏+Ú-ˆ¢Ï“≥fiËçµ”˘Uı"''T`ÅJ’Ÿ}'lK01D°Ñ≠·€66|≥<W;|
fñµ'@¶†D6†¶d≈'RmÕ~“Æp•ÕtÂÕ‰\W€Õ>uuŒŸ* F
 iÊŒ,#˘y˘ñxÃóÜU©"iGıì,{ő`0-™-
v^¿zNÄΩ"
g¢ÍÁã
…åúÿ
Ójïl-:È™¶'¡>7êÆõªYÑh,@LUÃht˘"CÃÖ¨DÎgΔE£ùDu]1eQkñ?˝„E^cÆ!‹V{"≤µ1Da(`ONƒöûÍè[
¨À”Ev≈ßjõ3Yn€ΩÏ nΔfiÕxÍ*∞Δ4˜+◊˘ófi°XGp≠Êì
ÓÉk ≤ñ{‡6`ufiExΔ◊‡ƒ#¢êõìä]ÉÜŒ»U™≥ybíÕã~Ÿfi{-…¿àõÇêõπôÅê´qê[rU≈∂"]îK',
0oe‡v4ΩÖ4ÕL LŸ«∫3~NAÃÛWcqÇB¿Ú.ÔR≤Ó!≥≈Ùh4•‘õ∞^!F¢˘ÿ2qµ<'Œ/êÕé
…nÙX>)·Ω>†ÇŒË˛=õ*RøŒä®à:œ€ûıõflûò∞¨Bfl≤6épê`qfi&†0-÷AΔÓ◊l»-Ôt/
{âÌ»≤®Ôxr{%ˆ‡∏¿É∞/?HRúÏ≤∏Ÿ Øõä0å◊*Ò≈6tˆÚ•Cå
±."•©û§[H8ΔE8/2Ö¶ƒ∫'¨”K∏Ãfvf¡'¬ÁR0o"8-”Î∑NlñÜe≈Q˙ˆáZàÕÂÙE6≥Õ:ìòaùÏì8áófi˙g»_
FÖ÷ΔÏ¨ÂÌF˘˙∑¡ëö«N3i$hfl K+iCfl}∞6|Pˆ{∞sfiŒÂŒN»zÈÁ∫¿»Ûûÿ)/Ç^ãéÌÿñ¨^ó∂N
Ç‘®$Hü!2Hg!"à…â≥$…í.D†tÈÖàì$iå‰ò¶$G4(U¶T”ç…ó]Lv±¬±„M(V6Ç°i≥˘¶MéVj
/% $IêËHäc)NqËà
á’®S£ ÿ*„ƒ◊5¿$fLÿ0¥∫v
€’∂m.]pUÂ 5WU\TyıÓEµj/'TõTÂÂ¥ •¿Å#fiTò•MîBmöÿ0‰»õ$m≤§YÛdI°
$ç÷°ôÙËÕëP;Õöµj◊íb≥ñ-[µm÷|J‰H˜†D∫Ô$≤ÊÜ •¨ÍÓ]V∫XÌjÂ∂óuc°â˝:ΔΩó1cfl¡è?L/0f¬“c
,·[A':uÍ”#Éäj‰Ibú7ÄR*)êàË»@$d*%]Í¢•ñL…AÖ/)'7 I'ö|˘¢)'£~
q$$JLÇ©¢Bë©≠≤,™´Ø°í¡´ØJh"\àΔ]Ñiã≠∂,zKªàåãHøíÏkIæ0œPq,3¿C≈í¿BÈÏ2'CÅÃ¥ÃL%í1E+
ÌÃ‘FµMf´
∂7mÉÕ5@dÛÕ∑D"IfèDÜn0l@AÂö„´ïÁå¥N≠•åŸE°aé1FR^z9fG¥tît«I…3À,abQc)≈œÇÚ3»˘…
Cé"ñPB £LÑ" %F"©C†zıu¡_k¬PßasJ,ß°>ÏHXùÜ:™)ßíx1+jß=aF¿äÒ/iÿ]t\≈-
µŸRãÆ∏Ê˘“eUV…%/ø¢‹k√†Ñ2Ø≈ªLK*#Éå»8 •0À3S21«˛Ï4œPs∏5€jsÛµ/ÏT

NG"·SOﬁ¯ÏÌé; Ÿ√â,»ÄÅPπDeñÛrÆ]à§Æ≠^tπnG√„ngIø"NªK%Ω'fàYΔh•ÿSZÈ`pE ˙íö'á°¬"Z$
b$"∫>6®_{ï0lf3lˆÿa{,∞YóÖ,ÌSƒÅ+∫Áñ1[¡ ,K@°à=¿>1Ê'/.ƒü´ãH&ÂÖ◊∞øs≤∞Ã, Â0|
•î\`}kÃ≥/A_X54ﬁÃµ6WìNá%~Õÿ#Å>6?¯˘Ä]7=˚Óë0ö@NπÂ\F•9≈UŸÖ•„è/\ú5Ìt"°–,Óò†©¯
¥hÚ "ìˆÜaÔíÅl)&[à!fA∞ËÇVètÿ∫©£H
)Ï_ÙPCê¨@¬Ï∑7¥êXbΩm˝"_â§ïπQk+<¢– D†-∞Ñ‡%`¬ˆ0.]…-A:<·ÓRv)
^yqR`ËµÓ»xsó9àó\à•œ}sâŸDfº'03mF4†QòÈ6qõ"°fM±ìÎpÉ1@8bc∫-ùn–ß;Ñ· $†
¿dQxœIﬁ¢xî3Á ÕR'ã'•~1Ó#«(wí£
„hG„û2˘àðåe∞'Ó Ü2íÒágcç∏¬á¢$a*HÿI6BCF≤ÜLIÄ8bH
eXH–_Nˆß?f°-CB∞ÇêP$ò"*H¿ñS^T∑πq+2z øÉðËë·rÒ∑ ..uI\°ﬁ≈§x5âÑRí·bB¡/ÀuΔK3¿8S√»
L&LÛàô»D:"úΔ4£
9%vN◊»Nù{ü,†ßDÏ&8v∞Cl@E,`9Ü`ú3t≈L-¬∞èö∑#3nß;«∞'/&©2väzBè§ £#q*iΔ∞£2òëk„Ç•ÇE
ôHlM9àüÆ.bë%ƒT¶óúdM{ı»[ÌÕm˚„ì˘ËS§§2ïPQK4#l!5Åtc ∑XK["@êà≈0∑ãÈ∞"Z¶∫ÊÇäuµÀq#L
Ã2!70T\n`.îL[3≥ò»t¶0"l¡$¶–"M
˚a◊4DuÛ"à¥9b:ï®1€ÕA7Òàgú∞Ç%Xq9Zº◊•P±∏ª$/\1ÀŒx©ÜÜçŸ…
éCÉˆºâNz÷ìÜE1E4i0Àêm6B:R,X%DÓ£JJqp"óÖ# …¸ÄÇILb$D;EJsKT°∞˘%ÇNe¿JÏ,@H•[>∫
+ÀäÄƒä@P˘îeødEV'r§ƒ•ãH«\RíJxﬂƒKjòÂZh Ä`ò$<Õﬁê0:Ãk≈Y"»NØëË
´√R◊◊t,ÊâíxßS;ÉÛa>ËΔ
O∏A
•O pB≈*÷<?ùs.ÅΔ8yéÍ≈0,ı≥ÌdÁR
Z§&≈6C:2◊X°}Ù£¥˝®≠!HA`D âÃÅVtpÂ©%Ä,
ÓE∫"+,!ÃÖ,$Ft´+"pÅV]c3#>L7óHŒPŸnùÈl :À œ<E™ºÚ@®û o.È`
ˆtqÉXÊØdFIQÍeÆ˘LK[é2ò~fß-
P<ì˘LÀkÉÅ¯√Ω>xúiö
Ï\-ªWªΔ'∂„
ûö®ÿ‡•·∫ÉZ@≈ß8ã,÷<•Íùsv≥;jãhª3)^§ðå;j≠è/%ç÷f€C>èê∑m82c≥Ω6ò·G[xBeNÇñqPÂØ†¿*D
8ÈQÈ"/áÑ ≤äiœCí´≠<k]sÛù2gÑÎ[B`¯àðÀg>ü ¥%¥E©~ΩÑKπ„ı.¸Í1„Â$Y&/ìΔØß;∫"ï
"übh¿πC
˘s4;4>]vWR"FùCóòÏ¸0>u,ƒ éüÇ3¨@ê¿®œb :gx˘E6AeÃ®GU Δh
¥ÒD ùh[O»©•ﬁ4+>d2bÙ<Ãêì?/«OàÇ§1EB¸¸Ó%‡Q©rñÚ€v„ "Îì'ó9B+»ÁäkâΠRú¬Õ˘ÄPI%Wðk∑á
Ûô2=w¡˚@á7'∞
Ç@áS∏á†»–µ8¯äïœ®ò4 Uπ≤V∫"úﬁ
°]ã_&PÔ•ác≤yÖóüsá≥tg"k+Ttt≤SGéH"∂œf=Öx◊M◊µS@…Z˝1.p*Îb#≈å†@ •ÄûÕŒœ>õvÜÇ(à/íâ
¢Üð£û÷¢"2∫S2/Ú®`ÜO@˘9(©.H$(†ä¿ºï¢äﬁ"2-"%-≠TÇ}c<ó"88Îèÿ2Éã
ÑK∏–".àìÅYB™-+=â≥•˘ä -O∞Ö``‰°=F3π®ãΔiú˙ΩB!>Ñ·Lç·„9Ê≥9-T'¿πùßÚ9ròrZã…
òw,∞/X"<ø"5(ô;∞ÉX†:<dsÅup?
ÕÒßÀ"™#)uÄ†á`Åu‡ÅJ;^¯ô^¯ÖGÏûY(Í1@L<dªâä8™;q;∑Ù∞ÖFxïíä©¬ì-ØX*π2ó ï\ü|ªÆ!
ë˜¡<è∏ºUR˘ _úñ∞§≤•D™ê@≥•(((ÇF8ÖXXöıíwqt®˘"ãi„=ΩzBlJ´MG,|¶«-¯û´∞2È¬oÍ´"ai49GÄ
∞'1ßÿ->Óª>H:]"59ÉX|≤∫´„ÑX» ÄÄX»ÖÑÄà\HD,Äyà»àúJK‡H˚£»Ö¸Ä ®HÜ§M¸Öi¨ÖM
%ƒKaÜdp@qïS†¿/8≈ë¯;¡€Å•¨∏{#Ç<§Å;ë–è0<º<Œ38®∏.•íÅ`Δô∏ê†(Δc§∏ê ≠|ÅhΔ–¯!T˝"$k¨
ª@óÀ™/(T&»¡¶…P+ x9O3GNk0–(5.¥π,¸ÀÅSµ0ú>á°∞åyìÿÒâ©%/»Ñ7?Å;
1∞Å;Ã'™≥"+ÄãÑáuêá{Py•Üy`DÙÜ"ƒHã\HyhyËÉ ‡Ö†xÄá{•ÅwÄáwÄÅàá–ºá-Ùp…_®jò
¥DàíÜd07<
É†àí¬E¢
ø„õ¶,Æ¨®∑{"ﬁ ¿Aë1œwC)+ì¢JÆ»Ä·∞ºñÆîÅ˙¨œØ% K©¢R¬˚àô€kÁ°vYó%>núÀÇI´+
$˘œí¶r'ÀœXú„BÕ∏>-$Ly\0œÄà):4¥ò§"
ﬁ¿5ÒÉ"(∫Ã00»™≥¢Œ|-\H{¯Ä∏Eƒw`∞áÿÑÕêı–w(^(wŒop*(*pá®'–=ÜñÃ"Ê'ƒ1r(¥ò…ÿ27ˆ E:»/
ò§ëPJ¬˚≥°¡ [∫ñiAOﬁ¢∑œ√ºî"≤\
Ù–_|œÓ¬¡XK¸¸ ØÃœú8ã;ÅÅ–◊€Çgü•9π uYÖ∞ZvÅÀ≤ÍΔe K√®ÀŒ†P ∞BOKGΩµvÏ–UU
ìœp'"®>"0,ÿpL €«ƒR˘–\€5_ùC3∏L)ê∫≠∫Ñ"ãL÷!]»{X»à\÷çVDL"à<IDNDº»gEDÓ»RñL-
Áú(∫√ÜdXeÜSXà
≥$8)y∑Ω!'‡ÄÒ∏cî ´d†•J*jQ§•¿¬sE~ùJ˘ƒÅbl™YÍ â+'ÀÜ≈Äy˝ä%¯-xΔS`èg B´&é˝*]@¶yÈ
'«R+,€4sl0y'Kï-ìY˝¬HàY3Ã9'†Ÿ"àWï«Z
U"ÿÒÉ}<ò§Ûç/ÅC·Ä"> Éz/…ÍLB˘ÃgçZgUR¯
ÖVeùRïR(ÄwËÅÖá'•Ç#ï˘/e]®iÿRËÈ"Ì¯"ô4◊PÅÑ2çÉH,5'¿l±◊AmXœÂ[y>A¿Õ~M†¨<üÿkFz
%4{Ì {u†Å"lXB-TE˝ä•-0KMÀ„1PM"*J¶H>œ˘¥OUZö´Àı&,Ãπòm]ö}G6©9{tµk
YìÑ»àLﬂÿ'¶ã√_ïCa'´"ß%ïÄ"mùZ'dázR"≈/vàá5PD(>Õﬁ¸Õw•dçM≥S-°q®CãLôI¥ƒÖë Éä»7íÍ-
ãb%œœX ö8?;T8M\¶¬õ¡\˘]*òö"[<ºπWØò∏ÚJ≠'˘Ç/†ÉA8\¬`-Ö`±Ç¥¡HígäóÀY9GÖP–

¯9óuŸ¡ƒ¬Ö·¬¿îŸãYÊ;50<5¬zòŸq5†E,w“ç/ ?≈9,b;òC2¿Ã'ÿÂÕ''òÜå,(ÜÄÜ,Ä^(Ä “
ÿb.Ê,hùÄ•Që$…í§,.Êb∂≥åb;OEs-H»AÄvïS¢ël…¡…
àÖX ΩflœÕfl¸ÖS‡Ô,=Óäzıcz%‘¨Ù3Å»ç%»Kà≈‹ •H%ÖZ∏‡åÅ:ç±\¿T∏Ñ4œH9(î–◊u]î5’V~Âv|
·Á˚åMµΩz˘’6)çåA–=y¢$ÍÓ€ç;È
†ı’ ú√À§'1p∞"´„Ã•jÆfkÆf`xêáKÄ“êåÖ›ʃ˘bU0gÀ≤∆˘ʃ,ê;gê#óœ-ûRföXÖO†/êC≤°?%‘EÂ[∏¿
Ä
®Ä(ËHËhÜËÀÓ[¸%¸îËœ≈ÄÅœh»hãÅÊËœ˝ÁÜUËÄ^‘àÓO ŒH8[(ï%£0 'J»´ÖYÉJà
flÂì'Q'≈7‘ù>1>–§ì'…‹µ†f¢Ä°É>(Jj? H,©ô »ÀLb≠fijÆÓÌ1¿L1k±˜Ãî)cbh>1òËbÉlÅ hʃ…
ÖÅÿÅpÅ`Å‡ÅàHËÅË√>Ï¸Àø'0Ï'‡Å≈fÏhÏlp ûÏøvÕéÇ&hÇ#0(ã{c%„èNhÉv‘>Ë
h◊~Ì÷éÌ(Ëÿ¶ÌÇ&ÅéVhÉ÷m/>hÖFm€ÆÌp·nŸ∂ÌŸNÓ÷n@Å0Ç---ÿÇ-àÕœʃnhÅ‡npXÒoÚÊÓÏ&oÚ;\oÅ
pÔˆéÔêÔˆûÔ˘∂C˚êÔ
Ëo˘vo˘ÓoÔ˘•7pp˘¶
`!p h•©€
ÿ
•oó• œ•ß 0¯pÒÄ!˘˘,há

!##""$$%&&+
++,--"-(.-+/%133333"3&4445&5)5+#60&766:;;%;)!<<<<%<-#<;9==.(=1&=80>3,>5*AA
ABB-#C3)DDD"D.(D=4EE6-E9-E@3EEDJJJ*'K.(K2*K5+LL L%!L)$L6/L9/M
$#M=3M>6MA5NOE:OIAOICONMQR S0*S2/S7-S<2SJAT"!T'%T72T=6TA7TF:UMCVOHXRGYY""Y
$#Y$%YSLZ'%ZB8[2,[60[75[:2[=4[E:[MC\-+\21\>:\B=\J=\QE\SK]JA]VL_XP_YNa:2b&
%b11b53b=:b>4bIBbWLc))cC8cH<cODcZRd./d65dC@dRIe]Sg-/
g44gaVh^ThaYi<8iC9iF;idWj=;jJDjRKjZNjZRjaXjbVkJ>kNDkQEkVLlB@leZoCBok^pf[pi]
qJFqM@qmdrPDrQLr`TraYrj^sYQtVJtk`umavpcxTFxqfyJFyROyVIyj^yocytfzYSzcWzc[zja
{YL{^U{rf|th˘yjÄZNÄl`ÄsfÅ]YÅf^ÅoeÅvjÇ]QÇc\ÇjbÇykÉynÖ~oàd
\àÅqâr jâxmäkdä˘qãzpãÉtçÖwçÜvéÖvéÜwêrlê~sêÇuëwpëzròÜzúâ}
´´´∞∞Ø≥≥≥ππππœœœ««« ŒŒŒœœœÿÿÿ€€€››ÍÍÍÏÏÏ˘¨8ê@6B(i°§áVídI¢§â+UU U«é
¢PâR§…ì&W±¢EkeKZ∏b úâ+2õªê›‘iSßŒ]¿rCÜãËÃ[2[¢bÖr£Fé/JçH5¢∆´O±jÂt´SÆ_+qÂ»ul«P
õByD%*Ì/∂e√™ÈV¨‹ªdÌÊÅ»◊ifl œf„Ê
,ä¢·äÜ!6¢/®–IÄ˘q<PÂ? jx¶åôŒf àÌ≈JÈ”¶˝úQΩ9≤kD~*CÆäc·¬sK,Î±–…fl|I≤•%ä™U«M≤
\œr•*ôπjJœÖì(2`EÅÂD‘z–Ï∏∞˘ÉIÎ9J∂õÿ^Âj)7n©πµÓûœ>≠fiçˆ˘¶>Ñ–Z∏˚¡ı–[u°“~¸ÒG◊\"
Ë‡ZF·ÑV8aa°HíaÜàQ¥ÿb9ÙÿB"íË/B∞¯±Ÿj,ÚqF°yÊôeúVÖ7fi(–j¨T–
A'ÚêêBBÑQEàµ'TœÒ«üp#ï§‹H∆«‹r%·R^L¥D◊eu◊mó]2EÂûô/5SyÂù«ñzOMe%íÅ%÷`QŸñW\
°rQ`˜ı z˙∑† 2(‡^z,’Ë_~E
)¢x¨ìò(bCeÌ∆Èì–[#±"A™@|hv∆ü¡X∆5Œ˘h/¨ß≠∂è·I¢@9dïDï¥«Wù·IŸdHmÒáä*õ,ß
ñÀ°¬eRπî]µ◊vπ”.6íô»$£ì∑@ï+fi¥Œ«Rµlöí*°†5íì$mÙVGo¢ífiª¢Ñ¬–°bIÇ‡U&jü†JÖd®ÇÏdÇKÔ
≈SqZvúa«†Ñ–cúñXôc&n∆Yègò–jh0{qé4flh≈é≠âàkëÕVïúÖ ≤nÍª
\≥≤–“Ï≥Ïf ”¥]Jße0‘QwòEYW.waÂ]Lÿi9”s’™R6.™àf‘RnÆÌÊª&=¨/°7 ÷üè/ï∞[
˘ËQ\àg\Ñ7Z8§àflU8·a aD°4∆Èßùô Å(OV™ g•¡™ã1∆XÜÕ6z°2
{ ¥sêõyënÌ6ÙõR◊l≥ƒ·Æ4ñÿbS∑<]gµ’;
ø≠udïÃ∑flYáQaS€ÅóUcÎ,SÂ›¬Js€∑ƒ‘˜o√˚∑[m©◊€G;XÅ–µÑ{(ØÖÙSh˘˝bÿ1bëG¸aDE–Â”3É,∆
ôQŒŒ–≤2ÄŒ3f•BÈl∆É§.!<CàC\óë:ÕG8DâʃP¡‹ëêw”À≈/|"íÎ–Ç(B
OtäG√,%#'CÈP¿EÆ H˘u˘Ç·ì,UmZ4ô÷≥öÛíÌmèmÁê°ÙÖIúo}\fl|#àJY˜LXeñƒô1àÅ
ã„$≤»yËg"“dÊà2ÀêJT*ÚQ˜¿3∞JFçiHó=bpg&"m‡„K‘+Ñ#Ñ
©ìBù±';)b•vrIq!Éà†öð&.vßyfl"&sëàPˆ$:59"ubóƒ§<´M'Å[HtñÛQËp%#Åt∏Ω˘˜K&2Î◊/èy¨I/
TCàTπ)RÉ>˙lT∆?˙–ÅÄî ≠rÑ=ÆégàËîØ©a·ß$!a… ócΩÈMèÜò‘%&ã»˘J"ÜÀ&…h@?©ÅÜ+
\/AËOtÜØjú4"Dágiä™Úà1y.XÅãe=–mÁôò‡‡÷îCyAÂ…ª∂(ø{ &çå:£ÒDF±ƒ+ÈflC‹¯≥=∆5í8 vïGÇ
%™s-c’ã`&ö¶éFÉÄX]"âÑënÑ$$ rH8œuyïí`’ß&Ky-±46 F+
™VÅF#†oËÚʃùR,byÊ™hEoRJ≤¸s'›´^%*ìÁ¨â%u"HM"E∑Ãm_
"Çfi∞˘…À}g£IU Ÿπyˆ]†Ìlh?ÀY ’´=Òz¶ÜÒ1≈êl2äâÌ4Î∏π/ õùÉ†hhƒ€@FU!P"™:ß¨
9ƒYéñ™UìÔï˙T2§KVπ¥ï’
óu∑ÎVÌ4†flbûOr"XÇˆÛì…ê.ʃqÖ≤Ω¯Ñ·ÿ
µß±Bã-Z–≤J©T-åuòÄÅ¢'≤î≈¿WM•#Éì``›È`ÜÎW°,ë/úB≥ßT ‡4É[•àsü›]3¶ö°úâÃŒ ¬¡◊=
%•ÁIÓ óª\ÁÍ%Ö5úÆéïQ
ÈV#Ω–(h\„*›"ÉR\EñÎ[ól›&˜Ø,WO‘™›Ùj∑üı'|–äVÓˆZµ¨/lyíÔÅÔmjIP–‹G≈Ù$j˘¿ÑróhÁL/:è
ñ}ø÷%,±Á‘~Lß∞RD§)¢†RFEÙ–¸‡">ÄÆè·úQhxð¡_a%8Y5â*êÀ±ÖÁ:„
t5YddÙ∏«–PF™UÕ„d¸∏”UÜ¨Ω;kYß∑’?fr\´‹◊oï2áÓ%Ë@=9kÎÜ´≠ÿ(+πFfi´]ç

¢ŒΔ®ô_¬U˛zän™IªÀ7Û€W‘KYΔ¬‡+ò/eÅ_˝Ö”vÛô¬ÍênÊ42AóLHéAÑ6πÈ3Ø˙-ÄúëâÇ¥b
´ºÿPô^VG;ù%Òt+übïı©yÃ„SW#◊¨Nu™ˇkY◊ZÈ
ËèïëÍdXÉ%}˜ÂµwüÜ<lafl/„«®ño»ÎR.öà%-/ókË•ïHkÃœAI∫§≈3£ÑÕè•
€õ3Àty÷ŒtNO˘R˙Æùtpñ†pN5î°¯DÂg$„•à≥9Å UlH¨hHG-ƒ^@' jÛ∫˘%‹£[Zâÿ¢Ê5±Í¯Ô>
±¯≈ylÍWg˛•;ﬁ±≠AnkÓ µÖºØÁ:WK~íïY.µ«
rÓ∂À)á/≥E)Âù„ú(dìZ-ü„Û%í|äÕ¥M™(œ•epd)7¶ªÕ‡8ß1^éóMmöò≤-{ﬁö
˙ÿ£™¢}˚aõ®"H€Mp
.ÑÓWï˙yò“-§4W:^J˘K©˘XO˜,ßœÜ≈+>› ´∫˝ó8≈{lj∑¢ú…πFπ˛!_›'õÒÛ7]!
◊y¨Ñyr≈W†«,ÚyYˆO]_≥T^bVK[2føß_˙’Y‡Êtpsg¢≈{°’7¬n&>70QJ@>„>Â±±MEEiÁlÄ*mH%Vi.v
nÇ_œtAË;BÒpô%•“ÂÛÄ®V˘ÉÖ®ñk®F]%7rØÊjpErá«d˙∑]·≤jw
Òrﬂ%WXÜ^Å5PT∂e¬∂eIXD}óIzÖQ´˜AÑ˜ÂDÀ¬6˘EEiˆ&i÷/øAÇ Ú˙íàmÅ_T8^˘
±è®ï'•QâÉF9ö*‹î*˝Δh.√*f#oÁf‡3Ò/
(¡™ÄáQc6CQ~wVpU~Ûá~ÍÖMà~Ë«j∏xqÆfjı7d"dˆój÷†j&∑d^XrÒ7qU®c°DVå«rlòe€•VÀÊI
ÂP,§Ä5K4Áá@ß%Aà6Jam Ö/D£Δ/Ñ»nê%uÚtuÊÉlA8ã√q ;’1ÛΔBÚS
q2¶1Éà&.”2$FbeP\èî/œBBû5µWö‘•¥d§∂q=väßÊëØÊâß¶Ö∏Ë~%ßq≠Ü&Gà˜P'«ÖßÖ¨÷âEVk
+˘Ge”∏c…vçMˆVeÕCòî5€QÄ–éPÉDﬁááÆáÅG«év%¡é#%%YU>z31ãc¡!ÚhƒU2Ç÷È#…
ióñ}ƒ0,*0Bä^˜/R≤,[¢QdÛ%ŒvÑ˘d]oUã¿(Önhx’
∫XqÆò* âf8r¨fíΔ®'wå*)â∏&q¶FqÊWl¥he•&ÄúÁxΔñë„“¿JÂeÑïDH˘;ÙUXÿf!D;≤ÈÉ+5RN©é^/
zr Δ«è-¿ñ,»a÷+vT*Õ«˘¿â Èh}ä.##¡
%"ë6AH÷C5Ò•çMÜ,íkKk∫˘8ûÉiòΩ∏ãY8ÖÔóÖÑ9å,…û◊í«8ü&ÈjÚÁq=FxWÜÒ«ìù˜Ö-ÜïC„Uem∏Ä
€K’SábñzcΠ-Åöq„&QuN©tð'|®¿öçr)¿Bâ`YØµaïa*(:À9kÈh-Ÿñf0ûï6’YÅ`f<ùty
+ÁùoÖø¯j7ðB∫qºòû$iüËôjÌ∑cAfx2ŸÖ¨våÂIòÁáß§ös˙9qõ◊ó¬
q5lßOYc?-˘ÌeçòdzÒUÄ
K%®%™U…ÅsY4Ï(àj„áP¥m¥g8
œ©èñ»"".h9»iv,˘/oŒŸGØÍØÇ÷Y
£µ†ÂIT&¶˜ákPHòS:íUjq9™I˙jó)û@Üå˘¶‡Ÿ©i9˘Z§A*ûÉóò¯Y•©Jx∞Üåıπ ÖŸr
€∏‹xV~ÁI(llµV/ô-Ê!ß>W%'1°[Rùï°á"Ü2Ö„õ|ˆ:Ñ˙U@4êêa*ö≥+±°úh…hi7}0j}Pù5 &lÚ
\y©Võ∫r^zxÜG´B:§#iüAä§ò™í°∏§≠*xTZ
RZ´U:±´ºz~>¶üÕPã[8r'«qq≈qe≈,W¶ΔÍdaäö-÷ìle^4fOX≤Jß4Îîõ•ár+fªd|6%®8’1ÇÇ(àaïS
¥ôÉGâ∫Æ®“¢uPê˙¢™»&◊iëm
Xu•ÎiíPXx„i™K±]´ã&©∞∑äû„È™k
Ñi
Îg∂µàò™Ê~∏Δ•,ÈcPËû_Ëù∞¶ç>8zH®O|Î»lúÑ]ÿ(egc_%qå{¥p
$§=à’D∞∑Fß_ˆÇ>¡õÒ“°7ı7b·[·bXQö"¨√|,/|h˜ú
È2rzKóäó-5eÿÖ^•ˆcsKqD:§ €û;ÖıIíRX∂ÊIº†
ð€cjô’†~Íg™Áy∞É«ª[
k•%YÕ∫î>ÂW\˘#V~eŸ•ÄÅuö»÷≤ÿ¯lÕ≈.I©%éÎ∏è;ø(µMdU©ïz˛¡°6!Ä3|,r$ÉoÜVê(∫o…
ôê˛ÜñüSÆbhc=’sIÖ{P˚∫x7∂ {ò‘Kû%-"\¬!L¬ÇßãÑπ¬"LÜ-˚¬ @ÜÖâûÖ«ÕËôãÎ£'˜•Èk#ãg8≤„ª
£,€V˙/≤ò™íµ$Ha_AgÅR˘xwárS˛!WQ®`◊í£∫ö∏ÆÀyÉ˛úœ #ÌVÉÂOlÜIñôœh´Ê)í%\«8|q◊ê«.
\«3\«l˙«ÀÀ∂1˛°-ΩÑú«Éº«µ˘ËØ ´ΩÆΔ∂H/±:œuı]57fûtª -V1Á^ûLeõdZÇOìDY≤ƒ1¡Qjé>gôäπ
îfó >z¬u˘ºñ“%≈ç!y*y§" ˘¿k˜â$÷œÆh5˛DD≤‘5]Œ|k/õ¬(|qÄ|ÕÀ+Ωxå«÷`
◊‡Õﬂl»)x »"\ql+Œ€|ãâ‹«r¨Ω'ú§<&ôÇâÖﬁ+ƒïœ}î?‹WÂ«Ã«ÃF‹eYÑ◊C=kíDÜï%Âtâ≥Ø
âß7E>Ï6QÅ"[úíN¢í
}éÍM/Û%&ùVµüõó´∂)lãÀ”2ùŒ2˘-Œ·¨«ﬁÏÕœª”z‹”œkŒÅ»ÍG”ää»/l»1<»π(±}<
±ßqRjr≠äŸuÄ˙<PªF…˛\jŒl~>˘ Í^# °jAº†p∫zO√&Œëø@®&¡
Å®º /‹™6âSÅ)óÈƒ|w¨ª¢ù8}ê¶Δ ¨Ñ)çìEðj$Y•Ü<xÖlÕîÕ∂1≠"8ŒÈ‹”z˛°IÌ¬ü
Œú}
>-ŸÍ,Ÿ>]»Hm/#ºã∑Ë¬yÃ”’q˛∞‘x…ˆ7r◊ı]7…ÿü‘Ã7Ÿ’öly©09q<b>lojá¨Gé/qKî´®†=&Q◊X%wr
-¿4ú~˘˝◊çÅ¢∞Å|@ﬁ˘ñêûË∑“GØ®œø>qV/Ñü
”∂¯/Ñ˛”-äŸ:çﬂD}»y\/ﬁ”Ÿp
ﬁ”ü
‡•}
ﬂ0/±-/˛€Ó”Ò·1·ù]º ª~&ô∞¿.Ô«ãÁòó,Ü˚ôô˛9k-∏Δ*V€-lmö+µQÊ(é∑ƒ
âk„'-πi&EÉAà¡2>ÈîNê1%ª¢oH˛ë-ú\Ã´ƒKÿ“ºJΩ£:Üü¨ŸdX‡œÂ§≠‡]/`Æ«ŸØÊyÏÕN‡ú=‡Ÿ-
c>ÊÓÂi·úΩ”%Ÿ k”sÆ«`kΩ¿k∞ΩZº-€/%I∞˙Ÿ
´Jxìâß•”PHs«¨Ë·[Dß=1Ñ •øèÑí˙QPïyJ;Ÿ˝„ :9íÄç`Íd9ﬁ¶-ÆÂù*Œôêˆ,âGËOQN˘˘©∞,å§
€NÊhœ‡¿ÓÂ‡·jN‡oéÊ«~ÏbœÂk.ÏlÏﬂÌ-.ÁŒ”÷‹Õ˛Â¨]ºËgŸ€ªTÓâ2<ﬂwÏÑñ)qªòô=‹Íl

\∂lÀF¨ƒ<}GöHπ–ƒ∏Ä™ºDJ±X'™≠Ôò{¸2Íî• °lM(/|‡•øú‰Ìú¸ÜTù£,±ˆÁª»“ÀÎÆ/
û‡<ŒÊ≠Áa~Ïû
oÆÊmfiÚm¸
*ØÚ
ˇ>‡$ˇÏ•ùÚ•˝Ï“~·Í¸¬+/…n/>]òıÏ¡Bä∞)<ŒH_∑SÆÙ◊ÑâfiÓZ
ƒ@åÒrXÑ¢\ÈI9øÚãXÍ5õ„π∑>
¢C.‰,≠M_fiÑÌÍè äùªªZΩ«µq|∞¨-Ùy,Û!_ÚoŒÊ$œ‡À~
‡ ÊmÆÏ Û¬œ¯k¸Ï¸Ê8ü«√ÓÂ"üŸ¸}â».ˇ
Ù©çÌfÎjΩ∂;ù'û€¢flÑ´{~=∂˙ˇ Õàé^ú|¨eU'±HÔAÒ<©Ñ 1!πìKì+£y∫„4Û1\ä–ÀINfiß,ë
∞úúËh|§,Ú∑ã§?Ó„ÈÒØ« ˇfi¯ÄØÂ_ûÛ.O‡nfiÚ”ÆÛÄÏfløÛ;ø¯êØˇpûÏ¡ûŸò˝Õ7Á]>ˇ ~fl†
'*´FP‡¿Ç◊™)L®–°Ce◊"F\hê‡≈Çëa,Xm£2eÕ@FS∂Y2d–ı°dy“%Jd/O∂tY3Ê.d¿pÊfâÆú∏|
%Zî÷QZBo>but™ß®§ÜB%JT•PV%Y™diÎWIçfäEÙß,"?ç¯îÂ„ß–ü∑~íïi≤„EâÓΩ{0,5¿ÅwÀvÌ
€µnÄ#Œñ∏0∏¿ãŒv∏≤·∆ó06å˘g–Å9wnxÙ·Œ®;^∏–ö√¬ãG¶Õ∫ö˘µ€Ñò∞µBäy˘v$RIëìc¥Xêd4d'íA/
π“˙ıò,±[èY≥•NûÅ!€,◊–ü9˘¸LJÙñ–˜¥§>•/U÷PY≠äÚ*
¨§∞fÚëF“ZÎ>'BëÍL2âÆÂ©/,~Ï/∆Rª¶4',#Ã±#m√…B3Q√ÕR4Ïõ B3Ì≈'^ú-Dkcå3ŸDúÌ!€nÛ–/
,¬k!á~õ®H‡ä$ë4RÓ¢/än.ï†kIªÏ≤\I¶+…Éâºò¿jLd∆,ä®üfiCS®2qy/œ˜Xâä™©§/O˘´¿FŒ˙#í>Ù-
î 4é°ä.<˘ã!D*l≤eÏ,1J±¥ÿ2˚∞EN?CÒS="&10I'–T;¨Q≤UE˙t5UY˝-QœX√êµ"É
´ê9ÑÓj“#^ôKn „6"i *ß„n;Ó∫Éâ%`íJºû LO®üÜRsM3âB*N§‰≥o<¸™Úœ+Ø
Ø≠>Õ2k¿µ,Jÿ)…V rË5%+≠∆!ÉSV#=,ƒMÌ2Pauı¥K q1…(¶ÃTásÏ"<*ÍK»^ıµqV$
BF¢ò˙rreèZŒÆeeèSfYñöY…Êî∂{)ôh¡ißò|*Øº\≤]œ(mÅŸ6)¶o9
*®≈Â>≠º˘0,=
,0P?E§§éñD(/·ä\î_%%
G∆*m;oÆÅL,¬LÃl≥N+”LTR÷•ÔsƒòöãS˝{4"kt≠5k<ÒíU.n ëñ `óÑÆ#*çùn¶úØ€Ú +¡Éi<0uÚyßn
±u"u°/sèñ¶ò¢©U¢™*îÆ–≈z¨≥¯LâkÁƒfih–ø(Úm_¡≤–å6–ûg±õπ7Ù&6K%K4¬F
5'Ó%=Òp√Pç8˚≥±&|Uu–R¿^®c$ë\î6íIÊà.„¬ñ<IîHGf–Ë»s™
£ôdGt†[PpÇ'ÅiZ@)ìµäí≠6·")ŸäQ¬Â˘4€Içw\Ò]∫ˆ$ñ?®Ähfºò4!
C≥∫'•6f=ôäRô¢ÿÜÉÊ√Í-T+˙Lã<"=Ñ5Ï}Éÿf£>ã±œU˚[6'?Z«F∏"“˘*$ÀŸk7Q,úüsºË8Î
$VbcL/¯,û≈q<"J„H&é«'EÛ…-`ó≠§,ÖNã>Q%dß¸•.?ïÀ ˜9áWŒÖ∏x
<D1"_h¬7∑ãi
}¶È∆fJ)Ω'å à~flhÃá£µ
3;ÿä`£H=1ìÇ!Æ W#È•5`cYs,≤9õ
•"$ëŒË†ì¿ùÅN%–/.Pâû˘IÎ$–/âÍ–sû¢ù'èg"g|4àîqMç*V·'<) D¸NXÃ
LÚ.i)'fï†b•@∑˘qFzB$¢gDµ7T˙
cÓ˙T'∑°◊º“a,s_pc
<Xá7ñÙM
)I…fiPí#«"
Ö&GêyM…e“ait<-@òjg3âñ5©)«Ú•¨õC30Å£∫p˙Òh∑`è9œÈ¥ßÈÆ*TÀ
Ä∆ÇµwNÓ ıªUDÂ< 8èE∂Lò˘vX)Qñ&GüÈfi¡Üà7ÔïOâØ0ï√¸ÊD≠ıUâ2ŒSH/MÌ(1–W á?yåq!
£1Ô≤9zqÄÛb uª∆ôl©˘;€ÃéÍr"G9¢g=$SÎbÁ-
ÜVêHi |“π'ØXÌjÒK»:R…-fuCX≈ÍY◊∫)ÅET¨í/[ø˜≤&t≠≠§h[>ˆP ó|é+ 2¯@¬kí®*h¡◊
±i1åR%(¨|πÄíî$3£sFy'K\Ç…NvíÚ`SZ5Âôe–≥mπŒhü%$ú¬µä¶<j˜!p(TBI|@Ü%€ü8R–RT
€g˜4%\¥¶®2•,ejJ \ÆÍ
√√Uk®.≥€HIpÛ-¸≥á2'ÅUÉ† A
dÿÉUÆ€*n£ê£êZ¶õíáóô,˘ª\ÿäÖRñ∫êôÛR…ól“ùÒîGΩAë ò (¥¬iLsì"l>U<m\ŒÄY
8WB™µJú`ÿ∆0V*,ƒ–€îAì"‡zè√ªùpY$,/¨œôòâfHh√D√≈à ésL« ô∆4»pÜ=$x?¢ÿ+yyY…:#ñ'ïD
ª‰'9Yè]iè"%.M^&ï≠„xj_÷YêÉC°Ö“B{&¶Y˜v•≠è}D±»´¿ôÑb¥'ª∫ @∑EÊ*®
È 8–,ÒÑµz–C≥≤m©πç< œÚ Ñî
Z ‰õÿw8ÇMÁ¯∆e É˘ PÜ=¯!ÕI9ûsÇdøÔÈã˚Kí˘îI^„≠å±TööG¨≠kbuÃ≤}Å≠«Ü˘Lor”9
)òã+*s¬0V|'
œË™Œ™Qä/ÁôÇÇ˚Á€Î6W≥˝·Sé™|Â.,Yk€>®ØMCèRÕ¶ŒÍ¢j∏∏P†ÅøÛÌÄ|Á{˚;¿[–@XªéΩêp<"òØœ¥–
nD:ÃíUº9i¨uflß33Zp.jÃ&eyƒÎ…MÇá –:8T\¸,ÿH•Ì@ààC8?WI‰"Û¢<≤%N>Ö¸≠–çÌ•≥Í€Óπ…
Í=¶Oÿ<·8∑–ôfiV=j5Ìœ∫-
ù˘ã*höÏ`;ø√œ,˜˚fi8¶q–)<û§œÓp2ÿ©˙∆§˚≥;sH¬Òï¨Tf·ßR2l÷åì†˘Y=É/
gÉˆ~=ŒöZÊ†öƒ/§HûiOâySòÕä"Í<ŒÖú´ä":"3®"À6÷k:ÿ≥Ωl;∫T∫ÿs∫tìQÈ6?¢™cå∆à@Ö»Qÿ:|
sÄêÄ8A}3>%Cœ,3œ,#œÊ£ *ÿ@Ö\à Ω‡%äôÂÈ(©Bea)j¶é+dÇôèõÒµÀz/m™†2°#l
ì†ÿØíºñ3'5I6ósäC™èŒ+√P®'_,ëZ¢@•ã∞˘õ¿D7.s¿mä@rÎ0ÿ{¿“õ¿†¥l®¡†Ô¢oh1Qÿ)à4Ät,„7ÿ
∑pD|A pfÿDÿfÃ∑ÄÛ<Ÿ¡◊,•R¶◊ö∏>Ä5∆ä2È@&e˙>ÈH#ıãõ1?hiøüπ 1©B°Qù˘,

$¸;
¸cä™°©H§g√ä¨)°õ¢?Cïœa¿´A”´√;Ñ√Në@8¸∆oK%CT∑[ƒîΩ9d†ÖJ(†D|G%ª
ÄAtD∞s¡¨D ~Ù«}Ã∑)µÍ[ë≈()[aUÃπÁ¯;3ƒ8e˚5cπµò¿ô˘gi_”¶√s)Ã¶ûÒµqrù
R
¸√´£"≠ó;§¨`≥DRî¿¢¢J°@"/Cl<∆9¥åûo¥…o¨Iúú¿;:’≥•∑A»ATÑEƒ∑,KAH‘∑I<7pDK,>™LAÿ Ë
Æ¸G0+Qòó±Ò´œ:ıDQ±iEeÅ¶óŸàŒi&\4?d8ø“1°]T°û¯â˘ ©F2ÉóSs¢kÃeÏ°£!9Sö7‘∞?DT¿“ ûî@
¥œ‘Lmì=ù<∂Éû’H«=FDA,;Hî«I4œ™¨Dx$>´< ∞•M‡ÙG˘HÄÅ†/ÖÜC AîÊ<ãí,WúKªrññ†%˘Ç)úô£9
/≈*%µ˙
…`…¸Ú¬s“ §™ù cÃ˙¿ègK$Tp∞¿Ò0µä0–¸Lœ$Õ9¢
˚ûnMk,Õ>JÕÙπÜ–!è@Ö=ßàALî´ pÄÿG>JÂG˝«‡ÙJ~tƒ∞£Å:Ö[òóa"†êÅ{
¬œ`,ó‡#6…íWÃŒÕi.Ë‡Àù˘Œ…9’·) ≈¶¬Ñ2+“£PbDß¸{äD™.™»´•ÎöWGnÃ∞üå¿˝áo‡R/Ì…
páoS2S3”
4ƒ?ƒ•/@çd`– Å¸ƒHƒ I¨Äy¨«~<”4Ø¸ ?˝Õﬂ–
≠ƒ
Ç2êZ@ÀÇH,≥°ïF±;áCQò8¶È–øõ0 5œÑÜmƒ©g˘ôé°,lí/1'Ù\ÃA:ä[PL˘cLq©9f<√/ê“$+ÑÑΩœ·4˝
-œl¿ﬂb
¥/Â“.5”3˝ÄöÃ“°”ë∂ :?ê|´ƒOƒƒy¸7˘s ËMØT@ı÷@NAÌJŒÀà)0À\XúÏ{àV”ãV{–
ñJ«p¡Ö<âïöãø”ŒΩÏíP˝í”·≈L’RÙF–:Icdıƒò√öÿ-b®˘◊ÎVçP
-bù@c˝å^E÷ $∑n<ß[≠ÿ¬@ÜhÅ¨÷îÄk≠Ä˘£P ÿD pÌJNÏ«?‘A˝–·
%«®uÂQ¿<Ë8◊`Hà0õIr©î* Kµè]âÒ[¬.·KÙ€¶√√,ó†& íØí√Ø31œ1s9
j
\®§≤3|…≤6@[:õt=¸ÃÜë%–>ƒIú,”á.áêÌR1Â“p0÷2-SŸœ€ÛîSQåj@Ö‡{Y‘∑ ÄA†ŸÅ}{ÂVØ
%Õú%◊‡ÙY˘N∞Ù«‡ê3@}-˙°œœÇ/Å0Ø2ëè©I/´Ü˘c92∆RâÆµ2õÅÙkåÃj≤&ÅÌµ>œd *a<öb3BƒùA*-
®Q™5ÉüÖÚ0*}=Ú’R+-PœM_‡Ÿƒ˝¡<œáœ¬]_d>€lK%Ùç:’∞≥Ö?h«ßƒ ±ª}≥Ÿ
≈YüÄ(Ä}Nﬂ\‡T‘M ÇDµ¶ÊÃ§¸Ií!íîJGsÒ1
,∏Ô£ì@ ıKøö°â-πêÏ ≈£i–âï[’Ù|’ÌM*ÃõVà[™∞ãÕX˝˝∆≈MV¿Â[«ç@qH<ˆÕ∂/}ﬂ1E\˚
ŸêµçãPøç%ÊÖ ∏\2ñPÄ„Äﬁ\˘ö•Ÿ|cÄM]÷-â‡‘E>q
/ü%Ä‡Ä ÉFè]íïÎ≥üÅâã êxRó§’W¡caÊÌå|aœë£#Jûr?¢(Ù∏øœ
ó +≠[0™ò9©òÖ˘\Cµ¡Uù4¿Ì’%¶e¸Ï…–∑è</˝˘ÂÅc˝“)ÜC÷@Ü_»ÖfXVÛMŸ¡P\®É◊ƒƒ3ªÃçPXÄŒn-Ä
M,†„:g”≠‡<Æ`‘5 ¯cI∏ÖîΩçπ%≤FŸüë(ñID 5k é}¶ÑBé·»äñ8Ç`å †Aπ_ìk!'` ≥bT…
eìèUË<˘VûöÄZç*5PY>S¸M÷úeë˝Ã(vﬂl;<c%Èp®ﬂ&>Èì¶´òÿ´ûÏ∆’–.”p.iïÄj6‡†f≤≥f
}cüÕŸ7Ü‡o¶„®„£‘r¸MÌ §ΩÆyAƒëYÅN·@%h»ÖzﬁÉ{∂. {Eò∏Æ–≤ŒJ6ø[d Åf?•ÿ)OÆ†˝˙âbpöÜv§
C9°ÖU∏ÖqÒﬁ≤3)_[ˆË(ÊR¡ïbíNÏZií≈Cb˝+ÊR˘ÖÏ˘≠_¯ml‡,“bNGY∏Æé
¸çöΔÖ=Ë:Ä{¡ ¿∑ûŒ∑8,{ÄkœflWnﬁƒÄ‡.8Îp◊˘
‘-u†ÇxZÖÒà~)ò¸1¶y~iQ•É=®ÉP#5‘˘úœ±◊oπH\|a\\kÓI,Î2k ™°(°/¢rh2sÿïîË”be6l
%ù<€ˆ],çFSì&Y¸fÏq#V¬≠ocı“…\ïFÈ«Cè¯Y@°-idΩ%‘ò\iLìfûH,≥YxÄtcüÌƒxÄn∆Ì9ﬁm@qq
–‘ıSt%K/∏g¢öjM¬§GíœÀÁˆÉ:ênK†nÌ&†01$QH≥9B ¥>ø[ÙÓÅfkRè>
ärcS@
˝√kò≥.Ã´>-[]VêÜpíƒ∂e,^Ï˚ÖC]ˆe…6V˘=•√ÓeÃ¸∞j@?˚Gç÷o»’§CÙÉÆ√4ó;|€È}ÀÈ»∑
†PgÌê„P€f‡f–m;Vq=.W
»tÂ1IH3}µqy
~Ÿ
y-à4,jQ@Ñ´É∏˚±h∏ı[ﬂ];1Q†@n6¬≈˘≈dØÔëÉØi)l,#ˆ Í–“œbÿósöÓÌkT‡6“´F?
S√f,2GiÃÏ˝ÓÔÃ∂Ïc≠_ ûb˙ïÏ˙œÿ√h1YÄ'D†Öfÿÿûõd(L£¡»\|
Km4ﬁ∑.>6éÌ6œÌÒp7œÙLè‡>•V>˘∞ƒPÄKpÄ nIÄäÍKÓ¯aû¡˙<)IGIÿ/–É=hÑ"w¬Ω^çTpT∞ï7Óî»uÂ
Õ–Ó^ êÏÓÉÊ2!RaÎ#¢Äg7∆˝kä∆¿S*
§F˜+>”¬ˆˆ2ΩÏ9?wf≈,oTi≠Y-¸Ô7ÕCLcñÖX˜Í_®Ü¬’O∂9ƒ¨[D§ÅHÙ˘Û˜∆ƒFóÿé¡€Æmám€ŒÙ9ˆJ¶–
·ÃÊÆÃ–>ÜÇ2∏gÜCK¡»$˘y
°HdWGÜU(yÇ´D¯ÒbÀäƒ∏uç‘kxÒ„^ﬁA,≈í„Âô'l?
_;vÛX/∑ÎbHÿı0“sÚ·˘5[Â˚H(Çö@ƒƒl¯≠˙n∑oèfÏ¸¸∆Ow‡™_Ë7pqcÌ0:
≥CÑO8ÕV¡çå√IXƒLk„Û∑˘Cc Â7õÅ5;Gwc9ﬁD¯È€ÓP~4jL@ÄÄÅÉ,ê Åô=çP–Bñ˝/µo>Æq¥v
£«jØ)´fRY¥j»ê°≤¥Gèó:{YZµ™∞f:õ[e –ûôSFãÜ¨Y¥FGè&käXS®¿¢%ÉƒkÂ’´¿¥ÊZ YÆØ
∏Äëã-\∑Œû•ï+-\T∏V±ZEﬁU®ÙÊEı-#‡ø3~À÷Ì,ƒ·˘/¸6é±„»ã'ä'ÓõeÃé57Œ°<eq†ø]˜Õ¥Èƒ¢/
ì∆|˘qhƒó7ö¸EKî(Iü>!BT Ÿ·ƒ≠Ö'~å¯Z∑j˘ìã/ÑF 1Fp¢˙ÑÍVêP°;à>ΩÉËŒ ˙<@˘ûAÅ
¿~Ë>ê`-¿B4%1HQá$¥\$G]„QHûÙQI%!£“*íÏQuî¡à$¢¸B4HÒ¥JoeËÀà(SïT2H-ïâE1Vï4U5S’J4b
µRWOuı0c!3÷Z≈∞’÷Y¿-◊ìh±BÀîTˆ•_Üi)X6Ö
¶QóöπÑ˘ôkìEˆÿcfBfõä«XiâÔ[loB∂ööß]féFﬂòÑÃmüH“[%à|"

2√±Fgd√9®Q5π|BÜt1‡]u’]wH¿¡l™ x∫AtÁ´È±˜™{•$¥Œó©vóÄ`¿vüF∑¢MaÙÑ=»-I%ùT
JÄ~,áádDÙâ,¥MN:#
"zêQã»EîNG)µ#éQ5u£ªOYÙï°»\µí°EñU%Yk•5\h°ı‰îvQ4%+®$°∞_]Fƒƒç…Yeö•…Ÿôd^FŸf
´6\jàÖàgi¨µ…/_˘¸Ç[oA ˙˘IE¡…&±ƒmÙW4®ÏD=[√¶ôvÍP®EWÄjÂâz¥Î≠óÎ10µ{Ú–WÎAH`ùu¸
¯kCBá``#ô‘-≤…äTI$ô§íJ¥∏ƒ°µu4",∂Gëµ
oeXª«*_QUÕπFÌ».°RπKÔΩYŸã/.OÌ≤ÅjsøE¸0îRl%^°+¨e7§?àòÃäëâfôïmå1dñô©¶qã≈ŸZh
£â&‹úy∫.ü›$g-ÉŒîný6CÛ«(£œ‹_»HBÜï,-sd˘BßùéˇƒÈ}™’°™CK•´≠JÌ<@ıyÛÕW{à√"Ä¿˘k~ønÕµC
b@Ü%√ÈÜ5h
ëå§m ˘¥fi(K0¢,íÇaâY%ÇF1fa
JÅ,\3Wîu≠dGP…QNtt#|ÒàHO°…¢/≥Ï_lqKî¢Dä-%t™Hÿ]&ò¿|)1a”b.6;äe,3íyÕÃ:£ßô•&dÕçlF
3„Ø€à[nÄ“C±H¿«aRG≥√ «f’héÆ◊≥Î]è'‡í˘ä∂ÅNÖ`|!XößåÛÄ<M=Óc¿•œ©> †_©ÓíW
õu&@ îQDN≤ 4°F•mÜ(*H(8Å˘à¯ƒ,FÙ¡_»√Ù≥ï¨p)2/Qç‡ÂÆI%_ı¬·ë¢Y§$-…I∏¯Eì:
˜§œM ™‡ã7Yaò”EåfQŒ¢0é)∆NùbjTc¿»(‹yÒ1Ω´hÑ∑ç3F≤‡ÕäÅàÌÜÀìXÍúwÂpàêÆ◊ÇXJ
¢/Îfi®4‡Ä¢}™ê˙C’ A∞ëûÔ|¨“Z˘ÇıÄï≤g•˝
f¿Ét`ºBC¨ì»≠ëç-0†∑Ò °ûçïŒJI5ŒËO†Ã“]XQ∂∏
^~Ç,Ç»%ãúòK]Ü£!4jÜBÖµô^¡ W&˜∏Ó≈˘ÿ
°ÙZ®ÇJtYÖ*éàóÑ}Sâß˚“%6≈Œ¨ì2ôIYW;÷ÿn8ßŸf"É≈·46§)„%äO°%xÿÇŸ/™qq•âyâ
°#F6Bã2D4:1†hk'ÍGÔâJU!aÉÒ
2U¶Ú^®˙ìRU©j§„!U˘B›-@˘çTœ˘∂36 -HõÑ\…∂µÚm¿‡#°@K(¨»ø˘≈TyYA=-≤ñzÖ∂tBs)•ÖÛb üïy
›(r6t&ë∆¬V≥D©-sÿÁ®îƒ!ÓıK
S9aßXÃXVäs';µh&ƒö˘ù3kûF˘πçf<C∂(Ö˘U¡àR`KŸ¬àÛNKú‡4ËïÇœZpÉäÓ¯-‡po€)†Ä
¢@ÎT™∏û•t/S\kÅuà,˝Å@§∑Ö)ë´¨œ8Y∫-ÅBBëåç$-$\‡ŸA ¶ëΩNp-"Òâ¿5√üUù%bPÀ[fÎufi
œÃ#ù‡à-%jW}Õä/hRÓ)<\[¨)∞Å·¢J{©K7áxó„p/¡ƒÈÃÎ6¨ŒƒRLvÆ≥,bÛÙÿ»
˘”ËŒ6¥°f£óVΩınd!"d¶QF≠hëQÜËµ8∏Æ∑„âû»8¡ ãúlâ¸vSÖ$Ú¯Yd#˚¨gªIø˘WÂN°∫ôœ÷FÑHÅ∑Íô
ﬂv6hqDY1I4nÆ˘/≤&#,ÂÈÖc„¿ñ0CJRé¢™0ÂpS)tªbdëÖuGe≠a
'7çõ>d“¿nAã[†,|πäïh·NG¨◊V<ßO=jŸµvçÅ¢Õ;¸j,o-Ä3xYÎÅ≈ñ,‹(Zô≈18L?é•8B)p«?#˘éQp≠
7{êÖºVqÂ£âÔ/f/≤å<m‡-»6®8˙Ω‡:‡SKF˜÷p¿v/†®ÚF3F∂K°yõñ˙N˘n∏ÔÛÜCøu!ã_(|)F±-
·0ø8˘n=•œãÆ°~âDñ…m•ö ◊ìFN%ì≥Ç%Êãß=›kú∑”¬û›ÒXÁ“|¶±W$Œ?#'î9›å¸E≠âN≥[>ï„Õ˙Ñò“˘
9~®Ïi[ÍYﬂ∫πáKIaQpî=•©mciü®•Ä ˘ÙÓ¶ï®)‹Ú19XöäAXBjIöAP€‘€€§ÑRÙí%âAämÿö
åÅ•ë ≠ÂöÁ-HÊNÊÖUX>H≈·àWÄûUåûœ¯Å§I¿+†E…aâ¶
ëódf ñÍ\ÕÈ∆‹fi®]X8ÄÉe©…™ôÕè9`÷6@˘√0P#XïL°%%0lÉi…ëp-G|B8¿tM÷Y

‹∂më·úë¡@'Ö
!]öd[∂Ö@$€LúaêŸñ¢œ“|áwK©X4B4
ãH»õ≤ÿ[πççÅKàÅÇM»ﬂNKSÎX-}-6EZEUQtœ¨KSX‹fÒ`}Òàﬁò WÈΓ2ÿ.4I§˘-Ê†Ö»ç¶ë_\/ó-
À «Óµì®˘ ÓUQôáâöhòp÷ƒÏŒìôëœ'Ÿ0¨Ç,ò#,l£òÇ(h†h…òŒı…8m"ÑóEî^]ñ°˜Ω]B-Å¸@
p˘!aî]ë“:A∂›€]ƒ›h‘J9 Ç©4
ApH¿•p†í#fiΩû°aà/
@¡xAoÄÀ-Å™#"WËD5(E¬ï¨1aûE(≈*Ö*2ë0SUh\Â∞`˘ìXÎQ≠Ç%a¨‹5h-òa1"£aUâeÄ√9)„ÓT•›‹å≈
-çò6 ﬂ0ùUπ0 "0%D5îVp(îÙmaÉ(√†„™#≤Èò˜ô˜%öò! ¡∞a‡®‘ñ˙R!˘?rÄ¥¡•Ä˜ô!¥Õ›F•O˙
§‘v8@C0RC@
î0‘‡˘†F∂ÕFJ%‘D]äê◊]ê:,âB∫¨-Wö)fiÊƒŸdNrUXÿ
È-£Ω†pœ†Í›…Áï`•È\c1#Ãë…`a-dòΔ≈§…õ‹úV"F6‹[∆œy-
T’/'x¬"T†<'V•ê•ƒÕÍdD5ÏÄßTT≤Y D˘ÿ÷!8 ¡?FÅ˘·
Ä FâäìaîÅ¸¿
•¿Di]‹}e:˝0ef&f.¿%@pÄl&0ýÉhRàΩ≠ôÖ‹∆€©!1¬KÃR≤EîHfiJÆP∫ÿ¶ %R Céòbo -+÷Y4˘WY‹bÅ
›¢¿‹B]˘%¶Ì^xâ3•íö16•d≈hL•TäFUûS∫f†∆ÙìÑ•òƒàM≠…-0Tï∏Y”/lC7òùé#Û‹L4úÅ˘Mõèµ_~™a
8¡ÙÂò1hM’aŒ÷`RÊ®¥Ëcfi@◊e‘hÄF9@8ç#πèfj(z|R4p(#I<PÖ¥†HÇ¥+¥ïëâêÅTœõaê°åHƒ‘◊·î,í
U3PúR-ÀüÒà·%∆ô\eSíg…5+ñ ë_4£
#Üï/Ô„’ûNÃTJFmFlÙI‘%Gù-ö-…Ç'0ÇõîB3lC9•I9êñcç˘£Ét2êAß-Á±-Ê'tÅ¿6-Â!
àT®l‘®Ä
pM®‹V0(fiÂ§V*eÄph#e®´$¿B<¿à*©.Pâ“+9,G‹kÈXE9A ëAœôÀ¬,ÃÎQúãEtUÏÍÊç≈Õ-
W∏b∞/P[Òã¿X”-≤`Îg%Ã≥Biá=ÁÑYò‘Ê…aU-ÎT)ÓMÕâ•˘…•¸*0Tc- ä-¬Ï,¬'Ï”7,aÍ8ßò»ëçë¡!Ì
-≤Ah≥ïa_Ç§/^ ˜,ÏmyFMh¶>Ï‹‡&Ó]r¥Y™F50á“OfC¢B,¸2$˘Rï™ö•*+U*LèÿÈÿıA-±°@¡Àö|
·j∑å¢çÙ
ÂlA‹JÚhUÃW3˝Ó%h§9I≤¸êZl”P:È]‘E¥ÂÏQÎ`Y)’Ji§F®πURQ∆ÿì¢PL»D?E34Ú]c¬y:ï-…Ç7îiƒ
´…xXv>O‘!√PG∑˘k˜®Ó~v¡ò§ë)™¯ËÿÄn@`˙,´d¿m)n@[§Y≥qœ•@¸

Â∫ si.ά,@#U≈F*™Bw
"T¡kM‘±±ÆÀñ_˘¡,TŸèZﬁÂŸ˘ÒWâ†nÍà}m£E--Ω 6≠˘Eí.)¶-‡^<†ƒ_Îò/ÓqàV'ÓŒ’Zß;ç;ÖL•Ë·(
3àÎ?ï¬!d£¿p7 B° +ülÃ¸z{÷2Ï-àMô˝£/n£l£¡;b˜%p˙D@8@Ó
àA<Ä<¿2d6õ•≤ä%¸ä@¸ä´hËËá.@»¸TJ(C2DÉ≥h◊€p◊ü‡ë]˙X Îb0¡ÏÄYÏ¬eç‹»ü5\ŒÍWÕä,îUœop
¢†@ZÍÂ""Ó']%ÃrF)1¸ T&„ıfm©Âi'∆ì'n°·õ|√˘bc6“¡ù)»°~√3ñáÕsÒ©"Â¶°]≥ıÒ
Ä%ñ'#¬!ÙÂ wVΩ Â:fè3≤C;•≥ÒÛ¿
P2PÏèq@&äBàrzÑ≤AÏ
¬Á¶Ú¬-»°   ﬁF™D%¥™/%EAﬁjv¡ÀÍ±Ùô}!≈ÌÓ®M´YúMÆ≈…Á   /T˘W§–"\†^Z(qZ
¥]ê89)‘FÒS:%ıñ U Òð≤é8°F˘F•>F‘ë≥|]“ôÇ)îB-BÃÅ®∂ıÉ¸÷©ù~ÿ_¿ß$Âµù¿˘ú@?>ä!
Ç'DäE!#DB$(∂<ÍÄj@,28ÄÔ
A˘¬LÚ Å%ﬂ¿`2´t4'z»zx™~$Ãƒ@‡B5¸≤±†Ñ≥êfw•2Lä_ﬂ•§Ê•SAG#ÃÓST\R0<Â!”*¶,PÁÑYΩ,
…ãë‡Ò"/Z%¬R˜47+ '‡:àÍTÒÃ]+y)jÔîûΔ‘œ”0¶à
≠ã9üo-∞ı!,¬!-Â\Gα)Ä¬0ÃÈ€
x^o·rTC_{äŒñ:Â–α(‹∑)x¬α{Ç)ÄBÑÉ¬5FÇ¡Ë]V™k¿∏„
2ˆõ=™˜U∞Fgl|ç|$Â
HH_nl{AE1œ¨r+•™J‡ÀC·@ê˘÷±˝:˝’_¬¨°–¬y%∑ä¿HŒﬁ¶tÎ*Ôﬁ%nm,∆bÈq˜ı1PBµZ,Èï0Ô-
ß0Ü5iHÁyOg≈˙ësÈÍúÜœöü∞m¥$üó5¸SU°ÿŸ.†3B;˘B7¿oÅœQ>ëTGˆtè`K¡-YüG¬@t§q
$∞ıÑOxV`diSr%WÚ
tÅ\4p¡yrA§ö˘äs4Â*Ä∞∂\ÆßJ@¡Pƒ»ıêìD”éöìÿ∆D≤`ö°§™nM˘%NÁ2|’KÁùäá¸r2’»€1˘Ó   RNë
IÊø|\ó-Á()+ú;√Ãòóá–q˜BñÓM˘bôÕ’;©ù9:Öö9èÌû:G!)¥@3)˙˙:Õ<à(H¡!p‡–Ñ%|c4YB≤àÅ\˙b
#:õd/rÅpÅ¿ö°…˘ÔE¨IvÂhS¨≈r¥(»∫¸–|k◊
P"ÿÊ<àÊËΩÄ≈/%Çm<…*à{I*
hv≥Õ4í3˙-eä3≠mÊËÆÚ+2”
£†ËÈä2_eYâ«q∑Ÿ≥E*XxäNÉ=0îÇ√ú!ÓTkΩœúU~µ7oëUπÆƒy-B“Ÿ¿Ø·'v6F!Ä˙Û(°óàk7-BpJŸ
        êó§ö"DB∫2˘@r†ˆß/z|∫ìßõ∫©"ú¸wÄœ©≥œ†Æ˘   hp4Õ”¸}%¸≠,ÅHÇMl”6ıìø•'˝?
ë¡EWp?&íÚä
ﬁ@î(∫$SÛOœ$±Í.2K≈nÔ∑cŒZ¸°3üEV…î(©Ë®¬ìjßÅC‹´π©A•h°=}©z!B
∆œ2Åøh≠í%ÎS©0¶5$≈»S)F§-äÙÈ¥n>œu¸∆%Gë!=v°ˆÌ/IdzbH8ÇCÃP…≤Ù   ëßúë–È,§…
7é8CÈ!=à1]ÙtëEnÊPÂ“I+.]‹lÂ,%˘»ç(Nlp`@ÅÇ •VÄ<!Õë(T®V–Ú˙˜/.Zäí%J¢.
8núh‹ÿqäN∫à!Cg)”DüV¨à≤––H#kÜ,ôi”©ìCÊ˙uÎ÷ÕÄ•÷¨µÎ‹ª>„BÜÆb¿q |+Æ%…ã
£¬ÂúïﬂΩ®TMG≈ #8éﬂ≤ï¸&‹∑qﬂøÉ˜-∏pË–Égøœx˘„ﬂÀ_?>¸zÚCn¨V-ôfhÊó_*•D$b™!ù:§é¶j°
%ë°ªCÓ:,Ëé™§%NàID)±   îÖLàÑë>Ù£ä&êÎ$(s√
§!˘ARz
G™∂r"´#∏C».œB¬à±Nê‡,@≠∑¨î+   ~®£ëU°,àñ[¸ÚíÃU€%0Q>ëÑ=úÄÏÑ8´Ò»1cD¡Od)0¥_Tä
F@@QC-@ŸP´M†◊bÉÊµœuÌ3ﬁÇõ∏[Ä£1ä€í”,TÒKÃËhQ•9ZL
0ª•∫'°oÃøÛ“;o°Ò''ZÂ√œœ]ﬂs/W_◊Sïøî™â&–œBßÜò“Cè¶Lα®M:9öm2‹√ì:Ùˆ H
$1Ü1L9(≈˙†Éà1ðä,p(
∆.Ë8ÑKÒÒ©9¸ΩjI≠ê¬–]%ùêw,PÄ‡α+!v%YÖ/œ˙*àLQS≥íOD–'=»xÛ1«#
â:1k
0=˜¸Ãµ@ë=
YdQ;-6He£MQHÉŒm“d*ù‘“·h nπMI¨T0Z¢cejTF≈ŒUé≤Iµ;W]5/◊•xçè◊˙»ûÔWX-Œ0£ÛF,hõj
$•ÉòmZ=0”£é=α
)=jë%éÃαo§ƒ˙Û®ÎnN˙ÆQ§ÄâÉZ82,±   ßH÷˝)∆#êòW,¢éh¢â9¨E0¢}GI`"ä –):‹(x…P8Kbàπà¡
äF˙r„é=Â&Õúﬂcì•@,˘…,T∏F$*°Õ|ieœBcÜ4W∑A[H∂€R;≠6G„è¥6,ÏøﬂRNô€î¡Dï/j™ò„¥STï«=n
´UØÿ@ÆÌW•ÆdEûìxË'@FÅb5!¢M-Z¥êRá|ÂPoKŸS4 ¡-zg;ﬂ@Ü(»Éƒ¿r-¿Â>–√H‘°nÄëè0î
°†Ä,‚‡¡°∂≤àCD$∂•)¢“9ƒ.+-Éµ7∞1â
]ÄBK“b%‡   x ¿f¿√XÌ/≈‡*f¡<K<z-#~¬òïα/,7 Ãα
Dò¬ùÕüuœB¡Ø}â˘J£fƒö}¶5ƒ1ZqÜ”)L)«ì§'_®6 Ë8ß#œ+µ-0?∏2€,y´`-'llÉ·F∂±
˝"u;H≥Dò7hëÅoŒR
jÚãmt√á{!˘J“ùndc;»éÄ ûK©É   mÖ¨ ÃzdëìXé¿ïNê-¶àH'1%q°Ha>U∏¢àÅ>n+_t¬
†‡¿J-Äp‡/il0~Òí«,Q––+§ 'tS,◊[ŸdZF7DÀY   ŸÃû†Q†fÍ4Ê+˙÷◊≥öb≤6-êﬂoÍﬁ•¥8î*Œ'AŸ©
¸Ö   SRS™’∞v
U-¨í*€˙ ˆ%
´TÖeØ“Éû•%“WnÎ»·Ã7πmpYj¬IÙ¢gLΩ!”Yzp#f-âçòC¨ä”´g∏é1ò†`:àAD¬¬r
h‡,àƒb$∏ÅûÆE-l±/E\ëGmÈH€≤wÙäñÅB•0œw%ÃfââVTöRÕd I$ÊÄ–„ù•––U2è≠ˆË†ÂäZ¶∞ƒ0Ä1Z
°4¶<KÕjN…†·Ê6BÉTo|ÍS,‹"8õJo¸ä≥?QBÕ/˘É£©≤éÓÄ#™Ør•,«ëüp∞-?_mèz|
˘µ¿Û∏=0$07,ˆKÇxlM(4&fêâÃ;ôp)¶pf7Zò◊i*ò<¿`Ñœÿ.$ƒî±ën7ƒ#‡`t8‡@Ÿ“°†≤]

≈f9Kë90ÈMÇ” pÃŒ¢È][$vW•°°¡[Ë¯-I¨ ∑¢ÜDCq€f‘Ø˝Ë
ñ≤ëfeã(eDtÛD]ó
àÊÀô˙Ñf®¯)™gAì‘O}£ﬁ˙•∑®¥H¶ú_È(U©T¥TYÂûZ˛˜=ˇ5OÅÂs´YûmÅ˚Ÿ-Ü|ö¥~Ãy
€#ªLFj¶D®ôœÑ¶4-¥≠n∫,8-Ù$ê°MNh¡0Éi˘ ©∏≈E¬-“Ä
<
GPß¬pàZCR\DÇL/\ÓzbaÇËú¿œ åAchÅﬁ24°oI@»-à€ﬁ÷0≈a|ãÕ¯U
P@cÃ¸ò1fôCL°'É¸¢œœ≈œC≠/~∏âÈ$ÉF3ﬁ\<8Ä∂ﬂ'ìöAˇÍiIço_X-T¥J-|ÿ¬Àˇ B¿ı©
%•3=ÈRs#>¯O3
têÇpÑ$4Èe∂àfF»Ñ≤(∆3[x°≈ëÑö"¡k7~AÍ!A
\hŒEá0äÒ]øv¬†ÄhnxìúêP»c@;áPRX∆“`ˇ‡;À°ZF t°¬-xÄZzPÿJ
n¸ò-!äY‘ëﬁµwÙñ<f~_.πbò≥÷Bœ„ ”EF4>˙DuóìàbÕŒÖÁ;gRÈÌ$†”Àqè'5jÅQ™®D≈*WEıkåv
¥x¸€_Ù°¸VYµ*V/ç∏≠zx;6ﬂiaÕ¥)Ë∂:ª.£fà»"[Åı4_
íXwcdp#p“Öt¡≤`ÑO¬˛EÄÓÆ8ÅÙ@m≤‘»
©«a¬Äz4Ø1¿ÿCtä¢€~¬ ,Cop‡
>j-àGB°nVa|Úò«&,™y¡d∆‡`»¨'€ˇ≤‡§!®ÖÅå˝Æk`j˙ÿQTÉ,ﬁÁ5bÍ/©œÄ*ΩäpSÚ˜DN0¢FTLÆ JÓ˜
|Oø^Âk≤Í¯$
>,É¿$®mfÉV^é˘ŒΔUf*Át.¶ÑY>°!FË)ÙΔËÀNñf'¸öÓ√^ç?†I™·†ÄúÄlÅ®á>a¬
/„
„zê3ËejÑ+vD"¶ÌûDá/N†Ô≤ß€œ,πb7†J<¢•@ú@¸,3äÅ ^-=-0°Ï ¡d∏ÈM¯MN÷It
¥f8o∆iúÙ`3¸§¡T}.}Â·ß^>#ÄΩ¸åSˇl/ m wèWŒ√<∂™ÂàØÂ`éÊÆÍÊ*Ë>ÑE¨»P˙
L£@h·0öe^`olÁ∞ÿ≈∞D®!bö†I$ÁÈZ
Áfœ™p`ˇÇàf
Ùf§)°,Ro<%+"•ª∂m%ÇËœûﬁÖn`ØÄ&…Ü%+∂g)pÄÿ“B-™$8ÄV¡4%¶Zq0dë¡å£ê†õK∞DJÛ¥Á§÷êo¢GM
Ü˝V!·%gÆ„gıRÉQe°∫8$≈É™R6% s/˜îjJé¨∆;¿ë´¿„Âéèñ.MñíÔW˜É>œ„¿faf°¨ °Ãp·-
∞áÿ-
°πﬁ0Gp•%\≤≈Ï•
2ÁÃ!°z∆@OJ
n†è¡Ò†(IÁ∞¸Õ
Fa"©®ò¿Ê‡)•GBãùÏG°,¥X¿"Ä&•fÍ‡vŒ∂¡np·ö°V¡@°>·&œ,Ã8
%ÂrD$N∂Œ náÛ¢"ûb¸∂®0"·ò3ªã}NíÅŒr„7êa~cÌG®ÚgÀ.≈„¢>-ç˜°Í>0Õ#M.
„r≈Qñ;¬¿^√/?¢ìÁolgêÒ
˜f)%1µØ6ç[Ø¨ •öAˇ»LBso`JA¶%4kA≥`œÌ4ı¿
fD6mH©(f"pd*rS`åIrÙ]ﬁf,"¿¢TJ¿Z¢!Éö¡™A9ï≥|^£daLay>a∏/eÃœå;…¨N»_*¬EF»]∂hO“%ÈP
ÿ3XC°*éœÇ„5ra>;ÂájEØú√j¨&-˚,ñ:´˙+4!»@ïmtEVdç<dÌDèëÉÜ·@1ÛÒ
1ı¶"˙J2b aDc® 1f¸r˙∫‡Ñ<|1b¥≥)4'≤m'†nÁvÜ∏@JIlk°Aò`ÆB˘˝®+∫ Ï Gl«ürsΛüC?†
7°¥"ÄΔp‡™A÷¢¡xåKo∞|Ä·9ÎHMFF¸Jz>ä1l»rÎã/dô4AGÜHO^Eí†ÅO∑+Y÷'í\ˆ8¶Ò>)≈Rj/®-
î ‘T$Hˇk+Ê`éÇÇ%>dŒWœjÇ®S≈Åó¨ÁDU
3Úv∂(a)¢%‡Ú≈ˆô¢… iu¸ﬁf#öúÄFHÌ,§AB3!®≈
s¥+ÏD[H;+*ÇÃH®MfÑö‡*™¬üêbmoÁMP`\5‡7p8`p¿™a#H0ﬁïK˙I0|ö†Å0ÊÁ†≈ŸI
Δ∂"G÷ÖÚ`1∑bàlDéÙ^ä9ìQ∑Ía˚‘7 äß,vP u;ˆˆ¸”-U¢J∆%‘ΔA˚W•eQ∂WÃÅΔΔ#˙RÂ¡Œ
£¨Ó4Dı B"+†*#H¨%o∫«!•fUøAö¢œÈêñB≈o>¡∞ΔÄzcòµjÅtX5¥$Ì©*4¥aœJAÏ…¥@<@¥@
¥åD{∏¬Z†,)¸È«P2n…5 ≤†@TÌòÿ¨aÅªt^7h÷äˆ†M^MªI^RÏ€ångøË'f†@Ä°|VgËÃsˇé>]
„ßÓÃ,Äcï8à0S^ì„<6@ìjj-¡ÿΔ¯N∂vØm•C¿bâeÅ8¡>¢¡zÆxÔFqìI|ˆCôÈ[5[§ózqé[öÆ2ªAÙΔ
N≤1ê†EHe°Gß+¶™"H∂ïYøñä!Yeì:¡
f÷íı*…)*qå≈ı±ò(ÍéLn ∞ó,&nºÅ4¥!PÄad•ÑMÊóltä"†ñ‘XYFDG^∫N@$¶NèızpPíE ^èß`xPÅJ,
ó-P£?√ˇ÷Ú-ï∞
l¬±@g7AmWws∑WÃ#45¡<&0•œ”z®áˇ¢!¯®∏@«^áÓg±o"b•®ÅÙáDKbV9¢ÖÚÊ+n`NÄ¿7|øV_s[•h
£BÄtüaaa∏@¡Ñ˚®®$ïfZQudÅ{o‡^x∫‡®'Ì~!ÁTÕ?tnK∑ÙµÅ4%ÊöOBËò∏Æ9µ∫@´^dG∞2G:√|r˙=[œ
sYÿì¯¨Qfπœ`∏ñ7ÓPU7jÊÎ˜ÕkéôˇhΣòÖ8´b.v{¯<ZÂw)¥∂ Bö{(A¬
ÿäï{∏9<5,[∂·p†éú3fpÆWz£·» +„ù;kÊ8¸åaˆZ|ˇıeû°,Æmˆô˙≥∏`H·û·z¨ˇqfû˙)Êé
+2‡é¿
<°,´8öóT-9óìÙ Ys∂∫‘$A•¶¬*◊ ¬Ë•azHÇÇz¸Uda0ÄÅßjFÖÛl!P}Ft/vt]É®ÌnŸ/
rœFâóY¬ê™¶˙dY≈ıC?ÜXXÍcôªpâ•Èô∏4á!!∫öµ=¯€r$Z>‘)_ëŒ:ÁÙ
Ω#≠•˜Û∂AÙ ¥v†ù·Ø≥Jaüm¡ÙzØüaØá¡>¡¸zFa}}Åü˚ü?K~Ia∏·†ç≥¿våπ¿Z∫¢lÒÈÓ0‡N 6¡
`f.øÀ∞C¸£¨·? ô4l°4$ÇM0_oë∞*£]ﬁ%åœ.,ZânÄ¡Kn∫38»O^YbÕf>ÈSÎS Üê8ÑZ„÷ÎPó[%Êãôzπ
-Ã≠A[∂ÃÕfeâY?<´˜√?|à0dÅdö%Ñkèfzõ0ÈCöÇÃ∏ÙhÈ[ú£ÔD?b˙Ø{ß|€Hç||¡<˙˙°GÅ÷W∞ª∞5aaé
@Ùˇà·Ñ·Ìd¡û’èΩ¬HBÎ(:≈ô@T«ö·ô˜ÉK3hK#∏t9Ö¶!@àÚ¯®H¨]^:åˇdÑê(& ÂDc¬á@fı .5∞|>À

´>}£ µúñgò,mŸP£–xœ ïefl>¿Δ´∏;>*»ÅÊq÷√mÇ≈m‹ΔΦ=

ÛD"Pà]êbè,√NF˚Ù‡ΩÒÂà!#Ü>q≤’Í{≠":Á~F]¢k§°;Îk
<“ı˙“G˛Æ5]¬˙“}>˝üÁ‡äöb·ÌR=’k·uBK†Ò…ûé†ù_¿˚∏<‡HÂ¯ñ¡tnÆ!ÿˇ#n¨aÿm<nJ√”z<
£Np‘†≈E<òà.'6¿1ΔÄ"ä˜' ¢§\∏a√7÷g<´°>Àk®1ˆ7:Öcq!π”=:ˇvYd4=bv'mfi’É•Ì>Rœ1/
É≈#CvnÉ“$A>OË<‡2r§Ë†’L(_bÕ8¥≈$6ÌÇêðÖ»™ªÂJaáôÄùVHG°¿Ifi¡#}%_^¬GÂb_∞mˇ@=¡°˜I¡†
ç·Ÿé¡üAÎ_˛Âò`€H]∏
°0bíó2àÍˇC«i<nå"oO#ÇC•ì©!¯‡<• É,6@Ïùv3¶ˇ œK
\ô ±‹ß≤<Àµ‹.Å,vóBÖ≈“¢ÖÎaDZ">dµäVFT∑Vç˙6.<Gëfl¬âG2$∏í
+√≠,Æ§Ãò˘GŒºiÚöNqflxÚ‘Ÿ≠Z5dÕ~–í%Í£RåöÍ–Cáô®Sü.“≥hQù¶äô2’î‘ß_øò5€ˆ≠[/µ:u^ ∂≠
\µ:ö}“C¶í#H∏,˙d´,¡∂àð%ÀXa[∂ìZD*2"…ƒ&√Í4JS'X£2+Rîi–(R∞˚*5 ÕúœäÊÃë√%∂kÿaA"U
/∂j◊Çnª˚˚∑µ>BΩE*Ù¯Ófl–ö![ıI¢=å®#ƒé(R:Nê•hqBÉ-úËaÙ)Ω%YÏeÕîÖX2`Òw–ßøô˛˛ ÷ñB
àBtKC∑(QDQtëEMHI4]x“I#Å„á,T01ôîSM …ıä<usM5–Ëgî,ÈïÇSP–1nå1ΔéRπ’SÁï,…
Wûîâ'≤êEîP,ƒµ]rM
W7ju”å(å@µ#]îÿ(É16åbå¶,§å"/"äh'iôib»gôàãe§ëKcúuΔfkÆπ∂à&äÃáê,À//T≥[7ëV‘p…!
gÕqê
<6Õïvàxúå)£ÓAG<Ä¬ °zÉyå Ú ≠üÄä%Î√ÎA˚’ß0˛ _Äπ ìÅΔ*;`B*Ù,É–hQÑaD
*ïTâ'ùHSˇK,~”R6#ÍDàÁ~î,N=ÕÂb|G•wùSdê¡#è]%Îcê[í,U–•6≈H-
ÏÒJfl5oIˇïW ıVƒA"¬#]ı»H`•Vò,∂|bÿ1«Øˆÿ"\haÑpÃaH ür2o¢å+∞¯Ç≥/çÈlŸüù
*Gùké"Ë"áÿ,(q¿˝Ê$¶êFc)ßê.∑©sGIífi'ç‹ö#}8Å´Æûp¬
]<5+≠¶§ó´%´∞≤‡-Ù·2≤¡Úgê˘ıó∑A
7O”‡-R(!Ñv“à!•%íK,q8S8Êé¯≠âöÀ%Óª>•ee°ø U´SPu±/Í\t±˙˘œn$Vá¥˜USkÀ¢-
C»(T√KŸV6S˙éå,à4U
TK°V
iå-ñò1#Øπà;°•¬*√¡Ö!ph±Ñ:hoàòœ&å4«≥Löìç,ägÆ)2 Δù,Çá!áêrån–PúkDÌ8÷@r¯øß!√(Í–
(juºØÖ≠U8
p:úßFjÀUÆBÅäU¨,oÛ©õ>êEüekYπ8»≤˛Üãg .Ü¢Dnh∏√e‰mY 8ƒ·C ˆ‡GK-
5•óƒâL§R[ƒÔπoò„'Â∞R7¢–`cñPäSp'p
HpÇPÁÜ.∏a*d¿ÀΩÍPäO∞g`≥í#RtçÜ91.måX[ÃaémCL)≈"< ¶Êå…2å–ô–Dfã«(ÇK¿ûò†ÖL¢,|/(¡
%Â†âõ–C§<Ü4„HõuFä®ì&(:˛EƒÒ‘¬XD)JmCRÀÈÂ¶®Ê¢MΩ¢≈*HW:/tAl‡
.ËÑë°‘åD$h% QD°XEÇ,Œp´X9·@d†Ñ¿•@‘öHWëBH[°E…u¢zäà&zI[Œu.ŒaÓâ2ˇ<Á IU£–Δ1k
Ø·H/fDÇEÀàƒ}QÂ^¯"z/##D¨Õ≈ƒ£Ô¶<sÏ1°–¯Ö>ƒ«tΔ2œË”Û"…&Cp¡;X¬0
>&¯Tÿ˙Èjv>√úïð®åœX˘ô˙
ÜMä–`-ÜqñMµHiêp¯À∞*g7Y|»*DaâFLßd@BP–Ã83Nê¬Ω †á=\◊QkÆd·Õπ!√ÑÙ!HÄ˛V,e•s±A'-7ä
D%ı§–*¥ım·”àD$ˇ Æ"sJ91(A;≈û®°Âh≠Bõ–`åÆâÌéƒ†óãÅ/^:„•ÚƒlµëKzœ±Ûâí˛Bti.Já˜
å}°€hΔ0dQU7,bcë–å`&„'˘5Ì5'”ŒÀ0˛t Bmo@ÈäÛµœ0L}g‡ƒ¯âó˜#Ó/˛∑
¶!ß7-≤bÄ¨PƒÄûÇ-·~ëîZm
aìÎöyAÊ®dË√V¯p?–ä§Ÿ}J®üs6k «,c◊ôŒJ6qè•±∂Ëˇ√ ëCÚPäñàDõêÀüCƒÁOJ´RstcµVÚTue{÷“
Ÿv®€ppe#Ï÷∑QëJœVóASÄî^◊…fFx<∏¨TèQíT4òaHÌFÜøã¿åd&7ÕÅuZ8YÃ0π0ı
oêC–Bâ3˙gM}_˛2ìâ7¡5£ò)∞â`°xˇÕ» qà#5≤2∏9/ÇN≠ûBafœ
!húªÊ»√÷Ò¨ARéÄìWÒë±˛vüœò9
k√[P÷Z¬lðÏ"à&–g@Âdv΢#û”…u≤/
¥0Ÿû bå,ëù:ËÁGP„xpÉxflÀ}JT®<3Fì∏«îE--]GQ<Ñ7jûîƒ0ù∞ñó`±ò≈ÿƒ¶WvÇ4•∏_kb”Á#hì@ÂÇ
°
Q'–‘LMe™/H˛œU≤2“ıs≈ö0Säc˛¬…íjÅYT‡≠
”E%
ó‡m@£‘ÈaÑ2ù 6WΩ*(p50Ö(tÿ√ˇ ˆ#"·áFìÇÌöfi Ÿ,œÑáÖaå0\∞,A6~6fs°í
Ò≥sˇ6∂–u%∂¨Ñ'/±ª¬ßªd+}cΔa®lˇ1
Q®ule7p6x√{∑ıœ Ds{F=∞gt≤Ë,uí;p6œÖJ@F©íøÅén0cµ0E…qàèF°äpl˙lÑî•L–ÈUôQßL¿
~6#9…yFWî"~pä4+;£H»\5ËVRXtq08‘°ΔœßÊ)m4√Eø@wƒ±≠‡UØ,@Z
yÙ
]∏Wˆ∞cf>»ÆÁSXQ âıB dóNÍÙ lwˇ89¥lôÖ/íc@DÅ8wBtmxwQ%YÔ“jHR§UTnUàáVçPlc•tÒo(o^"
K[¢;ReÛ6Ë±EÌQ+…%p»êG£f§'G◊'nÄWË`´gYÖöpÜ2qz\pƒßIôfo¿=å,2pÚJ6CçÅr ∑Jo¬Ùìıc√PK
€ßi«–"πt)wàEö&jOs`N6:•0N•V!¿~∂‡~–8@0&b0^@MzÖ"Ük®‡ˇœÇƒ `ób≈& dgl“5∂v70áìYœv˘
¥R*ÖZ•'Pfi∂~◊ÅrQEi·
>‡
%Ê`PÜVïX^@Ì˘8–7•V7¿4∏åPWàêGƒ≈P◊5[$µu»@p8zN$<lqz>êz≠Ö‹ §

Öä‡&Ö∞`ÖÂ•Öo¿â"pÄè˘4Æ4ÜåÅrìÒhûÒ,£ÒW
‹Pø
˙°ƒÊêŒ·Ã@ŸkBòÂÊdg–Õ±
¶ Apµ,Ò*àÿLâËj8f$u^P¯   {p¢†-¬r‡d«í¡¶,“¢NÒÎtC”rä’íCqcœI∂îMi}˜ììÉO#rD‘∆wr°mr
-îU¥ãfi‡"∞’˘P≈∞
â˜   ~¿x¯“n`Éå‡A62Ë%ÁQ*
ß˘∆ö«üBÑƒñGEhp¡#<~t%>PEË`òÜ©
«@
á¿éÓh(ö1^]†H-g]phØ'ÜØ¯HhÜ|5”'dòrm»JøW'ùë1√¿/†
≤p]Ï!BzFaV"d¥IøP≤% ˜Q≈@
ªI¶p~HW!¿ÏÁ%áúL«jã¯∞vWePu‡"V   óâYXÅ«Rv;yÄË C)cß¯ RO!tc7ñD¯
‰î}wÆ»m•«Å3òVBnXñ´ÄxùßVu¿aRkj˘V"yØF˘ë G
j["ƒ%[

øpVhUR˙Q
i¡fiÅ]k°dJFé€pò/0èAµ◊éq≤òs-gr‡Ø45ïrÕßôrPhÖV>}ö>#êä`hr¿é£q√Ä§«G«S+ŸA…ïIë§#pH
Å"tV≥0ñ≥0ñ0ü-Ez@F¨rí#yàg/LLÁ~êkQdPe â˘ó»u7…ø"Ä)ñqCπ0îÂ)®’B®•î-IycÒ˘îO
üRdw"""Lôs"‹6zV‘ã_[ø˘ñ
jÂVå∞ˆt1¿jdAH∞É¶`0cñ<z G∞’z˘L]î\∏ÉΩ1zz‘.nAÄDòí≤Ñ≠eÁ0•pá K/Ö{Ú]¿é§`¬ê>¶ÑJ∫`£
Òì   rch(Ï»JØA§ôâQÅ·pÁ-«”’q<s<»U*|•5çÄØ¢í$Mq~`ÛLÕ$Ø≤ú†õúŒ‘jã±v/í¯í"ÜŸ
          úxì:â:Yl,I8» cÉ*¥†
qäHâ
Ïô-4©-˜\øì‡-
G§D¢UüE∆Adj-V2ÕÅø9:]™5◊qñ≈àR•xp’*©™F^aGƒ∞
◊Utc`Â¿PKeï•    /¬çE8z•«˘"ÇH€∞Ñ∆öÃ•µ`HÜ$KP88ï“jÍ#
”Ø
§¥T£¥h∫?{öÉ1h(khhàTicHã-
#T÷QBÚmƒ∏6òWå«Ø&†’YáPùðÂcy7`a∞#πú‡{íÔ◊ç®ío:M‘tù¸Wì°,.∆ß˚ß“bûÓ§8ªÎváJ˜ªÓy
%.ª/k°.€®5ã|©÷¿"÷`YÙõcâV|%¥{‡í£Ja1‡~œîâc@á@+†-™ØI/cÒ?ÂP]ø†EIÅ5AH)+
{w†≥Ë¿œÁ`/@«`
LØ•¨‘¨Üµ``ÍC∑uk∑¶d∑§‘>'ÁTç!ÃÖnÚ:W®]è9ÖáîFXÿ}A\0=r/8BR¡Q≈Qd@åx;bF™&∞Ø∫ 8,&˘~
kv%âg ìÄÄ/í7ô,áÖ±BƒÊƒ´ªlG≤æ[≤T¨Y-{°∆K.t°OŒªDì˙5;ï)Úµ÷P@Õ[f\•r<‘!™DKa8œ8Ä:zp
≥
ÌÒ¥Ï±1¥,ö€0EÂêE•[L¢¿ç¢dúS
/
≈@◊Â   âp]@ynp«UµðY¡£¿p´¬ 2À ãñ3   l∑Ì”>∆7|¡µ7≤·˘Ü Ö@ÆwLp;ØÉb‘\k´cF˚"M
R@Ã<Bc`WR†/Ù6b√~Ä√§[∫‘L∞à∫â∏∫?\πV«˘«k'ÄÄ.D8-$ä+cªã8ô•-õ•4°¡ã≈QÇ°jÅ°1{.
{wD9Òmñ/G…¡≥°"ñùz\Ö˘lÖñ@•x8†∞\ œz-ë fÆ9Ø…`G≤
È†≠U
ˆÉ≈¥;ßµGã*)ı«Pû†¨x`…<∞ê'pc0¿å€%`“':c£ˆÖ≠I¡Áì|qØLn‡qZ†q˜woêII†;0>;†’π|˘^Ú&o´
bQ˙gD˘R-ngùoj-¨Ïg√@Õ÷∫ÿ‹L1‡√@\ùïà¢ 7)N˘°» ~*Äƒ6vÂiû®X-òòî¥œà˙l@·CZL°«À9Ã;ü‹
f"%óíõZ¥`-ŸQô{/]Fê˜tH¿Ã&L}`
ñ0á¨¨Á∑q¥ÕPÈ¨Ã
ÑBxZD8íÚ»¶‡“t0´B6∞-∞f≥‘Qql1]Q?í°H*G£   ÒêîvΠY°1<±qL†{`‡fi`∞J
>;êÿÉ='†';ÄfldÛe„’@•ÇG∞íf‡ê˜˘xfl¡jd#,q√qM∫9l∫ê¶v≠í@¿Ã”Ñ˘à@b\wëÒë{≥ßáeªËlÄ˘∫ÿÑ
äâqc•ÏÿÛ\≈®%q·\jES4ÅCãµò!9//“krsâw\m°}∞πfÌ¨jH@˘AR}pu…µ
≈Á¶5∂pU&*∂ÊPEÕ1Ò∑d”%E,¿œN∆áfi
¶pn Z∞À•
0
Ä
p< nêk$P¡…Y}m(üQ(ÄÚJÄ"{míËùfi;’^`TÒ≠Jêôn’óûÙ≠':ê/‡-
Ä@∫P∫#IíÀ -˘÷p˝@Î®Ó‡∑¸‡”å√¿√
Kd@ù"fLÁ§b%dì·ŸBπ-B0ƒ±[,e)çm,.pU,œó R¬≈ãüT“´/A`ô
ªíCg•+j’|Pù˜2iâ^ovL0`™•¿•ãc)#bv&Jò\`Õ@dÛªÄ‹d€Ä
ÖÔ¿@
ø`
têoap˙Ω•êÁyÆÄ®#œ’};}¡Å,&¨Q(¯ı|QÂËP(KK=™ÅÖËï^L•`•òéÈVù: fl?/>,ÉCÔ•^Í§€'◊∑◊

@ÎNüÙQOÕ‡
@ıU˘‡ª˘√'Ÿ!K‘yò∏k,Ûëìœí±íŒÉ™ªΩ{C!≤)€ª◊„ƒÌ\që„˘T%‡Ê®∞®R°»s¡;
gπÍÜ/R`÷adF-®AMq«2âkÄEXÑEÕP-≤@øpLËZÌ
˘U4¨€ ~Ã∞zsÑ<ë-ÊüÖ<≈œMÍxnÙp^ÚA2ÚYAÚÜ∏D3'jH4çy¡1¸:∂'ôF¿^_`ÛŒoÈòÓÛõ~È’?
>DUp¿˝F/ıflo¥¸NØ
†P¸IèÙpıq
·◊ÃÎi #`◊å˘í{Õ·ΩÈêhÔùÅ.Ç
§ï˘ã.Z2tËP-T
V<D+£(ä®*¢˙ˆ≠[»ë"IûŸÕú îfl ôÏ÷
úπô0ªy´V-2d˘≠Z%J(D|ˆ‘È„Öô1R†tëu:zÙ0¬Í)"P≤h≠*Ü¨öµj7£5VÏW±b-∂m+gŒ\π∑m£ïãÈíÆ6f
√dŸ™e™‘!7PúAr‰àë≈<vúxë·CÉ
D∏°·1tΔ-°£Hœ¢E£-!=j#’≠GiRΩHì&E¥)"≠(th7nÊt·bÑ…p&`ñ(9ÆDIíIí(áÆ|
á9^î∏A; ,˘Ø¨@¸xÒò∑|ô≤˘/;X•ûΩÍsë?á4§ê)D8à'`zÍ)ûpAÜ¡ÉÄŸ≈ b®Bâ(≤Ë"*¬∞!é<¬Pë≤
±ƒnH<Q§ñR2&ë¿)…•òp“IA`“jhïP,ê£°Pä©¶†êBä1ñ≤™é:∞äƒ'-AÂóëâ&¶ò∂Òfõfö–m
¥AKs“Èfh~iÊ-tŒ9gnû9ΔX^SDë9ê`b=ı4¢à>Û\a…-Ó≤2-‡ʃ¯¥-¨*ç4IGYD5RF!ÂRR4ëÌ∂:?•£∑P{
˚çã#Ü[Çâ/ñ¯":Á^].VËtÿ·Ö0•˘(´¨2œC‡W Ä`è¨5°<kÄ=gùï¿ Ï£ø¸•ã ÍÿCQP)•¿
\xJÊ@` -∑A{:Ë¡Ñä^Ü&b√è((£{ø•%$˘M˙7ΔmJ ΔîÚÚΔõhvj¶ßb“QK)ÍG!
õ„ø•îddI&=˘îZ8¢r¨°¨¨&À∑¥¡2Kt,*≥ô∂∞|´/cLEC‰Ä-â-S
28A0&Ñª·±Lòàª2p@É
N∏°ã.<
µG%]§îRF˘/kØ3≈6ŸÍîT∑fi|≥ʃãüÛ<aâ‰îòN Ïéı9Âûõéʃ0»n; P@ÿ˘ 3vÄb?
ñ• "0†Å¯<{vZ©Ì€0økC»?>e4◊<dp9}jP>v BÜ-ÜÇhCã8‰C+,◊#Kj %+á'XE
+^∏·ã˘jQdÖ,é˚≤H#5÷É„Hâd˚&AÈj˙¢)ã§ëF«t^.'L,ŸWôh®-ié–eLy√˘ç£[≠L¿¥ÏUz
îd<@ô Í+-LΔ0¨A 4ã`Ñ◊¿±qSd´‘m$öµπ¡jp8U“v‡ÉÊ4Á9wfŒ´ú≥ú/ÕV˘[‡ÖÖ,Ú¿áÄ,Ù<ÓYÚ°÷
$pÇ¥@s1»œp)x´"SBÑz¢:d§k≠CÍnQêÅ»é!
ÅóEÍ’°â|˙≤ÜBrçê†àDfl†cäV#É…dx>∞F vd@„F?
è(ÜÍ1≈HT8“Äî=F Ç{ïlí)ʃ"ã[Pi$r1^7 ·çQ¬ÔesÒFóŒ$ãc√∞hÖ&xf0¯0´¢€lÖ+ËÈ0–” t•Ç
,-P'@¶P-74JkdD◊ƒ÷A±ëôʃTE8™Rπm1\ÅƒôPG 9H¬>û„“ÕÜ/•@Æ®ù¡ÆpΔ*œ∞àµœ!
ÎqÕjVÂ¶≈˘ÇîâNÑ"9GE2pd!F.Ã≈ìùnã´{Pª"
åw…é"ÛʃEZƒ°ç•éw^å¸ıGñÔ-∞Δ ïw#%íbñDäR&(Ö(hå+
&-âM ÇøÄF˘BÚíó°l}OÌÜS_∂çshN¬àÖ-b¡ CbmkX’-*Z≠P%0¡¬πpÆ¿L˚@âA¢9AT†!
É1®¡izÌöÿ!iB5*´f1E@‡0Ô´ʃÈ 9®éc%Ÿañ†∏°∏„´¬´á˙÷±˙˘Ã–†0A9‡ƒ¥ñs1Ä-ëƒ
öRTãY°®Í"ÑQ ˘§£¥3£2ë8Ç((¥‡◊∑@í«làÑπ1πΔ¡¢À“È“
õ©!óKHB@GI R&8fi•Ù°{•√VÑ2YÃb-^*ãJBIJı=ı-€Só®ÒàZê¢nêCÄ 1à¸Ÿ°
`PCœ†`ËL«ÒD´≠(∏z`2XNØ44!kd¿ö£H∂jõò¢‘mÊ‡õflt¡
H@Çx∑ÿä:‘i>“C»¡ú7œN<«+Ûã<,1V∞í,«Y&GîÄʃüú†(h-lß¯DHB|`ƒÌÅ§≈Å®n
ëö,êÿAD^#©ëÎ:#◊$˘y°s¿ök•Ë^#ʃ÷’…¬(äñÂ1oŒ#
#ˆ-=à◊
ÛçyÎâ=U@¶hÑ%/ã‘˚Êe%£,ÂSŸDé/qC<†Δ4éãNBw•_Î6®a¨c˝B´î√£uÄK3¡
>0¿@ ÷∞"pÇ´-!ÕÃ§2X
Rx-öî)∏÷õ∂π818∏Å
wPcò‡Δwka:œÈX»Ó≤÷πÏrµxVX„˘ï|h‰":ŸOÜö7P-É¢ (xmp†±n5§uÊíË{b.’çy%»-Ä1Δ1rÙài¥qÎ
5r–yuÊàróög<GE}Ü˘Æ7ôìABî¶j˘ /f!K|ãnÙ≈ƒéá1ÙÅu‡C˜·Dl![R”ÙoØÍS≈/õNÕ
b<É_Ü':qW√¡6p≠sçk4‰ö±√|p<Ã4ʃªò»[Yé0$§ à…P‘`+\[÷÷÷M+‹·vÃ∏âIsõS«À°N(YÍ\'fiŸ…°@
∏dŸ3¥¯¥ß„0Ü‰'œ' 8ñcpÿ÷œStÄʃE2Z (_§8≈ rÊä˜∂á¿µêE<|/9£úŒ°≥≥s]]<Δ§πc $çt
¢€fiH ∑ ,fa 5)t É˘¢ ˆ˘Δ°}Ë^$<! ˙k“¿ÄF4fi˜TïmÉe_“R„nògg0@aà•Sò•≥+A®55@5¿Ç
ƒÇ/¿ÇÂÿ2ÅÀ*ªã´∏Ç´∏ xâàÄÉÚâfrAg œ`îns±3¨pCÅhʃ
´°Õk∞{¨Í•±ÃÉ7ö7Ó®∑¬9Ú»∑a! àÄ√ôB® ∏
ÿÄêΩ)¬Å√Å/"-É=ùficóâ£-Á®/j’¡8\£áYà·{óè)ÜX#Z`ÖìÎT89IπÁ;È£#ò+ƒn»âm»â@´9B€∏[¯Z-
9ûÖ0•πÈ-É©ÄÇßÉœ8ÑC‡û≠ÿ±DKòÖ®”?R*áU§Ø.IøË:b@@aÜ^¿*Xö
H8∏É7-Z≥µ ¥@L,péœyÅ^ÛÄ¯¿¡b¬0jÄÿåÍç '-FCËFnTE9Ç«ªà=»¡`d®±¥“<ssÃ
ã,Õ´«8¬-G»¨Û =&¥ßÒ•ÒËï)¸7¿Ä®¡BÿB'†""ŸƒàÃ+@€ààÍ â:.>◊9≥\ #É8>Z•∏àp3<‘Cä8π?
ÙàìS.‰Ç…Íõ.CÌ≥ËZDFLÜhHÜô/∏H¸
âÈ9ü€ûÛk
ÎD7ËÉ¨êøÓ!Ö≠hÑOòíÃø™[E°pü.)ÜØ;ÜZ‡ ^`µVHÖS»ÑT»ÑS(B Ñ; ∞¸+4pKÇ∏$ÇcLßÈ∏h¥0g|F
Å∞qõΔ-Ç.¿Éµ°†1Ä
/ÏΔ/7rƒ¡p;

{Ã»\G™QöP¨≥∫1wjé”<{|7œÛ¿0& ∏∑|#ÄÒ(HÉ<î®°ÉÎ¬0ÑÇ#°•@ø•®4a÷πflSC·#É–8é´fl*#;|
p¡ùãÿCV✱√ÁÎC:=≤£n®IÎ°F‘…Ü±9\`ûü<ëJÏF0/¶ÿD'‡D–˘PJ≠∏$F»¥U …-
åÙ)3ÅÜ˚,ÜY8ÜY®Ö∞Û/≥,Ñ≥|¥$0#Ñ7xÉAàµ`DÉ
"ÄPeßÕÑ;\±∞–À‰À«»ÄøÃ9ïÒ*¨n7°2t4GdäLù
ÿ0
SG≤ÃrÀÅ≤°]≥õ!ÙL|MÏ¿,^9è^IèÅ4Ô0“(ÄÀ®BÖ<✱F"ô €ÃûF≥
<|:T˜Õâî(çDê0Sé€∏4£CÖ@£/I£î¨óÁT”?L9ò%Ë≤Œ8ı3D°…@£
(û–.ÊÒIM„°åFì¡∂˘E˘õ?'i˚≥Ñ_`‘˚Lìhì6Ÿ0b˘òÜg†≈X‡LÂN¿Jxõ5GHQuQMÑS´D+[√@úKÁx’ªÖ∆
Ö´@∑òF#∞9É∂¡FmÙ¬ç=ÿc¢ÿKV,dV8GqªÃwk∑uz°»≤ï[¡Ä[˘M Ω{3Ωd°˘3HÖ‰Ä.ÑÇ¡ÛÇÏ·?ÿÉw>É2
‡ñ=x®;ùq·âq±∏’πÖ~=3:%(è˚Ö,Ù∏Äçóî¸äÁtŒ?d…ÁìŒ9ÕŒ:]DùlƒâêÔ\Y†DKl:¨¿´1¯’.É0°
$0ØÖL,
P∞ÑÁ¡?h‡í4·/!hÄìcÜZà%N»N‡J˘✱T=;U=U°µUM’SUÉ4hP,, c4∆WÒn≠’∏Çh∂`cakÄ‡Å0Y`ùAa
∑+ÅÿC¶≥ÂÄ=X»Å;ÜÃAXÇœ·L{ú!…≤õÍ(ÅY>÷Àä'-$ ◊¡±∑–C\!5»ê©   ÅHW28ØJÇWE+Éwe∫.#…
Ó[êáÃ»fi§≠à£Ö✱I43]á‡(“µ7)TXÿÁkXá●3Î¨ÜÏ¥>õLÜj»…j∞–ê°Öb∏ÖÊëâ·ÿÒ<Ñ§†£§É˘S–
O✱✱©ÖùìF>m‡ÏmÜaxÜgxì≠åÖV8N –IÑI˘pÑI/SÑDhfl ı e_˜M[ì¿•u/
§!vJ∆∏[∆°°/∏ ÀaK 4101òÉ_5ÃŸ¨A$òΩ’BÉ*®Åc÷ÅsV@Å∫Öu™éŒt¨u:'ÕÛ<‡÷xÚ
\ÅÄ“"32“3)§â`=
8≠sïÇ£õ4?0äHpWÙBä·ó.˝<q¡»÷–WÔCI\]üX’%…,<”Ü9ï¸àÜÂCŸıâ≈]fiÂbd 4ÔàâC„9ÚÎX¨®œ/
ÏÉC✱qíìÌäùcT§rYnhÜ˚°œV/ ZàÖŸ(C8PGRu_Axfl°=d¯ç_˙µflaÃ¿t™–ø˘π,°¡´
`î∏ZÅ#¯’€ŸÙBh-t<€≥uVÇ¢`Tf[t°Höπ¡°¿[v≤õ#,a6a¡%<&\BeQò¬`f,l™PíI€ä=p∫œ±"–3flÉ8œ
>®3\3à^èÛ-\h,xåD÷ÕëØÿ√íkI5≈b:[ƒ‹M°ÿ;]ê%˚äCìIêFä¥Llø1»:Xc˘sì
%*Sÿπc8™9fFÌägÜaËœ^X@N(ÑA ÑPZ¯5d˘≠hDðh˜●_●µ@\√¿$ ÇÏ¿x`´
¡∞0¶…¯8Ç8Ÿn€D´ÅSÃQÆ2ÿ€
˘vVXeMö'p'Â¯êÓLtz!H∂,‘GyÎy[†~$‹oµ∑_q%]‹)Ã¬p/H∫¢X:∞nÑË˘>ó>Ù\/¬◊1+#é
fiÜ]éj,ìúCoñ,ª∂rgè¯ñœFQHgù§û‡]eÿ € êpûÖøû˙”ùF
<}.‘●‘§ZÖ˝úbÿπ®3*çÂ ZêìM   –]TÀA@Ìâ.d^5%÷vm◊VCnA∞µ4P/∂k;]
{¨XjíFi8∂¯mg‡<Ç.É0(,ôÊÇ#–eµE÷†‡∏=Vò€‡%êõV1F"òÂcá,À2Ã˘í7–\cÍV&ÙΩß“ÊßfeZ82p:˙Ú
ù<!IfiȧΠp–◊Œmê
^çÀÂ£Ö∑6S3ÆUø°f…ïî]ø¸aÁ
èùÿIXTêÖøñòJ¥§£1lŸ
Oƒ
ÓÅ^Æ?ŒñÖZ∞DSm[†∂LYÑL–AËE;d‘6’ˆıÒ÷fm◊n£ù_AXÉ˘>Ë±ö¿\´@✱ŒÅ(Åfl6·Ë·ûF`ak†8∞çi1–
∆.àH'¯¬/etî`∑%(∂˝È«uπaV…5êÓW˝‡w[Í¶∆,Ã*&¡ïj“<##H¨~Ô®aê<≠PYÚÀ¥PœXs   ]ä,
¢:y8v£mÆù¸Ù≠É5”<^   ÁpvX6ïN:£®√œ”fi+p%RÆ
Ô.°<ÉF;1üÈœp¶5FÒÔófi˝lÒÌaìR8Oyµ¸ÅµZzÊY/Ÿüm◊uÑß˙hüfl˘ùÌ/F●UªƆOÇPÅfi6ÅËÄ(wãöFªìá
°siÂFÓ0pÇ(p±ß02«Öänd][∑●nÇBÅ~œA–ππ1éU˘h'˘Zv/mfiñ7®nÄÃ Ân%2√µÙ®¬`nñÑ¯„
QòÖGwÙS<✱!…∫>≥œ–dÿ“Œ3üpÁ°káó<¨_Ö4Ö✱ÁlÿœVπoπS4ruœê–ä£7Û£û   ∫w∞˜.
Û:Ñ5^„Cêø_'Ü¿`ÑO‘É™H°9ê–‡– {É∞*Z§–%◊~Ì\U5∏v∏Z˙
F˙m’$ÇwîFi¡nK·™
¡+Ç#hÇ√?|$hÇ{«˜2fl¡eH’"(g–eV¶€%x0¯0É4¯Ç,¿{πî!HÕ–„ïíÍyÍ´Œ∑«…Í–à:Ò£‡●©˘çÙJü,zÊ
fiÔ“)…ÊªŒC(Üàz±kpπà[®b◊>kÈtIœˆÎ¡FÜ_»Î∑¸éÛê† Ó*äH®É●ÿƒƒ˘DÙYÙ”g}¶zP°Ï7Ö≠'°
´±≤7#É,8{;˚!ümÄH$h ¡Ç’ §ç 4â‘J‘FPÑ”XDàK"9RìÈa%á
<D   ·Àñ>hÿ¡√»ë&Hn¸@,ƒ $8ú‡¿q#–Pp‡,D“¶!8†X,∆é™`òÄÛLö,s% ídÏXè9B^Ÿ‡
%…l=¨ç€¡\
(à– fld‡ÂêOYøÄ!∆0≈ä„*Üà±c∆ñ0F°k1ÆÃâ˘·¢%Z4´–¶iÖFMö+÷¢q≠¢u+ˆ*V´P>œçj7*Q∫Câ˘fi[Ò
…»h≠\4q,ñ5BÑàQù>^∆Hq,3hùP∫Ù°”'<7nË0ä™V-Sû#¶K$]éha¬d…%_'|±ÄAë@T Åh îFj<òÉ~ÒC
îêÉ%î%¡jëƒíá¥‘“
,ÃT”8l«bPAÖÄFµMmê‘   OE≈UO✱∑ƒVi|ëEXq°XHnîX●pÅîiçTeJ`ó(@ó]
%’ód¿¬ûÃ2À*≈<VLbà!sÀc∏T∂0π0∂KfîY÷g»lvökÀ-◊ZkÀ°BK¢¢°2*¨< €n˘¢†Joì˜&ú●¥¸"ö,
¥à"À&≤»B<'¶Z"ùtëDR]dåE8¥pC-¸%DfliWMà-á'ëò,^˜qÉ≤ÀVUU˘BjµΔ˘●Å†A
"4·Ñ:àQÑ"ÙÅR$yË·Jx¯ªª¯ï¡â;‡∞¢Ω?ïà0✱@‘
(†p„RMqp#R£¿B≥OlU°¥E"ô$ìdôuA
\Pï`¿1JË¡ZwëÃ◊ò8✱¡^∞ ,≈„Êõv“Ègtn2ñãùv^vœàqΔfß´J®rE´ñZ£∏1ù¶îR
ú‘õWI(¿p:ö(¥àZ™(˘üTÚâ$à">u‘QÜ◊A4ÿ
pP7Ÿ$„
1zëê,Ixq'Ï@x·Õ*¡_Ö_   †É
≤ÜBUÎ-Dh0¥ÌÑ>¶ÅÜÉ‡~1aË_$Åa

∂‰a®ß€â%ñ…C<"£M+,+#Q<%JÅ•'çP)≈
Ñ˘®8YØ˙FC-$GIÇ•Òîi±´÷ g©%óòL&`8†MºLçõÕ„fg~˙9gùùΩüßqçÒ©ÿ.Ú„Ç¥¢DªÊP£Ie„¥>ËSR
Œp¨F*gkÕié$¿6∂≤˘ag[§ !18
¿PP´˘-´^G√˙pàC '8A4∞Çû‡ÜKúò∞∏i•a
ﬁ,úÉ--aÆ!¡úÁöÿ9ç
˚së6BÑòÄC≠k◊πDÑ∫í¨‰ÚRbdÑôºHFe‰◊≠∆Ç∞ xò¿St$ï!n   ZqXÖéî§Ë1I,O*A
¢$•*°ÆY˙Ä»ÓÇ0E¿ÄÃXÄ¢`≈L}¿H-Ïîâ[c3¯e˝‡'ô=mR1}rÃù∞F'F˝/ñÑ*†jjŸ®J™RPÀ•h5©EpÇ_
´‡ÿ>±Dd•lØ"/ÜñpA   ïU+e'+
dOxöp
d˘ÄL5|AN†(aJXÁ˛"ºjyéàF‰\Å¥µê%>ëâû˙œË∏Â†ÈÂ¿& Q;¿Æ/Ænu~
„ïuF#Â3âQøfdPÛçK Sf<%Ì‡ J`ò;âîÖqE/z^ä™w±¥§eu€º∫7≤ΩÏÖLd"¿P∞¬C†©≈PüP7
¥]Ä"fçyâŒt÷'="â~îëﬂaI@\$™5ä
ç*EÀÿÏ&ú≈§§÷JBi≠D%∂ÊµÊàMl™R'1-V/ê!
ŒaÎ(Õ
‡pÜ,Óˆ+(DºN¯&8˘íyΩ@áÁ<AîPY,àÓâ˘D/g>?wœ%ÎìâX¿<h˜Ÿƒ˘li∞¢ l∞!ít‡
\ÌR>á˛¬»xŸêâ7ê®D'»/¢<
Éc‰ÿQ¶p`G3LXU÷  -Ê1ÓH≥,Ù<¢B¢Â$3Ìñ@&óΩ @/ëÃ¿*âÉ`≠g1ÉFQì§CNtöØü˙§≥S.∏‡‰f("˘öF
i∞¥ÍhI¿3ç¨πº'4%äJX¬NÎm@ıV∞…UUâ@ƒŸÍ+ΩœH∏'‡)8Àßû˛U∞'ÏV∞
-p5≈Ä   V∞Pñ,ñ>f„i$Ãùt\ò#,˘)≈/•x\£Âq„2€º&ôÂ\±ı˘@[Áó'±d°,y,Oe2QÅ93jÅpQ
Ç,÷ÒFL9¡‡ä8uí∫öè#Ê$'ùäYúiKâÀÌi/À„'¿n≈¿O∏,ì2Î$£>$3˘…   N¯{_˘7£'˝N55Z>çW
X@*ßiï
Î®-5ﬁ4òjVc+[C5AŒï√zÿuÙ´Ï_˘ZÒâ-``|(ÊÈàOllpœ3ÕÄ   ^pNêÂ≤H∆ÏfCw""ñ∂≥'¬lèiº%è
´/R˛ßí9b
•@∂≠+ª_/x'-í-câ¯U2◊®G-ÿöìä√f¡yù˛…ÇVéméDLfI   ˘h˛Z-≤$°*ɺPB…
BÔ≠0ô§ÜQôö)Üîo™Y˘5cøVJuœ¥PEhlÉ‡N√¨µaTycÍK'8ƒ   E%2E5Uá"≠DÑ(ÒâπŒZu-É≠…
(‰ÑwQy1˘|mıî∏ÜZﬂ˙c≈h€òÏŒ∆q†≠cÃéŒHuÆs<O+EnØ=Ó£çbÛ-êÖ'~≈Z˙l[rÂ˘ÂÎb,ìó)Z¿`Ñ$Ù]
qãó\ú‡xkV,˛Ö)»ô∫Iò^Gà†•Ö§ØE$∫NR%é¡kÜ7Éx"ëû¬º¨Ω¢‰$˛ÿf&?>†9üZô©òNä:∞n
Ï˘rF>7´»çXqsÛöü˙¡∫\u[+! Îc8laäıîﬁtXA¡
¯Ç¡ø@•bIÇÃ◊¡˛uPÜı«äèL^˘Ûáj„sZ6/öﬂ˛FN*]πoíMÆùíâ∏90˘y•[ï¡˝±
[ñy><¿°,≠QpïPT†YR»Qø˝
4WH   \(Û4   YXë ·ŸGd«àﬂ•MπD
Ì¿tÅºêÎ!ö,d£Ö-∞"»·˙‹b˛û~-'R
VyUAºß-Çnê•0XŒ-P[Iç/ºÇıyº$T-≈ tü"ë¨äA¨%/3EØ•L$ÈEƒÖ˚[˘8Ÿ·üÖ~áò¿≥Âò˛5…¥©]‹Ò_
È ú`Å"`˘±>Æñ¡%Å
§@ÿuÄËπ‡-Rœ['Æ@UÃ¿â<¿EıéôΩQ9õ÷é:©ì¿M∑
‡˛mûG¥‡πeQHd-@AKDVdŸÿ
†¿
tÅ-¡!'#öÀ¨0@Cb$√cX/-
∞âúÄ)È»uínÅÕÔ}ÖF.tU˘'"<JmîcÖ5ç•¨B(àï•òÙÒœMPœÒú;V"âç™îçÕ/bábÒw¥¿äùﬂò•E
\¯/Z∞9$ôÄLÄLâTÍÄ$¡G b
™‡˛qƒGÇ$H ,#~õ∑=èﬁU¢Ü»"y»◊ŸV◊=K%÷âàôpùY¿hîÂ»Ô",‡\:â'   "∑ô`HÜ§XxûGËùﬁÈYÿIÂ
¨U/XU(K∫-!(£z»¬/ï˙hÜüê+·B§°÷!c$¶È»©F.†FW)
ä/m∏‹Ú≠„®ë5«>X'•ú$•\ol¬É]ﬂ\ı£ì¡ÇüÑﬂä'
I"$%§ƒÖ^,‰Z%!ñ`IByHÿU%≥ÈXe©†"b¡ëLÅHÍ_k∫&"ÓÈL€€}õtuÑ
'%œÀa   JD‡L
ﬁKÿê(ä ı'çl@˘p@éË»   @+é·Ñ'+ÆìWÃí-bY%Ä¬µ'πù%Í]EVdU˙@0Œnq,ÇıAzX¬*Ä-
L/X.ïÌùec§Å|)·«-aÔΩí†tï*îcßù#o<!πc•∏#5=:-á$D¢±/ıÌ#Ÿ0j@6P§QIìêO$¡ÀZËÖñ|WN≈
\¨EKT§ÿ@eYV˛ÂGé§k,hk&"fÂ∑Õ¶#BôñT V&™âﬂq,K¿ﬂÿòΩßÄ¿çHÄlïR©O∫t6◊H \…
¥agR:IKugúõ
îÄ
¥÷xÆÄ
P%éI'‡‡˘#|'"®   bp
[äR†0!Y˛iZ '†"èc$
jpïk‡F^r/ÒÌY¡„mÙ•©GZ¶•:h'H([YÇÖ&¶$ì?/öu(
â-ø$Öà"§^‹Ö(@´ Ö#≠® D@Å]çŸ¿9≠¶â∂¶"¢WxEHÎüR:…Ö(\
¥'ËX»&‹1kj¶Êm∫ñªà¶ULv"íäëmLîWéXÈH@yÅ»äÅ'JÁtRÁÂbèfß-ÊûµTıÿ@xˆ·
å¶ò"4Ànu†«xÀ÷ jú-I5∆◊}^„+aç+9lh,!˝Ùß|éFW9Í¢"ò§8Õ,,®˘ŒÌú•™U»¶'Ç¢b≤'Zççu_∞lE¶

€(ﬁp%≈H Ä…M·EŒ64^àåƒ±æ>õL¡åöÊ-éÖÙ≈pÁ(\°ö>GZl6¢Ù,ŸÙ¥AÂEJ®K∏
€ñ)ì‡U“çò_àäÎ8Ä/Z)`µYt∂,ñe,•.¢∞zﬁvÊ≠YxgÆÍ@õ/ÿ/ﬁòa•tùrÂ!D¬'Ñ¬ÓÅ£cò%°F.%6lZÊ-ËÊjnÄ6
§%£R mXa‘«ÇÚ\Ñ°ÆÑ f•nj-}a%®¨úA”ë™€∏
µ·_I“ò%,]êLŒn…˜»Öo*K‹ﬂˇE≠Ãh˛ù¶-Ó™∞ñ≈ùÖE°RØ†ìHﬁ-ˇ≈ùmÊ]˝u-û
^ñΩÑ_✦Tî.gåÎî◊îV)ä©X·¯¿ÃoÂˇ«eÒÛÂ˛)eﬁöÈì‘ﬂ
✦˝≠@yÍ´≥a%v¡6µg#°'jÄhÿß}.¨c∞å|
B¨†Ç„ùd„öÜ≈zïÁﬂÇ1«Í>XÍ¶n«ıY¬0® Æ4&îÅÌÃ∆¿Ãlà“Ïò∏*✦r…Ô˛¨
\D¿π1KåßEû”XÃ®Ÿ1ÔGBoG‹ŸÑ≈”íféﬁ-ÚÿXú”êv-¥öÄír¢Kdk'F¿ˇV©àN©àä´Hˇƒ±sñ¿mÂMA-2"¬Ò(¬uwÊÌ°>õÚ÷/˝,øV·0¡
ÿGå$£%l
õPÓ7∆O»%,Í√F✦7Bnj¨*(”xUßQ!•(ŒùppHò
Ø¶Çaßœ0ıïÅ≠'∞0=ìµéåÕ/,_˛nÔÓÏZq≠Èµ/Xç
méö¶-kˇ2X,Âv∫&kÔ':´õ©Ëqá∞øÏî±_<ä±Ø$Ò‘9ìÎr
Pû¿,,é%N-∂+ØùØ/ŸÙ˛Ôv¢".A≥§+Vﬁ¿O-§«'%©û:Ó'É‹„Vn˛4l%„gÄ'Rˇ xZÁ/%ˇ9ü £p'
∏rHOXìÙ-{êΩ/˜Uüò/éh±¨,Ö¨ˆl≠jôã2õ-63FF-ç:1ﬁjg±RØ°BÌ%ÌQÛ_πi≥ÙdÌúN˝Å>8+©8oªŸ‘ê
4¡Òê´Vo´A∂ô¬ƒ≥t¶”åÓ®Øú“˛-±n'X@õÅÅÅ¡h]M$À\€-±°Áö,É∆[2}E}©∆Ri≤'ÉÚ-ß-
j:ÊRËéZo¨¬*∑ÚHwjH«✦,WÇcvê¥M)û_˝'â=BŒ¥\✦Ï\≥âÇñ]+ìﬁjõÍ@Ωj1“
kåB[[œk[èÈPã≈ˇFÊÔhI§÷ûÖ xÄ T"ª·a∂R5#iSù±IìãY“äπYÔ¿<7Øöuè`ˆˆØYåÈ[ﬂ5Ã¿¡|
àÅt}"G}œ¡‘Àz¯∆ö∆ŒH¥')8RÏD˙ ao2¢™\(G '•§°£(x¥(XB(T¯•ùÎz!ıY_ßí4„'h∑
pG¨Ùr¶vcï/´˙Ï\sfÓ≈JÿVÿñh÷XCmÙ"´ì¥qÁP∑5ì).IÙÏﬂëÿ>∑ï[qg≠D72çI§uKµmG vÉâY“ñá5õ
ŸÒ
Œ'VEFÆ˛n±Qrˇ´ ˜h¡h‡A!‡∏((ç¬y,BÀ¬*Ä%-‡å3dh„CC.≈ZÙ°ò'ÀÜl-âúHvÕG
£Ç,å/*ﬂ#Ös˄áÉz®cG3¡@rá%ÕägwØ˜≈ÕíåLÉ¯¥Ñ≠∫Ë≠∂VêKØ3èÖoK/5ì){K>ôénD,r/ıT§û}≥
`8€8œ.3¥G{ç„°pˇ‡ly·∞"˝˙ÄtF ®YÎ3>è%% w˙!h¡tÅ"°-#°ã-˚!∏XÍ)¯§üeø'ˆ
C8˛*+I∞&Cˆ,-ò(CxÈJç;Z∏%\∏ÑåÚ…ZËÉ·Ü:ˇƒ NÃ∆
ÂàV´∂ÕÆÍ^≥˝ÒÍ»xI‘∫TÓ,≠[≥ﬁFm¥A[åRÔØ≤˝>…êsßé&≠“"…ùÈ,.>˜sÛ!ç-ò3)µ◊ÿ“ÁÙ'*Ãñ+ÀPÖ
ÿ1¿Åª-ñ9#
`ÖxΩˆÎÙ˙°»Å&tÇ'ê)tBﬂ∏|ê t-F18Óœø•CÛª5FÙ&3¨&/d˛-~9&<§ÿ<Z∏;V∏;fgK°,ˇ∂ß~8
HÇÂ¬Iá_O†ê≤\=»g∑äØÍâÍ¨1"™Î‘∏ÎÄTÓ"Xú€∞ó]ÏõØˇòÍ|∞À˛ùÕ°´ıW°†@Ò°sg-
ˇ*1œ÷ÿÒC;"W{U¡
4ˇaÒ'≥Ÿ·à7:-/ygÔyS-ˇµ5üp¡"ƒ{êˇ{¥á{07-Ï>Ω7œeaÛ;jT£cSn~jr-…âl˛i¥@-¢Öä ™Mä
J·BKCYzJí%I%U™tq#∆å=bD$I
ì@ê‡ÇÉÂç<v†8qÇ√ 73h-È œ?ç- ¬á¢<˝‡·C"&>t¯êBj
)l%-ëD+◊≠9∏Ü'Ad¨ωZsê'™G/∂gªÇMíÑ»\,I∞‹Ω;óÆé&L˛
Ï0·016±bÒb+tDñ°bGˇeEåd6¬„∆;N¯8Qπ≤%;í(I˝EIÎπ_∞¿é˝6l°YÙ÷
%B62.ä:≈vÏò∞YΔèÕöeäπ)O¶@[U0\¥ê·≤éK;Æ_‹πoˇW±Î¿h°◊ûû÷ıÔﬂ≠õ/vã<≠[ˆi±ZÖ0!ˇQ®Â°™
Häldfé>bê£ãë§ë#ÑàW¬·Üñ8"NôX-Ißú2¿ É†Xl¿Éñä@*úáÍ)ß†Í†É´T¯ ´l✦™Ø$∂˙äH≤°:À,Øàx
´-≥ûLk´ Â“/+wk∞åØ˙@Ø∆tØ°Ã…{Ãˇv(¢&2ªl “v†Ãv¿3 ‘TSbØ/VK-/h´
?å¿B7!ï-BMlÊôiäöÜòbà˙ebàQnñUVôÅóbœÎN°Ìàcó˙¿k'‘Ó÷„ÆΩ˚hΩéVZBe?V:®Ñj(¢à¥(îF.≤Ÿ
l-#d'ƒ®Y¬!ñ8É·%Œ@ëô60qÖ3¯ É¶äB∑F◊ÕÒ©´û-* ∞÷Z+2µ†%™^¥ÃÇ“…(Ì•ã/ΩÚ¬kÆ¥˚K
aØÏÉ3Õ\¡»“îL6wX3ÃHÉ…3åÛ<mÆ>ìò,ã)˙<‘-B≠ÃkØπÍãå7‹ÄEòiˇ®y&Ábû¡
¥òüÅ¶n‘Í“ª.óX'kœUÎXmœ°ˆÿK=`na/V˙ËÀo¯˜ÎUîÉÇ≠Ñ°P*±»ÿFé}Ìeõ
)§ë"î0Z3ƒ°Öj9„ÏÜQh·Üõ6W¡_H-Åü2à±©§öí™F®öÇ™«ìó+*ç¥˜¨$1?2I˜ù\r-ò
÷7∫ÜhK·øædΩ·øl03vl∞¯±/#[sV†lá5Åﬂ á=ˇ90/≤Ä≠5Bg£-∂ñãü
+cGG©Öù)•ÜgRÅıˋäY•:Î≤√ÂhZrA_°Y'œ˝W¡K:Ϊ¶∆k˙ˆeïP™%Îˇ˛G∂)ˇÎX†hÑ≤@Åä∏çÅ“∫H¥x!
ïÅ'-Ú∂7Ω}Ë`¡∏∆ı%qHQWT“µÆŸhG=RÅ ≤RªzıK-ÙZéT∏Ã-¢+À¿ÆdõÉÂ`u[ÇäÎ&13…Ó
¥;ìd^p'4ıN2!C
jàD2%‡fPJT°XV∫+,5ßYÇÊãaËLg‘p#4~÷≥ü
mhŸ…Œ-éñÙ§U‡aU"Bã˜¥ÁP['u9ü˚pÌŸèAœF6≤åB!b£àEà¨ÎXÍdE¢¨FD+Zˇêh@É¨≤w√÷p∞ôœÒÉ‹˙
5-ªd†\ˇ%ÑQT~…6•G(fè`h/ﬁ‡ä_˛™!Xä$}˝Î-?Ã]\V∞ªëK\
Ã7øˇ%‘ŒL˝ö9m✦≠ò©âÌåÃÔH∆◊4è6…î¡ÿ<m,•.sâLj¿✦([Lfç‘Ä„œ¿8'Ifl˚¨É>Å\ß|àTöxñ&+Óîä≈
∞œ/ËÛù@Çä§∫
≈, ¬ø±°¢íc3[Ç“6 NZdîíñ(?1JhŸ§îPWπ \ÀÇGê•ﬂpp✦`&'X¡B®Å^:EÊ0˜«Ÿ(ÔRêúå√ÕçıÜD
¢◊êîÙ/íE7u!òüÊ2Ñn.ÏàF˛ˇ“
¥íN…ò)Øg Å:u-DvJF ¶)YÙÓR®%•Å6^ƒÁFË!©åZ0D+éA-ûièﬁÎﬁ¯*êÌË1}•5d´ûvß…
>ÆÓÛZ˚Ñ≥®-Dˆ«T¯O!ïÖÿî¿Æmì»Í%≤l∫Sù6r. ˛0!UÆ“Z1‡¡µh…É&,UC¥Ñ

%∑:∏ßˆéó®ÎπR®¬≠:eG-4&`≤rV∏¯À_I:Î˜EM“•ü•€'â¯M´X%aÅˇÀÀπWø“Nù˘},≈\£Ñ)dA5'C^Ú-
Ä<≈>ñ6ëï
¡Ï22%,¡äàEf+ÖPRçè:/…#¨˘\âäöŸQï´\U5•“;µ(~Hj€Y†•)e)Cƒ∆€ìA4ê$Üe EZ5âÑ-S?D∑ß
”
j+≠Ö∑#lHÃ˙†SuÚÇQı°L\,j¥UwAŒRqa2u®Ø≤∞Uáˆ2R4°ŸL∞äns ͣπR^‡äÖ®†öW1"√ }&<Ifbë…
^≥"È&jÂb©‘•2Öª$o6YHÉ=Ω((ØÜ-6ìß¿@M<å†óö„äøWùªò°Ò√£D5Í*7-UË $‘d{ÏŸ¢
,∂˙cEJ% <ñ˙ØlñǁÑììïÌn€¶√≠≤<FÈáûfyBA]%Z˘fÉE≈‡
ö˙ÇfiçU˝Ääfiπ∂Àò8≤Q•©π~)3_–%≥|’˙§∞¥’.-∞U*qp¸EbÓÑLœ‘Nr˙ïb√´•ÑEm≤Á≠ö±fM°Ÿ}o#>£!
<qùç„ÀuØÀq4Ó4¥;™∂˙Y™Va¥=∆¸±}âçV%S°∏Ö”Oƒê"˘áíÍ≠∞X6PπRNÓ∑ô;nD¸aÏÄØ7uÔ¶Ó§6·G˘~
–π7!%</AgfÎÊ6˘Äº˙˚˚œ#Áfw"hœÄ&ù4∑pœ}-ô~Rì∆¬ïEÂPD(A
∏qàXLª4ß+ˆΩ˘IÙN|jíÍêc¡d…["=MœjÁ
/™Òtkv¿8Ãgn$’˜ÄÔûÁ<≈Oï¨L˙-ã˙ëjà$èyÆHÔ|4˙∂
dA¢û}h˘ñ"î‘àFí•ı“î¶€Êzr%$JdçdîY˙¥º ï®8hÇ•ÔìîD
˙ÔÇ∆¿ ËnéÄ ò†w
ß)
ﬁ„]V qP1‡ÀG‡ÀñÈÙ¸…¨¢gH•KœBÜﬁ"”ê$-&o≤J ¿6œ–úŒÑb(&∞"CÙ^Äâ6Óüñg¬≤7`O√deVf
%ZÕ"Hc ñÄ ÊÄd!{ÄÅÄ°ÊÄojP≈°¨#¢Ä˘MV"J∆ «`¨Á≤•Ë¢èW^c»ÙG•∂œÍ Fl%!Œ-
6€("vä œ<&ÑÀ∆ÆÄ
f~Äù¢
∆`Ë`…†» Ȇ˝¿
<ƒ@¬4úÍ%mû"•*Cb|ƒb'”Üƒ¨ØØö¢…G-È•-OtË,<JåË
¢ÏÖ.O1Ë õ„“bP¡•™,6Ü.∆„L¶ı∂»ı.,ôqãRÕyü- ñ`ƒê!≤«††·{ò·{“£: «¯rU‘ßËê≠}.ı|ÏÁ≤Ÿ
BW/älX
%∑ÿê!2b
€•
5˘ ˝ñäuJÿè ≈Ó∏¨Ä@!“$®`»¿Ù¿Í†Ò"˙†Í #3íÚ ëÌå‡o@„ñÊM7%’§wCb,F7•e6p&˘õI_-
ÜÄø¢g7∏I1¨¢cGûÇ1•J1f0ﬁ≈0.∞&ÌüÊb
@-íÄ*%NŒd∂à5DÓ√≤…e¸…µçb·R~Å ôrM;/ßêÿQ “Gi%Ú|Œfpl
€QŸÏc?¯RáLs/≥X¥MZ¢àøÆÎjjπSßR
z
§)≤ˆ¿2!ÍÄ*í3#ÅÍ ·HÛ<≤ƒ˘†Ìå™\¢2V†pPr!„sßì`x`R5drQëÕ*-Ì^x2KMQö%P,Ü»§LcWÄ,»Ù$
„6£r.(àı¨RP≤†ı(Ã%ƒ2µƒ≥`Ãﬁ`4°≤ß‡®´â&¢Tã.ç∆sÆhúO=™ÜUÚ2˙^ã/kã»s!rã˙•q
ç≈Å»Ø¶>ArJ ´, ≤1óã®C#≤,ì¸¿!DCî!B‘D#!<!EGÛ˙¿
ƒ@ƒ@Fª ¬@ä¿5wg”dM¶`Mv@*mÔ'\cPnod<ç&Y1s$c∆Ç≠ÿÍ•|˘RÆÃ^(9√9?0ﬁ":Œâ$C.k*±3‘™ÚL©
rãéqP∏HYè<±ÄO¿¿Q<Äé·,*>
/#™~º£¥àM=ˆH¥îÊ}Ór«4*?ï ˆGüÓ/â@
á/¶ñEßº≠B31◊OB‡¶˝t*C#" ÄC=¥D"`DsîL°LÙD¡j°Vk¡L”>Ä¡
 qå GAcfizÙb~gOZC¬J¶HÀËPeY•’ˆ¥à7Ÿj_ñdQvrQ/
H`» Œ–¬52òÛÛáÚ“fÁ5ù(ØàDı∆t‘ãı>çMio+øS´26DÕâ¥˘ÄÊ`:¡,”r°ûP>€q«fj“G∆tÓ¯VÎ¥Ï@ïç
klKÍ
t˚,i
ØÏ@%•ZÑKB'tßÿZ¸†NN∂˙ÄC9t>4DSvî »Sn!hî£D9“EKÛ $Qò†Â"É6ãÁ4Ñ‘ã¥“äb√iS„P¸$û¢«∞4
•+˙Â¨Æ©IÜø|r-J@¡uøuïh¡Ç–ØD1kkß.<5%¢ñˆﬁMÁ’c#y∏ÛMMFä–Q
Å4Ø«=«g
uçOfÜ=hÿ/G?O%~∆CV†fÈ$˜ë§@$5•Íë˙*µRüÏì(dS1C∑B-î1-˘sT∂dÚ(i"ÙgrV°‡à ·Jî
p73q∑4q¥hÒ%ù:Õ:%à5LüûlZYcYYZ˘ƒjì4”*[%o8ÊZ√÷^H±Bl≈÷\}„6
”í H,•áä*'ÏL…t^?Ì.ûQ%ƒ”d%∂Âtoa¡,qM-µ„{ÿ“ê V˘b•
á.S•>dkÈ,Öë¥/v"zÎ@ Ê/Ää"fJπt™f-Tnl™d TFxÑQVDëK@$Åí¸ÚuÈ£ê!Ü´£h|f°@°9hïHzµ
%@XÁ$MÚ$wå±;-åë◊JZmH£«ââ˘I∏u8
≠.∂5KÄ$Ül {ì)”b¨j'ùjêÜäÑ≠@ç»î*C˝dÊV‘ÿ∏xùë–hè–P˜å<˙ÀD°œ«<∆ß«¶•p[%˘=*™PWXQπF/
◊bS u'íí!,lû,Yt9uBÂÊ HóÑõ+e£´¶*ÇíPY˘v;*<äÜõ!ö¡h∏dA<Âjï:°4}8å`
Ä‘4rÁˆ¶“dhô≥≥ã•ôïzvì/∆j·¯k+∏V7"Ô8˘D≥◊âw®≥_dËüD±|Õn◊ù_∆ÇWœ±,å;ÎUj
-QÅ<°<+>√˘Q-«áq√C.%ë¨ÉÄ#™jf≈¢xr!π ÍÇ)˘!|´;˜Ä.,ì¿éìIWÉ?ZΔnî0xÖQïÒcÁb∏°êAñì!
¢!¨¡¢¡•WZ•Uƒ†ÄÜ°¡ç®ÅjµEQé`
(c6m3%úQ√êühœHß∂óóƒ©kè©˙JuÚzß:KÃ¬EIÇƒöa&k":q3*Ô"%®R}«à“¯LÂU¬PÜıN∆±¶ï e
°@aS~Ø;JÖ>∏˘˙ËŒQŸVöWx•k.∑»Pj±-a(π∑ñA0¬s/b∏<:ï˝
2tE9fAD BQ_ã<b˘∏∆b•Q:¶SZ•iyµez`[öA¥!gtWÅ‡†+£âÜ«T‘äw¬∂2©ô˙∏ö™ö9n°UJØŸ-dq·öÑÇ

%‡Ã˜L˘b
t@*AÌ∑≠ìç•íı–˘¨Ÿóå'¯*ﬂ4yq√ù´ëµ‡Ê‡oÔ9S O'*j/qq˘,Q
%äËî&∂5W,∞"õáÖ˚.¯í0Y.π6πtMîøÑ√MeO¯du†y≠§*Ä!D|ƒE<¶ïÅµ≠°∂A¶iZ∂iZ{Ñ¡x¯W„‡
¥@òMã∞%êX'ûπÅ<πÖ|jƒö/¶ò[.'œ'ÿò.Œ˘Xç>x◊∑<Aé°ô|¨±[}·U¬∏e¢µ5/˚
¸vècAàÅü·ø9
}Ïü·–¢jøWeV¥F¿˚;˚$B"Ï1@,•
»¶¶ 5ïπBW"ƒŒ¸òÎd?˚ÑE<D<√I¸§S/µY/V€•/=≈∑°¨a≈£a¥!¥A'EΩn':
°‡ÄhđP¬t@^˘DPòPÇ<◊Ö¸∏ùõ™˚ …"B`¶ç
£çµ≥;À7x<]ÕdQF*KÊ AmùÁ6MÉÆGÏ4EÍ´û˚¯è≠#Õœ£«‡¸-÷êiÊœq≈>ÙÉ©kÇ•é,˚"p@BØ˘8…$¢"6π
¢œÔÅ0iî2å1ÁYÙ¸¸¬˝Ñs·§!=$ù"E0}•E<ñ1>î¡•9œ<>≈≠¡B>∂¡–¥°b°zπw„`¥û@ |@_%ˆ
eđ˘•yx^6|¸xûÆ~"zá…ΩvÿÀö®"8·4î>o#ıfiŸ…/ü"∞"◊`‡÷0à˙Ÿπ<€Á§2¥¸÷ûka¿ù-
˘A§UêÀQa˘Z˙Ó˚«∞∆~naÈ˙±©nfi{k"ﬂ»X∞éi÷&S?V–u™π*T≥ÚÎ>ª£0ñí"#ù"%¸¥CTõ•Sƒ•7%´¡<˘œ
¢Å%aª%Ω·°¶°b¡ Å'Å8Ï Êã◊∏9Ï∏u}¯˝ƒP¢ÿzè<kÎ¬ÈÀö¨Eç¯>î*ü>ı"/–Ë¯"<ÕJ,'.–y»¡<åä •
@ËÄ¢chŸœ:Q†
ŸêóÈÓ¯ÚÓÔ|Ô˘√í˚|s)b#D°">ÄŒ∆•m (PR¡É6R(–"?ç ÚA¥Y.ã…*Vñåc≤é…
¢ÖiÕZ2k ¨UCπr• j–bz€¶
ƒs/†Q´Uã'!EÖ
…âsGò/S≤$˘≤ÙÀ%N°2"ÇÖ™'™XØ:≠ƒï*T,I¿ÇMB∂¨Ÿ≤D¬˘…BÑ∂h÷f…ÇEÓ\∂sflfI˙eÔ>πIìLÅ:eJ%d
kx/ñ≈S∞(L™%;î1fé":}<Õ˙ı´X±_¿R„˙ÕÎ0ZØ_„ÜŸlZ∏pÎŒΩ[w.<´n œj™[«QÕRé*'*Q®
¢CÖJT(Î°≤góä{•Ï¢$â≤T…R#K<œK2∏•¸BÙÎA ¸'–@Ü?4/Iø¿á!ÚG$!ÉÃG&s†G qƒëH
%ùƒí2-)ç51ESç7F≥
áÁxÉé6/L√ì'êTPèrYJH6ïS^IfcåKÖ„é6vUïTUïu˘ñZFƒ•%[q1˘ó[Y†ë∆_XÃ•ÑcS EU`{ñbG.Fcè
Å„çí
ÜŸZÑ!G!åê¬à)≥úV0®•Fkªõñ[nø/€oÄˆIÀ-¨¨í(+à*j\têRùq-A◊\s‡qßùvflYWû%°4™y†§«_{ôG-
™"ÑàB∞%D"Å.ª%¢+2ªdƒ+H ˚ëÖ'P
2))ì¨JÃZ≥ç≥÷ÑËMN≈LCå'ûtrx%ÅGQKÏ‡ÉIÏ•îR}}ëç\µk'U<juVb9ÊëbU˘W¸¶ÎTÍú≈îÎ"¯ÖÏpƒU
/hÿdI˘(Uò`à]v≈óe°Ê;l!ááØå'†cZi¿<å2.,∑<2-øıFÀÃ4œ¸ßn5œú(§ê7ã§¢<ääq'a◊vÂ
%}]xI√WÍzÎ-µ$•M
uAÎΩƒê÷Ï≠ä* ∂÷J†ÆµUÃÅ-l∞»Z("J-(s
JÃ∂Tí7-xcç78ëHÕflƒ•…!yÇG!plF∏7÷0Y…πçÓNœ'RAB>VΩêG6W_üß!çk®∆ƒ£Ó¬˜effâ=v±aâU|
ÿdàVòò]∂g>í"G$†ÃRg1∑òñ2m™πl3ÃΩ>Ãõ*9"¬äıπÌLÀ-<ÛÃ}-ïVW>u◊qÍ¶ﬂï◊]w•°Wu{TO
ø~í°˙j÷]√Ø˘Ä»≠…Ø®ë Î#ΩJV5í±¿∏°dn∆™õfiƒ¢çiEC-
ÄÜNä8OB[ÜÉÉ¬ìàUÖ._yóÂ<ƒßp•uÏäXò¬πz°+K"öRÎ"pƒÄLuc>¬FC•î b/
≤ü≈Wïﬁefõò@3≤,ôlwƒikÄ·ñ–è7?ªYÙpC=ö]o{ﬁ„ﬁ£Äv)Íl*;ﬂÅc("ûÎ$-
~¸â'™&âßÒÒ~ıª™°vêFÄÌ!zH.jÉ+z
VìA!ƒDn jñ>∂QçgaÉÑFN¸Va'[ùÄD!¥¿qŸ.2aòàd%¬ßDÖr*Ñ°¡/ÖØ∞hn/}Å
¿
ˆ/É≠´tKçîYÃàïI0aÃXr«ƒ€Q, % Lä‡¶<%Å"£ì…J£°;˘I6^,TÃ
Ö3Zîâ◊;„ˆ'ΩH5áh,õŒ-Ê*Úú<ÈÛ'J5¯%DèÄƒ_ µ¶øX"«˘®'D¸–≤\–∆@ª/ÖF?¬ Ö&'X LNíï§fn.-
[fiöë!Qbhî<e*Ò0¬:30ÓíúVndï–µé+òƒä/}Ió•
¥pô¸r ÈzòÃÉ9Euƒ¸Wd˘ÆîòßT,c÷°™xáòqqL3míC≤*÷ ãXÃb VCöóçë7pmÁıP±ΩƒŒµûCìTv
•œÈ∏1<Ë·'≠"œÅ¢GjzúlãDX"°P≥èdÎCY…§˘a–ÿp±H`Ï¬≥°ƒ»ØƒQÀBBÌ<Zf=´ìŒjÜ7öÒ…^–§∆4bë≠
C»ÅïKÄQ{T9y•+4bùruC™4")£SùR˘¯d"µ`¨3XñÄ);ƒ0ÖöÖ€™t∞líe´ÿT¬¥ánëï¨ƒ;ûiÊÀ÷s*Æ-
{û]kFWÎ'îû=ã–"C`ìœSñ∏®4Â)ˆ¡ÎÒœAk5¸Ÿè=.d◊?HÑVúeŸ.Z¶ë
\TWk„2LR¨∑ï§XtÉqK°·ím4C †5¥±„
ö2 4
fCÄYfñ-l!Ωtπ\ß:5ª;"úø¢ä'5•Î X¸!ïu%¶(ÂJ∏S"eSÆ√d"°: Ôé‡&E¸§à`ÑhFc,¬¶≥¡≥9YFõ/
,lz`¨+ı˙;¥ªŒ"çì≤ét.U)Nπèjw®§◊ÉûßEX± π"
H˚Uð≤ı£lá%ê˘πåe…¿g}ıŸ}%@"Q>v"ó°∏n–ämwl
/ %Ç'≠0Ñ%C˘$nÃ¡úaééªSy9
`@XúmÊ∂Î+Û!3´0Î¢Ó€Om¿"ì•ÛÊbº3LyœÃ;àóºLÿ@FVëëÃxÛùÔÚf√°[H/å3+„ˆpAWÇõçBK„*7'éÎ
„§"Y™±Ø}Ö¶°Fø˚uZ√^DC¬÷à˘Òaë"±FC˚´^ı W¡≤êi)Ÿb[≥V%1¡ÒÖt>ÎSp≥®E,4 0a,e±Âq≥≤%~
´{Ú¡ñeÊj€)•ÎaÈ÷`e5§¡ÎPïÓtµ#•†Kcj"◊∆ïÊwßócøÎÇ%•fiêÔdv¢Eg„o<ø,˘ù`¯]W¬OJçE„
ÒP<ö}MSfIÉ
*5¯86êëÕ|ÊµΔaÅà¸≤°'C"1 >‡,(◊Ë"ML¿å PX b‡±,F{ì`®µzKeÎ°ùÁ8ÉπÖF1é!ÙNG°]éö2KÁ:ü
FP¢'•Ô%™∑Ó(¶´2÷0∑5tﬂÎÎ∑.ç|
&r˘weFÛ"¨ˆÛÓZÉ7ÀZEì#≠Ù5g[_„o"∆¨âsUW(ÄwïF<cî2>ûíOvq(qÓÛhxT5f5öði

YÉta÷?%á¶vjπÇ+&∂rë {ı1∑wµß!˘1qc296c/-$ƒ'wÄ|¡e1Nqπ§9Xu'˜t"Á"ñ]P¶`00«40‹Üu<÷
}S◊C>'Ö0Ñ%˜2äA‰,Îóf‰5^ó±F wá@áë@'˘Ü<≈†wÃ£g≠x˘¶33"_8h¸ux®Fó¢xãf`û¢Ò√>«0g
Ó"PëEaöa∑PˆÒ*"á6+àdz™pz™Fb°¢Q.ß≤¶¡†$¿!!a!bãµ◊,Öc!ë!=g[-¿É'•ƒp§- àc¡u1ÕáKKÊC
M%}j mN®KK`L}U[˜Kï˘ﬂ«m ¥m≈î‰∞t`-DhñivÜÏ∑Üm,^†gVîo(cNx∂˘°q~FW¸¯á"ÿèÖß(xxy≈Ä
¢∞ EÉê/±`ë¯`UÛhè∂xÅf5ûΔa†∑ÅµBj¡•ÿ2Ib≥Q@ø¬6%(âí∂w!≤g"≥ñí∫¶c∫òÕê2≈pJ*ZPL
`G≈|ŒÖJò\Q˜0Xm‹huNÒ·ΔCPπT¶√C•3mm-dG9:0ê%H^∂ÉMÔV^h∏é•n•MdåÄ≥@©azwáß°∞·˝ó=hp˘
àF®†
ê,óê¬
-±3›≥pãvò˘ÿÅË≥éxG˜h•,yTëŸqöòyÆÇ?˝"â"ÁÇë¿∑•
∑í¶à+#f©h@¡Ä êƒQ¿`¥òs-)É0Ò6o"ã5XªßäÅ«»ƒ€Z`óaKB©9PÁt≠cïH©G·úG°î4Ç|ŸGLQyL„ú0xî
„îQaKcàUkáMcÈ+†+êû•x@V†Qu gïE˙¶áÃ√g°!0¸≈ó¸8êj0ﬁ"W'Q ¢`†ù≤)Å?
ÊGîÜP÷qñ95ùÜyúF°!ä†Ëau¿
∏Pä0pöß®j§'+b •5ã6áÉ2˜Ç.äZ,·Ç˘nÉ!xì¿p ÕÄ≈t>·b-0îSê%VAuHy§Wπî'6mJ∫îÀ'çN C‹mT
j}42Ñ0 ÖSÖ°Dá!.Ê9ñÍ˘+@¶:¿Z--tèëÄ†Ä
zñ<r©w∏pè}◊¸g=ä≤ó¸Hhò 3Aìà'°òo4Gáy»†ï÷G˙AôFëjaä°∂°íÂu@Í°¸Δ2!Í2#ñ[Ùjj„j8ÿã
+iã${≈¢™Çc÷p¢Ç,5â¶‰ä‡KyçP¡|êìUíT…µ§'»§ÿ«ç˝3ù…/ÖﬁaÖ'Xmÿ◊¨4"@πDÁÖ‰ÖÜ˘g∏ûd∫û:•
Òád'√#*…ì<¯áììüü¥ÄÖ∑ó¢¿óÅZØZ4ÉEGä>Åı/®«†7∞ófëîÍq∑ôí'yä"ËP@=™‡°™•ë™êz"ñä
°Q≠˘rî 0âîµ7≤'k/)k«Új
¬R«≤£†`
ë¿Δˆ?yd@"0ŸˆîXÊu¨sïj`ï"eﬁÿç\∏\@[mPÜ}?
iU_∞ï011scÈ≠ezeöd∫L`ñqHEΔCNY''å'2˝ßèƒƒ=hDØﬁ®∫ -·∂ï >nD>ˆ
¥4ùb†õÇê&∞äXıÅy∏ı#∏öX°˘ Ââı·" } 8†
•Yöáb±bπb6Ωr6/◊ö¨f@2/™"+R≠*∫46í´6ô£œâ'≥•≤ëä@ú'™û£KP~ÎÇ¨«™¨J%]•≥î'ËÑAkîP∂…
˜02f`≤U/zÜ;•ﬂÆ∞ûZ´ráu`Æà`<„î<u˘©~œ∫Å(Ö◊ßgØﬁ„∂-∑ê∑à>y‰!,G∑éh5àïÅzP˜¡5ÆÚqÅ'?
Ë{ °I@¿¨-¿
å¨P±ï[π∫bbe√r/ó-Ë±t¢!õ™π)R'∫¢Õp∫7y˘≤` ¬pÅ`L
\˘_pç42D;ÑRÇeÎBçª;°Nıª MÂd‹â§-:]ÑQvcVÜevÜhË-ªûfizZ€b@#c
nz¡Åá»Û2¯x3f;àiãœê,∂d¸∂
äêtt`·G˜ΔMÉøJPf∏òÁ5ıú∏ÅTYÅ õä ±€3±ÓTöï[äπZ'H¨ …<¬r,%<∫îD≤2g∫ßK-©ª{¬∑
¬† ´4ÑP!√Œ9ﬂÜeG±√B\u> ƒNï§L°…*Ö·©YZ^R
€~`Èn·∫&@µYªb•û˘v<ø‡Êƒ·{j≠q(◊c∂Üòp<£œ˘/<†Î[†°‡∂˘Õo$
ãXè(q·ëŒà˙h'?öóâ¯?˘j{œˆÛ±|∞åêΩN ò}ª».≥H*ZúÖL…ñ¨ "·¡¶≤» ¬-j ‰ú-∞ΔR∂
«¿Ö¿/°ÜﬂeUWRn3¬/TX]9uª+ùG/≥'("Rg0Q»¥√vÌ»1a:^-˚≠•'pF•ûT\<uÍo‡€≈∏AÆ!Wzä
ã"3ñ®õpê®†œä®tT ^}†ô0gLø>ëŒÙX˘JièV°|œÛà¡«ä˝#ä{0üõ/(‡ÇÈóÄI=ù∫»πbQ˘@Ö ï|6(:¬)
ã¥áZqã∞(∫8
œyŸÕ•∂∞r/l"F#}±€≈ÑSbeœJÀ"(ƒ¥°ÑL/úﬁy•_"•É°Í(ñ∂=µd˙XªA}K-ê- sh uí0
Õ2]‰2‡ã˙(0Xàà9êÍ;Δ'Òoõ›'˚öòÚ+øX Ù{Góv∏î∫Å˘"5ı"?à‰å‡ôûŸc@»∞∂Ç˘°K¡™vâî+%Zgì≠I
´
Ç-¥Z´B∫
R
]¬"°∫µ˙$[‡ìü≠^hgZÚ/ÎbÖ9õ¨"Zç4"ùX˘Ñ'áùWf"n˘b™ƒh¯:`≈'+∞fdÂ ¶P<¸ΔE"ÃH}X
∂3CœÁ`"]Δel)‡ú>®-'p'‰,÷hlŒg÷Èå÷vXÀøµaó˙ÂÄ+ru=ä"ä}‡(|=-˘È°®•°ä°zû@ìå~6
m‡ä]´ Ç,
»B{†Ïÿ^¬-:ë-x∞Z†åK•Ë∂D ˚^0VC#°"yî…ÍúÀ%é·yhñfÍ(¶+êßNÄÄµ"{]- ûP;û≈x*∂-„'
∏q3-=0†'ù'YΩØNéêW≠Δ_›)g\>gçŒg]
&qëá°•¨â¿ÖdY˘÷ﬁÔ˝ôÒÕd•!††›Í[±Ó‰<"<ÿµëÿ*{ n@∞VŸãù≤T-Äã≈-ò}ì)S çn»Y:fQkÑ|QLOq
P-¨ÿ◊ù`pï-Ê≥ŒÈd„˜.ﬂeÔ&¶cô6•≈L„‡ê∞fI
≈ÉE˙à<ê4∂,cQ{∏áá2‰ÉóF}ïÕ˘ÏÖ
ÂN¸Û˚∫ J`ù¬ÏV.éòøi›j∞˚ì?"∑5Ï- àœ¯ﬂàPe-¿jŒÛ˘>ó¸U-ßÊﬂ1…ﬁö^‡ñLÔÄÓQÌÁﬁ@Ñœ
¢ò°≤8Il√…ËO•V≈;·•˘eó%MÈ[Í2¨ c«ªSÒ≥Ã.WaÑfë€cYíh∏6pÍ4Ú•Îyap±N≈·Ω˜àr."V^Ï_ÒƒÎá
àÛ÷
Œ¡ÆΔ\›,=G^ù˚íê˚êG>À^÷À>5UûXÔ|ô˘€ÅôΔvLjÅı"H@-j~ﬂŸ]›Çf3<í¿`Q|N‡po… ~…
ãm!Ån¸(Î¡é≠ã∫¶AƒAƒv
àsÙ˘|»W•d¶UìÒN_œ<…2E‡AÑ`"dÿ!ñ/ìƒ¢DIåI|`'--£«&t°0A"DÜ
+4ÏË,©÷,b≈ä>vã.`∏tÓ‹yìñMZ¨Ç"ä
'*£≤PÖZ%
ïR£®ú:>d4™J°BeÕ™'´WKa‰åµT…"÷P¢Dôeki¨$QpCç

'»Ì]IoÛ"íƒ7Ôflœ{%5"<xp£√Ñ!,Î†«~Iûièî!$,pÄjì™®QUÅˆySgN\»t"€ÖÃu≤
\»íõÌZˆk◊Õd'C¶,/ÎdøïUKFŸÔ„»t7c
X1b≥z≈:UHNú;ÿÔ¥Ûdâ7fTb-°¿'S
f˘¢œ|%ÏŒ?®!{àˆ#/øò§˘î¯h@rx¡Ü>0¡Ñ^X·Ñƒ•%òYäYe¶õn¡EC\F˘„È'oäñUXYÖñ-RT-
®J∞ZjìP`të´≠,πƒ≠πÊ2ÎFIÊr´í∏ÃÍ1Ø≤ "À«!uÑKíJ$˘$ØO*i,0«[,1œCÑ∞«Î2»˛hƒè=·ë:¢à°$
ê¿3œT©
4£hQÖ(ü8D-'◊vâ-fip„mPÂlK&8‡ê©FQD}ª-ôf m&h†°∫cji%ïBy%é;ı0¿(o
6ÚaáU7ö,'S∫®°˜ìò¬"˚ñ†!˚&ø/&¬¢`ø∞(£é$•ÖëFZ¡ÑgQz!Év¿S`í…¶[l*Ê&Vp±S
\ü@Q(°åBj›©§íJ-µñ¬
-≠≤∫≠{C Î+$q'Ø∑vk,∂Ù
ÿ`¿´20ƒ√R10 s≤…»úåè2ΩË°7›‹%c8´BÖNTÏ$J\
9<Õœ◊hsôP<l˚çP·|SÜ-õ˝çπf*ÖéòZLi•êADΩcPÌ U S5Rv¬"ËTZß∞5#˘2∫5kã∞V Ø
+6âaá
÷Îà(h¢˘tP^£:bV§lpÖN‡èH*åi[\~IYßp{"p(°J\74ß'U∑qw◊Zä++G´≠ìL1Ä=ò‡!„
≤»ø¶§ÚÙ≈∏ÏÎJâ«ÏR2ÿ)&"èH˛˘‡√2Ä°c>π*ëAª3Oî≈Em`r¡%6òiãŸ∂DÖ;é∑j]t-HõÉF¶Lk!
ÖìBîD˛;‡xDäÓ¿"àUèX'»'≠±˛£˘!≤_ÿbÖ≈z"≤Â«(ÿ˘π-@yIò5h%o+`AÒíK≠Be
‰¬SπLÉ'<çE¨8Jhö,.£ƒÀ)˛,◊YÙuB~eÂ-H™ÀëÚ2ó!˝≈GBÿÁ‹Çò'
&0TRLâ1&LÆÉùdŒT1DÏÅTÇf:<fl¡…(§…-Äaö"%Bã»-bmÇq≥€@¿ÿ
°x3úFQíÍô•àë)Rx,ò"˘êÏ,
•Rï≤|•P@Å¥'F‹FûdÌØ˘˝Ÿ°∆HEBí~ä ôu…>k
∫Å≤UàK}ã&ƒ„P∏2Ùt•d&Í`%/¬´â-+4ÎëÂTò£≥hÆ.ªÏbÍÇ£F•Ú/?
ìñî∞N…/ßkπ$¶ÿ˘abgÚÉÌíà±:@!NtS%°Ÿ¢M@nä®WûΠ≈ìúÏ"5Ä˙l∏C 57£°ƒ8ΩÏY™¬F+Nqä:÷-ÉpD
A««0|áU;®Cw•%Ï˘j˛ P÷ˆWQ\·*í…®EguQ∑çßí…Ú≥†µie`b
Ö∂jÚ˘ûÚÉ@ëMŒu"BéN˘‡TDA/≠ò•Ñ&ÃeÊ/B$§JΩXWLŒ
3©CLÈíI%@H"´@%* §Èá?L∆uï©&#`wD>ê°1‡@«$‡Õµ@-)tBQ9…u8úË%OÌDF0\Cy ûÆYTèç@!v9…
∏-bãTp"†5Ë@€¿ù/|ßU'Ç/Cu‡ŸTH@m÷*Z/Cb'm9$yˆ◊÷*@I»mt[èîd+•fi®uÉ<'B&JπvbJ°
Ö[4äê"∏MÏÙï>ÕJQπR¥ÙË^KEëö4∞¶fóœÑ™R
3K˘4Ã°Uµî™Ùfi°8s´@ÑÊò¢ ;≥1âí)CÓvÁ÷o)ú"ç∏î{ŒÂUäÊbÉu(@˘ıOΩôg<ì°¡NœP?ÛD,:q
…
t†ïµB-≤-fiÓˆ§:ÄZG$:@èƒví¢˝¨E#È,C≤ˆ£ÈH‹íƒâƒA:8¡¥VÜñn¶ƒÖ)ÀY<°dq$,‡N£
+ãËF∑]S©WPQ¯Â}µÖ-,éñ*√®¬p,ÂÌ¿™jU≠Ú%´^ jÎ†ÈUØVâ2∑£üo«á:HÅsSõ°)Do¢E°°"ûz0Å
`ËA\∞ŒΩœ"¡≤Å'`˝Í◊z*˘gë≤
0û3äXx¢Êƒ#(!bõ<J‡-g=˚Pœ
Ë° ≤˛#-œVê4&vk±6"/÷vY#¡% T°Ç‡œÿ÷/WÆ;9DSérTê"+cÀ=}Wu/W£•€F›Û]ö%9Ú˛≤óÉ
Ôy'ªTıFôWW%ˆâA≥ö≤Î3∆â®D%z€tÎ[+!Ev∏úR¨iPÔtÄu»√ı8Ä/-Â1xãéÕß?›◊\(„"*g˘ïë3Ÿê-'≥
0Ö'- HÇ#Æ¨AK¨ê'Ä'U,Œd≥›{ty«/›:i8/2Í∫Æ1Æq|Iπ1ªÄ[˘/‡nâ°[ΩÇ
€˙÷Ü¿î*oπDäàÇÇ=Nõw°"'ïzùEÔ^fi˙Yfú9Ô)GP•*í#Ôz3uΩnqÅúD√p¨'ú<"˛pV˝/n¥€C®•É8q>¨ƒ
L?"ß^".ò@Í[o"s\"†@Í) â\à¢ˆín¨ÈQØzIW°ØÙ|yÒï(Sflûàƒ!rfijWÛú≤é¯π©,"[Ü.∞#-
^∫∞Jc^G=ÈQ'-âÉ¨6ù ' `GJ≤ı?:h∑`I$˛fmQ6qÄä2∫-µ.VÍ†-ªªwôäÆ87uªZ°Ç©°ªà™*ØΛ™ˆ^R/
D&~ì≥«kùÄØ≤/k8É„≥¬åÒ)àÅˇrìðÚ¶ÄΩêáv†á|`<Ä?†wÄΩ|®¡4=§áw†á?†Ä\Å+òáx»!àyÄ!
à¡Ãá)úìSπfixπ>p
ú(S®ÉC8ÑB(ÑGàœÈÎ9Ã
∫•:°¡∫P∫•k´k™´C√1]≥∫[ìõ"3Æ3hAê6Ññ›¢ñ•§ò¯ô%*ôëŸ6õ"äA
˙6∆πª∆·2°3/óΩC°%…úÚÆú@¬c™®Z™_*∑¿∑ÛR«Àí≠
∏À"≥Á´¶H∏ù/Ÿ<3Q˘¢:-ÜìÄð"Ω<Ä{ Å»dÑΩxpÅ ¿áÿãÂê=|∞¥x8Ä\8xCx∏Ç0x8|@∆|@=ÿÜìs9
£ÁXÖÊ√BàÉ2tJ(®IpÑ|,®Í√\€≠!€7<∫küÉCÇÑ\∂≠kÅñ∫Å»¯€-
ÄêCÆP¢FDúlcªFD¿zÆÑxôó.".YI{Ôª¿+œ©7ß¶R˛ã7ª°©:Ö˘í~ìÄ∏À£°€A2πÑ
€É2•(hÅaFatAŸÉ¡®<zB"´J™¥ bÑΩl%∏/É=nÑ=©â∆ÿ†'€»˘
‰∞ }âÑ>(ÑOHö3‹«}˛9c:èhC¬∫£€√7<»Ñ˛Àè•,fπ5À∫"˚C®…Å∞Ag-Årê¿8OòjSƒ≤3;z2≈
qª≈Ò†Az°˚©µ*OÏDól∑ÔJ*+IØ°83¬∏°Ü¡∑lò€4∆x°.È™÷Ø´I°,8?0´k≤@S∏
`A+=Ÿ{ŒhÑph‹ ´4ΩctÅqtm¨Ådîp°ÇqÑŒ‹¢uÙ´fi‡
\häO•Ñ>P9∏-∞;HG∞OGÑ˚tÑÀ≤Ö8±é`?îz?Ωt»RH£k»møK:-bP-Å≠+ YêgÅHHâ»Ä
ËSàâD\ *
nA•£¯Ã≈˘L«Ò©°µÿäü"ä$I@Ï∫ëi7d¢…ÿD≥RîÕ√XØ-åfö≥àìØ*" ?3¡¢<J§$hJÊlíí°NÎÑzhá{∞R
¨ÑA{Äáy``á ∏yê&t¬x∞Ç*-∆™î3
£@óU∞P(:¿É0∞-X0∞œD'˚T;•"†ã(eP°\P¨k±Z»â=\∂ÑÏÀí* »Ä'$∆¥∫qLs∂`ò†∂E,%L%«˘ÃY∏ƒL,
@ªc-Ç)°°≠àQ,3ÑiØ3Î%ÚR/`ÖM`µí/ÈI("=õàÀ[÷$Âg5JÙ≈Œ+É_$∂j8"£

ò4mùo>÷ÿÖ Å™%Vm=◊Ø4=
òpÅfiÎ="#s=◊†Äœä"õ˘¢CëK87Ù)0A'DXÉ@]É5¿,caˆsÆõXìrñÅ%:äuHÒC?t-0çıÿ(®õuL«Ñ»; åå
À\DÊ
í†nIú[I«¿-°"°'¥8@Í≤¥/çãbäØ&¶Ø˜™!!"0yåfl´1πZ´≠&gµù¢4A@£÷§§‡&∑˙N≥=€?0[xx†áK8Ä1
sëπ´RCbVPº5
ºù≤éÙê; ‹XïSàÑ#∏&¯´ôÇ4XÉ4HÉ,x<∆=àÙ`2…ƒ\ YêPìXíêP"- >í -ë%Y"M]*]÷%ŸŒïLŒ
-0>ÕµË1(ƒ∏»YP∞ÑÓbíÖ:M§äã --!}£Zà " Ä¶∞+eeÄ√≥Ø
ì$•<3·É?»≈?¯339_Æ}V%Ã≈≠}Vå9É2H ˘≠fl`ı´µ_˝ù_+ .ı_`*†2ê()ÌòX`^``Å'ãÅê -‡ÇŸa
·a)a)8·∆¶Åhpð?*å∞Å!ÿafia"¯a"∞Å0]‹›\∏@,∏Ä#ˆÿ\&>,(6,#Nb)^b&û,%ˆÄ$∆b*Üb,Fbc
%ðÄ8cHc3Ó5hÄ¯@Ç&®c'pÇv·†¿>ñd>¸cÊ„8dDNdEé‡CÜ`HêdKnJnÅÆ%-
dOÅPeReQeT>ÅR^eSFÂTÜdXòHn+Õ-H´$]ÆHÉ¥†Å
Å`ñYÊÄb.fß\Xfg&ÄÄ!˘¯,há

##"!$$
$$$#&&+
++,,--!-'"--+.$22"333%44(!4.)5)5,"61%777::)!::7;;";'<<<#</$===/)==;>4(@:-
AAA?CC% C*#C.$C.*C1(DD!D5*D9-D=7EE E4.E@3F=1FFEHJJ.(K4+K6/LL#!L*$L;
1L=5MM@4MA8OF<ONLPJCPMGQRR7-S! S)&S1+S62S:2S=6S>3T$#T-*TB8TE:TJBUMDVPHXY"!
YTJZ%#Z:4[%'[7-[?4[B9[E:**\-.\1.\>9\B=\J>\JA\MC\RF\RJ]-
+]53]VL_##_YN_YPb''b++b1/b<3bUKc.0c32cA7cB?cH<cIBcODcRIcZOcZRd<9d]Sg
+.g^VgaVh33hB7h^ThaYi::iF;idWj>;jRJjZRjbVjbYkB@kICkJ>kNDkQEkULkZNleZpi]pk^q
L?
qbZqf[rJFrPErYRr`TsQKsVKsj^tj`umavpbwRFxqeyKKyOKydXynbytfzRNzUJzi_zre{YM{ZU
{]U{b[!ui˘xjÄZOÄxnÅ]QÅf_ÅkaÅtgÇ^YÇb
\ÇjcÇneÇwkÇykÑynÖ~oáÅrâb_âidârjâynä˘rãmgãÉsãããçÖwçÜvéÜwê~têÅuësmëzpëzrôÜ{±
±∞≥≥≥øøø»»»………ÕÕÕ———◊◊◊€€€‹‹‹›››ÍÍÍÏÏÏ˘˘(0-ü@¸âÑp$Aì"Jú8…REK+^ƒÿ)∆P C©Ú(Rï…
ì(O/≤µjeKñ∏b úå+1õªà>'iSßŒ]øz,"F◊-ô´L&Mi…cSå£RúJUc∆®Püä≤¥U+WØ[=™'Iî*K#ÀûMkˆ
´«≠[ŸÆ
U+Ì◊∞w¡>%π∑/_∏zflÜjR¶Já3ÆD1"D«ëEä<Yê†áÅ
2H∞Û@4†-úM˙àô3VÃ§^˝gÕ◊AíΩè%ÃÄ"ÊŒ=U*'çM;ù>Úl»ëðBŸRıäπÛï.°„RÖÀVÕÎπjÊ¬IîÿØ
°ø~v˘«ı(P¢fl´«Tµ<•I∫#°nÕµ∞o‡W˘[¥?âÔ€≤aDYt
ÿQ]k°U‡\j°ï`Ç*ÿ‡ÉhUH·Öfà·Ü
rÅ} 2¶òb†LYDë9-CìHvŸfë'&àgk¥ˆ/gË!ißôQÖfPqAû±«g%g)ƒ-!M¬UÙYÖF 6RG«±gRr&5˜
%K-≠ìu¨úôù-ŸqÁ]N>¡ôLy>E^Lfl+ð Èß{#≈˜ëFIeüG-
ÁTW¸YRå^vˆñÖ"E8÷Ñze©•ëñ◊§¸˘'^ífi5ÿ`à•* bá°h"ä≠˘eô]ðgPƒá@{i$hzå¨iƒ¶&§±∞ı»!
åå)J)-îÅX§_Y-üðZ'+ùÿnô%ZgÓô∏∞"&õlÊ¬ÊNªÿTùƒ$ÉãΩoŒõ"L÷©g.üÏˆŸû*¬çE÷{Ç''\
óqwˆÅqxV\»†Y¯'•mÅ‹Ö»X2Å ß¨ÌÅ¢l`¶
áÿj´%Fíâc±He.j£g6¬vÜhh‡8öh>i¨i°≤%Aa∆PfêL+$÷
W"H≈ù$\∏Ø@ÁÆôÁ"öÓ≥>v7π91ÁÂÙÀúÊyóKzÈÈ˘…¶∫ÈVóã∫}¶´'·Ó-h¡&uh†%uë˙Q^ÄaÚÂÜ<iÀ≠•±
^ïSnW®§è*:\Éq•j%Öµ-ÕØ∆n¢¨≥Wm-dðÕ8#AÃfi∏G-C}öiKk„≤ú9+m)Nå5°âZíJp/¬w
+bá;.tÏ¸6õgéßwP6¡>ì˘ v7oΩtÂ¸x¸^ß]ªo◊püIıyÀ*-ÒflR¡@∆ïÉ¨,ñ"PÖƒ¢@π†Â`tãÁ:◊¿
ZÃÇ§-©,ëòT±jï8QDb•û-äVáƒ!hªª5¸

:Òät¨?0j
IH≠^t5kEƒXST˘ºïÏ©{-{Vr6∏ŸB'‡Ÿ€fifi7õc'Å√b2ÏF7ÒÿoÎsflw-£ù,fë'q€∫'Ü&2ıœçÓŒ…R«±Õi
Í)û€¶î¿ ä$s£ª£%JGHA
Ú- , EÙ*«(gçå' oàÕÿÊíPÎ>ë¸@¥Ô4©πÇjÇ',.òô
$≠îå(
>å3"¿ñ≥=≥πn>Ac.}",Ó$6¶0Î•ì9%É}∆§Sxfi§œ˜ôëWÑ¶/o≤ð˙©Qçjã…*pÒ?˜8ËÄ4…
≈Ÿ∏Kù,Pô[ã√¯†œ] ùàÁH#äTu∞UàòDÕF»˘OH0ƒ1íiëfû£ü≈Ê Æ) áf4ÙàX√+•≥
¢Ê,ÅJK"ŸZX•gV¯i9}∫eôfivì†„å;·•.sLhìòıÊìASdn1ó[<f˙ËûÚ="ä;qIÕgΔjœmM'Iü¨ß
≈55%f)ßY/Bò ôÅè" N"ØwÇÆS†
d!Ì8»@"ßû3[Ã´\´π52¸îLe$4&K4øÉ!hÜJ"àÚ ô
Eq√êfid´D¢¿B .ënÁ]+ı…1'ªKú∫TöfP0í±Ÿ…zñ¶4ΩhèYØ{>ç}9˘iPcZS4Û•få≠¸,ì7˘25)¬q9à∆
Gcö˙ÌÑx≤ÌvúL.ró[ŒÜû¢»D=£ªH√®ï*ë gÏ¢$≠Ï∫iaVB˘˜ª9¥4ËU°Af√fi>ÙÊ"[`˜ñ0Ôµ
•ΩD©OîëŸ¸Çñµ£-1èπŸÿ≥1pÇ'{∑π-Ìò@Õ≈0ØX`Œ&xñ&Ü}Yœ¢dG=Nìu%ã%ö∏%
€nQíŒÖé0ÙPåEíÿXK8Üÿ_DG+U>ì16càDRDB∑ŒÓU.R·@vg√u≤°CÕ Fsö¿ "S¢H_%"è6ˆ±CuÌ~˚´k√

…ÄÜ2™qL6≥9˘oÊØú+,ge¿∞1)kL ®Ê/M%‹Ÿhn¯œtÛÈQM‘À‰p˛c ,R¨bµ,h™"ªÍpTÈ„zZπ
‰<ñ;7N“sØ“≠çY«Í ÑU!$Y‘]À¸¨YŸdí»{>òÜh
m(`S»C-_$.…uO}+∏öòT^Á€•2‰|Ê2[[ÕhŒv2≤ùŸiöÃôMΔ¥ShŸ¿û=Ìf[*ÃaÍd/yÆWg9;Z
wÒ&∞ÂK”òÆˆTG`´XÍSùJ,±%[≈-kßVË(√Δ]”É∞
óƊÄ™,õ£Ò©|,"IªFédËz…zÊHGçØ˜l§ñ!¥ΔË£z∞"NÁfl|íƊªÍTŸ]F”/÷∞FôœÙ2kõ€Eè©∑≈Ωt;
€˘≥z÷sLE[SöRX'3Ì∂∑Â
ZCflÙŒ2œ!<ÃóÆMkC¿YÚøn>Uœœ’ÙU’…\P€˝ÄXïx:Y÷1Aó’´ä.Z;^•˚Ëf*µí@sUÇ¨Åh‡§
-∞Úv∞≥…ÚE˙”€ƒëõmúIòÕ∑Ôû]ËEG˝∂À°Ì3ØÕ¶vÏª
Zs√ˆÊÆÜõŸlÓ43ò≤°¥pM«ÌÙßã;Í9%t’Â]/[˝ŒπîIPL*ø4ùÈ£9ßéˆèH,˜\·˘˘Íd‹µâõflBí2ô[6^Ò
P∞Ó0Ny°>Ó÷Y°(2ƒc<x=y»Gπ°ï‰Ui1)ë7◊/∂sW‘÷m(g®WÅ©g
’†ÿvLf∂mLgm (t«á|pFSnfÇ»∑`5U`fit·ÊtÉ÷n&aÑ÷|d7ZWWYÔC}ÿîMÅ8"Ê?7i‰N5gpw˜iÚGL®G
R9 ÒpÔ7]≠√:ZcURÄh"°1+Ç¿xLΔd˘∞+AyΩ64y†rf∞Öπ1D5p]¶sÙ£´eEîo˝n”Üz Ä
{ËmBÁáÅt’†fòÅÿÊzÜXÇ'ò◊˘‡à…¿◊pÇ'X/oVÇòËtfÇ„Ün2ZΔßg∂Y3u`p“s*uTE¡.KÂ'7wDãB@(!'
1ß!QcKHw" v41,# 4Vâßjhï-˙D‹%r=3#P¬$éycyzyy-PzpQ1'±√6ã&fòïuÙVgzt}»â|
(àÎ(t@gÅ÷g¸Öfò»fè»à´âò®èl{∏z-(t’&h8YuÜÉ.Ö|~FZ,·`,%M∞ı=∑¥'{R8JÖë˝Ü=”!
iK1wÄR)X¬ïw\Bj…Ü l¡jqãwj¨„(´bxÿ%WoW3rkùAÜ|êPœΔfÄçµyc\(!0Je?ËsF35oâé≤tRâ
÷‡é®éVitkñmeV
õ®f˜(n˘x|ˆxâñËYlΔŸˆèΔáK'Å,n¥˜n‰¶`˘≈f®xo?ëa¶F˘ìT>X8Èpí÷}Å6)±Q¡2Éi\q!“]ëÒ(ñÈ
M±â÷-ıâœr•‘ë«I{†?ŸPi®ìÉò(·äÁB?vYfv¶uÄht’Δáƒ©éÉÿõƒ)t^πf¬ôàh6ñâ®ïn∂f4u
◊ âê€Δá’¶fMG{-òê÷ÈfÃ-àxFZ9qä^do˘òo™ÿÄ4·hy}Ó-b,}"ôÛ@§bb2î14F9[¡jé¢HQ°±;ê
‰"œ“,&'d8Ü{y¶îî◊P_c=_„öm2zøTä
vù”)tÿvzRôz∑˘é"jtœ…á’êYjVmÙHS/ÊÅêhè¿πïßßïhm{jFù±7mZt„ˆf¯òfÃÄâƒfª
¥L,QLıa)•7X4Tâ¶÷7-0Œ&°-ûµxòò1oüfihÑùP!/=Ù-üÖg%CVd∂Êîîy@S#|0ß°Åi8fi◊QzÍääˆDL…|
wXùÏH£7 õªŸé÷fïRπmÖöÅ¨ófvvà¬9ñè8ñG∑ïå*
£A∑zàHêmôYá £AóYXÇ˘h§åSflπKféWóEœñäÆÂ6Bµh --Ìë•Y "-
ûo∏bÙãôÙb_aô˝â(>4‹’Hï1 ∂a+b∏+Jß?egp=G¥_,=™ïÉÆJ|>vïòz7˙
°RÇ∑9àä*nÍƒ©9zm π{˜úœY¢4ZÅ- ¢Ÿ∂âfi÷°)zïÆßùçxâFäâ‡)Y0’sÂL4X/,IL§»§HU/
R^20ª8óv¥®b$NçŸ1ö)Î(Ó◊≤,ªj˙QííÑô'ÜüAöîgÜz•zäîã8OöRÄfo≥˜áC«£3
∞Ò™Y˘õk…zƒõõ,fàkˆè[Å*è:©Íä©hØ|ÿ£¬ gCj∂4’{òK‡yLßxnΔK
±LùµêòE¨x&ÊB.K‘±‡jòqtb&˚(v: ˙(Y!DÖBU#PìQ+ıA<©†;{y5_~“&D+M•8Zƒ¢õÆ[ÀÆxù∑Èáÿ
àZ{®Ø'úEÁï^…®AW
ì»ÆMÎ°°I£¨◊°Öƒõ»ï≥€à˘Âêñı∂’sp{YòeánM»oÍ1Ω˛Ç6e,%¨qd=Ωïü+ªüÄ˘¡Hì@c˝±òY
$Dd_∏:§˘e8Ü*ßWCòÇiT´ıYÊï’Vê§Àµá/Æ°à Æ≥ãÅ®úã/µRÈï®w
ZIï¡¶´ï=˙ƒcèöÍÅ€i|xIYp“∂
VY¸ïK;Y,πÇ-ãof>¥%ÏÚo˘˚ç2,_äS≤s:3&ô˙ ?‘¨Ærd∑Ò∏!
Xu’ìG“f»˝÷X∂°gÙn0µÇyùnIƒTy≈Uô≈
¿Î∏ƒ™õ≈¨¡K+¡Ì ¿÷p
Uy≈}Ë≈l¨ƒn‹á¸€ïb¿|Δ˚zÇk˚∞!ú`≤óá‘VLóÖ`«§Yà6∑·Ò˝>,˝\ëÊ28Åã/«
7F4√ÄRq)köpbÜë@√®HTÒ¨êë]ëçW∂˘F<Ü„uπeD?ËCa”6äuÊt‘©µ]«âjÅSYïpLïªàn¨ƒ◊¡dlƒΔ|ΔA
áΔhtœ°ƒt,¿X¡œúªálfƒ©ñ¨mò˙kóÉèP,mrIä˝Ñ|u6±6QE>±LàE{+òà&Í…íV…Ä¢[è˘@ìü≈ËpW= g"
˛40W≠JπÆq#ú§PÇ£.∑T?Gf-xÆ˘Ë¥â˙≈mà
√\ï>Ã∑Ï≈kÃΔ√ÏÃ-ú≈pÃƒÃÀúÃ÷¿^úΔ%˘ç“`ÃÀHt]ŸØ7çzTÈÅì∏f€£Ê∞|Êêö8f}âé
nÊlo“‘K”◊ŒÁ≥LŸîîÄyë˘£œÚUiâΔ¯[©ì °blu5Q5®ÙOúÅ≥Ô˚;64ßéERWßYZ|Vú®k‹ÀÔ˘
≈ “}≈√<Ã#]“Ÿ--´;ÿ)ç“)Ì“R˘“Ã|“fÃ◊ÕúΔ”¸ÃEá≈%mÅ€Ï¿°ññg5%ŒIõáÈ»_Ë|EvùY©ÕuÜ¬Mää-
Δ¬¸2•˝ziR•I!…êv…Çõ…/YcM˘âa]â˚*˙3•+ìø°¡h∏‰«i¿ÿÜ¿ô>≈¿âÀà“ÄM”j˘|≈lú
á}ÿ^Lÿÿ ”ËΩƒ2≠ÿ´Î
ÿ‡fifi‡ÿà=fl≠≈“‹ƒ,>ΔZè-I¢¬€è(HèàhØzà¢®õéàŒX7gïe°yi'>8•9Á¬¸R•”@ÓSuãÛ4‹d]Δm]ä
°÷ë]ÀìBœR¸ß†|-+|pT´ÀË©πi£Ì®“´[“ 0fiÙ=fl2≠>´Kfi„
flâç
<NfikΔÓ}
Ò˝fiâmŸàmŸ=˝°ƒLΔÛ-Â•ã©¯z”â¡≈ı∏£≥Ã/∂i◊ÆYfi§ÌLä¶ähWπ]8Ö”’±?Øê∑0iòFc∑p≈=Âõ3ËOπÅJ
®%ê∞BäNπcÿËªió≤g®qå„iΔ´mL%ÓÌ%ÓçÈ]”F~ÿûÓÈõfi-2>fiÿ0Í®ŒÈ¨œÈ•ŒΔP^Èfl}ΔÃ>‡-ÂΔâΔ°πÆ
°˚ø˝ƒ¥d[„ßΩ‘¶}±
vflëQt»R·jBØy¨p˚SÌowò^\©c¶VË√˜g"OÚÖq†:ßÿ*ëy*5ŒaÀ°Ü*È,
Δ'
fiòéÈŸ‡
¢n‰¯^fiÁ>Ô^,fiFÆÔ˜Ó%}Íá

ﬂ˜û
ˆnÔ•˛•®ÆÈıÿ
“g<„‡≠Ÿó]£7zà≠˙Àd\fÿÊÓ®™IÎñ[áŒPS˘&»Ä¨ÉA!}Ÿ˘aR”:ÒﬂaàﬁΩ"2Ì<TÌ´êÁ>ÖÉQœ´Y û
1+>3˘%ãÆ ≠!yh‡ê#ú–X tUØ¡¨ﬂ^,Ò≠ﬁﬁØŒ„Aé•è•c_ˆ^\Ô©ﬁˆòﬁÈFÓ•øÔrÔˆÕäçΔ?•^/ÂΩµ
ø~ÃÃÃ◊Z{Ÿºyfd÷£ÔÜá™MÊv…Zz‹Œ<q»u“K;·L>A'2qúoFa'˙Ï°•#9í‡w˙#á∞B¨/è˚/
+í∑Ïn‡øiÕz˝≈8n”‰û>˜ ˘ÿ,∞ƒ,0Ôe˘‰lœ•|˘Ô„
•˜müÔDÒ´^¯˜^Íyÿó˘˜>ÂXàÃ 0‘ØΩ“e˛Ö_ÚË/ÓCWÚ¨}–X∑°°mºwB·&ïKHöR”ƒp˚ı◊AÑm·ƒekï-
[∑n=|eK'+UUÖR%Jï%QùDÖ≤D2‘§Lì,Mb…2“Kaë ö˘Hüö˘tÆ˘≥ÁödƒàJÃö≤£Iï)√Ü)6kQ
£2µÜÕ*S´Y≠z√◊ØaøfY≤Y≥yÁ–õ[Ø]±âìÀ6¨]pkÎéÂ˙ñ¨>ø|–ΔukVk÷krπΔıƒ˘∞'§◊¢Jf&U*‘ÀS
°nÆ/π)g©NèB≥6Ù®Q–Kóñ6:îX≤†'bøÜv˘–¢EqY≈q!¡‹πà N|∏@‰ø4ò·≠É:‘®ëcFè;ˆï…R Hì¬
øàÙG&MAèÃ˘…©ìœdD]Ø6´≥}¨úÛ[≈{v¨^Ø˛,™Ø√"–1∂˛ÚäÆ∞»Íã1¡,¿∑*ÀB«≤™∞BœÏ±≥Ú¨≥…R˙Ã)Œ
R¨
+•ÓK-)‘îÇ©e\jΔ÷Ç" 6h^≥M®] à§L(7>éJ∏_Ñó\ò√•IÂ¶‹Ì Éj»àƒ‘£Í∞e$QZrâºÚŒõÈê?l“ÈMü
tt-Fô¢ ≥ßˆ€0+∑ˆÍp.˘˙+¿ƒ÷–.∏ƒÇ˙K¡D¡Èè0≈,§À/?§Dµ
kÃO
!ÉL…òƒÊ©®<≠Í1U-©–ê2ç®VïÇ1÷ddsç«•^”∑ÉÜÏ
¢#qí8*ù$Ë…&üDŒJÁò}NÀâ¢Ωh/i1"≥ªJ2…§í3–\ì¶7√˝CNejd*;?]u3v+“ΔÙb–RA˘k-
∂Ì*¡F<+Øx!L´?ﬂ“≠
¥•Q{ÛE±Rßíı®U=3µ©©B*VX_t™FWK+w®dj#¶◊™)6°p„r£íT9H…„ä-J9c2hŸÑƒ•9+©Lh!Ë"öÆ¢á®>
®ÃmSJI<ÚÃõ©<q˘«é%N˜≥Û|X.˘ƒrwS∑ŒÊö∏Œ‘`◊x/≥•zØÈÕ&≠∑Ë™ê¬¥Û˚‡A¡ŒQÉÉjTÀÿ>OÌ;µbâa
Ï8F:gUFÂ°0?*ë[FR†>NÚn£ﬂàŸÂÛeâS˘»†ÀsÆ9–*˙Jà§ãñÀ[TqeHQ,…
ñ[Òƒ}i&ˆƒ¨cµrëè¯™≈)∂¯‘ªÌZ∏–D ¨É≈öp–Ÿj‘CÜ˛w|z≠<Bl˛NA¡Ü–∞∞¨ël≤«µ™˘0ä']ëb™0
ñºÚè•Δ5÷
à#/7KÇ»I&Ò´“%Hª`>îÑB%°Èt$Hê˘4ü5+Kât$0ç§i(Y°•‘$àpïFÜ…”/âÁ)≠Hè`u!\aΔÇ
=ÏmaBlã°ÙÂ∞#®mK€¶ÙV œ%QÖK_'&†ÏA(áÓÍKÿ@µº˚âËTSQ‰>&≤XqLÜQQŸà/ÿ1Ÿ†àÄƒ ÕDNâÎ˛f
∏â“Ãêì≥„ËlÉøñ≥yHÖ$≤v
©ŒµΔÙùlØ‰DL,WΩ(EÃ≥•7°ÜÒP0Qƒ"XL9!ÔµÔàÖÍè¯ò(°ÙÂ\-†¨¢œÇΩ/#Íî7$õ˚Ò“~+¬ÃfPDÃ-
úFV;

·®áíÂÍ((còÈ¢£äI˘@"f4]sàtÂ$JΔ9p93ÊÙÑAKHCù-Y#◊ŸH(FbœmÖÁLì?!Y'Áò\€–0$é/|Ÿ"C"
¢Éâs”eWTÈ>Ùπeñ◊‡hG%ı'\éeáéÜJg‰Sî\(DØ!™ΔxÊ=oc¨R£@ìôÃÀ!%ö3r&Êrcﬁú§7™Ä»83Xª/
êπ`9ïC»Â8Ihà4»0à"La˙»òDÇí‡MB-Èg$úôÌ…†ò.>u†–á>ó¢.Z-•Yà°VI,8jïZ>ÒoU9ef¥ò6t√%y
$ÎX¢á˘Eäªÿà˙ßøç–gb¢ôïQjÂîÃ¡™Vª
dÌ∞â«°ŒÏIªŸQNöô.øH.í1H*ypYÀaÁs∞
,´nÈ∑•ív8¬ë1°$ífj ´2k“ØmÒQxç®\d0%RJnuuî€•uWÖéœ?~#on8∑>@ı…
óU˛øÙ"^oÙËé'√ŒPÜ2HAø˙5√&q[(«2`Ï‰c•tSb˘œπZK
Áíß29¬Üßtúíc,3ìÑ,õ@≈pFîƒ€ß“VƒOÂ-!M<,†Âûªë»0b'àT$w´ÿ™vñññ\3ı≥πŒ5Êa‘*Ω¿mW¢¢,
,ÄîàU".ã˘*rÂ•Z˙•oTy
V,Â√[≤k}ö\â=Ë˜>hAôÀÉ2˘@
e-√âäÿf
Â˚w"π»)/Zpkf(√¯Äîdƒâé C^¡°ƒV!AIÃtñ¡‰<Vƒ©mAÇ¥€'ˆvJ?ãH]\ªW-¯"·jGΔT&ñ¨d
%ìxÓπ¬∂«§•atE2Bçh]π`˜_¥vî≠èΩÔÏÖD
∂'n2°aŒÖ˜B'√,],gã?î·2.pÌÄ €Ad•É"¨πf8É˛ÄG`±t¶À‘fZΩnŒŒtœ ¨i.gŸÃÒ∂@Ùq¡äéTÑ√´ûD
˘ƒÕ˚öpöÆõ
q
ô,E”ÓÑÒúD™eù‰™Z%*Y∞Û6ÈüªE0%yâﬁœhΩ/|-πîàƒuÇ$/Î|ız1B∂î››££rÈÿ∂`ä+s>'Ãmp≥Δ/B!
ÌhõKœ8¿ÅX€È>6≥∑}n*Ù˜‹ÆU“K)kR3“t¡©ŸT"G[5∞ﬂΩII*∂iZK@¬üDÖ√g
$‡©Jêfù8ùÂM,AÁù,ﬁÕtT1yfd´#±DI˘xdﬁÈ≤V˘PÄB>rππÕm´zw]ûÎÈ*yÛ´≤£S*ÕÁäÂRoR
°ä_Vºòjà‹ÏBâP˛A
!à:$˘ kgÍKó§ŒÄ† `~ô}‡)L¡œ®]i°…v±33Ä≤r#Ñs*C°/û"~`wzÁçdS'ê†{Sa+AÀÃˆtµï?
r,pœ6ë≥€ÕB,\;5≈”é¶…môÑƒì∑˙±°ÀÀãƒòÉπó39#RπÑö.ìì¿–Ûµ]Í∞òä'´ÓH
3äÇ˘ûOB àbÃÑ2hﬂcÄ,c„s:®ÄòA‡[:d(>DœËà†*ÿÉÇ#évãüVC´â;A±Ü·:©Ü_xÖcÎç{Í∞,éi…6È
ˆÉH±/ ªZé‰(Cﬁî3˘,πíŸ!ö˛ìéP¿Q[ºS#êÖ…2"2Z;îñ€ó–+ƒ^€<ÓÇ!;ƒlƒ$¬Ün02Ã(
ã„7ÓÄ≥_®k∞¬· sπ^´
‹ÉÑ"
PTîÄ¯=‡É:8EàÄ,œ,CE0((∞≈‡k"–ÉL®–1/òΔÒf™©Pâ·î16mA4m9∂iúÖäÖÚÿn˛ƒöí3|*€(ß”°-
€21ùIGÖ»Ö9˚ 8</©∏áÿí/–à1!â<‰√Á°,∞·≤ââ¿F%!œHÄQƒŒcDÄ‘@&ÚÆ6)º µªƒ_1Aª)õ

˘"ª°Ë<(Ç∫£E§E¶£Ä®E‰¡åÄ\Ã≈(Äp…],TdÄh*87[H∂∂Hõõ∫ìéÎ8–Ä∞ì
®}ùcªßjÏé,úÖLÄGËΔ?–02,Cù˙£øß∫4td[`G\¯¥wÚ?`qßE2ä@k…«{'«ÆY+&≤ΩÕ[¢CÈµ§¿"3HGD»
lDÆËk✱KhLb;.å'Ø"`»Ø@(¿∏}y/‹)†6fl˙=å¶{∫ßÛΩ∞≈°ÄW§TÄŒÄÄó|…pI`¯"(ÉIØAŸ¨Ry7€ØMJk®
Üh<¥§Ö˘YØøÃ¬ì8Ñ=(7ü✱çôπ;])ßŸ∫-JS≠TCoRßoÍø¢åCEÍøáòQ#ìfiy$∂D¶√x2ÇÃKÖ|9Ñ¬‹KıåOE
iHhË¡|¸'ØÒÉƒ£W†≠MºÇÈY{äMQ¨= ,œ…MMTÏÃ÷‹¡●ÛA[,ÄHÕóÄ@MôtÕn£ÇP`)˙·,†ÑB●ÿh¸>ù
ø,d;ÛS j√?®/Â¥'¨jùp™? Ç™ey™†aG"5†Ò?öC≥4Àä ™2µ|dú}%∑EUäKΩlD¯lB$H#Ç@lå®Ëë˘Ö
axÖ·‹œP@-˘m±ÖMúπÔòõNŸî¥!U8É–6VÃ¡fiBM Õ'LÄŒ§PTå
]M"¸PF5M"L„+>8ÉLX'Õô*¶;ì°ÎT6"ƒ"('¬,´C8U=–<h3« ¢˙q§-Ü{çs¥
€ô*ßvÑ89§_ïCÍòñUÄRè(÷ép©¨∫✱≤Ω¯ÄKªdƒ‹"Ät÷Δ✱)Lh∞™·$¡·Ï
'
ÖW8≈TÃ"*◊\;∑ †PÿÉ"∏îA h–®{PÕÏ=»EGT]l…
uIGÄX]'†¡\‰Ä"8ˆ;tYØv¡ì JÀ‡T¡˘‡t,¨–IH6qÑ˙23ÿ>Ä,`±†#1ØËà ™JKké}K©Æîí_●
€ìàä#™ÑR{"Uà.*●K"Zı4ƒπ\AiÕÀ£eÃ∂∏÷¿Ã÷aòÖY A§ΔùäΩq-◊rå"É6)®∂ôîAlB
✱≤}≈∏E"DM=Õ˘]Tm'Ä
XTtIÄÅÑçÑúLöR?lXüt»°î¬fi$,U∂+ŒTÄÑ?✱X<¿/<¯ÉS≈#Q¯ &i3ÏQ3°†Â∏4+áŸ9€∞wîCÓÙø§9<U†
±1–ébìÍÚ9á·Æ–"ºÙÏÆq-RÑÙº%
"º¨>/2¿$à˘ßıÖWêZ◊c;H»Ñ˘ÑÜ‰"≈ê]ÙŸ"o»ÖC(Ew●¡xç◊xPzEœ?]∫['–
¥ÄØÄ]4MXTÙÿ∏QxI†êÇ3òÑ[Δ_
£«Å.±ìN]7© ‹j8k§–lzJ3¿Ø¨s«:Wù3"\ÑäA:ùG"ôÈJwÏŒ8Ñf#Àƒ√àaœ'ıàÚD€É›fÖπ£›"§/Ÿö9˙
Ãg·Ö/TòZÃÑT»ÑY»…j`H¯b=◊MâüP†Çà:ê°6W¥6zı–§Ä{–fl"T[|MÄÛı◊ 'ÿ"å["'b∏¯3(∏œ™
˘…@Ø$&ø–&áƒÀL[`Jm·VΩ„CPU¸í2(»mJ
Øª ÿò4ÀMdd í€7≈J))·NÓ,ºà@º"ıCÕCTâõ]Àó
î÷^O¸<£uràœ[√l●a_∞·©'a¸OMTîùÙd∫4å∏∞\¯¿∂x●IÏœ¶ä∫·ÉE"l_/÷E8_xÊ-.„.V€∏Ukäfl?»I…
✱ëj✱Y–@–»U©Ä~˙Q¶¥„jtJ=8`"¢Ç«e‡IË·üôÂpŒÄï‡¯c*öÆƒ`àsé
¸≠˘¿'=µ÷ÖÍR÷òCaΔÏ]Ÿ5/˘/ÖOCt·àœ›.©2%L4ç/S∏a©ìû,îkqxõ.„um◊
Ωfilcœß√6®äb8[PT'$flfnfÒ}ÊgÓ,/~[ım[\îÄxÇn~
2¨√Iå;OMúnÃ_∞„>∂uœcéÖÁ'X≥ê=^W≠ì●¥ËÜëÈî‡√'>äíœU1)q±°¡ÖU†d¥¿À
‰˜zÀô[Ofiuîqîç÷Ë&»¿Ó]QñSp"¡Ù·≠Ö®M\«∫aû\ çù§ÇÏ≤ÜÑ[8ÉÊk√^Ê"∂c^∫X∫≥˝fiˆÿ≈[$Äf&,ñ
f.X›fT/X˘-~I✱¶>‹·ú≥ì1¸ë„>D=±ÛÀ¯ÇvÊ·LÖmJG¿2Î'¿ØC¿
£YØk;dÿòøZ=G‡✱gq˙#˙À4Ÿ¯∂√iW»C'Ì
¥xò∂ä9¯TÏ^Klp✱ÔQ~a#ja●59ss`»´∂Ügh✱_ÄÏT8GòpGHÖnÕIkpîOì|©À]#ØHH»S–
‰"k;ÌzÂA'ñ,≥ıA✱◊ÒE≈üj.ÜfÙ„ÄıPE≠,`ÄòÇG–Δ^´Âk äà9Ú©f£™ømÕP®QP‡X=»Ø' É?
6ûÂWX¨ÖY Ñ;Ôª€ ÖCñ>ù®îYf<td±Ô¥àa@˘Œºπºë+/$lÒ]¸¸oTˆs HQÊè≈H9Ü‰˙L¬ÑÏc@Gpt
<¿ÉT¿œ9{SÔ√ZÑâÊ˘3†∂ïWmb÷Üo4u¥\TÄ≥mf,j¢¸bÅ„µ
c ∏…C✱
}å˘Ar›Lä:;g°8S≠fiÍÜÑGòÚÏ.É?+ÉCÿaW¿œa`*j¯lè‡Ñª@ZoèÁ✱øBÎ?'ùàQ
´ÔbÖ®a¿íì@–ÓÖS&áqà˜/ïw?˘˜¸œw@7ÏdLìªé´xnË_†a®uÙ o\<Ö}ÛÚ^;p"äx˘oXìòÎ
ã±VU(3"6>ΩÈÕ4[
hÄo`RoÄˆflCìq]¥mÿ›f[',Œ§Äê_$WΩf∏%ÖÓ'vM4Áâ-SùsrHàrH8Uèuˆ*˘vŒÑìøÖj˘Ökè`:∫ª¢`Ö
´‹'°J|∂™ØT§hO[ÖaùÛì¡ê;P§›<ÙƒÊÛ|l}∑{ª?
lÚë„ø¨œÅWÙßç/Z@F`<âÉ2pÑ˘ä≈<p»óx∑È]X≥¯¶¯É™3E&MÕÕê'u
8ÄØu–?[✱E≈÷FE/ÜuùÊÁÖ˘'t…
m…ó§Ä◊ŸCòÑW∞≠˘dÎ®Àô„»!†|3Á:z:#L¶‰œS=ÑGxÑ=h‹ßßÇ2êÙcõˆjÇ∏vYıúØwNnwõRóº∫Δ$
¿:¨G●1ˆá®vß˘}Õ5{òwz7ÂzØ¯ªè˘>◊›âp‡ºa≥f– 7k–.|fÀ◊¨Z©N1–¬#ÁIòC≥l–ƒÊM 8s Cé,È∏Çÿ
+"¢≈ .p∏@Û–Ãö(✱%y`'Ö
.PÄ†¿RF!U†Ä¿S`¿Ä´XØ¿u@ÀX(∏✱√Ã3˘BqTfM3e…ÊKVÕÌAh÷íY
´VÌ†B¿z≠˙ekV¶Cä˘9/£G2R¬ê©¨"¨WØl
ªıÎµ∫fD'´˙kt≤–ÖWfiu◊gÿ∞â¡¸˚Æ[√rÊçÀ÷o[´l>\Ú‰…_© ñ–ÂsÁŒ¡E¯|ú@Ï/¡ç#∑};
8ÔŸ«ÁŒ]º¯í#üDô2%AÇy2ˆÏ◊´à®N9b$'ŒdÃ2Ã/–∏ÁçH$ï£ûzŸ†‰8ÑΩRÑ2¸-B:·4SN=yXO
✱D'Q])–¿R':ER@Zqe¢SbÅï@X
H–Ç"¸PΔ!∂'uW_●çVó^–∏●å^v˘ıW`Å1©–/√Ñí !è8ˆdeîÅQee‡ë˘I(ö
C Åüçë¶±Z2ß–∂/küÂRßl∂Èy.}ˆ ‹o˘¸6‹+´®¬
.»Ÿ¢
sÃ!G›sÿDJJ"aÉùy‰å'vfiíÍÈvËe*ê¶%aä)ÉÔµßÍIÛ1T●/E4ä#¨1áx024åÙQx#öj{●dç-á¸P°2Âƒ!
3QP"b éHTG9●@›Æ¯'ã¿àïπG1∞Æ\%Ä#Y
¨{A ¥ √ô‡RW2rµ)öAÉ‰W2J6Âí–ñ_ñ{8í{)YeêQÜ#©hΔ.hÇFöëm*¨✱hØ–ôÁi{÷Án¿∑˘õü.
7(q¬©≤È¢å"«\uìF7ivöñ7Ùwfiu:Œ©Êi'¶BÉƒ{÷≠``7ç6Ü3√¯ìfl,°"ü˘…Qk5› 8/fé§©8AËQ5°úqo

Fm¥:QpADQP¡•TÅÇÅS(&ÓÌS^ô;'TNı'≠W‡(/HÄ <±G(Gñˆ˘Àù¨)ÿ»ƒT≥f¿V+π&~â9Ûfò·•≈^å«!
©pfKïü©Iö¶Võ%ðôŒ)fl9[û|ÓŸßm.˘vKÕâóÛ¢´Z®síJ*uÂ3X*©È˘ ÈyJç~∞A+› H¶¥íG/T˘ÿggÊó
*X+¸ÙWéòE:>¨a Îi á¶>≤ cf∏>2‰-o{ÛIêÅr@ÑàbßÑqLWπÁ"®ÏÕ6ëÄWpÙÆÕEã&îA"!§\
£tπ•jF"Mi4
)à^à1åW$¶K≥Ó¬Üáâ˘,Lhû•Ff§%ô¶Mªò"jp±ÿ<OO+≥M«d#G8"ë∑∏£˜∏ß
C%«P=+üt~∂)ÓçSHCZ¶ö÷Ûâáiâîv¢∆™˜<(` (Ÿ0¬µYú"µ˙%)Ò<†bÂXP/@í µ≠ XÿÄÜ-ˆ•Ñó‹k˘Ï
P2@]é•ÖÀÄ‡<`Bp≥HúPƒıîòÎEä>P8
0¿+^q
M:Ç˜@™ ›ùéúÕ«0ô¨Ÿë"yµuNKz∏,≈∞Hãlqô9Sï83°%ï¶üø•g:çt∆#QNu¢
˘Å? *7¿¡fi-°ÁΩ[áèáJN¯∆7Aöo<Ñd%ß¬≥4D.-ëçîüG•Ê¿J∫ìô% xGú¢¶`kD*LioÀ´åü/
$H¡LîaY/Ò¡K6Çp†©#%Â.˘"TÏ$MÂâQ¬≈B•0]óÃÖî6ÄÄZ=ÅÆ°´˘Ë\Ml¬Å¿Ä
ë¿M8YV≥sfrk^%Lö~ÒâuéfàŸ%âE‹1ÇµJ≈,∫˜äø¶âdk*X¡Í'uc†øpÕúÿ8¬7∏îmzZÏΩÇ¢e˜¯Ë3H-v:
ÍY§HôÜ4q,ÚhétZoπù∂©î=ÚÜ5
∞¬,Á˘©•/'¿O†¬¸qÑ,fq Å¸¥$¿í§=kÑbR¿ ›Zê•2ï°·.ßZÇiÇÖEâwLÆ2%(M˘ñ%Œ
É!¿¿p+LÄ°´÷TöxÄÆ?-É(b&(óΩîØÄµÕ0îg-*]iy∞ÿ≈B\9î°µBE˘v#˚äX˘"xVXúDSFu∂È≥
£ŸùZì≤<yÜzßù∞-"Í/ÔÒëeE¯»'©/™U$mfl˙Œ"6fl∫Ô<ù"Ó˚à≈RÉÉ0Öô¢=ü{äô~í¶(Æ©)DiäL¯¬
Z†@‡ú6Ç$π)!F(ää'ó»‡%!∏€ÇÅ≤À
å∞pTu/0Cfl¢H@˘}Î± îR˙Ñ%ÄÅ- ∆)`o5ŸÉap!*ë@ø;g$€E¿ÓFxÅ˝ÃaÒŒ H°2"ŒÉc«Y{ff'h
ËöÇ=2Å¸SN'#≤*õ/P'TnÆ˜Ω◊∂áÎŸF˘h*(˜v°íÚ-œ˘ç)Üj~fiNÈJW¬Â∑(Ï•]õô°áäp"üH3#N!ãa¯'ª
q¸w/%6kx#fi∞≈|•É¸@GMjfiÆ KÏ≤p%ò/*†ÀC∫(∫I∆ıÊÒ]û≠0òØàí˘°¡C"pf˘≤ôøtk∂òÏdR•ø'?
êpDbÂYk/EÏf¨Ø{ΩÛäÜMs±,jPSl7Ôÿz"Sè/≤>ùñ8m≠*(™3úÌÃAñ/(u∆!…€ÇUfi·≠v˘ˆflz;m+xT∫™É
\≤d7˘∑bÄœE<~lµ®ÈΩ-àSÃ;≠HÄÖJ9ÑÂÑö'Ç˘µœ/)¡z›['6ı,0¯ÄY≠Z8≥R5gpÉ◊ÇK{†ME40/~Òù4∫
-˘¥`0><,»Ü-"©¡¨5úOQâö-L(∫&k◊Z
µfiùÍ
ŸÌ€sä+f˙Í2lÜ¿é51¸âk™>ßÙ˚i7YÁ:¥Ôx«∞Yg;Û#§π-§Ö™ê†b"
o·ùFYπÉ®€rçΔfla…'U·UÑ˘‡¡'|BM5Ç,}¬0P8†R•D¿…Y¡•D7xD.ÏAΩ°D
•Á©‡R9'ÒÕ•ôÂôÎÕ◊|ö¥¿∂Ä…eZÂ†Ë°öY•êPú.Méà•˘ÑÅ†÷oT lp∆duüzü˜e∆,\â%`…x…d
\fld>°ù*'¬-qflä
»ãL¯Ìöài®…g•La‹IùƒÃ--N>‹DiœÕ"£¸"FG"Ë€HwLŸ>ùJŒè@@%ñè¯∏
rÜ¬¸›ï` ·Ö¢EÑçË¡'5=ÂT7+•
AúÑ-HM®†Ï¿'bÇSYU"`¯¿<R•QXïY]\Ì]‹ÏŸ-)\≥pûÓq@
ålå°A¿Ç-aOPOfl!LÇêPù•∏/h"ŒÕYa~dB*@¬!8FÓ<¡à<A%˘Å√†¬LıŒ'n:
∞ÕE?I±˝ìi(é!'≤flB=[†¨ñ¢ΩiL{:"¬|±¬ÕkΔ¢&œ"¯/÷Õ1íœ|?
ûÓú˙÷Î#g∑bvµgîsÕd°P°y˘A`\`'¸1Ydy5ô≤1G;g34XïÒ‹A.SI5WöW8#M¨Ënp
€97wŒ*6qnOÍ,ão •ªú3îA˘õ©ëÆ7°ÆËhD˙fiœ7∫ÊMo°>ö(µUxå7¨ıEú"PÖª/ÁŒ•π€Ñ©é≈®
\pbu`ËT_X÷˜†°<AM≥'§R- ?^y#S%$Δ¿fi†ÒÌMë‹KÛïYÁ4≥ÃZ'Û>$ÖXl¨¬Á«Ωhπ°∏˚Â'sK
+K2˘N.≈'%Æ
S≈≈>∫∞ŒußFÉ©ŒhÍÒÈmÔ±˘˘_o~¬œŒvD≥˝Ì°ÊtSâ±˝Óø}Ì∂Uj˘N\ÓAS™5Ò¶fóK˜O~fQ:r'3â%vıuy
{ù)?ÚG/Éxá'8al£y
uAbVs¥*"Ü)¬+úQBèe+∂Ú#ê°!·Ûcn|&^.«UT8ïZΔZÔΔTœ`
ZG|âÊÇàÊu"◊v[WÉ[áu-oÔ¶}\«uõf[/áiAòh‹WhòF~G7\ZDÒ"MNqqd'\ÅB]WrñÇrÜ)„V˚7WÄ
2e¿Üalä±y%√lÄuAì`sf∂A<7353Å¢¡f°!/¬X∂B"q'Ûc%Ú"O'aÓ-KDë&"◊TÆ˘ïhœ-/Hoa'o…É≈wÉâ
ñ fâ ÑÉìàÉç∂T\W÷óh§»v˘oú®açVuh˜%∂à'T&]Çw©Êw>5Ûk?30S1ÈrWÉîâÂ≈8° Pfv1L÷Ö¸gPêß
yÂ)éfPè3sHI1:?˜*é5é™§yÅò%ÕfitRUSá~OUÉç˘É?ÿ Äè˙Xo p|√GÉ4ââ†ÿäÆà.6|Xóä˘ÉâΔêLU}
†ißµDjBh(àiµ\UdjU≈6‡DÙBÒÂÎtFÊı~O"URrqW©‡í]Â ™-í2Y^"^~˘-Öı)§◊˘^(ÅÖs-
sóTmõ%"}†Qâı"1I◊\¥dUkD['ÑÎ÷Z;%pc∑iK%odáh˚8ñ˝h|"∏˙ÿ-†ñlÈuÀ˜MóÀê|#VóïxóÚV[#∂É
ßxÉ)vêˆâ@p¡ßbÍrLGÑ&5!·Úπ˜t^Dq…µ\?VuBÉ1•·jlƒxû©ôâH}¡xci,ïá9©‡Â
°Ä'89,á≤©2eVìês3GÈs*"B°g/+·v(:dFËE€t~Y%nÃ˘óŒÁä68˚∏TΩÄè')~À∞|"Èèkπñlπr ä["
«âI[©a{9i}«èò»ä˘Δú@¡à"7T/qJ-˙π (SèYU)0%!e∞ˆ>ûπí§y†
9Ufì…à˘¸q!$úÁ^%Xß3=w˚Öz∞¢KI+úd,H&-LG
≤ê
]fò‹1c∫uu«v=àhp
6j}¯xÉíËT÷êùŸ…ñ@/@/ùÕó-Ëû˘ñÈŸä•ó5Í£eôaÃ7ûìhvËrò>Eœ"oNYtwÓôŸ√ò6¡=»•E‡√wQCFˆ≤
C)Ö†pÍô˜f†+ßâ©iVß9°,ö0wç%2ó@íë j¶f¶w®Ø¢}ú$˘DÈ(|
ÜnêπëJ(\À)La«ïaWÉ'∑u=˙Ç˙ÿT=J§n ûÀ`
C/ñl©üÍ§N/|ÃÁûœ0La˜ëâ=ä™ë∂ñ˜™âhûH´ =9ES&Ë% «•8qM°d~ª∞Efı%FÒ-füp,ëflT<√ß
R¶í*Iö5Y@¨ ^u™xù2^àGsôÛìA)âÅçÖ@®iˆ#$+ˆ˙q¿N¬±gí/·¬òÜ/

vê:Xâ`âÉ9É1û9ÍTíËu?Í£nâè§j±flô´hy´°Hv-8´ ;óß:≤pi
°Jñ°*ÉÏ ÉÊˇäbsaY™S“£&‘\ƒ≈EñZ≥“ƒÑ> ÿëk™≠-,≠pʃí+'^
°ˇx,˜(ëÉ8,◊ßù◊‡ñAí♦yÚ:Ø¶ó_"4B+“Sn`Ç,zwXTM‡Áúw©£◊…Tfl)±À£hπñ?Í§qõ™fi)§•Í£E hîx
∞»GoNj
∏
üZñ˙x|˚»T2(ó°hv¡‘DØ[Ê©pÎÇfi"\[È[µ»Ê∑K;&%UR/€äô™ı,EÆÑ@ GʃˆD
‘4ÍzÄÀñÅØfiHØëµj∂+ö$û1qË∂üX„%ÅcGò~€§‡Y§BäñÕõ´kπÇß˙°ß ™>˙©£J§™/ùD:≤£*âÇˇ
ût;œÀ;œ∂j´¶ä™&Àñ£öè¸àèÜ+∑nÀuLjêā¯<÷6 TÈÇi∞e∂wÑÆXw÷D\ƒ≥€
Jʃ*e+GÆ“OLÊ'Î/@ÎäWtÄ)3f®2ì∏ö¶óØ¯˙-≈6∑ß{[°°wâ°ƒÁ§Õp
Ãā™íx∏;±Ó+™ÏÎΩ- óﬂ{±-
kπœDâr+§∑ °K<ƒäF∑•Z™âªèà{ñk™t+äNÖSiÁaŒ”a≥ÖLp[ÏàÜ∂v-úΔØ%≠>ëüˇˇCˆ
¡£RRΔ¿$Ò¿Uf18iVˇ”«¬@à√ÆāÑ2*#   Åäõ∏õ   âˇ ¬ΩŸµüQàÍ∑üe+¿ˆ®}`â≈Àā™∏™…Õ†œx€…
÷†œ+h√ÍÎΩ¶Ωù<ñDå
´ú√Ωπ/…fiÀƒ≤<£Ë+√B\ΩákΠÓ{√+ó%{∞â[>•&ö¶L wi«Éˆ Xp+f[ÄÜ&iL°Ô"D‡ë
∞@
-ëÕ-!«-,Õw¸ízÃ†çß«ƒQxÊ•e0«1Ëìù®Åj   o(3ÒPåå#úq#ô∏'+l©ˇÕìâ#āhúå´ßÍ…
B™œØå-Í[ƒ
 ßÍuH¨ñ“`
ÿÄ
ùå
-†-°ÃñÌ…ú\ ”>…ËK-õ“ü™Ω§ÍœüZœÃk™GJ[∂Da¨õñYgè9%wkU°÷b»‘R’òJ±ÕÿåÕ∞ʃr<Õ©‡Õ+'Œ§ô
ßöS/GÉlöO*‰Hö`o(í0_∂Y®±»ı™"l¶"+aˇÏøïÑDq∏4Z§ù °ú-zΩ-°¸-ˇΩ-mƒπ˙◊ÅÇ™≠ñ
-
ÿ`ÿ† "
ÿí≠…Ç[ÀΩ°§´£§/ùDLƒmŸ™í∏°āfo&(TZo¡ }KƒL}ÈêwäGH…?
.ª%=£Â.Kù‘H
ŒOMʃQ]«ƒ-$|å),„%HÌlç~5÷lœÃ}÷»õàïIœDÕΔkΔ@»ïÉ¥°Ç¥ÿ}˘Ì>ˇ= -ŸèΩƒ≠-ù-ç>ÿ´<fiêÕ-ù-í
-Ω^7™*}Ω©<ƒ˙≠ fiâÿEJ√Íó√∑Z€â¨>o˚¬“ˇÕ♦bfL…s˜”»ʃ5¥-ET‘%>Z∞¿ØN>€,\«A
´R÷Uˇjµ’¬Æ}≈P$œÜå»içìêµáä#ô‘fi"M6Ê‡ÃÏà˙XùiŸﬂﬂ
ﬂé]“EŸÜù‰†°ÇÉk≤ç->Í]‰Î
ﬂÔç‰&-∏∂-EÃœ`}-àΩÿ÷p-G\√$k™¬úuı»•iª‘9Ñú÷‡ôèwBΩp †/‘d=āXD°∞.÷sE^^Ë°‡·-7*%¥√°
ì˙W9=)
ı,-3_ úóœ°¶WªY31“*¿tÕÀ
œè“§= x=%äÕ O>Ÿ}-ﬂ≠◊Dû }ÎÍÕ-Ï}Îâ=ƒPÊH>ŸL +-ÑÎﬂ°,ÎΩû-Ñ+Â„]-H}.´ˇÿû
…ûB!Á.-Ë˚ïBUÑu"&Vb_¸ÁŸëÉÆ<ËGËUÑËº¸ç‘¢K«¬°OÀÆùwJñıyfm÷g♠÷ô¡ª£#ā¢Δ„ˇàèK’_♦B˙…œ
~-/ÂÕÿ÷@√
Òÿp
ü ◊ê%ˇΩÒ_%ﬂ}-∏^Âá
ÂD ?Ò®˙Ò·>>&āÿÁÌ% ˇœÂÀ±/M-{;£Y◊∑hŸÛYù◊p÷ˇ¬Bx°dlë©óø7Tzˇ ÁNüÓÊıN/ËÆHùËCKʃ!9wÅ
ˇÓıBˇÜ♦l÷ï˚»ä¸2ñûfóÑ}†Δq◊TßÆ♦ø♦ØßÓÍoÒÆ¸Íü-ﬂÒ*ÔòÇØÚÅè-)ÕÎ}ﬂÍÿç]ÚÄùÚ4l¯Î˝˜_ˇ†
Ãÿ¥¸ÿ„] r´Ÿ‡∑äΔÇ68˙=ˇ√†*v◊öä÷πhKUÑE∏aÑVb'ˆTú»o"vÓÁnÓ“#="ÜÓSﬂΔn,>'-6ˇ¡¥%)¥_ñ
u   ∑ôˆ2ûõŒ]®ájz‡G♦sœ♦™/ñΩˇÓ♦C|Îœÿ≠œ˜ÍçÒPfi¯Îm¸<Ä
<∞¸Ì`ÒØû%Ë˘¸&øfiπ>ÂÈﬂÿÊˇ◊¨5≥6∞ AÑ±YäÜ≠Y¥ÉóI,HÒŸ¿g16Å8qŸCe-ö)©Ã$…
eÀî©dŸÏ„«f.IΔ\V¨%Hú(SˆRπrœü'{ô%•l®-ì íK¶î©R•…z%[ΔkYS™ºímÂöLÎW]aWÖ’56ïÆT´RÂJ
©W©H…ïKäTßªw;u“tâoßKññtÈR°IÖ$MíîHR°√â
M¶<πÂ£ôqΔƒMZLë!A?l&ÕsCl“∞•vÿʃŸ¬’™Wø¶-∞ô@kÿÆ   ∏Ì6n´É_˝[vnÿ´s/
_œ/˘s,ƒÉáfiπÛÊU74ÿù‡A<   =Zõ®qôHë£EÙlmÂ≥í/iʃÑáÚ%»^#UÍ˜øÊJûVJ™ìäRΔ™´L¢™©´Ùj+
´¥¬j™°äzêóax!kC7Ñ%ï∂@îÎCʃ@Ï$M¯BEKÎÎí
+Ï1ƒ&ì,±Δh,%≤ ~©íÚõâ3“-3≠»áBçª’ñl26(üìÊ∑Â®§n°ÈVÎÊö,uÛR ·§„fÃ1•.8m¬å.ʃ-
á≥Æ"%MSé6Ó*´Æ¢Åä» ó»„=ˆéDèHŒÆπM<ôb"ˇ)HúÑ≤ô¸vb)•ìXRp™lj•´ ä™∑:pT¨&ÙäSD’] kC
?Ñ%Æ„¢ÎD\ˇJq◊N,A≈0√&ôƒ1b%9§1 t¥l2ïÑ<Í-ë*M;#´MÚ5Ëûå:/äÛ6Ê∂Åm:.°˚çJ>-
L7ʃ,ªló]l∂Ãv9Ÿ§…
5k%ƒﬂ;ëÀ˜7=ø#®°A¸lΩ"M„ì°òÇ…•ÕÂo3Eç»)5â°ê**TN°j+
±ä™‰©.L&¨UwQuóVa’ÖX¬:ÀÊZ„≤’.ûÛ/kW`/Y¨Δ√.q≤B$[3¸~í≥”ïʃ!lπ≥ˇw_)Î|Ó:y≥µ<·fiÌfMx
€-≥KxÀ^7∏±ï”≥9{ì°/mz≤;πÂêÙ≥<ˆÿKÿÓÑèÊ"Ñ¢IâÁ”…øû|ÍØ„L{r*Q•π(Ã)W
UØ2¸äóCgYfXxIE’“e
D[AÏôÁC zΔK1Ãí£´lY£ö^Ùi"O£VI™[õ79pü

£.KmÇ◊∫'¿¡FzÍ◊ÏΔöw©7˙>∞µ¸çyÁ ÕVπ{ﬁ◊ﬁà®DﬂÀÖØ]o<$˘&çœÜÔ3•h(≠XbÑŒ£'R≈')I·
É*«)¢héT&ìäW†Ç*œyer´P≈2UÕ¨t®"EÍl•˘≥T¥ÓVöË_Ç`ŸYª£àèÚ3î¸(*jßQíC≈¨aMz'¡Ú,Ây…
ä{f"Œ€+=ÈmÔLj#◊ïÜ"µ∂˘À9/í
jÊ'ú•Ë 6zÛàë¸V0Ç¨«N…DŒ#…p%˘â•¸@Úƒ*ï/T©îÒaäd
¥-?ó° ÇéΩò`Ë@73
¢jÉ¨ŸY/¢:-ÂsŸÀœˆ¥€¡Y+d°ƒ< °ò'-}/_ùcEÿÏf7Ò,"o"T∂‹úÎ[;tß7Ω‡ÄÉI$€Úà¯ ≤
\Â√∂»ßˆÂä9qkHÒ(É§Ü~ª»wñ-6˘™§çäbâA¸ßΔ7¬>,ŸîI◊)Hù#öä:)wÆêjÇPqY2©!]xef®S$Õ¸È"
Ö»-sQ*t≈óPÙE°¿âÔìâDdB1.ÑTEÉßπ5D_Δ4fÙnY lÖÌ{DÏ^òﬁ5ΩÍÌ"Lc"ÂttiRÔ˘ä£€BÍïßfzÌ[
¡Õ´rs51ﬁI`Ácà(ëÚú±ä˘Â_:ïÍ?ÜL$õ°Í9¡… Y5S'a RLΔπIeê√ËËÏâ°òqÆtûCF¨:PΣ®Dµ
¢d*TaP^˘ÖÑ$+!S#b"HûÑö4LsX'M3ááΩeı>JKZät˘m$U€coôKÀÓ≤L/¢ªX¶ÎŸî9EUÊ‹†◊ú
‰âñ®J≤&C‰‰>ƒvOdÿﬁŒò?Ú4µo…ﬂC,≥ëΩód(i$gq2¨®ÑcR UÚ8äQ
(êÜÃ'"O'VU≠™tmâÖ[ŸñπêHû8-xzPœˆiEC/P**$Œ+!≤¡ñ1˘
«>gáêuNdâ∏&œgøó%p.œÜÀí´≤K/i¯Rö¢Øá◊qòé«ØÉ,∂πV˙Δ8û•û-'{√më®…é§úÊdnÇ»…
b~ï({t`ïQ¡
cfß/ÁWjñ∫˘¬b,êQ\ ´ É¢WW˘MÑ`pg ßQL;T,çìä™/5y4ø¨Â≤G'4DòF«±)m,pZz‡◊2
m¨N›¢Qe,+µ°ÿia7ä‡∂9}Õl«òßÑ4ﬂÙÊﬁ
bo˜™Êdtä;u\´'ëΔEŸ≈®¶BÈŒ≠je_ŸtèÂWöÖEuh aAÔä+É,5Eòƒ$aGÚÌ»˜îŒQ
ÖµÏÂ2Û◊›„ıJóàYlÑÉ¿º%ûfïWY6µ≥ÅS)ÂÖ.öB«Ismµπ Éê"¥/<Ijnü™Ü'IeDqn}˚ø´ZÍ+aÜIûa@ÕÅ
åπÒÜ£ä9CFØë˙tÍRw∫∂-,Æ¨≥´˘àΔ{"ÚÇhW}Q_|Ñ∏!yFœü9ﬂl|XDè
[z¬.3«?˙-4g/◊¡6ΔßC&ìßŸLBd≥jÀó§z'âﬁ≤urÏÖ>j„îóáÕ€l "œ>ñΣPM
E}täºÒö)Âè2ú¡nK´TYÁqª
ï£dÓ@dÂ
ß¡"È~˙[‡≤Ín©[w◊ª<''J/â‹Æ FÒØ5],Ù∫lŸ[iºÃeNsı»ÃKøó<KG)/…66∂ á¶-
ŒŒl®ˆxËä≠k4EŒïﬁÊùjÀ÷ÁvÛsA.ÇßÅn$˘ö∂IÉMó%ÔÈ&qÜJZØâuGÅ*vPÂÏÿ¿
)e(|‰™œ¢„ïÈÛüa7ù?«pYERD ?8Ø^˙¸ú¿4ìµù◊D=agü%/•ñE>ƒ¿ÉÉÿœûN8¥gfCmâßNn˙
\L»7√•œÈö≠Û€@]û√≤Õ˘û*Ú˘0"à-XègBë4èX∫¶j:ß
†◊[Ωÿ{∑…a=ßsßM9
"Nã
MC§-±~2>±ÉÖÓBäÌ˙ÆÇZœ±´]Ÿ|Aﬁ Ù»6d≤≥Î‹í#º•√5Ò√¨ø√∏Û9èÌC©ë∂˘# ©˙Z≠%Ïöl°%SB
ÌXòÕS°Ωj≤Ü-4à â«î";4ÜY@ws∫ehΩ÷√*7j1˘Fk∑…i∑ÆjäßÄê¶¯ú
§Í,ßÙ∑Óä´£Â"∏¥ëÑ[8œÿÑ--•-∫éÎº'‡œ6p->é+¬Ò√,N3#<L';Û√%#D)§…ª(DÊ»)&YìﬂÿíT∞èÎ°·
9¶˝€?=ÅàŒ/QÚí *˙yüCÀü¶KC7R£wC.sz∫eh∑ih7g®#Æä1<∫√Õ9ïS-ä|,ß·Û∑');@ú´48Ê#/OÿRp
AR•p£è^T3-Î8z$ºÏ√>1¬"«ó¢^6nEéÎ«":9¸2¢é˙!V<"É¿3-∫öíBÈÅD∫È≥1Jû˘"≠Ÿ¬
˘yºhÒö/2Ω¡yq:èïxΩuKIw£∫gt7dàeÄFJÜiÑ
aäëù'Ω˘¿Úß8°tä?ƒ?,ª'°ªB2∂{AMÿ?Òb¸éı-í`˙!{ø{¥DÛ"¡ÌÛ5¿€«¡#ºÄ6L,À≤¸A4#0¨RBÀ√≈Ÿ
ñ6!é∂Ÿ≤¢!'x?-äKÊ¿»∑1îÇ`&lC÷äêd™Ú∂uKFïàΩΔ‹KQC◊kLÿs∫y{∑rí±Ã +)´√êDJ§O˚Δ
Gí+Ç3GsÏÚ"Ñu$ÖA34?ÛíÓëº["∏Ì€∏Í áQ‹M"?3ŸAÒk©˙`+ìpÄ»O¬ 2°¡õMÒ£Ñh¨∑T)ƒºπ9˝"ç)
Ÿ"
Î≈ŒÎN¢Cƒà†+£à ,IF£ïdâ◊É∫5ÑäeTß•päÆs ﬁKüª-ÏC∏:Ôƒr<∏CLuTG©'Ñ-¢%¥Jpõ>ÃÕ€úç;N"N
‰ÙAÚk¨Ï»Æ¸P
NR<≥ıÛµ/éëJ‹¯<d¢PÒäó'∫ªÁhèfS&Õ„ç7ÒÀ
L¿π6/JíÉ0Δ®'+c:ˆêD∑≈ö<√';†¨h.lÏ# π4 J~Õ˘§¨êÄ*(Â/I;OXGM
+Ïó˘ä∏ÜÌl/‰ µDÆ§S{4B€E˘,º\Œ‡<¨≤,Œ$íƒ~L©^Kïr¨íÇìfÀ8°kÀ™9œà9[S
KuSéÙN,ÏÌœˆx
àà/™*'õLˆlRdê◊CF… Ê¢R Òm'
¶∞êﬂ˙ä]¡ö˘Δ°≤Ä#PyÖ¥Î2Më4MP?ILœ!àT¢rõùP≥ƒÕ{Ï KLN?ç-Õ%mÌS
Õ÷,Ã>A›"3˙µÌPÓ°FEØ0¨¨EBû˚bçŸ˘
äºõàR{i¶`"*¸W©T¿Δ †ctúIqœ |±Ÿ´êq.S·≠»Δà§ Õ˘ ªÿ∏2Ô
®Z)µr\¡T ØMH"=I8°©ÂÅV…£+k5?LƒÕΔŒ>ºB' @
Hú'8,¸DND≥Û#»<©ö9/€2/°ˆ∞TiC¡''p?›»'ÿ|π§uØΔÛ1£Ù∂h ÿª&¯x¿û`O \Lö§LÕ±UNa
ï9˝ƒú‡„ΔM˙O∫(]ùr,PYR8SÃΩc≥ `í-ñÂ ¬> lı«üÂ÷"ÍV'+@≈ÕõE†5N¥§NôKœ√◊Á@‹J‹ªÍ§%
[´üùzıKWîìê‹≥
úg(£kí QiÅâ'JiΩ¯x›T5ÆP…I´{€˘°R≠H Œݱ.ç´≤k$≤HB;O@ëΩï
O•≥Ô¯8e3/úPó˝ ƹM?Å"D%◊ø_õΩ«Ä'%ù=N≈¨S3Ÿ-=¬ﬂ¨©‹ÿ¡<
&âÑ◊, ¿|1z-©Uàƒ¢°)ö°irüp{].4ImïqÍ/Æ•]ÿ[ÿk
«ú…ë°"Z ÃÒî;ÇûLƒÿ~É´ÌR>'!êù∂¿ƒ
C1)/ÙDÈÈÜ¨tY›ƒÕh›aÚÂŸOÙ÷_ı‰≈±t‹úΩ\ﬂ$'}ƒû‹zEª,ZZ„3i¬ñÌdçs¡ç'r9¯C¨◊¢.4∫¶R:â◊

M1˘dTc¯à`5,îef∆*   Èä●aŒÃêMÛä
Í„Ï7ç%PQ>YANÖa≤»'§À¢Mj≠ƒGŒ·iM<^%Wn}\L,·$9¥Ù;Ì   W,e$÷\µ;ÁΠ_°ƒé"H
òyeF{ÜkX∫®H   €êÂâ@¶J¨ŸHí¯ö!jcïhïª`MXï5Z∫q"èìêLgL«ÃLX'#é·¶h'>¬∆,]%'ä"i
´cN^|qú+éÕ[◊ëãÇ¿T∆^èr‰∆í°j'J'Õ:'8m
fl|NŒòç÷pç\ŒBŒÔµdA≈Ÿ5ŒMfi¨Œª€aÔ>ªèâ]XG˘K8Ñ…®ÉB®Bò¡‡ãû©ùK]hß˜Änh6:A¨8âøäÿW.<œ
ÆÉRKÈ§ËÚÿJ   ht±≠®äKiÆàÌ∫Õ)Íù'Cn$œ%"ß"(ö)gè-8Çö∑/g}Wfifiná≠é÷/_ó●%ˆ-<±◊DŒ
‡‡8ÍÀ!ñ"ÖvTΩõƒØÏçÙ≈˙
Z#¨flë–R∞K†9x&l&– Ï/¯Ç'¯Ç(hÏ(pÇ(0PÉB`Õ≥ ÖU7%ë™≈
Czà«+4¯π1]∞Ñ>†É>∞Ñ≥∏i–ËBZã€ìß∫¿%™m¨"m∆Ωô†}/'˘ Ûßd¯œÓB 0!t.YYjdîÇ÷/
¥a?>jÆûÓ¨¨–ÔµVK'Á=ΩÓÛU©,ÏÂ´>ó:?yå¬a∫<=AB23B·pM†É/(l`Å@Å˙f»o˝n¯o@ÅΠÔ
`≈É0ÉB∞ifΩN+Úef"ÇÄ@ë™ÉI†5†lë.'«iï∑ÿÑôAä´à=¢£ËlFô;^{™ÆŒ)ù‡ÊÏ%0Cœ'I>°MgI-
tadÁ∂·`#ÚÈ∂f¨&9ËfiΠÓï%ÎÏ.Ìhç\{fióíòâhà2Â#ÑflÒ¡óœ¥kÖp<¯%k–Ö˘B¯˚ÊËÄ6Ô
p«Ô˚vÛÿ
ÄÄ`ÄÄÄ8●`&®lRHÜÊÿ!;…Z9˘TÜX©2èeêÈBP…&MÄ"ò]@PcÍs1PjXù√=öÿ…„Îß◊Æ·fiÆ@"$„¸Ò
%œ8hç–Á.r&flj≥ÃÎçÎj√ù÷Ï.vkM\cfl·úùçìÄÆê®%∑∂M¥ë6¨…Ú'–'åûüTlxR‡0†Ä@tA˘s
`ÛußÄ
‡sàwyá‡sx….ÑTXâ[∫öf¬π
è7≠uè]»ÖBÉ˘fpõ¶ä¶"ÖM●Î˘… Öy2ß&Æröjdêà∑Âw€z/C˘j´mluE*˘ZùXœ€AëR çƒÀÕ
$7rÆfijõflaÆéUW&ßdÏûPU¸SÛ€%e/âaxÂamÑˆrÀÀ©j˘íÅ˘N<ÈDNøk‡M‡Äx/
˜r_˜ÁÄv7˜<{<◊sÁÛq˜xOHÄA˘o`¯ïp·Ö©µ|cçh@!
ô&0 lLœ'á7   ]@ÖB Ñ:ê\àÿ7~'Wù…ÂJ<v€·'O{"ßïÒfl√., ª=JTI®.ëÍ¿«úØa^∑a>|¨◊Ô
        ÂM{nr≈M^lÂ"°fl"˘ ¸xÂ\Ö9∑N∞}qínç_·Ãí›X4gÇËs
¯˙u˘Û∞gÌÁs>◊   @˚
êÄwßw∑ÔzrÙØ't:(Ñ]‡ü≥"_àÅ7#sk™THx&pÇPK]ï-€●åî%BuY"5,ô2àÀíMúq/â5*ÎH,≈å°îçÑh"
ØâSÚBñÀd°`Í,µj&ŒX∞`>Ñï ß0]©Üö+6nIóbk
Œ)∂p›ûJ
ámj'®·∂é'uÍV∞›∂nç
Ó,/≥·"≤●ö67´k£∆Õ-ö≤a√vÈv7∑¿Ç'U
€]ƒ˘˘+é÷ÃZ≥h÷$[´lŸ/"ß<∫]}ÜÌØNjt†‡`Ä'8t@–·5
®!–Ê Å∂Ñ€¥Ë=†7p zSË‡ùN°ñ=k∂≤Â¶÷§a{˝1v…é%w$UHìN¿XJ%,.]fiÂ»°#âTFì-ZÏH±c˝ã2#ãË?
Ÿ~#ïfl.2
SSL"¡"L
Œ$,5   %êN´Â"OE!'áO=Ö
U FÖ'\Ry5ä& 5'T^E%ÕZnùeñáh–ò÷ç‡ƒı÷åÕtƒ◊.|)Õ6Ç¡●aÑEÉ7K:˘%íC*3v–aÜíW-uÕ3∫¬
e ∠j†∆
iœÜ/òc.∞ ●'úø   P¿ÇO¢â.ΩTôuèaÉe/MF●cTZ£å.ñÑ¡Ñ:ÄQ)§ËbP.π$§Frp™À0Ür%ëIΩ¨JÄ¨F
%™™Æ¸g´H…'4ÃK)¡îRM4ÒÇ†∞5ôá°.jxRrÿ!Tkqf"g"ÇEVX_πXYh≈®V[4äH'∑kô[óé‡<●Lê
°Ú5L.C∂Õ_R,ÖóG
ìWœ˘∏>íóEßôR>\sPL‡¿
À∆kØ©ÈZl}2\x∂Ÿ[∆{,È0(Ë¿Ñö¿Ùúe÷]π®¿–]ˆ˘XGïÚD¶O®––ê–C
!‡1a*)¸'–3Û]–˘BÀ∑tI$9–Äª§§+∞πÚ¬+NŒ4â∞;›î *BYò
°QE=ÎÏá"6µbVcÅsmä*í;V80 ≈à3∆8W[‡≤eÆW.˙∏W.ªÑöÀ0Œ)òì>ˆ´o^˚Ó●6G¯JZŸ¢ô[£îñ›Lä
:tÄZ G,1
,∞‡/√då±ÎÔY¸÷õ«cßÈ!û*S%t,cñ®e€=:È.§'±≈80AûC˙vB»B<œ©}D#mH9Û––Hè4´|%-ÌjÅÍ*S∞,
9ÿ¸LZöG6PjÿÏ≥gG˚ˆYXÖ»≠8∆Å"µhK+›
‡˙ñ∑qÒp'–∫*ΩfÎ.l^œ˜=hÙÖ_}ëú2œ7§»ê∞eW/\Rã–u†beÇXq^"ö'µft
ãÊdß:')c¥˚·û ƒ–Æ7√9ç¶Ë@®C5„à™Œd√≤Ä]g2îB!¿●¸`Söÿó3r!   ●‡Äw!H–Ë√å●mdŸÉ~Ùë¶
%ÉV˚1–'Ü≈í\ÈÇ}zå–N/∑^¸ƒBc[Ö≤ ∂!¥Èœ*˘–àXT∫ùhDÊ/
årÑ£iRo}Üä≠ÇóvÆ/Dä8ËÖóvêììÎ‡Ô●"∞ÃQQ:õ¡F2
!∫3°F6´ë0]≥&6˝¶∞ìPÄ(≥vÄ2ÖòßÜ1>8 \●Ïd¿;·e§Å(G!èáœò●BlB_π(ƒéP∆m∆
+V Hcœ∫áüçÕçiöÄí5v●ÑWuPA}●PÆ≈O'A…P"çB
¢%O˘Œí÷€™≈?≥`´[ÂX¥b@l}TFxCõ∑Jq|Éy9\.ÑÅ8ø¶^<™^ŸJX*nJê°Lt4∑πÕå`Xlz˘K` –
5(xÿ≈ñô√9QuôòúDjrïc∑˚S,qè†,ä„DLe(S%v≠¬r˘x¬mf   …aÒ§–¡6WëO7ÜpŒH#Eú±å5Ós{Ú!fl
ë\…$èSÎUKTÚ†A(BC
ÿ|¬¨˚1●)ú˚é#€fQ[]   ÂG…í£ªŸàì·˙÷flTé(I0¶3ÕYìB®6wÕììêÀÀ˜åWK*^&)úQ∆$
¢†∫§ñâ©¬î°/!`'◊1ìN÷ù*î©]"finà'ƒJƒÉ4g:&¥Nu5Jı®ò∫^·ƒûªÇ·ÒÍ◊D´¡àâê{ÛâÙ¥9&ç$Xk,Ç
®Vµa%cê

f1∂˙1Z˘ªhJYInuCî°ö\Bå≠uíÅ)M`8Xzñr®kï∂µ≠0Ü
oD√Œ∏È0êcflÇQÉ>&·í–*ı∞Pd_ ∞…IM™úíô√ ÃiVœÓTy∏'iœŒà¿ÀÂªeDÍJA.¢Æió%,Rô!
ÇãL|¡ 8ô©Œx¥d|Øh…xΔ}¸ >Ç|Ø"&Y/ÄJG˜Qèx\êÉ(øôXhB/,E?
ƒ»Q,Yô§iA K¶ñìÿÚdkÛ6#ìû8≈å‡·pÅãC£Δ–∏1éë¡cg$Œ°ˆµ,Ó,2+a&sÅëä2
Ñ∂–Lfz
ú/òÈ6∞Ú¿LXYÿŒ≤ù:˘&ÓkÁbF'Åï
Ç®ÏÑNÇ¢zë∑ãð∫∑frË1uW9B˜·G+ÿ?G–Çfl}ΩXß)∂éàv∏HŸ˝ÒjêðÏÑÑ¬ìÃÖö≠®E]¥≠™¥%,&KãdD7ä<
o¨Vıâ∑,ôsÉ^/ÕÖ¨eSΩ@C7E2'ê}=Œ^ëiTÕ≠±
F5%`€0.6å ÇñfShía¥5–/@`– `e±Àâ ÿœ≤úòY'h˛●N¡ëÆtS√Ç(–ÅS„{N3%ŒΩøLÕ?'
Üt˜Ã 6¿A…ØÉ˘€ØÉ%Z_˚Ãgœ÷á{˛mÊÌò+˘^58A
≠x§gí!DfiØ„™ËE; .'zÿD'ÚÙ©C,#€'
D: ®ô /∂êµéáQ
…ÈU9!¿~ØøúR2Kßc(≥
!◊ ØYÆìô
tùÎ–¿ÿ7‡Ìc>‡●∂∑©ö√åA≥vŸ˝rù∞Ä·@†#ªŸM :≈)äÛQãö%Ç{fi‡Bœ0¡Ë¿˛ÄHÇø
ı'=fi`πë`M‡˘êè´î@åƒÅ4VØÏJ'@ZÉ%ÀdQ≤(í«
≈∏0EÍôlΩÖG°úTh>ÑÀ}îV®≈h…Gç‡∞ö8¨ÿ]HŒu¬Ô·B.Ëö+ ˘™ Œ„à–ΩåPŒÿÛ]°∞q√5§âˆ9 D
|_ÿAÜ>˘iH¿˙]õd¿¯…IÂI31ì° ◊ÒΔœI
>uÇøUfiEu§LZ9
`‡1¡∞á|¡8¡8Å®Å2√˜˛Y`˝[–$üıYœö1MD@ú˘Ù*Æ0|4òL∏DÁK ¬ÇNò«Ñ(g]X
¥∞<ÌÖR9êäò»ßïÌ`0œúJ„äqC*E4‡\'†4˙fi¨Âÿ°Jå°äGW–uƒ≠˘Z7fiôq„2å#*-É%ÄIÍ
R¡F
ë¿tÄp¿h¿<œÜB˘|¿¯Âê˘ÂF˙±!ù<â˚' > ●Ü¨lS–\ÀHëtLáì@œ∞KB\
~p%X%2!†¬CËA¨(çJ˛[„-
˜ÿë≠8<≠Ä ÁECµ¢ÒäK0eMH●Mò-,0/Ä&–'ÅK>†Ãë'ÍçúfiNÆÕßÅG
a2nØ¡.ÿ4F£>ÅÙÖè<MÒÂ–mcGX8$√hL†Ë¿ù=W;v@÷QÄ◊¡#<RÄhù"Äîù˙-ù»I∏)SXY>,ÂAfi…
õê¿BÆÄ¶hB2\8=Jd9≈œ»¡Ñ˘ÊâÊ¿Ahä&!,H¨–3tbKK>^¡˝ó"TGòOLAÕK˘§Mú@§B÷ÃO"ë¬*Ö˛%"´…m
K≥'≤år!o{m●Yë]Eım–TòÄ§bR<●7ÖµyÀÍ@ö{óÊ7'H0_¢à>√%*NgÃQµ{1HÚ1á§{Ÿö'Ûb:˜ç>Ç
£>tGü◊–ü§
xY&˘œ`k:7·+Ö„|–Í●Å3uvfiÍ≤2Å£èxHEtÎT'◊,O™"É
4˛˛6œ$6Fb‡É™K–AëÕ±1xœiL"(;˛Ûç˝/ –åpNuë%ô%lŒ∂–‡Kx»π9Ÿå¨Ç*Ë¬flôä¥õãƒñîΩàS§ÇCqE
èDîV●ÀÌ[*l©X@Â≠Ö–Hafi≤∞Yî(årÂëÊíñhÃ¬eÃ
ÅÄû]◊4ÜÎE$Ÿ'Meó§}«aZ°(UzÖ●≠W˙>£°\&ÅLbá)üÚÖö∞Äa§«Δ¥Éµ¿'¥ö´âJ¿Ω[ÕZUXïâaQ->R°
{ äà}¿°V˛<¡äÕÿµ√4<ƒ˘YCÖ˛fl˘ïÑI(b˛YÀ∑>]gqãà>…]∑Y¢Â»]jM†fi…àfi">-ÙΩ
¥HC≠Ç·=≈Ω»Vƒ*|oÌòIÖ%ùôG]¡MÁú¿ÅTHMáÚt…`ÙÕ∏GüÂ·ü
!R)$öΔA£°Z%^Q1£Qa"5>£fl§a·üdZ§Ù ˛p8_®Iïó`D,ôö/…˛íœ%-®S˜-…∂@˛åflÅ Aj£t
∞¿
48>)âPFT<A˘A¥√ILC#Z5PÉ5Ä$G:¢$B¢"Ç»„å[ùÀ€iðîz[Á%Dà®ññb2ÖåûM™éÇ èX≈E˘
VÂœaÖEYîƒ˘˝ÕZtG(Ãbfiq
£!cÚM2B<Í14,·ü!U$Ec4¬^«EöÓÅyaözç<»>Δ[V°£Â^$πW*/{M+M;¬c<ΔcÚ≈RY°°–àÄ»av"bz≠µÄ
ŸAÆçAô$R>'5§"˘°}>J"ÅX%dâÑHÜdG2¢ITH#&,˘Q"Ltã%xÊ°x÷Ñx@ïñÁ|ª…Hµ¬åP‡*ÃH‡●,°H†
+Δ˘n%
●o°Ç*●÷EÖœIûí"XÄ∞≈GQîƒ‡ÅTúî(0ΔLIp¥ê i&Ù∞ßQAcÎŸfi
°1aÓ¡ZU8:öCö7.§f:ÓŸûΔÖ◊ü●fi€lZ}Ä@˛ó;&hpÑ,°PT÷0b"¶)êb2Z–Z
<&AAAéÅLÊàZfØuê˘jÊ3≠ÕÚÄòB¥
√FÇ%GÇ%1t$HVH4‡®5$bIh%áÿD'ˆƒ>ª|ë@ΩÑë'%,]∫ÈÇ*L‡R`‡µõMÍ$ñˆ$,-fiP™B-Ç)òZœë©ÉM^
LSˆ¢¬†0c`fl●M˘
õxÍüAûŒÄÆe●Ò)z°e£·Á~>"~j&…9ù6ñ"xëœ¡€åPØ∞c®Ò%`>(,!Ht¿Ñ™·¥![ôÈf«å
v°¿cdÆUfAÚfie≤Ä8d´œ*˚∞@_°Dã/%HN√G/®è¶¢>∞©$>Œá,iM»ùí°¿K∑˛@QŒ∫±€îΔN*L©Nßç(≈ÍË§
+rÖ,˘ò~iπ"●œŸ"*§Ji'™h'Lœ¬TÂFêß
%£xvåÍµGøNûñ<«ùó\¢ó°
ÏzA'ßÅCfiÜ˘°(F™(Ô]aé◊ò:÷«&h˘ÉÊΔ●>¿É^j<¶Ö^
bJû."”´ù'YMfl≠°
AíËlâÅ¿Â˘ñ<C≤0¢¡"à#˙hç˙(êZà"kñIòÑÜ(+MÇ"(j∫MÌ÷ƒ}À.êÀ>–dNú,ûQñ »å∞,°'HDùQ„Â
€π~È„%●†E™úŸ.vÅ0eG‡‡-x †Uzâ`¯≠àß●ÎÍı´fÚfiŒ>/˘BZböA¬≤%¨2$äÓ'∞Ω
%j#«uí6/◊nÙóqP™;Ül-`Í●¬„°˛ù[
™º/Ñï*á§¯!Áâí(&ÆfvÒ*_4¬ÆñÊç/2DC˘¢f$6+/ùù"+ƒ=yK'zNBq–'N–

Ê`ŒLRkÇmQJÖp&grNôRÿdS<E.hÖé\k   Úô^o!Â%hÇEµ≈Â±EÂißÑ9…7ë™>zËu`HiﬁFΔú*çƒíƒëZú
ªü˚1Ü˚Ï£µáÓöJ°»ı^Œ>SBÍ´*.Ô=öÓz!§Å˙Ü-L*•f»rS<jﬁZç*˜u'vΔ·âå…ÅG¶™% Z)ô[Åy¡Íä≤(
p.hÉ70¢6%®é>"j`'oµ4ÎèˆòêÊMåÑ,DMê€?YŒπQQoö†èÄ≠mI‡·÷Ωô†˘* •QΔRŒØ&∏Ô'§ä
x_íXxËÿ¥Ä ã I=F-°†"@ó¿R∏ÄG≤S≤‡.c{®(W.ü9§CFÓÂ¢BzêØuP∞©®……%Ôuú¡vP~n•z…U}¿»¬z¶
-Õk\`û.ﬂQ-≠≈ œÄÏ]   ¡êhA.™YÜ<…•ó√'''˘@É7ØGÔ#û>“"ÌI
-4,o"6kkM•Dµ(dFoj≠NèÃ,˜ÜØT-ôØrΔBQÊqøúkòÌ3œÕ/   ú   ¿Äêô-0x
Y4¥QB/AN
pû
u
ôâmì˘û" &“ù.c&ã¥Óˆ^Ójf(ü¿/ê≤^ı\:,3O#z[J˘-§Ç!ÈbÑ,Él•t
%»S&√HâH
0   ñÙ∞-Uô‹Ó§=Æ|Í@™◊C*Ï@)L3¢ØØ-jÛ“V±m±Ipõ∑thùu%à±≤ZQË%ƒèà`Î
\kT8'AÖ˘ˆÀ'TÖéÙñè•[-ˆ3RN¬%ˆ$|Bë¡hä¸<¡¶l
H∂˘ò”%XY)≤
˘‡"ê˘UÍëâ}XLÅ•´nr&ö4(G,^"^A∞ΩÍÔ%.Lo¶y*ı
ΔèÇÜ¿,˘v§»ÚîÑ˘ú#ËM   √h@µ+µ0SÌn◊-Ïmïy·ÁzbêœÇ7P3GRÉ$èV¸√6'-∂hH∂
¥D8∑˜&TªPE∑§3yéPò»ñ>À„âp©œÏu^ükˆÀ/øôAXÅòA,∏ÉóÅ-A∏XÑ/∏òÅÜo˜ÇóAòìDwó†ƒ"‡ -
Õ_!“°h¶à¥iè¥”)§]Â6g∫∂á≤˘¢r•E#+oPgŒ ÜZân«>ËU=®óhÃqœEì3Ä]œ/FdRÊü)·-,Õ.a
°`c8ÛfÓ#<É7¸ji.Ì#ñDÛ-D{ª7Q˘àÿ¶á∫]ë≤≤ıP¥ã.EıóŸW¸§T(û,}BQZô 1œE'R.∫&LÇa?∫
£3÷'A•£¡0V•≥1V¶∑âU∫¶szÖ?Aîﬁís<"í_"
¢D âœ™{ƒJHØ®{0d˘=]Bv-è≥Õ({∞7ñ¥vú4ö≠<J;Δz:häÁÙoÔ ñTIIQ^0¿î÷@è™nócÅâ…``|ª92ö3
∑zÑ¬4êÉéZC4¥ªÖTH$B¢JxÛ6ã≥ê∂7∂D=î∂-wNQòãπËwâòà*:ó≠¬CπNø%u°∂˙Úña'˜¸R¸¸Ú¡˘¸
$@¬#8B•Å#•Å≥±"ßw<âç<â5õ:5Å©˜ 2ˆM¢¥:≠Æ
±Èã«'CÍ<Œ˘Xl+dB∫ˆ>'4ÈïBn∞…iÆAn£Rê”\«œín-≤T-ú^`…'Ä~À®)µ‡·4~ÕR7ö|;ıt\îRv7
Ñπ3x˜é∫˚Ö»=±z≥öØyœèí™H(T9≥âﬂÀ§'`ÑªÇï“€ü#:Q∫>8oÕØ?„õ$$xa_Ç$6p¸$x«√X«üº)òÇÁ{
¸#ÏÅ»˘°≥˘¡°ÄΔd•KÖ<ÍŸÄv J”Îïiüˆ©ÇÎ∫∞ù
Ñ-˘"ê≤áA>[Ó˜P!4>Í•˘6ë"ú-óÓ«&Ë»nÃ~\}ˆ¿
çZ$ªÄÃ“ñ€lŸSOŸW7ÅNµ{∏@7°"ªGè/°W±7/ÔyáV≥>+≥Œ@”ELó@ÅœﬁJ8LB]‹E•aEÖ∑Z>Zuã„™X©R}
rHê"k•˙§Ú” Oó4]í4È“§ó/c¬§π≥fœIêÄN:ı3ËœPû ÕÍ)î“§è A5ıhÍ∞bÖ+Ø B∞˜≈Ø-Ç0kñE€∂>|
Ë-·ñä∂vÒ÷'[-_µiÕ™k◊≠éÜã‹(¢£»$b∂I\˜C˘Ÿc«N˜†˘à!:O•/˘Ï◊0@pÄkØa#`òC:b
A2Ü˜#°«àArrp6bêoQûÖπd"åÂ.Å%çö¥i-†”N,{4Ó«≤_ﬂ~L˚∞ÌÁâ1|H,WE˜Ô€#t»ûÿ-
ˆ)÷'à•,Δç'G"…§èDj…%U∫%ìI,±   ¶K°   BöböÑ'
[™ÂìZ4·êZ4â•9'DOL4-ìZ@§%ì0R¿ä4»j≥ØBµ¬¬Ï/¡>pÅ%öÎ∞/B≤.ò˙"2±ƒÍ≠XÀ,œò¥Î∞ƒ
+ÇàΔ"ãÏ"(CÎ≤31Ì≥Ø˘Jcì¥‡tÅ^ì369•*€bà¡#†˜mﬁåÄl7«ΔT6Δ`tπ-ä»¢àIu•   8Ç·ÜõÎ∞√<Ú¿
”•F>Œ°Ú2è!ÇÓ[/V!b°˚I"≈œˆ*Çı!ÖlÅ(£á$p§ePQ)@nZBðß
kZ0ïÙ©ßô&ë%ñ\Ü95ñ\^}u'Q≥ÕˆòX¬Ê'p5y"Ç - "X7≤,*Ñ j!Ü∞t,Î,œ,óH,öK`îƒK«%ut“Øµ™
\+· ò4¨»"sl∏#th≥=«í,6AŒ%ÕNìiŒÿ`‡Å   >≥MÉn¬ã$Δ8¬∑D˘ysLåDëS#8»'ÿÇ9I
%”„;:)Fo:%/;Ó†¸ÍÚ¥[o Ì»37W\+b[]'”ÔVZ_◊ZmM[#çTπE¿ìJÈUNr
Y_bPíó&îêoM("ÈB˜G•f<k®I\kW¸ƒGú;jj˘AÉ6pW+8Ô°s”Ù
Ã+˘Y∏m»Ä6åÆ°Çl>u¿ pXa&â<≤KΔé»=≤πN˜+Üç«˙"c9¿dØXFMy8Yñq4pAz‡B¬õ'f$∂--8ûÖLhÊ
Õ]∑Dp©éÏ¢µ'ˆßA/=≥Á?¶Ï\∫ﬂ~≥¡÷•=ÜÏ¿VÒ˘œVµ,Fn°äU-mX%)>D¢íX ®%®»[¥l≤7ô˜%3ëñÖzr•
X'°5é°8jhC◊`°6œAçkÃ•'∏Üøã'l`ô”Jç80Å-^
~∑£)•1ÿfû˜ØÅÏ.ORòÏ'Rñ,AÏGíÀapÁò‹ëIãfí>ôÙîFëè4\i^V&†hÄé.Äôü\`ô
%¡7G∏^˜Δ†õAmaQcPÉ˜e≥‹9¶∞`Δ˙òµ©m«;Ÿyyh≈*bd≠j˘ÛﬂC∫µ™n%D?Ò˘§(ﬂsë^∞mÚH∞@2∑ ~
%@“ƒ'¥"-ƒ'`<ô…LHÿ8jî∞'`!5œÒ
~√Ö◊HÊ7¿ëÃ&s`hAj/ÁqnOàAçò∞oä.HMlãLW©â≈ÖHs°ã^ZG~Y)ãZÃ“]∫ËE£-c[%
-®ôiFO≈˙ç7/Æëé
≠cüÏË?ÅÓz~°ŸΔ („R|YPdÓÉÑCÙ,<`4|aIÌxáí¢ÇZ¨4y.¨©«j   ∑ÊW´≥)D?"ÉàC'f´å°ñ™
Mb7°>ÑA<•.◊À_ÓfÑ√L<Ui8Cffip´ŒdÊ7∞Å
gb„~ËA·E#xOàrÏìøYµËHG"ã˘k\PßN°,U.®˚◊;w¥£zB,KÖuí„ÉäÃû˜>_.3ñÀÙt©l]/Õ/h`^A%lCﬂ
Z$#Ë@:ÌicÑ«9ŸSé-¬'òêä¬∏N4†Å[®±T;Ü#Üwxª I˙wìßb◊∫ï”U>¬<œ ÜsÌcûs˘oÄ™%H.(ëƒ¬ÅI•
Â
Ñä>“Aj÷'ìj   BíƒUe(√Œ◊Ü3Ñ°}ùô'/ê¶ÿ·Â,HGz
ës/ªÏ]{°-Ω.z≠Δ‡“‡Ω™`ÄÕ"a   [ÿ â√√XΔòî/«bÜƒìΩl¸M'Ç¿∂KC=Çœ/
´OryÅiM;/ÁAµ5„œÇÊZÿJ¶>`$3ú1çiD#íO´%yX™“´
ó~9MÈ"ûˆ(∑l≥z’ˆΔˆø]∞#k[‡∞-,A∫+Yµ¸ƒ-[RﬁÙÇêŒ"2oµJàákË ËÛ5îQÃ˙ W'c+3√HTa-hT Gz
'qz/õcü¨¥ñ{ûs.>Çë·ÚÈ‹ÅØ„´[*ªƒx,•∞(Ë•akd7iûe˘>Ô^%Ø-ôÛ≠°}´ÆOÃ&'ÍÆ1¿Õƒ

%b0)™QàÄB?])$tÅ∆Xrn˘+øl#C€€â’∑…Oä[ÀÙÅnN£K˘µQZ§"´-Öªÿ6∑ôÑﬁIUÍ',h¡ñ(HAyÎâù?
Ë¡I¬Bü5î!CeX#· øa5]ﬂ¨b¨aE43ÌßÂ:î!
NËpêÇ
DOz/àû7øâbØÑ8aÑAß•H-jP;Ü‘ñØ™Wn'-iI≠∂≤ì-ÆúÆda¬…k;7ËS[Ë
•®˘+Hm16≤¡H?/ÏµàÑ≠vW)t!∂X∂uän∑€,∂2¨(≤ÂO∂ÍZ˙YÆ/rÅTœJ!
ièB6¢äwª≠ª&QÈÜ†~˚ÌÕq~Íù•≈^j]Ç‡í(a¬h@+#-ù∑a}µ!÷Ø˘^É,˘F5∆ÂâG¯e†¬z•Ÿø`ï∂cø -Ø¶
ù}ùyÃ´ÛO€°¡´KK`„ôaV¨HDÚ9YàÆñ>¯≤F|ƒØßØkªú¯üP*Ã’ë≠lÛπ6Q`œBEáü.å
¢ÿyÚ‘X ˆﬂb=nü1&b5¸·jπ∏,¸Dâ=¥Ïì¸C#Œ¨ﬁR!Ò.$/ﬂD`¬@tB'ÃK‡6à&n‡(ØZ,dœ4,˙¨¬J∞!-j®
ÜDœ,H-°J®¡bAL° ûÄ   z@   î%v §”»)_\é¡BÌ˜,∆RtC7,Â”îùRMûÆ®ÁZMI˘F.%
/Æ$˙å_êé_äçÈ~-G†§uvÌ
Ì¬ÿ§HüœDwØ*Ll˝ÜÔñ@p¡†¡,Ô<∏m;ˆ=ËÔj∂L;ÚœUàK©Vÿ√Ô ß¸.m∞+
ØnV,XOAûEÒp"™&pl¬B‡x   'k◊K=-Üê°ÆR,\Q,V∞-Ú´,§…Ü!·j•x- úÄ   ò@
v@^¿J£2¿ÇØúhHÙ Êò   îÊ`
‡,Ø∆∞,ÆÒJÚ,.ŒâHb†∞ãÆØÀ^ âtñnÈÆÔ◊¿,üûpt,È˙äân@Ÿá¶PIëÆG¸rGí‡˘¡¨·ªM;˙=,Á<b•=&B
éˆWÍNÄ"π∂LÃ>ÈZr° 1à XVÁÜﬂÊ'HíApp"ÉxBjÇΩn™2ê]±·®¡Ó&OBÔ-Æ(nÜ¬!ôÜ“ÑÜ°°Ë`Ê
%‡)ÛÄñÄîÄﬁ
†TèmH®GÏÜèì¿¬2 ïê,´Ò.fØ““äñØèÌû,˙Øã˙°¢ÿ-ÆàJ´_Ù¬Í‹©˜≤nü¬$2<
ÏI7†a§Ÿg ÂO€ÓÔUXÂ¸•Áì÷çÔ˙á=Ë7”î*Ç[¸#©àÖ4˝BL˘ƒñ6--pd%=(6Õ
+Ÿã‡¡&Uë_1,"ÓcÒ'i(Ç2ô\Ëá°T/)ó“¡% ¿Ä   ñ@®Ûﬁ é%Çz¯J;≈.¯í   ≈H   øìŸ
©äê±(±∞öƒ÷,2∞•E◊†ÓëàMΔb/wÑÅd/zOb%bR*F•që*&   ƒJ¡ûÅ}ûF~ˆ∞ ME∏&b.ÇW`ÖkË„=Í
C39bCØ•˘∏•!‘¶BsÕ/¨%Ta$ı-E˜ÌÕLÚE5qAƒBÆ‡@à6
Œ%]R7=èòR1'ãi'
-¡!øLO¨\≤9ß¢¡J°§œ`   ††*Ö¿^‡6LG¢$L/åL‡"   ∆ì,ÕT
ád≈(˘∆PÍtNÆﬁ)H∞P∞Ëî,†O>óŒ±êhÈ>fÆÿëèàô¸ä%9Èf‡ê   …†AÏPIÖk;úk
Î˘,'=(BC1tî¸ÆÔ¸ÁCØ≈B/¢mÖ•@ÏÜÕRÙÚ-[¢ADO“©.Ñ%1-F)o&a‡lS"Æ˘ÃÜxÛÛ|ìÜƒJ¨h»'ù
ô"gIö¥9˝Ä962¿‡°Ä   †   x@x`[øÛ;wÄLì@ê@L-ÙLœ4`‹KúdÆTmJÆpuZMWé,
%3’å.≤ú%>W˘MØ*K/å$Füä@¸*J∂kü»¿!Aá·≤Âπ“&W%gB{JÒO<T…Ä>   D5ÙV
(Ä¯c(TUÈS%&Ënä≈Ç"êU˜
Œ8®‡öe'
Œ%
›k&AÅ‡~v‡ÜI˘U7usOØHıYUpYc®Ö^-kaí"®¬¢¥ö2¿¿ö`   ƒ†»l√Vlª@   »@
∆≥zv]”µ¯tŒu¸ØÄ$∞cØﬁ4¡îhGÏt˚°Ô÷*„#À2vÆUäà&Ê9¸S2$CL@J.é¿@Ò fAA#6CÂc|
aB;¯π87¶^ÂÛÉßÇ˘
πÜƒ∞´T;≥T{≈˘∞ä#VÈS°Dπ+%/ÃÇR°e;ﬂH“*$%;QÔÃfq˘%˘`íwyä)//'.,àïXI/ÙÚk¨h®Ö
\Ü"GI9Ñ)r1ôS)Á@¿†k≠’ƒ†•‡}øœ@l«ï¯¿"Lªá‹Â≥L~d_F=W-KÚ%äÿ†-3t à]WŒJ¸eøŸ%b«˜ §∑
¢.îÊ¿¨mÜ°A-¥!Œ√b-V‹&‘=Dubyîh=d◊ƒveï\˜W∂%$>!Ó≠Ç$&•MﬂP·ñΩlîŒtV-ƒ6'vuWosòÚz_˘-
ìväIoi˘2ôx≤ôV»Ö°! è¡Nƒj«WJõì)¡@~œ‡@Ê@!˙†Í7-®<∑']≠•ü÷B,∏/.,^ı2ƒX>õ®uêØÅÿ/
,Úù™«à¿ô«˘ííMK∂÷Iƒ@lÅû·:Ã„iD‘>ÓœπHÓ$,vÅsE4Sc¯î@iÃ^8®¨´BØ%Kî#'±ñ-Ç$!
&bB‡ƒ,êàgÛài6g{6á!AñWêzÛLzW1H´˜π∑äKèëuÜ∂¯∂^•(9§)r-IõSﬁ8ﬁX"!D°"A‡†††
\Ìw8íP9M#˘Äù4=Á]Á*?óDaËj/’≥áπ=5mpœqsü&8Q?≠bØ¶»ƒé\…Œh¡≤≈&U;ú+!
D˘¸D˘>7VNxØïßx*u   ë›`òW ÏïØ¢Ü7D%p˜DÒmwIRFÒÌÒØ®&$AΩnµòo‘Ω·Ähü˘â•W-
≠öâıXØ˘-∞ÿœå…´îIôGI}ajCa*J!)•Ùù›XDÅù#aﬁŸÊY;´«û#É{ËƒeıwˇÀ(=€1ƒ÷˘î®]•§M[é]#?+
´∆¿˝Úq8U7(x1&   Fa£ßAúÎ£∑ÉB-ïî1∂Ñ+ì~·T˘YDe94Ô„C;ˆ¥i˘>Zimb)∂ÔM°zW'nB°zπ°^"6©
Â®mˆfKgÅvô!°yö˙âYÒ©•∏öÌÎXW•,∆J¨TQ´cqòÆÏ(=Aı¶¬ÿzaD°√°%XLw`-]iÆ,'ïôàÆ
[NL°l-wârb˙ÇIÜÌë
ØÈ7£è WL˙™HˆJ˝°Íb=˙π$U¬Î£§C;˘‡.ïUZ•ﬂ£√ËdYZñÒƒ%lw$p◊#˜Õñ*z9V)ÑàÑj¥%5ê‡l
\pz(à[ñ˘ôâ·ô≠ ÛM™Öt{ı´äk»Ü≤˝´ò˘…WË DÑ<a*LaÆ|¥°;AÁﬂYlã-“õ,uáÆÛwemHêÑvPüê?O`Ë
+√Ë¸πÂ§ƒ±∆=MÃGµﬁ∞f|É{Üë¢†cb\´/Ú`6y<:¬5{;»§-ïsA{√/b2¢√QXÜ+4ÜW◊d_ wEd@VAe]Çñà
$∑/Ëò}È∑y÷ΩÜò÷©≈%o(|¸'Ç\Ñe!ö°∏Û¶π»?Oìñ{mH>oóíáû˙H#'=b-.WfaÆ°¢¥Æ|™T•qÊDÕqÕ
+eu(£†Â¥pÖØÅØHfD√4¯ÚøÒ9Ï}Î˘Ï|#˘ª/ìR\.îQ Ú†f°Ù‹fes¬“A˜<ZÑÂcÃ&ˆu[S?
ññewƒ7B#>"≈UVC4ßY&L§e¥m˙∑áò&Æ∑{ªÂsVÊπÌ◊mœ©o2· Ó©ï!™´ÿÿÎ+´Aœœû   õ
m´^<é“ðﬁÑ¡/©>f¡f%ô<>€»∑b.   oéü√a/ÙJÆHŒó»2F#ØV≠°â‡KLã¢â{ﬁpÎÆß`è†Øïçq€…’
hG∏Ä8∏ì„g“>≥G9tE9§;WD}A¶w≈Ò;ƒ=ùum•„DÇ6%NùñrzeÒ
Œ%«´Ó5mVpv˘x[^®i¥Â3•Êõ˙◊üπòäVÁ°ö…ì6ŸèI
mö≤Åª˜Ü"' °¡ÉßÅÈg·È≠}Ja¿ÄΔU˘/Üü(:<≈ËΩÛ6Â¥=Î)Ø   {JÏ∞{œÿ¥˙˘)2å¿£ƒ®¢Î±h&ÜØ~Œ@
!A≠m¶Åî V:w˘- |ÌÚ•´†¿Çﬁ“%p°√["$∂êX¬áπt>Zëc™X©R'Jıá%ßëüR™LI'•O6&}ö§…í&ó8-
MƒtSß§ö4'   ç)iR-ùBëM ¥® ¶«é!≥ÜL*≤´»™!£¶å+µj ¿ä≈ˆZµkf”˘ûE[M[/oﬂ‹^Àv

/kp©is´MØ7mfi¶ v6ç∞1a¶≈Èíâ>ê¯8B˘HÀîëdF¬ô2d,X†@ÒÅ≈á L´.ç˙äÆcì&ùDÏ &ÄÿmDøu@Œ
r$Àñ#«ë°l%¨eœEtô>ùà£±ãF¡¬GóF£f6Õ◊4äƒ|YT/0˝¿Åƒfi3DHê†Cä!Êflo_c≈áq‘-- Ö“I+ëÑRIð
îíL<-ÙÑûe!SMM"»%&µîPK9ÖaRQEÖUU[ÖïïV]U„¢Zjù%„5/°#^uŸe◊]/|É_÷ò6ó÷˘xcç`GNcÃ,£-
-GcëEyÑfiaðŸîúq6ô◊ÖVZj≠â€j±ùffkªù°ÒΔ¬o\Δπ≈e…mau:°-]gƒuÄ:†çVöxî"û/√0™zÌÇfi-ƒ†
fl-I%êFúv™fl¶
%¥flB¸È≤ ©ÆJ±§K-+≈™í*0°2L∑ÓtSÆ1ÈÑTLüuâ$EIÚîQé®Ï$ÄU"V°`’¢V’p
%VXaÈ8„∂lU≥#_>bcW∏x¡E#ç‘π◊_◊@„ç7‹<3Kbxê!g˜zfÂsömë•YNZh°ŸÊ% †ê0keˆffo˘∑âZhø¡
…•YAÑ˜(7Ï h»#fl∞
ÿÕΔÇëÃ2À0œ4/(•ıπ«|Í¡7êBörʃ©E˙˘GÍ¶ô*4‡*™‹¢
“!©í
*&≠k‘±/juÑª
’”M•µ≤Çªl≤F¨qT≥IS,1ƒ†ò¢V^eıïä2ñ%
£àvÕxÓéwÈXçÿ¯®ó^{N#ë˘∂d#ptë•ñöQvùX"pcK60¡™qÁy¬¶Õ6õm±ÌFZ¡©•Fpp◊ ®!flÄÚ
≤«éBÏ¢ä≤Áe¢Ê•‘bâ£çVJ≥§ÕY*-ÕEœ∑È-FèZ*®ÂQGLH“”Q˘√™í˜±™,íKª/Ñ”˘@ÈÜªSÿcØ/‘± £€l
£˜U‘dÖ≠X˘À[8£¿˘h-hÒõ∏~tÆœPÉFC≤ëÛÆg‘bâ`ÊÑP…Y…_¸BBˆ8…|Δõ+Mh∏É∞ÌúFa sX}
SØÇ)âP¡·ítDVª-¯•v@¸°Ov∫”8‡PrO£Œ3b@C±ô)Ö≥ùÖ™> ÈœÙ<Â≥ÎA$#…GêΔ4ß9ÕV¥≤’'P1µï
®1%j‘L≤ì˜·D~^cJÿ¬"!≈èB˘Ü-Δb•,ªêä"∑íï´¿-,.˙flêañªUÚí.™˘-]-Ú@π-çzë†5¨A#
¸≈HJ*≈(2Åá.âA3ëÛ Â23• !A ÉÃgFF(BJà¿DA≤”K-jwDbô2‡-≥ô>dòAc<c<Ml"{¶®°n6
äÛ-àDˆ„≥-m#ËÙà*TߵËiT…ae+Z¨Òû.¡ïÉ≤œ%•éì®≤âøçÌ(ΔÇÑ Òá?0î°«($¸ê-
∂ıØ˘ƒPµY≠¨Øí˘{‡Õ"“ªt“-ôú^Æ·
Pû“<P“,D°C∏Úïƒq(sXN)Ñ#·ñÙƒ•Ó”∂ƒ°¡0ÅÉ≤‡»ŒòœƒN°˘Nv≤fœ•ÃîMÔHÛÅÃÊah/A)ÜçaHÉd≠îE
≈˘%lõÀ[´AË™ÁïÛ!J;SëêÄ§AÌ%·(G{/™öHlbÒìµ¨ÕƒBœzÏÿê%¨ßÖ(M C…YÜ&Úêø®(äD{"±dÂßï
$>Ï˘"±TK-_a`[T:AkÄ0,M“5g·
Q ¢dÉH(À˙Îß%ÃR-è‡:/ΩÓ:!˚Mto`÷ïv#ì™Á∏j(/úÈL^’Íw’41∏‡°òΔ0≤©÷\T*Æ«[û§nüNç≥gxı,
Û°»ëvÇfiq/˝∑WíVAÌç*ëfbi≤˜O\Ò%%˚L,NnÄN¬}‹#±>4ŸÖN¬° ¸0/$≠üË*ƒËV:j≠}≈˘´Ω÷kG
í÷X/’™±˚R[h®˜ŒØÜ-FQ”>‹!∏Î‡%íCÀ»YÓ…ù©“˙D2Ë>8’≠.†@∂ßÿ]gª€ ùk`£¶8¿ÃÄ%j
òπf ∞˘Lo“ÄËPãıÆ≠Ì]èŒfi*≈päÍ"A≥´5¢
˘¨Û©0Äœ(3ñ$û˜\£?°ÿOTH¬ë LÄí«?N÷X"%à÷«-˘x≥ª8d"%ÖàD¢ÿ*“¢VµŒÚøj,c◊Ä§%À…k|
Â◊œÆèu,J
ér◊\í-hjà>9∏ù©ÃséìXÜ•q≤‹!ó∑|eé°P:‡«∞[Â@%Û´„¨¿O√L¨ôônΔÍô¿∏¿ é4“ì(BSï/s7
)5ü¸ÿ’h˙}^°;≤43&∫iflI
œî-ä$<°¥cUÚ4I<∏¡2…P*úî`y~√Ç_-<?ÖñÙ≥ªXµ™•≤äV##Z*VΔäπïçÊön??À‹Çlë
˙Δ•([

CŸDÓC≥
qWF[/LÓWrEô<I«:}≤ŒU].Å[óÀ!ÇÿEÊ1§Í†wÍf∑∫-|ÊH¿Õp≥0o5ô˘qEù’K˜F-flÚU•-◊ÉHoS≠ÙıíñÆ
Œu6¸·ã~x,†Δh„J%öû0Ñ(-˙\ùèùΔêSÑ5Y?ñZ°èÄyÃIâ_#¥UY§T^L≠/ÌÁÀPFØU
€Z˙˙Δ5ˆ5èó~§aÜIç¿˙0˝”>tÅb»ÈNëSô»][πí{n0~µè]d·˘¡r‘˘ÑÂ·bcgÓsoCÆ^kñ7ö˜üw7?@•`^K
-ÿƒDï“DP‘VÔ°xÓa3;É)u*yQh∫∞p,et /S€5%a+0≥7!s$&A>'® j∫"?uƒzCa,ÚOû6"ùµP‹x?
∫êH∂gs5ß6(”]-HµQ`AëD7wIîÖZlEWc∂e$Ä·c√@Û2
çPS“7}◊ód˝“ïq\…umŸW“A-1c'vz¢'·FK“f%î]bF∞a˘˙gxozo®.¶3vÜgá'E|v)ïN˜UNëGh
±pI≥
±Äh.Åy©p Wq«s4iR>ö-Ç¡&á
?°+L±>ÓÉYÛÉPôÖÉÆ«É∞'H|PÖÑ<´fsUâ’µ#1&cΩ6køV-åtQW-Vxe•^Õ ∂•
¢ê˘àÄÖ@Ñév`nê}wbœëSKï·:Wve:Ùq"Gp/˜,˙∏Kì&sDêy Ä•Ív†êª¡ç•2ÍÂ
)mEëíRëI)N‘√)≠Pï®4B≥ÅU ùh ¢Ç•f=#» ôΔñP!πRì(∏iYc!1AaüH÷Gö5
ê¿Ω8 s#Fse{Æf˝ÛH_°Zƒßk56Öçtâ5k[aÖÈ·◊§ç£@dfi˜ç‡XÖ`w-Ÿ7Èx»éÔÿusxzÚÜÄ
¢CØÉógWK˘2%è'Ñ¬¶·0s'êiê˘nvfifyDª·^•Δ0
-`·^P¥l≈‹•¡o!ÅwöB_ctÅ±ê=‹Û4+ ä">íÜü`Ês+µôäBazπ)œ≤>7Q!}ÑãÀ≤ÇÙ|-
P6»”6CHQmCZOÈZë%-,Ö-†¥ï‘çXqQ‘
˚Êµ@ 6d¢∞ Ü•çòPdiÑ \ÍXóJ69Â-ÅóÚxó¬°‡ΔüÅR%tèS%†·C êÍvòêàYêâê®¡¿y0œPVÈ-
D!)õ©ô ”ÄÍ<°y!©!Yh2yàˆû¢®=˘/„hÒ§F¥õ5¡ì∂©£≤)z=:YD!P≥HY™˜!{ßÊPö©ô?sÃ…jmc"V±{>
'kÃ@≤ñ"Ÿ)ç5¶•ƒ`
√•*¥
.≥ç¢ê 5ıçÏYñ}`ébpˆÈuñQ%≈ıìQq/vWV1¿ëüy†T"Ú◊K3o/†
/òs∑†q∑&•YœPVâ2áW_
1)rN˜qp&JíyïâyÖhq˜â0a §Xqüá52Aõ9˙™;j>?˙G6P!∑˙GK¡iDjYD*6B·r| «˘äG˘ÉÖZ5Á§§k+

¢QR(7-ÇÑp7<)ç)≤ÔE˘û0/∂P
00
4ïÜ∞¶eâvpñc@÷±œ±éÏhüÃuüÀB2ˆZL¯/ß|jè–·≠S(êtÁ†{wqgfÍ∂&ˆ∆àHƒ3¯1°ërîÀS±sı)]í&ä¢
◊# ¢ÍW£™£5/ëF™πrÑÇ=Zì∑)r¸%OI±ä\£ ¨'6≈¢≥DöEî±{LäÀZµá?§µbotµIıb†d≠“
å%ú,© °
¶`
™t¶%öûf∂Ìπ Æ„ÜßfõSì#ØsYóØs>@2°a2€Ut{y:d2¢A:Öy®çâòâiêq7°.˘∞s‡ ÍExÅQ¥3π°ô…
E˙yòàNî◊_2/ Ç({ ¥R≤≤íq£˜≤Ê„Xµ ´¥®´U8ÎG<jr§ƒ: |êª¢≤§¬àH6kN©"÷)7,÷{ÿ)µPãTÀ
•Èad
Cñ^õ ﬂX ﬁΩk/¶cp˘,Ü˙,ÜﬁKáıJnÿÂ9¢!∑πÛC◊Ò,ãó„§cfgêÚãòYwXµnªa∏.•N-
uvg∑0·o!ëKπ
ú±'4ÖÜπ≠p*y%¡dîyN≥ö°(££˙≥¬¡§≥±jõ≥´<Í+#gûã^ªJ!ªØ{ÇÙP|{πk¨˘Ê§8\)VQs+ïÆ
%ïÆµXy≠å‘6œêcZ
\k
¢–ƒä∞ äÄ j:én@È™ΩÎ Òπéìɔ¡%l´áPfû£]Sè≠√9jD˚†)∏ﬂµ`à∞
ª^9â»Sπéw±ú_üRhÑâπKS¡ó'£2j≤%+qpOõ8ZzØ*≥õ&z$«>5»¬ò5ªØ;Pê•aH˙|PuÄ¢?H¥MZ{ÀZâãd
-Oãå√´ï?'ƒ[…H–†6‘•^Ø¢µâñë†%Z}pΩÑ@ „∂V|éÌwß”°S‹wáÔ®ßÿ≈µ#ﬂœ‹!∑øõ
£∆dRòK∞
Z®·Öko˘¶igïzô˘A_sµ¿[œ∑FB√°‹œâ°¡ Hü˙p®ÄFëì2¬∞Zõ-≥5;§-<§¬ô!-√˘@î}T•É!y¢»sÀJÑW
°“(k∫÷H≤Ã?Z*µ£'?G¨ û`
èçÃÜ–l‡¯[îPî`Ω>çÆvê≈ÓãÀqÜ≈!9iKóm;÷°BÈ€‘z€‘t+’+:f"øXMŒçyfΩ.¿Íú_`
µ†^2"o§r¿òπ|¨Œ£_¶rÅyqyvqäÏp&£/A>*·¡z5)ÿ˘>Jz;!P'< ∞(ã±hãøä!ıa3¸±ÁTKö
“…˙%Q˙îW©Ñ®EùqvbW©“m≥À1¶2>_ÜF÷dé«l€ﬂ∏Ãt'óAƒ¡dG>ØÄ,1y&c2/A0‹ÃB»≠∆?
$&Ûñ'Ü)ênRo`mo/†tÄMxÃëí∏Ú¸gs'<_$4Ñ∂¢ö»x=£#äq¢ÎÅv–èL+.;ÿ#\ÿªôzÓì≥.Ï…π»Pıê
‡èp@–"ôŸúùj7◊6–•X–6,}¸c/©≠ÑU{">"5≠bx"NñÑP «,éð]én@∂“·≈˘∆‹•jüq:Øm[L
€‹'PM® ùœ€'F¥®%nb^◊ÕøáhÄìygz\x ﬁ¯1Ns%*i=ÈtÅHìÅ™–
âÜ4à÷ÅW°»O"X˘
… Ω–5q>∑âﬂ=)ÏG¨<¨Ä∞Yè@‡|@=∞ªp¢
œŸ1Ñ',"GX‘"ÀGO…•–∏À5F´¿µ^® ndÅËû∆,é,äÃÏŸÔπΩÌGv≤∆Am 1'˝JßÃ5óEUNm2√
%Õ9~<zÀB0tŒ"&√Ç ÷`≠.∞IdgÎE3˜±1ﬁ˘°)Xd ◊Ì§4ßíí¶*-˘0j ôó™€≥í§+ﬂèÏ≤™ª5°i!\É
´ÊÓÇK1ÁüLÁLbê∞ê0‡ÓQ– í®<
1ßŸ´Ü<n3ç*F
ª∑πv/HHƒoå°
ØÃp‡l]`éö>≈·ËÈÑÄÑ–n‡X◊€gxœ]tZ%¨ûßÄU»t;Tç„Â2∏û:°>Ûl"òÇ˘'ˆVo)PÄ
¥3ÿT©=s¿‡>)˘Â·(◊f§á®©Ì*…íÃÌ◊^Ç&∏ä&G%´9·X<ôÿ∫Ë∫/(,ËÓﬂÃ2Ô˘‡ΩAÀf"∞Ì÷«
“à§jƒXËUA®ï•œ•
øïƒ–*˘â±äÒU∑,Â8éï`,îÄÒfô€Â(‘”1'•Œ}<´Í≠NüCœ%‘…ΩB)?2úÎ™”èC°éöøÆŒ,ê.†vL÷Ñ±à[G
ﬁCNíÅè Xùòí˘îhêú◊ÓÌig¥F2ã∞òÇ ÃœíG–èz~dr∏XÁt~Á ÷Ph/‡êPaÄ˙œÔ˘ÆŸ
Q>“áÙ,œ˜ ÔËÀçÀÛ †–yÒ^@dvÏ∏±C≈‡ABî"ÑQ°>v∆9b$Kë#YélŸ»1À#}P§8Úà$')Í(,C
áK:t†@¡Ç≈çõ6uÍDqC˘¶éò;ur∞ÈIï≤pÅ4”.\§Ûhñ±a”Üm%ÊK◊–]aøÓjVlX≥_’~%vÀÌ≠Uo„™R
+U*ªwı¶R•W'•Oó˙ˆ
°˜Æ`TÄQ•∫§©ÒcMìPI˙4©ÚeÀò#˘≤%IÛ$–°E[ñ$i“•Iì"£él/4h”Ç@˘ÀÙ«m>ê˙<zdHã
,∂Z'*W+]»ìÎ/•äØcªéÒBÜà:±_'å!≥VΩ∫2• ™ÖØÊù5dË–#€é>/1_üL5Ç„•Kó;w<¥)H»
°@*QàÜ
1ã∆ò®¢"ä0¢Aåå•!§ê0"…Bí2TÈßüÇ˘¬I'út•…'er©C¶äJE|•!Zljx»#¨∂/Íñ\ÿJÎ+_°“%»!
ãÙ ó]Ñk…%Á Å∞œ¯“∞T>πÀJ¡.Ïì¿∫¥≤ OT L.À4ÛLK4IsKN
57%i,µ”Lª§4ÿ"M4◊`{
í/h€„è>¸®£D•Ä,‡Z•∏„ñSN,^àÅ.;Ïê9F”Ì°S&=Ôê)Ø:l“STÙàIïö[h1Ö<Ï#√éY€¯!\ ±ë>
xUê£
Y:#Ü≠»X5§(%ìNrÈDôÇí FJ
&X»+%ÆçI™•ó€óbâAñ˘h%™ áÒjò"{\kHb‘:rﬁÊÜ‹E.~Îä≤Ø(Ôär±¬≤L%±*ª2a¿;òÀ∆ 181«∏ú
$≤5#SSc…L”≥œ◊`õ5ë„§3d/¸x%ïq3É
6†ÄÇGÀ*“IëkÖÈvŸÖòc~óé=Ô:
µ°jê˙õÛP
5UbÜ–§9œËb2≤nc˘n
Ñ!É‹(–°Å∆âîå ¢B ‹ËÌ#RR6nπK2q/hÅ¬)De∫·ƒg_zñ)†ö
ópm[å¡q[Laá(Òƒ>X‹¶-±ÑR-∑Ê=ä9±¯}+ XœÛ‡+

sıΩ[ÿJ.FÖKä>˘¸D5…*€8õ 2Î}5”nß34◊✱tsO>áyí/öœm∑=|Û¿ÇÑSeïÎU!.π,tatÁ,ÌôÈ~…
4ªÏB5è‘ÍNç‘˜”€ŒóI±:k2∆Ë¬V7)Ë÷Ö»Ö@ê@<††å0à%ƒHÉ2T∑fï$CÂ¢ PÚ£òXÎnÅ
€ñ∂^,Ç®0Öq.jë^@B!ÏÄLòC(j·ÀÈ✱`\X|qØ°≈s˘JŒ-TÒ∑ÃÄ;òÎ£6Ø,K∞cLabg•Ÿ˝Ebdö”ò™àô T-
M´
jÓ4<,ıâx`|MgSõ=✱Å{ÿ$¯P3»’≥ˆ˙àsΩ[(GgaiN•|ùüiá=òRfl®FÖåeú
T/I’1nq
9ta J¿ü@¯CêÆÈJWÖ‡ …-$GxIt✱†IpnH@…Ü\T¡°ÈF\π∂µ-ÅP&ä#°Ñ✱tÌ‡¬<Å%`ïZÉG0,Z÷
Ú£-)«,K*K·,C∏ÙÖ cÎ≥%0≈nâ|q"óƒ$¶0ÕwV‘Ñj"÷%6È 5∫;ç'<&Fêïly"ôi-
°Ê≠Ï6u@Cf0Ωôe{v4Œ*t·-Â8'|<flœ“áâã™œhÂYœzävbty`(©¨Ÿ¡V∂*àuı˘üÇpR fCEå∞¿õ:
(B'¡»H|ö!9´%§Ñ÷,3h¡q0F∂\j∑^ƒ∏≈µ]å{ÅR8Ã%ÑAr/Tf‘°“ñ[`s9\í.~ËC¥4'èf¢*ﬁÇ$Ïõ
£Ró¥‘∞O|”KuùùbÏÍòÕ∏s3k≤ÿf6≥≈.ÚÛdâ>'ÚfxΔ?<œ6j¨√§0P ¿]™Ωk/åR%˚œ~∂ãAmê°jè˙úÊQ
£E-$MJµ∂µ≠ §•-dA˙†´•m%?1Â∞Z“†óê§m>e÷Ií;¶rË®21%S]t]•>µ\%¥™vp’ÔÓ‡
~0*bë_˘Ù»mÅ◊4kËÃ=.Ád˘J5˘óU¿uv`B±dWàQ¿x’“ÍŒôWflA∆wdZSÉ3s œ|Ò
±Ø˘,bõ°2 Ü6ÕKŸmˆpÜê`z✱].ÅΩK\Ø8◊‘E§(uZ“bgS»@mFi4Quîµ!=œ-BÜ%‘vJ/∞RÇƒ•°’ÌLìP”ä
îË¶Δ]â≥î+¡†
Œπ-í•©õ][b7p>ië/}^®ê r0Wsëb†^Ô
>Y÷˙Ã≤‘∑œhuk]‡ä:Ωn)KRÏfc,`1-ëJ≥KL^!£EvÚ.3§9l=A”ö·¡)5~S…Ò'@§,˘7πô¨B,”,
{)¶À]˝y=á|ïZ QõÚM◊Î)’!5“ê√p0i»P%;¨î?°uC≥«-Ïf˘2AgÓMO…¿§ÇôÉÄ3òKπ¡bâ˘ïœ≥‡Ã°
! KX¬%‡âZ‘"n9/uQ/gœ7,{Ã„ZÀ,Í >©t®{bôàWàç©`]j4^=ª
€ˆ1á∞e∞8ß5U¸äŒ'>˜2è˘ìeì-îœ «EMÔ/ûUË´©Á∞¯-è>Nvnç-Ì%<µÔ”9ÆÅFåXh,J@Bå=´1¨t)[í>
¿%cmPœvfl/ˆÂÍÇŸÉ/ˇ˛ òÖP<bŸR%?U*ôü*†]ÍΔÅ¿-àxÜË°πòa[ÑÑ9;ÔKÔ`yufloÊ√œ%EL®√k
ï
˘_¿XÊ-ÜG<√ÀÙ✱9vLñâXö/ƒ±IW<å&ÀÁÖ«X°·â|,ÅÜ)»@®N¨•ï€-≠/óKkQ’,öêÊcéE*Mjç∞~Úìl
$Û/-f:≠h JgYÀî‹÷Ó-…•T¢ï©BË˙Ù≠Knsg◊EB ?˘ΩÀ(ÄÅ°®\Â‡<gØÙfl˙Æ!r˙n÷π¸uOXó¿ÑWÀ≥´”∞
´Üsåâq¥Õh¿¢<œËåãy¿6ô°ﬁ!˘ô„±0
Cû-Ë°î©çïÅÑ E°H±K∏£ÿ√£∏∏3-1≠““5år-§±¢>ú6_†ÖF¿É˙ É;®K∫§s∂§„˙˘©ìõ)·2
óÄ∫ mŸ:Î*ñ#Ç,îûbâgi súnªÆ≈AV$?%`Ç<h≥dö°∞Z&˘”∑˘b=,õÒ°ŒÍ3‘©Öá)4Δ#0å€òÑ#0
;°ù…P8Hªò; ¨ÛèqT†8È8?)0J
Ÿ

9>¯ƒ72µ’c=-íUÄΩcπø„±∂z)Ûâ≈’ä¡N¡1[Ü‡cèX(ÖHË˘É7∏§;≤#[∫§6∞®k∂iCVb¬.É¬ªë
%¿†lôBù®FÏ”t!•±ª)Æ71<63C√`Z!≠öúX®úa†;v´˙€∑-Ÿ˚√?=‘ûUàÖœXr4ÿÒ3!ì˘ÙG2!’∏;9¨ã„"
å-òyzƒÖ°0<È<ê√¿>Ñ-´
Ê+
ñ·É»2*†PÿÄ°´ø‡äŒ¬/ :ã/ãéúKB∫9ù´AÙå¡Û6hå|XÑXor#√-;`ÉbÑ:6É˝†©⊥k*s˘
håBi äB*k-6S:Æ/7p‘ ë0CÚC`RÇ.✱ÉYH&˜{˘¡!8ã√à ;˘˙7ñÀ∫‡ãÅ30ÿ9<√€ù¡¢
¢çI°Ààò√™"9y@é-ìÀ{0œ8,G¸ò≈ ''òHMõAÄÑ˘î
Ï0B9É!PΩQ¥h"%jπïd≈Vú√†âÌ $¢â≠D§Í¯\d-k^ƒÉ>»--<J:Kj6£T1É'C≈!(åÅßxëßXùËñùËkô
%ó‡œgô≤ËR™Ô3∑µK√/®äYP«8ã3Œq«ÖØµJœWiΩπ∏«|§ãXX˘'v˙Ä»≥0.·À5âß
z¬òÃHìΔÃ√ ∏.≤ß:¡¥Õ3ç?∏˘»À°
R€89R÷ªı?-LÀ{≥äË∏∑KMúIDüö)dàÜa∞Ö<Ë¸òc$ ≠1õ6N1ÿÂ-∏YJ%%âÂdN#˝°@∞†YäΔh°∫¨7m*r$
GÔjÇEh3_P«!ÈıRØ˙kΩCéµ“3ùãVõÅ∫8T°'Bì>Q8´¬∫ò4·òø®Jõ¥ﬁ±¥“S·©¿âTûœÀDãâP4ä¨ÇA\=/
j-Ï˘ä∏Q∂∏7> 5Ú˘TÛqQÌ’Ì®}üh ûfÜc Sà§%ËJJ<:2ïÉ£4F‡§˘Á*Ç\öΔù8
a$eÅö@“beÅdΩΔ„DNô‡>h%êÍ≤ñò™*3 ¥AâÎ˙.&êc»hP∫ãÅ&˘B´≤Íú%±ãñÉ06e4Tà◊ƒHåÜ
°º¿†òªz@ä[¿’p“ L€9çJÎ”¸ÙS8 Pm¨ÿà
…îÃ?@µî¡
5Zã•çExT-1@˘≥‘l±Œë8„Á✱ôLA≠d-¢Qö}YT=k8ÜY)±ƒ1∞1F1(\
N≥É-É uÆ#x
†`
ae‡V%µâö8÷cï/ù@/fÌ2],≤´§%/Îr¶¯˘ÇQH&,ërï∑®ΩàÍú-ù¸≤|LS)ëOUË´°
0≥¢ΩƒÛWÉ§°ç0=…¢.“flÈ"z:û9 \,˘4ŸêAÑùÃá˝ëÎ¿Qk>Xô:∞ -Pçı"{mÅi[/mØ≥ -ü˘ãE
\´¡RÌπ’îbòÖ0ê$2†§¸·è§# Byö‡ÃU1%Eóüh
√±â•}/ß˝êﬁ®ﬁEE“ÈUV#µ %åV/Éñm ?Ê“VÛCó‡Å8p°a®ú∏¿T“§;V4ã≥rãj £rMK°¿û∫≠
€síO≈†ò{ù∏œ}å≈U∏Ñ˝¢¿✱å,R‡”Wu˘<çäS<»%ßOìLŸ8‘P=“£X7r#œ}#òÅT“'í8·J>ãGπ&∑»Å®®ÄÇ
»Åÿ01Î-5YƒîS§ˆyQb✱XÌ(»ö"F[-Δ‡<°5¥ëg< ¢V¶=
ÎΩbÍ≠^eµ^®âƒp^ùxΔ.õÆZZ™€,43˘Æëc» ∑∞Qµê¶µ¯uî!“ã≈»[?Œ«Éë◊ày¥´¿ ¡ÃúçÎ◊¶@Ä}‡
§dFÙàNª‡…¥\ÃÕ\“55ÂP6ÉêÅH≠ÄçÇT9YuX°òœx∫[{páê®˘Åu®Å◊Ìeÿe-

÷f9\®ô9◆ÇX≈üZµﬁ˛Y1/≥A^◆EZ•e/*Üﬁ Vb≠^nﬁfbU÷ÁÁ„h…Ë¨¬◆G±-_Póâ≥◊Lµ_˛∫¶t®≤¬g∑Ä+l
L'7ì¨`â)‰¶¡“/¬”Óœﬁô<y,¢GÿàéL8A
MñÃ˘,‰ë„‡»˙<˛<7™DµHE‘XXÄ@ìhÈXÄ®î~ì¿ÂöNÈ6ÅôI‡T∏ÄñðôNi∏ô~Èóð-p-ê"ÜPÄU2∏#
˝‡è≠…U5Ç1pb'äpŒf¶E“mŒ˘ÊnVR≤gd>,®âù-Z§
_2ªBq”F¬ÅF¿äıÇvD|Óõ¡Ø‰ó¿œã=Ü¢á°6ïàô◊`C^@+“◊¡úß»£ºÅeìv@íÈ”-(ÃI„ìã~ÿ@È
‰OûÑP~ÑP~£3ÄâT◊&-1ÄxhiwPx∞át∏mxX\∂{PáõÓw∞xXÉÿ¿Çwh{Çvhv®Ì€Œm{®.ö‹-déÍ
€¬≠/M]ÌQ$ây
√V±∆Êmœ^néonŒméÔm6Vc≠â1c¿
ß≤•ñ∞NüÚ
‡∏”ebG-IK=v˘´yV◆\∏«?≥í°¥+â"«C*¬Wø‡u∫"9AHÃC‹ ¯œ«•@y≤‰ﬁiÃ˛”>π‡P”Ëë
€HA8ÌéDm>HÉ’VΩHıÃQ<çõ^z(Z&r\ná®ÂzHÈŸnõÆáXÅv0Ä]Xv»∞v¿Ç¿Ç)Ø"∑#oÔ∏(j©ß&búïe€Õ
\ÌQê@‰Ì2i‘â•Õfmˆf˘Æ^ ¯»?ﬂsÿsöò^:ß∆•äëjÙ†'=•†€%p_xÜ≠®7∫ÏKgaáZ¡
\âÖ{â◆[ò∑ª»¨äœºùO˘<[Ó◆øB8c'I‰–˛Ñú‰„ì˘<äð¥€Q‡}∫ËNîWêNm ∫-EEim‘pÚñði\Üîûáfüv'
Gi\ﬁŸ6†∆e,«eõéá∏iÔ0'ú´óW¨ne^∫>¥’´~f¢µ∂º V0¶,l¶Ô¯ŒÄ»ÄAt?◊˜-wÄ˘Û=˘
:™¡
Ïî #hRn±kJ«ÎµÖµ˘u¢Pı?≥ã/…ã("h/q¥V0DN¿˛W<I,≈eÒ\ç√çäõ‰ñœ¿8ëç =Àùqé‹y7"ˆ4
◆ç’#1ë\Ωÿvvj«evXÅXrfn0Øv»eòÓ,w.«vXÄ&«e≠7Ä’Ï9](˘0ê'$Œ©&o!$^8˘x
y∑ÊßÁ±Ów>tÅ˘Û}«{∫ßâ8Åj±‰È\^™Ù≤k3Çn·Ä%xÑa¿ä IÀKü7VºG{8º¢º-xÅ°◆Éh˘Ï+»≥"W@-
∑l“@‰˘≠l-»Ä≠¥êq‰=9X[á˘»ÂhùÔhb˘# Ú+‡Ò’CeœÙ9ëmkOihøiAàu†á·_Ä,∑Èy∞áwXÉHá
¿wpáÅnwhá+®ÈÂ«e=Ûê2Ö±/,˛˘AaΔúU˚-8ÔaY†1~N± ßçﬁm~Ä¿˘Ës°:¯ -`Ü
?†P®#∆C:˘XHÙ!q¢ä#^î¢ƒLLMfÚV.î∑t>Jk’≠ò.S≈ÑŸ2V™ôµR} âJ''U±P•Bıì'-Tó4Ib:ÈS”OK/
Iï™…RU™VüN’§i“•ßí&Å%˚â,Ÿ∞e◊Ü¨ä≠[µ_’Æù4∂ÏXAíÒ¨Ë‡¿i¯.ÄßŒ·:àœòë!¬Ç(à†ˆBÖ
.`Ó¨ô’Ç◆p.m/Äº*¨®Q£Ñ´»6ëŸÙê!#÷5b¬g-¡ÛÂMó;w/ÿì„fLËcƒP?b>»ë":¥˚ËŒ,{F.ƒãÁ¿ÉÍ%î
◆@{Ú §˘_p·áX‹`Å¬?ÄiÙùFÈpÉD7ÄÙë<Ä
4&˘2Ã-0¡îRJﬁÜ*≈¬·KŒÑN™¯%QA°Ú ã=Òƒ”äZ…»¢â®PUTãTâ•…RgIı‘S>>ı’'_≈E$êm
‰ÈIêì∏ï÷[íÏ5â êT)»ì˛Å%`|˛aXagúë∆U»@Çè•ÈÅ" o∆˘úpÆ¿J;◆X≤¿%íÙy UÄ.œ9≠¢ *áÆ
¢K¢.∫ËJ1±ƒí*1≈Ti.¶Ñ–≈dê1u[l!∆GêZj©°´H ÅÊùwz9 ¡@◆πﬂ≠∏ﬁJÆef˘ÄÎ ã≤(úÄBÀ&Î…
&Àê¥“≤ R#∆ÃRK-ü†"âTQÅ€ß&Vj#ë‡65ñîÏ/ı’]Äº5âº˘iyÔúT÷ªÔœê¯Âóø Z6◆èòø[z9◆¬;\e√9◆
`i†¡g|_aÖòfò¡…fTaF@8Flðlİ&»<≥Ã$ò É 4êõl#A+ƒE´∂@-IOëÙK/]Ù“R$˝√?P}5S†ÃÑ˛
%{√
'Ä=6ÿbõˆ Õõ
ˆ [¨|∫≤'7>ΩÚ:Ï@πîê±¯˝7‡kØ
8‡d`8Ë
B`<uÒÑ’@˛`√?”◆√Âñc~9-ùcœ9-2»@√•õ~: 3»< $x-:≠õê˙Íµõ†˙Í≠ìªÓh˙.BÎ¿ä0Ç
◆≈ß9<Ú«+ø<ÛƒèºcΩ#¥0ºÓ"TPÅ¿\ÅıŸ{œlÑOAê˙È£!˘˙,há
#""$$%%
%&&)+
, ,,,,,,--"-,+.(/%2333"3%444' 4)5*#6,!60%76688::%;;% ;+"<<9==
.(=1%>5,>9/BBB*"CC%!C-$C.(C1'CCBDD!D2/D5+D9-D90EE=2E>8E@4JJKK+$K2*K7,L"$L%!
L,)L81L=1L>6M3/MB5OH?OKGRR6.S1+S2/S:1S>3SF?T!!T!$T%$T)'T.)T95T?
8TD9U/.UK@V&&VNFWPDWPHY&'Z! Z"#Z:8ZE9[$#[3,[61[91[>4[>:[A8[F@[J>[MD\)*\,*
\20\QE]-.]UL^YM_""_YPb&&b**b-.b73b?4bX0c10c>:cD9cFBcK?cNFcTHcYNe;
9e]Sf((faUg53hVHhbWi>;iB9iF:i^VidXj97jJ>jNHjQEjUMjZNjcWkEBkNCk]OldYnh[pFCpf
Zqf^qi^rMBrNHr^WrbUrj^sRFsVNsZOtm_umavpcwUQxRGxqfym_ytfzVJzZPz]Xzf
\znc{^R{g`{re|uiyjÄ^ZÅ\QÅf\ÅndÅngÅqgÅ{lÇb\ÇgbÇviÉvmÉylÉzoÜ~oà|
oàÉrâlfâukâzqäuoä~säÅsâÖuçàxèÖvèÜxêÉuëwnëyrë}sñáyôôôùùÙØÆ¨±±±¥
¥≥πππœœœ∆∆∆ ÕÕÕÿÿÿ€€€‹‹‹···ÍÍÍÏÏÏ˘ (êê¡ÉÉQ2D»í•Ü#J¥Ñ ≈ä1V<Öâ„©U´
N}…
§Iìµj±Jπre.]/cÍ“µôÕb»p˚U¨÷/WÆhù¢ıIïCU#Wïl)sóÃ\π`±ö™Ù$(é+Rth1b◊Ø\√jº®U#FèY-z
\uïÌ«∂pﬂ™Mã d\∑tÁÍÕÀWØ»øÄ1}Ïp“§AÜ
#VÃ8ê„«j©Q”¶MABbNH∞Û¿@n/bCY
i”ì±®Q≠zêeÀÉúDhí¬Ñ¥:l-ÎVàd1^≠€QdÒS¨\%gı-’*ï)
°◊ääãÃÎªhÍ πKß.ûÆj˘ä‘íQKÄß™¨ﬁÙ•u˙J6/5œÏÔâ˘_‹zÍ,‡˛i°GG´W‡ÅYx &"1∏`É(aH:
8·ÖfX◊&ü0àa]{â$†`òfbmìP≤bà2àãéπ1ôd∞a¶ê!á¬ôl:zÊ/ nÄ¶Üâ§ëñÖiX∞∆ëY‘Ülñ…
vêAÉdf»n[Èg^~¯·G†ÇÄ!wJ-»ëIÊJ-•y>KN9ïKM»¯í”úøºÚ1A
•ä*îòB…Ãïù.¨ºŸ,Ñ™RU'58òXa`YtuD÷~c°•aÜ ÅX!Ñà·U°zb_iqà™Za˛ıI˘"=˘ Xä,“vX
∑∫¯"}¥-«ê¢≈f£ï*™H!O∆Êh2 ÿFëi±Å¨Ål VlB9bπ[WÑ|UiEWïäWze Rö”’2”u¨8/LŸÌ,NsÛù

+≈ïß*EQb %˘™\°ÖÆ TÙZW¢PUGËIg\H≈'Ö±q~˝ Gz∏ÈÑ§~ZÍ©Ç*Úá#∏`á¢éÃ-˘ËÅ8,'ñò
Xkä&>6I }‰dŒÇöäñp∂PB:ˆ(õìÑÄ&£E´ÄëW'9mìÆIY--Ü‹àôD·:DâV#ÚÁ-)†Ñ“G"1'f.-Aï>+Ïîv
{∑˘Yìú€”Sø˛Í©äü~*&tÖ¬,^vÒFÃL/ΩõÇ+R…«ËIVô¥Iß)c≤IE´‘|jàf»∂H§ñÛÑ°í ÚÏ/'H‹É ∂z
`•«j-¨*÷,c}Pm<hø^Z„çƒVÈ˛◊^ã6t≥®]≠µKR˙uAÅD fõ-§€Ÿbm•J^§∫='òJ≈=S«?
2€'øÀ˝»<o(MqÊãLJƒèPh±'SX¬Ä[<˙ÿ≥0XÙÌM˜´WÎE9X0Æ%|_I6G±0≠AzùÀR∫ìÖäe≠ã-È˙¬ Ùp»T
0$êÈL∑ä¡<j0:cÃ•Ä÷…ÏW4*MA˘êÊ°€Ù»iP≥ÿ-Ü!°Ê4G¢ñ¥,µ),F7“&»«üfl˛Ö
$†TKê≥œ∫≈œ&Ù≥I˝“XàöΠ1ÏflMr“˛ãO˛S‹∏«1Ïè¿Ëflflí·ΔRŒr3±ŒJ,à0
R≈s´à·¶B…ëêêu∫
ÉLf*œ§Ïd≥ìŸÌ:9óÈÆ.6Ï
cj<\Ò0h§b'•+-Dila[Z“öv,Ç<Δ
}†ûëVì≠Å°ä¬˙¡ÆhÅ˘?˙Y[€Æ"Fı∞k:≥I.-ß˛°-&o‹E2‡ÿΔ7Ê‰^´≈1Ä"\≈0}J sT?x¡ƒÅı
§ú|1˘NB QÇ‘"u·ÆÎ\pÉ'-òIrípö˙TH\áªñô0î!ôÈ>xª˛ÙéCI•
w∂¢üı0y¥ÙUdJ#7Q!πR“,Å£l
%5@üÂDhaÔHR:àä¿ßÒâ,ıq€[B≤ı†©PtkW˛†bì@~Û™fl§8ëëâÆÊoúÄ˙ÖxÜrä=Ìâ`)Ç'%\“íÉ≤'rnîì
8≈©œ˛˘,~˛√_vh2¡Ï8•]1¡f#ù™πÜRàsûÉ[
5âIK:ˆ#ûRa™'BJSY"í0Îà™F¯W}Ã!˝…a≠¥…-íñTÊiwz]äè¶*ÍëM§-˘3òO¥fiÿÄê°~o34ïHó:¬Œ!
ß}lÖ
TßJUdlÛ™]'Vπ>d“∫fiîSN:÷YÏŒàõÑ)RD∞µFaÏa\ƒ¯ä]~~5∫\≠j2ˆ)»p,éÔ´´„,òDÈbø% £
%ÉPÿ•ÓdZ®Δ@%: ΩÓ#©+NÍ.ª,Fn!L
-Ç≥¬•l1ä˘‘ÄÜ_E¶W--Mçd€+5œ∂ÀmÖ‘,hŸ8IõÒûé_˚Lã˙í$«u*=Èð‹óËÀπfi|ÆMîÅePÉ∫’ÖØW£{>7
fiã†Ï˛DQ>^¥ñó`â;(•BØØŒ5∫gΔ|-»œπ/Ñ˘œÖƒ´ú˜Zπô‡&sdSflƒFt,+n d!U‘@™
%óR·OÇà@p#ÆÄ∂"ZcÇ$ÒìãÓ´MWΔE√DLc∫¥°fKWJ¨-nÖi“Ï∏!
<œœe;“ì»'ÃEfìù”ËM42˘◊÷@Ü5íAçÆ€ÿ…PFWô_≠¢ìªÆÿùñ·ÈßRPB°Â=ETflwAÈƒ
´&jFΔu’\>fœ∑ü,\3˛Ë+WC,wÇfN§tñ&N‘.oÛ3bGb;∑‡Œ#ùt°!ÑŸBcÜˆXHKÁêÊ/&∫ïà-†ÈãF≈ëqÉP
Ø”éÔíä¡È‘xJ7 Z/˘ÚûL!5k-Ÿ:>O]fivΩÕn^/◊M∂2¨±sa'cÿ@Wˆ0ôn7Œ$%Œ˘ÆüƒÀ3ÚÍ◊∏^
õÚGÓ~V∑Í˛Ïj’À
Á˘¬éÎñn˛
X«!à%¨JI¶Y\∂≥>Â™[¿c6•ã˙¬˛DÜC2È-EãÒ‘0x>• W2J^eÜ(jQ{ú¶E‹û@@√¨`ö°ΔN4πfv%hn
$)mSªêY"øm,d;fl‹*Œ{œÛ÷ÛúNé=Ïy>t˘fi/“ÓìaÆÕ{Úâ≠Ù˛Tî£7vµÕQV∂÷« '9Uù‹Èfi*}„Ù
∑7˘ç˙öfl
˘Æ≥∑ï*Œ∑˘¿Co†Ö"\≥ö™d≈@%aΩG∂Ók ªX˘,-·ÅUiâ@%Ä64\A”@D5ÁR¬r#¢Ê92 ∏#¬B[©ÜxCRr
πe#+◊%w∂2∑0|ıuÿu]‘ÅkÆ◊z‘l0'{±ßlM&]¿@AX68≥tâ¡3òP^HÅvÎ√gÒ5qn…'tÀfu÷5e
8N·Ê^˙§]˙dÑfl§]m§Fi‘W{ï(*°(M’>frë!ÂRJu`“ 'hâ;üì^;¯∑µÒ"|
@q#¶i@„+*•<†Ü4§ðr:í4⊥e,ù#A¬+5vy°≈ybi/◊TÎqÄ≈Wz˘ef!hlM6â'h
ñ(lñHl»Vl≠˜k\U◊ë´ Ñ˘ª6°W^flGFA&(ìn‘•f
t@He^nZ'ËFH]µU^_”˜M®áz‡‘ÑcwH•BdÙ~AV";#wÇIÎgBd»hpØ"á38c+◊¶˘ì˙bÉ7bú&Ä•!#F£r--
¡u%úc°,9ÂRîwyUcrC\\ë”6¥2Á8Ñ“7èh|Èe]≈sóhâN&l≥¯s#»êô8lÒÂ\xÜt\V
ìP
π{ö`ö0^{B¥¿NcÖtÎUª•‡÷0≥8Ç…Δd∑ÿO[7ÑW˘«U∏xf˝d}Ä3]ˆ,|∫hHSH9Í≤ízΔg·˜9a¢
Ë˜6˘Ê*∫Ë·Q.%ç$~-ß¯3óá`A4éq[î·´'√q4Ö#:[ÙË#Àòy¡D=ˆ%∂ΔmÏ¡&qÙàühuÊ¶Ç¬ëYò;g
∞˜d&¯s˘s‹T/Åtfl≈I
]í∫á'I)ŸV2'=ÿd1)ö¥'ö:ìîPñl
)Ñ8ôãÓıM¯b}hƒÑ∂v4S¯~oÂHâ¬X°imßBS)Ø≤çÛ˜Ø,ci^)¬ïâ4`Ä”πcŸC£QK@D^¡ñÿxG‰#û˘Q[ë!
Ån k˜¥íïA_◊É‹y]C8ã≥Gláyò÷Ä
#{…òñ¯zÒ'í-mZF ñ) 3H !)î}2@q7h°<ÿM19tùx°©Y]©|™ââ˘MÄ)H7áUÁ&n‘Áà|Ö
vÜõ˜%‹~çÇaPIBfú5TCªÛEW38C"ı◊a}ù¶8é}0ù”IK◊ L≥ÙU¬èf3jM√/¢#<B.EÄΔC=
£qƒ798ÀuõÈM%fT∂ÇLtâ˘ü˙IÇN^sŸòÒXoO\iô£päöô&ø•R1nÚM:ã¥á°ûHn¥∏°™Ÿ®'êè:efzUmõr$
'>hUJËMÂ$Ö|Û©{ôi∑
Œ°Öh\˛ña‹RªÉ£•Û(∞B©D˘î`mBj“y‘iù'5á32$
ÿ§>…èóT˙4úa•˘85&«´*&ÔCF{˘•ÜêD8N@ÿâ√6{Æ˜üÈ¶âÈd˘Èò/Uˆ î §íÄ†®hô!YÉH·ßbµ^1
Å?VlÜZ°<'ö≥8â™IÇlö¶ˆYlëZQ˝°/'|-¢bß]°VâfigÜÙ&˛Âaˆœ Ò
[¶˙¨≠˙*8∫ç{∑ú"EÛG˘îÆÜù<d§‘yù»≥§.¬ù1jêó9∂Äû1Æ¡i@dMEFL-à~i|!X°˛ZölZÇ%hò¥«éÉ
tÈòÄgÆ éÜÅ†í`ô4ò$yíø@˙íOxpbU9ë˝z°˘:âB«≠9{ 6lö©R_b˜∞≥i¶w€UñöFr±#Ju˜”
ÇwÊ8-¡_JQ™Œë«ïçJïw9™wp# V9˘20÷ˆë¶ò´ª
≥fI5.¬â‡LlŸqâ‡ÒòcùAÄˆHy©e{6X2A'jfF»ãnKö¯ üÈ≠/
Æ;Gls˙U˝±tà-Ï µ)≤ß#©
@¡¯Rek]ûËªl˙≠rÎ∂˝jÇá˘)öä©â p

ƒõ–‡∑=)õƒ∏f˝É/ÎÀUõZåmˆûΔ7Ñ≈®?ÔrM¸çÀTê{£8äa<®w8sπ
1®≤MG§.+ñ'54MLàQ+˜§√Z¨«*•Ò¯ì$Ÿ9ä®.ı4¶ofl=Y°…∂Ø/Í≠.¸≠0Ïs·Zl¡Vµ<F<&µÆ
\ª†Ôäm™píÇÖ{ã≠n[òi√ÖJâ+Äü<´l4ßS÷O–pë≈Øøõ∑äUBYõΩ»Ñ¿Pelí7ëŸøÎ"ä¿í≤ü |˜™&+´]^\
ym–)ù'â°Jñf,%ïƒqƒ§V%∑qE…Í¡}•"∞ˇ[ûfl«Àe¬&˙|Aÿªâ™ƒ °#Xl·˙MvS™˝Ò=:4Zkô°∑†â!Ω<ÅŒ
v:âåÿ@ë¯ŸsKÀüÑ Æò8°√fœ_ë:] zë"ÂUì/ì¨Yt âz™åH?ñ".;OyÁ6"õ£!•e·L„ç93É–) Ezg
0ù|4/2W%£ÕÜ–√ƒK¨–„ÈÄäúZTCdv¶zΔÕâ…ñsfl€â∞ßü/°Ω˜ˇ¥éˇê5\Ê w9"Ü/
óÜ†YÉì‡√ÜÅÇS≈ELl<
æ€√N{ÀÖ)"˝Èêâål'Ulì*GóZÃ¬"≥â]¥ˇYn-»äÀ|?mT9md°t√]¢Ë6n,ß•
Δ 7¸™40¥ä3„aYä†Ã€{ƒ
{†|0≥ƒRò°Õ5Àñ›,x‡#≤5û.íZ-Un,7ª†U,Δä∂_kìùØó¸ü±\-x˝œx[ÆAm3y|Ã|∞µ j Ì
øP≈´åF'Ÿ,*Ÿm
–P–ñµ≤Ï¥,ƒÀ<W
≠˜®èJ∑y€"√¸◊í Êvä˘˘íseUoƒ?ƒôˇ4€xfPD=¿ Aπ´‡]5%çî• •äÆΔ≠{ì¿Æ}@§û
´«ÂÃ"ˇwmEÂ4.F¨pY÷»ä¨#Ã,+˙√÷Óì Ø≈¨ê¿@äJ¨Ωü±°◊<◊fiˇflÆG°{À0är
¥íÅiÜM–©†›tA\–P≈ë≠â@∑¶ïÿfi–@–ó]ŸyΩ◊m–ôx
<W
ΩêëXƒ1]«Δ·¨ä¸Å8MHÊT?ê…Å?Ω.…m¥`'–Ê™I=6ÉñPƒ7n@•qY;‡ŒUç„Ã´´ÙeOZˇa–>éó›ˇ'ûA¢˙`[
n‡Çj(πHVHøfUFàfii/z±¨fibÆü{›fi◊Ä
gn·hûüb†j7ª
F!02KôÜá– ym "ã–@
È+ŸLÎü!M–•ÕŸ%MÊñà
â>Æ {ß∞òΔâ/è˙döø¨Èâh¢qùÂy,l4€Ì Õ¢Ë.NÕ'¸
«…e8S
¶• õk •@Î…=é„ŒAC'{‡<∏≤„Î,<ÿ}„È*èõAè°Dœ©&$oR(nH€§Â¸Z®
+ÃªcÆfiÔmâŒÌÒ]ÊjÆÊ<.òÉocˇufi$Fb{pÿim>É™PŒÄëM√
^–efiËñ]"¯Èê˝fifié•÷p
ÂÎŸô"!"˝tlpJ∑©π"3π∂Kfö„FÑü(åiƒ&ΔK9i,/ŒAΩúfÙg<¶Pƒ•`Î7^ƒ…°ˇ4…4|
Âåˇ√ç≤ì&<5˙Û√y¶ÜDf=hµ'&W¸÷&ƒÂfôΩYÓò≠◊ç~ÊøÊ±lı–`·–¿"Œï,A]V^∑ˇé–Ópàspÿ®8^*–
ıéÔÇéòùmËT_•vüünòfl|èŸåyòkÍ–Áäõ©ö°s3¨…ö≈±∑ª˘fi pfiM_U&/FÃ«©ù,x@A™"ÏçØÆeå`@–Oƒπ
Ú…Ì„SÕ°âØÛ¨?<ZΔç3TÏΔ¸§√>ÿ1gÌØq¥M'.nÃ¶Ømı͘‡xü¸éœ¸Ãfl¸Àˇ ÊÍMÃÅ51|
ß"0,$VéóˆÎˇƒÁ{ƒÿûÔì˝¬VÔ¸wˇËfi ˜ÁœÊñ,ÆÔdäˇö|¯3Ï¶ˆ9∞_Œ¬87âê»Ä)&≤]s!+ÜLóCàƒrÈ"U
+W–W]π:µ™„™OßN–˙Ú"'SñJ©4≈h%óìdŒÏ#©èKI£˙Ù≈¶'…éA;~¬Ù…R»£I––e íí•AîM"Dhê°AV≠,/
ÜPöÆ\éE¶Ï†Ÿ≤ ¨!≥¶V≠5∏mÂbÉK◊ö]°ÿÙf√ˆMØflkÄ˝bªÜM]≥ªr–
^Ã #&Jî™R®è,WÆ†¡ÇΔsÕô35M"5)í™_'≤≈Â{∑nflΩzc"'ÎZ–ˇ,∏πiÔv];∑µkrs'£F°85∏…¨)W
´\xsπn£∑•fvmŸh–",xX≤Ñ N$ˇ–|–Ùék¡™≈™÷*W´h}i"î©ì'ˇƒ,5©øLI¥I\ÖIV:*§íVÒ§Sò¬ƒL
&\ BK"≥ƒê•âjó@ë´A‹ ,«ÍÆ¨≥®ìé–Èfiö.ªfiÓ
n∑ørÑM6Ÿ<H±\XÚP ´äêI D
54sR≥/'‡#í–F+M&SR£¶k¯jÕ.ø¯™
õl¥!sÃ1kLì«ÎÇKôkdŒÊêSÆ:ÂÚ\Æƒ<dîÓÕÍ¯ÑÒ≈Ëî1ÙPˇÔ†]tQL1ä.BoRJ'uÔ=9:eñ¸~¬Ô>¸B#
@m*%@î%JÄ2©œì,â∞© '4™)©"cƒF°â≤Ø*qX>Hf,¥]kƒÁö•ë∂Ï÷ƒQL/±ÁÃ¡√ÊXdR§»$#DI%
ô'åäs©¯ç)'–d4wg:–µ'Æ·Îôjˇƒ ñGΩ˘ìMÕªp%ó7/~É+NÉä≥9Üc./ªfirx:∑®)K.":ä Ç /<•vπò\ä
°à"JWôîΩı0ÕÙí¸>E©F¸ì…Ê'0ßTu÷ˇìï•3*$ëäåB§+ƒ∞©a,UDÉ
%ÔƒAéMˇ∂,>'œ≠Æ√,¢≠ÎÅeÛ/}˝>◊Ø∏]"S*îåí@‡.W
4û§B]vˇHíí–fiÕ5'¬°Vfl~«ëÏ∞Ÿ'´∞j–t"∞∂,¥Àa;
r°"¸M,eï'Û5ÎÍÓé›ÂóÑıeÙXN>cüœ$îT˙$¶ùfíDÁùkƒi˜G–ôFLiµ'£` #
É¬%Ë°'4%©•˙Úu◊I¶"$Í©¡,ä[dalVˇl1h"pƒ≠uˇGªé˝Â¢¯NQEïp„∑2>'h√</<m]Ì
fl,E'¨ÜpŸÿóœΔVõˆù)_±ÒKŸfi«/◊Á7¡–‡õ,ˇ(√Ñ•–vÅÿ÷8«πAµE|+Ä@:6:`ÑgQiH§RVäW∞">±
„°H8uSî¢%2·CçXƒù¯Œ&9;–ÓÑw3Jœx@ –`◊CèÌBMaDÜ~ı!`aÖ+nÿää¨6ƒz0òÎM◊2àç5
fi•qÌáôó≠Ç©∞[ËÒà* ì?J$â\‡C¯pÆ+ê|ó)®äbdÉÅd<ô.x8√
ÃlÓ€$µg#»QŒrès
ƒ2xŒQÃb_Z≈"≥%XäB"b≤J¡G$YtêHÊììPÇf:Û¿05ÏÅ{ÿCöˇÃTI"ö1ï*•≥Àçˇ L™"ΩÃ¢HÜΔ4KtqWäV∂
2µd\MY2≤FvÛßÃ©â_õ$·•ò£7d~QÖ%•H™hbêÀ0%íäπÆ9L…o|ªOflpÒk|d ,,:¶rÚÇt,úø.(&€á.¡!i
9ÿ&6jŒç\À \2¶ñ4œÖ–c–,…"ì£ª®Ft»√˙Ìr0√œ0'–ábzf…\Ê2ó(†RIsw¢íIdL°
Z–"#/%cèñî[9eW0 #WŒ9à≥∞E≠|'%°÷ŒRL6¥†as–âé ¶ø¯z\Òœ@B†Áóe§Ùø¸
%µàTäC5·»I–,í'(,gI˜%Æp<§ÿ0JRΔÂ§¡Åò)Ÿà>vƒÖ´Lßs1õöŒñ
ÈV…t°"äLÍ<å>)^íY–?1ëx4Ã!πLuf ±‡IxÅUØzäçdÑ=Ÿ&≠ª∞2•ä·◊UÄ55ÆxñÊÉÀ·¯µ… ¨£ó

D\8•äWÿ¥f9˙§ü˝¸A*Ij∞π
©ÿ)ùÊ~™x")˙&YJÇc¢'h¿-tQπviÆ◊
áµ¥QW~M¥qag3±<ÊÆ¶ƒÿZbîµËjOcY,ìı'R;Ïf-~ðí˚
T@√∫<ìPe*™®˘ö*ï®$PM•Ì~#ŸÎ•t¡≤>Óvy≤˙¶Sö",C)+U#îtJ[∑ U6v1á≠
%·œL¯ÕÑYò>˚™)¿v∞Ñ,h!˘êTvQI ™¿EÉ>uä…Nílïá<≠·ÊåfïÂd˚Pzòíf/.pmi<-∑9N˚(ï†sëã,VS
€òð:≠Ö.^Äëfi
$øçŸ˘¸Ld≈6∑ôK' •|6'wQ7 ◊'ÍV-s≤JÌˆA[ÜôRΔÎ≈Ö9+Å∫ÿLIBàeòGì¨4•>úW≤˘%L€,/FÏG
¸Ωd†Ö<â!ôD7œ,V¡¯kËÉ';8
[≥g≤Ëœ,<WooîG¸™˘i§¡Mü≈mbq[[¬Òïö''ÊñMë1ÀU3‰∂)Û™É>¡)Zp
T≈†ã®Ã=ÿ$Â;âj©‰»»Lπÿøÿ Í…Pñ[ó}D(´'SÒÛ∑U•ÃÄ€],(◊√Ãfrsá;<t9ã;Œ∞©s∑hÓfl˘ $öhÉí¯-
?óÀ3tõC$ûÃ`\Ø8»ö†2$)a∏ŒÇÎ{:¿{s¶∫Á}œDìl8»A:ó4≈
7eI,óÉ√ÙOÆe¸≤/¢úãG¸X-à¸çÇ€\Úÿ∑œ"1®é∫Ã9Km™kÚ'úI¢4Ôb0˚≥öUÙËÿÊ¨õ'óáâuπz·
≥T\˘Ã,7µSqh,,áçÔœ∫//Z•$ôÙxèÑ+2Ñ%(üóT`B&v€ü)4±`kœK&íùdµ‡<∏Ã/˜}wxÚ3i…ñû
¥ƒ{„¬¶Ìáßm'ã±zÕ2ÀdÄÜ…√∏±¿)úÎ™¯ðè˚˙∏¢r§>Ÿ >PÆ"s&IX9ÁR"ù¿í(Z0épZ®Ö4∂
€¬πte[6è∏ï•,¶qµ838>y"®°s≥ãR?8√/¸™∫œ@öƒZ>X&˘≥xk•+4sóðcœ∏8Äª$5ªAçzœ#%?!©ïj£Ã…
£"∑8-≠È?Í@π∏dº1ú2ô˘</≠`yÖMyô&Ä˙<>8¶d/ÉHH2Áj&ﬂç,Ÿ@¨öZPé»*,ÜV´Fƒ!H|«†fiR
§a
B∞Ñ√é°¯§Â≥Bl:l®A¸ +|9nπú>ÇÍü¸ëXtE&aóÌ3;Ô[∞Ô{,÷Éäjœã,¨9´ªiô/˜´/
PL≥ë¬çÉiç¬≠≠¡ø4a+i<øBð»d∞ã˚< ª8ú≤<VC8îê9†)™RËèΩÌ=fz«e/µQI∏è´`∏ë»«˘(öck5F
‰ÆW√!V»UP6-ÀΩ•ÿ !ÑZiÆI˜,óÀ≤ ßF8K>˘ZœıªUÙ"V¸üw…"$ª#+""@7\t∞H†Ñ&Ã7Êì;JF˘F*∏˘-
£ã√ì»£‰Ø§€¥˘91.)á\<@Yß,ê<•L/¢!ßƒ<"•|°ètÙèt¸è,/œ=¥íc&Ëí¶˚¯U™":\∞ü|TÖã»)Ójƒdô
ü,-/¢ZY
¸s£œã
è2F˚Ç:Ãú38ªsªüó-∫"Úå/XóΔLÆ‰RÆÌ˚ÇÑz≤wQB-†^t†
´®¡°(H[Ä≥¡Qú'±i4kP≈Èß(Jûí8¿¶$éz#Ω:ﬂ(√Δ+JU˙ÜYò:+¿˘cYµ_`5;Ü_∫a≤GÄ≤â?õÃ*†‰:É3-
ÉÆúHÿÉô¿\xΩëØÖëX0JPÓ˙«V;qƒ°Zœˆà˜ØU∏ÀZ¡·∏ˆ"§*ÙÀäÏ7≤y:∏õ≥÷8øJ7≈å#lÃDJ
$»<œ»¨ÃHh§•
*-L ¢(
ÛÃE3Fé/P‰{-\ã\óÀxí'aí∏aïìÙX>yçhº∂¢sA<Ï3ÃZéÂHC
@EÜn‰´b‡+âP@)r „)ÄÎÂ*&È<å"C=‡œ)
\∏*S¿Ö¥L;k2ûß8ÖV¡VHÄ¥î˚‡£π‰&˚•âê˘√Àég±∞ı˘∞•õ"c∫QıÀ":Ç∫˘ÏS≤1Ãø:
„yâH»>ΔTóªQ#ÉÃ¸∫>xP]âó•P/±-∑S>L≠Bå,Õ_Pl†ÜZÄõ∫8ÀÄÄ@'(Å†Å!(Õ®Ç"@Õ`í®∞ÑUØÁ
>Df√bñóÍíúÖ-FûT+mÙ-n'©,$Ü¨"{úÑ ã∞cÃ«Ù‰ÇR>åÑú9I{ø@r§pQôâxÓ:◊÷-≠ñy˘∏¢<Àè£¿Ñ"
∏3±#;Ì∞•€"¥/ß√SÄµH "S∫-ê®@®"¢õΔºõ'†Ç'hLÑí¿Ñj˘Ôãó+-Ã.ŸXK≠¨œ‰T˜öH¬å†IBÜS
Ñ+('»XŸÄŸÅU=ÅØ'U-Å†("-å>Ñ¨Ëà≤H∏ª£-MÙìº◊¢éŒa/µJVn‰F }÷Y∏Rqü #*≤*¶Ø'>\¢Q
!Ö¸PŒA':%°ÑÁπäp√õ{K]pèÅlù¬˚ÑMXûOÄQm≥B9Ω◊"Ï09ıW>
\Ä¨K<}≥Û√˝+„Èö@†í¨˙Ç+pXuyX°92Zdó©*
R†R†g‡n(V
Y'≈;M˝fn;<˘-J@XY`Ä/≠>ï
óÕÄUçŸh˘‡e‡µÄ‡VEV˝Y5†Ñ_pét¢Õ˙÷ïQœ j{ZıZãmÙQ˝g(ÜW•@ë¶ô»œ9êÿEM(∞Î±m_x
çÏBµuèìqàsE∂<í€ïëD,ÇïM(âF"ã:Ω3©»ø¸∞ø¸W˜Â'Å}3->ä˘ÖCÑπóà2ÖΩ5à}Ç'éX»;
40;'ªíH]h‡ûÃÜl‰_‰∑ò§¥-°"p•◊oXWËÉ"‡Ä/e€>]>Õ>ó-ﬂÕÄ^@,H•ahb8Å+ÑS»Á∏ãFK∏ä1√_
%1¶ÂÎ÷@Y+∂8éÉÄ4¶˘ "ç îêÛÂ/±SﬂG=·+Ò\ôp≤¯ùB
U`∂•d¯"˘4œJaôvÕïÂœ˙Ë5):bMQÿ˘ï∞¡ÿD<l4ã©\4 3†?˚˚`SéÿJ*=ê7'ìâáÇ-qÜ∂$òÏO"<,Ω»ªø
§ãZ∞ŸÂ·p,ñ'>ô']<>]#ˆ·xb(gnfHbhfH*∂b,ˆ∑…©OnVá)cb%÷au)ó2c≤@cd¯^2Gí<ÁtLF":j5çœ
%{6çI¯∫#*¢>û_∂ù7¸RÅœ2Æ™àZ◊LÒ∏˘≠èOcø˙¢B~}`¬E`˘<m`˘]‡äÿk9ƒüw¥ÔKíC/‡'•'•‡ÃM™ΔD
¢:ÊRØb¯ÖfH
gÄûÙçíª√ØÄ"‰Ç]ÖIHYnŸ€mŸó%fñfóÌaefg.pf%éf.8Ç>®bÂ0Z∏®'ö/
fibp∂Δ:;√Î¿cÂIh`÷gUÖÜ=(ÆïÄ"/ùmﬂT0ªÏ£õQñí»%ÑSí@và~º_ìaÇ«KASJ|£€‡K9ÌPã≤/
œHkôhJÜ;ç^‡ñ0kt`µs$Ω* =ﬂv‡@eÂ"ÉkïÎ t\pãÈ_»Δ∫p¬˝Eœ<ªmÈe˘5 Ç-]€ıa<ıÄ£Ó¶∂]
,]Í'Fb%.ÄfË.'6b∏Y…ÖÂêét∫,£„ÍË=<1v<ô¢∂m‰IÙVc˝fi!
µw1¬ÛEﬂ §kùπÎTHÖœ5ç≈42Ω&J¯Î@~[tÖ€F\ˆpX‡°íXpê /∞¡ƒ'P=≠h¬Ωd…œËÃΔ‰p(áƒ•Ü
\8Dãó˚∞¶*'mÃ'p"ÊpTF_âçÃ£í+}=bÿœ:IÕùñBœ˙"\à]‡ÅÂnŸ>Í,
`ÄeÊ%∑¶F,hñnÈ.Ä*á,&Œ"P*n5Ÿd/n&∫yÕÀ¥Yòp>VJo5Wa4¶Zø¢Ö¡2¬
4*ë ¸∂Á&·HP E\„Î∏©b@n€ŸÉÀ∑lµÌjôÿyè˜†fÿ Œ/È¡
E~µËáf`„Å•√Ö3?ƒ%îâ«™"¥kgOqìNÌø\E•Ã≤´sÔª™CTƒœ™m∏‡œ;Yò'®d˚ÖA∏ÇpŸ`Ür
£Œ>ôÂ®])_efHfnfg¶Úß~j)gÄÿr*^]ÿ-úÁQB•2,µôg@ Ü±ijPaµVVd‡+

Æ`UÓceô∏gù°V≥ì-≤á}ÿ+–ÎÆ˙oΔ¡ì)◊ö;6˙ÌGFá«ÄœYZÕ˘ßÎÒ<
Lm∞ÏÕûhç◊t˘8c‹_ø<Δí´u”(2à5ÌÁ‡˙Ç-P‘U/ªQy2ªüCtÖ≈–q≈≈TœõapH†NÇh
zd&^(^òM˙`nÓhÜˆßÜÊß¶r™∑rxz$éb"¿Ç@∞ÑZP˙
7≠W>|sZrGuOwÙ^{µÜeœÒ»M0áMXΩIHö0PÂÉÆ|" ˇGE∑*∂'!ô€b€Å.pÇN‰ﬂ!G‡Mu‡;•¯‹œh…v>
è`áﬁtŒd·ˇ)©y"Õgâ"`S˘˘óGÒzÒu∞'2wQ/Â´€–∏+‡˘˘'T1)ÜA8Ç‡'&^„,bÊÄdûv®ñf)g~
+è¸©ünh7(XÌ˙Ø∑1Êo˙UÎ]ÎgﬂTsÙ.VÙÓ^
Nªx¡ö?ƒQ¢–;…,¶RÇ!¯Ÿ˘'∞ˇV¨jÂ“UL¬Ñ kÈ™UV.Ü∫ZUÀ,™ä´>m
\ÂHlŸ@Ç√V2∂p‡Vj[i≤• p2cΔGLõ)W™¥…s\Il+ê'Rej“§>ë"ıô§È)“H|ÊP",Â…ì/Yøp•“u÷/sH·
¢ÖÀî&ßHëR2uä 2j&O∫t©“dHê#A&√DeÉd∞ê·0@$.Q"q(@¿≤ ®\‡s†E˘&-Z¥Ü\qc `±ÿ»êY´][ôµh
÷ÑZ√>€6n‹‘î
Zõˆpj Ω©1∑ΔúZ6j‹ú3èä/Ø_Æh©ÍÆä-Wƒà""∂>ÏQ©s–p"BÂ C|°rÂä>Ñ(±¢ï´`A≈ÏÚä.5¥PC¡r†
Ç´∞R+IËG"Âî]t©î”L2Ÿ‰·Ü>qËSM=>ŒHÂ©Ç|Ù–IE%b°°G{ÓÂÿûWXQ1«$¥cñQH [™∏í
4ª≠ÙdJ1ΩDíÖ!Å£K'4‡ëñ!Ä…Xê•XaØêŸgóêgù≈Yù°õZgrf@ClX≤ Å∫ ìLq°"¶o¡"v[r≈–∂úqÕ=Áu
µUGÕl»d∑>w‡'BL-/ï7dëL±G≈{Ô– ﬂıQ°m¢)"wêB∏»–Å*¯êC=∏ +ßH»–G%)ãL;°d,\ vH"µ!
ﬁT”ì@ïd
4µjÃ!Æ∏s¥ÿ"{s|¡WÏ¢±û∫\aı|î'Ã/∏ n ÅhB ≠µ–&RK>–5W^VÓfI
%ôaáï)&áô¡jRVŸeõΩÈYûïv/hxÜ&r¿•*#ß°,ˇ–l÷\úPâ
•®¢ GÈŒè,Ürî6G¶‘¸¢ÈyŸ)]^vü“Ç÷$-™°VDÉÚ'áü"RRÀ@°¥ãÄ»®B,,Ω2!±Ω"ë6 '}wIÔ‰,àJ;ìﬂ
>∏áB1˜K-îDΩﬁéç£ÒÆπÁR5áìÎëjXë∏RûœÔ5áTÅL,÷Êre£,O¢eï ”
{yòc%Ñp;πÉYXkjˆŸöj¬ °…£ëL≤l•f4‡7…).™Hª'Ü
¢∂iøΩm…Qj©rí>'~–òbWﬁÈÈõÁä+µÄáﬁZÊjeµ0" Í÷h‰˘&™8Ù_Âê†≥Ä°bH€Ä%,W°ÕXp[Ö>ñ∑ì‹§`œ
·2H¿=©'«Aú,¯p#ˆ†·=Ì…ä/9sQÂ]z®‹ﬁÉ|Aƒ¿-fqñ£ú)J mN'íûÏD'TáÈ0–0Ÿ}ié…ÄÌ*¶òáeá!
Y«`E%iNy"Mh¬(Δ‰‡2À€”´AáScP3≥
ˆ"'>–17/Sé–Ú>I m|‘ÄF\ŒóP5
}Ô”WZ4°û/· >†`–'
Å^\Û/[H ≥@≈`Åve :ƒ"
“»*á•Jl¥Ñï8a•+s¿Ik˘2)GLlIKÕóÇ≥…HòìZ∞®Ñh†◊UûØ–À+_¯√™>Û°¬$~·á_°Ø;Qâ–¨Jg°”ÒÑDx

kàÿ=,bµsLôdá±4†wjZ”gBvO8°ÃdwceJ–X†Œ√œ[/ÿDeè7∫·ûıÓË/PTè”yŒEô
ç^gi‰!œyT° ë"E¢kë{IÉ– m'ûŸµYΩÖ!BΔ.r–IÓ
mkkPÖÂW80ï J^V¢‘mÉ3±•.£˙K[~h%Âf‘ÁûyqµˇÛ\â‹T&∑=∞gÜ>†B$î6$Zú
¢HQ˘ù˘Æ3ƒrb/z)â2êq¿Ûa.}¢√ƒtÅzZÄ0Ée@Ôz2T†û{S…F„4y&[8@É"a)nÆQ≥/Ëfév‘ço,ıΩ•ÈQ|
–!/•4ZûOÖ
}Æ0
‘(a“í¢4>0Äß"Œz4B
ì†Ñ)Ñ≥»¶µ8»˘‘÷´R>D ôê[¢
îh7%Æ,–‡xÈ!©jêD∫Ï 0ù£ùÅ´ÑÔ©§¶‡É8°í>jÂl/±PÅ~gÕÊ6Ÿó√S|NtÑà+2,‘A∫%ª¡
2VAú¿a≤s<+vÅX†´'#ò‰sü
∏¢˘eKfÀ&è2.ŒLÚPÇ¿‡
}∞D\–o/9ôäl£„Gç¸±:–Δ πs®˜_H· Çî¿~DHÇ¸∞¿á6ÿX˘†.§”AóÃŒM ö¡Ê†
°≤ÇuÛ.,üÂ"Ì"≤CP}*ûui^¬‹B1€Àû)Ã« >‡|P_‹∑]Î–ë∫‘%√¯PAµÄvÜ‘Vœ≠`GìÀ9Àyìsöƒøò
R"[â"5∏>a+œˆ0k∫"c–ÿ7¿c•ô,ãcúœ∏X2]™0
‘∞
<,f¥Ü,qáRÁÏlè¨ıc πÕÁ#6«ÿß”Çñ∂8•ΩT®ﬂ_≠lXÕßh(Ö1Û‘@J–EjÒäÅDïí≥v'h¡‘Å™:Ôy√ë•;ìó
ósâ π√"XΩ'k=84¢≥V_z5Æ]dïfàfaß€Ÿ¥nª">L!"™&âK"±
5§ö(pò3‡D€ΩZû≤´Á√"¯¶ÙÆ±ä]”cÛD<2ﬁS20ŒÅ`‘T–√!µêŸéüÕ„•ejR•ŒEπÒúç”◊âMlúQáÌ|
¬säkKÅó25HVŸ~4ÿ/∞†ÜÆ!∑"°¢ hS]–Ñîy,ﬁ∂@ Ufnˇ ÂÈ¸K;„Y&w‹¬9∏í˘lÖõ+BWY{
ÄhDK«w$√G>ÅÆ¿Ù¶¿S§5û¬?◊…Ç•UùP√NıÕi˜N1≈Û´=#Fœ-
™©ûF∑bí2“/√jÇq0bà¶†GD.∞ÆΩg˙&µ™≈£u°◊«ıè/€ÖF1úqvƒ±>sˆ!"°ÜsÛê$Ëè–J˙áô.‰‘Nïô&Iœ
µ
,µèÉ†*yW>pH"N"ƒ¥$\ÂYû–Ö Ç†û˘Ÿü
…$ÃG"%Ä$MíÈ9AV8ié‘†V¡¥@•"4d7@CÄπÇÁtGxë5dx\BIÃ!%LÿÔaï¿ŒeÄò»ÚüÓÿì1÷–]Û
%I∞yòÓÅΔtFó\aó<L <% √7»¥m]\LJ–DZ∂ë i¶©>3|“)|BwÊ[V9R$'\™Âœﬁyç*xA
$`(êôùçO·€/äöE+¿“¡“w˘M‡¯ ä†)RﬁNä8vpGQú#ëﬁNY$/\ÖVX≈é∞À{¥ÄN1pC6¯†–
ï)ÃwÑ
m<Iõ0#0)òP‘¬$\¡ÿ@™=ë´ŸéÌHáÏòâô ÿ/ië˙4_=EdëÛdÄ 8F8˙eP¿Üa¨!
Ä˘¡'mè°ò_≥q^èU‘˘][•\€Fôvî¶ï>/±'Á§†Ò$©/>]¡„4¢ËX¬ª©MA–€F

^BåØ$ûH>ƒöq"a‡Z]àW)éT]^*¬§^
©8$„%Ä/NYöÍÂ"lÅ3©KçPÈ}Å*@:„Øvw|¬'∞ï¿@√\ÒRüyóK@√)®˝®/;¡Ò…N8í TLY^aU¿=eÃ`
eL=°?5¿êÄ Ã_-"dÌ-c|… \¡)‡QDqè˘ıXkQ t$¶5Ñùs\Ÿ]áŸ%$2<¸!C*ŒìÌü#I
‰™lÕfi©Å¨Ï˘«#KΩÌÎÅ‡J(•çØØƒÀ¿Ç+p"lvbJ&ï„Õ≈v˘
)ÊŸ)bû)z†˝†≠H'à-<¡'¯bÄÄrÇÄÈUíé`E2}H≈1˘¿C6î√RñÁi
x'û2 î,ULêS©Â¬4¸fi#¡@Ö>éKÖ•b(FbòIY2Ü}fàZ6bµeÛ¡%-ô…'@
Ã@ î„=ÜÖña8XB2¿-`ÍÑn@> éàl˝QB§d¬üÁ)éëL#-Ä,/><«}Ãîa‰k:ƒŸ NOuRA|
§6ƒHídÑ®ŸE¿Ÿvóµ∞§˙f2o∂‰∂Ù!x§∏Ä˘A9íNÐOÇÄ‰$ÎeWâE¸EÇ&•¡{•¡/d√R.%8,%5¨
‡9 xaÀ]@ÿVÆ†"Jô6¬öò,Ábêe_ùe¨y°Z™eáÜ\û„$¿`U¿òÙ¿ÃDÜ±mfl*(Ì¡$‰cmå¥qû?vèjuè
b*¶e®˘\á®&§3òúí}ìfÆ
$-
ÿfiÈ] ¬$`§±¥®ŒË
-Ò À^œA"$÷f+
k9ÕíS
ÈnÍÊ.°üiäy®B=LÅË¡@~`kO «Vp'|A¸9%®«$8Cv¢ÉvÇwE¶ä^Ïáî`I‡2§˘Á§öJ˝VúZ·bÙ+ÿ)'Á≈ƒZ
`X@c ÜÒ…ŒÜ…ÂÍÜÂ@]"@
lTÄLøÚÂ`@®Å+<Ë¢à÷È£D±÷¶ÍQc:áêâ>ÿ=&¶i(¸m"©:$óFYœû¿"¡‰>fi… ¨"K˚ÙTGFƒ¶MÇË,È∞L‡É
±∫R,·Dµ<R*∫$≤*´¬ù◊∂4
Åiàhê^r.ßH©//"W…†W•AZ®.îõ*PC9åPî√Êa√§ÖM≠Mÿ-âÑ2lÂnD™*ïŸ¨ı+∂¨;¬ -©Òá!FôƒÁbÄ
¿`Æri@È,á˘ùÚ'ZàF≤YÕ+o¯c¶™n…~è BÏœ÷¯d(B÷Æ®fCÆÖ1"#'$˘fl>È,◊®¡ %¨$:OYbOäÇ -F\ƒu
=,•$±¶)M <`&Lñ"U"Ã¬QÙ¨\¡2Ò¿åmŸ™o¯‰°ZVÃA$òÇœ°mZ-5àC:à√</mÃY:)À]lzÂ≈©˝fiöfik{n
£òîÌÊ¸ò à…€i8ŒÈ√LpÌòÄÏø>n,Ó¿¿<n`8jööt
†ÅÈ*9!èe™¶
Ê˘µñµMBVGŸAf1`GHM\q™ö†Ä˝ÿÓ˘,~ÙÀqEèÉ∏hsôfÛN"B/k2-F∞B‰Y†úÖ√v>¶'ä†ê∫§ûpw≈mQB
Ù¡„† êûÿ&'rœ†ÈÒÄÚ¿-~AêËx .dgv™+>¢∂8cM§9˘ƒ8Â@ØÈ-¿ΩfiÎJÅ•XnpÓÙ¿\r¸´;~rÌúI (™¢
¶ö¢œ¿î¿,Ár>ÓÜÜ<®'ùÄ¬X™HT™."p¯«ŒÃ!D
ëë]ë˝¬A'Å•‡$Ø"Ω±Õ¡ÄKl¶h˝/%∏€DBå≠·È¬*¿,%(F4wIÌ∞>·tØµ≥áØ°PÃ∆/"%°»¸mïÿJ"r"gO&£
9ÅkÇ)ÑáêÉ1òv¢É∫>â˘/Ö≥8ÙR1c©=aA©jÕIÚ5ürfiŒÀá(ß[ïçt$ù´÷¿õFR Ø2Êjá∞al
¥Ö≠•
F']ù»éÑ•Z™m°/Sq•ë@ö¨b[-X«l|-XB1ßJ±*ç·l™)1˝#XF≤¬4◊6áÈä≤Mkf±EXÔ
+mWJH^î0ëÍí8Œ[[û8Pï»äÏD≠> :§{…WÈ!ß6@r∂oÿ1VÃ¡@Cylá
;(¥>/-˘í,'ÊD-°*%h »%A˘r÷¨
ïÒd˚ðÕLA4ÛbÑäc‹êØçët"J¸æ(*Ï„fÎx°:˝ÒMpøR¿=ÂeA\>fiÍÙ."•^Gq¸20Éœê31c /‰¬mI ©gD
ö4{÷<ÏÏfi…™%∏[≠¸áòÌîÚ*DX'œµÕb‰E-'ŒÑ‰U≠;«µ¬ΩµûÅD7'∆Ã` /}Ç%'3¨,ì'Hí,B)Çèm-2/ËÅ
$ò¬x8√ÀjË/P√R÷m¡
≤âÙô'V˚Çë2•Ad¿¿‡JÚ|<O$!xïM"ÿ$™%ªÂàó$g
ì¿trKWl≈rXÊfl9œòa-¿p˘0ä†ÆO«bn>DQ 5®>G˙Y %57„$î·f˜kfl>T{w5ª€@êÅêA†π7'
Hk^Ñ+¿$6Kàhóáó˚iΩ$U≈a!C1§"˚(O∫Ω†/Ó≥LÉ;¯$î-• Srüé¡>Yµ|HZÎƒÙ«\6 É‡‡~vÔBí$u.KÎ
XkøfiN pn„j•jè˙|Ã@∞¥˙˙∏è3ÄÒflú0fe_fXÙÌÖN£cÍıÃ!s7∑0së˝2»_1-¬'8§õ:≥3n•Rd◊xÙÑ6
-πÔ
tÖ58˘Í
Kùø;ZwÒªiWŸwo
OáÍ/mSg<AäÛ≥r&∫î2gVËAå8:1òÎÖG˙BÖ∂H°¶_ê¶ÛÑá◊E.\A`-Äqû¯âØgÁvÆi£¡i/
ÍØ∏T*À©^≤™ˆnêprbÎ|¿L@Lc©ÂÜπ•¿p&ÎÙ]-ª√-7w0G9sïá™µªB€ÅÀ
JÚ1{Ju™
Åw´¡ÒzŸV å¶¶O9†Hœ±dƒÉX° ƒ|Á9≤z‡ùádoãs$CR_ƒ)∏ø´¡°◊C©°¸¡∑Ô∫•¡É˘Bl„ò¢◊J@ˆ<ÛôáÃ
ÊÇÌfi∆ìnâ˝Æ˝¿1÷∞ OúÅ|Ö@ cÎÀo#=.g˚ÆJ&õÕ_ÎÕW,œÛ|
œ"/> }f,@P¡'ÏÜUj.c™`^C≤Îms_®0C˘¥kõv¥>ñS£™u.çmw™·lÍœÒ¸ πÁjCP¢Wê.
$^œE 'ö3+'˘mŒoéÒ}∑˘,í>,-5ËΩüÉs[)éøóêqƒ0ZÄhÒ"ƒ <¥-∆>s$M2ı©4pÂ }˜q„∆l„¬ï
+y2\Jï„¿ÖßÕ•Km‡h∆á
[-"J¯2d‡@0à¬•·Û P£S¶$ÖÇÅÜ"D*l•jt(<r°h-,/
(LH•6.T`ê¿¿Ë]`a»'kŸ∞eªI8·¡'≤Y≥Üm0∂õé;¶lçfÕô9o¶ˆÙgd'Fó¶
Y±bÆNôö§Ü
-∞C[î(„Ó<4hPπÇÜ%Kßr•´ñÆ„πtÂ*ñ\Wt‰»kU_•kU≠WŸWπÇµ*Ll2[¬Ty¸<…
è·>ä#âûΩ ñ4¡}˚È8YÍ]πX[¢4)5-†, "Ç·!ÉÚ`°Çx•çI$¥àñb≤˘Ü#p∆·à•O"…§rË-¶ôb≤â¶¬¿a
eßh8Í≈¢äj·¡'lt¢úà˘∏/ ™∞ ™´Æ,¯¿àÇ¡,z»Å†Ç>¯¿∂fi¢Æ∏‰∫KÆ
(`Ø,(,∆√È1»,≥Ï4s¨18◊ús∞»,‰∆<ÛƒÏ3h†

µ?ë©ÂK^ãm®Ÿà/m®N†Åà#~Sc·™+ÆÊò´•Êt)ÊSOß”ñW¥É•ñU∏sÖïÒ\M…ƒÒ‡ã/=qhU/
•˘@,â>¸H5óT01tê4p/Bã!!z,ã>&-ÑS^)ÜöoF/ê€r6<à◊]ﬂ;Ø¶óbè>õ$SÖà\Ùâá%œÇàΔ!†˝¬ã)ÜË
°ê˛`-©2†*$◊ö+˘`%áòÑrkáy[✱¿Æ∞ÑãÀ∞Ïí ÄØ–peØﬀil,Œ:Ál2îÂ<f 2[SOŒEh~AÊ˛Tôdÿd#(¨r
{Ùhﬁà†
5©¥V2MŒπ`ò ªZ∫Êí´NóWJ-ïWV °Ò`2–°YuΩ5W˜Œ≥5¶o¬˘úk,À‘Íj9Âì˘·ç+® Çà!ä≤ä!
zp U˘ÑñWrAΔ∞ç6%àΩè6âo=ìFú/&ò@üoœ¬∞9%â`‡Õá∞`(·!r✱· /—„â/ûÄ`Æ∫¢ É´¢‡‡œ
âØ@!¶‡·,zÀ¨≥¸≠Àã≥d¿.√$ÄJËfñnKÕ«,SÂtÛ!SS˝Û_¶l48+´3õ?˚Âù˘©Öñ÷$ê7CπÕÎN`õ’¡´Éîo
‘‡4JúBlzÀs@Uà]T–©™R•≤•*l, áŸdûÙ¨D%náe‡Cíñê%ÿ∏iH3®Zàm√¢D±t¬%ãÀb/D¬q≈%®
–
öhÓr<ÍÆL,B˘∏d>±¬,ÁnÇ
W\¡6C9
QÚê>
g–√ò∑≈Ö†(∞≥Ò(∞
œY0p¬r4Å,c»Z≤Ùñ<Â-]/ãêÄÙ÷˘–÷…Ë«>«¨Ôí(£$ù,#ö¯…â1ï˘ePìø_®Ü≥Ë]Ëíëñ(fï\B,`Ô|ßÀ°
âxyjbÒÙî„ù&fãjfiûdv÷Lë7âŒõ≥ΩÔMJ:?#£u¶√)ÓêìJ[ﬂ&Ãµ®ù«ìpœ0‡V5$!˜¡˘bïêXÑ?¥ 0∞|Âç
$RçÙàHúq@gqÅnI∞€˜Ê9œÌ≈o8x_– ¨Ä]àY–P&`±Tf≈ÉÁzúÏñ¶rae_E¢◊ë:wK}EDNÚÂEpÄò√Ù\ò¶√
¿¥Æ*Å U0∏0ÿ±¡‘â28÷ôÃOâpÕgÚ¥õ<Ï¶x~ÍSlÃ=Á
8ZîM£rÊ(Ìqœ9=ÎŸ•¶3¥Òç<G{ö”»«ı…±ìË√´ Úœ™±Í!Ö¥U≠Δ6ÖK@aÛc˝|ı?i4C ê+@¡à9âapX†D©
1EÇöt¡d✱IO,@î@»êJâ"§Öï≠t\`ˆbïYr®s+Ù-Ø¢*iÎ®M˝…
U@»•¡Ï0]Pâ¸RïÜ5N=Ë1®aﬁçf¡✱öYÕ∫Õ:mfduR‘nfa≤Y¯bØ-˘MÛ~=CaëP¨p\SyäÒ{Ö
t†ÉF≈Mç>(˚û&*ˆ• }`O3✱∏P˜ rj¸õ˝¬+à∏0k∏Æ¯çã£ÕP/T-àGxÅ
cà√fêÉi©‘s7/€¡^ÍIép
ÏÅL¯µS°l≈ìsÊÜn4Ç0Ò´H˚zjQ´˚!¥†ÂD(d.+ CUf6LF~Ç_” à!Œ(…XÂ§÷≥rSNÒMônÏ
$3+:èøœÿÎ†Z–ãäãT¸bqLû’”∞ô`ﬁbââF Î@v†iÖ,{ÍHGÀÍ«=´…c3™¡˝âX S€öØ":6hLm≈+qã˘“a™…
è≤‡(Ï0“1pÅ%¥d<Y-˘D2 ∏¸M&A
0â“S~]Ö&ÄIÅ<ÄÂ}âÀ,ÙeÁ≤K y :M·S±"ÀÊ¢Î™Um¬õ˘8±¡(a∑@,ÂÀMoÍy4≤®´¢Ëä®?W∞~^î;€Iõ=
Ω,ã±xÖp$ÈÓ-·¡ƒ˜8ïÈ4Ós¬ú‡T®*Ÿ…ñe_ÆÜG=Ê–√_[qâ!Ú+ZŸJ>

[DoM˜\≠ØX(Í0(Ïx∏≠õ% G¢LB[{Å_ÇÄ°»†…f µ≥B)SY®≠ìtoÇØÍv˘Ö7ë¡Jg“˘!¨âÖ1)|W
π∂£ßƒÓM®7öP£Ó0NHÑ5x'ãœ,Éâz^[·t(‡
Q˚˝+˘≠õWä,≤°bŒ&ÈWHÍ¡
≈$Ú©OMy∫”>˘îw.jÙêö=ñu$ûëY¯âv°%Üu¸JúWß∏√-¸Zsn,ç™È7È≥‡c;¡ –|
ﬁlÇ…"´`uY´§>T Tn˝…(<3VjíÂ.'µÖ-<ev˘+,ü,kπJ*∑’áÕ])7®Jú˘òo©ÿ¥FXqvAçd`S4üI
´¡ã7◊π&°ã
Ô¢’ö”¥géçpjÛË·V8o«£SùÁ˘T:;ﬂÈ;u«z'>Ÿd˝†ùÇT;•∂Ω#¸âHP-≥VÛ˝Ä]°s˛'J>*~uÿ
¢s†ÑjWcΔ2X±äFà¥§$]zé[JΩY&4Drï< 8,mÂ/†Ä˘y Jw!3+X.ñ)Ó|…À5©Ó,„m≥€ª+uò>ÒÆ ¢"
‡Lß¬È\¿
PA¢Åc8&œ∏I·Ê$˝kQ"–,Úää`É–dF8*Ôã8✱ùM{$≈8^°âÚÈg>ŒÙΔ√”$Ï”∫8!>%ÿ£ˆ&!
ˆpP‘,ÀmrÔéHk¥6+˘†AD èP!älÑÔ’<C~ä≈x˘Õµza4, ÈîN¥¿ Ç¨$r∂0ozBuòbu∞Ñ/∏ïÇ
¬Ì$`-¥m˘∂´\≤¢H N_∫Ã‘é_R<GµM<ÓìÄ-É¶Ó$Êá0*ÙÓGà&^ ÿ‡xÅw∞ N» Ò&–‡ÖäÓÆÕÕs
f˜Îf¿®_!^1=Ì∞j-ØCONjêıN.ÂÊ®ÂŒ#˜zP˜bnUTM≥\≈Áéê!î∞VheV^mVÏ
ﬂÁymMZa$i‡`Ú∑¬0 ö.rÄ¿Z/•&z¬<j¸LÑ0¥.á,ŸÇ+
CßÃÖ¯ÒÑ˘±ß(µmÎ‘ÔFö„l*§bÔ"QF£∏‡2ëw|ANñ°
NúÍfÒ
Õ5Æy<ØGØÁÚÇ√-≈ÛNp,VR:XAüÚ)”$L=M!°iT$!UbÔ<HÌ'œ√˚ "!˜Ç0'Hä◊~Ø!"¯\Õ~◊òÒ)>c£†!?
Æ&ö°>J\¡2·‡¿
f ƒ@úŸ ßZJ§»¢é'¸Ï¿ÓÉPÑ-ÊpÎ<./∑"=™ê
©≤äÖ∏lÛ0€zJ˝fdCFÑfd!“1kfí&Δ\` ÿ¿é·Æâxﬁfø<±úÕ7™àÛ*¿:Ô5N˘öß$1n84œó„iç
´<Kipq'7ÅYO˜PN=ÇqéÜ≤(!˜ä≥xmÆ~™&>ò≤Uús˘t.≈®QkÙg~hN9>§¢œ@°
A,ÕÚ
¿P ˆ.rdÁ[4[ÏÔE<ìqû/Á–¸RI€Çb s€ËÖÀ1,XIÛ3?∑.iöBv†ÇF 2©¢FQî<Å&ÉwñœØ#<34∏I
#Qh·ÒFØÇC¿≠
gDà>ÔÛÜÉ&aë: HSlqTHnçFE7!ÅΩc'w2ULÌÂ˙¿"¡Â¸†(á¥¸ÄH˝
’î3b≥ê˘1ΔX¨U8â÷Æ2¯ö“Á,'Ïc˘xç4d·◊<°¬ÚÚ✱@¥@*f✱<g//ê-ÒÜrê©&î"+*Δ0Ì3€✱≤ª
¢>ˆ©”,ÄïuÀ/m0Ìsï^ΔDA±0*Ç`Ô∞™1U "@î@<aÄA±…£dÅzzÒ¸l4Êä-DK≥-RûZ
±ëcEa9≠g^rFyï6ï¶±6A|“8SEéx“7sœót("`(˚`(ï≥†T+°îUzo©‘JÒ#¢¢ël‡#W^G◊Rm3>*
¡·<`Môn!øÑ]dá/∞dô"Ï¯•)ﬀ¶˘lïÊ%°l<Â+∂

±5+µ V˘
'"]∏K=edAíFz 2ØDFŒ≈ÄÄ
:aé¢Aê+Î™T;îzÃ…øÓÍCi·CaÊ·ÂØBRViıqï„DèbÒy∂áNP%2-;‘»ç>Â|÷'j†∆‘Ç2˜t/˜pœ˝ ˉ¿°Y•
5k3KÊ≤;I´Kµ‘≈ˆß≈¿∂:˘OZπíœ2
¡a·<‡ÿÙ]Â@E®>-D^U∫$1≠EÎ÷-P ∂>ó,“`Â≈u<˛ï>
± ˝Ô[†IRßB£È@µÑqC 2VadKÊwà«3˘ÓO|£Ô5Xï7Z∑QV1EORVi∑M“dÙ%'N:Ç∂Wot|Çï;dTÍT.,
8É“'uœ‘ä˜ú∑Y©6ûTZ´èî[gÆU™“ =
KÏ>ò• Æfj»ï(n¬Û!<†}Ÿ4,Ifl4pËá¨•Ñ@§ †noñqΩ¢x˘,Üï2€6s/Œ˘5_©Ó[bÍbT*fDs≠ä´#·2S$H
B4∏R.“7ê«ÒNe#b¡eI38J2V
„:O“ŒH6uç™£W≈á%&Ã;ÑÂÑ'Tê7yù÷7õ∂8ó¥jqÔjÅz•ı†˘¥˜ö°ê–√¥∆V¨Á¨ilπî˘ƒµH√|5¡<fiv}!
ç'4“Rfl%U^≥KÙwC˛áHË<•&L∫Bß˙,ÿ/ÔìGéb 8PΩBaø¬ñÍB,Ä,,ÆÏ@áÀb'ıb3˜á™•\cDî`\!òAñ3†
GîEùT˜ÑOF`÷^W6“Iev8dÿ-J9H!SX·:ÇÊÜ≠„%sôáÖıwª√%vs'i÷Xm/UàÛHù˜î¥HßVI˚ÄZÖaZìsá-
kme÷¢“[Ø3|Áâ_aÅ<Å·åA÷uMµ~*$&K%ïÍn»û02˘â+7P˘x-ÿÇè í ◊]Í-`œBG»b
!y∏¶¢Ç-ŸD§™1Ñ¬r@:AêA@ô‡Jy7@öîG3Z!u{-\◊ã`iuv0±ñc!“ò
£óØ„˘yWg‘Fá˘&·Tfp7STÇìÂÜ18ç≥yßzá2òö©üxkßTJjÊÄœÁ¢P?¨ë>C\É·Xaå!“5ÿWÿYÓ‡¬¿≤@*ö
`pfJ/®ÌéÌŸ%x&™è=G`÷èuj Wêy™Ä'B ˝Û+v_ƒ,*,%Ö,,cö©-gcÒ0ûl¨ÄÉE5xRò·P∑TM7uyJ˘c•e
fM{viπV#M¶G/S8·óGé¶I.X'Ï”à◊eê(Å∫7ç=*+ôâ≥Hãî=àÒj#¡®ˆjö˙™äüX™3ã√<l
´}.˘ªóƒDÃ:]≈ZÅA%
!“Ã/¨◊ı“¿‡Œ$¶&K%ª
ıØA-˙öè¨òX`uÍOvÎóa
vGö>®Œ!#€*^ƒ\Z©#ñ†\Æ≠Ã™C”™C?∫…©§=3ybv7O•iw„≤ßoŸ„6!
ác;∂C·¶iıZØıv˚ßâ“gê()SË(jåâç€ô4ajß6πÖ°…´˘πöß5J{/°úÛˉ\
lπf|Ì√jñi◊.“|A!∂0“ÿ¨Ô†Ã”:
≤†≠0=øDN#∆Õ≥ƒûÁŒ'Ùÿ> ÏÎ'ÿ-ÄÎ±∞ ú∏ Kà?Ôµ/ß/¬;@=¬µb AZdˆ%ƒ.
,@TVΩ[DO28ê#ÜeYñkUåö£≈kÙˉâSÜF‰che-ß#°ßk-±t˚«ÅÙˆ|êHuo«ã”â2Yã≤(ô˙…ùõ©£‘öI
´ŸùS>œï≈é0\J)¡'÷°!Ó@Ã;Œ˛€’õ≠„9Œ->ÕüBœı5èWäß˛5 Õ¨`è§G˛ì>Ó˘±rfl G3@s-]lÁ->-
E Ê@éw,=6N£ÒÓ≠Nµ§•Xï4_8û8œ‘m'„Ï…∞;nz:d[∂°£<¨«q}∑˘˝«u˚)+ÿ]∑ât«â‘≤ñj!Ÿ
°ú©ß9ãaà•®≤ò)√ŸUB"*∆∏˛j|(¨¨‡€-öù>@<'ª≠)X>≈~fiÊπ‘˝/€êõ ø¢fiÔ]†˘ï(˛†˚0‡mß1Ù~‡Ω
-)@˘+dÄ <!√=ä-l,Ω°ï?Ω§üøK;û‘ë„Q-%A~%á6|Z>”dròk˝Sz˘®yÒk>«mœÂÑΩÊofi7w˛HÅ∞‘ä≤…É
·ÁÅ^k•T'êèå>˘vçJô/"LÏ*ª<ƒz·∆x·¿,-ƒùù”|≠ùŒ`©´…>>Ì◊>=Ó”Ä˚œ◊≠fi˘∫?˙˙+ÿ†
ŸÓœØÄ˘~>˝¬fi‡˘-≥"Ë¿î”1 dıäKAÉ±|µJ∏ê°B_ >l•ê`CÇ-∆Z»±U´RCâIRd´M°NíDπâìKNö\∂|
…i¶ÃI.!qÇ¥IRœMëtFä$)®Q†F!)Ö%HÈ-°MìB
Í»ÕU¶~"˝ÅLò∞``¡>÷âlŸf√-˘>ÌY±gmfl∂Ö÷¨Yµfœöµ≠Kó.^ΩÄÎˆ¶ S!8[ƒàIsGPAwÓ∫£
%Lñ,Iî‡¿!áœ†?ãˆ,CÜ
”*TàH°"Ö◊<L• b6Ÿ≥)»ˆ†[Ñœo◊é}˚wÏ„∆u?>;∂n
∫cœñ0Å:o :H-.°ªwË"ñ0b•L`Ø^ØD8ÒaDá#Vƒà∞˛∆˚˜9nkd)ëòÑÇI+%°îíÅõÃ‘íOú∞"M
r2…O>˘…NöH¬”QOAí$}Ä»UN%ïáéLÂàW,z%Y¡¨Ö[4ŒU4m¡•óé-HCW^?˙ÂW]y˘1sã*ùË°òZ§ë w2ea
òFfMl6ö
†q˘ôóõuV/id™€"Ù¶[n∞Ÿõo"ƒI[mr'p∑Â'prÊ…õ‘Q◊AõÉzß>°ÄvGÅ¢%†(¿ú'Èy±wQEID-¶
îQC˙Èófl})ë‡H(ùáÍ™6ŸÙ˘M4¡á0Ó%°ÖJiR¢SA-µTàOIÂaäP˘a»Sƒ%å/.Ü5÷Yf
≥÷3pI+\<6óê:÷ÖV1i5#Õ2≤Ä¢HbT∂Xdn0Yef`¶Yò8Ä9/Ω•ë∆YΩ®•‡rÃÌ∂[˘Êi
€lh«'ú{∆IAú˘fl9¥9A≈∑huãb'¡üœâêÉö£Ã§ „È@AÑ)ß.7ÙP¶çj~ ï§ÛŒÜ≤âJ-·î
+õ88SL->íNLTÆr¨à!*U$…FÂ°áÜˉ-G◊_{Ωb,^1˚åaë5åµ5Vª4riã
4w
$^“,µ0†¬ÖNÑ-$cÓFFïô%ëeΩ°1˛%hûπ √gìõÜ/j˘ú]vtP±Á∏˝6ù¥ï^ÁovfiI˙ù¥˘¿8{∆'
/>°flÈˆ¬„©0îøêAÌΩsßÜ…Ú≤ß˘y‘-F!ïJ œ:∏j(/πÍ '™˘∏L5·¥…ÜüDÇ‘Æêdhî∞M1¨∞¡b=‘◊ë•-µ!
ˆÛ!Ã,œ•flX¬ÄVY§E¿i…EZ-»õ∂˛b7o…hHΩ∆ Ü$8¡t“út∏*…k^8¬Ω&Pé3b,åR≥B'-Mkn≈9ÑŸp7{úb≥
√Ëåvx@Å»NcSTwfi»@<™à‘`$•2ñ≠GSÚâ»¶0%üöi%fŸH¢G=≠Ñ%>s ˆp"œm"&äâ-
ÙFIƒjC) ÷,¢MÇ)√ ÷|U"G•°~˝´flP˜7ãe•-mcÀ/-í¿iI+/l ˜Ã>v%≠¥-eíÇ≈∏†Ñ ¡M2C¬∞ 5T)^
X Ë%ö‘xL)îhƒD¶Ã¨9” Ìpì0”:-¢≈^˜:ÿΩNvG$b†≤Û1ÎxN7,É+X-eHQ=ΩòE/Z¡2Éƒgã
9|"bŒ/v$T9#-Ùv¶™Í˘L$ŸÀ'¨œæÏMB|í(ü@áí§<Õ(Ì£/Æπ>Ü¶»~∆äh◊ˆÁZ√
¢ètñX÷∂“hm≈ˉV3¿UópÖ´§h9K3î° :ê2I`“"`Ü5`Ø5ÕÇB»m…ñˉ/ó.+G9∏`±!
XÁdˉ1ãÌ¶MOOt˘bU/µÓô≥ki¿ç
-vfia™F†:DQ¿Cœyƒ9OÑxÒyÁ„ûà`d! iÙJeù'≥û¬'“(°ù¥%fl„'O&ƒÔYHÊãÏ˘:%-™5ÂjÄ˛PC˝-
D/èë˚˚_Fª2à`p‘£ïQHW´ó¥%%§fiGΩ'UÃA9HBPÜ5Ã¥∑ñAef6C<-’+5»≠óhÜz¬…ùÊ®œ˛”†<Ø]Î(Ûb
ÛÕö,∂1◊qv≤3"xâª∞Vss±A∆
^òÏdΩ®"[¬<„≈gù«{´]cQ

ú}‰ø˘ëû© à*ñ¿*üççïK.4˜ûË§|@(C?§´)tD#ä_¸q,>t˘ê|`d˘*/ØÃ"Fg3Ìàd‰–µU2-·Ç–&1
„ƒ0£∂s(e2É¡*Ÿt
ó1C,@ÿ∏ƒÄ5»jœ$◊<}9◊*@™tî:√ŒYY:+>tê(Åhj'ô[>™≈+ÅÆ.j:†Ko|
¿à≥û¿SŸ,fa∑Æø0;àF¯{ü°Ü–yÚ$∞ÄF¢*ñ∏∞à¶PKÏí   m'‰ãcQ2t–…Ó1E   ç e   È
´À~
˘Ü¿ﬂB<?FÉ≠ı'ôpY2Âî§–_R:§{´\9~ÄêÑ,-T
™°f‰ÖÉ,˘>`Ñ\jMíYò'à©®•1ç\à'A™ ≤πvSdCÍTÁÀXm&V∑
;à9 P±˘md¿%<!ä»8ô…Äó‰≈búWÃ3]Ô[°0fœ˘MI<˚ZízÚ,∞˙ÏI>§!X1v|?πêÆ ª!©•oèA
Qä.Ìàé{¸≤P±_˝<l;¥uf¡fl¸.*/çÆ¯¥3Çu´GZ£¥ê\≈Ä-3pÌÑŒÉÒ
Æ∞gl-uÈK¨IzrÀÙ\ˆÙ/HÕR)Ác"uÏï˜To{˚à_Œ3`fÆ é˚ˆ∫°ÓÉ'(Ç ê∑§"√?
Ç∞,#sM'ß•ªﬂ˘Û˜˘ø˘N…<>`3≤
%ç~IuPA¢B?·â§#´«†î0XêJØ6Õi´1%E_Û0¸Ïp202)O˝â√í,µ±öÄ   Ü´e"ü4•ô$KÈ∞Ñœ°
YÆØÅàô&˘37(·qS£teõpŸM/ç_`9P ß{j÷≠ç∞¨k˘€>˝ÆÿùI¸Æ^LÎ¡^Ñ%\Rëä?z,,NàÙBøpïk:ÌkÁ/
äq?˝1OÅ&h;√sîhêW!B·JÒ4∂í>vT"fiÍS"Ç'qÄtYòÊqöáï˘√{Pd@qr¸SQ˝Û?,R0íR1B-
(•@É˘"2R‡2$Ñ1N∞c8ê∞tSó°8 t8@ÑIvKÃ}J∏l
+d9ßmfí93ÖPÖ÷fm"9WXÿ÷&Wı]cGvcMmB¿1+∞c–;Â_Ø<˜á¡CgXfw/"N¸˝5F¸!`ÉÁWÑà>ÉBX7ë„≥U
+DQ>r!êËàì≤5ñy¡≤q   Eé†   ñ?°fvDPmÖz±Äj≥Äj¨ÿra-yëjQ@4¬b±¯¨';g[J-;ÊÉ<
6tYp|MpDòF}H÷|¨eŒò"Ü\-f#Ñ¥·/•ÉTZH]>áÖ˘'ıB"%≥L`D-
DvÂñéq2>∞Ü¨`2>to‡îΩ‡2Ífc<ÏT_¢ÇW|÷_¸1ÄFxxO˜ÑhŸS!ãÿâêò>CëyıxFQÅRÅòÅö7ˆÛi¢FSP!
ê¡Ää`qb$f6h3∂8k%UÉ±ckësT≤¿
s∞=¿k¿(/Cg|≈à|Hà\…Á|H÷´a&©eGâ\"6m'¯îQX:S˜çIeÖ√u£3'31fiÜÃ;GîvÍ∑t¿
ÒvpH)káœN Sò,≤ÄNqÌ*!x˘ë3°`ÄXxÉvFÉ∏Fá»4PÚxqä(YA1ÅÂ!OSqwY[±¯5]‡aá?`0-êvE
&Yí©œ?e°63cyìs3∆IxÅs%u
Ã∞
ä 0ıã$à√ò%AY/DÈEŸBIòÕËÆeÿÁ/¸ç»Â–¯î¸2mØ0fi0qeôS't,ï≠„]Á8;Bt1Û0/∞Üp'm_d
£tf˘rYüpW°g£2*yU
zH Ä   òÙ$h   ,3!¯òú¿à
…àêYEAâÎCôÇTaûGqU"Áú   ä˘≥_ %paö   ¡ä®ßäœ¿,¨#.™0 í˘∞˜í5   õfi¢¨†Vê;ï√˘
£@Yt∆Ë@0ùIàùfÚàJ ú´e™Ò§*ïP˙§òÉ]œAù™-ù01u¢L,VÜxRlÊ
8)rh˘ÛYè˜Üèz63pÍ)†,˘Ä|Âƒ߃ÉéóÄx5-xàÈò-à%F8ëë%Hú∂   'y}-ë-
ô˜„aZQP @ö}wj™´˘eI1ÇßjsT@≥FctAÃ∞∑¿l‡N†Ip%-∂´Aj|≥¥\œá\H∆îŸòùÃi¨M*uQ™¨O:Fed¬H
ôtYjT&Ù¨'È•É'^iU∞0i¢^/d2»-MíR˘ÚóÚ˘V¯   ˙•g7Ûo!p}˘óÇ¶*∑ÉËp÷`
◊ê*   2∞êU>ôñà>AO≥âÄ§°"jùŸô˘c{ö%$ZöùÇj&πöÆH™6£2ô7∞˘
.¡¿tiq∞ZpAN∞´8%l@YÑ≥$Bÿ |ò"âŒY¨eÕ)ï\˙§ÿj≠K(¨,t¥és¥Ÿ1\…:´£:#∞è†
ì˘fí"èt÷µ≤0üùÇw√≥_xx˚°á~I`˘JêÇFì`àâáòëµ†à%∞é8PÎëï∑G9HôöúMq}¿°|`H˘óä?uí!
êûƒ_Àä#∆¢è$#Æ)É5ã≤∏-H¿£ r‡J/π/k4[|œ/S-ÑúQ∂ƒ≈
∆z«J•≤kBï£kùaT«Tπkd!‰{œÁt/Ä'gB/Z°#p°Œƒ~\
Ò¶Âƒµolá.Ûµ'˚ñ˝GùB_uiß˘W*˝QêÇhx˙Z†Ñ®à˝™!
âE>êazÎôï∏<°5X5Ó"Ü@±òƒ{@E`pû/_ééõbêîR®
ÉxS™∂'#dì-≈Lb%V¢S4ÖSjÑB(KµtK™õ§Ø«Ía;'§DKª&$TFG
\˘0¸ãœô08`√Ω{¥"‡¿√>¸<¸∞~>@ÓÂ°Êƒµ˜◊¶   °<pY_˘ŸwÙUßê~ô3*œ∑∂É¯ß∆ØJQë(®w
´®x˚X?ÉD"ıª!J± "qÍagí£ô
¿g&Z¢;b¸ì6"--2ã˘ë7ÜÃÇ±•ã≤¿   Ö@A°´Ïc5/Aÿä≥ìª÷S≈Âî«/≥QùJÍù¥1ªí39¬99
√ª∆ìœMP√62uPá≠=Ï+‡¥fDá‡°'_ì∂pÈµ`≈p˙Æad360;ì≈|zp~öx2Q+åG®íhG˘vôCQ>|[ÅJøƒbøÑ
§°ÜdHã?\%¿∏pä¸eöÚ<V¥pj®÷)F™*V™j#îõ©ä»dì9˙7ï/@◊¡fl√f…>ö´<='IÊàÕ˘ƒ¨ªC˝+ª0)9-
lTõ1KfÖ√!$"±<S°ô°'á≠µlª¥,+¿™wH<¬Po≈ó/àΩ}gWÒg-p&†YàØ<s*Öf†ØÇòàa€†Ó
∞DÅ‡°∑I©ù˘∆}0   :©∆ø{ÄS0ÏŒ˘∂«Úàzmïr)8™iã-#"í™≤8-6
û@J˝J@W≥AËì˘C-≥tªNY-´À≥'äç‡yùRπlësl˚B\
√!}√%À2ù]'7ÀPß"P«/¿z^ëÇi5oIΩthgqw˘ôèS¸<Upy
ÕIœÅàFèñhääàZ+Eq<î¯†ë iò™+πíÅö   ˘$∏ËÃK«S0Ìú
@ö•pä&J,Mfin]œ_ëfiö€Ç,©R<œ≠©RÃ-
û0J‡NÄ-Y‡[˚
úC÷£àì õ}- "
'¸ú*|çœπtNá…∆Bfï≥5°6úBùq ≤,f˙Àfi$ÃÁQoˆGó±}wwG_dk7#x˘"Ò˘8†\L=á˘:!4rK!
tÀààj∆ytP*,Ñ∏-≠P`Õø˝;Ep%†∞¸èLfiúÇ!ªfi)'fiÅ<œœ2≤Õ -
ù‡»Åt@˜cªZÿÖÕk"Ω/^ÇúI)ù√ö¬∆
¥Cÿ(¥IŸî¬™úH∆8˚"≥Ñ√ù°É.°¡À·29†wœ3EÈÒÜÆÌ/≥=<Ø†,vÖÈ,=-Ûx

œf H-Í"Å ˇ/F'L<
Z®Í"pêòy@é∞&HÄÀyûgŒaÉ©¨ªS@'Âäª{œ°÷mÕ?ı<Zg-3#Ü,ã^naó W J˘˘ç¡ì/îÏ¡<dò≠%∑
´∫"ÜdIŸ≥Ë VG¨Ø°lçÌ|∂ƒ%>Ëö}"âûËßu+t`é>w˜Fwf„/
!Ø∞ü}◊
/h}hz®∂Év*BÍˆÑpÎ∆a4Q!ê«P=aô¶a|€>ÄK" ~‡5∫Óa˛ªeP÷>ç÷{8Û|V¢Ù|¢g√r*»ö5ˆ
¢>è»fÊ≠
z∞°[ÊVÚcœïSñAÿƒS≈ÊÁÑ>î"â\unL∆é«·úÃ…úÕÁ≠¡8ù°"'≠Ÿ!4ˆ@‡·˛·¿pc°•fœµˇONÃ£
,cªgzπ†Nxmkê¯ˇ%[N≥∞a¨ê√]'äoâQ√∑'baê*5@±[-*œY,Ôa …Œ0fiˇ˝E
5?·œ%N˛cQïÏì€¿•Íœ˚|ΩCøc¿Z†≠îÙg/@/¿÷Ììú6,‡†ˆˆè}ßÛ/W CWjUÑ≤T
ù
Ô)%d*‡Ÿœ∆°˝9)fi4EËq•˙I€v',úÓo˝ÒÈ≤We§'ÉYxKm*ÂÀ¥ìàøÄeâë∏ï ê"Ar$ê $Ñ&t40íÑ} ıÈ
√«bEãÀî)R√Dâ
6l ´$©R%K≈b´'¨X≥|¡&âñ∞Y¬Çˇ∫I+ˇX0ù¡û5÷LËQ£Õâ
÷Ãó∞e≤4-≥Dâì;aÃòIc&Ã3Y¿Ü]ì%lñ,I"¶í.\ƒ≈°¢Æ
°yÒ¶·°o_Å'tò ÿ√ƒâ#ÓÿØÅ#ßÿ´"≈e2,/Õ+CÆfÕ/2Y·Cï2'ØdΩÎ'´^≠zµå%´•¨Vµì∑\Y™ïoñøÖ«
E°U®„°êá/§<9&Á-1mÇ]9tÍÃßOWœ©ysNö&mÇDfi<$Në8I/$âì@I•%Ebâ<¬MÍ?X∞†D!ÅH?à˙x»?
2,c>Ï8c
P)§H
•î˘s…•óh˘ììñÉë…ßüv˙I)°Üy¶©£VLäEß†ÍÖF∏X¬â0¥ÿj´ÆÃX¨∑*-"ìH¢ #ìÄ&õdR/ É
ÏØ«≥1lÀ«!/˚"2%¢L/d¿À32s·8°`Eô^îym5◊n´
&>vÛ3ñ<V"∞∑flê;.πËö".:F≠ÎÓ:ÊúÀRÏBô$°KÀO"M8ÒtΩˆ8-ÑΩ˙ÚCo†MR®?É˛K(!á$*p">*Ú√˜(c
">/§JXÈ§Ub©7ñ`öÈ√XDt÷'_~rë≈iâB-®üÑÒÖô^xiÑç%¥P¬´∞¥ ¬\5-ˇ*+¨≥à\+I#{0≤IÕÓ
20€í∞√€Ú ƒs0*øÏKÖ1FSΩÚr¡≥F-·`ËÏEñŸzÀÕO€hÀ
-éyTC
ëÛ≠∏Ëe"ÁÕéªIB©Ó:ÍœcŒÊ˜»Àô=Ù-ÛÙT˜Ïs»TÑ¬œ?VöhÈ
Ç»âêA;îB¬_˘
ñÁ0tiPó¯TV¶fcä÷ƒ©mqÌ`Üiª(}ÒÂP∆`B<Æ¥J¨tŸ5ã»v◊/ 3◊ 'î\rÆ°¢
°Ø¬"OÃ_˘ì`ÇÀ/gl`«˛˙+≤œ
∆ã·É/]Ö\@¬âÅ¡ÛeıÏ8%? ˇı∫P<óKYQfig¶4QK≈´yªH1ôfNÇ/oˇÛ°s/=O'3:?R5)i˛¯[H
¢Wù&®¿Hrm∞A]âò°ÑÇ
÷Ñ€/÷$¯7å©òhÅ)ò≤ÉÒiñ¥'~-/¢CÄnsJ3Ä
9XEG]K≤‡¿≤ÈogióW¥b8ƒ%ÆÙ"ãî¯B% ı`à…Ê∞ŒÖ)ÖK°ó¿d-â‡c`ÖÎz°1ÿmå6¥€M+x∏@≠eÖRŒ…òÉ(
Eu«Ω,S"u∆c)N¿lQOœw:µ)·i
SÎ}NïûÚ≠{´¬^˜$á@ƒ ™ïÇ¯Ä+;|°WÍ˙H ˇf¿µ"-7√ÚêŸ»Ü?˝ô®Ygk€€(¿§%)FaÜ/
§2&àA_·J∫ˆˆ7w°eGbŸëVí§A%Ω•MLb<^¶Ù»rï#a ˇ%Å∆4¶0 Ú<@Å>ÆÖa∫_&ÇxÅ<∆kXª?ˇB7 YK>
ÊÃØÁdäŒ*$ı(ÔÑ"yœìŸ•ƒEN\j<-âYvj∆úKyGãÂ·ôy<™R
$=ıâg$¨ÁÅ•G"H˚fi"h å(à
"√jPp†&hÅ ÿÁœ˜°§$≈"3gÇ?ZD´YÅ$-€û°"ÚE?ÒEeQ∑Hä!É°,ˇ.µ§EH>ÚëK-J a.M≤äöÓ,
Kœ±pï∂¥%bXô9H ©KUÍ,CÅœ‡róS"e ◊F(√Ü∞õ
Wa¬C=")à_£¶˚î"á$>*Rû"f§Œ©úKA1ú·Ñ,¢°Y≈obëSÏ'{†Gü˛òá>¯$Z`ÒπΩâLÇ"EÀg@3Ç´åÿ°G8h
˙™>ôe∂kπyfKÍG∂å6ãDÌ_/^Ta∞/j%IÈ¿%,a
w(_ÜwâH4í[(S<¿ve√F∫«="ò@QIHB
H@∫"]™a#'bw™»óö>†C`,á±òM,î≤Ÿˇ GΩú=VpNFƒ„îUfhu+6c≥JqgÆ,Ñ
¢8Ω#<ÔTÒRüÍ®HuûË≠'hÛ§ûa
¢âHDX¬áM˜taH•!Çld´∆´Üf
$iÜÑÉ¨>03£≥Äâ2`bC¬çEE))Púf„ëëT¬"-"∞8êÇk…ÇhÎ£5h°∑N".pÌ2\'◊˚•.âzò,%Üò£a.◊ÍVWï
∑ƒ•Ta9ÀJU`)pÅ*¿M<PºÃ,ØX° (<„πd.ÈZtJ±â„4'-ëb[ìó°òÀâfi/]øˇflÈ@b<Ó…
T{t&4K˚TÈ1UÉ
Ç/œ
ˇüF„fi"÷(†5,*|odµEÍP)xƒPËBöŸRXáöƒ-≥á%ffiô•§¥ŸJ
€ŸÑ·6íFé≈k≈∞◊6,È:ëpõ/é,hiB∑È"§0©^†ììf%Ç\ÂäÀ]wñ∑|\ñ0©ëÀÓ,£>ŒIµ0±,ì> ß'¥¶6»´û
m√fi^o»d¬QNrrçVL/f˘Ω¢•%:`qŒıSûJg•ÙÍŒKıYûœFfi`ıÑ±ûˇôp>ÖÜÿ3Nj∏¢πEp5-2Ä!
Ufl˙nÕƒ<Ú·∂ôÖ,fAøhiT˘ÌË∞ ∏»¶lÎë[XÇh… [˚Abˇ Q≤èóñyâììpYRNq•Çú ‡oörró[u/∑πÖ°¿ª
°˙eÌJµÃ∑á%>=-Å.fl≤sç·ãZ@Ÿàw°yR/?
ˆx=ä◊ïŸ*">ÒõEÍáá¶83.ŒŒªá=[°bÛã™"Éë"È}ŒN_áƒGâ,wH_%+ôßö'5∑àÍ"¿†Á>7&åLîuèù%oK~
„¥ë∂ÿÀ8-0äq»9Rt@Çî∞ÜÆú´oô'%fi°ÓÆ&d¡€Ljì¬Ì$Q·-@Ë÷˛Å«U†>Íû{ñ˙bÀ-˚2¡S*¿å∫
´.ÏÚ;¡3™œÉ$à≥"ñêˇ@ %°éa/»À@C-ùC°˙∫<t˙ØF€8˛îN)=Ôß,"íc∞P3ïùÈî0´´SôA°ëΩsπ

˝P?pä†àÏÉÅ,\ìÉõ√ï]Çû#ÅèhÅh„;œô11‡@é>(/-R¶•k±ühʃB¢ÖÎK6äñ^‡Ñ9®
%¯ä*5h)w2±∏)ıS?$IX?¯ìøú
 Ç Ë8q˛”?˝€øÊZÆ%ä*.#~…Æ]ö•¿Î2£àŒÅ/`nqc˙Œʃ@ı˙DŒ¢Üª&§/˙˙Ø<8å„¢å;∞tä¢ú¥,,4˚`Ë9
ï˙»øö˚†˘'^$öQÀAü Lê!<=ö3B>®ÉX#Å`BpBÜ2Åq“,Fπùë…≥Ê˚£@/ååÍ∆§Cõ“d#CMP(✱œ5¿-œ1
 ¬≠Ø¿-∞;$©«nÇ˚ª√n€G˘Î«$¯√»8ƒu”øC<?uKHÊäÆ ÿ≤Ü°.)¿ŒA≥å¥∑YrÅ:∏€ƒÆ“òV-!?
¡¿»ÀF>Aº<¥ôÈ✱éÈx≈œÀ´FßÒòÑè#†‘K;=ù§'Í¡¥à{í∞˝å-0!
%É[±VS∆ÅÇ#‡ÊpΔıi`(ö§I„9>˜ô<@&Æb e¢ÖA"≠o˘∂p˛âCrõiÜ^ÿÑ3|∂ q
:óãC✱˙µ®GzL∏†G}ƒÅ˛« Hf ÇDuõªhÆ»íuS∑Ä;pH•öÆ¡ÿª‘..y7ádÅôhÑ’x
 d°ıj<P\ÕV ÖVPô%∏<àkÖî°ô*
è✱X4fi§œ£´´èI‡ôú)90˝K´’ö]<9¿≤…‘ÀAÉê0Å∏∞T3ê6ʃõ„=;0;‡P®il(hÅ» qjé%*Œ˙Hm§Û,üàÖ
∂bã∑ Gπëõ`êNPÑ(‡Çª-ÇÆ∏Ñʃ,9§«nS?#)Ã$±GxL?¥?-Åv{xÌP≈B¨Ä ,ƒʃ„-
°2[z™xÎÅôH˘áÄÄÇèT
ÿê
' dœÿÃ∆m0,(…P∞¶ìD´Ã°ö˘<\4˛
N,bèÊI¡öß”3,ZT9HïNI9√"πQõŒ˝∏∞✱1F>pÑ7"¬Ò±ÉÅ¨:0®`â∆Ü≤ iDOKYœì¡3ÿ˘ò:„ì-
˙âX`KBBõBÚÍ‘Òœ:É'`Ç;ò$lª5✱1≥ê«s)ú9Lø:¨C}#Iú00L?Ã`Ã,sR’-(
>-˝Q-ø†ÄW]∑Z™•À\¿~ï™íúƒ®˘†CY
`EÕWpO,â…◊ôQúØà#“â;≈ï<¡NŸ‡%
ÖΩz“Û®¡(}=œzŒ˘¿≈õ†°R£|à<KêÎ<=VC”ö3B…ÇÇ† 'l¬Öjô%MkÃêØ|ùñ@:≤$À-
Ù∆≥˘”?-6axÖMP)∞ÇªÉ¨✱±4ÿj√-'@ãƒâ-zt˝§M=éı√ PÂöÄ‡- 0ÄXYñeŸ»\ÄŸ
òŸu[Ä˛Cƒı®z7•¬.]R…Å(hÑV`’pç’✱°u
˜}/◊å/Ü4“J˘Øqö+fl°Øπʃ÷ô,ŒoÇR˛ËI,E˘ΩvüDΩ]π¡Ç£∆TKê§ƒàö#B4ESF✱N;œyùJ·k®'\(ö§àÅ˚
b°˚»"‡PÄ
0Å(Ç∞˝°OÛ/(-¥‘<a˚â∑\(`Ç-´3P/ÇTIı§yúP$…†jÀ†√%ÿÃÄ U€mŸhŸï>PïYÿ?YM-
ÂÇ*[ïD}ÈÊJ»hÅ9ÿÑaUç8îÿ»A·QŒÚ
ÿàMÁHé™EIÀ;≈níV>%Z&µV\ßmE0yJ=tΩ˚∏≈ù%R√2ï†ÙÄÍ¡‘0•ÏflU;”vÌΩ$œ%
¥5'‹u†„YC˘JP˘xàzPÄhá`â„ Z Àah1∑Ÿ`˝C1ÃœUhª·<H·;”•∂w1xYãà
É ¿QÇIY-ò>[JÄ >]Ÿ‹Õ]-]ï}xÄêŸÇ,DÂ¢’YÌó.√•F§∑ x✱(hV¯»}ç◊✱,ÿ|^ÿ$Ö2˛
ÿÅM¶çZÿd™Õºàscñ´ÊXRfiT“πZ∞’´íÀEÈπ…-’EµÌAÜ¯0˚ÄÍ_πSvÖ£7ʃ€±2à5ò {Ω¨7•…∆UË%NfiÄ-
ÄPVÄ VÄyh‹
✱%UV
Ä,0Une8Ye«•˘∂_hC✱Ç-`7HaNÆX∞ìG#ŸN•·0¿ëy6Ÿ˝îÆ&l.ÄËÊ‡Ên.Ä",$^ömU®LZ˝?ùΩÃY Ã ·
ó+.
$XM0Z/~^1+P+Âõ®ÿàZ6VôÂ‡ùk≤¶Ó@≈‹<A;∆„√çÊ-„±ıc%V+u¡äß¯([˚}[ôà✱Y%>Ë∞«JS4%ü™)
("®¨6≠ K.N>ÅxXy∏uênP?êvò`n∞iTn‹SÜwêá68Z@*Äx∏#`Íw‡àv®iöÊÜ
PKÕıM+@a<0Plõ˘XÚ#2w ¥Fk'--]1-¿• pvlfif»Îngo˛ÎpŒ]TUbMg˝√-
t”%Ê≤’¬P*Fºb†g:0Ñ.c/œÀ+ÄVì1Ëÿl„Óµ¢GA∑¬Z,¥¨Ωá>RÛ®¥>^í€Iî
+ïãÆ≈˜8€03¨Qª∞˛EFnµìñd;ÿJé gñÜ¬d'ƒ◊I0Å∆≠á0œá0û‡wà∞á∆MeËVyh\{0Ç∏òàjòÜ{®®ÇwPÄ
z†∏áÄnüC_`Ö/∞Ç--Ç∞ûX/ÎLJÎg~f-ó<✱>`Æπ¶˘k∏Ê°épœ
flÎ∏✱✱Ê-p¡FU†Ä√-«Å™ÀÒ<~ÅF|ú`,‡bV‡ÖÁM/W∏Õ˛»~ÓÁÌÃfc%Ì$2Ë w´Èt/Õ≠VÛ€ÿfû^ÖAÈ!Œ◊
ãRÙï%∂J˛≈Œ✱q¨ïœ[„+€îû!Ø£%vFil(NÊÓSnÛ†ÓnÓ˛ÓÓvÛXjRû`#ÄÓSfs)•»ÔFàÉ% L j
€À≤œ7»7pÇ<8ÑLDÄÉ ®>/ΩflÄª., ÄÄÄÏo^fn.fiqBLD≈Óí¢7Ë‡Ç9xP`˘Ö[-ÆÒ;a
À>M/éW¯qŸú/Âfl”N^l≠N‡<Zp,^ÿî±ÖR|J^ÃAñ£∂≠m˚µ.e,® n7®Óú%=òXÎ€
%œ,`ıYÛ∆ïs9∑Ó-’nÔÎÎÔàÀ˜ŒÛw»Û{Ä^nÉ˜ÊÛ†fi”¶∏ÖFÄÉ´ óKB?≠ª6EÑ?
H✱L¿k∞c»Ñ✱·flÙm∆Î°ûp
ıOuï˘kpÁ
eÄXfiÀ‹Ÿ«%['Ô&E‡bb:Õ.+Ï◊u}hÕn‡>a‡˙ö∏{4“Û/%>Zè√÷◊÷ôÂ…I¨áN≠«^0Ú
¥Ï˙†ú˘ŒWŸrí∂™AÈ,Æö¥'É#pBLûJL>ÛIÄÑ7wÛ|flÈu®}Ø{°váxhÉPá
h¶œ˜w`Ôz◊we[ÜfêCÙEç6y§∂4hClvÉA®D»Ñ?ÄÉS∞ÜsHq¿Òè«tëèp Äì«✱è˝nuSgYò˘U
˜✱%>Y¨U¿p™¿pÅ◊O^`ËbÃzÀÓ, +%·Ò6nÖ
%aÂHûGAhö©0k/öû✱êzÛΩ„ÙeÚjø˙x5ùî≥m_q≈˘˘8°úŒ-'S6≤à6Xê3U{…à:eÏîCF!HÑ(·-°
%˘&M“†a√≈å5(ò• Ü<-í%HOÂ
4b-‡(rJ(0û∞XS√ Z¡vk&KS".n✱ʃìfMñ§J’§ sÁN†@É*U5*”!\÷-•;á+Hb«
 †ÏY‘h¿Ä,Œ≠kw@0`✱‡
Oò‡a✱a{h,BÑ=ñ∞y§ä´[ØXΩz’ Û+Y≤:k˛Ï3jœ±R£’ 5Ï◊°Bmjµâ6Ó€ʃ7Ò¶õÈ˜mN°8a¢çIxq,¬'m,
ƒ€9'Êê6MØN}S$Iè8E,Œì{$H”%a˘é}y✱‹-_ {zÒë˙˘·˘SüO>|^Ë∑√fl˘{ÿqÜ@u|QI§` ='Ñ
BàÑéƒ ;ÚP¢¿$êPƒ\qò(0è°J)•ê

)-í“ää±êKä±Ã6€jü±¢àVòFf(ïEIôEi<Hádíâ%y Çã3÷X„âaÖEZi•'ñ[o
]q¡uÊYîµW_Ñ
ˆfaqv0ÅÜ9ˆÿKp°()n≤
+œ±¬…*¿5WËs°m2ItÕµwùx,92)$éh2)¶ôˆA©#õÚ-ißün∫©}Ã7™ùö/á!≤ ™~±Í«Ü•∑á≠˚ÌgH¨çÃ
+Ø¡Í˘'¨∞≤fiäv†q≥dúATÄ”Ç1EA◊ÇÒ≈S‘P
ë -∏
ë{∫È¢k¬ 3†PL1°
C‘[œF†¥Å˝˙kD˝N!0¡¯•FLÒÖW(1¬
)‹0Ò
6§`ΔflÄC74Ò±ëZ‹ëÑ
8àÅH!ôà·¡Ydôı≤ój±@rŸ|ósÂ°≥^ ∞È@úqJ@AùCK ÅGMß/L6Pá!EPqıB!Ñ;Ï¿5ÿ5Q√d◊@√ÿi
◊∞v
3Ã-ˆ€nœ@√Ì÷}˜›'ò- fl-ú‡w(®;∏∫&ò-¬·{+˛Dç/5˛8flêK9Ââ#é∏·%l‡l•y ÑnB$d†Ñ~¡,∞
@±√{4pA@!˘¯,há

"""##$%%
&&+++,

,,
,,-#-+)..%22%3"4444& 4)55556,"6,%7/%9::,#:.';%<<<<<1&=<:>3+>7-BBBCCCC%!
C*#C*%C-%C1*C2'C=7CCCDD!D5,E" E8,E90F=1F?1HJ.'KKK! K'#K2+K6,K91L)'L=2M?
6NB6NNNPHAQ>7RRR1*R6.S&'S)%S.)S2.S:2S>3SB9T"#T%#T95TE:TG?UJ?VMEWPEYRIZ Z%
$Z&(Z3/Z:0["#[-*[1,[5.[94[?5[A9[JA[MC*'\>9\E?\F:\OG]RF]TK_YN_YPa
$&a90b>8bA8bI?
bRIc'(c/,c84cF@cNBcNGcUJcWOdE;dZNe]Tf((gaVhbWi=9iC9iG@i]Ri_Wj86jG;jIAjRFjZO
kMCkRJkVLkbWkdYlNHng[pNHpj_qM@qfZql^rSHrULr[Pr^VrbVrf^sj^umavpbxqfxtfyRFyh
\ymazVJzZOz]Rz^WzaVzhazoe{re|
ui}WM~wgˇykÄYPÄ_XÄbYÄncÄohÄsgÇwjÇykÉg^ÉwnÑ{oÖ}náÅqàvkà|
oâÄrâÄtänfävnåÖuçÜwçáwçåâéÜvêrmëvmëÅtízqí}sòÄvØØÆ∞∞∞≥≥≥∏∏∑»»» ÕÕÕ”””◊◊◊€€
€‹‹,,,ÍÍÍÏÏÏÇC®-õBÖ%4ƒ∞a°Káa¬$q¢≈ã?i“¯ ”Δç?uLEí§*U∞N¶LâÚd*[$?ïj‘HRü>íMjÑ™-
ü¥Pù:%ãË,T≥f-™ÖÎÆ\P£≤¬ı4j.™∏¶≤RµuÎ…ïòTiõjÏÿáö-™ı∏6-[èiœö%´©lŸ∫xÌÊ≠
+¨flœÄ√ÓµÿÔ‡√z.…òq>Δê#i¸»Ò#¶éó1jΔt©sgJ†A¢D®4°F˝Ú„Ü5k7∞€∏a”fm€mfi°Xp†!
BÜ.=4DÉPƒK¡%*ßË6„ƒTÒ†K Ò
TÃË&YÆlπ2ï™í2ˇö‘áë$I;K•u¥Ë©Y´fΩüUä©S®¨rÂáZıóU˛^q%``w'≈V\p%
(Çq≈eóGï•≤âÑwQ8·ÖJXÿÜaı%òáˇu¯·à íH,ÑäA&Xbí->ã-ùÖŸ%•`R„ç6/ÿ&ïTB…h
£ë&j52àk≠µ÷Ü≤µQ€[¨¡FÎ°ÌF-o
5-èUDëfÕπ>s-Årô]%q∑V™‡≤,0•R
%í4,#}LRgO•ÃRãPß¨≤J+Ò≈Gü}U˝ï1∫˛rå1«‰,ü~Yi'ïWaMÜWÉñı]¶Çmz\f•àb rbâ™≤j¢
´bIˇJ¶.Åä*ò|˙]≠÷ı*ùä≥Jg‡Fô}r…fy˘Yh£ùñjÑ¯≠í¨5)RNπFmª¥õ!od %
r»M§\ZÜ§>'e¡k‡ÉêqáKõn≤VT°Ùíúî-ƒà9-‘S->h†´%_-¥Ï{T±XuÃ≈ªDä1ˇÆ‡«_,ï¯'»flyß &#ã¯
Èd$°»2Ü¶+â´™Z◊Ñ7{ß≤áÊÏsœ@áù&÷ÂZ&IΩÇj^™ÎòßDG=Î¨ft,éXsV è>“ıè•âWj™%…
dímÙ1€Q÷Ü≠A)ÓB»gÓqò¢.Ço¡(Y≠ªðƒÔ‡Ñ√í¿4ù«» {˙Ñ üõ≤ +Ç ˜8,N%™ã.πh‹ˇÁèÍ≤ÀˇâÚÚ•≤
“'IäL2 íÖsä≥◊n◊Ñ¨z™;®±Æ∏≥ Lı•+^hä±nb]À∫{Ák*•.>à0¶“±«"´lg>˛/iar§Ƶ1àK
¢ÔÜîm∞Å-mGñ¡r7ráPí∑∫]Ç†∞&3Ÿ»RÒ&îé_Wú-TÒ T$=:·I}Pî@InÇjÿ*(hâÂÇs∫-
X§ê©âuŒÑÑ Ê8˜≠ËÁ*ˇôä+,≈äX®é+™C>_N¶!îu®w…”ˇy˜;∞lÂU*€>Ãñ8Ø« Õ1Ms¢Úú»≤Δ(≠âT√å
±@A£aÌXï∏D◊.·=•â0 ´!DkX£∂&°Ø}¥π
¬‡'!Ë2Ñπ
Ò%ÊLƒÌRãtG2XxÁMÑª §&≈/8…4ÁπSz˙T˘¨B£»§†àÚ8Z4eR!<EΔHò±ã«»ÿÊNπ] cÖõSî,ˇ3±ûÓÜÆ
£Å∏C¡l%¨‡K]Ç©≥!R®/û*-•l˜3úÒPyP√U”™sªÂ…J:ICÆ¶3ù±\è3»,åπ-ê|®ëƒjêT>7N…
mNJ»Ç«àÏ"aPÉŒı˘&~E_*·œx¥)T1dxßßΔ!La´`ƒ*F1âUHÆa¥Ë`S$µJ^ï$L•H]Jd°Úïã .`9KY>%+
0≈%…œÚC¿Ù≤V&
ÊßéÃ"sD@cf-Ë<ìP-eN¥fd¯RΩ©Yo"\%b÷n¥#1z/H‡[
¥ ΔFıUk6ÌknËŸª%ü-'öh5”{Qe*XôÿK%uG9Íbw≈kÊlÒ»Ä°ßNçPœO˛QFDbûàÑD7ÿë<Â°!HAZJí"É"
=idW*∫Ü≤∞d©UX¯ê≈0á2>!`°¬S˝tU-œtj",ˇÛC/ï0weùfi;'!ZpK2EßVΔ9,'8√®¨Ó˝H<œM#ˇTC>≥Ω
Ò∫µiàp∫Ñ.s]%˙LôÎ∏í/&PR-(ËL…^ª˛"%?·I,hrääôÅ“I$´Xâ÷7∞∂x /B¯-Sû§>)+OzYT≤˜î$©H=

/-í6ã
»(Ö”ÆN,´˙00A[]≈∂ò∫£≠Æv˘√«™/-‰≠Iñá"kFQEåöFf•bÖƒã@Æ-8µ÷ΩáêFHΩ!T3à7
mnÿBià√sŸ
≠ÅúYt,≠∏pM‘Så!)®,≤sv≈k]Ÿ[f7=≤˘§@œ*h¢û?÷∞ñàÑ%F¡™ß¯ƒœ.∆ì&ÿ§v%É1kRFc∂-¢4©.PiŸ
´≤òŒ≈JSÀñöá2≈ÂÍÄ böñZ<MfÕ|)<fl•ÍC0Vj…°ì¶«‹ljO‰ÀCΩeÊ2ÿ”ˆ<É TÑë
d
!ÆäöAàœÉXMk‡Ä∂k…fn-„pÆ|ëπ◊ó¨√aõ¥b^é˙Áì5®G‹fi˜™,'†ô/†’Cü†D4z∆∑~Mqû¿¬BR»P¥
°QYçC_ˆîéF¥¬=ÈÉ+≥óŒÿJ'\·[ò•ßÀä~,2Æ†öu®&ıŒHmSfi≥ƒ4{5Xàk‹·nöflÅfãJ,ƒÔTØõ?
Ób÷åe¨0j
Ÿï“ÿ≤*6?,˘HK~ç˙‹àœ≥z7üöåMSGfi0Sebä:ÜÄ•1˘®˘£-8eÿÒzòÃí ÖûVüJœ|Xƒ"• ä^“flée°M*
d,£Ô
ot‡ø˜Ñ„-É◊,•GjiL¯Ò,,ùT•Û÷.®C§~Ì«Q
nXª®.N¶&úÈ≤∆L”÷€ÑÊ-¨yk°ò©,YDÆ∞á=N´vèåÀ^ˆ-ù
m7àOçf≥∂ìdcV,ÔS’˘¨zL±.yªrÕ\O≥)Q
õR∆pJ*‡ÌW=ù"∞éªs˘‹˘†>Ë[¢u*EÄ ÌwD˘Ω"è˘Éó¯ΩüT-Ö¸§˜è“à3û-ù÷RVS1ï:öL^@L
‰*(◊ZÃc&É;Ω’<≥∂T”#,<&#4U^l∆ˆXÖdhîF-ñ$jT-nTnpO7F% ®vC 3É/$Ké≤^çíW°cJê"v»
b«^ ıffiXßPgÑ
Ü≈‰ãy∆:1 ¥pébRÙ◊w”
Ô◊wCXË~ÀÜ•'xåWxìVx^YüaÏ)Q-(úSaòfK¢&b,ÜÄ¥r†b[L„(((Ç<a
°TøïzœÇk“ckN˘ïÅ≈l·Fÿ„#«&®]Í‰´QIKnÄ.·ÓÇ3"u)'Ä^«QC`<»(k÷ÉV
÷Á`Ÿ_s“}Äe_ıÒvLÄwÁ«ç`Ì∑◊•wÃËÖ»0
À``º@˘{G˘-HÜ^Wh/(˘àÊha&iåáÉuEa6K0µqYjórC¨fD,ÜLúwj∫#c&s-aèTTE-∑cîf"åA+Åbƒ#»&
∏wdΩë´q>Ï‰js>¢ÿ˚ìOÅHu™ScáqÿiˆëêÂ`ˆu«
&Y
“
“Äí)
œp∂ì• 4A_®-˘§-L»{∞Ê'
öd
¥‡øP}“∞Ö…8ÜL…î~G˘ÙwM˘îcàhRà'çì’hWå`Ïˆ`ˆï¶YV±ëQ-aOëTaZYaC„µ)#¡Ü°S"gjSC&ò`&z)
+CS†•óyôó•2†=-Ò Ø˜z"òZÑ\ŸC#Õïl̃O0416-êÑ‡dn•∞q6ûπ7pë[©ìëj9Z
+îiéwxflhÜox1∆v&©í*ôí-Yí∆‡0-@î•}5)A7È§¿Çp{¿Ñr∑_ë ´• ∂pî«êî”•î-
(ï\»ÖK)ïUùP)ïRŸ`YÈ`ÀPhÏ˘◊`
wï6}¶§J:à1Èyp¢Uñ£a0ÙBZ1 R/∏ï;¥’[yI4 £ó#-[∑í+À√òÚ¢TΩ∆ã˘cZ,]t>"Fñ)$ñåD¬ûËö)(Ë
ö±¬
¿W˚añîö´déòuxÉ◊öcí»`í-9õ&˘íœ‡H7Ÿõ√'AA å¿g‡iƒ(
å‡ å`
>ÒøÑ÷9
>È§Làù-yç«•càù-»ùßç\:ç[z ÄJÀ†ù∂Xû^y`¶%(∞8ìÏ≈pòfBu(ÄvXC®µ:(3Sd2‡ÜL≤B4óƒ,F”4E
”4≈rÅÖY&ó°ò/˘“†Zî=À5N_CÖ∞ä-FÇúY>fS*¬$¢®ÖñvX B'
íàGûùÏ
/
õ±õ@
πhi£5y
îpi8gÇ¿fPú«)î≈Aé“w÷Ÿî-xç}◊î◊8ÜPj•_çb
ïWï`ù»j¶áñûèïwÏV˘#Ba ZtòBqC®≈:îyøtD˜)H£®zòÄi&"AM¿•®-„cÔí=VCU‹≥,£-îy©Öm-
∂d·{œ'-ªÅ•™˚°()˙xµ¢{w`◊JÜÏ5v${ÆJ≤∞˘øPp¢∫™£®∞´=·´>i@πFÍ í`
¸ÊœÈ§@+
@xçT∫ÕÃ∏¨-•ÿ ù -î@8¶J´Öc/¢"ihiZJm ^÷˜`ñÊËYü¶cu!n4^%”4jÀzv°óE
£Ø"1òçQò•Çòuõ®Øå
ö#9b{B]ï0/∞#®F-b∏≠1˘™Së
È¯ß˘ë®Ùù” •còîUZí6v-`*˚*k≤%iíuı∏˘∏
h
K
<Å
œ*{`≥ä` yF§fl7∞‡≥N˙åÃçI…•-8•Iµ¿´¥·©¨ ‡ª\/ùÕ¯~?∏ïÂIqÏ˘`ìeJ¶ZééßYò∆^º¿
aK:o˘U)"ÚV\ë˜-_·)œì&¯ò∑˚∫<Ωb∑-Éòÿ-†yäøð\•@FóêåœÖì`ôóå©Ö±FmÜ
€#™q™SÉñö™i˘R)û j•÷ÈÖ’G´ÓU∫JJ∫&

ük†Øì‘õ¨K
9*   Çª6wû`   F o•êªU∫Ö¡;¶S:
 ÀÖ<|√c
ù√kπÀ†“†-¥`:
H<µœ¯ƒÅ◊≠"yÉ\[`Ê)ñ/∂´¥ç¸äßRœa6mRœ$c±”DMD3#Òß˚
÷† Qz[«"a&"À_ÉB2∏AG¿Qû-K&±Ì®q¢ä∞ˇÑ¢òΔhF≠ÿ…ùƒ¥0x’Á¡J∫≤v£§´§∂•3©£5≥ØªrGªQ»≥Ö
?Î√Fö√<Ãª<µøÎªDã•FÃƒ<ú°…öƒ∫|√O<•-{≈XãµËy≈Zk`ì∂ö¶Th¶çﬁªJ_ú¢êœX°/05Pï∂Î+3Δ˚*-
ì
µ@MÒ∑„<ΔÍ¸kΔíb‘#Vı=äA7¿A$óπ”ΔU‰FöiáåL`XY≠ :ÜÀµ”p
<º-^ònMëªò£§£õíüƒÄ0•‡#™gpÊ∫q&úÇ@ª8+√G* Íg-π-:Ãœ®ºº9úîÆ,”…˘ãπ<úƒ…;À¬´ºO|
J1}ûÏVJ[ã`â'xZâYÀ¨ç!‰±KmÆùsaUSRMÄ^¡¸tèfl-+i∞•€’Ö9ŒâZØÔ€®?ˆk˚#ErçP
ï9∏|ôŒ∂œ™ÒB/U1fyöç<ÃL-Lôº ò¥D”/ZWÈu£≈ê…ô\í“ê…≈•…ü@ªj04A
îê¬Áa |Ä 1Ãg´@
•¿ú“†
”†
≠-:À/=¶•À:≠”A,ÿ9ΩÀ≠>º’I…ôÎïïïµEùxáJa™öÊ±á«‘(:`W±ëQ˝RÑ)q˚,<™pª,<ØWáπòıÀΔáπz÷
Õ’ä˘`®€ı5DBœçplmﬁÉt¯|¿ ,mû®aäflõÉ‘òñ•,*…Δ;…Pªå¸ù-ÇçJN°§Ü„&d8ôlí†k∫pr´ë=Ÿ¸-!
Mª¢∞_ƒ∫®/§m/Æù/Çù->√ß˝·±≠À*mÀcj
¡Àª0¸w]Æ]IµDçfl_®ö ∞◊›KaÙΩJj
BQ1)-•<À}/Äì&JıΔıõ›Û{‰0D∑tã{   \Ù5ÇÏ,jÕ÷ÄºﬁóY-÷¸±9äLÕM]„ÀçÖFƒ∞<î◊†˝˝“8‡T·∏
p£1ŸAt‡à›ÿ¥ ªYìÄg5!ú{∂g}&9<¡ú-p
ˇÆ·@€ª(Óﬂ¸≠Ëß›·ëÆ¢],:]ù˘º’Y•\z¶VΩôªªè<≠ÿˇh_Ë±ìKh€À±GÆúsfë“„‡‡çîœÈKkÊàò4÷î®!
¡†ó-ù·5`c'!=íÏñ˘«L-vô
BÊÂﬁ€≈` ¥’*ùÄ}/
ù/Àà
lÑJöPpì˘iV®≤-†§œÄõ}¬5qÁÒ-â`   ı>
{6
¶`
*¨IL/éŒÊln
◊@•◊∞/Ø,-x•›¸ËØ√fS´ºˆÈÉÁåò>Í‡)ïb~15Œ¥· ¶+*…™iΩëb™ffivΩùì}¥ƒ/¨‡<∑∞@“}
∏>ŒÊ^Œ_˝ó:?Œﬂ<’çöqlcC]ER§ﬁÍ˝÷où©jT«ÌÂßiÍM;Ü~]ï√ÿgœ•˘◊
œ,ô#ÁØQwÃúπ´§*´≤ÇÕW˚¸@Ê!Ô9-gô4î§ê¬••/†
€‡•øı˘Õ•È›é•˘•n¥µú,@À™’{ÒÕHù@,¥ƒ[ƒ”Yƒ|˘ñ˘ºòU„#˘ä®È9Âh<j∂˜(Δp˙π`¸›Œç∑ ›ÜDÊ>Á
01Á/îœÚ›ãZ÷"ö]-"Âlkmâ=,5Δ0¿K7ôÍ◊‘◊œƒ~ç•Dã-:<Ì™Õ√¸
¯”Ä,@˘®un'‰∑üm˘á}î†€ÓdÔ≤˘ÓÂ”R(˜˙¸
§•
}˜áœ˜›•M•
◊¨]õF•ö¡Ç”.[x-·√áß1§(m≤i“(N‘(M„1d»§âŸq„Dî«RNS)MŸ4e-î£IsŸ1^«ñÂ¨YìßOú=s˚uLWÕ
°G˘Ì*:tË±\QqÂ¬U©/´UU©Jï ÷WX©`ŸJuÀ+Ÿ[†»¶R*®0q1}ö[∑<RóQjT»è_?Ñ˙R¢Tâp°JÖ˙b<ÿq!
BåuM>z4gŒô7a¢\FqcÁâ)mpŸµ”
"#ä÷X≤¥,Δ-ı   l˘¥_œé=˚ııS©RçIÚ√®#Fíî#e π©W§dë"Eâ‘Øh/∂%T≠p†¡ÔöVàPºAà
¶Ó.Â≈äÀ:™Ñœ£4ïü%~ñøLô≈h4”I'˘eâµcv   äßß~9 (i“≈ò   ü ör˘%™®å¡
´¨^ÛJï±Δ∫•ñØTπÂ+Ø<r+πhîîπ.…´íJÑÏØø
)√CL±«‡`lê%ÎÈ…ûb/Ë%BÎ5“ÄØ†ÙR®5X∏-ƒΔ/Ê:´ò<†y¶òbl°ÂMTP!E9Ií´SS$!•ëQú[eïQdYÖTl
9ÊömÆ-˘QF∑õΔöÒJ¥ÀàTSœ<.+eËQ˝4ro#äBÂHœ˝,“Øøßâ&óXäÈ?Ö§•&oZê¡…å“5C(u=Ü√_
°"Í¬_9,JD¢<ú 5Xni˘µ◊œÀñ∞^Ñë,∏‡öÌ7PÄÎkíF¸∑èAÑ#Ï#è||]Δî,§ßüé…L¶Õ^B   À”Ú
≠<Ó-ª¥°âX£j´T.-ÒÕÑ≈ó4yÛÖ7Kâsœ<Ô¥SORúeïVVÔ•ïS
}fm∞YTQÅíÙ-áð¡Ê<.«+-SJQˆÚSì,2UÁ/YÍÙ§˜6€l”U_r…¢òÑÓÃSäÚCÈßúr≠ê¬^ü‰˘ÿ
¢≤&jÎ_>Ò*X~   f°Ö˘≈≤ Rk[∏h-v«œ¬D\?ˆ,´Ö\˜8È˚oCÒõAö2”âﬁU3/è3KÛ≠ôÀí!,î%®\K
œ$.ØŒÌ_|qÛÕYJ˚ÓŒ>Óƒ8„?;Ó˘îSH1töm¥√&-mrg¥ÂFkñ\Kﬁ∫=ΔK≈®"üI
z”ˆ®ÏŸg°Y˝Ô?ù&RI'¸‰%|¬ö¶∂:ÿ`ã
÷ÿ•ª˜_-[lg€˘VEiﬂ˙§mmÁ˘çØr«ùªë"--åu±ã1ëiåM$¥T9oSî»Aá)à$*rÍ°\T∫Ú CP¢Á/úmB˘˘Ü
âéo2*ÑìúãÕÈt˘ZÖ)\◊àS|,¥´ù…nWêÌÙQ/≥°Ô`ÊêìùÃ!ââô@&b
˝®Δ>J|œ¶Úc“$-i”ÉﬁfW4UQÈ%âNx¡ö ˉ™ã VM¢-ΩÚ!ÏX[£   =$∂ÆÖça å£/úı≥XÎZ◊BXè
!âπÌOHÃ∫“uΔ “ÖXd#Y-Ÿƒ#'
}ñ«/,˘• â,·Óƒ]P•`ó†!LIJËàZ°{ƒœÚ&ZPgO»ù0ÉúSòÇ´êÖsHq
Z¯B/©ùoàªÉº¨Q/bõôó]„eìr»À«ØÓ˘0P!<#^6-Û)Œh$qıR’ft´˘¨*ÅaM$°(„åW;Δ◊®56ä}]·U“∂

´à
∑pllÒ¢ÇfiÒ-x>¸0 ≈T"/xÛ_¯x"™z◊ÛÃ{∞¥û}=∞K'√]¬ QïÑaJÒbÑÓa∂ M7'ã)Gñ∞ì≈)z*®UƒÆ¥8
F1sÁ2Ì(
Ã¥a4K¶ÃMJì©A¢'´πÓ@
hÔ±H6ªy/•Ü<…ÉIÄ∆i/Ê5ë!ˆöO;«Xìv∫µùg¨gOÆ¶5dÂì(](?ª6«∞>¢üÓ®k/7P[tÎ0~òõ∏ˆ‡`˘o<
„HÃ2"≠,ëè"@£/Ê1‰<‰>¢8âLF1U<¥¬EWH…"¿†Ú¥¯äL_Iãõó©Nå®•N!ÀY•'ß≤@Ö)Ò
Swπªùj•YRfé™@úfÔ®9>}©hõiÁ>LèÅı\kYc5¥™fg˝ÅÎÒs+d–¢Î°±5ÚeMk˙ù£√vïœ¬±∏(F≥‡∂˚b
,x°ƒ$ƒHseÆò†lb≥H«(≤1!yØgôΔ˘aífîBÊ7vò/í≈Ïñ˚ƒ)≈EàÉπâ≥≈Ix∫:˘Au≤ÏÈ,fÅ
YÃ¬ßò≈úJÅmháò&˘3&DxX2jjRö…ú`T]6)Ó@J5^{n÷±b25„µójå¶∏ÚZ§zFÎOáfòë
¥3{u=#]i2O¸rmXYS÷Å˘9«Ù¡Q∞cÉEÅoQ`ı9+y†∏)Q»J]Ë*ƒ%é¥H
'R≥dÕ%"Ïív©÷mô2O;jÑ–ƒ5ü(%!/„/∏È+¬ê5ncIù·•ñ∑:%î,•3YLÁ«ç(Ö/h»‹»1ó∫5áÚ•¢
ëffiŒ™V]èhº´e-w'=>˘°ïà◊üò8Õí/Å©–Z™ŒfiÑVp¶ áªhg÷D#œıDΔ=π∂flΩ˙Ufl˘Ôà‡_ˆé>
é˘É´¡˘…h¬È ‡Ö
–»á?º9ûIÇØn;[ô/3qUMºçè3*©YqXZ˝jB'Ü∂4e9,Ia∫·'I»·µtHQd£ÿqíD)`aÂ.∑©ª˚Ü
¥;Õ>ïTáU≠îy ï2ôuG#fiÌWB¿Zm}ΩßzBÉUWÀÏ)ï∞yT]Ñ'I/}àÏ≈$g‰Ø^Ò=ÒÈ[Ó|Ìö`–dwı¯¿c˘
•˝@Æ«Δ%±ct•
qFF,ÜðÄî7∞f|ƒ◊0q«©YÙ+Kª∫">à6XÇïQûRs¥•mM#vkJ‰
9≈È≠ØoÆs``8ñ=∑E4:è'°óX/ß˝a5'˘U"Ãô'‰Ròò»2Niµõ2ª˙óQ£Dß5è#!
˜∂ØÁ3÷‹dŒ>¸/ÔlgzÍ˜ç}Œnv„W~:‡uÙ˙±ï·BBíË¸fi_Q^¢·øƒ!˙˘¸[ÜPÈè·3"
µ®2±€â¶êœ>£ºÍUk-ï∫Bò
"ù7y9úö9¥%Í(2,Ú1Ù1bÉÖU1≠+CîfI{ÆB-hK∫)KîêK≠¸±,≤,–24k†Úhœêz>´≥{©>≈©>û
ª["ñ`∑ë@ª∑¢3:≥'=øÆ–¨»∑π˙´}ã#/4;˙än–ã˘{"ª•ä/∏
"K˚?˘C¿˘Î?Lx√K(ïNi†Lä°.–º"=Ã<@Ïº É»À–úÉô≠"´)‹2ùÂ¯¿ôKéÍ¡õ#AZêZê€ôÇP.
‰Ω<∫fiÎù kÆ§ºÉ8∫fÛ®[L+nìô• í–HKÍé3Î™Ú
-ãcàÎ3;∑Jª∫äØ˙¸ø+ÏfiË-∞œBì∞_H∞[@XÄãK í∏ŸãKÄã˜c¥ äC Gq«6#¿–
®±·€!Ã#Ew\A‡9'ÿ+VHM–/Ä%}º5ÂpDfiÎ≠'yΩJÜ £Ö¥§b/!(£¡wú6¶#EQ\Gj£ ß#
HÅî˘©√¶Ô≥oÚÆ¶9œÖ ∑£A≥£A´]¥Cë8ê`¨´z¢´¸,ö7¬B~/ödîªffc∞A;∞Ö,Ÿã˙´4¸
´4É¡M¿MH •T §dêy∫LöJÙ∏.@ÑGQl»¢Û$ ©ä∞¿«fl@DX*~îA8K¥¸@<…òÙ1Y(ÖY¯-
\xÜTî†ãG':∫Ò•fl»|∂ÒçÇ-2òóú†–´;¿O;
¥∫Üs"∂Û*≥û)Bù!ïÎâª≥¯Δ∫
øΩ8\-\-B˝,B"Ù+¡ÍhlüZ`5œ†;√Øÿë båTBJ•fÕ‹T i®R–àã§ô˘eòÆg£¡Fπ2ói«´|G'˙í
\JÑAC}úZ(ùŸ3KZJKö"%]¢NÔ$.TÈ9Lú$3¶£bÆ‡c:!B≠πd:˘Ø˜‡A%¢∫t∂´OUaØ/™≈q¢mJß˘‡≈ã¿èë
`ª:kI÷xIÒe–Bfi äöøøÇFC¡˙
√é¡®Tº≤éäâå£¸Ñ¶LQ¶LJZ –àÔ Œd/8@ƒ·3∫œ¸DR'"ò@yìŸö-≤$°X¢ôKK
$ù9^CÖÍºƒ{9[•ÖzJ2·;OÙ,±•˜|G>‰º.·íÔè¡,˚|œ,…Æç+•ô˘5[ÕXÜTÈàâ'ÖXè»ï âNF|*MÜ…ä?Ì
Ø-¸1Üg$0Cfl¬X·ê®m<(∏•IñÍÉ¿®5ÑãÆËä∫∏˝SÒéîI¶jZ*S=UÜº–MŒ€œUe¡¢√< $
Ø =DR<"$EKö˚-Ÿ"9"éâÜ<*m®"Â
Ds¡Mz@º§ÆE˘*©|î‡<"(≤·°†Y$m/∂':âhâ,8-«é â:√¬Ω 7ÙÈ3ÄÎ/"¨PB%TcHM6yë˚··óz©Ÿ◊p
±'TÇã1Ÿ'ÀIÿ1Ö,ÒmM≠)´<ST@Ã9˘ãµQãU'¥–U&œ˚<±ÅñWJÖ}ƒ-YØR]Î'¥‰µR∞DRà%"ºñ>
b∫KÛdP'RSƒUmÆ*É†k»H‰éníE˜p∂jc"mb¡¨:™ì";Uè•ôÅƒœá`I¨ÒSY17ÚÖ\ò£ Â'çΔhDì8‡ËP
$yTQŸ@ópÒ7åÕŸ'≠ÿ
∑h{LÖˆ`E–:ç•ê*©,°•ä'ç≈<W
œ‹â'+˝ÀkËëï
"õjƒ˘Ñ=8ÀÃ>5å©N&}9≤¨≠z"ôÑ4-•
DŒÉúSå™ˆlUÕC¨¢∫ß{XD±GQE•¬¡õ≥Ûj"!L˘–Zà$º/àaZ%§Z™≈c'3‹‡çÄZ±™¿àÙë◊¢–
˝˙ïÆ≥-0[®o˘…PJÅe©6®È
PÖ∂¿[∂¿[Œ L‰[¶¬ÂX√Âÿ‰\‹ÊrUW≈ÿÊjH
ZöHühë‹€≤5F4K≥TŸZÇfõ´Dì/í"ÏH2ŒÂÇ≤ùçá∞ºÁ,"í:ôıfV˘@¢–x∫lÛ÷≠P<@!≠4SßÌ˙†è©ù/ñHï
¸ËàÌê*‰'ı®™†
ùª_·çBMTˆI¨‡X€∏– qãœÛëø;_J8X˜'€Mê∂0LKL÷uôS5'¢√fl¸ÌflãUU˘‰DN>¥{Zò◊p•Z
€¿fi5‰∏c]ªYä•J$K ^•)≠ùìÂD¨lV®¬"u™®R"d@xñ
È™m ÃÁ;«'öa–≤:˙¯å3Öºüúú,ù$≈©/ŒÚÂ5?|ë?m-@˝Z∏˚·ze≤Ω#VkÑ@ F√@Ö(¶çıÉÛ}µKË
Æ¿[Çyfl-Ê€ÖVÙó·[¿ΔΩR4nUê˚ÜfM\âçU‹{°ÖQØW"« >≠Z˙@¢ì‹@ñ
ü£`îÒ<VîízOA<ŒS|«≠Ñ.ÔBÜ\∏[∫G5< Tò
ÃÂM¸,È∫:◊/ûE˘ÏQ˜(Â¡·9ÖS˘XπÂm#XvP◊∞Ø¥äØm◊ôTM≤Ω;[≈õø£õG=Ò˝
ÜÇ-qI%±pë˜Ω[ˆÕ€TL˙é\¡>ìfçÕÿ¸µ-üFcY]@ò»;˚´k9:Δ)F([Jé÷ì•ñ}ì∑
‰c≤Ù†ë∫aBôõ>È™*xÑ»Á™ù«>Á{tµ,Xk∂^∂ŒÇ-†€OË®-Áû‡Eõaœ¶'˝•HoK+mªè;ïqzâT°óñ®

´¶h◊{K≤p
»ˆZeÙHFìD-Cç¢¥eKï?≈‡ï¨ª@òœóñ˙Ñ≠πÖˆ%òªµ∂¯<Ω´°2ƒ>_¸9°¶Ê€jÙ>ˇ ´Ö-
ﬁpòô≤1ìÌ¿îA=±éó{KK$R»¢aMu¢≥§°>f5ŒûˆŒ»Y\∏_œÇ`Å Û>o8ÅXÔH%∏Çµn7(%∂ë¢òêm
€]=>k3œç¥Z¡6Â©E3zÒàs5Vy£áó<f¨†±0õT•c¨◊h4-a,ˇ;6∞‘à*å°@-¶¨*>_Bì◊P\∏[ö&fP∏
±Z&6f’ﬁŒXU•fã≈Ì>ŒX˘5ŒDYÎÕ
ÚÊ…≠éFT`;Q°Ä‰„óı„¨¶≠ÖÁíÂ≠â-x6JŸnŸncU Ò&Å»ÄÄ Ër1œ••˘@ÔÚûÅ#pÎÿ
fÉIÖ°`/à`àPµsÓœJnû¡èm™ÃT)'ôP3ñêÜµ'<0?Zµú∞ht∫ñlÄ+‘ª+Ü¥ÿ
ŒfÉ3∞‘IxMB¬áøpYÉ5∞b,NqëÈaf_∂àœdöÌüq˚ÕÒX≠f¸ÍiNŒM˙X∫™I€“¿]•%ö”©ÂéDÊÊ„±ƒ-
DåRΩÍïMŸV+´g<â&GQàT•É# Åòÿˆû2OsÙ6Ôn˘ÚmÛ0oıûÅP˜%0Ñ-da/oıî{…˘Ft˝Õ;m ùC˘
èIJP≈œ3ÏÕ™ ãF'≤˘ÄSM÷¥Ù>ËÉ˘5ÑQ†‘ â xltÉ6uTìS0q÷&føÈ-R™œd\
¢n'j∂q[Ô_ØÊ[«ÿ·#ôi¯qá˘ÖSD≤ƒ)>KÂV!◊£Œ´^Ú!‰¢∞^ëLÎW6£Ä7òÅÿvòÄ07w2˜Äs?Ô.˜0gÄp 8
{Ä@ÄµœÄ»Ç`V É œòèﬁ=óZ©5•Æ'éPß:Ì¨(«Ïÿ
√o#¨0G'´ ë´†ÙÄCÑ>`A`É5àxsÒ•kÃ√ â'q3AÒ≠y≥p_ˆUhö&ì©ÿv
\Uï◊mŸ«ÒñÍkÆq¨S√Ú˘^w9=9R©v≤Êñì>^D‡∞ƒURΔ´¿Ë©9£*-C±û¡M¢fDÒÓKXòÄ@ÄH{¨s1ÁzÒ˚µG
ı?{≥G{8Å$XÇ6`Ö\Pàîwz˘bÛ»dÊìÀú&Ì ¬iÀ¶E[xlY4e•ì
Y¥c«2>€ËÒóΔ_©R·"ôJ,\)a≠L˘Îñ≠ò†JQj‰ßœ6m÷ÙT®•†•.°™d¥¶ü6J]¬4÷-
V∞P™™jµ*®T◊¶mΩÊı/6∞ÿ∂m√ˆm€∑≥j◊¶m´∂lZ¥gÕ¬˝f∂-]ªh∑iõΔ0„ØgÅ}˝"K-Z•H˘Ií
$ËÒcFíKblôfÃ®ha^\j1™ò∏~ç.
íÙ1ê°6˙U¶m´ﬂÆ^√ñ•]v/±Tî≤∞»Å¡$@»ê·ÉÒ ãgò`°9Ñﬂ `>:ÇÈ (aFõK∏é˘µÊW°¿Û
\veˇ~ŸµÖ
“óf• nÉÛÁóHq†EU‰QFjîZ.%Me“ITU5,∂Dò LA
“k¨!}ÙÒS%îT2îQ4!•TL}r“-∏®"UU∑4 Uÿ\É
é9ﬁh÷XoÈ≈ñ[A∂%ó[·ÈcmﬂÄuÕ7}M”HœÊã/1%∂Xcå@eîëBIeôåâ˘%_í≤ôÑœ‡¢&a•·¢Àx*cüBÓ}÷Xb
Å%ç.©°ëƒœ«Œ˘Õ∫ht 5>¢/Yg¿u>5á¿K¥a.π „^ùÚ˘ﬂV§r_lÎÂGﬁß’w-~‘CÀxDëFMÅø¿"ïI(ôK*Nx
K)ü\Rânhx∂·«$A UJàA5RHR"2EcJ™∏(ÔUÂ™b£ç7™k◊XÌΔï÷]B ;Ôësñíd1tîÇfb•»íÂñÇh…Hóï
U÷»ò§0\¶$e¢È.Øi±≈∫hk{Î>y£6ÿÑ<
.ó¥1 êÍhpÄ˘<ã2‡‘¸® \GÄ•ú]t>ùêDx™‰rå5»X3-ßÔ…÷ﬁl•ÕWß_ˆ-ô~‰-JﬁúeSëÆqD‡Åœ{/™
§≠äÑ∂ÄÚ…gÃ˘±Fg'}F~Tà$¢bÌ ~N%N•T1å∑®"£U4VÖÆWyÊH÷[w…
µW[„§•9ΩBπW°LÚÂWHøòÓKÑW2F»c~≤á fl) ¬çYñ0ÓïQR
-1˘K¡SπfÆ©ßﬁl6Üu.ÜdÅr¬ZhqŒç¿ÅΔI\vŸ1*¨Ã‘ÄÄœ<õ?œ<GÙ%©‰¢E“¥
ÍÒ™÷u®`)D˘ﬁ~V[ùëEÙã¯ëMl≈c^≈ÑE¨bçd$üXQ≤h“à¿ŸÌ
W¿¬4ƒ?4"DE±P!¬¡5¢'ô ,R°∏r1ÓY…Q∫nT¡•Gpπ\Á8ß√Õπ-yyY¿≤çi(J«ò,∑Δ¬uÇXÉÏ6ôÉ
Ç1∂còóvôœ¯ÆwΩK*Δ¶‘•ä!»„JÚ∂ÇBd·Ç¢ûrïÅd/9<õŒt-óhß:÷Èô˘z&J˘¨;)»B
Aç‡Ê»êç«ÏW?™Q-=¸©÷X<ﬁj@∏¬U Γ*!¥5-Äöx`ë,ªô¡ÇW-ê k’§˘É€ö†Å≤"®‡Bq-ZØØB£T†09≤
2qàóv.HòK&2Ö∏ùu∂Pñú(≈'¬nv¥≥]óLë≈ÂîÈâ˘bLRauÇëM ŸH4ÄxûØxÅ5πØƒH·'Ïfœ ∞gG
ÒÌ;‘!ËyÊ3üÚèﬁ#Å
÷PL<"Ô§”$3:üR¡f?‰Ay»„*´pl∫:©Gt∏T∞b$jk &>”°P,€Í√N\i¡Ê-Ñ!™D˘"T†$k*ªEJ¢bΔ
Ûq8/ë1iòóx)Û;lÊ8¬¡9"yé,£SFjFÛk~ÇLéyÄÜ÷-Õ)~S]˘≤bcƒ¶œê,3ÊT':Å'!·çΔb‰<Èyç<¥-
7ø)TrÖ=êÄ»˝Õ‡GÎ‡q8¿ewð-@*tgñöA&
ãv£ë,’":jüèBD"Ëy’Ä8I6GWπâ(GŸ@ôÚ•¯Rpb∑*Taßkh√ hYÀülkçÿ%vy8qµ»ó1
Ê„jÉ.'•]@,j[¿
±9Ò^’HÕíIg:XXS1Aa,Üd˜D»¯AK∏SÓfWsÊµm,aÎPgöéxÑ>^ÒK»rAà#ßüÃQlÀ∞◊ÿD≈ly
$•"ãÄ`÷≤◊Ÿ,à9˙3d¥Ö¯Ñ˘-éFß©eîî£Rœl*b!§˘õ<Hàëác
JEoezâK¿M[7°[+]…S÷®îÎ$ˆΔ‰Kî¬ã;ÍQY°8.ı$0dóíxÕÛÚP^,µ™Uçî’ŒÌeàe#MÑ‡fEmöA≠hu
+¬<J¸Ç øç)ÔÛ;ﬂ˜˜bmbìXMw†y,”PEaÏúdœeï¶µG®Ï˙òí]ÄYQg6° ._A∫ìÑvEù2^™/”-„°*>§#ù
2"bµ¸ DìdêÆ¸%™DÅ1çiSöR‰ù°Ç≈m60@§-Œ≤¸…Ô>aï˘ŸbKM·Uj˘»#Å9^Ã«ô-ÕCŒá°A∫ÍêÙÖ”ç5Bü
ä‡-∫á¥“∑v∂ª>Ìﬁ ªA˘¿b]”X«:ö‘°ÛØÛƒΔ1aÉÅ4JéŸCN¢8ê(A°ûﬁ°`YRî≥Ç,®ÄÅ!¥ò`…
/ê¡,øµ¸ˇ(k,?˝Är#1-_uıj&(ÅƒRÖê11deŸ&G>ÉN_π“r[≤ú$∞MeP•c’
Ê
k$'vπÀrn·\ÊÃãÊµ˘√>ö”ú/-~ˆx_C@bç…Ω%ëÔ' ÆÔèqàóœ§;>¡µú˝%4{K£&z'Z-ß)ﬁ<]ÿ‰'e
$∞ÙΔü£®˘MK÷◊ °8<ÍQó/fÁ˚∞œHL4Bê‰h±é§ãù„[?
ì©oå“ê&5ƒ^ê/ê≠,•ŸDÑxzä{h˘»ßÖpÆ‡«∑RÄ¬∑¯E1°û¿Îb˜\3¸¸1≈\$ ÒP°j÷jZ/"
Ù´[Hh◊úW|Dñ\Û`"Ññ4§°:∑.añì‡¡’üZ-Ç9i€^]√!<,ıïÈò.LÕAOc5X^ûÊM¿ <p@ÄdUá¿¢àú rÿe
u<¯¸™‘u§Od·êƒ/‡œÅùÏ≠«‘»JHÒ/}Æ0i·!v
Δ,ê“)ïÅ˘Ü¨A‘ÒsïBﬁNÙ5-% ﬁÇ∫Bÿ)ïÿ¡∫∞ã
â<ç◊∫©˚≠>ôe8¨YùEXÏÀz]MH!8ÜÜÏ€|5ëûıYƒ0ƒ¯ôóp6}F≤$†-%úi4 Δ,\H•B§@4ñ>&¶LM@ÿÂ ¸Δ
Á1@Ü< í\•L÷˘T!Ä @Àπ&TLÌù«k-ú‘ŒÂç·«AƒéôéEπ…h„/

c.ùèçÑ"_)<◊s·'pÅôAhH<"ìmÀMxHµâê∂µH1êF/ÌÇ∑Y◊ã¨#+¥ãvm◊y◊<µ_˙ïÁò˘ﬂ/È-ÜöyUfÍã≤Ë
°‡ËüD-Ü`]ÓËYc‰õ¸<\)\BPô:]iú™IŸ,2,ÉÇÅ"&jûÂ•ÃΔŸébqx ác†(.
áq`V™≠†+nxﬁ¯∞<∞ûäV‰…öFù˘Ï/j>Q"ZìE°S&c2F¢/0!ç-B'
O¥A.5ó‡‡TÙQù]ﬂ·C/•cU∏à,hŸπê!2Öü âyΩ˙•€˙Ω>˙•Ÿf'U˘„5°`d*òHœAQùI-
6˝>YÃ)¶r˝ô$$K±\er$∑©D•ÿ¢F®¬…ú§@∂˘Ã%^†Ê=¿sl†)«¶yâ9@gÑ†„¥=
ÜS˘G-|C§e‰"4M"-û¿‡:£)≈Ω"x6Q!ÂìÎQ"RG"q•Õ˝;óÎ¬ø°ï9ÚÕÎ>~$ô
/ê
«<∞Oq-πàâ≈Ê'ÑWPá_>»ö ≤Wî
;◊#À>="ÁV•K-_D©]|
nCZP•¿*„
@Ñ¿
/÷L~wAòêb¡†Ã
≤∞ã¿(••·¢N êm-j)°Å0J€Û2 ÙEè,F¨Œò ¢√*/¥>Îˆ+ıTÂç(ù•„^Ô+@ÍÎ*QÃ>!Œ¸
€Á≤FfO"™Ï|ƒ≈\Ã5¬…]"¯R•$!öWäRë*ï'MâÊÄÎÜ˘\6p
ªâKò∞aBÜ
≥âkòQ£Bm‡∞a´VçY2dµj!„ïí.\¨Pq/TI°ôgœ|-¬Dâí4R§Pƒ,9o‡Ã5$Æ®"Üóv'Ê≠#∏®PΩ%ÑJ5c∑
¢PµÖ¸ÊM,µc≠d'» 1Fh`¿¬\qIúŸ¥JU)U™ÙÆ™¥
••AÉ(5Îñ.Δ∫ÜÕí%k/•K†(ï∫ÑπT%Àî bÉ•…é2^»@]ıâ&4ò∏pBÉŸ¥»E BÏÿª`àQN&Q¢Fç¢'+≥f…
ñ;O÷ÃWs`…ÄıÚïÏW2_#ô}_>≤:≥Ìﬁ˘ë¨él‰v˘ÂΩz!Û'{˙¯Ó{¡∫?ﬂœ+Xπ\πÚœ?Wj∞@•FQ®¡á™H
¢ç&t-°Ö¥…Ê#ë§)©$ïpY…%TNŸDëôÓÄ√¶*v™ h(ÅâZ¬ Á™•2"J£©ä∫Q©¨§bäG•∏b*H±-
AÁõo§9ÊìJac
éÿ!ÜD-@É∫Ê¬
î»‰îL*©Dï2ÕÏ∞œ*πb"e]ÇqÃ1»TëÖØJ¯∫§OJ˘,ê-Hì°¥
báDe0Å5
.†≠∂HÎíKÆ,∞ ∂4 °ä3
1éñ\†kföË†CµªÊûÎÓπÁÃcôÒ∂FΩÂŒ˙•:˘Ì,„uœ¯í±œW˝<√ñ¯DV@Å$ê@WJ•†É«Ü"ö¬Ö∂e®¢çf-
¶õl0'§fêA¯óAl T6â…D8Ißù\Ñ1áE™°Q´Í±)!≠/Q+ Zä+¨
%ø9óS<kcä&FêANx¥R»
Å ¿!'3+≥ÃKÃlïYf)Ü•«^YEñögfò`^∂πØÃ¸¸Sí@@£R'dX4QEmê¡-
ﬁÄ:RèÂ î7‡™àÉ8QhYÜ'ËL=5ôì≤„N:f≤;õª≥…≥N=fjEO;Ù∂;œVˆÄuX°}˝≈Ω_äµœó
\ÓÅñ˘dëM≈øZ˘ÔøT:Qpâ$∫6[ )ƒú"≠>I§XOR©\Za≈%xeö éµ®bE h»·ß;jQ™Δ"¡I™»¢∫±GÇ}í
wÑ¶±úo†yÜòU<Cd
Áõx·ÑËù¶î"∏†S2˙yeøì•±8O-3P¯∫˘Nü)a?Ë@€∞£âDÁObá´w`mcX„mÆHi"çl≤tÅ,≈‡ä∞+vAT]„T
´ré/¶3Î8g$Ø,ésh%7Y>J<ÍôïÀı+aaÓ©O∞â∏^ ´ÕÃJ≈ÄbËü:NAyhPÑ§≠…m[;tHπ∞-œ}Œ$≠h/D˘«
\°´Ò:-X◊:ı§9‡D5œí!y#w:bJV¢ºÆddG¬ª8¢QâY,OPk∞√Í ö"8äcâ†GâÄä®&∏◊ßJÙ©-#_&TÅ ÃBÇ
êÑ$2√U¸â2Äz§ '6ÿ! ıKM¢íp"<`(-«4µI1@6±y'Ç£àQ,p¶öF.!ËúU≠*;„…é/™ÛÀ
≤ÕÉÑ<ŒÛú_d'Xzvzï¬`Æ?ácÄbË,Wx¬ùh±uπqb.s/"êÁ-uBì¨Ñt•{…ÈLî∫3¥
°u9x]JêÇŸÖ§*E ùêÜ'E˘3ÏweíV®"ïjH¨ÅÑ$Zá9n·
Ñb
˘dS©<j`8ƒˆ
9»KÇL#"ì˙Ü…À\Ç2<†<#46ÑÊìàJBÆ•I!<¿7•È¸L-H'Êïªàjl0Ñébπ@F2Æ1U±ı"k°,[0/
ÿ≤i«9„AÊwÍàX'JWΩ`œ4ı#A¥ÀÄ<˘$◊emì?5¸œ
5ënÏ5[<≤»_52Æ!~Á;Î4I-ﬁ)"NêuÑ Dä/¿:$TQ `Ç&¥X
©,EHIÒF8∂R§˘ieâN·ùDlîëê0√IëÄ£Í∞Ü--aMhBP≥1UV˘è.•hÃêà>Ü<#DJ®œd"3îê˙:£\I8Ú3üi√
¶ÄÖõÊÙìQ¯$P≈kÉh‡<'\dcı8mÿf.êA
©^É∫[sàY¡a™ç´.*˘ΩJVYïÑeçöWÉÂL°Ì
Ö¯Yp>„ä˙Ü2DV„∫ NfC¥;î-Â0Úap`$!Å»D¥!÷t±≥ùJD¢K8ìyﬁ¡Δ`*ã0ÄÁÃ¯äøÇÏØ-*¥ä3-ëf
$oò#,MFá9Ãë$hÃÇë ¸•ä"ÅW3xï-ÛÚÜÏÖ%6@3êâhysIfl¨<ò∂œ0˘ î#
£IM¬œlÄ#é0öO∑W∏¡(E0Ç¥ÊÆE
o:¶ Å¨@Δ4Ë;'i8∞T‰e3D>RáÕ;À&y~±Íf≥:dÕìvXM7Yœ«¡kµÑâïüV8Ã¢´\˘√ÕÅâ¬-úÀ9ë'D
¥}EV∞¡øπß$GDbâ_ìEòHpÉM¥†$Ù§'@IgÀ%%Él*cgâlÆT√b·Ü7-Ú∞m oóƒ≤L-:x˘À_ﬁitõQﬁ»Ê†66
2πÖ!LΔë<ìRÊ.e»Ÿw>Î>"œmxcÜÄ€:Mà˘nw@ §Ú5
7≥+E0Ñ)(Ç∑dF.≈F
\:•ﬂÅ‡HJÌﬂµµÍl€ f3À£¡πë';¨V•fizÖÎ˙Ë/>∂•œ54CΔ (√œà'FÆœf£Øoáˆ7"/p8ª¢ÌH®Ìûc
$Vâ0éÒâ·Âm'>%:¡◊äî-
fpÖ>˘,(°ΩàP".T)ﬁ®Hœ¡çj(©".ΔcÚ-=ÿ·{†√
N4ÑYÃM+3oÿªõP3®¬ Jzq<œY˜<√L]ZAÃÙ}fÑúßrñ+°-Ih¬rK®Tr"Z"@Æ7$(aÜ4¿Cç†ó_l-Ò"˘ôc

¡S˘á¨o≥Œ¨3ÿù
œ∫ÇÕº∫3%∏˘`˙>lç]√∞ªπ;°Ö√iÅxúTËÜpqª∂sà∑Sà∫≥@âx∂gÛà!ñƒ™ï<“°ë8∏âqSÇƒK%É_‡óÀÎ
´2#   íÖ#œòj†ëjÿiàh-ÖUAàäZ.S=‘38÷kΩ+/2´öÄ∏/Àí/Îî„B›€8flì≥„z)·≥3í
îk3hÊcπ˙Ò.Áì>ˇπGiÿê4§%®^êÜd†Ø>$øi∏ ˙*?Ô@õÂh¯{µÔËé˜£õ¸+è˙ªø¸À?¯ê∫]ñjÇ0
ì0aÛè‘&0àgQñ¥{œBàl;ªp†ªq∫;!âœißT‡ÖTH¢¿õ1SÑo+<¨,+¢´p8á´X(«#Å©A%
„±pF}CÜc8Üb†Fb¿Ö6*¬H@-´É%LΩo484@∏ùÇ=:åçáªÄÿÄÄÄ#»/∏¬HÆ-
DãK∏É‡#)ó"åÂ˙AhÉ3¨©,¿#hÇDÀ-R≤ÖS80À-2c8Ÿ.
¿ÄLÎAAƒ>∫?4?XøCT∫Á ´˜ÉµXÜ_Ä€é€ïVc5_ê:ð%?^   ¿^∞¸¯è ∞å!W˘H@PE¥c@
t≈™ª
πªà®g8,ì†≈-yß\§±n≥1\ëÇ◊Ÿ'%PÑZ¿Üâ¿©¯ßy32¶∏∑®Ëð¨âô!Ω†Ñ@@âí≠:É’C==2‘cB
€ÇB¸âΩfi∞Ä/[«/Û£yYÆΔºÉ?I.Ó)§Õ¿GòZÆ24*»Ç#™ü∫Çú9˙˘§7L÷hÿ∞Ä3ªYÍ>^`¢3´,√†õM±°ÕÙ…
fXøëhï˜Îé∑Q5ZÎ¯ãõÛ†øñå?ôl&`_à∂∫D∞ì∞¸;dÒI†\@†å!RÑªÖÄ;SÃ∫[Dà÷˘Bó¨≈Z\¨\\ÑEx,¡
ƒÀIÅ†Å;hj‡¢®PÀs
…ª<Àì2}˚ÜîFâ)ìRà.°â®:®-÷K=qD4ÿÃp|¬xÛä4àK«/kGÇ8à«Δ4àç€ΩK©„¬8.‹¬¥‡$)†A€h•$¯)D
9îòì>P:Øÿõã•∫ÉM‡>îÕ&uÚ”H@øW9DËHøfl$IÒàøìÑ∫˚ã Ò¿?®£õòlŒì¨è¯ @¡…M‹IÎlOƒŒ«
≈ü<6™8JhªÚƒàY hÎı°6Zùc¯úß]°1{)7pH-PÑ^˘(Å»£
!ûòŒã%°d`   'Ñ@®K?€FŸíœ+‡KqÃ-V˝Δnl¬ãjú{Ä>Q‡/Ä!Ë¥ MRQM-«Lã¥««<k-®)¿Ç!
‡Ã`îê!¯$“EÈÆB#ç2ÀH#$@ÖÆ°Ük0”ø'eq   @\uΩ†ê¥?ë\‡\5Øö◊
≤ µ©éFÃïU√éòî†X@°¿-D_†0∞£∞√   gEWòSÜuúnbÿTÄ¿à@E§têV¸∞,u∫∂øKÖ-
AnÎ6E∏9∏Éõ‡ÇùHAü Å+∫M`ÀKFßx7 iFaKoÿAP%ü'˘ö6àm‘2.€K’√PVm’œ¸Δ¿4∏ ÄΩG9«áãÄ©M«
¿.Ñ8òó3‡/˘Ù/ØmÉz∑…jÉ/ [{“Ã!`VŒ¥ÅÅÄ-“
DQîù™fi¬•¢Å3PÆIÜh¿%McR©öMuïÕ0DT;5˚NF´«ùõ˚≥øUÉI.›ò¸ÖÁƒ?∑rÖ˙êN[H@°2;
{X
€Œgqÿä;∂ªñ=u
t6é¿gâı¸¿[4T¡ŸíÕ °`§-X±LÅAΔ¶òNÕŸO=TxíQ˝GÁ6¯É°D=?«=Ãœ
%fi‘ÎFXÃ˙q43£Bà˘k«∏Ω*p7(å3Æ€q[-∞ß÷¡_%¿_*òµ=Ç˘%H¶1hï÷ju÷Pr>•qî»
àIÖe»4¬Õ•ë W>¥Mu›Cëd\fil?Î0¨Û@Xa/ÂØfjIÕUŒÁ¸WË@5≈è¬)
3õ§°8˝èÎ|ÿ9MRàpôÿhã¿ãÄ∂
·ÜÇ XÒêîX¨CÖ   ¥1í5A{IA¿Å pE`°±<≠Æäç(
-bÀ}ìÜgh#J@6hû?»≤?Ä£-ÛÉ=òc:ò„Ó≈cÓ’„=VΩ/s/F·ç∞Äá£=ıˆ=É8ê_)/_*h
$Ç˘Î I¶ÅÆƒÅ¯_L‡8|[ÿÚj8öjµ“ÿ(≥´!ÑSÿÖ[ÇMSŸCS1øƒ›√Ô®RÓÕìdŒ^ˆÂë¨\≤:Œ
\&a™WÂlŒŒ≈¡YfÏhúía”ïf’ç!V›9}¿∏´ÿräŸΩT€ÖJ‹U¢ñ®J¡3fl•œq[$∞,(Å,ˆ±_®TÀÕ
Ä9…   ΩΔU8ä≠$tcŸÚÉÇ^¬ÉÓF=NΩÔ]¬Â^   E4@œ%√|
+TÅ,†3p8pÆ•"Hvë◊O[∂xëìΔàÅïûf]€#®ü∞ÿ!ê¶9QFö˚˘…Vé…ü&ÑMp™\,jÄÕZVWu=ø
∫◊ˆ„™S[Da&aŒïì¥∫]°6ô%“ÊLaôÑIÊïœµa6ÕI≥„…i¶E¥ˆ¥C6Tœ¨@Å¡
Ã{J%ˆ;CeÖV‡Ñw©1)œâ*HY$‡Xw.∞¨fKÖ“àU4ä{õ≤N˝Ü ΩYPP@D∏fiÎ-Ë?(ËGÌ;Ê^?p:.m-^h=NË¢ı
2DõU*Ãîá´BÚ#.‡ÇEVëGΔó¿ÅïNÅfiΔ‡ÌòÅ Ó¯fl-òñÅNÇ∂e-î %R/Yä ®Ç†Ö°õ*™äMÓCNÜ=˘§Ø)Ö
ø\.&TcNÚ˙Œ}mÔÛ»◊0Õ?3ï .’ÍUkNÁƒµ6ú∞ì·k,`+ê”M›ÜïÿÒƒ”∏‘Öök!ata,˜<‘MË];Y)∫
+.Ï}ÇäD-/‘Ñ"-NE-Ö\-…ä§†ZŒˆl?xÓùq>∂Ò<fhÒ58◊6ÿ†Ë%/´’‡"hù/∞å3∏Ì÷IAÈÌxg
·vÁ(Åfiû8Ç!ÿÇ#∞(#hÓ∑µú>öh≠Èô3Å*©Ç∞-V†ÖLWqW@D‹umWTIøSYõı~Í2fyÂÂ¯¶WòÃ\aä©ãI¸ÛÍ
¿hÉ˘}t)]¥ªÊgÒNÏ∑õX∑Ékâ "k≠XA…
#ùm”Eí]TúXÇuð,¸ÅH5ÑTHŒ¬n¯o¯àúãŒ„∑mÿÜhxÜb<π≤mÃ2H‡Ï=¯ÉG¯lG m/Ì“œq>^Z:ËΔ
mmõ÷VAñÌπ8L´%%‡Ç/˜r◊flù†¬éxÁXw(ww†Å,>LÓrÇÑÅ∑
ÅÁÜ=ùé÷Dªíôé A(TxÛ® H£Ü“']W;áe[ÆÂ
r∫fiti˚¶^Œïµy5Eoƒ2ùIB«ø2m&i∫è^π&_k¡+i^ú¥N]÷ç6I w2uÛî¸Öœ˘É±“¡≥±3-®œ*&Ïxıí
±^òØ8«u[œºj∏êPxi¬i,bÄåRÄ.à 2-„F’˚lÌóq=ñvi_ZÖfBe=r§CLy84k«ÿÄ¿$˜*-.X-Pøgg
+&ÓòÅ¸¥r+'|˝¸fl#0Ç˘ΩÇÊŒön[8`®V!
∞`ÉDàØhË¡◊4ÍSπ'ÔÛvW95Óê†/ı02Eƒ∑πx_œÓÄ∫˝VtÂfÎò…h
kîflD¸ê+X ê"∂ˆN¥”
øZ∂KùÎ@Mbd¯Ö≈Q¨™¨¡;Å˙•"% ÇK^È!8ÉJ˘`^Ëö§z£¶z ¬cÄÜc∞Ü-ìÖ`àP-FDÄ¸œ≤GXvÄÛ»è#?
z
Óò≥gè#Ü{Ù,å(q"≈àzË\πb„Ñâ"XÄ»4ÄòÅC   À%.6ØâE   "8n™à°G %fÙåqsΔë!
[é‹ê"C;lëa„«!;v4q,»ôS¥êQc6Y≥d◊íMK¶ñY2∂m’œÖ+mm[`mô·≈˚÷-≥^l}%ÿ-‹dø~Ï±ØΔé˜ÍÂ+Ú
%»î{¡ÚÂ
≥eŒò]mvU4È“†SëFÌ…U*R≠SiÀ.[∑ŸµiœW{78m/∫i˘´Ê,ÏØZµRÒjÖã'Tú8m™TIë¢;pÆÉ-¢•
M Hhƒ(A"EõvÒB¶ô¥ˆ…éEã
Z±b∫t…Z%´(Pí"   ¸Q‡#˘¥-#)%áB5§áÑJ¯-CÓAGÜ“qQFBpt¡|Tb\∞

;±DK.*·4>Ñ√9©ÄcO%•4√C%IúT&ÿp√BDeïI/Cß,CÕ5aù5MZaM√Lóq¡EXa|>[d¸òöáΔá`˘ˆä`œÛò
úùYVgìÈôYhúÂiΩòñä°áſÊ/jäſ,Zoπi)8˘ìNz[oµW
^»óJ+…±¬tõ(≤uwbŸÕ®4‡@C 1à0Cõ∞BÀ2ªÚ /∏¸˙+.ß¨¢J)í $à@B`Å¸±`CE8-Eè@QEj€°ÜÈ±Mi
<`¡ÎöA(çp0¬»ƒ3Ò`ìç>≈Ô0*®$îêF$°S!»•§
IX%ï'<@E(UûEM2äÅ%["ïf2v÷Ê«uï…Ã/&˚br_q6&2»vµLôb…tΔÁg~Zfeõ¡hœ<Á,
,£çZ-á""hÆπ≤Z*ûD©lSœFµnW˙ÜMp&óJ-˘≠ÄÍ®'ùzáumÄëù3ƒM1ê@Öà¬-ª∞Ç*ßXÇ
+~£Ç ,ßKá$à∏FÄä˙Ò¨É^h!Ez†±ÜŸV∏!ÊïsÁ%±
àònIi∞;·∞K•†DÏ1"ÅN@ë†   %Ï8ÉNœuÑ%BS6úÑÚ6\µ√ò£Âñf°µ1ΔiáyfÒo¡<÷…
#üáò]&∑òd36rõ»ƒŸäbè=t-†eñs.ıÍô-Æ:øi•!ç5ábî"bc@ﬂ•j,∏m≤Ü
MqÍ8`kE®∑   Rë≠:Ñƒ™¥¿*ö|á‡O*Å+˘Ωm"õ8≈Yx
bU,Ü,Ï‡†
iHCo∞Özxë=TÓ[í"÷Ü*∑ê°¡[î"ÈÄÜ+l!t'8AÈ-Eíèl‡]•xÄ/ÚàHêp∞Ç¯ƒ' ¿R∞Ç¨ x¬kÇv`<¶H%
        K^íÜ-VDcsQã≈
ŸCjœc`bÛΩF&Ü|-Õ<§ñîÕÏíqe|ëäΔˆè4ÁÍÖ-Óá0¬¬˜Ñ,ü-F"C•Ü5∞tZ"ÖöZœÊQTìç•"ïõ/`„ÅxÈö
ß¿ˆú±ëÕlw‡‡¡µu'"LA<®`ÜB"/'Ê)∂©àÈ\˘Çî≤«∏:"t-PÂ|ÿCŒ1ÒùBÉ∂áHœ{
˜''FÆ ≈sïÆ$(z0‡ÅùÑ±á

cjtΔÒŒ'8òç|$§&ÿ@&0û   dp#|î\√√&&H˜tI,£«¿t¶Ù5Údo¬§ö<d"ÙÕáfi¥iM'D…
¯y"ìß)MgÍöT¶"hCäÂRo)K'áBQO´e-WLGR∑πç´A
dÙ¬8`"s.à¡ÍhêÉm-ŒLh"¬∑Δ≠U8√<áªΔaá _7(Aò!4„nx!'f([Ú·=)∑O«"\Ùd¢ùòD}bVü˘ìÇF¶-t
Ù$¿¿H∞y· HP≠jªxΔá¶ çlú¡„xÑ‡ë´`Δ3ÚÙ(Ñ$-qk¿Ñ1§±
jH√ê'("±GóKÓ%.)CcT'µ»î-à9%/ô&ª')e|•P¥¸ïÚO°Èüié6T' ù•ƒ|=·á©2ÕiQäMoh√À´u£Å¡<2
äÛ5c¢":-9ï"±Lgná&Jê¶y'û'Æ
\0C™¿3ÄòÆgDF<38Îq
-÷;¥XwJHü˘§ÁÑ0Îÿ€xüh Cf£∞ÖÕfîä"áHFÚÆ   ¥ß≠QS[F3˙ç)(˘HÇ-ñ¢1òÅÊò-çia ˝≠±
        Q,c«•õU:Ω,y…•ä<û˘<íœõÜ1?ù©%¡;
2N5hBıﬂ-1ìäQJ3°1Õ*S14ß>5ùxZ*ÍKÈ˙b:öŒFl8=)©]ÌQ/¿ÜX8Â+c>ÁÇ"I&!‡-s«≠"îU\g5"
°√ſ6√ÃáAúòÜà∂9$ê≈,ìr0ñPj¨l}ñ°<ﬁ1¢Ìjgñ«d∏¬éπ
≈+pv#!™"ë!@
twß]˜MV¿ÇáÓH(¡°UÄÂ¿ÕG]^TvÎáÜNyF»Ç$nç%≤ôÕÑús»ÏóFÇ¨ſÄÒ3$ß{SËz7}jz_c4ÈòOÜ2"†ÒL
zù?CΩœ¨9
"efﬂNêbÙΩo}Ì5lÄŸ•Fßµ·
˘/Ü"ÿh3'SPi,ò¶N™¨sµqßv¶œ≈∑Ò   T•∞ÜÕ∞·3pPÇˆÄòEXc#[BZˆÑö-c}j[/Æ∂µÎ^Ü(<1
W-ª∑üxÖ#`TΩHÃç"sià¿ÿÕ3¢Qk%ùz-Ù%F[¶#˙m<©<
U¡Baáhwm¸í≈¶áHÔzª≤W_b∞kS6Awíi|«Ò7ôC4ÛS9,Á˘rB√œ…
˘Â ·k®˚ ˜iÛmç•W3Èl˚/˘˘==jl|''©€&†C6œ¬¡:_`ÎLê-6≤Äˆ∂˙Óp‡ù≠{=ƒΩÑ z-lA$DÀ
±=ƒ=ïÅ>≈€5õcMõ∂qﬁQèıﬁm‡ùﬁY‡èëKêôÄàäIXIò[Í0ﬁOò-D°Ê≠Qï   x@\ÈNNpô√¿ÄÒ¿¿ì%ñ8
Ñ1@C %¬≠î≈ÑLa-'√©Ö˙Xú ΔÌ¡&·ô˙Ïûc¯«UFc∏Ç¢ SëFR≠ó-àÒ…R }ë¶Ÿı-)ÅW}ê÷»Fˆiö˘qˆ
±E-p
ïMáŸ¥|¡ jáL¡wHS
T]x\"l>ÜóÅ•ö˘   ±ôùﬁêA»çı->XV^AR†F‡Z†ﬁπ,ﬁE∏ôà-,êUëªáViôaÊÒŒîUû €^>êÄƒ¿œ)œ
œÄS(èË ¬DÇ0X√6W{ÑÖ4lL[tI7jO» FÅ…˚¸˚,ÕÚúΔ˘Ü9¢èOU!¸PÚÒ±R,P=ñΔ-ƒ◊>Ú„T-ävB@Œ
\•]Z*d_0çö>PXò/¸Õ®ò"=Ñ≠U´%¿´Tò'ÒN\©˘(AáÅÿ◊Ò&

EÇÅ†E-">VÕ]Z D¡∂m€)ƒﬀeƒ+Í>∂Ò>fÖŒ√†Ä   ú·Ÿ"\hÄª†[Óú Ô\"¿£,#   Ë€5ÁÁÂ‡
$¡
XÖSîÇ1lÉö   re#7· qœ[Ñ£/ :Rí˙»…u±á˙pWb,ΔuÕIc\Üüp!>:Ù-œ-áÜ◊
$çh4ü,aZ"¥Δ(°·ÃU¶@$Bj¶ˆÈBé-!√1>r$ÿ")B™Ç</hG'Ö'u$¨ÂéJÅÆπ∏%ſ¡à
B¸ï`E≥‡Â@NÓ;--˘:%¡ù<Q€MBÁO™bNÓ]+Ó]¯$5π<¿Fò¿êN-ñƒI°
ſ©„˘ÑïÅÄVjÂ˙Â{ſÁ'qe2¡(¬ÅXä^¬lÅ*TcZb£6jſsÕ\2<Œ^9û„b∞ObúO/∞á˘-eÃL®]ÍTû<+-
cÛ©≠ú+•B§%Õ>üÕ'◊e^ÊÅŸBbü3h¶÷¿ËIÉ-   Ks\-˘©ä@Dÿw|G
»älÊàç‡@áqnÊ&ÿπ`Q¬ HÇ DB≤÷ŸVbΩ]U÷E\<E˙∑Ÿ§MbgòÍ%O^ÁuFADA†i•>äéQ÷"-
∂À˘IPÄy.^<T^ûœ •iüÚÈ,ﬁ„ËQÁ>'$ p9…<Ç5R√7®^{0√\Lj2hc[haáOÌï#:≤XôO:6®:¸•ÇÍôa
f«AgM¸¥™áí!-4'ì"áá ú'»<˙™e˙Í- kgœ(BX˘
.¥BiÆ˙±¶/ÃD'Œ4ÖáxàäÏ·@ÆmXnˆ¡ ∏∏
ÇPÇo"Kp‡pjÕò≤UVÜî"<ëA,dòû©ò^†Ob'ö&vˆkÅ?¡ìú¿πá-n¿~†4eÍ(ûÍ•È{ÚÈPl.B,†™¿
Ã`

Ã˘ ÃSWU\Å √6îÉñ¥GÅ°[Ë7Üâ˚l<vJ(ÉÜ™N)(™≤u9(¸ÙÃ*J»ë!§•c/™°<Í°LäZ&}˘j@BÌ|πh05√-
]C'^C0]√5L*X®\ê©T«uúÅ´µfHœfl[¡
<c<®ƒ≠iXÙZŸÓfo
¬∑ˆ¡ú$"»≥†iQ‡zKÁ Ï*>ëMöÈœ/´ΩÚ§øˆkøÚ+vÇõ?ŸÄw¬i-nÄQ2lÁjS2Ï4•,*L`@` i©»G-†Ú
\Å¸¿
6≈àÂ
ú@Ù¡.@ÉÙ∏á\·ù¡˘tjßJFÉ^◊ÏÂﬁ∆ÕwÌôc<âe¸Ï¸¨R»˝0j,&,çk$-Ø2ÌØFÌ¯íØ3∏Ë‘f-6§Ø˙éÖzú+
h¬&,¬∆¡™úÅ¨üÆπ

4T∞≠†ﬁ¿|“&ÆqAL¢à≈Aﬁ.)ÿıf •¡I»ﬂ,?abYó™¢œﬁ+ö2Æ%6Æﬂ´%ˆk¿“–Â¢@Q“bÊ~gÊeynÄàÆ,Q,Î
F§Ó
Ø.
¿nÄ√»Ä¿@GIEwﬁWöEÉ4§Ö éIò°âa∏^÷•ÕÿLdX]Ú%Ç&√ßJËÊÂöÿÃœ≤ÍÒeo>TπB˜™ÒÛ°(˘ÜÔ”v6∏Ë5
∏h’
Î÷ÇﬂäÊßP'u»A´}¡˝~Aá±≈ä¸Y>*T/∑"È sÅàùA-ÙÅoà
[≥‘Å‘Ae[fa¥È”>ÓuOnGÆ%Nn\ö´∏uﬁóôÄQÍÚπe¬"ÏIx.´ÓÍR¨4¿ª3√n¿Ùñ\ÅD¡í¿¸p~&I∞ïaı§Ö•
>◊«@\ÌÕnÒájc(/«•„OΩèúPW©BFeÙLR]Ø•ëÜ{≈R“˜¶±|-W;≠”¶®7B@6Ç'Ù˘ﬁ±÷™Ø˙Njd$Y©¸Ò"|F
œD¥/éÌ¿äµ2ﬁç<DHnò<ûnV"]-)ﬁ
¬≥A
˝A(Øì)K fÒ]„ˆdNá)öÚ4„ˆÙOG.ö
¡Ïˆ+õÊ÷¿^Æπ\Ä./ıÊû2Ï   °0√b@S"íE@s30≤ƒ.√AÒ'ÃU<@T¬.§Ÿ´¨ÅΔÓÒTÇb1]JÜ&
°#Í•]öÍ^˘•_ƒ3ıFΔ¸Ïœ¸,'{¡“-¶¬w¬(<Í“äØcÊA?-})¥”qComúâÿXÇWG,'µ¶!◊é˚ΩçP¯»j«¨Ä%ë
ÊüiFÛZ¸Ê&≥¡¨Å‘¯ùﬂ>Ù,Œ≤?•)˘Â6nö™ir¡*/∑r´iq˘ÙÏF¡P◊≤o}Yú˜≤$Ïπ$ÏÊ.µ†ÄÁ™.ØÓxèÆà¿
        ÎëÖ.Ì-Ä»¿íTÖA \ ÖLÀ ﬁŒ™#ÑjXM1ÇN(¸%µÕ∫£ÇN®;˘u^/Ö«È=◊„aã“-u®Û°ÒcG4}4e
t'hBAw¬‘/q˙b-◊nqXÒÇß¿/'PGÄ¡dÙ˙ÖdHJ<xÌÿ_¨©P•»∂.nv%~ÅhA%~]ØñnØAo◊¡èmÅ
+J˘üÈr[˘*ü©öb˘ï_πsÛ+sßi,ì 7ìò∞.eQnÓÊ2l¶H˘Sü√Ü7ÎÆnù◊πË¢õâXÛ0√¸@ÌR3ì¸∞
ÿ&ÏB|í•RÍJm ‘ﬁÉ™IÚΔ   7®§_Ëd-âÉ„ÏŒ.x`GΔœ∞˝¯O-ç=;f–™qc´´|
Q¶¯vx'à¨Ü∏Õô®'ò/’k6l-ä{m1ïï!»Å"!~¡hÿ!≥Ñéã–
Ä«ñ¡
Äd˘l{lO≤‘nÔv`¡¸‡=c%VP3˜Xsys37s{9ò+wq+tœrø
¡t3R?L.;ı•2/;uG%2
x
à@UØÆÍ†àVTü•
Ë'q”Ó¯@†SÖ
ò¡)¿á•V™˘Z\™ò8íN±ÉΔßfÒ»∏]8_v9û£;{úÉ≠† ¢ç˝<sˆ.¶4eI°@√z@W†#Ñ8‘ ¸Ã…q–;√'f-ÅÂ¬˚
&>&T4á6çsùˆ∂RX -ÄÔ0YÌèÙërÅëV{|ê˝p{∑og)œ*+w∫5Y√}¬XEÏ>ª˝πkyr'wñs∞ª;ì%ß‡ÂÚ
Ø∞wÛ{·üp¡¶7i)^<ØÚ†iÈ˘
Ï9¡¥˜√O≥|'L<B4 ÉÁwÛ•ö…»¸≈;SW:Wz^´> ü¸•O(<+∏Ç˚Ïz¡<ÃÅ°cÆR{•cÀ<c´˙ÃY¶&-ó&¯j#?
#˘# ?#úØâ˙Ô-o62%Ç¡/*h¬g/¬,/<L=M•˘ä?∏èP‘∂ŒwËØ◊)à}áeA¸c∏Å˚ËΩﬁ
´{ò{¸@»•√áà ;ÇLhP√Ñ   ì<à1Iíâ'^   bQ»ï$FÑÿ∞q¬Ñá&Kû4Å"Ñ í%Qú8ÅB
F%‘ô≈(DV2Ùáê?d¿ê!DÜç5ôä!ã6-Y2iU≠bM÷ÎØd^¡zı≈µ+≤≠g{çıÖl≠Ø≥ø“¶˝≈ñÌ/∏œÊ,Â
˜´ﬁ^Ω\πÇÂ™¨\ÆV°8p-≈© GÂjÚ˘(R£:u¬ú9≥'Où?{Ó§©ëßFâ%à
≥Zu1Œ∞asvmvÏk◊öQcÜ,ØT¨4q
Œâ∏!Eq‡|˘¬≈â%Œë °A#ç4V-(ÀcÔ-ï(Y¬•
ÚU-ó◊Çûçî,S¶`9rÂHEÑ;í §1°•0ÇÄA@•
¢@_,á/h£â¢pÖä&&
,
è<J#dêi•ï.@·ÇNíÈÑ
~ i/âÑúfÿ…ÜÇ"
ü@JÜ£lh
ëSñô*™∞∫™´∑œ˙Ø_•bk/d∏är+∑§Ï•Æ*ßàä-∑ÙÚ//Ô˙Î/ƒÃ∞¿så∞∆˘ãÃÕ 4ãs3ŒËÏ§ëÃ9-OFÚê#(z
¥áÂ¡ÿ`√¶ôÿf´Üô≠h·•ïVX!ŒN.>dE%à#é/ò/<$x¿°:RàaHP!Ôà   )ì‡BäÚj-/Ω[´
,Ä8,à&v(6øbë=Ë>Ñjà@õmv¡Ü|H- %àBã0J,äålLB§_"…íN-‡√saI§<%·bú·ÜÏΩW§l∞-
®'à˙A©êd∏ac†ôÊ™Ö´zT+Øœ™ ≠°≤\ã´∂Ëj+.ã£T+.¥¿°kbπ&ñƒ`)S05k9W"s≈ì¿:q•fÕ˘>√l≥-ˆ\
$1¿Ä¬   '
m·êNiŸ∞°≠È/ÆaÜHS°t∏L-YdCàäå/jµTÔ¨£AHhı;êœV%™òµ
ZÁñ   Ù§ò,à!ÜEYÓ[jÜö•øÜòäv/4∞Am+/ñ€oá"<·ÈCœÒ<òV|ﬁH◊ÈÜT∏˜f|∑ﬂá

,®§ÜÈàPåâF#ë1kaá•dk+πÏ¸,â3N≠(ïØR-éΩLØœò"∞î[s∞ƒ`^≥˚óaÜå≤T*≥ŸfÃ.„Ï3;I
X•‡h*®`ÇH`Å•fl-ßØõf‡˘ÊQΩ†ÃZ°â´1Ç8àX◊¸%.,!<•™∞SÏú≠;∞bõ®l7[ÕÍnR`C‹ÜØÉ¨-o-ÏP≥N
Éô4§a¥◊êÏ`Z"úBˆS!äPBC±‹@ØôúÀ\&-IbìΠŒ70Ç
ƒE:'ëŒ\Ã\H¸e9Ä®)
±AB§´DC+…pXƒ™"%âA©KyA^[∂ró·mlcTöRøtA¸ÂdÇ9LbXÊΩ¿ÄÔ{‡ªŸ˘,T'Rt¶åòñ-
(•d'? O¸6¥πç'ö±Z'¢j
Np»à≠q-_ïÿF∂Ï";˘8@bE* ¥Õn-!°Ïf´öÅD¬
Á'¬ƒêö14¡N•Ñ†ÜÕ¬‡'Cä≥Y¸©πï]ËF Ç•àìå»C2Y°™òD#$^>)]ËFÁÆo-ŒrF°>Hn¿Ü[®ëaFz'£¯rñ
dpiJ∆≥î¨Ùåj4-t«6ñπ()-\¢R/Nñ¶≈pèë‡flK…wœÙŸ¨N5eƒú‡ÇÄ`˘ ¿OÅ˙Süï@Tk3¿ÍJéi•É
£ .Ç™ÜËTîû•% œÙe≠ò¿≠V!<„1œY-j3∏A≠f@B∞bpÃus=˘ÅÓö◊s]sõ‹,œ©Ck^3Ü=,F
7π(xd±BÄ-6ëò]$-Ä<A◊≈êÅ≥,lE¢¢ôΠ´_K-PÑ∞/M[ÜY/[äñÙèS*fiX@FG'yJ∫›òEGZ«^ÿ≈.~qE.Éò
¶nrì+"7ß9'43£òCz∞˚ÌÔß™w¿ª,M'öñõS&cΩ`Â§&•¿jjå(ƒUø-±äU´œa¬ß‹•©3%W9]•îß·ª
°qD"‹+"ƒ`yµ+e9˜íkÜ‡Üà+µyMò`ú ŸÅç´Xn1÷[q'iW$y^÷#i
h9ªOŒ∂3s2óõ¬
YÆ†Eπ¢
§êFd@√w∞MlΩ"<*M¨¢wŸhF∑ÇQµËv,qÒrÛl‹0˘Âd'c,^Ê"\§πeîqsuk:âÃ»ô3Æ∞dNA0üìw°@ƒÒZ-
ä¬ç)µ®"f7π®ÖoXaâKqBSÜ`ÑUØáZ~¡ _XÇr¬á9»aä(D!LmB¢âH&
ë YœZ÷òÄ∞™êÖ#‹Ä≤O4WK¢ÕpΠ!≈˙ÊáE-êlé¯ÜuEœi_h±ã•v¥1%-êÙkµìÌóslÑ!ÒB€vWQ-˘
°tªÎ∆CÅ›çJ+ÉÙaÀ-
lØ,∞ËëÂ+f°(_%2-?ñt,Z¸®«Ü∑«.Ö¥§p±fia≥=6;70Â≈≈!9ôöÈå¶ù•ƒƒ.fi
Kb]`B¸•ÁS¸˘ß~^˘†«+õ.˙-ãVÍ£xìãHç8íf#,afl9˝™°ußH˝¿˙rçkôPD%hùâPƒ:Í≤œ5Ü¿ÎtyË%¬v∞
9âÕ€‡o¬ÊŸ{ tZ˚[◊Æv€=,≠ät÷ π,P¬ùcrã[‹ ^eÚ¬2éå∞ â·ïÑ!`¬fiçGF{€(œÃ%x"Sfiò7ñ
Ç{©§{É;\1˘}îêGLõ¬3ãõÔëp~§∆A^…ül‹òlÅvÔßÚ@èwË˝ -¥€4ç¯∑1¸m‹ÿ€\Ëú¿Œ"ÇŒÙB}''∫
•»µEd¬8‹7˜-ëâ†Kù¸°E(\=>P·uµ¨]2Ïaáò√˙f`´iÕ≥Gã?éµ-¥flÆÌÀ[Cö Ó"ÀÓ^nØ`Æ¿:k€:§õ-
≠]`LCfiÌÿd -ËÒûÃ4∂®Ly¢áÛ°d í,v+'Çs°¢pM•Û>è§<∆zN/1cëûÀ2ØÉı*Cg|Pg"IÅÇÓ":E"∫`
ñ~J†‡ß-§˘∞Â‡ß¿înÉÊ™aQ∫∞¢Ê…†$ña˘»gå•ÁfÔ"ØmAÈÄŒÅ6ÅÅ6A"6aƒOD·,ˆpDaå¡+°
ÃÄ"b@&'ÖDH",Ä√ë∞´yö,√®i˘ˆÔáB#%ÆÌ(Ñ±÷)[Ï˜ â¨`‹ƒç‹ˆŒ∑†Ô^Ï`Ä$FÃjl$J»è_¯
ÂÃ®¬fiØÀ™"/¿/&b∆",: Yp∑dP?Üó!Ω,L.- l#,ú*|∫ˆ.É¡-ı2#˙àŒSV£8çò Tr œ¯
¯Æ0~j6Ïë6™a6HQö¡Qò˘·ç¨§fiÃ34·'•ÅfiÁÇŒïíí¸pvÅñÅ"o¶2aÃ Ö%
•<GN¬∂©$aÒ\:§X»ní-˘Çç ¢#Ó∆ç&kÚ&/§u2'Ω'Wâ^¨G^±ÜP@@l†]Çå
€0∞vv‡80vaúdx(jK&ÜI®ádJ¶Π*∆Ωƒ+õQyX•yúëÛFèè
0Pı"„2"'NhJ5cD°D!˙2
-Q9Π¿¿œ¿
≤
J
´•
¿0 ‡0
ïjÊœ∞1˘ëà§wz¡…G%r!ÅNÅ..2h!h·3+≤fiÏ
#£°4ß˘aΠaåÅ≥`ÚJØÒ$Q%`ëöáÏ&ëöFåŸñÌ>("Bp‹'o"/ƒJ1'"¿ †'≠†'{í‹¿®¥^±
(€≈E)4Îƒ4§X¨h
˙ d¨%,p´ÛòÑI®¨∏àã=WP∑d*¡r,5ØM•Ù3•NıâÕ(CN"â30£.%çkÓ+ˆ≤Ï‡ Ó‡¿lV∆´
1†˙Q©"´gÆÊtÉ¢Ê®2iŒ.nî'Ä·Qö¡ç"3$s®·¶·∏a5{TG°ÅB°n@äòØúË%Q√z3•G%Ôjö®˘)ÿ≤)ÜÙ„!
*bùl"8kr-†Ø
Æ†¬4
ÃîLüìL(mÑ›"ÕÜd1;èí€°"FT2 éÄ
ah¡fl≤d∑&™z¶L.f=MPèD∆ßƒ+«í+X-Q›,QªÏ, â{/ƒπ"√R·2V¥¶ËRÌr%
·¿‹@øΠ@9œ‡¿‡A#t,Ä!‹
<ÄÍ
É*C ‡C=î˙--îÍ1M'¯LÙáGÛVJI‹»ÊÌ¯âèΠ·6Π¡VSG£ua
§ 6"≈$LD]\¢\O&(qö§Ù◊HåƒB?Üà±•&ŸÓK«ÙB-ÄœîÆ‡
Êµ"˘Ä_˚u:≠¿
'≤˙•GdÒ`iHN∑3(nv˙eö`¯`â+ ÔÀ'Ÿs¢Í(èF™zï‡:/üGRMêê •éke/S7µ2R·fb/3Da,°.ÅÓ'H‹<≈
‡‡AÉ÷¡^5‹Ä~i&CÛ
≈WØ-Cy'CôΔ™¡-∂•-Ù1ïp√Wô¡Kf'f'Ê3úïGytZΩÅG-axtD!§¿0√<ß$ZÇâ^»o^(•NrÜGÜ"r>-&≠ÌK
- q7qØÄ7_fl†¸'L˚ï_…@L£sCÿ
ähHû,takå«F‡Â™˘`D¡fiÿÀ.ñyéë‡÷sÛivOê§FØÀh•vIœKVv◊Ú1∏-ÕÃgRaf‡§NjV"î◊FU"Û'AAh=V
≠7V„8 fi1l'0W=îRâWÛ6f£YÌ-ä'Wö!§ˆl(ÃˆÃV¯Π!z˘Ô∑muT¯ b@Ë©ûò5,]˜ñ˚ñƒ-

ef®Ù@°Â˘≤≠Ì»
»‡[œMØqÒ'^ﬂ_)ó_–‡L˘u9›IŸX"ÖmHN´s€n1   ö‡÷uwAu_–QŸÇ#& ˙,øœ$bó∏jw)?m)π∏"L|
&˘√|(ÉbJfk l˙@ßœSîCUá÷UcUÆWâaUV˘âñˆÛ˜∞®¬w|≈öAé=î1E6
kO)úA~È◊èÕV~≥A6≤¡÷6ZÛ∑Gπ°"C¡f¿✱™%)ÀÅ'eØJ¢Cb(%¶%5˘Ï+pw(≈ãÌ.‰Ç78
–†Ç7∏Ó
ê≥qW
°q"‡
ƒÙ9KQ≤ä&^B@ä"åLCàô_>fw™"#ïc;FÙN–P9vv°Yd¿,àΩÃc@∞èP YM√•»Áß∏28'2‡,y1ST
%4z·‡zÅ*Åƒòå…ò»F˘‡V3t˜ ïúÅöéÅÿjÌQDÛòlõµèYê!/êå/6°·êı∑G1r–
f`Äœıƕì˜J&∞âì'>4˘Õé§O≤@"«"Æ‡)%]w^˜¶ÎµqÒı^]yÉÛı¶ÕÙBVk%ØKûV∏ÒéN√ô˚jòç^Pás!
áªáéiŸ3ê˙HàøÃ2â+"P*?]¡C–CMû˜ÕÜ∑≠7.Œ,ê˚~9Ç˘Δ˜ƒ∏✱öû/aûü´ÄU&@çÅJ°ZnWZ|Z6ʃ|˚7Úë
iÑœ6%ÿ}˘∏ê€◊6yQHZy¥¢ßÅn˘!,ÄF¿,Ä≤Øo9ß≤^†%˘F7«"õ˜*p
,•p±2x_7∏^◊^ßG˜∏√ÙK≈ÙKÕÌ%d1&`(/Â(4‰ÓœÛùé¿ÃNÅÿ(ÏÛ+OäR   ÓèœD∏é/b¡b!–
÷õΩ≠1.lAÛ""Ê;–≤ÒLV*ú√g32.ìàê3ì◊ÁÏKAπ ' 4a¡+Å'X≠¬#|ØÕ ∞I`˚WsuWz±Ö†È˜CÕ–
Z≤oC~Z~
˘≥g#≥?õ˜Ó£˝Ø§˙f@$ÿo´È}≠JßIŸfªG&∞7o€\"V,¶M9ÉU˘YïÉ[∏áß"
ﬁ`ÑÌ' k"~@$¢{%^ë¥Bw€˛é)∞®   ∞ÄØ!jxH¢Q,'j,9/•lØö∑DzÇkΩ
´«´{aΩΩÏd∂9–«‰õΩGM∞±ë¨ùYèıT
/ÕSÙR¡˛ÈbÌÈ$<†N¬+Ååø†Wb2\√É
±wUú¡'M=é„XjÀWkù&è3ªè
˘ôQ•˜÷ññа%6FF‡F‰«ÎvÎn3»c(ŸF∑àöÖƒ^∑ôçúÆ%ù<±ùú^}z ç[qØ_ùs^ÖʃÀïoÏã✱éò…˛fv¿∞¿(!
FÅ"±•ʃÈ[–°Ω£˝9Ù˛¬c}∏Ë<Æq,Ê˙Ù√Ù/So¿tʃ'§j‰✱Î^'∏O÷†"–>"3~ûœ¿≠b@√7|çI~‰ò†E\'C\|
:Ø·1"kÊÊ8≥„ó~7€ÊãÓóêa2ÅbD0‡âoÆä§/á7%Òê%$r≥∂ï"î≥Èö"J˘/°˝∑gy∏≥<€È† s9'!Å†à<Ü@
üÏÆv»\»ñ¬≤@2a° °e✱Ω%Õœ"á7èè–;LËú§RJÀ˙ê)ØÙõøùK@_·ÈíŒ,–™4Ì,(û¡¡È.~*AÛ1˝Ú)ΩŒ`¬
F˘@‡¿œWÅîÅîa|ô!F˘q|=ÙPn}ÄÙÒjo=k≥ñY˜Q˜û"–™‡E8@Æd¬s'Ü¢^Ÿê=ŸÁ√¢_Ÿ=§ÜJp}ËZ4bB&f
":Q´†°¶{ʃÎ≠˛ÉÌu<÷(ʃ<YÃ>$f•"∞»ù:Ksâ<∂`
(ÅÕç ñ–KÊ+ó/Ç…r%LË´óØá
a9ÏE±°Ø_øf¥∏ë¢«èœ$ˆ   Àï…^']°\i"U–ì/]•öÈif*OùRuEjTßû;;Ì*'íQFåÊƒ√ÂÀô8Ñ
UíöIQ'JX+m/§uS¶LX¡&D%á˘0Ä¿Z∑mô1÷âô≤f ‰"≈€¨o5gÕ∞5ªÜÌ/µ¿É^,∏∞≥kè#6ÏÌ∑kΩDä£«"D
ú=ZΔ   2L†^Ω„Ùé◊2vŸÒcá;DòÜqÜ   ﬂ&L°@≠z˜ã »ì$ %Iî(M†_π•L4◊Ø_)Éf˚:hʃóÒ~`!V
~˛Ú√Δ´m1"‰Üê$7îœø??…}6(ßÜ$°#P2À˘2A   î AU4ëE9T·D}‰QH#}DR.*πíKI!∂4,K©òî
¢M5Ò4äNB≈Ë"PA˘‰ìQìXÇTq|·„QRáê`˘Uí…V\m≤äíï¨V&ò23â†AZ✱÷ñÃ
_ÜYW^})sX_ÿ8ÜW`j:ì¶ci–fX3'Ã9Ÿdﬁd̈CÕ(ã,Ü3êö'Ñ6öÑj¬i'°Ê®£B»Èj´©ˆ[p¬•&√põós 5Á
\Ê=GvWt∑ùxﬁ©:ù"q{¥∂'Ñ|B‰™ü˘ª
–˘∏ÅwÅdr––xê/»,õ`AîãG∞4KEu¥·Ñn˚°+∞âSKµ¿SK2•kìMf∏í"N6"8cP1Ï®±!røÂ#r`Eï"õXï$V
\ÖÖU(Xç%EïWê%\˘Ê\{9&≈}e\ç_íΩ9ÿaé˝Ebÿ'Yòa<`3
+õÅQ8ƒØBhÑ^†¡3äöiè &ül®hj°˘ˆ¬   /dj/∂'rB ◊\†F1›sV[m<µʃ*Wx
°ÍWëﬁzÎÅjƒ/k˚«ür°Fq_Ù…◊ƒYòÅ…–Δ8êB
˜É$aC<RÿQÑàKHE·ä"àË¢õ
J+™{ìNÆÙÑìO§Ân°3Œh/RÖÑÒ#PëZ≈^✱¿Y}ÖI"gTQ%8<÷Ô{91]ÁE◊^}ñ|
3Œ4Ô¶dá'9gùtBfòa'XΔÃ(ñ˘RHπD2Á<Ë (ç€k˜·:€lAÿ˘nö
áÙiú ‡√"ü^±<r¢rN®¨ÊÚò'UW ¨bÂü 'mj;‡¨rEA˛An°€˙†
Q#˘KBñ%≠á4(B ô»Ü2Ñ–ä\KCØå\IPbπÄŸPE2±â+/ı¢~é^BÔ◊Ëäb   MØb3a–
ÇèûCBï∞ä"†E/ÈàôH!Œ@%+1 –Zjó*V6„'•{aFΔ˙¬ÂFØŒ3ââöC≤¿f2u¢Üßëã]†¬ô˜ﬁ^6Úç`'8$Œnp°
12@;✱–"Öõ'5GS˘/júdø PØ`˙'¶ñµSI✱îes[',   É
öÕtséØf©üY…≠l[¿¬˘
œ–…Z»‡ B8Ü$DÖ'/„$bë:ÆCﬂ¢úÂ\í√jÆKáùpÖ'¥)ùî.(Dëë%:¡àÓ…
AuM˘,†àBH≈*QK¿≤2;'UïKʃ®dIK%Äñ_Ñâ.…8£ÂbóâµQ.Õcb≥±;VÔcè±#ˆ≤óâ^‰Ç£`Ö%<9.hÅ
ÖîYn∞"å ?åfœ˚"©/ARó\/&QÑ ÁßU%®@9µQeÕTL¬¨¶S¡®Â*ñ'ïòJ™˚*
ú™'îsÉaô°{;Δ/4¬2À –B´·</8F(C÷Í≈/D"Vj±\„¬aKR§πôhsEﬁ"ÈıMre3_XÇø¿ʃ®L
%äPú"VAœ¨'É0d¶˜.bo   ì/ö·ãπ4#°•=Ì˘b¿8Épdû…¨'¡'ié◊»ﬁı®Åáﬁ~t£≈&
ë8∂°
@BÄpÑÊ° F`$#oı…üÂäRœAM˛xjõõ&áj°
$*QçöÑ'`≠™MÕ'z,w"€@™sª†yî:'©û«˘eKÂé`>`,∑¿Ö@í∏Æp–J∞Ç¶'˘–
∑Bq©ñH"[HSöx>+_mXö»ƒECÙâªÇ(£'´:bD¬¿Ñ%Ø¡)<ä #Kc*R–≤˜', ™ØAA‡`®êZP·4¶Eriö1¿¥
±yOn„Δ≥1≈T˘cá±c_ÆáΩ<^#¿<Ö(Ba;Ãö¡k¿¬öêÑ&4¡˘s[ÂM€C)÷˜î˘˘É/ßúµÂDÌS?≠†*üz›öÍœÅÆ
¨Í)K9A

nA
lêD&N±ã]¯-Ña≥≤,ÖLÀ"Ü0„†ˇpç$√%IuÂTtÕV€§'©ÄuOf]bõ∏¢@qäS˜%(a M·Q%@à(ˇVÇä
(6ç±Yc%U¿ 6§Ö-o˘> å“z[µK&ûC˙Z(ßIMtzd‡42≈\0vBô°πqôiDcïîÃºÜ#ƒ¿Õœï™z=
¥ßu◊ß=M¯ˇöC™>{íœN™'˘G¡ß·tR•Å¡{u5•¢≤™§%’yíPá
bBæ0Ç“ Y¡AkARËVjqë;µ™IÑ.X∏öEÎ/fä/5Ù∂fÒ≈$ yD9ta <`B:„∞NdGŸóêl≥mú|NE<ˆ
±gÖåÌ≤C%!¿HF/ vπ‡0wifi_†ånê%Ü xß£ı‡Ω-À\cˇˇøÃ6¶Å†]‹bÃP2Éöe5_…m‡Ûìç0}ƒÖ/Á
†TN√#ŒyOˆtííü
•ê#¬¿ÅÎA™«WO˙vøsKÇ¯@å^ÓYÅ[H1¬†e!ZapE LjåüÜ3TuKxÆaø∂ZsŸÙfå;Ø¡öxÈGQ ò†&8·]Ä
!¢bu¨kùÎ∆∆ %¶r*‡@°C¿ZÄßmÙ˛ÌíÍv5≤±.ŒCnt"'Ö°ÏV=s4Äì=‹ê=‘0
x
€ê
Ù6
"`á%îêf˙E6dK≥ÙpQ#y†DyÀ! ·?ô'^ù˜gPÔ34´ˇ0‡≥Åh≥D@±Úzò˜zûtK˛qF¿ò
¢∞bL
ë -'8Å1!Õ≤`»-Òi/Á!Z(.®ÜW§•W}ï._»WBóMCßMÛ"DBÇÖb9“ta∞œ∂>>Ñ-DPÑl…∂l[óÎw Ö@f
Äf‡Pˇ¿Évå®v™51rqHnÁ&h[ëQQêQ
Ç1'irG’†[x
jt=Ä˜w∏∑p°Ä |†X‡[0ã`√Tü‘T˜?≤ÒS=∏pÑÊyGz®Qp•A4®-Ià˘O¿åÜJŒ-∂¥+J5Fà¥Ä,œB¶i!
ˇ1óV¡∑!Ü!èC<ó
ó./c(t∞∂C=°é.B.bk’#0r:s†:.FáuÉ@å∞á≈fu|»lÍóáÉ†Öf’¶¿ìmkq¯ßv®ÖF¶ı%l§ÂFwO∂1“£Q
!ä÷CQ§®G¶x
…†íÜ±
®xo¯∆ääãX•[@µX_èÉ}7B*JïyÉ6K!Ë@Ìeÿ%≈ßB•OyUZ3Ê1Uœ¯fTÉy˙ë+7ÄòÄñÊ7·i+'8,Ñ2w±ΩPÖ
¿˜r|r©ÜéxÖé§kzôC~EtÍ≤CÓò<Dè∑F:8Q/ˇK«ÁîX-ˆ#g0,ó`êicÎwu;$¿
ø öuˇ‹∂v£F_"å˛wep4e¥eå∑52ÔF=ãë=ò[}xæixo-`Ø¿ØXX@[•¥ìr√+? 7öî”åA¥ì®◊^
®Q≈hI˙£îAïPi*ZÛq¯Ö_Ùıx≤ak
∆Ä, DB!4L¬4ñÒioÈiF-#2-!Ró∞PvIÜb®C+è)"túìM$¶Ü£Äjk(VN©”-ˆbå≈D9~»÷°êı°yu«∂EU@
$- @Pö¢Ÿ¢•Yöıˇ¯WZtA£d§Pu!∞’F
òw∂yGtõ√ƒ≈
˙gä»ˆvo(fpvÄúoPÆBût_Bo¶Ç˛Cùî+÷ôÉûÁù®q]•añ%îÃXû„¡TπhU5*~fMÄ|
÷@`À‡i
BVÄcVVsjïVWH!q|í9&QóvŸ9zYû‡s2·é~iÜÅI:&vèÒb}ñ0
Ü∞èN¿L•bÎÙ)~YêQt/áäêu«∆EC¿ÚÁ/Í¢¢IöyEÜvc1¶µF¬
Ä…„<∆Í<ÁvGv2Ä\÷¨Eää“ê-
∆
ëpáPSÍˇ8©*∑ÙìÁ„Ây)x∑î+Á±ì9Ë+Êı,O•œy_”1\S•7˜I=5SM`8P
ªÖR8gŸç1∑`†s3◊∞‹C˛π®{5M|ıóyôóÄô"9!ò~’9 ∆†A°áYò>¡Ö†q™ﬁ∑/
®:~{8E∞˙™Öfl»6ÉpmÄ4Äµj´£ô´-¢œgÁ´£5Z5*&f”Pj$âq7¨ïÿ<ù8è1µÚ÷¨¿I
‹0
“úxü¿‡d[‹Zä îYŸpk´ï§Úúa˙+Áj*œbXc∑‘°ÉÊaØh¨rJ™$IC#y7Pñ&Bœ≤id…ß÷,
õ∞ˇ9s»4r .¶"$rCÍ»ó2a©9±M5at“'##kböt ÙbHd°K‡ã•°Pë™Ø™áYß™4EìI
¢Ñ»≥>ªA¥,
A¥±-´√CZ}Å<|Q&√ <%v¨œìeñ®¨)…^¶ö‘ê‘
-0ú÷
á@∂,˙‡Aïœ-f‡•ïÈ+TËŸxıE`VP6VPøÂi5d‡m ·-ø\”¶Ê¡f]˙T7`qDs70À
+∑∏∆daÖë;é˛ñm•‘"98î
Á≤aô95°.Ô8t~%}£˙Cˆò©&¶#˙∏™ˇ¢/Îô
≥E∞zªRí;„”ôð°i´.jˇpYf¬ìëô°´u¶'¥Ø≈ëOΩ≤ıFàqG÷€¨r¢GD:
JJxª`≠ë œ,€≠ˇ*@kKùn{ûZ%KV…ÉV3øıƒe0«sº^Pi‡∑˛ã\¿pÜy1hï“ô¿¿Û-| i
k®ıı∏kW#!.î#†Ê2±ÍX±ÜM;§±Ó≤†"˙†6Ú98-
&F ®ãb∏¶b]•t.ñNLêZD~Z4E„'¢2[ªXAp-a◊lf†…¢∑Zö◊B¥CkPkóˇπP¨WL&âŒ≈PLwoàë
u•hnG
Õ‡Õ‘∞≈€´äô ‡+∆~∞{-«W-°y<8U§Úfˆ•U`™T-«Êëøt<«i•œi≠h@-·¡˛<o6h'»ç"T`
¡Q»,Å”,Äc!
´∞ê˙ç»" ç.ÁR9Œ◊a≠Ü±±Ftû˛aá #∑#§|k„d ˙∏ RßD`Îê*≥X◊°™l:~ªå
\&zàA‹§ô´∑zÃ2zvbr¥¡ P"«d
Äy¨±&tîQfl‹ßX§8÷fl¨§Ã

¥
âp≠·+∆{◆·Q@Ë;*=85=8œçg∆˜ÖUßîd-]-≠ˇi†tPÿ¸€5÷-q[?ír±q6l
ˆ¿à¨ñëk!>∞¨ÖxuW"Õj|yM5Aô√C°;:!¸.0¢∞˝./çƒ3= â¿ N@áa¿D≠C~Å»°…
Ê≤{Xª 6~g¿(%(†'£È∏/‹A°i°`¢Z µ¥ÃÏˇmfëw¡ëHw"KµgrF„Ωe÷À≈\ã«
îÄ≠è œè†ŒÎ◊¸X©T¯ÕpI'zçç:x«€ët\-i◆oMpΩ«nƒ5e@_oCICs6 ;p}ñ,iUËñÏç.W®¸çmïs6"zÂj
z…+è£òÆ˝"B"1}ƒDd c∞8ŒflÁÎZêÑêª=
%AÌ≤ƒ|‹»≈Y◊Vv["%◊RfDk°R=ZjÑdTÕP>Ì°Y≈',fiŒê
cQr¢F\|"f≈-◆≈npc+∆è`‡ Nfl[J@v≠ÉJµ•{=KK≈x4ç«·±ŒÁÁ˝ú*[#Ç¸Ò3u÷(6pY@áBAÕí
é;é2¡†∂`!˝ióã"°.(-À òÀ†9D/±Ì3#4^€ñ\0á?><2Öp ±\%Ê7~w0pê>ÉDûÅ-;Ωk´bd´«lÃO
EÜPˇ»ãFŒ|Â¨≈>YÄÃ@=µ¨nóPΩYÂ`≠§"˙≈à d´ŒÈ¨Œi0flc
ù5¯}ûWpflÙöû`:fÛ*'p}%KœßDïãçã2(Æ7-7PŸ…¬ÑÃ"ñ®qÈ1!ü˝çü6-±®°>M•=ÜÈ≤M~yC©Ì,‹%M#°
¶åƒßkÜUÎ8lKd™;
…"¥‹wPÏpPÙmgpÉî3(-Yû…%°9ıfÄ'"˝∆lÌéXÂnGÂ≠ŸPy¨Q°e8Íˇfi lÓÖdj0§'†ä¶Äm-fl~†{◆œ˝˚q
]J['x[e5§Æˇ_øá0u|øLÂIµ·ùß°íç¿FÄÉpófï.¡_BÅ
s=s!?ó%2/Àπ}â†¶ŒCÈ≤Ú≥Ft†¸C:"ù@Û±fl 9¢#¢¿¨Ïbuh™16ZÙÎ…
v¬NÏmÄ≥HØÙZ`J@3◆Ù_îàl˝Sfl‹m#1¥AÌ∆õP®ïëMú
ïfiΩn'¨g,Õ
≈ö´µíÑóä¢Ä r˘fiÈ<Ôl-ÙΩofÔW "Q∂4πR0…ï(F~Y(f°çÜçD)h•‡!Wå‹X0 G!
QÇà)DÜ6dúXi≈ç/á∞…D+Ÿ≤i…rÈÙ'´˝WO_ÀzÈ%È+ó/†?˘ej'(SWπ\Mï:µ÷T¨µRMM'µ´´≠ù¿éı
%jXRa-ûeÎ™lßQû,éÍT∑S´ªù4i"k…Ô$KåuY¬e…f˙ŒfÅ'Œ BÉ%"á-ùÀó·¿9f•s-f∏T!ÇcfØ Äk◊ê
¿X∞zÈéı"W¨flH}ÛïX≤fÃÄ)g∆X≥Á ö9öŒÃŸuÎ◊Ø7KfiåZwÓ‹ôâÔû9wj…®M;Jí?ÒflËIC_¸e \Ùx%Iî&
(˙°+Úè"ç¢Ià /¡$`ê·$á*f#+Í®Bá˘lP$~∞• Y:D∞·Ü≤0cóeñπâ®§zJ¶∏ùíJF)ßöZ™©
\~r©`¡
´≠°À´ÆH≈…±RÅ2I≥¢å"I'·ÚfÆƒ%ÍdÀ-˜"ãØN¸bf<;Ïã.œÄ„ã≈{å2À0≥B8Î¨≥*˙
â!f@AXk≠µ◊`£m∂/ÜÑÂ7[z©_|©Lõ:Â8]n9eòë.TÏJ'Æπj¬În°◆ö{Óπ%ê3Ôödv…
Ñ@,€cè˘"¿ç2ÄÂœ¿
@20â˘BJ¢CÇ8 j%Ñ·áì"Q#zVA!û`p\ÜF<IïL˘tIÑå†¢¶hf\&(_ê*Hûêq™®£ñÍ-
®^rë™ó®§™™™´®%ä+%œ¢R¨á≠tÿ±ÿr"K-ÈÇ+/°»‹À¿a$ë%Jn±3ƒxs±A,≥¨≤Ã6€Ïã>kÓ p
ÅÉ8'µ◊Äö∂‹v{Ù-fiÄö©„î3ÓSLôÉé°Ô¨"/≠≥nÆπUUO:XëÀiöhnIÑèCt}c4ˆ∏Oè`ı+hããê
0¿$Ë 2Ià`0Ü™≠vB`P •¿b◆á (Ø|pt-u<•înBäPbLööv,…'è/Òfl~˚ÌâG¶Ñ,
2™#ódÚv,øzí >«Çx µ(é´ìT∏ìÀΩ¯"$%¿âc %ƒ‡,ã0‡t"18Zvœ;Ÿ,é3¯§Ç
$§ â"Tÿ mç6¯ÄüË°p¥∑•ÉòX0>t8Å|™S†
'®∂÷gê™Uac'™§ì5Ó$c<"XÜ((¡Df«ª"-p` KY»bV¸c¬$4¡@¸¬≥,¬ Ï -:\lx8‡-
q÷QJP≤ê,§AÁ¢PEfπå‡3pë(d$£,Du>Q ©h≈*Ã'∂»Öë\A0™'éa∑sK*/B<'ôx€ä√†Ù§∏òqKsŸ]R
°â,ŸEf≤Ñ!ËMœzppCc%'2Ï>¡1‡ü™ÅHAi•ŸY"@L
~õ¥çmàfõ©%∆∞h/o$5®◆U ®»Û@≠);
[r¿6≤qÁÕ8-N-D¨aÉƒíõØ@àÜ+ÿ≠@1·HíÑf aVFûuÏ@&∞a7ªôÅÿ-p!P…„" akB"¬ñIRÇ.$fi‡RàÉe
¥õ$ÖG®C
p™h)+˙,ã
ÿêfà$%!©JûHÖóF±ï≤<î,UJ◆6ñ«,mÈK'„òÙ"≤ÊëÃ0ÇÉœ◆-Ú1å1$#ø ˇöGNr8ò¡8∞œì®ç¸ÍG¥0¬/7
Ì≈(I§"ı7f¡TS?u5Nç≠U úNw®≥*∞1P<ØRÜt|-
äbáf%ÛÜ7xPX»%0[)≤¨d©◆ ˇ"HÌjl° &»@2◆WoÊ-ç-Ñõ9ïHHr*l6mÉ%"ÑO4œM(´/}!Öä5/Ïnä$>4
å ãV,âÖxE„Y¥D1äƒ%∂qÙ]ÒâG‹j /w¨À«#¬H!ê(;Éä{Üñbè1g∞¥I -
t#@¡˙ÄtzRªúÅ.Hë◆£å))Âø¶˘B'Ω∞F®:'È®
œ‡˘N3Æ¡*60:ÒmF2¶AãPÙjÊ€Ë7¸\!
mÕAòIƒŒuÆ˘´¶π&îCøˆı0fi+7©!t˘fáïèàD$8mÆàE@p*h#-=±^π∞¿Ñî •GÎ
¢Ï¶FÑFâIB¶ÿóÊ"óãŸˆJ{ãÔÃ"(wå£»Sôcà9HO
J®∏ Ω3Lœ∏åIicä€\-(}@®ibÄDÄòÃÓ'Â∑®˘1
∞¯Ówì¶¶ùr˘®tÍ'ÿ)Q-0-÷ë/´d6 ¬*Ç"`F4va
∂¬¨4◆~ï®˘X˘ã+ÑÁjÑgUÛ!çÀ°Ü7X¿ÊPqÉÖ
vÿ∏«=hŸD Ll-Ñ#ò°ª†1eÁÖåc◊À7W‹,R¸"Q≈HU!ÚW∂ï004€
'6íÌH±,=ŸåSÅ£Yƒ1)≈1cuÙfn;jâNàÃy]êñ-e.ÑŸ∏)[L!…Ãf ÜJ0_Œ‹LÇ`@HùÅZ?
€‹Yì≥)HÒ]ÉÇ77•‹ü"ú 'Wy jâUr∏6H˜WÅÁë43íq
KS¬á∞ÉYwï÷=®U¡W@&[˘3 ƒΩ@Cg≥P˝Cú√Æ~µ
˚/a¡ÆZ∏vúÉw$AûT˘HfdóÅÏ'ŒK(:
è^˜:ÿ4/MR€=ã∑7 ,«ÀËól±'¶ªå`yhY ¢∆á¶÷KQ∆hG≠‹G<Ñ°fiÁª7‹êÔóéπ•ç±s´†ÊËŒ¿Õ#¡¬†SL
ÄhwÆÕm']R∏,,|6x}afi‡0ï-ô¢}'\iÀ%-k∏rzˇÛ<Ák°ú4D >¸AW%<"@_Ìá¡2ñ˘¨ojƒnÑ >B

ÁL`Å√/∞¯oò8YÎ●p·5ã<Øı&Ã§&_ßÏMÜÇáù¸D_ùE{0\Òz3Ç≤%)¿€q;3∫ªáÚ∂∞†£tC£6(S
˘∑å¢å…#°ËV®éË£,[HZ)Ë≤Ø„∑/($˘≥ìÇÁRÇ“àÅ@8ÖÉ¿.:É
°ë‘§âìç'Û≥÷sÖÚzΩIÒ∏·π/k%©"FÀØ¸R9_ „¿=˘¢h>Xö€¥ÊK+:● 0ª/∞à¸ÿâ+Ä∞4<6¨´Ó;ë?∏ÄÚ
´√Ò"0oBø[€î-:?°Å&àÅ¯3Q0€ A¢;"'J4£à6/£!KXh(à¬DÜ:7Ü/ò-i(;Í
Ñ#OT7pÀª#kÖ à2,y+Ñ1.H¬7«À∑„B.ì:É0`Æ0˙˘Ç4√àAòA8Ñ
Ÿê
°Y∆£y8€ Ö∑ª8?sî‹ ¬#éAC¬Wi/QâØQÅØD„ΩÚHπ(îó´4ˆXDÑ?®ÉG∞9?xõ∑AO
CüÀõeR√˘à0eπÇ®¨≥@Å∫Ä†C;4ø<Ñ:Åtâ Èæ$x,#à#0&¢ÑQXÜF¸∫ù¿øÎÖ"£">8;ü¯øÅíä´8*
±∂Ùä8:≤U¸í-…í: €ö@õÃ;¡√ä9∫ ì39<àÉ0P%(%ç.0ÉÃ∑}C)ÎA-¯≈“àAòÄ®¡b$û, €ÿ¡d¨çeú8id
=K¸˘."d"Åö"a*ı™öP·FRï/=¸Í/‡äM)fòi0LXÉ5¯É?ÿ4˘●É/l>z°«ä¢Kj≤>iÍàçX5ó®5Ç°ÄÇå√:Ù
+œ´Ã√±5[„úa#h#Ç#03ÖäE%HÛ»?ÃZ∂_Iœ®Ÿ…
!;¿2“DL<∑ªû„)2ç9Nút¿‘:≈€ÚíÊ‘œÄ∑Ê¡≤.HJ$Ë2|üLB,E43Jú°Å¿Ä Hçb<ÿ©
€●JüÚ)à´§dLã‘∏?Àü§B*¸¡œ#¸e‡FπuØ[z¥r|érÏ=óõÜoXÜS†ÑuÙÂ≥˝π]90ú{œ+xûK¶∂/«°#:
5 ‘à”ƒ:(-=ë-Ä†C-L¡,Ç»-¥Å”%ñ0Ç#"`3{“ ç<∂\
êü4œ¢¢Åäðî≤≠Xíøk…Æÿƒ
ÙIçÍÑ,)2’2≤∫®R--…å @.È-+cÑP¿ÉBàÉÍL §Ù2-X Ì%E≈∞GR3¿●ÄÖCÄÜƒ§Ÿö
±°≥ƒ3äÛÆ∑äFKÃ8R"%IQ™¸yT¸·ü"†∏,†˘Ç●ﬁã†ΩÙΩﬂ"îÊ†Üæ4ÜU¶?∞ÊcœNK+eÃ14ÙPj"°CÇÄLâp
8˘Õ\Q®{Q-¨\EÅà4∂#8Ç,‡3H “bõë{a∂û@Rœ
-j≥
ñ¥ù∂iR*ΩòNÃ6OÒ„%ç…#ûP°;UÏ“∫»¿Ë¸-Í§§≈|É<ÔtÉ9ı2ËF¿Ä@ÿ Æƒ≥d<Aü*Ωá≥∏l[Ω°“8●iö˚
*Hu™∏¥Ωo‘ΩNë†)î ©9é¸îö í\¿Ñ@`GÂÛÉG@’ú”^I0/`’!ñ~ÏPΩÇ#-àÇ‡MáóP¢]M-^ù√^Ö-ÅD-Œ
±’äTM"X7ËÉ˘R¸3
{ }Èó+“
œí6Ç≤2bíM[ótN.>˘®,IΩ∫-òçI[„9W0M-∏SΩ(SKò5©£Ù¶<€●‘NÊ8&∏<-
- ùÚ /KÓ*‘NÍ$qïF)°OF/GùXHÌüÇé¸°Wr/%àB(T9ï[●„0èh`ÖKXGS]>.°90ñPs’°[!
õ≠ŸÇ●ù≠H[uø]ÂU^¨œmQÇZñ(-Œ©»ÕÈÉDÖ≥ø'ÍAù ©¢ﬁ●¨ÅíÌ]%ôRØ†“ñd®©<¡˚D’ªP[á2≤¡;2uK-
1Ìò∫`ÑL`ª%áë≤W}{©/Ä<4ª<5[ÅúÄÎ:F?ı§Ÿè˙QÿΔm˘\qmX∏KT…>ç‡@●X¯Ö÷‡è≥=ã
†çeÜ(¸*°‹‘Õ]ésåT†Ñ¡$L
,4^Q´ÚVï¶ö●>ÿùUé∏Ç“¥’±ÍR:^=HÕ$H,5Eﬁm©H,`^5pÉD»ÑQ∞ DRêƒóÎÌäÎM“-
ä6LîRk2,Q@≥>(R0◊ı][∂=Nw5c1EÈdÑ4
˝-å-Ë≤˘
∏È˘€ømA$pAù·>●3|`Ó$üö8å‡Ê≥áí!4/§“‡Jπ<Δî_†ö™ã¥¸ÍT /ÀU´*Za-
>L;HY∑ÅVN0ôìèΩÇÅà>ª°'ã–>äT˘±0ﬁ=ëÅ4Å
¯Âfêÿµ¨3Ç&VÉ,ËÉ…Ö)∂?i¶1´Eª#>ç//çÓ-K_●¨Ê2Íƒ$Ÿ“/=û'¡R∂SµMg∑ÕäπuÁæáBò;.-
‡&●2}¸_»”Å}`HdB¶≥üBd°Id^ÿ€pdO¿∂Kƒ∏÷ª÷û»^‡®îMÓ$<OàðΩ--GËx4év∏d8ÜM6(’SÕπVÓ9`)
+`&ä∞¶äPCZæ>ã∞+`Cî8ÕN!.»·ÌÅ$FPZef^3p^)&6£∏å††ﬁÄ1RßÿçZÄÖ´ ´Ê^$!*ﬂ●}R●’6)Ò˘…
w>∂M„:Z„uN[ÙÌD,!ª¿äIé∑ª-ô|)~Óg_ú /`Ç:U3`û!ÏöD>lƒn\pd»ÖË ‘çHyîS:%
é_ÿ%KŸdã
Yó>P6-Cõ d`ÖJ»BîÆ.L∏Ò¥_Ÿª°>X6º-·ÿıÇ√]é¿eceë§[●s-†f·N-∫#XÊfÕË%ªb+“Îµf
ò«n“î$≠ïÎ‡ŒŒ®∫+[çä`é∫“µŒ-%àä>,ã,·xmû¸%å|Œg>≥ÈôÛ{ˆÎ¿Ω7¿ΔÅ∏©Î $-≥
ΔMlD p`hhú‡‘KΩ●™˘O4%Kπ‡∑lÕ÷Ï0:ßa∏44M1è[∏Ñ@¶:
¶y<0=ò™ì∂>Ÿœ°¡m1Ù<ÊñÓ„ú]-»^’Ä>q·.-òp?&2É8ËÉB∞QHÖõ÷¶-,·-Z$òÍVI€·+nùRØ[Lƒ∂
îI.˝n)[cπ
Û1Ökª0Á©g˘Œk˘
f’ÁöO˘ÂöÜ+NJl=-#Ä˘6●Œ∂IhËÜN●∑ªƒ÷´œ
¢/çﬁXKK)¬Å∂îK„è˜NNÓÀd'`ÚÉGL≈l>ﬁÿÆÈô&uß'úÓñŒ··Fbﬁa÷Ä]--$∫v˘ÅÇ*pÉ…
ÿÑâI≥sù●êl‡-ÆNIkªƒ”jª1NØ’∂2Jc∑œ;q>®„¡0WÁ¥Œ£°ÄkMô4Ωc-●≈˘¸ﬂ3Ë≤{v§<ËÄ÷
àAÜ˚oà●˘6Ï˘Œ.@˘‹o®áU‘!±`~îEßîß±h,∞Ë(J%,aÁd§Hd®AXÉTÊÙ
ı;0÷P€Öe¸-œªÒ9°Y∞4¿]ìÁ[Ì5¢ﬁ'W˘ı5^Aü]vôÅtÉB´’ø'ÒóeäI#(wd' ˙j˚
±Ê6Ó¸fôÃ∂·AW„±ã+ÛuvckG.…@3°Á.Ë'òoAö˘¶Ù|√Œ>lúQ†Ä0d<●N"p>?ÏlsÅ®Å@g®Ôä
\Gq'pÄË(|@ÉfDœ`≈∑µº±#ÖG%6d¿3ÑTÓt‘~Y
Õπ4P&RóÂ[}d¢ÉùU‹-yìØÃÊÌ Êq◊$>ëòb ﬁ8»u*h÷…Úá©fa?ªD7vﬁLdÔÕn¸j,WÊﬂ6(€6k∑¿´ó´)s
m«≠v{◊π-s¸US5aÇ%-<ŒkZ4˚.„2Ù…ôùŸÄ¿.-˚S∏ü˘ˆÑ`x\∏¬PW‘¡”1œÅév=z¡Úã!
CX˘'ˆäU1ñØ_ø|ıÚÂÿΔçÅyÙE“£4dóÃ¨YÛÁèü?{ﬁÃD≥gÊÕ4hÆ†IsÅÁù>ÅzπR‘P4[Ë-˘È
%Õõ7W§z©˝”V6nÿÅ,Xb≈û0°,Z`ø^∞ bë*q,ıB++YØ^π|ÅÍ®ó£≠°aπbË™ñ´√äßrïÍq*Oê#CÓî™ì%…
ó=qﬁÏ Û®N¢?c.MZ4j-¢TßnJ/µhM¢*¶Àó%_∏Ï÷¬õ∑.UÜWŒÖä*Jê ·Aâ
¿ıÏ∂sÔÓ˝{wŒΔwpP°¬¯

z!Ôt=ΩÒÒ>ªp˘flÅ¨I,Ï”Ô¬˝xaÅø`À/'eÙ2πÙ–∆v¿”t‰ÙF{ËÑá<ı!à",OeµÖQmÅ,F±ïV\ù•’
ÿx„!ÿh¬eï'∏`lB2…‡≈W^{ñK.É1îKaâò,ñ©¿¢•cüµ,I+òM∆ŸiîQÜôdñ}Ê…(lœ∂fjßubâjîts≤/ù¢Ö
∂'ò±•"€üs2"G],±fqL˜€nfg\RHQÀ!À3xÄÅX∑]°^áx•jßùxÛ…√é<¯®#œ8L≤j|
„‡≥é90_<¯»ÉG∞∞˘Ä<•‡Sƒ;…·<Î¥Íl¨øP‘êÅj‘$-
ÇTaáKv¯·«M4°a·JuÆSheª>yÅ‘∫A•[Tπ^†ÅE^¨ÿ¢6ºh
\c[&X†£ +ú0ê¿1–Ö!£Ù¬ì˘ÂUXîT¬eb∞‘"≤fçifŸe)[÷/gè≠âip õhçx“H'8À6'Õq¶¶kãRË
°J Öoªı&\qMáf”œQ@Ä¿êö>®•Çw*©ú-0fl=ı·S_|ÓËPf=„È*è€„Ÿ£É•8ãÓ,
+é;x80Ü;ÃÌ¿Ÿª:‡äDU‘ä¥=˘f◊.f∞a 1ΩDÆÜ4'¥”tD'πáRÌî∆∫ÔîTo–ão«[`'/W±£ ÇZ∑eA[,lA8
lÄê0√sñ (©‰ÂQC˘úïàUYÚcéU÷gÀö§ Á l åfi{öˆöˆ≠ÌLßhË„Ÿâ¯m['öÑI[a(aÙ˘3∫hqì.!Ö&
%Ê4á+A'ÄÄ≠âjkÏ/w »ùIx¬pciu•*:nÜ3ú@“
'!ÜõèÔ∆â@$ëëë
6PÅ[˙VÖ6«°ûxŒCMŸBË∞©\à>y√œRï/K'oHù∞∞˘Ö ·_Z-

6Ò»]Ã¿z◊; ÈwÄ@p¿Ö0XByTB^c˜“ë*–q1ãyLÚD≥ô/âÊ};ÛÑ& »‘î/L§ÒÃ¯^É≥E22g≤Qü
ùxñß¯°fg®y_'h'pa ¯”_o¥@¶1ç8Ày 00Å ‡Y√é®¥A0Å'U¨@|pô∑Ë†mÙ
ŸË˜™çp•É•∏ÉT¿ÉÅ!,$ÕiFâ£X√Ï‡≠:ÏÅõt–Cπ∆µ√ù(ÖsMπÇâN7≈©l
È‰…:Ω@ÕìäVƒ¢Z‘rÉÂHabî@ƒ$‡aAò0ó˘˘MPÖyíÈ¯ƒ‡yôYYd,'˝ÚK≤$ 5(ÃhO{-CMõ/4í~¶|é‰Y$!
IHJV≤¶ùXƒ¬‡…ùÓÔ8àj/qâÉÑ•R8‡0–O@k±®HÀZz,Ç‹‡¨÷aèÒ3nª¬G<•†Ét$3Ô8<íÕÃÆÇ–0àâ¶„”k
“–Ü/ë Mfi f=àSØ?Q
Ë8W:v¢»^M9lª<∑"©∏ŒEBêÅ`ÄE†∏cò?0∆HÄâø+(¿Å• ãêÉÚ õêÈeJUBâÙL÷¶ìAÜè"'# 7SR0Ò˜K
dîÃo#£“ñ¶∆˘f9õùË$äHÚl£4Öüsá¶S£Ì8J˙MPçÉ‰ïÄò¡ Å∏îk±4'I'ÏP∞ÓuÄ{„˙^e $•ïo|·CË†Â
!è}•+_äÏ!y!DÙ≤6TÄ¯√ÉeÚÕqÎµ\>Ù°Å8Á!Ö)>Rêh§T≤2KYLP£ÏNaö®Ô∆»ÇÙH@<¿0Ä!shÑHé$¶Æ†
íı≤D=»ÄÈ2ù•®G˘D&flF∆∑_¢LfTÜ»ô≈lMñÏYœÄÜIC»¡P‘Ω¢ñ∂õHıî$ÇQqê‘\≠:Ê=/
ÿh)A4¢y˘¿C#ùá>Z∂xG<H·B6‘NπZtk(ÿâIÿ…ïûÑìSì–‡~o≠`≈é–Ñu∫Û
d0uÄÚN†åËt≠>]àéÏ00ArÇÉ)Ïv”g_ºŸ|x6∆q
ZêÉ@¡âê4 Ù‘G†ï4êñd ämM4¬â‡6'∏>N0¢ãhDπ√ΩMîª>}¸6•∑= B”õ–‹$#·Ì|
Ûªfl"˚6π•|/Ç∞xÄÖ[äÄï¢s‡à"P8HcJê ™M«ïÄÅyøñfiÆù™&oALûrìªÂÎ@x–ô”ºÓ·ÅÎbfiÇòÛ Ê>◊y
œô†û˜†L0:"k‡Ñ†˘`Ëï:Å^ É·>∏'’≠¸´`]∑5ÿ√É≠ø¿÷ê{◊e0√`Ì&éÏ/a†Î¥Ó`‘ù?y§vñ≥d^Aç]ù
$`•¿X∞l£'ºÒ œ‰#y‰ÄñÁÅ,Y–Â≥ ûÔ|Á=üÇ–èœÙ†Ov≤s∞ye≥ÛöÁ<Ï9ø˙ÖcJ·∂ß=Ìœ'C^ŸΩßA
Jp$0> T@ÇÂ/_„$¡û˘|Ë”©HU•ñäÄ8ı©`€≥w˜!˘˜,há

!"
##
##""$
$%%&& *+
+++,
,
,,)-"-$.#.(12
333"4444&4& 55*5-#60$86.:::!:&:& ;;)<<<-!<.'<1$<91===3)>8,>:
7@AB)"B."CC.'C2(DD"EE5*E6.E:/E@=F?4HHJ2*J6+KK)$K-&K6/K9-L L!!L:2M
%#M&&M=0M=3MA4NE;NH<OIDPR;0R=4S""S%'S.+S1+S5,T%
$T*(T61TA5TD:TI<TMEUE6WPHWREY"#Z%%Z>9ZB7[+*[00[2,[61[92[>3[F:[F?[KB[OE\I;
\RE]M>]TK^YL_**`40a:3a>:aYPb>5bB7bFAbK=bLCbWMcF;cRDdUFd
\Oe^SfYQf`ThC>hOJh[Rh_ThcWiF<jJ?
jVIjbVkNCkQFkZKl]NmeYnh[pK@pm_qNCqcYqeWqi_rRGrVKrVQr
\Nr]SraSrh]sj^tl`um`wqcxSHxVLx[Qy]Qyk^ynbyqgyufz_ZzdWzg_{rd}uh~xiÄncÅd[ÅjcÅ
ogÅqdÅwhÇg`ÇrhÉwkÉykÑ_\Ö|pÖ}màuhàvmàyoàÅràmeâ}näÄqäÉsäÉuâââé˘qè}oèzpêÑuësk¨
´™±±±≥≥≥œœ¿¿¿»»»………ÕÕÕ–––◊◊◊€€€›››ÎÎÎÏÏÏ˘Û$ #ê‡¢Ey*\»Ë`√E
I‹4ë#Oú6a‘ò#FQû@ûyäïIV∫Xµ:y2e´]0a∞%'´W´^4{¡$¶å±îπr·REt®*£Cq·ZukQUô2Y:TÈ–
TKÜ'°√µÃ:uÍKvSF≥õ“ûÂfñ≠Ÿ∂p>∆ù◊c[ªûÚû Àó_è˘¸ÀI[√pÒ>Ãx±cft#KFY./µi/mZtâÛ¬œâNt
»éù“¶SßÆcÁLù3∞ÅfÜùO"<m'
–°Ôàö&JÙ¥)Rfiã;n:µú”HO#Y…2Ÿj∫uÈ*ßÔöπÎUwö°nœ˘,µ≥ßNY∏Ñ™™• .S°n≈O∫*>QSRYB¥?
´°∞a>±ïXdçñ»Yi%ò`ao•µQFrâYä]ÊÖla%◊Ü!A[ß8◊°_ ïÿ°â(~8bà,e¢s
$bf"H0Ü≤Xeí¡e9^¬âèëh∂»fû%“Ygâ,ídí
ùfZi®©vÜig–·Zu`âÂ@\,vPBå‰ëoΩE¥#õYD–qyiDa%:Gu/©Dv€≈Sx8Ω

¢xª◆,ì2√Ë≤K,π»ßJ(G5∫î(K5ı~˚!b)!òXbŸ!/%If¬ôf
ñ˙Ñß≤eúEƒ%ÁñÜØf˘∏°¨ÍÂW_∏ﬁ:ÿÆÊ+≠12ˆÎ∞7Êh,\6¸ âçù¸h„%6¸˘„%A©Pg◊ÑÌ"ápãî©
¢Zj∞MyÜl≤ùõ[m¢Ì÷BITfpM4°'i‰¶õû“*-ÖXv'ΩÑ>t/Ì¢wﬁ·Ñ/~∂B/=Cû.»®W'Q
´(•T«∏‹r_Tá`Já¶tÙ¡)Åådr ©ö®3Zó'°åa
fd‹õp≠jó´w…¨G{Ö£ä"¡(∞“LÔ≈,-ê=Ω,ÜOœ¯-≤XG{lcêiMóè“y§µ/Ú¶P∑QF)ekVZYÂ
€V,÷Âóø≈[&E-%…E¯Ú˘Â¶¿í4gI+…dh¬ ≥NÅ/ƒKNè?Ã”%0!ää(ÚuiPA-ïä(N]¢I&Ü|ı'\¬≤ë 2Í´
(¢-åÍZ≈Æ+œÚÃ-´˜Óœëb*ù◊≠RfºÆ∑ˆ òGŸ≈#
±îΩı÷]s“¨ıÿcﬂIµ'nÎΩg‹^Ç˚"ﬂ:iá∏x®FÊûÎ>∫]&π€CåäŸ€ôC2¢
E¸˜˝¶ﬂ{a≈(∆íì»B&L‡.t≤@@-ƒΩ◆x ÿûTlªHÜPÍ#ü[§ás∏8≈RB7:E Ç¶;q-d"3°Ä]aV°¨ŸΩ%Yá
\`84´YÌéU˘£ïa˘Ù"£`qH$˝J"ù#eŸ%D/™'≥ymk84ÃØ«ñÌIhZ÷/¯“≠Ö†
,BÕ!“G%*µÌme∞Él»ó$<,DLc2D-ƒG¸Ω%_yŸôáXùí-$y“ìNπ¿FÇ«aÙÖ$#àìûXí0-EPDA-ù"(ö¸
U° MX¬Ñ\πÍ∏ÇàœL31°Ë
∫ÿ…Œ,2d,)FQ¿ÁØEŸrìm~A&1qıÀf1OñÜîı°≈izíâVe∏»EiuØ{ë„ë ∆-2íoçPb£j
->vN)ée†õBÚX¶ªAƒèÕ{ﬂË˘âìxb%˘4d¡dë∞Ì0.r}‰„àÅ JPíî§%-âAMû¢>4EPdëä•Ñ'°!
NGD∞◆ei±ë*8±ä≤Ù1™>áJ4∞ïÿâ%Lú'É\ıëe&çP+"à>§K¢ÍêDÀ≥¶Ghdµ(ã-Vƒ&£5nâ->Í¯∆I6rñs,
ﬂ
´!'ŸöÙù¡ù≥â#BÊ)¶=/≥8¸CìÉí„âQÙ3†£h≈)Ù ◊VÆ:y2'ü¶äQÃb€CA_@Ç‡QΔ%+¶é
EÑúÂ)àR C Bïs √PWB"*)ITÎ/¡ÓfóÒ'úIHø˘v«∂~ΩiY·°ü˘÷/{ `hÖ%Ôó«%^aNºßÚ®X“ª
¢T≥Ü,ÎE¬∫pÒ"ÿ¥J-œå[b‰:-HVr±o\¶©g=#RØ!>S.˘%^ÛÍ◊Ω^ı%'S†Wÿ¸B'ø‹·/
≈ /ã«24¢É™&áÅ®\àPÑ¨»Ö,4 :®d¬R°ù√œb©ìBKñ≠E,FªLpád M∆≥,ÌÑb~çÒI¯ÈB^v/
¿ïëqùTÕ®NÚóò /ç»/b5ß´5-ÊËz€ï-ÀƒFe≠Ç¶âg\cyM√N”-°çÔ¢ß°6S4]óU˘Î'/Urﬂ€∂˘&ãÑsN
+Ÿ:C'ÇÛOËlX«˙Ÿœ=-Û%˘2·˘R≤àEÑCóÇvs‡∞"\ü´∂ƒ$kg´∏¸ $°èı√Ëù‹ÚvΔÑt/sÇÃ[q¢'≠&rrã‹
&-∏.í±ñ[√ß¬ôú6∞u'ò.;ª◊Õ*8ó]-ÔéÀÁ$Ø' ≥∂∆_fÔ˚xOπÁ.É‰eM>„÷ƒOî,,
1Ù¨Á<◊yu¶≥dÈºÓy+√ X∆2-Ÿ…
&…->)aé“PtñB!h9|/L0*-u≠ƒG<,÷Ó6ëyJÿCÌP^H2',.ıvXb”ó§ü&˘ÈÁ.WŒ€ì'”9£IècﬁOò◊∏i∑
\“§≈`Q3ÿlvdúLUdCªp˘fê6¡]ŒÑÛ ÁkX-ãÌÙ≈Õy'ﬂò,:;™≠ôpl~Eâ#vÓöx‹±ıF;Ω!
o;€€Ìí>7°ç°o|„[≤'P∞.*Î‡œùBß-≈E7ëâF+¢ü"JX&}âE]zñò\Gâ≈È7&‰ôEC# ˘≥{<' _â_mb±ó|
∑*†ÍEA»£Òê÷4 äaÄ∫Û„¸|G∫&v\ûã†Í1Ã Ó\öµΩÓGÈ>"Æœ6uiìÀ4Í'cﬁ‰JœR
%ˆΩIŸªgáIt¿ÜïÏ˙ÄÛ≠Ô∂√"øÛ÷∑/Í.Y|[-ﬂªF¿Cÿw/ÂÖGƒ·ñœb˘ñ;≥DC¸Bq#
°h/ëH†z˚ı_ÄFgıyêE/·0(πïÅßG[5WW+«OF&"¬Â!¢ÄLÜEø8:G4µ\≈Ú\@Éø7U¬wl>FSñÉŒñ-
eTNaï>ÍƒN'ñh“m˘t]í!$¡K}µW‹Á'Ë÷Pû˜_„Á_qW~˙ˆnËÁvÀ@w¯÷ÖÏáw"VQ©Üb¸≤ ö@Zql»Üt†˘/
qâ¬ 2≥ 1¥i#&xÇ7rã„0#jí¥o¯XËq~¯,&A£¯•Å¢˘'@¥ïj-1@&s»ƒ[T°L)
,jø'sÇ°vk0ÉB◊BÁ5D◊MV'E‹√ £≤t‹„U=xFaµFÊ≈eg`uX«Gfñ◊5\â'q
b«}‹◊„·PúƒÖÛfAtÜÖ÷`
‰ßÖ˘∂~qwo◆f~Ê◊oƒÄA”·`%é4î¢Qmi
WF¢
ØTá°ÄKxÄ“ë 8jë£nâÂÄÇ(QÄ6A„·8ú7Åjçhj%∑fHHîXs%QkK”cØvs∫#)rëŒ5É
S2Ñ#H◊#RF-LWeNW6,√|kD>ÈÉã'∆FÈCf¿x*E@'ë[6an˚ıáTÿov&o\X~ŸXwÏWXXî ¿GiH…“êÖ A-∑
0ï!£∑`
ïP ñíxë∆Ü§•˘çÊB/≥(4Ñ(à¢I{∑8ò◊@çC1õÁXS¯qE`
%QfQî¥Ä%12∂Åy}*âwujS4<ó¯r"<˘±√∂dº«œW,“uÉ“RôùÒ#U∂lù
eSãË§eŒw>l$.ﬂvf‡∆jw"z'0,∂PÇ&~ËÁìˆ∂çYoH©îE…Ã∞ª…õY∏îGyî“∞õcÿ}«Ò!2∑ÄÌqJZ˘Y®is‡
bäpù
7ñ∞„`±∞wﬁô@ﬁAm˘y`¸HàXXùYË÷XÊ ó˝VAeGÅ0·•ˆâ$∑[&±r©∑rJ3@Jc4Ã{ØCK/X†é…
¡7Ze≤]b„tﬁ”Égìí?h,bÖ†6§+úf'∂Û∑èÏVoÁG~tWõ@πMyîs'îœ©õL…'»õ¡âî¡Yg:·`M1‰A!c
ñ∞é∂p¢'ïw†÷©-C*14aÖhªp@à≥'IÛ∆oÁ)IiYw9àv)~Ïz ÿbêÙáè√b
‰6r8µü°tW#¡Oë(8¥@su:ë@E{ivJÉm¡E-"fe>≤RÊ]>≤-YfGx˘ VÂï°X∑&˚Úê®ÅyRê˘yiWgÓÜ~¥Iw
‰Wõ˘ú†™ç˘¶õÀ`
°9úíµî¿Ÿ™ -ïL°
TyâB)UR™D¢%ZlX◊©Æ§ ™@C}Wè¶@ç„0`˘ÜÎ7≠Ìâûê‰èY/ojgvejàå'XziÅ·aj&gc-ßr*GßL
îß2WÇ¨«
Ójßœ"ØÚ/Q%]/`É>ía‰lá†®„mÈs°êöt•îòöà(≠˘ñÎˆ~≤©ÖEô¢™j
LI£ªπî¯Ê™ Ä±H…õ0™õ7J(p"ìòjïÌô‡h£5b Zb¨˙G¨Q° çß
WpN™8≥0ò$(9È©%
ÅÁf˘XoÎÊXΔnÅAu≠ú'µU´û#rnÊ0eXÜK»z¨Ø%!t ÆuıÆ&·ÆÖQØª˜ßŸ£Mb#o6X•*9®|„„-hÛô°y
°Ü†/zAìºıW>Ò ıqŒÿìÈ7™Bú◆Fçêkõ¶
™0:ú˙F≤√…™¨™“`g∆…N1ï=ä!”¯qa#•JjP≥m®˘˙W £ì≥ö-=+…¿ HêD¢WopwXÌˆ0wvû´#Íg

eµˇÄUè1çXÆ◊∑r≠ET4'∂Œ¡zc"¥«∂Nˇ-["qqCrëU"ãflƒâjN∑®é:Vj÷«Ωˇc§w¢∂âÿ™≠œkçX»±∂
£/ ¢¿   oM£ô£ú´õ√©¿Ñ2´êµ∫+ªú•KJ/Àïb ≥m8¨J:iJäZD±
,a˘˜wx¢'ÇÇ$ ç¨Ö•QªnÙ_{´8±Ï6êv   ó‰≠èA$AâìøπïΩtH≥ƒ©vÆd@cØF£∂3-7'f!
∑Á[∑fi4ãù∞„3QÁ-c•,bîzŸWÅ5-¨flÍ√âÎìmGõí+π™ö™*´™!;™ª¿√©™˛¿í'π8J¡Rôú!#Bˇ1ï¨
°ï#5Z¨{§ \   √z≥9[¬ß0p#x-Åy4±ÖY8±œóã'_õjojß∏H˚gä»•ïIÕÎ'|
*Åƒ∂lîWH˘ôj™5ßr¬zØÊêI]/∂!2U8£ØÆàôØ¥ù¿œÊ‘-vÑíht>„Brkg≤,ƒÕËqÉ≠Xw€X£5z±Lâ±II£∂
â«Ê˛«
ÃîöK»√ ¡Ea
WYï»Ä´Côt†ï^iü•G™à0R-…ó°
Öb"a(Å(ÙnNŸv¢ú ≤ÈìÙVûÌÕR˚X¨,µnYX~ÿ'7ôHÉ∏°[";@ª§Ω-MbR¨∂ë©,yJE¢∏dãÒ/6/ÛÃ/
súˇU,E>Ú+mgl¢ó‘ß@z
ƒÕEàflúçM«˙Ü±4JwÔlπ$;w£˙±2 ŒÔ£Lô
<π≤∫Eq´È2SÈ¯a)™‘∫ÚY©ÀÜ©[R◊ô   •§-Ç£-àÑyé√Ò6«= ≠v÷©8Ïø®°°>˛gMögÓˇ-
¢&üä§''a)ëŸ8µZM∂
©ß=Á{ıZ=é-s¬"†q-Øfl‰"Êt6dtãÂSΔÁì'ç∏H˛˚'X∫~v«∏{«U}π#{Œ;ç"à™,ú©˙Œ≈Ì«•ú
"•<Ñ≤
¶¿¶P>¢[ïä<¶0:p◊wˇ-mX◊m»Üp®   &|fi≠ıw
AiîÔÜçHªì<πÖÌ•ÀÎ•ƒä€fi|vyÈ@âc"
3PäÉ"s™Δ-`[‡¿E(∏4<¢k:|Hßl6P|[%°{Î®•¡BxP∏µ@≤˛'ˆΩ~Í7Œ‰ß™'Ä«ø}± ÎŒ…=ú' £2
´èõ<≈Ω<2æ¿Ÿ∞„÷
Œ>ìrïçBïLë…π@©-œ·˝>p(ª•Ñä@…z]‰≠Z|]{¢X(jî¢ÍvUxûÌß∏aÓgNô≠¨|flçgS˚H9ˇ8z≤0µ<Kj°À
¥Ø%bßGÜÃL"FcáséU≈'6flUâüVkˇ4VË§Q,(w˜ño¯ÿ˙®o1û,€«´∫õ™<ƒ˝È≈m<3~ŒÁl„"8úŒΩ„c}Í"
¡ˆ\>']¶¿á´íbap-ä†   ¶•œR>>¶-ƒ>™*ö™°/'£*oÚ-[ÿ>»vëfiÖënÊ#éû%Åx zÎñ}y   '
)±-¡Hß•
ØãA{§X/ç1#4Ë#ƒáôÍ€"˘˙≈ŒÏ/-¶ËaïwYÏYç'àÌÏGõô£Ä£'0<2><6Ò"(≤˘«√ùÒ2N÷ôõ
"ËÒfl-ÍNa∫¶ê
∞fiÎEë(â,%D…y]Jˇ·Î™ˇê‰Qû DÀ´ütÂ -<A«ùfiÏé+ÊÉ»'.Œÿ~wìŒv/Œ°Ã(µMävp´¢∂_„ÓÊ
%ÅÓÖÉÉÓt~}≈≤Á«|"H%ä"ì*_‰M≈˜"€
O∑|âÆ·ˇÆÄÊÖ@y•†/ÖKô¿0Œ•x,£Øõ7Í2Ó˜ ˝È2
Í÷∞„dÌÒ©.
÷0ìRÚôê‰©`Ú˜ÃÜ<Ú™P   /´◊0fl¶k∫£√ˇ6èÛAAp˛;£zœÏßjg•ÿŒÓvwÈlw•Âww'∫˚£|fl€¶˛•jC
kısı11•€¥tfiÓ8Ô†8ˆ"'Ä~ÔËª=ö9*˛~EÀˇSâp+YÂŒÄp¢Ÿxõî˛'7.„1Ó¯á0ÒƒMÒ„áœ˛√ç
Òœ¯9ÓÒ>Ÿœ   î6lï*U¶2•Jï   'BS¶T> UÒ÷AÑö4nT•
°DM¶Bƒ T1Q&Ñeù %k◊.b0âS¶âÿ2f ñ)≥∂¨ß¥ù"îÂÃπ≥Ê-ùIu.U∫ÃÈSßΔtÉ*'Í-öœñˇRΔ'kW∞œœˆ
K¨/egâÒb€÷-Ø]°zΩàK◊n´ó¨t±,+jî(Q¨ã:≈©∞(NûD)Ê¥∏1'»â!O¶<)ßHó4kŒ˘Ë"¨-˚M´û"âÏú
%ãóX±]ΩRZõŸÌ€ å≈='≥j=≠<'3køì+œf-6k-õõÜ\9tf"õg„Œ={vÁ"≤I€µJ"≠à%1U≤
¥0ïƒ[W>¢ü0bƒÑÜ)í$…àVY•%óÜ´öñàôÍDéAßj Ißßñb*Aúp#j®<6|àð
uÎ™)K¨âb∏Bë,¥fÚÖ¶ÂzÎ˚≥fibÅÆó˝"Q/œ˙ÍQ0VN±¬XÂO<Aí≤….·ƒI'3ÉÚI)/ÈÏ"<"R4<¡#/ΩàÌ´Ø
ñ/Mƒ´:‰≠:%|RŒ:Îñ˚m:Á¢K°8„LÆ;l¥õ3;Ìƒ4YÃ[E!K*!ˇ§F+…øâ,ªΩ˛ÓìË"""k»-ê\EP
<*eÄ≤f®ÎîkP8   y¬   *X+Ts®W7ÏëV´ñ°*D§LD∞E∞-,*EbÂZÀ,„™Q-o
‰Eó∏†ÂQóS2∞j[â∞S∫ıÑïƒê,ííP»5˜I'üTW]-?˙L¥E@m;∫ÛÀD∏Í≈
+Øtu™7[m"êÕlnSé8,ôÎnaÁ∏Én9=Î|N,ÖΩ≥∏ª•Ü9≈îCK™§è>Eƒí˜T©!˙,≥
¥RÑXIì˘˛S≈SYD≈J(ûPı)'ûÙ…'üñ©ßÍÄ/IC§y„piúhÖï∂   -Ñï¬ù°¢ˇÈjõ∞R±
+≥ö=6Î^éΩqóΩva%ØΩ™Ω÷G±Ö/!Öâ !+˜\Õ KJÕ∂ƒ"]x√¨7ë<Ú,#'p®3w¯∂Çøª SŒ8˚¨∏·Ìú√Δ:Èñk
úl@>ªn∏sPÒ∏"xÊÖ,!%êuÙ=âP÷œ"/3i"íù˘SYz±π&R≠Y•Ö¢dÊÁflÄ&Zˇ ìGUÄieÊÃ/r≠çÈßÆ˙("k¢
≠ï∂˛◊j+Îµ»ûñ« £;0¯YâÂG∂{≤Ì« ıfl<rMâ3üëW'‡≈•D,"Lâ®öøvï°§=Æh'â
\¡,¯»}«Çô√ÿÂˆ‰πÜŒ9‡hX7LX±ÖâGπÿDBJBàAÙa!cT{ íJÂŒe˝âYÔH"†\|jx§íF™î'ç…
ˇƒ)ßRûpî®üúA0zlR"möfEŸf{™T¿gÆòœWb¥…L (ΔÒâEfíê"V≠ΔpK/8≤
¥Ã∂#˛ı0Ú"÷cÙ¶Æœ-"•zWñ°¥à<Ä∫BêTF≈ú$èÇ∫˙%•¡ÇïÓrkŒÊ2BkànÑ(˛wR'çh»!©®"`8C"¢ï6|0
Cpg©ëh¢!%QÑIzˇ√ÅJ 8PMÑÇƒfl$/a«I'èÿƒgFz∑1¢¿î¶õÎˇ]QãEπPâ»Gì/
fEk,,üãÿì]tã[qÎ#dNã∏àm&3π^^"ä˙âmÉ9b8-â'Yf3Ì:‡"•ÄHÑ.¬*Δ`®àxCMà&Ø`,°‰¬.iINbŒO
îù(&¬-uP>-§@∫ë Éh¬u0TÉbW   C¥í=ô†•BLaÀTËÚ?é2   "|äE»íf
°"^©äñÃ7A,ôœîdÙú:…à"h<ô‡´éñ†R±&LƒäQJdFÎúÎcâÃG68
È~ÖŸD[C±â¿°Ñ√@·r£Y%ÖG˜Î˝‡v-rm,üóÁ""¿aIÀM"ET©Xì˘äUfixäfAAaÚbïÏ`√¿3•ÄÚs"ùg5â9-
}£t"(TBZŸ5"
!ì•+}/®DıP∑$ÒÂOÔ0   D<·Ê•ââTÎlÁ©≈©ÜÚö€\6I4iEÛPt∂°´,íπ!ëW
±˙'eÄÛâX{VRƒ>∏)én¨÷&4„^√Ë¬kuMQ=Ì8h…wØˆ„Øè‰ÊG'uB†ô®e

öH–Ï$≤ÿ%êÜ"7…IbÖ÷®È&ÃI"u¥N‘‹ K:RÅÄC™‹DIB≤◊B≈Æ\ÒOe/(ÛTAı©pmÃ(aÜ™ò–
8&2)i08±:œeÓr)ÿTÂ)±(N˘¥.Vi"≈cñ Wüâ"Ñ päı(Ω8ä2ÃVb¡&mm}/\Áóªíu/¯“.Z±ógÒeG˜„Î`
ä;Cf¿ôπÃñòF4Õq÷ú&Sè(·Ï§éiü'®fù·MíêÉœ!i6J*êoÄfl@©B;™X‘)^1!X<jGÈñßØŒ©)jf†aê•R.
,©Êdºâ.äN\jsó/CW'g∂&
PñáUnnOÿ:V¢FfiÛä˜ X÷Q¬(^∞pm%Ã^D!X+]ÆB¢£˙Ãv«9≤E¯ç3_"∂÷¯∆nzÀª∑FØfl Ó–ôl–h¸∏à
Óé˘4Nö9Ç_ÿ¬'é§JÓîNi†ä¯@2=,É∞R≈ ªCÏ\9áŒØ≈ 9!B“≤˘LDÂ-´¨Ge'Å#ëAK•hÕõà
\"0.ôîç*Õï£'f'ßä9≠è≤†£D
q„°…±Bœ2Ü≠ßpØ∏
£Œ∂∫∑≠Wflµˆ∑ø≥·s¯ïÔ∫ªøΩƒBmÄÃπ»–¡ZIê˙÷∑œg+«AØÇG¸n·“
%¬£;8≈B9Bƒiê,•ùƒ/-∫L˘Éµyaä11Í◊Å\
$oiK≈∞y˙TDÙ£ßEêa†f♠∏à´gΩÒN·âRVômBfiŒfiT'B(˘ßz,RÇ˘}'Z7ÕÈçÙZœπî=kàm¡ùır≠≥[i›üõÂ
äfVƒY˙'€÷«ª
ñfiÉáDœÈŒ»Ï·Ü`%{Ï«ìpÓÄ£♠è˘HI˘…é
Ñ¥ı?·¶ªë/Åÿ4áKü–ÑÀ;5π4PÉÏº4É4∏5∏dΩ\(=âòô\8=£“Ü"íº˜+¢Ç¡5 :ù;AÂ¯
ËöúÀJ4%ô•r&c[äûp™aÀÂ…ô"r:£♠.∞à6≤Z∫aâÂ∑>˙62À:∏ä£…Xw"∑4Àœ≤{ñgŸœ˜°¸≤ñ∂?&∑HÿÑ|
√Ù{®™ S:√
Z8ç∫4íù˘à,†èj'“?Ó∞8ì?;‹¥Mõ<◊í•JXB∏º;xù4ò.8D.(ƒñ,Ç+‡Ç
=¸à/…ÖaH=iê<…ªƒÒ8Cä/π9©πétiK¢®˜+AÎP"†ÅS–ôÁi*†#6•˙.π≤Y,ë0¬≤ÆêÖ∂/∂∂¢:™S¬™Û≈¨S
%4ΩH3*%)Ã>),;9˙-âª˘Ä˙¬∂bÑlTı";ä0J:%J≠nP≠∆õ√6T8Áx8v˘√¿+«;°˙3)='4b:S`Ÿ¡Y/∏4x¿
+»ÄÑ@HJîd@Y∞àÄdàà¸@AîAIé'I4˘ÃzêDû·HÀÀHŸ√ ^s¢£I&Êy¢Óq¡Aú9∫§ÿ¡·Û≤®â]h+
MXM¯E'\Ö¨ªF∏…¬…ÂªI´£öV∏+vì/f¨B+Ï>¸¢≥Ô„#&·ÑM∏mƒ∑M¿âºCö
"8E€,2!˘sGxtCä{¥>iäQ-∂Ñ«êÏÜp¯øêZº–¡∏Cy1@T±A»+∞Ç'∏Ç
%HF¸À";Ωa8=Hd9YH='Àƒo∞8˝œ/˙€Hù#E`ªôAç4∂U… ìÙô4∂°ÛΩ†Î
£¿ôƒ•àIbhÖU¯…ü‹Ñn·'Ñ+2S†DPÑ†ºI|sí˘∏ô∂(ªÎ£Bhl œÄJ¿“˙≤0,È%Ô*∂œ" »˘;¯∑4)âS8äª?
âè–)œπù–âºMkÜL)K®–ôdD$®œ+∞œÄ¥Ç9®D∆Ñ5Ö¨¿ñ8='",˘âàØ¨∞:ÈªSL*ëIÊÄøKà9*I2aM·=ùXû
d ô†∞Qßõ∫°Ù≈≈ËI–ËM;®;♠MM`ÑD∏…_<4ä%%¸¬/Ω‡–8ÎØ∂ø♠'˘ÚÑ»,F†Œ*8Ï‹†Ø‹ƒÓ8«xT-
π˘3OKk< ¥Üv¨√πÑº/EO˝ÉºT¢U(íi•çì°˘4†œ˙|"ÄDÇ% ÑfêÜf♠@màX;Ã¬$Üh
PÅRA<5Ï†Ì∏HC.Q<àI!é“5/S"S–=°Pa&V4
Ÿ)3&TÒ'ò‹2VÿÑÕI€l+ûƒ…DPç:h':H ‡\>d¨äªíBuõBf%>gLªœí∆¯äøòâ$ŸÑ
$âŒáZ∂&mRGç“¯À,ÖGhıNäìÀÛTº–è*SÛ'¥±ÀhÜ
T^RîçõÉ6Â+xS˙¸À˙¨Ñ?'ÜoÿTäÜfhbÿSb∏D$
Tı“8l4@1û1%ºµÀ≈
íÆ˜€µÂµKEMV·µ¶i…(ÛA˘_iIŸbíMRıEûîNM`':∏3®ØY'>6√p≥ª*Nu[JΩ–'>œ‡+i¨p1Rb>∫Mò.ËQ¯
´òÚ,Àgïø*ïÀlΩ4nË»Ã¥– @+Eœ˘"¥pSM„¥ÖÃ"ô¯|6Ã˙%8≠œ'®ÑK|Ãm¯Üj»Szµ◊Y„1>AE¢~5<Ö
£ÃMf♠8ç4`C'◊{ALE]s¶â"œº.N›'[,äΩ¨Ëñ^∆U¯â≠20É;h'ï–/\YZE≥•|Y≥{›U^ÌØ¿xõ¯%)V#ı◊∏
l''ÖRfÂé∏º“xƒC¢-ù∆^≥úÀl'¥®-0- áßM≠MÀˆúùJ3◊6Ωœ˙ÃÅ#€7µÇLÄ◊MK
€mêWyùW3Pπ•[.ïCıMT˙õ∞d]ûêøUïC£ FEIö{¶†Y¢ÒÆ(k≤£˙'Y|‹Oı≤`§Q%T†V
%&ì]'êMncºhYh)Œ§\ )4;|“∞k›¯˘ñ∆`àùÑ_îÏ€=IC°mVÓ%]s§÷~À9¥“√´÷–ôZÙ
¥“©5fi~/aòjà†Ú/˘ºÇ'@Ç#Œ$8%∂OMxLs0áoê,«âWm®i®πïºj0–@M_ˆ•∞k5•fl∏N
y‹ì˘d2·h"¸5‹¸•.ùòAºÎ'Ô
`∂cö<`b∑U≈‹÷‹WEY_ÑBZuñ
f7gÃUÎªB¯˘:¡ò>√òdN†ú¸ïi♠`VÛT^Âua∏%]M+^heÀ1µaÊ'÷Ê÷™MÂpêºah
¢)5ÌÉÉ8≠œÏe,7ÂU♠fio(áx5Pµ5fl% ÊK,Ê:áC3T©öh“[Ê®›Ÿ%A#ÇT%È[Iífiï4∫(`»Õ„§k…^`Öè'≠[
UEdfi\≈…B∂Q^8 CÆU“ùB[Ω£7À£óÈ+âSP¡ô≈…Q·‹Â%ê/›fiù/l››ûRπúaàk·
%•/˘6^»≥hpê≠≠ëÿîèπs€∞e,&F1»Ö_~Ãrÿ¥*Ê“Û%P…ì[AEfı%7Ã∞ ·2ù>
Ö)
¬%%Ja†Nô2ß˙â
:g^ΩV±'äœπ†∫ú¨ÍM˜„; 1-j2∏0â‡¨3dgQ∆D6;)ƒØ7c£7Àgöç∑6,Á¬∞L8ô4Â%fi™ÂÑé·rÃ“n
%«'≤as%÷âœ"Æ/ºñ<≠ÕîÖ†©03◊¸TW&∂ÏÕÀHîŒ4*ám °∫›0aTêíò≈ìK„1äïXœ?
ˆMFXÖVHä≠éZT¡Ë»∞ù;Eƒm!;Íô'˘n∆‡ÜíOg≈ôó†j≠ÀàDŸf‡:ÄQÌÎ≥ä4c7"5N*î¬±ÀØ≥…
£øÚuRí˘ñkù√€Öô8∏ÃÜUœRΩnoztÀm≠÷à>^¬∂hıVo„ïº¯`lèAÑ95∏Â7µ®lÀ&ÑaÄbgi91–bmºà+≠¯≥
%≠éÇ(xÇ!Ë♠) Eÿ∂Èì+˘
lê4œ1∏3|AC´'gìfœ®°Xß√ôüjû'ÑK»…œPÑ¨É(ÿjqñn∫ÄyΔ/π≤UuÀ‡|œ'7"Ö|~%œÔj9èD"P
%®4â/NÊd˘´/£ua√ˆ]m=fiRF^¸Neπãkà¸eÿÔé^5ùÏKuE±µÏ®À»Ñh®,zÃ¥% °
„“.ûia-I´pe`ÖD É
˜AxÀ`À`ÀKgÀ♠Á(2†É'(%ı°$")S4≈˙É¶Ë˙πV¥5ùQ∂^i\A∫¥ÿ^t/œÑD@Ñ2r ÔÍA6'¿êÖ∞ª–
∫∏>“M EfΔôY}%à◊˝ƒÎtøÜy“6_s1oÔΩÜGsâ?˙fomlä.lUƒfi4É¯ò°)EP±ELWuÂ Œ F$–i

˘L.upÅ˘✱AE°:itRQ(`x¯á«Ä˘ê¯ âü¯JÅÄ✱(É2†ÉD–F˙9Ö]IEKı JyXL≤L6oﬁ‘^)öPÕÛÍÖB–qú
%ı‡ít
É≠~UsVÖ∏ÅÁdß’£TJ[>`gœÓµÊc◊πÅÎnX4¨®Ç+©%=Ëâ˛dÑ6˜ß=/ñZ„-G<w˛ΔË6«Ë‘˙a| ûí
°;øœ#FÀ∂ œ˚'@Èz‘Cà€0:Å✱ÅxΠÓéjÿÖEàPÄòÄ   ∞x¯òx∏âèx¿∞hÅàP/É:˝E`≤)â,E3Ü0¶™Eß:n
¬X÷Ñ‹·√ÿXgõ°Í†™É9r˘.à.v&v∏ôn°zâ°¢Áe\%d<%ÁµfÖßè∑oYqYq˜;o˚£Kä3Ën◊ÎΔ·lsWË˙ﬁa ªN
ÂâÓdWnHù™:ê°D°Oz/p|«w∞∏Yà°«p‡≤Å˚ñÌõ5Ñ≠%‘ñ✱·BÜ≥e≥∂âï"! $ò––Ü @Ñia¬)-p¿¿·%!^–
ú%–&V ¨QîñçYOf“ÑZÙÁœ°≠I[fQTi ò)ì™l‘¨C≥rUÊ´k’¨ΩzÌ µiì¶EäÍ‹!3ÜÀ.Q∏àπÉ(ë¶U´N
±í≈ä’Æ¿°Ô,òó.ƒ°x˘±Zú8qcƒªZÌlY◊ﬂøß6sˆƒW‘)û@≥˘ÏIq jäŸ¬QdÕz`8ÿ±ªÅ
£Mµ@Å∑v˚f[wmﬁﬂÇßΩ:wÓ€±¡-(mÿ™[™Li T…°9j∏\πÇ%;í6Δ≥‡¡¬E Ü?H–`ƒä!
>¨ò✱tœ^ßÏ¯¿✱`08RÄ(-✱JúÑX✱¿
pÑ†   <✱Bwÿ±â,Sëˆ!iE ïMU
≈3÷Ï%‘2CIcÕâ.b5ïUQAEXYÕ(V`ß¨râ&â(Bb»≈QàQWôl
höQFŸbã6ÿ,â–dâ9Üï∫¥Ç˘Ye}e¶+|mÊYE ∫ÈZm∞ÙA´Ÿ9€lqﬁˆ[j¿gp{˙â‹q∑Âvrœ≠¢ t‘Y
¢H/qwÖ·çwÈ6✱êôDS–B√°f
8Ò§D
·&–2œlBÜ!$hRJ#ËQG   X∞´Ç#¡fQ¡,
¬<˜≈ÜªT4PD%%,ã0œÿbã“µâPNŸx£T3÷ò£VPCñèõI«F>ë$\bêq«!
NÆíÀfñVea˘6ÀïU*¶KñÖâ)&côµ¬
fö≠YÔfmR4öju∫V'~«vqúÛô1pœJ\AΩW'nÈ…r=7âtâ¶b˘"whówV 1ûx6ú«B
H íÀ7%î£
{†Ú–CIóö4OLSDÃ&w¯L(©ƒ†≠$¡‘ëÇ(ÒäR,,Ÿ¬ÚJ,õÙÇ≠ã&˙DQ÷Δç–µB5eﬁ6Ê
ÆV/fEâ/~≠ÇV&à–adíÏ“•Ü]ô®r
f|ùIe/˛fÿ`]p+âÌ∞Ω   ∑,ó¬iû"JömUZ≈v …öqtﬁ…
\8>%ôgr»ŸÊqÓz(Ó»•,Õsπ,:ù&ïT©§>}w©Œ:◊`¶4SN9ﬂòS˜§2Õtä•/Át5ªh"®‡d–ìLx`Ç@0%˘AÖ
        PðÖ˙úAmQiVàÜÚ,A+[Ÿb»Nh©‡
+8,J/¿Ú–eÏBÉÀƒ!ÿ2$=a]Kö√Ë†àLÑrK`CñÀUŒ_W ód£¬%kJì!”9√
œ4,bFîÿo~≥ö$,I9µ©ùûv√1? dÉ"mñìDÅ4«9 êÖÕe
ÍT/Axr ∞Ò<H∏C.§Òçodè{s<à©œwüÔôÏâà’îaM$!@ÅHT¬ë(†ëçL@Ö$‘øÄìúÜ!ä]|
Öx(˙Ò~,¨∏1ÉEK!ﬁé∫'≠™Ï,T1¢“JeC˘p™P∫ﬁÖ%ƒÖj†CË`àLÄF±0_Ó≈ãÓÇôó˚‹y–π1µ¢s˛RÃ.vHÕÑ
)âa©köi(“ç–íÚdN¥ùÌrÉ±)˙Nw√1‘ÓN&‹C–ÁRÅŒÒL°
ò©Aipxp©†=HòC&Ü°çsÄ£é€€#”¢Eë§•à ÿ®ΔÄÄ!»$!±‡'´X˘+[˘˛WÀìPW/–)vqÜØÅ°)ãJi
nãß<≈†∏îÒ hï®ªÿà*4±ñ;Ù.WXÊ@`4ê„K.˙"ã¬TŒô64”òFì`óa≈¡ ¥∞ÖQ5¬T9„Ñ±tjãPdŒ8E5®xR
qP¿±¢✱
≤2Ω0J¶»Ñ"–TÄﬁl<l%¡Ê†àUD„ù£
Ç«ÔçÇ"·6∞±ã(¥‡AÒZÄ∞ÇêfM% M@^[ÄÿV≤∂¡™dω,Ä–!õúiüZd"=+[2j UíÀ/ëk,ΩF,ïA‘a–≤,õP≈
πÊ0u]Å6W✱%0È/(YUM1\1î…UÃ}áˆ
ò¿,s∞ûâ3ˆm8≈IêqÍÈùπ”S8.fâÕ9¡€Ø˘7X”µ9ˆ§•Ò•â}ébÿc/UP$àöÜ4
B;/q|L˘P˘”òÜ
ÇTcŸ/˘RÇ’f
ZŸ&Èø€˙Øí≥=Ç%ì*¿<à¬!8±o9%E7m U,Bï¶Tãïﬂ"ÍﬁÑ/ãÙny,ƒ†Ó0Δ"YlBJEó∫J∏Ñ5_·¬S%Ñ!.q
        Nêó3Y]Ô3≠îg¡¥7_;+Yœz0“IÓ£ê~Ìõ˜l–ús≈ –˘D°/’úOlß†ÑXî™x«KjuñGà~˛”;ﬂŸY
rpÖ;db√(á@ÇV4¯lVèLq8∞˚â2°‡ΔRê˙FÇ∞v$p–%wI≤≈ˆ«¥MðèW*Ì˘a‡Xàà)TñQ–ÜáRÁEëV∑®˘ï\¨
¥À|.YÜ1â]®ª>Ï6ﬁ&bfà;°•ªKñ✱>✱
3N/Ñ(Œ œ˛yœyvLñ$ÉòÄ1Ê1Yz·¡V!ö∑≠™A
<Ïhî   x9Ê∏ΔB.OœZ„…iœs‹»®ïk"yfú∏ÉÑ'|'µAƒPâ[»B%®bMbÜÃ'≈–rJh´!ä(ÑT}bâ≠Díµ
PÕ?˝#¿#%Y∂˘˝Ø∂∂µÌ˛ß¿˙◊÷≈+õ¬m&•∏TnQ∂ëâJpÖô,[]˜ò¡∏
0¢Â0GwÓÕÉ✱‹[ﬂ‡
Ê03q   ÄãÇV–∏û˚'/À=ÊK˘÷≈_(∫˜ÄtÊœπÓ”≈˜À±ﬂ‹n“È‘Õ]+]ªGõ~ÙÚ^Äµ8ëïy✱∞©hy®ë5®
°;ﬁŸ/©\ ƒòù„Ò2–[øi;IZ5™¡â1Ù:ê'…∞á
?\‡%,±˘Ç’?
(Ä˘˛k%èaˆôíòm≤–dÅêa;â•Shj7¶°≠˘°[5`E∏Y1|ıÇ,laÂûáÌì"X\<A·î‘‡ÔMï!B"\Çì‘Ÿ1
FÚ1ê†ûU^ÂYﬁÂ@F6…fêNö¥¬)»‡_d6tChÂ‡ÁaÉ•I/]Ly]·«ù^¶…^`Ò‘˘íUGÀeB&$"ƒÔMäw†«y†«®B
.CeÕZf)_–qõ¥Ë/$¥÷ÆÑƒ∞±Äˆâ8»KÑÕ˘5∞î_îü#9@8Ä¯°˚ï
îTµ–'Ïé2TCD•$œ»µHC6EfE4h[VÑYòçôèËEu,’ª‹ÅÃêÅS–Å^@‘¨b\✱"l`B       gêI3ï`
~Uïh…óp òêò@úe¿êyù…Ïó
÷†Ùüÿ:uÍ)«Ä°ûÈ>’Î≠ì:uëA–RRáJ°"$÷Ó…‹Ô·‹x¯@hÒECàÅ AÃ≠}èDIî5T+P˘üL∞÷Ä°
°H†ÄœƒTTHÑ@$ô,%Bˆa<$∞ü§Ÿ‡XD¡ú±18E5§MùäÑdp`+EQ Y∞[™\R!ñÓm«ítáﬁ¯Aﬁ‡!Aw|ÅTM’!

¬,ZU,`F¡N,ô‡óÏ¢Â¿WÂ!e†˝≈Ëƒ‡/‡
ÆXÆuÊEÒ GûdÌ<c§ !ÅM/YO_…UâÂAHC4âYK˙bâcvîÕ=œx•¿ ¬-C3 ®${∏M·◊Gz/hÇÙM¿a'Ò#àÄØl
Ä@R>I‰Oÿ(•°˘9d ˛˘·F‰ .[Ñî'Ÿ¡%úBU"â°&$¢HÛ…àä'H5˛
ﬁÂΩ, &x#ÃI/Z Œ>‰¶‰¿Ã}◊/I"ƒÅ%‹f°`Ì¬*æ,ÂWQ4I0Ne©IU≤ÇEm%Í ûâË5c≈ûÌ¨•E#Zò§Ö•Δòr
‰â –í^Ä#8"BÃÄ¬œ·úÕ]¡òÇ,{â¶g%
"HÑ4∞B¯∞@±°¿!π!/XÄÑË@∫DÿT@âÚœË˚â6d#˘!iíf8BBÑ»"'¡%»î#ÊÛ>öàHâ∏Q√2DCba–í~/ ©˘B
%ØULŒdx'®Q‡$rÆKõ©s˙[(®Ç(ƒ¬)%–‰âuZß   N^4]Ibhgw6\eÃô¯E1/‡yfe≤e/gÄqëXû^Åa#
>ïaßÌÈD|7ÆBu–e8ÍSıì©>Œ=¡ h4$ƒœaí·f˘Ñ"ÄQ7X√&<ÃÑ¯¿¿a|î™¢@¥ƒKp¿Hp@@Œ·L§âVÏ·ä&˘
·FRCZHG±¿L¡!ƒ'28¢Δ¶ã,ã»+â€óu–)OÑÈEt¨úuÇÃ`Õm îûïV `‡ÿ≈x–,fSöV'z‹uð◊
ˇ
F•òXxÚÖ_'   WD2ze†X§5ÿ{B/ÍM£3~\Î
!Ô`ÂÉ'R.Pò¬£x´ñ.I   ÒÄ@u,h2(ÉCà ÇáCıÜf>«|ÿÔ(CÖÚM<ÅMj(vË!QfÉ§¨Œ°eŒ·äüË*Ø
Ú! ä¶h6RÿÄ_˘DHH¿Ä'üLaCD˘®lÓ'Ni€>¿ùU§dﬁiÎíé–aÅP>•Ää«ŒDOî«wƒÖñ™ê,-û*\òÓt,˘ÇÂ
‰bzŸê L6e"ò`Δò˛°…i
Æ,&#˘ ¨»ùN„•ïÂñ^]EöΔ˘†°6i$Í¢J·π|˘kÃ=UMÍ$rŒA.∞#|$Ñ;
fÉŒáß2DEî
Wû¿l±¡©¶Í∞!RHQ¶
§¨Œ™˚âƒfB,Ä–ﬁaââ¶Ì»™bä¶Üœ¿("1§ò≥2DìI,>ÏÒÑÔêVax,näQÿÜ≠K2'Ô©–Œ
\ËÖjJœ˘í]X ŸsS`pêu&e.ZN‰ù˙Y˝K√MNZ•x÷   Üû»5XÏ!ÌÏ©üN/•–ï|"g:
!ßqQ8ú√eEÉ∫ÂÇ&Ù¶aIa!B@™Ë÷Œ<Ò…Q êò–ıW™Fä>ZBœ. ÇÃﬁn   Ÿ‰Öé?/ÅP¯.¥@˛nC.‰
Ìä:íƒh–&Òà¿≠ñ'ÃDHa»"ÏEÖ/êÚ÷fπi[˛!◊&∂[-%CÒÂB.ÑÇÌ•Ç)(O%Õ<ÅÈ
∞@A±–Ù•d]x.˛™–%–bQ   ,"/(Ú∫ë uÊYY=Δ¿§'Ø˙≈Q©IøÜEhÂ
~ﬁûa°∫ß«A„ûÍÈzZ.üHc‰vQlÿïßñ&°ÃxÎÃLJÂ
§™Æä·@–•
√näÿS¨¬ÅyÀ€.åÄÕ/ ŒÆ÷á.1e/™˘%ÔäÖ®âN"Æ≤–Ñ˘îî˙Ë.¯@l¬ÛMK=2´RLÀV˛˘TUEX;JW4ÏÛ>7√Ø
$.‡ÇYÇ%î§û/Ö≤ë
¥rr¡¨P&‡^>â(‹t%%,YÁñıã"_éG£†¿tNÊÕ·¢   ¢Ÿ Jlß2¬éeÄ=#Å=Ï*l°√ '"ƒ∫MÏÀ°LA
K §Ñ+ïROiÉ{MÉ*1OTE°.Ò Í&à¡Ãœ¿© ,ß™ÓÇÄ?ÔH¥¿Õ˙£ç$˛(@@BÄœzsÇ,d@àAP
G†±ÑTŸµÌ3D_=2Ñ#v5P,€Ö˘/vÙU√6TÉ6PC3$Ò   t*,0
sÕô-`Äè˘D"@têH·hCI,L2#7≤RRgœ‡¢¿(ú¿Ãd4\UJ¡≈§Ü¿é2ÍaK·Íô2|>/46„+ü‹@<2Llÿ˙ÙèÜEÍ
∂"√≥–)µ®–p®òÿ-$1(B†jy8Û©í7Õ"˝ÇËH¯#X'Òá®ﬁOl@à ∑eZ&˛§DÙ@lML@&MXs/"ˆ_/Îî%◊m¬˘–
'b+6\:v441<2‡B+VÃYA˚&¥B˘ˆÑˆ
≠êø˘õ&,.∞[,Ω∏/∏∂$_N.F   R'H/qSLqûÈúF,Δ fLplÏ–˘N9ÉY/ßMS∞Í
\™ö,0J&ÑÌ£¬Óâ@ßx<Å"
Úa˜R//¢Ÿ∞"âCÏB‡ÆVÀy€Óc≤˜±≥¿áäµÿ≠§e ·?ﬁ∑à$Wø¿8˜ö Â#
±ôÍÑΔâL¯_ø≥#ŒïM*œbK5T5h:ëð>GC.‹Ç)(cIÈîˆ2§! B%IbÖc°ÃbÇF,≈"ñÌ≠$◊x.¢†Ω∂‡õ5
#2±¬*8ﬁä%„x
ä8Ä‹ëörw‹Y˙ »EnüÚÈ¡n0i‹ì\RA+Ç!X!Ü–%‡â«ù.…s0áp85Ÿ"&å7MÃ˚yÁÓc¶*WÔ9ûœ˚
¯cœªÍdrÄ}Å*â¿ûÔπ≠ÿXùâÄÉ¿XÕˆ[:ßÕ£C_§◊#%Zπ>M#6"I `+v5iGü6Äp.ò?ï©Öïr¨ÅÜˆ£ [®*
^.P'W°xzï†"sÙb(≤Æ'√kâ6âòh2Áù–&p–&•D,Ürú4˚%ZpZ≤¥¥∑ß:an'?y°¬ì{L˘òO®Y¬!
åÌuóÕê.ß®Ínj–°án°ïª;
OêÜ&X®VxΩÀy™üÁ@(A•Ú   Ä®á,9ù+10˛
4˛(1XÛ9W7'≠÷ÕíDH`H"˛µÇ˘~=¶Ò≠Ö≈«_Ö/M8%˙µ§Cˆ0‡B&XXwp¡Ã}áM~ˆtòøu.ΩK¯€
%®Ç.PWﬁ˙∏à`G˙<#ÜÆÎÀdTF`{è˘E"/¬"xr≤óÁ˘i˝"'k˝|¶≤%:˚q™Δ·No7"Àtò}&XÇÓ(óÅ%xLÈ
Çu≥áÍΔ•¶"AÏ–¯D6iﬂz'yÇEày¿hË#ÜèÖ/X∞@–ÇEéOœ@Q"ÇY¥‡–eã({¥lŸ∞≈â(@pÿ¿ÉÖ
D"ësÜ>ÚH≥v'Zµ§K´)≠&Õ®¥eQ´MUVUZ"•Y±6m*-˘Z≥f…rô"t-ó'Hÿ˙@ÚDó;ä2eB4áK.b» §i'©a√
à)+lÿp/bƒxÒ"∂´1Øa°íInY◊d]≥tAf≈KW+]¨Z…jEZ´Sõ6-JîÕZ6lŸ≤ÅÀ+
npπ≈Å◊-\∏‹¡}˘‹8qÂ¿w«Ì\∏ÔÁÕwÔéÓª˘7ÅÃÀíukï*Mu3)2Dgé.\Æ¥Õa…
ù[/v˙˙V‹"˙˙¯ÛÁœ_;õo∫ÅÌ(cgò(0¿†"ÚB âp°5,hà(x@·¶P∏®Ö^∏a¶PÄ˚á%Ñ¢•db$&ò¿&BBÅëfj˘
®;
ÛJ+•éÚÍ(£¨ë ®Øûz*…§úZ)ØàÊK
¡k=ˆÿzKâ9£E9Ñ1ûÄ0
2ŸdVbŸe±¬‰úì1ΔÉ,≤Δà–•1>C€eVîV545C0a‰ê2»êç6pfì47ﬁ™3Æ8Èí√îπ‡:m.:LA≈NπÍ™√–∫RfÔ
r   oi∫9§D˙òcâ4ÆX   r∞Å1LÊœrÚ€èø˝Ù£.¿¡â
)ÿG,`p" _‡Å[}•ıÖBÃÅà'Δcã
7∏â$i>˛∞&ZËA%X£ë@éqßù8I$6x‡ÅkY £˘≠úd …eÑÑ2+§¶R*´&ìrò+Ø¢FîL!%¥û∏b $‹Z
/ç9ÓXôé;ƒ¯ˆÖ'»®#6u…Ã1√%'y1=Ò‹Û±=˚|â»v·˝–Dce¥Cw)çìDÍò"äHe

´T7>¨”T8‡åC18%:=;ÁÜÛöT≥ì#µk˚†R∆;Y^OVD!$Ω∏xı·l•ëa¯ÎoŸÍñ’o:••
/HWÒA(ÜX¯V"∂Ì6áÃyËÅ%œP„ã%r®Éë*Çw$úpl)Ûn(È]õ6ò`vÅKÿÇ     H`F ÉÆÜ\ä·®é<
,#üR~)áßZf*f†$ÊîKŒS#ä]-*yâë≥Ù·á%|XÇ[¿‘%îÙYÈe8õSô^îqå~?˚°¥¸CÎló-

î≤8ÖjX±
NÿÅQdlPJkœ)r25AR]êlò
’p4à™≠]áq-`ïwNU\"â∞ƒ>-3.,Å|Ω \Ê∞
iúÉ˘!á}r¯çÓ∞?˝È∆˘¸£*khZ/yúPx‡ À¡Ï=π\ãñ†Ñ%|aOËA8¥}à[ó70ípı7xèâPÄì
@`v3Íhß;>= w∏ä5†D$ß0ÏHÃàä è∑§&UÉà¨Jëî±ãPêi!˘CÀÆ`à+ål-<
óÂx¿Ö2&}≤ËÖbC?√-Ø0w"Z-.#4Ã≠P§Õ¸ï>Ol"eàBB/<p:”ŸMo∏∆Ac¢
mdCÊoŒ∂∂∞a-Tπ9^w^5∑Xe,ä ‘ ¥•@|œ≤Aû†   b·êpADV:g≈=KZ±-ŒÄ6·ÑHÑ"°HE∆)°Ó=!|%ü
PÄ8b‡]]‘>Oêë‘„°AÏ÷Åhé¥´¿év7ﬁÂQ^îàg<i“x˘Ñ“JπeË,Ñ√Ù-+X°í>∏$fÿœ•‡|Îî˚v∆ãR*√ub%
˘hàVÃ%3I ≈   Qx,y†√.[í/`74nàôLÂúuS≈¥†®¬¶A
¶-?∞ë∆`^µ
ªäGŸ4ƒ“√+∏≈ôCÊ0åÅ‡à‡0ñ·‘äüÁHqçC¢™Í…Çàl´BMÃë«7≤+|Å=¢˚êÌ0‡!öú`]x¿∫JãÇÃ
±†ô{>áPªÆ@`¿ms˚è>Äu∏ "±!$„ñ•|L^J≠¡åÊJlH àÖ&∂
PÅ¬∞[<`KÊÄ≈p.ÅtHƒ&v-»:…©=;Â¸Ï4% ,O~zÍSUﬂ¶≠¬úXƒ‘ÿK\≠6¡Go¿˘V∞u
¡i=´Ÿ†„¡∂~ÍÇ’â .,vä•h¬ô∞Ñ6πZ$Ñìã(‡Ç)bvÍ•>=ƒ0;+%†#∆≥YŸÿD%†m9(!…¡[Æ¿ÖsçA
cÿ-ÇP{”~h™Õ@÷e/Ùç7∏Åﬂ‡U-ã,∑®@ñ‡-   w∏J˘ÒéK±ÊIxEr.î¯à°ã
„Üà§ˆ`®Ñ^…•ßÔ¡-8¡ß¶D¨NÚ#FRu6?√$ı°ΩÄÂS° J>ÌOOT†tq
Oà,Ä∫îH,•ﬂ´ÖµR°ˆ†◊< 6∏k°Œ◊÷äÏXM Äõsaa°¶ËQè<”ƒ˘ˆ“,~åu∏#kà¸¢Å§’
i¨ÇΔ“Á>Ω€=Ωâ=t†√BlëI¥®e2Cù|Ñ_˘≠S¸êÏ,™€€fy£X¿Ó^Páa8√´Fœı}Ê#IÂxwÓQŸGe,cO™†ÉèØ
ª]<Î9°9XÇƒ+äÚ·ÔC¥QsJüE¶©é^*ˇ Ωø•ù,™¢(ÉÑ•\`FÑ u:Húbí`S
\N3%òúg™:ﬁò<l∫u∏√ƒÖ•Õ0ƒ\PÖ6|ò,¡≠3öıb7§∏≈%ë6ßFÄ„ÖàÌOÿã-Cà>-ÅjXãvÖëÒˇ
¥ãP2B˝∆ñ)˘‘<2Y˜¿/
Å.œ(À∫√Ä6§jl√êﬂ∆„Åt<ìf%ëH1 22_ï©D^π»7CVI_©1Dß√ÚÇD°öÿô¨i_'BÁ%F"L£ı@µb“K£*+85
3D¸ùQ§*´u≠Ã˘[+®©ªZ;okU.r°ä•ÑÁ„Az’B>_!°"H»±œa¨b.Îé-¢◊•!f”&¨ √Aíœl¡·c‡ÓcðÈÌ·c
ÿN
“]¬-µ÷%¢xä-l‡ê¿ädÀ"PÎ>ﬁ
∑6*Ò^Äv·∏·àö,Ç$ÚR-§©èê)2œybM)6&Æ§Ù,-Wﬁ„=∫Î]Xèı|
Ï@vÜ®A®Å„6ÓîzÊNX   O √©DÆÄo
ÎkPX√t…Â:≠wœ
‘*Öòò)’|é’ê√ôRm8DÌR>hTÀ¢aJ%¶ÆÓJ<.!íÓ∫âd∏%s|¿x‡ê¡>|(ù™c±k7¶•ÅÍœàÍœÒoÇApL«¿I¡
T·Ñ∞…:-2°L!2Ã∞=l¿W‡l¿íñÄ◊é†sÆ¿#r-DﬁHwpKoG&‡¢®®·à\P£dÃÑ1*>ØHÑQê™!®ac:tHfª2#ƒ
€˘XØtBÎ X¡0DH÷â∞„-1Éá}‡c2&P,„-ÜJ“¯GPNÉ5Í˙Ïa=
¿∞ÊT-ä´Ø≠¨œK≈’<ÉD%?§Å\eUaRV°e\(|¯•ß:)¢aÎƒîÕ?gŸ•èÒO$i£ ¯/!P†˘Ä .AB&´ƒ*¡,¡.!^
≤:!J±œÄ◊¸∆é¿
≤-,•≥BF 8g¢@‡ç@ﬁmrQ∑*@aƒLã1µ¬x
iOä‡™BÑ¶ƒz@«EGç^Xp^
*!@@!ÇPˆhOem1M~C1É}.c-˘äÊ1/Q3®•i¸Ñ
Y°5Í``vÑwå:Ü©ÇllåI¡÷Ê˙hnk†I7∆lÑNrAV°4/!¸p≠-£¸Íê@r!"à˙#áLEYÚcÎ¸@¥É6Í/˚|
≥6àAx`$BÄ&XèñÄ\2\Örmõ∞&k22L√Œ#
n∞«‘@
A
-ÇÓ>áîñ`ã/®∑∂l@@`NAaÜ1ì-€,bË3∫öÅb!ŒCül∂ Í-Eb_B$^¿» N¡®•≤ˆ#~çÕ1ŒQ0U   ù-
      Å¯Ö%Æp ‡   ^Êxg‡´™É¿ ÜÇ2hπ∆≠œkÃ’\M’B-?¨°}∏o4øo4a<Ó∞e» /∞ÀWöàû¿
Ü62Y˙£ˆ#¿∞.Ös ~ì$QÏ¿Â|Ç&*,   ApaP”c≤-?ãÌ˙†&m“J<Æ°Û“¿;Ωs{∂
-e`»<'*∑tr-=>Eaf„(∏áí-HåDÛàß>ŸÃ•¶$.¬≥är@>P¿¥Ù•†N`A$A∑1.éˆ ¥N,'1*N>.0Ÿ-
h‡1“DC“>ó †Å0†ÅÊm$s:z„E1ìÉ2ÛEùÈ‘÷GŸ•X¨ÅU∏O4I¸4a∞IÈ˘òÆ¸,Úß|‡àÅY
'à´wsŸlÉ6Ñ≥$!´í!å39øÙ∏ P;±È∂)»v≈¶œ†
¡@¡Mm≤,t”Ä˙Ø@∆t∂@a=bã”¢¢RÄ<¢Ä®·ÅÍSc-œø≤§-l∏î!t!.ÅÆ`ê@ ÙT±»@uAh¢†z
^ÄAÙ0\™ˆíJ-¯“âÊ/É∆hàOä∆0áÍh3»`L‘ÀÊmE≥.¡»p9<*X'à9n‘‘6»pÊ™ör·GCAÏ0ƒÑ»@œ
êtÜX†Ü¨A±hì±T,àvsp 5Kµ„?-∂‘˘%≤†JrÄ:AbR√êL∂≠¸LF Æ@
¯’&)°&>n’@aQß∂@AÁœ†z†“3‡L˜&`DAHêh≤:VHÓìc°¬*òqbAA
DGS
j`V`VV`_B°Ñ, ÑÄ6¡}Ag'µñêg+4hxA-àñï∏2à˙0E√0©p5ÚÄJ4wÊ-zï{ÆÇÚj”pFï…ÇP≈¡ŒATpcÃ‡
PnDÅË4ÖRhL\∆È¢‡Œr∞"¢†IWÃ68Y÷iJ«@Ï0Å≠F2ï°8ï≥ój   Í bAT!.A[(»>W{˘Pñ`˚Ä¡&+¡,7

%@<qäÌ
°Í4í:¢8*)uÄ†»@™Åqb£¸:÷°"b†¢§¨BÑÜa-·dÕ≠ *‹TQxâ◊ãêWpƒ|
†8¡12Ó‡NïΩHiî&C{£},É1z!˜¸í^A“jıiÂieiõ÷v'w&@
lkíI‡∑·˜}'*¬Vm2øaË∏è˙D!Ñ√0°lWSo¬Á[rPB∂'ÿ¶•±¿µ7kì\µ√ù≤TU»ï°i-áü‡B!Ñ≥ìq√áO›B,
a]∏'_∏A¨¿ò]-
œ†ŒC€N¯só,*à˘Öò0 ïÇqqâ5œQRèƒ•Ü·p≠%dy@ ~˜Ç¿»PKx;å¶f
£`tÅ†ÁA}A÷•Ÿ® ÎB'£BŸvÅéÈ∏BÌxîvè'Ì˜&MPnii[Ê∫l}˘ëÅµ8Ã˘äïmÆ6F…Êëµˆà“Y-
π45QHe≈¯*CÍŒ-~j[òTÎË67≥c7UßÌ˘»ï6v!öÓ ,Á=:…ƒèô≥®d¿eú˙•√ñr °2!z-
ÏL ≤Z 8óËÙÑ˘,
F7$‡ ZàBZbCZ∂ô‡µI∫Y*FÑ-a;´Ë8uN`Ø˘çÃl∞D$.@∞E, bÔåu6©nèg,Ñ 5‘NC†-
t†Ô8V·qP>Ù\c
r'£∏∞êM≈S6%8Ÿ≠réFœÍ£ØÉY¨A¢a^Enaé∂Cx∏Z'†LÊ"Y »@Æ‘ƒN≈ÿp7HY,∏Ç≥o¡Åd°¢`t)Ió
€Ë†Vì@+†|ÖSYÔ√¥ã-“†,a™-°¯
î†o¶>ﬁBaC¥∞{F◊¨Õö Å:÷¸©õèhÃäàèD÷ËNàé@ ~Â÷Ÿ»V¿"|]p¢∞A‡Zî!£û?\÷î„ﬁgU7‘B˘:2*
õéÒè=t
)Ìi∞•eúñ-@òƒ°ÄU'zC»A8•∑lpÙ´6Yo‘ÉÑYá°íMsÊ&5©µÊ®ªGªx‡Y‡ !‡66v\Î„áj∫Åo∫Å+x$U
˘7gàà3·»«©Á`5'C{¨´äl‡2jÄNÒ…∏ÄP·°˙‡
ê‡j¿-!¸`qWp™«∆ ÅZÓ;Ú† Æ,ÎÏèêËsÃò,¶§;d¡Æ2a¡'êS9ı&‹e9`d«¬;-'Ñ
°w1.ΩÙ©(‘±wùéµ◊ü)€g˙ËX™/1èÅqZ#¶¿F '`>ûI7ƒ∞3çXâ…¢ÈÉòÉ¿ﬁ
ím#…)π4q¡4C°L#≤ZΩ)|•Ãªxäö6Üª≈8ÚT‹©Wﬂ±ß˙6(,DxJ&
Ë ü‡í8,≥¬«fl‡
ƒ¿
~Ö“¿º•˙‡
é† PëS7@Vq«¨(††‡s¶&@àS~àÉäb˜H¸õ@éõ¡B¯PHË¬!Óx™-Q†Øπÿ&
\÷ù≈¯v,‡ÑaØÆûiœ®•©-ï†~1¸≤ Z†µ˜éÌ¥◊≈ııCK£6Å¢õ"8ÌZ:ÕFU[9t°˙¨É¨*
©Oj´É@B¡W!VÅM˘LöÑ!◊VÓH#DIﬂ'úTe∏◊…ÍàÌ>Î∏-ºÇÒvßDÍ!Ë‡9Á`-œ‡≠ò=zå>á">…6
‘Ä∏¿‹ÏÓœ>0^4~„w`xû-¯îÓ>+íz¶öÄD!ﬂ∞˘≈ÏÕÅ◊∫¸¢C\≈ÆLAƒ$ü†¡' CPÎ_ä∑…8¿˙ø∏'ˆË§2ü«-
vùBìÍg∫◊+{ÎÈÿÿöñJó¢;Ç∞ Œ∆E€>8,ú8p¡Ö3ÿ
‹@p¡uw"Dá6Lò∞b6p“î
ìujï®U´T©/tiì¶Lâ)*#&JÎ%>˘x•»¡„Ö
wNI˚ˆ-€7äC¡:íúEáH∑1*‘†Ÿ§ Ω˙≠ï94Â∫DÁ
í1¶bÖ≤Dàéö1jÊ‹°√Öá
6¨ÃAƒ≈
$W‘`≤Ñ íΩH¥ 92w≈ H¨<π≤$Úï/c∆AA·Å<à¢úµ-÷™öð∆àti“ƒà
€•+V.Q™L≠TDËŒú%{m∞@Åb≈·0ú¿0ÉÚ
0ÄxŒDdÏ(SF¨¥÷°∞˙∫ﬁªxbÿ[˜"÷ã◊Î]ºz±ﬂï¸UØÙΩZπﬂ'
ø.V¯wÒ˜ÔI"uDÒ¬\ÄÅvÉQ8:°8A¥-¯R-ï-ÑEDá='PEPY£Ã. ÂB“*°¨≤â*ó§í…!Ü Bá1=Q,‹ƒb®¢P*
ıîÖGa¯MBBYUTTe#íí´,¡ÇöÑí "H%-á)πJ*ñ Ç!fŒ°ÜX|Õa¶\p±◊}TbIo¶Öoàe√bH,qWz
≈lç
PêYg-A6ÿîPBYî5“D”Ã0√$ì2±ƒÇm.™íâ%á-1∆6%-c
'Ã ¡
lÄ´rŒ°Bt“I/a«)◊-sÏu ”ö/%u◊>| Hõ1º\kÌµ◊œ«À.ﬁz˙ä˘∑˘âK.+¨lí?º¿B
xÅÉ=8ØDrx°E.5-áu3PE%t°Éeƒi/'¶®
ã¶\≤R&3¶S8ﬁ+ªO("ä4?1D§QN9'MëDï<2T- eí¶π‘*>¯@à)¶d“«ñtòÇK.∏‡rsád“Åf†\¥5G
“iàï!ñ`B»G4Åƒilaÿ|©¡ıÑRVY(`0¡p¬! lTç5F!˘i‹úıã*µ®t'µ]íIﬂ}B\PŸ#
'œ¡ ≈)ﬁ‹ -9ª#••Cû¥¢à≥óÉwyœ*Î˘yÁÒÇ^/”∂«-Í€œ“≠˘∑≠œ,-˘∫¯wn"e<Cª®‹°ıN(-8
ˆ6ÑPœ6òëB·K<CJ:E,.ßÑT“I&AÃ¯ò4ŒAÜLOÿ>9¸%SfÑL‘»£L∞Q
µëí0CŸrB“ú2"öá©∆as‘Çd¸l6K'ô‹¥4.§A
}@ì¨0LT¢ò∏b¥pÖ=)!Nj ◊‹ƒµ¢Â»¿¢pïÉDTÉ¡î5¥Ò
èE„Sπ∏Ö)PÅJ-âñ∞Ñ!aâB§™átê√xÄÇŒp∆Œ 8p«ı®G/®bY‡É'%¡Ω¯NÊ>ßhÖ±‹Œ*„¥Dß≠ÙhK
u‹jc˘~f1ªŸ·á?≠®]ÜP†•.@ﬁÔ¬!{MƒyYHB"∞Ê%r`[i‹íMî§E¶hë&¯&1>Å>√t%X-Ln3äRRf2Ç)
 iä ¢KÑ%…e÷XÖ≈úFà4Â j‡Y.¯≥õM\'†òÜ4p·
s¢&“p'TÌ
VXÇa¨∞¿>Ñ∞-iô√rp\Å,X¬%X»ç∂}CY- Ü.B°äÇ}‡É¯0á>-°}‹
-á-lIVÜõï,V-D‡`†Gê÷≤8Ñ(L°õË¢x∆8∆Ôxéöªé˘ÈÃF”â.=©”ñÎZ˘-:ÿÙá˘°>&Ï@‹µztŒÒñ∑<ABËC
â!tºà$íx"Rôh:2à^Ñ§Eõ®§&û±1-A7cûp1õàOö∆˘,Bé¢Ñcue ú7à∏/I+õ
˝Z&öUÿ(7i‡Mé-À[‡,5DZí^A5$3ösHf+Å

¬
G-B2>@Õ%X·
DZÃDà9\!cSå
sÖL@c'(m3P'3/§äüjD·Ü4»!
Ç` %˙P~¶A s9<¨êsgláÎQ^êÉ%»ƒFd∏C"qä÷lÆ;ö"úü≈Qé~ßZjù{∂'≠˘∫ë(eXÍ"ó!'z°@
¯Ë°Ix˝≤-Mó2Åà®"%hêj"],$P≈§-2;á™ra&3"ëÉ-1ëπ"|H*ŸÛ6r$∂ Ø±
Ã∫±>†á7ÜYBónÅb`,,=§g`πΔœ>§a}@Öç'8à7ËâΔ¨U¶èC»¶Ã™a úù_ñp¥L$c≤©[--bÆ…
Vn∞BïgXA§·ı∞¬
í8+‡D8dΔpÑ≈É%<Ao©CÏêàM»t ¢ÆwΔ3ΔÏˆ"©ÛıÈ∫ﬁ4û¥?∞·Ö.Z1ªÛ≤BBx)Ü‡É°˜Ω"°HF¸¢˘
˘Ï¶Î6ÓKë5/_≤°é,"âï@ıíôPDô'¬ñ´Úc,∞û∞
eH√(O)«YÀ1a ªè)™TŸÜÉBïWÇCô∏ÉõSò4T≈¬∏Ö0êÅå/0eä1!&HœA±®(E)01 -øa®HÖªù©[¬
j3
r9N
ñ e5X,gb®>s´Æm·ÅUnC™Ï9PY|‡œÏ€Ç4∏é£î. <á8D"2± QÏb£û"(FÀ∏Qgu±œÈÒEz¶Ö^à∑u
%5¥°ÛıñvÎ?ÊZLq'iö>Ò5àÜ◊»N˘ZÿQÚD}Á…2˘êlÙ* ¶jàı
ÜP'ÚAëü%-Ê·¶∏≤¨KÒ©ÖGvîVZÿeo]ÕhÑ¢âU"MGÿeØë
„ÿΔ4>ïÌZ§"±°1&¯â óè∑ QäZ<bµ0E**!„¡*s≥E∂Åú¥9á¶eÅ≥>¬ñ><e!qhÉ/êßjA
Z8¬√™DâáŸqáK.œ0á:%ó‡Ñ(¯£jîg%œhÁΔÿù"ïÆ=.Gœµ'(s6œNé˘1ó˘¸≥Ûs¡tfí∞B`Èã
"I'$6ƒ±ëõÊ∑C£∂ê«>≤T*gP'7-Òuh,5ë1k9¿˘YµΔU"VBBVGbJ"#lE?lÖam'2PÇ)pcw¢Åö-b·{Éê
¥∞y¬pmŒÄ"0
ÿ&µ†xãwcü◊i0yÂvni0 É o ôúßxï0i†ciUeG†DM@YÑ S8Ööœ◊XàGêZ†∂◊Ön‡ÖZêa-5pÜ≤≤
ïDKt8dÜO0t¿qÀ∑ °∞h§£, @}'ó})g-<1FÛ¡r~F$^2Á:Ï1;9˜-·uh.eeë÷~ì÷/B"Gß<˘"iÑÑ!
°i8'H- ¡"õÄ≥ò%w‡lj‡5'ƒ#90˘,Ä-ï»fÅcuVÔÛ>ÿ(%¥%ÅÉáó2¶-Vc¶`m¡pmÿ&É(f
5∏xÔ6Aï∞ÉÂV ü0 í0Å }P
)X¥@©ÄnJHMÑ¢üu'Ç@eV†M-A∞k∏ÜÜ"èhÿÖ≥GêM`ÜM`5Pk®w≤fØrksHáp ó
¢§£áùC'w}◊•Qö√Ëq:ÙaàÏÒ]&EsÂ'-„í∫`h∫GÊÚRbáÓ98j#0ü∏ü&î?•/Og_Kqä)¢jã11,€ì`Ç,e«
Ä=B´0»k"„ãÁìa¬H˘l&2o◊ÅW±»Ë6Ÿ
´Ä]∂i0'*»ÇsYm'vÈòÇÓfc{icÎXn§Äní S8íÄ §∞ÉÁVèo‡oJ¯{°'˘o-f®'†*êê†
%§˙XÜG˙®è
Ÿèµ¬w8≤R6pì1Öê)
ß0;≠!à|à}»Q{ŸárgÑí.«»πí%µà>;,"-á6ìà¶~î(y§ì!PúH<˙ÇH†xî˘≤/ü»ù8-
(¬"O•uN©áÄuê4_‡&0pDüÑ=≤1≥JKa2°òÅ¸9l8K>pñh†¶àñ‡˘lÇ¢@}ê
,àbwâbööéûÁnzπç>(yòÄn·(?hò<hc?òÑóWèIËc35Ypö:∞ô‡ôûI1™+P7ÄöM‡gÿè@+§'fIÙ*|
¡ÑPÁ
∫9r"≈á%A}œí)Ÿ◊9Œ"FµrÌ¡:Ω¿:]*sﬂ'F%ı-„"ù∫âÊr.á`Q 1¿.ê√HÁÛtÉä‡©ß=is@·$°jOuõ'#
\G4d†L≤÷`∞¬1@≈<ô2e≈vjñ¡»ƒvSóá•aä≤ 4e¢Lsbmw)çõw¿pó4òÇ6f =à ìg˘n∞Ä
§‡Éì@
ªzòàÈ
Âòì-°ì-ï«cì`Y-'¬!f à≤(3:;∞ê˝h≠>
§5™˘∏7†DØbdô- 9rtΔõ°)¿˘Eı9°3-_§úÜ8cjRÊ^˘a¶0πÍ7 BiÔ≈#!T¢â€ûDIHä˘
"$A`MÔ\G#XÇÇ#≥ˆ:¢Eπf
¿F≤L≤©ñV+ªa…(N"√†
Mâ˘x'FÉ™™ùGÉäóXı$É ¨˙ÉèÄ è∞´∞¿¥Lã
∞pnïòD+A/4ñ ∫ê+£¿˘(œ (âí@Íè@p>∫ô+∞ô†≠≥roªK[@Ü- ù
±pÆ"'}-@
≠±úCr{(#ô]ÂAàÒëúÙ¡:~ñàá∏p¥RÑΔ¨PGçftêfEV_åd∞Δc!Ì">ÖDûâTV#(2≥71-·ju0UDcUÜ#
fEö Ãê˘»lœfJò
åFÅ∞4†P·≤˘g
-µq3ïm7+°4»y∏êóä
} ΩózRôn¿¢N‡`†Ç@
Æ@¿†éLknªä´>xòRõÉJÿ;¿µ¬±_∂ 0£c;∂+£õI¿ú£è˘'ê0¿eô
°Ä±AÁ∫'P¡-G€ú»¬Æ-Ø%!R0∑]ﬁwàã˚]$u¬ﬂ¢¬*Ãs,"Ø¸*◊ππ/‡πôË!;∫ˆ•V{j$@!±≤P=0Â7ï-jäP
"ΔIcpUX5v9"ä g˘∑ÅÈ√v°+lÈ√≤ielJ%#"C!
ƒÄ+Q à0Aß/≥*ç¡@É◊
ñÉáÖöaò,[;
èÄ ∞@ø@M€œ>¯°¬ çz'5†∂û©¨êô∂û)öjÀó%‡%ê†1∫6¿¿@Ñë∏ê≠Q Í∫-†™Ã O:•ÏÍ9õS˘∏

√0–%b-(Ÿg™Éàäÿ-·Çs+Lh'ıπu0njâúH
ëÃò0À3∫jµ√y*äF %Hu%4ı‡jäp±ö¥I˙Cü6!Jbê XÈJEû÷≈ıÉà2™ÀÙÉ°Ω˙
€–Ùy'≥ÎH=K°∫xèw'®…Ö,öÖ`≥Áí‡
L˚«Ä°´ÇøàŸÉoêMõ©+∞»aÀ(ëL@“$mB   Ãµ^˙øc[|W@)!
2I}/A}…õ)∏“•”µ9EÀ?Ì*áFjƒ∏~6¡®s¿Gø|~¥”h“=oZEp·ˇÃ£ñ√Vå_–|ˇ<AÅT2k7Ûye¨ÕÔ©dPUa
'Œ4°UY§?iß'Vo”ü &sá◊ƒ6faÒCœ‡`‡†
/êœ™zœàç)h
¥pçzˇ≥äÖ'dòèn‡Ä:àœMÆP
Äéπj–Ê6ˇ∏úPB_+“ë°(%]“ù,£]ªáót{
ã÷≈`¡Ÿ±€6}QøYr÷ígt÷”¶≥9¶3r*È:kT-•·g°<êä¶àì¥√
çƌu@åöªπ   €˚≤ù˚Áùádfi}
û9/ÄT}UôtÕeÏjtpfd0j}L\µ#bP   ≤êï·•ïWa$mÖˇÅ ˆvdâÅpuó¢)FQ¿∂)√pïpZ‡†ÓF
®‡œyπ·Å1 |–e…:ÜdH{o‡òóÁÉœZ
ùÕÉ∏*ò,(A¿önY∞Ω∂
“!M   €'¨Ä¿0Í…5 ',„
πÄ¶§√€È ,œ¨€œyQ‰·EÇªáZ'ÊÅ:ÔÀ=¡(s)5.‰"ı'-GÊ¢>ìh1p˙TMTáî\çˇ†îG…trHÖ≤P+#eL&dãd
`UX≈fc˜±X§?YIVçnTˇ˜ËxŒÅ{MÈQ2w/˙JH%Ç-
É>°b
ÑÄ¶W   >õ
∞∞x®éÍ}µKX,ímˇen0Öè0»,¸´û¨œÇYòä´Ç–=¿5∫†“;∂$=“&
£∞“'Äï`3°p On”3m”œ=•OäÃrflT>Å!LÀË1¡¸-G¨ËŒ<,E.∞a>qT~ŸÕ   óêRâ>
Ük!ˇµˇË≠'3û˘Öl–I∑Ä*ˇÓjÙDGLd∞áœB`Ï¬.O°
–∞kgÖ≤¨ŸªSLÅ(ÚXÅ>
@l
3î≤4c“V`@•Ïäg´O´·Ø˙42Vec(Üï}ŸHÇ©´••–Ì„@(nföcmpö>ä°»†«¸>≠#>ˇµ¿Ïîli†
±Å P
¬>áÃR”∞|,PÍ9v÷QÇã<!sbJs§≥<Ü»ÓıAh¨QÊáV>ä∆
úÄ.0ïπ>∞B ù®<0êÆ'†ˆ˜mwTN7π4äΩÙ‰I√=V5ë–/>9¡U≤ÄJQ≈Ÿ†"”ªmG‡ÜVœs0XQ'Ø
ïp®Ωj•◊'('6fó6øé©pnIÎVÉ,o‡Zå   Bä¥è@ÎEo–πÑØıZoOè„¸ô*≠Ø¸aÀı0ä¿ÄV@π@
Õ
•}Àúû≥¡T:ÂÉÓ br»míALY/bfzÒ"∂ˇä◊∞]ªÚRÿkØª**lòqW´Ü°XÈj•k´èYù,¥(Q2QÑq9\∑ô5mÇ´
I3Mq8≈–˜3(Pú8igÌõ¥h√Ü… •*”'Jàö3á–ù9j∏ââbe…9r∞∞∞ÒÇÖè'wVE˚vÆh-
lsq~Wwn>lxøÈ≈{∑[`ø‡¸j˙Ü8q≥[©©I”'çí(2<»@A
'∏§2ÖJ4™T§MWÍ3HP÷|&Ω∆Ù˙µ$IÇÑ{)fi•Ha"5Iu 7Z≤d”fI @p<W±B≈4Xˇ@!;gÓô3|ˇN!
$sL
´ñûµˇe ñ{_¸¸˜Û÷˜E,ø@_ Ù+Û@ïÒeò˚#à å2Ç(°á*Ç¢ç&‰H°êv–Ö]>be§ÜXÖëïZ,   ò¢∞
À¶£àökE†^lÒ¶õ¨±FeûíÅñ[2©$EÆ-J´¨'Éã'û ä≤'ZÀ14ëEôo¸"«∞Ωp“ÎJ+Û¬íK¿f˙Ê≈øñJLõav
$Ñµ7r∞·Ñ
2€ÏÕ$»`àJJ+•î–F´§LØÈ£èB(±§PR°XDÛM8'°ç7R*ˇ-∂/fi»BπÊöc V¿!∫Ë4–‡ÅÎ≤€N;Œ0°Õ2@
¢íX™Ÿ¶jîâ∆Ω˘ˇ¥ÔΩ˜,®?ÅBà@`Ïÿ^\vòÅrh¡á0öà¢é4 ®BA/p√ÜZ9iiEÏ®c
∞ZBÒ(i¬&ß†/U1E§åBjJëë*U˘'Ñ™J!§è9£H.ÆxÇ≤^0ÀÜ|∏√ìa§¡IÆπ„Ú/,
„KcåÒÍã(å¡!«úrÃAôZ*‰
-öh,Ñ¬€åª‰¥aéLÕìTJ©‰g?"D•ñZp©£kˇZ`iT∂Iˇ+ÂO@fç#úh¢Ü$í0à∞qHBÖPUàŒ∫•.Kï3:
[Õ¿V8ÇêXû!∆÷fîÅ@_ˇÜœW]€˚ïÿˇy!∞ø¸û]ñqˇÑ=hA^&'!å"fà#Õ‰•£n=$)<CÍ˙)ä)
¢@"&etëEwÂç1)i§¡16UT1e*π#‡Æ∫*Úä+∆B¢,¥FbäD¢î/rúä0-5Ê“ ∫Fl0.Å
Áˇr–ÒT0‰ç,öÇf   n^ˇ}@ÅäJÚúflO†˜-ï[Ñ&ò§k°-îÊ¥ßï¬§•M'¶ˆ¨   ¬
]„¿&¡NÖ*PAfÆs∂q«úÒù$`
‰¿<…¿5†Q`µ>¸Ò}Ü≈+`!éXœËèÅ‰8Å4+?
J».¨πà4‰"ÿ/<H>ˇGîëÄÎ$ßÿD"Ã@á2ò,Èä8‡µ"◊^=ÈÜPj∆ö(•F7Ç *'hä<UBï∏É¿&"
I<(äZŒ¬Éƌ", »“ñÏ"Ωªt©/^ KaÄBòä=œŒˇ<0…8¿¡   “ôYfB(@
ê¿é†Üˇ-O?M*Ra¥[iµXT,å[¸"ÄÙõî'˙ €h¡   õí ô”¥°çTÿ 1ß°çì„IC*íëh@£fXafl∑¡≈êpÙ
±°ˇlò"Å<HXÂ\V:
ÇπMkà÷ÍHØí–mH#ë+ÚÈ   ù¡S8>È∞hìˇv   •uäåb¥ú–»zäo'ï>mE`¿„ÇÔàÑ≥tt   sHf
*ñE±ªtÔcÉπûÙ8ñH√d√•aYı2÷a§bfâCN„êÖ_f03„‰'=)ß
ÿÄî˘√•P1?E∞™MûÄsJX¿"QzR`lbÉ5'§!5pŒs»ÃÁ§†òD¶6(ûlÜìp˙é
∆ê   j£ö÷°¶@'√nŒ•X˙Ç|±"ˇË•@1PAÄx-À]éài/.Dœn}§âbÖ'fe3∞†eóè“Æ-
∆kuDYëAªD#9%∂€W*v«I¸é5ûäg&Òˇ@àHf•q»ëfuÖ$$q

3‰m4ØLâ˘∆… °
o‹í ,‡8¿!XË©O·'gn†WHj˝"õTL,µ4}≤/kRCõI$∞jUãç|yπ7✱4✱s:UL\0ﬂ–25àôÕÑ–ﬁÈÃ,Åjl„–
∏UAàë+ΩÍïÜ√"ÔSπ«ÈgqÈ,'Å[ŒhEËùôñÑ(ŸUt   #–Ÿ2'tZdh°ƒ/"ʃéu8   GM≤¡Zà¶Òv˝r
„U&qáA§a∏EYÃíGá=aäÄí2Ü[òÁŸE{}   d∆ô¶D#≥Så9¥°
Yò¢˘7'Æ*   ,Ä7   +ÙõﬁZ3ÒlÄ<Ñ¯|Ÿ;¥°≈fó©Ñ$"ΩKŸ'◊O˙§˘´ú$ò8[ß§SÃx@ˆŒ2Lß✱
P†s/t†z‡Lá*Æ,ÜiGÁuèpêh±^ÃÂ`F¡∆$ÒO<âîH'á'ïTB‡R°2íF–&(%Œ/<ë>pA≥u»áïﬁyH¬NB!T◊–
^ˆùVå+†–ZÆ£;í°v!"ZËc^÷#˙Õ•ë†ü]¬ùœ!7ÿYÙE(˘
,P$A¬˘E–ùÕøÒ€ùM]AÊtJE'·œ^O✱KÑƒ%¨¡x& ÑÊh^,sÄb$ (n`¢@ñL¸FÃx   ÷(
Zá®Å‹>áuáÕH¿%Œ¿PB.•™ÂdäA∏˘÷B¯OØ #ø$ßS"„1:ß1Zê
S8!P„TM› HÇ,U[ÜdHOàÂ'é≈0#.Ä°:Z◊–|ô;Ó4ÅöÒ•UıÁ\Ê%‹µ€≈aû"!Â@˙ä–(Àt∂¡AëÉ÷ŸAB–
¸IjÏ$•Œ◊ˆYEÆ»∂© fr(®ÀØ¿ÇF¨†Ã™Ü¶Â
°hi^rl‡iÜ^dô,)öbl"Ä®ÂÍÜ=ò†à`w»QÀÄ&|'ÎµÿÃÒ‹ÌaíG!•–‡R˙ï2gõc*ﬂt:›"ŸM≥eP‰M!
dù‡dà¸mêX¶B˚ôéYö•≈¸.∞Â∏(Ÿë[¯–'x•˘!†¢Ÿ~Ó)µaª·e=∆õWıMü¸IÍÇB™a$√^√§√∂R§˙–Q
$ßÛL…°ed$,E§B™¢*h>«HΩ™qd^¨ËÊq«˜ÿ*l¶¢eë@]OÃ✱–\b´ñX|B"p≈ke«–Z'∏zdRRjÑ`òF.¯Ç.@
´î·¥
$EB!'Dó∂hk>dcáPÀ∑Ÿófêòv–ä¥H≈$£z2#πXóñ…Îï>òï?fŒŸ•õ˙˝)œ˙)˙≈[[®F†éñBZùA§∆N√∂\¡
,2Æ–.‰:Ó,nàµ("#∆å„=û¢–‹;Â¬'ú˘Ãú*hÆj Ë, îÊ'ëÃ,äkû"lná»qòsà§Õá™1ñ£x¸Ï_/Õ• Ò%0
f
n»Ω!#SfdÚvlV´µ>ŸM>hßðûA∑˙∑|Â÷ﬁ
π≈ö¶–.§+û%éÀã¨PπΩ•¯>)Ω†ùV·Ì∫ÈÎ‹>Á>R¸i@¬Ç˝%h•>¨+Q∞PA∞∞;¡
+1EMçÑ≈†H✱J<ïØ¿Å,√eÅ»Ün™n"&Vöh¶aZˆå¿%0Äfå;ákÆnpp   '@'@olœ¢Ã. Œ!
0R=Âb"ßQÓ}Ò'˘£ÿÏò„5–S2#õvÏÇ(*!üµQc≥qÕuv+ôbHíY#✱ﬀi\◊>BˆA†∫b+¨ÒñIŸÈÖò≈K8»Eü˙
´ÓÌüÊÎ˙ÕÕy'Y&ÛÿER¬M&§b#ƒ∞,r/2;Ú";Å'Å÷í´°Ô–Z<ôQs2nÄÏ©éÏÉ∞#¢xcÊe@ ¸hÃ¨¨j†∫.°p
Ä'@

¥¨hû?ë¿ ¨¡xL√kh√"ÂÒq}TÕ},≥Qß¸Ù1&'¥z*∑≠fb&êﬂW∂AiÎ÷j8z»Ä±ÚE[%8Eã,ﬁıÖ/
ÛÇ·ìÀπ®˘Ô∏–'6‰´^,#∫≠ª±€† >òΩ°]ä◊ÂËK4åê5Ç,D˘¶Å$A∞TÙ"[ÙE;ÅDGÙ®».çÜ.°"Áú<'E
\BÑ≤(ìr•MZÀ|¿&^•ub…ÚÕ»–`¿ Úµ@
Ã@x@ÖJÂ˘rú¿\Ç∫–"$g✱"±3øäóçÔM≥_36g(K&\Î7fHvj´¸ÅÂF]˘H·®ÇÄE0¯Æ´ã∞ÇãÃµ˜…k˙ﬁÛ}ÍÌ
€Ì„]¶ù∫ÖÉ˘©€Àc?˙1‡¢N¡Œ
ﬂ!.ƒ*.ES¡E[tEK60Ú'¡G[‰d2è∞˘1s_hÉhK¸≤!,Å(∑4&ä&Q◊QMì4÷ı∏ÃÀ Gs∫Ø¶ÏäNƒQ¢4V
¥@ ‹,buÉi¢
¸0p¸%T´G_±Q13#n(±ÅÔRÊ®ÜjñE÷JÔófq/OxHÜË'9´µ·§m;ßÒY≤gT∞BUH≈[œew›ßöÂeÎe€…
a¸ñô˚©°ë™œÑêÅ…‹®¬fÅ,2ÓDg4F/re;Ú3ÓX®t5ﬁ„±Ú8…yDÉJ≥¥
Ã¿àóh'«≈]"∞ÄpœvÀ*or†≤Àê@   _0¶q@   îpl˜∆r´w‹ !·Çz¯Æ
$5˘∑TC73;s0"ø°Ûòc✱úƒ:À––
w©NâmpA◊fêN`»pW(¡dc"˜/a«*Nπ»Øÿ3°'w˙·ıÍw˘*_Œ•>ØyÂ7¸Í4ëF¢R§ÎXj,p#cÙECrG7n
+}Ù©"·Ω)/FlÖh'‡¸…∞¿   ú¿»
¡(≥∂sTl∑ÄP€∏••≤ç_7
ú
ê
`öç#ä)'Â≈ë…/áÉ%u§Ç©‰"l,˜ydÇ°4U˘†´ C0ÜDÈdµJ0∂Øìï%ÍW?WR4jvvπ∏gH ‰î)A
$q]¡]mSŒK˘„¯¢Ì\ª+J'9ù∑E8‡πVÈ±†˙søßa˚˝)=éﬂ~*6¥∆zŸﬂt,fœÌ[,>ÆD;˙EAD✱TÅÓ=
$ë]¨ÑLÊ,÷_ [–,∆Û4V®ß6™∆6çSZM{¿äAPª¸h"pcı8l√v®∑ã˜äª¶}–

?äLwb£'åÃ¿%¸Ç˙uí˘ˆTC;ÓÌ«íç1T;GÀ:5–◊ÔEVÒ‹ú¡ˆZ„ô{9¥uÎòKt∫SÚ'Ym˙°∑9¶qEΩ)ªÆ£ã's
œáÉﬂ´>÷£ûÍ{üÛ–ö·–_¸{aü≈VPiÊ{1¥¬28„öÅ";r≈¡∫ò˘˝ÇáSDP•èDïáQÆ≥Ω_l≈1ä £™
,Úò∫á"8*Ø8$¡$¡ú*ÎlŒøÓ£™»¢™
wã˘¿|∞√å)£Ëı™B.¿F1#9í{x✱éU«OÓ]u1j3€®ÿ;g´∏c¡ëıî;')Ah~∫øˆ÷TV¥°#°YD.\Y
tKBVfl∞}cé°CàøÖÉ8Ó,7å„*JéfCáCv‰à–!8çUä‹vM€µc«~ÂÇı©%B}÷Ù4≥ÊJP*Ci$bÙ!
GÆò9≥FTF}˙¯ÒCâ"•RZ/·Ù˙…˘V*XøpEÉ˘m€Àò€¶µ≈Ebå3f©k√Æ].H|✱‡ÅE‡LØTô·!√_ãI∞hÃ¯∫tÉ
¥ò–bØã8còØ¡ÛÁ   ìû¿ÄÅ$@ –÷¥ò◊h_k{∑l‹"x˜ﬁ–mZÔc¡ÉKõÌÚôd¬r+UtÈü®˘∫'»jœ†Öπo«¬‰À
"3Y™T9r¸|í,na≈îj‡Ø[È"wuã'–U∑Ù„RÂø!l∞   ß°à*∞#ä:ÚH£ñ*"   "ë¬9I¡ìúp
$á"¬∆∂ih¬Â¶ú$i#*3≤0–*ÆHÇ
ÖxÒ<*™hj
™˙`DApl˘´≠JÒÌGÍR±≈9\föÊö¥∂–F–€¢I≈◊Í2
Øí®kÜ¿\‡äØ¿ò:„√<¯Ä4f<`L1∆$ÇÆj¢F–åÃ@√ÄµDÀÀÃ"@@5,Z#ïi8§m∂ò¥AíQ€b

nQ>àÆ8iñN8fiéõ   ö~aD\ÜLÂR´ª‰J¸h£ç,Ç™Bâªªbº߆‡b≈Ùä b
?AUì˘`¡Öπ\å±oÿÇp)HVZ®¿p¿3‹ËêR“h%ëƒ"mCRiB1tàõóÿ
ÓC[>¡ ûz ¬'†X,Í(§í¢µFI¸m§I¸h§Ω¨PE'˘ƒÆ§+ÚH&ïTRðc.…¿µ|'√R…"rcüƒ,0“»¸ÎLí˘Ù
∞À0√ÄÖFÿÏ;1¿S÷DõÇöSsP‘2»¢Pò/Bî6Ÿ:ƒ≠HïŒç“fiÄ.8d4UNπ_>$+,S?¡ÎtZUªc]B÷+p≠u
,rMÔä,/•£èÆ¸´èÓ˙ÊœgaëV$j'ƒà¢C˜¡nΩÕH$ï,î»[ï‘µÕ8OaŸJ'y◊0-^|ç:Jà°h•JíFNA∆
aÎ¨#u·a≠6k¥d_Ú•_÷ ç.0ŒR0…Ä®K„•∆+åÖF#çOìEÊ0ç7¸aN8iô˘Å
PCÌ4ÆG
@ù`   Uê$:I¢ëŒ
˝i≤Å¥8,†vZ©•>∆∏hê°â&õ¢+ßÆR•ÑUk®W¨íPð†dÅg`√ÏuÑ$8êWmhœ
%R1∑ƒŸg>À¬≈-“,Öl#@“Bê‡2r≈ECöÖ(¥QÑ$Ÿ“-√nÉúö@ß•¿Œ°ËuÖq./FY¬zbï´4b+®¿J‹v
M¨éÇöä≤tAø≥ƒã◊¿∆6pë‹Ìnc¬ã:'Ñ1Œ@EÂaÅn&≤“ÿiòg-mIKú…$ Å,Ä˘dÕı¸»3•ágKÄL∞°ço
i6G˘k£"'J>Êí°©í%ùF?˙!£jüÇNX∂ñ0¨Id^U(‡*aµÖáWjS¬g0D∑¡ÌsÀYåÖã\Ñ>aE~•ÉÏç!±
+P‡L8îÆÑ‰/÷4aÿ ∆q$vhZp¢Ò)ë*'ÑËá3góã=ê_TXèrÇ:ÍHQ:ÒV}éî§á°ÖI◊Ë,ô.<p…u Pé Ñ !
CLkF3«ƒÙI4v˙Ä`^6ÇΩ¥`K0ãcÕ¸H@Ú£˘"¿HÅ+®Qá“F#;$I¶©Ô•ñú‘§ûfú©Òî3˘t^á   ©™
‰T•yÜ:£ò`b`˘aé0ò$åÁmÑ®‡@r,™˙í YÕè˘XÒ¡
ÕŒ[-‰VIP√pçU\)´3‰ŸaR>ÃÖ/ÙáJ4"®‰\ë™î+µçU}hèsx0Ö ì©&,b1ê*ÍÙâ°'"¢ã5,f.zô_-ŒU¡
W(C®Ñ5/Iér¸Àò2Çç^†è(ÅÄÈm©?∞≠ÙJ¿«
H@5˝#∂ÁÄëÜg∏-∆JÛY€¥tíãZö6Ä≥(iXw¶M√î';â?≤ Ñî^˙ZPÈ• Aït%¡$À¢$a   nì‡%@AUc§ó¿
¥è0ÒsÃ¸®,<p6E˘Çk°pq-,ºµ 0"pfi∞ZxcCÅ¿Çî·ÙÉ]µ£Ù"JGà†UxƒŒRt-óâΩ .´"°%)ô
Im~~Ü»e2˙Á_\¿Ç•ÄV©f®Ç<G„Õ±dGÓ£$€|†«G(fiñ\`/ΩLèèÅÏ:J\@"Ä0Äk/êã≥@˜πå M-pc
L¶}6ı$r¶!µ˙Õ§9˙3%!V'CÙ≤H   Ë5 ,"Fð$(!œ=a%‡C'öXıó∏ÿ≈‹ÜÈüÅ4ÀÉXpÄ\.ì,à
$ô8,Rjã$H≠à+08bó.átHßÃŸfl˘6Ã´^   ƒG!bç™Ç˘J©TœúIuQl]‘fÀ†ç≤ÌI‡á•EÑò
≤ƒªΩê¿[ÍÃ‡>@%E[Çrð˘©1È≈∂∞ï@zÑ“˙ÄðAp¬~êôòı±ÀÖ§†P≥'@`îàFìñ¶öÅ¶7KªÆL1ï>Jı∆ŒΩâF
˝pA◊_ ‰]◊[aŒ[TıÂ   0ΩäcÑ∂Ò
ó¿ƒ<w˘ÀH◊ç?˙Q≈˘Úe¶´@‡0GÇU»-mŒ¿%ëPÇ≤%‡ûK8õ8Oãõ„'◊o¶©"!»õÖ%xx2,àÃl†˘ÇG9,ï-TQ»
Í4 hT- ˜çk»-X‹¢4§>flÌ˘%3>ê¡‰î3˘SH
Y§!ê¿µ!hÚƒ°Ã≈éƒ
|êôsóÀ√‰^ÄÄP≤!8˙`,“Ñø¥‡q˝‡W˙E9¯ë◊¯‹Ü·
ıœC]/,œÄWœÙz}ŸÚHø| Û˘O˘^"UgπZ¿‹àœÑ‹≠ûâƒ\¶>53Mx`Ncq∆÷Ä‹2ÓWQëÍ˘µß◊≠ÕyÇLF=kà*è
Ê:˙çœπ‰À˘€e<;%I,   n¨«¸â}à
Œ@êÅêp°•Ô|Ë >@Ò.‡†ÃÄ¿   ¶†®†ßÄ
jãÚƒÕNI∏∏à˘hFPX†
.·òÑ◊%·-LÕ*   ª∞´·÷ÁƒÆ·Ü£¬&Ói<≈õRÅ÷Ùj ®Et‰¬£VÍeEí†mÿ¿
(aÂ∞™&∂PøËc˘ñE?ƒ É6M"2$¨Ö≠∞O‘ÑéôòI¬-bã,Píñ√¸¢C¢N'‘èú<Lwf‡®ÕJÑÄW™Çœ
°¸~ÅR‘eã á≤,pC(ÎÌ¿OÓÿ,Æ€ŒÑ/≤ÕÑ†÷`GÅBGv‰(r®t$°Œ†^Ñå¿b‡b¿ùÄ
Hê¥∆à
Bp
ÏHK2¿è¿fl∏,Û   @ig}nCƒ^Œíf‹ªN/Œ˘úÊ·ê#Æ\œª~¡].Åœ:¨(í,b•l
-QMŒm§™-j¬˜é/˘°•“∏ÍÉÁ-%[û©\ƒÍÀjÖFm6[B¸∂à≤n»œ8‡-?R·âPEU≤c˝ÜË√∂é.ÇØW¯lÇJ≈j/,-
c,ví§˙“"Ó &í†/¸b«hã
!thh°Hß&AtHáz“&O°AXq†|¿ú†€ˆ¿F+E:ß^Ä™†çí∑Äk2è7o ‡>·ñkπÑ¶í$%ÕÓÙ§¡Õ¶¡8|pªhJ,ÿ%
÷l¬kZem-Cï^¡$<íj;ä"œ˘bP,•À¯≤ÈCÊhÓò∂a¬L¿∏≈ÖÜËVà‘∆E
-¡°EÓ≈CÓá~ñœñE íˆjØU*2   ˙¸,+ÀW¶+å8ö
!kì≤Prµ)ôPÚ6±ÆÄç∆dL¸BÃ†·iNa!$•FtrtJ('-¯†€¿Ä€ˆ‡ïr)o±Æ;oqÚÆ∏ÑPéÎ‡£&‡@a™a¨ÅI$•
>ç&}•Ùp£•-?9   SZ/Æ¶!49ñCT>ÅÍ»=•Ú„hE©jÂ/flk=.¡ò~   ]N^ÙkX,Hòñ-¢/
õ¿A¿<M }n$˙3˘≠0E±E"ŸŒNß.l4£U/l8å‰ö
¸°n#ßnÇlA6Ì)Ó"B"@à$>ÆH)üò 8«d≤ç
÷I(sr(ª≠∏†€¯ ˙‡_Ü,AÃÙÅ˘¿;C-Mπî¥¶ *œÄëÀéÎêFä= j‡™Å>Ás>%?ŸNÕ5i2…Äê-Ö-C$n,`ÔÏœ
Î:ÄÇñ/◊k<÷Ä
`)(,≤Ø†
0Aór·0TÉ)o2®´,m îI¬^Ëôg¨<M‘.ƒDÖÓHYÍ6tj >‰!!2ä.¡¯l^Ï“Í<Ï(˝$¯Œ¿W¶ÓÆ¥¢ f¬˘≥CR
$!QödÏ Wjt!˙bJá"ÆÄHg9fnÑ(IP•Ù¢Œ ¶b*,°^-Mπ≥Mwq¥¬≥€HÎÌàçÈ∏‡àÀÿÛéxc>i•®ë>˜ì3è∆
,ß±ƒú1-+Iì¥RàpSî,ê-¬‰Ró,œ∂cS≈#©÷qW¸†-PUCeOÉB%o≤
Y!]S[dh
Ab
1s‘<ÌQ»¡f«6ñ°W}ï>ta §XP•XßÆÍn-5É/Ç$ËY°ıàÂê·eÅ$Sí7,õŒ÷ûéa
X`\•¥\˝s9KÅ9!*áb

Úv_Ìu˘°LÅÍ` †¥s†¿‡:˘.<I+%‘8*ÃƒL÷ì`∞&ÆZ´U7÷îê
∫pChé8™Å-≥K„≤¬<âm·÷‡Åö™©J–@n
¯“/•∞(¨d FUfñ7Ê,ç“pÓÃ!%î˜BVBEù∑y“V=Ì”î…Iî°@!+òûN ¡qÍ‰œ÷:Ã"OéU|EÇ°!
n>Aÿ¨°!Ú7ëTÑêÙH˝Ôb,ë§mL∞çéÃâ,6nßb(
∑<*<œ`◊∏LŸ‘pµq
wÅ#AÅY±<é†"˜&WƒLÃ ∂ ™A'Õ˘“2iéÖœg7¶QßQRÄP@á0r<Í!®ÄGÈÇÇ`ïÆ¿˜û"π¿˜¶∞j©
(!xeVCyânÚ&YÇI˘«Ë
,[J–ËZ¥hÖv˘¶¡ê{±Aü6Yl‘∞nîÍfiÄá¨ÓÄXS¸ÄtÍ
A}≥¬}ö
ì ˇÔ◊H‰ahÉ-R¡' †∆ƒ÷†l¡&s®:á2‰Ñl¥VF¬ìp§ÅMÅL¡
qwÕ@G¶¢∞€8.:ÿ>¯É‡É? nuô§ZN<ó-f√‡\¯Õx–·P•Ê·*,rlfi•Æ††6Ü2
HVDÆ/˘É¬,◊ñ‡§ –P'0iññò•f≥%->¬ËZ¬‘nu‘XÙV±
·êCzµjà≈9äß÷òçç ı4{h˝xE¸“W'ÿ∑PLêƒZó¥~ƒ~·ÓE'¬Ìp°
® †ˆbX†à‰&¶ÉoQ•¶¿àjäwë,A8˘LA,·pm–Ö¿ Ä„uM/∏€‘¶&`¬L^Y¿8Ä
îK¸ñk]®qÖ'…•ûäcùQÜcòÜä9∂1r.ÓVÂ
/$cÔ‘KV‘FV`ÂΩxTƒ§™ÏrA2TCÎfXÊIYÚ£ ‡n$ZÇÖ¨Øh±Ô[Ãlä&&˘Ã≤°È9l!±ÎW¶ÆXY•j≠é^˙9™Ä
nÿsÈ#âî~%Ò~ÀPlSíπà÷Äää˙ áfQπ¥ ”é®åÄ‡qÀ ìM·FÁF</ç≤«h
™†KÕ Å∫-wè‡Ñ{˙ßaô˙¿¨°sπ©A2t◊Q–á∫≤kQi
ªù&Rg¬íYúÑÇ.Ï»áÎ"˜VÈ<≠A/F2≤Ä¯äèõ ”õ5H1Ω–Áò◊öTthÃ¿•["Œe¿fiπ-
îV9t™ªªõß≤&aËX'X≈çÛŸ÷[Ç¸Y}áÂkß·†”EôË7∆:I!«¸¿D
é˘Ä¿8ofÅ„J+§oã hK¶ß¿·hÅda"°¶¿ |†à`/d1\ ∑q-pΩî
÷@ HÄ∏?ÿÄ:‡Z†ñ€ñö§∫Ë≥P/V©of?üõP€áQ≥Å∫l»`!U/ÄôQ∂wzg0Ë<*Í|~ßüR@∂ }I≠]TVå
˙y5§¡∏E ü7Ë∫hœ•%îÆ-Ëlÿé¡H@eîÑ$a§.≥#Ä∆ ±9HÛp}:n¸#
√AË1Àˆ≤¡*≥-õ•·EÜR)<m´ Gãáá¬¥÷MhÀ†LêM°haÍ~°z1p;–˘JFBÎ)X`ßãªz4˜'ñŸBÖîê∆Ùµ-É„∫
Å£™;@;∂¬~¡H≈Xy80ÙB2≤$2ÉEÊ°FÄM~ò´≥ì@õ©ÍΩâó≠ùEœA4¨'%Ù; ˘ˆ2W%ë≠-
fÇ(>õö:™#””èœ¿&Ø‹&fi }°ıîÓ¯W(!†1Aÿx√û“e/Ê;|ä4Dê≈VId8Ö@Lœ§Ø`ø-¥ÑÏËÅ∏6P
¥S∂Ñ∆MÅÑ¡ÿOÅ«}∑Ì(∂^∆Ö`§A∏WëÑ)®?¿
~°‰≥Zs˘#•Ùñzí^8R66ŒfJj∫ÈC˘>°ÊeE™çw®MÎüÙ†KÓ|•√
"ÌœQU–©XÉnÅ”D4õß”'¿¯–>nå3^F„£9l¡]TG"7}U6LÄz±ü5UP%ÍD>UfiCÿé·aNí7wfl≤
‰Hüm`!c®â`@)˘ÆÔú"*PJ††P‹¶`µÅÅ™~,¿ oI•| 4–l^
ÿpÕÄ£É@ßâ[Ã†‡j¡§u∑Pm-Ób/¥k ,®ç`BmßYc®MöCÜ+"C&
„Øc«|}j¥fÕï#BH
ôÑÖJ,YzPy»å 3˘gô-bÜN3H•L≤&UÆ_πéÈ"öW“\Lõ*≈ÖäU‘[R•R≈ı-
´V≠·œçI˙5k∏p„∂Ç˙6∂k◊≠‹∂m√vM†¥c 8ÍÇ
ñ^[©>]Ú{È•KÑ
˚isxMñ≈m˚!4¯Ô•Rì[&ÑIS*\•asÎ6kh–flHöfi&:5ÍmÊXoäñJà3•hıDPÌS|¯ú˘>'xAUâî(·√å
Aep˚RÜè•I¶Ò§¶â0T 8)±°Ñã)e õ9o¶Ã3kŒ˘∞`AXP≈:k'¨mõ∂-CD`\≈Ö`A6îÕ494`Ñ–`ƒQ˘.∞|íJ
*î¥!RT$AO2Õ†>˘ÙíJ9…DS
;ëcO@]¬î.L!u#SO%U,xMÖÀUQmµUYg°Â8eu•§Xj©ÖZ[‹|Ûô\Û‘/y¡¬◊'^ZFIòê˘qXck¥ëÖbç˘Ò!
ñIÿõ
µë@†aS/j£Ì©Ág•Q©ß[/l£ç9–P¢“∞î"BBä-¥4"â$}P HåbΔ@PaÀùAÖœÅ±á%âD"»`Ä¡G
$ÄÃ˙=Ù0Ög¯Ü^ØgT–¬,‡±‡Ä∆p”†6˘◊ê5Aî`Å'6$ÕÉJ√PCfif{Ã˘/RBfä]A∫
q“ã,úpBK$Ãp–ª˚û@¢J:ëXÔ°WãRD·àî¿KÒïT GÖã*PyïUYZïı'8G" ±XH™ïÁgeÑG·
jôW*∞dHK)î &faÑ4ffõäùÈÚ`qJvI*9c≤g«\£çü´˜˘ñ[üçÙ–xÊô'h/|ç@A ,∂M
)ó)óÇ
%çêb)ßfÄ™´®|î1ÖNòaâ)§0≤àwSb z\áv°
“[o|˚VFAåÄ¡∞l‡¿∞úÕ6‹zÕ˘ÉF∏†AÅƒµÃAi√9–”NC(hFÛQ∏§R
%Ñò“˘ogdq≈%Ì{O˚ {"K&ÆdÔΩ.Ãõ≈%3uåéM9'R≥B'- flBdƒ\IVXs°'[f4◊»$üœ-^RñzÀÜ˘
RH2ü˘doÆå·ú©∞B¸œO7ÕÙû¯èvt†Dá>®cBYêƒ'l–!°¥•1à!©î°çÿ‘tµ+Q "e†y/ÜäYT«;>√¨ †áÙÄ
°<Ç∞ƒflñ3>âÕ.8‹'ÇH åCÁ˜π4ƒ-ï;êÊ°%ffqn
íF4.‰>J∞.$ÊD{.H*êdµ#Q
pG»Kå`ÃKRê?–I≈√Q˘RHñ<°¯ËGìä√XA$âIc÷˚∆≈¶ónTIZ W∏p!.\úlNüPô ¬$ »ÇLÈ[_8‘¶0U
∆2~ôì¬|våÅåÜiÍüíñøSFn« ƒ÷@ RPB∏aDAIMlõ2C.Ëõ¢<|`)fAä∑¬ ∏“C¿0Ö/|¡
SËŒfiñ√àLqä
@pÅ.ê∏|Ä(A ÙÛ8ŒŸ âfiäKÁ lt+[…V∂¢
¸¬∏¯π÷-ÙΩéä}hÉπ^ßÆ#(t;âW°\íÅàJÙ£=êÃH)mläïÇ∞8Ê¢*älÿ–2˘==ze-”#ˆ•ö ÇkdPÒÖ-
¿á≤FñO-+á#3!&2Ä°L¸2ÑäXpD-»ú(GÔ¶ÕOBkö¸Óîê◊HÇ=ë‰TJ¯ÄKÉ¥ò`7%√:ÑJ:.,C/&R»b

£‡É§0Ö:ËN∞Ç~@Õ,ˆ&õåêD6˘¿MÑ‡A|ê6Ù!Ê-Ü78G≠%vkPúıfî
'F„-†Ü%UäF®v8!1CŒìÖ3t∂≠äù∑¯"xô»%$à(F3@-x`∏ƒnDg<°≈FC1û/êG«0÷ëaŒ˚”7¶ƒÎFÏb/•íw
´$˘éên`ä<#9ô0Q"íí b‘7≥45∆M˘Ò“'xñ3§,Ççòì–ÑöÏù&¶FCç)Â±˘|"$Ë3Él|©”Fä¨°<‘ pû=à*
õñ-p€L,Q¿
R(É%d•2La
-Ù`tëM√2«É=XÏb@3ìàÜ9' lqˆNÓHGÎ~Bêü E#FÖû5(á=È[É
äÂ/VA°7ŸWΩ €äJ4¢≈®ô%ä-$"C=^s>°fl·Ea¨ÛF¥?µ≈∫®…#W∆¢lM"u!]∏Ü≤óõûL|_íe•cE¯^afÛµô
Œ8ô3á±˘Ò˛>ÄÛ|’´¬‘4£‘6ÄV\¯Å=Ë
!%Zc÷ÆN>ûπ¬Ë”Ö{XÑ)dÏSòbëp<q
Y-bë®[o“S
÷<ëÇ^Åì‡`·
s\ñPúùF6¢!Ãj„«Á~ÜªüaºVÜ∏.Ü–≥áÂ¿ÿô
®ÇsëTD[ÇJ‡E0˘6¢»¿.\·íë∏
äPägîÅÔF ©éËÄ0Ü9åœ$ÔsV¿¡çqL©IM¬8•πmI£tZJJ¢Âáﬁ‘]BµìŒô≥òIá§
Ö   å}'É!ULd“HPÅcö?@MıÈ˘¶Ï‘ÔÑ¥C   ¢’@•LAVaÿÇ±¶≈,0Â¬≥ÖJU’a
€>fäW¨bÿqÉ’+ÜA
g8C≥òÖ∞[e
Û°•*ï^–∏ÄßàD∏ÄähúC>≤g6ñXYm¥;ﬁN∂Ny:X*'8¢˘U¥!   ‘cSd*WŒpÖ-õÑãœùô!
JÇÜ˘÷Ã†hpÕ°J(◊êEqÛõyRÈÈŒ
ãûÛ•á>â•%êßñK]:Ç~˙ÇK}9‡¯“ÎµF˛˚ﬂïÑÏ&]i…Ëå2&K^(,ñ»·‘|/UMùÁ˛…Sûë;F*˛ ;
${@d'k$D{G˘VquLfG
¶`   ¢w¶-
≤p
Ø0lñ∞y0{-
Õ-
‘@
≈`Ä§-aT∞B‹Ò-‘//w„*Ç0ówYüuy;»9H6V≤PœÜ6£GM+&z¢'G*“cÖ'o¡aP∞ó41∂Û.ÚqΩÖfœq˜pdƒEÑ
≤_EÒ6B^Na<t4]U·<#˜|D≤''1d°1ß&-‡Bs5µ©¿d>G>©#   ç Ís.W¿IêàE'~Q
©`
Û~@Ût˘ìJ™A`v4•Qu}íU   ípIÄT@
(k   òÄ$8Çœ@Ç¶Ek»4lå•k¡&˘w∏{ M{¿≥0¡0±k¶∞N•*<A”%1`∑,ŒT®•ìó
;x0˘îdVCo3c£'4d∂Ú¶,jìÑ¢7M`P{‡aŸ‘ñ,s!{$ap(-∑Qµ{œ’[ad\∫3W@t e0g|∑#Ir   0!
áGqxrÊ∞g}t]'ßá§£}y¡|A®S;ıo¨„Z∞√±ì))   Å¡~Úà
…M7(£∂âˆj0Öìúò J°ñüë`ÑÇí∞T†@¶XÄ≥ñÄHÇÆHÇd7k¡»¥
£`
´ }lSi û∞_†˘ã@ï}GPI
ãpå{‡K-tWN†å∂∂‡
Ë‡
¯Ñde6˘s6|%=`R`> }9òÖYòm9ò_¿by`Ä¿Ñ-‘oë{J-
e˙≤°≈˙(fQÛ2I0iècX:«W<KQs9¢<x¡#üf<ØY]Zq1£R“'ëE#ÜfOŸó}})ﬂI%B~Ìqà†yí£¯/
Fß~7U:a'Csâˆùìâ HÉ˘ù÷π
ø•   Ë£@N §‡î≥FI¶Ä¬W l}7≤0wøfï≥-
´†Åû0Åƒ∂ä∞ai   TI
ß-ûq≥éÄ¯y-∂y‡e˘â@œ
ƒ5®-g†£Gzw’uÜ9òN0ÜŸWV-W}% *“w≥ë@X¨"ôX0p)Q"*!F√≈\»pcVQ3∞Y•òÄ!≥iƒg:ß#Cz00±ê
$5]#1MöG+◊gGÇë!3^Z¢Wj©SÇ¡SÑ∞~ áP(öËÁ&+Ì∑úˆT`“„Å,?ˆ7j¶±?ZQ4
∂0KHå ∂k¥wNf«ûa∫
´pÅ≤-
ç/
8
û@WØ@W¢Ä©¢-ü 6Wñ†ã-ïhY£/ïuÖ*≈4 ´`X\@m‹%]'òHhÖ9˘´a0b•≥jV#™°œJ
∫Å†¢ë.pX;G@1ä"3∫Öú9/L•9S?MaI-FÃuö∑qàƒÜs∂|∞Pg%•
πG~Ù¶eqj3.ªπ}XÍáˆıH<¶!aEø;Íìí†πpî•£ŒIÒ˜¶òË„∞
õÊPã4fjt™1ÅF(◊∞ß≥$eN0Ä•@kHIûH   ïOâïÓ9à˙
è*w£Ä©[ô≤Øê≥Ì©û!f   7ÀÅ|S|-ïX66S´.@¥]Á£WéI8´=Ä<Ö˘¥≥:¢a¿°ªÍ´ªÍdp¢ÄêÖ∆˘Â
¿\;gp%Ç"ø„èqÛn2?EÅq¬-\§C™%w±Ü?¢0Æ‡<|rL
ßsr&h•· "≥ô'√ëâ¶S©£Zî§>Øì“.˝öÙöê¶lîß÷Iù†&ùz¢∞´A∏“3·0`®°∞”Ä%∏`ó-Uú≤`G¡•±!ãª¥

fvß∞
´™)ä≥ä†y Mz
£
¿¿¡¿¿¡êûØ†Åôj ÎX™ƒ´*Q¥~˘´F‰kM9†œÍ˚HœRÄaêaÒøvêiøc†wöÚØ5Ã∫;a4&"NP£\ô’ö
∫∞iG¡FE1¡lD¡iêÀµ\àÜ≠lhGu&¬%
gQ=LÇN/ì™[}"Gu¶êò!„ÛHç–sµ;∞ìíêm`ö´~úQ∞˙Wr©§∞ª∞¶+ß|2Ïö∞õX´«‡OUΔSMñMß8V¡0û ªª
±v≤å…¯*z∞üŒò<¿Rêâ
Ωêœ€°“;≥≤PΩ-[™"Ê©{P°x i Ω= ΩF óÉI»F¿%jú0 Í´ΔO œÙKøvÄspøîdÄ¢`À™ ∫eÕ∫;,0\.-{^
\,êπ9”ê≈áqlrÎ ™IÀ…£Üq%
π0!ß¬1Ñ·Ä
c°=â[:sÊI|1Ø˛I7,e∞ì.á[$“∂Çë¶9É° Jùhâzí?Î§eÅ„LŒËê%°nÊ`ŒÍlÌ¨yœ`Zƒ Bh˘ïbP¶@‘@Ü
uä∏≥&˜ÃHôä¥ ç¿`-.`n)M_0á∑+∞Δä0
Ã˚°–Ωm«Ø`Ω®©,K°ä–°hø0œQ …QêÂ…O€¥/Ä+-»9¿ÓQ_pVp…h`…h ‘Ùñj‡òg¿±≥e(a"/ë"%0)í¡3Ü
á¶¡Àvë˘qL∑¥˛fð°ö „0%
ø¨÷*|=ÄB›Û="`2s
âˆ%&ëÙOÍÉí“e0"W bÚöÅ ˘v∫4fi¨ÿHúâ
ÎCôáŒ>4ŒÊê„–ŒÏÊíêLV_ôÑRñ@Œ`-úz®m–¿@˘åª≤÷ªå∞S∞–Õ˘Ÿflx xÑ<òu
Ω––À€>-¶ -£P™\©>˚Ω˘ã-˝+m“È˚˝óQP90–4≠œÓÎœV0w0ñ\øò\øÛkZ´\ê‘ÛX∂("£Ω˜p‡@–
ü‡3s· ÀÃ’ZÌ g®q»"\fiJ?I:]C,˘Àœú${s(”2Ø[^Û#√_í:ÁÉ>"a[IPÏ¢/äKî`6∫
î∏'nö4†–≠aŸn–Œ1~Œ/pÂPŸ–
7^5~Á`ŒÈê>–
œ∞çœT“4∑*˘,y
W˘6ß8≥©
ı™
ïd’wos6•RéH(òÖâ´“î °˝
≤ €Ω@Ωô
™ÿï…õüypi˙€“Q‡O‡BçÈ´*∞Ì0P F‡jœˆfi@˝”ÒKøc@ZUp[˘“{õ.N©\mÄ
§π¶£fiúl¥˜À˛M¡™~ömñz;÷Ä[÷Ê˙0Ç´G¿¨1mp≠H‹ß3ÒstîÒh˜*eŒ·BP":ë&Ö!&¬˜ êU¶‘?
V5u0nŸfl`ñ=(?¶
Ôˆä¥îÓ&%BN
ƒÅÃ–ñK~´N Ä<ò°Õa¶0¬pïÈâïm–≤Ä
A˘y-¶òáŸÇÍXâ-ï‘k gé w,
ãP=õ°\ôt0òO|Pz.‘Oê*P*`”é‹` ã^Hê”:˝”ñlı+Èa aM’§EÎ=\ÔÕ¿/qmP5k:∑A/∑±¨≠úA¡w
±ÍIèzõê#%Î˘@g∞ÄÎ‘ÉRH"Hª~˘[r2 Ÿ•‡®¿2^j&>ä#˙"è1ÉAtÅ,ÉB`ÿ>(≠!˜
€^(Ë„î>Œ’8Ç‘Äû¿6lò™ÅÏ ï≥ØP°}´˘úøè/Ì˛â<k®àZ
ql 6€8o–÷…hÑ•˜*y0 m.
} ‘k«qá©ù–k7k
í
{‡«i–<zÆøxéÒ}fiÁ8 ÁÄ˛»+0Ú`/PÁõ“x>‘-‡>´∫˙V˜®¶ú¿‡, êÑHÜt}Δ∞„ø’°_˘ç%X¬fl≠Ó≠?RôÀœ
£H"å∑~ıÑª–â§z¡
a+U™Kó>°Ñ˘Í%ÜÑ˛¨Y#hÕï$ìÃ¬B„Δ~$Q*U*,_”¶i€v-Â∂mÊXœt˘R¶6sËj¢;g]∂h‘l–"µà§:yåÍ…
£G-û:{’y˙ÂÀ'cΔà˘#&Õò¨Y≈H·Ò,Ö0N˚òB5ãî,RjŸÆ%eäë%>e PôÇwäìΩR¡%ëöj¢Eä:uıJÒ,W¢ã≤
¥gè%QíF-3FJö(8û†A
î'P°ÄìCE*^¨Ë˙°A/\ ëÇ$ n4R@€Axò‡a§HÈ–√á.\â˜˝C*UÆ¨°dÎÆc«¢3fiX¥_π ˘ÍÆÎòz˘
\∫∏„ÆÀΩ˚cπÍ◊œï.Û˙>ÁÁ/@"pq\XŸAƒÂõoΔy0BπÅ–Asœ·ÊöiêX>Ñe Å2® J¢D?˛êhç,Æ†,"!
f`·HpÅíXÉê?1Ωh¢1)õià4 •ñ∂AG't¥iÚúú§,ßõn≤ÈÜö`d•E¡„1Ô˜CL<ŒÛ™4÷d3
¨fê„9Áî#ç'x‡¡)|¬Sh
RïEPR$a§.*ú'ÂÎ≤§
¨é:!lƒSÃîΔ [§0¿X%.©éã, Uü b7“xäpXMÖV∞†˘]-Å$å–Mä0Ü
cébâ#.4„ä '#\˘` > ¿≤X£êlyÔ;d¬Ø;Ù–ÀØ;˚∏koΩı~aOvŸ’/fi˝ÊùΣ√z‹Ø@UTÅefl~+t0`nXzêB
±1 œTpIÖïÜ˙%†QÙQáZƒñ¢g‡XGqdAàà(âÿ@_∂˚Âdïª#Ró]6Á&ú§‘&,≥ÙÖπ
´£ y$èGΔ≥Ë1…‘ Õ4Ê˛cÈGòÊ,O#^!'$IkP≠∑&ÖÆEÅ ¡ §å2ò*c‘/Ú˜K ClîW<MÏ1K05CR0ˆ$˙∏R
Uµ’–J
ç˘4††56[-»’Ç@0¢$xàâ‡äCcéÃ/c7$bΩÑ>`!à#ÆkD$\∂ØöcœÌ< vy◊]Ù‘k˜Ω˜∂s∑˘ÚÃ
€œø˝‹ê˝ EVT¡EV`ëiõÅ∑˘fõ
+%Δ$iÍ(ƒTäXbä-¶dEA/pÒ
ÖÿòFfi˜@«êØÈ[>¥E Z¬∑˘ı![÷F9®î

rX©ŒpÜØÄ!ãW("w(/-1A
>¬dí ôòV' ¡Éé˘É=∏&)¡ÑTÀ¯ ãRƒÖk§#ÓÚ(Å
e‡1
K<m°≤T◆`îD$B¶Hå)ê˘ËF¸-RT(°XL¯Ñ(%`U•i† öfiÏ&+hçTê+]u‡¿BcéÉ,b
+
∆©^Éƒ¿ZW◆ÉA`aÔ√u±WwåaüqıN]˜a/'5¯%«ëÚjΩÚÉ/u»∑8Pøö«ØV8BüåP(´∑ç
ugaA>°J¯àØ4˙“£$\Ñc7"Å\P-Å
kêÑ"ÓgãOÑÑ§8&CÏã_¸,-xF7¢ë•,%p≤0Öó^Äî!ÊLèHƒÅV¡^◆Ñ”/Av∞C∑∆ à¡HI(qkjaÑú@˘≥ùAåh
-Æ…@$éBâ`J"ÍêF$ënGÙ!S:5)ÊI
´jBJCö“D
°Ò"i√∏\Å¿6hDÇnfi¯∆6«sEAú33ÙÂµX] £ÅAÊvF
ó1|˜ÆE¬á>ÎZO{´sûyOíÛ¢$ÅØ…†Ê-ØaÕª^¿¬˙…îï{©$H*ƒ˜ VZL"Å»ã,¬>Ã¿3¿Qµt©£$dA¶-H-
¬cJ¬∞Ç¯)>A[Éƒ`ÜØÇ`Ù¢1úP$ë† ≠ÇüÕƒ#2·“>B °◊ÈÖw¬”µhÄ'°¿#D·Y ∏@®†XTÙ˘”∞Ü=f
o˜`Ü: vü¥Fr%Kã--¢≤êÖ›£D$"QêÒ°®|¿-‡†∂ª\vP*j•û˙bZ”ö°¿Wh§úws˙ Ep\‡3LH∞¿
%yôTŸC©∆8œ1jáûu-'>ÎÒ›#%<·X$»¬»£◊Ûò«∞Êy“√'ÂK¶ÅNí®
kà`)Kà®ØñBH¬á6Úœ˜QKG3‡QØÛã¸ô*bÑG<rÃAÕÕSrÛÑ'2 Õ“!hö
8…IAGÑ6N·;◊i∏8xû]ˆB<8[zñ-h¿Ä µñœïƒ†(¡à7P˘ƒ†1íZCÂî•t£´ƒπ9Ê∫s˘!ûËÉ∞ƒ¿Ωî˙Ës
@íötãûÀk*ñ3∆Xœo®¡S¿¿-.†-äÒãAûá’¨ŒOxœEª](X¡Íqµ!'ìÓ(]Ì:ÄdØ-Àÿb≈-ú◊/
7`<àı¶áçmph?hE»AR' =%!…¬ãj„[j$G÷“•µÍäGí}Ô'¥ ,)aÿ>Ã•á;t®(:¡ HÑ¢fl¸Ó˜#∆˘Y
:¬Ç£≠2¬IãGÿ¡˘≠k]f/T|∂≠≤≠ çÇX¿}Ä°õEÁCŸô±z∆≥0
`C≤Œ`˘˘äƒäV¥áåÆ√Tá‡h-·IOOO¬&-Ù'¡§¢ˆ\∆5njÙçE®≠näÄ…IÓœ<'b¿Ç2„;‡BO∏
|ü◆Ñ>÷Õ¨µyÓ£Æs“>˘˘<Ö/H*Ÿ≈vE*n°·Á5¨_/ô¡®˜ík\>fi#HâN¥êC$"qw-9Ê>\ÓíË&¡NÁêîfi≈dàa
˝¿à>¬Ù9 !ëY~˘h'∏¡NZ“é·r@<flπ˚>˘9qËBö`q*“”Ñ!H≥Ã√F-˘ÕàäЗ…ın@A.≤ËsÀ'ÀrÜb∑áUtú Ö
€L-aQ„ù˘(-tíîw'¡ÍÅ§ ˙ù˙™Ñx,Å-flS_·) ÄÅ™Ò.xÜjÄÜhê
¢BØA™èÙè]ªpóµ3ó®Rè∑ÎπõØG*∂c≥ªK,ó}i∂ÁYûËyâoØáÅ-¯`ƒS+IB∞XÇ+π¢à+†
+hêÈP∑#®3XÁ”π¿.°ï)1É!*¢Å√

-€£Ω*¨Ω*3∏,ú=+ƒ=âÛB;◆·)ë™8†€9GìÄhÄHÇ8Î C,èà3THãYP®CëãÔ
£åµxÎÉä<°∑EÿAP43»å ò06
-†4 °(-ç_˘q™Û˘˙Å_yØ"Ëπ0,5ÅÿÄ
ê (Å#hÑ[*q/q@RØ•b™f∫˙X¿¨è˝h¿GÇó§óÌêó
≥ª˝ÿ*T[ÿf Uêôy dÿDàÜ ÑFp!;«SçŸò]äé-ÒA*∏Ç38É>®7FXÖQ†≥ª…!@(ÉΩ¿
)3"1yÑ9†2/≠*H+4»*¸G◆†<˙B‡◆Ç1ƒÅêZï/öfh Aò≥z3Ωè4=èòA∞Aê,åK±ÑN† ®πñ$Iì,I>ÿÉ2
¯ØDlPG¸U˘°4$x°4®”©˝+ø<à4äÅR-ë#xÅÿÄH≈‡ÇZË#Zàù∞d¿≥ÀE[C0^¨∂˙EGä;∫êcª∞¡§}i~IªT[
ÿj„KñTòT¿Ò1È6w\«õàπ/òÈ¡Ë-%ç_*É3àäH˙ÑHXÕ,E◆L=†1OÇDT#7öÉ”¸GÉ-Ü√B*§¬É<HD`»ÿá|H
àH<Ù∞--°å°∏I®7wå1ΩATŒ·≤∑qK˘°Ë¸°ÔcÑò\B%,*ß”ì†Sƒ(ò≠5
-Jı+:†{J-˘qÂê?f¡ì…Iœ9´,E´âÄSƒÄÇVâhK≥c¿p·E]è∑#À]∂¥Ã@
|Ky…ÖcúÊY∂Âaeª Ω€\ ïÿk8X¯M(Lh•ÜhÑnÛÉ>X∏ZL≥%s#Å«§ñ»*ØÉ3‡A¿Q>ÿLEËL@-H-å'
xÅ∞¢"9ò;8Õ"§=D»ÜÉ“/c∏(U∏+|M)EÑ"ä∏xí-àl›Ù9G´4sÄƒr«“ãê4I30Éì¥î9Â-E∏õ=AºŒ»àå=†
I8Ω«pÅ≤≠(PDUiƒÒÄIÑÇ-$”:∫fO˘„ñ¯t¥¥JËÄ
êçpÄ
`Å3˘ÙOZÑ@±§∞#$[3P˝v¡∂4]c#∂∏Lek∂ªº-}π-
Õñ∏îÜ\LªÑWÍ∆eSl«π,ÑÈ»»Ã %Ç
>@‡@P@`2-'EtØ/J'wZ“*D8÷ºBÿ§◊Ö√ΩÜ´Õ›ì-/xÇ0≈Å-M‡¥ ∏»pÄ‡°Ç5]Ù-Q>XÉ=xX…êIAHΩ:Ωπ
¬Sìúç'XªÉ∞qØê/U·"yç4◆Ç" /f1T¯EåJ-Åß"#±{™ö˙<Ä∞˘∏O®ÇJ¯hØ≥í@±Ïÿ!ó˚®ù≤è•Ω@
6`∂|PÆÖWH ≠À~ÒU`'-e eòO Q∂ÍFÖUÃ∏¢%rsüºÚs«<ç◆• %vD=>(WœÑ=-É;
0T#="(XÕa“"z“Ük∏(}∏+L<z}8w/R◊°:ë≠Tiÿ˚ Å<íÉuç%6Ñ«ìàu”E∞7ȺπãùâçïX?ïä¥ôXÅ^…
¿·…œP'Gº+* °¨TàÄÿT´¸<ÅΩ ™qfiœ5≈ùmPe5hE¢ıÿÀ±f≈ ú¿WwÈè®•'∏
´*∏˘âÀΩõÅ∫¨KUP∂}QÖTHâa-÷ìòÙÌ ≥%∆ªs9É,0Zjü˜97,ÅkÖÃ»düÇSo%◊@ÄΩ-W§ ∞p/ÔR£F
\“ÜÙBze8ƒçMÖƒ◊ÿ™\;H˘∫N x·
pÄûÄ ‡ÀÑï”+…=">;mIñâŒâıSç≠äöÉ)◆∏ÄÄû4!¸Kï‡x#--"<Å∫òä)ËÄ∏%>Ä´Ã ´l^ÂÂQ<≈„ıŸ
Å*ÑR00◆¯#d0U-K◆
ªqëEsÅ;ÒmK=fl"0∆]]°K~-0`≈Pi[k %ÒC˘h%√T-«Cüpªπä…£ë¯éékçL”±Q3®«@ÿ[r˝L¿M
±ÿ>Õê'9¯
◊öMÜäxR\á#-]ñWzı=ÿ°íì:IÉXXÅˆ≤ S<≈ûa∞avƒ[MŒíÏ!íºõm>¬D†äÿÕ!ö¨Qq+»Øé3RñÌ]fi‡¢-
∫Dtœœ ûùfif6≈ËÕJ6Ü·|fiYPm/@@Õ[Ø˘'fi@™µ@Å<ñ<fi5^ÃEπ;[ï´Í@¨eûΩSfÎóÑ_h,VG~ k±_
◆/T8ëI-íÉñ^ÿYäı±Ÿ´j˘ÄkùË»V ˘òL*∏°+ËVpUUV>à@“/∏?<Øfiœ9◆≤/

s≠ﬂsÑ8¿WÑ„Âá·*t8xBÑﬂÎ2wÚ†9!§¡8Î˘4E-5X5,Å,†fµfí‰=˛>yÏ°#%-™,ä”°AÅ
\QÄ∏ï∞‘ÔjjE}ø˛{J8ﬁ„>ŸH„
¯bg÷Ï˙<Y¿‡Ç>ÖbXµÒàÜ9Ü≈:^’Y|UÜ^Z¶™’w©’
§ã>FÊπÌe˙h`u_hî %È^<îf°n{<Àƒ%+XÇZ:Ç…è±Èõ˛πç˘   ô°®é ◊q]Â
÷•ûEåØ>8ç}˘
34k;k´fÔ≈u≠Ü€R+Ñ∏<Àe÷“=‘*k9*¬™¡-PçÄòaÿÄ`*êÎªUpÂƒÊüÔª9q˛k3∏ãQôÚ+ÏPÄ√œï'f‘Ô/
¢ÒÏ•*#
E…F≥„˝büŒ5vÊ0X5ﬁ†ÑÅ.+h£ïZı(;/y/;ﬁÒZ-à^P˛®Ë·   ¨íK\ÿªMí-~ÈËèﬁP¬#%ÛêªDÈF8-
>pÈ∏:ı9Ç$hÓr£Vj°ûÄÈÆñÊ-÷mÕª∏-qW§W=∞ãwN€]•bïìÿÇ-ıˆ 13á≥ÓÍ∆ÌÍŸ≥ﬂ˘!tö2ô9ITôS•p
àòÁ8Ö”ƒV>GuÏ§I$N,°pÇ∞   ÿpË8ƒÜÅDúú£0.5≈Ü(5ÿthU-Öq˜büùﬁP˝Ä#ÑR*Z§À•¿5¶Ω5uQ*WÖ
Ì_   [πCﬂc¥ªdÎ™)Áme˚ªhúﬂµÙÌ©Kb¢ÑF(Ñ>Ñ‡»s[≠V∏÷5ó€6◊Í (≥).Ñ˜[=5•X'ËN+“D:*b
ã´∏©ÜÙCÎC/·<„Rê˜=ãÎöÙ?òt≠P˘(*≈Œ’hXÄOÅ“©Çõóû8˘•ÿpŒ!…†>:Ë˘¶»sFqî∞…pÄ
èçœøK„çÚvï"(Ò[ÅËÏ0-vvËY5ºœfÔ70V+hÔà@Aƒv˚Y\ZBÚq[sªà~ÀﬂyÀ˘∏™]urëP
ıË>^   GV   G.ÈÊ-rP∏ÑBÑ{g   ∑»;Çr´∏µVŒÄÿ+ç®° ¿nÉ∑ªPÉøHõ
$Çù≥ ˆ¬ø;È]DçÚû≠j≠v/e|ù<÷ö8å0Éaéì5©ì%\¬à˘<ŒvÄ˛È>Ä˛‘A _≤Qv$u
ß•ŒTª•È)®°∞   õ@3§üu/∏ï9 $êÇ§/J,Ç_óhÊgÒıœzüÌŸ’
hˆ@®P˚Çf5˘$∞∞¨cÄ8fÏÿ/Ç«vÈ:¶ka¬\«rÈ˙’P¢ƒ\s˝ƒòóΔç∏>Í˙à+.V∏n±ƒ•JïJX
+]Æå)S’∂k5∑m≥Üs≤c∏\¬:   ™R£BÖ˙dYì%Àï%IjÃà b*>\Õ‡!√á%J|¿Ju!S¿ú•fÌ//d»|ô"◊áv_
°‡éóœMû<Ò¯   ;i°§â#G±ùΔçÂ8érd/ñ-ñì&çfÕõ≈à#•G 6lX¡¡Ç≠l(·¬ ∂Ö8°¢ªånØT%˘ó˚€
â€>Ëƒ@-B(hP°C/`•àIîÓP¢H˘^d|2ÏnX°¡zÓ¨~ﬂÄ}ÉJ∞‡2©‘-c-å=cÄΔtåÅÙê@   )ËêB   AHP
CY§`Fq¥-Ör(.!yî+,Õ.™å8M6ÃÑìM”H≥ë*.>ÇÀ/†5àldÅEK(Òî3∞p
$ê`’Uae0ÅW˙aÂÇSŸÑpøQaep¡9·C%<ÖöòzÈïÄÜΔeõ!GçmfòîIFßó≠…ôûõ°ÒôbQZÈ-P®kÛ5X¥ı`€m
TÈG8Z©£«!ÁB,hZ-@™tt∞^<•∞]P@ÒDw>!ÅÑÊ≈`W∏ÁöƒÊƒﬁzàJ0ÅSÙJ1øÕ1-$x2   6≠A9%-.
^{m.ΔX§ÀE=î°FeHÓáÁäd“â'©r¢J1¡¥“àÜ“‘,M/\cç4>T4∏‡8àklqEC ’T$9•R^•
$îa=ÏÅµïUq∑9D«N|˛C.Ñ`W!àå/‡-◊_hz≈ö^,Vr†asdsFÜFóÜÿÕúy÷ÁfRHË†®•ÊZkÆm ¬≥±•
«al[múŒ6Ú»˘≥Å√1ÄÌ¬üŒ>®§öäF¥Ö´´ÆäD2»PBÈÌ˙öÆ~Áƒ Î|H‡gT“ü˘Δ0+êÄ¯¨Å8PA◊ìPàçõ-Üùg
x°∏z∏ëI(ÕH¢Í/©∏“5<\ÛzÏ∞o≥ÃCµkÃ-©\B…QJıx≈Dû`díIn•UÀs5A   \-}’>ÁËN˛ Ö»=˛p
\xŸÇ©bäB+îèCÎ?q¶<swáÜÃÑÂ\Xcı{°fÃ˚À}ÑÂœ2>Aö^`B o±ô◊hC%™pç-õ`ŸdC6¡l!@¢`\‡ÊA»V
˘   F@¬»êÄ∫ú5Îyöj‘Å_Â™¯@Æ0T´@¢@gDj d['≤-µt-ƒÉ<dC%¢êÁ,":+R±#YóÍﬁ≈ƒ°(åÙ™
        Ï∏AFÿY√ìÛêKJQâB¥°
Jπç•§r§#!i+zÏ í§Tï∞Ä≠{>Î¶|-ÉC~Ìê_˘¨Éÿ}ËÀ÷gI4a“UÇ˘_ŒÏ`?<Yf0¢Ã&3•D¡l"`öﬂ`®…
¶lTÉ‡TF‡[J)ó`À3hðúáÉÛ˘†NöPÖ(tÅ\»ÃÆ2=ÛiçzT≥+_ÕG†¬˙P
Pÿ˘YE$"ã(!Å$ùÅB†»9ã|d#ÚÏà)Or˝ÇtÈrWÅí¢‘•BE≤+„Ï∏Åç4ÆÒ∑Ä,@-ª)Wx
ëàÑ§™lÖè √ä√ 6¡Ä
Ç^”TŸ^‡ÇIño"ÄA#πı©œL2å<j˙*˘qRîÇ…%ô,…ÉdÚUQ(`…dË∑W6Œì»)í`#àÏT+±©M
l<0€¿BÊ”!<Ä¢`P¬ 1∏3eP”Ï ØL‡
˘&V˜dÄ
l•C%>qãbêsúÊHC&ßê=ƒª¯≈µÀN-ôãüó<3,yÍì˘.·bL4;£iÇö≠*FKΔÅ‘å5±2ûıó§,ó•√¿Ê®Ñ·E≈é3
Aë•xQﬁ.Lz`˚/â;öv}•™NJ´„\Pg“]Abz…3ùâ¶4-•`√ÍÖø‡‡ ñÏ˚0˘*#¨lÕ+
0◊Ø`uSríË{$©BÏ™a·•ﬁJh6î‡d ¯‘t»`êıòhçÅYÕ
√/¡†,EM°‡kƒ'®π0˙@   TP,,<4$gŒ"^Î∞K§:œi-âdéZ!ù!;œyÍÛ#AÒ¨gÅ"-éV¥
°’ƒ@m2ªm§÷<!HKRëäR¬rú˘céPe+'!ÀZBÑ0§®ÅH¥Ïöd≈Ã≤˘˜Kz+Y…¬ÁÊ7á0P¡tYˆ3Â≈L®zÇ^Â™?
Ê/<h-0aZ>œ∏,ªCjñFaß!6¿@,m…€<IQıîf-%Ì◊ƒãÄC(÷˙‘«>&`@¬˘I_)ÅhÑ §>ÅcœÖ•Å#Ù·©∞EP
-!ä]'AëÜ<˚∞ÀvÏï0WòfZ¥H,0k.M-C&iW˙ÈY
9BV≈Ïb7Plò˘öÜ@^ªªTº±r\ î@GÉe·IY
Sò2-*syxB◊˘d-°ÌÚKg˝äÄ√˜\ãGÄ:áÆ
ƒWÁï>/Î€3™j
òÏäW}M8tuÔl>óıΩ/‘
sË õoäö¶ÈK†”UUí~#&À_Œ|É¿’|
¨.
úL!Ä´M#Ç´ó@√“œ &0ÈB   ŒïÒ˘uRã[<BúCå%àX†s*ËŸqàcãÿõÆ$¨∏ÒEHO|Ê8(A!wèS◊Ÿïh¢¥
¢EwMfgçvoﬁ±≥F5|b'ÔÓ°Rf√ ~Ü5Ä~
ü8•Œp:ö°
™ßT◊j=@Ím÷'kÛ°ªÅ<˛ˆ∞=Ó;êqÍÄ@t6UD~˘gT!˘mÌ{ﬂT^>C€π¯“7üﬂÜ^0I†¬¨!¿<;ü
H 6ãí`-]Ä˙R5IùÓ¥Ú@
6ìäMlê!¢pB
+*Î.Å√ÕTA TB%∞Ä-ç@X<ö{H¨Åà»/xŒ≤@≤U>IÆXD®òaY∑pÀå±¬°àãEh

€EÏf¡SàîD∫lVπùHº(^êô„- AÂÀ5ÏãBÕH*‹B)\B!Ë»œÅﬁp^∞¡œ…QNô t"\AHÅçy|ÖöQ
\≈I¿ÄŸÖ9WÔ˘ﬁ˛^©ü«I^üOùå•Y˙UÀ¥Ã
‹ÀLó©˘ı¡€4Z¿ÿÌ
‹úëï'»@TµÄ≤
h/-YÖVX≈~"qçÕt'ÄX"'«™S'ùÃ%ú4a@TB-úTT¡'H}@ Pb¬/DÉ4D€A€ à:mãÖh ãUj
)÷Ü‹N>≠†I‰Ç+‡Ç∂qﬀicð}€
zπÅëè…KL§¬ha#6œŒ„q√„ùñ7D√F,T*8T%¨Né-ñÇ¨A!B!!Ãc#PB#LÇ0Ç‹/l∏÷âçÑÕ"\@Ñ-
A"§ÔÂ@ΔÌ^ÔÒutút©HRJùJê‹O=®¿ˇ
Lù≠Lú·%›°ŸÑﬂ\ò{¯!°RD»œ›~ù"N ∞üqW"*Δ_°ÄPñÃ8¿Å±«XAõë'iò¿á'B-*úA)™ﬁ≠UÅ§.T€
A≥H9UNÂ®iÂF‹à@§Xµh2öDÊ3ﬁeI‰e.êÑﬂÂ]1¢ù4v5ÜQ,ï,±€„πõª¡c^œT^>-
(»%X&‹ £QÖer¶Ô‹c!‹c#¬$HBBPÄ…Ä'ôœÏπÊi¿ﬁﬁABóB§B Ÿ"YJë·ò$ﬂx·R§•Õ!uQWu° ˘ñ-iHÄ4
ßÖyR5Ä»/b!ﬁ¥@"ÊëilTÖç®å/ólê©1«zÿ«êU'êUB]Œ…FB1T4‹B-|B%B`Â·ÙA#§¬€√3ÿ¢ÅƒqKbı¢A
®Eh†ˆ,b-÷Aò˙I†H]c^2£^íã∫ËÍƒ©à∫]#bñ÷@YCq£ÏlcN†"O8ôC]:v&%\Çl}&`é^¬%¯ çãÊ
$¬P¡T·1¡ôõ]@Ìå-müC6$ÔAC&i#°LûΩÕwpdu
Á•ÌÊﬂÒ•avƒ@¯1¿0¿{»ï\EGDÕW‹" N'˘T"íhÄê@
%)ÚxöU∏¿ÿxÄ˛5ö]ÄUÅ•gÿG¯ÀÄ{ñÃzÑ@∞A(É70,ÿ*à¶˛'(‹Ç"√±ëXÂ$ÑZ÷∂Ïb˘b™:ñ∂‹›¬Ω
\h2Æ]Í%Ü™ÜÚ¡Dº¿÷añV@Ê‰π€äv„imÉ6ËKÂ∞ã9~Béñ&‹Ë'ÄÇìÒ‡ÂÌé-
®Ç9Óh)pk#î&êLSV)l6)ìÚ^Δ›u(d"ÊîZÈ
úœ¯Ï≈rdóÆ@«ïä©Ë´LÚÕúÑPö¶©Ä\!'"âÄuÚmLUrgûzßßíIÖ¿óÅ†"%5ô/°2M˘z$XÄ•Å±(K5D4@ /Å
B)Pe8Hkõ≤,Ê(âUÅ0®™.ñÉ6[àÈ¬@h ﬁ%ΩâH≠≠3"céù?ï€àÆƒ5≤Ç∫%^,mc7vcœ\-Ï‡7‡
ÂÀj>1CÕC'»GÉç`1~ƒÂ©Ç-ÿ(‹„…Ëú≠Ù^S"%ûΔAÊÓi!j¿&jltç´˘òäF˛fÒ-Ynn‹$å\Ú° Pk•|têõ
¢ÜlX˙i h¿Tuö5,~≈¿U»_WÒ_≠-ﬂzú'ÆàÀÀ'È'ÇÄDC5‡.≥ À/É/ÿ≤ù-"b≥$D:i ˘b-D"]DPœ:(∏
\Ñ∑%ÂLÑ`1ÍùΠ}Ü"£+®ƒªfðÇ/¯
ii¬5¶-
¶h•-4∏€÷VÉ6HåÏ-˝÷/2HÉ4TC˛ˆ2(À•
D1ÿB)LÇ?éåiÆíﬁ¶ÚÌ›:•Af˙-
lÜè∏F ú™¨ò"Ÿú_n¬Î„ÍôÙ'‹'k®)R¡«õ~Ä•,}EïÁ,ÈV@,≈Ñö˛çÕ≈ñ•Æ|¢˙∞} ™ÅP
8TÇ7ØÀÌŒ,XFB‡±‹ÉØ≥Q.4.NNÇZ†ª%F0oa›Ï;-Â?…
˜Üˆªò14~(/uo5Z„"Ço˘˘Ê'û(÷Íƒ7û'œ≤NC5LÉí•Q5X√÷"k!?fÂƒ Sû˛¶Q!À,/à¢•PÄ
D/Eu,0Óım'˙ÌzB$sΩŸΔQ §nüﬁ´sïÃP¬≤Z•r 3@ÆYX\ N]¡Á''iNzÆ|q-Å/ÿúrï5*/|-Q~P
}ÿ™ŸÄPœ$√Ì˙Ø…~Í≤à˘¬.KOÑ•JµDƒ.òjm€ÛZ»AƒòÑﬁŒá!c"RØ4B£ˆZoJ∞N>'>gÎ'ñË'>û7>^◊Ê!w
£í≈Ô ÙÎpCC;¥CkNHt◊NNh◊rm}˙B˘-•$¬LÈÓÌÌ.§‡zrﬂ6p∫Z∞≈e2tm,ïÜ‹ty•såÚ˘*áúP¢«äJ™i
\Õ«
œd◊§TE¨ﬂeî
ãö$Úü$R›Ä N33á˝•9A
$†B5CÉ◊˙«ãÂ,>C7ø„¥òÇpK[/ideéÁ»]F<Ë›iD]éõädJ∏,§È§Dç¨é·Ω1?
Îa"Òh≈N„±®cNûã‹ã`ÉD;∂ë›ÑDÀéEkDk˛61Ôn4êÅ ÅPB•çÚlãê≈µ≤ä2úëUπÜå*œt6©õ
°èõü^@"i†ΔΔ"¢\u5≈ÜTÅ$qè0/åLOuïòË¥Nﬂê™È-˘ } Ó"¿)Ã,±YÛÌŒ/„≥ù•Z∂ÂÌH[£˜Ö@
GdÑÂ(É¯"´í†ﬁù1èJ‡∑ı∂J•SœaÉÓ?#ﬁ5ö/c*¶'+"SðMD∂ëΩN%Y˙MËDãËƒE[¯±nÉ7HC6d4@5ÃB
$î¡åÜŸ‹Wj◊66©&Á-'©ﬂ.©Ü$…ôúu©ﬂm÷^$YáÙ›ô˜$|®áÆa"t◊•Ö≈2dì7πVÏWÑ¿\©Ÿ W
´A◊jTı]Ywu˘ÄA-ú6˘j5|Íô+À@»¨Z¢j9_Œ˘yÀÿÜTQ//SFpƒZ'QÉ8ËåëDªêqL∏äîÑJdÔIpØΩ±>xâ˛
≥ÄóoœÔ62vb∑[E6·ƒ•G˙•/8Ö;ˆE„Ñ4¿Ø6p89√,L-"ÄÅ Å^á´&∑Ù‡2WmÉüΔ¨õOj´ˆç´kB∂∏sÕanÎ
ÙﬁÂjÅy"J®}®Δ§M¿≥ó¿≥{›≥7IOÜE¥KÄúÃ)ó-#Ÿ ßh,πG˜ÓJ îA1à˘≥p˜ô˙/å5Ò: -8CÔb)ë
´∫jyŒŸ.¨ı∂L®øS[]"w5≤¬&'wÒ7°Ô∑`"∫L®õåvƒS+ë
ÎÅ[°°]6˘•?∂°'ƒ¶Gﬁ•O∏NT4ã‡◊ZtÜüÉ7®|1Ã¬(•Å¯"Æ≥vn…ÿz&á%2p~-ç˘
B"zJÖ©Z±Ó›ê}Â5ÿ5)˙
≠Δ0ÄRIª¥7I'c˙d{∂o,≈f«-€ük®/|Uó´Z•A1†ôõπôãı≤®"åy1c1÷œHøc›˘ÔbD{gÑATõÇ÷ıº¿*¡s-
÷»-Ïµà,uπA≠âvii&§&®Øb.Ê'≤ËMxº«C8Ño:œ‡D»oCE+…
G4Üg√Üw√©GÇåÀÙ@vÄÈãwa„öå˘òK'z¨S©($éi
˘éﬂf-„¯ú
u©œuX%Ãi}Ü-ΩUéê◊\5M/ı?Ä÷k¨+K∂3M…òäøí§r›8•{·älÿ≤:Àô3Œ≥˛«/Dq£ÏZn±≥µÂÊ@%2ñ
+◊ØÇ˛:ˆã·/cu)¯kW¡à,"àK'-UUÖdKIVY›,Ë™„«ñCΔ'§J"Iö©jŒƒ©
'ŒO>ØM≥vm(7kFØ]Cö4È6l€Æ9Ö*ıiU©Qßm:'/∂m/Æi„¶ı´6mŸ≤=õµJœ+Rz•x1D›u;ÄË∞W/^+^Ñ!
¢Æ¡˙Í›k°É«è_∏`ar˘cœyU˛]Å#«äùa‹±|BÑ,8àÄıÍ"ØK´v‡`√H»-aAoﬂ¥\ÿ∞p«yÑ^±∏1„
£%Sñ|√P"§ECÜL;4d£ã¶-òBÚè!˛qóCÅbƒhó¡Úö-†|Ç∏r-àç\,h$óRrå$\<j0¶S°ÈAMv
i¶%'DL0˘Dk¶!JD¶ñ∫•¢≤J≈´ú"õß≤ä™´Æ≤Çäû˙jo¢qÊE'Cä(åËlÆD≥´Æ%ÛaÆDÄ'axÑ)Î l/ÀclÀ
:S21∑ƒlp•Ï≥VMØ'XK≠Å9h†5ÿbÉs∂ﬁX`∂>˘úÌ4…6ÜrÄ $éCrÀ.¨äÆÅ…ıÅhé·NSÓƒ;SLü˘ÂÙ

$z® Ù&(@ÉÏ;H YmøÙ÷ÎèU˘ƒe¿U9∞@ó ¶òndØ§MRŸ%¶úh¢Cg/LM>q(kä∫E¶¢Í ˆ©¶Lt1E°ã,¨∏"«
≤°yfòIÚ√ä(ê0BÆC≠LrIΩD,Ñb¡ØBàÅ0ƒ„Ú±«(
ÑÜ8ØΩÓJÛ3π:ª´4"NKÕ„J≥3œ·bk`ìùçX6‡OJü;î"£(B ª˘òcÏ·á)£,Ã
B∞4°j§©F<d<M∫<ÛH=∆'RUÖØ>\ ≤µ†¸∫h!W1™o£ç%õl,$éÜ%©X#úI¬3‹ÈBj1ë¢Bä(ıN ®o
°◊)l\$¸[¬–çë,le'&+kÃï á¥7„p∏Iƒ4_rÖ˘Á*A J0J° Ï≤gÈ(Ω@Ç1≈ÏI5s‡·3¿ÎÄd◊@ñ
d<á#-?˝tÄï0¿N;QõÙπ+c(ä(ËµùÕ'õ¨k2†Ä±J0√ñh¬#øªhåÅ&˝QCuUÉhÕ
%Ω≠çIH'VYù:˘V∑Êøj˘Dê]ôMWcÉÖ{,óxƒX1≈±z- 6´Y8ô÷Ü6¢eàHoz˚∏Lî"N\Å!å∑çë*]
ã7~QILA
R∞WrÿÙ§ŒÈ´ssâ¿ÜØa0»ôc¢;%B˝/Ìéì±}ë&8Æâìk8ˆú‡©fyhÄÀPÂ-OP(rPz)cg/íÁ˙2ô
T¿g.8Ö1Ãß)LET%–Ü¥ß<ÍQU˝üÇË/?·è˘~¿ÍJW0[INBLB»ÅîNêı¨∏i®Yö÷)Ø±l %oDa∑¶b∏oôË
DPô•T7ï¨hÉF˘Z äW¥
_†ÇNàrlóÉIáúsË@w®!ä`à1ù471'QJ:¨sÏÃ≈(^oK¡sMlRD xKfijzc≤$èe
8^phÛêNçO†^îÈ(8ë†L¡¬*3–Bù2_"†Òhàä!£B'¸%GçFÕ~≠ö¸¬?ç∂Á˘ˇ–◊xÂëëd2ì
â&ä…Tõ∏ NHÈ¨aPZ'/*9Ë ÂD˘ã•-ß"≠§ñ+q)T·TxÈñ¢e•jW;6-"30¸K>wó¿<È_•ìfÈb •øà /Í§#
)Éœ%∆N3jB˘fgöîm‡´9
l'Œ–åÜä'Î˘¥Ä
H`0÷åÅfˆ0$(SnÃÀrö1'ı†–êÀó¥Òåá!„iö¸,bÚÿÁV∏jm$"Z≈Ä†J§†ìàÌAö MÅ[7BKnÕ™€ë
ã¡
Z´ï◊Í[∑†>§z©Ju·Sµ°£°'(ƒh»0$<·38»‹öƒj%ı:â˝/®R¡™YM≥N gãaX
\S3¶◊ÅÈ≤H˙Ägû•Ñ"-Á2ÊÏÎÅMì‡–Ëµ.Ê|çagcßœG"]Zy
=(@¡rÀDReëî§üIJfÄExƒÛêc¨∏è·ifläMÖ–Ôê'éHEÓÁ™X]ç«ôI¯5∞˝*Xó|HTaãêƒ4†‡)/7SóC?Ω€r
±'œÖ(pflP*SÊ∞†ãÃÁ˙
à∆ÚàOD¢
_•yÀõÉÛ)á–úË†%fijR≥@îíZß¥%"PJÆÉíÃŒÏÇ$Œ‹'≤,_˘ö‡œÍN8–aÿJò‡möù§°p$PÇ(•"„‡bU#b≠¶
PAœc–<{<EÒÈœáúG qdBvQø˚§'ë˘ÈÒém'/ì(÷JK¢ Fªì†prH0± ';+Ç>nOOâ
éõ[ÂÓ‡œÏ˘e®|£*U1◊uƒí>\" ∆)ÒÖ!=° 8Ë∑yó˘ô*Ui¨Oö¡ûÑ÷¯¢ıP˘¸Ûíx /ë_™œÿ%í;
8ödéÙp]òΩ`Z Lœîá'"5¡¸(!¿E»¡V∞®ƒ∏"◊√A¸¢°0Óî˙íFQ"R4"µ∫»lQª,˙Ÿ/VıÅm'˙√µHÊÍk–Ê≠
ÅNbìhß$2;0"=ì*SYCm◊ê°¸"Kp(ï$˜>±qó§ò∫^¸rXP"•f∑óYÅ-}£∫ :«¡rpÉŒ‹ΩÌ"◊
Æ•¯–·RíÅî&ùÊ˘MG2˚Ω,ö6Sª„ês/ flÙ√ ≠≈¡v "¥Ãs0 Ç‹K@`)Ô˜˘g√˘°™ûã2#E)'†SıS
±"B˙ã•0ÿËP7è.Rûˆí0ÚÒ˜Ø"U˙§ªÍUncˆM∆$BœU≈1ÅˆOr€YNé`ï√çâKXô(%∆÷˘µ¨[¿bÔñJ∫®Kq¬l
+∂´,ûa§`z" Øfl k3r»ΩÉ‡*0·eàx´)I
àx@1∂gÆ∆${@Ã3V/4ZO/,≠/\Ôa≤gI2m_0çÂÉÂF`‡®MÓø–H'/$M@LKˆ¢¯¿§!¢êF!
Pâ˙®˘◊◊ên≈tÅÿrA≤êπP,µ¶F«`e>Vë$©Ÿ4ÇÏ»lD,
óâ"fj¶T!¸fiÕ"†ÏîÚp 8$˘0¡0¡ ˙µÖ[¿bÑ¯é\qÃûj|¿•q≤K~Å¿@
h
&–ÒÃÀªå§Jñ)4‹k‡*/≠åÏÂy¿^å`§$9‹d/RPâ~FvúØrç^‡çûbÿÈ–¥Hü
„âD`w•F„0ñ$3Ñ∞M6#4n.ƒnë≤,k/®Ä$Í÷–É
ôf–#£Œ"tA~∫–ÿ%„VíÌ£òmëîçÎbÅíbaW»é
>/"ÿè'•¸ÇâC‡n ÿ˘.‹4aÓ¸∞1¡ÓéqúãÉ¶´EfI>™,Àƒl[˙f*™¡¡ é√ü°Äfl¸Õ°ts` MDq‡
%8œ^\Ä\†Z≤´§_1L∫ ú&xÓL.Fõ»"¿ƒ"û«†@@CÙ~N_CÒB'vn3 œ√¶QÔ2ßIÚ¢à°˘§é
è°∑í˙»–+µê¡Ò˘ƒœ °fë–∂∆•§L*WöM
YÅ
{%Bƒ&‹Õn¶4¡/˙-…@aÌ,NáÀ6˚-0«Õ ì,ZñA(DD•òbÑœ¨ñè"e$fi
¢Å∏¿^`°û'¯moCÚ¨∏˘ K`>QåÄQ`3KÒC0ŸD/Z'âfqbrr;C1Ç"aBn∞ÜrIB#Jc_îÛ˙dœ–0„/
zÁ<c∂jM>√2Ù"fA˙TÏ˘∞P+≥•vÅ˙∏Rªê∑ê¸ÿÒ£ñ≠-aÂ,5ÇŸÑíxÂ•%í˝XCx"¯SZx,∏¸¸Ú/¡MC°ÌT3
≥AsπÆ%oSoŒ>ñÍDd©Mh)∂,qû˚¿¿/$¿6íœÖ%Ã‡T≥+/9J–ZÚ5e¥·FQöÓ,bÊ*nr†r"HÍ
´ân21îì`Ó,·DCw:@Gë4(ïS/í0ƒvÚ2˘Ú–»zñ„{\ÄûA÷˘Á;ª2g+<•ÓÈ"≥+]
+>·∂J óM>πéîBRAÏHbN·f'v,Å¸≤¥/ì íîßa ïCsñÄïıπ∞∫î pûÍôbªˆnû°¶¿V`°$
(∞4S4srŒ3N≥M:∞·BÍeUet6>Î8600∆ÑØL2 §7ïì&ïÛÎB◊K≠u&&oHÔ":AÚôî…:7GKB¿ |aK
´∞+¡ìZÈK∑"?∏p=0bÎfiÛ?Ã"M◊-MO™\È Æ•8©∏(§…ˆRÌîC‹NÈ@ Ú^Û.aP˘ÒASI[$tD|I
ßÀp•†ÎF§kªä°¨Q@s#LJQ4ƒÿçFg5?•áXïUÂUM–8b¿3µgƒ*√Ä'é'3√/öt9C≠éIK#I7Æ¡d
êbp"àê§J¸´38„ø∂ÍH]@ûAZµ"ZWL"i+Ω∆ë ¢6j!)>Ω',≥é |Å¸6bÁNÀaªÅ•"BÊ¥≠0'ˆ/fl˘8dP
A_u_
ı_!' ıVïÇDÇ"DGR*≤ÇÀî¬Ö@(*§¡˚å41ëfl%Ï <sTÕgYt‡~(s`U= 8/SUâHâ÷˘iù¯k/òqó≥:
GKZ1ÿD`Võ÷ÍHKc2fiDwñDG˚z≥JH%„Lır†≤(ÊYQ·h≥É˙êFLóLøÒKüV†ñj/ì-À'-∑∂kfiT»¿Å•q…
ŒÆmÃ◊?„œ…'O≠Ïß‹◊m9Ña_Áw_ß·PuXâï(ïB˜.∫H®ñBd'rï∫≈hh·â†2Ú J(wEU+4*∏Jë£ê†8∏‡,5
msEvà ŒVªf2 §ÚÖsxf˜….l∑sç9 i_∂%LT@J~ˆbv9íÑ2§†®AVÇ±'L}Ìx°°ˆz©Ê˘˘(\ë¸|

G¬#¿&ã{´l®?ΩX//%Ç˘– ‹˘’å–x~·
·ÊWïQ˜ˆ~ıðïBD‹ZÑNñÊ-p˙o~°Ã `j'¿"˜   t.ë3gÇ˝´M®ì:Ö–
3ÖÍ≈Ë≈§†í]ëE„Î0¢Cù@Ÿf/√ôé5Xq∞M` J@OIå(Øöî√wüÁ&.´¸+äpπQå`¥TTPL?d,1¬
óÿiØ∑å˝Éäó≠ôflîÎxEl$lb¬∑Í/Ûí?È/YÏßìåÀn   rn°çÈóç/!U   ,xoÒ&(‡yÄ/p
s1ì™ÉÆˇAπ
\‡/Ã/OJC“,2˜>%auÉ78ì=∏^Üàì':ÍÎÑªDGˇíWˇÆIâqüˆÈ.&Øÿ*I±'LnPuqÚx˜ñUc¨d(c¿
˜†D•!¬C!F%ªV∆–œ≥â«b¡zcÄ<i\-tí¢MìTb∑L¬∑ ∑äóÂä˘”¶(D   2√çıœç˜uç
¡å·~óÂù◊ŸùU…1[)Ñ∫ˆ∏Ã2s1ÀMqS&M X†%˜ÊoJ7£g°“óp π^.9ì≈^2v5cZ/Fù"√§Öî_69á19ô$Ö˜
¢h˜çÍ,fzçl˘Œ•sŸJø ®Ä¥Ùh±∆¥,bò©6@∏êñÿzq=üò\Âs©QÍ#®XxÀ•∏x?iä?Î&Y¬m€‡N´Ô’^
°˚π˜ïÊwP€∏·¨SªÕzªÎ.Q
7ÑLà©Ã
Ã‡
\§!˙@£3ö 4ª`√ö‡ÊŸrAL°u∏o±6)YÉ5 >X¢∫ö
ÜÂDvm“ZM8/+HmoÛ,`î‰&áı≥Ω§Iúq¥Y∫lcÓÍI
\¿   Œ†|!B%?¥QVœí≠∆ùñè∫kp{{3¢∑øWW‘UmhÍ»∆•Ãé€¥ÌB∫π…¥ˇ/=D´ﬂWA¡πœÿå√öç
´õç∑c;∂é
2À(U‹ƒEèïÍ2Ã∫≈¢·ŒŸ3xÈõ3;∞°0c˜{Um®¢ ¢SµÚ∆ ÒBLÃ4l÷–Õe)°ˆ$|≥˜¬99[G/¸≤§$≠>Úä
√ê#´íiÚ 1å†$ÅN;\l≈ck+◊„pa+Sù∆q·∂≠óð°ˆ®å˙'>≤ôªvÄR,î8b◊Ü$4   ¶ˆ≥?≠Õ»qB¶ê
eZÿvÌ¸êC”…ﬂ÷´˙‹ú¡˙∞{~≠úùŸ9À·∏Ó¸8) UÃôBˇÈZR˜+ ‹ü˚sr ¿ëŸ√B16'œ8P¿_˘¢3Y]töàË/Ú
bLÿI8jµ’-eMö˜=·-ç„h6·A€âb.z2åQä‡q-hÚ.™.¿®†>!’õ?Ã#?R˝‘π2ä∑P®õX÷g<=´X=Q*ãuú/B
B…(m//ÿ∑YÌ‹é/Ì&@?A@Á.@·◊0Ω/n±n©>∞€ú€∏ ≠<éÔóé…Ìé·9Ñ7ó™ÉíÃ/°\ >1Á ∫Ä#onœu.Á[∞
sï$mcmgU{ìZ¢.˙Ï_òÑL$C-¡$wm6v¥D/j/ÿÍ5(ë4wtv¥£±W5ì#*=#Û[6LXÄÅ`Å!¥ˇ≥f∂R='/"§j|
ı˘„â/\ø7l¢hl˘´˝ w?Éù?ﬂ0„uË9§ËÔU_   r˘ö>nø∫˜ß>¶|ç·/
±ÎÂxÉR)ÎÀçñ0tRÈzFÏŸZ@(°
<ÄÂÜè†oÓ¸yh-÷‡ûÑ‡FXF¿\Éç@Òetn7,I .lÿÇ 6tHÅaáÜ FåXpCDã
#\##<†‹…#á…+v¨X°B≈
/-tqÑã2~l˝:∆Îò.]«v
˙˙®–¢∏Ç&≈•ã©”¶∫rÂ¬EïÍT\W´jM≈JUW\™¬vı∂¨™T©Tˇ Åe+,®T∑–/BKWSZPò¬bJµ∑/^œò\J∞&CÅ/
J°8‹!≈Ü.U*t©≤b≈èë!„•Ÿ≤œÀêY˚|mŸµ”®MõœÜ
ıimÆ∑]ìΩm/6i”ÆM€≠{/1?T\°ë„é'&˚Ïh≤#«WF_ c≈Î÷_°Ä#∆H#H¿˜/≈à$Hxƒ Ä¡„E˜!B¨DÿAfÑ6
<üø√ÅeTPBFÑü˘¸ı7B
m‘–H'ù√;∏‘RKT†ÇTP¡B!8–«,∞Dså4°‘P;µ˜ã/;%ıÀR?=ÂîTødïV±‡¬äè∏pdêe˘¡“,eçUV*o1…
ñZL™%eZiaäZx©b•&xY(ó`RòòÉïâòcab“ÿcîQVâöhrHg°yÜÃ4À‡âÁh•ï∆ßk®µ∆öl”¿fçm÷ËñË°◊
$∫€3kÒA ÚôÙD…ô‘J;\'J/iÉ®°Ê‡]FÄgD„ù◊CyH¨˜ﬁz€Ωp–B>Áü~˜>˜ﬂ!-D~ hQ±
Âä_MˇÎÏL åZ\'¡‡K3-Ñ´LT–a/!Dí–,ã4&ÚÙìO>Â®KQœµTPÔ“àK,;^’îUNıò
U¨Ã’¿õe‹íhIˇîP^πV*\˙ÚÖ(\zIqóef,ò!ái¶eò|\Y%áêåôbjö<ßfúyh£-3ü™ıY3jªÌfMm€Ïú≥
£x÷6Õ/Y∞@©|+‡`ÈOPÿt’Q']uð^B≠ß~^HÙ¿Íy·©g*w€…”≠
*Ñë@˘ÌGì~™˝ÏÅ –C%,L·‡)∂/^ü∑ﬁZ‹Çebä–œDìÓ1ÍÆT.3eîåï/ıîTMI‹Ωûk≈ ø£\:WH,t>ı÷ïXfi
%ª*öh…◊Ì}IÏôÇU2f∆ïi¸¶eá¥ÈX%Ü?gÀ/Áπå4ü· ≥Ã7£tnÿ7:õŒŸˇk/Õ1∞T¡B∞|ÁÄ)”>°
¥JÛ™Du®‹èÌfiÍ•^◊]øzˇzÌΩ7*¡öå/,e%HouÀ»´eÈj"
AHCBt¿Ç°‡á2$ì∫iD&.É$J°‹ƒ'°H–ädÙÆw!•(«¿≈/Í’îﬁ(S…äV∞Ú£“˘ê`\9ù*Ró∫%ùÂ,©ÿƒÎ
\«∞&ILå[í≈2˝;3&dòxìCˆ¶≈†l1è   „%
Åàc∞L3ÕìûÕn6≥'8JQ/8î6t÷ÒÈf1¸ƒ\ »«89¿sú≥œ®dj“π’≤ı‘Ô~ÊA¬yŒì™òj~1∏/AÚüNB§n–
Ajb@0Åq‡≤∏óÔC†@Ü`…°ô∏¿0éÇFHöQ*TªÄîπZNFÛ∫ëTB∑ØÌ‹G¨3¡4q∫±§%,©H]¬∆$◊9Èõµ”“ƒ˙"Œ
2ç≥Lø”Ñ`“T¶.Ü   åjbìbLvå]lçy≤ìÛHC=?5™5ã“
†ïõ7,È4÷ê∆/(!©ƒÁ:JÀ¶öÜDm%ù≤é¸B0*éÜ ëˆÉ§´¬SÑYë≠£/AB®+–≠ìù<†FòU,U/
?…™èNKm‹C®@8t¸jËC-äQd|ÔÑπ˘âTˇghÃ –òò≥ÍRràÌP?
"í∫ƒjë¨˙°ïòM<,aKÑ“ÌƒY±s~âùÅÒ]≥ƒ &LZLS%$ìEx~Òë)ƒ.ÍŸ}∫Ã31£Ÿh∞–OÌÌ≤ÿõ∆°Ë8
i‡¬.˘@|B‡7ìT¥i2I“.z–Î∏ñë<È˝ÙßøÚ¡í>qòRN™‘Å   B%K˝#¨ôÆÙ!¡ΩèLBÈJW~H&=ı:ƒ\l
¿   UPC#ò

«˝¢âπ`Wä|¢¢v≈–ÖòKfgî/™ÏHŒ“ø»“ï˙RSuŸ<´YË“∞nœÓaµªÀ^pß;*jãÉaÁõ≤ˇX£Ï2òh”!Q03ñ±3
∏qÍÀbÊOô°M‘ijbﬁ%)√ø˜ƒ\êI°‡$ÍCm õ”)î†%¢/…±ã·ßT©Í~Q˜±¨¸'*´@•Ú§iJS2∞¶√Ö‡B&»°
°r®ñ±¥2á–Äb©–∏S[$ïcÑwE@y
{if&sÕ;/–´VV)≠£ª/6YAMÆL≠   ”í†_gã+ïÇ/PRg≠4N0U10ÖŸ"dÆX¡¶$£L…J6∆K∑!YÄ
%:caÕH„NüâlÕ˙içCm6{ã ÏnÒÙ=X4"8ÒYqJ2cÛ=–ê‘Í€®VR5]˘cÁ}ÔÅd◊â¿µÖÄdT<ÿ-≠Æ≥…
[≠ÙÀÌMÎÊ%û“W˘AÓJRÀ+õ€<

h‘Äáb≈0∆Â`fi©¥´ı¬*2ıç'Û/àG@˙úü…BpÆ<∑œÄ>,Ô¢∞%ÆEa∏t^Õ;H¡Î¥t•)a…
åqûÖpCî†Ñ]ÿ”ûçµ•Ûößjõ≠-fØñ5ı:Îõ0%x¸`¨4A:«ê◊π±tŒ6ü¯-Ô éÇ≤cÌìngÿÛYìõ≠'#-
Y§>ze†¸Ä;
8wáÜ
vÄ`
ìÛ/%
ç¢Pnrı./Sä9wÆŸ'K…ëΩ±BïΩ7‡v¢X^ﬂÇÛy•FÙ≈„_'Ω≈.\äÿZ÷,•0§ cyÕ|1·◊fi5¯“ûÃd”àF¢#
¬*¨ã{£N«òı©jÍµ-f?”ì4ö≥Œ£ë:öâ=,ëä¢è∆BáÅflicÁèdSˆx∆6ZIÀ˙/!:}í¸+oÎŒ2MzUü€∞@˙”vy
+"
à@&Qãµ€r9\&Âíbwßÿ-Õ¯∆f˙Á˝r/ÄG~$JráGx´ÉMT≤M≤#yMdU¢;˜ dÇyc2&
Ü2ÀÒWÉ1XYTò&'ò6FÖ0l†A-(¿zef˘fÙzç≤◊j3”F£°'™·<9ì'zr(ﬂS
g‡î<¶>ÇøfQ+ tQGtWS+Óë©¢*‡°t™"mó4*Î±[‘&u€Ç bÜuÉ\>¶ Ñm¯¡\nxÎga◊ÈGádw.¿µ
∆-vkgÚF/Ï,oÍ5Cô”˘iñfî3Ä<íuF:W:G_âßp S;%lïVrÅ{¡%Û x°Å(<ô«yò†NÇ•`%#'îp
Çò-,àAÄ$@@a0≠«˜‘X¿Ë<;(3á,<}ÑØ∂{<≥PW‡%0√ß¿¶>¿÷Q(lûRl˘Ñ=Üt˘FP?f? aIµ¬¶
¢Vx6Ç3TıQ7„ÁéYg\Ã≤u°î~rËRÎ◊~U&"0€ÂáÒF∆p∆úSoà8wYEwÁ5C;¢w2%^$vF:
®McaM|FVòpSÚJ$íÛ%ëG1ò
)9Eè÷; ¶ä™<{≈`ìqÇ*X ì±J0,@,∞X@Å≠◊zÆwau"{ùµ’†îöu'{≤O™·Ézí3∏p
U-î?÷1c«l-*Cóc/atÌ°Ö˜IËHd'Â?€°c€g7»EnjË}ß\Ãn
pyπóÈ÷ópá‡_fÔÊv∆Po˘Á%UôouÁf4d/∆§˘\U±-#u¶ÄÛ≈Ä{v_zÊgÉáU"%1ØSN∫s;'Yä°sN†•&-âW\
îäW±XìòÊXp-‡ì-∞.ª@îBya¬iî-”{+7-så•qPöÑö•PçPŒËGŸ*LËÑòRH¬∆|≈ÊZ.F6∑ï·°Ö%%ÜdC-
%8m‘v+/Çm;Âû
Aór\8U~|ôè`áÒááa∑Sp
ÒVò∏pòififiCiC1ÑàaŸ^:Dë7$®Ép©g©gó®áIÙ:”°EπÛ Hä^Úh6ÇâQi\&&8˘µYç-X∞õ#‡ìQ±
X'‘>Jjû{wÇFKπY≈ËÉ´B∏
eïŒXÖ˘!t◊HñgÛ7-¬‹q*>·tÂÿc“Ú?Dá+*5J8≈R SÀJÿf Íßó˘-ó}i‡•ó } fÚ6#8í#I9∫·EJ-
oY≈o7#zó#Ó'#ñÈ#BD•C_:MJíp≠#WÇ÷°üÄh'¢Z2E¶∏Å®jq{ÖWƒÉqcÇãÉê3ê'¿∂:LãeO>1ÉVjH¨m4
KyP@(ïû!
/
œ-BPG*+lRzç≠%,*P5|#∆Fd-&6ñÙ?ÚCÆ/Ü}0∞I-BJÏ mj∏ÒI…ï¶˘·s*ávHá˘i˘óÛw
~∏vçhfZ®Ô“®˘∆^ïC/9©à w|7©ñ˘#
`AVöÈ∏ëd·ôg± ô®öË%uE≤GqÖÅy∑NX2^ƒNmRìî‡[ê3êä'ê≥QufΩÍ£5§ß∂r{“ú=8¨¶1ïH)
∏°PíÄs¡ÚP“¯bU÷à-¡’ÅaŸ|by5D6d”SÆ/°QXì[Ú„G∑ÚÁáJ2¬Ü/á¯ëó˘iØ˘ônuã∑∞"¿µ•áCqê
k®EÒ.˘ãÜ+CçÿàäªÆk:ü3±>0ıe°^q_ò€ë◊: M√%PT™]“%∫cäóê≤i©<ï1aÍT&ï-&*ËYP9K3¿ìúS^
f÷f√ijñA¨@8§ªaâ2É'≈˘∏
∂¿N,ZYçô2-/f≠âÑ≠∆-\;5O˜bjŸñD¶˘ìIVSmÌÌé…2J≈"7
%+•kØr8øyößˆª-ÔVêIUàÿ®ÖäòÈvã´wçÿ9V1ôì/C>bâö∫ëJpúªpg`>d;ûà;'k≤_r™*ãä÷≤xu&â-&
¥iÇm`≥8{ªãêQA^`B9îø™aû!{B[§ö≈î∂◊ú2≥¥Õ[
Â‡u5œXÖNlÜf) W-@wµQßcÈj+Jà5∫5∂/glW#πÊb.&|~1•RÒ∂ ‹◊uÛãüv(áy'ó?0 ≈
mgêÎu∏K∏8Çê°LÓ≤L|∑˘îiÄîÎgK»}∂Äá‹ôá◊π¥¢¢πxG∫SÑ≤©ÍÁ-â`ç¡1!<(x-Ñ∞7Àπ»ª
´˘í”´A9j√ÎT¶v¨˘Ùî™ñ√{"
Ÿ
• BY©s/Ò’´)◊*'Ç≠‹+fi™c∂¢ñD¶c)≈ÃZå≈.ñIÒq%C\Ò©6n#˘≈’¶mcyJøuõß`áßS-nÇÎv
k∏îÛøç¯®ãªLÈ˘GÄ±â#D)I¢°ÀπTb¡≤
ù(E° ^E™YEóúyi-NöÄyñ12&XÑ`£πËπ∏ª3∞≥/| *BÉøZ'œ#{ß∆√’‡ÉäR“¢Q“Œ+¢5Û≠≈1HJ£|
ùí”)t/+ñ0ÒG‹ÀÃE¶}01ÕÏ≠∆å≈/°≈õTÙ°6M¶7Ï∑˙°Jﬂ˘ÒW∑¯
g∞-
)u^Ñãà
õÙœÔåê]ï¿œDπ¶C_Ü<:¥s©{xàåMßDöÿ$ûh-P4…_Ç ˘®∫*[ ]Ç
°ÛÅáªß<îAî@#G¿,p´•,ôÂ5îÖ8{AZ√>=≈ÿ0…{/4˜©¿9œË/√QG°)=WÜ ßΩÈzQ|≈9Ü4W,u/äG∆≈QÃ≈
∫&”∫Üði d\∆
rSms˘˚óÍóü˘˘‡ì•’ÉhfIª`ò|®ÔÃ«íôê\Â9Sqœî::ìàó$ó»z:T≤tÒxÍ%Â4NÂ
$ÿSEà>Nò†ÿcÚN,˙WWÜÄ¬X0ÌìGPGpÈUí”Ω®r√+¥H©√KÈ'≈∏îªó'€
µ∞bœË˘¬1?%ÅRö)5œ6ÜµV(ª•Ã+q-9÷RGÜD‘)5+ °Ú\,≈õ‘dímh ©ƒîØXM>
ç-]fiΩvA±ÑJ÷Ü;∏jΩ«gÕ÷ì9gñô3π¶SπÑL»¸DdQ;˝±õ¯"*EW∫ÉΩ-^¢™y’-péù<àeÇ±X)L
¢L ª[·∫Ä/8ÑêäBÏ"°HIkB;3«ÀÉ:ì' •
-@e•/‡åòÙ%¡4ñ"!6ÖT;Ã◊Ä%
°Âö≠Ûa!/:ud∏IÕ°‘ÏbU(”’∂∂1•,Ÿ∆6¯Q’ΩÇ>˘˘¶"Ä}∞Ëfi˘ÁmÊ8íÌjm W¡UÔ5±t~$s◊ÖW◊WÁy∂©

¥ÉDK‰%'ÿS$…]R(™¢Ñë!xEÜ‡Wó♠‡ÕËW ·ù≥3PõÌ–Æò¿‰äh¥–Éj'ùËßΩ“Æ¶°◊ê
●P/Œc“8„3ﬁ&-OÁªÖ„GûOá●@¸ñC^möd+cy6W"|MŒÏhJ†¥œ°,‡ve¯ëß>†ø–♠∆`ÙêÊ-b†˙◊ÌÒ|÷}Ã/
/wÒ]_F¬±Ö\ÓsŒ±Ìh»Vg!ÿ,§–ÁAÔÑ]q]R‡'ª♠ấı‡üáª¢LõÕ–?·–R%UõqB@ÍTØw“˘t§˘m$Ñ¬ÿY
Ö
` ≈û‰ !"O?#qûÏ°µäD*W*G+[@ñÚAÛgÏ’∂</Ä+∏“Õ[ÁRÂ¶m…ÚI°§m≈nm/¸k®Lü∏gΩ˘<UÈ>U˘'°
,ÓCÙUxûYØÑó-¸fÀ∂Éh˘ANÚ.…sy^ı¢ÇÅ1÷øÔ¸ûXùr¥Jp>…–G––¯ı¯ı¯ı‰£ª/6\Fõn°¡ ı¢1z≤
Ÿ@`♠WÛ-9^‰»¡Éá¿+
Ñ±0GC ÆX£,-RÃ¢„ä =vË¢§Ië%KÆ♠ÿ“ÂÀ.\àı¶Ö8kZ®)≥˘Õürvà04ıjA˙eÏ◊≥
\«rÌ˙●ÎWÆ_RØÊ¬u'k.∞Wqq%;ñ´.\±pç]ªñï[\¨‰™ä´äï]UxSÕΩ{Ø&ø¨´“§WU™Tö@©µ
T*«òTαE9Ú‰ ô)c/\j3gŒûAè&M/&Cá
©6TËR°BmñÃ»@¬6 3tœöKó.ﬂøÕÎ/Ö¨82‰«ñICé|≤Á»ñM[fmY5Í÷®OÀ.Möµl¥ ∏x¢¸ã+Ú¿¡¸{ÇÎ
∆xR–àAÉ1,à¯F˘Ù6¢à%TË»@ñ|©£ëL"I%ñº¿$öf™i&2ÃØÇ+˘°êCû~
-£¶ò≈hä˘●©¶¨“E+´™˙Ö≠µ»≤q-¥–¬
π™q-µXÅÂ-Vˆ:"Øºä¸ÎÆΩ
+ÃH¬ÚJ¨»¬Cá1≈Ryl≥ 0„Ú≥-4√ƒ3œ*
->I≥¥”AÌ5ÿT+dê,î8¡É/p€M∑\\…‰Ä.∏ﬂê·Â^ê[ôc§k4πÁ¶αÆªÂ¨≥FöÈ¶Ÿ&õZ¯Ë
°Ñ^à=ÅV`èá˜pê® Vyx, #¢(¬ V–»V+“u=J0§;*…@IA®üéup§ô*ÙêßõT.Äˆ¶úpÍA¢Bp!
ê[≤α™©c\ƒ ™qWÎ\t¡˘íG≥ÿmÀ«X`I%Æ∏Ê>…"ôD“Æ'ÛÌ∑Iø§$,1∆0IÖ3P3x≥…¸ÃL– M¥“*VÛ‘41‰5
'°∂ÿ≤®ÀÑÓ$ÖPnα@'–@
˜≈etõ}ƒÍ$ùŒ:üªªF[<5èTın>?Ç2Ë Wsàbj#†¶U ÙÙCËV9,»◊ñ<È
%í0ÃI(¥ııpmú†ÂiZs*™Ç∂≠-ïgºyÊò˘Ÿ●7røÍm♠}|ŸGvÁÍ≠∂Ñº7/»ıE`ƒÓLıΩö$à…
√F,·.>x1∆°·áø
„–÷\ù≥”6^mvê>˘Xcál;∑<v´·O‡˙<|∏ﬂvŸE*Dë–Ö–DuVNöÁ,ÖSÌê±zoh·√áÃ=Ujo|¸¨Ü˙U(¢x
¢XZË ˝œËø˘>,ï¿Û7…Al1ƒ Y8ãCíñ¥®°
e®ZB¡^¿ÇHÄ,'ËöY|ïﬁlÂ+b¡JÀóvÂÑA"íΩ∏bØÄANÖU/<`á‰B%π∞sWRÿËjà:ÕT&2´gØÊá
±ÓuBÕ!.αfè¡…[X¬ÓHp§`e3®üZ<ò˘ 8ª∞
èQúC-9ábîs¶=ÍX:kÑN6l!'ƒ`Tﬂ»'♠Û¥Ú·'
ÈõZx‡Gß5· Ô¡ZCTëàÀ@09V.‡»cM»Z?)[µ4î∑5ÎmîVáÿ6°l%êBNaã_DÉ)∆ÿQ…ï.¬©ÎFi˘E$z°p/
∞¿K
WòÊrRL1Ø‘9ÃïnαìILË@ßò¶N3j"çÉ»ƒ”¿5€Ï»*?‘Èâ'Ä"
r3≈I.¡É°^4ïp}Qy…;Ü2ö√3ÎTc9˙‘Á§§αFP¡ràÅAÈ4Z ÚUØr†♠ı°o}ı…Å’ä*ÙrW!P¸&‘í
●≠Yö ˘@Yiö%Ä+ A˘¿†4–e`Ñ-ä°"p±2P$ú‡|·¡≥íP8R.ÂR/!-%/°LÖ
ù˙À¡ssïöRìöäÃIÜ27ùd„L0Ò‘ƒƒ%ÇË√-\Bclƒƒ7_ÛÕ9ááπ”
fØEñ±"¨p˝(-ˆ♠§Ÿä≈(ù!cR‘¡T?˝
IƒeËyÓs«;2ÙUQ®ZßƏYıMÕ}}™LÎü]H¿RILCÍëêj≤ngS`%αÍ∂ñ0Å
tÌJ@T‡îE¿πä1à;®≠UñΩ·–P”RT E.ª"\%íÍ‘*9È©0áì¶Ñπ'!Ê™¢3òb≤˙9≠˘jf™´Ã¡Fs±≤∆c±Mõ0-
±èÆm»¬ûËÀ'ûÛÆUîn\ÙzE∞¥Ûo_|-Ò
'®Ê-j:÷ã‘#'®l‡„ë£♠SP=ƒ
¢#mh!äSî¢Q'®"2†Øáƒ%±ÈHÉ2"ïÍ+X#˝è+Ñ¿0&Kî!P9#œuÉø·€†:ò\tôEG-£ È%y)…
^3ÏÀ`RË$¡HUºó√jëö:0α&¨öö¯Ñyuƒ…ÄIŒi:+Z„ã Md,õ>l´kÙ[àèù¡-¯/nP6ªÍFƒ|=jQ]6∏së…
5ª1Ö)ÎMh»ÒŒ/J1·˘≤˘4àœÁ™(†!'SSµgΩ♠ŸÉºJêFU◊@"„í–ÿ∆5©Ä|…Z»Yœé@
ÿ
ÕçnÕ¡ú–á‡BN1Üç!q¡r+lQZ`∂.£f._ï„ÂS≈˝KºHiÃ¬¨`ﬁ4ªô°>ó &¶ ®ÈBEù±…¶˙ñ'œp-DD∂;'F
±wTú¡¢ﬂäœ¸upƒë
UœöÈlœ€Á●˜y©eh#¥8Cz ÍÀVç‘¶>_hQÃj4ƒ\'^xÕzÛ˜<ä"*à±±r},LÚƒ◊Úı0;T!†¥&Iø@“_
%ôÄ >XC)T%î
Ê¬∏U˘yÁaô¡v
äñ–≠W,∞LÓ+55À»¶_4ßäÏ¨JÇI¡Œ,^fäÓºÊΩX%&÷ ±bÜ–ÿ%ˆ|ﬂ>˘ÛõÉp¸;>±†RD'œ≠◊n*L>ûoíg(D
)«9k¥ÜÖ°√ùc‘B>♠¡…EÕYX¡œj7WÜ™U˝€À≈†Ö®hk>–[á%A¬$%–V„¢C]C*†∞i,k>Dù`B♠*¨¢µX.é·≠
c0\J&øπ}v≈¬€oπ◊ΩÜD]q3U_+–LòY»]πÉŸ™M/VüŸ^Ûj3–)áÃá&3…!÷°òJŒX@–
†Ø'0+∑˙¶èÒÉ6PBÉ<>ìÂﬁô"|±µ°XÍº–ä'zjEëéÈXÜÎÿ'%–Ücx#÷39œ/,[(TõöCÉWãπ4–
Ω(xµW1ÉJè'"ñ˝i-,≥1ô8>°£œŸZ¶k:pÄ∞BhÄ
-îƒ`*J†XXë[Ë≤ê
Ø[√%j7L?Æ0*≥ãÆˆ7yô!u≥?*Å∏„ø(¡Ò¬*¨Dƒàz[òˆ"ØØä{+
¢>sìm≤ØC8≈˙≥Ç€Ç#∏ç»ì"ïπ´^≤äFävö∏ä#,ÂA¨DŸ8\#Ù∏c‡i®Ö> êÇ†öœäï[˘(ıëÇ B<ì9)‡A §
9™˘Ω‡>[ê®"5*∂ù–ê
ËÄj bì_kÄó/∆-¨Ä

–¬p òA8ÖZÄ)ÜÆh%ù2.Úc.Ê!¥!@y∏+S'¯„≤´Íb:íÅƒdÚÆM®;ÅLÖ6k≥«ÿíz;Dz#¿ÙJ´"çt¿Ã3LçèÅ
´èi«„D ¥´(Z~)¶™XÍ %·:Ê9¨œì0 õîÊêÄö Ë)∆ÉïfiÛ¨T≥ΩaDÉÙAô{5œ∫Ù ûÛπèñIB„+
îíK≤∫±FrÄ¶€ _√¬–ß ªÄ• ˇÅ*‡ÉF¯[∏ÖÆò!ùr≤XÇÀ7tóÑ."A*yâøÃ
Da˙√(âíƒ(H«–∆DÒÇ;Ö'*áÈ*Õ•íÉ)/π°0
H%4â/Iå#Rç¸ÇçA`É#h
dÅìQ∏ïYÕî\4∫¿<Ac†
ìIƒ∫M {éEI#Ëâ_h*∏Eû Î£VCÉbåπ'¯¡4êÉtN;êπœÇöCÚéÍà¿êRñ¢®1ôH©iÃêk¨¬A6Ú,6ÚD6nå
ÄÿÄà †Aò´SXpäµ`•jÀ %íG
!7Ù∂≈YóE´√øÏ«cz*¬$»0Ä¨ªÇˇ®Ö…°/QòÕh&Øb9À∑àçâçJp#2Ñ'•Ã÷ÄçFÑÇÀÇ#@
<ílÅê–'q∏±–´!lã'-K UéùiiPéi‡‡°≈ûÅX·¨&}5`Tµ£'=;∞ÉÊL;ê4pŒV{Ç•9$ûõ…Œè»Qj¬û•ê•L
∂+L:+|"*K+†˜tÅ)0É@hÑZxÀ_PëiãÒœfiP√û"ã@≈wÅzây¡{7H=¶ÅÃ?ÑA|/Eƒ≥úHD%å–qåhRù÷Ò–'¡
Hƒ˚Ã#öChÇãçê¥
'$I(Zk°q+0µˇ
ö Ω2R!e≈c‡8Ë‡JN+•ÅûJü¬4êÇhEN£§R–ΩV4∞"€ÛR\Ièå` [YÅÏÙ÷óÅ:◊≤â4äßìb„F
ö(6y›F+‹Ä•*†)=–CúZ±`•iøñ<?∂®«wYT%aTH=ªGÕ+·C1≥∫LÉq'Q3Û˙˜íòzSD–Ÿ™%'œ
TE<L•3éy
8)ÑF`ŸBh<ˇÇ–ël=Iªj0ªúÈ/+˙Í /¢¥zJ^ Va]éc("_ÿ0%}÷,tµ4`N*›"–≈R–ïπ'hh[ŸÅÙ–
ïˇ•ÙÅØ'ˇN©kâ
ËÄ&tÄ
h[µ= „7m∫+\∫KXÄˆ, ‡Ç<–Ö#;√3|K@BeÆüçG¬i∑«µGmøø|ÿ'¡√´Ã¶2òÀEDy;5i»M˝'5˚X|[3…
Ã≠Ñ#˙ÃJ°D?C–Çc%•/'"]s¢°ËÔ2&œ`ú∏¸]∞òô9¡bU2zî"]•–.p+ËÅ.%Nî÷®ïZ–
Õ"™µÉ0àŒ›ì5ÆyÇ0§∞çà¸`¥›Nöh€•/$w•B˚¸ ªΩ€*,∂
pÅ*tD•[(X(√™∂@'©ƒçÕ≤8`aZª®C3{˘`™≤íd,?É$Õ=–x»ÑQ6[â¸íéu»«Ù`˜Í!LX¿ Z
Kúï]ç–lŸ9±¥çë<öeÅ=ÅªöΠÎa0≈ª‹QÅÂ∫fib›8Â`¡b–RFˇÖ08*òƒç/j≈=‹KµÃ"*ïÁ°"™ùÂ\®&`ÇX±
Ö¿áàöÑPè≠Ióx[QBõ)äðùâ
XÄ∂] ¿„
pS˙]Ä+‹ÄËÉ∂ÙÖ[pÅvÙ◊Æò∂%Ç≤ñåCn´ëÈ:í;<GΩ%HÖ`ZLAÏø%åıB≠:ƒÓ`3Ÿÿœ»≥êÖLƒLò≠Í'"!ŸÄ
ª/¶LÑ›?kˇÉ+•/ï°YLÅ›»
Ó·03øXTy†≠∏pié#~ÊePÜ#}é§ÂPÄb'•ÅiJ3∆ÁîÉ,Â,Ê%b+ù+ÂfiáƒπÜrÇ@„äzgÑ†àÖ∏ïØsefl
Q[ak€∂›c¿c‡g?v∫ÿ òh»ÜÈœ7`F,XB∞2∞vTJvúÄq',€ËL%DÃ1LKØÅˇ?œ´RÊ'êEiPËT…tÃ–%ç~k@ì
-ƒ{]◊mYÖ+Bê›òÖ"`ûÅf†∂'&ååÍãªîÀü%bJ;îCQb$fA£=ÜT‡É‡¸Åû¨^
ƒb4p9•jqs¸ˇA0éπÙ¡AYc®&c∂›„y~ÎyΔå0WÎÛs=◊3]fl=n€ÄfiÄÄ÷[?^œ˚
ÑbêÜ›5√7',J∫îÀQxyUp\-Sí,[X≈§NÓd≠`7c≥'±ÍX
=e–&Èƒå»ÕPìò.
'∏Jd
êˇ¥B ÑBß$p"(›†÷ç‹»
`.∞`!#AÿµÇ‡Ä–Pì¥buÍ°UÜhéaE,XÑ‡ti–∆åÇ)}Œ?pÑ9XÔ4òÉÊå9Ó›÷ü1W§&®®)c2&cZ·ˇ±œQ)Îp
˜‹ •k<^<Ë9µ¬∏3‡œ_∞\∏ÖE%j√0Ø†Mø°K,
í≈ëøF
D-C™Ω®óáùXK
ÈÅÈÛö∑Ö±–DÌÕò–WFD,)ò"âòä\¿œ§e8i
ô/œmÏ/∆ç›ÒmÖÍ†›∏≥v∞Å›fEMuÄòá†Åv†·^–Ö 5ZÌñj$>\ËÉ*p'É0HÉ0‡R*éZÁTos÷"ˆŒ÷§Ù/
HÁÕÇ'}ï3±Ûiö¸(àÉ0àÅH'®ÚËÎïÅÅêÄ_pwQıd+lÄh 8•bhÀ_D˘Yq2*ª"ÿ'˝Q"πÆtk`Bª¥ª*B<LÉ¨
'è›ÚrH<k≥à–qGi2òÖ‹qR´ì5¢Ÿëêôú&Ññï·@8üV∏o˜a÷Ñ8˜8wuon–ÄuOz8w0?w
–Á~nL8MH˜ÊÊÄ{OÅ∏wu◊Ä–òÑ*òÇ)É1Î9pN.ÆV.
6g>èπÌ•xÑd|/>Í,ŒöŒÑ®Y¡,#êÙÇ*ˇííflItPπc_ÄQáˇRKöoÄhÄ®ÇRÄ˜Xw√jìu∞ê∏fl´%íΩ*∑•Rªª S[
∞™Rí™ªNéqπ3»
Æ°<ªÒCÑÂ±Jù…§ˇâÑ·Êj¢§iKƒ/l∑Ì9y˚‹ÊØ*íU("aqfl
ªá;x?wx`y¿uêqHÄCêávàwq¿áuHÄyè˜à|êáB0]H–Äx¿"¿|wÿÇË˚ø|q‡J∏Ñ_x1É?
4`}ÓmNsÆ"*ÕVŸè¥9ö¬T œ
≠X…A$àÇ‡o"‡GÇ¸ï†Ùˇ ÅP…Ù`ˇóuRo(Ä∞~Î∑ˇõÇF\Üí∂òë†ßë¡Åô¢
,Ÿ7íÏ•Íı©˜«¥ÛúÅ…‹MÈbèPÖØ–…3–fmMò@a¬§â‡ßÉ1•¬§
'CÜˇ~∫¥ê`¡åá.*t©P«B"G*4àP!B~/,ôqÇÃó'N∞ò9ìÕôô4%†ó ¡= • ıˇéç{?Á–m
ÈªΠ#íú;- ¥∏*îhœ®Æ|ôFL1sÏ†i€÷K[;kÌ∞EÜ.∂^ˆ>yÂIî(h≈·(Ö
GÅR% ê£ 1ÉGåñcp·9ÜÁ"<Ép'/¥Å'X>zÏ∞K\°Ö´Æ_øn·∫Âªo\¬áÁrïãU.\¨p≈äu\¯ÚÂ¬U©ÇE=
ï*ÏŸ≥ßÍé›˚ˆÔ<5}fl*ï&UÈ…oBÔ¸†¶ÑüÇäˇ?ø°BÇ˙ÁKƒH∞aCE§ DDêE°R–Fuí!#5bR!~T("W∏SM,ê
¿B

,Ã¿Çà ä∏SLÖï,O>…ÛS=NΩ∏¢OaM≈îa1ñO'»T#ÇL·Ña§–ñ`h)Xs–p–e\pΩ'ó`ä&cÜ!\Ç©Âñë!¡Y
ôΩ♣BlΔú ÑB®÷û∞¡Äû|0@Tq…/ΔDÛÀp¬Â¢¢Δ$˙®p±(öä§ ·Bù*óbfivùró+õjy>µ«fi{Í
°'|
$&˛e4k}˘ı∑êD,zQÇŒ™–GÖD˘8±"ï§6xàSL3ô8C
3¥0,(™xmSÓ–`ÇR ÃX„âˆò@CW4Pe>♣h≈ã+2U NÑ)≈`QBQ%ìl–G]y±G^húdi<ëFóQH!`<PfòòÅò<
‰√oÚÄ1õûΩgt^`k)´Ã'ü
˛Ÿï˛
2«‡íŒà&<tñFß+?g:>–'i™>w´.Ñ^vyW*xÿ1Ñ*'™–W´Û…+◊®ÄxQF˙–:ÎÇòT2+H≈¬!· %˘·« o¨Q√K
¿¥w≥5Ÿ§&Ì~€bá»√é=Ñ{´x=¯»˘
Íh†<Ô‡Cƒ;ïo±,‡∂ÙÒÖFByd[§€ÖΔ\≥Â§üÂ¬m–¨♣¬R§Aq
˜¶aE<ñC0¿¬
Ä–¡♣qÇÕ;oÀÀ,
("≥â≤"–,Δ„Ë–©ÿ"˘°˘6tu¨¿ÇK*A+˜<¶Òs:^wz«4v‰e∑{ÁÂÔfi©Tu™")$#a˚UŸ
¢ôÕldÛœ¨JÅ@a"$y€âU°A–Õ
~pCé¿7œyàD!"Qâv¢Å≤∞Ö9/EL♣¢ö†Ö+"Ä
h`É%`Ö?I@
VƒqÖ∞†ƒ¿pá;Ã°âròV́Á@˘∫ªÃ!`nYãÍ¨'ñ9–ÎHÄâX`x`±ÙÄK=S,∂Ç5v†çàÄ/¯°Ê5†év¨c
Äì•âz}<"d3¨¡∫IT¶uHH%*9ÀqŒÕ ≈ä¢â™S,°é˛‰«©˚mgò˛§z∏søÓê'WÒπ»|˛√…ÛH$lπZà
h#áË»∞DÇ
U»ÉmafiF»¨ø>‰Ü8&2#îÃKÿ¿Ôê«&4♣*Åh¬ì<Òâ'É™†©BõÕqés\q3X¿¢ÇÉáî"YIãoÈ<ª∞óx¬≥ ♣l
Ïãâ–˛¨ÿ«:`$∏ E»Å`ê˘∏±slÄ*–â÷Q¢
∏ËE†XÔz"˚£û
PÇ#4¬i≥TÖ–∫„øîbÁ<•z)zvÇû\aÑ?±à!.°"B®Mm7MPFtzâJpÑ#ï8DNèy •2µmÚ±ÇUJ´ï…!Æj'≠^5
´#–*U°J'´jµm#yõ‹–µ∫a[h√ÿ◊5l·Y»¬ZBΩ so|Â+ à(X"û Z–r…ÄÇ$·6PÇ
ñ Ÿüh` 6`¬0´Y&dÅ W`f/äŸ%\A f†Bb∞∞7p–k_+€‹@*∞–mk
´É›"v;»¡rê÷Ê`ÃM≈–.Ò/XŒpf0PZ
T†∫'ùh(†Ä`¥ª'"8 Qï˘±0|z∞ÄT!X∏iá†Ñ˘°œı≠¡j¿ÿÿ‡3∞ÄúÏ∑ø˙µ¡¨‡hÅh&(¡É°"+¯o)h¡
\,√rZ–¢IàBDLôiƒ89ÜQâÇ¨x≈0A¡ääÈ,≠"A\¨p†«ÄIxLÇp¿(rë!Ä8Ä`î0@ Vf@@!
˘Ù,há

""""$
$$%%
&&++,,,,+)--".%01233"3&3& 4) 5555,%6+!60&777::,#;;&!;/(<<<#<1'=7.=<9?4,@2,B
B5+CCCC.%C.(C1(CCCD D!D$!D*#D8-E90F=2F?2G>7IJK K%#K*%K2*K3-K6-L%%L+
(L91L=2L?7MA6PJFRRR:2S""S%$S%'S)'S-)S2*S2.S7.S>3SG?T>7TB9TF9UJ@VMFWPDX
YSIZ"#Z#(Z%(Z.-Z1+Z8/[&$[83[?6[B:[E;[J@[MB[OH*'\21\F?]RE]TK_YN_YPb62b?
8c''c))c-+c;9c=3cD:cF@cKAcNGcRFcUJcXOcZNd1/e]Tf./
hbViSGi^Vj,.j=9j==jD9jF<j[Nk11k87kE@kJ@kNCkNGkVMkbVkeZldZn01p56pj_q::r@?
rEBrLArNHr^UrbVre
\rfZsRFsULsZ0sj^tl`uobxPHx^WxqfxtfyJGyRHymazSNzVKzYOz^SzfZzg`zoe|
re}ui˘yjÄUQÄZSÄncÄogÄsfÅf\ÅulÅvjÇykÉ]YÉaYÉ{oÑ}náÅqàkcà|
nâvkâÄqäÇtçÖvçÜwçáwéÜwè˘rèÇtë{qìrkôÇwõÑy´´´∞∞∞Ø¥¥≥∑∑µ«««………ÃÃÃ–––ÿÿÿ€€
€›››ÍÍÍ˘˘iÛ–@R®·BAëNöh¢≈ã/U"xiR)è;^ÍX™d…Sßf°Tô% R/[ŒöyÎ∞ö6m√≤ù?É´´ì'Œ[∏í&≈©
Í÷)U.£∫"t™R•RV+M"∫u"◊Ø^√Õ∫UkV"h≠¶]{ïjUîn„¬ù€vÌ€ªTÎÎeÀ∑Æ…ø"LŸ‰Δ√πb
\<1í„Hê"=öL˘†G%'≥Gèœû'àNC∫4Ê5k˛†ÿ&–üÜëEÑÙ0ƒä∏)*Ó4Ò#÷éáK^ÓÒ$Kï3e"OYj÷–
Áœsfiºììé ÁPÎB≥˜ƒIR§fiû6˘=Ö%'®q'^
kµ¨˚ˆÌfl{\ø◊T)˚UÔÎ∑œ_˘fiπx˜flÄ"ıÅxä}|6‡ZÖï¥óo }dIá]‰ÿ$ê»âeZfôf˘hÊ»{|¶
¢gy§Qeº#•vPjØ!'ê Ÿf[EáëYΩMG$°eír–9Uìs)–w'Q'M∑SOX"£ÂñZÛñ5yó'N<)ÖJÂ)Eû)Q¡'|
X]•üí˚©˜¶YgÌïg_X°W`Ä
hÇÑxüF1ùì)óú2â¢y¡ì¢çg©oÉ7üÖÒ6âß†r(dï}xYâÄh÷ô†•°G£≈˘Ëb≥˛Q–A

¥lÅÿ&ölΩâëºï¢ZÇT‹íRNytNR©ìu÷ı%2^„ıóDïI&2∏hÆRPÂR^.
%)•¶TÏNÍJlˆ9ßúT+'Ç˚Â[g† ˘ uUù˙
ö¿£U♣zéûíÿ•ï˛¢è´§Ñ˜.|Heh–cêÛHlñÅ<"BÄË!Pä¨™Ë*i¥œàÜã4–kØ¡–ÕÇ@4â AâW/π
$säçN–:;•R7yw%0‡FΩe∏»4£•3/a 5'°√ä∏Ê*∂∫ßÑΩ&ªhßöV≤ÔøÛŸ†8˜‹fl}Ôfiëˆ˘« £ä2Jï•
p_U)Lk¨ú'%Í€WûjºdHŸeùh"g≠Ó´h–6ÅFÅ9∂Ê/ÆªF'# ;πX%ö®,•–Æí"8Öáªï@ìâvÿÔS♣[>C|OR
wçÃ◊«˛>6.πò=ÙœìäåIaè=Ÿ∏TR^/nÌ∑‡}/*Ë>ê¶/o°o≠œØ˘i]¬®I√!>∏√áN„}&ˆ∏Fπo"1@P",2õ

LıiΔd&[-g“‡πñ¡»Ei-ë≠Pßê˘"?´àV°ïHTÇÑ!π
/êSY»$:πcµûfì†ÿPK√√!óäá„√á¿Ûöó˘¬Â;l˝ézŒã^/¢«ƒÈ•K]jJSRûE∂I•^Ô„Ä§†>µÔA˘˘¢ÅÙv0
åNàRa˝
òF•✱R˝Àü≈∫¢¨!mÃ1ÇÃ(¢Ç§*U)cë>«2,°LF
©YCÍåg`¡ìZÜñú¬Ö2A…Q¬3"äK\E%íÔr∏C.y)xΔ”°✱l¯;-}myŒCF2í-
ãd¸nñ≤L,Ùö86&B¶HJ0©»ÆwmÒ.»#V/¸°≠ãr1#Û©ÕON
sî±0ò<
q'©ü¬•§dis+kÃ$L∏Œç≠32ŸÂLà= Ñs†AŸ -x˘Há,íW¸ôm,B$IJ*∑#œQdÅ;oAÕÜ√ãh)KôYz©¢®Ï°ñ
ûaºéN≈ËÚ`Y-^ #∂LiÙN/Dñ6åbõÙ~I∂Û\-OÌKflT≤®Ã©x±ôn∫WÒï∞¡’%õ≈âT˙"¶8L’Ô$˘CÃn&“
≠ÑÍSxå
d$¢ëô® {¯√gÙ9»AñF
XHC -^Ò»1<„AÀ"ódj2Zb”wå,¥áñíî7Ï·)∑T-dD#§\Je4&™QY rñ∏¨Ë◊x1Kî"√§¥î
%f[©•X≤‘•°§^R™'ÃºÜÕ{uï
0«H∑∫Ü1ö¯¡W5q/>¸˘d”%çöî4¡â‘%
g/Á<gúÄ£±Δêc $Ê4ì*Å¶d+˙\Ya@ºÑ?#(Y&iLÛhR°NYä´Û¥fiÂB¢Ä•®F˘ààh¸✱“ê|ü±X„%#ïœ∏
/2∞Üµ˝>+±Öu¨IQJÀ¬Œ≤ñ)•%J1{RåΔíó/ç©∫ûóÆw≠M®uä˜-Ê/-¸t.F_Ç∏¯Ø·(
™„ÃÌ‹ &úΔ’Ô©rî*qç‰Œvfóc≤Ÿj<%É*’”π,+≠ ™Ü@✱»≠nm>X B1+ûM°‡˝%∏pq*ójÈUØñÙõ ΔJ#ÒÕ
Ôó•!K„’∑á"5Âc!k‡Â¯˘±µf,õã“∏≤'ÌlûÛ/óJœli/∞òP;EMV,áN¥°ÕË0≤/
BuÙk·"©øπ©h„¸9«¿êìBœ\F,*´Rı∏?{fáVçπë1,ûcï i öV,4Ú6Z2wf.FáiØ‡”òûˆìÛ[ï[∞c-
˙_˜ñ˘œ`éØ¥Â€X˚jkΔ√∂≤
\X9#xŒwe¡çÀÕÚπ¡N∑L+A/(fi¬πx∑°çh6%∫ª©µ[†ÑJ,π0ËfE´‘K∫Ÿø5.∑ˆ˙»95≤‰»1Üc✱¸ÿV?FOÊ:
7E˘ç Ã
+µj5…cQè/í¬nÔ3Ø2˘å/ÔÆµ"vñ÷ÆÔb7
Ê.ÀíÃa3òı;s˜/|∞˘ç,∑ÔLÙZ*C≥DzúsyÁ8ó≤îΩÏû‹Ÿn∑[]✱^ ª„]SÃªÎàÓ^£Á
óãÿ@A˝¢n¸Ôfl∫Ô∑„',éÖM«&ÄagvmL<ΔìÅÀ˝# Pö4%A4àW√Õzµ˜≥∞Õ-VLº”Ô_érÂ‡BDªDÿˆ∂ó/bˆ|
4,€X˝íaé∂HÒ[Ê˚≤◊Ÿé=Ïñ!+g§'˝Ë…@∫Ìiœ{68≥)ï˙◊bôŸoI¶£Ebÿñøıx«€{^˜z
¢Å)Ô∞øÀµë„áΩ(8Ná≥hfŒ¸‰g✱˝7Y£¶™©?ujReıcŸ,Sœ∞≤J
h‘‡ππj†JF√.Rt“CS=-J
»%ØtJÕ”yáe<dvX§'Å-÷s•QmÂy¨7XÉUQáY_6g∏ótπá{'»ffivY,®Yo&u&ı5&%u∏¥%œ.Œ£|»=Hofl·|
¡VÒÑ5a2[Ë”E€$/r~Ω%'ÛCNp%?j$cÎa!«~ ¡©˘™&"‘ÃUO¸ß"ß˘¢·:t•B®u&◊KLË≠%%√∑%îUX≤7{l
ˆXcˆeïl!µsÿQ5_ãòÅÑ˘uÉkΔ%π7â∫'
∫á ÄâÊÇˆmÅ¯âÅΔXò˜I;§D=®YLEXÑ8}πêa◊'i@ıx/·M‹4j"14Nåb) c$W4éÛ(FB!Q,Í‘ é1@
Ÿ≈å"î·ê¿\é`0Q∂¢m@AjËq*‰d$◊=fi-ÍKTs|%gÇ∏s%ò_≥TÇ`Üt”ê˜XÇe÷s%Åd6_ÿQßÑ%>Å_ÛâÚ8{∫
ßÇ)ÿêÂ` `t0Ilt†ÿf)RGfX…aΩ=¡6ZπÑÒ÷-G›;")◊pé2å"å46°0nDi2)Û[%@¡ãíå…
∏NûíN"*ê"©"!‘à{pÜÿXxjpx∞"IHáßvfi!Ñ>ÿRú•gπ%ûXX_vè≥gå»pè¯è5ß_Ù∏s`ÜzpfΔ”O-cBXÙ∏
fÖı∫ó{”Ä{ÅâåòàKô®ÇÑYX PÇ#(t"`#•r;ÙJ
FgœÙg3%=D®ï#ŸäËÚnjŸóLs'pÁ«M#ëMï"år∑ö#qå∞È#°81Icu ê‡åëp é˘K©ç@2ı
$úbµ˘†±'òvï^∑äõiÄuHu_`‡6
gπòmYèEñ˜∏ù:ßsp˘ñ“@ù”˘_“V5UCóCqyYeFè;wt˜hèÑytªwòΩ†ÇñHüèeùáµXëµmifD|HQô5`|
Ê;È¯g“£
!ŸxöRv.Qià£ö4i$
Sõ≥ã·DN!¢:õØ… ¬õ±wFŸ ✱¡©îıtÜLYú§WlÉh\oZ©|Á¶g&§,Fnôòciâjôèãπ§c©z:èãû˘XÅ
wŸœ1@!K€9åh9fâåÙ©‘yòö(¶L∫ò’yñ¯H¶‡¶lë8RΔVJŸy^ynI¥D ™ï∑Äé‰°Pfl„/
&fl'pπE~0πã7Iì˘!$Ò®«¯òΔ"ö](
ÜÏ˘’Xç˘D22zOkÄ˘©°k-k`◊|òôœπgB ó&YôñFàèñHfKZ¶ñ8
” •ªöè¥mã©´gŸ´ΔS•¿P71±p≈∞û¯xñµöñˆH¶‘òe™ühJü~©~òá ¶ª/ñà¢‘Jîiàê˘5¿†Æx™
g÷zöÒ ß·!&PvWôØNÜ í/ñ®%wìæµpΩ(ìäc∞?Ÿº©∞¢bîæπ©ê`O"úÑ"kÄq{‡’ÑFòé5§Üh¶G'KÙó{H
ü¨∏ùl™≤÷J≠π/¶º∫≤µj≠∫∫´/˘ _œ@ê»z¨±-≥6·<Å¶ÒŸ§-[≥BK≠hjâœ‡≠,Y§gââ-
∫{CGÆ{8ôùô•ËÆ|K Ø✱*ØÈˆ†¯˙kSÇ&+¡Ø*pá2ìä*år)∞Èö=ÈìF@î:îê¿wÃqG "AO¬]
(í˘˘ìÃ)∂ zßú8≤˙Ÿ∏Ggñ✱I¶4k¥·)πi:πRÍ≤J¶·Y≥·π
≈ä¨≈Äf†•=€ ≥P+ï{ò8´÷…ù€)πE;≤-À≠≥K≥≤•n9g…fµ;ÑX˙ªò≤{&Éó%Ø,uÛ™Ko˘jéW˘Çzì“
&,πM©y87Ic=Ÿí-â1˘;©j$µNT%Ü´∏¬yÜfç✱{Ø[∑ú"πÄyˆ±I'¶Ÿπ p
≤€ø"´´ñ[πΩj§5{¿"´ùõ¿5´
”p≥œ`5¢[≥@±=XzÑª^
üìK≥’j≠√*¬|¬)õ÷`≤÷ èµ˙_ëÈJW†ºK{vøZ“µ2»K»¿¡BXØJì&P¶≤¥sf≤£ö¶)ì!Åå1)©L<N„
õ1°ë¢õõF ‘»j2±L ü-ûëqm∞!…u[π™R∑Δ∫wüIü-ÎøEÎør<
◊@≥ï;≥F*ªwÃ¿ú¿wÏ¿7˙ú∫±`ù`>˘K5cª±+ª"<≥·ô≤'Z…'\¥]:¥,\è°8Q…pë%Fnv√0gº €JzDïEA8

Ñ“[≤‡ÂBFái˝˙TıìΔÚF1c)!/ì∂âòJ
§2Ü¶£üZ2bL∏zêïŒÈÉK§ßkáøö5übj¬#‹øul«!…°¿4{
}¨¿,ŒÅ|
_W∫¡∞– Ú154f·Ã§ΩZŒñä…∫J«ó|¬ú{¬÷†Ω´n˙¨jäµâÆlÊû“…∫ôâRgü¥¥DÁ6`≠$ZøtÄ4•W∏sï.TΩ
K\4ô∂s+ìr€îXâjxÑÃKÈ≈Å[2¬ˇiOŒ«ôu¯±á¥òòÇ˛˚œq¿w¿˝l«˘˚«!|«ÂÏ¿Ã‘Å˛¿/`<» ¨=k¡∂`§ê
»‰Åz≤∫«πJ≠C=‘ΩJ…„òaMŒ}|¥ó,¥≤˙–í8ÆÏâñÀΔ”"õâ&ë˝±’\°8¥RT#^<Ò<S¶.;uIµçrb√-Ùb-
¶fìz°,K©î:jCI@}ªjd8±;ú4≠~‰ë7mä2xò"{übööfiJ≠p,‘B≠‘5€«‰Ï«,l€ΩÍ‘˛¿µΩ´9K’á|»ùP
√Mœ\>´πŒ˝l
µ≠œÄ¿Õ>‹fiâ¿¥¨B[ùeJ√s6fPK¶\ˇ˝¥Â∏5hüóÖ◊ù√≈=£4&ÁïRJ£Ñ-«Pe«◆ N1E|Iòt
éM;é]
±Ä≤p GâK~ì*ìUeŸ*äœëA
¨∂@3M2A√ˇÃ•Õ[Ç/cä/Lk…‹L«±MŒ‹ÏÕÂ\‘~‹œ¥=
÷†´ÇÏ,°≠‘/†Œ,’Ã:àá’√ù»ZZ>DK¶≠‘Ãç÷˝l…Jç÷Gfi€€‹≤yÃ÷‘…mÆ ¶EZèHòπ;¶Ñyüw≠/ZNfivùµ
°4.ôw^≠TDb.ÙÌ–∞<≤0Àl>%‡p^‡n¥3N/F©ªÃ‡(*P,
Ó∑éaO&ˇCM§°9ç◊nÃ∏Ø˝·A
÷‹LüDœ,F‘≥M‰(œ€1>„/ÍÍ,€d∂≈ÚL
™û’Ã´]≥–fiøÃ=>|,E–>óŒÈ∏€´÷]´NŒmÉÿ’fim¿–ö¶€j¶Z"–x˝Â…fiï8ÏïÎ∏Äˇ</¢Æe¢u∏ÀÕ%˛
‡àM;í•∑|ì%:œÌÑõY’∑NÜœ~D·Ä–Dz
ØÆøÆ>/GÁø∞≠‘ïN«h≠ÿÄ‰†fi€¥>€˝<„‹p
<¿,°
Íüé
Í3Nù¢{=K
ñ†Íoì°ùEÀ<!>‰Ω–€&è‰Gn«∫n≠m¬±Kz{Ï’œˇNf∏K≠]¶,ôÏÑ9òvMfi√
+âû5<eÆJîπéy^iÆ–/Rÿ·1NœÌ±\;l‡G,,~)jŸ4Fœîäœù@
F∏Ç†:RËΩC"ÀœEM¶˛|Î&é÷/€ˇ
Ô˜v‹,◊–,õ^Ò,>Í”–◆‰,Í°Æ
<@¯/∞
àœQÕpÍà˛ıé¿‡Èfl¨Ú‰<ÎzÔ‹f
»(èÚw¿˚úÈ.KÛ>>¨˙Œ˛é>◆9ü≠çÕÿúâ‰∫µ+GuñıJ≈Æ‹Ú5TFÊ‘Rfl5°
4·¿üpÆ¨µ„Ì¥Éé!¬Lœ6Fcõ≠cN2Å–Ÿh·°ë»é… n¥&˘o,î?„–MŒsü‰Dfi,ÃÕ˘,ˇ˜yÔ˜Éè
Ç_¯4œ
8€–¿¯ù∞Ò´fi ëœ‘û”¨ °÷Ì/5k.<òp/4ÖØi√Fë¢ƒk
|8MôGi?zúÚ#2ë)IBTvÌ„Hó”P"{ÈÒŸHí(_J´ˇY2d»zÕÖ¨hP`EììJ÷4(Ø†QqE}äÍ1d«Ä·:ÜÎ÷¨[a≈
Üùuj÷ŸS≤Œ™5+ÎR¨SóJÕΩTWÓ§Kx'MäîóÔ$Hù Ez‘$@è
ƒÿ1 »ê€˛J3®2eñ1À$ŸSeÀá†1B°V±,An
S´nQ[Δá‹¶…œ&õ[˝jn+Ê÷ñõ∑∂m€û5kZ,[§H=Rn©S±ê"£G'Xª4Ïà§IÏà˝:∂á‡So\i
ß d‰CJ„9-ô…œ!ŒŸÛ¶Nè3}*ª/SôÂöTÜ)°*Δ(™Ä™á™¨¥Íò\∂B^Ñ–+Ø¬¨
«Ú¨≥ ö•îSJá´πÊB–Æ∫"–´ØH),ΔãÏΔ…$˚≤Àz‹…≥˙‰˚6“@õœ;ä∞·‹’T;“:Ÿéúè4‹jõFãnÛm
¢âxìÊô·öÅ¶‰ñ≥‰LKHπEmí¶)8€≥F°Ï°cË &õ\Ì".[Ë°ö‰so–íÇ“£ò^
ˇ≠3è^∫)•ìî¶˛2Jôdé:
¡•~™ ¡ ‹t*d¶¬
òÆpFCV;°≈’Ø@K≠XdâÖDse1/^'È$/ë≤a‰kÏ±câä3˝6√…•áH"“•<#Z“∫É.ZÕZ%Y
´∑Ÿ†Ã“∫fi ÌÌ iÜòbÄ±ñN,yƒGHyé:eëaÔ°%´ƒ»Z(±≠í…k≠åv°Û•N%!S:x ˙,ÙQg˝c˜,ì@≤4®|
Ñ≥„†HÕ
™!‹j+U_]òï_uπe≈RÎ[’í≈÷SnÕu.∑V¥kØƒâÏXd!ƒ©Ãí¶îRÃ*Ó®%˙-5”®Nˇíj”jÎv5Æ≠§Õ∂p
´Ï≠Àfin+À‹“]∑2cÈD9R,qDfiYûq@ñ£J¢mÓ[â∫ÓV°n5Ji eˇ∫#ûfil%
nî'G3é»Δ7˜î™g~rJAéÅ¬ä¡Oµ™PUØN^ˇ‰ó]nùeò√R¨¥“ö+≠KëeE°Ú
∫Δ≈ä~Ù BIR@•û#”Ú\≤j≠ó%3k™iÛ:lØ√{
∑≥}{ÌÀgX.fD[fi^éîπ-ÅÂôËíŸÍUı}®
¥Íœp˙•œöOÓzà°ïJPíÉâîZ5úÃÑQóÀáM26Âƒ˙úÁÙvA†ò A∞„†ÍT’ˇ2∂*e
´äôÏBdª[ÌÆg,Ú’aàHb1ç9V
Å4î§'=@ÇZ¥Êá(Ï0 <∫Å^÷™vƒ~ÈâJP˙÷ÿ¥§•r•¶Mù0b·6Â<B^Ù"E,ÿ∑û\¿/)?
ëΔú˛ıØm9`ÿ"ˇËÛ√òê'Îi°÷Øù–Hè“ ≈HíÙlÓ'ú`26∫üântâä…Bu†Rπ,e#|%WF…c»Çf1õùÓ<y´
∏◆*/1∞àB&xGêÇ8c®–ƒ2&ˇBÕ¿óD: –~±ˇ!ø&EÓA–lπ“ó&4œ9gnÛ:)`0¡,◆ìflˇ∂°oˇyã~‰bcù
ó∏#Ås#yVw§D$D>±>A·Ã+ˇh9>2Îêû˙òßd,©Œ!cÇ√
VD÷HÄzêeïaA]◊!MjRD#“ô
Î,I˝E¢|iÃbR)Li?ùÅv¥c'\nã"˝//6˜78ã†Üo|´Õ∑|sõñé„5m¢iÁX6ã+vÇ^Ùb#ËıLhíêD‘§‘µ∂µâ

t
7J"i˚Ü()ô«!-g9jG™"x∞|ß#H†àêó≤"72d8CüHi$À>®2Kœ
uΩ≈1^•I◊Õ.°iIa)tF"ª¯j/.öÑ ¯"√@†≤1çS`ÚX-à%˘JJ¢,eõjùì¢¥õ0˝öKkS6‹<KXBóMãq∑m-
>•ó%lïëE,ÏúS≥÷?œïtpM•¨¿F„ø)qÄníœ¥§$íh›1?»HîH,…@ÍP&´ "ïçcÄ…S˝J>◊z*N»≠„U›%
3í•,±-ÃJÑ3π¯e/ì®}'àH‡7ÇÿÔ{2˙ü@∞£¥K™ø€∞1¡K≈lSj∞'j©•-5õ0â©∂   Â4^´uÑz*∑N¿
÷äpô&mü«'§fk≥®Ÿır…øi9ƒ<1`:ﬂ     Y®03êÏjÂ‹          `çäU_ö)Î ª´∑ER%
˘ÍúVy†F˘°<Y ÏZP°"-≥Pã_=πªáÊ•ˆ≠ƒ~k Ih¨qãÉ,nA∫[ÀΔô§ﬁ‡m"äÿØ-˙6¥¢Âù≈Òõ+ió]dÍÑ-Ê
µZ÷Œçó8K)FTñ[-∂yOUÒÅÂlYÃ∫ÒHàÛB¿ôk•$≈=ß†'À§1jÂ^]`{ÄÃX¯¥"SdP
¢AE·/ªH9Y©»+eÅÆÓ†uıPñJ3›u.ÄÛ%*Qﬂ˘Œ◊∞ìêÓI208ptjjù/Õ€…fSäL'"n*|Ó‹säU$¥
°y˙ü Õô!r¥Y"}<€ûF"‹&òÅù 7É6SÂ»˘˘û÷‹û¥ŸHSr…3b9V„«r?Üœõ‹ O!r…
˚Ã∏"◊J»(o"6∞·z2ª∫Ï wÀ4øbñYÂÏÄùD)*ashÔ•œıÖ\IÑDÖàFõrˆ6ûm{ŸÍmç≥ød*û#LÁq˛Üò6q˘
%¶¨∑V^ùhÙ£OqﬂvyIbzùØCµ>má‡Ô»pIm\Ü±ƒΔõYTèπõ‹Ñ=ëò!%9Z9MéJÁÄ≤ÒG≤µÉ|ÎØÖΩr`d9Ú≤£
\ê]∑‡•3Ø9}üΩs˙N#˘ÒàTÅ~¿n˛[∂•Û∑±-˙'b/Ï   )gùNg‹Gÿ7Å÷ÁMØ˘Ë6G¿[;MSàÌË∞∞3z◊%É/
=R¶fOË§*¢6,øÅ$:óS8n   (-/éa˛ 00Ú˛ü@~§/Ï°µ·£2:ƒw˜TâO°»'TrÿqÖÿ´J9   «¢-
SàG£ãΩ¿ïS˜<2{∂Iíˆ-à;ë,1π%◊´=£Û#:Àr∫ó&›Î¿©3≠Ò…)πÒ)Ù)„ø≤7˘-çÄ±=°◊""@1?A"
d≥'QàRìªr†%Í9U3î"ˆP $%ˆ{ì˜êÜhºA:°¬.∂ö?^ã_[<-%†÷)°±@≥®ùπ\QëŒ+ÖN®ÑAi¿Ú`à˘ja
:É¡~…=%±¿9|Ω£sΩk∫ã∫?ÛÜq†3›Û"".”¬)´#¡ùrÑGËGª"{;ì`1\zç˛)∞ë"ËC∞Ê)
K˛(ëp ,kêçPK„Z∏∞ÔÎπC   ùâ„â≈˘H-˘xéËB[#ùê®'≥ø-‹BòÒ¬[√ó3F!ëô√ö´g≥¯‡Ô0•P∞"-
%Àj=;'Δ›´Co´=;Ï6>°ç®#«>„Üräø6étAÜf@ÜY ´„∞xõõN0>À{ªπ9ªÓ»%´âA
´ô>8≤Al;Hépú^ö#¡Ey#œËπXí;íhX;û˘@*âΔZîxZìµdX2dI™∞-ÔΔ™?öÖõ:/b,Δ)Δb,ë[0@e,√ù1∏
?   ≈¨F6˙Iƒ√
<«◊K0‹cΩ¢"¿ß{¢®ä:@ÃΩs4õ)¬∞fhîπY≠≠+4ú"}ŸÜÂ˚∑Ì-ìJJO%6÷Hà÷∏˘¡¡
í':dEH1.≠ ™îX3èÙ»Δ≤õ°ìâ#‹ß¡´à¿Kµö?…ä*JIëcô,Ü«'¬.ÙêS•
cú…ôCÕ\ΔÕõS(Us¿%¢Δ8ÛÜkJ£$JA, m\í'\∞:J¢ª
@DGsÏ≥t¨∞iÿµìwdyå˘4¡ zπ«RPhbì∞°,K%AmZ*í"Ü÷´,â08áHúƒÒîÉy»:yÿ
¬≈ÅÀ{ö5ÎHÈö≈Bê}°é)§\%∏˜wT°˙"BÒF˘Û¬ @ôDFõ\FõúãüÀ¡;!ÕÁJ<Jn'Δ<kP÷dM◊Ï¿lJ/t Ö∫u
ìŒ!éA+[HyëQ`Ñ,sƒbX+ˆ8≥ú≤À'ÉqNÑ ÉîlÎÚ&álÆÊ,(àLÆáøÙêòêxZ3Ú{ˆ"ßœ+éa$˙£ä°â`Ãœïl
…äô ˘40›LŒP"íñPÀÇò0ßÀ¿˘£[Õ= £$ s¥@8ùÕß¥Õ¶ƒΩtDfi† ,hó∂)ü∏95Q{â\†"Ât"Ë°-LÑ≥
¢Àñ"E√1Î"æ)≈^2SP'∂„rE"M≈»íÿÈ≤8âA   øÙëµVÇìë<≤Äb≤êF«tL,Ì†a,!
\0Fó√dú9\Δ1˛P#àI•ƒ Gm,J<Ñ"®ÑP-iM
%«/ƒ-p†ÕiïJmà¶w˛S∂   QR∞¨dQhÑ≠ÉÖ[hˆªŒÍ-˘yçj\ΩnÎF˘ŸQ°AkHÜEπQS"±πd∏•Ã±+S•
M»ë≈RU¬X\„Q'
±L$´B˘Ä™"Ò≤Rÿ…'≈õÃ/¥ÃòÑ¥)0ΩIÕ$Âa‹ËÜËdN§îPoàŸ9ïY:ıΔ9áŸ5∫'∫SÕMt%"t¥?e
+"%NDsÑF˙R(XQ¥ôçrK∞&∫§#©ÌĈ@XÂ≈ĉÆPK≈   i·Â? ÉÌ°≈±6ã+"#]X,JÚk"˜ß°íï•±0ï\<ñ
à«.ƒ±àIÀ˛B`%Ÿ`÷RpŒ'ÅŒlÃ√ùS >Δ•¨òuP •PA°÷hıŸaîàoÖÃEé-'ûbÑQ†ó{≠
Ã√mú´}>kl˜¿Ö≥"/>¡¢Ø„T˘d†&`®≤∫ƒ"(í∫Bø∑˛ãÃH$]CJyîÛk'˜Lé[2ÓÍ.Hö?ƒ<Ü,p«≈kóWa….Ù
ø√•LÃTΔ0
-SpA   \"'ÃŸÃ}=:Ω_ù\˚≈=˛ï-¢˛Ÿû'írÑJ≥¡0'X0/ÚŸ©'Ì©Fx/*ó?ã=§kí"D"Ñ‹L,ïY∏@¯É+·
+8*8+∏Ç*·4H=»ë*åI®LRπß„ÅÀUOÌÔîè„y∏E?ç†˚ÿG˛Äÿ¡Ñ'¶ÿµY>†ƒCÃÒç-
vã˝4\òã^≈L0T‹ˆ}_„Àö¶s÷n€Δ˝ù‹7ÌFÕ•CúÂS˘>Ï\€á@‹«@>n
ï«Œ+JDDK>',∫g¿í?ã¢;ÏõÑ' ¢;Ãd•`4∏Ç"òÅxdIFòÅ»»Å"0#ÿd#∏Ç4¯É?àÑõ3Â¢
(ÆÏ¬f∏‡B@Zÿ˜,Xk'Œ‡£#l•±íµä}«-πR`åLÿÅ,"Ç¬]ïâIƒV0-˜uQmPÿ|S2÷\÷§Y:Ì3˝'VAácn»÷6
é÷ü
>**h1"¡'ÕÉ‹ A>ñZq(õ£˚%ÖØÕLì=Ê¥`àÑ+òÅ-
h†
(h
Å

I.hÖ6hÇ÷ÄKNÅ˘(òÅ+àÑ[»Ö˘Åç'êé@AdM'tÈäTÿ$mß„9?ª±^,yO~"ùw''ÔπSf]®a≥bòÏR/≈,ÃSÕ‹
%ﬁ∫‹˚ùYmñY˚>ﬂ§¶\òµ_m∂ŸmÖc€4«8ñŸ®√íÖ∂1›
+-vÓ)<Ë©z)Ü>÷Ü ñÁ>ªÜÆg<Q*s£Ω%Àdàѧ8Àh hÄàh
ÅHfhÅá÷ÄΩÊkHœN 8l≈ñÄ@ÉH(î¿œÈÿ∏ƒa;"∑Uè">âá∞õ∫'Â¡tiYÌßôFÃ˙_.'"¿ç¬
*ˆRö°Ì∞j©ΔÔË&˘6ÂΔ'Ã\·éYpòŸ·Æ_·vMh/¶´Ök}cöÁ¥1‡sÓjAAk=~Á
€Hk6Mç∂n¡¡π¿ªÜd¿ÖH∞‡ÎœéhÇFËÿÄ`Ë
0ËÇËHÏ0H˝N˘N@Q>ÂÛó∏"a!e[Û∏]øW¢^œÀÂ≥<"Ò∏^Ù^Ò
-d…
ŸR◊…˘%"˘¿J¿ÖÕ#÷>ÓÌyef1Œ‹§>nüÒ·ûS®éÓŒıF6Δ"€»VoÆÕÔ…ßv¥úäDkÁ±÷„≤FÜm@Î

ÑÕ˙±Áÿ€:àd∏Ö?Ø
P`o
•k˙sÄ.h ¿o˝Êo˘Ôo≈NÄàFÅ+¯É €µT¯Ä*∏„±ïP“ı°EÚπt1ûV•µ”2IÜ–ôih≤O`¨¢-,Ê”
q¡I¿òTÖ‹∆Ì[®Ñ\`_Ø˝I¬©¨ßMò•qR/u◊V8ÊY´∆Õl:ìâ|Ç¶™dó;>ì<fEHÚ‘}#dÔëût
ˆ.¡≠Å=ÀÜIHÉ–ˆÊk
êÄÇÖ¶Äªv≈Œh˘Ú1gÔƒÊooGsœ.s   Å>Nd∞‘@Y»«BﬁUÓ :,H,/ªΩ2¿îE,ïÿ!πè£
µbê`∆ö2Ù-!6jØ≠I≥ ëÒˆIÃΩf?ÓpàŸ˘à˜Üâ7uâü‹7ÓqœMôzcX9@
TrΩuE¿ıûÖ=ˆ¢í–_Ô%Ÿòﬂ
¿π¨+Ñ~∆o/◊vÅ
√ŒokwvΩ~vúW.ØØH˙˛÷k   `Ï@Ç4òÑç&# fî6√Tsö£AIR“+RıXB
2œt∫[Ïï')µ?_ft…l¬ùm±(f {9†6Y≥•Ù´qq«‹j&ıâ|â|ä'und÷˝Ê™.«éÁA[;>/TÑ<(y±6WwN–mÿó
+Å>'©q·ÀàRa`v˘œÄ27ËÑ^vÄNlÿ7zkü˝Os•ø˝§'∆w˘
¿Ë5ØÅ{{¬JE;!Xê®Å"
Ìw◊»¿4¬ +≤'t(‰Åµb´G_:ÓXÅﬂRπgπÑj°V∆ ÚÌ•fméÒ¬á˜ãÓäOÓŒ-˛pà˘çg|mà∫lmGñ…ÖÆñ|
KFy•‡…√àë¢É¢D9≤‘)÷3i“ûM”VëFn/∞m‘vM#Gn◊ÆM)I\ù“A°AÇÇ2)–‘†AÑàl6P` Å   Ü˙L
ËOî*]∫ÙÁ–f\Q©‘≠d»¢!ì6Õ…∞”îâ%Iv‰¥±iΩzM6M≤i…§πç+–nW∏]˜¬Ö´ı/≤øœ¥~ÿØ≤ƒ¿˘+nÜ∞fã'
CÆ|ÿÂ[∑pmÓ¨˘s±œ∑d©ö%Î÷©S≥R£>u´‘)ÿÿ∞q£çÕ€l‹ﬁj{€Ìª˜mnΩá{◊€8Ò‰≈ï/?
ﬁ<y8·ﬁ∆Ì6.|‹unÿµÔ~f∏r±b±bu≤d…#Çx
d$äëyGùà≈ı.Qõ6ç˙ÛÛÁØ?G(ë4
2ì§1√K=Õ$6i¬#‰§=%ÅbhRI1Eà2ï·PàPÄ\¢Ybn•ï÷YaëU“Äf¡(ç2tΩ•Ã\v)ÛñW@Ê≈ó_âı≈◊^…∂Wb
Ö1Üÿcè=≥ÿ1íUvef¿‡bf¢iÜYó≤òv˘Ki˝±[jÆ’v€l≥Òv€o“I◊€úÃyÛ
uÀ·Ÿ€7»!«r›D7‹†·Du‹Ñ≥£„Yh¿ågKyè†ß{
¡◊–#≈HdXD˜a‰ü®˝È˜mh%≥R
/% S6¯‡Ñ·;…TTR
%îd¯îSNâHPØj@CäX≥X4;¢U“åf…8‡ãlπ•óé]$Åw¶]-v.`J"cò`Ñ5ŸÿdéQi
%óYj∆g]^6ãœßç6ãfß»,/ô±ù¬&õ∏%LõùÄÚi‹û√}3Áü|R¨ÁsÉ*ÍõΔ¬e7vÿy˜§„ïwﬁAy(≤{
1Ç˘^C≥Ä/LD€‰∑ﬂ~◊‰ß≥F#mT“4∏ò L4Ø´M:Å∞AÑ"PhaÜ˛*î∞$ lS≈;ÏR
h`√Ä`ÖK`_y5Rµ4–÷è?∫µm`=~À\o≈•Ó]‰"y§_Éı}cå¡µòcœNy%
,êe©∏ó˘j¶ iéú&ÂÆπyπmn˙ßù»ı)\≈~ˆés{Œ7+∑1«äbáhF”¡˛(ò≥ƒBÈyË
dêAËY≤©y*E¯>Ïœ•˛\€F‹$S mt¨5=®AIﬂ¥SÖºíS\ç˘{~‘J
@ÄT9†I)≤êΩÌ5?≤}--?œ¯˘ñ\i%∂#é$§œ¿eIt–K∫–≈$PÈ\àAàº™D2 \â_˛”ó<#}çÊ_•jBàŸ
¥©Mkz”o•úœyÉtŒπìË<W1Á˛©Ü*‹ò«X'í „KÎÇ‘,:–   GX*w
iàyÃSƒ‹9§œ†Ÿ3¥a3ã‡Gg•:ÄöGd˛Å#hê¶ß=ù‘ A6°Ä¿°ÅœGQ@˘@¨®ùo)… êâ“†"◊t≈-˜+µ§ø
±hK"s©êÊ"¿:ÈÄä|‰!ì≠Ø)pD‹îúÁz%L[∫.Bâ¡c‹ÇîüSô@X9\‘¶ï≥πFõp„±Üel˘9¢KÈB˜Á∏P9Ç¢°q
∂#íif_ä¡ÃÌ*≈)&œ,âÁâOC:Q(zG“†¢Œió<,"Ü”8EF`∆06(∑–û¡HÅØ™–W$2J–dµÚ–ÒXsÏP4Pï´\∆E
ˆ   ZÍ»AÆÂGúKéÏ¬?∂ÿ≠/o£À$#:…Éf\ñâ“ñÄq¡ ê«ÿd'ÏÖAŒÄíÉöAÂj“Ñ◊T,`%D°õ‰DúÓíO
4¥%öìÀ>©•ñ3–N7ú„1è|áE»M1Ç8ƒÛXÍàÀtƒ„°X8–;œÿ∆6*Rèê™#=3   6∏8ÉùòÛ%@gÆ≤∑≥ŒäAn˘
4P|¢Ä4äÔWW Pﬁ9"d˝ƒ'QS¿“•áKúÇl8JK"‘Hl•e[D§])¿I.í'–!πu.Ω(Üdó–he„å»@ö°R1ß%≤63ç
õÖ*BXÿJÑÚ`Æ,°mt√õ:áßÑ«ÈZh”;Ì∏–!.qR‹„˛≤c£"f3ÉâYÿNàñxƒ3°ö>Îrwª8˝Í6ÆöUl
$ 3â7°Áí∏‰%I3gÑ–IìØR(å”ÉI≤Ê*•óCT≥T<ÑW¢X(®˛Ä`¯Òùkãµ˙¢m…Õ+q‡‹/«"ÉGŒÏ€”7JBÈπÿR
˘§RÀ–≈ú2Ù´¨H?ôRöÚ§e*SaOA[S°‘6k/ÕúÍ4C‘'ó8
ùq{k√‡˛)uÕ9]êô«√BfI‰œR°Í‘gbwªú"≈C†(≈ÒOy¶≤àIêà"$
Ÿsê9Õπìµ∫W“C„Yªw!ô∞ìøv
÷L˘∆ıU&*B"1≤Ω(,h9ã/‘≤ø˛ıœ±9‡B)ªóπ-2.w„pD6ãÆg}¥üÜ]Rƒm¥§"m‹I]#€ß&sCònS®∫&πøù°
ì16:,29ß@j5B†«,4'bC"¡DÏvªHD¢y®∫Æ´^S´TÏ∏≈NàÄΩe=kõÀÍ 'wùÎ¥âØÏ7|˝÷˜jWXıdj1-
â[ƒ%mËZõi Á(Gkô¨ê a[VnyQ‰AÛ–O"ıë*m3>äÍKûö_Ø∂IΩÑ„÷sC·,•câ)u≈Ó•qã}dù*®˘ä96˛Wª
+–ëpÍR´ÌeGê,B§*±:ç)í
gﬁ‰·%é0p>Õƒƒ^Ø‡†
Ã™VXÄ{πg°òØàùjà˜QmîXµ]çJ;ƒÇ"®°û–åÚÁËI+‹≤˜ ·9}â˙˙†ﬂ ¨!# $ëß˛3`öLîâ/˘Sø/ì•
ì®;9Ÿﬁ,«l2ΩnR‹bπÊ8ııá=Í<P÷   Œsô≠Q€ëG/Z÷2óÕC
ÌfPöTﬁD•„Ì™˜Á+A˙√F¿Ç∏˘ÕË¨œ≠œNÓë>Ah˛U¯ˆ+~ÒâÔÆ‰
}ΩÓ´πÕA'˙√)jt•¡'vGÑ‡! P∫!©,uÛ¥„9“∫Pchâh¿`FÊeiC©ñàaP„úÜ¨ÕZk,Ln%áÍ–ÕÈ8ôì1È‰RŒ
˘ƒÿîOYtÙàaD
uÕB)îÇ ë•îá¥%>ÔΩàñ9ù-•EPƒxy€‘-ﬂ[p2\¬ÃÄ*a
T˘ü≈ôˆÕMêùêù\ÄL`!¬JŸïØÄÑDHˆÿùHÖıÅÄ‰Ä‡B2êƒŸ–û5P∂,Í>HDB}K√Pmöﬁ…êÔ≈uuR»ëVΩ(Œñ4
"òC)aFçâ∆)®Çô¥ú¬¨Inh´/ŸírÂ‘r
ÎNõ

}b≈†"ùdá5=∆- Œ`'<BSaó¥qóSAï G.Üw"∑}€V•Ö5MØDBŒ
%Ä:·÷±:iü"T°ù°!ŸQ¿\·-\!Ò‹%@]%¿ˆ±p>KƒÑQH@Yï"ā¯ād !ñEh'˛-ÕBÈˇ_d)T>Ù
°ß}À^ÑZ>,ﬁc»Xlå«^…·\d8b#f∆ñòúNbËÂÈmbÍY$Á4«'÷'qÙöù¯rÈ\ÏÌú(zLt°Ö,8õÌ»`'ÄŸ,vW
$,ëvÌ,ytÇ-h€ˇ"˛!CeïD‹¬¡%¿%ıπYıU_ˆd†!‡Tﬁ5RH6f@Ö\°¨Ïó7ÚWO8Äå¿PŒ¿∆føô"¨ÑUú¬Ö˝å
GÏðÃ#êÏüF<]$R ˆc^/∫xãèpVtiF)\B,ƒ`,»dLâGEÜB^ﬁBÆñ()‹ÁÉøúj¨'%úÇ,m"Æ>F'r§-y
%È♠ˇT
œ
ˆZ8∏P/Ö¢7t√Pi√îx‹+R•Q$êw>bS¡L.r C§÷∂Y'oZpRÑ4îe36f£π)•É8eäÆDg8
-ƒ6fcÉ∏Ωy£ΩyÂÙŸ¿8ç©ë:ZüMÄÂƒÖœ'»ãÃc[¬e¬…%ÂÖ!u/X<É2Ë'ˇÓÁ~ÓÂB◊πtIAñ,îÇ!ñV™=∆h±
ññ|í#fê$∫ñhîÜ%∂Fe.ånh®p%ìÅ†ƒxNÕMÃHv$∞≈Po
Í`Gux"k¬ÊJ
ëK6.:'À-§vŸdi-∆ì°À^Óßa2äg 's*•◊Ω¬ˇπIHˆP#"ÑîŒ |mü¨¨"4à°ÄäSø…Ñ∫QàM.xDXpÓO
¥8ﬂ˛aﬂ`_™Öˇíß?˛bWÏg~2∆g%% haÜ÷c$¢BfîcnFFÊä   ¿å^)\$plË
Õç,ŒùÊqâ¶ØùNØ}`O5á0çä6<Ü≥çÇŒ)-®µ¡ÃÀDÀ˛ûM™ÿEıË^œPV3&ÁeRöú5»"Ñπ±¿   Ë±2
•˜âÈÿi¿H·KÃ ú@Ñ\Á-ÕõQÈT\A)TE°%ŒcV>£ˇÒÖ"Â#!"èÙc^ÿ«[Pƒçdk Ê%\¬Å∆-äùˇ÷·pIÑ:¶ÆËÌ
)ôLk<™£¶jR*)J*¬ä%íÕﬁOá$.%õ7π"©¬ ñÅ--ç¶å%ÅtÏç6ΩBJîÓ(cîBer,™Prùπ≈YPÑ¿Ã+óœ
LHuJgπ¡Ï≠åV·   @%N†°MÃ¨∞¿!
[¡
¨ßHxD-¡!ceã5'°Ìç÷êˇÚ°>PáÒß~&À…`üu]∆R∆©eCÍÀÑzÜ˛ê ™&b§¿ÇÉﬁ,ROÂ\•"W∞Ÿ-Ïõ)
¶.kffƒ5LfP©¬mŒ,♠˝ﬁ∆DDAÑ°Ã´∫Vó¨ˇ≠jëÏ\¡≠©Pñ#RñÕR@úë„Ø„»|EHì,JÌB+Óû
¥ä@SäÈSÌÉTk¨dÄò¢@‡™l´X]≠E…√qÿÚÕ¶Ò!ùÆKBMƒÈ^h…jîB%DB°ˆibq…
Â·ÀÉvâÁM,h@Ü≤§,Èp&√G   û§ÇËMW∞Ópa™Õ¡ûqMFÏGàff)ƒd'D¬,Œ"T]Ó@ƒÂ,dÆË¶%¢ä‹œ\^1
%Bï]F)˛¡,aÆÊÍrñ#∞∆YÕB9ÊÄ%@ê[ú·äÙI9í„∞¿qìf♠nS^ß ˇ≠ı<J0üô!∂T-π'bÌè5hÉÛŒ°Dìª<
Pı≈∑ÏHˇÜÀDl/π6P≈FvBü∆ ¿|Ë^â€*˚:§˚íâiÏ%,L˝>Ífivf˘˛Ì   vŒO©,¡í%qxL7MYh`ô"Õ
"-Íbgpc∞´˛A3>$Rı-t©÷œ¿2îBÀ¢Ä,jX*a9≤Õ¬ÏÙÂ@TPﬂØ/ÆÙ°Í™∞œ¿
ÒÒÔö¿î÷DgOÖ♠õMA)H√'qW1\^-VR‡x±ﬂ¯gbÃ©Am[]I˜œÎ$∞1ˇö<©U
õöœnF:SËg♠B„¨úk@*ú¿ˇ   jz`r♠ÔÍ·Øj[Ïijpu Êi8ƒNmÿM„≤%#><B«^pì†AD
£E_ÓÊ¬âCåGj]FhÑpˇ^P1îıÎP2£
üÙìc»Ä9ıpP¡úA˛ÄÍbÌ,
∞ˆ♠˛Ä
q1U^ÄPO)≠ÛJED2'»œ0V[œ'=≤Ö58…Ωb^‡‡»ıˆß~ˆª4PèêÌkÄØ≈+l§mîòX'5¶c6dg.êR Aé
%¨F˛j(6ÙÒ]rhéb@#lri§êΩ@Ê§Æ"F¯lˆ"A«¶A†¡H4DOˆDgÆöGmvu•Vvˇ∂ïYlFBú•Äötiœ@˛pNÀ@∞
ˆ,CvÃÄ\Oã°9'¨ﬂ¿±êPÉÄP+@4¿8Äî>ç>ÕÃ¿√0ÌP>µVÑÛrÒw¨EI6CIáÂ'ÂÑZèËçVhâW¬_¬$î¬.v*#
6fœƒ7fêœx…ó   Ü¢-ffiıíd·ÍıgÜ,ƒ,qˇmÎ°‡Îô*F,B[ÂVÚ‹eC¥Dg♠ÂÊhKv,hÙœ$URiî«Éä√ÿ
§∂ió4jß4êc∏n òL"¥-)K"ÏÉ4•ÕÚ6≥Ä-lS
3dÄpwñnˇ„Æp»p≥¿zV1Iò©ô.÷<J≥ˇïïeÏ•àˇ£¨Ó•ﬁy´q8áÛ`™FA®j©uI±µ$Üí≈Vô§îlù^nÏr'3Îx
ä˙öìy%=´&*nÍ‡GFàÑ20õÌƒ$5Ù@D¯dWeStA\
¥Ch¯CPURŸNl~∂ääxj]Å9•¿rûð¶ˆã˜@˛™≥0G¡òÅ≠Ìv.ÈmS7•„¨è˚∏1v
∑Ø7qÛ^ëÂ˛.îD3àt3/ïg≠b%ÀösT¨Ëðµà_ .|ØyãO«Çk8h9√ÿB¢y#∆wgêîò<éúß7∞¶o∞Î! p á"ÅÔ
R_œªíGP∂4(éR9¬8¬∆n,êA¬C4§O6E£«F"ÜoÌAfˆz#†àGFj∞W*ª∂˜♠ˇ@DA®:…S¡…≥¿uZÂ-Í8òÄUZ•
    ÄÄ°@o„Ñ♠∫ˇê+|!ëÛõL$ãÅÈ2\ÌGÄ'S/1ﬁ„^>(Î´¨"&5   0d;ò[ÊGB$§∑ø±ó Œø≠(
·K}?ék@]õ…ÊUPŸÛΩÎ9M%lj˛/ıÌüp™
%.¿ª,kH∞#P♠@<4T¡4<§%o0é«xÉ„j˙A˙¶ï§Vx°
ózJã°kó|åËˇ¿¯¯uµS∂˛êS@ dÃÕOﬂèªÄÏìcœü~d%~-u-˜'OhÄ8˜"G-@m
+Û2÷rw:#Œ/j∑ñœjó#œfF∑£w∆`~F´©5Ñ:"ø∫ıõsÜ> Vm¿{7¿Iv§_˝/.È≠ﬁ÷ﬁs¯ñ zÊﬂ&≤,.Æ+V-
˛cÑû<h-êπB¶JBÑW♠'£«ë£N•fU¥x+V©â±:múŸ3d≈ä!   1#Gé"9zÃ`¡"Ñàò,PFπrM¬(?BÄ†♠
ìB z
öAA•%@»¯·ÉÖ,àë:'ƒQ[πrm♠5ˇÅÅ∞
fDBvç∑i"Æµe{m-\m"ÊÆ'&
Ô/g…D:ˆ˜∞¿∑p·f¯obê{ë5F§cd«&„∫5´T©Në:uœt)„≈äóÅ}˛qa¡Ñ∑œE¯uÏY∑N≈¶]˚î∑n∫ΩqÛÊ-
\∑pﬁ¿
~<\q%»¡˝vﬁ˛˜∑„"Ω}3~‹yÙﬂ√©Wè~=ˇoﬂìµ¡E6òc$Gè˛8z8è`NÑ   6Ã
£ß}ÁXò3fŒÿ¿é>zÊôøäπ"ÖfX)ázÄ   ¬Xà"ä*»8'4®‡)´°4 Í%ÜRäƒ•ö aß\ ,©eêÑ¨îj†´≠œ
+Åh†ˇàH§±f ◊bã»!·≤Æµ§ô/d§yÏ±"Ï4ÿ,ã¨1êpAfK√é¡Ú∞ÀN…¨H<"høYäπeÕ5ÅqÛ0¿™ú2Œ¬¨¥Mï
ŸÚƒçð[|€
õﬂv€Ó7Ë≤s.°DéQÎ
];B√qî;ÁïT9‡"JÛ¢°L≥G"aÔè?"-#œ*Æ»âœ˙♠Ä»Œ6õµ#äu¢X{≥4,bAñëÖ~†êå1°£ä(Xò

/§˝·¡ï≤ ¶¶Íaã(| ¢á)z®ÍY≥j)ØHäF¯jÑ+N±kµéå´H∂ ≥Àö%ó<K§O´8∞ƒ
é2˘»
FÏ∞/_´®îKŸÏíN`-hñ4-˙®`*
Sçµ÷Ï¥∂Àƒ≥œSTfi-≠n˝F8‡îKÆ–·äk.QËʃìÙPIwŒŒ∏†5T–fi∞–õµŒ[ì£ÕFïΩáP-h’*,kËTX#ŸZTQou
%èá$äÂdö   ò5~E)%iCÏEe1ƒØY*¢∞õå
ıéÇ%ò*°lKêaú†bãX|,   i≠í   •jÙÍ+Y8,\Ê,¶< Ö_$áÙ◊öΩû ≤‘éMJ÷`[MØ:√ÏíI Ï
%3çJëe
£4uÖì·è˙¯0·I∂ÌYTëÖ∂=˝Ù&P>X~‘˘fÁʃctfùç:öBCtπÎzΔÆ“fi»;z‘_k˙ëI∏¸#j¯Rçç4z(ÏRıœ_˚
–x(˚IL1fÒ`   +41VêuÜ<Ø,ÅyPD•ÄFXêápÒpá°πËEÄ+Åà‡Ñcm°[§–|•†´DNËäévt#
·±@Ü6ʃa
nXCB“Ω‡r/%1âI!·Kñ¢DB)QÈ5´Úd3äSd§bf"Ó@”;>≈"Ã„òb£ö÷œ2i¥Mm¨¯ï–
Ê0”_xp∂úõßfŸ¡ŸÃ°„ùÌYÔQô/•§flòÔ˚ “˙4„¥?l≠TR˘£fl$Èw?¸<%ThhA»ÄÜ<8B#ʃå%
iô≤Bxx),A
V:¬¥D+dRld†B„®%Facà¬∆–"'å!Y)◊≥"ó.ΩÎ+H˘äŒP
d¯P?°∆ÁÇ:#Õ%à¸bí4íqʃ…@©á´[MOˆ0ìU§?XÏ$H¡ôœ\L˙hxWëb$ù   3’HE7œÒç,T7¸DGıqh2´
T–   »?m{
/†*:ûDʃE")€-2£ô≠B˘Rõ%9I5Ç<'l°üA+≤   ÜÄë∏BÉhbJ%Ä´Ïå-:aKR4¢åÄÑ˘#\YX\,ïÙ‡Ï
0∆Q’S%É0£@Ü¨ÍÚ ‘"¬ãL–(HÎVt$Åh
∑àÜØ–çm∆•sF Ëƒâó'=ââ®!ÿ:gS€Ã∆"%çÿ>›   Q’3wŸgd/C√pIK≈#ËùZõî¡ë7ªTÃÑÜΩÌ(«: π
#r(4ôçœz∆˘∆!   uúÒ§%ëLRfle¸≥ôG¶Tí3-Bb!´˝O•,Eg»ñ•bî¢
/qI±ä40bã∂∞%T!–
˙ä»RôzÀ[B•ƒÉÿ{á;∞7Y¿$√íŸ->HDísWX÷öÄi™AÆu
,ª˘   §èÇÆàt9¢ø ˘§hå2˘yÃ¬¶∏±– ñ?˚</÷:ÒàG8¬L∏√'{âã•…ìpùÍd∆„îy≠ço∞!
G=ÁéìÚfiˆT{ùüIî8¨≈fiE/•„Ë¸âÿ‡∆ëü4ç   ?âLë0’îÛêJÆÍ
IBRø∞•a ıõD(ò£E ±¢ÄXn–ïHeƒÃ∞ªuqf∞√xG·Q0"åPD(1AE∏◊`\Ì÷0uπhjıFH&≠#˘¬UÆ÷•°5–
)¡zı^L◊¿#`©ãS+[≈åeÊ3£D·@D¬±éDâ?†œÑÊ5"I.∏tû,ÕÃNxj#nòÕ–Ï¿Ã»äʃôÕË∏„„•–
¥·¡NwtœHÅGP4ÊÜø#õ1u¶Ti»§'ïk,7!´˙√"…ø∞I§eÉ2f›ìÑh*Q`Ñ%:ÁFDƒfiΩCû¿páS·~»`˘¸Á˙Ω[
ÕÖmá3ÿŸœQËAOh$ú<“
A\ÁʃÕzÆsn–´˝ZN%ä$`ÀùpúVcaäXëvµU©Ú†¸≠'"Ù,¯Ø{-,_übåÜ(fE2◊·,$#ôg≥~
ÈUá∂MÕäCˆÍUõhA¶6j3œCâœ8¢UÚëê·%∆@˘9#êÏüïïK]°YÇ˜¿<î¸!±,L$ ôf<£fl"} ¥™¿àÇì
¢ªçÄÛQ;Xªqú
f8Cxmââ„UÂ*√È{fi·ʃ¥€d†wù˜9R¿qâdD„á^ÀÁBç`%5)`…   Œò VÍë~ƒlÁ·ò¶° ˝˚√¨◊#*ß»LªM
;âWÏ-
fJÆ   ∂e≤ÓY/∞˘y°i˚/u|≥Ïaø«@.Ì¯“ÆˆáZ™9\&…:m-î∞VCe2í‘çÔî´∏öπlUË-
Å√*A3Î5É@û·– $%%@$
ò
wF·Ú0Ôı>nœ˘ÓÖZÉbIfêÿ+òÄáBΔ`“+É¿ˆÍÜ
f¿ˆnè†≈, ·Êj”<áHB-¡héúC˘í·ñ('@ÇJ Δä˙Cw:Ïf≠ ¬ ‘-ŒPj
 A¸ ◊∂w~nxV,aÊÍF¶dÚ∞6T¡ç^£g`¶è¿°9¶ç–n˘û„{äÉR∞çR~åe6EÊ˙eíA2àÕçê=ê VÖ~∞B,dÀË
£=dÖÒBå*B¬/$r!
fÄ($Ñ(d
&R–Ã`œ-
†òÏq»¿ÇDaD¡FA–ÏÄòŒÑÆıÓ
`èŒ.$oD†˘LŒ   fê°Â6mHÄà”ˆtB/(ëáÉ2JmáR√d¢/ûJ*1
≤´‡V'>©˚À±÷c
π®Ã+rAÿÜÁN¥ÆÎʃ˙˙ê7œaêÉ¥±sLµ^+Q™ê^k|~,Óxc…ñå… Ií®1r°lr¡äL*51>∞,!ä@!B1>ƒfV
Räf”'r G0´¿b\È®Ú¿É(§E¿•*àÄqê•–fiñFaÓ`¬†q§e\™¢úëœD/YpÇ
X†¿Ä`-ªqíA”¥å¯_/¬-Ã–ú@’Pç±P2N√˘¢0±.¬Ê/!®†
é@Uœ!jÌkn≈√:cw/I≥\Ïÿ^LÎÇçÎÿœ2~c"Qèò√Ï¶
è4≤¢¸»{,í8ëµ°
∑‘b-lé•·$%„TTJí¸`í8Òfl-Y4IïŒ¶pÖ2OfÁ£'ë°r"Df¢m·ê bØ[††Ö M*^ƒ§Öqvp‡H°jÅ@¡Œ
∆ÂE/\å≈ÎÊ ‡^‡
‡•”` .!Ê*¯úê”fi,-ä®< √Ø8ù„K»)$êaâ¶Á ∆?ÎÀÓ±
äÄC9î
3!Ã¿ìÓÉD”"&Û2c4˘^'ÿJ¶Ííç0/Ô≈∏ŒÎëe"…N¢
Ò4ø!˘¸ÔΔÇ,»\”P.
œQ2ÍŒ1HTrLxS “`

Ë●ÊÉ!ŒêÙÇ∂t=:CVÚÌ4÷dc$Ï¥JAŒÄo\ÑÅ,»ªÚ‡VÔ¬ Lpd‡+yÈ+…Äl ∑‡ ú¿*∆JL@Qı<„
Sb.˜@-`$¿
N.;G¯˜•^,¬.ÔíIñ†Ù“1rN˘¶Á`-b:¡0≥åCU¢C”Ûn,•∞ØD’wd°çb£†l„J|
µ◊»ç∞Œç°ç7ÑÙ/rF#ô#R●®ÏÚ/£Ê/f˘H2TB%„a43*jb√’>oUfÊ4("/c=¬ÙJ»¥lû!
ëê¡hj'X‡~‡BÏ,®rÇ
®¿˛ï
d   úb^∆ÂÏ@5PIÅ∂`
¶‡)â`●4Ù4*áâ
∏å>s¿^Ú˜¿D`¿-ƒÅá≤   HÇàÏáDBg2»»KÄ·Ké∞"4J,,?\œ¿Û®†¢¿¢†hU˘qí-●K/
°Of’™ŒJ●Pdb‘3ã’Îfgé¸ZQsGeK5˜Hh4ES…l√aîÃõc[Ég¥jeËVä ^1ÀB!-†T<Ï√>,"&ì2-ûÿ§pA-
n¡$zÄÇv,XF/o®Œ¿ÙqnÆ†
@‡   bÔ   ®,∂Ä ÛaÅò†`
û ¢ÄL [d`cuÖ
¿D¿"@?ı”J!@È¢Æ|ËGx˜ÖàäfIcfl“HN.+2D,K#÷ ·=-¿
<ØhU,_=èv3$> ¿ `jbráy\˝pÅj3ãıxp√X«ákΩ≠l≈ß{¸PQ¢
R-v{ñâØítI˘T-[Î>●1ÀT%fi˛~dã˛^i&bp˜„KJáÍNJÅJ†",®e,èÊknpBï&˜˘öI)hz¿   ú†´
aH¡*°∂
∆@û@bc‡gòPhœÍÜÆì
\‡‡-‡-‡¥<TàÜtd≥¯@«˘íB)l’∞Ñ˙$∆=ÚÄ>g“hã÷í∂∏-'2f>< "B,EìÁéÅxê-
Î“HçFfÎ∞ÓèΩn;hÎÌûÌQ˙®#ãîèÓ®#€.m7≈˘èÄõ4ÿPÉ§0„IΩ~dÍ7ÒÔì ‡Á‡@ûfklßVKï5¢l≤)`"
åÖ
°`°qDB)…‡Y»ÅÚ oá∆‡m+∑†‹ãΩfQCó˘<hÀ∂Ï¨‡D‡Óì“ÄA4A5M¡6I@Ì   ïf∂uúHùp^ú,£%;¡=¨‘Û
å ® üïV'i|q5
%,3xµíR\£è[TX˚∞˝°.-äÊODígÊÔ9Í»¢Ä√{Ä„Rj< tîT M%cáäÀ[8í¯.ØÄCU≈À‡GV†v√8ï%¯?
¿ßY˘,¥¡^,jÒåEta°laÉ6Ë√2®ó√*
Œ ΩîíP]ÿò·œ¡vÿîπôÌ‡   Rw;(^‹^"ÅL‡47¿\ƒaÆxH”™ÿ çœ-
¢∞Hv^S#äFØ˘1¢i"¢˘‹¯öáVçâñVo¬
Æ∆~™
Oîã<Î`„KÆñ≥zçπ!˝∞76õ≥;ZYªMYq¨:∆÷¢áÉ∂/|°f'y§Œ„∞^£∆f[;•”
x&e’•Òcb(&÷6ïy3Á±?f!û°^Ú@BÙÄ#Ç:tã“jë“((^∆“©;(=ù‡   »@f)-$÷
vPŸäò`∞É“[NÛ∆D (í"Œ\†8'e…q¯¿IØ“πà‡,$ëà˘¢vj†∂û·£Ó^â÷h
€{˜1>W€±Õ∑†˝ÿjaƒÎåXƒO`K~>Œë˙ØY¡G¥˘tí9ßSé$§ÿ˘†å6¨hL∂J{”77- ØA%∏FqkRÙ∑'!
E'ÅL2p"§o4É.@∞"·ñœ _∑¿¶™° ;√p)óŒ¿Ñ±ÇfiãòÊ@DÅjaB·5Í‡Ü≈@∆`
ÄiÃ‡òÒ@2hr«o
∂L F.Ä:AeÉ®á‘¢.ÄD6˘˙   Ìrtí7Á,±x≥√˛`iF‘˘&◊{=/%∏óçU|Ç
±≥Ô>Êÿ3/)ÿ●8LÑ5°KF7flOksf
y49÷   •¢ÃáSH≤<ÓE$ÏNy;Ípng/∆0WÇmTÂT`:I,Ec{ï˘˝ÍÄ.^€"X†
,¶ÿîJ∞àÅ$xåjÉ.àö≥™ÉMèôÃMo!Ü`
Í‡™_òf%Œw-ı&ébèu]◊L`[@ -≈Aej.`Ntå$
˘˚T$●¯abAb˛`‘;y‘œPìÑÒ˘hÛYç¬
0§●¿~ƒD€CTRî†mÉK({’yXçµ3Y÷µC£^wPe∂¶√5≥c7Ω-ñ,IP≤≈≥%4ã63x≥Ä+-∆8Å7T∑WÃ÷4Î|a[±fi
(6T≤1
z
¡·§E‡àöWà!l…ê±óª<1Hÿ+,Å˘,·DÅ-∆¿ ®j™jba¯ı˝ŒÌ„X7,¿ÙÙX●U-Wv_äœ<dìsÙ€.r/
∂¡ØÙl®√ÇÔboÙ2œ <1s _˘`~ ü6!2†!¢=bJl aüÚ-ä§ŒxfiÔj3keÙ√µ£g-÷9˘g∞°9¢˘^#9fGÁî!
Á†hc”§g˙∑HÅ∆●é Vw~i"dÅyŒçÜı5àçÿ„-Ú†-¿=●†
D‡H,ñçr‹¬í#FyÓê9x-û<åŸQJ≠Z¢*.≤3¶é¢Z/fiπ≥Ëéù-[»‹af»`î'Ddd¯-„„ñT˘`âß≠[7m◊¶i„6-
®-†=µ˘úè≠(“i“∂MCÿ≠Y±:=z§'Õô3hƒzÕî,X?h¨T°í#«èk˘%(Bnï*h †…ìGèGÄ˘’ª˜QßK•b>:å+1
∞fâU1∆u+q%√ëO·≤\Ú©[õΩÖÛÊπõg-§Aá„Ê
5Ëqfitz˙6\Í“†eìÊÜÌZœ†“ò2ï^L2dœÜ?\ÏV¨Y≥N≈*U™RßÈù"Uw…o G˘ƒßÒzenï"Q¬
£I”>-’IÀoEçj2 ∑rÂ2n\YPm˘¢†qÑQ»@DåCL1≈ ã-ñå“vê1∆˘
°ä"ä0
-£LTQÜuh .'P3GµêbIHv°hGQå·1x●¡,û≈±%§6B˙dîSC   ií€h≥Õ3œ4ŸÃ3≈îbïzzÄÖWa°Å^xÌ
ëá]gúUDZmÕ‡[9fEE\ïëó^˘¯≈_åÃ)X'•ú2Kdãì.ãI^ÿdíYŸeän∆d¥ï^
k¥â/k®us8‡®Fömfi»&6‹XT2“$ÉÃo≈7ú|ÓΩJ’s≤RY]≠ëd∑]Æ>È’’œäWÖØW†ëfiWErâ{®&√™qΩ
”ã2=È¶ü¥◊¸ÑM']È!`,Ù`á˘%∂¿í‡Ç∞cã-+Z"
J(Yo(ä,ä%ØLÙä(°,B»#œRM6ŸTcÃ.ª¿R#sT8Üåc∞√%<aI#[D·á,K"9™Q@’€~‹p≥ç4L6ıL3Õ

£`,∞<,e]qÖwyâAå\ ÷Vî©÷?∞✱3∞✱Côq{≥^~ııÙŒÅ!ª'bë ˙dì
j®÷òa÷(g∑åFˆgµ}l§¡&•¶y™7ÿÄ6wj‹Ùt*™¯g\qΩ:',ÖA>≠÷éù#ÅD2ÁÆi|
◊kx¡˙∫≠∆>b,≤∑H‹©œÖå2œL;Ì4∫ÈñZ,˘»,c=å¡H∫*H;4Õ@ÕÇ/Bå∫Ï kÔD–+Ø"uÑÜ£òXÕ.√$
(å(wÑQ·å+9!C2a«cPaå3%l¨ç5 6ÃπSìCìP,œ†-,Bh5ﬂ±'BxÒÃC`ÇUÜ3†ÂBCö–œÖ¥¥¨©
f∏ÀC'®¬iê ÖûdÅ¨Jkâ"eÖ(±â✱¶ÅçŸ–µë∆l¶â
Ÿ%F7p'≠∏πÜ5B6úU'á√)T(S™Æ*áªU,«8≈5.+zËÑ5¨Ûd•Xë∏J)Ä·πœ Ân◊»Õ›r3≠/r„ë‡Vr✱•ã
w≥´˘ÓTñçfd#w∫Û›(*"
qf£»'á7Ü0'Å£–#πh·=Í1Ï 5"Bç∂pá-òa€¿I˚ W≤‡«)B/F˙úî
`ÙÆñ@…GDrÑêa+v®ôó„.ÇÑ
c*"–év4ËRó
ÃÅõ òΩ@≠Né–√'3>}P1YÎ déq5˙PÊköÅÃ K8öH°pÖm{Õ;eõπaCú@·orË
$‡»Á=RqsG√>ÏŸ¡U±∏cπ44–â^–Áw@D¢»ËM»L«
màJT#ch±¡‹p„•pf¢‡:2äãA"0pRQ¬bÎJG˙˘X»W',µPi(@Ò"m¬xu DH…ëPÃaßä0Hıi!Eò§/∏§˚ö"ç
(9Ie∑ÀIiäâ§¸/√¢∞Ö›\ÌR∏àE0¢x±ÀYr‡£ykó#`A[˘‡ñ6q%òO
´"ı¿@ÊàBÃ†4BCIS"‹âe'ôœ∞&òBÕi‹√çk~√±òj·d¡
Cπ›ç7¡épòUP,¨S*Ãô≠™3Oø‡Jq‹Èé„òÿ»ùÁñ3V„lKOÇˆ∆∫ôo:õπ5TåÿòF,Ååˆ@£¥ πfGGÌN]
°.)^aØZ∏Ç#∫–Æ+`*/˘WÑ˜è†‡D(Óò!B‹D¢êIÓ†à'(D!∂p∆6¢–IŒ•L∫±∞Æ(\Ù∞0D!O√,Ü)Ù¿ O®ê
I✱†Ü‡·JzaÑXÀ˙f∏¨eó∫l´[u9∫),{∏"1¡;… ôóhNô…òﬂö∑ê/€Õá0öíÕ6K#¶∞l:ëhn¿x-
°ËUü-(´H;M¡Aß:•0\ –8Ó‡3òñ≥úñÁ§eF‹B=Íπ #7åIúΩΩFB›å-ﬂ2T¢∏ÒÜõ˙åN0"πÆ≥CÏ:ö @ö§
$U–(∞€RW‹K–Ú,'@!äW°BîΔi!ﬁP¸ÒèdÄëÜA#¯Z€(ı6úa9»]v®C´«@à:Ù!`®u≠øÄk\;·`¨Ç¿Üù/î°
bkó»™ï*%¿f
Få@/ªdä¨‡@/Í%N˚É ≤#ïv¸5käπZå•I∞!f5-‹aê+ı®¥Eñ4mc®®‹lC°§J8¯Èw;ôs
ÁÆàå√\k∑Ï4°,iÃc>,#,Òp3s∑™f,R'†¸÷∑v´3hPsÔªQfd»A¢.Á
:–+'Ü¡N∫/Eà'°†––ä2¢N∏,√•}œGz9/!›€PT1á;4¢∆Ä≈¡`A
˙E"™˘vÇ¶PÎ)4a
°éC¿ Ü[s›◊Ω¸5∞k™òˆ±∆ñeY ÑKgC;#hkXp˜∏r%/„YX¬≤?G@¢±Ü1‹Ûò? j‹âöÃdKÿØâ-
‡(¸ÃdÎ„ œPﬁèjM
k8ﬁ‹Â)¸Ü
2öïb%¢¥ß ≠Ó/5h;ò¥ù"·P{8KT,fÆ,WâR‡"dwÛÌùÌ6õ€|¸Z‹@F1:QL‹(
ec,]
bdvJQ-A„ú¶apx 0BÁ¡`∆2ò¡J˘"Æ–6C>-ä0;"£ø0O0VGÄVgkœÜk|r–˘q‡Äq✱]‡]–àk` uØÑ@†¿!ç
!d&cí∏ÑnUw–+Hm?`tx¸x˘'ÿq ‡v·÷LÇ"5Ñn"tÙQ)ë,ce3dû
°BåEYvÜo¯&zú"o≠ÔëS18á{ò„Z≥w%h‡eÅQ+"q{÷Q+ñ˙Ú ¡W"F ı[áo¯/0∑0f¥µ3Ax
l'r≤}Å¶.§`O 10N@=ÿ1-èÿs¿ øPiïFÛG˙ú¿â✱rt¯"#S@äC`äB0MPÄM¿k∏ÊRÄkòk|
Å^˘ÅxÅÇTàêvçPlë6SF03pÇumswwwg4k2,_"óx0ça°78¿êç]£xäÁ'Çu°y≥@XaÉXÌV)ÓVÑä')•
±P§B*La*ÛXzœ✱7˘„·ˆNR&ÜV!q≠ïk@a^Ë4Íq+'a+˝HO)O¡W
∑Äq"∞q‹0Yëë·✱8°
œ0•tcpé¿;z∆}hœC>ßíÄ∂+¬[0C∞=DlV7Á'™(ä∞sî¯A)Ù'^C˜i˘ÙR6UÅL¿M–OÈîË]ïM‡ZïNŸ]¿(˘Å
8Å]YÅ]∑ã6%/1Á≥dFPÇ(∏Çq…âªWn,@[RçxxyÒÉëç≤nàGnê–N1¶5Ë&yÙÅ6A6o°±òÈÿéúÚ)˜6
`*"0èQàèÌ4∑êÅ!pUV+WAf±«D`±bâê"A%¢O∂Re ëDÒo8·0õõ %
û ±PJ©îFO@¢Ë".±;µ–sCŸsf¿ï.#◊cuå%™hÄ»3>©Ayâ·˘ôˆGG…%•à–kd9ÅOïPYñ]…ïP)ïN
Èî\¿8Å∑ÿï]…kgVdEdÒ3%x4 8w˘wbm¬4pr%33q≤…Qn>»LR¡zò∑†
}bXA∏$fXBv¢ËhÑ·†)t≥Y†„Yß"Ö+CÖS·ô»¡Õ1eTb8§ip¥ı8¸Ñöe÷èó0 ≠Ÿö÷1 ®%M
}¬fÃÁÜ‹ …
Á`Ê0Ì"∂
ÏÇt[ø∂k=Ÿ\´ñGÍ2¥`$•¶=«;œ"aU
Û08yù¡∂Sâ†≠‡
˘J∫✱ßÆÄiö∂ õ¿ßb^/•â\@ñ»\`üLÄã]Á«_‡QâüJˆ©ü]¿oo‡n`ä8°Vå‡qhëK(∞Ç†!Ä´
9U`gpg'{3aLÙ'bQ±çöxd5çwÂhé:v•QyñEYü·6≤a/ZzzczQÅ89∫è±✱bXeë†{≈TLY
°Oﬂ¡DNCÜÉ1D≠π§Ì*OUF8õq>Ò[8A•T:Ê0>Õ@ùÄc∞É‹ÂÁkªä✱•íG$ei*BCπFÒ =E!$Q!b@Ä'≥S{™Î
^Ä:®E9SÒGå ^ök`püñ
ñˆâüÌ…8‹]¿‹Ä;∞8püêöü|©öü˘È^∑ä2ÁwPf@´FìÇ
ä˘´†´'bEuë4HaÄëÿŸXÅ©É(jnÙqò'zXÈVyòÚn'äy≠±Miı„'√qÈ%7p˚*/XZ¶5eáCOW°∂x˘ÙjØ"!+œ
Q
ó†'W8∞˘êá1¶s-?1/p∫ÓSÂ
√` ú`Âwkøˆ|têùMê‹b±ñ‡}ÑfRµê.$/å !3#P0T¥¶≤âp®éˆ≤Éj^3ï®í!∆ÅKÎï¯ÈîZµ^✱≥+ê
¥B¿B-¿-8¿L0¥˚˘¶˙tPøp¿í–ÆëDh·Vq ê∏ Ep`AK3cbÒ@\ˆw"‡n˜hn"Íxé'

ÑÜp%öyÌˆnéiî"U∏»p♠!P¡É/x£ÀQZÉ≥ÆÒÑò≥mXrƒê+∆öù Déã§EƒOJ¶G°ë>•¶∞±ê"°`s±V˜¨òk``
ªM B@s@!'¡ﬁWRµ¿¶ÈBìVı§ÿ»°Àùs¿ß|∫   :7Ωçñ!s∞^kaP≈L™¯ÈΩﬂ+Éå‰ö¥<Ø∞–†¥A‡î^
@…p‡ñµp♠^∑ø>sìK–6¿@tóiÄ€&&4c∂zQbY÷8ò´˘ç,„≈¿Éçá¡Ñn∏Øé#Z¢úa¢}ªB%L¨°f32†#ZÏÙË/
'A'∏ÍZôÿÒ{<Åw±√ÛJ[™ÖπÖ!+≤¿'––z♠Í
"%ßw°ÕPÓ<T≈¿vê Ñ0∂€kµã≈t¿˝Ãœ˝<FMÄù∞#°É(°l™–ùPJë¥D‡:NÄU;eU#s c∞ß–´sÚ¢iéÊh|ö
≤·∞s[»Z‡É<©îL¥á¸»–êœ–‡0B …ù˙ï¶jøóÃ¶
Tãfp1i≈"\ #♠W♠•0§)3¥@
lLuÖbv,˘É!˘Ø≠∏lÀ–™ná–'Ñ•øLBEH¬◊ÙX£A)õ•Òqè˙¯õ•''±bZUAÔ˙eŸ[ÁÅÈÅ¨7àŒ:∫èÆ''R=o{
°oK;T°;b   [♠˘¨kÿœµÀr@ãð–:)%P20ñ¿ù@J§@Jù‡ §4œw˙i'=rû¬â)õ–
Ω°@ΩÜ €sN@#òù^πZ0©î
»ZP»,;œ∞è5m"ÏOIÅ+m…p–ÛK^ÄøXb0P‡D¿K

J^ƒá1é∞Z!& |beFfÍÑòo[ÀÅ˘˘çá)à6ê7≠"4y%˙ò)JÑ):2w…¨Ã≠2À€®◊œ+Ç
£Æ≤≤ö§˘e˚[ÊOøó'ÁúπRÊ·„,8AlŸ
?¥s}ƒPΩCò∆   rÄ≈¥ñ§/œC~|@GNDã~<P¿♠±€,¬"ñp∆,RJ1"`{xí'E∆¥"Â)«rús˙"hF…
âÅƒ≈[úäQ…°˙ΩL†Œ
ø˘)ÅEõ>Ä#¿6m"–¿A …MßZ™n♠n¿Ö¸ŸΩ6>‡.∞†–VtÒ Dó   kôvQπ_UfÉ'qc   Ö±∏ﬁç]c∑"
6"ZX¿˘Ã¡∏™Ò
òwÃqx7…Ä*Â&(ëÌNåãŒ2ŸÁ|Z"A,]V'3√ó^∂8ù;+.+êÕVxR,◊']"_Í"   gÊåäa /C~‰FnÓÊé‰I>2
¿–♠♠=¿¬ª"_
/˜^Ôﬁcé .œ'}ñ6îÛG‹u,^Æ∞®ö÷SQå=B [°≈EÎîK™ŒMÁ♠€C+?ÎÎÎ/Õ7>[,…L0Å·}…
>mﬁú:R0.`FSi`Ÿ¨°ù∞È˘„%tÉ7x8ﬂÛòò¥ÃNÄ„AÑ)M`S¢ä,Àl=6√ú¢ÈX≥◊©!Æ
ûË˘˘ô"âŒ4¨'˘§ πjÎΩí9P‡‹,Ö¡'|,ÍáaÀqÌΩ";)R˘Ú"
è∆   õê   /‰ŒœÅOnPÈ~‰r>K∞≈1P0C†ÚC
§¿Ô˜~Ôm°å .°≥ ∫Ûú+Ès¬@®,E/˙¬õ–ü¶^4"9Ω‰ı)Ò°
ÁÄ\»_IüB@"`/m"8=Á;…„ùËo–™*'ú/-/wÁKƒ   ÊÊ*úÅÛ≈ƒwY-xEJ
ëê¨µÚ'w]¡~,Aéò¡ÍkÎúÅBóÖ¢£–ò~
»Ä♠Ç3ËÏô|ÕıÑWÏŸ–p·»ë=h
¢AS˘• ï+é¸<˙)R©R±bU¨8K„¨[=ﬁ,x+÷∆X∂bÉKX≠Z¥Bπz
T+Bô‰ƒô√G:||ˆ‰ÈF(7tå∫È¬§â¶1>0(P,é%Rñ,1≤$Jî@GT≠:Íd÷Ibeâ
´%lÿYf√Ü   FãÃPå61,§H!;vÊå!"$Ü<Ñ0Aå«&K3F,Öãî&MÇ8Â0aÇÖÃ>0Ç∏I/Ö
¡yá7|°Tdà2yÙöTÍ0d«Ä√uÎ'©KêÌ–É¸0#Gè"]∫DÍRßIù uí~i0Ó¿∂s/ÜXG\¡ÕwÔÒTy˘·¬Éw.¸T˚·
ﬁ¬u«ç[∑˝¯Ò{Û¶õkÆ–Ü¿i¶yd∫„h;é°€®ìã&°H"πrËÇB„
–H£9G&≤»¢[**ë"``ô•`äÅhäô+¨j rkò∂Ñq≈ô2˘$!ëDíC·Cí8¯@"''ç˙Çé.äö≤
7VCå©&`¿Ç©•™Æ≤™Ä∞l!Ê$4a±≈ñhi)G∑lå+´PÙbD/<Ó‡"Ø0ú ¨0ñ8,©∆],1EkÇZ♠‡Z†Tà!öBä
ö¯,/<%Õ":ïÇ03y.ñ><FAdÿiÂîN"±Ó[Å‰ë˘N
¢ÉÓíI&ëË◊KJ9èΩÚéE6Ÿ˜Ç[œ˜nQE>˙§=≈œnÙFølµ˝Føi¨π∆ö‰Æ#G">YbÈ§X*vVå∏ä$C=Ú¯ê!Ñ"¯
£9Z€-•]v'\˜ñbv{1aiÑ∆FbòÅÀïZ\Edê:äî£HI‰h≤I>qí')ß'"J.§t#±¶2Ëí<:±ƒQ∞∫™f™H1©Mb/
,Sî;C– π‰≤DÆôÛTÑ;Ÿ"é1Êp¢–¬ÂA)C[&°>îQ•£4Ü≤
É≠2NΩ`ª8∫ËB
"ò¬0FFëÂªcå¶'cÄìªIH…5◊˘Y{Ìı◊H~ù§íKƒ+»!ó¸£eoYñYf>õeœ¯ÜÛ\8lÛ"èõl∑ÂF
\eî¶ı≈3WUíJI7‡Ä;¡w˚˝£wÇ♠Eàå˜Ì˜ﬂN∆≤ÂxìJ¥®E`àaxFh™°œfv\Êó7…§˚A>!"„Cä<ƒêÚ
!}>
°}¢Ñ"Bã.¥†"P¶+ÅÀ®¿ä9G≠"âZ¥…Vπô"Ó@à9Ã°/z…K^Íîß<·!xÿ"û»∞Ö1TMXÎVì.@Ê1à…öÿÜ
Ñ•,ÂRÑëÖ,S t™SSËB∆f6¿œÒÕ3Z'Un•♠)å˘∑+ƒAá:¡öÑ0à9dINYò√"y÷",-,"t
°;Q{Jqmï[,F∏§ëå÷%cAÈÅP∫fáë<Mß:OÏùΩÚ<4ÔBCør«.   )OBÀ+ëÛ§WåjLØ'`5ÜÒ]Ë¬õÿDêëà
"
¬3R˘Œ72íµœ(ß$J¸,G–¨¶ïYJ♠@ÄwhsôF♠åf"♠µœÿÅc@fÌêE0SO√"0ái<ÿ·˘ôÇ.Öò%8ä1\Ä¥†(**4
L©å'È¡!\
SJ
ß‰&7^1Ç1úë g♠∆CdUGb≈ƒ˘&6ëÉcú)R‡‡¢°T°\±»£/>Îsß8"FKÅ–j»å¶„F8∂u d∞qA»¿\z¬®Æ
         Q$wO¥êDzß°=~à7ûm¿2HX°¥ßca^Y†!ΩGRèGe∆/~·W¥H@Jƒ'<1UILıò•!0aàBp'4Diﬂ˙Ñ
,6®"¨„LÃbP<‡%¯/w…Àb♠≈4f1∏◊Í•ô0´¶4{◊õn!
Å9LhòO(¬≠#'ZΩñµ√F2Çà0ÖlNaSM BlÇ Ñœ6°jñ©€=c4„¨˙
o¸÷õÒëW≈m∞*Aë·L˘¢ï®G*ÍûânëZEÓ,D*Rma+§i\£´xS.êÄd#¥√En˜/âÿäwi∏◊ArÖÖê¡CzhŒK_J
]·®#!ÜÛ†7IÍàÀXS[±âV|,à♠Ø«<1œ´   }Ë€™WãrJˆÇ¨Yàﬂ¥‡qÍp)¯Û<jÇ3‰°zËÂ1àAjía&&C1ıb
B¯'Ø0£&â´i¬ñ2ÄSòönäú'[

¬∂X"fµ2ú¿YLaJSL≠RÇ@7∫   -˘@d@gÏSà¸DFÇÑXπX5ó8≥AÖ≈€¨Àä…™úDüE<-jÓä˘ù;bûKaêñ
±tÿòFßõûÉÅª"i©KF+ZAƒÅË]>4fi*ê°
g8∫ñ3 $ó¿‡ÒJ_≥∏.ı|Ö/TÕäV∞b¸ÖıTá   Zc5¡ZEüi∏Í≈¡BaCC·   ám   j-¡
4¸ÄD¡çÿ√Îz˜e∆√Ùkä"öó_ª/}≤üÄ„F4DÃcG¯XE· kîÂ¡jµ,Ÿú˘≥ó≠x0ZŸa¥k"@   J`cCh2^[$Bƒ
ëEØR“ƒ<¥smËõÂLQ,rq>ÙÒ<pJ!äçûBßÎÛ∂Æ¡
i°*äÊ“˘à°è(:jW^#ÚnÜ¸ iÉPZ!Q®¥¶aûaÁ”tmD8-j6µá%øx≈+ö/äV   ÷¸ı§ë
$Åâ≠8¡[Ì*Ww=V^èUYPÇÜÌ∆∆l…Œ@[3%!/“>√àG5<πÿÔzID`kÃ;‡tO   <`ÊØÓF8Eı6,°∞»MYk
        é,&êv«£ç˘eV;z¿ ‡$»@®gÙf∂D§mpÚÜf,§9Ωä∏,Œ\Úf¡¢o∆,y:>\œ_Zÿ5π…K±"\K?+ÙG
-;çh◊˙∑-":Å°HÃtÅ√SHä†ê+/
x@Ø#˘H±¸ı/¬|:√¸p7Rp∂pK-ÇÒä`DùÍ¸]Ö¸ÑTê™©¬Ñ©BO8¿Z€™Ø”™B¿Ñ_∂°Äa[µ€XáA!á’*Å∏”∞∏
0?ÿ#?@j≥†¶È;
“ã;Ä ø„b¬ÉõƒÉ1‡†ÕÍÅ∞Ä¿Ap∑w”Q'∏2À3â≈Ç(∏-ÉB÷îBX≠{2Ω¨Ä-¬0Å»}RêV"yÖKè#ä∏á√≠wyY
è*è\P*
œóõ3èÛ"jëèX9Öí+m·èoI\»®ôeÍÀ≥π>›ôï©ó~±•Úπ*àÇ" ˘ø*@<0à^jÑ˜ª3‡ì¬
€38É˘[øW®øQxÖPxÖVò   P`M∏:ÚÑ\¿[d@;0”‡≈_ã
tÉ≥√¿%ÿÅ‹ÅA)&ÃB|ê*¿4?»;L√ t¡`Ç °PÑ°h1>©¶≥A2É∏±µ“àX
LB&x,"ÙÇ"T√Ä2¡¨ÄÕ¿¬{ƒBÅª'Õ´¬“'¿B-¬* ÖchΩŸí-
ﬂXê[»áHC,@≥<πä0òx8¥"+™√Àqè#ÆiŸ®ŒéXàï“πÜn‡kpùáÍ√ë‘Æu94E”ÅÄ4fiÒù4–IJ≥DKø(Øƒ ?
(É;83ÿÇ-0¶§<2EFXPô†JMY§EJÖ≠DÖÆƒTX@§5Øä¿≤4çÏ™ª-X0))!«PàÀhÂc|,[FÄ
ª(ÄFLä?oTÑ<∞F$LmdøÎı18¶(¿AƒiÅd´GÕ•ÄI)á)iÇyZ
∑%&!$≠À»Ä   ®Ä°«∏Å8ØÅ Åd»∞à»ÇÀXx=øâ≠Ò»õáz86áH†íÖXê7D‡êç;Ã1ñéÄ¢:3.„/(˘ …
·òÖ"H…“ 47Íõª>ä8"õ”œqùªó<‡πÒ˘BK"ƒ®ƒ"∫§FL£±§L1√≤03XÑEPM`1B á∞0ê≈™™EOHd@
±l@ÏE}–¢Fø<%+yÅƒÅb"ÀG¡ÅhÅ∏ÀP
É•+L£LarAœ'ª§1;à2xÇ'àƒ[≠-¥ò®Ã¿Å)´& ¬"d∑,È°∫aÕ∏€/Ã¬'ÕÄ˘$’4Å+Ã¬-¨Ä»†ÇKØÜΩÅΩÈí
=ôπëªÑX8Ö6$N,úÖ°ëÖ•àú\Ü\»HdaŒçœ,><9˘ùÎ%lH£4ö7zë+Ö_-®<±>FúóGÏóﬂŸóÒ˘"/KÃÅ"»Å®
˜"4¿¥&3U3ÿ†
/*0’õÍä:®;®ÉáÑ>%ÆÀØ§U≠µ^DK¥LKÆ,≥k%T"ä˘∂≠K ƒKïÕÿ0•K3†RT–bÑ_“;oúAª
≈
∫-ËÅ'Ë`“ÿQÕË-Ä~{ç P7«Rö●0≤ÄÅ-úÕÿ§Õz>BÅ#Å”¸Äàªòõ +hY"Ö#"ﬂÿ
ÌBúIh√KN6uCYËé;ù√ ·Hc   .ä √iA.CDÆ%ªNï%ÜBÖÎ£óìì●ïÍpÅ•>Ò¢T
$®ÇıÃ‘öeœ"∏)hÖølµ§˘áÇü●Ç-P':/>®É>@ZI†Ñ"°Ñ¶=@±KZe@]Û*\ÌE8`üµ\:Äì)
.@´n≤K l¬ÿàÄ≥’0-5xÅü-U˙¥÷=…÷;1©1¶c2,oÌêÅo5Å●%.!◊•A-`ÇÃÃ!!'p“°Œ+á“3=●◊…
çÄ&’¬(»∏äÕ->ÇÅSÉç=ál8_!>à≥à·Œ>êÿÌ0ÅLŒä4ÃÂ¢\ò®é£èÎπéÎŒ˙‘ïkπéPŸ≈)F√ùEÎ.[y{Ÿ>∫
ô?LùÅ»ÅË¯ÑO*p ¿Ù?ÿœEE*¯ŸüÕD/>§ïXÖU●e_J`@Zsﬂ±;±´/-±Ç
5`Ö-hÇnr∑ ƒB≥ïM˘◊êı(xÇ¯Yú"É3(,•
ﬂ'ÉüΩ‡¯nÂ€Ÿ∏±∏cZ≤Õ` \êGNRv
x™õx„0ÿÑeïÕd’ÀΩ§ÕÅ’‹œ.ÕáE»dË'"ÇùYHú^Å∏3E>[0Ñ)ó◊eNﬂ¢XÛè|Œˆ†NœœN?
%Iì¸≥ëMè●àòb43é%Ωá∞çÛ%Ü∏Ç"XOKáfi:ñ^¯"*®PÅ?¯●Ó’÷÷‡10%
£ÌÉ0êÑ§ÌÉ8àÉCpZ˜˘ïd¯'≈"●]ªØj∞K^À°ôü0ó)9∆∏K÷≥u´∏-, ËxÇÒç™‡•Å)Ë]fiÂ
&ÇsÅœ,Å=·   Ë•-0®/`«tca∫Ÿ7+ƒBœ·ŸÑÄÓfdçªŸáx*ÿRÿÖc¯Rø·Ö0tH$Üé(∫ìc,ëp√•Ü'Ê
ﬂp≥8D)»aŒÄ^Œ/ï®è;UÎ¸S-·√jTízIì≤Ì£ïJêó4Æó%M^I}„âc:∂cò̀ÈøÚ√4˘¶E¶¢–_ÜiuöÇ/É/p%8
ü#–È˘3J‡iÛQü\[ü˘ªM>ä   çü≠äí·É.¯Ç.p®˘ ßà;àÄΩ4U6 ië¸-
‡ö'`ÍeÅ`Ê[œuÅ`ÊÀÅ#ª¨ŸÿQ}Ä   p+rù|',v\<≤∞∆Å+aΩÙfÏyWZÚW
•3hXêÖø·é1t^Äèó,…èì≥áË7Tñ◊˝Ω>Ä®è¯8Ñ∆≥èÕ>Ñé4äÜW OîùÁá©F|à%uÙÇYè^ÒÉfi†ë&Èë6iü
$ØLÉ¡˜s??ñ-ò
!@2!X'rí&9∞Û·È"JüO^∞Mfi_ˆ·d§éü)Yj¶nj∏·ı/˘XF¥çÄ"A ÈÒÎÿ`∞&È
¥VkaNÎa¶“∑œ,ß†k'áπÊQ0◊}Sä»"k[,GÒ«≈Õ¡n´ Ä∫fi\Ÿú≠ˆÅ*ÿÉN¯
BHW1‘ ¸"ê•≠cyœÆ√◊ï›Å°Hïíœ˙Ëi°l‹9Sÿ®Å≥î (ó≤Ë4NfiàòóötY
!ÒbôùˆÈ≠c@ÅﬂÆcL’„+àøT d'(òµjÅ∂∆"™˘zÍ/Ô0¸%†VÌ˙5≥d≤Ûn˘È   £(ôßñí–êj@YR∞Í´ˆ◊/
%ÍÆtﬂÜxÔ˜ÅÂZk0EßBÃ˙o∂˘íkπÊf¸Äse°x¬í¢ö.=Äú‹nVÄˆÊf\6Ÿ,¯Å3∏é«>Üf@»ﬂ
¢fi`Ítñ„§"dhg;}ﬂsÒ7K+éÒ„ZË-)ÖJHhS8nÄh$™âxmfi)œ<“êi∑
>ÍÖò„›û‡ˆﬂ.ÈKÕ=œ4Úfi>QU-w*|BKπt;á`äS/ﬂ3˘%û∏ﬂSíP|˘üµ4´ì/8)yÍ§ÄÍ †G≥=[ÿÀ-˜fÅêÅ
≥tàpÔâèPM÷öçŸP˜-úÙπ÷á‡Äá-j· ´à∂ß¶◊
´.lÆÎ®∑˘,BPu«n>OH"Sı∞áƒÖWyïc‡fi»»cÆ)÷∏Õ∂,‡Äq¯Pê?Ì√S0ˆÆ?Ök@Ü•Táœïirﬂ©ˆ{AàÉ /
Ò?&wrä˘˘∏èfi∏TqO-˜{¶pÉ-ø1ÅSyÃ"1z,«ÇìÀ˘8Á ƒO|∞í-+YK   '˘©:¨˘·&ÿ`ÓÁ´^o∏
Ååπ˘ÚnÅä't˜n}á«xbéÅ-G2*∏\r◊J◊∑E≤∆ù≤'2=≥%uœ∑˘ u´f¥ÄU¸*»Rêÿø   √ÉïÆÜ|
˙‡XêvFz●GzÜ≤"hôCØ√`˘óœ//,ä™ÑÆO˘Æ∑`HT_ÚfiÅà#˜ùﬂ)à€ÜcJÏIÈiÄ`1b`à,PÃ`1cFé(U»ê9#

-ŒBwÏ'Ÿ¶áå!1Jî¯-BÜêí%ô0È"ÖÀJï+µ-ÈìÕö5e %,∆
Mû=>pa√Eã&ZöhQ9"eK¢(ö0i"$F"<@`¿¿É&@ÄBÜ¡É
Yò"àµm¡¬˝*cÆí2>ñ∞`·¡É ,¯≠‡ÅA†FMâíIê∆<b¿¯†7´([ç∞Ws_d%8ìáî¨c«û!sñÃ2"≠ëÉç
ÿ¨[∏n√ù.ﬁ…éÒˇ,ç,8o€∑Tù∫u
ó*\Œü3øe˛∂tÍ∂ì+ó^;ˇ©Ó πüö'˝T•Ó¶»KªU*"§HèzÙGèû<ıÛÿ«_
}4˛ØêQEQQD9$$AçÄÇBXƒItEv\¥≈081ƒ }"H& ÒT]§ƒS1·D«,"°K1Ú%ntQK,QîS-©»ÖêãE%ƒS
y†D¿
P•"$êY¥‡k±óósu4ƒ\xyXg~˝EB1•-bQA'XkíP_T¶óUzyf¡íÄ¿gË…%≤ƒˆ€k«°ñlπ·Üõs˘¿L*<1ª√K
1Ω=˜>)™ÿÊ\s-9∑<mùZ'ù™Ÿy^w,çg -ïÃ/2ßî2I'Ä»'_~¯°ëG¿˙WÏˇd\!†Å.î óYˇ ÑcT!-g<ë-
Üvlö2ÅWà-∞…fâO°Ñ,J'&•TRK≈ƒELZ)$éÚÂîK'oRB"[ØQ<Ø¡√%ñd¬T-§¡\-ña<¬/†ÖÇAœn…
ñXpÕÂ¬DÄyWyA‡ó^}Yp1»ˇ¡LH!ÁöTÖŸ
DêAUï=êÅg&å•Cy8rI,∆0™ökS?J)0πÂvõ'ΩÌ+€•ˇ∞«h®«)®ß.wJ.ÀÅ∫*Ÿiﬂ"ãt<yÍÈx%ôRI
%ÁUÇÀ,•\,^$ˇ8"i¯ó≈ãF≤ XDÕ≤¿e[¥≈‡É
Xa{-Efl1∆sÅbàkﬁıÿcÁˇîä_©Ôb+';J˚2-£bDÚ{Ô3Q"<î0ÙeKnï≈_Ö@Â #ú¿¬ (8H-!
ØÖ9\"∏Ç){¥ÊGí1¿¿{M¡&∞ŸÿIB»y%]1\∞◊ùz] ¥ˇSÄ°aD$.q(◊ CQ≠ £.õ
´ÒÊÅV¶ÿ5ﬁ:o√Ö©Æ3™Á4ßÉ©™é,¿S∑ˇÒ|ß>)yZ(û\πÁÉªO-∞∏ƒÎXU@BÅDπÉp s-ÄÊíÉEÅ
T®VDÓ‡-Ÿ¡Qxd"êò/%jpp.¿.E.Å◊Jå°≈%çE·-ÖáÉå_˛"¿∆èdÄ/ÄÄV`LÏ+ ı®4ÉÎylA! ,"Ω¥Ñ`.U
°ﬂöígıˇiÎ≥Äöh&;∆è~sÇÅ Hp?·)h˛À¿§D¶=Ç4±£û±d‡≤Q^õM#òãM 'å,pÑ%táÉ L€2ïY™
€Äâô…ëõ QŸ™gÖ/,O)∫)CGˇ.?à+÷¸S!)ã@ÃJHPÇ ±≈{à¨"BRÑ(8§B◊ ñÖ§»+
-D% ◊G¥∏&p±ãÛÉ"å∫-Pïœçãë£¡z∑∆&¨ã•#Òf?˛çèÿ ~Ê<
àe"8Å®ÙeèJ€Î^<¡œÒçoLwë¡ Ñ…<UÄì&òŸÃpôÄ)$Pì Ç∂«=™íï&¯ Œ‡à∆,π…e.m…®F„9îö
ß"H¡ÿt
8¿ÑŒmÓ6Á\ÁôÃtõq,∆XµJÖ◊ƒ˚ûn^,êxD8ı`Cr^!±'-Ói Õ‡ùÌ|ñ©π˛‡@IË¥ï-"EÅ#&H^>∞∫ÅÇ$$
„jkq‡/:.·MËB…¡ñ∆, è¢s%-bJÑ-ç,Ä`¡c]xöø=˛1bö E∞ïJÔ•å$H»4†ñ.Ö%íëîÅ
∆TI"j2O{· ``^∞vfG%AH\\@êÔdXY
∞
èpZ,n-@◊H-óå&.…:€úu6ø°†Z/»)Qï≠oz√ÖÑ·*´∑¬
n%TN ≈c7\eSØ~%O
/ GbyÿCwÖ3$Î≈UP,>{8É…ul≤ÓÏRe'2ÇÖdñsQÿ¬Á»`Eë»O L‡ø'ñ@\5≠H™E;~íHPˇdm[GÑ
-¶À]ƒ¡a€≈‡Äã√≠#õcÄÉ-Œw§
àÿVÅ(Ö••Tí)ı2>X∑{oÅ∆2¯≠ --‡ô_•¥>¨X†¥ AL@Æ(ór™•ÛÅ\0'ÙØˇBìX™‡àY%Ê¥Ñ`-ëÅöØ¬ﬁ/'
~ [;0≠¬%.¬/÷Sú'ôüJ<nqaeVG:™òE eQàﬁMÖxU°
ÀcÌW˝
Wù8Ò˜†á28Œq/V¨Ä¥, ao-ÓÑÁÂ@@ƒ*=(»¯ÚÁ∂`ni(
?`ú#Õ≥êÄHu…3-kEBÆçÃ¬uÌpˇÉ[/éŸ∂ÆµmFœúÊ1√±ÕHMûê;Áá]&ê‡ãt©◊ Bn -4≈n°π¯°∂"ã
˚˛4^ˇ≥ó kÍü \@l°T¯¡œYÇU^Ädx™üÅ÷‡≤Å îzwV´Ÿ∆◊c••pâÈıc""<¬V¶)8∏*if'n,qv
´¬É´∑SªÖ◊÷€xû
8@4"≈à+CbkÖ«¡@?òé-Ú¨ïÒr>V»0˚Éy„SâÍV† /U4Áï;?P÷¢ˇ†lÆ£ö/Œ&;lÃ8ÿ√É+q
£¶πµÂÚó_^Çƒ9#çŸ A∂t `! Ÿˇ ΩÎ~È-∂èrîa@…Ë/Oú-LÊ?‡Å8Ÿ&†¬-X4"~8√zP¿Uç
£q÷òÜ'TNk°Í≠ı˙ñ"ˇ3Åˇ~ÿ><
≤Õ /Pu,€≤u¥E€^¡>‹Ò'˝ç,»¬$@¬8B•>ﬂYÅÄTA‡H„^Â¿"· ëªq !>ÿç=ﬁ=ﬁ‡"@<Å†ˆÕÊQô
§eûxË°Y˛Vö≈ûõ±YÒ®ﬁÍ!ô¡Qp!%¡îK•qú«m≈í¯dïﬂ@xÃsÖ˜`ó°5ô≠Û¡Hî _Ñ◊ÀpÜøI∆øA
∏@#êÜ1‡!,êB¯QA°ÄPÅ~ÕB.±Ü3ƒƒl>¢"!
"mÉ§\ç™ıZk•"/i ÇiPŸpêrP)Sﬂ [´<¨‡¬>)V[)Xõ*r"$∏"‡DÇ˛ ËÅãïATAÅ¨"Y8HA-' „0Q
ñEÙ$„‡ı¿'‡˛ÄÙìYÊY@^„5fÄl„6Z¡=·¡≠ k!îQµ¿'ïHp1\∆^8œ÷;ÆY% ç-c«!ûT
+ë@Xê≈îÏôèÕîè=ã°π^,zâÑd˛ÖûFL@0Ä8§x¿_LUÃúÅ18√1DC4<√ˇ1C,\)Ä>B±ÜΩ∆!Æ$l`-…/'ùJX
SXµÜ09ÿXåJ%áÑâ>2ç]ŸÃÕq<€xò,°"y®,6·JÆËJ%\¬$î¬,Œ«8%ñ.Aÿ¿B`OÉTŒéuèØR¿0j!µ!9à∞¿
Ï2J£ÿ‡ÿ úq£^TE7rc^f£d¯ E~£¡Öﬁ=·F'®#;"&&&√qŸ•UÖX@«u>.â-ÄöîàÄÇ®îJÅ
°Z0í[¿≈ÀΩ< $%¢YüD˛Öx˝≈0öËED~¿\P¡%8É˚=C4,™√,ƒBo '¥jxU'µdØiä=-ˇlP
M*•»Ü1˝.%Bß,GvÙM∞mbvñMu"ç€-†^5`<qìµ≠,µIe%tÇ+vÇ{<-∫ÿX¡.neZh&0c1.1"sZ¯Á%°eúå4
‡œ<eU•Â6ÓeÉ~„¢=°Ö„'-p≠#k≠¢Wz¡pu-wçZH='í‡c§˝û¯¯#g™≈£e±≈ã6ŸhïB"Ëi:$ÃTFÀÈdÀ¯E
Ä@¯ixd4l√ê:ù™}$0√'C3$√¢'üK˙28òYM
÷\
Y-$%~
[O‡bGw*¨îx÷>x∞-RŒ]7u7uìÆ¥«`B·§A•VŒgWˆÁ"•õ~ÊÁ dÒ©•Z≤¿˛\ÿ‡…∞Äò¿Á>•^`„§:
(¡<Ü¶8ÆâQçûkahdhz°¿©2úö£Ôƒ<"cÔ=ï£ùíTÅŸ@¥'ñpœñ0íó»®Í¥Bˆjî IPMÄxç◊B.%ê∆Fﬁ¶GﬁÊ"
√F2ii,ípF)"//î6gr¶˛ÂüƏSØQßŸıç5•ù(b´d"ô

†≤P…ùRÊM%®b
¡-`A §ò°g<ƒe…Z§@
`O¡bte"yL˘¯Áèh3/ Åá<iÒL§Ÿ•–h£Çj¨˘iyÄ˙ Ñ~ÄØÇ*`í®Æ¿
ÊyπlQu(õî˘0déÒì<Z§±íÊôs° l
6XP@–úHÃËyô¶ûlRéÆœùTÜ ˛Ä¿Çë>i4$C4‡íM+K∂%Jj
oT©Nj©rÆö™Yù1áØù <Ti5ë)w¶ù)ﬁÕª˙'à–Î*™bÆ¥ï* %+$%+}®Å∏eÂVŒ@–¿-D–Ä„Œ
§@%6À,"»ø"HêH]
:¡ƒäâÌ!(œ'e7ﬁeÈ÷%È˛%À≤¨HÑ,Ëôè
!Üñf"ˆj©!Åy]/™F¶gúì¯ §]E˘dNáªπõ-Û-Xzè h¿TQî•◊òòW]'&aÏí♦…^@%0t§4dm
÷2 -°∆¥6√¥JÈ£Ù[a]˛û-ì.¢0Ÿ$[¡'v&áŸΩÌ Ÿ6€€©i›2%Í
zJÂmƒi‡X $DBœÓ+û&ñ^ÃXﬂqpﬂ!Ab}p‡w∞Ä,ëÕ¢RÏwÌ`^∆·«N*72(ï˘`Á´•VŸ¡°#õ•ÎöÊ»ƒÏQ¡¿c
10jUË…F¿∞>öf\ÖeNÛ-≈PqıF…WÔpkîÔ~lô-ÙÒ…∞¶¶∞@'i+&-ì˛j4J3p˘L≤Z¶°§Xë÷e©1È£ÿoL
™w‡B)l"´Tì›|Çg)ö«kyíG'TÇ+∂ΩNw∏¢‡""øÚ+πq♦·\¡ùâÚ·˛«ùÇrÑr(;ŒùﬁPÖòÅPALAËûOiÒ
Èv#•JF.{¡'∞•¢Ì∞ß~jiRöyA1ÕËnÒiÊ]:Òû,1VØ4GÄ|9@Ûm6KÄÛÙO–¢®˘ï¡"ÅÔz,Cj£ÕŸú–X¿tB7
xd2–3GRç´πö™IiÿíUi˘nùÅM–ÛírB«÷ÕÖØç)<~áƒ∂´^±ù)∞È#?2õÍMÆ%J2p˘¨êâi2 ®A-
äÚùÜ≤(c¡H£tJöÚ(ﬂ©∞'–,‡áàﬂàÅÅ,≠iï÷5Ê•§ΩØE,ei¡pÁQôi´zÈ!'
[j•'Q=3˜Æ2/€–01ÒÓ…Vg@–4¿8X˘≥˘H@®Ë†H¨Y°◊
|lp¿_'%`†…Bf@8Ç6h≠¢(–ìRù#"qäÎp–"v÷H,@ªØr˛"˛NG SGÜ9¥›¨]wdï^¬D;ryÊÌ$sˆ$HC.∏≠
EÂÎ´®¡|Ñ4'ÛkKátúˆ¿vl√v"}ÿ˘ù˛A–«|ËA#8B#0#<Ñ˘LÖ–tﬁ–_£iÒÙ6ñ s˜
%QSôj}@Î™ó˘@a¡µ.":üØIÔƒYx#d]j∆UΣLé*á4[∆5◊#=ŒW¥Σ|–W§]_© n¡[W
%'p_"˜ñ@†1.π2∏˙œ∆˙"á∂^ #Ú/ÑÀd÷t-5ßkêuâ©!7tª~öv«%+*ef_Ùw˘$+ÉF/«ﬂD•
+íˆP•áÛ6jÔ˘|–xéÎ¯éBé£òoÉS#@ÇòAá‡ÙÎ4Àë.O%Q˙¥¿IΣ
+/R#πiâà
U2óKÔŒIÔÍÙû%hPU∆3áxQe@ïdƒÍ´é(C¢u˘õ†D(3z}Ò@Í≈FDFö%np'ìÆq˙˛un÷üg Ÿ2Á˙W˛ﬁq§X
"4B?v(rá«-àµ´ùÇà_Ç)úÁÔÌ<°8yúß+NÚ5–Ût*‡P$∏Gù≤'ØËkèœƒœ∂'≠":UB Ã:äΩØ¯:8˝∂˜7ÿ
¥™Nwr{¨ıyc/újÖi™étÀúÑîı˝≤@ë2œÃc¿ûòôW:≥3–tÜzów–¨˜ÓçËV¯eÍâiqT<4©ÇÍ˜¥j!
1gÄÄÀ=˚{=om¨¡1k<P◊úE /Áï /)ßl˘ü¶˛q€j∏´D∂[Ωȷ<â¯¶s˛$p6+"]ﬁÚ+z|ä{<6†z/P ™Œ$
€ƒœŒbùÚJ{F¬˙«ØÎ°Õ¬Õø«ÕÆœ:¬â
;#˚TT9uÎt^f;î T¥ó¶iÇ,»ÆÑ/˙PèKœóÎÆÓB∆«ˆâÕÒ¯j"dË 4/œHÌªóWÙ≈˙x#πâDÖZ/
gªÊ!qAÄË¡-h≠˚ƒ+gK˛ıYbØ–¢∏íÌΣ"òŸÙ÷ÄM„◊/ r€Y:ö≤«o|Tí«$áƒ»o∂«ì~gª,5\É2(C'm"Æâ
vœΣgÏ˙#∏:{¿∏´ªb{‡œ´BÌÎ~{ta
÷˘–w»Úë5¿˘Q/w¥Σ{ï•];ËYj˘cª•Í7î…ˆuØ'ΣsΩ3?7ß˜˙á9Cj¨PF«mW<ƒËQéJ/â∆¿bH¡ÒlË[ﬂ™Z,
@XÄê·AÜ(óû!KàY4Ü…>;∆pb3d¿.^ÃuF`¿6,ƒÖG˘%GñÏxíe«ï.èaºur%-ö"O·:uÎ'Œû<}˝yj÷©R=/
ùJj*È$Sì.Uí:©R©Jß™f≠Dµ'I_Ω^Sf–ô2à»l B)$@l·¬ùTän]ƒFÌ/Ö:…®"K{#uäD
í£F[§¡–,„çK<éú·q˘Â–Lƒàaâ01ZÄ6–FäVx‡`aµá`√∂‡¡BmÿïCìÄ#Ô 0pƒ¿1<l2d®
¡BÅò#èê<√%"!Dx♦¿Óﬁ∑Gß˛x7A§0i¬§täç]GÆL>¬2˛KÒÏDd…úaôcûÒ(!èV Â$dJ:)&í tâ&`fZâ¬
[Râ§öl Èñ£Ç,IfùÄ/ D¢zB ØS¯˙++´∂íJFªäë™HòöD,k∆≤∆öéπEûƒ˙Íí
£N<Eñ!"≤È¶[TŸIï'ER≠Yf≤YJπƒñKF1£ !L{≠Ã"+AM˘˜–˛`¥œ‡<,4"tÉ/∂'8à-∂ Zõ¿Ç nªâ
¥ﬁÄ.ÜﬂÇnìÆ6ÁËœÈêÀ¿K/HŒ"Ä˙>ï9ísS3ﬁòÇâ!òP"=Nk!Õ2PSπÇ®òEìÒÓ? '£1:&óé
%»X`ÇT…AíZ˙Ë£
•u…/ìD v$üt1≈ù*1%®$O*©Ÿ¶ûò ™u_Ã–F¡öf±Æ·–G≤ê…®./ëE$Yé XŸ˘Éê¡äêénê`ÑÅ1Y`!
Öä(à0≠L∆8Æ2ç/k,4ÕHﬁ¨¥ê?ÄA∂
h˚≥∂óØÉŸ„`h¨4‡˘ÜÀ8‡¿:Â`˙Éó-%·FÁ£Uπ♦ÙSÅ®Sì7Û"c¬ÍD5ŒZV…^≥ÙHQËa^'*;£±ó≈óÉ%/ΣW
¢V–ó¢©Ÿîj")€£>Ù (SD°™ßª˙:˜íKòbJ©¨ºÚ ∆©&â§ÒI˘JôkË≈‹öi¶À® üíâÊﬁhí
±FÙ"MèÊÙh:'Kòd§ôFu"Có&ipO»ô>aπ„Ydç?.!ëK+,3íwkÏµ°'t6óÉÜ˘R◊dmgÄ;/g'¶ƒ6´,ü÷
°ç6/á¶áƒh˙˝L(a˘Û¨ñ,<Ükol– ƒ&ƒ˘Ä≈ÿGFë≥aÑ˙9Ñ@í,k°%±K,x!ë<´#ysIr2†î+X!!íé"•˘≈H
1r°„à≠HÆr_ èÀ2ñzÒËuY€–Bwçnt›∏70áπnÃ´^"H¢5∏·£i0sQdbe'
m~√„≠çqá†1#xÉ4j7•y
l*♦≤ËΩ,RízŸm√±Ú‡ Q˛„ü `„œÎïÔ:Ç§Ãq"óœ£-$p_©j•&›ÏÜè©≤v6úÏ¨4<»/ch"G„·E.x¡ä|9Ã?
˛…≈*◊ÊíW¢2µdâ<&∏¡
Qhn˘#·•∂p¬ìn}ãÑΣ®Ñ1ëY•ê)1Sœí.™B*'¨ÑØô# Å•Üó„–éö8ñ–)Ét…bª·
"±<–F;è(Dx±^<hß6ÑxDnÏS˛â∆6ààEâ¡ d2Õ
»XFçifç<¬ô∑∆<P–ÛStrÛ9∆yîéyÇ¿?¿Ê¥/˘JUœRUÜ}*S§–>pdJ>%∏ÄMÎ«è.Å
K¿˘ÑCö‡u1Œ{Ãä¡˝Ä˝"Ω–,òã≥hÑA$©%,·Ü–^bËm4–ÂL<®≠°ÖP(eΩ Y˙RóÒe/{˘KTf%B5ÆÜ
€á˘ú°.ó√zÌp^>/°<ã»
lÏs∞˘ƒFaëhD$.v^KâbèEwZc«ÄE#¬0L.fú>%g«x3z"<2h®p/H;y¿O~Ht
Y>◊∏&è+ÿò`˛ÈIO≥πÕıŒß·2¶fÏ; ÷Ñ<ö¢IMG#ÕnzÛSÛhr1§•ÆÛd≈`4ÉÅ¿pÍw•ÍTâ@uïØâ

%I !_Æ∑ÉŸÍ†V¡/A*ypD>ëL‘¥ñê.Wiä3ùi$«5Nõì´a]π°~≥Ø◊p"Û ÿvvàÁå•bìòO|ÊÛ
±Pî¨6∂xY08°U‘•Ó&A3°¨1T3
¬ã˘MÀΔ“ê‡={r-lï¥ÁY™1ΩmnŸ3“ﬂÍâV¥•-yv„ôîu¶3èA.r◊tSIÊV§™t˝àFÓir≈,®ÖDÚêÔ2ƒ©Ê=
€Sxícõ
Úe{◊€í
·M[^•Øár¬∑ıMøΔD´UŒ≈¢∑
ÿô“¨5ø¢ÕkΔ+ÇhÙWÒÕ°“´¡L4,:„IaÒÃßc°(œ»>ˆàS<g4û-≈)êòKiŒ@õ5œÃi¥0Bn=ÑêÜ¥7kﬁû
\6ÿ Ï1„„&•õ[Ó¡j»D6≤ìa¿wÜ£≥∂µS´pÚ£¿iÅ˘Z&‡≈≈X¡^ô˘@Cï‰=/ÑÃ{¨
ÊÌB)å-Ω±Eﬂ;w´CﬂJÎ∑óƒ!é≠èfÄ=âSÆ¿ïK•£%7âÁ•^olïËiz:ˆŒ∞_=Ÿk‡”ä”‡Áma'å)∑>ıÈb`ûP|
[ç°πıÕ_,?◊N¡^ém>◊§f€ÓûyÄsö„Ò»Æ©o†ﬁÎö±©»èπ@õÆ>û°£Δ4’mpÃ£Oœ'4C(Ü3¿Ï+áç$„uÿ,o
°Ø{ﬂ{Ωamo∂~Iﬂ*9âÔﬁJíá¬˛Æ´ôJq+°π€, Ñ£!GOc,8Ã!ÁtòÒ$“ì‘HÏtb#\Eë˘#QÙÒ
¥ß6é·*ƒ@V{µŒÜT+∑ß◊jlAÜê˚&‰◊<{.oà◊3ã∫∂zó2ˆs˘ ˝±ß4U1≥cE‹ﬁ0è{l¨Ãl=6P>oË€∏u“0íÏ
±∞àEj¬ê
HmTÌ≈,kw´Œ]œ∑<êΩ˘ Ãœ? JE!k~ß/•,E/)§+û,),•¿ÆÒ,≈-Ì$Ø--áî·/
êG¶àÚˆjâîh^k^•…:-√™(‘Ñ(%RP%FÆ§a¡Z‡°.Èß^÷≤fΔfèdvoUXE◊tŒìJ£7“»1hcéZËLÍ»>
°~*˘BÍf$™ç§pI¢®ê£h#6N™»,Ö«R√=ÄçØ…èˆ≈L#d@∂+&.,#ÿ¶Ì^…ÇÚ˛ÍPÓËOÿòƒj˘|BT!K‘bDˆ
%•PËÔÆb•ÆÇ/ Áq'^“lhA!!ﬁ")NΩ ¬ ÎA-ñËÛR≤JÔIØ¡∏·b¡X Ÿxj
^Æ≥∏,å¨Ã §ãèvØ öÄö†˜ÄOçJ¶LZfàœ5êÉ6b≈œo˘tÜí®0ìΔÏ-àŸ(2N„§dÉ πo
€H∑œÓÎœÕ4"£,°-ŒÅ‘OAÊêA‰Õ™jÈ™,N˛Ù•#$ﬂƒJ9§ﬂx,J±¨˛ÓÎ¬ïi ÁÇqjÚè#œ- R(/
êÚ8•¡isö»Îâ92K±#?∞ä˙….Åd@8¨Üßz
|™≥¥F{>KçÃC˜Ü@
vo“∫BÉ{ä•LàÔéfch∞œL6âjß1gÂ≈v-blçR´Q∂œß»ÜÆ géíÑCÏ>äÀZÄ5àöÅªŒÃ#ÿ±Ì¨%À,Á
ÒXÊQΩÙØ?»IBà'äb∂DIP$DO••FÍB*ﬁj*ld¿‹e·S!!/!Ú.-,í°sÃáÏ≈ö8í#9Ø„:LsX•;3‘|ad‡
€Ä˘L1âq-4°Ìf¿Ó<voÂà@
t≤≠1ç ä1ÇÜµÓ»}®Ï`.-(gÿ»)_L
êì◊•˘fk5XF6ÆÚçÜÆ4rΔ¡Q∫∂Ê&‡ûÄ>¬,·p<3bm¥ ™Íz·-€¨Õ,R.ın˚œÄÇKz,Jz¢(20ŸÖEâ¢é§*¢-
r.ØÒ-^*ßr(ê)0"a?ˆ√,(œ2ı™Ú.ß„23√@/âÀ√ãsÑH^P¢ %y‡íb-%q†≥v‡≥l±ÎÑ*çV%¶`
ö`Âp
µh-yéá(ÉFz∫ê `‘<L#∑ñ3I-9#äÏ`É*:å˘Ï´∞«∂ˆH∑Z%âÁb†° íX
ƒ#-RmZBﬁÿ2˛ÏQ$Í-ﬁ¬j˘¶ÑÔœ%@Dí"˙EÙÛ?'-∫b]X‰O¡,¥qs·$±- ·1#·-"/BÀbB1-
Ú2'√2s:mâ8m$;â¨Å‰DpØúü¢°l¡¶‡4Sî ¥†ßd±Eu&?ã+Ajù@
úÄ˜té7EçÑ‡WAC>`f5ÑT∂Ãƒ «1çvÌ<úÚPñT◊t
*e5e°îµÆG˙¥
6±Ã°ïÕHÉCVJ@û `!<•E¨,b>§™"D_ÍèMk¢MÂNﬂˆqJäÇÖ¬NÔ˘Û>KÅNmô™"qí¢+˛K¿µ©ÆÓ+m·M
‘A#OB'¥,î°B/¥R≈¢?Œc=ÕCUMnØ"·dÅŒ¿ @cUy*\Vw@ˆ°Õ5aNçV• pÙVß
ÁÇ åHFÁ4#2ÇÓO|≥6<ÜÏ6I∑@cY_ö5IŸ»hN„N¢t6Úèl&Vñ“èZO1û0≈∏tûÄl!<ﬂPZ∏ã<Õtn<ÛÈı-ÁÒ
Mm"NEDò J/WË\Ï≥'•îNÌBôm/≠≠é-∏)GQ#"ıq≤-ˆ£Ã¢"1p"˚
3!Ï”8≤@
T´√<l∂(˘Å
ú@ÜÉßZıUáÉ[`ÇGkZˆPÜ GqWyQŸÇ
gÑQhËåˆéf+6
4Ñv/†kÁ<Δ8dO†4k±G°1ì|≤[Õàhk‡ Œ¿bÅî.b]1¢@ 3=_I˛¨E>m"nÂ‘.Sƒ˘àI(
NÅ~˚ñ~ø%/∫f•
˜/Xƒ‡Waπ)r,. --Ó-Ó -,VB7Ò2=¬ËiC1g!k7êLés∏A¨:¡wà@8\í ≤@]Nf?KxhWçtGaò˘Èn±
°NÛG≈ß6Çiıƒ55„˚§≤ç& ∫$*6ñnex´áëgœ“èœ-‹<˘å;'†à ,a¿◊"bbLﬂ∞aÃì-BA
H˛´nÔ÷WN˘¢J(¶ƒﬂÚwo˜6)îÇ_v`ßp˝a€J!#éÒV!!°èµa#GB{c/ë/s233,SG.C.MmØöhs¶Å4Õ¿Ü
v†’ZU\WÖeócLy¥Xo˜œ`
∫ÄïqtÜâjyCç•O•DámÉ«n#
•Ê®0eÜÿ4òî∂0:Y´Ë™L®∫gYQ´∫hMV8† X‡"!¶ª.,Çä-(%"Œ8nÎïÔ‡R_l,ònpH»ﬂ¯ÃﬂÑ)é·xE˛ÙHŒ
Ö≠
¿¿¬ôHA!m˘Q!a´˘+˙yQ)-ü¡a”Åÿ"33«õ.5â:≠Ø§»â:ås4RsHwsH‘˛`z@ÁV◊USò_¥®LYV“PçpOgY˙
Vy1§|œ:GΔå∂”7ìË¥1>\ìW©∞Nú,èﬁàê∂-Rh£5Ü'ì¯¶ÕC8∂,÷:Δx µnY»Éÿ∂aúßzÃ∏úΩ˙ò¿∫Dˆå
\å¬píbˆéÕ•≠•8aı¨û∏Ü˙†˜y†%--/¬-ˆ ŸÅ+w°!xc'Õíw»¢µì#ÀâÇ∫¡J÷ä¡Dá‡WCzEYÙƒ≤&óÁ
$çÑ`˜\Ÿpw=„gÅodP˘˙5å÷Ol:óM 2§∞7tCö0®≠R®}Î∑tÜYsK˘˛H¢jÃ¥˝M
¢†{g·©/lï,PZ∞/õπYn„o˘‰÷&-p'¨ß˚Ñ‹•Ó8-¥[éÁ(†ö˛wè˘ü˝˘sÑ-Í˙ü%Gr∫†!!ê¡-!“Ä?
´/r˘2˚°ôâFıí//¢=Û¡LNä!
ûÄ4cuQ∏≤aÚE;Üc•'mó•WMw˘1)wÜ÷ÜpkfkáßGµèL>/»®)â≥5≈ﬂªå„≈RT˛8 °RC˜¢áC

¢@baõ-å˝/UZêõõ√òπÁ'π˚\í…òƒ≈Ñé)E˙˘Üœ∞ûfl˘pÃ•ûÈ˘ Ú˙˘p∑iΩ¡"†'!œflBfiõÃÂ'‡
íT…b_ßsbß,,ÙõË%C˝ª"íË¡6≤'Dï≤^êû@h?ôß*[ÖmëÖyô°6[gª@
œÄ•◊#
{ud.eé∞{3ËÆ≤Ü8e®ì∑c6¨c|4≈cöˆ/ôi|†;eÄ¢a÷˛Æ Ã®»--í˚õÁ÷I-ôúçI'v¢∫©;ô˛.0Öz
¢E§<¨Oö˙W°>˙ÀÙÆ ˚èÎ∫†ï- · aÚ¿
®`TÈ!&ÙÕ˜c"-∑Œì3ù»¡DµâÙ\DÁìY˘UMŸ*{   v‡etcNö-Ö‡vwGª@g
\iz<"£∑™Á7[Êy'$¬ù≈[¶2•rå«fgΔä.€z¶:ÄO¢ßzÄÓ¿ŒµõmB=a)õ≠zZî;Ó(§^€'»?…√E…ì˛Á>8øê
Dq∂õ
'/≥;è˘óÀÈ:€˘¯ÀŸªÆ…\ÃÒZÃı†™`^ÄÕ˘•ÅïA*W°)≠R©à±Îi¿7ì9gpå°»ÄN"4¯'Ö_∑E5Fi1ïq/x'!
˝aZ•e@izhhΔ'fœp∂,•∂∑-zfCS2•'èç¥«∂Ú§Û·h¢4éê˘É»‡Ët$ÿ≤fiÔ÷#®◊wÁ
±/ÕÿWÿ˘Æ∫˝ΔÿÅ>¨Ø,…ó)✱î-ËO≠ìû KÀ`*7^ÏyèÌäΩßûÍØœQAÃÛ`ÎYÄP‡Îôj?
^v"u"ôŒªÌ5räl1oä∫sêa·D+ùfl_Œfl_wÔMY≈j∑Uü_ ¶4»$1`fà-Ç!å->|✱`°¢E.b¥‡!„
&xËH1Éáè*P‰X±BF@fê¯F+rzX¡¡á
&X/aÇ   .û‡±T*.\¿p> 55≤\Vo!ñòVØ[ßz•äL
´ÿ[Rs˘ùözÎñ)∂moùZ[ÈV>ªoÔ/ï;˜T©R~˘=5È'%√óNà¯î©ƒ•0∫4π2e ê&M °Y3gÕë4wÜz3i@ê
        Jù/Qö*3X†`¡ã2^…rÎ÷=-ô2e"~∑¶Ï/µ,÷¨]~<8✱Â"ÆYõ6Mu‡¡•IK,Vû1 ∂h±áyKÃó«-
b≈¯ÒfiΣÄ∏°ê!AÍo"≈âî&A!8✱-C¡◊¬H,≠TQF/]ÙJ
Rƒ G*UP-^✱¡L2ù4íà#q¿ÜA ıA>P·á#∞xuØ»<UV/XYu'U4ö'#Wc   UD˘Δe§[j…•d^yÌUI^ïÙ
%e`sñÿcã5¶ÿcìîÇeaâY&/òdrâ ì2I$ôë6/ôêÇ/úÄ¢Δ3†0¬(<v[2Ω$Éå2»‰÷õo¬W<oƒ)C
\tä>tÿ◊u…d∑U'~Ù D∞áÉÍù∑√„Â-™,!ÿ1ê@˝ÒßüA!Ñ√B
≠j·EjÙíGQ4-Ñ$±T¨FZ4¢â#e¯ìJyPBPDqG#§¿"À1¿DïTeYE÷WÁvıïXÍvıTëTâ§íR:iØ^oI
`UZ˘•bã1∂X%&ÊeïMñŸ%úeVZ%•˘±)HhÄLõ©EBßh1√û≤˝ôã†Å∫[n€e™Ëu"]g)søUjiÀ/'#
2≤tÇF&àw;§∑ƒzÏ…ß†|1ÏÉÓ«ü∑2q-Æ
5dì   ID"GÃFhQÑøZ¯Îâ'2k∂?YîÜ@ E¬BDl·G#fi~nT;r≈VYÂû'.XlùU‡q≈€Uk≈µ÷
\˜6˘§]˙Ó˚øã=ÊòbÜfyóö]Ü0f¢}F¶fh™ö√lzf1ús:àW!)Ã`n2#èåL†ÕÍˆõÕôJ£åu+ø°(À¿Qj©£'
Ã#d|/™yÈ"\™®∫fl™„˘!h"'/Ñ@˙
ÅÁª˙-Çô‰~✱[Å˛Ù{Õ≤$pD€πdAjãâ≥XR§H(Cäà0?êb«8Ü3$ààc@5/ëπŒ≈∑˝ç+¨-ŸíñµPÂ-F™ãîÁ$N
â_Å9ò¥∞Õï¢Kü˚úòF◊¶5°iM°;]i<àG-È
"bc€jwÖ2Y°n&®,GxóZ^puúóπà:-CF1˛î >I#z+H¥ÒmAF;-˜Úœ✱˘@∏Çl¬+¨ùë&,˘PGö
%¨ãà≠Z†µ'6,åfO#) PÉ(,Ç[Δp˘Ü3Ä.peÉPÈ VBhñxµ+pD*F.û"#!.ÖÙ¢KÔÂ$}U…/
Äô·d67óÉLœdÿò0#Ã-âFMõ9"$-4±5±   Å0" ˛õ=Õ&,¿ é
≈>äP√'Ò™£<‰uëâéfi4Eùõ≈¢=Ø£x¶V™R°™h+àœˆË"ê]   àéP»õPêÌ
!UKM~µë≥5í#&˘H˛Úóí˝˝ %®¿Ï¿†< Å¯ËQglCìôÙ
∏hÑå≠Ë»\eàY¯8ó +„öZ‡À≈˘'1≥|^¯"Ø¡xÈ0öñí˙K <1;Dÿf˘(cL"• b¢)Õf"&iQ≤≥flR∞J^
‰¬¨…¿
nz-"‹ 7œ   N2µ(‡ÃuyÁ4^ÛÑ'çgÃÇg ÷-¯≥ÍUÔçq4Cr+˛AVqBk>Ö(A
Ÿß÷&,-A~ƒ}'âhGH@A^Ä$&-HF!✱Ä   Ñ4§¨Öàpãc'÷ì∏(-(ÆÜ+î·bãL˚ññ∂îE*2,i
\THT»ÈÂπAÌÀœ®4 ∞1`Bat¯9HPut£˙!25S±â±&5®ëf¨∞'êÕ‡Ω~"nûX2A
Qàb'¢àC)ÂÏùî≤N¶¶qàX0b2ê¡ˆ"®˘FSâÍ=ÔQlØÍ≥¥˚»*?DËœÖÖp>=àW‰∞…A;Å®M1j)ëôH$≤à˘*✱-
≈6§≥ÖÑ1:ô¡õä´«5T¿R"r˘î09ú°Ë≈œ@W®A>K‰˛Rá¡Ãê2Ñ…</∑ªKÓFµ3‡ES$Q   "ïÜ4°yfj§π
+ÿ†Ω(xÔ{flÖã€ÈNwΩÛ]¶TñŒ„LGyè:^†á"Œf\QêA>0ΩüY±Ôàèxê÷Ç˘2AVò~dYáLx>YQjóe°'¢‰XÉt
HIb
mÄÖ¿ 0?Zó
§ÿÒ>*ï €¥∑[RX∂í‰ _P*œEKíá¥ñ&…íÖœÖv-√ØRDÈ∫:Ùe¬∞,&Ô°¢D%»,Ê≠ÇÊLë✱Í"Ph@#X¢
r`V^¶°c´†vWeÙõøÈúô ŒŸE7o:¿Ëfn É˘lÔU¢ûzí&ü?˛=fiÉ'dãÈ˛T6iòµZBÙyŒ*ÀY†Myh?',ˆΩò≥
\´HF+Rc0†÷D»,t]€ß˛ÿ∑]%p˚≤Æfiˆ÷Á»fi+„bä$©¢-ãsK„hÌZ&J∏Ã"%√•,˘r€ì¯W∑Af
´ÜªÃV,Í4¶1;·   !‡"{ã0É"¨ÚÓW¡>éÿj2flLÁ˘R*""¿◊πN‰^ãÎîF-œ‡∂{w4-fiÉO}Ç'ZZÄÚ3YŒ3ç
√JkÅáyÂ}œÿê
25H`<¯}»≈3ÈH˙ie"o~òflÃpâG-Ç°:çÑâ∑£πHßäWàfi ƒµ•Èè{¥G}ª@ª_Å©2◊Ã pŸÀ˙nÁ¿˝√4Ö>iœÿ
ö¡nå`Ôû
rPÑ∞Ú]vfi&ÔlÊÔC±Ï✱|)ÈD)-∞EÎ§
"é`D✱)q'`•r&◊+π+ùßiü∑|4Ë*ÛÒGúÂ ≈¢r5!Æ◊z4!Z)@∂'?BÒ``>†fl,DlAG#P¡?F|Δˆ[É3.„¬Jm
±lÖ"tF"mPVL"uOvÄ%˚r   ˛&[«mY8~¶‡Kfi∂m¢≥LfáLjÇLèÄn"Uu¬1˘K49Pw4pwuVg§w∫s2°
±gó¬<ƒQÃÑΔ<≈CxΔ‡[@·QÆ≤Xk‰hFiOGì fiÛ0¬4C✱yë   r4¶«*Z"¢z…RZ*Ëb,«jÌc6µf2(g-
{ø7.« J¢T|Ó2|Órl»ßâu®tI∑Ñ÷∑'˜dLåXgTTˆTW≤Ö‡◊}„]an¢Qfd∂&ÅÄfSDvR(˘!
0rV˘Ep˘¨§MÊ®wˆıw|Ë2÷ <- Ä˛uÿ˘Ïñ∞,∞hΩ,3íwOÿ´Úp˛T∞¬4Çâr>"'ñêp‰p®ÖΔ≤z≤j•˘!§UZy
e≤ΔZp?-≤Δ-tƒF|B'.Ω5#E»JΩe8É≥Ñj-tÕeU∑ì◊ó}∏§eZΔm^GUfl•Cfi&~enbXÜ'1Å-vl∑ÜWP#w¥éF

p%∏Ju∂AÙµá·§E*C“`
ô")ÅhÄ÷†
¿`yêh=£àg‘+7Ò3òX/£XJ√aÇêõó¢w4<‡ê•s˘'∑Úz,ÁzÅòjiÑt w∞sù4|≥¯I¡fS;òAhQÑFGé>ßl U
¬ò$“'u´YåQ¯ì˚≤e÷’}ﬂ◊}
:RU~cBçWÂL>‘vÏá'!wrVw6Pvß
\πúî|óg{∆W|xWeå•ÛX/q∂-S‡x%,*ÊQóñ*˘dq∑ûØ≤4< <pê8a9!
Ròñ'i,∑z“üÄîj"1'ô¿,%p:.ŒÄí9JØ%B<x|D8#§).´tÑH»tvëï†öPHu:…$ßP   ∏Pe#˙iïs]◊e
        √eñ±03&˘-(Ü•£„6nb   PÈ:h`Ôoq6wÙñwww ô#∏·ú˘b_√√˘Ä◊áÑß-èÒ3”Ò∑‡ñﬂû
åvyn¥+∆êÍŸ•ìÊ=z¥4ÈrÅiü4ë5ù»h+òä≥Z-ÊY&1H§6-6@¡,&êåõd·rüd]·ÉäIöH7ö%∏SGËJHu´ÈÑ
¨©ì¥d
∑¥/&ö]µ˘9\Ú].öm_H&∫©L9 8*'rÇ^jPMq§Ô5§6`§Eö#πÉ;˜≈§¬S(P:Wv’2˚F˝5
»•W~Äà·)û†¶àXÊÍÈê›/ Å˘òÄy,πYYì5±6ß*Gëß«,˝£6qbh√Bë PpΩ7AÜ∫àäð·†Ó¢
[DË[Hßl˜wtZ8œGöö©™©<IuÇQeë·uC±Œÿ9ó-C
£:“8çdVÜè01rÚ:W•f•éÔ5ot7é™Pá°zo#É#me(¿<€˚éÉóÖhÒx≥`   ~0&¿·†VûH{óò*€Ûp€cÅ
πG   a Äò¯y,®vò-'H¸©r1g?Ïz"m”Æ0f1π¶IÕ@#õ>d√áAB6B9ïdH«ã$§tÚÇB≠©$-ÂöAuåíc9
˘YL+˙uH)U™É1£Kç31sr'3Ä≤ráEê´ÂË≤ªägyv≥Sd≥|Xùà˘6
~XCêàri¥¢"≠Ïµ©êÉiòÅÈ≠h6˚µÑ   Æ%w,ËJë]Àé_≥,"1∂ít"P6≈"[@®ö4Aú%R=˚r
´.ÃßS2ôt‡[\K&u¬ÿk/‘Á©-vœï}˘±eﬁ◊T•z±åÒÖDŸ±≈ƒ™í´™Q'i`Óˆç≤QúùáΠ-
≤˜∫π”R3ÎVz»˘¬Û(sÂéΩA)é¢≤`        f†hFõàìW”*Å6±ê÷¥úËêæò∂*¿ªPZ£Ç˘[kä.6`˙“Æ∂∂
S∞k€ÍIêöã@Rƒ§˘ΩîJBÉc8ïz${œBÂ©@µœ=yK(jÛK™<÷±\Ã≈Mô&rÚLè-U`≤Óu´ÛVw3Ä¿tv¿tÜ§∑Å®
∫¡¿s<;ÔH<˝eù--Eôbè[0äV¥rIyì«B≠d =Öôªòaª ˘yò0∆jYë»bÇ1IœÎÆf\ÛCpôªPΩÕ•aa[†˚ﬂ{l
ﬁª|Fh8T±lKß8%˚∑M,ö'Js%°9ìCeB)&}¡å„◊à˘€9ü-Ö‡v£09≤#õG¿(Ä/éj\o˘O-tMGgG/ïÑΩ32uú
1ìNß_(”W≤•g¿3°≤è2hó0Ä˜\≠ñwµ∏õX∑ÎÖ-#B"%∑jáiäqFg#IÅ@ë$I3Q.`ù ;ˆúì5bAdl{˘köÑS§
IÁ|L9S,$%*KQ±üj¢£:ø¿î„W”;Dj'n5nS'ØSI4#60E=§9†
ßP$›‹Õ.ÀØä
E˙÷wœ3+£_äb}uÃ3¸≠õx◊Û`®ró+0-Ñπ*’äª÷ö»ê-˘$"XªY2!4¡•
-I≠◊'÷◊Óö%DP˘çw√I¶lAäùãy+∞çΩã,KBë
uRFŸå√À+}¢¶-Àï¿œNrπ,∑§ÖÛ;™Ò+Ei”ùD“àvVUÜjX'Î¿|˘Ôı3•Û6o€</
J»ï°J5“ØPd¸ñ&c•1Ûé˘ÖE73é@àÿ&∞"Û±<ªí7≠˜ì
≤=ãc
-0p÷@Ïìµ$Úr¬bùÆ+·°ÌÆm”ZP2•g‡±`0å[≥\´4.™° Ã7©T°úJ¶IBÀÓMT+ÙBªL¢ù]¢œ’œ˝BÖﬂ∑¢Y∏
¢ßä/öa
8=&iFi∆™ÊG&“‘w¿˘’<¿◊\‘ªMoß O˜€NMé°pµa‹IE-©‹çÚá¸f¨(¥D€åÜ›Ñ|!åœEcª&°=m
Gêx÷9A%G'¡>Qr≤◊ﬁ   -ß ¬…z-ÏcÎ-≠ı2•w#ç+EÑÕ…Œã1È ≈uBE¬t/dÃ≈8S2%¶ôçuù-
T#∫»CÛ{Cüì9*ömå{   '1$Ævе(Ü=]π%§‡xÕ∏
á¶~„π¿Õ∑†‡NÕï°ÄA∂aV{«MlÂo|∂E˘ïEÓ‘TÄàXsyr…è@#yRÓF¢ß≠êµc˙êVﬁ+@g°4ëOs≠ëÏmÊ˘Ä‘-
ùÃÆ~ç@nd∞=3,IΩ5ã≥H|˙Ωxœ}>/   ;/®   /Ö>%XÁ©S®œª,%úÕÀTÊœO’%%ﬂ·≥   vd
¢v'Œ±†!n(^=ç^ì'z2◊ú≤∏ç´9˘©Œ°X¡ÕÀ…Ø dV≤NŒΩ†µﬁ˘˙’ø°é÷“Ω·åq2ﬂ+ƒ~{Ñœ˜åœë…„Qòk}ª
Pﬁ00ÙF_ﬁZ‘>◊√´◊ÆÒùÉÓÍQ -w¿]¡•Øúöƒ
J>7‡ö∑¶ /´/8˘°ı^ÔôÌ0¥Öã.˜'JÖ”ıœ7î˜úsTú√åâª±é´È˘dW¶#≤C'{Ä60;ÒˆÜ)kÍqT-
á„DÚ-;‹X’Vq_¸ÊoÀÌ˘äÇ(’-•pè
(»ê7aÁ±BÉÛR~œ;ﬂøÀ=Õ¥≤ØÂœﬁ\Ê¿[Æ≤g-˘Æ}1nﬁd‡Ω%…¸◊+.õô …∞Gœ2eJóöÍÊª˝mﬂ-TËä^%áûÀ
¸é}TXeüÖÈ?◊6µ˘e5MvÎ0,E£´ë^Ïg3•'#fxc`O>2u´Cà∑n©∫ÖW.ã°ê·Bñ´#2^ëı J6ô≤d T*öÜRô5
î…¶I´2bîÿŸ¬gå@[•¿Aî   é£Dy,Â£(Q-V|•)µ™Uü+Z|X±ÜW™$°z ··√Y¥f=d0ö·ÉÖ‹xêk¡Ó›ª
&Xx˙aÔÑøZÙ √®ì,`¿'œó„«è=∂Ÿ,eÃõÅIfu+óÁÜü!än˜•'Ë”∑R£>Uåukÿß]œ.5ªµCÿïjü*≈ªTÌK¶
.M*E<˜©I√O]B><˘ÛI-£;øI˙$Îë∞O“>IêwÓﬂEÙ†=ì¨∞@1Ç=ã3^ÿòë£¸˝S•s=¨îÂî˘-<≥
£ê6“»£^êIÜ$í\JFî`Biöî§ëÊôXŸÇùzjÅß´-afïBä&òÇ      !ò¬°*Ø`åÍ™¨®kœÚGZ0≠‹r+»µ~
¥Î-ªÊ≤Ç%ÌÍkΩ ®ÄØΩ3LX€l≥«*/Ïòç-%Ë2« 3≥"å8ì(@"ÕM”^ì3µŸ-−7ﬁl”M6‘j˚-œ›ûÆ8%äªD∑
%ÑõdπEßT:Î¢ãt∏H•”.íHœõ$A»ÉêO”0bÑHEÅ†Ç¢œÜ™DïJ˙ÎoÕâ>√»¢ép9•¿ëí))¡^\Zâ•ï*,
ñ<6îAß†Ñ¢ëƒ•J,*≈&öPëâh±í±¢ö1+ªÍ
±ƒÚ ›˘™Î-vŸ™+I°,µkÇ†◊^‡ä!äF:Åe±ƒœ°ÂòÕ*∫Ïò\Äπ’2Ã∂MZ=sS,Ü¸ì(Œ9ycç?á˜√”µè˝¸M7?
I.ÖπDï{Æ9„.AŸ9ËÆãYÊHª≥ÆSApA>=/è+r0ı%Cï ÉfØÖø˝dÖuÕ˘2„HaÖER0ÿ`KR)•ñ&ú∞§f.¡#ä!
Ñ"Üùz*ADnï2EjSLQàØÇ°Ó∫[¯ä´Ø Ì{Æ≥/¢IóÀ›wÒb“Ç≈-ãJ|!∏@Ü;3òÀ”D≥3\é82™)ùsŒñxM\N
        Ps'≤SŒRfÈÌ∑ﬁf˘´óJL-dÿhü}d‡+π%∑Fá3¸QÁöNQFU>^∫Í∞Éy;Èœ
$SPØƒëÌQ√äD8°ËäO’Ûgp5÷˝˙ÃbŒ0É,ÃêÙï¡^áM…Ae§AÊôK0ÇleC€N÷vï
≈D%íõµö %oAÒIﬁ¨≤#Øt≈\>:[Gó$Ì•."î◊^û%{’´^†ó   ˘ãÃ›¬˚ú¿>á+1e¶1ùqå¡“ ãú¢3B‘
ú´2÷ﬂhÏ5Æ©ùòH>Dqw¿âNoTÜ%¨:ÕqY£†3ΩÁTäzcÏ‘$xÜ3HÙÏ<?/   FÄÇ¯¿ÁhÒ°„˘rÁœ;ﬁ±bü

yf&¶èêd$ ¿öØäµ5ïH#ÕàÖ∆ØÑ!Ë§)= Ü¬≠¢<eZ
dÇµ∞ı¢ºHîUπ€•ÉâÂÄ[%ª,Uê♠.≤¥@†dBœ♠%Ö`‡¬FdÈàISÈ*2«Ã"3"Ë§ˆÃ'q.
5v2MÎÊ4ª>¡∆H‹fnÄgEflï¨¬û£bˆº„%èeËú§Æìù2Ú,Sü˙îy Ò©=|œ,0' g¥Ù°™5¸aö¨H√« ¯±@˙'Ø
zï_E4¢¿ËƒÛ@"òMA9 ≠-An\ËBä§♠…QÚ (£ÑëT0à#≠≤Hq°Àî,0%Ç0~…•ìryÀ
\÷ã^`A.GL+yÓòú"2ñPh6isSçDNƒ;-Ñ5≥P,ü¸'ö&Ó&ä$NY£8≤C•"úœ€b£ö∑%(
fÏ§fi%¥cΩúÒÅ®g^∫ßû¿±hE;@çfª",ÕNÉò¸*„Üíê*§2N¨5w†Ç2jðf≠ìò\›ñ∞àt§]hRD"qãÇzì
UœÇJıh.jaº8p∫'T^L".„¯Â™–§xÜ3f0÷°   ∫-ºF÷∞©vF5-DMÎ™ kûõªÈjÔ¬ôü·˘
oº%L´t+˘®¯ãä2û¢h6∆Jï-äÿ;èy÷Ë◊2Äü¸Ùgä™:≈*±±X„˜«\D∏WÇL-ÇNbYÀÓ»∆%Ó"@ÚlE€ã\Aïv
ûdÇkª‡Ö.úKà≠Je{ïÆ`PGj)ª"\xn/R¬K_å\Kø ó/∂¸)¢]Y»BMùì»dîY¶Èêt/Õ.ö
¥/›'Ä¯ö,˝6Mv+mûL7€úD%™hú,™≠ìê´£Êk<∏>
y1´Ÿvp&àÎ   ¬øÙÏ/ ÚPÜ}¬q, ¨˘%cÉ-1Vì^/C*¶9\îBªõ#ìÅ:b·
c8˘'VPf/aÜ(8¡ ÷¬le ·¥≤)Iª@á.¿ÅÆ-R≠¢‹xFe9og∏∑¨E^®`&♠[ªT@Ö"jΩÇ/À(ê¬≈0∆ÂSÂŒ
\yK=§nfÑÕh~5\˝2òa'^ÒJëdðÛf¨Z3(,ƒŸ8Â¸¢£ÊJÁt.09eı¢ÃÓõ∆yÍ-ŸÛY˜â4Pa-ßBUÚÉãd"ˆœ
«≤iÊz W∫˙tIJrîP#£%"8â˘ê·äKÿ
™vðÄ,,QñH§¥ñ[IoÕá7♠a◊L8-j±EîQé»[}[[",Æô™.u©©≥˘rd«π^»˘]·
‡?¿,rŒ¡4Áπ/uŒ1»@Ê3+r´ÀQX]¡fiàiÃ´y˙Xi√^· ßú≈!ÁûÌ‹Ôu¬5ùju$úì)ÔdJ-Äˆذ˘πwHÏ!
¿ãfÙ¢ãÒÄ„h«"¥êsôcä0ÖM¢ìcòB ™U=Ö≤5Öm8%RD∫Ñ!îñ   ]ÿıœ· t◊˝¯®ÖmÛ¡Eñêp♠≤©º
%òf„¥ñP2Zq']2†(H`êùÏ¶£°¿íôôê`&¬p?7wSgM'ÃÖZ›?kF÷˘ì7∞/&¿√77kô9c˘
+ûî¡"ÇÀ"ôÅôH)˘#@#èÖÀûÀ€ÈÏŸ=8#òÀˆh¥¡Ω¬≤£S†L∞≈""˝´ÿÄ¿Ä®Å$®ÅŒÒà5QÉΩïÿ∞˘äÖ-òÇ)P
5≥ππ
¬§ë%l±÷Í>‡8-5◊R-ë˙µA:§ÎŸ¬≠ÿ
WÚXb6∏íwi6hk&?(…%ΩxÄøêÀ--6gxÜcx.)KœAª∆0a&èêøZáö˙Sù'i∑º≥S`7Ω+≥=-
ìz"7Il0¬À"v˙7Á)+Çcºwíôô4@ø:
%ûÙFCÀ¯@ïF=ç´Pá∞á-´ä¶@w®˘ÀxXÄXá¿à˘kΩñ…
ñ,   ò3É'pÇ!| ›´ fi´F',§í,Ç&†(:-H£„9§x
`À¬Ÿ♠¬¬ .πHð¬9äY¬ã?♠Éz¥G]Ú∫7¥0G∏úb¶o+ò-âáπâπÎá˘ÄüÀ0Ö ¢;uK"EÏÆΩ;+/ÅDH
$¡;î,Hér*'∂R|/≈´/0¢+H»Ú∞¿˘≤'
DÙ♠¿âÎºÅh4œ,œãïXÄ
HÑAûƒ¿Äù%…êáù¸≈ùî¡¢ƒÄ¸(Öÿ…
 J   XÄà ¢\ $ÿÇ(òÇ'¯ki
ïíñYÇ]"˘F+*>ü„∆„∫%TB'Bπ%Å ¿ßP:ü@ Ÿ≠√!·Jú†G$´G:√,Ä`(-ÉX@àY(ÜoK*L3òÑÏâì\∏¥Ì:ƒ
#"FT"˘˚@Y≥í¿í¡∑8#<|£êîÅƒ+ÂŸD=sßõ1£º≈˘Zƒóı»¢qèöf8,=„4Œ-I§\xPx†ÁáÑÊDJz∏ŒP Â|N
xHÜ¿wpzÇÒl XwpNzHáÁ‹Ä-¯0ò0hÇ!P)†KY,#>[Û0ír('5]+©πi1%D±πâñ•∏õêêt˘í)"Iª»Ä∏»à
∞Ä
Ã¿¨ó√d}Ù%¿ÉK@?Ë™2ƒò!ö≤Àòµ ∫™'∞;xC¢Ω"ª>Ò
ìô"¸;ÿÄ"éT¬{≥˘´Õ·®≥ÊP<-ÇMðäï%ôG ≈Bs
'É=¿"2®Ç`E0AœS´Ñ£‹…yPÅ†á®D ^DzH ùÑáù\Nz®Åhá»Ö`áÙƒw¿ÇXvXSXS5EJÆúœUkü-OÿÍIù'I
%)í:>8¿µ·„§∑îKl9∫pëı
-U
M¥Pó ¡-
ıPW
LHL}'Gƒ<♠GàÖÅÅ≤a¬Cˆäâêÿêà ""Q≈¶ÆRVØb"øøCÕ‹7|k3<ù:ì/-∫≥/tßÌ@85∫¿>|I
TèEsèŒ≥…¬¬Iù'Œ:}W:=SÊ|◊yïW§%"_$J§DÇ3]NwçÇ'†œU≥ ¬†±≥LX[;K7pÉÑÌ§∞D-∑ƒ)àÄ
ßÄ¥Ò   ™¯Ä¯X¯XèΩÄ ˘∏Ä@Yî≈PÃ8Ã7âYôÅ3∏ÇÒ√4)»_π'≥à∏ù0˙Ã$Úùº"-Ÿ!¿œ;+8[Z(5∏|Ø="
+£Í·+µRáÉI
<É`pV$u%"XÃ˘Œ9=€3e®Å8ï◊x]Œy†Å('Ë"Ù§á@],(T•á◊_|Ç∏Ω.pÇ≤ër§±KÖµT,"Ç7P◊b1jI>∏Q¬
`{-ü-†0
2Y ÀèΩÄ@Ÿ
≈P♠S♠3ÒÛ:xC0#-»Ä ?dX*"±!âêÖÓ¬#∆/Æ/´™Ò¢8€ìo:/û"ƒH‡@îBy3kç/Èê´:;'ÿlßIq/>WÙ¯-
E˘˙/UlEúLWŒ≥£I0[{=[ÍTáy@€Â¨_zxá6®Àt¿Ò$O hwhA}€w>ÇgÉ/p∞|
†#:~˘X˘º5.¿58pÉ7ò`e‡N≤‹£HëâñÀ]äΩπ.†ç
Ÿèç0.∏ÄhÄ¡¨%%¢›Òª·ÒKL@É≈¶E,Öa˙]Y-?)ìUòÖ!™*äiá»¥Õ
'ã$/ë±Hfi ¿R-,øK+¿[¿á@ÎÌ∑%1'=âûôY8+mSDÃ'=∏Ç˙Àx£0•I≤-Sÿc>Óc¢%ÖP:ı„>ñW°¨8Å•Ã ¿
Ä´t%=>8É(É˘D‡/Çös†¥TKI˝O.êB8Ä\πip†)K©ÀªQ∫läâ'\¸àä-ıyé-˘Å"Ω|úG#É›Ò€·ÿç>œ*@?÷
ë2∆¯ULÎYÕ$¢àZd/DÏØ/b>â
&/fiXZê4˘bé"g∑*g<;cÉ´î@„ôÔÌMTÉ+X4ÛÂ'ˆ∏„¡Jfl}+Á6Ñ?Ñ~÷ÁPwÄS¿ÄË
'{3S§'ù9ôºSPÖàVâ+X-ÉT√ΩâÅG%''Ç]"Ço$iìŒ-àÀ±%∂ªâëπX•öë•˙Ä®@/í&-

P{¥«z1Ä0ÿf§FÃÒ3¯óÁRàÖŸQ/p*ô/ÿ8¨éïNÿ∑RàÑJ¿î0œPL˘#Ó∏Øn3ØΔµûRï‘ÁH–ÁMA EÚ–
5Ñ@0¨EvŒMvN#¿@Ï¡Ó√f∏RÙû6PΔN5H,H4(….É…œÇ+ï:˜‡l~
Å@Å–fè†cV°J‘Fm∏ Å@Å¨ †Å(Ç"†Å#8Ç¢D›ﬁmﬁ÷Ì+@Çﬂ÷Ì#®Ç#»ÅXÛë©äPjÓÿ%xnÈ^ên%–Ïó‡Ä
ä (%qÈÄË
òóäœ›BÔ›ä•ù^ ("–Å¿Ñ%äp]£6ÃaNja`#n# n#8•HpGßá®mâp¥è"∞˙(¡ÅHDÅ@ÅS)
◊pT–p?ïSIÅHmGm^üË•zn∑„8Åügw#ÔÒ∑Òœq ◊ÒHÎpŒﬁÄ
%_Ú
mhÚÿ^VhÄ†   †Ä,ß/ﬂr
h–◊ÚêÄÄ!˘˙,há

"""#
#$$%%
%&*+
+
+++)&-----".-*/%2233"3&4455& 5*!6,%63&66570$8::&;!;&!;)!<<.$</
(<1&==<:>4)>8-?3-BBBB/(C&C*#C.%C1(C6,D D:/DDCE!!E5/F=4F?3II.(J J! J60KK.
%K2*K5+L%!L%&L)#L90L=2LB7M<6NNNOH@PR"!R60S&$S6-S:1S>8T&'T+'T1*T>3TF:TF?
TKBUA9UMFVTNW&&WOEY2,Z)'Z60Z91Z?5[-+[B9[E:[F?[NC[OH\>9\J>]TJ]XL_YN`-,b?
5bB:bWLbYQc20c52cG@cJ?cMBcNGcRFd:5d=9dE<e
\Sf]Ug52g96gaUhB:hdXi=:iG=i_Si_WicZjIAjUIjWPjZOkMCkNHkQGkcXlFBnh
\pFDpg]pk^qKAqNDqi_rMHr]Rr_WraTrfZsRIsULsVOsYOsj^umawpcxSJxrgyUKyh[ymaytfz^
XzaVzg_zoe{YU{ZO{re|]S}ui˘ZO˘^SÄ[WÄobÄpfÄvjÄxjÅbVÅf`ÅtfÅukÇf[ÇkbÇykÉznÜ~oàn
gàzlàÅqâvkâ˘säldärkäxoä˘oäÇráÑtçymçÖvçávçççéÇréÖuè|pèÄt∞∞∞Ø≤≤≤µµ
¥πππœœœ¿¿¿»»»………ÕÕÕ“””◊◊◊€€€‹‹‹···ÍÍÍÌÌÌ˘·¯Å#p†üÉÄ¸$¥P°¬Ñê
ä81¢≈Lê(a‘òq#ΔQêFâ9≤÷®R$Sö¨UÀVK[0a≥53¶Mbƒn·‘ô≥&Lñ6m≤Z dJK")ç
¢D)#SßPüJm:’È“´J≥b›™µÎ÷QH¡äKñÎU±hëz]kVk ∑p„¶I§]H–Í›À7"!H˘˚!4¯†·Éz¸¨–≥¶
„Δk wY3π2AÉ2t∏íœCäŒÀd&é•Òj‘Xr‘ Q∞J≈û–€uQõ°lÂ÷}ã1ﬂ¿{˜M"˜Ôü.ï∑\^´(À¢'–
¢Õ∫:b”å÷≥cßµ≠wðl’&˘˘<y•ﬂ”ª≠À¸Æ˚ˆÌﬂø_ù∑Ø}¬Ñ=˘–\ð∞a=≠°Xp¨GëUFŸÇö=§P!2â^Ä\–
ï“Áa&£Ä(íà&°‘<s(ûx€rª›Dì–∑¿¯"N4Ú§”ã»ÖQœï,ct$°ßUDF’‘U!)ÖHL–eﬁì_ç
%eZ„yUñXPB)◊ñ\Ç®/G_“µ·òxŸÁ`hí˘~0ÇòèlΔÇtV¶Ùù
¶CÑL§êgâñ°^Ç"z"¢«öHŒ
ï"èCÈÿ“n°•D„L5^jiq0Á©O µTT)∂¯à è\ UuMnßﬁ´,Ö˘•Ëx,π5Î
´YjÚ·ÆÖÚ∫öH•›U¶ô˝Ö&`üÜ¨˘¸%&ÄÓa†Å.hÁd   Ù‡ûÉmhDü
j–g_≤ΔZ&ôX.!I(â%ís•2Áhr1Â6”nø
7\0ƒÉiø;a™So¸
ß„¡.’rÍ©¶ûÑ“√@r©$ì‘·öﬁYg]YÎWWfyq™ è§´|•qTô≈¶h˝‘,úp06 duRv'É"Ù–B}“3EêhËY$Å*)
¢äa…e,°/!\ÔâP,µNïfjÈ•œQ–<o\Î”–1Δ()Ω>67Í√>¶qJ∑z%R±ûWÂV≤“j1xßÈö7%zÛ˘Ì˜ﬁ}Î:2∞¶
•ñH{ù°Úôk™â˝g¸π 'ÃàI[ù÷ﬁŒŸÊuŒ∏@äë–!Çb“)=L€(ÙΔTK•∞L\œ]smÈ’óÊÆ;øUkZ∞qÉ–|L®∏^
*L≈óö^Ú3∑<nõ5íêK…VıXﬁ–}»©zb∞bÇIÏ±~   ∂,õá®Ç3_ûy7ñ≥f}÷_ëË   R∫"ñóQ+aZL0
5≠–ŒFª+X¶pbb4w
L`q÷¿ÓlN
sí1¥ç§,–ı>=È’M{◊ã…V>í¥P5}…K^âu¶df?ÃbSb‘á Δ(2m∏÷Ç˘<GDû›o/J¢U–
√(áΩE6érøH≈›U∞Çd†ç¡≈–fäó¬¢ugâ^„e%"o–·Â$x¬ã£ÿtí6≥ù(:Õ!!ï®4+•<oÑIc,
7¬≠ÙÔê#A%àâ§ªpà.÷…Œƒó¿®…gı[˙" aA
≤”B|F nÖÊà¢ãƒë‡RõF±bã%MpF–~ÒãWƒ%wŸ≈\fÒñ`„it≈ˆ–Åh4£–8∞ùC_s
©Ü¢SôÌGõ8ä6ÌóéÌqÑÖ°û{~Ur/ÂW¸ca·Pf&Æ   0Ä(D˝Z÷¶…   h}ë)–Cy˘3>uN"
hS•!Un%õ#ie£\∂ûLêvRÀb3Ñ¡ä2Õ 3ÄÈ@hpë≈¸•EE˙Kbf–âi<%âëñÊ%â/eÊõÕòà–y…kŒÒÚÿA
ï"iÌ"!JPó≤ú–cŸ‘JRG1∏îh.O}ÀSì%=•âàP(£·
”dœñΩ11#P>ô≤FÜî^öE§íë¶œeÆqÕ+oKﬁƒ.v˘Ú"E9 Q,n‘ Ì•˘

í÷¢#Â•b´Ã\4–±2çiO%àAßΩ%l◊<[Û:àîûu®bIZ ≠á¬ØTıúÚôX9Ÿ¶÷BRí„+ñœíÖCÙ˘ÊYŸCÃ®≈
€PÒü≈–T¶'Ñé,ßÄk£H*Xœ.j/2é©!Ãáé±ØƒhÜGoâÀøÓRã¬<,Iyâ“2„ò«4Ê’¯¿ı2”0∫ë|ﬂ8S
±≠y,AE”H5ÕQ)œâãNOı∑“ö'ùäD0#;Ù‘‘°Á4/Èã±‹iI–°?áI_s†jU´¨m8•EA$¶§c$ÅÎ* Ü¢÷…
∫úbõ¡Ì6êµ.wo|K7§∏%Æx+“î.ˆ»ªT¶{◊ÎRö“¥'l(õfã%Öö*˙ëgC1Œç–KΩﬁ»&Ff‘& µ)9
… ,√ã∞S˘ehΩ!m]V…!Δ1“–Å(ƒ>Øa"˘)U¯Gílñ,>BÙârqõ†‹'4©,tçA]ÌN¥“˘Ô1™–éäqªÄ¨–À¿≈:p
¢®6ΔD…ÀEÙû¥óîiKi∫%[ÃZ`_£lM´¸.jéJ¿¿Ùò
%/Ö:Bò©¸K∞≤ÂS∏÷≠)ì‘ÀÑ•ù¶œ‡√l"Lb8†˘íNßËvN|•Q®X–´XŒé<∂ﬁ–•jW¨1F©äQâí˙”>ŒÓ¶wå]

Óμò©∏™œÍ≈öçé}`OZ/R&∑t'K˛/dw,4˝¶ªlÀÛ‡îN¢cáŸZQ°9©™/47>ë˘ÏHleõüñœV?Ù4L'≈:-ÃAÜî
%61P"ª¢ÉIôœÆ>Ø-itLì˙[£∆¿(H°A]`n7ﬂ'†1ç£Æc '=ÅH©÷CM]G£©Ó:í∑¯]Xè∫»b|Ê3Ë/
c<"Ì¡{£Mp/b".La˘'#ˆò(í®rœÔPEvÈıTœLﬂCóF+'fàL"ù} ◊ö09òmÎaáŸ√˛∞áõu
π¶†œÇ∂UÔ_ãÔK]ÕzúdΩ],z/óŒı§O'£∏O∫_%Jà¶7}È˘uØÅâÈàzΩ8nÚ{ü˛6óbà>ÙÀŒv~-
dÌπ•Wøt,/)c0ö…õ¶˘~Û+*ûò<HQ!…˚6®^•Ó<≤˜ßCÌœÒ ˘∞ˆ¬≠™ÏX}¬2ÛÙUp≤aç "BVk'Y-
A∑aw»67YBtÁ'«îQ÷≈K ÂuÄ'{HÁÅ¿G{≈G
@F]îFiŸUc,Hc%UQ-j¯Q+xiŸμ|Q6|QÇÅı]ÅX5}z'v'«Ejßn7q≥^•ue·'*.Q<Ã/ZTSBT˘˜
ã§HÔ˜~˙ÉlSïxÙ°˘!¬xÒH◊[Â~¢&∂CúßúO"≤v∏>Lëá'l+deƒG@áE«zuÉ˙u™∂Q[ßà∏uJ˘g{úf|
4f{ŸEo∆◊{≈TL≈ßuRWo w|…∑|»7ä4,]¿'Efi≈KßàckW}-Â/-#ıUY°vã:bwô•e]∂Ö%!"Rx]
(áályS:gIÅbb&Ûfî§÷&yn»õg® XáK-?ÌRz@q05YÊ5tËızx^∆d]óËàR«âÂÅÛñàÔxcñR «Ç
\Ñc-át?®j òèñ÷{ä…iXÑü˜]-‡iIhÑ/h
•ıä•'>∑pM÷F√„4∂à<dS*¶6¿∏HNμHÖW:ÖßOÜÜÇà˘ßxËrÜf¯áë8%√8†˘ìI1á◊»yê°ùtÖN§_EQ<s$G
%ËEàéá®oΩêé:F]˙˜à≈àãj hâ)Xâ™Êâ+∏Ç2XóñÇì(vë∏É_'äTGuZîiù¶{zdôKßv"ÿv
wì•πG„F∏S+a"≤Òç¿¶ÖZHí˛'•£BÜ∑?êdñ&G¬-vìlh'VOvá~‡",ì~-
DUXîŒEYáFÎeFEï∏î ßÅ óÇQ«ÇñèòhÇ/Âõπ9äÛËâ5ñÉ≈iiRW{b∑É»)o§Hu¢Ëâı¶o-
wKÃR1òù‡ïE/wØiP÷ù+˘'jÏGÄËd¥(<´πû1≤\'B∞W∞!ã)xG√Tıgå˙92Ã®˘0 &eË%éáUÌDn
åÄmvö3pPök∞e™YW2wH¯RΩ§|Ÿıî∆'tZõ8oò®tR…Ébπtπ0Ç-ËúQßÇı∏úÔà|
∏áõJÁÇï6oóòÉ£Hä' ÇXîQ¯®¢X)}.ÂL7RÑ,˘X06«60Â;kw©ëq%\ç)'¬"üÛπ
%Üóü_¯Ö0i2ì0YL"å°ÜQaÖA!vvçÜg£Èe£ãŒ_?ß@∞óR ˙ß u÷`ikIi9H
¿â®Ã†®&`à®]∑®àä|áj£î÷â8(ué*©1zú]'£:ä£9Hê8Z£Œ◊uR9Q-òàcWQc
$ëØàÑhÙv≤vF◊jÁ5àCá@m'öq'F^ì#ê"(«%ß0
ıπí^jüvAàã◊""ÚZCõy&U?rFÄáÅy£âyÎ"xZ<∞¥ßE´eAÅ˙ßT7®;:äë©∫9ÉÀIiã∫
¢è Æíj®ì/Æ∫i®Ï/©àZ©¿Ÿ÷êØˆ˙©»'¢ù tÔ§à•XmóÑ˘"pxiL"òR…'∏JtÇhé®Ñ<a<Íˆ JQü$k¨&k≤«
™¨y3†˘g˘W˘hZ&lvm∂˘ÊÜ9T◊∏≥/IÅã0ÆÈ…±B∑dÎ∏Æ:˙â ßÆIõØé˙¥P'¥í/Æáz®˛ ©ıJμ»◊ÇÓzØ
´μNKêùZúb£RjŸi
Ÿê<âÑ ±`DvÏõL®ät´é˚dOvL-≤ +≤μp
Åk≈ü≈z≤$))†&cÜägá√Ä-z#Ê3'F:Î≤†ŸÍÙRWtÂFCÁ@ §LØviˆö∫Éj
´+∞S˚¥Û/®±;ª≤μUkªôJμQ˚∫S˚∫∑´©πÎ¥¿ÎμöZc-∞©a˘|'iôh¥%ôR¨◊K(Ö∑E«±:-
§9Q5vıbí∏QW≈˘Z¨ı…Hƒ"è4¶ÖÉ8)∑˘î{In*9°πyÚ+ö{pã…öƒƒ°zÅ7¢ÍÍ∫μó¥É™£\∞¬°Ìj¿:∫¿˝*μ
Ï¿ª´ªK
[¿N+ØS∞¡π®ı¯Qª'Éd«vHxE>˘E}äRJ{xª¬≠áΩzK;3X„¡0a√;"/àÜã∏
ñ(ËBÜ-R(A¶∞ï2'zC∂πú€ Eπ6∫ÕtÅÈ»°™|W,®ª∫≠ª≈Ï≈μ¥;∆œªPÎª∏´ªÏªhå®¨K¡<¡
¨∆j<ª'P
Õp°wLèŒX}Öód◊v ódœÎjÇ•d"+L.˘<∫√È9#‡i¡êìl√8ﬁ´•áÀòÚ˜ΩIç´Üñ;a}B!¶úaÛ{çz`S¯ÀP˘
°/øJ€∫LÀ`<¿iúÀπ˛∫«Ω°∫p°∂ÀªQ[¡åÀ<¿túõxåèÅõ«2/ÉΩ'}˘fpHv»]%ctãR+U´∑"≥#]òB√8-}ì
Ï5μ`√!Eßü„ª•ñNêÑémöô&~aπó´πq MÏ≠å±Ÿ•jμ)ÀØúÆ∂"Æ¥Ä≈[˛∆\
w-=-]-÷Ä«ø\
øÏÀΩ-Ã∫ ""="!«¿âÃ°xÏÆ'0£''"V◊W◊°KÄ˘:Q06-M©Å¶∆d≤G51∆Sljw}≥c√îl…í,/Å;¨
$ªò∞¿~ÏGîp!Îa-à!7Ù [≈œLÃπ=AkõμâfȊ¿vL"øå÷ ˝
¨À÷lç÷-=∞◊=-Ω˛
>-k>÷~≠÷Ä"-Å
">+ùÉBä™°¶°ƒƒK®ˆÿ Jp5VàMp"∑WB0∆·nª√}\√5¿AŒ˛b<∞P•-¨¶=üÒ…~â¥å˜«≤ÑÄ+sI59Ñ¡Ö˘p!
D{≈fçÉïÿ{†*©a\"M¡÷‡÷À]
lç
ÀΩ<ÃΩ
Œ><]¡ç®Ÿç><ç®z˘≠◊÷>ÿ•>,˝>-}ﬁoÕ<È>oÌ-a˛¥~Õ<μ|ú[ñ1∏ÿ1∏Æ∑9ä•jú÷u•®òhv◊\R<°ΩS
%//«‡ü
0-;∫Ò:#k/CQ/Ú…•Ù9"dËZ-F %ÛNúsnêaÎ»ø∞|É°,9¯-œ<ÿΩ
¨Î
'"
Œ≠-œﬂÏÕﬁÍΩ„n˝„ﬂ•„"=%=ﬁ„Ë
„ÇÕ∫="2û>Ü-Ãe ∞ûÍ¡ã=Ÿ¡ô¥;/¢bGù®Ê{28â'â‡y%ió¢}#√%°JÌΩ•ù/%Î√$y4ã,-h,á!ú!e
$õá®¥+.úì:∞
Mÿ-ﬂ÷‡
3˘Œ„~
>÷P„
>7ﬁm„îÈä.%AN%}}ﬁ;>Ÿ`

Ÿ¿÷‡@Ë/Ó®€›2“◊ô ¡bèP¸Øk©¥õè<V¢IØ)x¢ayﬂ%%]¥dR4bÊêV)œtW^ì°ê…"ã·oﬁ%. Z
Ä“û2>2,Ÿí~0cÆ&÷Å*™óz ª»ÕÈÄ-ÍÀ˝ÈônË2œﬁGﬁÓÎ≠ﬁ•N
%EÆ„ˇmËÄ≠‹‹-“Î~›¡◊≈ÀÆ3zïòZúƒy¡ïÊ¢ßÊu`πÎˇΩ©‹EKG˜êƒƒﬁ‡†
· ¸TvØô\/Óâ≤p¸¨ä2”.:”õ„ÍîÖ‹,ﬁª'
“£Ó-ˇ<Í£Í}-%ùÓ„:?ÔÔÆÈÈéÈÙÆÛ†ÍÊ¸∆iÌ∆ß.„©“ŸM-»wÿì∏¢ò™Ã√°®ı}Î[©Q¸≠Ç
ø©1∑ô,Kƒ
¸RX√é5˙,)ùÚ\ N·À¸ˆ˚J™=˜ﬂ/g»≤‘÷3¢Ì€ÇΩî≤‹ø`°«-“1ÿü~ÛmÕÛ;ﬂ¯<%@éÈÚ›ÛÌm
%0è÷ ÌÀK“J˘›˝ﬁπôÅâõ
,Ã|ct™∂∑¿\è°Ù÷E€ ˚lj’ßE¸íÊƒ0)…¸´ﬂ"ª`øÚí0"€•qaˇAá!ˆc?3÷ÁÍÁ <°iÕ∫4o
1˘˝£¸
60˘ìﬂ¯˚œÔl-¸çŒ„ëˇêüÛ=“°nÛ§Ó,‹ç„Â?“ÕÕ=°el∂∑[-Ö
‘
1FÕ3cÕ†53Fç±fÃ6+x•`ƒÇ‘2äëò±èC í¥í-àE„e“X0b°nª%ìò-^8mÈ¥UäW≠Z={ÊÃπ(ØúªV*/
¥),†£N¡ıj‘U¨W3AÇ¥ï+$BÑÇ4v¨@h’Î≈∂ƒ^)jÃ8P„¿ƒ÷ÙÓ›éoﬂø|≥}≥Fÿ∞αΩÑ
ÔU‹x•„oÉ¡ÀÀF9Ú7pòC‹πÒ,ŒâAÛıòZ‡≈÷∂©VMx5jk’®…ﬁh◊6˘¡ªπÎﬁ›][#1°/jîX<¢EÉG~
$YÚ`HbÃ†ã§^ù◊√Î8c^'∫=¶ŒZLÖÓ,Í‘|)†ßjç¢z’j¶¨•3Qıı+Ÿ≤~ÙßMÎ%€∏ ,à"kÃ+/ç¨9M
ΩN#ÕøJ”+B+%Î3ŒFÌ≥
´l∞ÀD„Ï∞G\LBCÀ∆Bœ°05Ω^KÌ5◊´FAw„mG{°ç#‹r(!·$rHH‡02≤°Ööt n$cT •á¢ú§h™Ê:òà
Å…ñònßö¿%I)úéÚ)®•z2Ø)ıFIèΩ¨¥≤≥+J°*ã+≤Œ,-∑<zK.∫
ƒ-Aq$ˇ≠4)¥êQ1DLC¬ ì¨2 &ã‘≤1”ÃDœ2ÏêR-*î∞≈øV
£1õmÉ1µeSp«€Ïj¶öÇh√u6évïMH#cÊÆÜí<£Öé$2!á†$á ÊN≤RZëƒ¨6Ã[°ìª0π´È&¢Ñ**‹4ﬂ4ÔÙ÷
£ *´Í¨Ø>Æ(·ì+¥¯;¿A 50AOC0/E!5u‡G+Ì0[Ì‡Õ"≈4ƒP7˚&Œ¬)Ã,I'M≠“øJKT√Ωd¨1Fœ∂π
Q#_É≤W[k˝7 ã3®!,8ZR»äjN¢!UZn/í†{È°,µΩ.[òdÚvÃmøW\Úxb”<Z-
É˘›ˆ§rÔ*MÍ¸J^yÀ2Àﬁîk eC]DP-é'¥-,Å1^-Q-Fá¬3Ωo°3ú¨`ø%ÀÉÕ¡êS£pEU’Î%Yy˚uÚñ}‘m†aá
≠Ì£âjh"ﬁí]Y»ã~é.$È§C)ò®°÷ËòœU∫€0¡ú=®ülQ*'‹uäM7kQoŒSNπ™ΩuΩû∞π",˚çKﬂ
≈qmƒƒ˚m∑≠Å€{;Dx„¡Ôˆ P≥…23∏Ó√(ï0ø4∆•U?¶ﬂq÷^ì-Fo°µrQéW≥±M4®¡/DÑtC"àDDßëÇÆ Ij“£
Ùñ†π§:"1∆2˘ìl]LI´I ≥„4b˜Ñ':)PòÚì7…)*Î-öÒâJ%êy;%˙ƒïÑòM@Ü™lÿ)ã%B~
±=îƒâdO4ì¡Te0ìœ%ö™o~õhC±Ñç*5ê1”,Fv¢ÇëÏ5'‡m^§Z0H√∫<[Çıπªk Ç
°≥GûÉAè§ÓtYí“J6»%¶ù•:÷¡NônB§∞ê\π£ö•Jã´-)*Y√aõ◊<Hòm.™¿≈∂5q`NT¢/É±ƒÆ|u[e˙∞8√Ä
±DÔ[_©¢∏√ˇ≈~ä!Y…XsÃíùW±…Av5:ª pX∆†MÊ™°9„dnƒƒ:÷êÙH+‡\0h“…`ïñ√¡ètâ&∞≥>M`≤
%m≈n;iRöÏ <NÕ)2íS?Õ∑ÄbÕñEû@Ÿ°∑…XA%l‡7•µíâyÎí€DÂôaJSôúâß2„)äπèãvkXâ$∂ÀƒdÔîö,
©ò© ,f5±/" ·îÄ:Ω©]x˙2ò’*GAÚM]ÄìÂ@ÇQ*3ú˙TÑ0#â4äd¡xœ;‘Y$RháîoiáûD©§π‘ÊûQ
\“]XÅèAª≤C>)7≥
Xπ߀J°j*Õ[≥=øêãÉÕÃ^
˚7ëÇ-}_ƒ(¬ÿo0hA˝R5*ô
}¶ß˙Mc”?∫±V=Ì)PCÀØÎ±@**QCß-ﬂ,ÉÕ!IT-UÈxP%∫ç'∑¬§ŒÌ(Õ´dk$£V÷sï"NΩd)÷Z-
˘Dw>ÙÕ]ËjDHÂ-{ıπé$6ãEüß6øçNÊÖΩb≈Îﬁøïh±&}ﬂ.!V“CE˜/è…'*+¥Fr•=≠N˘*/ó…äV∂Y-
[õëoN§ÇJ•FSùz[?Á$ÒŸÜU,3kuı´5·éÌ¿t•Pmxp∫d’˙‹´‡)∫Ù)H∞‡HêS˙óï›ÂÔw¡;ô&Úu°Âõ)/-Ω
ö#3ÁàÔ{€w_˜JøΩÊ‡,Î"lâøö¨1∑°ÃöŒÍ_+=Çb˚€¸*#e&¢mÏ/∫4È.¢[àGöc[<[ƒgEÀí©Ûaò(„!DJ$
∑S&¢‹ìw¡s)z,hı¨,j.NkZ±∂V¯‡07û≥UéT°•N¥«≠Ùﬁ^ ©!÷».eØ©ùÏœêÊrD∫¨ÿIÌ+KQ∂mñ
±f%t£πà¶§≈iAb£Ã-Úî°@äúø/ÏZ§.ï Jù ù+\aÁ!ˆ∞H<Ëgÿı∂[%é]vùFõ«M≈h’âGC”GﬁX¡ô ÏÇJ$
fQ¢=áaˇjK-¢∫¢Í¯˘`√°%¬≤7œ¥é/˙.3¢^T [ê~≥°8Uk™Fû˝,É«° YeÕ¶’©±y≥/-™6+£3ËN2¡ÑZ
%€∆0ï†'aoSßK‹1∑wp"<[Ï.≈ÁJwª˝y:∆£»¥õ,Ÿπm«IÙq©˙M•¸ò«?r◊YÌRƒöc·Ø{¨
°ÿEXÀó0™â_√ÆÏiˇ≤›+
≥e˜ŸÍ-Sµ/U≤O+YÏ9ªîˆÊ-¥r‘=Ó8€VR8Sßgô£%°= L
bØó∏≥Éö>ﬂ4<-ß+≠4Ñ7¶:ä£Õ~RÔ._˘|ıRˇÿ‘ØO/GWMQV€RÏ≥˚{cˇ]_ë6Y,&çü´»âF
·’{ b
«Ÿ∏LÄïr/πh£ÕëƒΣÒrÆ• lÅÛ}Ñ8œé˘é ŸAiπnë∞ÛVÊÀ
Æﬁ¡•ÛÎär-…\¨‹ê≠œ"˚ΩÁ_P”√ä®à˙.%(ÆÀ=°:úò~õò›s¿â1;ﬂ#ª¥£¿ê"/∑S˝
¢ÜÏ'äêI÷∞."∫ï"ä>ø;∞3÷“ƒã°*<

•{ea<ö˚∞(°B/∞§Ÿ0n·r$„b!|z4£xìt©?tY+˙pÒ]Ûã’¶∏a%@Ÿª:S„∑√ÙÈ¬´s¿›2 4µƒ¿ˇ
|CÙ"ò∑së©A•¡,Ö°ªcCô^1•œ≤ûˇA≥-z¡5ã∫S2≥˘Ÿ>hB°
ì∞„0€ZAöDCí<¢1ï-*D,9Ÿ- pÒù©Å°˚òöﬂ°?-C∫Jsó)°äé˙,`[%ÕA‘:â
áò≤≈L!√%∑÷C&K∆ÉF ÏΩ¥Î=ƒ“@√Ëóá2πk"√â
ö™`s:‹¿©?§∆‹©~ ™ï/à»©ãÍ¢0
édY™ÏHÙJTùJ%0‡˙™ØRövb°•FE·a¥'î4•Só•Ö*Ã±’»≈∏µâÍ¬÷{=/∏ÔrΩ14√ΩZCpHCät¿ˇä|

√c§@'Sµ¸¢C✱ôE-SåπØb#N+ƒô:≥˛´hjêè≥¥Å¶¬Ûç£äé 3'ë<ô˚AÛ…x4b¥!%$d°, J
[-«Z»Q¨øZXÖ8ÈßT\∫V§©JŸÜ»ÿ,YÃ´Y4@â¬"6‹E]√oX/å°»åd2Wõµ
‹HflÎ®ı°,úê✱
¿ ˙b¢Fîcà®/àa+™>Y9>0Ds:qºAªê≥õTÖíéu,é”°ƒ´B?ïX§ùìGz‰ºpa 5©ß,:'§
¥ÇµR:*≥˘+HVÈØµ/‹´ÌíHç:À^CâT√$CCaL√˘¬2éL¨≤ÉØÄSå9ƒë|∆ıô)k@à[p¨h
09·®Îƒ3A «D\∞i[9πRàúº∆€…û¥ƒ…¬A€™!, ˆ+tì?ßËá“| ÙHÂ:∫¥,§:A
b*úó2H∞ƒ≈‹\œ\|H/˛7 ;K[Œá4ªÑìPçl≤flª¿çB5,cΩºT¢≈iê∏z-É58-4XÉ’H∏
£∏‹ ìè†£ÍÎÏs6‘Bƒùd*Ö0ºâxºôÀ∂À<ù=ü…ƒ≠/Ly4ìÃ”é†x-R$Mß-«Q‰œ®@+¥B≈µí)-˛j-
∞|-Ì≤:0ÏÆ≤‘≈^‘+˘0l”âúPÑC≤%K∏é¬P¯ -πD5ƒ8ç,IÂKœ%Í¨˝-Ç,-ÅH‘DEÅD5Ç,-Ç5Ë?Á-
§”í≠*O#*¨.8¢∂<UúøÔ€A#µw¸…kÅM§ù-!.Y
¶Õ˚¸º'Ïœ,]÷§Bœ‘ã-+-QÎ7ŸÀ:c=VdMVR£=m”ıZØΩz÷É3µı"Np8Ü¥¿π¸@=ï_ı:ÿ&kàÜQX#∞‡Ä
PWu‡wE∞z5"»{Õ" HeQ9ŸâÊ@∂…zA~˘ø®≥-ÎyLéP™s¨†®"øHÏêês™X˘÷¡*D≤ñ≠ ñÆ"±®˘ ^ÿ“
íY*5ÂÍO≠ (Ä¥îπ#P©¢~Î±ÖTVõµY0Ø5µ•iΩ÷~S≤8Mü†ùkΩ∫8U2cTª ÂYÇ9ÿ8VõHI°
BPÇwµÄ∞u]WÄW∞˝Z8Å✱ÄËZ¥EÅzÕ%✱É5✱ÉQàf ûπä∫✱<ƒ…Í
U¶:O…3OIL ¡ΩDC“πx:\sìùz:!ùÿ†EŸì
ÜÉì˘tÆ^≠¥RpïÌ-,≈:/¥≈c≈÷p ›õE÷õÕ:ézV°%/e]hıŸÿZ0,/7=Œl5;dë¿Ë+‘ã˘õÄ6∞XXÄàÆE[x^
ÊUfiò^%5hÄàÄà`‘4ÄÑl1˙ ÎQ©¿[3+œ#iÿ= …„(é(AàèπÍ∞ç7õ-3°ùü˚X˙ »•R…µ’}¢
°w;:™òõÃ*%VD”ú-]e%]
VVv‡ı≤•ÿı∑°m]6,/U/ÖsCne√./]2ªõ/ÛbÄB0¿/„ù^Â’/Êe◊u≠Ä
∞Ä÷Z¨•^Î
bÎç"F-xXhà…=$≥≈L≠ âbπ¬¡Qı€ÚÀ…”ötöé˙˝ b°w˙ÕÅ•ß5!´Nè˘%:`•cMÃ]ÃööòöʃR+¿õ5› /“]
¨·ÆH@V≤hï]ü%AF8˘˚„ Ω5äZ±3á8]%ªÏê¡¢^»=-hÄ‡%NnÄ
HÄÆ=[-fiÈ≠ÿa✱·ÈÂd(Ä„bÎm-[ÑZ∏j“îeK≠É’-I_É≠‹„\É‹Â∞ƒ
3§°9\¯‹™ƒ1(UB^ìŒá¶‹F√\™Pó˛§
Xà8Õ&âÏ¬Ÿ›”’cú˝BûµV÷EÑã”CdNK˜b2&ªoªâÃâHvª4…(âÂ0[ÄsEÅ0^%›fi
Pfi≤Å˘Æ≠Äáû^ b(ÂÆ^ÎÄW,@∞0Ç5ÄàhEªt6ßM_ºU¶í6TÖDú\ABârzf¨ ™o·XŸq'˙≤*j^ì m
˘LEÃΩ
òcõ;€új&/.bï`c≠`¨∆„u>Ø^j ¶>AÜ>Bœ∫j-√/Â®‡sØ>Ûg†Eı…
ê∑ÎS«“î^É,»u•fi8∂a∞5€RÓÎãneSÊ‰¿fiWÄÄê6xÂ»Fi∏µ%»Qßeêfix∂|†√É-D,f~f%›b/œñ¯ÍÓàø3¶
R»MìlNÍ~
Á~˙ÊQ‡/Ça•´v`˘Ü°Í¨l✱"Óp0n%nÆVV,Ñg{ñg{Æg
±ˆŸ˜“Á~ÊâGŒ»†m/ÅûêaÜZ✱É4∞ÅàneNnÊÂ≤=Xeá>ÄãF^˘>ÄÄo`ÏÄe«ñÂ`#H@ÄÖÎ_ªD_6X
\ÿn?"e✱«ÅbsJ“Èà«/ÈŸ¶± €A4flY3ñ\}LÍ˘≤4ÕΩ
7∂Ω‘7à4¨;^Á~[Ó 6lçÒÉ3kB&k~n¥úÒb~FÌFø:œå±d?-àËÎΩ^÷a¥ufiØıä&l!ÜÂê¶rYnÏ∞Ú,ìÜTJ
hâp,ëÃn¡ìãi«T✱˘»îöö{flÉÄ*rÇñ¬ÌÈ◊a\/1 ˆ.Ÿ˛_F
v
µbY~Í/çY™Î7´∂ÍuŒjv∆Íd=áq∏VEoÓû≈q2D%ü]däqK·F&˚∑œ"{v©≈òkçj∞ÖLPÇt=ÏÈ’ÂçÄÆ’Zp◊≤
ÌZWŒÚ ~ÎÕr*œÚ¸vlêfl!V^F]∏ÖÎº
(N‘äƒÒ§∞aÜƒmKf6w/¢X,Aß,ôñ
°fl¬✱/·_>Á✱ké‹F≥ÖS† £tÂ2Âµ>6V‡VÙ„fÙ”•‡GWg ñÒ
ñt˘ÔŸ≥/$ãP8˝(ŒÿÁÉÔÁäÙÁÅ€äÓf
f»˘MéË√éhã_ÂÊÄˆ>€Ω>Ä*˘Âœ∂Ú«∆Ú˙.Èa/b"X@@vêP9'Nƒp\pG¸lôyfl”©L®z◊…íãÂ
ò»≠Ú,ÿ;üùH*wÓflQt ˝Ã“(LŸ~íMYL>7]}_ÙGwÙ~À˜q NØü˜“5Ó˘onJ◊≈±Ó(>NFµC/0ØΩe
\©√ÿb✱ÉÅ÷^ÂeÚÙNo≠≠NŒrag¯6fi]˘e«∆r¸6yaóÂ
»Å4✱ÉL®‹pfÔNª8Ufì≥6oÛ =Êâ(€"‹ÍúKÌ"L§¶ë$=ó\ÿß¥
,’(%’qÓ÷∞DSDøj<6ÓF_t‡˛¨st,îÒ/ù÷≤üÒ†ù=@NK9ıîG~%Î¶>Ï^(ı
±Ü,√Ü»/~¯Ÿ[XÉw}◊åvuøWWä¶hu
|≠uÂƒáo˜7|√W|˝gÏì?yëi»-✱ÙbÅáQ+HÕZ3k÷DXpa¡f- R#FM¢Aáô13÷ö«ê-®}Ù(1b-à
°4∂,eJc¡bŒ%EÃ÷Õ`∑l÷º’ì'/[Ay’
VÙ®Q£Gkù≤u™÷®ZPKùäju*∏l‡¨Ö≥∂µ+8p]√â-K^l∏¥jœ©
«6Ì€∂r› çŒ8∂Ê∆ô;oÿ¿Çü5w˜/∏oÊœ˘ëMLv1YøäøM¶ºx±,föøÖ•l
€¬o‘D{
k,ììVWà‡∫¬Íÿ≤-¥fi°ÇÖ‡]`¡Å¿Å˜Êm†¿Ò„
†πÅË¢s»°R¶Z∑,6ª∏✱{¬Óªãøx∏"fÓ‹+^%H-¢I˘!·w4“XLÅ0ÌÀL9fMƒÿƒÀN; h`06’¬KR
:HÑ÷bãTÆR’T∞îr’(Zyı!X\qïYŸúeb]
„¨Œ8bÕ◊ä,äuéä,Fó_ÜïÂèy˘ÿ#`aùecaAÊcñ)9Ÿeñmñ5flÑvhRÇ≥M5µ¨A√j(∞÷öl"p ˘&p-ö
¿¶€,¿@o√-†p∆Eg¿t`œ·r-EÄÇÄdÇ1,Å˜>AÂQdPD-HDfiHπGíHÕtÙë¶Ò1£H°ÎÕ˘,¡DÃL8©ä™Ä∂äÉC9

hî¨¥J•TÖPI5
UN≈Î)[}ı·∞cπ8$ZvµÂ"[-“òWã2J´ÏZ€–hÿ9~
∂m`ë˘à^EBV$cARVYìÈr∂ngRÇï•EIp0
#¿Vlc ∂m§iAtB–@omŒ\ppÚñ0†«=ÁßüwF∑ÜîLË–
xå:ÑêC,M*©yÏô')3ù2#flß‘ÿß˘)}Û·á®ßÍáflL˘Òtœ8%Ë”ÅC…ZÎÇBŸÇkÆµî¢+áLÒ -‘«Œıçt
±hıã1b
£Z*;#ét6ˆaÑÌàÿ]ÊÄ{.fòUv.‹îAπïîRéF
6yè&Â(k§Ä/
˘™∆/j"à)¶   @P¡¥Yê@p«‹%h^N\q∞ÁÁü0gÒùZ¨IT)ï)Î≠?d…Ï≈n–H#€^–¶≥)GEÛi˘*ïz™M‹
»*ÅØ≤Ã–FK%‘ÑœGoıM’r°“J√,Ø€g%,±•)u[%Ñc>÷~’5u÷nEKW^wπ0œZ€ ?6b„„ı˘òëo/…$”bπK!
Ô≤R5ËÂ•ÿ pÉ€ój0‹,Æf8w4,Éóªo–õLgt{/Õn∞õ§¡ô(EL,1◊–«"±ÎŒ
mhçıËée!Ÿ‘@Ç¯)õ•ÑTÀ#–Nï*ÅŸ%höÛà≈¢Pœy‘K/“òV

EE3Q#˚öuÛU≠–œ,/˙‡Úœ¥¨qH<≤÷˝,§Ò>Ø,àY[‹œÅ∑Ânx)Õπ¶§∑*C
ƒó
õ~˝´L|\ô3ÂFÖx¿ú“4ú˙&9» T
–°~NjË:ëERí™]AhGˆÙp˘R–{ ‹,û!ÚáàJ   PÄ¥a61äö,Ù&TEÊIeäàØ∫∑°ÔÖ|ça_Z»Ù¡®ç
–:c¥/Ω∏ÔFYà∑rD°®è|Tõí‘eé=r&1™€h>ÛŒPcZp
r–@/5Ú|$ÕIÄ±i8íî%2G0zäNöΔõ†@ÅÙ†±D…∞§%[]Îö!≤J≈≤ µ#Y–s)S˛˛p?3Yå@˛ †mgâMdï™D=
¢ÖB¥*ÖîZ°•eëC
ãVœòçHkV”¶’®5N3jçZ2“]¯Vv˛(˘„Î–∂”∂>“iûz˘ÑÁÁÊ*·
o·‡Öå@É¿ŸäãÃ◊"Ô≈{≈∆LòÕjNp&·'Möåq,◊9F`íC·ú>j=@¢™˛l+Y:ªH·«v∫„‘¶4≥‹Â
%1yå0Y’*ùÌg‹–…PîZ‘ÈU±ä–{ÊT™≤4^Eï™∆B˝ÿHÛç„–fl|Q≥Ê,≈Ô–`kcËà?¡êMGjkó€Ë
◊∂ÒQÆ˜Ã'6œÅç–P¬~EA"ç«W¿Œ"∞oaes≈&6iénrcÅÃy08ãË`Gêõ·tp40Ç`Ò∫¶¥iêb•…
&eJŸe0√>ÀÄHƒ‡)q;≈√≠˘ÒÙS°cäªM âr4eÔz¬Æ˜¥2Ì–fú.±…FªlUçÃ™fl≤ÿ¢‰∞…¨qL+˘öƒ6˘˝Ô2§[
Î™^cËA†9ÄØjËΩ,K5#¡"H¶√â‡(0hõ0êõl@7h ù;®I‡XÓÙ¿õ=`ÀŒ)Õ
î@ã‘√¨+è,[jCŸiX√ß˝aàCúíñòÍó,Ÿ/T†ú»ò–ìÒ©}{≈\ùÇ*MÎ¢á»b‹≤†hkk!#V€2]≠ÖSj "Á√±
iÅ£EtÀ˘Ú%;˛Â˘~˝2‹Ê&,ªπkΩÿ∞Ehê»DÅ
∏õÊ˙JPL#pÛ   çfl:£©±ò%$––9ÒyÉ˜BÅN‡AL6 p]≤AFQRF©ruÍë4£YŸ√ÖÁŒe2UŸ~rz""Í”´
PPÉΩÌäΩùS≥'MÓ}0™∆Âäè•ÂÙ±‹}[+csπ¶¨oœŸÚvu≥Â%65≠âÈ#e–7∑∫3öQi“ªœueB›´
r`˜ŒWpÜÛó·,`8|À@˘¡õ#HÁ±;ÆLÜhª7hÅÿ   ;ÿÅót£¬|Å€:–B–
m“U6/¬≤ÑÅ§≈c©Ótƒ·ù…;m™˛%Ïà>õI™Ä≤+E©…˛ÌRü≤E˘ïJ≤˛°}LµÆ–πj
£7}VÁ"V4Ü≠k.z=[˙¿ÙH[I∫À≥·&t†}1Q˙Ω>Î%pPÉZ¯+∑ΩÌ◊˘ Õg6ÅL0¶6wΩ58¡πÛ•X–¶q∏…/
B‹gèé 6ÿÅRØÁ9ΩÓÓ(Ç2°˜Éÿç¬éÏZπRJSÉd(+‹je/~ÙÕ˛¨†ÒàN,†∆5ÖU2≠/ı,Upm–ÊÈÿ¨qE¨µOÃ
πú\0ót•Q˚€9Xã≤)ŸÍïû[Ùú`hÀœ–Ifi|É8∞UÔE¯ê5ÿe`/¨Å|ÂÀ∂È¿Úm
°¿°úâ@Œ»˘@
¡AÛ5°’˘ÀÙùŸ~µô}m¿å   œ’@
(÷ú
Jl«ï»üB\ÎPJmÿ…åÃIÖ·ƒG∏LëkqZ«œ„µ
Å˛°ñÂEÚFÖYEÁ◊ÁEUZ$óä∞Ö6·/©`%jSŸäÏZ≥ê0± IÌ˝HvÖbgÑ√7ú‹‡Mfi¨,Œ Ô…ÕÔ≈ãAC&d¡òŒ∂â
ÚuœÄ·N»¿$A
L·4ü6_Û·õ3¶4¶@¢öI–~   ö,¿Üb

<òCX<fiÒ>H∏T…°°h ¶‘N¢Lƒ–âN   S" .QΔ
UÂ!E!bûTó´1çVdÉàX√@vÖ@ÜC≠ç^åp”˘\
Crï Õè\8KuâèpUÈ˘àœ˘e†,B@HD¶ó¬ç+∫"«Dï‘10∏·∂≈%∂–Ä°@é/„``Å‡†@ŒÏU◊u
–@
ÿ¿RZRzùA±∆Aô   ö≈F   R¿…°–PyúœíÜ≈°˘iJ{§L√ÕM®ƒ¶yÚ¯áÚ‘#™L!U!
*'19ˆ˛#˜î¬Aˆ•å$Bf◊‹/˘(Vïfi$“»5dëuï‘°ûZå
_»fic‹Ÿa$…π¨W˘Å§6‘URÜ+Ç˘f πN>P∆.dAó‡ƒ%»§AM/d2
#∞∞¡%€ô·ã,MrM2Â˛@"Å!4b«%ïùò«Krfi[@1(Cà„£\X9ˆü˛ƒflïå•Ëx>\,)‹”v§Dïöéã M™A†]Úc
´1≈ÜlfiÊ!%_Êg`˛ÂãYÀ©»CÆàW°–˚«àEÆ ÖÖ%jd`Fv·ûhÄ§ÑB√*™,gÜ¶zΩN˛–_b°Ç®   @%í
.°«bÃf¡%Á%¡ô·%v>!o:!q˛ÄSv]ÿ)°¿4¡hùjlÄsV@öÈ¿7∆,gu˘eF|ÂÌÏ£
fi °áœŒÃ˘êX[ˆPÒL„   ,\Êc|Zû3eèjH´iHAÆÈ~ã‡êYÃ!¶bNbC∆H>]
€#~ì≤≠`Ì5FèF∏ò,πl¶©åƒzi√*.*£b'ÎúK&ÿ¿D‡∞ıïL/l&c0A˛¿lA$BP¡ƒ(ö–£Û1!öU_
$A
A

Â ˜,òLn4N·pÄm•l /xiÃê¶TvZÿ…•flÓΩZJ\K¿V„=^OSœ%ÑΔ¡ÁQ†Z|ˆ„Æ0ç"¬¬`T˝
%öbñœr5§ˇ(
Ê©ÕEÜüéƒœ'Z˘ïëp/ [*bJÙ´ÑRCgZ[]çDH"QP¿{`√_@Éàà&%
¥ÊAk“¿2
Δb,
Aƒb∞¡î…ñ¿/¬¿¯b…í¨º¿Ll÷§Ã„l@ù›l∏¡†âk‹Ü
§Åg9
C‡‡u∫N9Ç%…Ãí≤&\KYZE¿ßŸL©OÒSM•B¨(†Δ)”«%çÙP T§È(úBéëTuã≠´ÄbU
$2Yb™≠≠≠ÿdKÕ'Œ¡àéÿ¸®M∂îE˚ˆK•4ÓH¨fit¶6P(H¶¢∞§P/§Åsƒ∂¶
p¨Ãé¿¡ƒN≈˘AäRPÅ®,ëö"… Ä·êlÑ@î bllÚ,∏ï@Õ,¨mÙ,GåkÿÄåB3-
u~«ªDIunË¨AiÜIFpL-íZÍáƒÈålıb≠&H©3qÎ>N†Æ∏/ˆ@EFT[˙X
Ä¶/÷àÄÆØÃ}¢^¥;àÕÍa$ü&∏ÄM∏Ï ‡ÚÇ2ÿƒø",jßÑ
QlöK•8ÏÇ8gQeRr,Ma2rÓPáÅON¡ÀA¿Äêlê¨£l…n@®0…œÄÏ¶ÏQ˚è÷ô4VöLGuTŒ/@“Mâ>ΩãH-Î¨Fòc
Û2˘o"ÇeE†L%·/≈J√‡∂ÂÄ,Û¥◊˙ñ◊Ço
ÜDEUî‹Ÿ~œ`.f$&ù2Ÿ U
˙,ô -/'Ô#~ïü¬¬∞¡è}bj˚¢ˆ0KÑd¿ÏÑ≤ƒ-%]fi9ÆAP1§A ‹À^A¨∂UpöΩ
p.âê†¡¸%»≤p…ä∞lÑÄ¨2√ÄHA◊A2˙¢/"¥ö
£â≈Ï∞‹¡1J“o]Û-ngiô«z®„h9ØD†ka©'∫e'˙!≥É∞R=`29ì-îiÆ`èUT≈˜ûmTôdF€∂\/
6$¸,à/®9Ì˘œÈE¸$(á\¸8Ÿ¸Ú‹.4Ï÷ÓÇøˆø, c-Ñ`/Ì‡çi>pö%eZ¨≈·U•d•∞¡p4º®î0ÍöÀ¿)k¿¨2†
4Ï ¿PÅAÃ •7@
Ô2GÖRÿ@í>D"≈À-/
ΩR˘\¬±"≠Q/ûƒIm´É2 [≥PiÌÛÙ÷1y-Öî)4Öqÿé¬âEã¥-\®±["ùŸ±\dD,èsÅMÇû
≥ F -ÆB+Ù ˘Î0/ÏÇ/ÚHXHRF-§¡éYQ"Z2:_ t„Ko0G„%PÅI„$ø&Δœ˘®0<¿*õ•dp
â @-¿¶Æ.„-âp%0G›IÔ&ÈVƒbÔìJ∫ínoßwÍQ≥iiI≠k-•ƒcT[±Ä¯L6ó/Ñxo∑ÇsA≈ˆxı˜§Ÿ∫a*◊ƒ3FÇ
Œq>«O_ú "êÕá-ÔΩ6h]'…gÆ@ø7TÓfJ®BÔÇTD»¶}H&/Ùƒ/@°ç^∞fl¡P6ãÊÄ2LAFSÅá¡PÖìÓ®≤Jk@
ÀP∏AΔn*™Æ≤M€ôÁptTíNß›4ƒ›|mFu§)Î§˝á=Ìƒ̄Io® ìkQØˆ¢
ˆ˙áQı35˘íÉÌ´mè∏~-˙ƒ≈È∫¢µÁsÎ-K8aÀ]ãè(¸ƒûºÆ7˚äø,4÷NËÓ_˘uÆl/-F 4Ù¡ò
ÀD[,¢Q4
P‡Å"$†:"ê*†èÍ#$Ç"(˜Ä≤§≤¨4 ê,àC8h¨Ï÷%ô%gâ€•ır¡
¢dbım[€Bh¶v∫“B∞R1±:ö÷”Ía<Ns[Œñ≤òPeq]ÚcÆ|±“T9[EÎò˚Í≥©Êêπ3≥áç˚bSéÜ=œ/X®X%
±˙ÏúëÍö"a¯Î.¿Ç∏√Ç@cÔ,,µõü˘Ç@≠H¢DzA√'à˘lç·.„N,Å0-|¬œãÇ(¸π(x-º+¥¬¿{¬ü/:LA ûrK
√2ÖcAÉk0x∞à√ø∏∂cπΔùp¿d-WÉh-P-´vv:û£v.ú
çàÕ∏ƒZ∫•[V1àÕà1Aè-Ïº]z?Æ,xÌS /ÆQ&Vb6Yb∫Ë±?πØ>seÍ‹fio;e◊¸ä≈\=-÷äª@ü9·j}∑y-
K≈^ªÖ™Wºw„:fl“@F≥A"B'¸›˙Ç+xÇ(0Ç(tÇ¿˘Ç¡”Ç¡{¬"$x≤Éø¶O'◊àAÖs≤ƒcn ÚÀ`R
9öá@¨˘A)ÑWTÉBTCAå|1#Ø96)¸)Ô2?Ø3Î8ÃÁál›:Ò<<÷ÓÑ¨@è!vÎ]/U0çÔΔ∞mÉâL≤Ø\vØØ/™`ÍE
%EÍà>õÄ^;ZÏÿ(õòSΔf¶;◊»‡Æ_wΩ∏˘u´DıD@CÜœ{&¡/≥} \pÙA'¯}+º0∏¬'¸˚"(x˙"ƒ"Fûf-í
%*T"DhÍá#fL<è•‹ACÖ 4©L"DÜ6,X-Âî(+ËHCàòµo÷hV√fçZNù‘œÌ‹ Õ'Pb‘Ü6J
Z3jFq%˙‘h‘§fàA£JÃUc¡®rÂEıÎ≤Ø^ø/˙ ã´Y[∂j'≤l≠Z∂s›÷m{∑T≠Sz˘Í
.€flp€¿Ö7Æ∞·pÁΔ>G.πsã)Oû≥·Δäs˘à¯∏…‡Ã-]81„“ìá>∑-tas§¡Å˙vªßU^∞`ΩÇµ´/^ àœk˜.fi»Ö
Øö5l”øaÀ4dƒã€KåË.É
F¥ZΩ˙DÎì®E}Ó∞ÉÂ=4dÓ$
%jñ(Ñ†>∫sáè;˚Ëé:®
6,¬Çä!~˜AàF*i∞∞∞Å∏@HÜ¢…öm™ëöj†cF:ù¢À ®üñz™úîz
Δ¢íJ*F´Æ
˘ö≠tÏ
»Ø¿:ã»[ÑŒ¨ZÇikÆ∏Í¢ã≠ZÚ ÎîR`±≤î*´,lõ¡gú'¬‹l1»XÀ,≥q,£LMŒ/Tl≤0√)m5”X”lµ.˚K58õ
P“õâ(h˙©ÅïWFyÖπ,ÜCÓ7fi|kŒ*hÄÇL´ª
õWàÿŒ;Ô∫ÉÅ,È$ìVhÒÑ'NY$ë>ΔÄÇ
(<¢ã;•H°^CQ$!]Ô@D◊Ü0“
4úÇi•Æì∞•ÄàÖ4J˚föʃ-}∑Eù EäF§á¢q›mâÍ©˚Æ™j´yâ·ä!´∫W∑≤öCã%üîã(ü¥˘Ø∂ˆ/Î-CQl0œ:ª
≤6◊\≥,»Ó§Lb29;ç±¬^
N9K˚+1s@´≠∂@k˙&ú‹àQÓïL2I^∂€ç∑fix;“RK-çé:l™keà∫µÑ¶Ö@ÉëOZ˘
%O>ÈÑÙ<a§Ω˜0öä1LdP‘ÎuD¸Û04ƒò"£ç-ò
Zõâ¬iU:…÷Ä≈[ö¿ ∑úl¢≈öV ß¢ñ¬Q)•úR
«•ää™ÌÕ
»{Ûı¸¨|âÃ7òÇyòI∑+Z“`∂V©eïΩFëÚ +µ¨-b‘ΔTπ∞Õ,é¯Δ*œ∏3âCÃ1êAõì„Œxflsd jç˘Œø\∂≠'™î
%ìOn~EÁ›tÓÕ7FözßLá6z∫V>ÂéÈÜ¿£iVZÒÑñN™¶zÎXÛ`CYX»¬Δ@>˚∏(B

P@…CG Ç=IBN`Å
MÑÚ€)¿'-ñh\)Dóã˜¢°‹('/tW°p‰8´p+ö≥
œ5ñy˝À˘zãÈÊR0÷%©ukÀîΔóC˝%0]"åg&S'…ò©2Cc‹t2‰5Ô0Ç≤jBf–TLäSùXFõŸ–ÜPV©,FA5Ôç"g
y‹E¢|ì3^ÌR+"öt™£çLPA;/ÈŒ®à–áO°BU¸˘s'"¿2êÅ
YÄ‡ãÅ
T†"¡:-!√°àD¸á
j∏dÜpÇ
,‡@pÆa'0F5∫Â-éÉ4„ÃEπ»…r:ô°‰,µîyE_Y©◊ÁÑç∞pstgA"ì‰≤ñÉ–vá “±dªR$¶0ÛìöÑßF„œ3êπÁ
ù@÷9µ±çÇŸIfΔ>›âdÖëŸª˜   Hî'Qª¯#4KiSA£Fßì©Í°2(Å≤£¥°Ä
†hE1V%ä>¯/Ä
ÇÑÑ®rïRÑ~D-   QÄ
ÅFﬁ66L§I≠HÇ“êÖx––•TßU?„&ë7¨°8¶',
ä5 u)fVE*ô≥◊œ÷ |]≈+‹°óø‰¢∫'≠ÂtÊ'Î9&%ø.Ò.ÇÅÿû<ˆòç%ΔwäAìb
ì5≤fy}í^@   F3/È≤úaM≥'úöŸÒëØò(˘pÜãöıRfùŒF3ë*»‡∞}^S°ß   ¡$óEÖ·¡
ÇÑ0Öáldß>'è"Ó0∏M∫ôÇFTI6\ó
Z–¬8ÄÀ®ÚRX@
oÃ‰°2± Nzí¢q-nô,dÊO‡•´0+W–ë1~dØ“Åú¢+Á9„˘≤◊$œ∞≥Sp-fW
Å>òOe/ÑÒôOΔ^x4'≥ÁQP≥¨ås2ôàßáö€ Ög6≥#E' G%(Cß=ÌF1%ùLµñ
Ipe0Ñ1°4â»√8˘[
a
")¡
h;\Ë¬Ì†0àADÒà   Ja
B¯-p_ Ñ!‡
Yh»“ÄÜ0-@™SÄxwâhÑ(D3ŸΔ7ƒ_Ëê+Öï{·
õâ#fÖø/Ã!èÚªM8tâNí‹R0'±Öup·kî˛ö¿˙ıP,g0Û…¬ŒL60CÍ»ò/å_ƒÏfcÛaÄ
¥†{BŸfJ÷|ı¶°ﬁ£ËÆ˘qœ«ÿ*ƒ©î–0/ìVd°=9ÇàKÖç∏G>w`';2ÑÑÄÄAqß@”,ﬁA+Uï(0öJ!\œÅ∫|Så
¿'hHÉà–>®Ü7°,MB$åq^>¶=ÈIXÔ¨"<ãïœÀ<5å¡åÜÉ(Å÷~w¥åµŒ+Æ>L4˜Íh∏8âQäùî™‰W*Âe√˘Ad/
ìr7â˙ûö%hóê'2ƒ∏˙¡ våú\#'5œÏ`¡5'*5äBÙ≈ 4î~§•W%ê'h–––á7h
XÿUπ5“ûdQ]YTÄÅ@î&KW¬Í
Zc‹èÉÇP˜ »˘KÓ2‹ﬁ∑4∞!   #@sö∞ÊlAo˛∑LfÇ
yı´g&g¥.≥¢Ã¿ÔÊâ¡y≠dì+ı:ÙXBW:µ‰Uuéût»ÔÚWÛ≈“Ôå'Ö'tÊ°'¶âyÃø&◊àÊÊ®å´YñsY„éyo¥ç
≠{SGáÍ0j–ß$wÒbß3ggAÀî•– 4¥í»ÃÉ"Z–âDT“Î`Oñÿ5êm †hê>• ÜGËG≤ÖïÈ>‹∫√ JÑWƒ±
öä6 ó“,
Äˆ†¢!‡œŒ+‡ThqÏL¨ÄbF\§\fDÛNÛ:œÒÎGR∞sÆ"–˘‰äHê§Æ@Œ–
f“`/J./¨.kˆ¸DcÙ)≥ÓI'Ñ–0™'÷^
†≤a¯\çxT¶N,ãefBt∏ájÅ†oj≤∞<∞0gê£˙NßQN˙‡#∞@>AVêl:A¢|Í¸Ñ%
°
Ñ Ô¿C@ökÓ÷Æ¡>¯„ÊÀŒÄÓn`B@§@Ç‰XΔå
∞Ômí`¢!‰ÊLΩ®°´pÇÂãq`hr`(PÑíbÛ$Æ·¥B∑©s˛´CØÙ*ÉJXÔ“,≠‰ñËf˜Î1¸)'@ç5,§4/‰M&,¬J£¯
/H   ôÁ¿˘‡I√:,7v„≥˘>·
°O˙¶ÔΩ–k·ÖCÿÄÇ2
l‡i:°˙@˛Ü
ÿZ· ZI\©*®¿Àƒ@WŒoÍ˘D·ïÊN ¬mÑ‡B P#¶Ì›$h¿Q™,@
†aò!DnB&'Kê“ß‡Ê´E>]ú,(ÁœFMG¯+ﬁÍ≠,Æ»,HöÑÌ™¿jP‰ˆ"K¶”PN ˆ‡I†ñ1Êd≠IÃx¯âeöë¯
¢“√fb&¨·÷
≥¥Ï®œg¢ZÃ7/8¬'hà·ÙhÄ
·j·"ÿÆ,Ò~Å•'–U\i©P©Ñe©†´¡l˘¯ÉÍéB
Ä†Àú-/9)Y≤ -_`∞p^a˛ÕÒ∏ &Ld‡"œc]¨Ç(ûCœXRøˆÂ%5«¢°*˛À≠\QtbsŸb6wí6Õ/mv¥(?√û~
±ˆ<˜Üs˜®ËãVC4`„OÊƒ'ö*•“√≤ÅÒàÇ7∞±Æ0∑r˙xM¥¿√Á+,ÖŒr"°¶\

Ü`Ó‡Ër.„∑\%Vÿcnb"&," D· aÇ†åk¿∫∞˛‰0Yì
h@(‰Ùí‡.QDœ≈ÒÔÒ81œT®E`H]@ÛRÊEG˙5wd&É»,åDt¬…,ê‰thPØj”6˘
¡*≠ıfgè«'ã6ÏKBmy8&ƒ6F'B¨√§Ú9°s˘efÍ(+   ÅA;©¶<&jè~„°sg˛®*Δ-i†§Ü@à´h°,Ú=ÌáD
Å\ÈïÍs/Ñ",/Ò/8
Æ‡Æ†#†ãÇ ¢@Ç
˛BYÜ`B4 ‡6   ^¡Ê‡n,p2–ΩÓ\ äEúâ*ê¢E–j_(ÓsJt^|„\PEÕÇT'_^T'a'Æxa,
GuP(wTG…·”vÆyQ3d

yÜ0951 2∫9ÍHùÒ)?Ã9k#®2{%+£Ù
˘©Ùj¥q◊ı£˙¥48v¡9∆≥“R≤&Íà
da•vA$*íDNŸ£!∫Æ"§@ÚO?@·¶ÍÔπŒç®‰ÕÇ$¢ ÏµJ`*†T∂†.ÛÓp<´3=ìC
•P®I^˙À8>_*e≠ÎEWt¬È&MVA“f1â`«'˝*vò»¡*åL,√L6„arN08ÊdNfMrOçfi‰W)eí4
ù’’¨a˘¨¢7∞–
ØS©Ü†è≈~¡”È°È˙¿h <:∞‡0flOä°ÿï.Ÿ‘MÉåP¢ˆ?Ô`x%b!8·ËÀË∂m˘R   P§“¿ÇÄ62E‡b‡ÿÄ“·∏äŒ
FfÒ§£ŒæJSÈÎF:µCÖ*öŒ9,é8î!†°t=«sjíõådtTµEi$ıÃ)ØTÔ–¯™ı∆JH.∞àÙdÎ?
Ü5m†òáxïQÂfcåFÉO@F¯ñ1iïVI?í(v°é A˘¨w+]!
|∫18¬«[`\≥`‘--ıÜ†ÍÁ‘v.ÌÁj‡’ÉjWÅ‰BÅ"@ÅÅŒÄÓÔßfi Dp∑NÃí,q{L7 ∑˘M'÷Î&Æs7tSEs^áåd
KùŒÈàA,Z,åÖ˘ΩÇuYW¿Ñ„{õƒ6gÙ¿L.ˆ,G7£w≥Ë˘i”åÚ3îR5|8≤~u˜XΔíïY°∑ef7T¥¶Üj¥7j∂≥}¡9
ƒh†°AÃ·¸dÍ MãA/’™O¢,1MÛáßˆ0!8bA•VÅ8ahd°~A∞F°8¸i%
$¬µÑ†* ^
í@~@
¶a°AqF§'¢£b€s7î≠÷jé2Å≤ÚfÑ#èD`P∑,@6_X¯_ä$IÚ
ØÊ6’¢oWK^Ø¡råCxlxqÔGe#LŒ»   {1yásò´àyXCq«à;¨YóñI˘OÁ≥r≠°§X˘¶∆≈¬Á{ô°n!Ôë
§‡#§‡/Ìß}Àx¶a`L§!û€ï.≥∆ ¸◊ÅBÅéÒ∂˘Ì∑Ê¿¸:·úa.Î®<#peDjJ‡,©ë˙ “a.±´*ï'4–
33Usç"sƒQ2ÅÙÄ§£T◊ á7NA|RîR¯sJ6úÇaÖ]îaòMÜfÅ≤Ü˝™)h˝ƒH˘˘Ã(5tzŒA©ë◊5E˘äi°9*ï/
4,•*ˆ»˘°¥\Ö™VJ],µˆHÄm<!
Åo•‡
Œ†ÌÜa–ú°åÀòÍ∫Æ„–÷≠ııßˆWf°éY{Ë Œ@b¡≠flmiX%0®†k–†°!∞!¶„p∞!ôl¥9ä4”•Ce,h¶°˙Ãj˘.A
ÿ†AJ]·\·Äç√w_ƒ,ÇÌÑÊ‘Bà`êàpzeSá“.Ìvıb7ıb/8FNÜ–MdÉy@F9ªç.∆òÉÊj√ÁÃ·¿
€çÖ¯éÿ√fÉ9Å6tÉfR≈ZØÊ∫∫™V˘Åœ3ÑGÿ™_Å˙ ùAa~·≠˙§ÆÁZ¡ı:˘ÍòéEA¯st!˘bÅªË@ÄÎ@AÚod°
\¯! ¥˘p
/#<\¡h°!ô««Ò@[ÛTR≠:ï*</¢~ç_¡ß‰;ìÊ˙kõQ`·T˙Hœ’9tÉ…É®∏M∂ú,ßYo.,Õ‰≤\/~í¡àx˜¶±dz
«Oé/≥∆(b™H©EÕac°K¨çÃ˙ùËÜ$Qrmj‘±´c•´;¨≈ZÑÅÕRj!œÛ¸ıd°†·/}–Àx–ÈrfiN¢é˘òé\tÅ.|∞+
A–˙”Òı“U·,÷‘≤`,ª<“‡∞:€Ò¥a¥£A¥Åé$QZ·Pj°ÉEVd·YµW;˘∫ZöJ√c»°»˘®}≥/
t˘åCdπâ`†<àhë„à®ñ[Åm9wÅπ¡hwNN„Ê4¨èUá∑€≤|6Lñ/ç¨«√éŒYF]&f˙eË†¯«˚;©™6¥¿g8t∆õ
^|+ÖE^aÓ∫˘≠˙m˘!Æfl≥êÅ.ã¡≠#=„1˝“oSAo*·H~0_U¡Å$n°@fiÜ¶¶‡ŸXÈ∫Áíg
\÷ìIÛ∏V>ı@J3avÙ•D˘»uíÆS†T¸àÄY$ˆ` j€∂_·zÌ_ú<∑y çØV’E
¨•s'ŸÀyövð°JûH≥:&5†≥Ñ3≥àsbÍò–ú4^#P˘éÚÕïTŒø°_®óµπz>Ôqœ>È¸àÈ–/
£ˆË¸‰Ô Î@fi,_,3?Û–ñÛıö•V‰xé˙WÂ·”°[XAZ?<¸¬ÒóÂ,∏/FW<(˘Ê±!∆]¸÷µaÄ
°˙;•†ß8Këc_îaò_¢   =fiTò˝MÀ‘3ÎéÍ•¶œ\°Í_Ù,¸swÏ£°•m°>
LßÌ¢€[ØvÊhÀ}•ä§õ√†gôÛø i˜,<8s·ŒÖ3'–8ÖÇ{¢µp¡ù≥ËP!∏pfl†„
÷´O$uJ‘û4i•t˙ÙÍ’Æ]–˘j*SV3'4ú5µa˚   mW"<h∞H°"è™b≈Ü1–ÜÏ)≤_P©>-
FKV¨Du¿åÙË&DÉËƒ1sF– N∏Ü6Ló*Uú0aÖ),û:w˙fi#ÊN¢O–∞yÛÜ–Z,üÃ°i”Úì®=xÓ§–£á!
HüFÌ,≈KŸÁô1;1b*ëjEåıaìÖ
!C¶`A√¶œ"BühejÂÍØ]°Ò˙HÃ£2‰ÀAfl,eÀ÷qÈƒ§[è{-[€ªsÁ^´V©•,Àè/u™÷)Ù•`’*n\∏˘·€7∏–
‡Eä„6nöOQÄmü~ÈwêE
dB   X–DQé˘Ñ%ÿ–7ƒ|6<($}bök–°ÅFå¿Ùq<ÂÑ”ä<˘Ñ
d–0íR$¢Q(¥4’0QAı‘/Q˝8å,¢p2∆AqÖt<Iá@QÖç`¢ä.n≈•K,™ÄÇó]ò2»`>Q«w(Úã7ËxfÿOfiP„3>-
≥ã'äT∆ÜJ}∞fL2ëˆÀ/≠àíöj(˝ôR∞a1Ñ¥
Åx∞ÊIoøπRá≈≥<r }Ù\u–’2h–a∑jv‰}Á]w·çG^≠∞¥Wä{ÓHØœ∆ß‡˘§`B;`Ä8¨A!
tPC]TQD>ÙlF‡|”/∞x”˘áö–®“çä°M=Ì§Sªè˝ÑMMåà"J''Ÿ¯à,N9uëW„åêL…íöRqìg,<≈=∏PfgT¬â
.∏ËÇqó^Œï◊#|=¬âjï>!
00bÉ6’¯ÕcäG#å‰Q}¸y/K0µBÀ'≤–í(â<íJx∞AbêFJ%&ho¡m/qV{t<r»It§ÚÚ<u“>¢xµöm
≠ÊôÁfiz∑Æa≤œˆwaµvflçwDA¥∑¥wOdMfi]d
4µƒîI&/+ÛJid¡küâ÷nÂ–»x˘cêµ“IΩùáÖâ,QΩ\¶;u–¢(Ú»˘_SHqEW\!E∂OIÅï§rÒ≈±Ù>Wòï<≤(a
RG"ÆLsXÛ?µLMå–x”Õ2¿¯rR≠˙uÈ°ù#™òâ`2¸–C◊àFb`AE§ÓSÅ≈}Ï±H'ô~“
,ÈZ≠å’†gµÁê≠k◊Aï¨jUã[ƒ
Åj£≠F1äZå≈)&(†˘hX√¢Ö íA¡Ö–É…"åfiœ·7°}∞B,¸∂(¢ÖP√8ØE,:   ”ú&%D)5úù∏à]ñª
\Nva(ûåB5†–WSNE‘aÖ`≠K”f)¿éIa@K,@1U‡,wc„óÍ"2ÅÏxwXƒ˘/Æ°ç7i√fl®°ZÊmt£˘™[ƒPlÑ£>
$BÉT'¿ÑHB*™iHZlÜ‡œ/lÅ
yÄ!ÓG˝°
4ÏdUeSIg;cK‡´¬£¿Z°Ç<jO€¡XJPÇ#$–Ø@8†j’rÖ·eE˙Ê¬tÄCòÿä–Có∑QÉ"Q<'aöNBfå$äJN3(ê¥
´EE,LM§ÅƒbPëçà\2∆%Zh   .L)Rj˙í&:åaWÑù&Ü8–AÇ®&R°
/≈Bc™H’òN<É≈.¥!«†#e1råaÊ®«npcœÿ – OêÚ≈L†√'Ê–X–Ñ°√ç∞ÄÖ)0mT»¬•†áEà,í$–
fl.Pıë¨!$_%◊∏√äÌÏ¬lL%*k± YI'Å∑™‡/äS(·ÍØ•≥¬Ê≠ñJFN®≠ΩÈ“Z,<÷C.¢n}É‡J<3°9M5™%&z

án¬ÆõÑÊ&Ñ¢2¿˘’),ê≤--∏§%åÈÎ±ÍÃ
¢ðáÜ1åÅb√`∑∞3Ësü˛¥@ÁbF∫ÿ•dJ((8Å<p,êcD£
;=¶Öh7∫ÒåbÄböÌ¨f«Pá‰™E,_äÖ,¥B/B¶¡FJ
£B˚ﬁáÖ>ı·4ı ‘+<Sµˇ ’˘`SU◊¬ˆùUô2ÅQ}j8+˜å¢=∞ú%3®¡^Ò
ók%´>| jÒmò€2áÚ7∂^(Æ‡ò!1jËÃgFìö*Ò”Kb2-Ù04ºêΔp>Œ√Œd&”pΔ0.˚PîK˙“Ecª‰b«Δ"â˙Àß
pO!ã°]XÍ-œ“•t9hk9¡âP∑°œËÜ8~[=ht£&ÀXÜ2Æ1çkpcÀ<xΔ08QñŒûAÃ¯ú√>Ò01Œ|}∏“∞ Üˆ IjRc
`CÚ(Fdjﬂ>dxõcú°¢óÄ]CïŸú ßJu™Â)O,)hﬂ\uïÑÒê@ jV◊ˇM¨ôŒe1r‡,ÌZ»˛ÂC‰∫Ã∫*.á-<çjnÎ
°h4√±≠oM®WHCú
}Ñ Íê,åalΔ∏êE±]˛\D%,/q÷¢≥ôÈŸü°ç‡ß ƒbRÉ™vLÉPKÒX
D•ÅYÊΔ2xÒåœ<>3)î/|_$C≥ 8KÊ{J-fòCµ˝y»ê
≈•ÏküLÖ@/@!ªÚSƒ"r÷ >ªáC‰
¥2xCg|îÈ]/|Wˇ^/∑œVΩo~ΩjÈ˛h-”∏ÙÔZÔv^*Dò¬<•ßçyÃSóµA‹Ú».DbC≈·UáÆ
‰vuìAÕøxE”õì¶Ô"ÈˇØhE1bq-3ò¡Ç‡Dc;-#˚π≤PÎòMÖ3PAûOJ.îœ8Z Ÿ.xA≤ë…‰ê¡÷t•Ö4ÄÒ_áœ(
Ü+h1YÃbcå„c¡
VtõsòCé?;ªÃo˝áDﬁÀÙ-1P·‡B
Ç I
°Œx»Cf>Øƒ•´AïöÛëÎ©/Å/Tk’ Û∞“ïˆÖta1!ØNËW+7ÎX;]VN#ÿ!ﬂàZ#D°Rõz[ÿ
1rU√ëêDö:lÕü2®VP]$SèzL‘OıWÙÏtÑ#êWÖ¡è(åâ=cdWvΔHjrzóá‘1øˇwfQmXb™`RyA&÷6â@<| Ô
ñû∞xûÄxœ•dH
°y¨`
§@
é¿wú•uüïE∂S%f`q`føVt¿>SPz®'>òzDê]πë˜pûê }V5úDT˛c_É’aù©tÌµ6ç6|R5_d|4
º$ ˚Å ex,ˆ°ia}üv}!Wn%L◊◊7:˜
Á- †Ü
À¥û-LŒ ßq¨¡P(HWu≠¿3¥êà¥¿àÎD™‡kQ≤u°Ö0$S
å»àû” ™- *e$ÀvÄw1YPî1à ®\„É 8>ƒ„Pbf˘…êˇ√Ä¨êd¢PÇHñÇ¶`
ó åé0 á`«Üv a•Œ_ ç∂sfpM-Spp4 >Ëç>H?Idê}ÄÄ≤ô0qˇ¶aN∏*<QR¯éÛHJ-q@åÊJ•PAK‰Ö
£s˝VùΔ+ıa Åêg%}’“Ü3G`.ÑB(§ jA-6W>w|Ø`W$-jå†â†å¢%…“Yë>ìdGcúpñ∑uVÄVÄ3@âê
ù üH/ﬂ≥R·&œı/Od:Éä@VR`B>ΩÜ<Ç¿Y8Êcs‡§†
ëó
+z|¿Çç‡˘`YåÜ•EÜ`ÅÄñg)rPlˇå-¯U`r;A•? ﬂ((•#‡ç4éX∞Â8?{†ÑêÑKµÑù¥Ox*^cd≥*®+D
+‹ÅÖSe|˝HA`hAÇSΔb,Ê@7tfipı ∂Bjµ7ÈV(Ñ`ô.d`!WôTØp8A˜ úëW%it6c3€U/ Ú
\åËìœıâFb<»cy∞ÛE•6y$@
p$„3ﬂ#î¢`v†
?sîC≤/>,#ÉNŸä,lTüEçìËo‘FmîWy˛VyÜ0«h˝Ÿüe‡ü˛ˇvPo`oP†e•O¿†OH@•É2/p/•|
9~>(Ñì§6cò'í ù¬I˝√?D{>èë©^á6ãñÖˇx+5/è±tA‡ê
: £;}r§
BŒsŸ}ß÷ÜAõëµ)õYõQ
õ9CÜ√ëﬂ•8Œ4. È¶7u-d/öyí@åuƒCy#O-3‡7I êPc∞≥∞âÙ¢ßû®
åxß£N˙Úu∫•»‡œı%≠H>É<hüU’®ug±0v mg†˛ †ep† ˙üj∫ñ *çäOÄH@≠/°|y°∞:ˇ40P
êvÊzô Íh¢†aÕqœë@
ÙÑ.:ô±Rôø∑¨kCA˙K˙¯è˛ËÜ€`´-,ˆA ,7!k®‘¬qﬂ Æ‰j≠ÈöÊ≠M
jrïáÜIhCôWz≈C”≈vÜSÄR/å¯3…ñ®ŒiygpU-¶3‡30ÄÄ-."Aˇì?©àW±àâÍùN9˙B:EÚ%ò†
‰”û#Ch@∞UUpaÄ©[gr≥e@≥m≥ˇI≥Z≥;ª≥ƒ¿©:[™¶ä=E≥ä¥2Ä¥# ≥ä2•Dêd†Øòq"∫…ÑA˛≥¢·-¢Ô®¨
4|≠_±Kœj∂…£k˚£Ú€™r¢9“∂ûƒÆIZáÿ•Ïj`}•zkõ‹R•á”´BWØ#y3+Å=TçÙ'ä@û"ì4ˆZb!
ÉE•0.@úÀ∞@
d†gÛ¢ßıû;,ØF,ù ÷m@vmwAdsÅ($€û†g#t@∞@,€E[◊E6À©['≥lÈñ4˚e•*çVêº5ã†fêº…k™NEP¥"
0-¥"p°'01-¥˙∂öY0µ,aéºÒ]Ì*»è¶§@'A6dCôa•+˘ª6](K-JA˛®∂†9!eàtˇ≠i•-
†ÆuhÆÁ §ØY`≈ƒ)•ÇÎáÛ âs∏à´∏7í7≤∏7c∫œ&HVÅé∞0˛Vä∞$√$¿∞`XP?:•¢Ää¢ß`¢Ha¡09¯$
b†\Ç &èP>∂K<#É&ö5;Ω+Éa@≈U\TÏ©Y|≈T˛-Ã†NΔ
≥“Ë>‡>-=p0p"-Δ&†Ω„ª°}OKBX)ˇ™ò¡^Kÿ?_3ø¥wÚhè˚{èçFðÒ•èKD_ÛE¿ î_ñv,DjBu+
<}yÀ7{€∑ˇ∑≥9Æ®Vñ àˇLòÅ∞6]çÑœÈ#À-Ò'<L/HF<»Cy¢•uf¿†K8)√†Ä"0yp†-ä$2J<4ì
\…Â$t‡v§E<˛T&Ì ãe&6¢Yfp;∂S≈U•aPËL≈œò≈opŒÃ˚≈>ÄΔfΔ5
˙^0¥lz˝˛Δ%PP/;´‡[«/ 4ï]ìƒ| ˇ≥ÑΔÅ5√öTﬂáJ`Ûé´Ñ»∞¢-≤"|„A˛X£èA9∫∂;ä“=ÍVì˝7
j®¿
¡˛¿‰Í¿€rõ‹2ë6=•7˝
Ôö¡πjy’ ’î>ËS÷SÈc3Éû

’m|◊ï≥fOQ†∞0å¿˘’@✱1∞EXíã¥Pu∞{Å÷”¸kcmœ&ƒœΔP<°P€”Ä!k;Ω©Q∞°Q‡ÄÌ“(çW\†-ÿ¬CõΔãùΔ
.êΔ0pœ˜úœ`ªÿl%`/ œ]-s,Â[T`[Ä˙jéö°éfl≤ÑãY^∑†@íôhΩ-œß»ë“…≤4_È£x„B>7˝ï…ôKqıA™Ÿ…
ëá”À}”UÍ}?‘˘HÑ0‘áƒHISX@✱ì6S÷,ï¨≈0ç`üfpTm’0✱¬ÄÔ≠_]0y0?ÉDHÇÑuΩfls
ltM◊yë¸‘fl€S&✱Ñb†ç+ª◊%_✱‡ÀÀ†Ö}ŒÓŸ^úΔ˙◊öÀÿ…{œÍ0‡ã}3!©GI@C 4@œv,IP)Z†«Â®~–
I∏/!¨ƒ˙/Üñ@…:€iÛ˙ªh¸´è¸Î»ª]A¡BÅ#ÂlªiŒß7Ú“aÆ%ä<4>¿<Õ<a¸sïá3%`†°?
@}W~†#9íÂËCËk]≤q8Éãı¨ña9á‡üTWù’¿
†Ö^√jÄä$Hä¢(JL4–‡v2áÍÓw-zREÍ2Å¸‡Ä
ÿÑMÿ[L≈∂3¥%ÆΔØ>ì,óÍ-,#œÿY]10Tª Y-¸óC Ñ!úØ,aflôÅòÌ€é¨=»Cô€!€aK€ =rΔÁ%TUÌ-
Vœ>r07 ∂KüñΣ[û ≈ÑÆ…-:-∏f
ÏÆµ˙30êP> â∏∞÷Crfi>✱ÉGá™fó‡yÊ}s✱EÃH’/fi[mË^≠ÄÃjPIèéêNÒî:Â£Påz‡öŒ…
ïYSÄó1p†Ó†R<ªéÚ~=ÿ©N≈VÄŒS¢∞3P,±ÎNêŒΔ∂¸0&30π1?Æ°lêC`´Cê✱3Il0ÙÍõ„à ^
´ÌÑ˙cJS€Efi≤>˘@ÎÅ€K.A¥%<¿SNˆ,‘€ƒ>Kfi˙ πÆ÷™ö^ÆÓÈõ<>ÓÌíÁÖ*5DØÛŒ ÆÃF>,IΩ]íQí
u ép Ù…yq`ñÃóm™’Ü.˘✱&✱@?Ò´5Ö%ÃãJ>KÏälƒÒ”L"I“É/ Û$_'˘’)·!éÍU\ç-Í7
✱Í∂flH óa`"~’=¿¿_,(é√Û–Ö∞CD0,œpKœxÒ#â/¬·)[^ Ù}ØMı∂@ô–fi¨2˙@‘nAπ
≠Â_
TÓ€¡]Â0Ó/2Ó¡…Δ>§`fi”>Ì·}VÉÊ"¡ë !ÇáÈ–”˘'a<h-d1BÖï,h˙0ÍƒÎ"Nè* j%hí»C%
Ÿ±ÊÕó7fê¿ÄA¡ÃTB¶√D}z&J§((†@1%:zÙ–QNH=z4œ†;uÓ8¨ÉÖJì 1^¿Ä·,Fè"=ûD©
% óµmΩDy˚ÂÀì'e™ÑπbÂJ 7n)Ú…ìªe¬8q¬ÑI=\ÃòQõEÆ4erïÈ£>l≤å¡Ç%
6i“®aÉgçBFÑ2Ω™≈K^ÏŸƒlÒ™u+vn[°{˘Æ¸w)·µjï:Ö|T≠Q£J9á5
÷sÍŒGÅ˚ŒövÓ€ΩÉ>∏ÒÂ√áŒúz˘^Îœëáè}¸∑˘·Ã–˘˘€~Ï˙øa£Üh$Ü/v·AXåN3H:!%Ç1H!Ü“x(,Üê
ãE#†π%íFLú§ëí1%§7¬˘¢^äá&»`!∞∏É°ù~ÍC®¢Ü<Í)®éÑ
®®∫„™1Ëcå)~êÜL∏Ü¸jáá*™`ÃðÿRÀ'Ê˙"å*¨P≥äΩäx ¿%$ÏÀπúà¬áΔzÿ2À Ú†Å©ÂOŸ
£è4ÿ-Ç
G’¿H”P»èN2ÅÖPŸîô
^lªÖ>t„≈ñfiP±’‡VŒ8Wç+VÊûc.:Î¨´Ó9˘p≤9Ø◊Û¨IœW˘Ã[œ<ÛÚkØ>ıË√èŸp≤€/ZÏ‘ö
D06XjŸñ¡W^…Hw\
Z»¥, öà"41H°8DQl§IL
Déã@,%0pÄÅÇ†`É∞àû|ÚI»!çÑJê®¢dI&´Ç2J)É∏°ÑB(AÑ>o‡·Ø¥¬Pã–∂fiÇ˘âπ ¯,À/Å∞
Çá5Øx¬ä2û¿ìáΔ^ú°áöX%ïex öe†πå¬=ÚÄ¥4I◊¿ÉR÷\€∂∂0≈ÆÖò<|ª≈TµYe˚‘‡àÉıÊò≥éπ%
¢À’πhø„õªÏz}ÔΩıÿÀÔ˘sG¸✱^
?<;≈ÔÉ<✱h£≈@ïA✱XœÂ°Ûp5ìpB
)åwßÜ“J
≈@c^N8¡ìA&)–ƒF&)Ií˚
#å≤h$X&õ∞@,Rkíç;Rs˘GÁ¡£…&QwçÂ´rh(¶bä)Ä0AÉ5 πÑHS-π“ÑK-&¢@åÆ5qF¢g$¨@,ä˝˚∑¬ê‡>
˘ 30An0Ñ@·¿4ò1Ahl.Á2MU£®5Ë¡ê¿Tld®çMm¶*U
◊÷6∂ΩÍU´8≈≠Ja´Ê‘-5ƒ·Æ∞≥ChÒ–oé;œxfi#ƒ˙j=G\Ó˘”ü…5Ò,˘6†Q-O·ffl/<+FÒ≠-œÊ†ÑZsêù(
uT¬§@÷="∞SR%ëØ|●»$Ü–Ô|ÁòL¿`(¿`@5yPñß°;4Ïz“cÍΔ@,D
”¶Ñ·
0 (œ
`È|Ë#A“¢–É∂¿Ë^P,ÈG?' ˘ã¡-uyK¸>íÄ3‡ÅLÄ¿¿`{X✱/îb(Éû*∏>·”p≠´QH MÑÌ6∑ëÕ708Œ
≤P8pé<ñ≥N∂ì£∏a<˘”∑œQ<HDx9ƒ-n=˚9«%¸„ƒ Q≤ñlv± -Ç\ö ◊'$*-Å<àtå✱ÉÖ,ê,†Q]
]Qá:Ç¢†√äV‘"ñÇwUËü`Ç?2Ä»ÄjêÑ-✱Åä$√%´áGEÚí”$-ò‘)hr
C‡dWbd`
pÄ(…á●†0}ÏSòjÊ≤*f~ããiK\rÑ‡1êÅó‡
ôë> &‡$
Nëp6ÕD!ëá!d'´YÕ1%∑Ÿòj7Æ*’7#[∫pÆä’≠/â√wfi✱ùÔ<’6|ÿC“ÓYÂ1j ∑D˘∂«âØ●ÜAÑ–Ñ&}hD!
˙EäF˘® ÚCB“u∫é~Ù/Ç¶0á1ÃAs8√,ÄÍΔ°●.ïÉXVÑóÙëx¿M†”)TÚßÁ
†PI●:ı©–Ñ@Éè“7Bê*é˙ÇòÄ&
–Í˙˙í |‡1<hü˙^?≥2Ü03x $<· √ı≠è& Ç¸‡Ø‡≈”ö)nméz»`●¬AF"ÑµΔmk«áúï●l¨^ïŸ
π5Á9Óƒ·
G≠ll#fl(Úëïád–¸-<ÉÀß˘"9◊œ∂r±ê●A.c+Aµ–úw;––Aht!cÇ!
©N/–Æp:ü¡˘g0CÃÄí=S7˘ÊùZ∏+·Ã˘7Õ©íê(úó
?>¬S˘✱!Pzœ✱ïA¶3=Ç„ ‡∏˙5Å¿ª*P¬∞ò,îPüÉ[6Î∑D¡hçiÅ\@a^wï]5A*áiÇ`ì q
`✱¢ä≤Y-(¶YÕ4¨¡YC∂≥¨¡ÊßT.|ïcQ(cØ U¿πÏqíS√nvùmh∑”√&ÉC¥ı¸€Q´ZƒIÓµVœÚA°!E/ZÀ‡¥
±m…Lf–˝÷ ÁZ±¢0Ù●˚’ŸÄÄg3l°„fÉÃê]?g˜
jëÈ0êÅÉ
O1®˘A±∞Ö1¸¥íì¸

4-Ñƒ¿”«Â4ß_‡]&hµ~I}’ô8` ÛKAP‡\Éue2c0Ù§ÎL8°¶pW_Ï`á‡ÿ»Œ√'f#b^,H\z»6B¥\wP±À
°1å¡nó«√7èŸπŸœœûı¥wwù{;9 ,qm‰˛˝ƒ(úT‰≤µF| €~+¢5◊ô/äÊÉpFÕi®√© !Ë@pì:nÁéá°wΩ#y
ø˛≈≤(ÑÖ(4Àñ¯|ßÎ>¬Ãgœh˘Ê<Áô~
dÄÇTﬂ˙’/∫ïH-jRk`¿™MÓJj≥X}¿,B˘Ë"≥˜…/≠ª¶◊Â0h≤g†´]={0=4·¿ÖB±jª6B†;∏CàqÈ∂`-
ªﬂ`@Wπ,˚ç…2'sc∏9éY©°#°Ê≤!;≤ƒª7ƒé<è‘$:"˘”thA ÇÀ°É„<Y(¢®–ù-
#<√*#¬ö8≠XΩ7ã37È∏È/≥ëÎêπÏíÉ~yî€µïÛ#PÒÅ»4FS/,Ä/Ç$H#˙¢Å@Å®>5îÎK√ÅÄÅPã°%¶k:
@:-!Å √«`∫@πPø<Y36cÅ˘˚:ÿÄ_≥ø˛;∂UÉdöøj;X¿5H-HÑ†ª“ÇË6Îç‡`@<≈°≥1«˙∂rì”±u¢wÉ
7√£Ñ˝∞ÜmÿEk¯k≈`<ÜhFaÈï˘à"l-ÜÇRFmXFÃÀ°±1êøJêjÑ^--b∏ !=å˙AtQ=8àDXàÆ™-
ò)à39ì=é´Ω€cB(Ã.)$ì06ïõÄÇ)ÄöhÅ®Å0\4FK*`¥1L£-9MCÅÜ°>£3∫:∫ãª
†?-
ÎØWKHV*∫P?∂Xø'ò [ƒDÃÄEîDI‹ÄXÄÑyFxÖ`¿ƒÖ:±™6Öê;”˘-Hÿ…í¨Wy@Ã ¿°+éΩãE„∏¨Qh7w´!H
¿≈™Ï≈_˛≈{S2^‘éa¥'hÀd∏)Ñz&-°g≥Ajlª∂√--jÖﬁjçå83t)=t.EP34 .1¿Çt\«+êwtBÌr¬'î«›S
∂öÄBÛ#å§
GòKÇ) »ÇƒÃ1Ãπ˘ 4È£œ†>–Ñ√Ïõ»©Íã†,ƒ™ÑQ ªòÅiÅêTø≥0…ìåÓ"¥Å œ≥3∂≥€Ä≥√) ÇQNô
0£&-`Œ’@óOÙBJ√
q™N¶Dé§‹;”13[∑®Ï¿¬{ß¨°J`‘EØ˘‹≈Ø‘'Ï∞j∞mò≠j)∏É≥0er6Q®ZÿmY®˛°F/í® …à12àkÛI-
Éû0=”AΩÍ-ê’SG8c«;£=;π€3LëõGaãòäM·3ò@/@ÅC2»$ ÇØL»òÎÃÈ˚ÃáÑC9∫Ç∞+
x∞
»Ä+ë∫cõÄÛå'H?í<ãık BìøRQ•ÒŒU´<8Ÿx6ÊH#»OE=Äz1˛∑ÿ®±T°Bâï•å≈XÈNY°≈v,¿Ê† L
O√∆?∆"C2&€õ–˙≈ êÅõ¡gz¶OAN‰‰°€Úœ˘…DÜz®O∞®÷∏®k„=GÖò”´6ÛK•Ã8Ãç√P=Câ08ÃêKL9®«Å
iÃ+,ÄõíÃÄ9ÕTQÀ$"√ò£ÅaıLÍ˚L–‰ÄÎ;Æ©“Q\∫Å
%“Ä≠≤G#-0ãë‹µhR∫∏%»ÄD)ï“)Õú¬)!≈“(Ä
¿ÇL@NHÑÕX60"SË4@=ó‡'6U!< U…Ö‰†Y°”ÙNÔLJ‰òEÁœÒ¨ w≤Üj¯Üj∞o∆a\œıtOı˛Ek¿Ü˜Àh‰e‡
i®F˝‹ÃŸÖ˘lŸÖ˙oŸú,˙<D3N5¨à+£ù>®!˘Ï(•b=TL=„∏îxB€ãUÌbãî
†)õ§@jÄP;Å∞ZÿÅ∞ÅµÅ!∞Å¯ZMÅ6ÕÎ+M∫Ë
ù*ªRM“_K†ñƒ †ÄTÍ 'ÿ÷≥@Ç(@Ç'≈øP5´¬©∆%qµ“XÿŸ8ÖO(ÑkbN-¿1’ªìŒLX≈qª
±ﬂ∑WYZa ¶LJ°;XÕí LMË”ÚÃJÛ˛Eø9≤ıƒJ_D‘ÉêfàtíU¶µ|YﬁŒ≥‘WàŸŒ·ú›,∆˝∆›Yl
¬QE"D£†’Oj«<Î8£uUWπëÉ¬ïà¶ù†ÄC˘§U≥8∞/´MÇÆ›Å!ÿ∞˝ZùC4<Í;ÅH÷dÅ˛ı
Øÿ–û√∞HÑüëyD)ıCêÃ€<I0V
<'ê)BR`9ñÛQ◊∏›`ÉOÜWÄÑEHÉuYóˆDÕ•JÛ6[ÿ¢T°S,rÿÉ’·Ö›1u+î„ÄJ©¨°wäX?
ÂEŸ’X^T,_¨äETfò-É;KìÂî·}Ÿ€
ﬁ°¢_¯.F^ŒŸ"ä£õ-ΩΩ¶kÚâI=4-
1X=5j-ùπ¡$Ãè”ÆêCÃÖëÒΩÅ©3_äZËG0-˜˝/≠›©ÆıZ≠≠M”_≥˘=Åà>Ø8ÕûCÇò√ÄV∏µ?≥;6
hLH%J´@´ò
åe
§’Ù-
÷‡ßìRcÅ$X6b-=†WÖ$ÇÃ≠¶÷µiõ…'éS¿õ-5XÌ¨”Ãä°ÍxXw”ÑQ† ◊≤^<b∆‘âçAD•fx&ﬁ5ge‡
´M˘›îMêÖrKX‡,+˙b0n(ir8Ê˝¡N
¬ù0çÆÒg¬,®ˆ™ﬁè∫^ ê=è˚8xtUπ7ÒMôCñ-[%ÿ_H∞˝Å˙•_∞≠ﬂ∞ïœåﬁ_Ä8ú‰†‰û*∞†*+QMÑ“Oe
´"Å«∏Å1öS˘N+>B`Y~Ç…*ßÛ`!]DPW !^6Ç@Å0ÇOEk#ÑQ(ÊO'Í§·ob! n∑ª bÇSuR∑Zé™E!
Ê¨"∆˜Ù≈/Â≈`ƒéô f@KFïb¥T(∑¨‘Ÿb,öÁy˛Ñ∏ú®E≥†X-ù’ !dàHi„Í)’8ÇΩ-õπãÓ’„<÷ÆÕÜBï‡=&
Â’R ›«»,%ÕË´m‰ØÕ9Öl»ÜÏﬂÍÎ_]4åÅ£S:™ %R#ãeQ"¥ﬁ˛Ìcôª:†óÄ´r€Pée˝ãeAÇÓXµHÉO
f‡Ö0% Ç,¯DÑÿ‹Âÿj¢LÊU∑n['¥Æ”Ô4kÂ†’ÖÔ√£Ñ˘÷ÊœYqûÿ`°]k† ¡Î…kkÅT
‰œk˛œô}ylŒii"lÉ(POı‘ùçœÏg!l§Q}l1»8ËΩ∏ 5πΩÓÕ-£Õ.€{ë>f•-$å\…,∫˝EC˚M˚µ/aujÿF“
úm-UïN∫QC∞pâÆä÷ﬂñ0ﬂÓëŸ0„∆÷: cõRs-\!≈ÚU3?ÄÖ·Ö5¿{ın"b]Í4Î$o-çERév+X
¥FÎU¿õ;gßi∆SÁ2".bÚ|OqFT∑ÜO∫6KÕs6G5êfÚîgª∆G˘ø-ÜÚ,oJ˘ÖVh-Å√G
iòÜ)<®Qı™HΩ:1Äc)`ıﬂã:IìÔù7àG˘ëÁ=Prß˚Q“vÄ»Ä
µÍkH∏Z-/DvÌÜÙ˛
`ïV√ûªÌ+…ø∞v{ÙÌßkZ·¶“#ô,ô_ì∞˚Â†Ün,ﬂ`A Ä¿?x[∞ñZ-”O<Ûp)E6óaSô·Úv!Üç°U8ÎQ¿·Å/
xkÊu,¿Áà'"ˆ¨w+<HòÔQàÑâFjhf0c`Üåßc¯¯DΩkeZtÑ˚´˘3œ"¿ûgKØÙL»t¬cFêóÑËâ©
‘˘”yœ¥íBÉéUßÇ3ò¡¨cœ®˚yQË/Àcw•∂à%œµ˙U€Ä¢cﬂå¶ÅØ∞›q˜}Ì≤ùÌ/¶m¢3j˜
RôPem•¶•“f‡p;G,wõ@wtﬂ¿Ç=x˜±·H¿(3èN4?7R˛qã¨ÍÏçX±Û˚ÍÊ†s ß|≥vXÕ¢°√Û¿?
7<âØxlŒEDyb†b0‘øn‘OÀidKYp‰›¢ÿØtLçKœZ-åV ëÉ-ÀDàÈ ıS?u:@u(ôÁrÆ8‡∏
£˘íıƒX˘É[˜ÏüıãÇ"-u∑7wΩ/ÄﬂÄR˘:i-‘ËÆ{pﬂ†∏Ä˝=ÅffBhßdJéÚ>)øÄ0
˚mÄò@·ÖÇ@‘ê!ƒÜfà∏!bD
<»∏‡ÅEã4lëeœ(^&mŸ™kT&H-3¡,UkfJ[°PÓByÛ& û5g÷*u™‘®Z£Fùµ
È(°Gó2=J‘h-®GØé≤4ä“Q≠\ønÂ

ı$J\≠Q£f±ffﬁ≤}+ó≠…∫∞x©Ñ•í◊´W£^¡Ñˇ7p‡W≠ZNåxq¶Vçg˙DÎ”ßNå.+R§'ûŒwÓ‘çM4tLõCGÃ1Æ
Áú9cÊLò+µ´TyÚ§H'_~óˇÊÕ•0∆√¸FeˇìÂ=Bé»@!Éè2Ç‹∞Aá'P»®Q√Ü¯4h»HÅb˝#ﬁ£àq,≈â0NÑÄ
¢fç¸7z‹0tdP   T–Bf@¬-–ı_DPóëÖ=∞T CüúRã-ƒ-ı^@•$b-;ŸíìM>±»ìä2ÕTïQN%E'*IÒà
£TXÖïW]XëòeYı§µñ[rA   e]°Ï≤",w]   ã_ÄqYX&\~Ú 'ç=ñX_åµ¶céQˆ…eóm÷GüÅ&i®
-1Üûc¥6Ükqú†¥ôqn∫Òð_<Ò€e»!rˇ»"ˆÖäF±[=Ã@   ^tFd-¿v"à-ûÁçGy)§ É
{(ú‡]≠'»P}0ƒ   !‹CÄ HPÇL¿ëœRÙ`¥0ò "hóA/-∞ëF°@ÑôÃ¥ä*™ò¢á5±∏ã=•;ìLU≈„èIa%U+
πRœFπï¿eµTVYÃ•¬sÒBåIVÊ'◊_É”ò]ZLÊaçô…-7ˆIönf¶àúrÜVGi{ûñgj
´Ω&Flqà®7€v(¶QxQia@´Epø]™ö¢=<±i~$L◊¨®◊eò¡ò‡x)∏*ﬁy(-∞≠ˇ_√
/f BŸ-i,ƒ€)   »Rê†AÃr4>≥
IMQ2ÒC?îmw%p´ëD§Q^Â¶Ñ◊I(∫Ë¯ä/R~”‰/¢TéM%Â£Q˘n~îø¢Á[§¿l∞Y/‹:1ÓÓKÏWn…ac^å;Ób¬
¥&bäˇn±cìU+   !&ÀáG£'±öüÆâ±ßü””ë'Ù±…&[°∏m √¶=0–õo?
á‹^8·DoQ0Ò˝¶3Ù‡©tÕb@FY§¡T ∏ÿ2ÑÁ<X£÷¿ÊûÃ'Å1xÅ   LPÃ†,& °-n
BH‹¢ÅÈPU'¢Að†˘5‹A
lÿ≤`"A2A∏ÿ¿àLú/¡Ë   ^j“8 µ%"™IN,eπÂ(7™
èÇØ|=ÒG•√
Í¬¢$$)â`ı(âÎà1"^‹å*…ãñcΔä¡DLc*e,f«òâc√k-√‰)£ÒìÛûßö=â
–„ìÃŒPHÌÃl9EËÂ˜/∑úû   Õ8¡yB´÷ÁÕπonc/Å2r?àdÄB/Æ÷#+Ø°≤=∑zOGp-l Ñ¡B-
ëPÖE»SLÎ §cÖP@$X¿¯Ç$‹aåÖ'4·äOh¬Ñ∏à´êÜkÍÅØ®ãNh"π#2ˇÓá9Èa{/yS)äSòÇ/–Â+Hù˚K™à
$MlQ,ˇÃ'$ Òñ„®ÅL§•ï¯%ðÃÓ/ÿ;‹±–0_ÇÃ∆BFG t¬xóIñáÜ,Dè5–s
!ù«ö9rP6+T∏«»ó2!|ç2éprƒ'Ù
9})‡ÁÇ¯Ω≠~'©ê˝2J©q@•LxLπz‡=#@ï|ÏÉ*á|≤ú‡ê–'EŒÉDHÉ¶ÛÀÈ‰ßUÉ#N·äZÑ(°X4†
°íøfçØ®E0n!ƒ…ïàäò,U¥.«˝$E•‡◊P¯ÂŒ´úbSå,èíâ$avIa–¨ÍTÁE/∆(3°>ƒ-
àF¬D&0iBÌ»&*Qè'qôÑ∞cf˙†°–|4X©kb”'ﬁðÜ5ÿö
q
UÁ•‘ë∫/™¿(JÇÔ{ﬁÛû&]`>∑»~q¿˝,íbV≠ì
¥í'w°'$5©©≤j#2DêñHÛ*ﬁ'VOQ¿S‡†Ç>H™aßXÜÉa‡`@√rÂ+^Ä±¢Ì$$≤…Éﬂ%ÿ∆MÆàÑ,OÇR
£≈6•*O§leK<ñ±‡sëP1%é¥§≤•S,ÉãD[ã[âñ(•éóä/5B4µ´2`÷D¶6eÙMwÃâíÁ–,Ëñ
T8ˇ$ˆ∞(AjZéÉ∏Ãe;ò·8Q∏e˜©®ÁÜA7]ıÅ˙¶À©˜ı@" ®_≥*ÙÑj:"[oSÀ˚5t'©‡)E–
¿â<0Ç]'M°´œ∞B«Sh€e03†ø˘¸`}–D√Lπ B√¿6â√Í"Wáˇfá•Ú°â¿)DûI≥√ÚbÏbùW'J∂f∫>ä
Fñ≠îe`aÈÁ˚      âøÊ∏Ø®µeKÀí."eçÑ·>ó§Õ–·EfdùÊF–‰%>vyQñÚ¶0)ú¡‹UðC†f6,ˇŸ`sm…”M
-«   çR3“Yf7«ôSa≈Ó0•Ä:cfi¢,¶Rø„•ÔxÄVP/≈´%Ü8®A3∏ÅWã∞Ë>$ÕßøyÑÈ_ˇJM[Ñ
+rà`ccfàΔßefi∞Ü}´-è"O8Ã√xa±@˜!∫Êeî©Û*PŸueO|Y|Í3≥™3KKä=c$é+
=J6∫•¿,¢bYµEv-OLSwl2l´Gèé&‰>•`˜ªfiL6_∂fl
·wœ^vêîrœ¿È*JÕ∫A/˜‡◊"ó∫Ôßûös‹(të¢>¿‡>íZRÂV^`°ÁNzgÅjô`"–
d(∏hØ&më.–“ñð__R`0B<qóó¯”ñ•[$|ˇsRø®ÁÈzuboLŒt}Ûrô”úé€f“ΩìÈ'&
±óTu∞¿∏≥∆Jêö≠ıg[∂bŒfc•MÌ6“ëxüP;ú‹Æ°'„VÓtﬂø§–ˇªõ∫≈AÏ] ƒÅ!•] ^§^·µ%ÈTs(ﬁ¶¯€Ù‘
„µYu\≥L@Ö‹Gh1U@w§ ƒq@Tq@
öîÄT@ˇTÄCH∞lú«9/Î¡Yß%áÌ…ÕÑ@‡Å+•B41Õ
ÇÂ‹Õ9LfiÑ±äN¨öà‡éQòπ4–)VçΩ¿ìU0>Ø˝öKâE±ÌSåç·åA PBˇK,~…ó<€ˇbj•ñ¥ÈNK|$¬2Ç,…\S‹È
"Ãù#:,¡\¡Õ»[‡)†ΩÖnD¡·u¢NE`"$M„±Îa“˚HßPDD\:uÿŸGhHfiX˘°‡F¿
6@î *JMÌˇ@o(fiØÍ'¶∏Ù'u1M≥xƒ0¬\fl[$L¬H#ÒüÜ–ª,`·òö"OXN^ê´}X“]áïé&lÇ:ÆXÈí[$
€<Æa=B=ÆÑø¿%lùBÅ]èı¸CÈ°˙·ÇOÇ¢5á€!Âî-¢0"zfl¡d‰$ﬁ‡ûˇvòΩq¢ø·œ-í¶|œÏÖU¿¡œ¶¯¿ˇ(£¥
8Ä+bÄ‹§¡aÄ∑êJ/¬†   ‡¢jâ©•,D<à~à¯Ä#£d
„#2fiq–><
|1$òÑM#WJX.ÙU
‘àáà\Öë¬8ôS7ﬁòäXa[&≤…à5QΩ%/(h^Íe^,Â:<J>X»„<f?E¬="f=*TBÅùèÒ„ˇ„
d¢]&/°>e"$C,\îÅfD–ùERdÅÅkä$v§°E
HÇ%q◊qﬁ)v"o'◊(∆ô&]†≤Yß&Õ@ˇÉDò'Q9ßÂ'dávDˇÏ,.Rß‘§ÕQ∞£œ©ôxä"„Qó¿πˇe»¡+ aŒ!ÒTî\
£Ñëe√<Ü˝[ÜQºÙgä‡òç5flá=QΩÑa^F`n–ØÒcÉ€`∂=¬a˘”Ñ"&%Ç`Ïcd÷aûñ≈¿üfÇeVÊNì0§"Åg"hB%
i ê±&
¡°Ä‡(é¡¥fÅTÅﬁ‡y§‡ë%ð)È"πYð^ß1Vó∏ÄßqZ©6à{,N@tÜîÂm»tê
QÓ,lDöˆdò∞òÄ˘¯8˘ÏQíö=Â∫ôÑ¿±tfî¿3h•4 úzÂ-Ùï}Ç÷-*πeÊg[Nò§˝"–\RÖéçB÷E^zÍ^≈ä
         Ê∞ù·àYù±>£Ñ/#ÜFB`•£K•#a4®Ü !Œ#!$äÍÍ˙!,Ø∫hhh¿i
Áç–≤ÓË†ä∞ã–“TA‹á‡E iòI‡òÂîøùbJ∫zV6&–Â¯∞YñnRtØÀªvÑPu)ÖòïÜ§iÜ\vHMı«∆ı«úíßœ•Oy
Á¶LÂû>KQ
A&¿Ö°BàÑ!™@…E}÷àÑ–YÆ§Óg[Æ%˘`µ•ÄùÌKâ}*_ÍeÇðÿÇv÷]? cÑ¶=RËÑÆ°<fi„eŸÍòÃ*N&$ÙaÆ¢
(Ç–ˆ™ä™® ∂®ä¶Å∞Bô°Pi“@≤ﬁ®é,®µ°R   `m   Ïáø¸ÏïÅ°i§lÎq4G¶•∏éÎ»õ±

$rZW∫ZÈR¶"m)Çt‡>zW“ÎQyó,vã∑hÑ‘êÄ Àõ¬iùv’¿6<•Jˆ@ ◆@~DFå@¿B\∞EB…
≈ÇUÏÁ&üyfÛqlJt#§h[®b≠UË/ßbÏfiS‘≠Ï©f=∆Ï<¶j™Ú!
%¸¨ŒéI?}¬Œía¡d&˘Ø.dÚÍ¡ä¸Í5}Ê∞f¡¿>°«°álävd≠v8à~,Ñßh“˘ Õlmëœ¡»Å|möÈ‘ŸÓF'B^/
ú"'∫¢´qÍØNú@t)fi˙,*NátÑíì‘4DQã˘¯¿é'%E„ûÌ·>,Bdƒ0/@©]cÒ%Í?Õg≈>!h˘ô.
\≤◆ÈùçŸÿº¨SeÒ%_FÇ&¨X´ÿÀ€å©°¯Èn=˙b“l™˙A?¡D?·™K\÷◆:qÒœÑâ- ,Ôä2d5)-
Ù:≠”¬Pı/z°GÄƒ>po…>
wÍtîb¶úoÿ¡£»A˘¸å˚~k“#"
\¨b-ÏAêπZ©¸fiï™"Ñ¿+fifimt8 ”ñJÑoÄ∞©≈Q¥:∞ö¡û˙HpsxúIàûV%Ï3êZ©ïe snƒvn
÷YÆK§,òÂº≤[™ÓL§.M-»ı-SßÜ*®~™<B>≥Ó/l$¯¡0¬=s=¸·A2Û˜·3∑ÆÍ™BÌØ´Û^S@oÙ>mÅ7ü
`Ôî¿fiÕ+ÑB(≤"õúV•g¸îW}≠œÛœH†t}œ"ô§OÖïuUó~êÄòKΔÌ¸fi◊ Ùú}@`@/-ÙBÎR˘ ìZ°û’Ú
n˘¿}
l02Â'^“x.Ö@09Ä-1(C©>‹aa™Ul7îÁ¢Â,OÍ+Ø0˘ÏL†ÇÎÜP_≈äı2´„QsÖC`ÛÓ l™“#™Vh!ÙÍ2[µ4/
Òe
ØÆ
-!(§ ¬ã≤(6w”6-Å
®ıÑ≥éí≥?Àå±•q'wö‹€L^@ì¿¶ò/=ÀqöÕNπœàÎy^ó&Aê^CAÁ/õ•" |Äß4Ùd#K,Ù{e@/IÙ6P/
≈@»@ Å A˘ò¿∆≈@úfiîWa≤œ1^Ï=‡T"ãîÏ¬+√Ò
‘IƒàN`,ªpÆ0‹ÿ˘[ö.Í“Ú,ã÷0ßà˘K˘•„:™„•Bı≤˘Y]b:uÖVËÃŒl2Bxc5ä6≥4Ì-&o5≥h(mÎ6o1©ı|
ü«8á±9Àu:€uÉòú‘‰WDc¸PkTÅ=Û€cp>è´ñ+’û.
¥πV)ñˆ3dG6B'Ù±hxfßqÄ∑≠õ20Øƒê64∞Ä¯%…Èx
#¡˙€"¡T«tBK„‹Ò
w™=·M£ƒLÀ»Ë÷209:ïQpÍˆÌ•®fÇ<&Ë
õaT;5bFB!p∑ïfl„3yØvuó£˜ÆÌB^ÒØ¬Ågf1|s1Ã˜ø◊-ê˘{‹˜≥4¿Á∑•ù±3
Äœ^N
£ùrÚ/íØ«ë,¿È©ûé‹°˜q Ô/b_8dO∂.E6ÄÙ˝J/DÁGµãFktjá¿¯ˆS*ÂM’i˘ˆõ¸ˆÄ∞úÙ
ÙÅªÿ¯ÛvÁÜnèwJÃtZŒÚ
Û'OËO◊/sì…™^∫ƒä˘#>]ñ<rfl©≤°v-ÓÇ7$Ä7ÖÌ=z5#Çµß˘-rπ∂≠ 2d“:o∏∑´Ùrq¨9zÃJ{ºG9ó≥ˆR'
fi‡MD¯
]cWDÎíπ“©®ˆõyafl¿>'cËÈ¸ärF¯˝.•ï*cDzVAvDgUÄflo≈∑)gÛÎ˘öö¿‡nj˚±Ñ∫œ)R¶Äú>∑fi
Ï«¸Ç´∑¥Œ}.ã¯Upœ∫-§p™±◆,yÄÓ:ëáÿ0Oíßò®j¬Rüò&‡ìaZù≤s∑±≥v◊,¥&U≠-RΩ-*¬µw;ÛñπôßÅ6
Coπo±ÿ∫˘q◊¿πT>˜-j@t¥DÑB»5Ω[öØ¸˜Ø8L>®Á=îf†ü:T¢ßbO¥¸¯J«mqÚ±√ìÄ√kU§Áµß¥-rΔ-
rÙ4‰Cê«W©∫"MãÉúö>R“ÏtÇÉ0¶rœâQ7Æ/O˜DÕCfl,Ázê◊sÀ0˘:t_≈÷}Í∞˘Z´"…í”c˘v€î„n™31[!
xu¨ÀXsÙ/Ø∑˘µÑuã¶Ááz="ö{öì˝÷xçT•`w‹bDÄúªΩº˙ä:ó’˙Îí?cÈ¬c‰¡Ÿ/Jê/V8¡W~/Ñ/@ò 1cΔ
}Ãp·ÇDå$H|± ÜŒ◆·,†FÇI$ö!∆ë&*T»√è=ûDy,‰TÕ'UpVR‰Fåc^ÌRΔä(1bºàŸ:zÙ/•µn
´ïÙTTµPŸ≤uK´-®_´z≠ZãlŸ≤WØñ-Ev¨Qo·∆ïì•QöÏF∫)§H}5Òç %¬ÑF°§∆ê¸DÚh2˘dÁÑ˝
¥Iƒfà=~‹á˝õ¥ü5ß”§N”%ç◊Y¥ëùE6∑m-∞ÅÇ˜à(Fp◆Õ°D„*4-
∞`Åí6<w~Ruì]Ï1ƒáìó=xp˘í˚ç0zâÚr°Eà!‡ìAbzIŸ˙˙?£b˘-@x»Öâbà†çÚKË#ëHÿ†¡ìF*
#ÅZà•(|†…¶úÆ®¢àùðÉ·ëiàÇ&ò¢êBJ©y´™œ™•´ØÆÚ +©li-¨…Zk≠ZJÅ•îQÜîÀ»∏2ÅKiQ2°Ø¿ ÅÚ/
øf‰1√{Ï±ÀãÃ»§êB [cl8Ì48˘÷`”38˙Ä5÷\Îb -≤∏S∂=ç "‹r8flÜ„¿PCK‡†
mî˙ ≠Ó:à&!K1¡@ï≤[à†Nπ„Æá\JÔê‰{oœ˘ït>Åµá¸Z®µ÷Ül≠0ºÉvÂ!TÁõîRì*Ç»”ójíÈå0™√åúû∏
AZ*^·ÖƒârJ[≠ZK«±»∫≈G≠¬“JΔgåÒ™RÜ“>#·e≤.&Ì2,∞ø◆çí∞œÎ◊_B 8‡Å #ìÃÄ¨0ÿBa§è
,Ü†ÀÜ4P[#µ5,Ï√b'\smâ‹Û‰S#r¢‰‹$Ù7BÉ3¥Eç[¥Ç
B-
™À"Iá≠ÙRLM N!Í¡ÖÌê’‹Û
öÅÑJWM’A
(()>ÇÃ#œË\‡/VÆg‡aWzEP?éb¢á÷éË∫-˙.
ıj˙¢Ÿª=Ï!Óÿ%[h≤=J€Zú,V∆Øú˙ ¨◊∆√m,≈ñky´Ú áº¸-∑,}+ì$ÌJ≤…'ù§Ñfl¡¸M˝_¬nù`B
˘raÜ"ËC€hBµ>9n≠µéó¯x >ç-¡O¸ºM7ht∏‡Ç{Y˙ò7`îfF#•Ñâûœé{ >∆ŒΩ
Ö/T≠Ouö{J„´ôjùWïV÷óx◆îÎ
[“à%ÑöuVî˘‰!flCä5¥Ï§«&7πõ¬Ñ' ° @PQÜí¢lÂ®pª∞Ö'≥¨´q‡Ú
èzT∑È-C,\Áéî K»KÜ£†ä`2ÅØ¿Ù%ü@Í|åÉ≠N`Æ[ÿÏ(CàáA¬jR£Ö5h°5SÏûÜGëëÏx ìXÛd-Ë
«e0ãY êS=4÷L{Å≠6,å\JXpc»˝∏≥@Q%m;Nõœˆ$Uù©9g:´
Å¸ê@ûñ,í#e„ü˘˙ßüÌd'$¡ÄŸ>˜XD;0Q÷Ï≠DÜà
≠\∂4Hî≠“\MK∏P.¶p-DZ·(*gKw>2^˘Ibí%dËK¡ÿêòáô“a>A‘F`˝*"Î±0@DìazHl É/
,Èà>ƒ»àß„ÂÄú∑a¡nxìNñÍPää@"Ä(ò'l’√^uJÚ(9Z§R'…@&«◊ãTË|I#_˜&Ú®@>ÕA-Á|"ø"åR#ç
‰ü2ÑQç`˙î}T…& àÅ∫≠"DSà$?yì¶ß%¡Ó¿ãn†HpG…ëWŸ≠√¡(Fî€ )«¬\≤óF*“i`zÓ-¶≥
ÒïC˘

&ÖHf¡∞ÍʃÅπ.öGÑdi¥1(Ô5<ÑÕYC&2‰¿0…€
"◊ï©¨Pä:˘ÙJ0Ç>∏^™L,†Ó
´$<À$<R†Nth≈zZÄ
ú…'gntï|F5-ÙËá˘ PMê-¿QÊGhàÖ
(-}‰§/ô[m¬"Ì»'â
äRπ≠¡=G:ù%ZRHK!µêsE"\Âêz$ª4u^¬Ã·sÛ¬xBàΔ¥jÍˆLÄ})ö_ıCâ-<âÂΔ!Ÿ•Ü«'""ï≠ne
‡◊fiÍœ„Ä . (fiÑ1â"ÿ´Õlö   8U'‘&Öï¿ƒî††:Ë˘@0ÅDvx„Œ®Võ
Ñ7‡âfã•0¡
¥ÇMB;i}™=9Ì/˘2ŸüM±Ví=¯dT,Ÿ"ÁX¯D‡rÀAV2ÆEaiYHàïqn®°Ãe\íK§"tÚ™rìÍÚ9ßíN™™¢2
´k0÷ΩéuGÏ™ ñNòl6mV/[o„V¿'ú∑ë+]Ì+_°w¨∑âò^‡fl'ì¿ä/"B`Zaπá?&˘Óß©}`¬¶@ÖJÏe˙=ëñfü
¿Y'§   V0µ©Q¸ètJ†◊ë˙ë∞6lfl)lã†ûI-ÁB∞-/¸¶ •®RïÑ{úëa$À'Ú]«-Í≥
€Ø·>ô©ÃıÂrØù√¿ÿpá˘ÚÀóØ{ò!éy´€Óô◊@˘ÑÊç@7∂!ûzï◊g¯÷yŒqÖk|ÌΩgq!xu˙]7±1!»-@êAÇ
¿>•qbÉµhc1x†^´xÖ <·Gÿ°«ûIBÄ5ñ"!◊âD¬Aê0Í N   'Oàßl…˘b @≠Ókg} π>ʃWx¬KNu¯
‰h ƒ.»R∏nµàÈ2¬)Nã¨#Z¶-r0¥ʃ\D'/*Ü/î•ziöÙu"JT∑≈,n2¡ëö   c√Êπ/
LZ»Å†/MÑ/ËΩΩ∂¡ÕX„:Á:ÔYœ¯ΔÕü {'fi©ici†Õ /…OAÚíÇKS5Éª j¡rl˘>µÒ˘âû|ï¢¿Ñ:é[∏jŸÉË
-CÚDA?°N˘…CÌYhR˘Ù"I@kZÎ¸%<ØIÆã¿/ΩM°?&
·◊Ù¡NFœçëZñÏB¢F˘Íq©Wñ«¸\œtÏ`w"a Nò/ãª∫ìò∏€%»¥=özËBl•ÊŸ@Ô~œÕ˘ÔÔv#ŒêßˇÑú÷
Œ¸§0ƒ√5RÉM‡ÄM'ƒ3÷@ÿ ∞®Ä
2p°Ä
¶ n -j!-¡TK±¢§*d†Jı`∞„<Ó:≠ >≠‰hÔ‰rê£P.}»≈LfÆÄL*ÁÜ/!âÊ;X
˘NJ‡Ç`Ù†Ä
˙áÈàÏ
èmß¶H`AsZ.2ß˚ê€‡á¸¢/¿œ¸¯%0"o"¬¨_≤ãLfvfá¶i¸L˘ˆknCÔâ@œÙÔ•é˜$Ω Î°≤d`√©hMDcÓ
$Q÷Ä
- - -Ä6q†‡é√àΔ" *$äÂçEÅT0áÜRð.-*
-RE~`Ä^` ëbEVXkíÄ-$2‡íÜq"d¯<"?Dhˆà<
òO™Â˘vK`¢O•˚ÑƒÅs4' äƒÍ|â^È≈ÜÙ%0Œ0òÃ0€ˆÖ™f‹/Øʃd«2∏Kvhß¸¥`7< âtc˘0-
flFf6>Üfl:ÜN¥†2!WÉäʃÄ5ʃ`M/ƒ3‰nö&ÓhßRÉ
8í
"˙†ÚÄ¶n@>À="n-JäSZ•~<•S\S0çıp¶ü0,#Ã#_|@ZVÃM#‰¸)'√Ê#:ã˘-f;¬„Tä‡f&`^`Í‡Z¡o†Ôq
∞-ªßß◊,óÕ-Üä∏‡Ç`∞Ó-fhπ<«tPÁ¸Δèòújt/´ !àí)Ìƒ"ªÍp¸ÛàLÉP@8xC7r`Oêú≥°°i!
°"U√bÔ4Ù.Û3&#Cô¯ÖÙ†•‡#Ò†4˙`D˘a•
Ç‡Ï®k8èÛ*   ¡ÇohTë|8Öµ(%k2úC≤∏áÛ∞Δ√vqTÄR7-Bm‹&ì~Üé8I#¬ëÇ#@%)õÊ"nÄ
•@Z·`Àª¬+«\ZÈ˙Ç§Ö‰•â®,"{â-´ÏÜfi,q(È,©‹êJÙrô™ä¨ΔÏKbg¸®âö É≥ Çc˘¸•› +Ò"b$ìbèb
03S3ÁÓ^.ʃë-^!°vBrDa<ÅÜ`ÇD1%W#P±kr≥cÚ§∞UH -≈°‹¬∞#%Äí'ê¿ hÕ≈\†J"IÉ?ñ≤≥fÖ?"6A˘
@†◊˙Ä®ïlJß¶Ôùb\…,\»ñtÈ•Ïñ‘.œœ ‡,/ÚÛ^û´.áâ0Ãqô,1flQàdß,Ú´°´ÓÒœ˙Ï6¯‰ä"¥2-&-/C
‰ë3
À$g+l!n!°b
¡aB3˙ °<AÅö^SS J$Ç±'6,6L%l∞i B;ÓgÎ=≤C¢äéG/,HâÚ≈ B)ó2‘&Hí®3JÕ·d@;;¡ZPIE-≈É<Ë
K…ìï'b/»ÙGàs∏œ=·Â>Ái.ôÑJlH™FA/
‰ÛÜ§*áÆJ¨Éʃ•'"ÙT"ív¶à<˘`SÔ∞¿í5†H>dQ#Q7söð0Δë,ʃ¬(à¡âÅò°bk·É6ïc   !\°>Å»@
b`Bé=ÂaÅ¸èvØ≈< ïp≈'gG%Î9ûÉıÆ'n¿ÇÆ kR2I§fik~"Â¯Á‰àÙ#zΔ¬nÊJÄ"‡ce§bsÑ¢¬(Œ•
+≤'pN+PÅ]/e=•Ïl€ss¨é/í*Î",?#]˜e¸§K_âåʃÏ/Íµª¯t@ÅÆÓsëg˙06(≥M‘3+3?3ˆ"ß©ôL'I÷¢
+öBb'ñò!®!é, ¡‡Ó4¡;a˘·^¡Ó‡ÇÄ˜Z,‰Æmñ3÷ñU&9â:êÊ;VÏ±nU≤âRıhÒQÆ¶öfg@$DBIïÙhmP?
ZN#Ç2J€#$"m¶lÙ »¬(ê"*x°)∏BÈ¬s+è¨*òÕlÀ6◊˜lŸ"H∞L/‰w]âiIΔèÛÂ^Ï÷_Δ-OÛ4´Ë-‹2tÛœx
cÕÿ ±`
LÉqfldqñ28Û0∞¨=eDb©¡ò°âÅöÅ®°>∏™Å™,sHwOdî>!Œ@úekÜ)dv_VFÑ≈p3èÙ√√òΔiFB≤nïç∏ı
‰c¿Nà%Ó:"%Ä˘ˆ'•≈W=ä÷ÑE≤&¿$‡B@Ü
∂˜µÇ*¬7|mÍq-¯É¬BG÷Ö]'W}gh,Xm≠nIÏ8©ñD~•Í¸†K™∂-
{à9/¨sà¸7_Ân
≤‡Ó˙u˘JÜ yO¸+0(ŸQìH`™L∑qâ%ˆÉ≥¡¨ÅDπîKπ¨·JX*NNÅ†!òfôh°¿ 8,v]¿Zq9Qq÷•É:7Ç†^5w˘
¯T0"≤.ÂàùÓ$"$2 X'|ä'óM¿| #ö7(O2vâƒ1-ÑÄ
•@a8H|ÀX|Ω÷+ß[∂P… ˆû>ó}-˘V\èÑ.ÿï~Á7I¸X˘flu¸É_ÃéJΔ≠?Ò2ªÙÙ"¸4÷
ô7JÜ≠âßO∞‡q'π"ÒêœÓ[ª÷ìçÇbAXîøRŸ∂Å•]Zî[ʃ™°bOÑdπ¥ÅªAl9TtÜ]pe7©Ä`≠V*
iÏ§é¶<x"Ë0ãoµj§ö   )I≠y-
õ} õè(˘5‰máq≤gh¶tß>Vâµ÷âï¬ùì¬ÿ∏•K´BÍΔ+çÒy}„ÿ=«Ù}ç‰éÔX†ùƒÜéâ∞"xJÚì_-./√êπ
°˚4DM#

v√0«Íë7`µ"√§ôöb#vkK:sA˘¯§M˘î≠A¶S¶´°s/ññ´dpz\A¿‡Ñì¬óÖò!0…®+J?BE)óUwÅé Héfq™ù
€àù√öØöb´C¢`}˚gQ6>^ÃRF…∫¬2^@®Ä
:u!÷É¢"Gƒ7)í]†"q \“7Ø·¯l”t.àÈüÁ7èyH¸ƒèNπ¿Sg˝ª˝∆"i46c>¯ŸjOV@]G
)ó/s)VÉ5∏6ÿÉS[µQYîeïI|ƒC¯be9Ñ±a¢A¥ZaΔ† x€ù^"0 WlTk®ShåF;n`HGE!
ÇÂÙ.ÕRÄ◊¬ö˘y"äÿªØ∫íé7m*â´≥πí/'Ggqß:hFû5“Ä>·íœö"û]äÏ
Â:lÔZfl∏H^öï‰-ñD†Å/^n•Í/ŒJ∫`œuúÃ,#v>/bî ~CP˘í
1¸E1Zh§K∫√/Ñ?ÿÉ©!ƒE8ÑG¸ƒUúÑOúÑA∏ÉKX¶±ÅdúZA¯@ÑsÙÄö«)≠®5Bk¥?í∞<Ê«©óôı|œ˜`Q ∑á
$÷GX®˚x'DÄ¸)R:é¨c:L`@ö
“@ù-<Õ1ó<€|[-Xßl‰Õ≈≤ŒÛy}À\„≈üzfió‰¸"ı†°*fl°d˝®äL^Ro˝∑cgä”P‘å˘&`Ààò,ÁÇ1◊b;
8Éô‘;ÿ√;>Z;Ñ=¯ƒO‘Qπ¨A'5œ'Aòpö†¡Öm\óäu|úñzaÃ«¢£z=TÇÇŒ´è3,2ÂgÄÊ…◊GB$D9õxé∏°À
´Ü$`b
∂Ä»`
a°≥,Ã}E¥6ûΩ˙àlûyà§]•Y f®ÏÂœÛ¸.“uJ°ç-© 3UÃÓ‘Ï¸´˘î ª,ÊÓÙÔ0„¨pää</X)&ñb7¯•
+>É)^ÒI¯ÉG}Ñ7~ÑCœµA„K;hõ¥ñ!uÄ`ì‡˘f«)¬ÄnŒyüÄ^DLk<*iÇ^#XÂiËHI≈ÑpúáU,ûx6BBJ™õ€
Ü‡ÚÄc5¡œ0ÈfiYEí"|!rfi\Ñ¬ñG•ø˘Ì˘/.¸x/∏ÕòÊ∂À°Õ?ø,à°!#@ôÛ‡˘§pç `ç¥#^≠9<√+fi,
fl•I8Ò£ öEkΔL 5c'ö%¥¶êZ5j-RÉHM≥eª>óÉá$\Ñt1√HèPí¯•°Eã>z yR$fè"=f
‰ÏëÛÜœü@gÃ·ëàî,WÅÅÂR§+£íh≤j-´WCÑ•òÅDÜÆ(|>„«6Ö\˘¡,eã◊-bom≥E∑-]∂°jµ'À◊V-bzÛ÷|
´V-TµJ'Uj‘,ΔçG1∂4 R) ó%kfiÃy≥&…ü3EMz4$Hö eÇâıÈO≠!¡ñ>z^i◊Ø!∫}z˜nHÑ¸@Ú|ç(R†@1
6l!bÑ:u#XË^ı;◊-\bƒàâ_∞†±ÉÁç\?∞°¿ı&x-!3ä-*{≈àL EÅ$IBÅDUJ- 8U>¯PƒH°M:ÈD‡
^pÉÜ3`xQE•§QDâ'ÅVÂÇH$ò‡ëã-•ïVh÷cçOÖûL0fiÒ2◊]vŸïó_~ñWaÖ%iÿìá=Y
dàU eùaŸŸñú}àd_B2àò£≈∆/'™-ñ¶ô∫π∂lªy¬/oœÒÊõ~,áZ¡<rÕ-9XWF-◊vr…xêéGû1ÂQäPz
ıaö^5Á5£êßÚIÙPDa¥»@¿•ëG~“IP≠‰"T7¯·2E°!O<Uà!PABâ!FïÇ.QÂ“äÃ2À*V/í∞'V^ÀÖc 2•»
ê€fibÀ-fivW◊.F:πìG÷R_PFIÂªúQ&/óÙn© %©ï&/ò¢Õ÷/øgÆy[!h≤igoÎ<pxÆëÖ
(˘p∞<ƒ-ÂêCuÜAÖH. V[fifiÃ[ê√àxË•gÊ '[/Ú…ü6CçÃÃTSPDŸ
/Æ(E™Ü¬Äû‰-ÅS-HBLŒ$aØ;à°ÜVMuÅ &MV"∂∞,H#Õ@“ÿbõ íÿeG;Ì^Ÿà£P,2 è@ÛÌwn·U$π~±•Ófl
ÊîàF•ïíeÜedíiYog^éÚô˚¶yZk´≠[¡Æ…©fohÚñ0ùßHûx¶aD
#à¿A†(D'>t’’é]ªH÷e◊\%É'ÈÔ(´g^¶Î•Á)®ü>D©-ÛITqCQ≠í‰™J
"¯Â0˘·äDB]°P@ıÉ˘¿äÌÇ◊^ØüÏ˙Ì7ªbÅÙãMï-¬xUX5f ¬}-ƒ+Ä¡ämÅÁnç“Nfl•Ú∑&
&IÈZîc∏*!n3Û¬Ã„6x/…°Ü•Aç¿fö'<ÜM¸"X$~”&fib8z"é¥@@q@bŒá°0V;D¡1|
Rët72cÿB<œ3Yx¬”2‡9Q<Õ0}Dï3mù∏√˙†*ê≠*:/àd•,•DB¬…Nƒ◊°mE∏A}“!f'/kT/»¯¿èÄ¨_E¢øØ
L@,!ê° W¯h[í-»Â∑°¯Ì\Ä„˘äí/ïòN^Pqï…R(79…Q-ÉcJÕ(Ls9/lÓÑ"l”õf&÷©ªûf1,:“πò°®É(
TÛò∂@*t«Ã0‰-w∑x¢4˘◊2Å%Ñ5cF4∞
m(Éã‡C0t∂êÑ-E[É÷U\P+$8®A2©U/‘!™Y≠|0·∏«Oò¯≥üµI0|`ì\≈E.˙ W(‡ÄP‡l-√+N·
£v«[B“>¢Ãıô¿¸çlûLL&Hıı•ëıı∫§&5i)ø§â2UNïë»õ dõ◊ƒƒÖ≤Ã©NoÉ·]™·aõr*∂√Î¯
ΔL¶1KaãR,sô∫W4ÂÕhcâ”tbx,5≥á4D'¿6¥1
Z$¢A•â¥\0¥≈*≈íJTÚáÑÔE®VU„;…G>{n(C
lÉx¬˙¿∞1Ilò¶ÿ^ï$˙ÛäW@@ÅC:†°0 B
Òä¡|H∑»€\B´¿¶Kp
4Ã∫¸R∏R¿¬µâ„0®RÕ‘v3 EnO)πUV.ïb!iDòö¢©¶ê•\¬Ê¬ú,âaZPr&÷`/†PKT¢éâäU4UôQjÊ∑àÒñ^
Ä'öΩ 0zâafi´∫´IÏ‘CiMnV£”∂E"¿p≠ÍU0Çk“úG°¯¿Æ÷˜rR˘ø_5¯'2¨Ñkÿ∫FË¬ pë@GÉΔ,a°Äà™
Å
üòhπ/Û.ÅKä`&ÿÆ÷¬¬1õπ1ΩjÀ[fiZ"•∫'oG1“ÚÀ•¯˙‡ΩÜ{ö,Ü5 m·NÎ‰B@ƒp}ÇXPcªÎ™vÉvP·‘)ë˘
0LU&3√ıÃgöw´íJ01“KÁ9€ŸwÓÒjÕ¿*÷nÏ¬èÉÙn¿÷BÉ-*HS'I•/†ö¿”§§uR+ôD 0pß¶}Ég√flª
§0Ví¢(Tƒò¿.Kl°Â<*†»l1≤°µ¯íã
≠&Ÿı-u¡^◊ú˘µéO˙c…˜πq∂Âm&N…[MxiŸ0ÖvpÀ§3¡f5©a°Ë¥MÂÑ'Ü~0ìTÎìv‘IÇv…
ÃÓ2'fôLM&]§˙ñz#Í≠Í{˜ç'h¬ŸfQ^D°A
?äb#É>[9°µÆ…Í·b√´LœÉ’ ä[ßÂV°òÑé∂8§ªÿí'∂çÇàlW0Ä3¥≤ÿ¿†@àW¨ÿÄmπ®≠>Róø°vì∫nób
\KtΔËx1ès\grkRfiää»Ω=e¥À§J‘à¶/6ΩÈmBó<-IYßw-ìûTgÉÁò><"I˚t∞@,àyJpè{xô™ó∫åñœ
¥∑U≈SÁœ€˘™xébB(¢
j`„œøÖ8a@«ü‰kYC ÷&_4Ho/|<Û¯6ÓVm\“EÛ'_€Ë`ı-F¶Œ@ÀIá:¥#l^7qŸÕ;TÕ€]r˘¿˝Δç^ffÀîJ
Êîô(v°å≠1I}ï¿ìÙë|u¨ßIs{Ú◊ª-ÂÖ5¯C∞ÅúÉ`Üª˙N∑Δ¶¥ 2«»ÃuáÍ°´™˜´÷˚°¯˘ŒwfiÇD˙*‰>6
√Mÿ∞0†c ÁChBQ=´íN-WR Ê Δ`õY2b4“¢"(6Bs6í¶N˙Û-b.ÁP±á}p
€"$Ç·#∑Êb=«˘≈$°Ê.Üat¡&:|¬ß á[∂ußÙtP◊[¯íJ(B©Ñ9¨î$ƒuûfB;
5e0¥KXVv)LÊ7;ÿïvI∞1cóQÜ£ÄL5%Ã§;ŒÍ•^ÌÖ^·aU¸Ê^- <4S
wx<‡
ú0A¿xbh2yRÁG¯ñ˙Ó$!Úd6.Y,2-"H=-“*V¡"Wë˙Aê™b%b Y∞Ñ-Ç-ò;≤∂s§EÉ”$KÚ$6Δ8¡«É
$uÑGà|D¶%C∂lA÷AU'}¡•J!dmë‡/¢„&√m≤‰}·∂eG~-90_òvl◊vax˘ñAÜÔ«ZtU!C˘fl

±^˛ˆfËxUÈÖUî¢6„<ƒø@x0@¿
¯5'√"YC`W°àt5ÅêÊÅëUâ∆Ç)–∆,â"¯Më˘â
eH–P† /Q)ÊÇƒ $?¬pA$ÃÑk6RRÚ$8¶cƒ∑c£î|Ã◊8(Ö%¿u!\KXu√®KË°'ü≥ShÚ/
ßÉ'XfœQv≤c·'ÁñvCd¯çêwáë;kFU‰ÂÜtxU¯¶on¡0'S·
áßœêEM¿aÉ¯"ëGbÑÜ®5Sa`7`WO£ÄUqêíbôÈâ˘…rM¡r"“ò±ò˘™Wë"b∞0T∞Y*V7¥ˆ–e7u°7±¯7~#Ah
òØ5l/Y/#Ul*ıöD6d»ßlÃ&}•AâœU&:ÈR¨aB≠‘JTF:ÃEÖ`e=’Z∞’Ëî≤CPyçjGTêig ÿYÜS¬S¢ÒVﬁB
‰ıy«^Êñs(˛ÊéÒA5C
Ã≠
| ç◊,*¢óîß4uÈ*˘ƒà#ó6.ÇqÍdò `òä™††z ôä…r™ë
zH–˜â…?Ä#`2 {l†ÜÒ1$ʃÜ√L5¯ÇÑ√Iå±HGJ∑U…'ì#UÑÀåiB≈¯õM÷≈uu§ëd”gB≈ı ≈uŒH'¶
£'¡ë:F‡î÷Q ùÖíç”ADPﬁòY©Ú&˘ﬂ2oFDûx˜^˛Fû_ŸfXuáıëMﬁ¿°0°ÄV"?àvß˘X=Ù” «aY6ö
à]a+á†
Ä©ˆ©÷®à:åʃzâ/®áä˛#–°A {}‡ ô0¢{Q.§i¢ªÊ$DAäë8?∏A&Â8∆GÑ˛RÑ
±™õ¡µ‘§≠1&Hˆì¨dS°∂¥m¿°KªnÀôPS*ÿ8ù”âùﬂàÔ^z¶≥∂˘ˆáeö≠˘ÊÈéÔ¯ÿÑM–P¥
c–_¬èx¥ x¥>Ó:+9rﬂ3jÍ#ÖzÉÈíY°Läêj°††,◊Ø™®ñj∞
ʃPô/°20d†ûÍ0r{uß;'äk∞xÉQ".äc∞ì*õA&£îAõ±z£¡Eå∂™/.e<&tuP»S»\œ®0»Cz¢J`[?
`Bï·7E;C@CêIª¥ÿYﬂ®•<Y´∞ïkHo„©o˛6ñ˘&ñ[≈DõB)/
ß0ä@i5àêgà ≤,Îʃ>˛πà>êÄÈzØ‘íØp†*ô|˚†ñ:LÅ® ∏ÜʃòˇˇZëô"†ôd†Ñ‡
Ø–Y+™Cî;ΩÁ@Ä±.ÖÉcèÒ81:≤'uÑ*%&´A´*[´Nÿ£k≤≤a2\≈e'∂Q8ıu¿Åú~êîx¢úFP)0CKE[FïJã
¥Fk¥L;–
≠â√ùC'éﬂ9oCÇwe˘ÜÊŸµÄ◊˘Ù·û–
ƒ≤êÄ»!∏> Ø–ÅG3•Ïªœ°à<Ca˘e=.≤ıªÅxÎ†∞Ç[°
u†$∏†àÀ?ó˘!`Aêl–©≠0Qe¢πÜ3xÉ≤∏(‘πkACd∑˘™A®[E®:j9
´1¬(;&XW}’ÁÑÿF&¿uu˘∂1KÀX'∆©KznYË≥e°√€√I´¥K˚«´°0+/Ú¢ïäÅ„∏fRÖ≠UeûÌïûÓ»¶Ùu2–ß
ã hë∑põ x‰5{Ÿœ/ë48ﬂ£∂ÑÑØ!–âì•∑ÜJ*s°∑ì)ô™G" ∞«úm°~lP@ù´ ß•¿`Hb75¡•9ã)ô™∑∏Ø–
3*ʃ∑π|˛,|¶ :
BülB£¬0à/I∂¬C˘9∑t06°K1d:<¥C[¥PπK;∂Ã¥Bl¥ªL œÃ°<i%>π
I˛•·9˘˚∑˘ı.˘ÜUQD)ê≤ƒ†Æ
à ˘Hh˘.pœF¡ÕÎ >vÙ≈Eq?ìˆV#”bÉy†\±«y˚Œ ¢∑\–âÉÍ«p*°j¿ô∞@Q°∞L£»€°í™≈I©ʃ.˘
á#dç√l∑…l¿¯™õlBõåõ°…ÑiÚì° ≤– †¨j:∏Ö•m2‘§KY…°4P≤,°B00=A;¥.m¬ÎÀî¿°EL%â
°ﬁïf‡YéO\‘T%≈p∂2ƒ‡Ωƒ∞°ê ÷åÕ>±" ∞ÕSqœﬁ,∆D36_3`h3z(â0B–mLÄ<∆‘Rœ\!Yxª÷jMâ`&
ªÑÏ)6¢>14™Â$0íí9ÿπù°–âA •0d?∂ÿóÃ–ôú≤i¢îî3˘í}°!≥Xß≤–´9∞$√”&y¬§≈ÍXñ°
+;°√4”D”B,À·”4∞”¥Ω8¡¨ïf°ïPÖ
∑¿€aʃÃ….ÁH2Ì%<··Ω<í °•PêÕˆC ,ÕG?Û√,˚∑ÇÑ(®[ÏÃ÷l=®^q∑A÷h1P†y†å‡ +D3
8≈;‡2–$A+Y%>Ë±±Åÿ$J<Ñ¡%¬±ÑŸX6/–Bò”J–<uXWK©<'ﬁ÷S7°{∞[ê>°Dï≥,ƒ6•/œ;¿;¥BÏÀ
+†:–”˘ñQ%?]8p ê–JÄJ•€¬>„!¬]2r∆D‡±3Ù †Äg¿x=@–P’ﬁå’≥rz{® zdcØ–"–
~ÏÄÏ÷„Õ>]ﬁî∏¿qÁ◊ÍMã∞õ• ˝<ïLç,¡|––*y–√«±£|Õ˚,∑…ÿª(}6
>‡N§/g9àÓ£ ƒõ*|ØÀp¬u/t√2§î~–]•0fï,
, ^,B|,#n,C∞”:¿–JÔwƒú˙ 8P ÄÏÄΩ˝„¿û˜◊„Ó∏D»}‰âêS¿a∏Õ{°Õ–
ù5ÓZ>Ôì4z˙’gâ0¢?˘l≥÷$† ÊÂ=ﬁ~Ã6gn÷!pÊ»kœÍŒHôP,»ÉÒ@°ZZÄ
‰Öac:ò¡≤%[˛–=ì¡•£õ\uπ)È’vu…hœ©dèﬁ¬ ˘≥QC:2§'å†î∆¡·5¿PŸÒ±˝·4]
,(éÍCÎÀ5û,pÚ'˘:@„5Ó `5nÎ6éÚ'ﬂêpîê/ÔÚ ∞Û*˘]ÄDÃüêw`/ê<¿Ï––
ÂÁ[óDSÂ˘YNG ®Ye≠ÌÙ<ÂfœÅ3¢g^ÓZÅzmåfidêÍœå‰HrÔJ¨±≠íΩmÖ„I/Zÿ˛˛–d˘*%´≤Z¬íPhB–
ú»5SK/"çt"Söœj∞9Ä”–!°,–Ú!”Æ–¥§”;Û5NÍ@˙∞˙ÂêÄ@Ì Û„–˙®˚Ù‡Ù‡@)¿Ú ˙pÒP˛GêÚ∞¨Ø˛Âp
We≈!π∞‡ ≈ﬁ000€,ıÃnZ>,¶gó≠í"_ù",b4cÊnÂÂî»6h_ø&†&ÒhÕˆ{PÍ˛ ö‡œÔä∂j XÀ`≠[ñ:hï¡R
∞Jç™5 ,Eå£(M<®–#%èñ2ÅÂt±$§ëô çÇÑR§ñô`–âIÂ'ò*5µ˛ƒ3˘'%M@QR≤i”g!H8_&ÖâíS?
Ñ˛Ú≥»èü=iîÿ®A√∆é!ClÑ[V¨ê!?Ü±Å–ç!î(‰ó œÙ≠†õ ˘Ï÷MPœÆ·˘«Kp+°# ∆¡„íÄ°ª|˜ˆ
‰fâô1b°x’/ Qù&EnÙp–ƒk Z»ñM¢E$Zªò±[˜Ô<¡˘œ 1É¯o$H$Wû!DÜÊ 5êÄÓ<âÎŸC
$ﬂbªu®oØëg£BÖ\¡:5˙ ¡ÅÒ>√∑Ö ÷–Ç•!÷b∏übFG·»"ê
˛hîíd…£ëXRi)ïdä íùhÇ–¬ñfjâ¬¢<È¡
C|Jƒ!!í©Æʃj¨“0¢Ü°2k¨∞<
K–·“1ÆπËÏ∞˙Ú1Å{≥kH¬íL¿ñ¬∏†/%˙R≤Ib™d&4^`qÖëG∆Üzs–
∂^ì–84çÛa7ZPÓMÂÑìì8,rÉNË®äÓÕÏ∞√.9Ò6»†ʃÁ5T(Ú»£êO\ÖóSjqœ [*’œ^ÙkhS˛ˆ„/@C≈»¿Â
¢d$πP•ƒ%\ÈU•hípCùHå'\[/ %£v≠pV\a
6ΩñêöJ*F∞Ú#Ÿ=¥ÿ¡´œ"K,jΩÇ!≤ek€∂Ü†AÆœ@“HxpXA0q˘L730√·±»Ùëß2.C1A´ÀW2a‰0ÄÄ°áﬁ@à
ÕÃ>ò≠MÉ€‰≠51˘s€(Ê≠8B»çN‰¢´n<=Iò.œè°€¿;ÁHÿ@eì©£ ∂ cıNF“ÜÚ
´4>ú·{h”Ñ:ÌØøITè>RıTS3I•"í<5√ö,îiV^ïRj◊¢òR…(∞}Z*√ër™•©bÒ™5∂∞¢Âä/

±∂ıˆákÛ∆vo∂¿ùr\@ËauKÚùy<¿Aù∏êG}éàGûx"ª˜«}´ÌM¸•à¬d"`/Z"Õtàg‡AL"ïõ-
N„bèΩ8/Ö˘ªsœëAÓÜ:Áz7Ù˜x9ÊôE9ñõÉ©E˘`,-h"ÁkyËgÏä®¢äJy%£S<Z£
T•h¶7\ê$†¶&[¶≠uùıVw˙0í__˙:Böprj˘!ƒXeÌAÄ{PÉh ÉŸ¿,"ÚV˜Ñ∂D0orÈ¿.P¡v@ÉO Ep0'iPÑ
WtÄ§¿.¥KÚ2¬Íã¡ÿ<'1Ü)A5¨ãçmZÉ6ıÜu<¥
(V‡Á7I'"«ö∏ßí=xòÄ2@Å P¿ä1 Éy4HÕ'>Œ≥î|v&êüq™?ù2àÄ0Ú¥àLd"n$'˘@™îLM
~ʃZQ˙˜ a¡èW˜£P<¥*_-EkÅ¸üâPt™`Eksâh£h1PG◊¢A:IPÇíì4D)My RBB´Ä=6ëÄU≈
$ñE_hi9éÇñ∑t„KQÜâb{ô∞·¿-0±ŒLÀd¶õp„C"*ábnZ¢ùlgß€Q,/Ÿt§ÿA
ä-¢PEsf¿Pÿ¬<åS°,£ò'=T|ä™AI;™ÜÇ*ï¨*DÄ8âZB @@B†ƒBOTPÜ¢H
¢*ʃäTÆÚîÑ"£SÒüPd∂àN'¢ëådTÆí¨eAí¢ÙCÙ∞˘Ü5ÙA
kHC
¯∂§ F(eOÖ °@/xAàj'U®*ËÄ
ò™Dï*»Å
TÿBÏ@[>™t∞Ñ.A¨FXYÕj%îU¨eUÇYó†-dAÆF ¬á:`Q{Âk_%•¿v
;Îä¯:"1"Lw≤"¢√MÈD'w''2@N<¿úõuÄ•ú I`å∞,úV
J»B[ç•Zÿ¬V^Â™WmõÉŸÊÄ:ÿ≠ns†@‡≤6`qç´¿©FïΠRe.sçÀn1J¡tuZ>Èfn/>nw±Î>Î¢@ß,•A
l`ﬁh8± ZËçñu∑Îú‡‡<0l¿h@˙ÀÄ∏"®@ÅCPÅ
T HpÅ¸‡Ä!˘Ù,há
""""""#
#$$%%
%&) +
+
+++($,,----"--*/ /%23333"3%44' 55* 6-%6/$73&7648:::&;!;&!;)!;.
$<<<<<.(<<;=2'><4?7,@BBB)#B-$B1(C&C.(D D5+D60D9.E! E?1F;4F=2GJ60KK K! K/
&K2*K5+K>3L)$L,(L9/L=7LB6M%"M&%P!PIAPLHR$#R6,R>8S+'S1*S61S:
1S>3SG@SSSTE:TLCTMGUB9W&$W.-WPFX*&Z.)Z1.Z?4ZOH[60[92[B9[E:[F?[NC
\J>]=8]TJ_XM`1-a]Qb?6bMBbWLbYQc62c:5c>:cF@cI?cNGcRFdE;d
\Rf^UgaUh^Th_VhcWi<8iE<jB<jFAjI?
jUJjXPj[OjbVkMDkNHkQGldYnh[oJ@pNJpfZqNCqg]qk^qk_rVPrYOr^Sr_WraTsRIsj^tUKuma
wpcwpexSJyUKyh\ymayufzg`zpe{US{ZO{^X{re|^S}uh
\QyjÄaUÅobÅpgÅsgÅtjÅvjÇjaÇykÉfZÉf`ÑznÖ}nàmfârjâvjâylâˆsâÅqädbäldäwoäˆoãÇråÑ
tåååçÖuçÖvé~qéÇséáxêoiêtlßßßÆÆ´±±±¥¥≥øøø»»» ÃÃÃ———◊◊◊€€€‹‹‹ÎÎÎˇÈ¢#P‡@AÇ!
§êaBÜÉ$EîTHíDãAY'(â£∆è†Bä$Eí$™í(KŒ"5kV-óµb Vä¶Õö8k
≥µÀñ∞ù?e∆Ñ˘≤ËÀñ-K•Dy •ßO%EùJIjU™Vùj•¥µ+◊Ø^ΩílJälS®P•v-ä≠€≥^
- ùK∑Ó5K'U"´WRﬂœxAÒ›Kÿ/∆√áí¥X"Ñê#C¸#ËMû7p¸¿¡Ãéò7üCÉ&8∞`%ÜS3û»cUècwú≠ïîSì
$K≠‹Õ≤7K>FkÌ.úßÒû»i÷Ùe‹óM_2ë-äT˜¨RJï^*KäRw≠R-V˘
O~¸U©ï∏6]äΩ˚ˆ•ﬂÀá˘vkzµÏΩõmK÷ª˘ÓﬂÅ%`XHâ%Ê%ò$x"ï^`ì&a_Ö%Ü"!2Üé
%ƒòÜèI˜GôΩQŸftl«f¢µXŸãÑZC
≠∆ÿE≠πñ^%NÒHâèÈá4R[§îÇàëðïíí†idK- Öìr1
WOµ0g"s>UÈL_ÂuJï'ë_qe'öX=$]N=E‡úûi€~NYuïÄ$È«ﬂüp¡E…$ÉJË°Ü&äË¢=Íï (ÅIBÿ$8X^bT
âEõJÇ°ß6˘°dÖ(»àt\ñŸäúq&°¡˘
´it¸AáB -¥°BF%!FQﬁG?je¨HdëD‰,†\ó*◊Akd≥•PG‹µ≈Ì"r«''•ñ8A'fî`Zg.vÿYRSÌ-eõ≤•B•U
Ñà"8 Ä˘ÂãÔœ˘],}gq·UÒ-Gﬂøg}'(ù(Ñ"»†_Ö ˆ‡Å JJ)^fx-ççiÿ°©ëQf,öi˘Fäoâh∞œ
,∆A‡:çıʃ´EÚ©é?Ç%‰VÔïð≥H=ÌòDEI∑SFΩúOZÇ&òF%Ì"*Œ
¢ãÆªeñÈÆ≤Í≈ÁÄÅjïvŸeèËŸQI[Ïü˘wﬁy|Ô˘Ì7ﬂqZ,(^Ñk,û‡ìNʃ «í&ˆ3®ã=ˆ!Æñ|
jµnF, *≤(3Ã3tkÆ3˘™!éàE4-kCk'JM≤î'ÏZ;;›"¡mŸ"ñ·~€ePURßıQ'6M.vd¢K&ôÍf'ˆʃ!
q''/wWøð>Ï˘wÒû¸ﬁy∞¬q5,¸Sz·GîZ‹◊ÑËW¬¯^öÜaDJÓØBFr '´¯F
´cÄïgb63A¶tAù«ìïcmglÕj≥hg-)>n87M†viû0G[SrŒr®¶/1
&∂∞≈ï,XÆØ'Ç!ΩÊµ"e˘˘
¯V6,∞n¸ëWV˘˙e0Ï©≠`à≤ã°Ç†¿a QójÑˆ¢œ'r q†ʃ»"@d≥"]N òQÀ‡‡≤X}&Ä
°√'Ëhë"Â(<É®JEÑf,€úI$ʃiñ≥@·4
Ö[€:éO~,mÌ(:
Pàëè(%L!PRHI˙Òí.IWʃ÷Â6ʃUO_:Ã◊mﬁ÷ù†±ÈàÔöOÄ∂"'Å±è^Ø|eZúrœIX¢0 Kf*e
ç°1ï˜"|Ê)_1&dπQe.£Uut->Ió"µÊ*q‹[+ÌteeÁ7'"L4àú‰hKëàÙ… ©¬nmkëŒπÖ0ú√»yZÑ;Ÿù%c¢
˘Nb√üÑ‹â%+)PÅÆ0Ö,\ÖnêW√6îwP>Ë ;ÇÔ)ûÏè˜ﬁ≥ :y'uw€e,dÀE»ä3Ã;ñ°ù=Fd/Eeëá°c‹=#3à
<ƒß÷¨ D¥Ÿ¿/¥E)µÉ$gÒì¶:5ùOç™T•˙ª™îŒ%$µU»@Gùïkób,O[√¨`-Ë>Ö"µ§-¥õ+qW°G◊πë
%>e¯àà/uî˘ÌéøEòG
∆R;:ÏsŸ8˘9vòı€Y©Hu*öö»ô8ı‹fû˘úq±ç™œﬂ¢W-ÓLêè¿ëâ#ìSú)iu™O®S")€¶˘œVÚú

$V}Ç'†°sw˙$dO‘9IDÜµ∏í°M‘πB≤¢œ’
+íW¶rg,)ŸŒ~ %ªÖÚ6˙1,|•ÿÚ~'z!E¨aáœà©/•
£Tß,Ù∏bûD˜YeijYAdÜù·i=≥ôÜËáä√tçh[YQÁeG:DIŒVÅrŒÿ¸†¥˜gÜâ¡·
˘ì™Œπ0=GâŒÄFU'ƒM1á_ÎO^¸”¨g5±X)yIËœd∫/õéôí›ÿyªoÅóFøáð€ê7∞†ÃOw˜fiŸàT±P‹¸∞Ë∏
sr˘ç$ c¢U·îs≠/ÏÀ|≈ê^ '<zö€QìÙMÈàÖ5 Óp-È·:˘Xðv˘•ÖÁ˘·Ÿ˘y'Ü-o;‹·üı–∏-Î°-∫
ËÜUí4é“tï¢PÜ“-Ü)˘&wÈ™QUöo>§^/à[>–bÎ
·T8ã|¬’+ıÿÖ\Í+ò,èø5Qf9«"≥a≥5/P∞Ü™McU◊¡≥p°8É˜‘8“∑Mıß1Ñ1Ì@K˙√∆»03®ΩÌ;flô–‡.
¥∏˜¨Áu"◊"° t∫â±Óuö–ì$ÓÖV°ÁKœÕ‰u`H]
%)•Iî•7ê≠ã∞35•zãí~DðÃ=SLPƒ˘Ç†Ω,ˆ>yQ)bÍ;?»÷∫ö˙ÉÃñ˘˚_˘ÆàUa˘nŸ$/’± ,öFjÒ∏∆µËÿ
‰wâDgW˜lfd∏/‘∆ð∑Ø≠a
èªŒœsà1ÏÌß˙ƒ≈áN:qù·u”+ü∑àq°S,„J –∆ó¨tøu|WÀu_e¬/jΩ95≈‘Ê√ÿ˘*ı XÍqçeiAuflê·Ô÷…
ı…ú"˘˝œeòyfD®¢Åßkfl’Z≈PjØ¬÷È{ˆπ3¸πmbt¸Ûú˘…∂
´Õtr_‹¶güô^[”≥{≈‡Œzá≠éı◊√˘›TøΩãπœ~>z©m
[ìé•˘|œ`°&ZÚø{d}¡Ö^Áã˙ÙfMÌ“0}il0eçë]ù.øèπıcjä8ÿîD'«áÀ¸˜±≈Î ΩéG˘·|
\^<].fiΩ÷/L€û√ÿs~ðzA'Ä»”tI∑g"mXzHGhŸñm·fuÈfuFónflVtuñV˙§UÃ•ZFQ-÷¡<ötC¸;fQµA^a
¡wdGvÉ≠#$õ
rÉ;∏#zGeV" S9ìe9ðÚeÑ˜?¸≥YW8\ëÇÚwIêP.Ü˘-¶gX[”ðÖ‘Êa>7z?ëÄb»mdËy§x÷tHnflÄ˘˜Ü¨Ü·
{˘∑a¥EO¶z)6ÖÊÊTc≈VG–BôÜ4ólÈ““S6£¥∑…˝/EÛ.Ôr êRá!A/ï†É=Bú‹“8ù¬‹◊q™É`[Ñ#'S©R+)
,_ò!õµ~s$€‘¸V
.t;í'íî˘VXÖ.f° å˜«nCgÜ_ÿsŒ‡y†gÜµµy\ËΔ∞y“∏yHÄUs»aÿçÀ˜ç˘áÄGgtHhxá˘bMÂÄ%áÙáî2î
l]ìcÃs]ð–]tW≠S4CÔ!m–KïHêC!∑Ù ëâqÉ9Rv¢∏w2ä S®óQfx˘Ûë+Gã¨cãM¬PÙyBAPœ8H¡t
∏ÅÀÿçfçf£∑m_(Ã˘êìfç‘¶”&ç¬î@itkhmXzA…m?ôî=˜ì§géßwçFbï[\7%6Uk%yÛGè–Dà1·B>6pé8É
“ì=Ø3ê!–Ky Ω%liâ”◊êtâÉu©áú8?ò!79àSìaS¸Â_FKxJNÖ%à,DP,˘ã‘Êã√XÄ/
πìd∏áñŸs_8ì‹Hm‘Ä>ì°)îö…âY˜ÄGπô>òm–(ç”8çA õ÷8t>áì°GhœÄaÅ÷g!5'Oµ¿Há%u–
!y[àF!yï¶IÍ¬If¬.ë(â2ê)ŸKI
¢ù;)Iió8˘∏)A£ÉS_ˆ%˜ıóïEy•¸s"˘•ëÃÙBp√ß<ªñ¸…á@QÖêYÄ[å?«ô
€éÍy¸w†õ>Yç≤)õJÈy,ñgwÜ†3)Ä< õ»iügáW'À`z©ßtƒÂhRÂ!¶%ø≥V/a0±
ÌdI&§.tiõ46fB$DbêÿÿÿÿDyX)ûwYózâqù≤§WëV˘q[6r%w*©R"´2ü´bGó†ò6*˚y%]¬u Ö√8ô¬∏Ö
WÄ*Ä>gÜjõ ∫¶[»ìÆ9ödË˘IóßJhm î˜öü°÷hîzäìðŒòéñ[Î˘òOΔ·á∫UYÁÅ=qPEIΩÁG_ÚV6
zqWG;JB
±ØÉëh /iâ◊Yâ)û·9ÂπóMÍ}/E2∏xñu˘?˘`C%Yí6˙¢˙â©(Pƒ8†îπÖHm®†‡ì?ô°Ã ç:˘çAÈö’õ¢
Ä
∫à™ö*Æ>◊îñ˘ç>ÍôI)îïiõŒÿy„Z®F)o«°HΩuØÂÚÑ©Âò[¶[yIoÂ,G2A,q'a™†ñ©:í™“£!eF:±G˙
¥Òz…ü“±9ûS[F~5%˘e+ôl¶$´
ñlœwnêI¶Å*†˘ÿ¨[∏ö>X≠;Yç;©ì9Yö(îü °Œ`≠'8¥‹∏ìL€¥m™≥ËÍO≠˘öØ…
≠÷Üßyzò˜m‡¶zªebøπgÙ‘OÚvHaknêi)Ÿ\Ie.≥”$'±∞ëÿ£iQ$QùBró∞/êÆÙùÒC´fl˜óÄôäπ/eÛπLo
v$»o≥Ø£®HP˜O¡x≥îÄFKµ'ò¥ ˜≥”8¥H;çŒØ¥Ä
®*°MY≠”»¥–
®™{Æ´)ç>…î îw÷myÍÆO;éz÷Tœ9[!ðØ1&o?±{√KÖMe˘[˜hjÀVnÖK™@™f"ù±/ô™Ω‘5x±ƒ≤´≥/1!
Ñıì?âØ•ÅWróÅ9Ç•%\cBØä©h˙üi˙Oï{øÆ)
T®fi®à®õ¥°õì°¿ x¥£õπå≠‘à¿°€π x∫M ¡¢À¿§k≠N…≥‡™yNKà/¡C˜TÍ»Ä°EnØÜV≈kå¿x°V˜∏»ÖH√
QBGNI-§Ω+∑7‹rk'oπñ†ÿ8,ûƒú8_Ù*VÊ1E25E≤ÀÙ"#Úï˝ôlÚkÖZzñ{¿T´øZ∫ôk¿’z¥<∆_l¥dÏ˙ä∆
b∫‹ødÃ∆gú¿ó{πØ´∫A©≥Ÿðôäz6øäDîÜÜ[ÂπLßÅ≈;øU©∆˘AaB.1úT≥†
ëL
q´∞†∞√ÔBêHj±A‹#‡Kûç£±+eƒ!Ñˆ#Á+5eO|2R2P¸ÑN),ô8π/Jπil˙õÀg¿c‹πG[≠¬<¿k,∆“(
kú∆n\Ã>«Ïç?k∆l¡x,∫’¡L[õ∑˙g|ðzTY{ð∑ahá-ˆzÒ÷¬S5ïj%d%%T;í…ì∑<ZÉyƒ;h/ü,´Êyû<≤!+
QöëNÃ_-ÑPSÿí-…ÖÃ
Äª–∫°≈=«eÃÃ∆ú–p°–“ÄÃªÏ–”Ï≈mÄ"˝∆ΩÏ≈p“öK∆≠;Æ∆Ä®vˆOfi,Ä˘u! aë{aXuwfV+|ð‘%¨’T ¥√
œ0–aBê‹™ê√”94±
$I(%iû§ÏXð˙âê?xa+4USk[≈Ze¶¿8m√x≥«<–π–Ì÷≈Ï¿a∫ú;Ã¬“z≠Àz=“ø‹«(}–∆°Àj¨À”ú≠wm◊
≠;ô∫1ò®ªÈÄ®nÖˆa„l»hŸVàh\7Hªì-ƒ%gAa‘YBI
àIe√4xGˆLK{7ëK*LV∆wï”’©M¨´/,{fÜŒj≥¡
ÄûÊ÷∆––◊ Ì◊Ã–∆–†–sú‹“m“Ç=“%“ Õ◊ù“%Õ>â≠≥P…ÜÑ/axn¥ÁaŸFô{áu&|s‹bðÔî%ˆ4fl–
q‘ªpfl•Õ‘+Å∞vRΩQÌ∞[„É±ÊXÈ…û1’’∫>‡´)‘∏\ó˘˜[πŒ˙öp]–«
◊\Ï–%–>“¿
˝‹Œ•‹œ>◊}M“≠∆»,∆ fi,"˝‹û–0¸≈fimΔä
fièéöπâà*ŸLîØáÅ-ðzZà·

{'P:-ªS“®#% tﬂ<1Vû%µC…ı<®p…ZÆÂ@˙â¢ä¥öEB2[∆‡1r¢”ã≈Ü><Yå<Ó÷Õ◊|ù∆G+„'Œ
◊
"~
“
ÉÓ-$Ó◊(˘é,hÏ-/NËé¸,#,ã>Gãÿ
\◊‘>ı‡öÕ
∫¥zå¯˘7{m◊f¶iöﬁE¸zÊ°hãmΩÎT+/Õœ±AÔÙ[ÛÌŒ≥--"…í\]œÂ¸ÿ:_$~KeÂ€’ÄIYlé≈[°µL<T;ª
€˙∆ }ÁnÌÿ.>Ñ^,",-,‡ÓÌ>¸,ãœ,m
“ÄÓÍûÓﬂﬁÓÕû<>>Óêœ,àN“gL,2¸◊Äù¡∫«\;Ån´-^Ä•.m-û¶Â\Œ%ËTM~´˝Í8B|ÜOY“UÓ%2<˚°\ê
´çÊû¯âàõ"LŸ!∏Ç´Àn(Lå¯˜-Æ©≈˘mÁ’éÁç
Û.ÓÓÔﬁﬁÛ<pËGãÃ·>Ù‡^Ù>ﬂÓDøÛ!Ó=œÃÜù“ŒÕÁ!ç«B…È‡≠öl›ÿ‘¡-ﬁ¨¢~·A7å®gà©Û}y±Æ%˘4Ò?
Q‘X¬ﬂµs$ØÂ¸-âC#É©)ıcÊû¢_Ä1DW≥ï{π/≠cúÛÊûÛ‡ËÉ¸Û<œÙGÈçÓKØÛFœ
E?ÙG˘=/>ÇﬁÙÀÙ,^ÓÖ¸Ë…≠“±îZØ∫©kÆåπ*m6éd®ı‘à´€¢µ\0Œg!¨%/“õƒ%%è<‘ø¸tüÎ_~C”êLz‡ˆ
Éeí1:£ÛÚe˙Ú˘ÛÇ*Ûz≠¯/>Ó°˙<ÄÓ<è˘ÍØ˘Kø˘öœ¸´œ˘ìü¸ë/Ô…
áÆËÜ¸ËèŒúI3&m†3c.t&Ã±áâ13Fë"Cc5"§H¨¢∞Ñƒà   )q
¢√ë"SıI“ÂH[¬Ñ’íYSXLõ6w…<ŸSòœ]∂v’™µkV-YCì÷: t÷S®Q°¢öÖ™*RX≥í’’´§J†*Q™TIÿ≥à$!
$©Ì[∂lÕ4hÆ1ôxıÇ%ö!∆Ü*4(≠∞·¬K√&≠bn“"Gœf8≤dÀò'c∂<ô€Á»è7ˇ÷°Y3g”¶•UfΩ∫pB¡
£Iõ=[6˘m<≥«ÜΩêô`à¡;2õ8QpÔ¡ô9dÆ¸£√ä-_No…RÂ»û3e,ÃÓKòwÌ7} %ﬂìË-°E’´W ‘©‘®•û
¢≤J´VÆ^ıw5[6≠€µëãÆ∫Ñ^å·Eò‘+#øä-6ÉBå±3°´≤‘:;M53Û¨4-JîÃD3Cç≥ ."0ÅpªM±€jÀÕ∞Å
B» %≤(:ÁéÉH Å ≤H¢ä<¢à9°Fäàπëñ;)•(â[Œ•Ì≤√Æ&´∆€…ª¢~”K°<Cä=ÙvAœßﬁãäí™fÅs
+U@©søØ¯3k->œ2êAËP:<Í§#Ù˘ã7Fq<ÃE3ƒÜõ∆ë4
k-µ”J˚êƒ-∏M≈;›¨µ ≥MF
≥-FG"6ËÍf®Hgn6"â<)§àB"â#cúånπ$≠â∏áX Ó•ë¿{6'öh/ÈßØ’≥©ıòB)6•™/NU∂"•NR“%øÆ,AÎ¨
≥·SðÏ≤´¿AÚ:TA#¨ê∞ï‘±V{≤OMKµ√…&=-≥#~¥GÎt≈V_-L∑M+”X7wôQáÇç(9^weT9êñc6Ø#óI8êLn
˘£-±¨N¶ï¥¸Ógôh”/†øeÔ°6èJ/=•·ì/N:œ]]Ø&Ÿ˘ﬁ¥Í™∑¿d-+hÏƒZL1ŒSõ‡É)•√K-œT2á›û
¥“FõtRoËv€ŒØﬁÜ2T1[ı∂ÇUΩQ∑C÷1ÂîgÌUÂ…ëÓÚa•kÿZ˘°uJ,°uñgÔà)ù$iy˙Ã°áVS[£k-
≈)7·≥Ô™ß‡TEŒt±äÖ´tŸu˜¨O∞êÎ{ÛU$˚’H«◊b-Ë¬J∑¨1ÑK’^≥ΩC˚Ôœ°àx¸´Cõõp]\”7v
’èó_r»è£˘r˚g˝\¢Õá%◊ZA%Å`ì®‘íñ\iﬁQFMLÁ@Ôx'&◊
JOÑÚÚ`pMÈ1 Qœµ¶pÕB∏€äVÍÑ.RXB,ÔÇóZ$1∆Ü^{PÕ4BFjG/Ã/|h0Ça/nÈ˚ê√|ò∑”ÙÕm“Pb>≤W
±πhSäS¨¨∑°ƒç,˘ïÎ’B¢ë9„ã(Û≠Üdí`˝Ë«¬ŸJò≥úòÆÅƒHÜÍƒ§ÓÑhztQî&;¶˝1\ªa)Tqüseejv™(»
¨!B@ìî$"˙í(Ìàl≥b,‘
lÄroåy€ﬁ@YJ∑çJn'∫^√,¶∂â/ñ%Û^©“«0ƒ∞¶}ä°å˙ﬁ«)RvOCZ¥ØxF ¡fHñ+
ÊàU∆2¢ƒçîRŒRí∫ú˘àhx%fµZ˘¡•xk)FÈ`∏%C>ïp+ø[ó~$-„Ω0^gA^¬Ê/≤MèF-
3âﬂˆ√«X Ròqjl9P,În3-]…=∑)±bsKë¶.¥*+^-¢©B˜àî√   qe¯#“¸b&˘IÄ≈dÈG¢>j
„Js £0É ´P´g{º Õ;ß¥gi!!Tô;¨´Æ\ÌÙ
%‡˘NIP"™Sïƒ^`uN/ã‘√Fc÷6 Ó
T¢£˙TÕW7ØN4≤\Î¯*¢Öp©≤Q˘ŸÀ¬ë¨±ö`#EÉ"À»ï`√(!»ïW¡y“3Ÿ¯9ãLG˘≤®≥âe“@´çhﬁÙ©µs4£†â
=D-%,Æß<â∞wåTW~»rñB`mîpﬁq2íUêNÓQö˘Í?É»PÅ˙ÕSz{®B*öÆz Ì(Üöã÷ïµáÆF-˙"é6Nr
€Ìbw≈ÿ◊-é‘Gôk,ÛXËDg$â)v§§b4ê≤\Z˘îû^p[¢™ âJ»>•KÑÙ   û∫(q   GRB¡S]´Çüw√
|z:ÑLWŸv·w¨√ı[7TY÷œ51ƒvk+]Ÿ6,*,òç'bÚ˙ÀÏ™f7/¢ı£ê066'Mà“¯ÿØ•œ‘ôL
£Ñùe8∞≤Ú˘eÚeªcGûTêÉ< ÏîBZ¯¿ÈvríV÷E   R(ÿR•™T•“»≈à¬™eBC˘f7'‘o-ÌØâ˙!Ò-
ó#VÆ¯ò¯Á»`œ0M\ÂàûE…D™U¬ÃP4≤KY˝I∆…-Ò¨éŸ+1∞±í±¯'6˚'J‘˘H±ÆÑ@õÚ,…sl2-%ªìd|
ÈéõùIΩU¶ÛÀF-ÍS[‡÷≤ÀÃfé*%re^ÜTh1<$•c∫J,∞B;ƒ˘ˆs-1#öKt/€¥@%f10!˙â.äÃ·
„=á“Ÿ   Â(]Á«£˘QnåÑ˝çE¢a$Å¸∆HΩAñ0ŒÕ ÉΩ‘ ˘|G"_Ï<pÅ©fk¢”Y´I(j™µ0í,¡/EEµìj
Y
œ)xÌÃÉ“√fŸßAÆ>,Á„™õfΩˆùÒÜ7%ÓyœLÙpœ=,*Ò>nÄ∆fXIKüÌB•”È÷lW-Ü≤“¸`tıÔf«ì˝é’∏,`
ú•£^t˙r%)Ÿ¥%Ivµì4dÿ1ßb¢∏îq=;?≤È=óä«´rZ`ììp™Sﬂ©‡x'GÈ@Lï£ òß;œ”ﬁyÂ_
h]Û£Í€c™
QS}°¢rÃ-◊f
ÉLGLW˜WÌ1<ƒ¸£"„-Ÿ™z˘Hıp|˘°RË(#‡¬ıqnÖó¸Ì%œ-ÅØLí°úUß∫Å"ìLÊ¸ù∫ÂßDQœÏB»w^ÔnÑ#Ã
»Ÿ/v6X¡êD3 '˜¢«\ÚOw˝„so7ïêÁø˝=úP ø=Û0&Íøú˚=„õnïœQÅòBk±Nr9u+®ªÜUaÄ!â€ë$¨˚Æ§1
ñÇ©l)eàíqàﬂÄ¡ÂPé,`eq∑£>ÎSÜù‡AÎSù∫√l¡ª+É´+™ß`ÖqÈ8¿9Ù≥Æ3Gr$R‡.îY∆·(Xöø»;Æ˘Û9˚
ªõP/ø°Å<ü„ù¿†;•h´∂˘úÉ(úÆdhsõUAΩNbΩØ∫≥ãí∫çëçπ∫/˚.xA<D.J3ëA¨ëØÄåõIØúD,Ä/V
∂Û˘∫#ù¢∏l±5•ËØA/ªC*-9!?¸PóÆHó¬3(dî˙Q≥√-î˘3•.ÏøÂz≥>Îπô[(µ1•7úi°3¸9Õ#òú[@π!
üâü≤J=¥ ¥¶[7\Ï•
¨´ﬁ¿-   "∆K3Dd˙"ê™ΩMØïõ2õh Ñ>ó°ƒ,h>Ík2ü¯Ãzµü0è{¥Öı '69B ∏é„ùﬁy¬/ÉB3ííÅ©
ÙQáÏø„¿¸@à$=Öä@X∫9Q   ∆%≥Ã<ùS@7ú3t(ìÄöE3àÄí3«£Æë12¿¬!m«KàoƒüqÙ.ø≤†<G,cíÊê

)î∏¡wå/Ás;•®#àÎåüBå[?bö°ªÖ¶…8ﬁ-
ﬁYó¸@0ÆK∞¸.c»…> êÖô?gªÜ0¨øåÏÜ]@„®“∆ü#@§äƒ9&“π∞Ú≥<+…I°˙∂S:ò«∏CÑ ´ó;
%ä,>(7xª≠È©L«≤‘IDƒô0¬ÿ§4¶FÏë¿ÄDêP«Ù22§˝ƒÉs2•‘ƒkÜ∏ìÇ {ƒ[”}úÔÎ _xäﬂl
˘œcöß1-ﬁ»ëKPKPp<åµπ°j˘k:3ÙπΩ°ŒÂC«C<"ó4F°∆DCÕå¿c%Yí%…14¸N”p’˙$8k=%,Rõ/“ç/ò€
)≠ª¥Ö»-+¸IïYàÑƒÜh %3v<J’úPÍå>†ë5íµy‘#)À5Ó#-¨ÑV §&LE‡YŒuKVY-
"W,¬ÓÃEÂ
@∏ÑK≠Q/(Ô<Ãû„π=ì»Ñ øPíK%F°ÈK=#L%O_$òïD∑˙å3À`H≈A&“¨LÀ,¨Û∆CÙÃœÃ°-$G“,¶°ƒ
œ}f9å˘ôr≤ÕÎA/åM†‡ª|¸ñY•>AzèUö=>ùßô¨<≠HQB%˜Ÿ¿’®≈nêøÍ¥œá√ÏÙŒÎÙ?ÓÙ
°bÏ9!>πÒL√œÏ»="3°UùÉKåå¿ç§π˘<∑Æä°˙<òÿ[çŸ(7ùƒ≤Aå $©ùLDmƒSDG·;MﬂêPñ±íTƒs;Yª
£πõ”¢-ØnÈM‡úÖ[ÿÖ> N_ÿ¶x&9s ûKHóp%ÖK‡¿ÿ´å_§K«cÀ\§-åî-Ìú-ùWzΩKo
R#’Nπ√#B@Ù,üÛ¸Œ;<ÃåñlÃÉÂÎíÜ¯
ÿàÜö°®Õ¡Õ”˘]±XÀ)G ·à˘)ôÑHSbùúH÷.˘ åå;Ôò”©Ï>oq≠ƒ2C*ø.∂¿KóCùEJaT∫d‘P¢ø/
°?IΩT0ú‘/|À∑¸»†Î‘4\ZœCZM-=˘ıWçD¿ÖzõïåRGÖ3,
£Í(R#ÜÄXXÕ…ô‘L>∫€K[çµ¬\GÌ1å†D4 cÕ&ùB:ıålÈ˘“ª?
ŒY`„îê„2R<BE0∞4◊Ÿ@◊mÅ∆î°!≠Qx>EJÌ9Ì°\H}WÔî◊U√ù/-]/<KWFÛ$É}‹`&°7b®HrAx/ù
µ™P2û)é(-…
Å˘
y?¥Qx”XZa-¢,Jlà’¥AdE÷Z {|ñîΩ/◊)§
"<
lùV·¸^„,ø@≈/6êªŸ\R‘[ÙøÂíH8√W°’‹z≠-∑¨QøU“Uü√ﬂM]C0¥NdCáÈ$ÉàR6|π»p[@Ö≥x/•&•&ò`
P&»/xÉ?h∞Ö·Ö6Ÿ „ ç´™ìûA,ﬁ…ú4ï)Jú¡Ê®AÊ∏¡ÂàG’QÜí>&†)è
-Õ3yŸÔ‹ò‘-ıJu)#nπ?à4√å°◊ -“ >Œ¯5√IÖHÏ‹√∑§b'Óp•b06F¸-’Û1ı-‘µê˘≤‘ÕfPA•Ç%•Å•;∂
„XÅ<^Å•PÇ%ò‡'»Ç.»÷`A®8° ∞S≥êQ∂/;‘§dRàÃï˘{€œ¡£< ñÈö¿&˙∫û˙¶£±≤°•ÖﬂTÂZ`e¿
°ééAû«√∞u[ﬂxÖb!≈‘µ,˘ïﬂ˙-/,.Ê˝H-ÌHÔ‹»Ii∫e≥ÓÏN_N`e®I`∞Ä∞Ä•
∏„8ÅXs>ÁrNÁX•(x`1†]I ˆ£3
¨ê™+ﬁSà°DﬁvÑaúA6çíÁÖ#˚ ·π€¨<öå}°8~åËYxÂ˘¯»ù
´8≠Æ<bõmïñÊ»“{5/]lﬂˆÖ,ÃÖ9¢ù◊a¶__Èq•Üó~iOç/˘=œ¶≥N¸T:ª9∏Ù3f®Dx%HÄHËÊp¸Êoœ„¶ˆÄ
∏nv™¶Í∞„u6g&Pàåÿ•(IÊ§«-ÁJNôQ+ cÈdcË,‡ôöX∏iy∏•ÿ©o*>¨≤ÏEäﬂ4
äÓGo»#÷ä«´√î“∏iƒNl≈ÓÈ∏dÈ°ı?|]i˝ŸïÈq „öÓ‹iÏ<Ø*(h6ÆÎîâC/•(j®Ípœ„”é
pm©éj;ÆÍH∏mHÄHÌà˘xÉw™Öﬂ@IWïd„ò4¡ä‡Xä¯ÁÜ0 bı
%Ç∆¡∂[iÂÎP˚¨N>†å'à>™lÌª9ëZ^óå&ÖQb±Œv≥>k◊,Vl˘ûoƒé‹˙ñÏaŒo∏åiπÃ_çÏÜÀáøÏ°õõ„¸=a
ÏÜÜÖ?•ÇàÄ†Í wonj©¶j®j åÄ••-
?‹œm€œmxg7†P®èàf‘ù∞å%NπcC”∑>vdSó,qÇN8∑∆&k nÌ∆£2 EàŒﬁã€ÎQ?¿õYí€ä¥Í÷sÊ°}Ô'¶o-
iñÜﬂy„/6f_ˆŒò∂_˘çp-sn`spx@åd(r3‘Î∞ÖrÜY®7ÄÇ8Ì£Fj∏c<ûm8Ä
Øj-ÄóÄ†jøÏ0Ò/ˆm&X•Æn*J€≤ë¥+
%íZQPM&Ë’úƒbUª∫u†öB÷ﬁÓû™8§§à÷ÎãõËk=*·L'‘ı‡)_R†K,ñÕ…Œro/œWp@ve˜ÜdØo
£ùÏ0si«Ôawl˙ïÈ/°ÏM≈õÀˆ00súªõõÓû^970àY@1†„©.Í∞p∑„HÅèÍ£.t™ñ-˜™>t‹ÄH◊m¿ _/
†Iòa -·çdy˘íÚÿ$>[åK^ﬁì†€8˙¡‘Å£¸˝2rÌ’«-ZìΩ“T8¡>ñ/‹t´˘CÂ?
ëﬁeﬀﬂÚƒnv ÌÂåîÈaÛ/¸,oáv2˜vo¿˘Ó^6oz?•S>´≈†å-∏ƒòIp”ÓÌ
üÙ;6ÅÅg£œ˜
g@ÍB'ÒGxÄt‹ÆÌ• •Ç?X¯òPπ÷'à?àM,7
áÕï,0¸ÅFå-q Q∆ƒÜ{†‹#◊ ä!îuàœ|&˜ﬁç0o>ıÆîì»≥K»ÀÚûﬂÚpÿÚfÁe'7Û0˘,»Æˆg
˘B¶E/ü˙¶O˙ßü1D¿˘h&’√C-åa/∏êp€ñpËfŸ∂c0ÁòÌøm†¸H0~‹Æ¸Ä'Ä∏èÙ‹NÄàÄ¿‡A†ÁÎh≈•˙0πﬂ∞
¯ 2ä0÷µV ÍNµÂÂa>
˘<*œàZ¬Ñ’/Up÷ÆYœ*dòP°™Y%íöUëT)T§Pï" "©êÿ∏ç,ŸÕ%…
nﬁ∞yÎ¶í•∑ò2eÜS .ÊÕp7ΩÌú)”eÀñ*ªÅ*¥€8¢Jì&=ÍÚ)-®PÖ&E Õ€8nV≥2Â∆‘õ÷n‹Hj)M7g“‘™E
+Ìö3aí≤‹•`!ÅÅÙ:-·ÇNÑ8ë"Ñ]˘ ¿¯±cé‡X@cÃyDà‡°ì7í*
cÊÏÙZi∆RØfõ˙¥≥÷kçó6;Æ3eòç)√Må3bŒò s^õ^Ô%ƒJ#¶¨˘@ËÀ|
|œú∫0Íåv „Nùª@Ó‡wLX·¡Ñ'≤oüÒ,˙é5¶ƒñR/SñF_∆TÈì'N˘-ìN2ı$‡M‡(»SÇS
UP˙IïVWY(XZç%ñXUe%Y,GñkÆqÛñ4ÃT,≈
wÌ'Y8`ÅgÅŸhBa'ÿçM÷cèè5∆f`§ dg¯‡Ö £5wlØ±6õj≥Qyq∞Ÿñ€m¶1C˘[p∆w&s¿Aùs-=>rƒ¯ÚÊ@ﬂ
ŸBû‡ÅYûy1¥Pü
’“+®X‘Hy‘)%ëe§.È∑R˘A(Å¸Õ‘SMòˆWTQX*SH9ïÉ.]Ö°KUµƒïW±&+R û4ñ}#û•ñ5k•µa7¬,√éù
%êçÿ%ò&ÿ®c`8êôd†òêíY÷òeH)$^ `öî∂iô•Z≤≠U%[ß-f[qÒﬁ&Ôqjöåúô…)
„\õÀ5áù0”E7êú>’)^ûT√ÊÊA≥∫-z©¢J)iƒQHiLJ}!€'TÑ%käS84çsÈÅ∏˘≤0 é QØF·~7µ*7
‡hX°UAsÖTW/ °XŒ§%MØJ„◊Õ5≥°±¥4ÍeÅ≤6jÌl`xÎC:¶a˜8Yeiwä§få
0@+0·Ü$ ˜%j%bπ[lÎrIeqºÖYp¥ô…\\¡'¡W◊xt÷aß>@Îû¬‰°◊ÁyöØ˜{:_H†tdz

£è>*)•'5)¶-"dìß*jÕ„'ÍR®˛ Ô̮Æ˙·XYq#éX»{e´ÜHü¯´"-üx
1s¶¨'5fÅ≥\vA≤D•ÿbî}-ŸŸr{‰ë`‰íDÊÖ¢'bKm∑°ã˘nfi~√[oäÉ€å…
4¬)Œo®∏'M¬ÿW„ñ#06'):œ@ò/∂c∞]lg;ÂIœÊ˛'ûŒc√È6≤H±PR@1ô•xí2Ouj'5…IÕP ÕDBØÃôÔ,
‰3∞e,¢ïá\Ç<‰©™âbaZjö¶4óDCj<Ã
Ïí¨!¶kZt-p∞ïç8¿¡»   úœZÍÛQíÿgÕË≈L(BØΩπÜo´i
l>7<®8»-„ÅŸò‰Ë∞Ñqêíw,N'„êZ\P"ÎôH°J°
åúptq*Iíü◊±Ú?8Ã Ãd'†"»˘(ØK'Ô|wîSA≈Bc   ÀÜîá*&6ÔâPÏU"ûFK@°äY¥Q÷†•5•ÅåêÄ ∆F≥
iìdƒ÷b 7«9∫èmèâfl
fiä<fiI˘}KóïÈ..})p∑!`œ∫îH}.•Å˛Z"„
6∞G$;4uØ«AÚ§ß°ú#·()¯h$#•F'ƒMU™v;˛ËMNéh'+fiM&QàB≤X`•ƒn,±UZ¡œàN=_M1®pC]VpÉPmYÿ
kñ≥T•Ωh|‡ãÄb¿F7zSR-„≤*Œ∑çSIt|å"‡I|D ¬iK<Ôô%°…3pÃ˘ §oL£¿πÊ≥4q/^%P…
Ñ;DXA4∏-Óx-O}TC$6ã[LDt(¥®F>ÜäT:*%@ôÏ>z)-≤Sfi•¨,;uçœ/d•πƒÂQx÷íû˘X2Z/_
"¥,
ôPÏF4$™ ï®-|V≥ÇÀ'ø8¿©V≈&-x-´j¿™8Ä¥zÄ,f^]"í≤ §;íU ˙3Wfl^H…Û]Û‰Á>ì≥»√-
†èlN2<[¡ÖQí∞zœ√Dÿ9â
J"˝]);ÜêÂ">JÈÄp(√öyv≥≤<®hðìß§TB(u…≈≤ªüäò4˝ØÚâÜGA1zΩã˘Øfi‡fi˙`®œ\ñ÷ltM
H‡5™Ê5ßµm6óå◊í.e™5ôk1·jÅAâYLIo¨È€ÁÈ%<‰Fp˛M\à8Efiï_»°Cù…ı'œwRhûjqêADbÈØö}°ÊA
±""¢ÏHΔ{ëYtß}˛sX^ËQY∫r-3ÌL<;éöúVóÓ%UTñÅÂ)C"ÒÃ2û2≠W>p(°‡,¯†≈"<a°•1Àÿå∞ö0:7πœ
'.ë,C>Y?◊·:ÄgÊ&%aúE6≤ió<ì}{÷s8ÍMÔ·«/Ä6r†a~§1˜ÉV Ysb9˘)®A©Ÿ=âÏF.≤ë£
&±K8»1RŸA∏Ü
fi,hs◊üçq•:£-™8tƒkHV¥Ê≠Ãb[kLQ˘`Çã}†Ñ∑‡'Å-◊°&∆y-∏`;ñ75-TZÉë»&ßcÙ£[À3+p¬ñLl>jÈ
è˛€RòpC8¬-∆Æã<drò„@8QáN€vy_˙vGŒ∑ú˘;Á8+v¢Às|8v®?˙YCˆ®7‰MŒ˙Áfi1„a¶6•îF?/¥í8Ü~ô
°ßÑ∏yZ©;†iÀikx∫Pò∏P}¿ÑUGÜ˜ÄéB‡=≠∆F)L´Ÿ‰Jµ‰ä'∞/Ä˘ç/¿ˆûÑGbøF]»ñr »°Ó7eäWô
¥°HΔ-gqsÇ\õðm=fi…NÄ≈"∑¬Ê©'Ñ<˝ïHù≠> ¨_.ƒhJ<EÔŸ9ÿeå÷¨ıWðh˘•[gªîPUz÷™}
Öâ¬ª]8ù˛r,ŒP1·K
ÑRª¯E=˛ª«¨ò¿¯?˘•¿   »H5i@_ÃrIä˘Z ÕH¯÷x^^∏<
(Å Ç-DœÈQ   [°fi<˝è[ÕÀuâÌpG
îMRB
"ÂIÔ5√¨«öü'=ùIÑ(yLÛ…«)=_§îÀ•-ieJÀ<êŸë÷ Ñ˘€}flÔ¿T<U/Ö-]≠®
¨àÿKùHØË3∞»äëƒM\^û,=^R]\
¨ÄÍ»p †åë8W…ı»8,ÒÄΔ/Ä‡QÖ(¥E˘l Œ…"òÙïPıúŒ%N   1\,"I«@π`ôaûÿ…
ux•◊õ˘◊"ÒW'5ñ'•€{òíe,∫Œ…ƒÃZ_ÅlÅà¶-IÕ¢ÙıŒ˛€Ô§lè>Ω'HÙNAœ/ÕBîQ>fi‡>@ÚV˘%'ö@
¨@7¶@˘•8äë»qÄ»5U«5ózSTY@
¯¿,AÌëEoë˘˛A-([≤u ¶ûó'Ü\M,ª•ìœ°`&N1ƒ◊ø˛U,       Aå`ŸÇ"≠≈†bπüñ÷UîÄ-GEflÅmJÉıD
˛b°'ß†]ÑèÔ\ÖçKm≈¡e·Úêmmö"hÖ3TB5/ü‡ï¨'_˛ıü(U˘Ÿü
•¿P˘_
Ã¿   ®Ä   à\h÷FΔ'òçç!îöé-±X@ï<∏"Ã\Z˘£?,ú·•\#Ç`\Õ', "?© '˛U"â«Dváöï¢b…
Ÿ_*÷ÒmdDÏYVÑe°,ZflŸ}÷ÏâÌ\JIRÄ¿K~°Ìøúj±J≠£áiK,cN˛í√QP
•îZ'Ã8öR™¿   ' ¯T'‡_`îÄ˙¯_˘•°*fiˆ(ã    ¨¿R≤¿„Uì<ûY>IZ*öflL?é`ÍıΔÍÈΔ$`\rDõÎA
îtåY'FEVézfi   ¶ú]$πa$aŒ+l$ÛçF®_»ÖªYü
MfÌ'êe-»°˘¢Àú/°äÕ∞
œë¡U≈á…'üıô◊=O70*à/oíöPÂ
ï
<Ê   d£   §Ä
 Å,Å4Â Ã'¯_â˛sz#ÿ'®
ƒ(∆y¿ÆÄ Ãò¯(,Ÿü4
Bq§ïb˘g[ÓF˛xÁÍ}'%&rÙìu4‰&öß_˘'ÓI‰}ê˘m"|Δ'{TðbÛÖd,Δ-eñÄÇîÀ¯,É9&¢
ËéJ˜…÷/ÌéSÿ≠°T¶ùà[˛Z "¯Ä"ï%"IúPÜ®ÿÄ
ÃÄ   -¿SŒ@är¡p¡•TûË'¿äBj§äjàÚÄò*‡Ëéä#¥•_ F«!fi≈yÄ<®"uÚc[Nôââ‡»•°H,≥° "ù°
          vp)Dbá@¥†û∏∏≈'¥¶,'Åƒ°XFØÊ+JÇ]®g(.˙ÁŸYX.Ö Ö˛¿Ÿdáúà*ØúÖÜÃÇ!Ü˘®PŒfl
îZãΔf
|*§ÅƒAòåhRéËéfiÄ®BÍ
‰Ê©ð&§j™∫aâbÕ˛'»,ÈΔ"∫∞eyd≥ı*!ugœ≠óUÈ?-âøåvkùA•‰x8ù˘¡Áò¶"}/ΔD«T6@
-ûK˛,•§§Å/ÑΩh8¿ÃŸiVÄ√5»åÄ(ƒ"""IË/Ÿ<±™ûΔÜpC,0Æ@‰k£Çhâ*§ÅnrHÅ
òËäÜ*åû¿à¬®
¯@k.¡©2eç:÷h¿R˘ü-ã˝1Å$êfixÒ@‰flå =Uôî}   ∞í]EÌ˘ñôA)ÃQd{B]ò
fFÊÒMÎÄ!&*¨ƒ--•¿KÏƒ˘:&ÿ-gÖTK0h1/ßÙ£'äáhü•iÖK]≈Úûf˚K¬ıYïh(<Ä^ÿü˝•-¥Ê¢ÜË®÷§h

\Å¯Å#¯Åfi¬hof#¸Yjƒ>,·8n^_8ï¨bÕQù¸AÍ‘≠NÆ≤ˇ-≤P≥¡\F€A∫◊Bf©ËÍ-}TB]-`íõ
Ç   ''Eú[÷uƒi±©0êT/°Äö§-éJ‘b≈“÷ÃH%≈M4·h±◆À-ŒÏNS≈g/‘j
Ö4LLyfNÈ‘Nr3@¬
$≠
˘ï£fiÄ¥®¿Ë
ÅK±HÒ
, Å
îÄ¯_   ò@lJ™   x±ß® Sä*®:ãU“·∆9Àåƒ÷ú@°¡, «n`ä…pfF¸êÊpóêz!
ê#aiúêY≤Æ'BµÁB1å†4DõE+ôZ>FRîÄ1¶Å   Ñq   á∞¶<[Å~
+Üâä†=¶J4a•◆NUE9hLÇ&á≈ä¨÷Y†E“0É.Éxü¿P9*‡zÔãŒÄP±¡<™`H¡ó±h@0*ó±5[@œÄäBj
àj¸Ó^≈_T%¡H¥ÄîZÌ±í~‡=-˘ì#íìπã!íAí'òMí¡°◊≤.‘AçáØ∏ôA[ÚipŒ*~Ú üuÚ*qüÓöcö§Ä&®KÌ
Ì≈E®ÔÖ
ØrPx‹ÎÿÚ´ Ü–ñÿrÉ.xçià.qàBÂ
Ã@_@≥``A3
îq   ê |±{1   h¿RµKÒ®ZÍàñh   T≥ °ƒà¯Ë≈’¨Ä"°Ó
0A0<˚±iîZn≥ÚÊ*G@…@'≥v,KÚƒ4Ñ◆>lò/ßEåí
–á~2®ëd(˘∏RÙ…‹Œh%ö-˝Æ/X§AE©\a®°JJ_6
Ö†>óHÚÏL,
Ã¿L6TB•
¡3cÍ¨Å®Å0œ@   0µá1
îÄÃ^Rwo;ı@uléjâö¿·À¨`gÄQÀÈÖ∏¡,àıªÓ‘¬ù√Ò„Yã`#b.ïé"¡^"˚Àõ¥â\É¡‡`M◆”iBüB◊'Ä)_∫
˝ıb∫P-vCI÷bÀX4“œi’é ’∂◆Ì|TS¥DHÖäHü‘
#Ú∫TKÿ«πR/K°[0É5à≈Kc
iè∂ﬂ4Tñ@®Å`*ƒ¡àØÅAQ˘q   HÂk3oW@–vlÅTGjßVu57Øï‹±pF¯ÃÕ%”âm˘†√Fq@)w∆ÀÍqwñıStå@
         îÀ*B·   'Er%SÚ$_raÊlû}Ã«‰«|øP=Ê]ÙøõD´D‘÷L*√9d€P0°$VØ©(hW
œ†4ÚTuõ∆XÃLÛLì^ã¸¶á_1¥6â˚AÙ¡ﬁm7˘´
H±lì¿ã√87ó@jcáªmâzÄU&ÄãØïúØqÜ^¥íä5/\â1\Z8CuWnÉâmx'∞$ÁŒ„êßï7≤ñ◊Waí∏Â5B”'(!
ü&∫iƒ(ù˘»®Dß(ÅädΔ”ö◆ùñ‘ÃhtÎ¢.Ú)Q§◆GöŒ∏≤+_˘KúÎ∂üﬂP∏20√X°4¢á®0ìv§ûÄá”¯Ùâ0z
$H˙`ÅLÒıN_¡ÅPÛv¿x‡∂
¡3Å§v€|£:ègUg‹@å¡¨Ô “∞YK#,jll,¿\Ó0í‡]˄À@!Î?oCÌ¬ˇ
%Õ≤ôó_2ŒÜ™êEòy'ì÷d&!”b_hÅÚŸ∑˘Ä bØ ƒêÃh,ó
ÓÏpW<Ög“‰Û^ßìÙÜVÏPô∂P˝˚ã2q¡Ç#<Ω#B4¬§˜◆¡§;Çﬂ„Ït≈{˙≈g<
H±`¡€@√á¸póÄtÄØyØ7ê3˘AZÍÚ∫DËOw ôıR°lbA≤$˄ú#˝”±Ô%Ï#ÃxPpπuy
¥˙óBJ∆Ï`û¨ı∫¡P◆é;’®
fb 'jﬂ˘”+è=ÄlúKfû€“÷0û˘àKÿ/’˚/Q7Öá2X7 √‘Ù˘ù∂ﬂA$°Ç+tÇ'åÇ(ÿ˝(åÇ+‹?,∏˘+t¬˘5FäÃ
†A£   DäX¡Ú∞»#Xå¥1cÜ 4$◆Ë§É xå◆Cí1i+π9s˘“/Kg-]JsSfNcÃv^Ûß-†ŒÑ9€Y)Q
¢ƒÄ.ÛıSô0¶¬û
€ı≥*2¨VπÓz∫À˘÷Æ]µvÕ™ÂÀ¨ØZ≥ÿ÷Z€÷,+∂lK©öE
)U§ÓÊÌ˘˜ö∑¿ÿ∫yÆ0∏¬ÜΩ!˄˄‹c…áwãÏX≤a«î3{K¨yÒ„¬õGw«˙Òi√¶Yè˚ÎÌÙiÀ>∏πf˝ó∂7n∫«’˄Õ
˘ ò√c*é–ç'ñüp~„
%quÍKó.XÆ:çz4 ”'W∞^ëÂ©”!G|Ã®)Ú¸à
"X÷ƒQ√äïâk‘P,b√Á8Ú(Å@äAí"◆¿âJúëÜi¢â◆¡
o≤ÈAú^b∆=ÏP&fÄ≤eñ≤~râCcî1F)§D
Fbû™äFaîπä™Æƒ"À˘™´Œ´-∑Ãzk»µàúÖªJôeIºúÃkœ∞ëÚ/Ã8ªl
±»:”r≤-;˚rµ»Áö1a”Ã5.]ìÃ2“ÛÃ≥ql√Õ5nh3
∏ﬁv∏;Ì‰∏ô\¬…fòéDàò·πJptÖåP£∫O^â]^˘‰GÒ√GÅdîR]q•ïV°s§5◆P#
,‘‡Éèı÷(C   +∏XÉW¥¡<ÄXê@–É°êd%i∫âFBòd“p√úrf'£¢öîO
$ëîY∞]Q[ã:J™®“J>≠∏,Í∆Æ∫™Eò≥ËµΣD∑åÑÀ¨!ÁZÚÆπûEïR
,˘0ƒ/Ã2úÃ∏‹3‘F
≤Õ∫|,∞∆N{76…dK’ ˚kÕîœƒ
P=˘§≠œﬁz–oöŸööπ©ÊìÊJxîÁä¿¢H\yeSW<ÖÆè>Ï3#3ÃàÉ@D•UG%V˚‡#Z˚àdÎ5/5±˝#ÿ©@
à`'ô•ŸhÕ©%i≠^CQ¨◆'P@A$9Q≈À]∆üdî
®™p‹%™…u¸–ó´∆*K_˘˚ıw_Áó¨ã/Ω¯Beñ¬TÔ∏,–(ÜÏKŒ`S≤à≈'Õ0MŸ≤Œ∫¡=KÀì≠5<v˘çò>3œ>˘¥Êõ
à„∆˘ö@?1¬QGyfiŸJ-≠ƒhÎH}‰”˚zH
5,h$î©0^NîPâ$G∂Ê£å¸‘‡u
¸**¬¿“Ä0íë@XpÛ($çkË--ê÷¥0Ù7kÅ[/ %!   √·»(JQ–â¬Æ«©Îq9R°
ø"/ÕŸB-jÈY:ó}≠E.¡ÿR0ª¸Éyç≈#≤Ÿ9ÃKµ;

b∏ƒ1œOv¢ëLôp∑∆∏N1≥ÅMaà˜>±P¥-û\∂°òUc&¿©YŒUî¿'à£, ¥M}<ù¨ÑxFâ8¥G
W∏¬Df*˜aÌjZ„C$h•Ü2ËäÍˇÎflC*Bêç0†@0Ä¥/‘BuÉñße!kı-'~ìF‡$ÅàA'rπí2¬®L(L!F2`$9
´TÆr=
U6WØÕ)t7¸ú¿íTóR†¢.≥Ä&*2Sÿ5àKÉƒ¨π∫éΩFuûâLlxg°qVëLZ™Ld>3‡â∆x$ák
\FF‡<qNÒÙbK™g∆öáÉÃxˆ,•®Ïï`X®–ˆÿPWX¬ê ü“÷ëÖ]©a˘x®_(J5äPÑ,`k§#œ∑Ü§ÒÅWjË¬}ñ¿É\
Ä±8°–∏7Æ
k¯4Cz‘PgÊ∑Í\%ñˇ!1IàÎ®"í*å‘µå»m•Ö6˙âÂ4ßπ{ ¨ ‹◊-f(óÄ1â.he“7Ω1%
$íC3lÇò¬ö∫Œµu†y,„YªfiaÈäò'úË¥O>©¨O,∏ìbÀç∆™Òy|GıhÉ≥E…ÒQqD(q©Ì|¬°Ö$>”N2í\0√•P
´C∂/§Ø–hˇÚßÜ>Ä‘~¶uöEçP
0@ì–§
t7ê,PÑ†µlBìSÇH'~Û…R] DàÀPS}QT§J\JÖóW U≤/BØj._EíXóI$ÄÒ•`®+[3•p6¶w
qÂ“}ª%ò∫fi5úÓ¸ãñ∫˘®œéâÏwπK•ôl√◊9πFàînËd'/íàOi£b"X®O0Aéx‘t.@BSFÉÑQZÛ]°Hxœ≤?Z9
,TÎh(PZ€Û…™Ä•TãìV/paÄÄ–%‡``ò≈2A ZC®3ª‡s;dTÖ∫ØÑ∏~≤]®4ÆqÌR°Ê∂ Ûä≈*d)
A7C; IˇR´ôÑä∫/73·\ªtfl√TN˚U¥îÊöfl‡“¨K
^≠:;)±5ÎÁ{#F«Ç≤|/4ı®W®Jp·≤EËl†ÜC–,h˘€_Ÿ∏ »+†Ì5`»{∞Pˇåfi∂¥ËËz‘`k[7Ñ|àC“˙‡”∫¡
]@¬–dk ∏Å |·” ˇ4À[N%t˘¶idÀ%–X™ ÒáπAEDÍí7U'ï™%H(9"Ø°∏Bñı©sÏeoZ}¯Ã≥¢Æâñ,≈=h
π>fb∞ªÎ¬≠y&qZ1“lçÁõx«ŒŸ†Ã∞éµF54Ffl‹ å,ãâmVj52„J‡¨PàÃ‡
\Ú˝ÃÄÖô´A
FêqFJ@É‘‡=∂∆Bq*Óà"≈Üqà@É¯âê¸·U,‡Ü5(¡ h¿µPÄ• ›˜OùqÂRéõoîâπñ
âv˘"\efPÆ¢f≠^’Õ.t°Xé9:”P‡wfKí‘∫gµÚàÅ+9≤â_,"∫ˆ0^´(–ÙôÔÎÍì1à˘e ∞Ü2î°≠∞^záıt?
≠∆ÿ†¢V∆'vm,\f?Kiv’øôs!VX∏¬4P
Ã¿!S∑¬"–âa\fl£ËCfiå–@X»D∆ñ^9Ï∞∂∞¯ ¬¯)ñøQã‹ˇ∑†K–≠nPxPË@v©\H]prRÕËÖÕ•r8'¨êIÒ÷Ç¨
ñ©Ifœ¯"·2O·.õ(OäÚŒONÊÑØBèˇGv“Èx‡…ã\"*\XOn,ã¸ƒO"ãfú°Héü™«√î ˙¿,@?fiC ˙‡˙
@Î¥Ó>x?L††à@}‘Ä¥ÄÆÄÈÜT¥‡é¿Íf†F@!n‡
∞@ |ŒÁ≤¨L†/†•0Äò¿|Å¸Æ·ßhˇ¥ÏC@%ôÅñàb∫¸ÔË¿
Ë*°ÔvO+(ßÕÑ!°T(ÖÃK•ÿÏ•‹¬•Øˇ≈¨Ù,≠–äö:cb¥D–(è–F–w œç˜
ú.å∞¡NCÙ -ã,ûúErêıÑ·ë·À0çj£ãˆñ'&ò°˘EzlçêÉ"÷F!¢Æ†≥\·•.™> L† ÄäÄ˙¿=¨Ä¨
"adAUD!“¿´ŒÍH†:Ä~?ŒgÊ∫éR@ÏÆm–¿TA¢a Ñî/.'
Q‹^bExÃfÅ·
‹¿°¿>*Aƒ¢D Ç•‡ÃÔÌfiÙÕÕ ê•hhΩN1Ò‹ãIîdœ.–éHKnøm∞ÕMêMY0ı…Ú†r5|1PúA+VR,òtpe@ÕåÜ0
[Çz≈f¡
fi£¨∞Ä◊:!;^Åû0i‹`kN´J@Z≠~•–¿
¥‡
˘ˆ†VÆ¶÷
∂`¶oà†*†|Ü>éØ∆Í#ä@ õ,y@|a∂·Y¢¡oòÅ#Q…4ªÏÀ\œ*tL/‹bhSjÛ6u°%Õf
%'P•≤Í&ıÒ(p'Oœ,Î¨ñdv≤ibf±1(Œ(ÒJuÌÆ“Èàåá0ÏfY,Ï)3n∞h#î¨!w+]œ8$ãez–y®ßCÆQ”™ç‹,
f¿™£÷Ú=‘¿-u!\!.qÏŒÒ§ÿ≤lK=∂i§ !~¯
SVfF¿èé¿Á®•|Ã/≤Ä,@"`Ï
¿Ã`∂a˘~J4„MòÅ∏+ªqZPâıéQïqb¡ÉL2†¿÷°*·Rb¡6g+·Ö)|≥óœ&{$ŒÄ$'síΩ.–Ω|Ú'Ô,ËJLd±(
√≠ƒT«TäÕJòh5¿≥)¡≥c≤»m"≥√<W“ıà•+ÛÙ&Ö8f¢ƒ™AA fÄƒa
fic
\·˙≤c>Aè:a¥‹
i
•Íl§ajDÅ∏ê Ä•
°oR÷†T{•∂Nll‡2†F4 azäÌDÑ•fÖÕ~BEä"´ipñZt3·°.ò¿Á‹‡ Aèà;ˇPAzÅ•b§7€,[_Úãì8âS'QÒ
_Ï,t`¿Ñ3&/õÿ))√…≠l–fiØ#“/4Ù/Òµ §%ZOr”‹ÕìG–O©≠q8™·f:¸`Q‹¿>·π‡%Òba≤CNR%5T"°lxœ
F»"Å/IïfdaÅè‡
ˆGÍfi–§¯¿Î¯gÎÿ“¬o…‘à@¨aßÿÆrÿHJ$ÕŒ≈®ds•*w!*AYM’à@ Ñ4Zı®`I±c`q$*ûÇ©bò¢¥[Âl_
$•8C«Òö¢d(ÒÎΩÁÚÌÙ¶s^À]g¡6Ê]˘ôpÔ5B%4`ï;Ë‘¨Ù`Å„±™q>%z
E¸Ä f^°Ïé`ı6ˆRÏTFa@=ÖV¯Jvë˙XÀJEÿaà‡¶œ!ÚÁ
|ÌRM
‹†w©∞v∂ !Äx˘∂Ak&ñ°,T7Á¢W°"[lIëıòQû·6c·HÀ
≤@ *È!Z√„∏∂ba7_§I˜Ì+∫™[·ÃGvƒ•J–è3œ4Pö–µœ–KÆ≠iëL…ÙLïí„Ó*ˇ
+p„i_≈Û_W≥6ªñc∑“`v8úÒqIìw*Bh¥Ol|f
Fa^A˘¥˜Ñ!ït°»^•UUµVheë8JÿFÅ¯‡
jW˘ ‡
jŒ!ä/izóŸPm,Ä¬Oå• hØ·ñÀ∂Åv!}˜®@Å6Ÿ"fl`§Ñ¢¢Xêcg·§÷{¡W:àÄ®„ƒ»√kua[_,

%7{mnÜéKÁÇòðî/¢âœD≈§,Ëä∞
8)ôh6¸ñÅ7¯ï_çÁ_waÇ-%.ÖNÉ∞Â¸âo¯îÈùë4ù¡Éç‡¨„nØ¢FÅQµWN¨Èeâ @u#¡…dÅXk¢Œ
-ÄÜˇ#©◊x%i"¡ÖG∏4ÄT†ˇT¿ʃ@ƒaîwî¡t¡>!"´>ä'WIy"F'E+Õ≥k!ıîı5Ω |
+BV'Ãwk≥&ÌÕ*ÜÊ)»bò¸çG¸-,
O_Ï˜¶Ò-jœ¯Ïu9v:O¿NÉä¿)oQPu*œ3"Êo!míyq%Ñ·íÍH-1/Q6ªToîkÜ49 Å ä†{Ò?
,÷¿˙bñØ/ìüÆè!ui&Täö~lòeS!tπˆ†ó;!kÏnÖˇ0µ≈¯cïüπR j¿Ã†q,≤Cí¡?Ak¥A≠%Áú3V}ÂÿDV≥
N"ì{˙h¥Œ/∏@ î£"ˇÆ+ •5<Ü¨iiíéçIJP±kAŒH¨TÒotTqˇÂ´K„÷1¨ƒ^?cwP√uhgK∏wΔÊiû
%Ñûn√õœ3„¯Ñ.I˜Hè2ˆHop%FÓÉ-ØWo∞r|€Prª%^aÊ'@y
F·sSñ'?âÜ;ʃcR°TBÅÅBA|ˇ£"[h!ñπctÌß™{WÇóûOÊl`, uD"ß≤yò¡∏˜öÌ¸†©ApP¿≠'?
<@·é&v¥ˆª≈†ÌÎ¸#¯tÖ:FÂ*°¿+-ër •]&',à≥é;'C‹ÜÏL
°wà.ˇÏB9ßIêù®9ªƒ]ŸDMecúƒ©wdº4,ŒJl#µ?ŒM!-PêaG-•{≠cè∞„´AıVÔ∂ÉêV5Â≠z´ó‰™!,ÄÅÊʃ
•‡'ıû°öA+ë·»\Ö?¯Th¡ʃª€óYV@e}≠˙B˜∞œ
˙«¯Ï-÷ªúΔx‡
|AØÃß
•õ+·5°≠≈‹ÕʃƒªCì«π°"u¥ aø˘‡5oʃ˙&¬û'I√•%˘âÕ2q'«"
±¡5\≠vh≤Fœ§â+X£ô(M7FâéË°%&wÉ¥K€2R{«Û…)çG«¡à(ŒR/Ω»Q°…˜GN¶|∑U3GM≥ä4πARÈœBÆoË¸
ÀüA÷ù›ü·ÆÙÜmòÍ]";2!Ù
- d ›‹ÅÂ¥>é@H†Æ¿
¸@Ê Å∏Aœ≠a|jîa`·5ªŒ
ﬁ†$5=Z€ÿù#U| H|.]"ôï-o†$Ö>Çˆ®ú≠'ﬂ.ÒF,≈'7èØüÎ7ƒç3≤Eg`.ê70v@˚M(zÆ0C6h<OÍ'ÕäΔâ
Là=£¡"ÿΩB^R[§ıÏîıV……ìı,1`_Ú/m$∏I≥vœÖÀ¿è†B·‹˘Õ"˙ﬁ›"•·]ﬁÖÌÜ}h!h!8Aﬂ5¡¯}é/ó]·•
~™œá@J¿Æ`Ÿ§†*·€/Ó-£·-Ÿ{°Ì
aı›†≈¢ïjH¢U^Ù"1}YΩŒ?ʃØ¸!‹ÆXü≥Úéyœ^,¨%:ËIQËì)÷_˝ƒ &öznµIn)C
£≈d5¸dÊ÷≈'c1‹ic ±ﬁ£{<PDö{√œŸΔ>cMU/+Wr%≠B+,^aoR+Gt¡"iÿ±a>{vÏÿCàÅπ¢ïâñFYGq'àq
'Nô"E2ÑrO§L°>¶:dèL<k˘ Xô°√>n∏ƒâeç[4fŒ¨E3 åô≤]ü Ù'Íõ?nûˆ%ÎGYü:,ìµ+ 7Y∞()r≠
#F|ʃˇsQ'P±@°öµkó∞]»¯
Cˆw00¡Çw'2àXX≠Ωµvºkv-…î'OûÖyV©Ãò7œ"5Î.™R™@£ÚÜ:5jp™QáÁ
ˆ5'≥SwÛv;7Ó›∞uwwõu∏n∞YÉ{
|ÒÂ±qw{=˙rÈ‹ʃIs&LW>OùΔ,y/)ñÆø»î)+è~ó.ı≥ta¯º≥jÄ¨'Áf
Ÿß?k)„à+Ø,D`DʃC'PE
0u≤H≤»íJˇ(ô\∏"J%E¬I(©TËH$xD¬áàeÿtÑkÙ-GÄÄM4ŒÃhT5Û1Cç2ï4UèàDı|¨±q-Tdëx∏±dY0¡ñ
6Ã Â+¥ï≈Uˇ@íH'íTK{~¶WôÄ¶◊^∂÷ÿ.k>ÜXöçafYeîìñŸfûivh™ÑÜ)≠y√/†¨>F(°·˜
€kâóhjêÆ6qâ-ÜirÀ)˜ß-a#]®œqC*vªƒÚJSc≠$,!¨Eı•K≠ª‹ÂfixÅ%Eü}Aâ√L,ê-ƒ#"í‡Bʃ,Ñ ≥
2x-(£Ñ"·ÑrbJ¶B·áVàm˘à!,±áe®±Δê,BÇJ}FU#3€(uÍ'à@rÔ˜:'áCâ.ëYppkp°Ñ7ÿp¬
KyYƒQ'#¯,&*ƒÊÎ`hV¶ôq
ˆòdé-vôù)Ô…Úg®ê"Ág2œí®£ﬁß(¢Œâ sœ=Ô,ùrBOÁs-œI√
v/≈¬ }¨Q$Ø¨◊¨˘ù™*±lçk^˘ôgÕ|Œ'Gú5ʃ|ÚÙX`QΔú∏í,CÃŒ"¨+≤â,Áö"'|Ï°«hÏ
° '∏3L1¿%B!µ#e,H&}ƒ$%êj•à'ªeî3Àl3v5ˆ1Sç/±T≤/œ˘ˆKd˘\îëÖÎÆõª∂ ﬂ∞¬
%ú`¬ 'ÿPÑ\"¡Ü[^¸I%®âß◊öÕ˙ı±by¡…¶axMYƒ∂pF'˜ûÈ˘≤À~bˆÁüÉÆ¶öpœΩœ-
ÓÁ÷)túzÍ)-F+GÍ8¯9£5"¸ʃQïQàg=µÍfl÷¯âʃác¬ò05ËS
dàŒˇ-≈!úÜ§58Ç¿@,˜,g}ê"RAí`Ö2èz∞BíØÖ¡e"¨!„>t≠íÇ;åD•pπCº¬]ÀHöØd¥˙0œ»*RÖà}]êK"
Æ8<+òÖ-E•Å
V•Eàëw6•Å6@ÂÇ@Ñ˘Úƒ§û´•)Môú,dßÌMΔ{%ûˆ'ôóï40#E!
≥›¥~äâé"w^HﬂDrí-a_ß™£?˝≈O:†ï8.Ÿ
RY£ʃ-ö™∂%Ü>∏*W<‡+HT,èc ù!h
qà„<êE'>1ä>Ï£Δ≥>¬Üºǰ pDàÄì$h!Öh∞¬ÑÄhº3ƒE.œπ∏~à$')áœ>@BE‹Ü48wŸGt§;O^@¡ùQ
bXI÷P#\°
°,
rÁ;ﬁëq-R»B‹¿Ü™Ë+Áx…ãEØF¶ËF◊{Ãctqò;ât{~Ïû¯˘D»ó©f*ù%n()*Kœœë-ôﬂ¶Øπ…ônÚì•:ï˘úF
§Vâ«ïüxÖQQï™O$ØwÒ2xE:"¯ä'@F'Æ/ ºçhQ\Éœ˙'ʃMäDj∏Ç¥ê"+h·G8¬ßpVM§¬õﬂƒÖ,2"∏Ö»,D
à¯-WÏbÇ€ËΔQ∂!#k,ÉsäUÏwÒäJ`uá8Ñ±`¥d∂E Çîrá->ô`
ªÅ•≤`Ü8Ù·
PAE'√±2ÅÃcs‹Kú‡t≤>ŒÇ§Âﬁ*¸»ôRƒâ¬M©q) SòJrπ»≠$¸B%4úˆ¨ì<˙$qDy´üBm
BÌüRõÚ]˘•¶™.[Écy8J\R•ÅH]Ê!∏í
dÅ¨™Ô0ñŸL*™¡\h¿¬¨@ê≥í¡
h@Éaäª/µÆ∏'9K2íH¸'∞@Δ68«
ì\¯ùG)JË¢A{B©ù8DñØ¥Ã†≥RbB/ªﬁOx]ò·,ZªX'kc*Ãl√òZÄT1 çLdÊ¥€ë¸÷èﬂ"qQ

Ò≠Ù3èƒn¨‹
,côg2ùióÂ ˇU'ßF„n8U*dhÁê8Ñ†à•†™ê®Û(ÒÀ•*µ°ÎÜ2Ê3J@OP£|C\Å7ñp$úπh]VÜê-}’∞á©ˇU
g8ë^Äí}à∏•ÊÑ∆â!idb$ç•a(tAç[±•¥œÿÏ#ke%à/»h4%äPV‡ÏlM)9°P(i©§ÑÜÆ!µn0û ë@U¿^¢f
¢Ìl„TΩí’©∑ú!©IıîßÃD≈
_!_∂,€5àbÆsõ€‹Â/t9‹-d˝8È3õÍèÄŸZwûµ¢“π≤≠¬ÛwSÖO∫¨á◊b›'8Jm4cüÖ«9íãã|
Ûõy4§iÅË¸ZÆ\ôð…4=˝imâ˙C≤∞k„»©ÍH4¬Ø≈`g
Q.÷√ÃqRÍ£Û$£◊∫F+ö ƒ2î≥»>¬j∞Çfi5€∫ÛƒhºPåµ[˙í∆v‹ó¿¯¯c∏≠^í‹Gsˇ êÈÊìp7SH)2
πÀ
’ófl«œˇÉ9∫5ùntΔú…Pr#Ç/ˇƒ™ÆÇmU=•≤uoRÀõ¶ZRpîõÁ°EgéçÀ¢ôä∆HFHézÇd¨˙µ -`ìj∏h∞√@≠
CÃ‹[®∆-Ö6± è7¬¢hÜ9∏±ç%+V±’8
È∏çjD_◊…h∆4†·
Ql"ÅÿC™©"àˇûù¡=`ÏÆa`,¬÷Ö5ƒ¡oŸRÚ∫∆„Ω8Ô«"„®c3'zî=/„=¿eRÏ^2Ï^nyWˇHWo®°eËÌÉo^¶S
Wc¶S9Ö?ã◊lÊf‹’*‹-fÄpAˇpUEïTü@±[∞Ú|Íï^dœ" √‘!∏`z5Gj ±zÕÙ4e@lF`‘D{e`'j
(°{´÷!‡ÇsÜ†júp
°†sÆkÑ#~6/Gót b9≤t--∫@$“}iê[`,GZpuÊgÕv'pPÏÁ0X"ìJQ í•
gávfl∆ˇj2ΩµïG∫eRLÜÏ6íX\∏R®∞Åô®â”!xô8f,ƒ1£ ¿Q¸SgxVgtAUqy∂g%TE!JRïˇK’`,@
/†
Â¿ãœH{ Mô0r¥0!bå±B®7§3ÅNH.Ä£’àãç#a
/¯`'°{;'$≠•-@
“W
I46QÖ^9k€`Á-» -ç-já@çÇs[~GP…^0ø”u£eH‡R¿]‡ál∞%Æï@gW5˙wà≤eäÅo2'óan%\{≤dõÅÄ(>•
ÅâG”
◊Pí'&©í-±í+©Åôÿâıià°Dì¢Úíõ?˙c[uëä´¯Vëp-8@U ¯1J»†
ÁU
ª®
œ‡ãÂ`Êê
Z:`ÒeW‹hW@ÿPˇ0x'-cu,Twp{ã¿Wè„ñŸ"ë† ≠&
√`}M)/$#ΩíD-ó#€PUg®Ø
~¿Å-}zpflá[∞pË03@b$FÎg4@%ı~√}¯Ú ñ‡ÇNu5Å2á±&k-&í!=éòdØâKVÄx2PV\z'>(ˇùÑ
&)
&…õ'iíõ]‹”â6Iì/9ì8©Iˇëu- ©sANÛfê˜
[C5°6õ∑^∞r≤≈pŸ@û/
ßpÄDpÆ‡ûÆêU$î
2
ÅÖ}`“ VflÙ!ô`ãp{#2ÍW!B"9ˇ õ`Ö√
/Pé[(}72/xI
:
gÿ
$ÑÖ‘x:w0ÇsVZE¿è§•P1∆;`ƒX¿Cˇ PQgâPT±†m}¡~!ëâxj¬Qzd|ƒGçQ§'c2uRË\ìàwóh\/Cí-*.ôe
°‘õ÷QíÿP¡y•_J]≈…33πú‘Qì£24˙#I≥≤Ù íp1uî‹Öm◊)+Êaî‹πy’`¥2òù‡qsıø ø
å@(P:-¥üéÍKY%-wdô
êˆ,
NˇIÖ´∆!<9ŸÚ7eÄ`¢ö/-î‘êDH˜@Ø}Ó®f)ˇ"Å†òh0¢πäègkÂY5¿0Ê«;cTZF ‹q0ˇQqm©cÕ∞£‹¶&vd
ôdnÄHzuBwM*\íeÜ•óÿ3T†2úƒ)¶ÖGƒfZ¶--ÆÒs•e‹EtÊ@ïJáê@|ëßz∫^õ∑î»0ùê7xPMjyZ∞°z;Ä@
k0
Æ• $Tñ
“ÇrœbL¸ VäSë
}ÂWÿ™$Ú7h`¡'zÕ@
…†…PéÙ1/-˜@

¿-
¢†s|PçhpCK¥g0é~,¨3ê§EôΩÛ;7ÄL`cÄXgÆU ∞@à;
+‹∫ˇ>™âH≠ªUDä≠vR•0LzwÓ÷n‡äH/cH')
[
úªi∑¬ˇT∫íƒyú£íú»ôÅ†¶ûÇß
¯ErQÇ˝RùÄ• ∫+ÄΔyÎ≈ßI©±- zS:†1ÄU0"Ä#∞#¿@$Pê•ûY%©“í
ı 7 b·

Xrπ≤
2-é„·,ç˙e`Ü¿ëp
∏¡†Ω∞Õ∞tJáKgû√ê}ú-j<§BK¥d∞∞é©èZÄøzuœ£¢ƒ
<∆:14™:6Z `Ç}±^#bªQ÷˙öô[´†§"µ')”03HÑ¥Ä,•»Ÿˇ∑ü2*^ ¿x¶fA„3d*∏g/ÅŒ†ZÉO^ù
^j˝"T˛zπˇ ßØ™f2
ë†hÖM1A0∫"∞0@6¿£†TKB¥• pÛ
˜ı
Ô©≥K-é_ç÷ "Às¬ÎCñ∆_68ç∞ ¢Ä≈·
Ã[+]°°Nw
¢† å`èz†Fõ∞dk°∆g5œ,◊5‡0X'«0F%f£q•u& í¿êï@D9&-√Qe≠÷JRek∂é°2çlÄü-
∂†°Äá∑sÀ
YzÆáá•&©ÅV …0)¡Í˙ÆÄK¡Àâ)˝∆
¶®¡ﬂµ∏rJù™ﬁYˇπ\Aﬂ)∞Ø@∞x@û"0Ä(∞ p√–P%†]ªeôUF|ﬁ s(ç+1°Áq¬ã†ïFô&¥%*8∑w°Ùx£‡
Æ‡ ≠–
–
≤‡≥ë †jP`‹À´_•UPMêœG,ár<Zzÿ¥ 5c\‡oÅ/ı–â†–¢©m
±ïv∂E≠“ïöA∫[¬p§µ¿øé‹2Èˆ∂≈5Hr[¿0Sí'Q∑øâ“ó|
Y˙)ôâÆÈ∫Æ§|¶áG*5Õâi∂¨–í–¡%¯iqπˇhbhî^‘≈©Ç71a.ZÄMΩ£ã0√
–P* á‡ uˇ
Ω ÷ø€L–((Å–*a%Å†>¥C21$h¿iE{ü¶ãp°¿
¢∞◊ú
ß|ö0∆â†ä`hú∞Z†œG–MêG‡Yq\40ôΩ”¥)¿0√ZFF@µS!;ç~ö§`QÛª£ı;Äaª=k,£ñ°–ç‹ø/\0F€Ü“∂-
∑ó¨∑ü|í3Y∑√ˇ€Y‹‹¿0m?Ä*•\”5ùx5mä9Ω¡^b/©»ä&ò@íÎùx ßÁ
±4¿Ñ7Tt{("1•‘¡ÃP∞p'F‡^]Yï≈\Åü\·Cf=†‘ÏÑgIÖf?≈TƒÚ‹Vd•ˇE;¥Û¨ÅP"è–◊/∑
öPÿ"j¥u0¥guˇ‹ÿI–ÿMÄlr<ôì…;*:πc©•/;m/°- tëà±ïˇn≤[ëëö4ÆG}ƒøØ›øèË„x'3L…,
\ö|“Zz‰u¶.˝“∆m∏Åkúˇ≥‹◊µ?Ÿ≈Ç
≠TáÎiu∂5É∂úπ¿‘L'¡r€{U0ﬁ‰=∫∞†ﬁV]P\èPŒÔ≈Äpﬂ?ƒÁÜ•C1q&!ËdÕÁÇÓC>‡Ê¢Vé‡s}d 8j)ËÉ-
†w@œCÎΩ`–mÂÿŒèì
,óyô'Äu§UÍ+1\‡m¥”}/°
ˇ“DÕcâXëdûöd[∂∫~ë∞-j˙à -Hr;âêâ€s{
c^…|ªíu´∑'ë¿>¶«¡c∏c∂‹Ÿ^”ŒPpâÀÇJ≈”$ÿiø$§£•t6t"ïðÛ,¥_0CÄ¿,Ã3°«LV≠Hvﬂynﬂ zNi˛-.
&.ñ!Áéü,29ïFEQw˛a‡èn‡_ÈgU¥i†øΩw–Ë°öÿâÌÿM@;PÚ!n†~u ∂¿ZFE–PoÒÍÔÎF
MˇRQ: m"cÎ"≥/òa–˛˚[ø'„€jRpãHƒïÜ#ç
∫ù‰Hı“±“ƒMı\4Ùì‹Pnˇì§,
fÊı]üaÿ1[„Ìﬂ≈”ZNg‰ﬁ≈T+Ø‘{ı7_{uÔB1 (√mﬁÊP¿D`&¯^ˇéxﬁÛmﬂ¡{NêaÿbЬ…
CB,•ˇÇÂVU0d¿ˇùˇËèjú∞Cª∞êûèô øÈ%oÚ≠_*•˙* FòŸbc¶uêUë}ú‹†P °_
†ÅàÂÎeÚöì§6N∂°ﬁÎ±ùàê,HÜ§wµ©Ù“o…ªç˝*â…{ã"F3Ì1]ÌÏ
Â/œ‹Hcäie˜]WUgiÔ*
¥‹•ÙJ∏|A;t{€[µ˜ËU0$Ü(6LX∞ˇÄ@8ò0ßœGÄ*::t–Fâúqr2HN##9 …Püï|¯‡yâè,WäÃ†A£
ô/d¥•ÏÈ3(ò/UöÄ©ítHR¶EøÄ9Bc«$®™†ZB´
3éÿ(¬√àÿ"J∫˙…¢Oü$U.(U≥vÌ™µ´Ÿ]œ¬vˇù%,∞›°∂lÕ:°Î•·Uµf≠öÂXÚ, •*SûE
U)Õ§‹ì,˛Ÿ3®Y§IÅ*Ö™ö¥'≠Yøv›M∂ll◊ffl Ó∆
7nlª}èõ
|∂n,œá{„Üyrn‹§9
U¨X†/ZÑ“vHù:µ¨Ùäz,•¥:ç
ÂàÂûˇE{ÙËπc«Œ2S¢!BÜ¡Ñ˝4H@Ö"Ã‰ê>,B•êâ6˙Ë#N §ê&å§Bñ˙pÈ%>÷XÉ&+n:B™ò,2NDë
'2vZ±ä•ÜX™ £öH¢∆$öhb™J ÅT¯±Ñ4ÅÜàK #∞`Çä8˛`+K*q´íπ,B ÓÚÖ/dvˇÚK¡£Ã1¡lQ1
5m©•Õ∆"És29-„LœRÎl3–P„¨œ–∫±-P@µM∑B[≥≠5njÎ¶∑FiÉí∑€Ñ3Æ“,äÀ≠9ÁúiÅ9g†€È,˙;∑:Â
‰Ó∫˚°∂Ã%÷â"ŸÉΩ=–Éê˘;Ó®£é˙ÇÄAÑ/ °Üh†
lX@˙Ädëä"Ap£é %K,v$G,t ˜† ã"àòa®Jjä˙J\Q≈ôÇq!`Lbáÿap-°HPÂ
¥“‡‡"ã@)∏»"3‹ÄƒíXT°NïR±âK∫∫˛Ú≈/œFy0¡€EÕ3ka¨Õ8_û≈2Ã0#%3<ôÙ-˙Ì3ŒÌ-h†áÆ¥hKs´î“
nѪ47J≈YZ∑·2ÕÕË≤e<*±„N¡Cú>ŒªÏ>AëPLèMTrÔ=\„;cR6x¿X‡@#Ã8Z>0ÏC"ˇä"E€Z≈0≤6ÁP
…◊∏BätKÿ!'œH¬)¶òZ±'ßòB”áá!rÿ!¨ÜÑsÖd=aäX,8‹à#H*±§cP¶|KíO‡ í∞íÒ +/ª˛äâMñ€§œ∞Ê
˝˝YŒóYâLf rÓl¥”∆è´î∏‹C∫iı#}‘8LóÜ?7Â§.ö“ıek.SMÛﬂü´ëôu¨c*µe;8E
§†Uïmé@œ∑2aC,bäpè"pUá$a+›âµÄ<*‡Å‘>ƒ°ÖÉãñE2r∆=Œ%Ç√–J`“°+\°e(Ç¡zdïúÑ®
I®BQ/˘Ø)$%^ BÉêVƒ,I†Å+^Hv*∞∏∞Ü8¬w∆^\TA°*IgY ^%ÿ°»0oéw"ıòÁ2ÌMÊ23£SÕD3>Üë
Ç•†Ñ!Iäÿ¿∆ë≠1é£$âö%t√∑!Œ%ç£4˛!G~…á'ëúqp£îÕ)•3î!àÈò U/ÅD+¬B78kÅáÿŒ–ä

eå®†-®A;|avñAJH¬òPD ˛-à¬µêå/å°„«°5dA
¬C∏IõÅaI AF`∑-¿9ÁéX“}a
ˆ\£ƒ`˘,H8P˘t†0(¨H§¡IfÙD÷.÷Jã
çZ¢FóÁ29¬â2¬»#ˆ/¥«Îeœ§/+E]rÒÅ¬êßπ(b:S§ ¶5ùç£/Á˙uKÛF)ÁáøÙ≈/8üD™‘LŸ?¯ß9Œ`Ü0tA
*∑¥®äÂúÖ°5Ù¡
xp√Å¡ùX•'ô–ƒ/,àâE`Ç≠ò∞É™`∑ÿMÑ ≤˙fÉ.Aö~CÃ–!nœ–Ö,ÏêΠ¿,4e‡Ç%{#úãD8Ç
*∞Ä
T†£A˙ï0$4–¥=1ëiÌ#Å¿‡ü"ÿ@(@ÅŒ÷÷∂ü-ÿä‡$fl!˘≥P≈.™ã)M…Jíà≈Û∂¥•Ê·1eÕ’##››ö4fòÒûe
>óí/¶/ui"9^ÿçßÚªÕ%flö4Ÿ®7©?-*‘Ä≥‘LYC n\±flUAB´œ
+79%Ü5‘≈(2í¥˛“¡muÎ|™ÄÉÏ†nxk@3¿h†\,`[hÜ≈.V
fi4±c)k#¥∏≈E†ldlÉØ‘'*†¿@[eµS*˛íõæò/wùËâ¨Âg~D0[&'0ÆîeÅÆ<@
eLÑxÇ;UK¥E≈ÉKrÔ«1flÖ0uÑÓtEZ&ÃT/'Ös-dñRµt|˘â<§L]z BıYPÇ/©N'ITKÁß?
eé(ã*5Nf2ìHÖ’Ê{ OI5.eÉÑvÒ≠∫¡”Ú¬Ω–M°e;gI&–∫ ª’’ä ƒDãÇo†Ä@ÜêÄÿ‡°áıÉ‘–Ö
+HA î5dºÏ"<†6Äˆ≥â`tŸÿ5»â
H∞Ä `Ä
/9ï‡Äå88]ÎsÜ#»Adxbk]ªd
l`∂Hñi£¨ÅÃÄe `±_‡w]ND"$±_∏‘≈1rÑfiF>R…Ãëéëis≈◊\>?bW•6üwQ£gC∫tQ'« UÆSÛN≠í∏)˘
%zÕÀ402ß©¯Îü8öc
˚"√“ŸÅƒ¶9˝5@|öCYXCâ[jå`ãÜé–ƒ&“ä C¥/≠ä(fT∞NªŸöÑ&|≤áØÏ6ƒ°ÏÇÌB≤oph≥›3x˚
‡œÇ@/38¡äî[lì›n¿∑;0n‘mù0ê∫ó¬¢Ω…ÆΩ∑ΩoÎŸ
ê¿˘ñ‡Ú_0Cœ O"ˆªfl∑ê¶ÃÁKsÎ]HÊzÆüYô®ÁìÑ„/ÂàŒBÓR=œ5,˝Û†%˛ú_RHSÔ°;iÛEÀÜìI≠π{˘gç˛
Ÿ˜œ¬5†V!ÅgΩ¡Ë°f,òÄÖ•ª¡k9kZ˘5Q¡∑^Î. ¡j˝uö∞◊K0C`[v3§]Ìv˘;Àª¿êª0Å"1ÆòÅ4
∂ÑhÄPÅÇëäÇ@ƒã{!∆{∑!ù)Å
ÿÄ†º‡‡CÇá)#Hàeÿf.*·/DêK–(ÃpÆZh=å´û!îÆ€c34ª8Î∫ÆôaÖ∫†3›ÎfiÉ©∏ΩòZ9îªÜî„¬J¢“îÙπ
$¯¬îû≤¶bé˛Òn–9û≥œïÈ:N≥•˘Ú*nb,&¡%¿§Îöç–ı”∑j+
"_!É$–$ñ»∞'c∏Ë306∏D3àÉJLª%h1Äðê;∫;R$¿SL@18l√7o£Äd!Å¬´Å©¿¿Q7˘¿Èâ&àÅÇ¯ßà≤ÅJÄ
Ë7ÜQ≥CŒKe88∑H∑∞–È2É∏8äÆ1”4y=?∫ô©.9·∏ò±iÃ¯*%=J–3wƒ3Fœ·ª©D40Ï¬Oöı,G•"™Fs™DK√Í
´epÜjP%Uí*9úC¢C@xÉÆ"∞Q€√äÏCÛâ•C8õîò∫™´:
Çµ9¢!ÿ:ª≤µ2°HD!)ËÇ4ËøóÏ.Ë)DµªΠK(EÙÄSD@˘d¿®Å®H'ÑHœ¬ú»ëdFl¢†0≤!¡Àÿª®Éí≤
@áR6@ºTË2åzûÊ–ÖmÏ®3≥∏Îy.$åΩ∫¥ÀÎ¢ìYx¬û§Br«òä«øNπiêÜ–Ï√DÃE1>¢°
GCö¶™ıööÙQ√•“ûS•˚BŒ\»Íp˛Bäát[¨∆Rí«ZÉCêï©êè&ê<DÏ ºÉÄîdÄúÙƒ.ÕflÙÕ≈Z)#∏P\XS<Å
8Åû4Åü§ÀJj´ÅE<¨Ñê2Ç¡∂®êÅê]ù0A2†•˘†ä∞¢(T¡Å≤
"à¡â˘é‡Í
ûÍ®ªXΩ”¬∏ÎÀp¥Æ‘†ìr|ÔâΩ<πvàä¿|©D:Ãƒ,LÁ(Ãöbçùbç,ÿ–ÂÉœÄl>3H5‘ûcÎ©ö]∏™UIä¥0Îê<
\Ú[G¯T˙ñH∞ =PÑ;»ï; ;x7ë<Ä%Öº)!Ï5$@Ç%ŒÒ¥Rck1h6Å4¿ùÙIËÏä<í#9ÇHßXl
¯¨∏6H¶Ñ]T7ÛÉ0 •Äë÷±ÕÉ,Su™<∞.úäâÖ]Ë‡BÖ^@UËœYtKî¡ã÷˘k=˘îå!Ù®ÅåÂGºÙ‘Ïäô'd©AÍ
ÆÓr«}GC≤–]’¬¨P|,œ{ºOÍ«4Ïî»ƒ§»ºLÃÙüÉ\•]–]h%™îÑNΩ†Û/Ó˚£C∫≈z±@–ñ®ï0Ñ@
¨ìèlµD$ù$ò \3!ÄÿÕ‡†R+ïIfldÇw]`ªR4EÁÙ∫äŒËJt!
Ç#)<ê≠d1®Ç ∫*ÇêÅX<∆õ;m"ëäpùÇB®/“J
0,(0Aèª¿Oª–íÂÅT¬¬Á2BÈöKóÒ(Ì“Ω–∏ÀÿÀÀî,‘Õê¬B,ΩEU¿Öƒ˘ÙŸ≈Ïi/`
G–ç–Z]ùLõ€Ÿ∏’˛°$˝ŸU´QÜŒÜÒ»öRqQcÕ4M+Ô+∫OÀÇ+Ç#ê1+¿q¡ÉZy=êè3p
€3òè^¡“ôÿä≠biÄÜxÄHº∞±XÇ¿eÇ.\ôdÇ¿≠I%‘IÊ|Nü|;8»mEÉÿ(#(
0ÿ¿@Ö'≈•®"'∫"§»~ôª9®ãUAœRÅêÇ5xBÏÖPôç¢]Â¬4[Æ7ª›ÁZPõ–ù˘‘‡•Uò≥Ô˘)D
ÚÅ«fiÖxîÜm8Ãh‡ÜhêkêÜhîNŸÿ`Ã@C»lé˘π’†Ì©K©œù˘;H™÷´µð∞™Ã¥µ•
¢Î<L:,xª˛4(4@É;_4h[∑≠É3Ëïvº(†h&Öx0◊HÀò“%`)xÇ·dÇ'‡Ç'êÇ√UÇyµÅ†ª @ÁDEÑª#Òäº
$®ä‘ı,–™EÑE¨`XI
%j£0ä©®Ë.“œrA(bÄ@@ÑWŸ].ÂJôG%Ÿ/EYÌaûÈjYu
Œ¯NUPO%fiè#UúÕYû≈3=['VmUFØìSîfiP/}<üƒC3¥LÍ”Lûõ/_VT»/cÂØÌ–“Ùœ∞"∞∞Õ√õh¿#84˘∞Ç3ò
%∑-`&`ñ[“–f≤8…Ü0W
Ë[t5ƒ\Ó^%àWPE>E>≈H∏£NÍ<Ç˘>ÿ É*íZ˛NÉœñaä…+aO+2®Ñä≤É≤@:7xbT0‘ëâ]G-ŸIeKÁŸbHΩTÈ
¬Æõ
A åÕàô!;¡ìõπY*TfiÊefiÂùP√Ñ^’ÁÌmÌ5/ñs4ObböúcC˘q√j`Üj(»jπ`≠ÚxflC]MsHà|ñ;§–”¨,Hˆ
--ÇIFÉ3∏É∑%˙êÉ^9È3x∑’äÅŸíºf [`êÄæ]0De¡˘a#$‡ÅÂ\Fa6aQ¥1HÜda≈ôŸ¢--ÑÇÄÜE
¢Ü˝·©<"*XùoÂÅÄÇpk`Ö/ÅÃ;0ÁÒœµœbÁ°∏ëÇ‘÷#)Ï¡ÆÎù¡uÂÎs9–bB,=flLxàPR∏fiÈ%L≈˛Ÿ√L9Eq
˙qZJ»Àt√5%9˘Qhe(»?œaÕ˜Õ¥˛BV˝Ø0%‰˙
5»≤Ç9Ø8Çèv€ê&ÈKñïVÈwì˚¿ÄÍ
p‡f:ñª¯[uÇSve%PÇ√meyÂÅ"XQ<Å¢fi…ËNNl3í&†¡–¢0ŸÍ,Zì

É-´˘ﬁ@œë°SÃóÇÇ-
0!p(ÇI5✱0†bqÆ>’sπÊoäÛ(å´kΩÆ≥&¥ktçﬂ>.œ∏Ñ*D§Ô
Ãz¶xåg†ﬁh-pgÿ^W≈„√¥-∆.C®ÕîÂ-^ Êc7‰πÃ∂ÜŒDÜÜ÷ÖY¯ÏÏ-X: A8†dµ√∞
+”l,÷NÇé>Ÿ&ii&_q72Xi“·ßŒö≠À∞°/[R6ÅõûWüñ◊SŒiÂˆi`XNYF·ÈéÓÄ\(í¶ÊÓ)∑¸†Ä%#(I¶
✱\ùzqë¡zë+
Îê2l)”x6¯6sÎnV÷ì˘okGBÌ ì„≠õ≠ôø>ÁQçò,å<ªÑ¡.π¡I†ÑÍ≈✱Á8l≈îﬁüué’ é/0_…
÷ÌuÜ>vCe∞/URh˘qahhdVÜ§Ò-ÊÁ4:‘™“ˆ™”Ê.Ä,‚∞éÜd+-Ç!óÌ^°Æm<û[
S¡Xf7GÃ+r’ÄBœ…tΩry-Œxun∏Å°^ŒXÅpŒ°.a§÷úÃ-n}IÇ6g`pOZ”%-f>oÇÙ¡zπó-Ä∞nAñoÅ∫Ä+P@
àÖáãìÁ∫,åõ∏èOÈÅô?j✱s;Q✱ûIgÓíp✱ä©T≈≥
ØpS7ug∏ﬁ[˘øpÍΩÜVØﬁÁUÃz™-¢ÂgT∑©5»˚,Ã˘í∂÷®óÒcﬂd˜ØÌ´ËÌ€™>ËqnRm÷ë#i∑ÈLVÚ∆¡#òsì≠
ﬂÜrnÉÏ€*OWú∆i$`wü°ñwü4·ËÆ;Ô©2‡ú≠§µ◊©Wä’ëúòäÒfX(∑ä=(L,'+W
PÇ8K%ŸäSûé¬‘…y€Â#«`gud✱ªnÁMçÿ?cíK$ô˘Gx¥w4uJêÑø^U∑Üù«p
WÏEπÜW∑
ﬂüﬁÿ-˘©M»•g˙ÌlœéÖÈ ÍxÖ¨
mØËá˘D†˘¨Zcdiüv•&{-Èlw€¥?rqóH]4çrrÖÄ-†¡Ñâ6V✱‡·CaB#   y∞X!qE
äNÑ8A±Üç5fòÿ°#«é$Iv4Iî#∆"(à®Ä≈éö(8†ÿ0…Ch-ÿ4Ëí2P® qìÉÜ p®-∏‰ÂkV≠Y\πÓ,™´Vÿ∞
\këùUˆkZ¥hwuÌÍµ‘,R§Í/µã*Ø>R™H”>K™T^¡{AÂu   1•RäAQ"EÈ1•Iî(I∫<
≤≥hŒ>{ˆ<π≥¥h-∏Iª∆
u7’ÿP√ñ&çõ3/´k£¸ÏLŸgﬁ î!˚-l◊.]≈u°ä•|˘ÚWüûwB‘   ıC˘ÆC˙ -ÓÄœ‘g¸öÚÂÀp¡b•Hë#3
é±rÊö˘ˆ…ú!£_˘ò)¸´Lë3U¿8UT1†Å
≠`7$%ÉCÒp√DUt¬)h°G3|§$ê4DC-f9¿0¬K"p¿Å
*Ïp#N8Ò%SM@˝XSJ)Ö $†ANAé@ìh∞Çâ®◊Za’2ñ[gç•%[kueÂñhÕR ^uÌïfaÄ˝ı◊]z¡…
b§@∂ÿbí·9ŸbìÔ   (ôe¶öh†ÈV(j◊§v(6™•fç4÷Z®4ÖÚúp»É©q»ÈÇs ΩR…süà>(‘ rà /}◊ù
´ﬂ¡*^}ò∑ÈYëÎªÓjÖÛ’7~r✱GF8Ö:fÄBÅ 60’T   0uÑ6ÿé!CRHë∑ÆÄëA+‘@.â$à
+¢f",…HA;!ïÉ
;"’cAÖTìM3Õt/ $-AìOËÄ7@RâWl±Ö÷Xeπïò_ay÷√ø˘&ay©2'_ÇÒUrbà˘Yü*C&f/
[h§£   ZÛ§≤ÕñÛ†∫A
©3ê¸\¶¬W‹,∫(áÙßüœ“t”£NGu/b>uW≥z¨n-JÎ˘Y†ßû°Ó™≈Øø~ë_~˚ëÒü¸ô‰ÓM6✱UL’†@∏Ö<\QÑqh
ÉFjtP
•@Cë9¥»¢%9¨4Çâ◊t„RS~cM!iœcÅGLïÈTlBg±ZYVÃ÷X^…ñZ≥ÿÚfeœâöÄŸÂf`köL'ù(ÎI)v>∂d/
*≥h;˘∆å3÷GZ/ÕŒHc=3ÃÛ}-ò*C4q®ÃÇ
“…-Õ¥”ØfÚ
(¢Bg™‘Yá´¸ÄpÌnîáa≥Ç/√´/ ✱Z √’ñü∑Ap
,í†NÑÇñË“"@ì®•|(B€ êﬂ&,≠˘oÖ+9Å
jôf@qõ!äVrAú®†':,RäÇ£‰®H7ô   í¢Åå`Mà¸Ää≠»%.gπÏ§H;àYÃät©À«|
G<„èÜAô]@a∆îÂI1óyﬁe(Q   ËI"éí∏ΩwΩÈaof‹˚Ÿ¯˙¢ôo±H˙baFCÇ¬êÚcN”,'?¯9≠Tü@Ñ‘ aù✱
‰<˚y»[âÕ
d´BœP∂°≤mocëÜ- !T∞Y¿   ïp*
"»∏$tÉ_fà<¯Vá@"¶$&H °bêÉ&T°
-å¶äÜ-ã'9°◊é8por`$ A   nt§ë¿Aã„à·"ê¨ êÑZ∞D±åë)v≥€ßÎ¨H¶πúIåfcÂDP„Õ
e~zûÚ¯®?Ò)fp$ÕDìG=ä¬`F˘Ü&„í}å<„'ŒhHG¢Ù}✱´K+·äO∏¢”9’%˘êINrÚ;„âC≠÷6±✱&IBHÜ/Ïg
m˙ÇßÖ!Ar8x¿jDÅ∫A ZSA<@â`ÀÑ`˝ñá<¬ÇÄ»Ö4-Ä≥F9¢ïî§dQXÇ†@€l…jT£#é≥àJq
:@ÇA
RPÉ,êÖ.p¡J»Ç ä*Ì¬˙¯Ù ïná•∏Äbe…üÈ“ªœ¿)dÄAåjUÅÑ“i2ê
±Lkª≤àb&zq§åq=cXœ∑Œ✱Ì2â)‡ÉÄfqàì>T@ëf,È'$A]PP7~†Çd®b·äW∏¢ŒÅ%-Yµ?8BßB/ã>‡a
ÒEOfv-uEq=%€îJÜ*°“ïÆt0°k&™¿S8 ≠¨/≤A8Aπ∆*Väd‰&✱j
<‡r≠Ä:™`ÄÉhVÅ
(Ä¨ÉÕ§s
.ê_ô2ÿt/$40B,‡à<<"éùò§ ®SR_ÏB˘§eWªç]LäOÊ˘b@-W-0¬ˆåf§Ñ%¸$âîΩ13m£©ÈQÙ∏ $
œ∑äË&g§ÿù3uØ?Ï∆/ëNkéxC5*Dújj÷{Ò¿ﬁ>°WœÂQC-cıAî˘ï!äQúJ˝¯GrBÿ4‰ÑêÁ`|ÄT °’ßÏÕÉ
+∏$Çåx†√ﬁ0/óyfYV¿ô“P*≠Ë£-À^ˆ"¡lK¶∞5∞
lÄ)‰aûÄ,bñ^ÃB±-∂*0+$G-≥,¸,g≈2e≥òÖLt(aPÒ±Ω∏)å!Ém˙¥1_ﬂ^NDÂËog◊éø#3åªÊ·C,œç≥t˘
K:dÏ>áŒtVéû!©]äãjï¥Nz≈„ﬁ˘,·Ω!W£ı-Ë2X
π¬Ô§Ö0◊h^”O>¥Ä=-`7Î&Új✱É£o¢ïòÑ√∞         B@Ø>´Hç`XÈ^Gs
)ñ†äQ PÆà7åJçñ≠®†4®¡≥ÕX®¢œ✱E3êå✱ÊG…hQ2ìÛyEØÃÓäRﬁÓvg¶Å÷%✱ C,ÏR¯◊*TÀ\v„ó7√ß0◊
V¢rÃm!0S3cxÛŒ0ÓÊá{p∏<Y§"çxuI˘»9„π,†∞∏≈IµËT«;:yO„KÚì´<W+«ÔP   ¨"^ÜW?
f2ñSóÂ˘˙V∂R≠5   ,◊◊%ËñvA-™¬¶‡’N´<-}\@ËNJ¿¢*aÍTPÒ®‡JårFö%T†íN°ÑÑ\àê-±ˆ](í¡<

YêiŸNgï€îÒ]ÜVôxE«îÃaîÚlYòı[ffdX¬ ƒLÇø}œı|è0(Cô†Fiîq†œ-Ã¬râ≈Mƒ'‡sú'Í)"#©'û9Õ
K}¬(TMz9BÇ{ùG£Ì¡0/…ï@a∞ PÄ»≤∞S˝«˘È«)≠Â÷IŒ‰¿»Np¿<U§·È õµìÜÖÄº≠-ù˘\Ä
ÿa Ñ¯q9Mä•X ÜAPA˙9'LœâÅ†ì
∏∂|Ç%$B,êB‹-CG±ô˘¥ËYIΔËé=å(œéœÓàbΩâ`àå%ÿÖ+ƒbbHΔBë¬fÿ"(L¬ÂVô˘õç ôIB¯1(1Üœ
*W˘¿EtQ"5ú
é
ƒ]◊'ƒB%T„I5çx]c®4~¬t‹.£°£›†#ûÅ|h¡¡$Å¨à¶a!Ä`äeZPŒT9ä∏»ä'ï'ï
°Åêf''ÉTK ‹°áyüáY@Dj@D§Ï!"â≈"¥M˘˘ÑA€,D¿‰êR®@[Å ≈ÿÄ,Å|B∑≈B∂ÌÇ/$É0,-¯›%
Y-áf-ù[LÃ›
)BJŒE,E≈bó-âTN¬$XÇUbe.ƒ-VZ0˙ç‡/ - ƒ-tT1j¢YM˙òQ%»Y[N£4F#5›ás(ír◊≈ı Lu¬©§{'J¯
îò\fÊòM;"ﬂc
Å'M¡˘,<œ‰»@ä!^ÕD±ëZûa¨!˛úp@DÜüXÄjF§4plv]`ÂêO<]äQ!,Ù«˙}°ƒÄ3
Å@EtÄ'Ä˘òA8ÃV@QO.COñè-
uÂu ùÇﬁWÃŒ?}EÓ%NﬂuEÓ$\xjÃ√'*/Ö%ñ)HeTJΔUv%.œQ%L¬ó…QWﬁßø˝"Yé Y˙'˙˘¢†ZROçY$RKπÂ
Çƒe\ñîƒô^I]£5≤û#e‹x}#8a•˘T`Å›·™\âÍûŸ§ﬂ»cÕX+IÃ≠RØΩﬂJ|°fœà»gña©m¨!&$tlZ‰ﬁ\ÄZ@
hÄ8∏¶ı!Rò%‹¶GÚfÏf!JPIŒDêÿ)¬â ATç/Ë,¨ùZCOb'YÉfiñ˘)bIwö€Ì•ùy6`ﬂAåiuå»,"Δ{*
Ü|rY„Õgf°QWÊñée(YJÄñ%Åœq˛*å4ΔBùëÍïî˛-ÂîëÍ"5˛T,¿'s°îLYí«'ä…j}
°â"«≠/«Ÿ∏„®Eä»#l/S˘G€DùâƒäBïÜ!píaB@_5nÄôlàâﬂí.iì6Hò&F:à∞˘D®X4"ñÚÊG
¢˚¡@pÓc≥Ø™-âLﬁ§í}€Ωﬁkõ~u˙ÇúRßΩV\°w›ŸR›x^ùy2%‡ïâBÂÖTœbBqôV^e%»ë≈˙€~˙õ§›*˘•z,
'¬›¿Í[ŸÉÇÍ¶›hv·`®Üj©RË+¿B6°LçB'TM•A¨ﬁ
:™‰^ ŸG~»áØúR•ﬂä›¶+E¡€Dù+·*+ä˙éÍh_=8kçÙhB÷"¯1@Ñ≠k2©ì∂zéVMêÎ4°XnÊfo∂Igxö†»Ñ-
%@ ,¡'$ŸΩ^§õ~õÅ^kPfñï»©ò ¡ÓùYxÖûÜö÷«¥'BπÁú»g°NB-Êb.JÇ}˛
†XlW -}¬~¶Æ§r¨ @j%ôò•ù¶ÇÌ Yßû'u•ûÉBh©ñ™Îçä'/ΔuP˘Ï,:{¥á§)~êÅ‰G∞
Øàe
S"5US…¿T'T'Ë6p≠°$§!ê÷_T@EÅ@ÄËMì0îÙ·çEMDNG∂ÕGÚ¶ñJPLd]açUòÄƒ¬0nú2•øRgfÏ‹lf5.Ë
MYﬁçg‰&,üÍ©i˝ÊÇ,~†YBó}‡ÁJÇ
_l/ƒ0ÄNB"HÇ ‹ßÎ •
#Ç$».[j*"-Æ3Œ`õ¨!I(],Ó®›"ÍπT%ô'|Ç'P«#TÕ!˛%ŒÚ'O={Ïä
Ï ®»;"Uà±∞(Ø!ﬂƒ
≤êRÄ∏Á@fR)˘ïV-pv&A™$Thm›|mçŸ"œ5Öi~k›»Ùä˛Bì€Æ´nÜƒƒﬂSÿäXê≥@ò
@Ç/d,&Í´uf≤øE-X''[…ùﬁŒﬁmå%ÓÈWT{&ﬁ†z blΔ%îpet•}ÜÆΔƒ∞£¬∞ÎR™$»∞Î
B"B"@WÌœÂÈiYC#ûÒ
û,uµ©-"H3$ ¬#\Àäy®¡≠§áâM{ÿ¿{-ÄTêÅ!'/†≥~|Å˘¥'%ASùäÕ#Åp'F-éff¿:6›Ñj-
x&›'»œÕKç]§Ñ›BÉéà˘€íkäUöäÅ$o¢˙Öa=÷˘S4ÄdA,ïì
.OÚ´)V∞\ÏPé,ûB.\ÿhiür•*ÄÇc‡Ær-,,UnÜ{RÂN+j˚[?Í´Ó§Δ0Y˛≤Î"ÇÎﬁ1≥ñIW"Qc…ö'!µl "Ÿ
s-œs ¬$ïóMu ¯ ƒO©(°„,Ø
-ÄÿÈ@ T®±ÿ~ﬂ~Ï*Ä°'ı/;ßƒ«„efÊ5Òc¡◊˘≈?¥÷r]±'ÿÕ[âü›Hı5Œ:Õ¿C2ä5A˚Hnb©‹ji5}/êå
Ä›ê¿GnÅ≤ô/\ß[p≤Δ,nÏÑ(%,ﬂ≠õ¶~âÂ*'dËÙU˛ ˘Os‡U™~JÇÈ Q3R"•XΔ•Î
Ç 4uu'Ç R#íÑÛ[ÊÓ]Z£V+Ë3[,Cá$L3$¨ ÷∏Oô¡≠H:2o∏5
ò@ Ë7[
ƒ¿â!ï]Ô«d≤≥+ã1UPQ±ÿ÷3pœÒ56%¿¿6Á#
¥Jdgì
Ã8›à åGA
¡âAP‡JÚ˙AhW4ic4äÏ¿Ä8KtÄTGIÁœ&lÀ©)œt≈†Ö-XgÏÏ√d‰ÍÈìœ¬*xÖµùh*BmYÊ"'ó±' 7ﬁ
Ø0Δﬁ2Q5u£Ó ¯Ú$T˜Rg∑0Á`˘[≤TvÍUÀè[í[Vc2ª^4OXó{k
˘°wòÚŒ˜\Å7sƒ[ó t
Ë°ñqZ
¥3ñ¢ÅÚQ›;´»Ç˜5äÙÛGÌA›«Äa'^êNlçÃ◊Δ˙qä‡â7Ë˙A'Äê@t4E¥dÊ&oÇ%ƒ ®Å›8 Hò¿!
‡∑πΩhúJ•O9]π'˘(2`nÁ)ñâªëëA1Ü~†{j•eÿ,}Æ≈NBu5wsÛ
$(5Íñ˘§Œp"sv˚ÚÌÆûw3sTw˜tQ¬4ZWË"B%µ4Ø7†√ zz¢Îƒ˘
§¯GàX:ñqV@¥ÑÂXŒ3YÒ%ä≤(ä#ª_wƒT^5Y"JêzÃ„hÑ/∂∏ƒŒªÑ´∑D˛Âï˘œÑàÖ≥!¡l$}∞8I4Åäòîg
´X!íAnVΩ‹≤q5ÌÄ≥ßÄÙ˘˝dÏV•ê˘?≠Ç[9*nLò`L€Ô∂nTM˚^a8Ü*˚IÊŒßUV¬,/
òkÏ}"ªzÛ{π.øﬂ{ôßÓö+œv˜ÆÑœ9¡?„'$˛Ë QuÂ∞ÂC°4˘A{˘∏A≈#/HÅ
A∞",DRP6»„ÀLåéñ")ÅA˘@ÕΩRÄIŒäPùª8S'^≥36T•˙˘T}/Ü"àH^
%b^QN®…J˝,§¯"◊∞7˘äpdD#¯'Å$H™1ä¨
ÑZ›'¿†€≈›∂N'≥?Zú}î«éy≤")órJ9]»=ïèÊ @êöÍí%Jñ$Qö$ '¬Ö
+I˙¥PREäITq-§DÉ$Å‹rí†7'0≤Q ™"'P.?¡KÊKõ2)} YÒìDD?Å"ÙS$AÇ˛r√ΔM/Y≤pa

¢Dä#<ä<®±u+ç*Jê@–Å√ÿgQ§E1Eå!UöT˘ReJí)C◆
…ã7 êæxÔ,≤Càå1d‰»#GbƒCÀê1q˘"D\Œ|YÌfåáV¨"áäØ4h'@Ìµ¥Ë;Ü4B.Ì)U¬T!fJn*¥eIídG
%,ºÚÖl◊.bªÑÌ™ΩV-È'≠W∑Uk÷,[´∫o∑Â}÷™Ò>ªsfl5K={˜ËΩÉüUj˛,P•JÅ"O
˘R˛˙Öí˛,±§!É,âhíJtHä$I§"   3 H¬é>i#A Lƒ6ºp™/ûàE?ô\öIEõ@ah@Ü\í£
+D(£˛@Íè>ËQD.§Pb   %¨∫™LKíTÅ8‡†Ç*®@ ≥:ä≠í8¢ä/´xK∏!Ñ–KØ!Ç◆K∞5˘Ò¬a1Àr@a
±9)C3Ü £LÜ¥2ÀÉÕ<ÀL1–s±ƒ"Ö%I#m–Tp3ÿ◆¢¢å)n˙-*¬ ÉS∫ËJB0,$ÅWñÛ∫Ëv±E:Ë™{;È ´uïR¥
ÛÆ∫Ùÿ[>¯|µ=˙P πíbÔ–?Ë@J¨!ä"öËAO&Ã6¬AÍˆ£íD"H£.òxbâsÅP¢íñNÃÈ¶õd˛§/àhÍ'HÓEd«}ïÍ
–ãÅÚ*N…4HòE9 K≠Fê≤Ç(¶Xr¿´∂0Û"àè…ôM!v¿arp9%≠12<'3,à√cKÑä˘'RK2◊€a4±ú\4–ÑV´5≈÷
˛ç
Lóœm
2n≥å.è†ÖäË#e®ÉÆπØc>;Óƒ„œÌ»˙ŒÏ_πk>˙Üù•ÿRÊP?ª˘"o¿ª'1à¡J í÷"//ˆ¢
/$ë
Yë7∫◆   #|†<*I*qWFÜ'iÛûÈIíz_H Ÿ1ıÈ∑G7˛ÖÇ   )ñ†<ÜFXw
:‡}a≥∆Zãä˘dk≠∂bä•©¿+ÇÄÜÑ¿A0é€BÂî≈Zyœ≈$≥/«b¿°∞`÷áA2ú3Fsà¯}ˆye(£,´¨úãŒÅ…%◊ófl–
˘ÖyòÇœtÑ&(P$(>ëÆyçUØz',§£ãXΩÁ;ÂYEÆÃÉûÒú'<%Dè|Ë
˚%'?˙±[˘Ú&†ªÌ≠AôÎ€É"R8I`k[,Fíë
ïN(&Èë*g9 UKsÔ≤I°>ÁiüòÆ(9/◊œ^ß@Ö   SA"pgÑi`ahY%‡A√ãXŒœ'ŸT!c"ìfiaÙ">°$*;
˜ïñÓEOi*$Õh&=∏Ô0ÎC_Ã÷≈≠çjŸü˛Ü˜®˘µe29¯ÕÜ@IÖR·dòÀ®∂·_S¨*òùÎ\gW„Y[wË
£∑ë◆ñ˘ø¬Â}Íñüπ-ÀÖ"≈fiˆváÜà!zê$¶e Rƒá'¥,$Tî°<^PB¡yπûxtÖÀ»5?a/*^ëuÆÛ–
S†¬|"7(Xí,ê02r¿ HcY–í●
†`†ô%flû&S);°œé'ãflö¨g®ê`¢àJÀûÉ4»nId˙Óàï%4íx   MŒˆW…¥Pà˘r
¢_fiBõ*,ç.d@‡œ◆6A4‡Ç.vÒJXy
l¨é◊"û¢Áñ°Ñè|ûjü¢Çn˘ÔÊ¬c∆0´9»AöôCˆƒöÜ´–Fà"""≈X®ßÂ¬â8†ånts¨˘I:ÅB≈*ÓË
|}ùø∂œ.˙†û˚4>%2jÄ`@bÛW…≤∞t6ª(c2F)√Ätz'[ì®ÊÁ¶âNîhb
§– ÁΩdÏy3ãfi≈<Éè2Mlåhµ?ñØ•ü…Y˘*Eóß·F7¥È¥Ä $î‡ÄËsœ&Îxm∫a√é{F¯6^ë◆lµÚ.
ÅiURÃÇ?•XVfi§LΩ…ê«Ö%j÷äL¬Zâ∞5µuM∫™u("Ñ≤Pÿ ÕS   V¬O^[Wπ.XØ´€◊I˛˙Øß<•ãS©<
Ïiú†%Xl˛∆Ä∆Çxa+®A7¿ßµ&cêÑmH˘Î4¶!ËÄ2+õË°, "¶E{ÛŸ«ÓÙ<ŸŒV0µΩ^ögR»Õí°>o◊wQ%yˆ–
I¯""ÜkSúÊîÅ;@B'†;Ta∏™®≤¨Ö≠Cû•˙ÚW<Ö<Ó≥¬˘†¬™¿ƒ[W˜÷U}!
¬E¨'√¬Q#˙Ñ„é"●0√70∞¶"E{Ì7Ø¯∫– ê¢£–%˘√ø†íÖ.¯ı<Å
N`Ç8)ad±R˛®Å4í≈aYÇ[åÁôœÍê
•û[ƒGÌ·Ä¢àzíE9–îÕ09–ã[ZõPíŒÜ/µáÕ`U4±◆÷x{äÚû|{7iÏKP´©MèK˘Ü©ùåk–≈+ë! õ∫Õ9Ûuk˘
û∏¡≠;‡°
ÎÁVïŒÊ●™xØzLJ,°E–––¬·+Å%œâñE-!zt AD6od&¯`+p4§+,i""ê¿¥6s§#:poË–ßaœ
ÿ●nÙ   8¨ÍV7¨JR`%●7,xΩÕŸÕ8)/‡å°˘BDSΩ≈ÚÿiQî√ÖŸ39œêlR/Lø$&éQ°≈q∑d'≤œ∑˙÷∑Ì£¨¶
QW79%TPQÏÇ±îUs0ä§∫'Õ<≠O≠‡Ãù7kÖ%MVù≠Z,e>ç!á»@nêä˘?Sá∑¶∆Ö¢ë
Å<ø˘◆Ê
N∞Çyéö \ÄJ¢qÛ£≈(:B
¯jÛ7àvn¯¥®ΩËsóú√.Åé'RÅ
Hü-Q¢í'b/[Ü}ië˙g0kÜ™œ≥÷„"g}ñ≤?åÎá°hã\%fl°ÂKH"öD£ò¢≠eôâ≤˜}K2¿œzÃDc¢ÜÔl
LD●h@
bÅ^Iñ<c=å
Õz≈;÷#ªOªfióo°@pò4œ‡ŒÎE2Áœ"B@!fiá0á'¬Z&¢¨~bqTÔÎ øfi¿õJnl¿RÆã≤
ˆ≈˜vD"bnGÄ00˙ÍuàO¬ûBv¶¢ÁÍ˘©ÅÆ˘,Ä–B˘"Ü∑P@
 í   «/"ÓtÊ3
●1,nÜ1öM…`#;j«Ç«÷¬nRv@TÙ–Ï,L˛∞ei°Zj3d`ëv

%eŸ∆Œçjh™
Ü√d¥öÅä
Ò.HVÃ∆m»ÊW˛-‡*è™»ã°@◆-oÛ60oN0"Ç,°™·á ƒ#Úk[6D#lp(:Æàÿj   V¿|––∫H*B-ÿâù2Ìä8ç"
PB>M¬†
Ü–ã√P
ˆÄŒJ Èê˘rç˘Xj…2ÃÒ√≠1¶§ÿ«–2&¢,p0JÊ¥Íê†≤œz`„Rˆp6ÓÁK¿˘‡˘±
¿‡˛Êß1◆–<œ
°√MŒ¥P7¢Ê6∆DLÊ
:A0ë€©Ó
É∫É'åÕÊ£n¶ä®*%OÒÚŒä´f®·:œ,ph@$p^–"6'–Ñb˘KààÇ
†Ä%JŒJÕ°Çëë¯òrÊö≤ùQ¯å/˘≈   dG

È)√V`Æ∞0@H@QiÌ0>c*h¯G˚Œ–ΔËŒ€œ|/á}úÌ°„5PÜÿ,√¥™J≤ƒÓÚ06‡,.Êœ
.„}±•Ü'≈.gvM§.4DF80E"ùS»Dn¨_!XeÉfÈfiØGrm‰ÖË&°™
%˘É…KÛÓåΩf(sR∞Ü">öûIcêp≤e#>b{Qqé¬ıH.ˆl@ˆò`ù3û¬
®¬lÓfiÄ”˛ ¯°¿*©Q
wÓ≠•<@<=¿∏QQL´|ƒ«-†gíË§¬Œ2lN‰d1ø'£§á}0&cDÂ5RF˝zÀ÷&F-Δ- dCT¶Ê-ê,.öÄA·…
2ë…/®áP|k}'Q2AÉdΔ§.SL $N©ò√Ã“å4W'Whe$°J>T»ŒÑdÃ+ÛÆ?Ú@dË%"&+n°E7YpÁK'5Œ¨gàgt˙
ãÖ±‰˘";°b¬Ñ*_¬<m;•qΩ”ÄÄ∞™ê˘J¿ ” ≥<=åÎÃGΔ"©dÙØP P/I†è
E 1 0ÙS2…§?µÁ?◊“ßdb:ÄRÊ@ecéd√Rı/ µ≈¢,}'¢b≥≤3CÂ$4qΔÑÄΔCÌfi¬L:™-
H‡'‡41ÕÆ√#E2©@rØ>f4?LqŒàÈFÎÃò|î ZPõÈΩ
œ~4áƒöm[Ñ(BòîøÌ
,bœÁÄÄ ®' †3û–rnπ'°
Ω`Ω3L√TLo†7l<-ÙÃ”<üd∫G/¨Ã.D•yö‡5ÙïSÁ˘S<‰4NHÙ€¶'??√«˙”èƒëçjb M”@%Ò/Ç/,Q4í˘Ù'
-˛§0§Ã}Úè2}¶«»LQÛ®feÆ‡baP¡W:flOÕlIÕ†
ŒÊ√Œ∞*·ƒÀŒÆ™?/KÜ∂J?&a,¬ä7bÁ/Bt:%"≤iq|Ú(ä®õí3ˆÆ±ã®t°∞[˘%Á†0[ß±¬“≈Ùâí<>5M
-'<K†¬Bh,Ô‡B.hj(6Ú0e˙®fÊdQ†Tª02∫œ}Çm0¥ß-Éb™db
ïae<ÚPQ◊$8“0
≤˚8£…˛‰B˘°<d7dÕßèÚ˘" ÃD/t ÿb¢é†¯‡ÄÍkòjm(pEE(<¿#È£wuñÖËÛ˙ÉŒ∞™G≥*Ü
¢ElSp$éy©{S[NO$>"ı˙Î<`(W`Z≈Tkù
¢P\ø\øU¬∞ílÈÈ”u{ôœL- ‡◊<ÕËV‡uè@nfl¢îJ…î¯w.“Nõ«o%eh∏0 “1-
2yΔD6JÜf*µ˘™d˜J8†èÙu8Ñ£Ath€.ó˘<#≈"ÊË˛§€E£lK…»§oCÊ~Âveï÷‡fóñ.hv>¶ªfiΔwYË>~?
l4oàòWWë6”´h#nZúâÙû_1Yß©"Lè[Tè(å»ƒ≥ª∑9è1'@-å√8[«µ¬¿TL)g˘“5ˆÃ¥<#¿
fix<0†'å†à`8h@.---Õ˘".
Ö¢#ReìêOÕqzñmLC
œëÇªê◊P/ÿMt6h AΩB_}Δ>èGCYJ∫0Å%S_mkQÒ")C<˙6Ü'¢àÄ !t$Ì-=omv8ª˛
?XòmTàçeGÔLçW´
Ñyöÿô˛Δ!¢eZétZ§X'
ßzãHı¨ì V@ZKÆ'Ä“í≤J¡å±ı*°[E≠ZœvL≠p~€¯}fl8Ñ±'íÄ'¨˘Ä°d˘˜>¿¿î˛•e∏«MTR˙†óf˛îRò≠
£Ãr•F†≤¨Ñí-8p{FT6YÿÚÕ-èác·ÓítΔaŸ§ÉU˘/¶ÓM¶¨o≈¢H¿∏¿^·e¡&;Ó
®p7$Ÿl‡Ä¯‡%là˘ñGU1œ/Î®ùÖ7fœrBƒjpñ∫ÙD«pÙ+õTØøv09C¿‰ZÄ∞ M BM)¡Wvú¿ ò¿
∏¿"≥¿"-Zv ˆl◊˜ù…ÛLŸVÁ
¥à÷@üµ π˛†…ßœƒ˘tRTQï…,‰˚Ã±fc<óΔ84µLã-*Ä(òa™NI Éì‡É˜U˘r&1˘∂çƒ"K ì˜hb'RîL2Ãr
c`uI`4‡÷¿°e{°9§klÃÄW∏ãªn•wÉXàÕÀX.·?ö%hÉVΩÏ¶YÙ√@à6Z¨ª7gëæjË"¥{%øvR\«Flƒ$<Ä
x¿õ•î¿Nêú'Ã;•"Éê∞∫∫zPÆ1·ÆÅV†˙Ôõ[!)¯†∂`¥ß¯ó/¶¥Ä°Øœ†ØÂ±d|Ü4õÓÿ¬>Yó≈¨á
ΔÍ$ìoò†äŒP˘≤N=Ÿì·≥R{À1{´NMZïQzì∂|⊥üƒ˘I|‡≤*ÊÕk\Ö–ÓmáM®ßÁòÖÿFuî ˘K´^(@†õ§ /À
fëiìıœ†∫ôπ€ösR'së≠û 9øúï]ös\…8œö ™5“FnŒÈ˙Ï˙œŸW«ûπ◊Zø˘¯@
Æ¿
˛∫è˚¯¿ø‡".° rÄΔÏ«˘Jc°œ∞±)yÍ2c<™gLfej(9bî«p†R|RàÜBflÓúÓI(\84C6˝Í<p
3*&ê*@ñ±¿
>¡¶£cÿ]∏Yt$◊¨∏ÒC?VàÖÆäÖ/´à7oo¯#y©|∫ß[©-é"ò∂Zöxœ&¬yj¡|BΔ<:Ω mπÿ´+ÏãC
]Î)fiïúÔœÉQ<ı˘;ˆ˙€¶Ò$pœ(!Úπ¿!°¡œ@À<–Ω¿=≥NfR.<°¯◊∞-R¶ŸÍ≤Ÿ∞Ó”A=≥I}†˛rQûdIœ
¢4ƒ1•ún'ÂïiÄ8Bª¬e¿Q('íˆ«÷<lò‡
¶ÉÑ·Á]e;<Ê:Ù
˘òÄ9Yí€°îâπ´]oûûWı£ ¬ "öÇµ,∏ú€y”âGBlÒö•wõ¨”
|ÄÿWJ–Âœ6úMÓÌ◊∑ûÍ˝ŒÎ}{Èó˘œŸ˛{Õ>ÄjÎjt°fi–œfi¡-

Œ
–
˘ÒÛïR‡4R,OW*ßë„
«Mè,0“óF}a£˘†Ñe˘únQbœQéqi ì˝S2˜œEµ≥§f¿î¿
:AÖf·Á´C∫§ãñfm6∞wì˛∏ï˛…ï)π°°òÜ6yflã@Ñ,ûIAœ[&#,,œ;<µ[Bí5ø4≠0mª`}ı>‰°€˙©fi[√Ùû˛
Ìú(˚;˘Î˝Å †@Ò,ƒã:ÇÅ"≈ê(Ià,£F
-èÄ£Âå«4h“®Ÿhè$MíÏ-±Gé.Q»EMö#d‡à¡Sß!9b‡¯ôcHQCíŸ-rÊ¢r@¡Å ´2I»<*ì√à≠*rÏPA6Gÿ/
≈˘™dâ«é[e†-:uj◊
uKh A¢ƒå"X≤∏Aj÷.[¬j%>Ã∏V-√≥lÕ6ÎÒ„Yò3c.U
TgŒû?{&uâT)Ü™E…·BP†,ÅöDj“l÷µ%Yí4[“ßIíÄWN<˜§flíí+_Æ<ë$Á…Eó$(ë†Î˘†¯±b≈âÓ+|
àgBû|(Á≥x…íE°è7,ªàÔfi«ç˜ÒÔflwQfl°A1 "(ñ'≤(ï à|¨ëF[lÅFgtÑÜ#¬H#çrM†5ÑK/°
◊W5m1»–"

Cπc@µTR4,Â _E%UUWUUWD˘Çıí
h1Ö$Zbâ≈î9Ë–
piU*T¿Wë†Ç ˘«êÜäÅ∂ØÜòbl:YepR&f´ÃRJfûÂ)/ióËÈŸ%ß9$ËkÇRÚ/%≤…Fä%äŒVâní©q…˝
ˆIpÃeäú$û,Át–U'u^,·ùfiÅ'ûÂô«^zÍ˘∞¬
-¨P´¨Ôâw√|,Ò˜@ê'êƒäÒΔuñ,ò0ƒì*…I‘ RîqEiËë-IÅD“!á¢àI[4%î$, Sä6° Ç
\.ÚCP8QoàF)µCR˙Jπ’ST✱TtÄÇ¡©X(ò≈‘XK˘"âdìnëÄÉVZ˝õU$h0TViPòbÇ»+§h∂lõéµlŸ.o¬|
ôfõŸ9äüü (%ß™j†ÙI®%≠MbÙ–ªa™tqõNÚ®●¿Áú%†6«‹ß“]áù≤Æ‡¡ twüJ±DyY0ÒÍ
´˜≈~ıâD∞L;êAo–Ò«uëzVbÕ:+) :¬†k®!íÅ✱I∑ﬁ6≤â#¢ú“ä,¢✱q≈FAŸR& $Çªİ Æ®ì°3,Îí
;∞Æ
h≈t✱>r\◊êWrµpX°èÂ∞√aaÃUΔS}U◊V´0 5aÑjÚI,±se-cøäÅ‹˘˜ÊcsŒYÁùw¬∂gû}ˆYJkù÷Ÿ†É¬V(
lñ8mI%˘ÛÊÙ§√˝ˆhp√˘_qí”©%TÌ9D t®„Qâ!ﬁ·Œ◊fÂ&∞™<]Hœ@ÿ#∑πï
X¬H>–C,bπ¡Xoÿ€ AâJ¯M1Œ"ÜßäJB"}àÉ÷¿C>Ù¡çD#!äGàbüÄ,\· Õi·aü
œ2:àÆ]2JäÜ"Ñü✱ÑFE)
ét∞(e€@ƒBï≠¨+SòLxGG≥Ã±HVBÅ∂
p@Ûí
ƒîHf{2sÃ.ì7eœ2ëÅô–f¶ô;›¨®»˘iû“≥˘ Íì© ö¸RÉ®ﬁP¬6ìH/ïì4VÁQQªZeô¿ÎXÁ
^`BwN✱±±`U≠,∏ê¡WyAÑÁπ
R¬bù✱ ˘–[BÙB2äŒòa≥HÒâ˙¡qàÉ,–GòÛFÙÑ+\äXÙBÔÑÖ#»"∑»»D_!ÈdÉ”}Q(0
JQbê2íÒFRRóVûïÉ94a˘,RuáÇ>UÙ¢xl„„»é&ÔK&@ÇÚ✱ TÏfàƒLÅ\ˆHHRíóﬂ,2â…
Üá58ÖüNCÈáÙ©QéäM*[∏øG0j˝äZ,/E¿Y"PÅOÖN÷˘¥Δ5ÙÚ;¥ZŸ»ÛbÆm=Õ¸œ3ü˘Ü≤¶Po+
\arÃw'kΔê2Ã¶≥|A
I@"~Ë˘@N@,˘8$:1Ω^Ù¢…@F3ö°Q®
G`J@Â≤ån2xJ●ŸÀä`Ã◊œr;)N±"ÿSF¿/’f4t2Ä◊/:Qä^‘Ka©®G+˙«Ω®¿qHD,|Å»ƒ¨¥@*’^e$ ß4–
¨|w≤i†RÉ”Pv2ß‘]à°\¥˙’è®ï†Ñ*ï∂©‡X
RF£ì’fπ¿Â ¢:÷ƒ/”T© =dÍ¶¡WïUoﬁ€u1`
BÜÚ*¥˘Cmf”2Ñ´2úA±9% ës>ûxE,í°j$É‘h,F·!00Âb†ÉE∞Åıs^=Ÿ LÜ0/§ÏxdIê£4%ôt‡)S<
ûW2*[Pv∂w|ÚÓÃ:≤4l,s¡-4`)$B'› ”F ¨πÕΩû¯n6äîŸ¥Õ†@Chƒ”ÍÇhülçll£ÒBjRPä‘qbâTı
NÌÄU˙˘&à<°Å]0xÍ£Ñv=ΔÑB$q‡AÖ@p§õ¬`/ÜÄÇ01‡ åVØ/Ã»&\óAWI¸Ï#ÒaH$ïÄÖI{Qçe†ò
â'E'¸†Ü'äe^\π¢\ﬁ%ì,¬%ä>h√≈!–Ä%±SAà–+¶ËäÖíKM`ÄuÀ '±ÌIls€yße)c¡¡¬Ñƒ êÄ~∞D/$)á5
âπƒ‡ﬁ˜h¶ÁbfN≥®ìÕÏ4ÁO/ÓPØ¡8¸X√qé/ P·}«[òúXJ
Äê`¶2%ùL-Òmt.oP✱œ´4ñ∞_.§-ô>áÇ°<ÙRó/!µhÎ"ôuMVÉO˘:3¢1u∏F£Y–ƒÚÄÎ\ó)â‘;)bï±
≤£X–hÖ#‘∞ÖS üEùjBo∏Ù%Y$–KnÙÌ}= ˘&3U%Æuán>ÔÊßM\îyE1 °Δ¥òÖ.®@
PÉ.@"™òÖ/j1…I:&·nB)$%3'✱iF,6;çúozÁç√Ø5¢Ã=wKIjTä‹iî‡ycYrZ∂" ëéÚü
≠>≤=≤≤y~|`≤aA \¿œ~–3LXôÜ4ú·Ã*ín'e)´e∂‡ÖßÕCÆ´ñƒ0j
HÙ:üH¢a|·/£ †À¿‘Pbƒ‡
Ä∞D`Mm’F$Yd"Û,2robn¯ˆ02¢1Pnà∑nà/Ú2ÇHAPHÅ5R#Ù÷$I"|!2®˘H∞‡¢Áà±H>Ûg63«z…UI3E
r÷f®!g5e{á2JNË€%01 ,'BÜ–D|°!hï2hóÚ¯G|Óµr–˜)÷ay ƒ“7+cSiïñ}=ß_%±_
%~úÒ}u≤áW„7IàÈ'Ía´FTGÀ†àÕr3ñ‡kàv'Eb$ÄΔÄ∏
’0
±‡
k"0[˘tEÓÚdAa"Cëhy¯Êm:†¯Ü.sQ:’VÒ∂x<q/ˆ≤äB0Ω¯äI–äIÒ˙“$●.]
●P\✱™@\ÜAzhrpÀ˜&%sI˘®(!gµáqBìqá{#◊],%rU^DÉ?$á)íRb8Ü…á|Å◊£¢5˘P*> }”W}pà4ájS7
¬ƒÓÉá·{«RõëÈ,∂@iàq●MŒÚ●Ä?†∑¸'Ä≠Δò®äòÃP
ÃÄKipRÑâEÚdX‘0
,∂Ç≈Ä+!d4†/÷;a:¨d"ê'ˆBP5ÇÇL)åJëIïRÈwiq1\1@
`l0\Û'zlíΔı=p,z€®çwÚçﬂXq?ÉÒ?ÑÇ{∏'4∂'Ö∑±Öø'rkï∞ÙJÍ5K«á|˜∏^Õ'*˘p¿57¿˘°pár®_\–
sì©_·˜}·G~uÚ„GçiÇ 8âMáWL∑ë¬fa6a 0í–∞¬ê±Yâ»íù†9M0EsmÉánq!Å
„"/1yàA∂Iê#§E"&[¶ìÇ`$H!âN)IpùUêŸôùC–>…Çß:Z!0["“[©K‡ í
£ß&á·=Æ'Ñh>πI,ò'·çgówt∞–'ÜÇ(EÁ{∂–éÜ¬gòÇJÂTè˜8*‘AòŒÒ^1áK<@s˙16dC6ŸWêtXôîÈ>¶
±êúQ~I«R§ö…~3uÌájƒ†˘œ £˝9Ä8a≤Ib¬p£ –Ø0
∏ôx°SY°SEÎ[.±m=ΔäI≤CpùP¥{'˘B●5,ä¬(ï›˘§>Y€Òù/…●PIïxD£ïPE✱∞`=sıôdÈ&Œü«pñÑÖ±Ñü
$é?£qGá{Á»]@ïq|Δ·u®~FríbTì≤JÃëè˘8¢bK2∑Ù16˜Q}Tê/WôJá·∑
,áá)S¢"0~ù…&†π™LßM¶8∑¿,6:aÀÄíò˝ö"G´3™…†+f[@SÙvXr'òEm¿im0±m{wÅL±∞£∞(Yb§OïI·●
˘MPGP›˙≠G✱_–%jÆadiqï¥ìïQ°ï‡àà'5W’¯ô∑z/Xß}Xüò§`◊üò∑]£D
≠Qt∞At'†±aÖÓhÖÔ(j≈«4«°4ò”1ü6*ÔE◊ÅK@ê°ƒ"öJê/Gê\@ê*Àòá"˙≤›Ë Ç=é1IƒP
)8:ª≥Å„,÷,Ê,ähí¨9˘;ƒ£ ∞Ø‡Rp4–÷.Fj"∂∏.J
:ÙF%:ay{Á˘µ˚Ç≠ÿ/≠`J∂ÿŸ≠hÆ`PÆ‡öP…µïdPÒÆ– PJü†

`fM¯ö&éÙ=Ãïçï¥`üAS÷eq~`kt:?xYÖÔ±+hOS±Z^˜x|-w|
âØÒÖÜèΔå)6'gõä≤ü:á=◊>òªßa'„Ááµ∞ôkÇ±/™º8ƒ‡Õ¢à3£1˙ö1D£1¥º™üMªo7ˇîY(ÄYÌrΩ÷Êdew
œzÇ"¯"~∑•ﬁ9œŸôÂÆ>ô)±œU∞•P©1V$OÅgÊY3\†3œPp:xdizítfÑK'W>ódÑp)∞s…
∏Fá∞;rGÉ`T8πk¡`£JeTò˚®ºr¶5ÚÂ@pºój$:w}ëπ≤+Kˇ0\•(Ìc™{à¢y≥ºΩ€øøC˝ƒ≠JkÇõƒ õ Ä±‡
}p†H"◊Kµ6v§ÿÜcYõm\õLBåbq#ﬁô_Δbª•c˚"ñG%_¡Z2±ÙÀPPR ñfáºÉ
£Gfﬁ#Ò…Ø"∫ôtIqÊ3~ÍIN¯SS(^CU?±Å é\®Ö™ó∫ÖI•rJÉˇÃGò,ºì/hl•≤BF†F™
´◊ß_ùä}",á§·<√3£(%∫ô2[≥'XpÈ√ºàä´ä1C>,õÇ#C≤ˇª≠Δ´Ø•|
ÄL¡ogxÏ"Õ'¶oH·ŸΩ«¯1ºw·;Δbª/may[Ly-<Å§cY@øZBs´%†F¿¶a÷øä4I'fg)3◊c¿6ìß8√SÊ8óÆ!
4 Δ∞ÎxÖy|=πÏH4¨Òé∑ºÖQ≥ÁòÖô---…ÇêòK‡åyEÄ_'gA"í *À*"Ã©È4ù(•ÅôvR"p\Ë´∂†É
®Ê,±˙√
Δ,¿€™¬|M¥J'∞Æ¿bV•Ão˜dΔ[∞[Û6Å◊Fy%BY4)V>äQ≠≈ÿ≈"≠x7C*wÎLø^ºFsK0"£∑πH4k\.'hˆzlÜ
Iù¡f∞q37-ÅÿS`π∑ÅJˇ{®Ùc®âö41)y-∑4'∑rõ-¢5é÷#;"FP©˚ò◊˜Ÿ®/ïv}ï~C∑>¯)¢µ´,®äÅ∫,
8ºººª"´ªA<≥<Ï"ä¯ö¥™Õ‡
èÄ¯ºHãáGã"'"Í¢m¡Yåd-EP˚v∏mÍö/¢µxgy€¶º√õ4FchÌŒÛŒÒ<â`
VØ8à=ïÅz◊ÿ«,»y"»ù·üPòé¸âé|ìªÖ$˜Q|DrV»ﬂè¬ó¡GPÛ? Òù´…ìçF©é¶øt
º#M}Fêsè/)mX•<nÀØ<"Óq3{¢Iz7´√ˇ:8≥
£≠Z€EÃj»∂≠
j@*1%1`x¸¥"≈ç'2@ÿvä[kyœmZ3±◊'G^≈6·K*;\1ä ÎLn¨%öß†+P¿vﬁóÒ2,E¿ê13>Ë7Òm>ö†¢
$ÁìPÁÃqëÏ(~©N‡…-ﬂÇˆVxªÒóÀ1h≈'ŸÆêPy0¬K@∫®õ©'G6ph,;/œ·-M ó†ÎCÀ§P'"•ê6Ω&@-=>,
:=W;˚ÍDΩjØπí∫†v/ˇbß(%B%ägEt«"8È"¡FÍí'5"≠5¨£#[œ}Ï»éÏilY'€>xÅTÅï˘˘T6Ä]•
†z¸ã¢äÑfr≤ØÚMSô§IÛSt*J€qÒS†}èãM…Œó|‡¿±-)KR5;Ü¢íˇ•]†Ò¡∫¬Ÿ©ö·N/û·OÒu~ÒóêÒ¢≥
%ìtßzª4]z):àiëëºöŸ,*ˇM2§≥…0ùp'dÍ¬n8±n(¢Û"Tp!#8%Z±0gtÂñeY wÈ¨Δ«û"iL§GOcgMﬁ
c0≥e%¿J‡Çg)'ò-œiπç„ìÓÛ≠'ﬂÁÄ¬ÓãJÖFsÒÈàJ%˜óN≠§‡èRπ$ó˜Ã5ˇa»†dàèà·çﬁËçÊKP
+øT8ó©,X`J@Òóˇ·óœŸ"M ÖÄÒû¸"9s¢:5
Ú∏\z"¿º@àÍ∑¢ºπ~Çà∑∞Ú©~>K\®‡ 4ø'RÏ¸90¡≈P÷º0Rd[lTΩIˇ¸'NÌ#`Y"?
JYœèHo¶SıZ2◊.24†^•Ñ°RbñœÅ˚&B(üx]~Çˆ_j˙ÓCg∞ˆ_ÁXh•ó@M≤$IR%IìTX∞†AI†"îHâ¢§áüBL
§"ƒOC~Ñ8ë†DÇÂˇ„Ö è7n¯(B"à#FîË4ÇE…Œü<≠<,r£(•Kîî^b
ÍR)ß•Jë*5ãU'R´f≠ZU´Î*[µlç+åÏY[ºlôekäÿZaºÑõKWò∞]¬Pur§Ü»ê8bƒå¬â
√à±8ä8rHñ
9P®xåŸ3äDàÊ∞ºÙ'ßMØ^-"5j◊6»NMÅÉl
º7T@¡¡∑*fÒÚ®Yªf'/µkms[ªjMüœ|÷uÏÿ´"ur™TªC-E ™yJ†"\Øﬁ=%IÈïN¢?
a¬Ö¯'Bî(- ¸" ÇØ Ö4Íhƒè<Aê$I1Ë§î YÈç.Ä‡Åáôà¬)'†¨¯…√ü∞‡)'£d∫ÅîB~P©ß
¢íj<©†¿@0¯†(~À´±'2KÆ≤Ç|ã≠[/∫K.πÏÚ•πXFƒØt¿á¬;L±¡F à0√¶îaJŒ&ÀÅÕHÿÏÃœzC¡¥<f
´Ä8)x3ŒŸp´7:GàÛÕv€-444∏âê,A*â•:È®s4;H#u+Ú»ïJª"4*ˇﬁSèJ@Uj†˘˙ãœ>˚•"®Öbı#â.ä!
Ñ∫èAî$§DÙ%ïT Cå.|¿-öpR6'fs±Y#äàV&™UÍu^HJ†üöJ™Y8«ù%Q‡uûˇË*¨U'Jä¨∑ƒ"H≥÷
"^b%∫Ø]bÅ$è4àl2.≠\Ã‡√Él·"õ,3ÇãÅ3Ã:√åÉ@€†œ9ﬂúN◊*¡„8Kœ"6Ÿ|
PT ÅH0 .,0ÆRÆ´%πÂîkî∫Yl ZR≠&E≈ªJI-T*K[tè€¯@'•%£dJ®~(!
èˆÎZVíÓ0k¨ÙÎzWÖ,[í^D …É¬%âÅŸöj"Zhm*"ÔjgXA)1hÅFƒk¸aΔ¬0WÅx∑Ò
ÜGºÖ/\àzÕ¬◊.ÂfÒ◊è2à-a2s]1-
€RK»Hˇx Ï≤XøÏLŒT@Û,ãC-∂ÿdõsð çÒTœO
D@π4åˇCA®Ø3˙%8T >ygI!z+Ìœ˚*•I¡'"ÓÃ≈Sˇ sj¸™#äèT¨1ö»'VÒ{¢ã¯«"±ï¸'÷´µ•çm
ÙÑV"6dA <h¡>pr#`pC-í•ï¡¢TÎ38äßÄ¿C•†«
…ºÄA∞-\ﬂ†G: G£«¡c•ƒl-Ç1∏√Ù†á€Aº#,\,7`/≥…-wi¶D-á+!RLï√%-≈nK0¿ù`2sô1…Ä2@¡e|Áô
7r†7€ÿnˇ*¿Å;zÃéxSùê'Ëˇf7¢çßW=ò†P]Ñq$äÏî|@ﬂ-»W¥Ì≠;Î{ﬂ¶îÅpJ~ÏÅüz"ü´¡ÁU˜ŸàG\â
ÑHW!-,sÂëéàƒ LI∞¸≈(+CZñﬁî%≠º-ƒ(E< úâî*`ù£áN»éÙâ7T<pH£y¸†Ìx¢ÿÅƒp¥c
;§IÕŒôKÚjã]•íúJ<ãGÃî^˜œ¬ÃnKmÑg"„∞ÇNj|£gâ16>Ê6€
nnsGîU¿Ox%†'t»®@4 ¬ÃàD@, ®®%Œî"ˇ"Ô ≠í◊©ä&çP(≠ì:uü¸:'ˇHÕjÚâH¸ÆF@ˇ-
(@πœ≠ñä+•ídAVTáó∞`&Å∫ ≥ê-∞%É"bÊOP>Œ\P+7∑πhz3õÊ≤≈
gdÆú•qpç\XBá/a¯bg±¯ ,ê≈2`Abºyò->n0üπ>B!3óﬁ".Mò…XΔYÅïIîcx$-h1ºòÒŒw"µA∫‡ïé,R<
+>Kø>ÚUeR◊Ÿ'N}`>úÜ2î£™ö)™ûIºO) πB¢ä6ËŒ2lA◊&ëàZ¢M#€ùØÿ+`ºdXK`Å±|†Æ^p"À
´ibñ‡"%§%"-Õo,ó/Ë¡<h$Wπ>n@ËÅ;ÛzNq©Spp'_i9G.ª@E,$-ó-Ã†üèYLaD0Ç3&â"ûles¨qçô…
ÏcﬁÿP82b¡ãÊà±-z÷3'É£À®ß$ò!yÄDØbÅäÓUÁ{‡"≈LØ3>¨Ã,hﬂYZ'£ñSÙ»OÀ≈-
ÆSBE<ˇ¿«?"≥G™[Z=5?kv*H6¢TrÑmpV±bb¡daPœ ú…ﬂdRîe¬˘"∞@ í2◊¸ö´*Ù/¢π)èuº£
=@GÇxDz¥√Gt¥π"\Oº'ˇSù•√äêÑ(f0VÃøΔÖE&LîY1sG-ÕÉ:µìÒCoZ5•÷w'ˆHU∞Ñ!£üò-
§ö¨≥•Eπ{Uô≤'ïkÂÙljîÓÒîq?ïJ™ıT´|3/jıë¶;ñ±»ö!,âÑ •#qﬁÂ.ﬂ∂íπŸô,∏[W"
BeºDÎ-Î|K`}‡6R8œp<B/•&√~ÒDÛ¸AÊjƒ8¥„#ó◊Zê4óÈPà•¥0¿Li'`|
uc„ÿŒL˘110ì≈r˝ÛñM3@ìØ}"-^√Lr$∫†TPÉ ,âHŒ∞„≥Â

;E√d˘v{>LΩOßÈÎéx^d)˘=Õ=B˝i’®ñ<˙qó!A≥tŸ
@ùÌ#Ω∫.G¥KÊ¡™o»L0¥U˘_∞(Ä∏âflÉ/É†|Â-_y ∞¢•∏
-#'$≈SHQ˙R\¢Ù´W}xN˙©î\‡“i%â√ÅS™XcE•˚˚¯√oÏ¬å˙|
6.¥≥Ω9≠ùö`#>L2ÓÄÛáÓflê†È°Ü^5PÉöÂ∂*≠(baÂNû˝<Œ^)MÂ-óDÉ … ‡s˘˙§˜=˝%Òy ˙@ïxI@
J ∑iõ|Ùï¸ï8˘ ïË• âõ`±™¡ÉÉ7¯É7p6ËÇ%XdÅ∞Y¡j
±ÅÇØàAö,Å»Îtl‡¡¯¡tÅâCúÚz 8-#Ãë¬˘'`B'p(x¬&Ñ*|¬*âB(î¬(§¬-Ã(@/$Ç ÅÄì »4Ã
Ä3<√>8l,9Ï,9
Œ ◊»√“û=tœèä>9™>Ï√œÓÎçÓäòôœÍÉ∫+0$X.p-&`%òƒJ¨D` `ÇL<BM¸D »DÙ
Edôâ¯¡Tîâê ∏•ÅWÏAXB[¸A¯A\@WA_ÏE‰≈∆`<Ea4FdL∆^°~ª≠/∑ÿ∑ª)/h<∑ÿ∑b4Agä8
∞Ä∞∞(4tî°∞
G…G2L z$ÄÄ!˘˝,há

"""$$
$$$$$%%&*
+++++*',,-!--*..$333!3%4444#5(!5)5,"660$60*88869;;;";&;)"<<#<-$<1%<:5===1)=
=;>4*@@9-BBBB)%B*#CC% C-%C.(C1'C2*D6/D9/EE E!!
E5,E=1EEEF@1F@9JJ6,J60K"K""K.&K2+L;2LB9M'&M(#M>7M@4NF;OIAQ QMHR""R$'R)
%R1)R6,R:2R>8S%#S-*S51S>3SJCT0/TA9TE:TI;UMDUNGW%$WQGX-0X2/
Y)&Z60Z92Z>4ZOH[B8[E;[QE[TK\>9\J=\MA\TG]HA]UK^XM`;
0`XOa>3a]Pb>9bB9bI=cE;cIBcOCcOGcTIcZNc[Rdddf_Tg^VhC9h[Sh^ThcViF<jICjNHjRHjU
IjbVkJ?kNDkbYlVOlZLleYoh
\pL@pOHpf[qNCqVPqc[qk`ql_rYNr^QsQGs^WsbSsj^tVKtj`umawVRwqdxSIxrfxsfyUKyk_zZ
Mz^RzbWzf\zlb{]X{qd|qf}vhÄ[LÄ{kÅa
\Åd]Åf]ÅkcÅndÅqhÅreÅviÇykÉznÖ}nákbàvjàykàÄsânfâyoâ˘oâÇrärgäÇrãÑtåÖvåäáéréÇt
ëwlò~töö§§§´´∞∞Æ≥≥≤œœ¿¿¿««« ÕÕÕ–––ÿÿÿ€€€‹‹‹‡‡‡ÍÍÍÏÏÏ˙Ò¬#p-!Aâ&R¥p!CE!
^rtIì"M5i‹»±£&OöJâYjïIìØN™TôRóÆ^/{…úŸkŸØe5oÊƒπÃ¶œüøf∆ÑÈ≤®.V∫V±Z©…d”U£Jù
µj”´V≥^>®’ÏTçYªbïZ*§Ÿ≤hÕzÚ¥â≠€∂m5≤˝(∑.>ª Ô/Õ´ SGø6Ø],X-•Dñ*V|Pê†?
x¸‘1d«NÀò/ãÅ#FLœ† ƒsO"<ä5|x(u¢√Ü'V°8ò"FåcÃmIë´J•T˙äU „´ÜG
≥π.úƒtÚ‹Y≥≥_ÃjÎπßsô/√#˘=™‘%ßRü™™fl˙µΩ∆≤b„cïÔu,T≥Y”W=œ¸ÿ≥tï≈ñÄõîÖä&&¯\
∆e÷]e·µI_û˙2a'bRa_v&Ü1ÿkñ»!ãùòBéE6êdíefvt6á7Ê(∆@<ñ¶ZB9‰-%FE≤qTQ]ó•vñHM¡áR)I
W RW7^s4Õƒìt’ıeO:}G‘K°∏Ñ+K≠§^zÓµ!W˝’âfiùvr
¥äùÁIu_S˝¡◊ßVAÖVÅ(‡[âN∏†[jHWoè^∏‡•ùP®ë*∑vò&ñÜòB)é™Bê˝auH&àâv¿˘¡ü’ä£@ë&àA
µ∂P®á¿F§a∏!ÈàF}î^OF˘õIYöîTïUÆrîK4ÈBåL€ 4ùO’e«N„.≥]uΩ•S∑\∫ƒõI©§ü°NEhÔ{¯>®…†˚
n!}XÒáü}`˝ßø{(z®Ù…Ôœi ®¢ñBqHpÕ≈ñÉÀ5!o[(2[ôn,◊áfàòê¯öB?û»,ã≈¯áåpê¡û- Ÿg
¢ëföjA>T§a±πÏíyrIƒ$˜lI≈W‘xXe&M-E˜-
u6]Ó2Ÿ’4îô·¡DÀQl.’vyÙ∫ô•‹ÛâÔ}ü,ùwn˘Rü>eÂΩ•'®Ïg1°˝fiG†ÅßµV∆p®Ò«F8óÂî◊“\zË9n"∆
P©™•X™cèΩ
cóµéYg¥vgst-â°˙˙P®HπÙ±%´¨¢œïúõj&o‘µEq>K∑CŸ‰uOc[7>∏7≥-∂gÉw‘L¥|wÌömñÁ∂RÛ ÌfüÓ
âÁ˚˝≈◊fl¡iÂ˜o¿Nπ?ø°Y1ÄJî Á1HIàRöãÜ¸R!ô$ÎPáa M$ñ`)®ëK¸Ëv±√´q ∏Æ4¬ëç6”1îÊ
4'RÕ Rc¥"Õ#G∫MT Ú¥®Gj«£Û˘öó∂"rM‡öfiNlrìÎÈd\>)ì¯∏û.ÅœâflÉW€ÿ§œìîÔ$È!¿ß7ˆ-
ØPXî˘¸Ê0J-nAãÇú˘*u)'=»és-Ü(AU0ûÍëC§óôh1+ZëÌ@;∞
3v-gÖ#Y©Ëπ£·BÈ;€Ëf#«ÍHÒBD,aiZ÷"¢WIü4Q:M¥IMx∂öàÌ&ÿôé¯∫≈Æ^Â¿¶0É"î^∞B|‰c€œ≠í<•
âÚ{_Ûe8¸(L˘
<ú¯7¿˘1nÄõÀ<Ìhπ|iÃBz|ÖNÊ«<DÙîÀBïòò!$˘X]âZG˘#J˙≥3â»]CVÛ>pI
˚<°ØTV0t9VO/÷ıãÆUTzÆ§fiO®áÀû¯(„∫NH√&À*Œ$:<í .õ-âe¥t\-≈%0W>öÇgã
\Ï,<áûhÊÈ>˘Zc√ˆfFo¬1QèPÅ)•B…J`õ =fHúJÁ;e-√ÊÇø]B@(B<PfUêl>f‡Ä¬∆Í?
*/jÜÂ;nƒ~ÁaE^?·P6148∫†R*óΩúƒî£=A¢K{“âX6∂•äçÂs…ùû@:)öw|)S`„¬fóÜILô‘Tm£ù õh¡
Z¿M%Q„S‡tíÿ˘®öË1mœúÛ¯ç˙˙ô„7∏‘∑®AS≠ú&eN»Ösù9ô;QÊU"¡sÉ@2UB#-WEÜuï©
≈I∂≤u5≠y»jX∂¶AÏN…)]í≠M¥K”É,cŸñ´óø˘e©Fc˘ƒƒñk£ciô§áD`äI§÷&√V/U˙“ä«œ€ ˜yPozfl<
Õ:E•OF=T·X<Q..síT7U/wC&Îî”)EtïDLL©∂äœöEÜ ·≠L?QàBùÈLΩâH®¨´¶·ıNÂk_ór≠‘JØ
¢˙ûûOX`˙W¿hpô!+R(6÷˘•Ãdõ8Àéœ“'HFúó!gÏ {Ê¢pgô(LY:∏-Uy¿(7„1Âxœ$±¸Ã3∆´DQ√%Pç≈(
≥TLπ˙JÆ≈-ô©>ÇdiÄ)L<[÷2ıf»,J’"Òé'ÁÃ°(¨!ê!"FXÑ#ÅÍÎï¸ Eâöi¡˚´f5ªÙÃœÊ/
b˜kì˘-ôlÃxÛ¥ı[Ì_<ñÃ,Õ^MÙ,â`°9œqfivÄyùÏŸπ≥¡Ï≈,LkÃ6ùœm≈Ó¢ıMgJ/âÇST„<˝„"™c
Ú¶ƒé˙ñ/W#•Æ2áxLqèàHÜ‰`CN˜áÑ@f êúÎFŒ:2‘·!÷˘ı± ˘ÌØÛ»=8}âäÿΩY.
8£f~ˆöùÕRk†Y/,ΩI∂aJ∂ñö{±∂ˆa3™ÁuÀ9€,ï≥K«-R>Û9Œ{¸,üMa≤aá≥]ö9R¬«6Û¡M?.ümm◊é∞˝

Ïçã™!Á♦…!êπêÚ*û1vÍ')kŸ
VÜ T˜¸√´ô$[f3±Z+[ë&"à`¬ì¢N©4ûµ1áKõ'÷Û2öl ªÙÕév3Pø÷ˇ|Õ@œ6ú<t˝z ª/˚},üõ°Áf`]œø˘
=Ô}ﬂ˚´«Ù•~és'£."lYX&%ÀÈJ–~ÕÙ®ë®W'≈¿M;wë√¥^$&9ÁvnRÒã1,„x∆Ûe7ã<N»'Å÷(àÎ˙)+^À/
¬"?¸!lW¬Z∫pZ∆ƒ5&mÖX˘Ö
´óf œÊsgvf¯z@nPßz≤◊R≈át<ˆXP◊Ên»{Ã nWZqvhèÂmÊñK€–X♦÷∏J6>Ã–*Q˙Å'Üs(fiá@E~£vcîÛ
?¥pç≤w√!Í◊^;6q©∆~Ñ$"£í"âwdØ"*ñ¡0±¢ˇña]ÂÍ°ymÉ–kcÉD1∏4=Ø'X}
{‡Üz¨Ázß«_®'`}hÇdV{P7àœÁ_µt–
ñ{ånr∆RÊ˘÷{(àÇOÁ_G◊{{vn[ás41L`G·„yı÷h÷g(÷«[¶xMÉ„K•á#®ØØX
Ø(w•‡åbãÃµ Ç3'¡@Z≈U)£2ÑV¶£Ûá*≠B˜7#4Br˙˜k∂ÀÜÛ2l&–6mË|‹Bz"∂l7qX–Å¯á,u
:Áz&®sd¶zi÷Å≥áàv»_„vfHffiFàƒGÇ¸'à%¯X18uÁo÷`É6Saß6[dÄƒ∂Éì♦·oBb)ø'ä#ä≤HcPU®Ääı
ìR±$|1Ö:fq~Òúd[xO!DBu♦Öô–VúëK,^`¡[=Öo[ˇrÄ´tséE=Èu™ßéàá¶`>◊ÿ∞àáÕêî·VàÖxmD˜é‹
÷Äå%à√áé√WÇ#¯t≤GmHK
òlπÑhS'kÛâ2˜6îf8 [U_¥'êÆ¯C≥Ëäã®–ó∑(~PsG{aW3ÈGÇq Z(x
¡Öòêxäw3hE≤íVaòC¢ÙÉ8y–ühE±tsëÖffi&uØ˜ç·ÿî‡ÿz¸'á:˜lI Å¶…îÕP
„»éU©_∂ââ≥ï09|P)n°gu¥n_Ÿ_V'E>ÜlÅ¶•Ev xLŒiRnÿñÍ#ó´‡7wíF•}iëy)ãPÂäµX ˇRã
,F«,Ã¢!ë)À,!O""dà·¯Ñ:Ò*éô/ô:ˆ=%_\÷e¥†.£Â`ÍF=äEú? nœv
xË†‡»î˙†´ázx°¶ô°Æ˘çÓ¯ìÍ∏X_9újÇµï≥áïÌ¯_•wsKÙ‹EX'ú2ÍÜ‡ì<ZÙPÎDA
5ã>:û≥ù>ä~F»Ñz–$tq2:Ü W»c+≥–√òÙâOâ`è)B#á3(tôÒÖS«îÄ–á¡§àTyé*°„ò¶h
õ∫°m™îZöH¶H¶Ã`°Ø éÅ∏é˙î¸%RfInd,–<ÈJU«â13Öñ5˘Âú˘÷W'15ø1!ëëπëîófl §OÂ
¥)Â%4Êâ~txû:àÅARJ•ä«#˙i˙d•v–rWíWkòa4öZ π_ä5fàÿàçxz•…îKYö>G°jöÆÈ¶iÅ®éiñz
´◊zwäö◊p°◊˙ö.EÅ*èÜï˝%tÊQ•m,™çœßRA·Jøda®ô%Q>S√É/)§ÖäÚäô*äÚ8·iûÎ/u!'í'ıNÉÁU
£"ò£"qW•ØB6√:í–[5lW¢ìˆKÖv{"™ïf/¨≈/ákÅ«/î.'¶öß˙áA9öÜz¥âámÍ≤§˘ˇ≤ÖÿÀC∑gàEu
6ÆÜÍnÊ,`FZx6uÑFhœÁy®DÄ::5≥x©"ÒùØ¯ù¸ÍØÊÈ8ÔÒ4íB§L]_5ñ•Ñ)¢xå§:≠"∂7"*öá±m¶úŸ
±åµl∏πsÄò¶:°j:¨ƒö¨*ã°yJ≤%;¢√ß~k°ŸZ¨„∏á"
éh¶"∂Ä–
KdìπD◊`=AúÀu‹x¥o÷YÍJê6HX¶D€ô˜öó≥8 òûµ@†*pƒ,yë):%GÌüî[à¥"£–:‡U≈∂e T†\ÁmŒÀ
sò∏œà*K°}˚†˙á™
¶…Ω:∏–˘ã∏$€¨%ã¶‡Ëî› sáËße∂`uÊô~∂ÇŒ€ÇH€Qu¯°„6aáf∑••hÙÖJ»qØ)!&–óÖS8/π
B*ã±5fi'Cw%(v%!,N*ÉAºÖ/ÂqÉ` ó*A#JQ
π&uÀt¸∏{ç(œŒ/Ω¶˘À˙Ω◊˙ΩMŸ∏4â
∫Ω»Ω/∞√ ˙√‡{√x:≤âãßÅ€s7˚ìŸ˚áÏH&∂7m5RSáuπƒö/¶mª∑{˘€°2URgb„A%¬ë…Å
»Ò
TØ0ã/ië+ÊPB~!°µZ{HZò¬Oó dâ°§≤òÉ‡q£·]ç˜ÆﬂÉZb
∫V˙å∑+ᵕz‡;ƒÕ¿Ω"ÀΩë|√5|√8ú…◊ü≠xÍΩï‹√ïƒMâ…É[≥(õk
ßNYÅÿ –ïá%k¢ñl≥,{%Üu∆Ám¸eø√w{R'uŒÀ≈˙+ZXt5∫♦
«¸
Ø¿ÀL∆d|ÖÉ∆Ækë) ÷Ã,«!ª·GÒô¡Ø∂"¨\üã+<BoË\∫âÂRyú¡*≤?<ƒÿ‡√<‹0¸ΩÛàœ°< ¸ú
ˇ\…ü¸…ÿ√/‡Ωñ|–£l…Z≤ÍR‹´áI|fŸ¿R}ö?Áì.
ñ/ı≠œ‹ÅöèÀw{Ô÷≈ÊJΩDEE¡*≠"∫ê&–≠ÃœL∆fº
˘ÃùVKg¡µqåûQòUHöjû,c&È«–c*ñ–¡„L˘#Ñ•È˙QÒÿç∫ú≈'+ƒ ›ΩœPœ
˘¸œ=<√[Ìœ8ÃœÛ,–=‹√;|÷£\÷eΩ'˙÷y÷ƒ™îÅ‡…•Iƒ∞ô≠r/áÛYt*` Íuét¯X˜ÎÅ=õââÏÇÕª–Ïr6À
@†È"i¬"Àú&»|∆
¨¿Sìv
'òqÙ K"]∑±2T∂à±«£Ç'ñp'iküÆÕ°ú'D¢ô≈+¨,Ö…@úœ0…0|œi= ◊0–†÷¡Ω…a=÷<°√=L–Ω÷Ç
X…?Ïœë Ï÷]=≤4´œÿœ@‹¬®˘7–
õGYf˚zÿ1ÿEŸ°ã¨≈≈π≈v∆Æ¶;KœSZ€"°˙ﬂè˝ÿ–ù.–Ω"–}Ã«úŸÛ˙CQsî!ö#/û¬§¢ÚNA+«øVàë'ÆjVf
%È¸fi+°{–ˆŒ,µ€˘<÷"–›€]÷ =–Û÷cM›.é‹0›Õ
›Ûl,0n÷Œm÷*œœÿ/„U=,}À›A%ÕfiäÅ{£π_;Kfç°|u®{oˆõñgÜMÂv÷JfiáÂQﬂ¢K˘M†ìÌﬂ0Ì&íJ‡;≠µ|
1<bÖ˚j}·,bàäÒq<2•;¶M≠Là"ª€Wmœ/p'ìÃ€'N–ël÷[˝= ,›¸°Ëã„"ç„4éËgΩΩiΩ√Ÿ†÷¸¨
, ˜\È(.,∏
%'Kf„€ßE˘≠{ãÍgÊÀÎçâ(8øÆ¥b≤`›1R÷1K…PÍÚÂB°"»10∑^1v1)H")∂_ÖAg['ÑH<"ß!øÙexn}¸·ˆ
°Í˘ËX
Ó%^,'^ÓÕË+é
'ùœçûÓ`–Èìœ÷…–Ô2>œf]›»m›]„∫M„ë.Í›,¯¨,;n◊˘+¨–"#àT≤âƒl/Ë
´ûiY'#.dSªéÒ¯ÕÎÀ∞Îì¬ﬂÒX©ÎP√û"U•~‹ÊÔ§]–
Œ/I=˜DÛuhÌºlH4Ω›¸√"˝Ô'ÈﬂÓW›‹Õm„'›√`ùÈLœÈeùÈáNÈlÕ÷3Æ÷F/
jıônı[_ÓYøÔı<Íñ¨'c}Í,kœøÍjø|RöÇ}èã%®àıfioÒV.ŸA=a"Ä6˜ÜÅ|ÃÅ!∆¬VØ‹Y¯+∂È4Ö˘$∂{Ã§

ªò~'DFÛ¶!W°l/ﬁÛıL∏‡KÙ;<Ë„.Ë2ŒÈ4˛,N˙Èé
·†
´ﬂ˙¨ÔÙ4nÔ≠?È¥ﬂ‹‰P–´ﬂ‹Æü˚F?„µ_ÔgMÈè÷k•EƒF|€¶ß¶ôˆî°∑¢πÍ ´|˚à`Ü∑ÂrÎ÷≥"|
ˇﬂÂ'±ÎÅ†<ÃS-ëVíŸkÃù~âë◊$ÍÈ9LäAÉÌ}<ˇ|O€≈g–êÛdœö5√&•6Ç "'÷L[Am
#>ìH–aDâÃÜÕc«lµÖäàç‰Hî$√u|8€Hï·dŒTô2bÕì9µy€)Ú•√Ç?KfîË–®∂é@%>|ÈQa¬ß
^kFµÍ'ÅY6lvPÎ¿e_õ Àð,Ÿ``Ö–€vÌ/∂À÷≤Ö◊Æ]fq{-€{W/[]ΩÎ"\X´¬à
øbÃx'´«´$ØBUU©R®4y/¨ ìßœò:]¬DìÌ%Lâ,1ZmIı†D±aD;ˇXπcø
'(µ!√ÑK/N$Æç"EëfCädi'cKù7Ü4YßMô…££¥âÒdÀ°M5∂ljÙ √Ê>óﬁJµ}'ß]ÅÙ™Q
+ŸÅø¿~≈Ø5˜Xföik¿ƒÍbK@Ÿ ÀØeÏÖôΩ"d+ô^xYFó"pØ√3à^^ QóUd)ÒTd±Ï2T<Òd;
„Ã3Ljt-5L©1ë"bÛÒ«A»"K.≥Ñ·≠!É§é°£í#Ø)'£Dj áœÎ¶JÓj–&ö≤√…À-Øäà'Ô0zI=£î2ì9Ú¿;ìI
%ür™85ÚÍ∑®k?±/j&¿∞ò 0@Ñ+¡µTˇØA∏\¶Qœåt/y–∞L1
L"u·Â"√B‰%2»(3E V…å≈R6s¥m¥–GF|Ñ
èDπ
.˛˙H <}8¶Üj≥<(«Ï©ßö #èú0≥å÷K0µîé;î»$"I(«c
((±°Œ£É+ÉË!†zÉ˚9B®>``}O"˛xC(–Å˝søÙÆ„2∞ØÄ'ÂkA
ªØ√L9'îñ¡„≈"â'~ÖCÖTUQÕÏ„ 6€§FI˛Ò‰ì\+Q˛"3…†¿w=ıÄ*∑\âñ[i%îö" Jí†3'/
… «Ëò∏î6:1ïÖ∂£p…Û˜M*ó£ˇÆ$8"E7N©ÆbW!wù™v°2˜Ã,6O≥/ÇÎmˇÌ2ØRª$ÙÀBœ(\"
â¡'ÔL9Ù¥Bâ+Œc^PÅlÒç∑Ï„AÉïd {D∂€˙Û5´;¡ˆç°5•LéÍ3m'LùÆS¶îƒzı°ïç≤©rïÔÿñÆÔ[t{_RN
Ç‹
>M·øΔ *‰úsÌ≤¿¢ä™£è^@@Û≤œ¡∏t¬ª˙í∞ab~iXSN+Æÿ"P31céK5ë≈;©QœhF1ëZˇT$∂=µrπ´ã•
%,›Mfa¨d9…ZLì∂R«%◊a';–j‡w∂√ûêÉv·"V_˘í´ΩÈ<a"«&6%Ø q
RR∂‰ÒÈk◊xﬁÛñÒ<≤≈≠m˛ÚìÙ∞wóÇÏ/ClT/∑©¡˜ÕRÅï®ú8*˚°jπÿ»\£ëΩHd&´U±?
F®L,Ò≤àq@W¬›êÇ…«w†µΔ-U0%m§c8ÍX«÷u Ç›y‡wðÖ&Úî´Ö•ãC5•§´xfìJR$µz
l–î§UÙî°8
H˙/°Ç˙®˝ê–ée›Jπó_Ñœà‰€/˛¶7Ùôo¢ƒÿ,"ÛòR†hEWå‹&6É œ0"5å#è2á ≤•ÜåÔ2÷CÈ§5œQkl
£HÏ∏ùÿˇç§ö∞É‡L$4
r≥;Ã:†37ÿ¬ﬁıIJƒK£pJ¢5F¬j‡VR"i<u-á\{aÛ˛T®ˆ+{
XKY Òe|·ÃK'™äè)'--Û¢À`Qä4R&qâè~T-ºëëT¨†Dmw'Å£OBGâTìè◊¬…ØYG°çfh;=/4õf¡˛Ò
$*Ö»ŸÙ¡kÌNJ∑[BÏ°~0û_£Í>ØqI~ŒÎü[•Ç¨ k,
àwˇE^˙≤°ΩÌî·"EC€/
Ω≤B',GEKRAΔDTºË„4"âëŸò5rÁ~ı+ÜîÒôd#I iì« Ùˇö"Í"¥…ÕòxSu4 g∏¨5≈w∑K*F∂EHÎ"Puk?
ßÆ)±v] "SúÊt[®J+÷»WöVPÇ2îcΔ‹z÷G–E°™|´Ü,ı\âQLDü:/gKΔ≠Ëqõ–ÃF5·˙1Ç~ò˜
{ÓTΔ•†ˆ%Ñ+≈–ﬁkR0≤vúñ}˙^;Õ¶(·iˇ[7"8n+h·qπúU¶?Úd9¢Î÷≤
U§àÎ9ŸêÌS€£'ŸñÌ¡jÛ™n„7Eâ2îû,_äJUQ|f@Î2`ôâÍ~jƒ"Z˙f…òO•Í}+¢Ã„Δ[ø¡j¢ˇd¨Hh
€îTiRPöÏe6)˙_ÿmÛ≤3ç s:Y˙ê…
ÿb•phW/û˛QtfdööÚq=rê¡;≥≥Pòê>ÿ∂«£·5¨A√™ÑÕ∑7˛"5Ùúókpr_û$.^~x,G©8|ÄÀÖ"ˆ
\ÍR7cìûÖ^É›S&3‹•_ß=}ÿg–ß 9◊bè%£zö/ú≤c±\AõV3…óï&7yƒÍ'=ôç/–2Å'ã3Èà9Ã
-:÷xÃ<Çÿ"9Å>ˆ"ÈtO‡ÕK+8küJˇYQ
Î2™ahI%ï|KÆß˛Ü!tfb±ú±â◊¢WUç´Ã™2„i|+…=Ã>J'Ä∂j¯0Àì}Øˇ™k"4ïHˇ‡aÍl¬ﬂX•ˆ;€Ïu≠•¬–
6È;√ÛËä
'f"≥µoÌö"ÁŸ^•Œ*Ô°áÂ€È}UœˇñT^ J7#.c–{€–CÕ7]W˙Æ≥D°çÆ∏…ÙxE¯ÓÙl_{Í≤‡
%Ä8'≠ék&g6ß≥œ2ˇ)4âﬂQß6±x™7ŒÎõzC¶h sL´ÍacpøC1ˆôB·¢tP‰É\≥=˘Ì`Ω•í©Ü ô·Á@#û–ﬂ^Δ
û©ÁÁº˛ñf7dK∑E<DTÃï{qt,'ÌÒwGZëñL,$S)˙U≠"f*Ë˜‡3ü®IÊƒfÓX°I∂'q,{v •˜|¿9]Z¬
%.•¶=áj‹IuØ«Ï¡≠ÕÃ(q$ë≈wÂª∂∂(_ÒÏ"</ÂmtÙ èx≈ˇêñWÓ^•vV∏R*Cf®ÆtA/
È'2¶∑ÂÈ◊„O†◊k=Mp633*i©&µkØ/{8r†ƒô¢ñ˙ä/≤õ£|/´{@€ã£§ŸéÀªBgää∞õ5πì&ni¶8!
*πê;!}"ß´
vˇö¬£ä¬˙-‰≠¬#?=®ÆÍ∂Ûäˆ"ª±°KA´Ëä±H{¢–Ω¨K"+ƒçIï P'Ñ|=î>•≤#2…=˝r¿i
>
|£û≤∏Ñã¿ˇ-Ÿ:ü,©6RCY£¿Õ"íl™ Cr≥~[µXÀ/0É#sª3a ®ôÁ¿zäáÆaARπ™?BNÚ≠=
Û$»±7Èãd•ùÎY•t´?Zz"ª´˛+=zCì€îâR¯◊ÚØ‰éö:D√^|@˙‰ƒ·É√ƒ9öﬂk√˚ƒ¿`<öù≤ƒ‹Øj±,<ÏÂS*
Ñ©õ:œòjìΩ3f¶Ä§'·∑£ûﬁ\€BIø¬„-w(|qºΔôã<$´ø¯ûQÇ%¥:7T|¬'˙1xSëöz´¢O®≈VY»ºEœ;5û8
µÛÜ˛Eˇcº∆´{¿˛
Δ˛@ôò√˙Z√b\FÑ8
ÏƒbÃ˙zΔW"ïö¨%≥#–∞5Ÿ8B™ﬂ…ùÏCˇ≥ª¨πä`«¢X«I°
"≠Í1ø·®lc?34Ä…«„ZòââWrBı:±B*º¬"ìâ"4Àò≈÷˙ÑG§'•X∞ûH≤ÃØ˛˙ΩΔ3L√cö$œîú¶f4…2;7Ñù
'Å√ÆS)?ÑKú≤Ø îBD¶°Î«ÚP$Ç8¨xóRJúfA–¡v?ò+øß¬
„J.Éi1úS"ˇÙ<ÄâÇ^»Y"ƒ*KÌBÖOpΩUp»Uõ∞Ò≤àXˇ2√™˙≈π‰À/ö òÿ)Ø+FüÍ©5ÏK˛öN5§K˝"Iöò¿Ê

<ŒÍ–Ü+qµÇ+¡3ÃΔîÄ£E,≤g‡…°˙IZ≥4ô-õÔ; ™®∂ñ#ø–∂° √0Q*¥©D.∂¿õÑ°î¿ô+√I≈◊¸+<?§”?
ÑK>îåIA€yª`€ Y{£ãΔ_ƒ@é,√·Cµ¯r…˝¬ÀœÙ/g°¿kÇKf<¿ó¨¿Ô0L%≥≤
,ß≥èÛÄàÙ<ìçP3…¨F7ãƒûfl†*Ô√°|«=´kì<sR…S.*Ω∫¡∫I
Iä°òME˜π´˘”+°å÷”Õ<Dz˘µÀQeÙ»UΔ™€K£…ƒ§√íÃH`ƒ>ıPÈ,Δ6≤5\€Ω;
áòd≤ì4Cõl –)#RCé·¿;ˆl3ìôfiÅ-ÿ∫*ïƒƒ§‘∞¬∂∂àJz
\RçûBõ<MÕeòÕÀ OÅ1^Ä1†#=”õ®Ø,ï˘SïR‡’RpÃéHœ7;hQ;,%P´Q@ÌHœDÃ=µ≤‘:ƒ
£fDNéú√ΩN˝SÍ,Tô¥∏°∏í3)ŒE>¿U;L©âdC
IMØ =ñÚËIL]≥fl∏™Óìƒ AQ<˝Ñ“ΔUAÛ0π1%Ï–GSM%4¢Áb¢/ΩÈ¢ÕWúŸ°Uôÿ^ùœ†` Øì&c•Vd•”ÌX
ÈÃ¿íƒ:∏°”ç”ENk]–f‘ê$…Í%Kü*‘pq8ïΩΩµ≥’2∞;°ôSDKÌ &°ÃfI∏ìÓªWN≈!y¥∂S’L ˚êõ{Ì°õªX¬
+ÌGMï
YX–õMΩU+KäùXTà≠ÈP™ääç=÷ì≤H4Ù»èDŸeΔáúŸòÂPô–kıK@Â€8<)Í,Ÿ9tYõËNU”H‡K≤óDúfl@é„à∞
e«# z5èÃLìÔcjÀ∂√ÛìÍ!Uòs ˚Â2B≥¢J1E¥™]Ä±ÿç’Xï®VÑ7¢€?…Äå˘Î’*/ù´ â6m¿∑ùÀ`å
€éúSè5^πm^πeF„Ì»åÑ^c¥€f¥fiÎ
–Èú,f√à/√:T{¨o¡Å˘9ßBõ@î√;û~CõΔ=†Ï+JÙM÷Ç°<Û°fl¬≥B–OËy/°¯6ó;î…[Ü`ËûHy?Ö∫ê%Í“%r
ÆÆµ.Î≤´ãŸ]ª¬ò[J:
^Öu *√be[^@œs¯[êï[eç”∏ï√?–IèDN>ç”5<=ÌØÏÕfiôΩ¶ò%µÒ°:˙b5°–ì^`ÖR∏E8ÑC%>ÑK¿å\"–Ã
%KŸãÁÅ qÙ5xÜäeÉ*NUGu¥äQ=JJjπÑû<]˘E·‘ÿS*ÿÈâô+áÍ9]òÖPë`\Eú…‡]è)€6¡8
–·œÂ–˜≤»πdF_L÷E^·øQ>≈Hl<?mF¸J√Ü·∂fiÍï≤Óï¿uNÁÙ3]8bAòØÄ(XVF(ÿÇ–
‡Ç9ÉYñÉ0¯.:®ÉDXΩM9π·yì:y–œ{øw<œ˙DêÊYZ»õûÄjÜ©°<‘§õd–•$L∑≥%b`¬®ƒ®VxëN∫äíåF*Ê·
34÷7Ç[r8·ÂufiNV}ˆ»ˆ[KQÊMCÍÂ€fidÎÃFzSÄÎ©©” l–ÖD†(‡˘‡0ç6H–Å®®Å8Å(ì‡Å%ÿ1òÉ:®A–
ÑW¯Ö/2ìjªò ©ò
0÷™4fi◊1¸A’YZªHõfG±õÉÚf¡‡RPA+$¨,&
â4]®%å¡‡*öÿ\Pï1œ∏âŒ¸Z@è4DN≤‡á‡+∂fkÁÂ÷>YÈ=^é·°%%JΔ^pB◊üLl<`\MòÅ®Ä
ÄÄ≈VÏ
∞h¯Ä‡Ä®l
∏l
`lÄ»Ëå>ÄÇDXGTìw“È˙}≥˜®Dø0<JBê|J@Í1®B1(%Úœ
·˘ää.p.b–åâ9ÁQ…‡äZg†Õ dV™3Î‡;·vd@uk∂vk∑÷Á∏UVEVΔé‘^ÄékΩF…πÊkéÎr˙IÅ”S˛"_AX`
Ä``vlxÏ«ÆÏ∏l»lŒ¶Ôp˘•ÄÄÄÇò&ÌÁÏ“±Ï√≈{ıàeXàNÏ‘¨‡≠¸’ó∞jGo+Í˝¨f·rc´Ìã$<"b•≠•êÒÓã
%>NÁ≈âÁ£∫∫dfi,Ed{Æg‘∑∂ÓáÏn^AçkÊT·#0QÍ,<¸“dÛ6C
j0,Qâ;5âF,A∞ÂêÔ˘ÊlΔœÔ˚÷ÏΔ6pÃŒl'˘8Ä4OÛPÿ]>“ná/#•LÁpèv!_>üpΩ8´ˆ}Ì¨6ò£GìJT≠Ì>®
¶^•LπJ¬â+GJÁcÔc
ÜΔúKD÷sx€ÌñÓ≥¶∫Úr0sr|
^ΔKÜ^HN√Ê•ÓìdÚœ,ËO˙Jñ“qNÊDõ^∏Ñ9∞•ÕfiÏ«∂h≈v˙¶Ô•oŒΔÄp5GÛ6/p‡m:Ì“>RuM'ôα§
´ö•/*¡Á¡°lM|©°P≠Ì5FU|Ùã#<ÌøŸ<¥RÒHwMÙŸ UàÒu.ï¸
€5&ª#}FÎÆÁD¯O6Ó∑rT7a˘Tr°ÓSe≈@é^Öfi„ı”&˘xÄœ·Œbñ¢ÚphÜW0†hPŒvlå¸V^6ßÔa«
à^eü^6•WÄ0)®M–Ÿ™Δ„7r$¿xÖ#^ÑU`1?œ%W…ìRy∑x§JRP¿0PLYqtsU~ï≠Üàr∂‡uÓU∑«#„Ûxf¥»^
€ÖWxeDxâwÎTè¯àßx~N%J¶dœ¯ì
yvÚfÔ[„˚Î¢âàkXAÿÇHÏ˘6v0è˘≈ÜÄj_vb'p5Äû4ß^4ÁlXÇ0T0ã}´ªt¡M∏A∞©?ê±§˘e.M}e ª†«ÿÇ
ajß˙ì+Í ˜Ió(Î?
ÓULflΔröµE¸[%|/QØÁ¥NuâÔ{!7·•¸ÁÕVFaÏ≈¸2y^Ák< ,ΔEâlXL†É%0Å
•aWÏã r®PÇÇ,P`¿ P"hQC!úX≤•é¶U°ö]k¶
€Iî&MbkÈ≤ŸKl0±–ìŸlôÆRñ“Täó≤e%ó>,∫Ã3°DÉ^#jmi“fÃåïz3(÷†Ω≤.€Ë◊e°zëÂEl´Æ
±∫z©Ìï˜Ì+^"uâ\µÍ’>°wK≠,ãJ\8mÅ√â\ò09m%»˘y#'Œ±9oäkãLŒ<bÀéã3WÆ≥9qüC˘.–
˙Ò,Õ·6ßF=ô<Í…´W£f]{1,Ÿ∞qÔ^Õ[˜Óƒ∞£,ûÂ`m◊z Çb"É
@8XÅˆ
&∂õ(Az≈à0F°H@ÄÄÒ„+*<¿†¬ aï“E4•6ì/ˆøfÔÚøL–•ã&ó‘!à%ûÿG“R
’R71”‘R’\uUPSeï‘2øt•3`}®âΩúïLY°†∏¢[…•¢K\q•ıä.¨»Öó]9Í®◊~=˙∏Ym®5÷eêifú!yfßùf/
gOûñï¡YI[ï¨˘f%óœÈ\oW¸ˆ˘X`«µ%_`Ÿ•b…œA∞ua˜vtÇu
ADQ|–'E%zfiyÇ∂w6Ä!à&∫4”L˘ô˘§
HSáûXRá!á–∑‡Mˆ,!áÀhh
Ñ÷TÉTS®ZÛTTOAX™©\aTR^yeVYΩ†∏÷Xc˝ ãäo'◊*∫–E◊+x·X +|ÒÂ„I˚Üykä=ˆò∂C¶∂
$fI&ÈîRñ˙Yj≤©V%j∫©ÀïÆ˝Ê°[~ `◊˙á¶`%4sâs’Q∑ëu·9–@fi)
{˘2`ëD†7^zcƒP†pE"öÙBRÄ+ô…R§1ÕtÅó–¡i"
nu˘ì[kÉ’M®U
S9G¯‘SµRïU/!é8Ù≠Ú
P˚ªÙ[°ƒh£çvΩ¬J≤zImµenÎ€mUVÊÕ∂ôâÀôí¶ëfÆ8ùMy

€EΔõeª¬•∂ep·xIoòw"6˘.·∑õ7ÀRdP¡F'a7êvŸ1~PBÈ¿@˜˘êg~≈„¿ƒ}NG[$bﬂ/ïûƒRqVÍRMñrà +
¢H)^"Bó]ky•·T™>EaS÷ä3ÜµvH+V^â5,V,™E,±œø¯b2M"Â4≥T;{5éx   fò6Äôo
€fä}-7ï„¬{πRû=öiUﬁ=7˛ä˜Ó€¯◊ç˜Ωxöÿ«?gBéb≤±
.î†;á˙Nú&êÎ‡…;ëHD*W9)‡r˘,S≈(ˆ9Ù0#„@e¢¿§oñê…lÇMXÜXô%Í£¥œîÇ/+t-Qñ±™   ô™)
Iiï¨,d´m≈y"ÇûXN‰+±•iœ2^úΔã®·Ö.T„>éVQò√Ù}Yó˙ê§Δp¡/^iC/-§9¢¶éok[ÿ»tœ¿LY˙£>˙Ht
t£ÿ(‰!±l0fñ•wÍTáq»+êÀµáOîc¿,A@bÑ"è†(¢êAô>–EÍl"∫˛¿∞˘$˘¡I)TFáï,´ËJN.!LOîÇ… •§
Rº£Ø)À'Õ2‰![âËw÷{û}ê∂âô
ã-ƒ†\h¥
VÑOGÂ\≈¯
iòkÈ–âêÀLh¿'ΔÃtÜ3£9Õ˛"VÆ?ˆon]ÎZ˘Ïñv/KÄLG –a7m≤°áÏW3P¡¿¬mÚ ê"@Ë$…
7QùéÂçÑ≤î•,¿Ç Sf§i@°%B≤ïçÏ8%;ôL:T
M'!>ƒ!rß,O\–ó ¶.fñ°‡)ÖB≥jmñºÊ1ëC∫Q±\‰¢o~ìXﬂƒ   äÃ¢,mYV√ã¥˙"n≠SùÁ˘Éõ<ŸÆr¿œ}
≠Q€π§$%:œ/l≠ÅWÿ'áØk   á†q"[ﬁzÉé:'°≥ÈEl`8IDqù¨A^¶É∏G#Ï I5¢¡ }0s„YàE<#ùÑ
K8ê«H)◊êrÃ:–R†CPãôM]Bû†2é…L¶ﬁ§)JTäÒ$î°†˛Çy$¬J©ÄBú\3g¡…ıŒNMÌE„ƒQÛ¢>¬v2~ËÂ˙◊∫
™Ìl˘≈Áî¯È◊"¨ÛmzÀç˛ÛøáI°Âh"´òk`bë<é%ØSÀâbV`à£0†<Ä   Y¿–·,@É¢˘†TŸ"Ë Ñ:&Ä
.Òäèµ‰1iI…\ó"_‰róR¯m/°U
UXA«•ëRMıT!*≈UDT
4ß["f8/hM'
"∂j"^˘™XWÃ^W"BNπò7/hçñZ"^ƒºØ˘vÃL9'HWª,µŒy>g·F•-µm°˛†Î5Øz
4çMd`xYÏ@8;)\$#˘Å
`-d:L
Pn!yÄ¶?i"âòê!ù'àjÿ‡µçj°§˛ˆü€ vª
†Ü:\¢π»•%(!Äª(ã+6≥ükD„5hâŒœÆXxuM°E,œ√ﬁà¥x,rí3à8bØ:˜˘„ŒÀ†FœpésìTO%>˜ûÂ Ô˙
        _l   ∫7ºpÓÑˆqëáO9∞°â-<©çñ•£?ëÖgÄ•¿dﬂ˘rÓ1(;{RRûvÉ¯8G;î‡ã*EM¯ìíHïá
÷4-2r…[)<»=T≈%aAÙZ≈ˆŸŒ†ÀLVUªX   FâjµÌ6/)Y÷EˆPÙM≠¶%i/
jZ] <5ª†bπPk)Ã«^πΩY4‰†üg@C?-ÿµ5jâ£ì÷éÆ"Œqœºôà˛‰¶o¬í^˘"lÏˆoE.#≤&¡
j`Ét·à‰d1à·…6˛‡ßP,˘Ë<@√.Ä¶5_JäÑí:ë©{¥"@Ñ·Ωò%cè„ÔT∏Ü¬oyÆ
"¬îPDœiàÃY=Eâ√cÊ-°2U)3˘DBÛÍ"ØôM•NèY[Tñ˜ºg5â0ÇÌkî"N?¥#âÆd˙V<ÛiﬂW«oœnvp˙ïÿ{…
˘Ôà
|ú`m¨b6ÿé,ŸÄ¡M-£
D   Pﬁ‰e   `™ùöàçËâ÷√,@F0@îÄf/√hDh†ùË†BMÎ∞NK-ö-aäÃ-ÕAA'¡!‡%B!Ï
\•)3ÏLÕÒ>Ñ1œ4q≈U9âäY
$·WA]Z‡˘Dië89çôQÕ*t_|>_å]˘÷{ïFú}aúyÜgúC9âÜÿº"Ÿ·◊ªπ<Ìì>˘Sô¯ë"˘>ü"èﬁÜøÈ_74Cs,
ﬁ   •¿ÿ@
‡,\√†·@   <^   LöFÄ"ÜQΔ}Rt,ƒtP@   'ÄîNNkÅ ò¿\BM‰òÏ≈öÏh¬!-<ÅÆ-
Ç[Ô' ÇºîY0œ@HEÑ,≈ÚuàÿJï1CXπ≈vçEó±EØhèçº'l>˜†^§èjÏWçΔmc/â°Õì=≈Q>><"ïóxü∏
ZAŸ!;Œﬂ:
û.ÄÿÄƒ«ÿ˘¿m«ÑIP#6<dë…A/röÜE"Xád®ëî{d†(A'ñß=Ãvá@•hB   Æ<§» ‰í Ä¯¿H¡Ç∞È<
 `ÀËPŒ˘,è™4YŒ4[u1_ÆMNj±¨ä∏Eı ı\èçâ±<nﬂ˘¥œ∞F>     7Ü°v#`¡èŸ®aùµa<>üÈÀ¯ÙK
ZAÒM7¯€YvÉ&@Å&ﬁ<,£¡qá@,ú§Mñ¬   Ñ>XyTjXXpX$ÜX$b`        Ë¿(¡     `$f‡·   ƒ
        <8JÏ°,ÏÂ+Ä$Æ-¡Ä¡¬!P˙Ç!¬JÚú&‰¬
9Ÿ≤-Ws9Üîäu   #à8èXPYXIQı(#3Æo"#ˆôÔ|èô≠Çc-[±
i»Y˘q„€ô!≈èVñΔŸl%/òc∫®Z˙OΩÕ·ëCCíø]¬=\,„,q¬p√)ú-Å   4P   Ä}F•iò_b
Ïß√uÿ~f8"Ë@'rÄ¶AÄ'"g…)J)\É G*,XÃµ xÑg"Å!XBÔ-A!‡Åi"HÜ∏Jì'Lt¡
QDôl
#lrÆMW0„-0„"!c0%4öó\§qz'ïòÜhØÁrzct V≤·˙aÂ-IX˘√ôÜvÚSb'·˘çœY"/"   >nz/Ä¥Â(÷ÁÑ
©{.\   »Äô ¿|Œ'Ñi\'EA√NúBûúíú‰ƒQ@¬tá   îhdG¶¢l
HÅ-‰/Ä¡˙hÔë&ÜÚ<q•¶Ñ8SÚAUI»JÛ- ^Ÿä[à≈ONYàó[(#oŒ¬[D
Ô0ÀpœÇp,•ﬁAî0ßTÆ-êFI^ç#AIñû60)ì"«ÅŸ
B)î±ﬁOîŒ°`(RCŸ
6ÃAñ&^|l)wlG¨È¬ç¿êÄô÷'+@}Δ¿¿gâ@√ÖÈΔ'öﬁÈ∫b´ú.,@B\,¢·˘Ñ   HÊÎUKÎX¶5úDá˛/!lËZ¢
ˆ^£Æà |ärÌ‡ìÕ
î¶Fi©!"5üÛÏ§µ]3ûYêEZ-hÄ'»'uzÌàòX   j»]ê÷Í≈ŸVÆù˙)<≈Qj•n¯+Q`Cøfg ÆΔbÈõÏ]
‡ö`t√2ÄA>ö@[nÈ 0û   »@ünkòñ@'@XÅÅ'Á·})òö@h†®∑÷£ôÊ%ƒ…+˘Œ´{Δiú¿îÏÈkÏÒÃPÏ¿
.A•-<`£"ÇBØ"-9/*Ö,ÆÊ≥eÖ®4]ÙQ[¥-ù«¬ho∂≈ı%òç˜òY}˘Ók,Üt∫Ï6Üa¬ëêí„U≤
°<ÈiŸ˘F9ÃM•LK/`êBÎ -awÊèì/n8\C.˛ﬂ˘1^,·có÷¿   »Ä∑é-h‡ÿ Äl¡l¡4-∏^ÎôJ-˜2/Ä~
Øx´ˆ©}R/•Mú&a+¶Mö   ,¡!@hÑÚ,œ,Ñ.ï°ngV,™hB'AΩv'à,,Œ Ó/"ÖÚêJäVŸ≠ÿf2éEW¡Ëà

^è»¶Íç"Â…Ê»˘ı]Ÿ¸(êín7,ìŸ®Ó≠V' iÉ≠¿Ò˛ ıΩ
/z¡Ü">.1B>/…y¢ß∑
†'¬@qƒ¿P˘ÔXtÌ\+tÎˆ2ØôÍ¿Åáo/∆ |¿•iÿ~Núb^ÜY•Ä%î`K«q<M¿uÂR+ä$"liR% ¬
ZÇ%†Br-5ﬂKJUœDW≥≈&U}ENNëıá™#ø»«ÜÏı•f…∆E∑µ*^¥õU ˘µ,ê6gÕ¢0)√ 9Ó6ΩJ-
É•
◊∞ﬂÓ¯Îj°¡¢gó"\±'^ÌX¡»ÅXÅôÜ)ƒ@˜roì≠$AcÒ∫>¢#d€zÒ{0ÄGeÄ
-¡Î-"ôímΩ\ÏÑJ0'Œ°">ﬁq ÇhNB! ˇ"X.®2ôäjÍL3X»/˙*"cW8ùßz™äXÓ«Óf[eQfÆmù%äiäSNe(É
2íƒ¨Î~#üîÜÙ‹Ñ√SÉIü¥5úe-ÊM
„·¯î∫ﬁ5ú•@
/qá n©û≠±¡hÅ»A Çıä´ò"'äÎöÆ©ôAp-◊ö)W3\57øGOd$jGËB∞ﬁV
v√5Î´Ùàh !Í ÿx&<Ôq ÃAÜ◊1·ÃÒÒTœ„Ü4ﬂ0f»Æ¯ #Këß&Mï™oílZTçp~è5"]˛'™eá2T/¨Ho6îö˘
ﬂH£51˛1$'LÔõìò›xüíæ≤ìÆ9+M£√5XBåwÔñ*O¡¡\ÒP X¡ƒÄTÄòfÔö~ÄdÄ(ÛA
»Ä§Ì#é¿¥iV%ƒ}‹¿,Å*çœàËQ§uë-¡l¡°5\o¡;ä&"'5"`^SC5\ÉÒ]»Œ8¨Q‡àÚ§Ë4A•Æ<_W çB˜
»VQQ>4+`ﬂ÷qõD√Kn§ç=ÖÚe+'ÃÆÓ^q6àSI:‡.nÔ6)1 ô5\C8¨Ù∞
'WRK÷˛.≥¯jXÄxûg•¥2Å'ÄêK∑h˘ÅT/◊Nö<wò"5sW@ì?wAuuSuòf¿Ukaz^ÜQ"¿TÄXÇqyöf¶IÖ5P1X
2%Ç-Y
TA;ªµ|¬$L"¬BÇƒE)∞R¯ÛR@'É4.¥¥ßFn6ùµÅÏÙXÓıen¯L„]•H∑ÜtbÙo
¥Æ≤aàó´àã¯œ5Eä"H.°ÇI[±∂∏>†∂µXä"π9◊nrÏFK–41ÃÅúà-"ûÁtKm'"¡ë'AhÅêWADu{¿q?˜s√Ä¥
{@óWÄ¥ÉÄïÅôz{OØ)∂kò\@aäòƒQ¢†±ÇW´ª˙˙I«9ùâÊh,/'@'q="3 »¡`&˙™_c•2[Úpà√C[i¨ÇOÆn
ÆÖßÜlç(K/<t∆Sx´gmÑ.˙ë∞rÈÃ≤Æ)˘]≠<àè¯©/Ü™ÁB´«92òÙY¬p-.C≈Ô*gß83R8˛∫AX´∑zÎê˜
¥ÿ9T¡®¡,˚A3∑`Ä¥˘0wóã¿à@ì?±ïKΩ2Sµ∏~qAÇT$B@á•{,Å%‹ ‡∫ª'®ÇÃß¯pÌ)ŸhŒ¡∏µ'¡"øAQ◊∑
¿ﬂ7&†Ç.PC´>Ò∫U0p0·√ÛÇ"E2OëâlÏ[»˘hC?xY}°´6eßö|…ìpùµõπÄ8GCÈÀ/∆àÀ∂5ËB
´∑˙1°BÕø∞¨∑29õI∞´"πÙ`Ù∫>\á∞_Ì'N˜◊&s
,Ω°¡®Å"˜Ly'q÷{¿l˘L¿USyÿqTwOáÈ\u π%F¨ΩòsÏq!Ã{c®{B-x¬úìÇ˛˚±Ωfú-Kå©aIï-rN%AùJ%[
fçôµeÃÆ]l∆lY«f9^\∂l%Iï+AÆÏµÏ%Ãe°fˆJˆì0^:uÌÏ'Û'O^∫ÜÚbUîË*^
´^1u/îú8rSµMù*Œ9sÊ q>˙˘¨WØ, ë5[ÌY©VŸ∂%WñÎY∑mÀΩùöé\7kØryRï
02bf∫Ö3Æ[7lä566Èõ5lÿ¥u"ÜÌpel◊¬ë#F1jò®Q#∆h>ƒ ≠ea√@r'Å·¡k‹2bëq{¬Ö¡/‡Ü√H#Æá¯Ê]
Ç5(®~‡/∑kÁ∞Åí!:s
')TàN°Q§Tëeâí%¯ÇöÛ¶
íÇHÆëHD˘√L,Òdïe™–®£ê6j∞£jRi£ìZ∫p•ì,Z&ê,"©¶ötôåõL'I®ûtb≈']ébE]VyÍ)´™¢ ™¨œÍj˘
+wÅ≥ÇL.µÊöÀ¨$≥:/∂"©+2]rQE[Àe∞k„¶ôk6ªF$ç2Liô»&öLö4'Sà≥p>Ì48Mãaµ@ê°*ﬁD6@÷0Ç∑„
Ü(H˝ñÛ`∏òé+Ç?€b8"âÇx´S:Í¨£Nª∂˙'Ñ0HÅœ˙Ïc»êı,Y/>KLΩØä*
öU!˘ê¿5ëE¡éJ*…öf0Í(XçF:6√dW/pCúh"Ë¶°|"©óüÇ¢e®£à"J[ój
\ß¢≤j≠µ˙,√R+≠!ïÏ
^Æé$"¨#≠¬´I°Ù"≈U.ÒÎJb®ì`kì˘Ã±9È≤…¬Y,.9Û"'l m4àÌl-°7ﬁ¯Ø0/'ÿ¬
5<6Yç*¥.A∏é+(ã*Ü@Nï+}nÑ0∞Œ∫•¥S ‡‡ ;TëèiCÊò#êB(ô:>™ dã˛ê∞°NC,
5˛cëJ\≈%íW¥ÜXaQ2÷Xè*î•§ÑO¬H•
U,§ggZÜ®øy)±f•ÂÈßYbt1€pøej*o§Úf‹©zÛtÖ‹úHÆ‡*ÁÛrŸR+Æ∫Êjí≠r"ŸôR®§"J¡®9òvìîUX≤≈
~òMk:≥Fê%,L
5◊@p
âÖ°díJ(ëëI&±D˘î˜Fπœílyf6€`ÄA>("÷ÚWN^Ï*í8,π0òéÅ8}‡ÄÓ (ÅLrÈƒ@˘^dë8O'Æ&á¨Ÿ¿Ä,ç
d∂5¯'íœ&ÇäãT√AÃp€Ø:!aŸ≠B!L÷MòìÎd['BQPÇ£lIäq¨x≈„¬ïrâÓ
\Zâèxxπ0∞ãt,¢Á∞:∫•^ˆ≤J]•Eéttâ_6∞{b'∞kÃÆ1ƒ"ÌTí; 83òQÃbñä-î&5tÕh∏@L–∏®E*Fa∂Tƒ
¢qTFkAäÏ9%
Z»ä)=mo{*´ÇÿhcÖı¡5˘»ÑÜù°Q2J¿√+îÒ
Yt¬ù∞D%19xlO-x∆¯¶kFõ»6 KP∂∞ò4,èƒÕm(fKíµE±%$ΩË€KFÙ,™Ë'=a/∞'Bm≈[3'Ê,^π…YÓ\YÒë
∫2◊ï -F$,Vé%xï≈^®ª9"Û
Oåä§∞ñF
jh-$'PÿI¨2ùIwñ°Lb°dòeÃ!5&Õjég#TAîÖ-dq9V,ì8≈™÷CäTÙ±}¨#%¯Ñ T6~PÉLˆÜ5°¡
Í;˚H•
p™î¨$2∞ÑDÙbA'H˘1> üŸ§lë[PÉ…∂•Ü-\UÅ2(¬A¨06 ®•¬Ñ,à∫--L%¡†∞@"bhY/π
3n"∏ú≈Z-öR§5M∆ΩBÜÅ◊+∫Ÿ¨§+,%LÏ- ƒ π≥G¶sä:?ßD'^`≤˙≤"ÿSã\∆[∆`FÅ≈Ö!
tM_¨Ãe,ìòp§„tHcùXhAÖ Ö'pGUP™¥C$1ΩXƒ¬=◊ö%"! I<$Õ
Ñ)∂5®¡
O-¬˙äÅ3˘-@h®dQ1ÅT0UC†Ä±ƒ$»ÑH5k[x¬|ë¿@˚% $ƒ†?òMHe€/ﬂ˘∂∑µÌm)Å´Ì4¥,ê°DÓ9âLîh•'
*:
_µ•mÚÇõ°>íƒr9uı∞ƒ[q,wØv¬´àÓ<%{ó©†#◊∞ß|ﬁ;,

Ü¥@.Î>zP/Ü3ÜY≠bÉ
rƒñN¨ˇ@nZSÉ-®ß∏ÿfl.¸X≠AëZ»ÈûD*äÍâ,g~^ ·êÌ•Å¶j¯œM∑êS+(·5 u
∞ÄàóíÄ¿0¡ãjÄ£'∏,2ê!JJ»!?zäU¥•Ñ≠umÅ^ªË¡_ˇ Ç∞Y3Rí^+¡
"1πò∑òSôv•÷
áWΔ]∏/
,/˚
ˇnñWaÁít∏X!a.ΔÓ¢ó≤€UY$NeΔk"Î"Ÿ∫ËT Á©¯Y¡fv1ÿAÕÑZ/Ö1/xXg¥t7–A¢∏©*0Â°Åù∞E'vaâT
%ìò`ØU´•ı-r
§Ñ((qäÎçBìxnL'êEÓ©øtÆÛùkPÇ,@P
@Ä _ÿ3r|ç-5»êÖ%∞ñ'˛ 28¡Œ·Ñ%-RpX√î∞CXB•†âÉT¢¡∫
SòR÷Öâô7ô•"á´V·j=-k°F∑ñ!6e¯mùärÊHªé kN∏…ú Δ
ÁÑ'√x)1Δˆİä°ùépX#€Ì·6{H·ŸÉ{»çëâ¡6”%«{I>%H˜Tò|k"•@h®¸#»¡˙ÆE':A
“ª«à`%¡Î,U2/°zÿ"!dZq8øAŸ.mÆKÙ$»‡#7ˇà/Äp``6∏¶Ê/à–™@~"5´<w
˚¶±¡t9‹y
u(P)F'âîÄp$Nf¬XÕ‡cfË&e•V/
W-hvΩ(,,÷Pb®MV¨BFíB,+GzÑ]RLÓ%ÆŸä-ààfl,à¥bâ&P/à°_œzF•»ä¥f'‹Ô`Æ°ˇD–ˇ&CÚ'≠3*Ôw°
ˇÊmÛ§Ïê ™dflFoTRØî˛„î‡kdL$·Ó·N·πd*
∞´
“ ·d√!hÈÆjd‡g`%ào@HB,Õˇ≤°∏apaAepÓâ œ°Δ4N#   Ëœ‡≤k
¡.ôŒBŒÔAN¬Wêi~AÑî≈"J®Dn¢ZT®&2ÃÎ¨e[^»EfF é)&qÖ-
*'NttƒÌK≈ã^BQà(+.àÌ*NÒô1®rÅFjU%C£˛,€¶a¸È@02ÿFK°Ñ6c1$/>R0b¬aX–*‡YûÄ,hflF
aB}íÀgë¸4jœq$n™‡Leé ∫ä˜¸cË,   k‡ß¨∞¯ J†í≤°≤ÅÖ∏°Δ!l°e• “0
»≤¿Ê™%pû–‡ân¸TÇBö.Í“Y/Ø'ÙF%F§&fmΩé_Ë'tm)ú¬)dFz
ú¥Çr¿I*Ü
ù‹EÓVl&Cß≤"0Á¬ÚØ_(Å®&¶Δla0í¡ü¨avrqπÅvÜ-ƒ0òL1*xê7jÎé£
û–b°éX…Äí   ¥¿ lKE
£
N°•Êh"‹
≤ Ñ‡flÎ∂´|‡´™œ ˇ>`¿¨–`J¿ñ/•Qúèp¡fi¿RÏkÅ\ÉÀ∂œ
†∞3≥+øDÕ^aDÏÈ»Ñ∑àLÇÅ[3˛~pp"Òœ'g$\\$FP–∞àÌrXàËé^»¢Ìàà\p§rv“*C#àaJnpjÍ#äÚ€nëv
ú≤vãr«2÷çwí,«,˚
l   âÁQ∂ *Å·J…™≤Ü,+%`†5°F-sÊ
N!•Rj$a¶Órä f@F†7“ê“b•3Â‡¥†Ä¯¿Æ1kò!&#≤!2≥Å«Ωl™¿5J¥D/•ÅÊk„ˇû†3ì`!Bo4i¢$Ïf$Ë&
X'ooGoÙ¶D8$'Ù
qVà]Hˇ∫•ÏöB%WA∞dúÃA≤+ÿB&Èé&G–&ã»8'"â§¢3$0∫î9´">":/(ô´ñ«é2)ïívîÚüÑ¨¨à
´2b»à¨·∂‡>Œ≥D/Í!<F„≤Feû¿‹G|≈P Ú
6 l° P
≤ @ãÄ7`Δ4Afl•™˛„§0B@BÄœ‡–$C'√K¿!«<¥t¡∂`9J¥xÊìÅj Xt
éEπÙ0°H"-ífnç˛íıvL$g"Q(Ú/'îîF˘¿Ö7/1[RÌÃ•tàS8E1KÈÖ-:„Kπî™B'ÌÂ24BJ^gi¶¶™Sd·
€h')" »tANÈ¥LÿƒK|1…ñÅ<œ√2{0%,e‹¿c≤¶3Ø™
é¿@<‡¢ÚcP`C?˜SRΩ@@ä@h`8D`RB,%`
j`†0'T3¿Æ¡Æ·\34UÔÒm<!ÍÀDK¥5H„n  @3œÊFWa»éUÍÜi$ÆÅFeBYut¥1ZBRHëqJ2F`§ï¥◊¸OX“r
^Ú%◊ÇÌ:qŸŒiÓà§Îá§,F$Ør:cn'ı\È)2FkJñÊ=ˇà(k·¿Ìˇ)¥,t0C_ı5ÒΔM2FPK„3l†
!RF´êFÅ)™j ™ê`>†
         ö√“¿Ãln!
≤¿cªÄe.¿.jfd&M!fi†”û‡X6B
`í°¡6T≤°a&∞!2oÒbukl !c†5∂“∂"WY¥
äéøDtaC™Œ'"óiôÖ}±¡^≥&Ï0$øÆ6Â7'ÚØÜf%+–7–∂I9±mΩµJA–H,+÷Lôs*Tu
¥¯eiV•j÷ÉëÅÇøm0„JÆÑ∞∑»xÍJa<†
'£
         "¡éA •chÈih©
>‡eb ∑AVê h™∏ÃÃ?µ†≤ T¶`Fnkë†*V˛≤
T˜g†e`í!“ö3lVU¡D†ê¡Ê ?äÁxœß>Ω&W≠`   é˜Ë<!8©'ûN˝p4Glj',ZÚäôË∑÷äBØ:Ïˇñ"…è
ø"útD
π[XØ-/¬Á,nïHL%ÔKû3:É2ß®É∞¯"ÉØƒJ®§8ypˇ!Ò."%#1v   HxäAŒS"·≥éA œóef6ê„
t)·ÑπGê–&!¥«
Ü¿,@¶éˇ{V◊•,´™p*   ˇb‡}$÷X%Ä(ß1”%f?x-Z-ı√DYÉ¢°ÜR"≤Ë¡fl<A8   )©$~aûââòP”

%¨Ó}ﬂoCáYgb÷Ù
öûï[∏%\tì .∞Üç[˘G°U   ∏±&íÈv*ÿ≤™¬K≤®óıÆáälA§E:D∫JN˙uH˘ê!F∫Ë"vq2àÅl¿Ê†=F≤
ê‡èé!R3YÄf£|Ä7é/!™ ‘`-L,, ä¿
A
<@ÆZOP©¶jÍ™ ©ö%÷}2@õ√ú7C/#U
¶òA©œXVó„xé«Nég3ë¿EØ*@˜˘oQìE˝ﬁ*˝ÙôYí•ôN"†ÌWèøŒÖn
õ®5ùÇ¸»oƒ)s∂"¶Têë…BÅó3]//\¡dÒà°][xäV%ü‹U:A¸¢_¸,§Kaî€xp9X‹LBUu°h˙§Àêê™ j¡êAr
°/cT|y6Nx£FÄ®∫
ZWπ$¡
`Ä¥†»Q“¿ªß
ïTÈî‘‡˜<¿eﬁÁ>Ä‰ ¿¡ÚÒø(C’˙$
“vF{aÄ¢B„Vá÷WAÙß|7fü/ÔØëi∞Ûôéõ#GK'¸y'∞ñ†Òö`)tS#Ò˘^Å°Î¬2˚-9ë!˙[Åh.˘˘≥…
•3ävt”¸‡ﬁC>●iä^'πU!π˚%j{•oª¥Ó∆1ˆ•∑c‡/ÇŒ3(!èéAlôJﬁ#∫0…•"` avaBJ
…TŒÆ:gbÂ
∏Ò?¯ÍÏPE†Q`@œdò"SC„;üœ$≤Ì      œ2 ÃôN∫◊Æ∑`
ÊÄ@:Å4-B†‰ŸBÔû
LY1&,,%zî“ÂäCËO~(Ç‘p¢   êW°|ô¢ö1ÁeÎ¢ƒ”Çm8á&Ø≈>b≈’M‹,π§µ
·ÉizÏµm∂˚ÇìÂ4Àjãc3x;Å™§swŸÜ{Ö˘/˘\€¢‹•¬¶˜ƒ≤|ÀµG° Xó∏'   ª;
¢∫°,eé†efáRl®1Æ·f˜ïœóaÊﬁ‡   »R§lœ†Ó$ än÷∏çá¨CnQ#s4·Á&à·¿
€Ñd”ebD∂n¬3¨k∑EÏÜ√+I…O^Ÿ°y‰8¢xë·…-‰%÷Uúnç-1 ‘◊©D∂e\◊πÌ§}>Jˆ   ∑˘\Ò^:$∞
Å?¶(ﬁ@ß]CF°ò¸QU™ÄúïΠ-À"·z¥|À#¡°;éBÏ¡˚c“ …gbpdd‡bñË°Œ]éI€ﬁ
.
,SBÉﬂ˘3∆áïgäb¥¨¶Å≠áÈ¿YÛ"ün%¸ØÈÔ$FdqGj1ΩY/>ö(‹(¯*7õB¸lKù√√
≈@úÌ,K*N>wH^>áÂy“¢Á,/vq¥˜RUjTé:^U{∑^ª/Äùq;-1ƒƒ1ƒ
V≥&^ce9v◊òﬁå!µÖôë¸Ä˘ƒπ$!D·n¡`·BA˙† Aå®◊cÇ∫Ω*?Rfe<@d≠Êp6Af±˘¥·"€3l/∞e3x
ô%Ds∂lAb#∆á&Vî¯°J Cñ<…zÖÏU≤dÃí-Cfr≥e,[∫|π¨WKô2˘_ ‘µå◊2]Ωj“ÏEÏ&œ°ΩàÍ“≈äWQ^∫x
±Zı’*VRWÈ≤ZäRVÊÃë+GŒ´ÿÆ]√ö%á6≠/¥Âƒµ}Î6.‹∑o√ñ3ÏWr·¯˚U€W€Zœ·∫Y;L,1±
\πlŸ™E*Ú©Sî"ä…í%R™<y≤Uäq.bÀH>°ÃZÍ’™[[#v Ã9o≤)Ç[M°QµáŸ:<W-U§Fçäd™2fSÀ%I
Âj◊≠QÆNÖîÙHMI£é!ì¸Ò.JÅﬁT9è‰|`l$gTŸ¬eÀ¶≠ô∂Å˙≥5√`5ØX[<ÂÑ5`ÙQ‰ÅàX“ ˘H&%C
3‘lò!L/©∂/2øÃƒRMÀ§ìÃ/AÌ§‘ä5·§TOEÕh‘QG9ÖST=%UVY•U)∫î2YeyeVWz
6ò8L™Â$9n·%éiU~ÖíL:NîhıÂW:·ú∂5ƒ ìä1ç=F‹)ñPB^ óY2Jg™‰,I.°·dZjd¸È/2ÿXSJ!oÚ∆mE
ëF$ß‘Rå-∆„ù4ñ"s•ê7>(ßLrù(∑HwÀd°ÄÚHh●   ,≈S§ïﬁ"âiTqk∂¡‡Aj"Ø`cüAœ¯óü~◊`sÕ5Àÿ
b…a,Å† 1Ä‡Å Xî≠[X¢ä˘,ƒ$CÜV£aá™≠‘í5Ï≤ÎaK&-ƒ“à‹Ö”â2µTOF-xTRM
˝/´Hı
¬,§Uxôñ9Èxu◊^T>âq∆hµÖW9{|%XÈ†5rZ`öÅ»·¨‹Zbh√òoêëBY$q'g†1ñÁhäë9Ë†˘YÉÕjAc
€J{Å[ìÏ,€´œQ:ÕÜóNjK¨ªÏb‹dÆ¿≤5©ßÇI#i¥- -ë: .ßD,«∂¶Aw1ƒ`ƒØs»!»+◊[-3Ò‡5‘°Ç "r4
->ÿb[-8(GG,Í2RÜ‘íÈ.L ¬/â)Ì”äJÒ§”ä1…¯Ø˘ç7áƒé
À≤
/®(¨pëGÜ5ñ]˘Œ§«?‹Òí_¸ÖÚZ+Û5Ëkf"É&cè=)óYñYù∂Ù,ö.£ïf-®ùZ-·,ìK!ÄTaE§Aä‘≤ÛÍ4”l#
2XC∫K-[{
äQåÍ√∏Ö+∆F∂FÙ°äÅÑ$NQ*Xú¬µÚÉÅ¡[e!i8‘aâd¸
-Ü6Ç¨É82PêÄ«ikÜ AÜPè c\&-\5 ƒï|.D´Y…Ö^2/}±Ñ¬HFøúHöò‰'GÒ¿äÇî>()[òÌháªÖuebI:ã
XŒ°4¢E^Úí˘îÿB2¿∏q0})Ãk^Ω45f8√°ú‡d3:©b{z
c„'çhãT§5¬Å4UÇ}1xﬂ£^+˙8-»îÃ¸Wäa¯Ô˘£"'.bqXò†‡Ñ+!·@Pòb2áÑ$àI J;JS√A
O,É˜ÈΔ ˜†Ç0Î°●Ñ!≤Ö% aÂê”V
?`√*X¬Ø /ØT&tQ„áÍb   ËT,’ln,Iâ}R÷ÕHä;Ÿ…å¨Ë∫|jë)9:*hgª0J
%cZbÀ’à1„•Â† ÃóΠÙH™ÊL0ìﬁÙj-G?R¬pRE-lÅ'C2Ê(·;M#è˘Δ
lt√éπ0DmU@\≤[Ûü‘"ES˙…
£§êé∑vã†¬∑|$»
XHP©ßP%s$aäßB,ÇÄò™“a   YT#$°

÷É,c@qàà0âdã"êå●RXà4õÀê:…˘íÕ©DÀ¯·â‹îù∏®t˝ZQNÏπì÷Öä˚dlR-ÖÖÒIZ:#CäY:"Ô°LZﬁ ïΔ
¿l8ÉıàCä ttêw*d)Bs»ƒL‘ëG3åJ4&bêQ0ƒïL1:å≠âR°§¨&5)ÆôjΠ
≈)»÷>H∑úÄ0Ç{`§rQΩETôK˘ÁDÉÄ)í¡çn`>X÷≤∞Òüf4KòDCûp#‹
BŸV4,âëúHsÈ¬ÎÊ@wŒ°¸’%N§ßLTtì^●bE<aQÎÙ©#~*W˘Á*dÅä/IvaoD)õŸ∑1-%´#9s°ÕÆÃ0Œ#Ã√&
åzt«4≥ƒ)"√ZUy»óÚûàq¢©WΩåd2$ª°€BîÁ<U∏`)•∂ö˜oÀ±Úﬂ(¶äÜ4●¡ç ≥™Œpö
+xÄ~á·åj≠¯Æsú3K[ñ7∂`F7¿¡^∆WœŒz÷BÊ●Ü-°êAlÂÔ˘-QWñP√$”X…8À‘°2±˘äØH,ÇuBE   %

(K· Èfœ°®Z+¨Ü]S¥ï®†¬v_åäd_Loà£KotíØSlÕL}Ÿuåâ˝Yƒú…<é!„ø»PBõ ≤ê/q Kd{
»w"∆Ê4ı¶'KV)5rAâÎ!*
ÄØ≈.
'†Ü-∏ª»È˘"°+%†^s-pÖ"%ÄM8‹|›Îb7ﬁuœ%Q'hÀ@H¬«®∆ü√ABûœ◊hFNúYà¯T! Cê¡z
T‹ÕoÄÙ5™±! n»"ö]Ë‹ŸŒ^8äøË≈/tÅ/b%F¯:]m£ÇeÒ>í Ìfçäø,v˘∑÷uZ`-7;≥sDG÷øNÏ/I|
çI≠*v-SåÚq»£Hmı®≠mÕP,Mt/r∑I"H¢YCÅn/2FAâ,Pt7P„}ÂP∑•Ñ°êÏªﬂm•Bö@Ç_°≠xÛ0Ü
°•TNê®í ™)B1â[J"…{1ÆﬁÉ("„…-Ö%ËE#!≠Ú@≤µ÷<a™®F≥¨π∫jËC6ß¥ß[BÍ~∂_LŸWøh0≠dQ`9r
/fÎ©ÉxÍUQóvÌ$¯-›∫]l≤„;Î».ô¯¿Gf•}6)Ëm7ws'(ÖPÄ‡R%Ö˘ç¥d‹@
}TìÅAÜw≠0AA∑`SaÛ)~†èWY‡YPy^†f^p+ÿ†-
◊E@1òJ™ƒJŒAT°pí0 µ0
‹h∞ßH-ÕPí{[ê∑°o(|ÿ§Mπ`|'`
ó6N≤|3óÔ¬iÓÑs(,`ÒDjUTa8Q©ÜEX§#I70Y¥0W!¥b#v0∏Ê$VóﬁÄÍwYÓ∑%
5˘»F~±2/◊†ﬁ3d˘D h∑vB^˘˘Dworî àÄ8£:ì/ÌìH∑•RÜ!
∆ÄQû" »oMÅ]•"oa„)„Âjê∞à≥HÇg0˘ä´¬}-≤ŸE@sÊTD^†‡\Œ1 ∂@
Ä^gÌÂUädà°ê™@.tV&«V›""P ™Äd◊¿
ÃpWö¶|6∑`-±N vXÔaâ5a÷¯≤jYÑt"EÂu6u´•t´ /†k],
(Väáµ~ø∂á¡vÙ'à. TØçƒ°ZH
-ÊQëA'pâïhÜpÄ#©'t,¡WÆ°w›-
„@
"`≈Ò6≥TM5K¶ @ƒäoÉA$f≤HÇ∑òä'çpT¶-
ùg]3∏Jd£z8àzì
«0‹‡É‡-,*T8cÂ -,¢˘_°|"Äeâ*g0 Ö/7Ö%tÕÀ«Núÿ|Ìƒ`ÔT"a804°ÔxtÙòtF0sM˜0ë5bıè∏¶
Ê∞òVßáø≥êiQQ˘aë|±ky[™Òzwäx
m◊v'ÛàXÄß)ìÇ@)%…›ì‡ÉíÂ3(Í†„0
¢xì4Y*6ôÅöyq#äaÜYpY¿bñää`îú¿JHyÅ¢Wgd√ ê•§˜£PËu
‡p‡ò
ÌÖï'êπ` ÜZÄGêV°ç@ñÚâÄ.g|ÜcÖ»∑ï¶.Ô¢WtŸNëvé
¶ÑÖó?A=á}<¡XÛó÷#ob„◊è¥É
ã êYêπVáRrêkîêZ'¢í %2÷k
YGIQ4•¡
B&wI ¶@'∆AwprÖí=∫öÖ@t§ÖpôH
πpí'E¨ Í¿
„ÄõΔp∂%@MïÅﬂ5YJî†Ko-jÄZ∞A…˘oB)]∫KúÄî¶P*∏JípùeCz†
µ†'‡É‡ÿ,X…ñ,Ò
ŒDâÜFÄV°2ü ü¡˜∂-,'¿
ÜCNö"üWhéÚrsRD?!#¯"äOã≈0Ûj>Úa˘(u≥0óôò/PáÈ∑~ôk·˘F'^F°∆¢ÑQGÑ®^ƒ
¢ôØ·=•w˘∑'ÜêK¿"óÀ¨îXâA/öó ¨‹V
±˘ä·m'êdx
N˙
/yßÄE¿MUÉòÅÆËÍ¶Y0îh†~∞@"Öã%úGâÅ˙/î∞ Ñ∞ãê
œÄ"0[uŸ-qŒH
»- ñ¿ÆUÇ&Á8ê908‡Ÿò-1ùÄ+¡#€ù≥WÍ»`Q%NõsD©#a9-P4j˙`2RjF°}≠¶ÜG~Má0Qu v;™kE
´òyàéy¥âI¢Q,¥%zu¥J˘óy23Ê´≤â°
Eñ˘£%È&ï!eÄÄ({îî(§AJá ¨∞Â=ﬂ"2â¡!HVïVië›`õÍ•
ªÄ!Pí@Éw&^•H^Ä-ƒA≤
ëK
$]ÕπäkÍ]MYT©"Î
∞
„Ù
^',˘±ß'Åñ0 r†j†$grLêŸªêç0pï≤ô∆W~Öí(KÃ-+¡%-á#41j2°F}πÜiò≥R1ò
±Êt™ZPbKäkéiv¯;'ìFÇ·bә
Qª'ê3^dΩä¡*"%π9*∂ë@∂o0ÄPÃjâ™πöñê§A≠~2ÖŸ™≠'0÷PïUô˘∑Í∞Ë0∆-∑"†8)
G∂∫<7∑ÇoPäì1oAµJe∂@F)KﬂU•ÁØ~¿jêù¢†ñ2ÃÄ--®'@+ r-Vb*i5#êç(≤ã# Vê
≤@,8≤À‡,%ÎfDÑé°√≤Ùr†{©s≈j=-s"≥ÃªΩ¿
6#‹';'+bÂ˜a¸ËΔ¥≠`bÈ°Å¡ò/∆òw´Á'´Úœ"∫2+Côb»·•®„Üã¡µp'w•ônRF^Ù+';zâAJ§BB@wGI6Ö
/'≠Pj¿L
"•≠"äß†!çr

Ù U'˘ìoêƌÇì[#5∞B?√@g†-™W¬U•wKÑpΠ´“8∏∂ π•
8-,,-à•j‡i ¶GPwì8êçF|#G•∏Ä≤∫Î!«i°E¿[ø´ØõNd≥%≤°4¢L·œ>°∞∂#LwΩ%gk±•∞
s\êâπ«xåá>õ¥i!-%œ||2X7ô˘cÅ!à/÷´Èn¿ ”ömoÚàoÚ»d[øıkø˜”óxÄó∑HΔ…S8Ö„•
÷•…ﬂp?“0∫Ùäi->H‡(d[∏‰5^Lm3aÉI√`√PŒ†I©d¬7          çÎˇØl+|0ãz¿è•¢-?ù`Ëå!h¢
ì_ ûÓ944•∫E,(üHlr¿ƒ…Ä.™·ŒÒ¬iÔ/2·D¿k°AÅœ§÷œ=7"=Ò}ﬂÁ/≥Ä:g¸}£™÷ã-UQ°´†-
R!«ÇêØäá™êtx´$˙$=˘1Ükmô*µ,‹êd•¨◊âΔjâÅ‡“tøÿ#”BäÄ™P≠•q//
Vi¿¸§:ç?¢∏Äêiu◊" P¿‘‘KçAg3?÷Å4uxÙ„VM?•≤õO%åÄ•∂rãm-zêπ:X õ-   hÕlñ†>j`!àV
iE◊#Ä±(ª≤+H¸#1
Ë"DËTD|Âq∑É
zïÿ>Åœˆ\œ1≤:Ã¿†ì›Gßa'Œj"v‡∑Ÿ-û->™   ´∏&¢!Z-*lù<ú%%»Ê-ÑHÉBc…ç€ãÃ»ΔJâñ
°‘ÄPø¡ç¨uø#yø4≠Uc
v{ÂS8
«` -P∑-≥ò!p‡‡inÊ‡UP‡M^Ï(ióefieìÒV'WΩõ[M•≥¨ï∑Çg-yp¶Ñ        Râ£d‡U`her'Á{B<ƒGLG
∞à√Ë≈,Qh(kÿΩ´œ°Æ≈Δª©^Ïs¡ Ÿft°@"°„˘
√ŸçΩ´ê"èEÀ°ç¥π&¢è°Δ/˘alUãôÅÃ,K»rí Ï´€%IÄè˘>àV∏8£àpíøÖ@”@w≤≈‹÷êõ∂0ìé´+Ø´ †Ó†/
ÌfnÄÂu¡p63K4”5¬Ï@∞ÑîΩàxQÖÇÎ'CçÇj&Ëg‡qä;¡dgÖVE‡ûwS‡ãB,ƒ„LZ ò^
önéÏ|·TÍR¥óÓD©}>W≥fŸî=0Vj≤ÛÉY-·á-
}ÎiBIàËß¥V%}êß
µ√∂buÙ¥~ëôIà9%◊ö°1≠]+Ììx˘øœ}ÌJÛ6„ët'ñÅÌ€‘i,m<
%>^∏-W-.∞! Ÿ]Êjó
‡`Ò•q~Ô∂$ ◊Éî àdfAFYzÃ-∏é/∏Lq£Õ^†ÇÅŒ+Hﬂq‡‘=°AGê]0%2@◊+ƒÚ ª# b   ∏@
$·9,¡Œ&béH°:!œ§œ/ûzOøÄÍ2“œFWΔ®3™ˆxò<Ç-j,Î´ Ÿ%0ˆ™€ã¥˝°U¢
âuN-ûıÖ°Rq3CV
'ùmîíR÷“ÙÀ‰e[õ-c“ŒQxBˆQ∂†?iR   êü,"B∏@ÿ˘°ÉA".\ò‡@¢D$|®HR @=~%HcG?%˝4*
        í$ï+%Ωd©2$í~“dπRÑÕŒ+;ΩúÒÇ≈Kó.Y¥dí•Àê"EdÉF4ƒ‡pâ#k,aJñå5fÀÃûEãñX≥¥gâô
}ªÏmØetóÒ∫€+ô^^t{ÎX∞`VΩ
˜ÂïX/]Ü{-÷≈*Ö* ï-øZö≥e ò√iÛZ49m§…y#gZ\j÷¨Qì[ç∫4lr·ZØN]:ú8€¨w◊¸Ûpl›¨Y[fç±
\ÕUï∫t…í%R”¢T(éú7s∫ö”1|$R§T©™Näí†˘HÖ∞cßDù∫˙SßLI≤È≈Ö¬+B,t°!à&ö®¢ <-
Béô>b∞A@y∞%   Aa   ï`
d¡éÒCç£ö∏"DûŸ8„°ÆhÇ"∫p¢â¶ö¢!™bÄaÑÆ!+
P¿ +Ê¿ó∞™)´-#Ì2≤≠∏ bØ∫Ó ÎÆœÎÂ¡Î%±¿;2…°‘,317„¨L xG4K{≠¥“ƒyMs¥ôsN/°¡Õ7ﬂVÎÕ¥/R
C≥6ﬁÑ”Fl∞±-„ñcŒ9U.y¥∫È(1§Ì°{#SM√Î»íÛj9œ<K(°¥Ω@*µ4C@ﬁD@˙H
˝B8®Zi
É˘à0†¿^+0BéçHr•#W/NIP"˘•%ó\zóU@8Tf
§öh¢åûz/   (6ö"RÃ° 'úÄ°   fîÜr∏qÑ´0∏`¨@§OÜL&…
#"UÚ({aÜ`°˘1*{ôEóYxy∏/»så1…XYÃÃ ¬$ì2VV˘∏--Ü{O“ÃA-∂”\K
Â÷¸§Ìe”>ãπ7€ÑÆl∏Q9πt-•9[}t:£Ø+dé•2≈4”é,=E[l…ehıHMUéB∏k˙
4-8CVÚoø[=phW^)íHﬁISßYÖ;Cç`b6SLY∂Yö,i√7‘pC˘/ä D6∏]úß+®Ë°áp†ﬁ`∏*>®Jﬁ>hà!
œ®ƒ^¶K¨e˙]>,÷_èÀHb~â+.ªËÍÀΩ¸
∞Ö±‘Ú±Ü£ò1 tÈlL1Õ¸˜„ X1MM<ŸT˘M@i£s5Î˘ÃÛ0>[”M€x∏nåÎ9πÂöZjÈ§ãOJ°ÉÎ7¿∏˘S@
âDÍ©áFœ®≤S@p˘oÿ¬™PÖe¡9!¬ArZ°
"
`Ø"†Ä©Å#rXï‹ú^ëH°%>yÎõ≤b“ëh   N
h-Çö,,pÎ
eË÷ÿ@Ö °.8,/¨À]óì◊<˘É# Ø`ÜX®a§◊πN`SÀYxEÇ-Â`^ÙÀ¬zAà9l1è°XcÉ1å
%œLa“òef'ö9¬Ê7nÚk\Fé= 160˙^p¸t3úÈåå:Œq®A†5ßTÖ-,qàıdßRJÀ‘5µ?Ú‘,˘°öv%¿ùVai∞÷M
ŒpÖÅÂ˘*Çá`ê@πÄ€<B“çU„)afiL°∑Ωï•%Ú√@ﬁ-%¡CòJj8M6`a'e(◊[$.Äó.∑Æ©ÒJ$Åà∂àN»,taaFë
Œ¬:◊ôI¸¢\VóÇôÂ`ÄŸÀ2#FÖ!fJ@˙R√≤Ñ°W|
åcú)Ee>AôàVî2ÖR”nB√öŸ-)e'≥ﬁ^VñG÷‡Ê7Ñ¬Ypä≥≥D˙åQçzd®F5JÆ«Ç†ﬂ“¿ê@πÕ!î E-™¶
PçJ;€Ÿ¬∏@¶“Ñ ,ÅËZu Y-/$2Δ¿ÉÅêõ%∂*éhDòz&(ñÂ¨ôòÑÉÛ-3gt9laAöW¿Ç∂∞…Ül^¿?¿ï\
NqqF3@ÁòH∫N°Ç_'ËWdÁiO≥4Δ_±ìez∞œ‘E/[Rò`f·ò√H,KhZdx·FàÆ¢'ƒ*b€â÷∂üH
ûÓh<…˘F´.mÇ+®òÌ)56+.m>£3Ùµ4ëÀ-sûsûKTáT§™T{ñ¶©-Ãﬂ}˘(aOÊb^Ê@‘†TZ´
h»¬◊/-«=Æ   @ ÇTC-ÜL`WêàpÅmAA£ÏÂ@(í@†5¡ƒ€$^eéjPJh@Ñ†E”ƒkOt»≠
LpøU<•»@*3í Zl`K‡Ç•å'°îY|bˆ-ÙîÔt±ª,%¥â-ñŒÿƒmµ•®k#*€ULƌT¶m)•8iÔz∞nò√\3ò˘Ò7ﬁ;
np
•3Á¬ÖëÏ+≈y"i¥˘-R˘ƒ%^V">ûúZ}LA   ı≤∑
7πâ|€ÄÜ6Ñ»-WxÂ+ıª_ZF¿   P¿2>U5((ÑÎ‹EÚª ‘≠:IóÜ4EC¨+^©-ÑYó¡öl•OÇ•C àø"•¿∫`\

Oe±ïHÖ;√O,˙ÂI:Œ'1®ëåidvv°„`ê<ó&ù÷†¶Um∏UÎPÀL˘µuÌ'nÎ/*≥[§--ö/tö7˝ÃÊnpE
\öÌ¶ﬂÂé!€º»†Â"Œq¶ÓúØã"ˆ-è‡ÒéwÛKïÁSµ4K˙¿ÃØe¡„ÒmCÊ6Bu÷*ä%-)=†Hd∏ˇ¿&pÅ{x
L™¶%¿)QÑõ\CMVU--h·•jàa-"&$ÆÜT¿¬≠Wâ¬R∞"¿AUV°."‡≈1ê¡Ωa O(;[îgíXÁ$#-
N`ƒØK>',vÖy…ﬁŒÀŸì\Pœ3πçŒ+≈+*ä
,W˘ ≥m˜ñUc≤éÇ6¯˛-œsCf„á7ƒIi8π®E2™‡1ç≥tË°ûÜßäS·â¯Ë@áüû"®™≈)>!
Vwœ˘jK4,UÜ»ï@•˛sï˚Wm/g¿À/@+XkP√¥êÛPÀÕôÎz´∞ﬁËs_˙B+\éNPQ˘TDÑ^Aá;°ƒŒ˛ZΔÏBÚ/»
§í[6y™¢÷yƒòùe¯Åa@t¿+äädx+…∂Ç"û‡û,Ÿª≈`',áY-8≤(tS7*≥2+ª≠Ëâçr<≥·äÓÒÃüÃ
Àôïj©ó"d»Öc»9ì3˘ Jáú¬©;£áSö$¥îÈ®Ù®èWÈ∏ëπüÿ=†ÿΩ\1m ëy•ò9ØÙ/ÿ¿4ôcÄ
Ä9HÇ5Ñ5•/ÿ+xÇ$HÇ:"Ç'X™*->'√*H@%C>LÇ•-?»1qƒú"†P√µˆ"¶!˘BöÜ¯∞õë®˛;| «ä(
1,¬øxäŸQEπàðh≥'¿∏6¡ºª&Èðª7Ö7V¡U ºR@ÖRà≠€"<u;A*££-†#xÎ2{˚-}õ<;§~“ $·(én∏ÜCR
üóÍAGBÍRb∏;3«#¥î"å˘∏öˆàïz*/p†ü»,,+%Ωm°˘¬xÆöäàó#Hòä%X8|œ5¯
+p¶N4Ç8#†H#»Çä¨äÃHäÑäÅØkáê òÄÚkD ópπ+û¿¶"`
¯v ªß®…6˛Éd@fòÜRÙóÄ˘¢,gõ@Uƒ∞ﬂÒ¨£§@4˙\4(
d≤«p≤¶\£Ü*∑(3<*´®â≠UëI“Pºg.<>∏<Ä58m<$kË°Â@ÜdüL∏¢πöÏ(Ωs%ˆ∏Æ:£Ÿ{0Å à"¿ñ"p?z?!
ë+,Δº&HÀØ·É„sÄ
»P>‡ä/ÄCœîÉÜ‘ÅN¨Ip±öDM";ì
wÅÅ"øI¿ß&ÇGƒÅp!™ë®£:!˙¶˙≥∞CM(Ç-ªv@û,…ÇN ¬ãπ8@¥ùT<∏;@ﬁ©Ù¿$˚6-â ¬P£ÜëâÂ±®
+#F√˚ThOt"ÑœHΔØÏ≠@qFÏ±<`€ìõîT)ÁäKd-W‡¡™ÒÑïÙ∏.Ì`Ps°3J®)#|0˛! @`µ">ëüpøΔdL≈Ù-
≈\H¢JC+C3‹4‡Ã#H*Üî√9LÇ#‡ƒ∞òIõIà"4Å(Å ˚H©0à »%x)ÇòîÇ«°¶l"†?ì˛‘;®!%êKHÖN
@x2¥†'ª‡ö d≈UL@£TEﬁ¡¿+ëJ…xÖ‹∂<ùò»òáöÂÈå_$<ƒ"u€Ñ¬õ-åR‘eîAh˛≠>0À„§µ˘Ê≤Å
Pd -W`[8-Úï¬J Ñ9H«Ït¥èèÎ≥âX©G®r¥ù`É;∏É=∞'Z•'>É=†'Ÿèô≥L5H%{9Œî%ÿ9lH+P%xÇ:
%R"˛Ä -Å≈VΩ÷s™ë"*¢˙0íÅ"“0 qîdøºzú«9π!b±#H!;“¨ÅÊ´1Y¿1"!ã'iù*Íó≈∏∂gÉ"¢L≈¢¨ªS§
"ÖZ≠Öù,·@…@≠/Y#%Iû¡ì2c,ÖCÕ2uC<ﬁÇì≈€7≤¥7·RÆÔô
£Â“ÅÎôEaˆ·‘N=P•ÖõüH‡KaèÜ_“T˘b5Xı8†•∞¢U_ı'3∏É˜SL§'';pø¯õ˘¨Läàñ€¥` Å8eµÇ-PÇ%†
C:TÇ$@ÇÂ-l˝ÄlÌ-µï±ôl
puqıô8àp-&*ê“1†ƒ&¢`±*∞N4<zKËÑeK»Rlã~πœ(bE j¿ Öª5
ºP#ø<]™ºã·"ÕËòäΔå5¡€Δ÷U∑E≈®xì
¥$ŸôëF‡ ôîED1éTƒlÏTÙURô)˘9*•ôÉ@•≥;°4xV[™¯¬=íkt≈*¿¶;®UÕÕU•˝ﬁ¶-&¢˘∞L ¿ €
4bQàÅx÷%€gÖV˙≠C√- 5ÅkÕ÷ÂÄµ'¨+Ç»ÅÄ◊ªW√Mı€M)'&≥ú"äÅ!xáLÇ≤'PÉ|@«Mùd ã'≤!˙Å/∏[å
;≈gXÅíò)…ã)ëòÂ-âÖΩ";]áÅ"Û˛¿é<_L7˜t]ƒ√Xçı -ôBëO˘TF<©ô-
kîOÊÚ>ÕÎFlîN*Q "'ÌxÒ™Z $@Ç,®Ç4œ»yâGÏ'ﬁ¬!Ô∞U¶ﬂZ-É;Êâ&C„S HMÀ¥†Ä(Å»`˚}÷'hd
>[˘ÿ_¿VK∂%µÕ-"¶Ä0$…6!pDÅ@IY„Õ}î‡◊,#∞ÇLI*9ÿÇ%ËÆTí«¬±∞òN§∏Õ˝äœ@J»fÆ@œ»»!Æ^h®h
ûÖ;->h˛¿fìà'◊2b◊Ebå'ÜlÁqŒÜ.s8qì›∞>jLK∂%]DZYE¢K,•öOäYQ≠3ÂçÑ≤
Ò,ü@ÿ√èÛ∏"p VÇG+<ÉÖÉ¶_•Õ„àΔ¶<ˆﬁ5?^ﬂ:V
®HxV0È'XÇhÈ•%†%˘
`6!‡%©Ù-…ÃD˘ƒMHî&œ•:""à/àeÖ<π9‡Ç9®±Δ‘â"»RùÄ
fÄ˙eÑiﬂ-∂`Ê\Õ5((¡í,i#¬„T(ÎÖ≈·Ó@…¿"ÜZ≠(˚EvΔ˜d>ç}>ÿ2î°gqû#:“(Ú¡£‡ í©,ïMé%ﬁ-¶ö
ƒ4PPëì¯0ÑJ ª9'Ï‡à4Fãdc<#Ë7ΔGÔ-É1Ì<f\uh<œ-œÉΩ"ÏUJƒ>^ﬂ√4#∞HdììNpdh]ÈNú%k≈%ÂQ
¨äÅ°®ÃE\RÜsÖƒ}'¶†Æ“r1jV ÑI@ÑI¯É»œWßvÍ®Ê…Ω˘W˘^ù∑ÿ<Éu6∏˚eœb≤ '∂¡Ä·«†Y•E¬√å≤ì∑
˛·çq£ÕHœπFÕn6Tÿ-Öl¿Ül@p◊pPp0•Øîœú£4ÈÜîMŸñr§Á©©KO ˘àCÿK
}∞Qà¡\Å˛8ã|c\kÃIË'^ÉÓ> _mZâ^ÌÓ%mZπ sÄpÄ´e-≠∏Ì#¿mëÊÅhUÇ<ªkıﬁ-L&Å=ƒ!
ÿÈND¿jà†Å"(Â…!Û>î¶tÅ∞ƒÒ7 @òÑI®ÓûLËd@~a«Å¢dÿ-"Δ-\Ø÷Í"™Íœ
âT2˙F>fÙ…¡%·E3 p`,•#÷ÑK«ÙL◊Ñ°ΔCáNıpé•sfi(øŒk6CóíFjŸ,ı•™1P9ST-
•ÿü{∞ÚLé∏âœÇŒÜ«ß˝ ÑΔcÜ÷„œcÜÌâÊ+1_É∏†L+ÚAd`CÆ÷
%ﬂÌ<ﬁ˚'Õ(R·œÚjıﬂ•ƒ.˙ö~m,∂(e'xRp/Gª
j,‡∞!@ÉVyÛQòQòé}a<ÄOù(ƒÙñ <·Δ Ôƒ;tÀ/<≠~å?˜6ÖÅå
<≥VÎ˛^X˛éÙ˘û2vS>CÂÿ÷ΩÙO-ÙKO•î?îO•«íYbo ôCiÆTáå†)8Δ˘ÆöO/˘¨ÖÚ‡w"<gK!BRâKR@ÒB-
îC≥ñè˚QÃüÃÃ^>Élë
ïO«lvöh'˘&úVõı•mê…≠ùW√5i‡m<∂ÅêÚΩrπøVM<Óö>x«ÅÄDﬂ¿Å•cÇ<tÅpıCø}å?"ÄÅ!®7D˙NHÖ…Ô
\∞Û…¯x,◊∞8Êﬁ…X2ÊŒœ 2e˜ùe^(˙NûW <˚^ÿ&ìEg"U»TΔ◊•O@,,CbŸ“a˛}î?îï~ï_p'ÏBgùπDI
Ë Vhé†°g°±˛ùÒRËÑ§?ÖTëÌBKêΩQ˘ÿÁU©^˘™Yeún©'3•'2¿ñ<€=Δ%RmâÊ´
ΩÑ†Äò0¡¡8P†ÄÜ
2î(q¢Dçä5t$-°âKò(ë Jƒê°RÜM`8iR$áã$t·"á'Apºpå#H"Wàì¢4Üñ7àFçJ'©S-Oàd!
[FàZ≤eÀƒvùðå/W≠ÀtÕ%ΔãÿŸ≥…zÎ≈KW/ƒƒÊΔ•KL◊>∏ri>
|ó'´UÖQ≠Z≈Ò,≈Ö?ñµ
'+ƒàK≠*ÖX"™M´8˘*ZÈO§O£>çm5klŸZøf≠Õµ∂/·^_√vÕ/2ﬁ÷à˘Á´+Ò·ƒâ€≤U*yÆ%µTŸ"ïàî
%Kì" ^H•Óî"mHMö*YŒgÒ“&ÀÔ+ÌØ¿w˘Ö

õ3ÙÎÔ±ﬂ}}˙ˆÈﬂ¡ΔcîlÅe XÛaqM!Ñ êB %§–4Ù2PëEVQH'ëá1î†
0¡TÑ9àN9π9‡ÄÉ.°êH˘hƒÄPbI*µTu2ƒàı1…ÄÂW…∞E%`sÒ“\p≠µ%Z_∂f\ZiY¶ñÅÕ≈
/âA6ôeÜ±πfõáMˆäf®hÜôû£}ˆi•¸©âi©ëvç°◊4ìk±µ∂/l‡d3õn˘◊Ù÷õ.
{Ìui.ƒîb‹qÃŸ“\r∂xÚ‹t§Tr
xŸ±ƒ] r"ájTazmxëÎ^¥Á≈~Û›Ï˘ÒòzÜ±¸xGÅò`•=ÎÎÉ!\ °B)ƒ¿}`,   2'@ë'•ÌD"°˚AI'ù®"0°
%ÑãM∏ £@:Ò%@Ö•F1–Xúß!OIe.X!ì5dM√ñƒ{%1ï]zÈ÷ñY™Öf_\v‹Vñw'•äö¨ËRÿc´HVÿbä°,õ®PV
Ûeô·â'g†ö°?´÷nŸ$ h£GØv®W°] W.ƒlzú'¢éjK–TU•
uñtávŸ»olQÖYhq∂Cqûz«ˆ˙ÎKü~•ÒZÏ¸–ó ÅR1ÅSqg¸X/µ7)0∂Ÿ^ÄA'}dÆE2ú`nD%vä)…@CDƒ%?B
ÿÅÍÂ
3%XÔø£;·E|•»$ÖXBJ-∏ ”∞√\Ò÷'ìΔÉ•UWƒ°ıe]˜B&][Ü)W]^Œ=]YŒ≈
+pÇüc„∑IŸdÁó"Kû:g∂sü;˝≥nÕ`ì(kπ]ìM¸äÆF˘¢Õ•¶b¿Ÿ'1ä3µ01'™xé÷¶”;Kå¬:ﬂõ%•Zùçml
+ã†´°ÌjAWh¬‡Á,˘›Á
œ“ﬂ¸ì,Np0|Dì   § ƒñB"G
•Ë[“HMƒπípËD%†ÅËh◊Ñò°^àÄÍv“"¿.(/»¡çú–>Çìò"*1äNÿ\Y£Ò¥≤Â±EyV Ù,0ëM[àÀ»D6≤ƒúÃe
3´LchVôƒ»I|,Àå˙rVä‹yΔ}£â–í¶ø˙ÂOhıÎü§¸á(ƒj8ú/(ëC5O®Bk§@–Q   D ¢±Ã¨Δf6$!
1ê   r†,ËJÖ˚!!J87¢PÖÔiœ˘¥á±AÉìa   ©Ñ+qM–Q:P–H˘‡Z)à∂wQàâ»πJÑíì|NE1
»ëè~Ñö¨N'8h
úê#ËÑ H)¬   âItÇøS„√†D
∂4â–ÃÉî'ãnÏz˚ÿEΩ$óéŒÂ,÷åbÿ§2»°âMíI©d÷ó'Õx¬3èÕhL„'J¢QõÃ“'åfx≈+M€K.Jq¿PM≠j®'T
∏FF2≤*Ö`ï–qi∂È28`L`.»
XQÄ@√)ã>¬Ã˘ÍCü=Ï°o%§¶5GC±nB'
gAÚ∏Ö`‡á1QáãÆïÄ @áhå £ÿ*E*ÆÄ´˘9ƒPrƒE't!|8(BãtΔc É”‡ ìÄÛñ÷^ÃbOƒTôh
€°ƒà'.÷√ÌÙÏ"R–çLMƒ0a˘≤ö–"2t“Œ\ä
M<RœÖn†,wâ'\ìà/Ó%˜ßõ§QjpŒqJ°äOù:ÈMN*IıúÍPñÚ
ƒ*(á@ƒälZ∞ÍbhU0/ßÈœ/†"`ÅÑAàÑ1ÃM@–îõZîVe¡–Æ”‹5áÖò<(á‡4Öxπ
h!1l;I†%'zÒ";î'6(ä-X›
\.%v8¡Ù`–I›!.^ëï)≈–µï˘ÿZ÷2–¿%Ö/}ﬁó@ä–≥ÃÂ–#KúVv»ÛΩ)•Ëk%KüÎ
O@Wg¶˘ƒtqz›ÎJ˘öÃç&ÈWøÿTl°N„TQ?eT[§WΩL%Sª6K9Ãa
r˜¬œ†Ü–\/lF»%>#Ñ F"ÿ…l8√%ÖDa∞ÉÀ@eA3>EàèÇP®¨UÛ¡u'56
˜£}uSBÈÎ„ Y
ú§[!YÒ≤9–π(v±2& >Yù %¡
¬é´(î!Á‡'/ËÈÜ–Ö8ÙàòÑ!™S¨p,¿IKl+[40r!YG≥â%·'6§v…#úÛΩ«8&ÕìYÃö˘0sGjŒ1•.†¶;
(†·95ã/˜j^Éõ›.Â–¥Q›ı"–â÷Zu,Qàó”WkÿÕ≠∞Ö$X!ÁV0ÇbêÑ"∏Ñäœì&úÓ¿G! Ç]¿‡iFA¶[4£9 W
3Î'4à*•U!√ª±?–≠ëð âbÕmhG%≈+zˆi8*ÿ≥€Ëqè`¿Ñçª´†ÌÇé\ΔITÇ…XYmPªÚ‹–˘e∂
±Ì“¿Û,óëÈ[∑VÙ“4\•ù4Õá\©r¸H‹ï"¶oé)†µâ“
ß®¡Û°j?)€ÔF+ØÄ/¶à™¿BõÂ+g4◊∏F˘â©œJÊV®ÇîêÑÁ°I0¬`0à@ËD'z–Î¸ƒ
+8·(N†Q~@Ö4ÿ¨THê˜Sudö°@Ñ„∞ÜµéÙ_{¨Î:tú∞mìÀAƒIîDIòÄ
pÄD@Qµë¿ıQÀNPA0®/=≠¿ﬁÖ@‡˝øÑÙDƒÅ't«ë`Ö√î≈ƒêâDπ≈•PI…\ˆ•ñZp…•‡pÈ–Öp≠¬p
óú“q°Ÿ"°è#–Ãõm†¿YÎ   JÏ…ﬁ%8Ç&(jBÌJ«·ü=îßHM…ïQYÖ¢iç*âwL'ƒ Ã‹Å$¡˘TDœÈ
|ÄâÄ`ﬂˆ]N ≈˝
RP¡,8]1Œ|<À#÷êÇòÅ'5ã÷ïê´a
ôŒœîâ4AåS„à,˘˘ê¥mNDX@Dd@€π]µπ›dﬂ“©˘›S∑µ@qbø%@·,)ÿjAIWàóxÒVïaäΩUŸxe_‹V…
\è]Ù‡òêóóâóîYœ…Jπ   Õê#*xÇ9BóÍEútQóÏaid·v˝3p°°TÃ+˙ûy˘2u¨!%vÿŸlAŒ'·JÃåç@
›q_˜πÄ¿ Öœd""*"Éuÿ‹PX4a˘%"àÜab&Z"“≈Då[ÖA,¿¥$LL2¿Öx   §Hò.†Ÿë@|ÄO˙%P\˜Q
#2¥¿
Ùÿ∑ÌÏÖÄ9A0iU•ÇiàÖÒÃ€EΩV/LﬁΩÌ≈5Í _XY˜†•Fa„•   /¨â¡≠¬¡!Õâc9ZÜ#ù£ƒ©û:Æ£;ûûe
°"\Ç"\=6C5$JÌ53>ﬂ>6G…Ò„ §Ò   ¬À¬ÿdö'a'¿J$÷– Xﬂ‹
 vÎ%¿QR¡!¸@∏Ä.≤/Y]≥à#Δ_`A÷ôﬂ!j#V‡È0¡O@à@,Ä˘L¿¥§K:ÁK^äïñÄ≥e¿¸v
Â\'Q^@àx@QÙf5E.Ê¢,¿P‡@zOAXÅÖBAC2VIô%Eı•`YrYY~øÒV”00_ò•ÊucôΩ¬˜0úõ†ô]“i®ﬁ&•ƒ
Ωû&`Ç_bó#¶&,•X–PU†9fy)G>*P…1/%\BÀuf¬°A≠Th¡•\œë4d˜®µı!®}gM@˜ÈåEf`¸@lðÄFS|@6–
ÕGFì4ï–ì¢]µf5≈ÈËãqFà@0ßr6ÁKΔ§`P˜%Hîƒ˘C¸%PÜT`gˆâ@üÜ¿`S1–òyÓàAqÊ
E–U„Ué¬Ô»B2,âÒ–÷E9#òYñâp`û
ËH]„®∂Âp¡e˜ÑBhƒÌ%ÖÆ£ÍaÇ'd(˙ÂÊ`˙F•Xo‹'^°¬ØÜJ'kQ
ﬂ%…ebf!°l<¡g,! åÊxÁˆeQ–ÂD7•ŒéhR¸›†dπ:˙5
…ç‹áÇdQliQd"ê¥¶@aAq
îÈM8ßë6Œ∞ïÜ)ê:ú6QbH¬ùÙ·|‡á5»˜Ÿì"jè0›?ƒA˘,ôë1:Ÿ•§ÖVÑ\ñ   GÛ`*_!
^ÿ`®Â®Nœñ`O[BFq]ﬁ•™JÕlBœﬁﬁB'°&\ËÏiBΔ•Ü`≠#('ÅÆVJP•ÃØ,#®T

öÒY≤œ<-h≥ñ
|f4d¬bH∂RK∂bkÑPã∑ùf
Ö™Eπœ¿Ç¢”’f#ÓáØÙ
oŒ™öp^&ê`†¨Q¡¯.@ÈÎr)r:.L•ŸV¿%R¿%VC`.Ü✱iCééh’QÙfoé_”)ÂlEQÖèÕbÌdA·çëùóì!É»≈Ï-
Ó≈ïtîñ–÷ø=œXÍV✱û…Àí‘Á±…˘ÉÊ,9rF9RË&Ù¨ÑûF¨≠#`Ç#ØÇ&\o,Ÿù•∆!‘ÑA‘-o’U'.£©\ •)®BÔ
$xÌÿÄmŸ,œY[û™Ì¸¶≠/≤Ìt´-’∆ä€=˝°@DÈk“P#6à2=À>
NQ≈ó.ﬁçüƒ.ÿSßô*g„
DµL@%eÊV`C¨∞–   ]√6§Vq\†÷¡Ëb¯Àè˝∆ ƒπUÂ$T«yÕnÌél…,.G’≈ï,±5“V˝ë✱ÚÓı
¥•ÕFÜ¯§j9ñÇg-åf<Øõıe-fËiFÜ^¬c¬%0Báf·_6m@¡˘
¿`»Q≠>ÎÔµ◊✱mÕ±Ç¸éç≥÷ Å
ƒÄŸeﬂ¸e #Ú˘¸oN-∂é¸ìø§'¨ßè·phd&÷ê·¯
¥ÃÕ‡nW_ ,“p!“0Qùôä∞"˜Ô¸∂i,Ø∞   k.ÁäNÁ~÷QX"FÓàø®ÁO|[ÑV·,£,ËB€Æƒ¸ÇÂuOñ°lß∂Ï„
/ÃØ5z^¯∂è™F®#ı¨fD\Ûj¬Îu¬uaèlırË9c!;õ1i0B"‘,Å` Pyä'%–Í©ú˘#ÀﬂÒı1çr,¡ rÄÄ\´"_@
KVK"G4-Èë"©PËD°´ã˘èëk%G)»´ʃ>0Ïn‡í_&íP_✱í≤™uﬂ∞ÌœﬁÀ†@%fkõFé,c»òpC6–ª%À¯mò´
         é˘·✱tÙÓƒ®·@ﬁ¿
,Yt8Y…äWWfµ¶ö%Feò]ôpTû5Kq…· -•√’eŒ†¬ÊLœ>o8wiúÒª3^bË9ß1;üq^ó±<O®’öØc.?'ö Qf@
4≥ŒÕUAÿ/Ä
‘ÄBWÄ/.¿CW%"rµ∞≠E∞åZ-i-z,%?i.2ÿkSÙökéˊN15ÿ™–6˘∏t)ì‡ã[˜YÙËÎg7˘∂ÓÙ∂%©û6%(˜¨H/
1*ÌH¨]Õp¸ÄP|[ÄIVÅL¨¨a≈•LÃ°¡ÖDQ^Í≈cIßÇe…‹VYÔ âÒ"FsŸ%;ʃıs±u8O‹;€ıØq¶"`B"Ë5Ç'¬
%$Ü*Ç<√±êäÓ≥UËs±í¬ãœÔÇá!4ÄxŸ≤ÿ∆Ä   Ä¿ŸJt„4g   ≥x+˘∂DÍDFÛàèqÙ=·✱é»
kØ˘|,H˚IÉù¥!*np&ʃ4Qå[7°@≥-
7Ñ7Ñ ,√é¥ÂÄŸ≠»ä<V…0   Ün‡P”pÈ
˘åòyA®ﬁ◊ƒÍØ6çV¸Ç~.√úÀ¨XèÍ5~âñÖÊ˝ëôË˘Û†åÕ&ÜûË…8ó,´¸ÏÎ-z8-Üb®]Ô5#`¬ı¯•'¬É[B"p
z"ß;mÑA<Ê>Ô≥rêä©∑Ë˙∂cc¶ÿ4kd?Å O∂âsÄ¸&≤ê✱∞e6EõgW4íBà,Ñ
Ë¢$ü^zrﬁE|4»≥ªïE÷69Ωj∏4“!Ïé˜í/˘ì[Ùp˜iå(∑€9VJÅ.=V8A/}‡Ùƒám‡µòSréÑ/®ÂƒÄXÅ»YB'
4Yk1(5s3ÉùØ^åj¶ÑŸ^‘≈^D±4Îπ˘]aõ†Os≠œ[∑ı˚˜8˘7iÃı-:¯9sh '¬¶¯¶s˙ßÇ-¸®s¡pÖØﬁ©/U*
]Ç*∏(årç ÙÀYê≥n¡-zE(¥0∑N√§(ä¢øÓo∞OÄ79r Í0è¸2πœ%"&R8{“È«Ç ŒQP
$R()Ω2]€EiÓ∏9r∑w|{±{πè0QK/tA¡àŒ~‡°
g5Ÿ’o˙Xépï”«¿®˘ê¬<Õ®Öîp¸Ì6|øπ∑n-–√˜nË_≥Y˘û©ÆÃ°{ÒdHʃÍÑN‹\cÌõ±§8§Ø±Ço˙ÿÅ!
¿¡àÄ8@,X∏>/ø*Ù<-ßR´§!\¶á¬◊F^A”záèÑLÓ
€øÇ¢Cg´"{S€fΩÍtü/Yz:i":ÿùŒ&éŸ/àk:ê°&ª=@aD ëÅ]ÑPÿEà6lÅ¬
(^à1,Cå#G¥X   )Rà9r‡PâíIK*L®ƒÉeï1?®¸,G"r»@bEéö@ñRuí•kY≤dʃúkÍ¥±_Vâı“™UWW]Ω
te˝:ñò.^_ìÀı*V≠W∑cu±zµj'‹ʃ´J·Eió/*TöPiÚ¥©‘&¡Üo¬§iÒ,Ké1Ef§È“˘dEâ
˙c.a∏pÅÚ (KP/Ò·âuÎ÷™<©Rui∂%€ñ(Y2d®PÔBs%»y≥eK$Hlÿàaa Ñá
œ1`∏0A¡
®gg0az˜BÄ^a˘Ú-T¸¿dΩâùÔq!rÖ>˚W°∞π¬Ü
ñ+M® "˘∂B>ÇLp Ç0A_hA¬   Çh   _x¡Öäá Ç"§8‹-"é.ʃ`"%ïT® òààI&s
¢b'\✱@«¥PCéIAJ©Wxa&¨™zYÜ©Ø≤j≤≠∑¿ä≤+µ¢,kJ^≤:ã)πÏäïÆË
SÃºÙ*ÃØΩJ˘´∞¡˘;L∞∆"ãiKa%KQ$ŒDÏòé9¬¯"µAıaâ'bãM6OjQî∂KHπ-7AxÎm:ÊÓç7™X,∏
%ñÑÁ*àNʃÍ∞√nªÌ∞ÀÓ;ÓœÎ@°áh=/ÑZ\/à“i@*Æ÷?˘°¿¢ø´¸k-@DP◊¬· ¬·Ö*¨∞ÖPh◊\Y¸IfÑ$-
@*iEWäœ†`±∞)ﬁòpZO•<‡q@ÇL\d·ÖH^ñ¡2I¶∞T≤…´t˘•·ÆhÈ ·âß¥rÀØ^
…∑4^ÚÆπ@¶ã/°DLM6
c¨ÕN”§ì∆ãÃL¡ƒŒõ˘ÒÙ¥”xË˘ÜûQÛ·¥%NsÕ5Ÿ.π”•°¥ﬁË¿té@Ä#Ó”jUGË¢c`ʃT≥õ÷Ô§˚Ó’Y
¢ºÕïΩ]Ì%àä&¸÷œª0∏Ôä>0>$h¡Å®MpßÑZpABÖ∂m[=vq✱✱¢rÄ!ÜdpÇ'÷≈!
É»a†i,ùä∏=†·©ƒﬂÄi·E^≥∏*X¨-∑≤Í·›vÿ-)ª ÿ¨™¶K /ø°KÃ1WŸÕMöOì0¬\÷Ñ
±Í·î3i=Ò§ìŒÃÊ8Tâ't‡!   %-Gühé°h_
Ÿ`ã˘∂§o≥MJxÉ:”LÉ#ÆS%≤fÇà˘ 9•Ç@Ÿƒ∂Ì\@:e;€¨ƒ≥6Û$\8PÇ†ì˘-'oƒ¬¬>Ëü+Ëm
jÇ¥†fN Ï-ê,á-∆·Ímê≥à∏42XƒsR   O@˜´yôÓt°#é‡Ü5»¡u∏‡ÖSbáª%Ï`
„JÔ°1,˙,bQR✱àw10|).gIû]î7óëë,/Œ; ”âÎ…ÈzèôS"°áGÃ¸!P‡A˘ óÑûç/5;+ç∂✱(E÷Ê6Ç∞•vc
à®ÒÔ
`q‹ı$`Mk Uth6✱åMî%y`Õ≥êÚQW°rèÆÊ&¨°ÕRÑ¸âëÄ\P†»gY˘≤t•+≤ê=/–∂◊∂Z=QIC†9(§!¥ñp•A
òÃkà1aB%í/✱´®¿≈+¢XØÇ
/+∂ãíœ(1éÖ≈wG
ﬁ✱¬ÇO|~…åqA£»¬D¶W†/i*LÛSò5ÕfŸäå˜hf   ÃX¢·”dê✱Ñ'†F   ©1
¿ KZ2i§∏S“îv'ßEÚ7Sé%áÜmRÀ˘Ä'∑V*SçGîeè. vGV!òf*cà´WÚä©· h’&ÿ“Aπ¸€.QàBbÆp÷˙
°1¬ì∑Ω
ZÎöÊ4•Cµ*%Zü√6

D£nzÛ
N ˇÇ∂†Ü °B≤à]ür%'ÆTTäıÍÈñƒœxG#\»xF∫ÿeç#≥,É≤6
Féò•ÑC)c3âŒLMƒ∂• aµıhi∏ “ëä4ıìî˝(…B-°•/çiqıÑ»@Ãπ©®8‡qyáGMÂx"¡Ú®çmBè≥.à¬[´Éˆ
)ñ}H«,»@(ÙÍÆjÆ±·ï®¿–·$ EK%∑BÍØπ 2»   TË/Óˆ,8!M@C¯Q‡√ùÏ
[XåIx+_πb=ˇ¡ä/Q,±\ygÖ'"ó0˝ìç%.≈â
äbMúxzÅIŸ``3OÑˆ1w∫cf(ÖZ%$¡O∞¬°6ı5laS[X√∂Äd%ﬂÊˆ{§ †°:‘Aj¡±$q∞°ÖC
–‘1'Ap"ËHG"`nsÅz_§:◊®2<êÜ,ÿû•j@y#¬∞Ó<>c"'°Ås07gÌ*CÖ~\11hﬁœDpQâÜ2ÅÚD◊œ2Ù
\ã,ÀòƒÀ>0±´¥‡BL"≤@F2∂•¥d)¬.ﬁ;÷ã_–y£Öî∏ÿXΔΔe≤bRcA óÀ¢/–+Ö`ÿ≥Œ“Òü•ûFõC¿J`mûÄÂ
.ˇ
kx√‰Ó‡pa
éåÚπ
!ˇà>Ní``êCñQ£–„W%®∑ΩA@</ˇ`#>Q…O<g6_†VyHX±Ö£ΩM=.•UåDU°E5^rA0X^åGk¨Ìåñ{wÇ¡
Å<'1Ç…ÇjXÛPömlu+ér‡Ç] @õΔB∞¿˚ÿµZËÉ$¸ujY†Ûâ√[gî.÷%Xøe√∫¶ÿÔ≤®äRÿ
%d#ËâÉmPTl"0Xgqf
„Ye«â15ûS)EÌ%•8 IXñ¡w0¨oê√◊∞ƒ7DìÔî(Ñ∫£@Á>X.0äµÿõ∏'êÅ,kpÑöΔÄ0ë3ı[60|Ç¯Õê{∞À
ˇ^A,»Í -ÈvÒf"π°~√.†¡˚ ¥@ª∑ÙÊKl‰h
5$ïôàÀ?î,+F5◊9Œî¡
Ä•◊1NMtw¶¬Io¨“£Ù%X/ÍÛœóJ!b_€†l‰zˇW°,co÷z-ãLÃÊô«$B¢PÜCeÉ ˛Ì_p7·‰@
P§l7û¶/•¬¿>.   …ñ¿
û†Ìí†åÄﬁÍÌ∞Fj@*PÚàäÚR%ÄBrVIÜ&®bb»ö@'ò
,l…n(@ÇÂ,PH„<+–Δä=ÄÄBZ~@ÉÄcÑFt˜ƒZ^£k"Œ^h'xˇâ@Ñ"nnõ‰√   ÑÄDAé'x°¡KKΔBKÃpû‡
¢-XÅ˚t·÷ﬁ–Kﬁ"˛^ÅJy ƒ∫ŒçÇ≠L„0<+é»Œ1ÃniL˛ƒSl`ì4ä8ﬁ
88Ä£   ê ¢Ê·È`§âÉOì‡±ÊÒäÎÒt¿O±?0w      %FP–Í‡R•[n[pƒÇ≤ä·b™ÓÉª∞`™fâÙFHª†Âœ̃Õ
Ç^‡òë·|•t`,ˆñê=ÆâÛ†PB∞âÜTÇr), ‰∞0ˇà†   ∫
$aî·‘íaË¢à.¬â'È2Ü- J,bå°%˛)˛§Æ§˘†&+/^AÿúB†4!
ÿ4°ÎåÌ06Δúm1^&NhÏ{ÈË¿è∞¶Ì≤ç8<MÂ``p   O5±$3Öâ8ÜFﬁ8p∏ÜÀ0ì@4Í|/Ó# ÖöÄ\qÍK!\
+ƒ®¬
>ÏVx"MàÜÖk0^¿)Ñâ∞Åi@t≈WﬁÉWtB'lDFÇ   snœÆ)‡Æ%!b∫•"–õtÖ@»ä@‡¿búú F-Nm“
    ì°)Ë±â´-®ƒ'•Ò…HÔQÍœ$¸¶ Û/Úÿ“O„ÿ03˝ÿD0¨NÊà2cfj¶˛<c   Ù0«6ˇr"1>í5
©&^6]jˇ¿@jF í/ÁÌV≤&uÄ¶\≤6ê&ü@   x¿
î`¨@$í ä 4«   ('%Çr:ç≤Õà“ÕB   bóò,nh0<Èc>˛F„ƒ‰è1≥
&¬RÆLß%DöNï¢qËìŒ˙&@Ñt¢–ø¸Δ   LR!ìÅ»,bgxÎ`∞DKà«
{!1ÂB.Û0YÅdÆéçP,M“3≤Mé≠ÎV1¬Œ!≥« Jâf°OL≥í£
≤mSÇcf"•`36¡3•í*È6∑H#5:J£ÙON3ÏÖS}ñ†£~}>ˇ¬      ®¥      `†   P"rÄ2(;`ö¶S
≥%ﬁ√;QNà∫<ÛÜn†J>ﬁ≤‰¶“A2n*≠+ü–t,¿ú@>Ω
[xo“P‡B'CÏÖY‰#°h.@Ñôö ‘`Fä˛Rv≤,)z!&ı`‡Ç©∏ÑB≥÷t/ÛÎ–
ÎÄ≠CIÙ)ì˝“z/AKNhÊ2ñÜ˛a/¿@∏d¥«∞"#ß&aGÑuXÖµ.È n%0CÀéî4JIe¥7P
£ÈÌ†4o≤™îäKcn:cé.;?G%<mÁìÔ‰Ê¶Cà,FàÑß@ﬁ‘AƒÀp¥2&ﬁ3&∫‡n∫˘¿Ã–pdCxo("≤[∫ECír;ƒ
    UªT,.   °Lü(I--bï.Ãêv2u1…h¿ƒ.x-d~MÿL÷C%s˝8≥!c16´!cÃ°,èNL´˛`¥
%3j#yµW]
Ç5
hÖ6vuH9“•EµTÎèí£%OSêŒáP¥Ã8–Âä@ö¿   ≤òâßsCå2LÅH¨¬2 ¡ãFÇ<ÌC?h0@ﬁ5tßóT0ı
,Ap'ﬁSm˜∫¿øZÇ   X%ZŒrÂhe"V BÆâ=ƒÂıñ,Ó*∑–¥FPÌ0tùkI@Ïπx&Tìß◊‰"/ˇ"ÈêTQÃd
*≥"Ge>‰çV'0:kŸ‡ƒéJäL´V·
p'úï#+È#{5Xˇ6!
AyóΣ¥,ÀT≤4Ü&5úıèx¿N1I±{ás8üÙÌP√8'pJÃJÌÍJQbC`(∑!á ∞pÆnœn˙£Æ¿~c©^'œ¨2œ
UœœRF¿"ˆvoÛp≠>Õc[:Ä!.Dpq%)Å…Ñ
úAx¬u‘îâ∫,)†*$-"ÊIŒ,w@∏c%´.2¥.¯¬?5uÌ∞uÍƒJt^◊MPFéV'2ùç°d,2ÙÑE%ÍN2£∏‡   l@{
ÏÌÜTxˇ'xw¥XÖ6ÑñP∞x%y`    z¶|∞˜zïT{k`8∑85¶‡«∂@   ¨   >"Ü†ﬁÿﬁ∏[]1Ê¬5¨å©Üÿ
£%8
¿˙XÄ˝ÿXˆoÍ“P1NYÊïAñenËêyÁr.ÁZ,-pE!.©(≠!"dC¯7ZLQôâô`@‰@:òaKd«,Fs#¥±Nÿ
+f,jÌc'ËS]ÿƒ`/ÏêÿÑ
U   Ü5ÀD´áeWΔe#"cffÊDOhıÊ
8–QÉ8ÜÉxaì_~uõ'!œπœ9R£SP   ñ¿úë¿Täâ´˝zıkN‡J`â««IÂêˇ9'∏
BçD<†<¿
°ÄéπÒ[Öè±“ b§ø"ŸËrà–¥?né
êîˇsaU£ô@ƒˆ6-êù†"rÓÄ„,CÄ≤OC@“B`,O!çl§%Toa   ƒ]§z.F¡‘ÜHB¯)bGI ¥c"–,‘–

üVAƒíC}Yçƒò/>'ÿJ3çy≥\∂á?+Ï>SNÏÑàk3®M∏ò8x±˘ˇ2ÂgÖıgÅ$íWúAﬁ<eÆ-
Ÿ4Ø˜zó∂zΩXOi≤àó`
LÉÙˇ»¬M˙Äª˙†ÏJîG.ˆ\Ä¯¯º8¢CzmŸ~áËA.¯êKŒpFˇ(ºp/&/°_¢%fÄ_#®i∫Ãc(
=œE£
bˇM®"◊'r¿Ù
`¢»©BIÑ©ißñÔ   ©C5≤Ê¢BØÓó£:™Åyòkÿ™Jv„D1ÅvUÊ˝¿€éXè$ íÿÒ2≤πmwÙWªŸW°yïWyìcÎ˚œ
YKâΩ¯ãÅw{90∞˜I;*5êà∑g'!$A¡˚±   ,>móbœ@ROmÿ_«¢!Zmg)&ÇQˇ•¶Èµº4ÆŒ@¢≥0éµŸ%CPÄ˜
†©<$MÃ„pŸÂÇspΔjÇ„£∑ã¿Ù*|πk<1∞67ûò{ñiyûòö≤|ôTÚóΩÓ™Î>îUCÀ9Û≥/§á;+é¿;˛hÊ{l†4£R
s8÷`°x·ΩÉ'ä'!Ó|V´gícµL≥øÅ˜Æ√¿S@40∞&Nx;j4FÉ2·˛†*¡b°b!≤Îÿé]=q`"Δ†&j¢ ¿Δ†2|˙5√
Õ'"ï¢,X>∫ô™í°˙«ıWBz"tn§◊´^˚≈∑©\©&¢E∂∞   ^Ñ@'s°ÜYúΩÁ∂`<Å1&Ñ[Yëõπıiñ#f©…=CÕ>ó
7¥≤Íÿ8î™=t3UfÀª€2øª´ÁÑΔˇ#wÁØ¢ñ@L†ûk†g6J
ÚŒÓ¡¿É6É∂·Âˆœ˚Øùœ{¶ä°uûk†-iÚöC#"·Ä"°f<ÅØía™aéa¯†∞'ôòIÊå1ó0(of'm^'cÁ3
˛µÁC(¿jéÑ÷„Ñ,VëÂ´◊Oó-≈ÿ>WZ∂ŸóŸ«@øâM·n◊≥nù=‹ ÑúH
$å®¡bK<1πô<ÎQ√Z∏<ó' M"C·ﬁ†PuDRá
√"`÷ÀØ'ÃÉΔ±ÃiÊÏÄöˇΩ"; »ﬁÓ,|Gã˜5œ·√,˚[â%ˇ-
›Ø7
§>√OÍ¿B^èØ°<ˇùíÅΔaœA&a
Ñò÷√éª¬Å…èmû&T'[ΩÁSÁÃÄ
∫Ázq""s°"2N;:ƒLÆ<Ìo#xpn"§äïl∫%,òÑwqAv© ä¿
¡Fˇï]©â˙bbgc"œ-¯Iäÿ˛<34˛DÓﬂzÑŸÜ%ÏflΔ%HÔÁ 4a/%iì@Mö.)ƒ%Ë&áaJtI0<Nî8Q√Üé'K∂à
\Ûfç@'©hŒ ó+yÿ•8ÛIMOdÚê©¬ΔN;=.Å¬%Ãú:s‡'1§»°'O®VïB≈+Ÿ2j'¿UõÜlR,9p‡pë£l 9àˇ…Ñ
»ï2X î13wåªv©-Ökâô.rªP¡2ò*DYå£Ì,≈jÉQÏ¨ä["Tg¶≤ôI&/^Ñ-btáßSèÌ"Ñ
±8"&nb8±mDb∑≈Ω÷Òd¥MädYÆWºtÒ,EâWØÅ ì'Î•°∫ÆÎÿu±"û|;´Ô´XÖ_Eœ˛ßUÁKIïZ™=™ˆÎ
€ó"¥ä˛TMû•'dì¿˛i"IÄ˛uíP~9%#Míà%â'Δ6l$CG:,"kp(GJÅ»"à/=·√'Ód,PK¥∏bã'∂≈RÄ1u'°!
xX¢IT" ∑<2V1S
7‡åSM4ï∏·DXdqRû•ÿqıUó\~e©WÄÌXT¿≈Ap˚ÿc@4Ü÷d°=¶ñeùuΔ8˛ ñh-†`Zi¯πi/º&ñîR6añXA4
ÜoeUY%Yd5-ƒZ2I'≤$ó\/'Å˙ú®∫àJ*u/ÈÇ<vÿy7û.•àGûzÎ±˜ﬁ'QŸ∑âTöî≤´|®˛»_AƒbB¨Ä¯%_Å-
Îê&ä$î&%íà a@°√ 2p€Q0lQ≈H%bÆJÑºt.âPEª4"5J±E`LF˛äaî8÷!àµ>"∑J©Œ-£03'Ø√Õ5‡ˇ|SM
2M:!ñQ¶•1¢DƒÂó{>ÅÂ\Y6&`ÑÜÊb+ØYd@H÷÷dm!ÜÖaô>Èc8°ÄBi§•ÜB†•ıÈ¬∞≠EÑ¢R6
õ£éÊ&Â£lù0°!ïpÍ)¬£^GùsŒUWˆu¨$ß>+hk'kx±éﬁyÁŸáÎ{Ò≈'|¡Jıˇ˙5˚ﬂˇΔT∏@"¥êÇ'N4ë u|
¡C
&òpa
HÄªaáo|ÅR ÈÇ.:!-,"ÈÅ•ãÔ™ÔkTt-pÏt(Eá!9.ı‡CÙ)'Í2Ãºë'\ìçV…(CHP∫‡Çm
¥EèX«X∞A»kŸE…Åˇ`Å)\cΔÊök˛ŸZi©•VT-vÁg<áÊsk´/Å-°ıÃhƒK#€"Œsˇ6©≤ê%¡Œ(:Å^4∞T°õs"x
™ReÁﬁÈŒxX+ä'V¥
·T˛6ïœg|{œ   }ïücËÖ…RVˇ
,O0Óàpà"0±Ck"aK®¡   @P|Î   ·≤¬'¿!5úDD&   ëYBE@P±vπX¿&∞Å
ÃZóHÑ&$FÑHe9øXÿ•Ä◊k\◊`ΔÒ™!
\ÙADhMîûá@€$Kl•äı"Á%∫ƒ≈d>CŸ`'D ˛Ä|âàdõ ©ñˆaF-ç¡ˇìû%GøxíO˙C"B-®¶6y4'k^≥ñ™È&|
tè†ÜI‡B»HÜß@E6
Ja%≈vxq∞VapVÙ`yñ9´ˆ‡™>RyÊTN,Tú∞ Åà
%â¬®Üºi÷%'M/≤ÅF:Ç9ÕÖD$L\qD:zN&.…ÓaA¯"üá¯¢µ¨•K%pú•QŒ/tëFf4„mÜDô-kº-
¢Ã¿E',0ÑH=/zñ≤'∞DΩ@íd)[§«‡¬R¬êÈLkjŸ#>$ó<˛Ü4Kflm<≥ß¥@4ıÛÈœÚ˜4F5&1∏Y•Δ≤?XJ™Js\
‡Å,p(π'Â2&8ASÒ2T£k´/¶™ÜtêÉfeEz÷™û˜®Á≠nñ
©âlv3?J<@˙S◊Å<∞q¡#¨≈O
ud&6-\∏î†D5"·NÑ¢Ò°@"!D"öÍ1-Œ6ÖZœí~•F´ËÄj´¡kΔ2z¡Δf\Cµ'p≠ã6óQRh°N=m/◊>,
0Å}XÆIΩ‹,zÏêƒ5dJ-DÖG·ëzä/3H""7π)e°Z-ö¢çÊß¢,™Q◊µÏ6ÜjK§íz@Xä ,0-¬&ad°"…
Ä‡2J5^lïµ`&™®√™ÉaPlœ'öˇVπΩu*|´4≠â¬M®êXP≥0|Wƒp"/a`ÀIΔ   idù:-<¬µ»~Aûëå•¯! ¢
%Δs@àéw<üºˇNTi<-Dó-á.#l$≤k%∫df\£'†Ü-FëÖ"pzMpö\'F∏q   ∂g≤1∑c@ôôŒ§¶«ÃíApAú
Á˛<9k¨®Ö'üÜ˙ö6Aç   ß,Âˇƒ˚¥F°%èP'X<
¿¿o0D'ñ„ﬂRmı«°"[ŸFµi≤≤J<ØòïYGBRCöœ"!
#àä
c3p/%´ˇ◊∏Ñ‡pZ'jê`!Ùá0(Aù5¿-ÜD"»ˇ 3äïï¨≤ccf.¡‹yŒ2Ç°'Fî…EV≠∂ã˛/l,9é'XF∏c1â#¡
        M∏BH>íÓ‡ry0X*Æˆ™◊%îıe•(√"7„‹,Δﬂrv¡M´{>8á6Ö˙.jB∞Çü°iGÀìX
) $UjU#Ø'.ﬁ«≤`Ã.àÅ&€âWlµ9îôWA‡Z/%   u®E∑°=>7∑9Ø™i·UK?4'kAbùd'z!-
mD&b0ˆ@v±ﬂ¿°cÅ¡$WáÒ'?dí7fÿÎ¥--X-V-¢Ïa"≈/zëΔ`§QnœdíùåÌ◊/"ÓØ
^5"ëáQL¢ˇE(º" `…   W•2,çó‡Ç   gÿ^%ÔÕDb!|lˇ≥¶Δ»y∫l   ∏"ƒr4◊ò5ÇÍS

úùó^HÒœèrRLdJy¬¿,ÔÖÅfi@âí3g9Ω ∆W!∏Ú,£ ;5Çó9ÛWî:Áy€[Ô„∑ô•G«"P6á∏e Èü]
µZá-¸∫:∞¡™•%∂òCù˚¬ãôÕı≠ÀÛ
¯œ?˛ø„6Ì†ùÏd*iÙP
CÄ¬-¬‡P◊FwvÁZfi&[Ã`
Éï]‡X0[f\∆eãóx°•2çy€„%»xáƒfúqi,oúÁo'%39µˇ1„czÙ":x
g4Ë%hRÉ]≤◊ÍSÑ∏!5àíñ,q9CPÅ‡ ≤ê_ï|"°K∆gAa3∆T°$£ñ7:ósñ+≥rM˚QÛ
-}}µ <%MÄìkfl4-∏ˆ<Ñ [ê~ËßbÓGu%Ac/&ˇ_ _∞r∞Ä»àå¯êâΩ@
°@â@Êv"¶vG∂m¯ZLGfl∆ÄnÃ-Äê\Íf)ÇááW*ï2∆ÖÅAy$8f\
¢o*IúGSé"&7]A∞"`ßÅzÑR4ù{~Ù2êAF∏Iÿ0†(9•^Z#ñp_…@˘¯•˚µKƒÁU≥-Âxv,W`4s¢fjÚ,¿}#,¬
2P·j/‰aÄ38Cπ Ê„4NÀ"8íˇK†¡¶~ QÔîàràÛ'\ÄàW'TÁàLDuLâëh|¨•vΩÄdo«XdÿpíŸ FQy◊ÄNnØ0
Ä†q‡6Y\Á÷eÆ∏ìLpú\eR]†e∆efÙgrJŸ2ú'g"35(¬(g!PáÄ¢É^{BJÙ<GËÍS3àÅ&âñ
°^D®ÑKSÂhFêñÄflX∫@ÖñÖƒÖaá6¬'|Âë4ásÎ±7∂r}°B}ˇ"tñ,"}ñW≤÷ íˇ,
≤CåÄáMg¡V‡≤bÓ«9É¯Xiâxàƒ&„R©πYâ¬î6îàéòFöòÄ Q◊&QqdwŸê
v<'ê∏¿n‡m-6ynA∞ÅYÜnZÊâ°eÅƒ∆%xBi\˚ÊKπ3ÁÉI.√E•GÙ3~Ç~≤JE%hìÒ<aŸûéÒå` gN#
Ô'Ñ1•hr@ …Åv9$U¡Z]Ö*Z∏ö6`s%Ã˜VÓÅòÙÀ
"Ñ+Ìaπ,+Saa¬Çaà√è/¥,fl4á êµˆ8QP
y‡≤ÓGlâHˇÃÊàˇKÑö™YVP£I :*âX|ö®vÃQ ÿ±ÂPH6Qfl÷œYd·&úÄ∞q†hÄä®nHî]¶nmÒúñÅ•
ÇGù∞Ë[+Ë[L@>5è5NczlJ?>"3ó4ía%œüj±1∞7{i3ë!a!#é#0kP
µ∞Tÿ_f36¬◊K,ÁKÜ†Ãò7˜`ÉsVBRÒ+Ω,?,&™ ye,F7êtê""8xx-…áHÄD[∞„¬!2*`•!ª™à4Z
£UêÏ«~IêH‡ë·¡fl!LÊ∏rjGõDFd&IdUdNÊm›FQ¡ìˇØ∞àjPúqêh†„™6ÈC‡mêUvnñÇn9ÄxÁFùNPØ]∆f
e:ñpÊùHµq∆T,Iû}(‡+!PhÁ#'˚/ùi"ßhmF^Sá#GÄ%áuÈ®a|˙rä6´ sîJ+
Wô
WÒ1aˆA}ΩÚ©1;™cz%C "¢´*¢†'Y\†Èób
…¢.ä´r‡uG).7¨I`GÄG`T;À¥£´ L∫¿Ö†"£¶,v@*≠eíF∆mJ™≠¬≥≤Äj-jÆ}∑Ñ-∂YÆn¿n∑nhÄq†]‡Å7
„úœÂeˇÑq?P¶Ú9{Gï¶Íâ§Ò]ÀÈ¶p*^dQß5àSÍì>[I,#ç'2ã®!p_r0
lCÖÕ¡K"·≠À_.w\ò*Ï∏LÍj&Ü†/©ºaÌÒ+¡k+1,4;≥1Ñ,we8›d,fi¢tháåPêâ¿2°H•Ê∑b#-ΩGªJÎ
´4öZµT[µC1†£î¨˛vÂ*Òªv"6mdkÄ÷ñm˙´Z
√≠ˇOV†ÄÄÄ VDÊí¿ì
î∞¿£
Ä®∏eœâı ^ˆ>ej¶rg|/≤ÒßG√]É4¨·Ë%≥«ßú˚û%3Éˇ2Û∞∞A∫pGê∫ù"œ£"Le"KÿÅv∆s∑j
™ªÒ·"DsÑ…¬k3[≥∆õ,® °q®,´*NÄı™ˇÄ_†ÈgùòDƒ÷!œ˙Ωã(œZP¨HpœF0C ˜
ËQ«Ï<vì(*≤ˇ¨ÀêÄ^´â¡#≠/™Ä´µØ•V¿à0 £©…©ê
§0…±P∏«p"-…«pêm∞=Xú3<Y>4ç¸√∞qV(›uåë€(Pho¬ÊÛ&¨L3ÌÈπ'%'u1!Ä¶;[P ∑§*_Û√ü,)_L
cµîZ≤4g+-˘¨é˙=PL˚|É˚˙hE¨ÜCó™Õª≥dîs}òX¬bû®à_•J"ë∆,ÚZ-
∆FPp,«1•#‡våw°¨h«rñdG∂0öwb´m
Û-Ω•
ñ¿äh ©Ä∑$«êK»†ƒ@»p"XÒ
„•
"Äí¿|-]VØô°ùëqó"s÷∏¥∑qN„<>ÂIí´G-¿(aI>Œ»&≥∫+3ç'ßéÙ4≈X√#pQ»≠j≥Ã˚'
ˇ≈'◊¡Ã©R`ƒtL'ÏÖªÀ≤
∫vÛ7NÃÙ¯7ˆ≥jàB1K≈˙·}x≠≈[å Êdêà0!`œ·B∆ˇTg∆ã8àKÀ~O-∆5 2«r¿hÁQ«%q:Íˇ Œ!õ¶
Ú¨öHÄ?∫â-<Ä<ΩÄ
Ü0ê
Sò'Ì/WqXQ
„@
' 1€p%ˆ|€c /©∏PÛ.†'?P(/]ÆÃyÁyc-]ëK(Æqßu¶π˚∞°ã>}
IO√ìd(£Å∫∑ñÄ_°¿6ªDÖÕL÷Òi-vfi'|ª•ëÕ"◊7ΩÚ+Fòjflø´fl|°«õ¶ 44áπ&ê
,Òy¯JÄ~ŸK´J¿ΩeÃ!¯,·ªœÊ+-Í{üåFÃuL7ÌÎˇÂHv[ªµ^'vıKíöX-ˇ'PHø´` ûP-¯•≠¨u_¿3
)]
€∞
-°¿Ñ‡€„nâqp{í'#|4≈Õ∞«ŸEzœ
›BÕzGñlQS1,É^ï¿LÉ2S<?®ÙâÇ*©p_t©√Õ<6dc6<±|∑Îl~YÕÙhÕQ<+xÛ≤
ŒÄ‡…ã◊õÄ™rΩv»◊!ºD`lH'"ßYö‡Îà˙°œO@µé≠œ ‡ƒ|
• • ,ï-sNÒK|ÒÀvìîâ+nø§8»ÀÅ ≤0»Vajd
Qˆ Î'•
fl
«‡¢@0≠X x¡Mq¢·%Œ"<ï<˛ˆåπÅ'>

5œÌ]¨Á<•T>◊5ÉüG]ΩxS”ÂytV8@ü≈,˘-/∫Lœa6¬Wóû≤é†&+e%sπò$§ﬂlç°§e}uËıH◊jËﬂu•0Ñ ™
êÅ%~i ˇ¿Kê°~íŒbƒÜœyöâDOÎÿ0Ÿi=Ä
∞Üö• õ ,ñΩ£f'vìxvg∑v8£',jDmûMÙ°F]-˛<XA
+Ω$ ÑÄÏœ>eDù§W4.•IûT‘z'ˇ™>è2I?(zúGÑÕüCü°áÓˇäû$¸ÙIü50ùêÅ‡_ÃÁ\=ÔÛn-AL%{†∏{÷$
D°ø+Q°jı‡Ç^≥«;≈SŒ:6#˙MôŒπ‡ ûb<·¥*œ≈vöß©öH$-ìÌp˙∞Ú
@-ˇ ü@ï]é»¨fWâ|ÃvBðÛ¥§¥ﬁΩPm¬0ÙΩP
‡Ë,C_-Pf€PΔ“-†Æ 0_q‰œ%‰»Õ]ozı…-@é±Âè"çwÍ(N)Â:Ö‘.¨‘`ﬁG]∞TÂ¨gzÏN‰Õçˇ é“Ò
'c£˜»Î´Æz‰∞T)VÆZXJ*MQï/fpS)à=UtÿQ”FçjÚí‰Iá®6~‘‘i&Oò4¡î)≥ìÃK31a∫Ñâˇë•Dñ¸ÿôÛE
âé$<û,≠≤D…®Q•B≠ui$1b|•Ä¡+` †ÈìŸOüV©"fj +V°Xıö'k.≠^øzÂÕ˙ÀÔ/aÀ~5˚µLò_√~
˛™◊≤fÀ$KÓ≈åôµjÃ2W£Vm/4eÆ&,CHOõ3g∫ú¡,f é!ZÑê-ªE-^∏x«Ô Dà‡•=<¨o".àí
Mö~Öàu*'©?7fyé ≈ˇ«fÖäËiá @ûdÒJVôœ.^∫zÒ/èﬂˇ˛WXyEÇ
$®ÜbAÖ÷*E≠àÃäËiÉ(ZÂ§âPbIì
=ˇ·-CY
ifìVÍd&1y©¶ôz,ißD0®D‡¯bâ$t-â•û®¬«'¶íjâ¶~L, $íÑ
*¿@(kÄ0Àë¥÷“r∑‡Ú“Æ^•™/ZÙ'1f+lM¬Éâ≤¬&[Üô¬òôskñ©Ü3f>S&H¯pÉè8,@≠ç.∫hÕ∑Ùfa:òÌ∂Ä
œ∑,2≈:·°£N:*§≥é:"¶u9"¿s!Âök.<,0˝Ì<Ù\òÕrç·YPAÜ^ñ…Ø¸Ú„Öò¸t¡Ô^ò
0¿Å
RH/
RÎA'Ã€â/-£è6Ÿ∞√≈ıË<ì>ˇLë&õRdißù.â1ë?˛òä£t∞·HÅlJ»-ñÿ¢«*∞B¢>p2,)ß@Ä≤“/
$K-'.πÊ“xØ2˜2≥/¿;â∞flÕ¬öyL2;%ä,N;/”äöi§QFî@EÌ3,P≠µﬂpõ4“Ÿ m¡ÖÒÄ∏‡Ç+è∫MIN∫÷Æ≥
:ª&≤Kï'≠èK§√=/£-◊Fÿ"ïRÊvˇ•#f?bõu÷-Ûfp¡ÑX°A
/°0>≥,•pñBT˛•≈
7…√3Ï»§ùbr∑rxq/ÈßD:˙Éu®! ûH¢` ≠
xı {L d!É'ˇ†b A+-≤∏À∏haeLé√ˇØ≈;Û∞ë{32Í%Éy≤À^§fõipëÑê8‹-Cè<EMQ'Çh¥6/p[7ﬁ¿∂
î<LÉS.j"BïÆT"úhÍ0a:D¿-Ö£™Ø)GÅ¥íÿ÷Û¿^``Ü•≥î¨∏ı«X∫xñ›
TêÀ0Ë ¡V[r- •KBäê„‘ıBƒÖÀÖâ£·J“≈"õ‡p]/íP*a9%KG<,-è|4∞-TEâK`
íí`Ñ»†I
 À√r«;,û≈wüò[.ˆEπã˙¡À^ÃàòË Édl*LÙ/t24ﬁ)fsÍâgˇpqãI<Çy(_ «≥.PÅ œâ
m$Ç††}È°ïÿ∆ì@Rí©N¨¬s…MYj8LpB%}”,|gi£Ãñ´\y5∞Ñ,8∏
e≈íX˙1f≤,2\HÑ ™P/)Ù7íÙ≤!©»Hl∏öÄ‰D'/», EÆtyËDò"IL2Á"EÃ+(âò√td$
¡GbJ~dDs˙àH=JBj`TJU‹ù˙O{¢Kh©ÿñ0bÕÇñ#Ë`/Ë¶√0œ†oLà`ﬁH'¡ÿâÄ†ÕîH<Ç|f(_Œ‡3,`Å
  9x¡§B†»¢E*6(pK+Öˇ¥YA“H$qêÉ&àÁ8L@Œ#è#+Ê†<Â±©zLˇ¿≤I|B'^∑˛,£s€ã~î5KÅPZ
´»Ö@@∏À
˝MòˇΩı à\õà…KZ¢ qùEÕdk]=4CáàD¬°w¢≈ÉäB∑Ø%È Z•Wê“90#:-Ô¸0•˜
‰¨4±0‡yQ-],R7fF‘û 0ˇI®A˝b2Ñ
F∂'õ”/bF-Œ„fÅ"_G˝h3(jê|"Yõ[±î•8˙%(q≈û•Â˙8‡ôA&á””•Q2íõ$#96≥≤=(∏ÄF0»·…
XF}tAôZΔ“ñ Ç%.“'ΩB!{ÎàC.Ñ≠±‰p,b´∫NÙÀ¡%%nEQù"fy(áÆ…5·•LfH(6 ◊œû‡ati)I“R^≈d†ó
Ωùf¿ŸúÖ;∏AY*b1ˇÍÇPh@è-†AÏ¿©ÌäC◊%<≈∞vðÃ`Lô-¶;efÃàF,D
˚«8îoY.îj®êœí,F6(ÄT/«“ñΔ//¡K”Ü@/0pî„©‘ú-I<{óª≥äçŸÿ„ûÛ“‡ Üx≈‹‡&,"Pı™V'1Å°ä
˙éA$•ÇÑ©!¡µP\·í ÇgR◊∑JÛˇ#4ëpˇ*Í√>‰r0- `3°MzqxGâÂW-È#Δ˚I58B
J`/U1≥õµÁãÛˇ  ¿Ég…“hπf•∏4¿ı∏A>x@°áxam∑[GÿðÅôS`$JçdH#¢ Mñ}ÎQEâtVΔ53r0:õ>Ñl
±AœohÊzØG7ÈŸ
l,õJˇª
dxÿŒÁ≤•ç2ÿB+ÎÉ¨D◊´Vê.¢_iπA˙M»Çwí˘.»“Ü◊ÖV ÿØ,R-¶Y≤Ã∑F¯≠,ö¶N,â √˜:
x¿Ø#QÁlÏè`á@-LÀv∑;boˇ•]è†Ç @ÏË±,v≤#¿/¿Ÿ{v4@ä¯Ö&NvúùÏ)∏{ÿ"n1†ÃyLÆÌ3S-cfb4zp˜
˛á‡
í%ÕMmâ»/f¶‡/m≥œﬂ‹ Ä^ÙË¿0OõB>¶Œù3“ä˙f8≥ß°#8¬RQh∏≈MœVµK,%íÛó!∫êtÄ«™°
¥öÖÂ·,´ÃG>LV33ô¶¶˚Láπö»µ¬•JÜ7|#È‡√äÂ-ÈJ|
Œ#àt5à,Ï0¿*Y>ÿZ∑'Ã“Äµ◊˜`«;Óq`Ñ{Ëk;á~Äµªµªáx∏áD-Ä_H2®áz`á(†ú∞á"cx∞ás‡Ä`h£É2(
…Ü»®Üe@7\¿BË®<‡®,$ëÚ
ıX$£Y3Fb©6Î<Êb./ê!B!âÄΩ-8Gâ3};8;Kˇ Sè“£ç„ ï +††cIbÈBe˚ÖFõØ¨Rêa+^ä"âøQ9
Å+Δ°∞Rk+∏™ ∑˙´v¡Uò O» úÿCM»√œjµõ-ü†ëŒë5“-µ["E‘rÇ∫É1êù#ã
´{±Õ¬f≠Û∂#ª}`ÄËP¥6z2~ª∂CÄ{ªµ„áÿz@Ä_@Äy-¿sò;@2ò¯ˇfP;k;2¡≥-ŸöÃ@7e®ÑGpC·#?
2êí7∏çGâî„B§ñÇüJ©œCö < 8¬#t#,G#LB”#Ω∫ıË∑Z°
∞ëBD™∑`èxÅ®8Y@bê¨/∏1≤%Ç•2¥¥k©oÈ•Ñ‘p·àdb+yœùDM»âªHç°kj øäûËKän
?]+ø*‡ΔR…•X…ßcøI±∏DM‘∫Õ˙,˛S@T<…T‘ùL¿NJk£ÖN‘Ä<•…µK≈∂ôÜF©∫ìiê≈B·£,k3P
&`ÇÂ»∑Döî°8&\öR∫ˇA"4Br4Ä G"|À

∏ÿÛ°(ÑΩÄõÄì@ÅH9¿WB]HÜX,èYCfl3˝/ØKÎ%S3ú√AçàLõõ&dí∞
[=î g √±œúâCÎsâÃ)ÕW#,8PÇ–]K'ˇqÕ≈
'"Ÿò\1†¢Ã∫:õ'DN\@V'…yò±ST≈∞[E†%á„E§§§láz]%≈µõN‡6ÁÒΩê™ñô®©T°>–Ç6@
è 2‡
$î˜Aœ%ç53•:cÆB¬ B∂å∂¨œ!lÀ#,BÄ;Ωı∏AÙà
"âK°°EÅÌ/Dp™WhPXí/¨ˇ£Äƒ%bêª¶ˇÍàúËØ6ƒ+ƒ)0ª
â´Põ»"Hå%L,CÕÃÃö∏FêK¿Ñœ·Å–ó$`¢÷í\K…p¬
0Ç©Åp∞öÃDõ¥øO N°‹IG∏xÿùÃI'Õy∞áAÿÅwh2∞á
°¿z†1JflƒŒ«@åà"Œ^‡NYÖIËhÙ®ÒÙÒJ¨<1s>u)Ü+%8√K òOs4B∂B∑‹œ!‹Ä
`'Ωπ4§yúB"Àï(9∞8¬Jñ/‹Ωé€™"˙à
AC«ÏØ¸∫€´q1∏Úª"0À–>öâ9aQÎâî˘0köUü#DC¸8‡Ç$8Å'Ù∞&ÍëM#8$8Ç}ô,(#≈ÕK\"≠Gp
–Ä≥ÛV◊nmÄ˙@∏ËVoU◊nM@πc(∏Åª#;Ωì;vΩ◊ÏF/ö£dËW\HIPÒq7ÚÑ°xÎ »7{≥Ez≥4Î<~Û3A
Åq¥œrLTHTE}Ké%=uú¬¬√ÀRöÅÙÃc± N]4ˇ
HG€Øï„%∞∞`2>MCY-0›êöÄœ∏/f˙Ÿ´K`'U,F‡ú?HD¯–YÕDD$Ò–p˙– Ö¢ÿâ¢òt∞D›‹M≠SE¿±-
ˇ[≥Uòz∏áL∞ExLM»Iã–Éò[kÈ°Ahì–1 íÖW¿ÖNò@àÉ,8'Æ'.,$îBE™7Ä˚ÿud)œ{ °Å òœ"
TÀä%G–mKé¬ˇ%\Ã«p=Õ=–(Ç/@LËÑR•/5úRµ]ëú∏Ñ›UÑ›E–ã°flÂ›flΩGË]fiÕ&K(€D•]
ã–ãfi¡ÑùÔÛ>F fiÏ^fiMyˇfi†PfiŒëXAHÛµC∞É:Ä˜ù(ˆcø ≠(Ç…!êòúD¸˝&Qê'@"kÕVõ'ÄH‡F`^‡±CˇÄ
‡ û`•Î±%∞`(•)ÄÇ
ñÊ`(aÓ‡)@·ˆ`(ÿ)ÿÇ)ÿÇ/®Ç#(Ç¯çxÅ∏
›¯Åí
∞ÏÄ Ω!b".=èıÿHùÀÕ'!tKG(>«s$B'B#NB xTÕ]è(Ç$xä ID‡®3c∞ÅVc ∂7~cHÅ8føòc
9œ„®Å0Å¿càc8Å>dA.dC%(Å¯]%DN%¯UdHfdP%IûdFF%BœQ†cQ–âfl∏%FNd
`Ä
P±P®ÄveWÊäAVˆ
#≠V+`lÄÄ!ˇ˜,há """##
$
$
$$%%&&((&+

+
+
++,,-"--*/"01333!4444%555& 5* 5,$60%7759::!;;&;&!;)!<<-#<.(<1&==="=<9>9-?
4+@B.%CC#!C)#C.(C1)CCCDD!D6/D9-EE5+E?3FF:1IJJ.&J.*J5+K!K)#K2+K60K:/L=6M"#M
%"M=2MB7OH@PPMJR6,R=3S61S:3S>7SF?SJASSRT$#T&&T)%T1+TA8TMGUE9V*)VNFWQGY#$Y%
%Y**Z-,Z0,Z6-Z92ZNF[=9[?5[B9[F:\61\E?]K?]TJ^)*^XM_41_VN`:6a]Qb>:b?
5bA9bFAbI@bMAbVKbVNbZRcE;cZNc[RdNHdREe]TgaUhC;h^UhbWiF<iFBiYRjRGjVIjbVkI@kN
HlMClZMldZm_Xnh[oJ@qMIqNCqcZqg^qj_ql^rVLrVPrZNr^QsRGsaSseWsj^tm_ulawqdxRIxX
SxYMy^SyeWyl^yqfyufzVIz^Wzh^zoc{re|
thˇofˇxiÄreÄujÅnaÅxhÅ{kÇc^Çf_ÇkaÇykÑ{nÜ~oàndà{pâykâ~oâÅtäuhävjäÅrãÉtçÖvçÖxç
ççèÉtêzmëvkë}qô}rôôôùùùØØÆ∏∏∑øøø»»»………ÕÕÕ◊◊◊€€€‹‹‹ÎÎÎÏÏÏˇÎ™#P`°ÉÖ%L®•PCáá,-
≤§Èê&äö2j‹»ëî&R CíJEídÆT´J™$ +ï.]°v¡‹≈+fMe°pÍÃ…Sß≤^…z)˚9¥¶Lö2_œDŸ2•JO#
°¶/Dµ™¶MW≥b›™UÎ&R_√Ç[ï*Y≤f≈™–ã∂¨'∞n´zú˚QSßåwÌ÷•€ÈÆ_Ω˘ı
ŒKØaçÖ5^,∏ë¢•Kñ[:$©ê%Ñò3cÓSßœqËÑM'àö0®¡†Cp`¡Å
vhŸadãi5–"ùfo¡søéûÎ$ ì»ã+?œÍ(Mö√xEflIΩßuù…xÂú…ÎÂ*ÔfiQí˘Ù45ïT©a;q]flïΩ«Úö‡óGK
™"≥˜ÕO≠˘Ô^≥SùÖ]¡'µâzv®‡\wXWbw)h Ç(ÿ`ã–∆ÿcAv»$ÅXeîT¢fûÚŸä§≈°F®•∆i2™1êä§–B¥–
6âπY4ëcuBëëvQÑäÇùÄÙUy$ÈR‹*Më%îî∫|"LØÒ"M Ï
¢ìò9ëâùP=˝î›ñ6±ô•wNçîJTsBµWåutÇi'7ñùı
®V[¢u'WvÍ÷Goeñzê¯ó_˙Á◊§ÄeäÈ¶ôjr Ñã!âJëv8ôá"Ó∏„Bóm÷∞∆˘·ôh£©q/i
´°&≠›»cBí(Ùcmıoç]¥…íÈ '‹ú$ë≤
)R~ÁíKπ¨rñ∫<WS2ªÏíò◊ï['PÀ%îùQ‹Ω¥x´§$ØT+A˚hZpÅÂ'Wá¸È/\Wˇyflú≈gp°fˇW
°ìm1È•Ñzx†GùxrW*vy¢a^zIX!ÖY
ÜWÜûrD–bíY"óµ\HeñΩ¨éÑt6+ijåqkâ3Ü!GØ7∆&4Dƒfi%&D^%–íê~$H*çÑ•ñoVMu∑Hy
+Æ∏eéynπA•ãSw6EG"ñTÔÚ]°l∑"'Jƒ99'Y"≤%÷¿`ä®zà¸˘®
£â∆µ'flïÍÎ†GÔÈ••ö/Ö©*ÜAπßâŸ•·Eòkj!]¶jÃ3#T≥ä∞fiLk0ÜëFÆ™ÂËkCGT€dk "õDtß≤ÍÕ"ì–
ŒçxU+U<÷4eg∂M]Á4î0ivvÀ¨ª]õ2%5ì,1eoñnã'^J%ïT¸‹{Su|`q%∞üTUVÄzÛ=ˇ·˘•fl¸Vë˜oa_ë§
ÓπrÒD˜ ƒÑ™dãï^,Å$î]""ó(d,3Ãƒ36ÛâEC¬ô5rP›i|ı´á0ƒ6âHE$B;§ÌfO±ƒ",6yÂ,x›
¢Rˇ≤Á≠†'"1¢PÇrÍ‡%àG¨âõ»V£T±&Ω‡E,¥¶∂7…¢mlfl¯∆fí'¡è~Û˚àù'ß5˜m*Ua£

¢ ¬®ˆ)Ó^¸ã»@»)P˘LF aÂ.üôÜPñ,…d•"V+”¡B!t hHù©ÓÑ;C»!`«£ÜL&X¨HÁîE«Ïé:ãΩÊ$/jQ
ÎjŸC
Û™(¶†câh"ä2ò8Ã`
E'b´ﬁ2àÒƒÓÈ2\◊˚R/¶IÕjfÒädsé.bœµ…K|ÊÒ„s(5ﬁcõp„'76D·QBS±X:Ø¢¿˜dLèáÒü=ıB˘HM
•0¡»$T9Ω|Íra$áÉ¡`MBÉ>é`∂#:ÇE7sëã@…Qÿ¥•Ö ˇëcÅíF&."Å-•ÖíëdÎMZ"bL≤C(ÂòC Ût
¢”4•)]'cÊ0ãbÂıtløTF1î±¶Óî(÷ƒ¶yÈMîƒÎmPöO¡%£ (ı->Ô#'◊#(F!H†"§Œ¬¿œP#™$?ÛŸ
∏%¥ê 'D(ËÍ»\í-SôÏ\∂*-
§ûQ-hP#[iÙEj/lB
ëK\b7ÆtÀYÃCÀiIk8∫†ñÒàM#Ú¢©ŒÛ Nü∑/'B5ßC≈IıòöåüˇıòΩ=
&O˘ík˙÷KXÙ“oiÇMÁ¨ÇW˝¶SÃÙ@¨´”Hﬁ>ë(d˙,W¬Ú(œø8H†¸¥bÍ0°•Ô°ùÍD")áP"ùÏ1ñΩH"P˘!
¬¬lDô…§~ACö¬F•âD2` ^s$≈]ü%d%-èà>
óÑ≈Â/ù:Ø¬0}^SwZ[üÛ¥9afmõjfö™Èf”ÏÌk≈6ÕüÖö.v1p{¡Ω,^3ã«Ö 7ΩyUŒé'*vÓèıÉ®ØjW.T
ëg=ªzœç≈?hÌxÀã±0†uÌX^.«±En®TëŸ dPyô Æ∞õ)ÑÎ¿…«∫à˘êÕ$ÅÉX/mD≥õñ'¶u',MX(ª∏©èHî
cxàN¥¢ÌTafòðà÷∞2´á[ÿ:˙≈Øef/ñ!MCU≈-∂¶åÖ{≈-¬$«<ÆóïTΩí'Åï»·åﬂ≈[Vä•ıA,ÂÀ˘Æ¨@é
ÚB´TaòóΩÍ/J¬ zAK∞¨Ã$∫/Ë˚Å0ˆt:ÀvŒrÊ#à¸("2‘H+'->«´‹iã•Ml˙·sÌ¥©•vj°Á-Ô
Foÿ“Í§Oõ};:√« ÖˆÊîË%0ëâPd"T˛>ˇ'8Å MÕg¸≠eLQÃÃíbknpÅ∂ %-b
nﬂÇÄn©ÄnC¡XF9c\∏ô®Ñ*ƒÆà°.£ÃócÉ…ùõªçD-&=ëI]Aï~
±hê70"ü◊<úV∫xgíYzö‘$=Bç'©M]âØú•˘_`B£»óPZΩ&XèôéRkÚskÆÙ&◊¡k74J‘•`∑î˘Km0»ña-
∂a∏∞a8mâ'b‘vAt
≥êm•xÅcÅ x&÷b 81ñL)c π)©1}É}¿\`5J@z&√8¿4ê©ó9ß˚17≤≈g∂efÜÑ≠R∏◊9êPr‡
ÊÚ-oF:uqrñYœ≤C≤√.Ø”qrd;$7/π"øB"$ë"),r¸2r>b:¢0=-0{#+5-sŒ£#}S9Ò_ﬁ@tst°ÄÌO®¿
ÜP 'ä >N†N`2>≠•ÑqXwu0„¥ñu}qaÁ˘
V+˚”7=B
°`w0daÜc-v˘X%ÜÅ-
%LŸ&≤∞
•P
î@åü
ÅG •‡W™@åí∞b Hâmì16|kêYpG03•8%é%¬dfé
`é•È®*-"f·T{Zé‡x{9¿8(zw` Ω¿Õ0
o&.ÂrEQ;$\k§gU;Åfr-U/Ümò
*˜Üå†b%7=6Ò0wx&z»á>Ò}g˝'SsPëàBEI®_±ÖWR˘ˆgQ•õòiÀ„>]Â>Ó„&yAî_'gKÖÅ'@MÁ6´1Aqm8
VÅ∂àcyáÅ≤Å É@ Ã§
~u í ñÇßå_©
ø˜w+∆mÜî@Çp}`YÄG`7p˜Af◊Ç-
˘ò˘Iò˘If˘©Ø'éÔH*0è>òÂìZ•yb†èrpÍ“èàÖÒ[d‘ÖsÜë|œ≈.Òg"u4h$g]'∑Y)¢]åê£E«S4¢0Â'1:
a,W#w¡»p∆yGá≠•KNÛ4â5ˆuó®wê
ÃP
∫≤fU¸îwQä¨Ñ36ÛJr"V∫¶^…¿
ﬂ≥ ïPKp∞
¿§≥@ãıyw8v
ªÉl¿| } >∂v0v î•ã√≥•ã≤•ï¬xåƒòå]C É0cTPó1‡DÍòê/ ¢ ¿Õ- -†Œ
˚éÈ®Ñ*‡o$ô'ÉÉ`äê:∫ö qÚf.rFYF°wön‘êoÙ\%WGr"#¬r±πro» y a0iﬂı01Âs
$Èõõ&úb≤‘
«ôúà»úã8bäsBb1L¿'U≠†y!=¸w`cB[˜u~_∑&âQVã
Ü·Ã¿Œ… FÒ9ïÜEãSâ
ymï-kPóX0k∞“TMêI∞uÄ†≥0
†â˜†√Hå&¶
√ÿÅ@Ht'pp*
‡°≈ä¢Äâ¢ê¨&˙Œ±é"¿D[÷*+ëâL‡`†èQ∆å- ©¿è˝òò5
œg¡Öed.]HQ≤.À'ÜÏ¬À•ÚÇÜfàr&•r*6]*eIá¿yF°HÂ7¶Ûõ:Q3iä=P∏ê
≠-
ê°8ôê(ıuX¢oPÖ@†Ÿ)&€y&XE&bÁU,i≤m¬&*€®8‘#F
Nì ß†±qa-6¨Pã·fÅ∑
/fRpMpGÄ†äMÄ™Jã…(˙ãÍ†¬àåŒx •P òXS∞Ωj˘,*%ä•°"J¨gÎ°&
ò&j¢,∫ó˚ë*`7v3`0DÜ`Töê
µ†.Òè˘§ﬂgûyê«G!á;®˘q…ßö˝j/$BGa/'G
¿” ¡#;4°πc

∫ªá=°ánQú“†~J¬ú?ùq±Ñ ù&ÛT∫ß≠0äY˜˘5c∞lÇk‡)Äø{3,ªFî∫À
‘∞ª` 4w´pw∏©ÙiÅ∏Hb-§ç€àŸãC∞›ãuP†pñ¡ R˚ã∑/àÅ∑b™`
ó`
lÄ1 _k¡
dK¨ê˙Kƒ:¨lòm€
˘¡zÆr˘7DÄ]p∑s_z´. ÅÆnˆ∑E8• ≤π."˜q-Fœ2$G•!5#¢Ø‘ß/O÷2óπÄHö;0õ∞œ”
õGa+LQà+È¶¡ÙC\·∫üª,ufôµK
∏{$´ªAY≤∏÷¶hÄ±&n¢ke•Ë@àÀÄ®0‘Åâïw≥∞©ËÅ˘˘b} S†ΩC∞Ω[êΩu MÄ-,µ
öx xåÇgxX+áó`G∞'@ø`˜Å™øƒ˙°J∂\¢*¨¨ÑçY2\-_Ö∞y€{»¬|F1F B∏Ÿ:Î∫ÍBr2Øµ˘Ç˘Ø$Â
Å]WjR/’ ö∞3∑<7<õ Y¶f∫i6d$‘--†~ÀLN2_êa±ärw/TPàú¿_Á &Kl&=“ì~·Õ∏Ü3˜C≈;£eµ/
0°åZ&Ë¿
ﬂ
°†c¢ra-vΔcΔ.∂ïfP6Ÿ€A/;™l$(¬xñ
Í†Ëxí†∂j
˘I¥É¨ì\¢ç°ø˚Îøp¢+ ∂í°é[FT]‡wãIñ0
Ω◊∑†Ïf‰rF±:≈G|1!±,G»‡ Ã 1¬A•Øπ‘5ë∏Ãrù<17q`∞@w√4%∫5‹®o¡ÃÄ∫sà
ßú‡∫äP˘ßFsßfÖìôfÊ†ÕÂá2ÛÕÒSî¶àUm"krû8‘ªsaÊ`=‘ b∑TïÄÅ®xäÁÅ()®öƒΔGkt
ë¿«††åÁ;µ√»-Å†zçup70»/pı´¢ê»ƒZZ∂è¿Ì¢tS˙Ñ\0D°eõ0Iud ≈E§.=≤€
íH*¡áÀ Û≤”°\≥L¬AMGõeÀÃùRósr 8°#Δsi°K¶ƒ,ír¬∞SmL¡ìZ] Ø+ùL9ôRU
‹|›…ƒ9s÷^’ì`gﬂp›ÕxAû
V$f¬_’˘
UΩßpC€˘∏
ßå˜,m™∞œT∞Spÿ˘L†v@™t<-bôå_yœË+ñ2FxÑX`I0»&`†-¨√Z∂g˚ø-¨
púò#¿±%âPåê (MÜ”.g4Q≈W∫M”!¡«Öê¬˝F8;¨¸ A•˜JG˚í/÷w•œç‘r˘‘„7¸õ;≤D≤£ô
$m/~„›Ì9ßÁMÍ}{L¿ﬁ˘ﬁeç÷ﬁ-ë$Î>f≤≤ÊÕ§îJ·ﬂ∞’p°®ö°#VÉê)$p‡®-b¿àl»Δ]BkP6•J™¸…ük›Ä
mp†≠åTx3ñäWê™'0øÑ<-%*∂->∂À -+Í-`;@ZPÉq0Oñ¿
ù‡
¥-“sÊ+^ÿ ÑS.ëÑÌÆS”Tƒ=ØŒ≈”»ë˜Ú+(B‘YﬁY1wá˙áá4∫G!íNΩ#"IKqIbtàÿÃ+ä˘ä,CƒL≈ÍÕúX
ó^˘ùJcííE©ªºã#˜33+°ﬂ|QËÖò«∞ë™@íXDU#†#0õÄ_âAŸÜïDÿU∞U- ïÄ')(Çë@
Í]ñ¬HŸÑ™M∞;p2 ; Ñl'0-M∂(J¢$™¨m;…Œ¡¢≈0∏aéı®PÖÍkÆX˘∞8Ï°˘‘
*÷r:ˆãËÿÜÃ≤òµß>M“äShv\f √gO◊
nœÑ€>w∑UáìvÒd‹4©ç -[¨Bπ{#Ô,ò1§·`√”2ˆÇ¥˘Òö`Ñ,≤A“%zt…öΩ4%{5„√òΔ3$Óçix„ë§xÑ ?
¿aœX‡3ò3jRQ‡É-‡VÄÇ4P¢-â∂ö.π:iIP∫“w®Ù.±ﬂ7°![sé
>-VË† |∞uL¨ù®°U˘/û©◊ZØßÊ€áµÓ7ƒ!Óq ˙á˘cêÈpY9¸·C“Œ6X
sØ¯V∂6RŸhÉÆ‡/DÍ˘0Ån[¥ÿ`◊∑¡Ù»´µFÆúí/5™ ?≤ËËç[±ÏvIha¡|{áLlBÃh^≥]@FïZâ·-h2êëãV
„¿ÄΩ”nÍá<{°ªkËsüœâÃÎh¿÷)ïj`D˚…j/è9l*=âGœFø:o`z¸≤_>gËD?õ0óû`Œ
ÛñyÄxQ`É;Ë"‘h5˘lçıwÿ={˝f·ÄuŒÆWé ?6:âÏuŸèµõQ¢Œ…'V†ßÃ,'Œ¬∂)Ë±)»¡°¡ÜùË6"Éù
¢#p`(óíùÅêÖS8Ö}q<™x£Ä·
5®£#Y(ã≥`ÅÃ{Çﬂ“ÑSòòÓÚãËÒ@ÙòD¢{-Üfpa¯KôÏ
Ax/xÑçÑ=Ë∏=∏=8X4»=,hÇ≤π S+9Î∞éHK†L@4@9>ˆJ¥I®5îçÿ¿π‘î‘P¨a
9(é#Ä È¯¥+Rk¶ÓÛé†T[ÉLàÖaXb®5F°ïœQj˘∞ê¸˘@KÙäHÑËÖN4àN≈P≈Å†à…Qàu:πyäªëË}"â|:¿ì
-,raâñänà@oÎÜ ¸6w!
“ö‘ ,Q∑^»óS∏S-Ñ«ªä¨ê<10ò#qAd`ÅhãDÿÑ\§) áëâû$K3Á˙ãŸâÜI@I-ÚÑ@0@pG†G?
∞«éÎ.8-É5‡G‹ÀΩ,ïcÚ=‡”ÄC24√2<C„cC5å/ÊÉCHcç4ê9∞ÇóÅ†@õ˘4péÊ¿ÅRk&˘h¶†˙
í,D5PÖd(àœ±&I‹h›ï[Òõ˜[^ a±ƒØK' 9à0˘%ƒ †¸…MààR@xB¢ W‘<Öhä∂j€[$
Él€6¿”JoF‘23-öäü∞¿ô∞Ülê]A€iF›Å<Æòiƒ≠'@π4lâA'©ÉL-V3á ¡Ç3∏ÂZ
m@=d∏T IxydL/ªG{‹éì¬…§¬~%G*ÑêÎ©;5Î¯=ÄÿÄÈËÄA4DC?!F˚ì™õÑÿPMàîâ§»7∞ÇL©Å8ÅO)∞é°
> ÿHÔÓ‡éNÍ+ò∞
À∫Ω¡ï¨ÀH§…ˆX˘cINÃè¡ÍøRLE^¨Ó$;ÓLJôúUú1Ö(nÅ∂SÄ≈ˆùZ¥≈[úu˘6_l.ö∞%∂ùÿât{®ßA5ÍQ»
ÉF∏‹í#)û<≤Kò¡DhFY gy≥∏•ä)1Ω•êÜf»;#Ï 37˘µ«8Ë8Õ« %G4‡G=Ä)\80/ﬁsÄﬁÉ
8,ã√8DH24>JA√ò`ì@Å»4h7∏%ÄôÿÕN¥°éƒÅ=ÙtP˘éìd:sõ∏ÇTÜòÙèÅ%Â
Sö§ƒ¸hd1πDQD≈†Dú É‡DN°úT¥^Ä;lë¨I¿naO˘<¿|¢∂Ã/¨˘$É1à¿l ≠¡√Üü˘‡¢Ø<äû‡¿nË¿
±ëdú(M(-ï7ÆÉ10í(êÀÑ1ãUç¡‡Ç°‹S8Ö{Ü
ìÜÊj.Ëb8Áö≥ tÜ!LL¿Æ«tÃ«‹Éc•Ã=X=p-*DÖQ]>ìéK0¿VŒÄÄPÇ@ o-ÕEk¥FÎú@
îÆHÉ+∏H‹‹È¿)»»∏“Û»ë3:·Ñ08Ÿ:èıÿÂ\°\π¶[ô…H¨…˜`S]q”d…N˝ËfàòӔÏŒ*JçX@ç;Õ
p)¿ ä ê≈,D% qr!2-E^ÏE %J¸,
LÕ p£f∏ë^PΔMhΔ~ ’;˘˘Ÿ;(U∞∞#$˘Å#pò=¬Äk¸≤LÿóU»Y@ÜÇhÜf@Ω7s≥™µ/ |

√<Ã≠¬)=„8Ω«FÄLÃÏG4pQfÌG])§Q,N#µ˙Ln-Ñ"úÉL{¥"L™"˛V…
ò9ΩUR+pÉâlÇŒ0+òR‡»«Ω"M1:V·"Ó√â%PÑdP°ÙÀ:ôÏµh@"¨5≠I∞3Ø{SP4˚£#: uöÖP6v¬W,@ "â
â '
XkKî-É2hŸñÌJ©TÉJ≤p‡On8¡®`Fû--ü}ÀÇπÇ(@ò'-≠d≥à¡∂∞SPÖP˘p/XxZ's
dxá¬aPΩi@˛XpÖO`¬Ï"-=pÑ{<ÉF`(`d>=8‡}lQee‡Õ«ûZ:S√Vl%5†5ËΔ‡Å5Ëä9úH.∞7Æ∑z+P$8Çx
◊+zu≈ï·ÎÛîÊXõµ-âxP]-ÄΩïÄ%ŒÌ2Â<ëN"Ubc9;b¨Ô,ä-≈ÔÃ"uöú+Δ,Ú˛…Úàπ">
âÖŒ!'ìùúç¢·EŸo´]lY¿#uÒ 'a®"Ïi`Ü+BΔ'ÎóDPÑ:¯Ÿ;hTSMP¢-é2ûVÂE∞ÑL0_Q»\¿Ö[˘ÖU∏
\X='S=π£Iî‡†çwÃ.@‡8{l@h≤%[?0`F‡∂µÃ}d‡c≠$Â0&Rq¯=RÈÅ-P¡
ﬁ‡4PA/"∑â∫7·1fvEa>ÇËö8∞8:2≈Ø≥N‡Ã§VyNä∫%¿£Üœ:©-S\)à]ΩÚÖÍ°I˘èd˘èΔ·∞;àg©"'-ER
<≈N%DTë‡<Âê0c^| ﬂ= N‡qAc"·n≥0%<Ö,0$„@£8ààäµ|£ÒcüUS>ﬁ/@UÔ≈
£UÌ®áBPÑC8ÑÚ>ó[ÖH+%JÊ£Yﬁ-ﬂG˘xÑ@p¬QF-j^`>V§>`éQ∑Ì.≥:µÕV
@+¯Ç/`
≠NÉ-±XÇ{≥πDÇ≤^ÇB.Î8ÇœÅ√mg^Ä^îs<(Å*0ﬁ¥zìB∈Äh∫+0Öd®ÜΔ∞kjŒœëDt&Á"'á}Í ~,dëbäMê
ä¯ƒTfS,ΔgÀÙtJVòÇ>Ë0fœX$ Ö^ËEêm6^E7^Ewá,)Δ±¿âF#ùäP'FÂÇ/-®ÙÅ(ﬂ•ıÅ+òÉ;xiK8<a
£òðn6Ç™Ò˘%ûvB/Ï±=÷.j(˘4odUj•^e∑>3/ò"πΩe
pµÍ-XÇ-HÉ/PÉ/¿∑≤F≤8Ç≤~¡≤‡(≥∏∏ÅðVÎ&∞Å(0ÄaiΔÎ∈îw]9hp$ÄnD`/\®'j∫¶*XÂÿg!ñbòøHBe
0ÜÅàÔ ^>◊≠qÒúú¡*≈◊q˘fêÈ&B¿ıdÇ¡ÉnmZ|ÌÖœïËEÆú¿ |Ÿ_,
Ü≤rtâﬁ∈q7"ë;†@i.àÇ-`A|Å4ﬂ£éöÅ4sB∏
CxiU≤ÑT®sT∞°˘ÑIËiQ&+?/Ôı`UnıNÍıfjßÜÍ;5\˛=˘8ÄÇT%xÇ-¯Ç-∏Ø>kÀªÅHphî6pø<\ÎLâÍ(
ÿ‡§ÅΔk≥a<†ıX¥`¶=ÖD'Üm∞&l¬´ÂÏµ°:ÒÄ
ê«fÿÆ+'˘b9;ÁŒÚ<∂R NÑv?Õg„,Èb!«¨$Ÿì Ë+ANxmì]Ñ˙<^ñ}Yõ∞ÚÆ°-&ìÖ€ n´pÀF-UÓ˝
$As}√Δé
ﬂ@Ó-n»†A±ÑB®K@2òI‡IÄÑ@».=S-éª«¶`DÁxV^jC_Q/¿PR»ì£Ä
ı˘∂·1n$)%ÜiÅDà`Å∏ÅP˘ÔÙoŒwµk¿ÅV«Å∏ké∫Ê8Å@Ç4†ÉLËÑPàñ\l≥˙©≈cwI˘ÿbÔ5Û∫wéÏLTúgvΔ
Y]ã•vQâv?µ]ΔÚ ˜ÿèw^âÖ'˜r_hìç¿âé¿≠%â¡∈ÌÊ•ä·êà*¡ë7|/UçJò</
£ÄGÈ≤~Çñø.∞`o=Õ@ë>∞çûc]÷cçQçO‡•FoéG`CWj*îV0•RqtŒp8ÅPßÙ≈∑|
¡`n@ÅPgÅ‡∑•˛hÇµÉ0»Bª.Δ%yﬂ+l>DPßò/ΩπïÜ®'Ù£Üh¯ı3˘]!÷∞Úﬂ5rzS√…
ƒƒ©lK'*év•T≈âç^l…êYâÄ-≈j´ÇßX≈2Xp·¡Üß8â,ti-¢n‡∞ÅÎ¶-"«ç>∞â".
\Fí·∫Ö; .ô4iÃî
ì5lï)Mä!∫£séò1\¢˛|Úd…9^}¡ÇE¶9r•@Ú%
'4j'-È"gé+>Éœ
(@~ŒÓŸéZµ~"¬'ìVè<∫tÈ¬çªßn[=k'¬YΔäRhpêòÇ 6ú`¡ÉËí°Bâ"y/Ù,8{Ê|
#«çGö†F≠ÉÜ*T‡XAc6m4Ä®íFU≥j'öQ˘#Mµh'Ü
#<x3e-îS+°ô•Í-â]WΩ1_-y)Û>˘Ó zë˜Ö^|/e°àı">~Ø]°z>øø˘}˙¯yŸ∑ã.°Ë≤ãÅ¨Ã"P+
Tê@ 9xêB
±"'úl≤»%qŒEZ%aFuH,H>|ìÕK0≈$â*ödrìNw•DF@ u≈P<e√S<,'îèPIE'iâqYi%…
í,»Xdù'»[k<'◊^q>ï•\{ÒıÂ\sÒï+Zpx±É*h-¶äQ@Å†-CB<≈PıÑ<í+Ç†-%@h/<†'êGúÜ)xPB
@¨âÉ•8-Ä√kì^Å 0/T]4Δ-£ùv≈)3Í®ÿEStÿ±™<uÿâW´{·uÁ>≠ÒyóØ•Å˜~•ŸGL±ıÒí_≤»/7`+°§ÀÇ
-»Jµa+°.JË +n…"Ÿ¨tQ6}Ù!â$™Ñà)JcÍ0Ω „¢MäÏîbàEüD=·ÉQ?J&ŸSCFıÑ\§aVÉÙ¡d|
ÑÂHîÁúÖtaπq`]ÇÊXñÈÂó'ÿ`N¨ÈBö8¿XbhBvÊ˛'YT£qv'
-pF(¢9qCçÍêB§∞Ç:$ÁCU[˙Zï "u˘"ôjÏpcèM
ÿœQ\´∞œ
x·>*xrÛw_wË˝ ﬁ{Ù…W7˘ı¡◊∑≤H†Å-ÿ
At-+U(!∑yÎ 'ë02.6y¥πG¢"I!zòçÈ¶ í´)ö¿òSçb|¡SYF'¿ù±P
(t^ÇèH ±∞√W]%»ìO>Úà#é˛-à#oÏó_á2"w˛W^∈≥ÅÒl≠·ÖI¨†ÇÀä°ßp¿îï ≈ßü=â®†KÖ¿B
6Ï^hiKü¶0)(Å§p@) ñBQâi4c^√N3+&™Ye:§N¨^6Ìd;ƒN{Æ„˘]πÌ<ÚV≤ﬁ†√(Ü0îa§8≈ÌbA""·„"
lMËB,)<a9N0b·<F≤aëÕÅ»C&
π™/òÙBß†â&Aà9•D
\¯¬h∞¢<à3ªCA
<„£®X°*ƒSC!ä◊'AByÀsD#Ã,∂`oz'„XóÆÁóç"%ëm˘û\ŸH4yA|+8ü(‡Å8Q†Ÿ6ÄÇ<i B‡û| ∞
Í3,@¡†^-VñÜhç/¡£ò®ij
4`Åädx≠ÇÕiÿöú‡à0ÑÑ'"<&:~ªœ≠Ê≥+˙£ÖÑ"f,Ç√Ê˘-p8<A§µ8»µ,á
-bÖ/yê%Bäƒ∫¢»πÅ»"£QÈ≤°%hÒ´Ä-!\◊.@°˘"äz•î°ÒûyJëñ$,]tjD¬"ñ@<-j°Àı≤âÈ°îd
%]ñX∫»E0ﬂ√B¯°-Úπ`/càbtíáÍAû•$°<@ \y?•M˘,8A
jêö$¨ÜÄ∑-ÅvÄUK5!•8Ü7°çÊ'U"©N´à)Bf¬ı≠œ4è2€"ª™-ÖÚq!tﬁ„&kØ^!-Ä†πÇÓYâ;ê
,ÿYKùÌTÁ%<QDÅ≤¬à˘GÙD7Œ'YŒyüı'ßH e∫xeQuç"Ë@#ül!
WÄ¬ñ ¡(•±oFî+|¡*_P√pâóÜA•A£câíﬂ2Rø†Å•Å<R]H¶á*pâ•-'É«∏Î]Ì≤`¿ö@©◊TRéqL

%iVÅ9±í•4eQ|‡PJ)P=‘*Y…F•°Ü   Ö-*í-Ñ8ô ¬$p1
mhÉ/ÊZ¡f¥¬5ö∞≤&^-3_|x/·[±Î◊√ÁØ,l·Ät·bl9V±ªH¥6√«Zrî≠-.bêÉàbÒñC,Îâra]Hñ¢=ôÃœ”
jGY<˘,ã2ëE‘a˚˙¬∂¿Ö--v(¢T†òZöfı`adÆ“P<„
"
S) ¨¥á8ò©•&MY[¿«14:ƒ-ïÓ†¡˚=ñFó°`p¬Mq√&ıZ≤1q,‰8Ç»7”≤\©ø˚Å@ü^„   Pê&8¡   8òA
nìÑT´ƒ8Ñ-ú·
hhCUÆ, _ıV_«Ö\w¢cWZ≠0∞ªHˆ
>#˜¯¬ÖÉmqÇÄàX«J´@≠`<,¥ÌuFŒùC¥Ï(8ÒêÃûb
‰>Ögùhƒsy∂D"◊Ëœ!"ñ¯Û<≤»E.VQÂDÙcÄ>Ú4;€2‘HpËh˘H£ô¸vnñ¯Ç{ïé YrÀ¸»ñœÄWê€U
$ñË5ò<Â(G9»ãÜÒb¡¶   NÅ<∞òΔH@1ôÏ$@¿§•H©˘Z™Sï¬•Œ”(¡   öfi£/%
¡m`≠@§◊òFYœZAÌ†’≠‘¡035ûbØ•Ÿgw6±˘∏˜,€ffGv`Òs∏ı0[àU,Œ…Cf‰á?<E+∏ex!
èBöÂƒ3[ê*~#êW≤°QÚ
ãêK,90L˙≠äM∞Œ à»ÚΔ@F†»0îQ)3¢év3%L•,≤7/,g9B
eÒ ,ÄÁ3ù   {>=ìZç˘hAöÂ…ßÈh/ÚÁì∑°©Δ)b‰$«f,frö˚P-T•¸KÖ¡QZê?°2¢Ó/dN-&úz|
∂ú/Åì0@ ê¬\ßÜ◊†3ùµ
∞çv°GÜµ«Ÿ≈G‡ú«:[˝G≤% äı
≥4aÕBfi Q;9¥ N··1+ûCá[}Kf)^;Q±°mŒπ\ÑâÑiyàJTQäÃKÍ¨¬*Äû&\ÎB\È˘Dî-m!Å¿L°¯ŒS(e,
Åé\ÅD!Uó`°∏ ¥A¯Aüû±T pWK≈îv•\>flÛ5_¢µ\Ù-/M©b¥I˘Ù\fl§=Δ¯<œ1’Q‡ó+πÄ
Ñ+¢∞è‘@@]ÇM] $4AÇY
Ä◊yÉ6ò’ÿÅ]2Q«/∞ç21”fiú€`|°J|ñá€)»U%I»9aÀ∂…¬∑ùÇ‡UH·âõ;ƒ-Ö®€ê1û'êã
‰≠¡`=ëÀªÙ”•÷œÎ¸`&BAïâÅ^Δü@E˘Ö
ä*¸…1UD·X¡∏¡<∂Å¯ûâÒi◊!çá˜ÜÚaÙE_@§ÀëW§îmJ:Äfi\&=ùÄÄh4’˝á@b"¢p˘t“˙¨¿   §F
%V

H
•0öÇÅ:lÉ7P˘
«˘ç%¨$†*ñê
E‡≠õ0fiJâK/ıUwpS≥ÿGµAV∏I Ñ@Ñ/N»‡9•ôÂ-∑„y•,µ6TQíÅŒΩïÀYöñK¿ÑÚ ÎÑ¿·D-Å7F¡ÿéR
MÎŸ¿hÿ @aéDaΔë∏a∂Å<cΔZ ZcZ»°!ÙU¡dV†§@$P&(d%öWÀh@®◊h™èjp¿   †öfl
úüGn§Gn˜u“
AÄ>îêÏjXä@¬1¿§7ìr√pÃä˘'r≤ç∞È+˙/N™ÆP<µ"`Kb>ò2N‰d‡„TÀ∑Yõ;•”èŸ∏ôõW SzZ2öéX¬€3í
À=Q4Fcàúñ4<ï,¨¬)lËÅfi%LD\fiûŒ¯   è>*-Ö˛<Ö°è:∂£ÿ•éT°`hh®¿¡x
ÜdÙ!§ÀüeœaVfPA‰djf$å¬(yU"-πzŸ<õË®ú•Ëd∞íß©_®y§•ÈXÄèf¿Ë®¿_yA†
$ RW≠¿§. ‹√≠A11àXu†1aêNfl®bÓM5
söv¬)·<˘9Âò„ÿ"∂Pñ‡ıbˆ¢wz'nB1ÆßWvÂzZéX"j|.cö?Õ 8¿3§N+Ï‡&|fiÁπÂ"hB"$Ç!-A|#$’R
ä¸]i•H:“ÌP!Zhhhxÿjà$eÍjÙAflâƒh¡Ø¢B+ekå*$£%ò<(õÿ<%Uí¿L%Ì<˙•!+
±!"`lL∏Œ¶LÄHç<iÅ•--È¿ÅQ"%1@√3tÈMÚZô2ìÆ`-≤Ì$‡†)<¡}‡∏¢^Yg»vΔ-flEfYõÑÏü„AXñ©ßVj
°^à˘'X6|6`√«&ŸX~H£B^6§à ÍÁîUÍ˘˘ZŸ%-¡êÙ@ß!≈S E_˙¿E
´j¡Pœ,A¨2Jx¶≤éy≈(\çâΔ(±jfA"dåj-eFm±œ’VÅàOL
∏b<Î&A+{UR'Uj¢•y$T¿l“¶>>@®¿
0¡ÿ0¡I“.¡
‘Äd¬1<5@u<¨|
3Â
≤ù)   eS6ıÕ^≈«±,[±Ï«^Â}d”¡ «~(Œ@fXÅDÏwÜ€‡ç‡ùÚ)Vb¨˚jÌ÷.°YC6pC6X√ÓöÀ¶, fi
jIŸΩÏ˘äË%dÇÄ.Çßñ¡û¯I-"ï|©*eE-RÜ(Å_"¡PT£§¨Mfl¯\Õ'DÈ
±ûoAî~m˘RÌ˙ ËØNÊ÷jmp¶¯Lç˘†mkh¿&>°Œ≠ÕÄ‰GïÄÎ@¿UkÄÔ-™1‡bÅ•dJ
TËÄP.$√,>Ω rJÓ∞ıä*b«≤%Gufn/`Æ¡Óç
≥"<ÈU   V√Êê9û@<•‰Ùÿ/6ÑÂÇ-:ÑêçõΔbàÌ"1'X√èÏøõX.ŸYB^Ó™,K\-°LŸ˝'hÜ,¬!
‡¡ßöfiçÖ~A·eL·Pa˜Ú÷˘“ÿ@UÕ1’¿¯¡¯êØ˘™Ø˙ÆÔØo˘Ú1Î±R-˝ (¨ôda<h˘:rkHk@Îc¥âèn¿˙<-
˜MÄS'S@PÄ
Ï™5Å¯0Å¡l`
'ÙfÿBCCó¬äΩïw‘P¶ÿo.   ¡«Â*€
mÆäø`À]»8>pSVÀ‰-‰ÿ¢(»Æ˘Zé((ÜtÂ&`≥6k3#xB∏|s$,Ò83√»&j¢Vë}ñÀÂi^K»KÍh-Ú†*®¬DlÛÇ
Ûz„x#ê‘Å\/¨ÕŒ\ÅA≥#puoÿ@ÿ-µQ<1M,$X˘û/ ˘1˘ht≥o SAÑÙ‘í4˝rf™MÕç"Ü   8rb¥   ¥ƒÙ
%”Lπ“¶&#•(0Ng(ª¿ªäm≤¡‡“¿'ÏÄPÇ,.Æ„zêKÆøfiï±òpËˆ≤±lU◊>±°•`±•≤°]¡)√RKôç'C®ìUj-
IÛ)§5VJsWZé6´ÁÂxÇ7œ”73'¿3•ÆÚ5‰≠D ™,äú÷ÊqûjÕÛ˘vBÚ~±¥Õ÷Å!@ˆ6J6d¬Uê-∏ôXÅ(Ìú¿
$Phã6Y

÷\
ØÎ∫V
˙˙Ò óÙ!S≠¯é#SRö¥¥m€úm∑âNÈˆ˙êk'))õÎ $ˇÇMü¨F¶‡@
0Z‡B•p´L«(Êd•ˇÏÚˇ<ßu0cn‹±U2Ô«úûÓXKVëw¶uD™1∏ 8ˇÁÖxs}[é50Î7ˇÏ«öéπ|à5ò÷ ∂ÛÊ!
GjùB.Ñ¬<3/ÕÇ@ˆcÁ≥d[∏%Ç%xjVÿl-AL!HÙ
Ävâã6lúðrcäP´Úi∑6 «Ëˇk¨¬h'&Îl3k
 ∆é∆mß◊nØè∑µ*)˜'4pä≤q£öıäc X(4TˇΩVG„ /ÛÚŸyGV˜M6›2¨T,+“á)ûG

·PˇÉ÷aπSR¨wÏ,mÛzj$h•6Q†^éü+Òˇè3°:F‰.8P±•öŒ8Àã±»Ç.»ÇÇ¨Ç(‹≥B∏!
ÿÅÖ'Õ“l&hH&XôÜCv!Ç!PB!•ÅlÅ‰@
¨@|ˆﬁ¡ ‡nh
l-Äm-Ä[p¶-F¶¨+GÔ“•Å˚
2I◊8åÍ1'0+z!õ-aˆ6õ†Wˇlõt“›ı´µö´WçÚqØÜˇ¶òÇ‡„[Ø€Ø°á-ªP0√`ŸMÁlË 0Uãz˝)
+RuÄ°ˇµl:QÂú´∑I3'dDtl\Íûˇû7Éü:†ÛπWˇ3d|5,√°˚7ÔÊÓ8+zÄW1»3√ÉÈ°Ô€
Ë¶B¯6&¬"ƒ<®OÑb®%hxŒÇÜõzl6
êxˇ=ÆølÃ°éOi´›“•¨o±st¶D}≤O≠+˚´a}Ÿû≠†óÀL˙≥ˇçΩπn¿
\≤%ﬂ-p_©¯&¡)Î¿n¬14√Ω:áˇIátÀ/ouÂzÓ^ô"Uou‹=†øonô3{•á
ágﬁE÷BË,Ñ¥ì;IÛ∑∏w1>D√À”√Ø'≈"Óˇ2#0√~ìœ~è~˘˙^ÔÓ^óK¢É°5HÉ5(√)√.Ã{Aˉ[Úv:E‘°d/
¬ÚjHß[Çˇ܇|ŒÇ%PŒ_Ö‘@-Îm-Cˇ¶Ë∏éê§®xiß¯ic
G{4≤ám'c}‡Úf≥Úxhˆo
à¶h¢◊k∏ÄÿO“ﬁ∏∑zÎ
x+p„W]Õ¯lˇØ√@d…î,ö≤ƒ√†4HL1á
ˆ"ÊâXØ]°*Ú≤àqóDåΩÜ]Ï®ë◊0é E¶°ÿä$Kó°Hj‹5≥'.]¨Z›°ôìUOVªX…Ú9¥Á)üßNy:≈i)'ßN7qä:
5“¶HR´nÚd'#001 c«≥≤fôô≈fç≠Y∂o·≤g
\∂∫÷≤·}+Mö≤Ü Ö™/¥ÈR·Eá
VúòqaKó,Eñ\HÕˇ+2`V±ô3)@á.Q"
ßÅ‡0$uÍ”8LõÜm$Im€Iú‘ÆıñSXrI¢√≥

)4®»`"ÉÜ»ù'W·b∫ä+\\◊qbáNÑˇ}≈‹ÁkÎàùáñN√®5sXêò|b-Êo-cFbyI¢ãt)§âπ®"ì‹Â?â\Ú¬ôh¬
È&†ZaÂ¶†àÍI(°8‰•QD·§DNœÇ)FV¸J´®-™*©`‹ÑëE±√â2-:´¨l-ZÀöjÚ*RØ°•™´.$ŸR¶,iñÒKãX
%£∫Ñ-∑°“ƒPB·L+CÈ‰P:yÃPˇ"+§9é∏n≥î€,¥H+
œ-@√¡µ$¸<çÜAa+Ù4#•M∑$vcî7' Õ-â ®˚ÃN‰@;.4ŒT¿AáOWUáƒ;¡ª
Hu·Ñ0q”°6&`‘ÖVêh,£∆!]ï·'>âÚ£¬âÜÂ(Aç©$è]6¿ga/h•ïZÇâ&].Ï (3®ç2äï•DÒ§‹9a1í≠§J
±™u”Ö-ìu7Y$è<vúbä(“J´¨≥ÄlK»∏ÿ ∆‡πî<Æ(•¨hó\HëDQXâ%
uq€7∆%[:   ŸíNÿ,§>éÿaŒÁîªs4>_.Ì5 í`Ì5ˇB46'hÎŸQ'vZh‡&Mb,*›,
9Lç≥”∫Ouÿ·ËVbªP(µ‘ ÄpUR&•AΩYu‡#ôf™!&˚‰[(øà* è%bÁvp#î`:ê¿dMÇ)¡ø å0/ˇ2¢p&ˇ
™[°6Ïp‹«ëä°ƒ¶ûzä› Ω“*,Nf§Í^3»ÿ7ä(¸EÀÙ∂™©∆-Ç≠ˇÜ‡o≤qùu(≠·
%õXÅIógáqhø1 /]b¡≈„2Ÿ§§ê4,ÃÏ3:Sx.O-¶Oa3÷∞Øˇ¥NecO∂”jœç-Ò´∞-∑H°v∫ŒË3µ~≥P?ï/Í
éÜ˙Ñ ¬√?à"W•Ÿ'€hê‡ˇlñ@à}Ê£6Ü8Aqõí√6,0-®Yiﬁ'ëX∞nΩxâe≤äÒdÑB!!Q@dîF.)H)-St90Ãê
Ü(ZQéÃêC3‹ã£-Ñ ÑÙàâe©Δøéó"âãL§K\œ!çˇIq÷•ÀóAâb#ã'XFBÓÛ6¸8$…àE-ÜPPÇZBùÊ‘≤î¿t‹
îgLÉ=,j{xTßpêüŸ∆7B˚ç£í‡H}äSúaY”8™PÌ Nê,5RÂÔ~´í/ß$ïû”∞gV;HBÍì ˝4Åˇy
€ÄË67ñÜçñ<Ä.¬† $&ˇ   b   /á!YòDÚI1Wîq±-\NAóÂ∏B£·(Gv¬bÉq1¢bNòŒ_¸B¢[åƒ
∫∑   v≠3ÿìÿ"≈œPÉûÀP6ñAç‘Ì≥ˇƒ=Íh œH∆4,A   5‘‡úÇû
<êÇà,   4üÒV¿h45ù§
ï«'ò7Â£ÄH1!}IcŸq8?·Tí   ;¿d%u`µú∆jQcÕpn≥GÃÎ∏He~öë˝»Ìm¸È
±ÜaëcÌrZ°t‡ûµ¡ó¯“Ç”·NàôπoÖHôê[&RFA1=ÂDÔ
éÏP}Ìà/∏ˇ¿0Å\‡!¡¥p
°ú>ÚóÍÜ#1q.v)XÎ‡"
&ΩÖüÿ∞,6˙yŸjXv≥ùΩÏ6™A
h‡j€Ä√†≤F“È9ç®E=Í'éˆq3xd{T/-¨6Á€M!{„¢'O+Iö˚ﬁÁÇQM
ìÕmB0π'-oTí,Óß<%œ/úfT:∞ÇÛ£6U"TÜÉ≠]ﬁÕ$
r•8¢U˜b'Ω$â·j"Vúô*4+´¥VV"E.∫ë,zÕÑ |µ¿@Ä   XÄ<q ¿•ÛpèMH$Ω(QvHbg^`';uÈ≤
∂µ"5ˇ8Î,ÕÆe<H>6ËYcsxÉZ8-˚,=àJÙN ˝(Gã€-,‡vg4$IÉõ“›¸6RFÎÈF©ÉQ®m∫I¿$t°€‹Ê~ÚS -
Æß∫,nYÄ5†√4v≈¿•+n¥ E÷€†gˇ≤#ÙsVóE°¨ÚYZz MwLuÎ(·B YYë÷WŒôNˇ
#,Ö!å†¬(@Ñ   ÑZ¬¿+¸`lfÛtÂ4b˚X+l±ziÁdﬂ,:◊µ∆IƒÜç_°Ÿ!Å∂¥≈ÜÜ-‰†Ñ,6í3Ï
´(Œ<É=õ·»±5Ú˜¬e·ˆÜ€‹ÆƒÏÑ®â{j9ï.j¿ˇ&<w>-U§ðW≠y3gˆT'ZÂ drY0D2¬òüh<Ñ‡
^z·Ü,

($Ü€E√g"à#h&˘©Í¥ÓF'Â[>:≈.ÌhëCZ≠œ| (PÎ£2tsHÄß   Û`'ıß-◊øÜõÆ6lÈí8Ÿ≈∂≥±E∫uÎ$+
Y»≤Â≈Øv:fπ-kWcò%67°ë\®Å AX¡j◊W‰ã {±ÕhlŸ")<ÜOQ„ÎM¢ú"‡:° NP§m¿6/cA>‡3°¯xì√I
]@É˛/®]A
‰-   ÄãŒ˘   fi∞d˘†[ÍyÉ∑Ñ   ≈≥/pfi˙ïòœ/»}síËç´,R°ÎG.ä¥û»‰ï"-5°Ä
Kò˜ÆyÃ=
Çà`ÁÇ"∞aìX≈u*Qa#n>Ïª•cñ¯<,Z∞ÒçÕF˙5¶:5∏çNB   o§ì˙.µ)xTj∂X€Ø„ÃR-ü¯Ü∏Ô?•
€nÇö¿À˙éÔ¯ÓÀ˙•˛/1   fir√U…3f/6
Ifl¢Üjé†b!$ÍlÅBX@¬?,¶n
$,r…7»´≠,«Ù™ "«òßıñ   "áb^h¿dÔÖ8a"(≠"Ï†¢ @¿@'lŒÊb.'í∞',¿0Ä¯VÌ_<˘ÃBåéHÿ•¬.
≤¿¡¡∞Ëh-v∏vÊ,È•b`+á‰âÕplÃa∂N   êz§ß¢8√4pK∂∏À5∂«£¨'6∞Mê©|~´€qπÕ-¿∞%q)1•
PRpî(§\@Qt 7vvN†¨‡zßwñÍmÚ#?B$,fpÜ%ÉR"@RØ,Dè?ònÉÚÎÖCŒ
¿™ƒ'p∞uP¿÷ÍD.AÂÜp,@@Mhé'bÓ˜
``ÍvÆ-°+÷•-.ÀÈXjçª°±ñ$
Û¢ÈØãá‰àlÏ∏·Í°»O:ŒØµÙØÌ†˘m"Pc56ä/†Ì3¨Á∂pF6j¶Ì≈7fié-÷@"%r"'2•°†/¿ •¬l8X*l¯pΩÁ
fieflñÎ¨¿båzá%bRÒ·ÚÜÇh-"XbÉ†eo*ZjÚÛLØÑVØ%xÇ¨»äÖåÇDzbìQ"jù¬0°Í†¢@∏1Am'Æ±kÆ¬˙*T
∞-
áƒ-∞Ø-S'◊¨!Íœ!˚~≠-…êË∂p˘åd◊ŒêI rfi±¥èÿJ∂.N(ÄSí/Í£dÉf-£®∂*jÛ»6h£|‰n€-±`
8s
-`
"Ò-R"Ÿ .#ü˘ãÔÄ
ªê&ÄÙDV"kí†t†ö‡,¡® b,‡fi&˘¶Z~   B>´vgwàaw¨e9˚Ê8óm1@`•DË[L(qé"ñb¿∏ìDû]ûi0.·Ç
êËÄ∆@"|‡@`Ä†óp>%,, ,G®--îè
◊"ÈÊb-Êv¢.Í"…ƒÜÆHÑ˙ãÈƒ-uðÈíÅî†V¶Ñà›'1o∆f^»C◊Ø¢@c˝"6"-`3Y'aF'
ÿ†÷ j¥F-Q>\Â5t&LÄ$0lƒ∆\•   .∞   Æ†:aË)?2àâ˘¡˚Ên«œ∞¥-.¬97(ûewRp(mq&®
ÛptÅ-êiÖå¬¨J'ä¬§D,4*   #¶Ú<œ3=G'
û`=1@Ä+π>   5Ê,ÃPÌØòaµQµä Ú'‡-AÕëè˙Ë"H*5∏I˙≤A€∞∏°Õ!:!
zÄ;'Á ÎÔ¢§m/îÏÎ"Ô5Ω«4R|É ‰é€ZÙ?s3A≥39œ"Ÿ
êU#/â+t‡NÄ4feH]®§À   l   ' íA≤Ë°M"F•XzGAÑ"Ú@ËóéL˜L   ƒK9   D:´
≥&(á"‰êR)ä˘*yêDƒdKc*
!O"ì∆`'`ƒÄ∏ÄP¿=>u   @&‡>¨'<BuR'ƒí
î…ê÷F,/Œê˚&µ˙ê(u∞a<êLU
î†   JVù≠C=ÍU•ç"ñÃ¢±D   %ê e 0s[îEÉUXÖ8;3G5Ú¡Ü5°HM¿@#Hàªzãó TR
$èûvs! f´d≤™2¬%˛¨pHowLB9©ÍÛÿï]Ì^ø™'g˜5)%ç¿¬$LV*É∞ÃÛ∆ÄaÁ‡Ãì˜<ó @Äfiì®ë>„≥'0QC`
?Ÿ¬û™(ƒB7÷ÿ"d·˘b-â.ùúO÷Ãv>5◊B◊^v2ayî‡N`ôOz∆êÏ"l/j?CH_3VF !˘£˘∫≠WÉXáu
‡†3£WXŸ`
éUY´iÆ6k5@kC˛àj∫¶   "Ä$Ô>Ù™Úf^
Œœ\",D%∆4:Õv'«¥&Ù∑„ˆño[Ë"*)ùL∂∂ƒ¡°ÃÛw'`$¯(xÅË@
ñ†P`",sÈs>?Ì¬.@˙…
Ox/ÕÚÑ◊2âÆØteÎeÕAUV
'µÍ@´bÅ2∂¿
nCeé¨
2ÍwªfT<Ù ROJTfû˘Ï€RtEA≥7|UX£wzô6j£∂P{£5Z≥÷"JkœS˛Pö
ê·ˆ#ãHœuiJ?Øov~©ÅóÍ≥*Lk1ø6d'ˆV‰÷Tôò¢_Ï)ÿÄ«≥`7qÕsÇ…`»‡,É ·'
î†<ˉ=Aò>gN¬¿* ÃRÕ"û^È
=vÖ±0t…-tIw≈‡,ÑAó≈ÿ¬
ï £2î‡Je‹«˝1/6j;%˛6cPÙg^shiC∏tc€é∂WYÙEó^y+Rz´˜"5l¯-{=`â…ÿJ kCcVÄt{v¿

!Üg¥é%ΩÓx¶˘™Ç2Ç|Å%^°^Å˙nB»^Õñ@Z0(Ûq¿•-∫SÏ˛v¿BÜBΔL!ÅÕì'Ä∆ É%ÿÇÔ‡Ç/Pö:b=,ÛrCx
Ê.VA`§aQ°Ñ®®ïi'À"?K7˘Ã≤vpôuB6ñµØ¢!2AÅ"`ê l@j"…/P√f¥gWè-5âWgT£∑Ú2≠ìviøŸ3±8j
´◊á√5'Íú=‡ú…X¢"Yù≥6¢<•
0¡é‡‡ÿÚŒÚz2„~r8öm-¢†o-ZDb˛8(s¢(7§(Ö"\ñâ)Kï≤‰0:
#,í3Ç…Ä˙†§KöP:•[ì°‡@P   uFmÊDÕbµñ°∑}ª∑u/¶˘∫G>,ñìhu®∞®flëñC,·∞tAA
°2ñÄò•Ü∂zw/XçG 6J§^S°¡ögi¨Åfy≠xõ{FEÛõ·;#}#   †π}Ï∫»xù˜§éÊ:kK@
¥Äl àyA˛#Ob}˘8Z/¢†ö†wa† öÏï&x·'0-z¢[2ô≤Srí±ˆ*Ì≥∑2°qÒµÈ¿§Y€µÅ*¡§'‡
>y ‡,3s˘O>   @.,z€[ç<ß{JN∏ïœ"ÖWò®ïOàVÏ
ùé
iyüàA2·∆†Ë‡û‡l† B1/<'_PB6@™â•Ÿ´KÉP) évΩ◊€W]T47ì"-†Ù.Ä¥vÆIC"Yø#Íú±ðé4,ÄÇ°¿.?

Ä¡ç≈Éé6^,¡ÁıZÑ0<'ü•&<@Z!@fA'ä©òZAƒm“hœD&`ü…0H{í%¯§°Δ+vùµk°µÁ‡
ñîwbnJŸ+CmÑ∏ïÄ¢>∑ΩïQÀˇ•π-o/siõ≤>w®≥•ä®A∂<Δ†Ë
‘¿
j∂:Ö5/{I∑–x£/ˇØŸ“ É¨u¶RªPÍÌ™ i€€W-qF)2#ª-6¸;H`¢Æ^j_≤ÄpaûÅíÅ{ÇBBoF∞@,ÔAb'_M¬
Ì‘3;A‹C-(Dé¿bù“x0¥7ö §˜§
˚àœËçœËg°∂`   pó$¿•ë=Ñıb+Ä∑£>[•=ÎØœQwZ-_M-„â®#+§\ÈJ r
”rÿàË¿Ç3∏2¨ÄòO„àYc5¸«Hi&T®Õ1≠'OÚGePÂ6 á|j˚oˇ^iœ7O#±†j√ ^ù;Ä–]”R8cÄ≤¢öˇ ‹û°„
=~ÇÏ8¡
/∞ÔYœ¨ "2‘ı∑‘Å√≥Â&V\êÁÅü   å· Yí·Z€*aËw"ËëœΔÁ
"˜4‡ Í}‹Ê@   -,ï≥>ÎçA/«?/˚•
ç(èªtƒù`œ¸t!®”F∏`’]
‘‡∂@Ã> v¢#âA Ip$L¢à
*"™HAë"
*h§∏H«âãF©b∞§…$X™®¨Çöñ-Ωx¡2≥eóô%ç)B„£   %Än§á:Ä¨@™cÖé#ˇ(·rñå±iƒxYÂ5L´.≠°vi›
%ñlŸ^e√ˇÚBªv€∑f„Óz%ól´]¨»≤“’äï_V}˙ïÂ˜îaOÜ9ù,ƒäicN¢GÜÏ8Ú•EáÍ-
3ÜCà™dit•”ï2•FçQ5[n†ÿ@-ΩõÄ
(®paô1f«ï1Svπ∪Â÷¨-ìNùıÈ’¨I”ŒΩªukfl£[À^Õ:˙Î„ø5u)QiDÖ‹˙bÂ»;
,àPá¬Ç
≠•PFU§-Å·ê ÈtRH$%ARÑ+•ÑE]°ÙRKI0qíF‡¿”E&-PÇÅ§√ä,,DM∏A   (…‹ÛLUVmï#X…åV]dµ
%§Zb¡ı£Ywy◊íƒ‡µK_NÊ≈
aÑ
VÿaÜù“eêEÊee`Zvà!el¶ÜgÜ(2/!ñXR…hôƒôI*ßπå!∞qÇ ∞[oÄ@Ä†¡
%†Äq 0á<rΔ(«ú2À03ù4%UcÈx„Y Ã¶ÿÑûx-Má>x¢fá>6‘ÉL'†¥YH!}•ëÜı5aC~˚9°bˇ8Ù˙PQUîÇD
]ƒ`Ø8ÅPà«Ú%,
!:h°Ñ*Ÿ‘íá9ıjƒ3ò•-C∏ëD8¨0~M‡öÖjXÇéVU%/1_-KåX]âı£Z≠dXl)/a%â$^ÄÈ"•`k…ä√Yˇ.Δä(
ãq…Âóèqrfuê-ô|Ü°IZ%ä∞V *ß≈i2|iÙp¬}˙…€Ã
°¿ˇbå1à2á(œê*#ù4ÃX:™•¶Z”È“‡ÅÍ4¶ÂïG™tFè∑
4…ƒ
´ñP+|∏°≈5%Á~¸%±"»lÅ
ò–±–jªPà–Pƒ#Ó§Ö!ï‘≈ÉΩr‘∑4îò∏·«ˆzÆŸ5ëF!ñtrÃ°•fe’.ö{E0Áfâ÷YiLp/"ŒUVËIfi%•¬ÇU©•
a≠ˆ•√áM‹ä({ÇÒd¢å–I(k|ôõqˆh•ë‹f…%ß'ù™'Y…|J†¿'ˇ%^ßnœ0Ä†Ç†å/Á∑å˙<´)3D-
ÕtEc'*6M[äM‘Jäw^•ôÇ5†Aåe≠mÚ%¯ á±5¡   ˇIv†∂Ç"ñÇ&ë¢%çY-BH“,√ı-pJÇN§Bµ5Ó@‹*
-G6“∏£¯«)@Ä†Æ†tPÉ6¢∂HÜsî#]£*F%EèÜQØ0l_˚ÿËÇ4:^-E.{^Ü6¿TÈaÑ9≈.vª,5fbßÿ]ò¿4°«\
,ë∏Ñ!43Ü/tÜÜ∞"HcâËYBeï†SjPFöLX¢_8
8P?"Èë¯
ˇrvœJ¢}èRˇürDEùj`~ú%ˇ¯w4®]
iñ¢Ü2†¡JV>≠¢%˙ 7¡>Lä@$»ü^%•WKêˇÖ,ù$k!…:÷∑z¬ëÜ$ZÜKPfi.≤ç
Œp:†A6˝√M¸@pÇ¸iBlqπÒúôKbVƒb/%ä•Ia°/RÁ/">%ûq)ò]ˆô∞ø»bµ√Ó≤
¥;√®Q1k§Ldà˜ΔÀÇd∞„˙@7µ)5ïS yT†¬MtPCˆ∂g|Ó7„ì$pÇ„ãK¶ÔíÀ•EL◊∑©Mm~MÂ‘‹Ÿ…¢Qj@≠/
(3U
j5k±∞((!9d°   L†‡Iˇú†6   ,Äm¸AVfiWÃ-DÑ»4BGñˇë|Ñn df4˜≠è`Z
bëVd™fi"ZÖ0íçg\ÖàöÎëÊ‘ˇï}ÓHQ$¶ƒ$iIª‡Ï6-2^…â°Ûù(£P…¨ÒçãXD"QŒpèlRƒW=‘TØz|
¥ÑŸ/ÿffi˙^J√7®Û¡T¶2E‘LmZ¥,Ú~÷YF‘Ï‘Ò˙Ù˘P£T5(•\Km£®‡4íÅãN@BlJÄëΔK’Çòó
Hi[Qä¬∂Å(kÑ%Q»{È&.nUs´Aú[I§÷ãÙ
DL0àíèóÇl[P ÇËˇ◊™∞*Z¡ëW€ŒØËû˚ª"È¥»·y…,≥-K¬†4•øÃÆv≥KqÓ3±3ZÏwntåC!j/9|
fd{¥Ù6J'î¢Mx≤ÇÀH:≥¸È7*Õ/,πœôfrâ/'ìãJÌTßœE•ñ∑ÏIj§≤®‹∏4¶K>¥Aa•¬xì∞fì
´YEV{rU¯ö%Ω   É™πë+A¢ÊZ˚˚,ùË†Óê¢ô¿h6dX;Ë√Âp$·svÆs˙,ÖÈ≈ï∏§.tU,ãc˜©E◊Üa
≥ùâSŸÃ¶Δì±Cçó;xÃé6Δ„õ-¶-DØµ¨!$i(Ò%˘‹‡e1√≠ëóΩ$Û^í¿mÈ˙~
´>IIgÛ√≤''5©Ë@∑fl∑∏√ÕeO~ô€H˜ü·[P¢
m‘LUEèó?πj€/´ê7õD!!°
ÈÀgé,àÜ‘4´YS∞pˇM'LÄx£   LÒ
ÑÕ:HAö` !bŒ“;¨:5≠Díì|`â%u©Ì,ó-û˙‘Å1qƒ &P,)Ê°€Ïóbk«t¢xó!”¢05êÅuçõr\≤-T"«&;
&,Qà4{OË^ëg&(Iéœ°@_ÿâë(L&*QM^é/#ıúönáß<Un©™[nKI◊ “≈ÆQΩ°
opóˇÄàCÊM'`¡   *oB∞ §®
´aV‡ñVÑ\Ωb€zw_ΔEkÖI£ßË∏˙«!PTêÜw-àÍ4Ï»üÿƒ'™E”´˚∞œzÒ#»íZJ≠LÃs
œ¸¯™¸c.ÊY«œçóπçâ>Ü\ÉΔÈÿˇƒˆ˜ÿZ:π OJ»¡"Pd>äœf@Úí[/Rbò>•>;é¸ù”∑ã*~:-U>˜o)m5>/0
∂•   Å-q2QX‡hveUqï^I1Wj£,…t7»$ëÅ≈¥yÅ&hQÅ+D¡]¿h,!A∞"·'B%-6-qWrˇÚR&rösaöñF

îr£Ê/zq0{·}QÑßñF≈Á Ö|«∑Y"YŒ˜œ◊ TG°e•Q`GGGÑ@ïÜÑc¨t{tÜ®·c§AVw∞ﬁSd6>„
3∂v @≈ê(Kvvê≤>A)Ô≥I»e*%ÅpgJ®de˘5©D
–‡e/Ä5ù@ rq o2–Üwò^"îøî _'_%fwÜà7|S#R†T`¬X†ãä¶BŸD.@¬¢∂0ÒB0úv/YÃ(<N$
MíOT¥0≠Û$M–W|∑3
˘I8Pàq
·8éπ√j¿c1mî1ë`ÖòQQ 'w&^à}{ÜÙÿO'Hï@ ÑPl-¿Y>ﬂ„∫q~·#aóêz®˘XIÉ»vje5ÖmŸIU¶\
xT"ew„A)"
'†íhTƒ–]ÇPÄõËHáGU.ÈHÁh^ ëo*$B`'oÅ√f%ïR%x¶BÚLzr!$8q%ëÇ/d√≠gNÖÂå<b/∂åNdr&çiÒa
ΩÁ$≠†0Æ<HÑ3
∑£ÑK»Ñ∏≥;Ûbr… ù`Ö36P•'ókdàbò}hu'É}∞G•è˘id˘åd,#>∂v eLñ><3˘…±)œ1?¶≤‹65ä
hwH£ëÎcnFí©Çñ–T~∏"â7^'p6˘–§äÔV´XWuÂí<i)$!Rî]»È!,! bp)‡îø≤GP«pN∞G˘¬90¥å%ç{?
2çG,/≠£0ís/X|Í©ñHh|f§b≥√
œ£;¡C<=«%œGqîdyiGÚ8Ü†Ü°Å ˜Üa»n+K ~†q(Õ6(„Ûòé9>av∫á}®}HvÏë Q˘6µ>S"IìR
4ﬂ¶Z˘ô…ô–Ä5˘¶PÅ‡q¿p∞k05Aú%Àì$W´òoñWõx¶ä'Å.yxL
'Çxƒyî<∫ÄËãsu:‡ﬁÚú"M ©0ÉÜ≈N`°åa¡i\ëáOÙNi Dπ«acâçSÑ¥√çﬁPà°Ñ,à%,¯0yÍ9á1îÒ|Ë}ã
ÄÖcä™<s@t–ó˘âÜeà†
z=j∞n
Jê]∑òwIk°êÈáñ$S;cÚ75%)"ÄSê¯ôq7?ı#*á(ıÉ4Àí'
…ê
4/≠π{†£k õBU9ƒ659WµŸõ©xäóÅœiÜ◊XÄ≠Säú˘Gyúr"ø®>.ù$N°@i∏ßi]A¶[y/
kzr;à{ëU•tç_§ûµ"ﬁòñi©û3WYZB1g§ñ¡#®=gpZ3yèû!†c8ÜgËó€ß}k òÄ'K–
ê]w3uà~ëdáßiêbÁ[œı3òπ(õ"Bs˘°Ç¢/¡I<´˜ÁIπÍI `)Õêô–n–{¿K´;
$A^N•^ ÇìUW î8˘L`5y÷ f<öÄ2Æhê!.q∂;Í/QÇ*Ñ•+.[ï;–Z–qœ{Ù
$]ô6Ø:nö{œgj˘≠@(Üß≈û¨∞·ò%·XP·ÿbPÿ|Q¯q4Z••®{yt_8Ü:©ıHÜ¯àzTu!%;(J>6Ûòªe3V'≤≥
°–eIÅÿdÇÿ(j«3≠˙ªøw†4°8EàPfºª™Ø
Å~pÄ1ÅújÜÅ´Ëo[kΩ'õÀÌEÅt÷^A^Ÿ ÿ:œb´ÄÇ≠∫»^‡ãaNÈî)‡* ø*†M`Ö¿`GTÇ[Xa–#N¥il
OFr|0˜`:%VFüÔI∞j9πãë%£pyé¢k˘)Ö†Ö<d ±CW}ûKÖ‡óNgèŸ∑±ß±Gñ@Ö…˘∞∫0(%s35|3°ÖêΩ•
ëô°}\P÷(ó¢Cå°œ˘>÷ëƒ◊Ü´¥Z°¢"àp∑´' Ä§˘–Æ˘¥"ªÄ≤õªπäœöΩ´HÅyñ,ÿ+UúT•œåfx8–M∞hT•
+ËîÊJƒRøG¿©‡zÚ"Ég»D¬É˙2¿jÒàñ•÷r/gb
\s*&ü(¶ß|™ìÀ;å!®ÑÍäëpUZªÖÉ&~Ÿ¬f∏±˘®¬a¯±cp/∞2•∫6l√)Ö≤•D<ÏΩÏÓ˜R™ª«+àΔÃ™mº÷Vë°
Ùƒ◊f¢ %í–∞*ê ˘–ölõ ËâU˙£Ÿ;äﬂúµ'*Aÿ6·îÇ,-ÚΩ#ÿ!Bz%ì$≤••ø)∞.†*pø†∞ÆCÑÉb!
rıZ¿ál»â¨X˚zû„O`…è\∞•ôbq)é;ÖÇj<áZ≥Ö§\t^¯πK†
∫ jèbHsêVê¿©4|À∑Ï©@<Ã{.≥@Lƒ<ΩIä,ªj7ëC≥ÃÆz˘†¥I¥™JWs†¿Å•°ò∂h0üÿ≈ÿoW>õI
ì"§U
R`MÓãŒÍÏx†¯!Ue8Ô´!ø+rM†∂…`åHî°i/Ú∫ï:∏Ù˙NX%ci%˘îı¿≥ñCéÖPOËbï1\≤ Dß®U}¨x§
±ŸWÜ+lÜ°´\∞/ê0m√1ç/4"≥˚D°«~
≥Äxv«4Òßô4[SmW°7ã´Oú\45¥åB
Õ†öè•'K´£SÕíN/B·åΩ[KAVo%¨yΩR‡`@€ÌNåÒõ,+"Å%ùLΩRpä3œ¢'P7pÖêuçDÛ:ú&{g˙ïál¿˛-
◊»»ç\b}ÿ≥Û∏œÑhîÂ|kkí¨Fxê<[xŸ"{T¬O'∫{"gË¬jpHÄpê4=IüÍlP$7Õ√˘µ+öËSÓefà«õô©€:Œv
‡AëƒJP%√=ÓÅ∞¥…ù£Ê˚â"qΩYìoÒ|∫BŒxï`>Xfi‡
ﬁÒã_€§MΔíﬁ∏8í ˘å;`GêôP◊v≠åªê/Ç¨/]¡◊˘
E@XûÉ=Ñ®…â]Fûÿ{/…àÅ¡ËËí·ú∞tPZR¶'Ö^¯–~9†¢ã±ß± ~â"\`<Ä%;>¨ã√§œò¶n"
vz∏Íh)d7€>Û#õÄ≠*47e´≈€ƒí")BªXcê‡◊Ï8j¨^p¨MJú◊Î≈wì,J™¨m¶Ωœ¢qŸù>Z^Ì)†¬≤V·2h˚6A
s´}‡œ•R◊J4ú„øu~XÖ‹Æà¨i∫Ä»"ì≈0aD‡•I…L8Ë∂≥Y‹‡„Yì
ä~ áPènGDRt0EQ ç±KÜ_h¬íJi∞H`phÍé9Íü:ÚÛD0‹‹Àëyª€Àiâ.)B°(móÃé2°Ã‹€ƒ\?™
%w∂¿˘0ÏΔ∫+ X@Ù>úõH/_°i–úkÊäœ2'Æ>pÌ†‡ÌœmçŒË|Æ,íŒ.%6+êÊZ•ñL$Dœ0=í†£ùÌ~{i
O'G¿ëñ˘±Á_îj|:sè;éÂ;˘·»ÿa,;êΩ
â.Ÿãpe0t'«]ÿtPn†°°±;Ò~©∞Å,˜Ò¢n≤¢O(Ñ¬òÇ¢/Ú4™8¨D¿,S±=Ã¬Ö™5Ø(40ôLl´B≥ÎπÔ3î e€ê
Ã˚Û~@¨Ÿõ,I>¨8Œ'jΩ/ŸìkVoJ!ıSØ>'^@b¨%ÚúcùêÓäéCäoù˘kj– ı]◊GÁΔÿÉ…∏É=Ø•ÒûO2Ñ
>Á≤P∑¨Xù:Âi AÑ <»J'@Nß"rEë"*Nú6i%tÈR$Cc¢D˘e5tR"dà–Kò/ö9ì–B}d™‸bE˘…ç@`Ië@
`@–¢û∂j≈k◊+^XµÚÚ≈ã+1eºîÅıµÃó/egÕ*3∂Ã3fl·Œù´åô¥e÷ñ–ìvóoﬁø{€.SFM4\ü¨Ò„g
õ5z÷`AÉKï$I0gŒlàë$ûA„]/sf'IR;aΩZ5ê@T®–†¡√m‹∏Mt0–€˜ÔœK®¿A:â';ö8i≤Éπî>ñp
#ñ,Ÿ0]'y%€5l±Ï∫xâﬂÂµ|˘ÒÂ…èO/^◊Æ]Íí/_V}Åß<ò–ì¬Ç˛„/¢Q¢»Q<…
hAå6/dìE.Yƒé1à(È§1Ë»êùr˘b)&öj"ié>Ê0–D5Δÿ,N–Çîïë)¶öBJ*£jÂ™™^AØ^ÄÙÍ¨≤à)–$ÕZÀ-
∂%¢ÀÆ∏‡RFØ°¶<ä0,ÌRKiî),[(˘#?ˆÿc
8÷@√À∞pŒ,îsN ,t¢Œ÷Úd
à'bs!Ö‡4H¡∂‹<(·∂CM(¡Ñ‡MÀÜGS(ú≥¥Ü&0µ¢\:±Ó:Íí!¶;^Ü±Í'QGeÔ'Ûÿso˙xaEóVhµµœ˚Ú"U?

Ö*¿SF·ï?",#Ë!Ç8aÖ¢-/à£K:íP√íL:Iç2RÍÉñ:§ÈõÓ∏cé4»ùC
t«˘HcãüP-@(û j$@ÄÛ=ä™xi≈«≠∞Ú+$ëLÎ`¥/zkffi¢ã.°¨ôíôø¥âÀ¡^äÜöXRyƒ
?ÿ25+k33Ã@ôseŒÍƒS5=ıÑMfSP€5¡ÉùS‡ŸgF•Rh-!3Á0m¢âö8ÇèTí¡%]ÆÀéƒa∏
+uªT≈Û TØO]œΩÔfiëï¯•ièWÜ|ˆmÇàPÿ∏â5HYâ"®"ä'H¬i•∞ˆ$
S,V':Ißõ?w.'HC."¯Ç>NÿÇ@‡^è™"ÈΩ∑^|†jó˘Ø ıW|â}HÑ˘N"∂√>Kfi-∂ãaº˙"/eàøÿÀΩöâFP 9
é5Œ\cz .sb≥"X+û≥'X≥ÏM=w-Aátp¡Êõk'€R»¿üSPÅp®ü"ÒÉH.Sßè8¬
JLGTƒ0ï®¿cïQ¡Å^#´ÿs¢≠*Û»}v°ü˙∞çmn-∞Çê^áÉ·è(ö%ãhA/ÑÑQÜí|a
_∂G%Ó%ä#ƒ∆u.1§ÅW∏¬Âû∞Ñ†Ä8Äí"Ø£‡ät4jäËÍE:~≠Ó;/ êƒÚ≈#•≈`kÀñ,%ªº≈.x°ÿ](Ü%¬è0[/
.˘2Òà@¥lÿ…'t≤8©4É4M!UÜ'>yØ `üööÑÒïo+8fl
Têd@%î£nF˙·OL`ÇÇ∞¥#8mr‡(p1
ÎTß;ƒ•N!Ë•®jk≠R|,üY-á>¯-†Ø¨_ı
Ñ˙I-Ä,∂,àË≠YŒÇ‡!í-Ã•Z,¶∑∏mï®j≠pÖs>A GhÂÊ(/(íNt•£'S•:¥Ç_[Ù◊,^
°ï˘revD≤]í"¢∞‹y).jlX_"V13F'-sK4naâ@¬pÿcö®gô*\F3€õf∞ßò9ÅëXX‰õñS˘J@í|:8%g„(
-Fß≥9ü(É`©R¢≤ J`e!:15^-r;fl±äw"„KB5™
|œ.ÇiUa
§Vk„†~‰#",. Xu3V"B˝X$≠·õ
E¡B/°$DP
màCmÂ•&8º…â'¿Ö'Xa KPaï-l.F∏"=Îÿ-ïé_Y¨Jè,-/fñHiQÓ ò•ÖFâ°Äû^êwZäz)√Eà8•
-£'´LHGz[íç'§∏mY¯ºÜ&∏âë^pL!πÉ„éÔ¶Éƒ‰NÂGúÒU ïbÇrú∆%¥°®ûä%wDE*XEïUº¥JÀS
+÷˘Ωg≤ik˘Z·â¯äµX¡ÚO≤$ÚÃÖ‡-XÕ≈}'í ∂R"q°!Ë@Ñ-|ÅÜ◊*úCâãD(*ß,la$‰ JÑ¿û»Xë.è-
ôBYV†Yëãπb;c¥,û
mö•8ÓÂwcg)JPà dç1ìÙ&c≤ê/+Mª'Ãõí'(cÜ50sìö‡/ÄÅƒ≈2ö@JSäo;8†-á>IñÔ‰;éu√%XaÖ∞Ñ
)pQ5Ï»í:xnjUw)UñmZ•‡/d°O
zU-«kDŒ LV§øÇÙ˘§∑â,(¿â-ÑTÖ1-∞pÜK…lj:òƒÜ°,¬ñÄXÁ‡@Ÿ@ÑÚDÁZ◊¨eπòïÄb
%≥/.KíîÑñÑRÃwh4„flh<&ï•≈ÿ1@¡á<ö©Ll•„ë°,‰ê-i∑U®-ıú,dÓ=˘Ml/≤ï±-
Ó‡ñ"À;†¯¯Ïwfû™@íë¨TLô„ø85°à≈u∏Á=ÔBkflyOz∆k'Û-á_∑≤œÆZ1,¥ñ5ôß-Ç,Ω,∂M˙!&
$πC<éÈK{<"ú»ƒ"ºº(@a¡ PJjòjúõ:Ej Éƒ\çh¯5-ÑR®Ëöƒ#f:F‹äQ@ù*"˙W¿\¨Y"!
¥ÿ[˘¬]√rß∞,•«8F^5CbPB
˘hC»B¶íy¡dóºªƒ ©2Ãà•,~ìõfi˝n,fi Xœ2º Ô
$»îf˘+¯˘Œ7SIBÚ8L8BVYàBd"∏(8vûZ-á;‡mïUf·Kı≤wòƒ¯).~qÉ,G^±t‰êfASYJkE,˙˙LÛM¯â-
5° Û',¯;GóJúèsûßH¡GÑı
l@ÙlÄ ê-Qî,˝"E=Í˙ú:@±íÅõ†»∆ù¡tß„9N4¢MÇ˘Dq∑ójPàƒP;€c€G…òû.•6t≥ƒ
∑ÔI¿Fƒû'≥â¿k∑…•Ç7€˙20üËíç∞$84sJí§Ã8•0é9†≥T¿ŒÎ<Y=•‡•∏•ıÄ
÷aYôb,ïä„ƒ˘ÿä4˙äΩ˘bfl[fl„∏ B˘¬¥ºQœâh9
ŸÇ%à9.X∞tI25-$
©°/xÇ'@Ç»@Õy
(Äœô'•˙œQ?©£,ÿI?_ËÖÅ*ò;®ìπ0Ü∑ÿù8Zòf€3£j0;h‡ø≈ôÈa4XÉ¨û6ôDJÏ;ø[¿F™2¿ÛÇ5`7/
Ë0x≥0x7R4,xÆ3s<(8ö&-PÉB†ÑK8*¬3¥YÚ˘%-´™^ÿë^Äè˘•Y-'$ñÅ» ¢äí=OàƆ˘ÿiDê
€ÛΩ>ä4%ú‡œ∑B°·„ÑDx9[(∏ÇìúÅ´°í(µ¬-ê4É1¨%-00√ÏÀÄ[K:)jC]ñ7§
_C?≠íÅ,
b"Càò±Öíø2Úƒ0#D¡`í±(ƒeàJp∂€£È®okì$Û;(k•aì‡j§rkvºN Ã2ó3&0≈Hr°UDx≈»åXd%
J∞\$†Î†%-[*U=Ñ)∆L˘Çõ˘Z&¯,AŸ[Öä∆˙Ú∏˙9!Dê‹ª¥˘≤∆º˚∆pÃàçX˘ÉÇ¡ÇÇ‰[GÊkœB
yîœ1∏Ç# 0CwÇ£∏ÔÛ«˘à:OÄ√ÚÖ√ÉƒƒÕÚœ˙ƒS#äD®Ñ,ù˘´6√ hàÁiÉÿö≠51ôπ£Dí…øüL§ƒ-
ã@66E0-2+õ…ËäÆŸ®õî
ÙÅº 8ÇY§≥NàÖXËé¯@∏Ì0ÔËZ¶ú¡°˘rÁ$´M∏ØM‡i¥ì√∆º…àΩÀé˙ŒC!
ç‡õM8;†É„3GtT∞ƒb>näÀa5zÏº'ú † 8ÄœÈÀê
¿,«¡îƒÒ„ó¨Ëòò˙"≥»√säÑYÃ>A˘(∞Îù≤0byä]ÜdHê? í@ùâ…∞â.07êöD•ñrì'M¿€D
\ÉØÉ't…◊<éò"€¥©Ÿtº}SÂ∞>J$†Ô†=ŒRqßí™)FD∆';&c,èÿ€8ŸÎ∏È¥à˘†¥"¬i+ÒD!
‡√àSÿà∑2Kç0OÙ<"∂,"ÀÅÊª9¯úG¿R'`ÿÄ¿O˝$Ä5\äøl√¶£ßQòJ8»˘È;âIìùıKòc∞k¥Ë,ÑÒÉ*âe
©·É7¯P6Hì.Ë6πÎ6M¨DML
t@6ÈD,s…8»]≠˘Q+Î7Ÿ‰@õëU¨õ/ÅòEKÖN ∏\¨*‡ÏEıp*g
®/ë…¢dlΩcÇõ˙≤/N89≤TêàÓ,◊J°ÓL9fl≥FM€õä0∞2`À%xÇ-XOV€π¬°9yú>Wƒƒ
'°àóœDù~,Oß;ÿX'ÄÑØÒõ:-2?`£T/#LçHmí˙C6ÑY±†Ü>PApÕLìnÉƒétUΩDï<≈2[Ìƒ'LÕ,®Q-˙2Â-
I*≥ÙÊƒ©0"7-8"eÂ<Í`8Ï8è§}™ßF∆V»+Ö0+πÒ Ñp4â∞&ÃaBsm´∂:¬%Ï˘8àààÍ‰0ÂÑÛ!XKzU∞4xK,
\µx,z\xÿAu¢,ÏO'˘œ{¨|d'8ú:·`ìTÛìùcPãù®1rPO>É·ä≥SÜXÖ@pÉ=H8‡fé\À¯Ã§;KDYK|¿v{≥'
≈ômÕ√ÉM•'Lz>uü€ €X%†3\ÖX-‰Õ3Ü+Ö+è,Ï•©öRâ¥®!,≠õçK¶±4k,ZÓ$W2-SÒ
GΩôN≤,"g·à∑¢É2à9}t¨B^¥´ù[5,ª§œÿäyäz2Ém:¶´F¬lXám‹à˝ß≥àùƒ¨˘'»Eí^81"X∞†∂bà1Ø

e¿S–ÃSÖYπ{D4Ë'Ì,@·']>¥å§'F‰D'Ã8hÕ÷\•îû™§M"îC…ç∏çêÄ–A∞ÑK`VœKfiÚRZ≤Ò•&.∆VÄ/\!à
ê±¬^Ë¨Ø˛Í^lTê≠-Wœ   Öv'¥s≠kƒ∆/mê˘ÇÇ∑ù◊sL∞ttÀπ<Wº}∂‰Å`Å˚åë5Lä+"XÉ%
±jÃ7tΩ…"".
∂«çù   Æ'HÆCJÆ√I>b†‡1,,b‡; Ué]À(ôGîƒ-…-l'øK]VM/àŸ\•Y-+•Ã¿I±üÁZ˘>Õˆ ÒÄhÄ€¯eh
ÄPÇ£CP‰E=X)†©Çb?#FbîÖ¥9Ö+ÜŒ,˛ -^¶gö&Ïfio5°•„Ò-c0•Få@πÈàEX2à90úWzÂÇ[>[5y<W˛¨x
®Äà\±)"\Ñ=ÿC><®s=á•ä"ª¨À¢'Iù`äÆËI= YøÉ11RÜ0Í‰]¿K–'«-
≤>2.aM·6aV∂å‡r@ñu]Âð'<'0à◊\89[6∞Â§
üyü`,ËÄ`•hÇP58Q»E¯¯Ω^bZi÷ß˚∏∏,ñ,Æ˘/mÌ/≤-WÔUsÂ2fkM#„±]"6Âàu6ÀèXÑD∂|Ç∑eÀz˝À
±g∫¥Á!î◊z‰0ÅùC%+dz
ÄÑ><˜"ø,bùôØ»ä^∞√ÕÆ√ÛÛÏåœdeÿlıãLŒd"ãN&ÜSËÑLà^˝ªFÉ77–Ïªï$.ï¨'È·D0>Sμa/-
Æ¶I˘†Å
ÿefi•_ñ_˛e0PÅ
ÿÄXÇ1»ÑáXÊ´Ü*¶çfÂLY†è∑qõ˘Ëb˘+^É∆ÿãF·◊¥ÊrÕà∂6„˛^ê∂&ÀœŸÑDHÑ:à9!√#ä
€b5VS˘0¿/ÇxF"˘ÄÄ('»bl«&‡"åFFXTD.}–©{ù`´
Œ®˘≤CÕ∂dKJÓl~±¥@H¥ÖNÈlœt'r≥m"\e ÁƒwK']·vM+ÛÈ¢Åî?i@iÓ»   –È˛ÂêÍf`}îÄ`Å%®ÉK8Ö
\0ı–jËΩ•'1F¥Íè±"∏´}ÛgÙA1◊≠œjÎNXêhÈ2fS36Àð∂Çó≥8^Ç7«‰kÀ{¶!
ªÇ(∞K¯="˙dÄπ"{:X«v¨><h|C¡|=_ìfib'
Ù@øÅ1HWÑÃlYèıÆ∞
ën˘É,»qfiq'ei,pi+ˆ-€DŸÓ«∞È'$°ÿƒ>HÒ§Ÿ–ÄÊ¶∏Ú_FÄjØnœÒú†Ä@Å(8ÑP–ÖX∞
%
õîf¥1Ô]isn^/;+_ôΩ¬J0]ØÙŸÛå‡˜I[ø!OiπÑó"ksî„8CG:>ÀYzF«I¨Ω˝"˛ÕÙ"Èt•ì∆Wh◊cX≠ZÚª
ä$HÙòTG?îÁä–6Po±W•éP∞-pÕ6IÈî¶VaVUiU6<¬˚;ï;0xí}en£¿„.Gq
`˙AiÓwq,∑ˆ•Ól˘ä»vmóÄ
ËBÿ‰M˘ï´õ[bÍefÃRç{¥^ãΩ˝–a°wre◊Ì≠o˚÷4˘˜˜é–w∫˛˜è¿
QÀ¡ä•VS∞ÀYóÀ¢à,!‡ƒhÅ∂¢ãßßÇÌÙÑ~√©|=Ú€˛ Ú˘9/œ˜´8?ñ??˜
©äÚò}]ËÑB»Ç+<W≠/fÈOÃ˝vfi?M‡ndøÈ√ÛÇe7üúLÅ?Ah˘   ¿Újøv¨◊z¨G
‡Ä1{RØxbàõAÍ≠,∑ÔGãzØF≤/ZÛ_9œ_˘N»{˛ÓàÓL[˛&0   )Ñ20x8v59K|¿à-
_'l)xÂÀï'0ñ,È¡£á   `3f$¿c!Cr,i"§'02~»Â"”©VûZçb' &´)DD¯•Å-
Vª^Ì ´ï–§GãÚ*/™È´^Øx-}ït(/´Muu"î•   /b±êEÉ≈ÏY4]°`Y{ãX/
hÿ∆ª∆À],p÷ÄÅ√Œ^6ÇŸfe¢√∞éƒ.p§¿°BÖ»+ h†<†Å
hF`¿¿Ä–°A0Ä`¬ìM±vÒ"¶kØd¨u5m∫Îˆ mVªXÒñ≈ÍTL‡ø0¡<≈ 8•„ƒóoé|˘qOúRN≈…:ßÈ/•gÔfi…
{wNfl√gflƒiì˘Óó≤3Êãê%Bî0\˘ÂJ¡/_∂»ŸœÂ
Ä   1§9∞ÄP$@E
~ƒ‡FIxG$üìì¨˛eı'±ÃN/μA:•10D<3ƒUH%Â"S/5£R"u„SSÌ¢K*tdêcùμFi≠ë◊Zwy⊥^aƒ$JπQ≤A%q
ÙïYx-ÑâÌêò*∏`Êci™@ÅP ¡ó!¿Yûç&ûP¿√%ß–FÃé≥   ™ãP7/¥õoœ˝∆€)ãû≤âq
¢x"Èr)míR•–Qß©vŸqG®óà…®‡]WfiuÊm
'ÎŸA«R–'_}[Ñ_Ÿ∫ÎV,$=‰˘¬
PTÑEÿ`Ñ:{°'H˙AT+ÌCáp≠¥ÙHã¢¥¿ÓãÏ μ;•€"∏·N[R!/tìUHÈrä%}dÒ#x±E$ëk©E$[]$)GäQÜQ
%a˘UI%Y∆°ea1DdñO¬
*§…mR‡ÄunÜÀûëÜ'ûÄ0∆%¨–¶Àé°<°õŒÖ/Ñ3oé"7+û@z©uê"uî.mu0Uw™ß€uG™y¢í   ©
¢í'ä™ÁÖw…!vîÒ
'óðdB˜˘ÍÎÚ¿$††•∑FÆëGœ^RJxÅ<˜4˘Æé<„DI„fiésè:ÄÆ<Ï»É«≠¿p<•<#Ö;•°#EÒ¨Ûx%t-
79' ΩñR±oXx>u$k|∞ø/π§ì{ë<`
√¡•`W^Gó`4¡fc&∂¬ôg¶êBÑÔÊ…ô'i@Ë# h}√<Ä/–qäm: äŒ6ÎØoª
-<se™= hFõ-
à*§}*;ÿ [zÃ√à∞åßU¨‡x ÉN∞
=ã8 Ö¥ı@>ÙÅ¬∏7˛§pVH>zÄÑ†¿òàflgåXƒ#Ö;\I˛&D¿   %X\=dÅ{(–[Ó ÇÎÒ˘≠)*NZˆ
<"0¢'E@Ó¿CŒ‡é'ÉKl¢ÂuúÃ+¢0ƒÓ2•œÔH]PX^àDÇ…≈I^®ÿ√° ±Ê&K~±ÿ≈˛ÿèmœ1*•Ä   <œ∏
        eÊK_`XVö˜π/4ò@j¶õõÕB˛"oÓe≥5>ß8ƒÅ…–Œc®HÕ"ÄÅ‡•j5PÖGÇü"Zv2HV-Pl°¯
¨à∞ÖÅg ΩzÇ≠¢∞+˛¿p   [`ÑêÉ`` ™àflÜ∏!ë# "g≥ÃôOD¢äGÏñμ°Æ≈qNZÚË>Y¡∏ûT–åfi¢g>E
¥‡ •&¶'>è`%ª˘ÈJSRòÔ¢◊§*¡·b˘âCEŸ¡L/KkÇ:¶Éåd.‡^
<ê∞ÙdoÍåÀ>≥I<π0oÓ#¿ÏÄø€ÿgß‰ü,¥†ûB,‡*V1©∞≠,<ËπTç¶*£ÅM:'9é©6FpÇ´õàƒ&aAØâ™ë0
´◊"CÃ∞}•hÉB   ÌÖÖXa?'Ãœ]≤ê<†õ†E¬Nç§sp&IÁFîÖíh-éÒ¥gûH{P±±"*#fië¢»≤Ó•8C•0∆zj
.l%
"XQú‡kM¯Q\»r%π˛.as¡#ñ∞§.A£Ü°®_)ò∞ÑT˘§:8Åbp2
ÄO•'ï≈'ÄY'Cc"O
¡«1emu/Ufi´QÊEŒu`")I=DèÿTı(YF'™%!Nw.U∞ä≠¨ë&® òQÖ'hãO

\rMkÓjö[Ë'ñ@∑††õ7<Fx»¨dÂ#ŒRÏ·RrÀÓ≥ä‡[e´X,{*Æ•¿“Z'ùÆt\úÂiGìSå8;EÓv§Ê˝Ó°
√]¢W1ä˝%qF3ä–ä 7 ƒ-ÓH…î¶3≠î•+ïÓÊÍñ∆∫/
gMPëX‡ vÄT˘LåJ]ƒÇDeîu®ú‰4lí˘:ö
x,(u;îöŒ-±#¨~µÅ^œ%-zATâ≠U î≠òisA?*§fÑ%\U¯7,: ´ŒiñBä-"∫®ÂìYœ:≥H–=i≠k˘@C B
∫÷']”ZD´ÖåL\‘ä†"‘…}Ò\z§=P©»Ç°“!&òä0œŒRñ¸•'9ÀãÒûöÈÅÁ≤îecÆÓgÆK”3˙≠ﬁ`≥!
VúQe˘vÊüPœ@‡g:ÊÅöRsôKO(U©Fe”2ÖU®e'≥$è˘y9`b”k $,3üf.∏¡‘¥Ç®QéÚ°¿õ∂79«yŒåD®’„<
˘#ëF‡AÁ=œyŒ˘0ãw»c»WªäÙ*^Ì´\”∏“#àÙß>U™\U!î–0 .X®BYŒ¬ñ∂–/
œÜRV±œà•_Qr^Ô™`‡ÄﬂKÅ •Œ“uwô••¿–≤œœ4ÚçMa.XX
t´'≈AN4µ©™@œ*–s ÙÄïÍO]OX√ M0bã(˝È/1A”üﬁÙ@ü ÷ûâ◊o,ı^eΩÈ#Å˙Eêç˜¶øÑœ◊ìàDîmpÌÅ∞
îœaVuC¬¨î ˝ÂÄ¬¿¿ÿÎ¶záÒ•™i~Û√é31¯Ä˘œü~ƒ@¬ÜÅÑ˘–~˘”?\Ìø¸È/É¸Ô?¸Ìﬂ˘¸
˝≈¿¸ﬂ DAúÄ»–Ä:`@`L`F‡>†d†$¡n`|`ŒÄj
Ã@ òÄ êKu@4@Ïù¸]fàÀ^·!¿·%^'˝çv@X¿¯ÄDÇ≈ü$°$a∆Ä•ƒ8!¿ÄT!°Än!v!∆¿•¿Ä·
Na∆@¿@f!œ@∆Ä"ü “·Ê_¥_"_∂ÄL¿ll@ bú¿
ú
4"">,#b¿ım!f¿(ﬂ†ô8ΩàÅXç_I!˘ˆ,há

#
#""$$
$$%&& *++,
,,,,,+)--"-'.#23"3&3& 444* 555/$6+&64(8759;;;;$;+ ;:9<<% <.(<1'>3-?8/BBBB*"
B.$B/(CCC%!C1'CCBD D!D8-D90E3-E5,E=2F@5G<9HJJ2)J4.J6,K K+$K,)L
$"L91L=1L>7L@3M$%MD;OHBQMHR;0R?3SS S1*S2/S5-S:4S?7SKDT#&T%$T)&T-)TC8TE?U*
+UH;UMDUOHWQFX%%YUJZ!"Z))Z3-Z82ZB8ZE9[-*[:5[=4[F?[RJ\>9\J<\JB\MA\QE
\UK^"%_*)_WO_YN`83a41b')b?
6bGAbJ>bJBbSJbYQcD:cPCcUHdZNe]Se_Wf`Tg^Ui>:iB<iF<iJ?
i]QidWjNCjQEjWJjbVjbXkRJlLGmWPmeYok^pKDpf[pi]pncqODqcZrOIrUKrbTsYNs^Rsj^tVP
t]Wtj`um`wqcwrfxWNy^Qy^Yyk^ynbyufzcZzja{pf{rel
uh˘xiÄpdÅb]Åg`ÅkcÅukÅviÇogÇykÑznÖ}nàleàyoà|
nà˘ràÅrânhâÅräskäÉsäÉuåååê˘rêÑvëzoì}yôzp¨¨™ØØØ≤≤≤¥¥¥øøø»»»………ÕÕÕ“““ÿÿÿ€€
€‹‹‹ÍÍÍÏÏÏ˘Ô$∫#ê†¢Dy)\∏∞√Öé9r¥…'Né<]‘»â£Fç§4¶,î*ï´ì(O∆Jår•´X≤v…
îıj◊ØWøl,¸ıkYŒX§6%ä∆.q»l·B&é!DO5i"E*.´©H]ΩZïSUU%I^KålYãf”v‹»÷Ï«µ?
zöK7n‹∫tÛÎ>;7§WêrÌ˙¯Øaµà”í∫¯)Ò¶Mú_/‘HSÂáòRdÁNù:v>áÕ¶õ0ß√Ä £öıÍ;vu&tGQ
ÌDô1OîËH”Dä;˘◊S»ê%Mö\Èr◊ÀÁ)eÓä)ÎWıÍ8mÚ%Y,
´¶Dt,˘CÜÈQßô2iBEuk¨˜∏‡áôJ)U`çø∏8Úÿ¸ç5‹ZY%Q[d¯V`˙Ö§
Åb•Ú–qû|“`ÖZXÿH˙Ÿu°Xr8'çïËUbe5∆ÿäå]¬I#ì5Bô"ñÂ∂! >A!üÅÊ£là¡Ü¨…Åß≈q%@LÑêBy$
,HBä8%Dõ•VQE
ÿ–&ûÄiúÑ§∏"aK*π,úKiÆyítŸ·T”M<ÛSVôÂÖQLë–TSÈmB
*©Ëb.2Ω∑À{±$Wü*f∫ÈF`ñd‹&éu†Z«q
BË áyuîÈ\§Ú•™~éîÜe˘/™X≥é‘jße–(*\'6ˆ â,6Ê"'ìQFô&
mñõ≤älÜc∞˝Xá¶y´µ÷:¬•mŸx•#2J¥•àóëòsâ“®…°©&Jn¶9/ú7i∑>œªxóxt•9ÜqlH&Ïiu(¢≈#i√ª
\)s)ïtúô$IòúâZ¯)Ñ°~*©™xr´á§vT≤Öbh· uqh°a§v–HŸl,Œ(é•¢ä¿ñ5,±ê],»%ó(ítç
)t%g
Ÿqêà¯h5êaidF“Ådk1˘-ïEƒPDóMTpŒ%\^ï¬;¶∆ˆ:'ù>wﬂkìL;-˘π09ÂÑ)ﬂü~6U¬∫‡,¯√Gœ
ƒà˙≤®Åf*ßy°Ùqå»†¬fp`ÓÍˆÈßì$◊Érï™W\∂ﬁ,;Ík±N!Ö3wﬁsZ∏^Ùk–Cì5ô–«:Ñlï66km
£ÖmYßÜ≠∂_«!ö"c„V∂D‹;πkCFñÅùÆÒ®•î©IÙ,≠¶tÛÊtw‡˙nØÀÿôìwy“•Q~ä√ëûÑ *[F% ?À˘¬1Èó
rÊ≈>î®/RÈsÖ'Ã4™”ïŒSa˙»uòÛï¨c)#i…8Q≤ZçÍ.∑€èÑ,√/ÅL,~ñâC–êÎA&Úc˘\4ôâ¿(iY“!
û¶*Im3ûiﬁgƒ`-ËI/J“ˆ¸ı-Ö‹¡l€ìà–âF»X–√i>˘8«íªÌç'o‹Œ]«õÓ˜ª_O'ì´l"w8÷î?"îV7πCÅî
…•#ää¨-$vöK6ÈäRò©•*]/ú]©N?üiP_H∏*Ω¥P$ÒÀÑ‹∆:_Õ.g/Ó4ï¢` Ohõ àê˜&2!â†
èBcáÊ°∆HZÕj∞ï$‹$D{µ˘oœ◊rQDFç–î€ﬁFçôƒì\”>™£/}'œù˘À#‡ñqøe–≥èÑòQ £8D
b*TQò„ääGtrÚ€Ö/∂c9°…è~{sM~¡…MZJÉ=åå' g:ëò¨.ÔÇÅ,d°Œ¡Å."™q9À≈∏*Caôg)MÈRó
±rÃr–çâ% Ãf§-;0/äCJ*jñ:∞&[<õB¥9ﬂÛõaÂ\<âNN+ƒçtt'<Ìd¨…1ûÚ¨ß=◊±Mh¬p{bä
âJ ,aãdX√hœb»–∆∞‹Y«¡ÍÎé;ëìs\ÒäJVÏì™4>)g8CX“•dß:Â™$T≤π<»v®Ù¨FNò“ïÍÆw
ZK'‡≤Z≤ÒµCÀ∞$Sô ˘®≠õF#¶Pw‘Lÿ4≥ôß¡ZS´áöÖHÈãSÅEƒœp~ ≥ê™(cORìöÑuNcµß1Ïâ?
¸˘D˘v üZÎŸ>µtpö∏Éx˘Ÿß¯S=xµ √ñ19œ˙'2 <B˘a'x°ı€Wﬂ´∂:V◊Ç†'˙PÂQUV˙£µC]∂¬S©ê
B¨√P\XfŸô≈pgAÏ]k/≤/ü˘Ó6;¢¯àu4ää|1öïÇ£®ÊÅùR3M#§k-ı4…•™rÖÖ'AW]EÁ+ã∆Ú-po
¥Ix∑[^¸m◊¿¿≤y}BOft∑ºÃXFòÈª∑"Æ\ÿß˝å

ˆ∞G˘çcX}
˙H¸¸,œdΩ#Ä±ÃÁ,«3¿ÄÊIú¶S±
zrÉgJE˙J©èv∂>äF≤*1€JJ«Âï»-gYCød
gA+ëFVã+ï¶≈ƒ8’Â-Ç˘b‡Ä”õ>3ÓPq$fíH-˚LiLSá>|oπ[Rƒñ-bd¸t%ØXr≤Èx]¿>±~Z^´¥π+m-
ow≠«Ë≤óóqfd{≠¯EEz≈sîAÚ)®.Ú/∞]•UÅYÓoN¬kg.Ûôû˘Ï   ø°Ô;;¿âï.'ª™Ë˙x¬ì˘ËÈj"Z~√
'Îjπúug∞
/   YSö,xiâ-U)#£ÊfÈ2˘π1Ÿ§•ﬂ&UH<ìÃáú%_õÿ©Ìƒ'é}íÍÿ¿ˆ„ ¸Ï\÷=Jõa≥
¥Ω;ÌÓ"ﬁÊn“◊Zå†¿u   Âˆ ûBâı∏y>åløÿ˘jÁ˙ˆdª˙∂∂ü£çoÔ:˚ﬂÅ~'OêmΔ:ˆ
$<«;§"≠¡œøí/%{◊¬MÀ™è:á∞§êÏÇ¶R]yjƒ¸Yi®âàbŸRiﬂ4πÆƒ˘cnFÂ;nè¬¿Î“-
°◊DŒ∞’BÍíy’oÄŒ#µΩ€ì£äYÃJﬂ2µÌıl{y€anF_SÒ4óª)à@$^Ig«·"rê$Ëv•|e}syèZÊoñ´Ã˝
¥Ê1Óä•S˘ó,ptn•¸îﬁÙÀP¯áw-AÉ•≠^¯ œΔn¶∂5âYD◊≤HàìÁ¬‘bøf,…£rÀÑ∞kª÷#‘ÚÀ•6jÛ§t ´)
-’så8â8°G_VmL«{Ã0
¬7
Hw{π7mŸ÷ÇO«m“ÊÀ`u,Åu\`LA#mvπÄ
Õá»Ä(»0vDß}◊FtV∂◊áox$t€ÁÑÙ$OOwŒtt≤;Av']ä÷I~ßA3§A'%J¥bî÷2;/E!#aKA£CãÒ   <!
˝˜K8z#g4Òj>%Aï,ÑX7fk@B-CBz•1$˘lèÅF®ÛQõ$1ëˆ
oÇ#8m$hÇ&X
S7fÂ%m>Ütﬁﬂ∂’-W∏•V%vV†uq@@^˜Éπ@
π†®‡|’0uBt\ÊÛT{Hòe\¶GıÛo˜£e>U?rÖ>p¸,sKvwe~í“AØî;{a*Rx-
ƒBπ,*uá&¶R2ıC4ïbü∞bÚËágd,µEcQ.R„[WS∏6-lPÈÚ\),aâ”!hÔúÿtûòtc&|
u*®tJW{°w{À0
”∞∏ nt‡'Z@dvÖ
wıuπ-íŒWÑbWeU…`…ìì˘SV3©ì¸eì:iﬂµ `^dÖÖrDGPhî¶Ö”±X,QA'ÒÖz◊I&1*íΔÛ∑~Â§YÒjÏ»Á,˝
Ò+çD°÷K≤e0“\AFΔEú¡#8ˆèçÿàí+)å÷U
Y{¯÷vˆ¥äKá{)|À |Õ-mb÷m-»ëê)ë∑˜ë2àõ`Üê£8vµímñã∫Hπ‡8E∏ìŒ†ì:ô?®πö=Y}’ß¿õ÷õ¯f'p
«êIÈê~hà5]%'p,ëA&Û(ñúµa*√ç/îé¢ˆ*+3˝7ágij&∂SC3,î˜"ﬂd‡$Δ§=Œó-˘≤c∫Ük•! ≠sê}Á
ï‘ó:!t˙“ÑÅÈâé9ä∏ßÇâ…m£àä¸9fyüÕ ÉÀ‡!ôÜ@^0%°uÜÑíß†ß-füö£9
söΔÄ°e5
>iZV™i2ye ìª7t˘Δg˙ˆls≤oƒàG˘co”(hÔââ€-d7Åç ∂IÜ÷IÆÌáYi%êñóeéû!„XY∏dZ'rñ(Çù‹ô
4G£44¢<Jt#…‘r8Ü¿e-l0¶lpFr&úÙó◊hh£‡6üˆ)ëÃ‡a˚ëä…ò˙˘mß8ÇS«ëJWô˘qp%qnî-u*nn÷f∫˘
(Ñ≈ ÉzöZVëJ©<y©≠…,5mΔÿÑœF'õ¯}◊ggΔîqw£rÙõOâpäv&‘wì~Ügï-T§§êVa,î
üpúÙÅJ$%Dó•   îóùETr%b»BÀö•…¥#¡µˆ∏k∏¶QÏRpÎ…l˘I?˚B^[VäkïǻÛ™»üb÷&àÆŸòSáß®h{˜
9mΔíôêôÉJHsíù© ß°öœ˜®ñ
¢ï
¢ ∞ö2…_˘CtÙfOCf¯s∞ÇxtXÇâ_MX{üz™ÅÜîYQÑdØ‘w•,(∂j§± YÊDi@J+7é9 qr9Â/˘2<Wö4Ñ`
         ÃÍy±aTÕ$à0¶¶qIÖB/ïNt-Ëê√ÿâ”ÊüâŸß%»äVÎmäyÆâât[+µ$(Ø"ö
BÇ%1WòŸôƒØä
£YÑŒÄ°+ÉeUìñ:¢#*¢≠©∑·e{îT6Öp%lNXäg7ç8˘Û}ì•îÂÅZX~ ë>‘AöÜYñ§√Y§˘ë»±
´˙¡ÜlëC5[≥¡£áEt ‡§   ?•,ñ†œ™#y†#≥1$`öT•QN7Atﬁ∫¢FÁ¶ûà?¸ôä˘)|¢(äÕ¿ÎzßπµΠ˜ë
˘Æ`1ö@  t•âÉ†c`0î@@È˘Ò†ß¿∂¢∞qÎ-ê°qK
u+¢>π@2ÈW2π¯ÅœIõC9îh◊¶,üj◊vŸÖS¯l°*OÏo€≠^∏>J´>ò9çñ√)´ö+!%ı(ﬂ¯B/
Ö˘˘gùDcy™{,IÛ∫<´<;“,;í¬@;¥÷¬¬ìï ¶Öu¥åQ8^ûµ∑wßíåÆ¨»°˘yä«€B¨Æ(àÇöüTñâΩ˘¬Ω Íìõ
t
õ0°é*©èöq;
7Iì^‹≈˜ø‘H™)^◊Ê¶˙Î©˙äG˘{√ö˙ewÑ¢˙&tXüçõ¿ √˘≤£âêJö9*ª9∂:úPöÜ¶p∏b≈˘j≥,#>≈# /Ø
´D[JœÍ,Ñ¶∑À¬d˙«‘•&ü+:Ö§ÏΔ¯)ë-´ò’P
Õ¿ ”¿ ÜôüSW
°ÿ√Ÿëa÷ä‡&§0œdõÂ1Ñ∫uﬂ{®R¨í„°§9¢í:∞"Zì%9±∞(â≤(”â±W&în<ì√∏/W÷]Œ¯Δ≥'òå;t
±WOsúÖò®•√çbQ…>ƒY<ú/%ifâıQùÛq4ªSî2r   ä¬(ú¬&âc…T<R5l ó)Òõ2|X+˙ê,ßrötä|Ã
ä†®ÆŒÀò»€ ¨ÿ %˜Æ¬«©}§   ô ®‹{ÉÖöðuU@˘ì /®pö°Í°:   Õb<9Ú
±X2°e∞yΔ‹Lî˚F™µŸâL∏‡ZeƒH^UòåﬂI' ~√î`ı”’OyQ{gï Q¡b¡A5#˘ëßCêè$r∫¿t≥¨◊íû…d-:¬-˝
-†qv•…’ıUX-Ç9ÿŸüÜÕ°ä9ƒ˝» ´Ãÿä}{]äD\µ
ÀT1*iØ¡||d•˘`ÃRl”ÍðBì
≥ì]|i…∞]Ï8± ‘Uà¢∞¬{tI-Ö÷∏„£nGŒm£{Ç£¨oú¿sóõ7ı"œ~¨¥ù;˘eRa•G3sÒq≥[é°>cLJ˘√¨‡ç…
(\öLﬁTsﬁàê/'q‹€R
ÉèyÿE|“ØúÿC‹ ≠ú°íùµÎ ÿ>-Vkƒ∞° ô?
cô-]0Â1HV00h[Ã¢Õ“6˝fø¯≈ë”≈4π(≈‡8Y€TP©PRÜ√Ãp€ú €“¶ë∫7ŒÂïm=tR

w à™rá‹»}Ö3Q/¿âX§&É´ûõx˚ÒZE√S±á;UrHC–ç•õÒ∫Õ[≤!óÊ
¶5ÍÂÌ=ÿz
ÉÜ-fElÇ
"í]"âΩ ˇùfl≠ÿä"]ƒ¯mÊØLÀÆÏÊóçj˘ê:0Ç‡Ÿá:"R¸†£ΩHC8Ñµ»ˇ*/éPR–ËflëàÑ)21Æ";
‹f&ûàõÆnÏ{¯Ûm‹òúH∏|'¸hQÜ7MÈ&]›‹Ìs´&÷å¥|®»iY‰Féy√c$l– ")
\fiTûfi°9ü08òI¯òàYŸD¸Ïi>ƒ¨âÊçmÊf~flÃÀÿØ‹–ÆL"÷nŸÙµ·˘t†wû†¸$@îÄív•∂ô–
ô7=öpÔŒßç≥nT°RàHâ‡OP±Ôö¿ ìœ" *U;Æπmµß€*ëê›ò…Ó,≥„ÇÇmGÖ¡®?QQ U/+
–îï'‹X–m&Ì˜RôBEìÚcQ‰é|4q›‰ñfi¡N◊?´…
Á¨≠U"È‹FëÔz Sä˘›Ì†®Ì"NÀg^Ê¸mÚØ°ÿefi Ø¸ÊË˙Ù∫‹nt^Ø/K›[H~
"îê†›ÓÈ¡∂ªh(ÕóÉ„·n^˘í|P¡Ôy¢§*"PÇ>*n LG{+ŒÆ\ªë˘fi
°„0ÆÈfE™uQ˙Gît7"°(ÃmA{wëo)øJò•Aa.ÇÎ«#I≥4Y/≥[z–≤A––âÄõ≤W^Õ{°âŸµ
ÌIflÊmŒÿ◊PÌMø A_˚'n"…Îÿ∞\‡.nÿ´Ωcêô/˚ŸÈ·¥Ó`œ®†ŸÜ,·ÑC8yRØ¸éPú|∏˘±
ÖÀ€›fl^Œ{‹¨,fi•eIÇÔöä ÒÓÔ€Ä_ÒÙ‹*j¯ß/N6Ò@î(/µ
\≈R5–'¡É9•Zÿê·&0ö8Iú»Èí≈ä9m°'h"•Kä.m"'Hì¢ìñR¥"%KBw≈$î»Œù_øÄÌ∂lßœeAõ–:ÙXQ
¢Àé6c:≠ô"jO£:•:5j5¨'ÆE›äµYT¶`Ø6ª^ıkV≠Yœbu¥X™TâËÃùKfÆ°8ÜQBDâØflLîÙ›Öä™\§/^°IÒ
&íöIŒî)Q"Dâ2i"D*U¨úÀò=5Àl3'¢E3S≠öıÎ†≠Y« ÏX˘j÷∑s˚¥
'7–û¡Å˚nòqcÀr&˘el˘ÆúøvÉœzÙú'eÌÙµ}˚@Y±âwï™‹\Ù©‹•"Â©"∆0ú>IàøQ¸≈ã%Ç4Ú‰ñT$ëÔê…¿
˘ÍÈó·n#™ôcî*©•ò≤*µ†¬p-Ø≤Íj´≥Ã2ã+≤»J´¨±‹¨föã)¶°ÀËàcF/,†√êÎ´/
Ω^Úëí P9%»LP·Ï1R "$2M6õl≥Õ8sÏ≥ÈV√äôjF;
5.q√çðÿ"‰rµ'`"M¥3Éä∞∂5ïR"M·ÑcP9:çSŒ9ÁñkÓ:Í∞´Ó_∏≥nÉ/%<Ñ:˘o=∏‹Ûd#R*™œœK&≈
£ë>2iIîV:©%P¨È¶ò1p¡‡ÑÍ¡§ ,ä©¡bë4
±'∞√ø≤&™]q5k´kÇV+aÉ51≠ ´ŸR‰öä∆°dÃk/øÛÀL¸†÷/MÄD§2p•'«î‰Ï
\tIRå ûL˚ +fL3m'°fkıfi2ô"B¢^s07€œs`Çú"‡eåa.6Öõ√:Í*ÙS∫ÓuÖ–Ìo„DJœ=˚Íão›˘J¸%
¢ì9≤(§MLÍ¿ì2 µ•<Lµ#}ã–AëzµgtFWbÖ=´aØ≤Ü¨≤ö.Xkå–ãaè]+\RŸGig°Ø¡2Ãê?¸ ˚mÀ§/p
£∑‹$K2]»€ƒ∞T¨[*,QÀî™∞Æ1Ë§
ÔôflWYEÍK˘QÎ Ã«ß
a:ÉJ9ìªS,‹üã.PÈµÓ,–›ÆXÃ[œí[y‰ë*¬2ê8-I¿ôM5µ@õÇnÕx^p®H+ã√°ëðÿb£œ¶W
£VûyÍùFÒ¨ev!Em§–Æ°¸ ÉÏ8–&√¸1» cåÚ˘¨≤s
cÃ3^Ã% r[ó*œ¬2À,aÈjƒ{ ´Aî,µÍg:ã,†˘µ&6í–w¡ inaò√S¬î˘ùÎÑÆ:É˙éË∆cê]|
Fu™∞§<U®,3%)>a√˘Ãá"ô˙»À') ÷,ä0P"ò{)Õ5Ør
øR4¥ßa-bfi–Ç•ï®EOEƒ/∆5∫ÿE™Ö±iFÀ
.6!óÚÕhF=ö,p>ı¨!}ÍK£ gàµ¡œHçYL¨öÙ«%% oûÂNPÿ7íÊâ`‡∞"8F¬jÅãK
l»îƒfldrAdÿw9<9Õ–ìtLB@]áÑ£'Ë'£ûHQ>ûPÖzbXÀrBë"YÏ2uâ€àó!,ÄàxáTàÌí§YG@
}≈ië|/ÅEΩ¢˘u•Y©∑
1RMj«jÜ^2–µÚÂà|nTflÈG¥°m/m€£¸»ï§M zπÃfÓ ¸#6#Z§yµEíFpai
C("I*±íÖ≥†Ô0È¡‰«É¥–ËÂ4
Êê"s#ÙÖ/@:∂":±®·CP"ëH…ÁñÆ(H-ÀSÀH%i>±£d<¢àMÃLCLDÕƒfl©ÊUQâï–:$M≠TSjc4/ÚíÜ"mÓÍy
\Ù¢∞ƒYM¶°E{â¿^Ó®≠Øù^['«ÛMèflz¸Hb.Ó–ÂFì–_*pÅÅ&'y!*^BWÿ_]Hx}®h|∂™$JÓ˘
¢ô‹he;ô∞é˙9≈rÜπ?ùt≈pN1vQ√â\Ç%KÇè-UéΩ^ñ/Ãà}|∫$à@*Êé¯[fiDhBäΩ
Bì¢b=≠öŸ¨*WÆ…ï¥h5X]Ïjö!NØÎëI2´œJ62xÅo√∏–V^Ωµ}>j€π¢%$≤ñuØùÒÎh5Á!(éÂ∞ät*≠◊3™
\m∆`Ω$
õŸ ±6Ìrçó°NLìñsNù>€0<';Õ1©s¶£0≥T"ö® !Aë[∆P<!œMy9CJ23ñ»OCe'bÒMç["∏»´â≥jU
„±¨XΩknei'˘u≥À
qäÒ/ÿ [∂ñFÒ›Ò‰=/∫l^wðÛ|/ö+¸‹÷§Àƒ7GK˙ÎhÉ,åiÃäh)Ç‰à¯c;GÚAPπóSTs∆5x6ñD0m Z¬JÊ0
´∞„ÙDssXsËÙ·ÃQGkê!"Í@†Mƒêñ4¢6&€TÏ"=Ø€…62cè|j@éUjt#&z1¥øJ2ío€\k2˘◊"ßì√…
<*WCÀ0c&∞l«–o9,É¨mmØøı≠ÏãÅ∑Ã|ÆDúqütÿßf<#P¨hcERŸa˚äÿÑb°œ§''Ê%0LÉn0òÊ$·GG/fl`∫
\˘£3˙Ë;Eö–'–È&Q}Bó3à/»√1ö¶∏ñ®ïè,'≤ Gh¬#ßuK0ÄI'BMÏXû[=Ë^…÷Ñ/6ØÈç`·¸8?
6ı®°Ïû3À[Ó'ÁÖk'›
ÊÂÇœ¸∆≥f∆2ñ∑ö
1RÏbo/P¨ä‡Ì´C≤C∆›êZv"∏¡ŒwóR#öc^≤íñ4e5GpåbPaöΩS¬/òÎ'ÔòaCA
úé«˘≠Ar"¶z„°î•åÉJkí"z7m˙q ä°aœ| <–vóW
¥as√T["ŒÉÖ]ú„\ŸS^∆2fi¬ΩÚçŸlzôv"©˘p‡SAÈI/Øw…¸–Õ§äk8öL*:çü«˘«ODQäÄúfl'˙9˚äÏ
8‡{◊F–pü,¿;©πONPÓv≤ìo@…0Iá8IÉ0ƒ! Æ Nà'Üè≈IÌ¯Å0èT¿ë©!/z5»pÑÀk Gÿ
°8

¥X¶©™ú´"`Q=(c=ò{πÂâ='s="„@◊£2/S∑/J†¥ë+≥j:+8Çfl‡;Ç¸Ωfl[:/p#;"}¢:Œ7¥,'THÖepe√
Èª–+ªx3ª&41†* í¢8†{€Ò„7KäçÚ3?ÛKE„§Êê+Ü'QD`˘Ô©ÉL‡Ñä3aÛÖÇ–?

ÿ2Wà»@Ü¯êy59êKGË1\,∞@.dπ¢È)”{Ω“ñIî=úπ<9÷É≤k†p∏@m♠ÜP≈b¿Ó!≤±≤1Ø>!x≈‡´AlÉ∫ÔÚ∂…
XíÀØÑrÎå]@¬$‘q
Flö®;)/5Îì¬]{ó·:ç{óBãFŸò,y?√EK*RB¥˚é]Hqõ∂   ∑œW(©≈„Å¿ÿJà\G ƒçDê
€Ñfih&Xa§1jƒ^+ö“√π“˚«Nñ“„Dl:=´AàΩNdH§=o®Ü∑@ÖD :U˘2XÇ%p≈WÏHX|≈•õAX/]BtπåÃhœbH
∑$lI+Bñß;
,ªœ+Æ∞˚õ†=£ï©†ï”?/Tç3§† kƒ∆ˆ£†À˘∑F3-∏h://D ÖXØ©oºJÒ(©Å∏√¸À√ÆL\bè¢≠Gâ©WõG
·R†„A.¶–ÆaÙ*î≤–„¿Äàƒ≠H∂Éñ÷c»OÑ2ú˚D*ÛQÙÜRD±±J@;™∂ÏH∞Å
♠»fl„∂h#≥2”å©Cóqqœeò≤)Z®Ò¿¥à…:Smr¬¡íÉ Bw©BØ…í’‡¬kØf< l8è ª˚søΩ£é˘¨Àåsöð
˚EPÖàÈYêÆl±Zê><àZ∏•Í$…ÛC≈p˚♠Gxî√GÂ#Ω¬lH◊„9◊”ƒN¡ºúDd2ø$A¿ºÜO¸ƒÿ;Ãecñn
˚ñ}Úıi:éÇ ∞Å†L†AlA¢”L∫§q±ø
äd√ï’L,Îª≥3 óã"ÏäûlΔ”x(Ì[¢@˙õ8õ‹4?›‹õ¢‹MÇ∞ªª,ÇºÌ–©Ø®ÉM»–ÅéÊ¥SìNÍ§©àÅ¿±µ˜xîÔ
¥£Ëô¶≤û
§9˘DOû+HÜ\=ûE¡‹¿ºú2π‘ä-L˚‘D√LœÛDL˘\UÙã≤aEéúL%ØP ÑEˆ9õ„ó˘·ü–‘π)˙A»Í˚ºq≤>§qBw
-x˘1D2çõ|ä-@ç˚Ï1›.Ö-»I* 3≠·îå®¨ëO€ÑsÃ   ì òï2ªCVÕCÇ¿Œ±L5œÿàG…àÍô∑î*ôª¿3ÌD-
≈“Å‰π$ΩaΩK-”9¸DS
á-•ΩÏ…ÖM8Öj?ê”#Ç…,P≠oµÅle¡♠¡¿®åÌëº…ö˙∫öüKÂ…ïò<FÙä˘"F1∆Ø†B˘“>Ô-…WH £, u-˚x∆U
·TΩ#òðHÈ`ñM/òX:(’˘X∞é@yÖC˘éÆ‹√ ∏Xà«{º[N∏@≠˜ÿ˘ÿµxÆlb2*ÀD.
¡.MOõÌ“¬¡I§ûÖ<S¸‘¿¡<LàtÜƒø@¥)/+pÌ÷ı÷•¡18>œ»£L8◊≈˜+≠-”’åπÚðò§We(
ù@|mMÔs$H¢Bw†ÅXJ£‹T1JP>DØ∫„DÑŒ Ô8B!çã˚ÍlºΔ”ø=<\¿•ZbO8ÀÜ
ÖJ®^ıÀN¸ŸüùŸ÷+V.VáÑ≤˘¡ÿ€‹ƒOogÕœÛ
¥Ω6UÃ¿hLÒÅ¡l’÷ÖZ®}≈ÒQõµ¯Èà˘>ä”(_¨Yõ"ÑdÆÚt.·óÎ-–ñcÕ˘ë
˘¬…œ©\’8†Åç€¬…‘∫-ªeÿN˙F≠!+:‡Çπ∫%ù@ëÖéI^≤˚„u,EÒC˜Ä‹ˆ Öd,ÕE≠¿5µY”Â‹4ùYÅ§ŸõH-
E`¸ºœ’áf-S√¸ÜRl”¿‡9™∂/®µ”0Å=Ç>Cœ‹¬åsπøäÖ#‹õ¨‡:ù”&bà·£q*±#ñâπAEq§+dŸ,)–√ä
€Ô†Ç˝fiÑ
_5PMM∑$7¸ÀõoR–a€¢àjU«´©≈≠Ì¨%Gaı♠aÄı
%bûLºœ˘3L†mc.”ûD>>5ˆY.E]√ÃcoòÜb@Ü65Zk%kõ¡…ƒ›(ÅCÆ!¯É ♠6∑QL˝Ò·ç3È3AÄº*¨éîÿ`§'
ú"_!Ø(¨û,eú¨¬€fiªçç˚lQ$¶ç˚TòbÜe–[º∞]‘ÛØÜã≥_Wx5)Aôâ+àËºJë-à∫)∏`!
Upî^`‘®≤Rb©O◊s`fÕc7ÆƒfiR“=÷‘µœfc√T=gıÀP%:¢}>µ9õıâ¡/5P@dFd!∞Ç8xPt!‡ı\∏XÆ˚≈t»$
ñù
;BŸ¥3rCÑàã˘7Û◊+…ä2ö˘∞pÕ˝¬3¶ÚØgZÌ’◊Ñm-   ·fiW.X/0≠¢HiÒÇÅàã]’ÉØè:óï`âVì!
♠®;º8Ÿj‹DºıpfiTK€EÕ%by`p∂OÊ\7V˜TΩ¸¥ŸØbH4”¸$ÁÙ‘c√‘añ!Ÿã8-W,%·xF%∞J8í˘È£~-
ÅR∑üK7d+2ÙT∑Ï)flπ♠(ÿkç\(òãpÉåıè-®
¥›¢uìh¬3∂-ä veÇ˚[Ø É-, Ümã5JPöÂe–≥ÚøEãIùì˝8Œh   K¿?ƒ
€øÎ@#EÊYmf[ZèEΩ·c¡‹rF>£∆f˘•.‡-]Ω˘Ãœq≈nÆOÕıYp^÷‹Ë∫
Δü¿¿Ò-‡lµ"CF%@%# É}ŒÔ¸ÿ≤éY¶P∏ûΩ’tD§2W¿Q/-»P˜∂˘VÄÔ-HÙ≠ôÄ’Åé∑;„ní…'¨7‹+ÿê~–Å!
XÈÿhX#>?%ŒPçÿÓ ãÊ√ÖãÙ‡ÑGñ*9$µRq"e±ZJ“]≤%?˝%h¶¢–[cnÿÌ˚‘¿‡&Ω’kÍ-
5n.ùŸb≠ÊÂ^„;Vn÷ï»ø Ö&ÒıΩWº]ŒÓÏN-8-ÑX»ö¨Ñ-·ÕàÒ>Bñl◊ÆS6cÌ
mhÜT†É˜¶Ô»Ä˘35XÛP57Å7øÔ%xÇEEXàº!
ôÉÆ¡r§|≈fiKe*LpUfpπiÜı†∂∏;%î$)Œ♠∫ëLËQ¸Q◊‘±-ôë…@]2“≈Ài=Ï oîf›ı¥≠“k
¢≤rZ§œf7¶qvÍg[_Í›>jkV„-∆RLàSËœU‘‡∞Ó÷(Å»Ó8Ç8 (“Jé∂-l-flreKðÙ¶ªVN♠òpüÄ∞4wÛ8˜s_
sqüÄ8˘s∏oØÿQE-∫-Ù/Fâ7ñ}(H
b§¯ËwQÑò∫]QoXPJÅZrŸß6“ãœ4è:Y˘%ê…PmGXWÂ?cŒCŸàÌ«••RO^–CO∑c’˝m•ŒK·vj†Uy\Gj™v‡/
‡Ê&/\HÖ\PÃkôn+ %€=vd/('8CB∏fØ€õµ¯g.ß=c= ÜHÑ%Å   pÄp/˜êÛs˜´Gs4«p∑zp∑5W/
PÑT`êÅ¨œ˘uTxì€õ|-é~♠#fÂ…^·Fk©e
Ôöy¯¨QàâêµÃê«0“É(©Ø<«ƒ5à$ÕNdvZbD   €^Oùsıeu÷X«jñœqflÒœ'Á†U„›6Sp(LúsÜ¨…
y#·ã≤ig'8nıV†Gv`v˘R@˙kflÀ…
flËlñi¯R8fl»®˙p'˚5œÄpw∏zq
wÿ~pHPÅ'†]œk¬Ì'FÄùó∏◊‘ên∆U♠ª∑˚Àfi®Ç„˚RàtÜè´?DôH•JEp©Mö%JTQ"Eö8πíµÎ¢/_±dmå•-’
∆ZÆD∆r•JU*UÆ
z*∏ÚÃj1a“ÙvÕ&∏õ◊rÚ‘   Œ7p‡Ç- Õ®M†/~r”ÜÙÊQ£/éÖ˙s'N¨ZØÊ‘¶m2\§r˚ DÈO?c∆X
˚rDà5jîHë¡Æâ#qHMÛ÷˜fµ¿”&¨≠/·ƒ0ù˘fi•)éä&8òú¡rÜö-LVPyÜ….ìû†‡4jBÿÿÒÑŒ¶XÃbœF∏Ÿ
¥f’t„fiΩ{♠¥e’òUéª7♠,Àñgœl9ÓÁ“•ofi\∫≥ÂΔñe_f¨ÿ.±ô2!äCÊlú?î4ë"ÿ>˚¬Ü*/ƒ)÷Ø¸ø2fÙËQ
£F%   íI.•≤RA©‘&É∂¡îUVÓD’PfiX»îÖQEe!áUï˚SM5ÖUYıÙN<˚x’W≈§Çã.®»hZd∞ÂD\A»eÇ
     %îêA   5XAá&”8u§7^   ñúë◊h3ìì6Ÿ∂;® ñ£e∂eóQ∆¿güM ˘¡d,`jßâ…
öéX30≈Ÿàq≈›ˆõnÀ%y\p≈-˘ßs”A'†Ç/]wfi)jLv.í¢   qòGFt–a"ölÇJBö$,)"à-AH®ür
¢“˘¸i$ã/Æ♠«*´Æ8ÎI'ybí+r/ßLVX"PøíX·O(•!á…éËMÖ&   l∞Œ2ªµBU´Sã0∂7„Yq‹¯ñ
\sıË#ê6pë©6}©$bà

¶7∂'6ï_©TôÂh£Y†ø¸vVôûù&Âú¶ Ïô;ƒ¡ 0-¶õo°Ÿi±ûπ9W\u¬=GßûÉÜ≤t«,±°)/Zx∏§í
˘å!izqû•ój r≥&ôh"-qà2ëHÆˆÁ´µò-.Æ(´¨'•ÑJ
:•Ñ",T"◊,Q≈"€5RI!+-/Qa≈"ÖV3
x©ËB å0´≈ÖV‰hÉ 5•Hn
K¸1êëN>î‰ao¶∏ìÚ î'.uÏ‡%e¢ë¬ñ˝~π0¬8pËê
î~/jK í .œÂòp∑ΩnqûGWhn+-w°!´°\v¡sÁ]v∆|^*öƒÃÛVÃl)¶%í…Ù°"b»!à∞Ò--≈¢*Äq'GïD`I
¢TäJ:X[úœBe6å^3{ä`;À˘îS…*'a˘:$¿¥MãmDIí_ñ±ƒß»&&eÖ#ÄK\t©K Ã%ê"!È&OJ\`"Uõ˜!
Ê&"‡ƒ0ó•Àı´ÖùòpzaH¿
oxÕe@K®√&R±ùeÿ&vΩ¡û<÷fÙåI-QY°§îMg;¬^Òå◊≤T†"d•¬Ûf2*zîHÑ@0Ö©Ï,!ô,ƒÅ¸s4§-≠i9'
¢&µ™yB4˘# Îw∂¢`à)CY-±ƒV6¥-ÚCéTW÷∆°√¥L,Ìy`&¸‡2àÒ·Íõ]~dΩËå/F≤-ƒß∏¬∆&
€¯d431e&˘&∞%øn)ôÄué63<
ËpH:-Ä:úÄ ~®åT¸Ç9∞ÉúfW±/-ëw"»îÛ±eòåä""•Ü7<F-ßñÑŸçÑ`'åzòB£
ADdØgàê»}J,ã]ÃQiHdÅœY≠d%•8P*ﬁßPüî+c#%˝œ¸1K˘R Cùµ°ç˙+eäÆ1ç]ƒ¬í2 Y∑Œ≥NO ≈G.-
¡∆ N))YG*åYY
WVÉK•ñjŸBÕl M +X¿d¯À(@t74&ÈF7:Ö≠f`HÎûcß¡TÏbvÚòr¸%
±éjöÜä åß¿b,Ée ª˘`x‡Ís&ÑÜ¿€[é@+pÅå-CÑ]Ø«ÜøZBh^IF^†Ò˘B¸Òà¨•ò«îPñ≤πd ª¶!
b·oCƒ™ËØYQÕ6íÄe§Ö»aìi8y€"≈
ÒïNp6h©K3`',f…∆)È≈¬pµ]:≠∆/$/U&˚¬%ø.#/•ig2òu÷'0µòﬁÖjÈHÁÄÏ¿X>E3ôH1ﬂ'©
´Õàw'≤ÈX"dÀ∆E/z•\§ø˝ÂÔÈ∫≥òM.%+/ÿD»Û?!Qï¯"?Lê?ïÊë¶ëTV≠zö¨t´)¥A6!Ì±>'YŒ
KlÕVgG{ZF^î£_;L[H∑M`Ú,*u∏pÎ£°åAS©Ö6∂1…$9iq"`iùﬁÊDÿ®ñ™,%ìØ*'LeÚwM∑cöét
{ÍW„0,≥u"ç4)ÜDıVl0œ{b ~·_¸∫Ç√.√≈ü
h\îîã0Û÷m!∞SR-Éß®¸`œ°ë,$¯I∆/0M>Ò˝áUrîU"†ïPMƒπjPØh2ï)K≈_-á$öøØπ8£≠ˆ_´g˝-'Êÿ
€∫Ÿ°«¿Ö-L-ìí
¨áO±'±3*ABV^cõ¯itÛ•Ë≤_∞ÄB`
å)ª0π±k]Î@ê™wèö¶>! ŸNrég·%7}R¢ÓÊ˙úf"Ø)àÀ
ÚûZ·œ&œÑΩŒE·VÉ£Ø™K9òñ‡.Hç~Íô?&?I9rë»4èyƒÏb,îÕv
C=%!)∂-RTZÖVäöÎ]0
ß¬-¥®oy≥≠ﬂË2 8d!Ìak6îmõ< ß'∂ç1$ßô[v…BÂvø(
ÏÀ%&˜¡6&
®öÜc≥ÈÚC'Ù•a}^qàM8C"8OÆXó£úË•n;zFêB6±©m!$ÈÔë-¶d'≠˘°y-;∞∏$*5Œ"zâàç˙ªœ'ÔG±¸!
È¶ıYZ©ÑÂ±∏∆6pØ{ Æ°¬
z€h
ÎÀVÁá°ü˘.:t,#˘D◊h≠X$è˘MåGðÁπ,bœ'‡\ËÌ{•3ç√!…+™úðLû4çTxA&P¸â∫m\ö`!•¿¬Óµ„?>
∞Æ4Ä-ùÒ¨€@È,'ê¿xF,Å"$Ç≥9"ÎLÃ€QÓ%N,]á5-á~Ä«J¿á¶pä%È∞çáŒy\œÚ˝(ö¢Y`\åﬁ
<I$!l¬' ñ°WÖÏB2•S1Ï˘]X µJÀç˘ö'° ÂLl7P·á%ÑRpV¥œÌúÒ!ü"Ÿ<…! E≤»À2D_&†Ç%
Ây¬&qRﬁ∞'ˆ'¿|üŒX[U√6Ï'≥@õq,ìÄ]",Å˚©Äï•Hø†]åÄ<,˝Òã/Å>∫Qô‡>¿('*L
L¿L¿å*¥NÓFÏ°N*f†ù}ïrx††°~±é%E∞Mè!Ç]Ì,.J
zDÇãÅÅ
∆¶î-<'A'U/˝ÏS,†◊≤^ÖÌ"~¿ﬁÜàTÌÖòIËûÇc÷›åEÖ!ü•Èö"hΩòQ|ñ-ITíTCkqëB%˘åR"†≈
€ŸmŸ@qÅ§
)‡¬.<b ◊!éÉ$FªD…5∏Xå
¥Ü˚å@.-üf‡_$/üå¿åõ¿∫ë[†Äª˝
9¡å(ÜÄ
x"pBÎ®◊ÆûÙGp0‡9G|=á1‡W"(<=ûÇßØõ&ÙbÃ\ﬁ'`8È»≤•TJÃ'¶HD•E"\Æ…≠ûYnXüïÀôD˙‡JB˝Q8,
^°X° ŸúMîEÖHÀ°Œï„Ö|!-Ò"πaŒ¿ì&ŸH[PP\<+ˆ…î&$],Cq!P˘å„$é°≈4\¸!,Ï˘èDGé@
<"$6¢fÿﬂL 4¿-ùÆ[¸üK∆§~"Ç¡ ·¡q≤¢pƒ◊€ÂP.ÁrÏR∫ÇÀ DÆ!É˘,.Œñ' Á-¶Å A
‹ñ:çëyTä§\J0c}Ñ•Ä•ì1•ì∂'¶Â-@AïD≠TñÂ^8ÓÁ5êMå˝ﬂ••¡ö^b»í!HÒOµ ÉMO
¢Öylc≤'EÓ'%D/ÏeœK6ÏT˘r]S®Rªx≥,,EÓÄå¶˙ôÅFﬁR∑Ìüfú@#™Äå°f¡0¿l2>≈&>)'˘
°éh˜í¨∆˙9˘l¥éNß+¬"«‡ e|uÔ¯WÇTûo%D"Ë£]Ueﬁ8é,Zƒ≈wòlÛHJyZJ®<Ã©®Ç>!?ù‹…>ÈEXD
˘ÑIMKpE!MP·MX°Òôc∞∏ÿ^Í‹…ö`r
^Ü
DYàHôS*PıúbJ\%ˆY$¬{$eZC5◊BZjà4N,t]LXÿhÜÊ!ÚàŒ(Ê'(é∫¿ |
Ä∏M¿0ÄiJR¿é"Îó)U¸çÄ
å@ÏPeÿ¸ùãÈ∆Æ◊olUrÅqePÂˆWÇ4‹é-MŒ∏†!»·V-
mÈ»wfeﬁ,y÷åÈÅedqh5fD2¯Bøföb© .XÑüBçJêÇ†"¨†rÇ8N·V!∞"¢(≈
hÿ|°"qC-m+")**GXdÍ)hÍxÑ©∑X%®ﬁñ-k≥ß7,d„X&∂4a4Ÿa8.§®E≤(œ¬_põFbYúÄ≥/Hí€d»>j<
¢/M†∆j®Äÿ¿ïÃ¥f§UqBÏLÃÚ[tlkï.«ïœ

^«v√/°HÇ€fIΩ u^A
(A∏|ßéÑ'_'HΩ3j ©¸á~TòûïúƒÁ>¨´D
À•B´x¬&‘áÑj÷@Ï¸ò°ÇTÿd,•Í˘%•®˝DTœ%=∆
ßúîYTÁ&ißª∆+xA& %vÏT`°,Óì
b ∂Kpÿãmm_hAh∫Ë≠Ü@ ò&Úû¿ füç/®f ≠∞"´j™≤f@F≠≠JÜg¯Ë˚>í
‘€/0»∂.,˙€◊2áP*ë«äÒ04∆ØØ]f°^Ω\ÃÖ¸ŒÖ\úi≈±ì≤≈AËE •Ï`Ü•/,√/†m…µz!Ó·"çdH®π'(-xÅ
\É5xp°VÆ˝ÑnËÊúPÊ¬ZÇrÓm·£˙•·¿Õµ«¶<J
ﬁd@ﬁ÷p†*¬¨Ìñ*ÈDìeÊ€<˘â¨&¢ ÿVÒZ$¸≈®-1Ø
Ë¿ËÄ˚ŸﬂjﬁüÙfÄ¸Å§dÄÙb¿-∫Ä∏@`ÄgLMj"¬∆÷Bo°,·MqÄ38ÉïrQÍ±8yz°ÌE∫^è7OÁÌÄÙçèÏ/xV\ﬁ
|ëõñg<fÈU/E†≠1¯¬&·ùÓÏ
l
»FÄD*\ØxÙ@hÇ•ÔßáxEöa £•,/ÖPî±ﬂ∆6K¸pCr.-¸*D ÷…
ÊÕß:Ê(€2√™ÓÆ•2ŸÓ∫™◊â‘.b"¬ﬂC1è†ù 4/ä:AäÆf Ô<”6¢H&ØG◊¸©Û™-”˘ﬂE.
(àÏ,NÏﬁ`ØQ«fóPV«pG@+ ¢ÃU1¥«Œ#ﬁ,¡$öI
ÙMﬂ‡-$s¡xJ ÃxÅ•|
BDc[ÿ5¢Ìñ(Ø\I∞Â¨pB"Ä¡X…f4¨Ó-œ;.h;bnÁûpÄ¶ÿ•Â≤hÈr`fàNG%âÖ=Í`ïáò.KÌ•â*ÎÙEHI$Èì
-+)I*fÅãœ_≠:1≠œ_ Ùà
Ø/t¡Ë¿iñÛ97ØçﬁK≠[3Øèhq96Û/YN!¢xq-úUi?+%ü4á?;pœ˙
ä34«.<J§dÁ¨ÏJµÜ@¶@]-Ê≠®é˘g*sØœ”%„á*¿&V˙+4"çûlA'l6GgòÂ/eÁjÆP0j"Ì¥ÆÅÆ
Î•´Ë˘< À/ªm∫rÛÔ∑∆˜%BBN[ÊÜ¨/AöübÜ7,C*,¡˜ä¸YvhðÜEÚç
|Ál¡ijFÚ~&<≠‘/Ä%˜E∫ıﬂD,˝ÖÜtuõs¡&¨bo(éÅCY†`ibsL/ˆÓ‘nqËÇÚdgvÆ¨8KÕfcˆf√ÖPeË2Ûp
¥G˜Y~hrÖ·∂ß·ˆóELñK∞ÙpA¸Ωê»¥]rH8la
œ2N£coÔ≠˘t€(˘_€`T≈çr[RßhØlSèu≤¡)-R,Ÿ¸l∂f™=Œ2h¬ãé&"""z[vtAfÅfAãv…ÿ¡_Û¬Æ6o~ﬂπ
¿s˝ï3`@h\ô.ëF-A"¸Çðìl Çó-b'guPiuX)sLÉ1hBT•"M6;uû¢5rá#[≈Yú
ñ¯°:Oo!.ÉZô6'≥Á'£ek[DG°∂#‘¥Äd<ÌiÄ ™Õ4UËvÒÂt_V¨N#!a,È /-ÅH0/¸¶Î/
í05®Úà^,”2á8…àh˜˘PÛïP∫-Å ÏäWÉ¶y£9xÍ¿?∆¡ P®
`˘úèµX˜à96¿ä^±ÿÄÙàç,ﬂd»;€Rñê$§˘2Ip*d*n‡§''bKá`?ô˙Çwyd'Û%•:öj∂«áz$õﬁÄ-C/
¡®6õ™{«∑û5ñÙ·Ï ÂmÇŒÊ:0˚∆Ç»•¢∫
y¥¸vÒE;änhÅ9%D>†/é¶<}h∏c/@òÄy•∫¢Æ·/eé®°<$8ÏÇò@ÒM@^%Öﬁ÷Á˝c<R ‘€@∏…
{f(bø‘R‡˜ <÷ ¯Ù˙9h%Ñ^{ XÄ fA*@ô,8√GÈ`•â`X‡p
%3¯≥É&Ä˘A∆K{ÛtRc ÖË«+$€†∞YÒ¡d[9B™˙ô6¶>È4".i˜ô˘ÌB¶÷Å§êQ=`é˘•ÎûÂ¸:Êñ•f,¥-
˘;Æp;µ•1 úπR_ıDÂ¥C7ﬂ¸ç B*8sñ˚úðg°à¸°Õ/ÜSÏ¬OΩü
¥FRÌEnﬂnâÛ∆≥”8Å
ÿEód^c>fÑ&Tÿ(Q,fñÉ(x»Øf 2xp¯ ¡Ñá&Ë∏öV≠/«è!Iü˘±ô»e%Ç¶πr%≥ëÅ¶¡\∂äî!/;Ωp!√eäï%
Vébi
§Alrf 2q∏p±,§Ëé%\Ëd"Ö+V1ccç˝˙eÃ◊Ødøv˝ÚµÎÌ[WªdπskzßMv∏®¡ÄÅœVÌZ,f
€∏yÛ÷x8pﬁ¿qiL≥ÂÀò/k¶\π2Ê«ìCì^LZ4j <™+∂kÆT≤që/îIS"DÜ,fÒrıà
¬
ö ì ôc«<¥9nÆúπroœΩ]”ñ¯˙·Ï’R-a¢≈*
ínb«'N¨T>≤≈âç%2`H,†â!ØÙáà!ÉjPa°N-O!¸ãàAä H£ L∏„íX≤-BìØi
OJi•èúÈ∞òú~rèåü¨∏ää¢l)§Ñÿ·)ˆ™¢j≈%ñ-ää8Ÿ$ÿvò≤-rã-_,ÇÆX`õ/NÒbø&ò†∞,[Ïöm´Ó
±mVäÏ2…4+s4->˚Ä≤Ä‘,
4‘$ì”±…(ªnôbpâm∂TR!ÖM4Ÿç∑óÄ-ÑDı;bìb¶ÒÜúÅ§[é∫ËkÓöÍÆ€‘∫ÎRÒ¬»´r°ÚêZØΩ©z€,Í0Ö¸Ù
´O"3H‘†¸Ê;»˚¸$ê``%∫“Åâ`¿ÑDB<•$fõmÈ£e5)$ëj¬%ì8‘®Íß-
∆xoE®ÇO)•^Tœ∆ﬁ®,,è•ÇRÇÑç˝e RÎób•r…]b±Îﬂ]ÚRd øB∞‡˘J-≥ÏíΔ2ÕT“:”%l¥œ
%åì3’&klc:Kk35Ã™π)∞˙ÙM2If:z-D3∞!G´-F;)ùT∫∆¥Òô9ÏÑNl:ZPTÇ-»Ü¨P7?¸à√
§JH°\¶]≈¿:Ë/ÉXÀ-¿ÖËÛZÇË‡J
"VÅò@ÖLñ-Ü•iüµpŸKj∆¬î¢ù∆]!„=†§
jEòc$)ıV<¢«8»
)≠°Hdﬁ±Œ*k%ïtã…∑¸U≤.ª`ÛÑê8T@ò,^X10kÃ±p86≠Lﬁ9k≥„é-
„x5äÕúìbÃ~∆”òí˘îçTncô˘äÇQ8ôè g«™QéfKwûtyÎÜ∆:v·ª• j™>¸¯√˙˘∏°q¢Äì/
µªÓ:@*PJÊSÉò`W)◊•++"ô[±T†¨gQäZ -‡ﬁ8¥7
Ó$ÀòÜ3b°â8Ö=+bV∞bA.FB˙œVVÖïÃq≈ûÿØÛÅ9≤ú•tL:ù/ú¥W¸À™Pz†Ç
+MÄ«¬acòm0â1bzÃÅt‡ëcΩ≥òrBC°3œx“á6W2\°Q6˘≤ç v„v•G<ŸSä>Î@«9<%ùc>N]ÉÀHD
G.ÕN˘‡ä&Pë K,˘¿d˝Q??hÀ 5HA}‘÷˝5E>¥sp∂6Ø#oñ∞Ê∂ÉD√Z’2Iá.Ù°hçâ$+
k22g,#§®’$∑¨<•(Oâ-pÑ3 ¯µgU0Ç èÄ¥äõ,√^†CRZ“R∫∏».wQ≈&¿‡+….ä≥€Rb¿î)<m,M`¸ù«ÇW±
„Qç˙‘«∆·p¥∆ç~,†P!®>-Å\-QzêRêDï‡®òŒFü„≥ûm4:∏√TuÃWRÎ(Rqd©ÇÙHÄ

‘%+ë K¨®h≈*2ëIV…'^[ÅÄ^$Ñ£0F%ï ˘ ˘~'‘H@ÄPµ°±Ò™”¿ÍÕ0ÿKë‰0¥◊/jÛ†•E◊ŒQöΔV,úG?
HYÇ∫¨‡Æ% ¬õ∞9ÀÁ¬˘ã-.≈X“[bADtfiÖuÄÇ_67« Æ0TÏ=o7öÅ∫©clö”ôΔXö-
èc†Eiö32¿-Òç≥ëÈmJïCâ{$à&vq3•U¶RÉú‘Ì ß∫(À†CJW “ÿ‡Æ2î%zäIKZBππ∞D&’`!Ã'V&xä®`‘
Å
MXeŸÇ
, k¡bÄ∞Æd.§¢Ÿ»€ùE_aÑÕ8L1aíL≤Á[xäQ ¸∏Ï
Ñ<•b/\'µ#≠¸hOΔk8AwØ∂ò√ªx]âhDW§b≠´RV≈¿PëäÛÃ"Ó‘xª~"œc˙\çi÷tŸ-
ÍÛ1'8&2b·'/‘PöphÀzÚ/«…+K@Nsò¨© Ê:Àª]IÉòÎÄÉàxù#-†R˜z%zÇÍi¶÷õO¢¶6µ‰™¨€é!
*÷}Juá¿VÖ<-°
ê@°˙Dÿ2÷-††=H_˙RKÑ¯f5@d/úJ¿E©3Sê î§$MiôéVË0®ñ˘Üú€E%l0œöe-l“/6¨j€%ƒuàBïàE,I∞
äÑ!ÃdmgY˘~˙ÓM¢M#çE√EâŸIgì¡õΩ~< Je∫©ûUvTQEô ;0D1¸8ù5≤∏gÕaNHÛ∞Ït :<‡9òëøPÑ•∑
¢YL7A
K0á∞
∑ÜIX2ï8ƒ'ø’∏1§àªBà
$≠ÉU*Ë°¡“szÖÖƒÅ2°/fi6ÿAœ-zd¬dÙ4Æ≠<ï∞~c8ÇRúb#°<9Ôàˆ]{• ƒ&Ë-: b±ê∞áœ∂îE_6ÀÖe±t
!ŸEufi)òc Ê÷Åë>(;©ªw0hQÓcü]5◊pΔi˘§/JÃ‘ÛçP∞ß«ô-˘ _ƒƒ-ÓœnÒa&•Á‡…Q
D¨o?•6Å!/{kflàò/U*<
Õ¯'/˜-ƒqó
U◊HØÉV˙
™
î¿û:8°∏°ŸÏA÷^2òÄõ1q0¡ö<$®0ƒÂÆ[ÉòÁ˘…G¸*§lÑ *XBßÎu:(BA7íë¿Œ∂â-N˘/\¡tväê√l0Ç'*
@ÎP§,£»Ä¸¸ùwo ò?√ûœk¨xê-dx¶&‹Ë+Tä°¢Õx„e/•¢≤á"™™{öL∑"b¢√êchj'∏°J%(¬∏ RA†-
ÚMflNË=˘ûÈÚ,`,iòk~¥E
ª%(ÑÄ
®`™´ÖÜ`ïB`)Ω§J™$ ¿†DŒˆ:Æ˜P¬-HÑ@¬&ä°@Ó®êèlêèÊ°-lÈ;§Ë¸ƒ!¶R!>Á,LÌáàÓe¸XÕ’ûDÓ`
Í¨‰±+vé≈cÂaZΔj¨3êÅLƒË≈i∑PNDjÆ»L-£Á6VÜ»$*+¶)Q&†°¥™w´ÔΔÌgHJo&14Ë:cÅú@<0mfil„fiR
ppƒ (Ô*R»
‘ 0AÕ2Å¸¿»†‡@o¢,É¢
™ 8J`• û*™Ù,˘%`¶Å-Æ£ >Ëó\Ç˜®P¨BÓ&^#˘aú àÄvE?b•@G†•B¿ Ë ËΔHÅb¡Gm,å∑ÔË.Ï˚Δ
Ø¸/J\AÍÄ)aRLv ‰âû®ÎàÁb&fN¿h#«à≥Fäá*fuΔ1Æ‰ÂWKPt„â¬≠ÕUf&ú!S¬gÔ$e‹›k#;8Ö§™
£¶§*ÚHú !°ì¶Δ*/Eö¨(VÑ¸†,°íÅ¥Œé†EHœ
÷ ÷`·ct‡ÇeßQ"`¿¿ §·{4Ë0¬*ø>»Bö∞ˆH$6jCz≤e ˘éJw•<‡>b?ˆ#Ëq?\j•±√¸
%ÊÇIÃb¬“Øˆ
∞0à3Õb√6¨¸Ê"!v¿B†0nMälM *r¬ÑêÑÌ#¡n#k”xT√ÏíGù√Æ•$ïKzƒ,[¶*^ã≠,JQñÄ¨#Rºa¬'§F-…
J-§œßvÃ«∏É* äbd,ì,Œ E*Ÿ#2·*)à1ÎLÜÄ+ø2,◊Änp=Ü@<™Ù,/RœTÄ
|aÉÍ1Ù‰DÆˆºQÉz36‡ne®Ç≠R p ®p†0É
fi(¬0=@10`ÿ†HÅ2˘°«`√tÿ∞Ë˘äóŒ,Ù•3…
Ø?,¿Ä÷¶hç•À*2ø§≤»ƒb .Δ:M*≥äÈƒ9n,ŸÄ≥ÂÓ7ñ†Öbƒ<p≈ñÅûì|I'+k•4k«ñ¡ul4¡ú‡)»¿Ùçqv1
8Ü@î0††…Õ∂‡2!ßxä.é¬j@Êí-
~q¯M<Ä0@¿Q`t@âa.
t
t
GΔ˘`¢&¨∞/Á(xÉ(í,jF…îÍ£W¬f•¢•û8AH^√_|»‘Δ™¬ˆ*_rF9Ûd¥’†$Ó
hM-omnbáG-‡`,†a¿mxËÑ¬ΔN£6˘±≥IçÍ7KÚ
)Ò7És»ê/ &Ç6Aöì£ ‹Ã≠1“≠'ÖÊ‹v“v¡ ¸¨3AŒ“sÃ÷„=(OMK¿kÍÙ=¥)OsV°à/ïJr`ª
¢ÇflX%$‡Qï&`.¡™nÜ5ÍÚR£˜~Ò&˙2¯Ñ,ex#>R)V0Ä¿&l."Ó√∏BP˙ÏÄ°…˚Àá433ç
°Hä¸ , 1¨’XMHûƒ· ÷á,…5ü»ëi&ÈäV#Çî#˘/ÏÙIH¡VIIÚ0öá)Q»TΔíÍà¢4≠Ì;n%v¡9£†
™R˙NR“
•HÍ∑˘ÃMµ!lú‡t¡"ÕZ!Va¯¶b*œeÂ˙£é j¨Ä)é¿°N¡Δ@÷-ÄR†œ¶dÆ ∏kÖ∂†v†‡b
¿QÌë¶·äÑfÉ2U;dÑ:6jcÑ,,ì¡¨Ç„¢¬¶>ñW•ö∑fiF¥V¡©¬X¥HñÅEçŒ^äƒ,6ìgç∂-zUØàà¸<Åö÷â#ä
¢ˆyßˆj]Ïÿp”6_l~’‰GRb*;€»[7°°,ÆéÏHG»ı¿J`8a"Ö:ògHë∑ÇÜ IS#ê"N“» é†z°Ha$èÃzÉ,„
l¿
˘>IŒ,7L·2¡∫À®µ0`∞&ú,z®Ä=∫Ä *cUhFd¢.mÔRwO6®˜5JÊO“6TJe
$4QFâ>^fi¶6fiB0ìà<¡òA∫0˚ÄV¬|ñ˚¸Í{˜™h=Û …˜IR·|◊¸V≥5>wjEÂT¿3|Ì1∂Δ»°~-
cLckÒ6KO™[É◊˘Ölm∞z~ÉÓÚ®TB≈U∏Äœ«1‘u∑ƒ'•ÏR◊Ø:,ÖcJ´Ü
AêArÅÑ)ÔŒá
a~∂í

∆¿Œ‘¿ÚZ$tk8l¿®,/*≠†∂‡ d˜Q'¿ ˇ!òÅ„PQKÇwè)êN•$ŒíÖﬁ÷å]Ù?‡mî≤ò•sj•Ô
\ÅáÁYç'"{ˇh1Ï{aÙçÎê-†ƒ|wÑƒÊFjÔÿ}…#<^†åƒ6Ét∆÷dÈ‰êáÌÏB+;Ø!Oû7Ÿ"x£7∆U<(b€∏t
£ú√YA9'√tî≠L1»`»¿ˇ≥Â(Ñ rÜ·ös íÍ'‡Ã
.j.®˘Ä(¡‰ÏÚ“¿
∞†≥`E™†Ö¬ãuªsUd7,†à;$¨Ù´:‰ò¨–/êrx«Ÿ¨≥p"ùïwã7tj Ç”¿x∆ò¿ î˘Ó˙z[î,Ñ∂Ea4È¬OH6l
|açñ"ëıJHè…√•^`x¿üvÁ°¡Ëê'/≥ÒüŒÒå|@∞ÇèúU¶£{GL•}ñ@ÖorêJÒRx^}Îoß„`ö÷tkÄ
(!‹Æ^Ÿﬁé-göªπ…‡‡lé©≠@ Ç`ó·¨ªúÇr>èá%ˆ=ˆ≥Q/÷,!≤·#Æ
g÷´ú¡ƒŸõu·L!‡*Å*!ÕÇëé¡XÂ),äØ8ﬁ/€\
^aò!Ø"
ú¸äØº¬Ús∏wçwıçì6!íÁ
ÜfÆfjÒ8»C*ª≤{`9˘Ñt˘±NØ“3N¢ì«ÎDªên¬6“Ä=:E°‡µ^9,V!À
b¿d:,[Wƒﬂµû83•,`Æ¯õ(î,(ÅtAßu°n¡óó˙[ú€ç1Ö)Aì/Ä∞@ªç*G¯Û$V
¢‹)RLvm‡lwpFÔx˜‹;Ùa;˜*=‡,…òÀ¶t#ﬂ¶fe
ò>b%@2¿Æ¡B˙Æ6¡J≠˚~Aå˚ƒ¡%¸^ŒòH‡êüùNØÀ'ÿƒË†å:ú•îU“π8ƒ]`j}z†pß≤¸/
~âmkù5dŸü`[uFúA`ÊHÃrí?Z(∞Ç(SÍVn%…R·9ƒ«∂∞V|ﬁï:o˚9X/§≤
ı‰å)¨Ä∏uA>]9ñ}:ER‰‡»¿§f¸ÄL¡(∆‡ƒ–<
dX·§,DûÜ∆¿*"Œã≈Q`b!ÃA¨ÅΩo¶7]ôFAØ!$A
DaD°FﬂWÅœ'S=O°Oå@ˆÉ>ÙC¿oÖG° Í‡GT!-2ú∆XçЄ-åı{µ∑Ø3~°Ë3,√.<4]¡ÅJD‡åîèEeTjùtƒ
$≈Nfl1#2∞ï1&√G√ﬁ˘Ø∆1œœN∆a2
J«ä—-‰ŒP+Fí&i†=j§˘~≤‹F ûn€€Ω¥‹Í ëé∏:PA]‘‘ñ¨‡pƒï’]*©<©Á}~àëÓùœè:Ü±‡ñ¨†‡ly·Te
Ñ´∆Ub©X< Œ€K¥·ÿhH(ÚÛ°˙‡rü˙‡„GﬁÊ{œW·Ö_Ü€:Wf÷«Õf8,°ﬁT.4ù¡˚zØáÓØœbËÉ¸gπ7FUÕ‘R'
h4ñÄÀ&¬∏∆P≤m <¥Ç ò` ºàH9Cÿ+#2‡óÎΩê„ﬂ≈I2bú7o/¶√ïjì¶Lö!Bd»Pú8c∂X±
r‰à6Lt,a¬D^RUËÌö6Ç◊Ç„¶ç î˘a î©f ò*Ø©‹iS€ÆD~∆P±ÑäS®ê
ÜY±®∏r°:E)Îü¨ô(ˇ¡D…î©Q£Øaîifå ±¨äVceó1~¸¸âc≈Fâ2§(Q¢ÜüZÊÃi˚ˆ
[-]§Vô™$IM>hﬁü>°D±≤eã◊≠UßLuıƒÖä ¿!Ét=“óCäHπäµÎó±iÀz˜¸µ¯2c¿å-S,∏•‰¿õÔ*¸XÙÈπˇ
Âˆï{ó,Î/w•Jï»Å!2X∞"ÑàÙ*D®P±√ã&OÍsyÈç∏Å˙ıÔ¯∂8Œ¥Õ~n£7»ü˘¸°L3i£M˘5≈xá
)ö4Dâ!MD9qG6®íHÏeÇ!'¨DM.ÑM-ŸTL˘≈h7>˘O‹Éä!\PDi0ïã.ƒ@ÖL4≈H
2π‹rUi•ô,'XcQ"äÇå-«ZW°íI&m¡◊qê1Ü5ÏïB5 5ƒ ≠îÛ
5-$ìK&ïáj†qFfpº¡Ëäˆ!
,¶ÿrK•X≤ÊFØÅ‘Zäw)µÏ,€qΩßå2øå™ƒ
◊q¡ıñ‹2¿#>/ƒÓ >/œX∑>.ª∏"Ï∞û$E&à`¡§ß^Ô©–B|=Ø¡Op¡MÇ˝
N˘8Ç´´ÇÓ∏„M˙‡ƒÌŒØ6◊LcP*§ê≤ Câxàs9A≈F'∞_#ôpƒ&
ÙSM/Ï◊RK˘¡à#é9Ÿ(Ø°'¸Ë"ä"‡Ç\B(a≈)π‰"ÃìQF
ÀQÈb)ißÃL &bçb
XòHícÿ|ã.¬‰Ç'iµIÜB‘êB"5Xë‘K!C/¨àÇI h°ÅFä2ƒ nX∂áe†¿Bi•∂úR &~Xd√ú%@RG6
8¡E®œd3ç4"Ø"5∆Óõ™»ß[,∞g+Æƒ·j´1°ÍZù∞¡€ù,±Î≈‰ô˜lz"ò•ﬁ¶3±}ˆΩì`ˇMﬂé+‡ª‡Øàﬂ
€'‰zª/≈!ÅU8ç3ª‡ÇÔÜiBÑ»õ^pqâ'@•^%`∞ó
t£å-=ºRP=Íx±≈4F|Õ∆Âó/Ô°≈†Úá“I"aÚSÚÉ"√¿àJ•∑úí•óbçUAáÈi¿ƒ)nq2¢Q¬–πà¶Vê!ê¡kP√
1åB®!
Uò‡P8d·^cîˆØá±ΩalÄxD(`qJâ•E±Ù,öÑƒÒáÉ%Dãd$CU«QÜ1à3
√π 8íc"tî#9[-£«∞'ÆöòöÎh±XøpE≥„
NÑßÌ≥ñEƒjÌ†KËÅˇ}ûÖ÷uÀ[∞◊ƒ^r.ÂÁvÈ œÄÙ#;xMàB'p∆2Ëß°
%b_qHû‰¬<'l$Y
`2Ä…%êB‰@ å(6êÈH|ﬁ£I¯Ç‘1ç"ËEÀ(FÑ@Ö1áÅO©ﬂ0rqÀ+ÌK˙ìô)NAã-ôegìÉ
$Ã"ñôqiLV†ú¶ï@Ö•C!¥∆µ9Ã·_–B¥p#hÅQãB!ﬁ∞á±··ÑÄ‡/l!ä≤é!`A∏‰äHÁÑ%xõàÖ2òë™e¯"†®é
1T'DY'äà3∆speù\MnrŸÈNØàÂEW∏Çä•MÑNt•€¡ñ˘Pü'xA•7Ò≈% vµ´\}DWÓbHotrBﬁ(‰qÅ
Ö,DíH∂¨∞Ì``∞)ò ,∞ãÅ¿%B…≈¬$ua'&LrR]xep¸àÀ¥ÊÚdï _¸∏$ñ`ﬁlòíêÑ Ï*?Äe¸JÖfBØTÑ€ï
ÖmzS J∏ÇfPÑo6
nXß
ÒêŒ∞πp¢êÑë$Õ)})Ål,Põ_1C™b@çhƒ„G∂
NqlÀ–e<GWƒ'ÌÆ†É≈ qÁròcG=˜9h≠át•YcÍ∂.@¡è7ı#Ï§ÆtÂÒvŸ•.ÔÈI˘ÇÔB@EÖ"!“/20©ŒXäD“%
lb2öÍ'qw#†Ï¨8°XsT'Ç‡Ç®Ü†ƒöŒ˙îì›r¡hE‡UÉLS–B¬úïÑ(.åµªìØ; "êÜ38"ÖıÉ$ÅÖ+°·
W∏¬í0É»@?∏Bæ–Ü R∂
Á§l:-#âPÏ¨c¿¬úp-óƒgüú¯3~Aƒ◊ö på#,©Vµ–€f˘V¿xŒnwÊ•™X≤F˘Qfçr,∏- OH°ı5ƒépÑÇ†
@z˜ƒﬁ«ƒŒµ«™/.?~∆ùÓr£Bí7¯:ﬁá&r‘%`§D&rjHTáTD˘l&ÍÙJ"6 ¨N¨F: 576ÜÍı
¥:≈B:?¥Ì~ƒ‘•c´/≥‘Ç(¶19KJ•ïØû†'BV£åA
&VÉípÖ$¿¯Dòqb@h∑ÿ∆zØeøÌÌ±mÊf!∂VÄÅ;Y°ëö E,z"/˝:ô Ü"

ë3+<gfl≈Ø∫¸Ô/úrÂ±0◊E{u‘tÌÅñzòk∫§
*Ö¬tı»›ÒÓ?U>£7∂±
âÒÒ„∏ÀÛÄô1fiÑxW—DD<4°paI%Q•Á_Ï ÀeˆÏK’¨ä∫îõœâ®œßÍkàCŒ(Ø&≤B T<i≠
°•˛PÅ
."
I¬˙p-(°Jx$1
Z®}¬¥(ãYÍZ◊∫Ïâ¥&ÆÄÉ» ∆2à¡
Px·ÑØÒœç¯√;äg8ÑÄßÅ¸‘.He+Äæ6†úo’¨f˙‰8q°∂"UupUùâ˛¢∫∫ê∞∫hbïY;∆√∆„Êhâ@-®ü∞Öla°
^0π ª¿u«Å‹éèz44ÛkÇ ‰„T™Û2.XÓÍL°\"qX^Û&Õëêf5!…tœ•ä•“D]˝%µ-iîÆU˙$%?-´”D
DPhWÍˇÉØTniB`J`X‡uXP3Üˇ WpF¬pj@òÄ5ò•:sXjP}êIP2}x%xm#HxáßàßfˆÇnÄnXF%‡ˇÄ§PGT8À
Pû7oÛ∂8ƒ°*˚∆8∫°e∑“8≈ÒPÁe“ëzÁEòÛz√í
kF∑˜-":Óa:=ê-€,^q‡]2.fl RU#'œ« ~∆q6ı.0Q
*«rÊ’˙bt0pqRG‡6p&@0 ≈":g∏•">gU•G#Bg1C>A≤,ë1Ë£SÂ†
»@
XA ¸√V˙£?∫§L§4hàÄb«XàÖgóvïBÅe¡a;cn◊kΩñFY2∂ˇ˜wÄx3fxn∞Ç+xŒ®∞h-ïT¿â@
©PÀ@/°ÑıÉJd*„»D•Y∂ç]Ü+Q™◊zªrÖô”√k\∏_hΩ◊l]egfl≈;Ä‰ 8ı|‡≈ }áflt=ÂS◊G
|®}A‹ÁÕï6 *=Ø·N† ª 1ì=ÇdtÓßU°6SS≈1’∞Œ•"‰∞tŒÄER¥?&£ìmµ%ÑèáÄC9ÉXêg∞ëív
m◊v√ˆv(l√TÖ‡x5PF0cˇxpå(@(ˇx?PáGYÕËœNcáLSA`±pD°1
’êáÄ8•ÑVf*>xDGt[œAz±r+«∞[\ñÂPî#9[dÖ›°Q©†[∏mÊÖqÜ˙§RiÜ¸qáRh¬q)!€≈
Öfr7Q;£hª0ëë&òr˛2àG∞TïR •CK@À•iëÿqòxUñXâFÁIC!Å
âÄ
Â0Ãiˇ∏@ iÒ®`¡433#W\"&p·LB•LCô(HiLAvad¡îúÖ5«TWdëûè-Xê?N1c(∞∆∏∆∏wkYJPî-®‡†5
m~† €ˇì1…fi»‡ËZ„HeåSé≥%z∫çÁ¯Gî8XtE∫,PãYQ5è√≤Qëy{„Rªß/‡{øwRL0©√q»'ö·}ˇ±|(
A;Æ£Üú Á“Ù¢[,ó&±Iù≥±Å")í§”H°yjÙß#›tÌ∑_£¥~;!1ˆEH∏ê
qb”PŒpπ`#nÖù¿LrÂ6cZŒÑÄŒ àî|•pá dëvdaÅ;SW»ÙvèêEP?•b_2Ä,PÇ»hü8ã,§©X vi©8ÄB0®
P›»ç°aHD
8…°Æ•râP{â8•¬ˇ8z* ∫íèW4Öï”òÂ
ê)ô∏á"ÓÒ/∞»zRIq;;…ßq8•R./ÍÇÇ.+ ë*7<çˆtqw·}$¢·ó"
ßsK∞ÉÀêJ·^€„s@á¶B!Rı00ÒIflPß@%"N(maA∞ñip@¿W3≥?\Údg@VçÁxFI±õQ&ÍlxL&Ê¢&fvúÇ8@v
8@ü(`π3@òö˛)N-ÿä˛âÖ`~0%L<‹H´ΩéD4°zyeÂX´ÄYê”P™áô´QK9πëQW,• u-9ƒ:-‘“\\˚
≠íg∫„Ü7}·gjÿ:»w€S>Ωq≠y<òí§ I~≈äõ•±0õ-”-
#+ë>6â=-Sì1èx_blZ∞-Ûpr-Ñd√X2
;
dù\¬kpB&v! ÿ3;>SWX√WÈi&fX√Ñ =É8Y8 m ©3+∞üE-üI0≥IPª5{≥L≥8@
•ZŸPÅ[*‡¥”;eøAz•bµ≤oé√°âyò∫™E[ƒÙ8{ö„
ä¿^¿◊µqF-'B¨'@“WöÆ;ıÎ£ydSÈ˜-®π_-ëáSÙ≠
-ÒJ*ˇV`Æï•!!-˙ƒO±†Œ¿=•*!∆â1ûîáŒ¿¡/Pà><K
πùJPëM)-‡‡-5u•Å3&PÁ6z•Wô•?n' ì-c•g∑âÖ˙v≈vWÜ%â˜cGx!xïéÇI?ê4 mFê¡€äZZ-
äz=)ê ‹ç" 8r Ωx «ˇ4°GÀ8¥CΩ¡1´≥èài!*œf6,df¢öêœK∞TÌ€f∏◊f”Çõ&`rkà|Æ”£
¢π#lH.¢09<©TG˙rLoí4ìVõA:h6†0:∏ §pyè»SVıˇ=q0Ü;^TÇ
\!+¡úú¶‡T•©Áð-«åÃg< Ñ3¬ˇS35£ì(#∂-î;„ûwe¯vˇPW}Ä!ñ()∆®z«®3NTå≈W)°5≥¬N5ã¬%ê5-
êß0
fl@/·∆?(Ωz)Ω?h*ØòRt[§≤Pˆˆ¥%µ¨7ÖS˙Eéπ±‡
Ñ¨œÏ€œÔ´'“µbªÖv≠∏≥∂·}∏S≠
“;áöÇ¶Ãrëî‡á„∫§Ã”§07ÔÂ¿§sK0àê≠°ç2â¶si∏ˆ˙sÛ
l%∫t¬ÄŒ-œÂpÂÄ
πÄ5å'ˇv)Än.√«˛¬ ∞B0ä∑•√^ÚÃbAùÚ√(ÅH&ª≤´û∞;g•ú ©W-®bŸ®dÁX-më’äÌÃX”®ÿ≠ÿüG∆¬Pô‡
œD
¥B´*fiH´E[*Dî«µr-Õ1E≈\„{òùòS»'E»`¿Ü˛'"€]€≠Ú9rÜ∆ôböhhˇthª£Uöl/≈£}à-!wQfióTî÷âà
F§cbËAî† ®pyª-ÉTMó¬yò¶s[4∫xL∏≈•
¸
œ0
í¿i∞◊Epn-¸¬∞»åP~†L^Ç3ˇCÑˇK˜3j’xã∫V◊q'@|‡LÍXE0J0å ®ç’X“¶¬+°ã’ük °)ú¬´Qœflõd
™‹8[ØöŸp¥TÜ8VV°RîeX÷-Ÿ¡z¨∑z•ËPgvµ±`-õÄÆ›„a€J^€Õ»S
^ÊRáj¯¡≠“>Z∂z˜®ƒƒä2˝…~"dÖ”·^<Õ\-•"1wëä¿Æ|}≈¿¡úÀM=ÁŒ
∫•Àn#ƒB¸»Ù$-•√@ÚÕppñx'-¬˚˝¬È¿cP ?…W¬Ü3¿’6
∞-È∞∞vÊvtUbrlpçù™S∞mç≈®Túˇª†Z≥ä

™)™†/4^›4˜\∫@/ª1
≥E´v)-D[Ωœ!¬!E8>+€®-Yƒ„·õz¬uµÅ<,´m‰[ËáÏ%NnMﬁœbÀ~(Ω≠ ó]“y|w‘ic}≈≥€Á¢<YõvC:
£É"mRysIZ`âê ß∞ Xó∏ ≈0U¢ßPE1ƒç7ﬂ|∞>3ärä ˇÃxS@†√òü…È@Ü ô¿a&l-
úÖz®Âå5®WyeÍe“kaã±h·è·c7ñˆç≤≤^1õ√<kyƒåÄ+-Îk\ŸÀ
BK
õ=é?x˘o…ŒDÁòoz,E-9˝z=˛„åsµ§m-√¬ Ñ@`∞œ;†âqµ
∂ •ÂÓ“Ÿeê-á≠~ƒ“ﬁµ.+A6¬ÛÂÜ‡áLÔ °¿¯Œ”ÕG`\ w˚í˘∞å)Yq@˝á÷°6=£Ò|OÒ?
#ﬂELÒàûË.√à!èÃ‡~ÄÚPwÈP«˚;lWpwLu-&b¬kxE&EÊÛ…œÍ<Ô◊QY?•≤Gè9`Îë7å◊øÙ√Ä ê%Ä
kúDItÏYO-´´¬Ë+∆·›∑B* ˙¥[‰ΩÒµáQ±`œäp‰¡e…Ç:v®ÿa˘É†ãÇ6T<T·
7å∏MÙÊç¢Fo€&n„2c»è‡Föá“%Fn’™-[Üãî¶LÜlﬁåCF'+VúP9í-Ü ¢EåUxd…2q˛8˝ıè°?
~™˙„«&L£FqÌ√'
ú3Ä ñÂ≥i¯îUgè7WÆL©A$≈ä6lå8ÇÉ5¨LE %∆å?œÍGí†…ï%ıÑIê ?
õ1c√'42pA≠dä›ªJ~°˛Å„«å8X‡¿ùGä/)ˆÆ¿¿◊¡√$†Rl/4j”`>áÆÏπÙe‘ó1ì¶2Ìø°{_fò1Ò∆ñÌ:l∞
˘bª~ë˜œÀÿ.˙Óã˝¢è?}W¯]ÒèE˛6IÑ0òpÇ \∞RÅ•ë8¢#åD¢0#ì<™P#=¨Hökú+óM2-ƒ&:Ëà#ß1∏ É
ûúH-§ä
°(m,+∏#?ú≤™™™È√è>“8√≠>ë‰ëG¯HK-µˆÑë,¡“J8ﬁÿcè7•†À3¶pMÜ÷˛k∏¿6Ë ,˛®Ñ1Æ√S1≈∏˙É´Ã
*€l≥Œ6”iå>cå4î¿Åå(,¥+îòTå"~ B6j£-7‹X`a5WH°Øäs”Å"åÉcñ[éöe¶ëŒ:ËÆ£é:˘`∏[¶ªeﬁS&
Òä˘&ˆé=ˆΩ˜<€Â>˘ÚsñY˘ˆs%ñ˘vq≈ïM°√ã'Bpá«epAç,]ñV ®#ã0ú»$å@ƒàõk^jo¶LQ±©ù^√ä
%ú8,ãR°r¨¡{Ï©E!…¯Éb´¥ÚÏå3∞8„-*?é+Ã-GﬁÉ-.ﬂ`ãL<Ãp√LªJµ6® Ç
ÜÎ á1*Èsœ;1©œ«∏í@ÌåÃÉÈ4ò<Cåd(ÇÍ‘Æ(Î◊dÿz∂BuM±eøPÃÅ(ïl¶˘FöÂ∂ãéÓZo}Nª^{ùÔÿbµ3Ê
ΩÛGÔó˘˙˘∂œ¯Ú£V?lw±÷/]|qe¶:,8êå%òxÇ œ=ÇF≈%HBu”ÌàBê>ö7úç,Ìp
£åÓufóTPI[‹©'Åñ•)®°T Öá™·a˘Lî)¶Æ JI$yÎ
Î≠Á≤À0ŸÉ{F°ﬂ˛‰=•üe=ZÆÀå4’DaÊølésàAåÑ
ì?/NÆˆ◊™≥¨òÓ‘Ä§%ilcZx'2ı‘Ã6?†ö‘4*±å
k∫`V0µE‡T åÄbëç∑Y√9“∞é≠•VcÒÍ∆˙0dH¨aN;ÎA}∑CiÈp…ÿè~˛ıü»˝'[Æ‡Ñ&Í˘¿/xÎ
·‹6∑9-}é ®;ù∫VÇ°ù§]∫7D‰\§bî-ãr, m°'´ëçT‡0£ò†
S^0ò#20+ù∏Ãe¬Ú,òAÜtCò∏=ÚqØ{X¬]$©3Q“eì*mÿD≥¿p F C˘åd§:-O_ÒÅ’45®°Ä√B,Uµ™A∞Å3
u∏©\pbC¡7y∂,$U ¿¿îëçmL£”`Üs•v∑\·Õ‹{O˜ˆ¬•°∞«˙Ê7ïÖ∏˘<ÀAdV~∞ı
#ZÎà©H,Â¿¿Ö'›·[KË‹∑Ï)≈).Åˆ˙g@ØÒœ˘Å4#\TáÊ∆ ©_©òå!°F2∞±'oÿ6°90aGqX
Ê;+åa@íg(3•G¿Å.W0ì•0”ô2b¶ã‡^$°Gœ0©åLeà)Paj-`mTL8‡ÅX¡rËüVÏ¥JT"z˙Yü8ì¥V∂ÚT‡ÇÄ
#(AÇg5çb@¡Qëí _LµÇø¨ òv›
Œ6ò¡«;-ƒ4∂°çjòPöu[·tˆ&Cˆ
áø/!∞∫||qé3ùˆ¡è≥wŸ˘QúPD¿(pé ÙDm=Ì Ö'@¡P(@€Å^DÔ
…Ñ°».Õ˘Óôª0-œ¡;6Úx¢”Ë¡¢ÇÜe¿£
Kû§ÎÑã©§AjZ¥´]H,
.ã©häáEêoè%lä›ñ≠ÏL´)√XÊ-h58†´Õ" ‰† kà™
! "E≈~}äÍf∆-’4Ä5ñA(´Ö÷≥Æ’¬é,~◊%8qu¨ãŸä`%à.ò˘ÃÂDS:ÿyåY(crÛ„π·6˜B¯P÷«Ó
°Ï≥7«9Œà™÷Aãà04-û2zbjõ8e.@°◊¿≤Ω4b[äpô#™KHDÇÆ/£kDÕn*Q /ƒ¡¿„ßËñ,•˘w˜(Q•h£#P˜¢
$S∂ñ/’.e@ü≠ö2":ù©¢Ò∞h3µÒΩ4LÎk©Ω`Ä8Å·o∂∞Ü5ƒA
<R](Á5≠iQıÉ≠@!ê'S•)Õ)|÷»‡ÆzÂ•_‡4laªÉ"í+ó¥8±åÕL∏πÿÙ∏ÁWﬂ¡∂èΩ√√r“«Yœò<e>cd»π¬
±¿)Bk °vû]`#öRj® ·©-@
z∫m|Y#˝ñ]nO«,„Åf,êõﬂg- Ô`
SûÌ›¨œ˘œ®Ûe(±°¡-´å©=iÚﬁî¶å¶$…+mÜK«Ù
Eµ˘/~1-¡8 gVX√©'∞7˛ŸœVH-ØK¶ı1Ë_ÕÇÓXÉ§ÄÇk'Q†V™KPÍø˛0]á}*8·¨Îa∏ÄãY¡
ö≥ö'›dÃ\=ÁÖ°,[éÉıù»R€€r
Á∏qªG@è3bí≥O(ë›OÑÇåÊπx2î¿PÑlΩQ€˘˘Û\
≠|ôªò[éÙªﬂŒT¬
-≠Ö;a`K∞∏•j0G‹˘£utòt•ª<å]QOsÀ<>‘»W‰ãœ¢!|î_-e-É•Yn&òKM~ë@`*ê≥&∏Ò§©Óå≈{‘gãS
°ˆ@¡¬ín
è
ø¥`˘Pˆ«‡¨˛K∞˝¬ı,¯ï8˜«Ä
°úW°]öå]!]qªÍ•˛ò!`Pñª´¨»J¿¯"!™˛‡˘H≤ZH≤TX77ìë.‡‹¿yíz˙ÉÅå|€∑Ñ¢a 1 ÄÀ°
kË∑g:ŸDh¢ﬂ9ΩårΠ:+äà≥3=„≥#ÿ>ÇäÏÎ *h0çÅ,¿∑*Â£§E>·ö4IS4ë˚ΩﬂK>=ê/-†ØI±
ø∞ôÈÎ/*†ÆûÛ!î.·ë ò=!äÇë=À€˘•_Ç:Q-C©[øıS´Pø‡Ä≥π?∫øS©ø•†Ç8-baéπëÜe@!∫caª[±
±•Ëëö°m´,≈QÏ!"ÎªÕjß$s'ú(Ãy¢y/@ÈÇy™ßä
Ÿ“2€*®Õ”<1´öÕÛàÉö<¬Ç ˙P3:H<ÅÄ"8*°†#è
ÅèäΠQà ‡!,ò8ƒÇ#§*XB-∞∑"ò™$)$>=ò¬‡CœKª¬„s˙GFY¡à81∞Å!†+∞8jLû|˘«0»#ÿäø»:

B?ıÎCˆDPìôôø616ú· õKÅ#0ÑT0èÊ®ÊPY¿∂É;fx!î$@iı!O¥ªª´ª2S2œ€Öø{l©UàU»3˘B6à.XÉv[
ÉΔãÉ£LJÑ»£<}≥à®¸∑‘<™ "Ÿú<óxáÛHÖ; Ω|Ç-@Ω%:;2ûhå∏°8j%ëŸ√Δn<√˚Ç "˘™E+É·K«‡£
§u<¬,*D/4%ÿäô©•ÚÄ(Â-®ç:K«\ƒ;≤£•ÀÅê¸∂ªˆ±+ Åáá´5qC,DDÏÄô+1 M-ÖWYeògÄ
Yëïkí1ΩπƒΩÅ;Ì@ñZ¿Ñ…ls¿q+2˙7úêTá3"°, ÈL Í¡!ÒÉA0Ñ»+A…”2Å#áÅ[A2£ vIo ¨{˘)Fô(ôß
-I:ÉàÖπ≥h|ÆèrKqCŸ{CŸ√ÇÕ<´°$«(T«tƒ¬%π(ƒ¬2)ì≤ö•ã
®õÛÄxLÉ-®Ü û÷s=;ã∏; Ä•K»ƒ™ ª
M-Ï√Üƒ
‡å<ƒD4õ†ÇL¿g(Ü¸CªY1èk¢ïƒR…ï‹õmBèπ≈·§ªÔ8≈%D'˙¯;Yp'kÒIWPÖmAÑAh<J«[ãÉ¶‘Œ¿Eœ.
3ÄSAÄœ Î7o®6Å jR êD®yBê¯î#ò£h%"ËS¥ƒƒ%±Å˝îΩ∑Ç ê∞ C´)•=‡C>,L,dπH˘çBD+/G¸,-/¯
°Ä û† Ö8ò˙tΩS-ÅÜ…Ã$∏#ËÃ
,√`Õ`ä@¥´P°Hú!¶0;1+0R(ÜÊ(ÜùÜ5Í(÷[-f-Èx!_)ñΩ¡°ñáIª+Ef©IΩÎ
°Åd“r{RUHÖTPÖô@DêR#É.h<•"EÌ0'≈´ÑA{!An/KAå‡EÖí≠Áó¿22/ÑÅ'ÑD80•ÇpYÆ¥§O?
ı¡-;≤ÅÅH%ÕúX\ì†"Ä'Ä)LwTœ¬¥BFì$I**òÅ≠ô® ¿∏PÉ-Qï£S5û$äÃ4Çû˘Ω#6ÈÍÄC
@Qı≥ƒPD˙√?DáÄ¸≥RpÜo†gHVÛ(÷√"ò(VÍ`ªhkV»“õ±Mèo¬!%%2ôÙÕ“÷˙hRùtYà€'˝I9%D89∏“Δ”â
£‘€Ï<w
SÇƒ ÿ≤J0sóƒ
∏5]SmÿÜj∏m@œk(ΔXJáä‡\?ÕÄœı”xÆ¢†ÃÅúÿ;RÇ”ï"òZ2ç"Xç+YJ„Kë≥4(ƒ¬ïY-*%XŸM'Øêò-
ÅP¿-0à≥|ÿ-≠Å8HÇ˝¸˙0<¶
òU-ﬁ≠ >≥ùX·C»Ñ`˙}ïÊ∞Õ>édMV|÷È(¿èg˝¶`)úl”÷"C“¸Ì°õî@Ulß(≠3ƒK8ÑCàΩÕRy+5[tWC‹|
õW,R\,*Aê¯ß¨d”˝°ó»#m®Mcê ÉçÉÅÄàŒÕÄ¯‹∞-p.<[:âïÿpC©ë0‹¿Å©¡
¥Çÿï/ŸuKZôJ]>†Ú=ñë©%/2°ä¢JÇâTÃ˝//êŸÿë°PÅ8„…Å-Ω≥5ÇãMFâ?`*/-Ãﬁ©≥UR
±Δ•ëìíL@R¿Öd-cgàÜ™uÜk¬Z
è€Ï¶[q°b9RıPècê°FF@ÃBŒı˘P@SD¿ªK''‡¡sR'="wRÖq>ö Ñ˘ëòÍ§7[¥7ÓÃEy>∑©Ã°LA3Î°…
À 5u”å-1z¶˘ ◊8êœ·\^a?µO◊kò%I'À¥·âM>H9çgŒ5ŒÀ v/>≠§I
™31ì>=ü>Ø6ƒÇ$˜hü≈tÄ·5±hDàÅïœ®Å/vΩË-à^# HÚ":`bc-M^S
\5ÇÏÃÑU¿c]@ÜbHg∞/WqÜÊPﬂeêïjƒ&È`_Ûÿﬁ\Ig˝GnIE^èó,2gI[˘≠dœN¡K2ü¥ñ¸R
K∞ÑLH‡Ax*§,Zú{√≈ÓÏN{∏W,≥¬•e6ù‹6µ≠[.÷]ò :8à˘$äfavΩ∏≥®Ω£T]:©-ÃÈ>
Œ
®≥ÿ%GÙqØlF,lVbÛa//¥ä$C h-öìÄ√Ä0ﬁ!ûá∞Å¯,/êÁ8UË≠Vùﬁ°'†QÈLÌù'MëÅôK-cchÚ∞Z€‹l
´]éÜ¸cuéd]ﬂ•0èì€&lèçééí°;N¸®IKfiª[èífú<ƒ≠¿¡ìRWËò>`°µR«KJTí ñ-
¸≤1S‹*ÍÈûº…çAñ‹˘Ì¶Xÿy7/ÄE°•\¿Í˘•
>ç“m'ΔØ‹êÅΩ-0]{¥9ôrÉudπ+(ò/Ô¬¨Ô^*ìJ°ÅïsñÄòÄΩU¿¸k0^¢‡kÄg◊´-‡Ÿ≤,L<dì
¢ÂgZ>ƒb5®X±ÕŒÜË¨ÕZ-ÆÕb5÷ä%≠
“NêÆ%ÿvmıË_/ñk5@Kv[lYNw:¢!°X∞¿ZnR∏ö~äRÀÈz+MÍ÷ ,≥5Ω v ,
´n]§e˘ıW»µÜf;;c7lå_•ÖZËe+òX-ÌjHU≠Î(>-çÎΩ¯
‘bª0r<bòöÇ∂ñ/ﬂ#Ùƒ®pºÇÿ˘¿ô°bÿØÔù»à∞l 7Ï0ó•@ÏHô•ÁËÂL
¯%ˆ1ZÏ>^˘!X-VËeXËπyé?Ò-~Ò?V˘•égÂÒ∏∂¿©qŸFvT€#=ŒíÆ
%WËV∑"èÊDs."#0ÖÓ¶âCx*5@nÏ¸[ÄönÈŒ"Öän5ïÓ0gS]‹U‹j»ƒhÚøÂÄwöÜX Ö?∞!8> ‹·≠>o”ËÛ≠
öƒ˘¸FeTB?tm>ÙDÔo¸&G¢≤ ˙ï•,°>Át.^=}„l(lyÜpÛ˘Ä®•ÉÃÃ^RH ´¶ ™?(Üo·W˘ahc
∞MOÒ¨'y‘de0÷AÊ¶¿ô"*"dG¿Jƒ¸]öÜW8NpÛÖÊìú"˝Ú#≤¿X¿v\¯ÑôÊvSS -}™úéV¶`/3+◊<
¢Œr.√≤{©œkówá¡ì1ó»1w¶~ÀkX_Ä'JP57üXc6oÛR¡ÄÅ/-¬∞◊∏ìê)òÇifT˘é/)hπkﬁÊ!gFyPœê-
çﬂÄ˜ÄLÔ,ê˘œÊ”àFŸ˜≥¡8»D≈Å3Z=Ã+Ïçy7ΔÅ,0j»Œàu˜a©Ë≠vÚÄ¸?
œ&CdNÏ1Nƒ¸‘Ó¶qB@fâ¿˙»€y'•˘Öiñ¿ò°ñM^m)ÌI(Ö®m±9-ÑU◊t-eÊÜ˚À#3Å{eÄ‡Êç€6Å◊∂
Ù¶P†Bo/ÆìÛVÕ/√á'òUöÜpb∂ì+2.õV≠ö≈bƒPe˙Cfâ!6j‘HÅA&Üö+V`ËÄÁá+6¨@!C
¢Dà¸8*e “)e òÅZÜ©S3z",πj'áö+^äÃ¿¡ÖÑ
*8êêê∂√!Jò8°,Ñ\ƒ"Là0,Ìà%<`ê†¶ë$Jp" ±≈Õ†(P,~,tEìIΩœ}sflö±ŒÀ>˚LmYË“§˘C>y5È“Œ~ë
fL˙È”©˘¡F-˚óÏﬁ∑qﬂ˘ﬁıÀ◊•]œdÌ/Âjy"TÀ])˘ï<9rW«c=«Œ|π*Ï™ƒÉ˘ŒI"6t,ÄÒ,Ö2q÷°Á&>}˙

$òêa~ÑΩ]£PÄ€`5)¥Å^Û-H$eìM5i#RFM£M5‘L”·4≈Cä!jQÉ_àÂÑìO@u∞ÅOí
5TQIIÅRS¸0≈fDïéPÒËè\qÂïWJÑ5TÅNn‡§:ΩW\Wäp¬ï%Ù•`òÖ9afa2<∂ÿPé¡îF<
f§}ΔŸ2Œ-iög §∂lzÆΔZjù°VË†~„ÀmÉ:Ën¡IÁãq˘œHƒã,ÿiÁäs-Y/©v πÀ•≤Ñ˙wöƒÚù*ŒyBä#Ñ R
G`§ÁÍ©F}ª“Wê@ÒWê7€Ä3ê˘«ÿ-A˘U#ëB(·D#}$°µ“é§ç5"iÛç6Ÿì£
5…êí…&ñê¬
)Ë¥ÅäÓvY°Ó
CC≈`£çM9uE¸¸8%êBÚxÖW(QX,,πAQ>)AY`‡Å~ï0^&dπW |ÖXLôBJúVí≠ õá≈0√
3†-M6ﬂP„ûv“πÃh§)ÉËüçögkƒïF[nç¸íàjœ'Üöt“7©•ô>Á\v-A'*◊˘^og*.Ÿ•í ™öz¢ä'õRt-ä+\
‘*ﬂ5‹‹ù∑|¯

N~5¥ü±˙7,ÄÖ®
B®¯5I4·D/RNëG/Ø˛-BnõL.qì∫ÏˆÙìªßC&ôΩ2%+É˜ïîé;<{Ul$¬a…¿¬8Å√fMâ\\B]!
ú∞ó^#x◆÷6QF-Å…I¶fh>÷2˜0∑åÇì`ÉŸ4!}÷Ûœû:®jÑ/¶/-Ó3 4pÜ2ùöpSg‹®Wó
Ue"/t™ÉùK∞TôR™VÂ@0∏¢UõPD¨Ë0+/@
`»†y5üª…«W¬"~å≈ê˘H@à€F≥«¨íÑ$aa6¥5
mCC™F#Ú≠llcŒHF&÷`-d9y„fz±Œ^D◆AÏà†#3Ï(ãT…>ê¶`$-!a3êYãÜ¥òE051fi«¥¥6ΩXò
cMûT=å©L+Î∫Á2¨¨Mg‡E70√°ŒúØ5ä,ç˚˛%»˘1Íhè§SnÑñ®¶)-6ÑÍ'˛7ËÄJS†©2•ùSö
UÕIUŸŒÊâTxbmó D"ÿ@+(`ó|¬5zÈÀ_ñê~˚ïflˆC¨ø•pYÖ#¢êáDN[°©e-…Pqfi∞IrX
úÂ˘¬6hN\'"»úŒEizÃP/Y$Â?(ÇéÆ`;),Â`\4ÿëÆ†∞Ùnfi√Ñ˜0âu† ®ò_fiÚFL ∆√¿&°p`&9-Çôˆñ·+
(à 40L@'»Y"9√H:ÒÈO≤!ö†4È˘-Ô}è"féõ˛ê:¢Íîr¥S∂W20Å®L•)0e∂V¶≠™‡'&òYy
°V`x†¿Ö_´íôxÎU~Çi¬Ö,3YÖ;úÅ$¢†fe´qìk-Ñj8!ÃIKÖä"÷8§Å?°';i°
ãN∆¨ â%
Ï%i#y^QG¯$ÇÄd∞.I ˇ ìb|¶Éob"âÒêΩP†-]£Z¢%ì)¡WHB>™vF-ÄF
C:ÉgFNÒá®˙ÒÙ}≈ö"ú¶`≠í˛*QëÂ¯"k¢,[)S *≠-«9g3õ¶VÀÛí¢™óPÑ€"ÉÀ'x!
]Î>
B"ò¯I·~Ò∆Ã^:kY^‹F$r
ÜıY8tÅG≤ë ı"Æò£F4Ã≈.•3ù©ìÃP∂∑=§l0aıÙ ÏjTO}zëfˆ<"a∆xÅr ¬sÿ@9ê-
◊dl©h[(=tx‡pP3%Ï£©kßHKä,„>‡˘êf◆ÙRcç5ï4Õ˚V3?
JN24Úªü˛b™åüNßS'Ÿ≈P∑ÊX¬UY[%ùóSã◆:ı©™ E´^I'™R-ÇÈy
°ü∞&Ä'óÙıU˘îYfl˛˛7Y<,ê['‡J˜≤¿ÅDX®!Ã=àq$©∑*î *4Ê'ÑEΩìÿ{¡Sû?òÅàï‡E[ìx
îµ,øÊØ_{±{ËM8‡∞œØ,6¡ç)F± ®E:ñh
2d
∏´»dRBf´d¥8¯fi6pÜg`f :Kflï©‹EÂ¥QGé1v°?2'*flœò%sıG%U9Áû8fiPi-·$Ôõ˘YŸJ¥•Ç±î8U";¡ˆ
/ -L0ÙXÌÎfl±Óç ŒõXÖE8%3ût'¨ëK˙øû´5$Õe3B'»ÑX◆,Ukò^éµá˘Ä∞+hÈÛ¢évùb~ÚìûÙTÇ?
q‡b{x5vnÏıf;¿¢5IfiBüf˘»{T≤´9Î≤õ`ª…¯F68fn@-rí25T°
Â4˜ÒΩfiÇÔ{j'4<8≠ìiÊZr¬∆u£-ôª™|ssœ◆T5ñ|ÊDf'˛ÁMLêΩ∑,txŸÀf¯≤∑€«|∑dH
%ïfk3{ã8ÎÂIú≥*r iI»A#ë©ßQ˘ãAP°aÖÕpdH◆{…s≤˛'©ût0/≥ÈV˛ë=6;©1/v◊√Ã"PÅ~>ÎÇ
ª2Ä1¿∂3®ˆ¥`òY£¿˘å∑˜P†ÅT5t√4D5'˚ÃF,è˚$É1√/ÉJ«†ÿ[N†ΩápÇ
qfiô·q®Ÿ'u
¡e SëR¬…YxôÕŸ,‹S•Mü}≈I\z•◊x\'A¡î^,Å5†fi5†finÉÍ=Z…˘Ã≈[Õ 1!ÏÏD®ÕU◆=E<é/
eSá†ÇÅ∫4Q:)Ü-1FáMü-)A"…ñëLAEÆ©aé(L'…Ã˘c◊ëüYÿ
të˘fçYî'ó¯êIÃL$ÅPXpO€©b∏K
¨¬J%É2âüËI°Ë]O>O°E†'◆n<`‡m‡·^Ω•YßPMm«Â©Õ™Äv§¬.°ô,,byâ«'ÙUyÇrBzΩJ-
°È†ûû5·2™fiÙí3ÜÂÌ◊ ¡-JÄ»ÅXÓ=ÑÑ]±êÕ}c®iËL*f¡'¿¯•∂aõb¯Q¨Ifl‡Å∞)]ı˘=µ!-"ä=Åá+Å
±aù@
Ÿ!§çuÿÿ
ÄÄçÂDM,' %Ä
§®SXF∑'öË_˘À‹fm¿êÖa"&ÇÜ°<äoÉ&ÌÜ"D†˚<`jD`Ê÷G‡ıù'„πaMx•çŸ§ç©4*'¬
ö úqUE\0˛,/#UÂûËe◆`Ï¿DX√WÇÂ34˛◊/ éAÃfi§≈‹7Ü„H<é§HÉT·¶ÈêƒHŒÅdIdà2PA
∏LÜa€nÌ÷Ü…≠Õ»p€^ÅlŸÚc>ùÓ‡»zîÂ÷
ŸœKCœàœ"·ç±@Td§≥˘D=R¬l0 ±SHœÿ
¯A- ˚,√ôQ"mt,L≈õM,OO∫NíôÇ(Jç˛ï˘t∏¬/‹÷-¢,Â+IûΩô∆‡TMe≈e'≈µ
U)¬
n'l%TC3åÑy*£2ÇÅ®'Z• ÑZé|.»É4éYj#\Y·~Fqö[*N5ÑD1TBXÅ®-Ê`X'V-Zu€"~EmIÊQÙ#"
ë@NA¬d0$ådãêh0,âœ˘újÇ§@
ú@
Xd
®Ê)åa\¡kíbπå¯≠ÄdB2ü%f˛˛Ü>íOÈè©Ω=†p<`ìˆ]iÊ$r˘§tú¿
ú+>^,%
&Â
"'L'◆,üQÂÊ˝b
Çû&¥M1Í Wˆ¿Éòg˘yBÀ3»/>)Ïô<H8!%ãCÏûÄ`c%<H°NÀÅ|ÑÉpì°™9∆Ç%Ç_œ:µf;≤å∏%LHhL(¬xËá
…ÜfËäY®¬'£'9∆Ÿπ÷°Ä±≈M†/5√<∞®_§Ä,â0∞@X'ñcEQ<>∆¨<B4¨õfòFL°Fo
‡-§NO>)œÅLMQ1ßt8*-"û -w-v>,yUrg≈Q)Äfi%$"@A°/,ù/k¢6»2Êk¶%öÅ'fiÏ *
\1j®=N∫•◆™H(,]âÑÑLÉ_YB_™£∫∂∂°<™ k6&m)b«*åGç,?,Háv®=ï™©ÇEc`ù±=F°°ÍM¯‹§√ÿÏ
ÿl
¢Lú®''#»Îpèb¡În…ÄC4√!ûhRfl!äo|bµb`°T´îÓœ¢†F'ZÎOQMu0'®ÿb*iÊùMQ'/òó/˛Y€R

%UFeUÅ)∞)tÜÄpeΩögfl6Íyez~Â≤kY˙í qZ2'É∏<ˆ¢"8_ÉLSF8H¢éÑ¬NHá É%L¬AâÊb<÷ˇkn$∑
-« öb¬ìQ∞am[ä…Ó "@œj˜ú>
b™ç--Äí»âœ·Ï∫¥hˇÕ÷Ïj˙ÍÙ´˜¸c%$m""ñµÜ÷& '†F,ß◊vm¥ñb)ß(«*&«+Ñ"ÿb ∏ √°-R'y•+∫n
ÁSÇ'Ãí€„Ï¿1^DFÙÌ¥<ŒDÙ"G%+^,)·™<Ç∏U•·fiÅXÑE`.πÂ°"Ï¿ÓPÖ|
C2¥B_RAâ®À:EFdƒà@rö'Ë¡@éëá
é'ô,áÜQf[c•a«ÏÔäõ∏-jë≠âÔÕ¶b Q∞H&
‡ÄËB2hghΔpùÜt9R*n≠"pí'Ã§Nä/œq-'˝ΔOU«r2^¬%%*]Ÿ™mv¢k€:Çˇôjg
€n¬zìÃÎVÍÌyñgfl>‡6√Gògœ*#flÈ#ÏÇ¥'V•„~°,„ÂÉLC3H√ˇ~Ñ¬RÑ5dÉ3%B&®¡AhfÓ≤IH2¶-üf≠Ó?
Õ/ˆ<MÊ«äÿäŸ.f*¢ã"ëOƒ"Ãé
‡Ñ&…∏
o/Ú¶')L
mÃh¶ã`A&ûLqœdô'2çfiFKk÷'ìn≠÷"ˇ¢u`Èsÿ¢ÿ÷bŸäû9/Hú∑Ì¸¶´∫÷q-ÕçΔ±Dˇ:A3àD£ß$#≤
°p#∞•aÀ,,D‡´ Õï%pÚ¥\pÊ:HÖhC2Ù¬!X¡ˇA
îrc°]HrVçr[
(&H_∑"aÚQKÀ/é™"},=∫Ò"bıjAáçg 1ÚÊ4gÕ£"Ω"aÆ…MâÅ.WátΔœ¨èªM
+·9©◊Ó)Ü3q^]^uˇ¸FïäÿBy)∏Œb¬"fΩ-=sÇ#¨5
Z%-ŸíÃ´•3•-˘≠ΩŒi óÁr%ÆDj%˙'#0_.bgÆ?[ÆGdnFPH4Ù¬ TA%Ä∏Q¨
+1gâõa∞2XÃ/O«r;]Rx'ÌÊ»éò¬†4@…L6œm≠0
Å'˝ÓYNÛ∂€)Ê<"RáÙˇ
'¿‡¬7ëœÄFs{Ÿ2hµ‡Y`¯Í§VÌ6«‡fiOçO6fi¿•/Yèm*ú"Âë"wº`Áˇ,Áµ5∫nÇZΔqΩŒ+8-
+ù4;Hb_•?.A™•%v3Íc.ÇœidsÀ4|2ê¬ dAâ -∏≠K∏°2¶bOcä€hØâÀ†I;'?¸*?
Êd}flçZËnœÃÃ¸40"@s«"ñ∏%Iı',Õé-∏ç€Ù
7lE‡ÄüB2ëS/´ùàvflèÊ§cµ6gOJ©¥^ Vw()«+úÒX∑Øvi
9P¸Æ˜ø∑[Wöˇû#$<xÅˇ°>∑8K∞fú;¡ˇÍwÎ∑Ω^Ôkz™G2#∏¢Ó-Dã3T≤¬˙≥ccHGÙÇ)ƒ@m6à
€x=FÑ÷„+oœJ∑
HchQÖQ‡»<°Ïl%AÙ°Ùa¸.
.¿ÍN(ß*,¶ì^0Î^P-ö<Œ,flD
¡05g4†14†≤>´˝,äî_9'AÈOI∑÷voµØ":wy*Ug(• ∑≤ òŒ≥U∫uØ∑ƒ9Ç#|ß€`-
>Ô@ªÔÿı0¡<yyV≤û˜≠Ö†ß_2‡0ÕAr†?HÁk2µ\âÊB6F\â¬+∫¡WH4|r(w4w∏Âv-üˇâ"£œzx
Ö¯Jáâ,EÏH¡â˚S ∑˙Í¢4ÑrÍÀœñWpÍlqõb˙¨íqØ 1ˇX-Œ¨∑òB"ÍÃf4mk(k
Õ¥fiõìL^Us3¯zÒNGN'rÇ7∂ßÛ¶ÄWxï óF•'ê;Uçªôn B´={-·wª€uºª˚<˜u€˚ˇÊ{#K4Ä∞•a.µzÅÛı?
_.3˙¡c»•U2¨¬ ltfk∂lz6k"@Õˇ.®«HΩ,÷Î~…«nÏ dÕ·l'(¬Ã<«~-|AÃØÓ+fl8i{è{ÿAlÀL
¨A.ˇhLqgXŸ≤√{uˇ'o±q> q4i¥w∑(ÓœUc˝÷%ò£‡ÿ¥Øâ«ì˝&¥uø7U¢{"<A€öŒ˝ª";<£?û˚≠Ωbr@
ÙA"ï¡"∏°˙y¬>SÙ¸Û¢Ô@T˚Ê¨W•5YÇ'®ÅcΔ
+,¿Qdbí$5íÃ`(„·√(dÄD#%â?~)BDΔ "/ãL)"Ö»è)(ã\π¢%Jíù:{ÊÙôDã¢Cá,HÚcFëYt%»ÒáîVßŒ
`±¬Δ d'¶sfL¨±ed«#kÏ€]Δv"V"Ìدqì˝¢7.>_oˇ∫';8Y_ª|ˇÓ,ªÀ„_©Gv'8'ˇ.»ì-
OvY'ÊÕ©<©R≈…È"ûPìVùáN(^†ƒÓ±Évm€µù-ŒMªZ≥jÃ|˚Æ÷[öof√õ]Î≠°ôµj◊")øz5o√ù;¸|
ªÚÌ'¶iü6º¯¯•¬«˙¸¥iŸ<3Å«J#9$>ÑQΔD%ì(¢Üì4öA?àP@aöj*ñXBÈáòÆHÈ)lB ®
9<•,œËIßú-§$â*´Ní¡@é RBçVúk,±ŒrÊ¨≥âIfG¡‡äÀÆΩ3"Æ√‡Áó¡~Yr»√¸ä21≈0ìâ1…&ª,ñT
ÎR4-\ˇììTTÒÑ'8qdGˇQfë;¿ÿAËAÖ;Uha=o≥ç/x»≠7%Çk¶8ÁÑÛ-:Á§{nQÔ¨πÆÌ∂ÀéªÓœK¥"ÔΔ˚
<ké;nªÒ¥qÜìI'@?âz$ˇí0"Vã™™#q]PWYRQùJiäönöb
†<p„eÕ••
-ûÌ…®ûH$∞ìJ-A¨Æ≤uA®X%ôdjDÀ\≥»JΔ_÷bróevÒ∞'°í»%ÂÖ+Iª¢TÃfl(]y,≥Å´ÃÃ≥.9ìLU@˚Ñ4RJ
€$Õ;\É,âñÿAËxÇ ,∞¿Œ;iSal¿má<2¶Õ°ÌÑsÆ<·œö¥∑Ëˇ∏õé"MwÓ∫k¥ÒÆ"LŸk9k^Ó'<k¥qöV¸®"
#$/
áé¯√AZYcΩ/'≠tÕ5€©b(€lí"$bXïPíI'-ö>∞çπ€∏¢ç°E
' òb §ê@˙à™à8…+k§g']>«…:í-ª&G,I≈ñƒº_$ÁÌ|0y7ßÚØ ∞'L≥À*ÎÚt-∏-ï19â}MÍ„â9C!
d8ÄÄflP%Ffi≥œépbâ<òPfi"P=5t-Ë£KŒQÈ}.hk,ÅY:o¶ì'Ëö≠-Töö_fØi˜t©ç!Ó√a´¸˙s»°â2,
Y©n(Üluâˇ…˘Ä$<öŸ~•"´mEHñò∑6òÅnWàõœ`ë´ºàlYÅ‡|'∑™xk5¿Ç)®Açµÿ»ql…äZfiÚâe
%e0pÅ◊_ÇTâ]d.tàôª,¬√~ˇÎ|¡íes%É!Ã3õa]i^&3qbväÄ¬D†Äfiˇ Ów ÄpÄ0¿!¿"RÜF€8!PNp
£üGOπá=ò∫Fr¶ìGùMgzÙ#¯Äv
•YgS5≥ŸŒêFûj4-‡…5í±
?P!Iÿ»~Æ∂)¡Y»ÇE0¬êÑMì§4 GR¿∂$Å≤†)h7ÃçÇv˚Bà4à_ïm$ˇ J-GRÉ™®*ô\A
¨p cLc<˙Q%»C~I©r¿P0¶yˇ0J…•≈øÈn"á%,ùÍÚŒ,9ÒK_zÏ4¡Ü%® Ë>Ô∫¯E} x ûù¯tõ%Ωë†
Ü2hqïÑ≠zçrhqñ≥ú r:÷§!aV>%Á|%Åèy¥¡¥iPôHU%ç© â HAEË%∏vµ\âm¶$ /qj6,•W≠4÷ K7»í
Ç¨[>¶‡ìœ>Ù#3Ë•/˝âß∫Ë%¢àÇà˙S$c§é„ëY~ë}QnöìÉã5o($!MâúflâRÊí4Œ)…
`Iúˇ L,Ó™∫À∏ØMÃR;UÒ Rñüÿ!,¥1fiÈ^Ãß≈HF,ë":®Õ''4Å M-

lÙfÜP•yj9’c«Á«<J‘êñÚéw%ÚL£iâúΔ7≤Å
b†™
FPÇ¸ÙC?M&(V_®%oip†öÜÕ#f&   >Ç@ÆÑXSØ√u)®
µn,€ãz]®¢ʃQùäU_Ç§ïË≈2-¢hBŒj°!î¸2Õ]Xì¨î€fË¸"◊Ãës≤ÿf¿ÏzʃÉ}Ê3dBÿ¬Hë
Rú   bg”aŸ¿zNÄãø>˜…OÑÃâ$;Ÿ¸î<Õzv≥N8®q˘∂=Qç:è¢v∞gZ?
>RÜÙNÃ»£®E.çðÔ˘F4†V,ÙAò|»Ñë%'!&â
)õ°+êØUº$fO{ʃ@õX˜ʃ/5Éfy]ª·ª7Ö*0…Îe_6ï$|≥™´Ç•]ÄEÖ”PL‰ƒäʃirduÀ
Îï˚Îõ€‰aÊ\`8`•[ß^◊&¿¶,ÏÎ*,;E‘Å=PÅÏ©Äfl
¿±˘û¸Y,ìYy<•lé‡Ÿ\78ΩÊu3äÑbáÿát‘"©≥cáV£ëÅ46Ã6
‰ó’ñ∂‘8Ún-Øµfl6‰É
Çë/ãP\K2$Ä˚aÓÇ∂%˘fiËíʃh„ÑXÜ†ΔrÇ≥tP¯Ê™±`º‰Â
4 g•{18 û¢ %¸!`ô3ñ°âéï-0,ÎÊ≤©)Ì,vÈ8«˘-Ò"¸¬¿SjtÄ%-ÈΔ$¯Æ
ÊíÈ÷ÜÕ‘f2SÑ91aMÏ<u•BΔËÈU` vÏá   ¿ÄX6O(”≠1ãb·◊œâEÂ)úaORÕ÷érðÆ/◊Vgg∞Ωfi˘∞≥>Û|
ÉÌ-XE!≤ÄÖfl6yî
/’f5 ÒGl˘flUfK_zπ>œZ`jB)ÀA5*,vÖ|?’ó˘N-øI¿ÅÃ˚r™.zëIÇ-áb˘DÉŒ`Ü{ÿ¢Ø˙fiE_ÒíR6˘Ú
`|\øß+]CÚ˜ÎõñE_˚™‡œböK≠cò¶…TÿÿÅ:Á±#≈Œ   ÀÈ”\(Y2∞ÄÈ¯dıÔ °Xõ@.0ôNÃÃ!Í¡Ø¡Û,¨_è
Qì/c•§≥l≥∑S”£Ÿ§Ã#µ°ÙûÅ

ñ,ì¸GAB¬€ö
Ôå¿¨Ã~ƒ‹DïD>¬+ïhÅ“fÒ ÄÄ∞ÀªäŒ¸Ìfl™4¿flÓÕN™®†à!¿B]òAñAàÍ/^/¨zê^‰<Œ1Bé„l-Õt
¶ÂÃ¯ DÊfÆùkä˘´˘f«!¸ ∏p
∏`∂`yl†& †Ë-êËàÆË¥h2 F†¸ œ\@÷OÍö`òa!Ó◊BKzÄcz.eπÉfÙè«Ü£«…7òc;:ÍÙÜáéʃx“
ÇÄ"\E$ÏF8B#0"X‡ Ï«‹¸Œ~ä#Hb)/$|ÒXBv
ß ®~Í
÷Œ†l5@ÛP•ÚHÄ˚M.@f‡F†!¢AœöIœÍbı
áb»I`è/D.%¯k%*-^√˜Õ˜˜j˜
Êò»¡X'
iéaîœ˘+¡∏∞∏¿π0°¿»¿˙N˘ƒ“0
        @`Ì
Á-¸úÓdÜ‡ƒÜ†P
°éÎ
        ÌåF»¸£0jh.R;‘f=‹Éðò-r¡0°,.#Bbê?:,D, ∞Ê˘PÒÉVëÄ‹lŒ¢K°RR»Xçe
ÿÃÕÇ17@_PÛGØÚP@ÛàëfˋVΔE]¬b]|A,4„ÑfÅHøÏ_fí≠í(ÂvØÇoõËÅÿ≤3B„   •h4/ë¬®˙%Ò„
Ä•2¸@π-
l $`˙R
ãn Ö',•NÃOûŒ≤ûÆ ,Î◊ñ°*Û≈f&zfiÔ˝(E£4≈˝í√zZKz†mP Qz^>¥Å'·?©H[hí?ºM2bR`?Z•«fÀ¸.
$bs°‡,%»l<P
êsßÄ†y).‡v™6œ9ù‡ú≥“‡ê¢ìa,î¡.ÿ•Iv·Öl¨Ï,œ†$tdØàFŒ1ÊÉ“&ÌJ~ØÂTØP«â@C4BcLF˘,å.A!
·∏PıQ/“ÚA˚RA„¿ t†(‡◊ê˚‘ƒ“üN‡\Äu¿1≥D˜∞2Qÿ.ÿ É8¢ÌE5%=^t£Ü¶E{Δf-√E?R¿V¡Á
î[ƒãA∞AN‰oxSX¿‡úTîn™ÉX˘1'SI$Ä≥l^ÒÄŒÜ>4ÕäRV-Ú†
Û| L•*$Åû!ö±*{§G|1É_ÇàN}-N'*Éê≠4„˜
-MG?3ÕKR°:„uΔ?E£˘Î.%¥î˙≤R˘‡R˘¿¸`
¨†B˝Ò7ÙØãŒã¥à(ÂPN‡1SΔÈ˙p^UE+z@”<§áféC¥¸9`ãfvÜfÄµEêìñÀ*!®‡ì.ÈÔdÄ:1Iµk¢!ú™‡hr
™HÇpTòb@‡‡Ï[S   ʃ +\ªï•H`ŒµL˚≠ó˘
™{
`Aí¢Å!âÜ\à]Ä(ı%˘HÙKØ%tO√à®$ÆØV¡.Ì3B£¯rŒı ^Lã
ÿÄÂ`
,ÄcB˘†//’Hv;µ@@Œê’ƒR,‡T@fYµD[µégu6guÿ|∂Pzÿ*ÿÑ#"wµâf£0ΔîÜT<>")≤Õ∑p`^ŒH§%
±EZßU™¨÷Iõ¥l¶ä):h>ÿ-Œ¢*AÃï°,,‡ÿç•RPm˘ç•FQ+hÄNÑh
aàËµ*≈
Nm„¬2t„p   Ã_ÃtÆD ”È`fŒÊ^Á?a'
eßZRÔë»ÄR˘SG4ï2’dÉe#¿†uCïCamh÷6h
2w gqwgu◊gfl47S3;≈˝¶G9dtiî5?Ö=hKJ%,Å(©˘˙cÔA$Zi"®’!b l°ıD$$ÕÜ> ï|Ÿ^mœñ•-’m-÷À
†¨d+ʃ˜{i   Ê`‘ʃÅÍµ*}-ö.^ÇúΣÄÕâÀí2»ëØʃ$3àœÊF√u`ßUa>·6·!‰Ä…†,’H˜(°Ñ
¡Ñ)AS„¿
Üe≥u?åeCå¬èH&Pò†≥x‡Ov8Pt7ws◊gó!hâXhE5É≠4C£:WiTyë˘f§Aí°¸ Y#ê"ÏŒUÄs?
∞ÄF©ZÁ◊IM¬‡L¢pZ+èm?Ç•,Ï\ÉQé]èím$L+-Û¸ÊoÙò:I

&°ÊïïAp«≈Ö/"/Ú¥úrèõ∂_O1c?◊r¡*!÷L\·aî/Çe'É-ÂÉ˜2tS∏ÑM˘îKŸ˛`Ü @†XwCΩË0¡OÃ»%
ƒ`tƒ†˙ƒ
éÅéàw6EÖ4Öó4ìf3ëS»„FÎHQÇÉé®-A
Ñ ã¢jπ∏–mlîÀj•äI   (*§jÄ@ù
ŒED+‹ŒfiΠmÂXéQ`éWéfl˘Ã!◆ˆ%MÇ!¥¢!í†
0axaó±^˚◊°I]Ùu]ÊîÄ«"ë˘•áw`!„JHß)É-õp=ÅKb«aöØ5G9SK8Pπ•Ivïè†R¿X
iŸeÄÍ– tY¿@:¯ßÂ cèaÜVõ©®ã/®õ)ôïv8 1éÇ-x˘˜"çh
iÿ‹Éäo°‡¶ÜÙoÊ'Ä<àØ'ZªW$öt≠€Yè◊û∑U:Ÿ
 éLÎ˙ÆÂxfi∑fl¥V#ÚÉZπ-*®2
;
˘M'•-RœõÍ4"v(≤%{JÜ»ú˛"2^¡Ø W¡ 1ù 4@{4$v¥˘˘""6¡Ï†ÉªÄcµP•)Å•Y˙µ[/Ñ˝Äé R†@µ0Ò©
ÜÀè∂®á/ÿÄàπÅañÜπ®Å,é/21˛Jy©hÒ"âÌgΔfã%#Uà¢ ZflV≤€¨îflN™§ä≠?®IODè
dÑ VüÎYØ˘[Ø7∞ÄÏáèÎ'ìÙ#
xaêóÒêƒGÿe]‡î¡à,ÕI,í2%Ûq3[âè≥÷¡8!Ç=9QïØb Å:x
ƒ@!+`[∂G!ΔQ˘†701†ÃÄ«âÆ˙ä.¿N`ò@®Ÿ‡Ï@…   ·∏Å˘°πô; ó˚®äöwùy<dléjÜªá&ª_Ê"ìΔ=ú!
N%
¶Δí
ƒúK±zÕƒú©'E‹ªZ›ªI≠ˆ˘f©TëÔ˘ûÛz˙{h$ZYÖ¿ü&a˙7¡;ıõrñDúvà<>J≤Õëm`Ì `6õ≥äØ¯¨aü4 Δ
a^GÇGCb4XAY{(·2a÷3aΔg‹2¡LA∂c{S))@Ä¶¿¶o˙∑`J¿ö†Üƒ…
ù˝N •,òzòÖ6WõÿÀì˜ƒï3≥ú4qTtD>˛
¥@VX[(∏¨'kª◊‡,<[%\ŒnÄL,)Ü˘…A>®flfióÆùA˛é$jE<Qfl b∞°˘'e¡ú]h»õZJ ;ú"ª≤5>
f√7|2Ja-âÔ"--â 6fÀÊΔ∞„8V,1°j}÷q]◊)a◊Oa◊wù*ÅV9u;`u`ÿäN|˚w(`t@∏Å:AOú!/•ú¢õπ≠,
àπôNœP∞˛#€É¥FÎ8Ü}Í®ô_ªä¨iúõ˙Ä
BdH˝Fà…ö≠◊Œ´Ô§IõµA™&î‡%"x?ÑÆ˜À«&˜x7)0$¯{,@ê
π·fl¥-<="Súf©,^≤-}sJ˘.2c2:œ"]·„K'?>6#4\üKB/%K]@=A'!˙,Ä„`°!÷mû•uûN·r˝î3°VyÄ}0
"uè˛∑   @à\ò†ÿÄ
ñ|…£õ¶=ƒ≈?Îa'PrïéäÊ#!À√ΩÜòi°ªüZyiÀT˛‡‡¿(∂
†ª
 b¨òÅBΔäú!ÉEá3" xHë äãc»ÿ»pΔ?6äD±„Üã+Rƒ!K˘xd∏BΔõ(.hÿP£R1h…†KF4ô/¢øàK˙k©1_ø|
˘/ı◊.cª®f>%5´U´[]y+vW*Wh"˘¶-u∂m*∑Æ<πz€V'YO™<ëÚÙâofiΩü6q≤tI":q∏¨â3Ë-
°Jà(eöúâí)Jß0gƒl9"®LìmBÉÉ∞Z5◊ØH†0,è(rÿ≤≥{7!`ÀÄœ¨∏q„Ãí7´Δ¨Ÿ4f"öAg^≠/4Ê-≠/Ø∂Ω
ƒıÔÃœ_?≠°˘Ú/œisÜlT8X¥h)RÑ·ƒ˚1b,$ô-!òIƒD(T
‡tJ5Õ¿M•TRJ$m¥K.˝◆C!'WÑA˛∏¬'m¡g◆,5D
ïàSø√îàO1e'QS˘"„T[AÂïV`…íY`•ıäëk°U
[•Ã≈ñ[n©2^©p¢
'üX…Iï§p"ÿ%öÇH`p¡E~"%jö≤ôdßlf eôyfY%~®D ú6¿ü™
@kÑœF¿HpÇ<têê¢0ø'ú2fgØÕ-Év◊AÁ\x◊ï∑>v"xJ]xfláW>u£ößMyŒ8M.ÇúÅ≈W(A_H
DE5ëDQÅ¬'PDT Bq` $fid-µ5ÅH°J∂¥K~¯†Mm†¡π;mPRFTBÃP≈µã°…ÿ»TıB
%ïœQÂ»UV≤Äı'VªiñZüÂ
[s)L◊[q˘µÅ…]vU¨ÂïU^…IóÉ"i](ΔÿcÜP6ôôôe¶ô)£PBI%†˘1Z
+Hê@†ÖÄŒÇΔV¿∏¿√`»ÜHÁ6‹põ.ÉipÀ(◊Ã'',≥út<Eßux-â˙<´üz]™u°ñ>¨"¨ß
4¥`¢´J¯Í†D9ÑÇ˘5'DD˘E%7ÄÈÁÏMêÄÆπJ∏lfiâKà
°K8Q∞¡Bk.ƒ;i@I5`RL4DÂ8USœ<ÕUU;VµØâ˘ÚH0¡`Ì"§+ø§uØ¬I*π◆ÓOBL◊\™è_ZÓµ±^^~)&ô
\tAÜî\…cïπÏrı.sÊr%ò˘G:§-ÅÕ˙ßÉ¶ËkÕ∏=
È/î.L•¡(S\•õJÌ©s§és∂¶kxçTÿ Ÿ>CùÛ§ÕflΔ(Δ◆˘\Å>8òôA*R†6§É‡:"êΩÌAÿ   µ
¥†IËÖrâ∑^"h°`'¬\Ê*DS@tÒ,äUJWƒ´±*ı ◊ç®RØ¨¯ÎG[ô]Ïƒrñ€ÂnaõK√∞òäâM,ªRñ™î
%,q,à^,ƒ%ƒ$/ò…ãÑ!*Q2C¨Èé.S%Z˜≤JLb
U»A   ΔóÄÚïoP:C_œTSÄPÄBcBéΔÜ0∞Å~ø†˘fl2¯ó)MÉV√/˘¥@R
êT¶˛î÷B'5Ï@«ÅµÇÜ0Ø0ü+ÿíC3±êMfê∑Öd?$dÅfl˛ΩŸç-@
IîÆt>pB+HA4S"ÕZs"71‹πt¢î©kJ◆1äíâ˘   QFIàäÈ†í…}Ò_±ÛJ¿~!$ŸÖ•`∑SòZ‡"ñ&=©w
{À◆ÆòçiÈà\/ƒ%,Aêm°ydà√AG:Vf2◊ÉS˜fi4äJT,jÇ Y Å'igP
vFÄ†XmÖ¢Q≤Rô§3Ù∑S®Ÿ/j ÒTsû@Rµ®™L‡*µSUñj=≈xΔ)˘á
N¡W!   ê.ã≈À
˙gó$êÄLh)3sà#ëZ◊/Å¨¿≠p}°ƒpÇ†mbÆD(Q‹ïd$£:Ç
:c4£™\Ö*", éé"ƒ¨°"äC*òU¥x;\h±-h¡¨{G/ÇàW#'<ÂF4íB°Üëò◆PëA2î∞£ı÷TôÀ'vN/
õHE*>Ú |ÈK)˙-W˛Lµ-AƒP4§eÚ~Ã˜¶î°…`îÀ¯dßöaµÓNÌªS"Ÿú≥™U'îŸ€7lUaà"pêœ~ı!ëÿW?¬
,jA¯6¬aŒ‡?ÿ2/1-Å

§∞Ê™@3◊ÍÄµ:X≠8…Ê4g8j≠ê$-0-
ø"É±Æ#¨ÈõØL6%±I- Î ã0/-"Áeg•ﬂAå≥]Ãã*
ö•õÒåçHmò∞3-F¢j2ÑÌô»XØ∂ù·å… "A.Ü,Æ†ÜKÄîÚ,62Å-ñÜ¢erì˜äö¸¨À©·`˜ìÕ8FúÁ¸]
°.ákJ˝ö©ˆ¨'Q1g¥≤ï.xÅ   >°°Ç'Â∗√êÇD¿ DñÄ¸ñ¡a*ä#0IIÅÅdÓ\ùéDÌÈRC@ù÷IÖ5ó†VHóJ‡
p.jÅd<•úXùQÊ%ï"ÂãG8¬U¸ï£…ˇFΔ3fkÏª∏¥wlôò]∞D<‰ë6çõ-Ñaÿ‡F'8!dqêÉ‰8G%´)∂.≥#ˆ,É€
JP§G»ÅNÉÂhyÀ]Nüqã[\¸Ã}Àù§LLaSL≥nqíJÏFÕª"·nx…ÎµÚê,•Ú3†ÕSå[å"sxl©ËEo'´¬ÚY≈jÈˆ
Wò]-…¶ïy9
(8]$Ú4™w"jTC‡'∏@ÖqàÇÕΩ5êA
Œ∞
b-ƒµ¯Î°v¡ƒ-   6±S…ıœ¨RŒÆ¨8ädqE,2{Ÿe"∏a_Ë√6±3f)Kƒ´"&6-M$¢ebÇòp¶pG/ˇ…ËñmF3Û
:µ˚[-ül®Úwgê/ÆvV‹ñ†}.-‡◊J   G8¡yË5JÌÜ,OØû∑V∂ã∑>;œ1è3äë   I†°™n∞Â|C
¢¸@ƒÑ5qH>4Úﬂ¸b®%¸µ4Ö§U‡f~:Á£zœ7PÍù_@')…∑XR#¡π∗k/jQåxc^Cå ''ØN!:
1∞LqbÎ¨ROdÀ,Ïg_;√~˜$,z6/=Êv[2Äõ‡/Vd≤z∑]~GnJ¶dí°nwTß‡&nB òU`%ÄågHëg\ì7y.uoÇS
få¢ÌdbÙ¯ÛylΔprˆIr^:∏ÉT@ûbgœ¡5--…1+/P∂Ä }rZ@r¿¢!ˆ8ëè÷
2iƒDL˝%≈ƒ+ -∞ij%Ü∂
∂V*¥9õ"{ëRI`V∞
D
Â˜W:RNTq~Hƒk∗4ªfNçÂ:ıGcóe◊lkóàk∑v¶um•ı   u˜10¿õWåãÒHÜn±µdëQ2E[ïQ É@G†
p3*ıx´ËÛR0ãì∑R¸f
∗#∞ã.∗ØÉ08z†«ÄÉ…ë]qSJ<v&*?ËÉXÛJÏ¡
Ö¿pê{N¯Ñ "ˇTà]UW¯_ñ2AÊËÈ(E L,∗é¬V`$±`è˜xèeHè·h98`A‡Ω`~ıWÄ%#|à\q:Ô§/Ä':ƒΔ±‡
á¯báhv¸§vìY©mgm]4íµ&iPCmÙ¨UådåÒá†dtTnÅ7[%ìÒkp*ê
†Ø°3∞ò>ÇyìRΔµRIS≥°ãPÛDpL"fÿï/ÖïŸJ<®É>≈ŒÒÉ<!TB'@Â
Ω0   KàhW0?02Y%D Ö¯E,4ai]•UëUÍ827sè"B!^(!ˇ@òí   !`Çt.ëA†´Ä†sê   π~√
ˆ]l)ñkÉhNS!$≤0váHvg!%Y‰;8ˆë6÷àù≈%gt%◊Δt7&e¬O∞ìqpˇ=rtiK[ôP2:π&t¥Bp î˘ño∂Xã
+yLiã/'R--@O¿Éˇ√)ø¿V©]ΔT¸^cˇ]UÛûˇJY≥V#5Âë∑P}êç/ÿñP,ˆ1Ö3é`-3 u…2Aó¡éêïvòÔ»Kä
ôáπ}Û·_4ê ÍF∞ïI
@î±∗"A‰~\°k_ˇˇDSaö/Ü•âöÆ†ö•v√YNbcûU%UB<gtí^")`-,πE÷wø…Ü=5ânü8[Ç[ö®BßA-eâƒî%
Xù"   Pù``1Ö(‡Èã¡h)‰i?«ÿp¯Iƒ·ï;JCò@ˇV5îd„…`
 Á/ËñBrË1†ä_ˆï,ó&Vuπ†Y≈é3P@P4∗Çπó°ÓZ™™:L4PJÄtIêF†ï‡WDaê¨CX/ökùYb\-u°πÈÆ@¨±p
£8™£ÉY˚˜0?J¨'P]d§Δ√1]rr2D∂ˇ°)25-ÛtD•úH   â‡2ÁJ   üËd∞6-)ùd*Ø≤Xù.Uù:
„Rj™¶VÒã&69ÖS?u]Áiß[ôÉÃXgÀü<®}**"8
ΔÄ¶¿LhKW†hËË®3Äéuyóˇ!|¯VóÍó1¡ÄYIP!Jê3L.15P™8¿Í4ê.õ™´qhi¿W@-W/≤
          ;Óˇ۠∑á1/¢≈ô¨àõ˚ác[4í±yFê8ZsßFlëwK∞wN∞p‰Ä„&l-#Å≈YúﬂÜ•~¿V`∗+%ù]ñRx{Ø/
UùgÍR%ÿRñ˜XÔ4ï¡ˇKsàÀ)'q]ˇ]CxT©,∞ãª'‡ƒP   h∗n`´±ªË8@∗çí/{"q†$ôò2-ƒù:I`K+;ªØ¬Ù
8ˇ„ÜïñAE9;€©,õp8ôÉ-…pôÙb
90Zà≈Ê#]¨Yë«Zë∏3µˇ◊ö¸≠±)§≈1h$H™ÄﬁÊ›/ÄhúÜÄ   j´∂ú»dÍzúˇ@Vp507#\
±ÿeèw∑'ŸRd*ã(ÆÒ¶É∞á?@•)ör∞;ÿû…»∞Œ»·a5ÃqàÑ ìp±ƒß®˚πË8fõ˙Qaé±©√'ƒ¨˚üªˇ0ò…∑™°Ñ
°®z√™ƒª8´FP~Pôuxô≈` õbı≤´Wëœ/¥9Rö¬ä¨±p±†£R¢"< ö˝¥àœ1vAZ◊&]¢P*ÈzßwK¿wgG•d¡=ù
»∂à∞dQ™âc∑&∞Ú\[∑¬ã'¯ø<£H0OB,Ø·©Iƒ-S◊ï]åÏp ∏ß´"TW"pQSﬂ
°°Ç±S0D∗…   ™,ê:ƒ@ ƒﬁhQX©tó¬!I∗ z±{_Ä± *√Wxr207°Ï7?;úX@¢Δã°yRá?˙¢/
Õ˚á/ §iO5
<Z§¨ˇ[¸£œÍ¨oP[å'Y%g4wóê` ∂ÊKdÕsdh,mœvÆÌÎ∂d∞T>ß¡á¥øˆFÇ{€øú3ÑbOøàXØ¿NTŸp˙£∏ä{
Q}ÉÀX-
+VcTï¸p†T≈@h}-ÑLR !Ò é™ƒ©¶kƒ…" u©h±ÃE À6]Àµ2°A◊t)!y!>≠ç∂√Y∞¶pÃ‰d~E,u≈ÜX∗î¥C
$öˇRˇ¬öc∑ö3∂£[ÏÕMÚÕX1o°c•≈1s◊l¿ÅÎmh¨",„¶årœmÅ·ö•V'Ä
´8ãFYØíá¶˙6(ˇLπÁÉH˜GOøh»ÜúSó)P√4Õüd
^£'∞≈¡]>ï*Œa√ê ∗%"mŸ…å ®),óq)êÍ±$ã ´€Î5≠"≥k"∏" P8ß´7   °}äÉa¢}80ê´`°EäôÂÙW
E°°*ñI*F'VGˇ0bw>iëö9Zv;/ˇU˚öWú≈ﬁõ
s7wö&r∗ﬁΔ{«õµd‡Œ~ Qö8«sL◊ˇ0ﬂj`U÷¨∏Hw¶\6(ˇ;y(¿]vˇ0Ü<ßlF∞ëmû≈!göÌ]¸ûÕQ5
ÁŸ…1
Œ†ˇÄ#◊¡oˇ…,ı°/Æ;óˇ/ç/^r±Ã≤6À0¨"Ò.Ù"6q¸q"ÚM%1AP¶p°ÒíŒ`vxê1R:90--Â*6ëıTˇ¶πOˇ<
WÀ'ZÏö`]v_$P·Î sßõ-PL¿;-;∂[-ZŒk0ﬂuÁQ*QEÛ=ﬂd-˚>ﬂ!(»(•H}\ËâDÿˇ6¶hÒ
øË
ã
ßœËysZïnî>pﬁ]úûàùN…W)±∑‡g-Ñ≤®?Ä,*.óÄŸÍô:€Ø"´Õ¬E0ƒ}:mK@ Àn…/î/A≈raC8!-ÂB"Ç~¿
ü√<Œ∞w»'C°á$_7'ˇOÑÂ˜áßiv/l#ˇ¨X'0-˙lf71&IZÂ]ÑêŒ;†;pﬁ÷≠ã-wGfÁ¡yÁd∞Ô{~œÙ€Ç'êÖ\

:‡√ıø\ñî'…«   N;êÓã
¸‡g&-5zíΩp5…ÿÒ[πŸïm∞^®∞Ò•'Ó…ûl“<»Í,~≤ˇôUüÀÍÆ<:}ÛI:ò1Ï¸qöD8«ŒB»éò†-@
-P~≈∞DDÀ#XXßcÌT.˘Ê4;aá><Æë¿ì≈j«£-
ÊW;Êzë^efiÜ-ÔÔÚnqnd^¸nð®á'>dØ\‡˜j∑ˇG`)Ä¿eË±x•±(\~•xK¶HÚXîûøHÈÜãÒñ5ìÕïgVÛˇ>ïÈ
W'î<
±ê   iêI‡ñúÍ∞?ÎÍËÚÄó≥ﬂó±>®“ñ∫>mI6ø®=o7ÅL¡.Ù:nÏ(P8¨∂PYP   Ω
ﬂ•W%ÁÙR˘¥S˜:ÒdÌ÷\ö'ÏıZt>ä¨Yvë£c~%ÆëÆ©ErŒdé<Ê=ål‡ˆ:`G ÔÊ€Zk\÷ê!H&ŒA?q¸ƒ!
√≈ä√-V"6   RÜ@92§Hí%UÆ\È Â+WØvΩíıÎïMú¿~˝l˘Yœû?˘2[∂ÏòQ¢D65+ ¥Ÿ-cD
£}∫L)3f"pM¢r•»èS¬N!B^?f¸Hövm[∂j„ÆeKdF€¥`ãπ“˜ îø@ÄL|vFƒ(£`¡ÿ1ä($7ñáBÉe$PpX°¶
RØg'®%Cñ¨XÈdΔä€ïl◊ØbøvµûÌîı._≤kœºm[÷ÏXÆvπ<ï´„…ë+OÂIU*ËûñCüfiz™R◊µ˜'¸π'R‡9qÚƒ
iì"MÑ≈È≤√ΔGú8±"ëÀñÜ\»t)x•`√'¨†¬ä#,Ñ:ê ÅÏ$éJ"È£ë$§ê$YIó\˘˘Â∑yª)'ûz
Ü†PTò©òÅÍ©ß\¥ ™cò™Ò®±öfgPÒÉä$¿",,"ä4Ú,$á$rH%ìDÆº¿íÅ/Ø¸J,ä$Äêí≠äÅÖ/
ødLLVxl≤Õ8`å67`!ãAzA"Lã≈4chs-œ€\√çµŸt
€å7€v˘mðUÆ√Îês)U"ï'πÁTë.:GõK.;W,≠Ù:K√„ÑÛ6-$=D¿pbfiìè>äðÿÇ5÷¿O?Ç¸√!*é8b_Y=¡É9
§ìDÍ»#
õuÄD_2ßW|πÈù≤Ì E`íÚÈ®nßjF*•†2
)´Æˇ* *gHÒ„å"f(Ú,≥ò4Úfi$ô2≠!°¸j Ωƒ¢≤Ø$ƒJ- dH8Ü Éå24ÕÛ±Δ'd°6ÿ@'@Öòd†)≠ò;ca-
O"d≥-Ÿ˘Û6Ÿt{Ì-ﬂä≥y-F©c.RH%}nπÓ¢:Ë†≠'ŒªÓÇèTN4Q$6∂p¬WÑx÷-'òU
¨∏.® èblVm@pÇå•¬èN •Y∏7|…C∫
ùvƒYt*®û¢ÚäE§¢2 FØóÒò£'%™T
…BH&•8“.πË"ÚÚ&òlÎ´^*Bãœ®¸Ç`∞ÿJÿÆ»¬ú∏1'A1ä{Ñ6+ˇ∞aRH"="ZcÌ>a"-œBg3fi√ŸM-
Gós¸∏Á;ENïÈù≥fi"ÓéNÖ<Ì∫CŒ9ÔzéN'Ìò÷ƒB¿∞b'V}--   Ygùµã[◊àC?.ΔàHl!
l¬Üî`(ñÉòï,êØ+nqã>dRΩbD6-P~.ÀÀ(Çk-∑Á"≠Î*≈∞D∞P"ëe^•+ùÙe$°ya“î§%π+ÄØZ‡!ÈŒ"Ö…Ä
aàS√÷¡é23†V-&
%‡3•AΔùÍT_®ƒƒÎ
nv„ãﬂ!yvKû+å£3Ì8Jzö¢T§>ëäO®"éû»§˘¿KAJèïJ√≥ΩÚÅ«TÑH'|öü°
Ú±,wZ·J ˜å»ÿlö (`GD°éÑÑ$ÀZ†≥ìSŒ$f7-      ∂x≤∑n•(\ °QQØËA®$e]E¡E&Œ`»Å≈>Ç%Ü$/$
…ðEêaiJW$tÆsÎãÆ-,qà   Îcä¨%$z"õ™C
ƒŸÅp†Íìb/x¨Œ;-Δ*ª
nd√'„Í¬ëçpÏ&ã‡4o;A{t~ÊÈ∏";t¥^õ√-•Ä<I#Oy9™PuáÅ<ƒ%!.T·êBH§Øö@üà»*VdêU~Tzˇƒ
¥6(Å§68(YLV)ü•P†ΔD®Æ¯çLF4¢lÌÌÇKmë-eB.q3ZW/A`béR•¡ëú4$±¸∞ôQ3∫´≈
Z∞&ñƒBÑÖus1ﬂD"WP&¶àF§]ö8∞Å¶©¢kä°·'&6ªXÏç7úŸ»ƒ
%àŒ≠"úL9JŸ)B]·NI'iñ*œD=ÒãÏqB™Ö)2ö«çNt{£2œ%©QÕ}öJc%´]qçíSÎ_
LPÇ`@
P€F<   ÄAóYÚ©);;∑πÌÛC8·   +_   î`¸%[€B·éÒ7œˇ°W(À¯ÖPtq8(°.˜*&\ù…¬
$13ö¯eRø\¡
m¯ÇF§Øÿ]äLc¿iNª÷u]Í
Í*H √.Å<…ªXXx1≥ÁcwìœØ…L8ìµŸ£Ñ&4>V %•†vêFZ?
¢∞µNéW{Q@Ntiõ∞ƒ!%∞>'4¡}ø:B""ë'®·∑îtàÿT`<î@πP8"ÄïÑß"ÈiuU“Y4c7&v€ÓQˇ1ãÔÂºÈ˝
€ú{≤ì;Á9(>Ÿ…<QQ ,»ósgëÇ%å   Å±-¨2Ù†ß‡_¥™ınp√ËÆ--XVLcò»0Qˇ')»kßô¯•§sùl™@
∂êªb$#û±'†P\°,œ®≥QN@ìsYÓAÍ≥ô
Ìg7ÀP:>î∂<S≠D√ÛdQ'iGT%#œiK*B À>Ifi¡NÍ´`§4•·fiÇ¸"2µòf9¿óΩÏ<c}rî"•êôY¢PÏÃª%êM$HA
√ï|NÍN&àÁù$<‡/bÔà_qãCha/D∏¬º»2)·œ¯uRXÊ_X¿l506 $M/ò¬Fá•R@Éóˇ/Æ∏ö4,
úoB∞Ñi¿¯≈A…,◊∂!qÆá≥0·§q†/˘'ßÜùÕ§5g/§≤0;hØv£„Ÿû÷Åº¥'Ç
q0%ØÄ5`5¡
jóHÓ%Ã«W68n00.wˇXI`ôhÔfı∫Ø∏Æ¥"¯kΩ"oÿreå~-jqóZ«3z_πã\"-é.Δ√"CE,,“úÇ†Kﬂ%Ñ¸
lek•)}Öˇ¨Â^yßÛzWó"¿¬)∏Î
V‡Dö€<√7w@
cC÷…óŸcI<¸@O&ê'Ÿtävù-^ ÿ◊À~EÈ∏4ŸV'`-^ˆxÃo-h['èõ {÷Œ>`e¡Wná≤€∑@ˇïÆ¶4]∑Úfi
\êà∑Ëz.Q™7¿+   Œ,"hA•}¢   ∫Δã¿;cˇ<ÌÇ   Ó¢º/Ω…ñy/"Ÿ Ö?
¿ÇA#)ã∑2A∞x4ÙØ±(=å4µ0£¥/`+ÿ"Ω‡&
cÿµºJÅ¿&ÍΩ2>¡9 pÄ
p∞K®ﬂI¨i!#ÁÉô*Ñ,F…¨ú©#=/£_k:Ôx∂ÿö6dS-Ò3√ã
è™≥ðÚQ^√≠©   ´*†µã∑≥?dêª¸1ºs`./ãêø#%ï¯ª2<dÀ∑ŒB•·ÿµî¿Ä"j˘7H<5
4* ∫€•ëÕc¡ãõQ$àø¯/*0QÙ¥“Ç¥“3h´µäE¥¥$(-YãPπ.…´/ÒAócR´´ã)ì†ù#å   à˘+'àKàÖ-Í¿
%yœz:±BY±'µÎX(ÃöÌ√Ï…£Îå-'√Ì)-ÚH«´#?Û?5Døe"Ñ®aÇ©q@;≥ê'®'»√∑´t£ªvcÆ@êhõÇêðA
<@@ðRP¿¬{å~´   KÑ@7ìçö…@…“Æòàºù•è'Õªœ≈øHI'9øXIøx≈\´WtÉ9pÉ7X´¥

\§Ω√µï€≈]¨+(FtBB XÄ(ÄÇLÄ(Å#pFU•"€@öôŸêâÌbû·H:MŸ£ÍÒÉÍ¬ÔP«Ò@˘?![-≠cG5l«≥$!3è^£«#Ë6Võ>bª}»âC˜•°Î≤w
qõìHñPr»ï(≠“äHËi†õêÖH8l∏V/»A:õë}¢°]˚Hó–ÖL»,H´œ¯Å+(TdI÷°30Éœ`EX4W§4◊£…Ic≈œX∞ ôX0ïcòïF°
∆¯Ω#\ê…àAÄpÄP'8ÑMàJAË3±Âô¨Ì»#Ï£éÔ±È-q¥3Ñ∂wÙœÔ[-i+Æ€∫ŸíœQ1ïBZ≤{ÃGo´&p;˙†ømC∑(ÅÂR¡√§∑yc»îPLudLO‡ˇî°j¿ÌJ∏å‰.£Ú»é§˘ëG<:ó ÖJ ÕÅˇØœÄÕœ¿¶CQ{≈◊¥&òtÉWl=€¥…
6∏IK3Ç ©ﬁÃ≈M„…ò0‹+ìªb`Å°LN%`“)H@TÅ'P·„yœﬂ•Öﬂ®ôTÿÒ‘∆•ì-¢∂d˚îûQÀt4√’ä®f#-N`K∑
\Û€ûM0E`É.pÇ(©¯8ª&[ü˙kª~âC¯0õXê•22S dAfíHL≈, Úpç-|{Ãâ
YêLU¢ õÿ“≠™õà MèMW–_≤¶SLÕkCQòîUï–µMmΩ≈ˇQ>°öÅ$¿EïÜ
5&íﬂÎΩ"≈@RúãÄ(ÄwsqŒp®ÉT¿J~≤-≠
Âi Êxû§a√d[®§…Îih+≠v>:t,˜f:Ûc¶?Û0èÙ†&H§n˚ï¯8*XÒœ˚≥ˇ‘ø˝HHÄëhP2˚;Í"%ÍäT
´É»„hfh9∫/RUTj†}/ éúL4T¯É3Ë°õÿTQÿ|M◊|–ô¥ŸZùI7¿ÉZ>Ÿ6ò=hÉ6¿ΩÇ[Tû¸–°B¢ %R"-FËÄ
®UeLxÿç–juŒÁÃPÖy¢ôÌ™ 1ˇîâÓú…‰•Œ€ÿÔÈF/Ñ–¬,Î)Gu<«s<KÚ®”8}S•èé∫≠
$É¬ıïU)êµkª∑£ˇ†öööADPìêÿH-•â•£à,<ée¿5´nm@…J§ì,ò¯-¢“TCÖAÄ#-
Õñî’öΩ¶òù¡[uQû≈3¿]û0J√ﬂmÉ=hÉ∂"∏Ë!fEü\/"DŒ„lﬁúK Ê¢÷ÊlNÁDlMÖBÒÖ‹∞ﬁ8„®,‘∆πÌŒÍ±
Ëπn\(™ª∫x≠®4Öœæ˝œÖORÿÑFHï-•W`ŸSÇ∑fEX∑Î0πõ» Ω+ÃE≠<ÍÚJ}ˇ‡R¿\Fåâ«,U·\
B>râLÂ`TÕ‡“uÖSàÉ,X=ë£Yÿ,∞ÿm3`a≠ÕW‘>ùùaﬂıŸ=∏a‡Zì§≠∞„5&
∆Tb¢LŒ
Hë^Èm“òÄÄ¬·∞çj… ö (/’îÎ‡∆TÿÑ-¸NÜj€Îª\tú-¯D«œ}”:ïﬂÒ‡€M∏W^;ı9$¸t˙É2µ
´„:¸PÅ †ÊZHÍ¢\~:ÇÅËÅ∆‹¡;•ÅxÄ¯ÄxÇ‡ê
œdL~ ¬Kî]∞A»Ç÷}…ø¿&ôtMéIJs–úu=êQûÕ]·%/ﬁ‡U–L€I!
¸˘a°=tJ56A'@BhMhÃ≠∞÷PÅ8àÖ©‘^f√D≥5é·8/’–Ò„#ﬂ0ù®w<G2|_≥Ñ_œΩzÌ€Ù`{,‘!ÿ´…À&•G~%«∞I$°‡;–t‘D‰f°£Xáp‡éH†ö»HáwËÅy∞ÄXáJ™MNîâYâé âÜâWTà8Ë!VúŸZù4k™Qﬁ>Ì]ïÆ·ﬁùﬁö
¥eDÎ·°íÂeõ.6ŸÈ`V' ®Ä•|XcŸª≥çPõ pBpÌ’^‹¯V≤≈∆Ê¡Ê∂ÂûM”œ0œ‹t‘∫2÷
€œÂ[N∏˘Ñ:5g˘eG±ãÉ(Xïˇ≠Å∫Lª˙(ê&Ëï˙P;™Èüö: °fñ%ÚgñHJ}dH&lxÅFv%
òáGñáGÅhfnÏ<pG∞Ï∆fÏ ¸œ~d@ÇóH≥Òë3ÇêvEŸ-0YLiJ^ô¥MûZ/∂Ì>≈ÉY0V‹Q§˝–¢dE÷ﬁK'·Sê
®Ä
fΩ+jùÇ∑Ç49`j¶÷R®6Äé,p1lNö´¸nO‡b–b®äÍû°ë:çäÀ^gÛ+k±Ó[RH6É- ‹¯@
$`1©˘ÕC'®√^˘ÀJbË≥l
!ÃßﬂÄˇÏàáuà{Háxá»álqò•˝dávàá<¯W¯1xáw∞$háwh$∞Äwàp{Pá
˘Ä“∂Ë]hÖ?ò,X´’´¥W^í∂ÕXûaJ{Éõ°…>Öeî^YûŸ¬†∞MnúVåd%“'/0 ÿÄüN∆•dê•VËÚ2¡TÄhÌ=
€‡•õ éPı •Ï.ncAB6•œj∏â0∑¸>3ï∞vNpÑMt±6Á±Ó®|
D)=ç9÷≠πN‹&˚S~ÏïD2õ¿93¬LñœFñÔÁÍ:Âøv‡ˇzÄÅ∞VáÏw∏$®á»Æı?
ˇÏ∠∏Åpú(Öh(xÄphlxlhá®V∑âEp†"ªâ\Ÿñì˚|Ümoº…>É>}É=Pıù≠m<@rò÷É9 /∂/–∑∏äR
R2Yìùé@∆@J•DÊˇ2%ªALÄ ÿNXÛ67#Å∑ô≠”ÔDÕ™˚nÒoÜo@¢6?w_¯úœÛ{ﬂ´ﬁ€±6?
DoÔM®":†o{lg˜ikp£µÛÔq∑àunu'ıø^†Ouõ˜áÏÄÏ«^•˘ˇêÏüzálW∞…¸ÄøÅwp
°oh4„ÿ…"ÖA8É,†Q/>ÚŸFrï6ÚkøIm˜ˇ>€≠·€’^‡}Kì í%j∞«‡b%%åÄ™
jç¿wœw°VÄ∞É_Í…nY†ûÅ_ÎX®wÔ`≠ﬂ•ŒÛ∆Ö∞6?7cxÕ◊BÙAwÕ/g6Œx≤Î;êU·Å∑>©ﬁÇâP;‘?ÿ`±Å
%R.ÊÚÙcŸ©ô¡g©y˜©¡é†Á"üoáÄZ'z†œı]∑VwÒ∞áw(v;@vßGl…6ËÃMî\¯“§^k,>õ4∞ØQ
¢˜>ÆvûmeØ˘>9ÄMQ‘ªËí Î4rjâ˘´ÂÊa6ñª˜§ÿø˜çM∞Ò≈…ì*Wùb…™ï0ñ+W±T©äïÍb*O9eÏH ©
Mú6y"ì≤$ M*GnJ%ÚcJêû8q˙H””Äú9E“yI%%NAÉÚ<§àP&;éË≤‘â'RùTÅZ'Jï*X£V9r%D$$H0 ¿∞
¿-Ä∏r·œùk◊n>πo˜¬≈˘`ﬁÉøÅnoΩ¡äfÃû$ËDày˜ŒÀÓê<ê∑p©T•\Ω–™?g∞∏-,Ê5l3nﬁÃÆ
€Õú=Øﬂ•¶≠œk‡mÑüÉßÕï%@~¸êDFâ3PLü¡≈ıÎ∂Wà!Ç≤·ò%0¿°Ä¥iŸ¶(0OÑ8πB˘Ë*a≈àFÏËcG
$π§QK2≈Ñ”A©â4‡I·îHÌtIú8b·H="§aÜó(Ü;4±ÉSG4·DG@e≈QYÒ"VP•(Ñ
6d–Å$`^Z¥ı÷pÈuëE9ó'é|∞§<∞$îÛ¿
çA˘AìQ^]:˘d`ÅµeñPäV
ö¶•,J.áÜëEmoÃ–∆l¥>VÁl¿Ÿi€m¿·ÒÁkt¸IßWH¡1(™(
ç:ÍËvtÁïÜápß©ﬁßlπ7uf'ã/…´ß≠ŸﬂEÆ\§F2)òQÅ8Èz“GqtN-Öˇʆ*œ:x–H39Ç`I=9˚¨Qât°‘;4•
Éä^ùhE[a’]Q1ç%xÄÅdôáñè?
ôW\|9/_|Âq/œy8rØ#˝ﬁ0K;ÒtÚ@øé(bp¡Ç]ÿoO”¥∞#õD<±f∫õ”)d|°Dr_QËn|ÚSx,°f™á n†Ïr*_
AgÃS·√¢1< <s†¡œ}D`©¶öö∑Ù¶…Vz8ÌtZ
ÑvÙ§
'üt˝uH§∞¥íHeè-±Qõ$"±#â¥˝∂€0Ωv/m≥]pŸ+YX0ﬂ_x‘%Ñ∏%Ñ>∏"â∞±Ñµ*Ëˇ P£
:-¯¯CXfìÂBX^π
5úP∫9ÓxñÌJΩó”C“KdΩF∂•¬Î-f¸˙∞ˇ)Ê;¥∞É
ªÎÊ;¿|•≤Á°Ó–ÎŒÒ¬◊ﬁ¸T‘¿¬
9„√ıäAÑRÒ√^€cœ>Ñ¸ˇÊ·=˜äí $h@¬-D_†Å-≠?

•H†i”ˉ)O≠G=Q¿(∞ÉÙé=ÿt†É‹Q∞Ç°„›ÓzáAfi©†Él¡=ÿªé∞É≤Î]e◊ÏÄÖ%a }g≠
ðÄπ”Al†ÇP`ˉa(ÄÅ§ ◆@
Jêƒ§Md,ïñ8@GfŸTLGó"…ää[°KÎfi!˘˜,há

###""$$$$%
%& *++++,
,,,,,)--".$.'1
2!33%4444& 5)5,!6+&60$63%7639
99;;;$;%!;+!<<<;4<;9==/(=1&>5,?8.ABBBB/$B/(CC!C2)C3-D!!D
%"D*#D5+D8,D90F=3FC?GD<HA6JJ2+J4.J7-KKK*%K81L$%L
%"L-)L=2L>7LB8OH@PMIQRR1.R6.R=3R>7S.)S.-S1*S:4S;0SF?T"#T#&T%
%T)&TA7TE9TKBVNGVQIWQEY"#Y%&Y1-Z60Z:2Z:7ZB8ZF:[)*[,)[E?[NE[RG\>5\I<\JB
\UL]M?^XP^YM_%&_))`94a?5bB7bK>bMEbWPc?
>cF@cQEdF;dUIdZNe]Sf`TgMIhB:h_VhcXi>:iF<i^QjJ@jMBjQDjWIjbVkRJkVMkZMleYnh
\pMCpi_pl_qcYrGCrSHrVMr
\PraTreWrh]sNHsj^t^Wul`um_wZPwqdxVPy]QycWyk^ynbyrfz_[zg_{re}uh~xiÅ`
\Åc^ÅncÅseÇf^ÇngÇwjÇykÉvlÖ|pÖ}nàukàÅràogâypâ|
nâÄräÇuäÉsçÇsèrlèÄrèÖvêunê}qëznõç˘´´™≥≤≤πππœœœ¿¿¿»»»………ÕÕÕ◊◊◊€€€‹‹‹ÎÎÎÏÏÏ˘˘
$,#ê`£F|*\∏R#áê yÇÙ©"$P?a‘X„©ä¨>Öd≈
ñ…ì&w°4ÈÀ$ØXœ|¡Ñ&0ZœnÛX∞ü»Ç€≈Í’&Gx◆8Í¥*◊´\ʃà-3ÊÎòUd«|Ì,≈‘)Ø"Gefäl∆≥ü$>≤àð-/
çflv‰hð¨∆≤xÔfiÕä∑Øflø`ˇ¥Kx∞açá¡ʃ]Ã¯”«Ob{ÚÙi2&Oç0cb»ya¢={ÚÏ-ìáth“®À‰)SÜÎ÷Ø˘Ï˘,p
v¬Œ=|(±-#ä”/ÂH<§Hê"Iöd●R%LX-[ûâYìʃMZ¿≤„°È3¶œùªNΩˇJ¥(©£M
´ûB>E’™{°œx˘"©ú~_ʃßB>ŒúÌEʃŒWÄG(#yU◊W!ï≈†HBò`Çg!Ä`]x‹ÜäÂ°cç
°dç»&üdðfçtÇõB{42õ°çF#©ë∆ö™ïÅGè?$‰∑% ˘¶‰n=4ë'kit-ˇyäï«)HÇ)¡À._¬¢,
%Å)ùLœ‡DSö9q◊SOŸ¡ßï.FYÇäl≤…+OÈ¢À.À∏áïU1ÒrRI+±Ç‡ñÙe[!
RiqsaHW`˜)HVÑõvʃ◊ßä~§_`5ËXÜßäöjcuYö-Gb˘Ÿ¨°ˉ…eò<¢ôBõÈÊkg£!
rZi8öQZi<Ê·/kÀ Qõlâ§êCQõ%DjA eZ¬a∏ÈW‡.™\ó_Œd&tÛQÁN9µô]ú>}˜ùVEuÁ"é®í^ü∆dÂ
Ô1BeeùK∞ʃ‹IãFhÍ_zÿpÅcU/™¶
CxÈ¬
g<!Ñdâ%XÖw%"b$ÉÚ·…!vDkâmŸZke)^ˆ»fõÂ¶-#{Ëc#zò÷3é|[Ü>ÓHè<ʃF
%gütDI˙ÊbDò©ı÷EuY©(I«qç®s*°©Æÿ0˝î&0Óf7Ã0¡Ã/√02A≥ãSù8RûÁ©ˇ¢fi.QπWVUyó60∞Ã,)±4
é}&!(π¢ùð1Ü]
÷zÀWÑw)zi¶öÃÈaÉ|‹W£†ʃz n=ö-àëπ<äÀ(ÊJ3Ø˝ Yå4ÍÅài¢ïfÜée»±¨kd¨&«êâ tµâX
´‰#ʃ˙F˘>˙‰ÙA^Rtb[ßÓN;µ˙Óõj√Ωv€»fÕLP°Ï,Ifi˜:b…ûπ@eÃ.ª¯W¿|ÅàdÃÌpŸâ≈ª-&ìf%§Hô`!
πLuKÛVËʃV-ï●u#ëê)˜¡'ôÓ+![G£é†l0ñí Ld¢ó]FEèpQÕz∑êù˘0>”Él˘Ú`¨‘◆®G´añå¢wßEd7¡f
tEô("ÁäüЄ/¢&à3ï/'päöŸ-˜.∑±om¿ê3,ñ∆ˇ±
Ä;≈&ÏîîEÿ-o}
{™∞ú-ÕmÓ,≈µÉ6÷ç{†„A,SXÇä§C6®/¢√\¸Ú©°ÑêT0tê]:§:è`§Ü∞sÀ fb+L∞2#îYQfxÁª%x@¨ëOC
¥<¨&âHÛèú÷({Ÿ˙DîÙrø0™$àä+"Ö.Íêq'bd6}Çá4Æmç…@c‹%7?◆ú¢GIäRa ıDÂOÚiœ1êA¿
a CnŸdv˘˘6m.◆M;¡ -°¥H/=éL√-‹X"©AµNefiÀ$7F¬≤ê“0fU¨@4*»ÄeÜáô
Uâñ‹●ËVçÿùíz●`Èàπ
jzVö%1/yØëfiÛêf(j+3ʃäR˜RDSëâ4_M~ÇÕxµëPÖj0òß5~≥çqKTÂ7åfD5™C9gfiÍ»NK§ßˇPâ ç!
î©∆ØõsÎf2|ë8πÕû¸|·ıùÄ≤)ë3y‡#)√ÔUŒbı†F.Ÿ…ön±$B^Dß°©
Ü!)*≤Y,|àʃ’ÀZÜôI1WP˙U-B£-ÄF¶©Ò●jd[49˘”òPâbPõπEMPöm+÷¥¶Ù5µ'˜d
£”ò∆{6wçQ}j2ö1NØ~™ÙÃÖ'6±7œ°ß)h’≈zËØöwürΩ+‹fi*∑¯≠‡üf\SÁÀ‘X£qe$ KRA n
±í+ïE{!ön≤¶°£¶`!ßu™Ú-á6“ŸŒRòD)À\i“å-Lä/ôôÔ0ë3Üº4DÍj~π=$K5ª¡mOü¥€±$%äd
\RÌk_úó'ÿT„VØ{]rB˜ʃ”ù.3¶€’ÆF’´C-:ªkGKËÀ)πT“ʃáe`ʃŸ°õV„«∆oʃ7ç·|
Ø8Ô˙.ÏpG˘mÛíâ`}[£íI9†† ôâJ9íf®y0`6x…vÌ°Zå'®Tµ!≈d8≤úÕ»fQ…2∑“-πÛÑÓf●\È&W◊ÉœB£
ò/ËX-¸%N°∆âÙ∆’€k¶oO¬8Ç∆ÇçìI@ôJU¶:’»D÷ÍíøJŒ$GuʃʻmuºjʼÎBıRfiÑ:◊ÄK,bÿ∆2üN-ø?-
ÉÄÛS£∞€òfÊ/ìπ√g?·ºW∑ÈuêÿÒ´` JÎï4Rœœç`†)ÿ EµÓflûlÅJ±M5»c0°ÎX¶!XîËî-
âV9ªñïf lÑ2{eKäZF(¶)ià(4UÁ!I˘È‘ûúe"ËfiâÓLÓ˙˙Œ˜moEws…
©lfÿP6≥ùLÙe{’ʃVa≈*∏ää;êUËy
ü§~ä¿-mÿÕmc3∑Ï®qúVÌ…]€Ê>¯ðœÏ:,Lj_/>€fiE+åʃY¿T¥ïÉ0¡
|p\+Ñx●„2 ¬ø
√giÂÌ˘+ ®®”"^iKW´ê1x#˜Âä3l¡öjr-˜Iê ÅfiWõpâj‹Œ|›£ªûŒ>v-ùçÏÆ*€´qã"≥u±
Ú‡Ad"nzÜœ'?]Âûr2íèn{/ªhúÍ8≥ʃ∆ʃÔ˙Òrwú VÛÄ™©å˘øÛ\áSË{ÊÔö˙Kßw˙;¡!$ë√7Z·H;‹då-●

3,
w:•Ay-ı;∑ƒ3Øuy«RD=B4z‡jôkì1A£Ä(4<-fo#v©∑z@˜d V
!Ël÷ıTOÊs∞á{‘Â∞◊Ç`VL|x@yuÈÅØ∞/Pq-0?tÛÉ›%\ŸA@s≥\>∏@ÀıM`ßs]«6l≥ˆgoRÅïHeoZDw¸e
2˘ïw   ∆Öì√1Ìá!Bb·pà'aêÅ2$ïi(Z∑R;åw++r+ƒë"AÂø,q§fÄü1≈„K«íyœET£+ $ÅyVÅEuÅh˘
nÜl¶ÑGˆUBßUGW
Œ Ç={G◊ÇüËÇ™◊l∞W
/G|w∞4∏?˙ÇmLQ|ƒ0O»˜ÉÕP@sftfÛ”\AË^Bð@nìf·vu≈>ÿ
°@e«6ÒÅT<Å&jWTÛˆ8vhÅˆ~Ó∑~ç≈:~wB_8q,£˘ïÊ!†sÜè&"p(Z€sêóZ)eK(#≠5#ü!DBÑj=#=≥-
ï·r~1ADz
âÎ≥ÅÓcUDñê∑∑ê^Ââlôǽä   ˘lvs
û†7Iqw@z≤
Lãy%«U»
'…‘n˜
˜Të,   UosdŒ•FAÿÑ˘es3˘jFh#P-Ho‡◊ô&qoyVT¸•E˘Ò_]8`ÂLg±QB++YîÊ!.S˝Gá@µx83@≈C/
=3ÚRõ7àÇ»-¡-d1kÈ%2ÅH¸§^`W]Ú#t_ıâz…ÇÃ¿ÇŒ0~ŸótU˘…6◊òÃ`äÃê·ëëIA≠∏?ËÅ"8%â=∏íÃÄí
ÛÉí=à|“U°ì/9U6©UÀ˜|ÊÊ|Ô_(vdós¸‘WP¯}W∏¥6wƒ>£≥Y¸v3Ü(tÜEé«çb+∞`é5%JòKAÂiÅáb…?
%Z2u,â@›…[ò4ké˘Ñ&äCHôF¶ ì)òd[ëüËóÄ   ò}ü_Âó|i
Q≈ó~9õãπœpNé@   ô¯¢'ämØ`|ª¿=ö°Ÿ†°ôí)…üDÜ|ÿ•z◊Ö|œ◊6TµFoo”∑6¨«FbD=·c4Å>–àHfl7ç
qG
%MÊ>>6ƒ%m˘   ˜W1e89∂Q!AïshR&'ïŸÚé;tòÄ¡§∏¥√É#«¢èÖ(V¢5≥&êlÚf˝â/Ÿ|y…lŸs"X
öhäÅ…óÚÈ~©ò˘)òQÂ¶_5öC´†38ÉÑ`'Kw†´‡'˝2öƒôÑ:®É*öÖZ°zÇ ˘UìeΔfgTó¡-MÌÖûA'˙& •|≈
ì˜%g∏9whƒôg|ñ0Z4w~¶õwÜP7z≈…Aaâ7Zπ%úñZûV3ª£;ƒ§LƒD≠E√ÉñzPöscd\π¶@œ0
e4ì;WâD6ëÇ…ó^•âÃ`
ÕÄü,òl ¶◊
ß˘   ßÑôü◊ÂüçÈz√ä4®?GuËQu≥h“-†â*
ƒØ*
Õ`®Íi°î˙u-w©onfiÙVq„VcgFnΔ>∞ÈÑÑ¥üçDπg„7A,“ú$QÅh °£~ÊpzVÅ<JpÄ'CÁáEZ+ß•")Ö4=
¡§ï˘wb√S¨.Ü,yP%5J~±
;v¢-ƒ^√¶û†∏Ç+(òÕ Ç</¥Ñ)ÆÖŸó·Í¯i
S€ó“∞âÁäòRE/õêH¡ä3»NGqKóV˚ö®˜j®á*®P•òàJö·ÊFvÎ®˜TUÕ˜|œgÑf%nlSFMXv€WUXoE…
_˜≤>j~¨∞™ä®&Î5]SÜÍ+®tió-x(Kö6K*'2K≥¿Zy3¬3¬„ù™õMÃJ&Jêo≤^`˜íG+lJf≠,¯û¶Ë≠X
+ò‡z≠Xªµøãµ VÎ[õ°à…üVaßGaGÓä/˘"ôÿf|=°õÈ∂¶(
€;∑äiär˘](x°jì,;©Ú”FXE©´ÈÑ˙MÍ6–'∞"‘ˆıWätÖ∏–9ÛL≠√±√±x˜o!kπ˘éoà"ú∂€Cù¶:Ñ -Û
´¨<ì≥gII   \27\ib6ŸGv©gÇxŸzy≠Üâµ,°â.Lµ¬ã°«k
[{°ƒk√ÇyµÃ@€'Æ-k   v-¬Æ6»
˝RímõΩ˘öΩ¸   œàz®_uO=W°\≈\À^|KlX‹ö09N_◊∏ëÖ-(∏YΔ2:A–%g{£rú\≤Δóèãi.
3öKçßq4C¡çp   °¨¡Zy¢•©ÀÉË@√ek6˘ÁkÅ€Å[ıÅ>ä∑7üÅŸöÿ¥›/≠T+üp/¬Wª≠€ ¶ âüùú®Cas
dm Æ˙ƒË®˙À<ªô'öµL®LÃfp´®/â ÊÅu+ì¬<©^]¿(dv;}Û;øwEU#ÏÑdΔ>ªê»&1&¸9MeÃE˝9%7Aú¿≤
¢E$Y(ÙQ+€a÷èëRö¡´}\≥£6jàê≥Éÿùâ¿¨√->6ªé¨Ã«¶ób:-=WµlZ
÷¿¬
-µ„/¬ƒÎ≠¢lµ†Ï≠5ú-¢Yß°óë˙√äU¶?`≥?ØpjÀâiÅ∑¨Ø€K“KU¯I° 8?§({,´œC&ÃÀ¸»À¨Ãfi‘Åbáê“
ÁT€W_'çÿbRØèMflÏ∏›*
”úÍá°úÎúé¸∑ŒöõR{≥¢€'ÇÃ3òp≥@Tœ©õä¥v‹'âîXóÀ‹lcƒêe –=√õ»≠]Æ,Ë…Ÿp°
- K°“-“œ6EÅmsfNÏf ˘b'Ø∞– Å±\“∂<Ÿ˙ƒô÷Ä–€ö4°ôÜ˘d'˝Ø∞∑ì∂
+œ[â&X∑Xï”ÃÃ6ÃlUfi§fN(±'™¢1ë>÷6'”™2/øÀ¡ge£%`¶2q±V´v°éúâ+ù@¡;%
´§∂§lœc≠èxøaÃÅ™>d*(¶ò˘å…e/¥Vk…ñÅ¶Δâ–   ùfiwm–=√ÈM◊}◊ç°ŸÃƒC8π`ÿ@°ÿäÕÆ
´®èm¶ó]ÀŸìù◊ù°Z€Ÿ‡+Ç†¯íY”OUìCvóják¥l:çê!:N≥õÒB±b4‘kÇ&FΩÕÑ(çí∏"ÎñÀ
˚1;î±xgq‹YM3ÕΩ HÍ«--œ¬•Ñâ|†©Lª3)?…f{E◊âflÕâvù…gZ◊öflû¸fiWkµ
}◊ó ƒª≠YÓÂóù-ï
@$·   ØÄNÏZe-ƒ´‡ÿêÿpN√…Á¸yÂ K®OV¶¶x
õ˘â∂+tOı/C6/aö%…v”l˘Õ÷m”≈-∑nÏ3,ÜÑÅc¸ÜRÈ‡@Èá¬±ªâΔw˚,Í'\€3
°ûi¢ıxò-‹)E≥Kö§¿Z›√ìyÄÚÚË8… Êd=g{∑ßâ   ù…ò<fivù◊ÊçÂÎçÂ•ç°ZnÂ»œÏW˚Ïfi`
–.
LEØ∞]‹emΩÿûOã≤¨fiù‡ÅM®õ öÿs=Ó‹fi¶˘ØGÃH;lÑ~ÇLvt‹≠·âœÃG~W-Ï>p›'ÿd€ÌB,ë€5a‘£
,‹¸Hz.ßR˚-Jxl„ƒÇ   {¨Íªɑü¨^
Sy0÷{pF$|dÜû{ÆÎ•Ë¬Ñ€≠ì◊,‹≠Yû-{ùÂΔéÏ{ù
:üÛU~°›ÏÍ≠ŸÃ@DAKóÊ÷ÜÿÏÜßè≠

“‡
qÿ N√TØÓ}]√]N ËΩÓPÀ|^≠»¨UOe·∑€âMv·IûÚ´Ω>ÛKf’˜&/THc3‘Ò!ªç(£™ûBèk∏c«ÍÿŒö
ˆπõ°„4„Ò)%»¬B°AdØÕ•Uóiú¶iz≠QÓÎ,ú˘Ø˘ÛÍ}ÏÀnÏŸêfi£?˙†˘˘È˝-:o–ª`7d~Ì‹Â√ê
ôõ‡Ì˙ö–/ Ì÷ê˚Sı–√Y ÃÊ¥f/◊@äùhâå˛)|Ë>}ˆâœll_ó.7Œ'7ƒÏì≥©¢
˘D˜‘QÈÜR%aØº`Å7˘gÒ
Ø”x∞îxÖ?3fl"3€’Ô>]=≥¡4{†Ñ–Õò9s6– ¡Å√
$XÕô5kÕ¨9ú¯•!Då1fÃ»–√lŒBfÉ8“…èU~îΔåYÀc«vÕÃµj”&KñYZ‘≥Á¶\Δ§iÛV¢4ñ.∫
¥6)“âëVõ8ïYµfXùIîH•/VÅô5#;÷lÿ±d’ñE∏P†3ÖgáëùÎ“Ó]ª√\"”€óô^œ»ÇπΔ≥`Ç;Ø_êÅMûπ2d_
±|¡Ç≈k3/^±:s&˝â’iV¶Oü:ìzîß◊Ø>Ωû˝ ì˙ÌO∏1aÚƒªQßNçØmfi®∏q„âÙ$
,√áy>√§˘ı;˜ÌRÖŸngHïƒãR’à–§Hl$–Ç˘òÕ˝Hí(¡ÀWI?eKf«Îzı ÊNG|"dë_ŸÂòjîΔ®¿kâ
£Ô®JPAà&¥Δõj\“
´Ò˙Ë°¨÷k–9q Ü/äÎ≠∫ö©/ºí…kF¿jdòa¯∫q«`&{Ã1 å≤»"õ≈^`…L…$Å·Œí$
ñQ@AçïSL˚$ÀQ∂Ù2À/FπmÃ‹Δƒ§O~Cπ‡InÁ‡LŒøÍ¥≥,Ö:(°-ÚH<g>»cÔ$B>3éÍ€˘»–¯‹©Qî–#óböIó
\n“…';]%óc¢–Fõ°¨!u¢øìF<kê“f"Mï5÷âÆ¬*"\∑“5ƒ˝
Ù;`}´OÇfi®ôÕÃJ∂.ÎÃíëôgaƒÀFCÊ∞¬Ñ21«"Îë["}73qïúÂIXúLó¥QNÉÂJxªÙ“ÀQ∫ìì{ÀÏ–Õ‡ŒnÕ
%IdŒÅ˜`ÆŒœ\§äÿÇÚD±œî4
o–¯
u/Ωì≤Atœç3Œ¯=ê+∂òQ˚™ëFöòé1¶¶˘8∞'GÄ:ÊdR£9π%i2Ãg¶&4πUo*45’¬µ´à∑äà´§®√∂∏„ŸÖ,Z˘
v–i•ça√®5ÏÎΩ∂Ω1)´l\q5€ÃI'œm Z¶|óJ,≥dçfi◊Iı$LfilWÕ‡\‡Fˆ0NŒ=\À:∂î˛NÏıiÚïÃ
˘„ã„sDœÀ¯õl@sê'7 "oP¬OÂ]j∫I@¥%]¢A¶öhlΔ˘diF=¡®Ç«ØVÔ
\2öidëÌØ◊ÒÄeÔÒ¶ù.≈áìÖ≠≤Ïzv{≠ø>Ï.kkƒ÷0ns©«!%≥ÃÏ'üt2¥$„ÁÖX,ÆÖï∏·’üïvÌÕ
€ìΩÌç7ΩyDp“‘HÃMç‡Éqöìà≈ d.z)÷á ΩÅ§%$¶cèFe˘1j¨P÷ËX£“ì9–ÕNÖŸÿF
Aví‘Ìd11˘l¬ìÂ∞Sé∏D'jái%é6,Õœ”*TU„UrUüÇó^9ƒ0
ÒE÷„°+¶®)Xî¢≠gÉà%{Ys…÷ˆrΔÔyÔå]_aÄÒ≠7
¶HÍìåŸ*s$qA©\R™g,Δ‘˛qÔ∫“(∏‘õOùÄƒ"!¡H¡ŒÅÉS_&®ÓDlU)9bƒ,f:PÜLîêB
6DríçiLÖfl¿ËF2^àR˘πîpªûb<\≈.rçPŸlf«xIŒrf≤†I(* | …¬f<\°®ãœ˙àYr≈¶˘e®)€§^‘¯¥"0B
ä·Á˜
≥#•ÅÕZË°÷0C>dXÊGÒ¥£ììQt9 I˙MgXø˘ÇFJ˘˛#\ÿê7ùHSC∂¶
LaäkB∂à≈mÜDÉ#4ù£B≤
èUÏÉ(9%Iu Gπrö¨di+flÛ®Gâ¥U(Sô
U–©·!ß7È·s7√˛†Ãô&õäœ|∂ƒô/%0zëÙ®ÿ!+nr=G$÷„∏,+=lOo)Zå¬âr,%çv9g∂√Δa&GBrå˘∞u–
≥≠Ø}ìiL˙î‘ôœÙë˜≥ü^Ëg»yÌ–ë
≈ƒ#ËP%D¥Å|ê‡YR=¨JU˘ÉåÈ{>F∫Àìé§#Lœ CÁŸ˜∏R•=ÂÖ≤°
ì•lßËD"·à;Bß/…+\± WË"&¿%m®Üy≥õ…ÚU?Æ]bÇ_Δhª˙”Úú*Ÿâ©™ [Ã–Ø†™,«û{Δ˚j:Ωñ
±fÕZ◊“Zc«§ï2Oäå˙&”>–`Δ3•ÎLívã˙ˆq4Ù;çΩfÿ‹6Àè8”òÿF(Ï/pY∞R™Á…»=ƒ≤ô°L_)T™RÈ]
+]™Rêm£≤®k’KåAOËDß≥≈√"ÅWtb´8E–ñ°c–0e“8ÃÓx˜îô6g)”œ∏3ñ[aµäÿ˘d2Ñ≥ëÒ ã)a‹Í
±¿∏]«¢Â{Õ@ó
s/ã’F<:£Yu%Ω:∂˜GOzÃ2.?$≈ôª•≈.,◊«˘,y5],íl p@ÁÄâÄ\¥∏•π‘|ú44∫®
üÁï§$TÖC
b˜Ä∏√%°ÚåÈÇµépD!€S˚ƒ&7yE.rQLÌ«
¶3}\\ûÂ'&¡@[dåÁêbzú‹hxúá¡*F$P€EKWIV,À(ºkTÎ≥¶MòçÔÀz)Lr)≥Ê ±ôΩ˙°+ì*ø–‹ynÌ,ó>·
Á‹÷°êH‡ÅL¡Ï• rúl{&ùŸm®0‡$`p˘gE)∫f/‡•1f r>ô˘B‘õË t/©û\¬∂u≈Δ0·jWÎB%9&
¢3fÒíª•àòª>Ü∏Êß$__áäçpø˚}E™4u∫è´Æc"êe˘ a≠2∏WtkÎÂ»J=o`¿ÜΔ EÊGl{Lc‘óG9ÉF\µàÔù
JHx–LÇ‡#Ëç¿≥CBÇ
ãZì%¶Agö‡ÔÔF¿˜ë~n¢]•‹ø1pg˛ÉM˘ÙLX±
RÁ2ß9‘•*n¢äVã:ò“≠_Bƒìœ˝ò.˚)ë}–Ú˚ÊŸ=ÀvûãMõOäö…ffi„ΔM£•Eªb%.–…HΔk{o|
gœêz˘ˆ6ÊÛy∑|}±å„{¶3Pz€ÀÂΔÓ.•&K© 0È]Ô"Àjê˝”€3¢û˘ã“ÖìòÙ(˜ŒBï¶êï{°‡Î^˜êúo†>≈*
\ãjù:’ñê±%nräVÀú<]‡€!&˙“ºJ…då·´3uÎŸ£¢&£™AôbÉ™ÈÍ
A≤ßÒï∞(g∫€ã€/ΩËiØla+zB^ÄA} £Dœò@ªììóKíZ∞wA
Cä7H•Ñ",BB;©q™Giè
"%H©;ıÎª˜;?íôBáãœ˚ªø∏.%ª˜{èñPì5÷/Bµ˝”âúÿ8˘˘XÖV{ª"´CœkπñÛc:√Ø–
€2ª∞(ßÅ∞‘ª¿àYÆ∂≠»†¨¯@`ã`+Ób6$;I<¡5r∞IAM…hå<,íxBÜòP<≈πÍß;ä)°v9
–I
Pì;¬"t∏ rî&î©í±mÄ?Ûc°Å≠`Ãz%–9ø/‹;+Lø“)ºô5≈√ÉA∏Ékºúíù NpUXõÄºVœ€cÿ√<§≥œ;v¨3uÙ
å»`™cŸC,∂˘(îÚƒAÑûÊŸ¢¶,¶\ µòD°k˛iàÑ¥Ω¡∂•…DàÚë%E≠3Eã
¥H^håeà'œ8óXP7>z9œróz¬Yå∑,1¬DJ$Hÿì«"àë•d¯cΔœK!at•ÒùÚC?ªCø–qFõd!op•¢ÃÜ19Q[ÖN
êE∞∏k±ÑSÑŸÚøòŸÑN«W¯8TJV–Ö∞À õâ:´3ô•Õ¶jy8ÈŸ&=ÒCÙIâ^qû˘T)3¡¶–ô¨(µË¿†ª

L\¡ßÛÆÛÈ Yü≥Åâxœñ3≈»òÃ∫Ú(Iírë3$ôv≥í”0IP»ç–å∑<`;Ü •éôè·B/ ÛsΔø´ª`¨Õlà
!ÛS?fl°ø„ÕüT?–ë°˘`®<Q{Ö¶$5Gh±ä”)´°FÁ\ÑK•øõX7¸8÷pµ∞dÖ\X
±<êu<Üá4≤•cçR=ËQB¨9éP=ä∏™(„¶_9ö„IƒF4H<Ã√L¡¨iâ!í±^ªåœÉÃ‰ä¡m9œ~/åªí¸AB¢–Õ±ÖΩ¡
"Éÿ¢A±Q¬c|Õÿ\F/îM¢8a¥ò*úMgî¬ﬁ‰¬üT°£l
ô0√Wÿ%òy â ;ÿQ'©¨t<ÆÃ9@≤dç∫iç ><¸<2Ù[
{…Í¬(ªTâ|<à%CƒjZ≤ÔËù3ë≤–ô«2àÎ*LL°∂\„±ƒ@ü˘^kS…t·ì¡ï∫˜,ı∫∑$@Õ‘`Öì<I0yD?Ò$¯ËIê
I8ï–õl°*,–*Lù<JuQ°ƒBW¢ô¿„$5Dx-RÉ ;àÉP'ªÑõÿUÿJ7åC÷h'Æd
ëÛŒƒ√¡"\L25]%C°†“î∞,>&
,πALDûSû.Öƒ¶0»ª∞.
…3≈œî´ΔËó√+x¸D8Öå<åÃâÑ¡~öí;≠Ø(!
Wú+Ö–§œu˝F»|?etèp»ÜpòT˝MI≠M–!QaÙ;{Ω…}uÕ– ¥¢]+NΩ–ä€–
81à2àÉR='˘«Î˘ËçÌl'∞<:$ØcØüƒ5V•5¬√≤íX∞'´(,î
ı$ä¿ï≤&|Ω°n¬D¬ìV±Bπ/·ÎL±(%µHPtœ†ßœ∑π!
L∑rùW%Øv–0aÖÙ‘«H ô)ùz]F≈W|•Õ)å!F
F.€†¨W∏ pÿÜ{
ÿU
N§ÃT÷/•NÕÉû»<∏1¿Éá–êXmÙ?Èú1ΔéM•ÑU•åıèù Ú∫\œ8≤¶,µìMÑRÀ–––
ÂÉ«•^m÷âäÒ†á;ƒÈ™à~¸“È“mÍ'/
ƒûÀö˚ƒ=°@ôâ°V˘±lç˘óx>`@>,≠ÃâÑØ˙°˙B7–
ππ/–<+1çY‘Gñ¯U'lH]©ÄÖ€I5[~–€c‘MJMù±µW±E8gú[∑u•{˝˙
öòµ„Ÿ≤8¡çX√'÷Ç5 ±X÷J‡ËW•:S#bíÜ?dÄÖS\+à!à àà
é1 ÉD» çwΩ¬`BœãPaºÃïC¥™/–à~¥›ﬁçRi]\9<\^ﬁ¸ÆÀH•L•5b}/)W˘˘»<5W∫!Ö¨ÌS–)ƒ_'¨C•W–
v[Ÿ<;¯Ì,Ge[Â•Õ†<?∏U°3œW˘∫]„™◊–)J˙mïc`„¥Q¿ΩÉ¿
'˘'(`1†≠E`Cúÿ•Sé»} ﬁ99[3qIX•¿ `Å»‰8ÅLfÅ†d Äa<»ÉD V ^¶¯ECŸ(\iœmä"¨Æû
ƒ)˚Yª¿>ÃÉDπï”µß≈¡Z`
é≈ü•Ñ¡Q¨L∂©´ΔêS}Rõ^S>–òZ´5®˝·/Bâî^\°ıMc˙5€∂}øDïÕ∂ï‘õt€3¸5¸ªπ≠[∫
ù∫ÖQëâS•ÑÕ„; à>c>‡;XÉ®| ◊Çô¨d(„Ñ\X=R<.öJ.f•ÖN JŒd
ÅäåŒËå>ÅãΔhNfÅ ∞2»˙_p ˜°Õ¬@l¬ π°ï[6Li :(%#¸Ëe_¶V^
€ÖÄÇ5WÂçÛåë≈LÖ«ñÀH~í¡qÛÖsiü»∏+ùwIWXX¿ﬁ”`i~©Çï_4ÓÕuÓb◊ŒÚm€Ω”Õ†_˚,wÓÊs¶_iò
„LPÂﬂ}Ê„>>Ç~éÿ¿Ö EŒòI`Ñ>≥$Eó»°ñ£‡<òÇ∞dã÷Ëå÷
®
ê…¶l…ñÕûlNÇ à2hXàJ#îíä.bª¢.'Y\∂¬sÜÉÑ“±È&¶ª»C:ﬁX√í¸ê<˘¸¯'4,¶-PÃ–
ˆbõßvπ¶ÓLÈÂ#–˝+k¶+±,í
©ÇÌfÒ%ﬂ±JE
c˙e[ª”◊ıç_vn!∫k˙Ö–˙Õ¸ΩÁÕc1à–X–¿(–k–0\à\®ÙÎ!µDéDfZ[h˝‡iOHâfÄlçœl hÕﬁlÕˆ »
@
WÄóÄàG¯X@è)≠ıLœÅ©"ÁÅœ)ä“ÿ∂ä†”\Z„“µ˝®Á‡@DvLxÖQ(@UfPçÑ”7ˆj/Ã|^“»/íLWVêb–ÑÖz
\aRR)Òeﬂ•]Q0.€€$Áo¸n/GÁ.ÏÊ˜mk˘üTø¢¥ÜhêµMÌÔS€g~`÷o9\<ÔÔ<l»
K&%E_8°àéÇh•äÊhââûÏoGß• Õé
ØÙ(Äh–Òì∂, “$ã∞¶ÌR¨pΩùY
¬ãm¸†Èªêq°∞mò®3:ÓÑÌ@_$å
Í„ãÃ„5nÏµ˜bõ'â(ˆˆ∫+'ñj‘†vìbV∞0|ú◊ı
_{Ω◊∞n€qÓÓqûM≥
ÿ¯
_uf°∏5oõ¨_o`±|Û„–¬•sw`œsy'ä#5å%p<§Á‰Éâﬁh»ÆË éphÄÅüpÀ¶ `–•®t∞lhÅ˘
·NßîíKOZ™–x√HØÈöðÂ@ÏeÆî°%¸ê1,,0@d:% rå”¶5P•tÊ9¬Ãt
–:;ÅàX»ØÁÒ–;•s¬ ÿïzg˙ç[Ì¸Ê≥ﬁÕoê¬Ω+J±6c–wk±]„wV˙–
A8k†ÁMMNãÀΔ¬ıﬂ¸Æsx◊ÇxW{1ÄQf{RΔG`(¬œ¡'r2ÄÇhÅKFtL˘wãðlÇóp¬Wx√GÄÖg¯JßÙGg1hÑ`êà
BMœô="Rè"ßxâ•hâÕáëÉ¸|±m„¢Á€rÑV>,çW¿ü‰MPÂùS,;ÓT$ˆ˘:nçj†Á/
´>˝˘)πsk{ÖzŸ°ˆ/dQqNÔrûT©wÕ
±µ˙ˆ'˙z>z7Œ®˘˙,l ßtÿQı_}ÿ√≠ÛxèÔ¯é∑˜‡QÆw"'•√8]Ë<–{∏hÄ˘Ï˘ØÄGÄ–pJw¯à0Ä‡¿¿É
3¡Û)≥j÷$Z≥ΔÃö¥ä≠9„hQ£ΔjÕ™E°X≠£≥åŒò±îΔlÂEñ0YΔl…Ã•Àõ«§I;ÜÏòÆSû:m:ıIË–
Nù<ΩbÀ◊1_»|ì
ÿ1^V≥"„'/∞¿™É
%6,ØXiy=Ö'÷≠Sß†`9˝D∑b6ky˜fÎõÌ[∂pÅ˚¸∂Õ0,m·œ˘ÖSÃq„oí'ñ¸˜Ô7oá5W><òÒ`¡¢
ãV°ÌÙakí–˜‘Ù'&DÑ•<πÁŒ2µ≈<Gâ–¬£hâ"Ü8q(PíÉ'è£N´tAEðÀ(,JhË"Ñ•ﬂCúﬂ]Ç¿ÅD8ò !¬8@˘
¬Q±ÚE”£GXQEë$I÷4ÛQL>"L4IHNRh"1ªúÚäRõ|Úä'Ca¢Tà"‘,ãUSEÖY(ÇÖ"UÀêñZg°E'S

±¯“V,ª¿,£…J_Œ‰e§^z]∂ÿ6óvÿaëEΔîìYâÿjî]â%e€x3Âî°≠∂˘ÿc¢ÖCf`íy„Õ1«%íÀÜ™X≤!
µÈFFd•úpZ,Á'Ä¸â‹rΔëù'ß∞¬ 1¡sJv'tßÂïjP¡xÂ}ßi•
§ó–{ΩóÄ`üB
$A
y¬
DmT G“8≥RÄ(]4RÉ
¬î”M2Ω$¨Ö{3»`¢·áû¨2î'Æ'à'BÚ0…0ÉÃ∂SyÎSä°dUUXTï+÷Y/¢ãZn±]¨ê,îêI˙•$aÅU edU
BˆÔbkπ%bòuÈ
óVzvföTNf¶ed™˘MOªËÚÊ*D–9ànw‹Ÿ€√)∑G@±Ñü~"À¿ë·à#Ø≤≤K0S%E‡Q*¡•·çGûx:˘ä¿®¯!
tÄ©»G_–w*¨6‘ +‹J‡F ∏ıGï$G'ŸÍÑƒö=,/Ê§Ï.¨Ñ®T' r®µãˆGU∂›Ü{≠/
◊˙ç.ZÈju÷énŒV,n–Øê†ô§^FÊ+XgïGIì"
LZó´]Èe¬ú?ú¶œíëy&`£aÈM6≠ïÀ*™\bIù¿Ÿ rpf-qfÓ9ò¨\ »Á\y$,I€5@∞∞3•ì~W¬œ?W*Í
£&†=–Õgü"N€áPAF"ß@ƒÃH“ƒëÀVì Ø¬dëM–≠Ñ˘k/≈“Ñl≤Ça±S¿-zS>–∂ß‡ç[»@ãÄ–ïœ°»oÊJ◊/≥
\KqâÛ–èÇ$Ø∏¯•Ñ~ìR¬ˆÖ•Δá4¶sò±Tô–uÆÜßìÁ £:2ù£uʃX.^·
W\bÉÿÕùÙƒßìÂ†âM•ÜÁ2<‡f2€≈.|¡äMhGh<ÛŒx®ß≥I°Á= Z¿ÄÌ
ì1¿¯Í#«Ò©J9 C#'^
(lÔ€ÆT+çÿÔl39%Ñé≈,≤bnõÿ‹û"O¿ÇoxΔ∂j≈oÁ˙§‡f‘¡∂°´ì•¢êˆb/
%=iÜ2táË2G>L˘ÜXñ<∑0“mNbc2¬¥Q1◊°v≤cDùjÉ%Ú…0Ωsb†•Ö·ıÜäx‡Ct5≥k%B,ZwØ5ÇMâ‡gA<@Å
J±1{ ê¿◊ì˙loéL_B–!TÛOD(2øYÕj"Œê»HDëî¨ƒV¡ /Í? YX #∑ç&
F.Ç 2'∑"≠ì.
JgñYh•íâ3ÂK„µ8Tö∞¶ñùcZÀÃ'RÖ†Ûíñ|*:X6,á.”7»·
ãÂbØ,&äHàŸ–FäK\úòÉ@πâ7w∞&t`&ùEÌÇßêC∂3)0¸¨ú?˘Û¿w4∞N
¨–jL¿◊∏ΩΩfiı'ì ∞`
â®$∑¯H+A6Ë#`#â∞•◊øókB) Veì•Ÿ≈è|$<B%âe}tòáJfl¸ãZTíoÅÀ`()ò∞°Ö– ú),wA(ö˘ãø\»Ø
°í…4k·ô¢%/"°≤0\Mh.Kœ˘“'¯a#üÍ
U ÇNx8boÜ7Mg¡âGòfmœJ≈ETfâ–Ë´tQ…Fê!'8¡7É6Œoû¿≠ÄÎwD0WxŒ300^Ÿ≥=w“Q>™:#Ä;Ê¡.
±"ê˚.,œè86&ó5∞*+Y
ÕdmöµË˘.83œFí“aäG]T≥
vê–µp–C sµqiQêá¥®öö–π¿eí¬N˜òÈJItè)ìcÇ˙πZB&MJ.”ï3S
◊ΩbC´pETÈÙ'fi¸Ê8”âB…≤˙DØÆw≈àÿƒ{;°Q™ÈÇß»•ÀÇ=óGS„Ay|fNuÆ≥¿x•ÎÙʃ◊y ı1^"˘4@?
ù8ÖWÿ7WDkŸàÜOr=¥lg£ICJ–d"–õX"=´îgâ÷G>äqflµZ^Ëöìb°ä˘M∏≤¨ã–;/u=äπâ»Äπ L
s:ÊÊîπ<•ák√\¶p4E"%cä˘ä0á#œ)2UGx°,eô» õ–‹!÷ÏFƒõ·,ßΔÌ(ÍÑr∞Á8è~œ/–
‡™•î”Â,tˆ+HÀâflu–Ä@ΩΩı ¬˙D@ÇêJb≤""–®7ç5ììAhÉËá'í
µY–@ñOÄí›Œ¬zöË2ʃÎl"V|,L –+0gjçBH#Èk…2ñK¢•ÍÏ*%°≤Óìø`„]«a¿>e°u9uÿµ©%NY/©˙âr_Ë
À'Ù§MÆ9≈Üð[DÔ+&ø)Nru5kÅ∞Ff%fiáx–.Ø¯D˘ÓúU¥ì78–»„fl˘∂¯·ãf]'ûÄDÔµ
flx^"ê∞*b»ÉøjPZç:~RPÿjë±Òoƒ¢l™Y
·'KC¸é
¨
øâD·]QÕQ#°Ô˜,â¿D¢Nñ ÆEÇÉ:yT ¸Yq6ıKaÄ´∞,!πÏõ[≤,≥M\„VŒÌ{ÚìãªflŹ√bwÔÚ+¨Bò–
I2ÒI‡Å…^i¡"8¬õπXFmB#tÇ„·›≤\¡ÀV5üeûü¡ïx@ î”
àÄHÄˆ,ÄPÄ /ÀÌ4/ˆÄ<!@{$Îì@t, √ÇlòßµÆ$»Åƒd±DÀD]˘àK‡Pl»#9¬ú ì¨5fl≥,ÖÙU"ÇÒ ¬„çB
%·Õkað‡M∞]äé°E·8Ö)π,pùOÖ`t]¥ì¸að]Œ/ïáÊ°îÈ_î"Rî†Œd,Uk°…kxŸ%Ï›lÿFàL…@^yÅ8 „%≈
à,ÖQËB›¡)áÅ <7<Ê}G ñ áú†$ÇM<LêfiÇ·UÑ†HÄBD
y∞@8¬'¯^,ñ÷à/Aç/ÇÙäE,·œúÖT+íDTQ'\ª1Bœ˘$%≈&8†#œs%¡"0œ≈Y”±ÇVtEW∞‘çÖé≈&Ÿ˘»œ
ØôªÙ6`√a¸#@zA™Pe∞PŸÖ!Œfl¸–RøXtïF¸)$›ı_ʃ'™õ%x£ò †XbV%`Aí‹<UóÖ¢0 π%Çê"lï)
¢"˘ÖÄM†Ìô∏¿√M\•0¿
N°Õï¢1@"¸¿ *D˘ÑÄ¡± +\ƒ_êÄ¥\BÕœHd•BïÑE4C&R∞ K>Ea'Ã…TM'·È€g¡LwY>#8†œ–Ö;2
–çZ|≈1à≈2h[ÉZ¥KL°R÷…·?%@ûΔ˙EõÈóq¢‹˘!€ıîe%RÁ•ìïÉ!2ï. fiôd'˘ìw·A¨Ap(«$jjF«S5üê
IùÒÕ'#,¡}ï¡"éö5eÄ–dî ~≠¿à`9ï”
œìÅQÄ√©S•%Eç„∞zÿ`d@t2eC|¬¨%Ö çöI‡fiÇ HÉ•äWöß˘PNÙƒ,úÜîe§Wm"¿â%
$Ã,B[,Å•g‡#Ë[à8ùâ–„Wtfl‘°πÿHYY≤Ωf°Y6l√@d@RΔ@"
ó!F&øPõÊó Æ0â…˙·flRµ ÏxBÅÊ´ôeF¢ròL>4ìÅ#4Öµòà%yî4 É.%Å}ï¿ 4`
%Ó,ñ˘ë¸ÊKÊ@∞@ “§Pœ/˙$ËXÜÄ»<˘$S¸¨@£§·y%¿42@é¸ƒèÇ »Ua"4É4x
%˚dñf=‘•πƒÕEÖ1ÏB.îeùD¢¨Am∞•¶£7>«!®œó6Ωn•Y»ZfBÉ¬aê'ÖAûaR(A~].ÈBû Í®*à¸!
r·üÊË_ÂàIÈDff¥N≤4ítHS<“F>,¸ù†(‹ö•0èÜ‘9PÕΩB}–dëj‡ëfUíÓ–<Wà)¡P©Mr)»'órÈ/J\•|
ìDX•çXx˘3Ùo‘c·û®ÒQDx%IÿWÍÈ˙ÙfàıÑ/™†ÆÇ#‘IqÙâ2û~¶cÃF0Ç:"B<∏„‘πlµ=é≈^Éà†aπ
%H)Œè›'àB–˘≈@˙„œlöƒ(ŸŸ˘!à~(Á°™A:%™,_ï,ïuUÃS jÇ»*`òMï«GT,)

\yåd,•ÈB7¨IfdÜ5,VZD#ÀÌY<)û"üiÎVçÅxAX)ıT©Q∫'   Â
°Ì
∏¿÷≠oñÄflñ@∫≤´àÂEA¯ÇjP•˙»)Ç0cW≤¨KT´µâÂZnP-"¨ÅÏŒ`ˇÅp®Õ¨Që–gú) SD≈T`Jaãé%(Ïñã/
ËàƒÖè,JÀ>#x¬'8â?Ü^IB"dNô]¨ƒ™döŒpM…AÓKÕ,fl7`ƒ"uf1q»≥$Ì-Ì2˝öY^V<0œûôH◊"Ã÷
ÌDH2‡Å§Ñ«¿ÖÔŸ÷h±œ$xmå¡.ıîÄQÓôîÆªn´%ÄÿÌ
 <w¿UÙƒ´üi'4€bÈ+ãy>.MÑ3C0@EgàÌB£†»cQgÆÇlÑå ¢¢∫%!\,,¬≈J™êå°˜Ö¨F>í¨»Vß÷à·°!+
Ä¬éù'L˘`#ÄÀÏ•v>Œb[Ö0b¨*r≈>cBô¥
ñ≠-/!bÜXÃS≠eÃ≥∏¬+®-&-Œw)ÀÄ/ÓY',¡Òú¬.\¬%1◊.Å¯T }ù@ŸFm%)6…<¡!
¥mÄëûpKÈK¸Ä∑¸ÄK)ìvi•dÄd¿∏ ´w¥∞B5L/Etö Õè*ÎÎÔ-7JT`Qè¥ÕÃ≈Î‡].Äôq.ÏGn(ì5±óÿ∞
¢Ü¨Y*(≈à=~lÉ¢Hª¿%}B#ËAêÅ6gCßb`8hâ˚)$BÜõàFŸ<M&09Ø8SõÚ.ÎTåÜd˘Ø≥lBΔ∏¬¨ÖŸ -
Üi«"Ê¿<KáÒ@¬´,3 L7LL˙Vƒ7∞Bt~   ≤©ôöÂÊh ¸,Åd¥dÄPœû%0¬˘o •§¥%∞Q
'{2Hg^••DÅΩÚ÷'®ø&Ø,!2ä¥M€E#±ƒufiµZnhA/#†Ôúó¨¢,Üz©„"è;B∞}Öå§KÏõÇˆÕK≠KÌ-}B"dÛA
îäëu◊óCVõ™ö≥™ñs^£≥ŒÍf6™¸äö»s∫
≈*®õ=≈#5bù'N∞%fU@[ûêœ'Ë2T√_Ë˘±wmEút7-î≠Vi …,…•å¢
Ñ@LflÊçë¥Ê4K)‡RJ®kwx†Gh':,ÚqN_ç*/w˝lÀ∂C,/äh!>$˝ú≥†Øœ!pnÁ˙r3ohÛW°£ıuÇµ°àz€#Y|
Ö2Éí≥»…€N+<¬ZOÅ¡   #Ø•2&9/ØCJ±B2ôdÚÀ:?WÛÍ"≠ZCõÃ≥
´)ˆgU87äU«"ÇØÂ«5eS˘dÑ7,Ù÷¶/ÎTÑ'å6EødŸ÷Ôì†á@¡
åQH˙¶Œ•´î‡MÆ¿
ú¿flr)'w2'˘¢t)•4@TÖ˘ÇDx≠NÎks«)ûnpÕt•POí≥ÙÍ8N·7.¬òkÀõ
%Nµ|:Ç#¿◊(îîXOêcÀWß'πÃ#çúµG¡Ç5k≥ƒbôÊÿq≥ÃÃ7Ñ≥ÅWÒQçsr˝¨ƒ0Œˆí-=zb L6lë1Ö˚™%8¬
%¿ô% ÌÇi>löùÌJõc∂˘HDgßÔÙÚÒDxB|ãª%K©4çôwdÄ
¸-ë~tprdM´fl÷≠êπ
ti¸ˆKØU•0π4¿8¬f£úNÁ4∑?wHu•≤¿-?ï´eT~~◊wı>°Ú≤/
7Qx"˘[Wï∑ıUâå<≈kµn=Ó{»,Mù∑à4°[|"XÅ[è¿ı%ËØ¬ÄCcb£c[ñ>e¬flÂ@Üø¯í/˘ñó0
EÖ≥ªYBlÑ:"ñ˙Ó@-áCÅ{E«)¸`5hÉ5˙É÷¬∫˙Z+àA¿¢L"˚F«ÙFKÊ@±ÉÙç9xpr{HO
+oπflä†K3@X}•§k09◊∑@"∂ƒrw˚˙n/ïg"∏œÃ¢4E^N·#âYmåWü`óóç"†x˜≥s4 â   k]KU@êX|
5i™c-2äÖß≤+\≥¥¿pÁì|60<°´_%§]„5™^˘1≈£ÚÎ!œ¸°cX:6÷"3Q$¬úH,{Ì3UüØö¡W«úu%C3-¸ö%Ò
TN/`$ +ê¡Ûÿ˙¿ΩxΩ%¨>ÅîW   ®Äçñ¿
(ª
d@t¿÷˘4ÙÁ¿
@˘
‡Äê˙ÌÙGªY=÷ø+q£á¥@'dƒ¸à}ÿ£≤BÖ'£=-oHóΩÕ8≤€Të¶pƒ,Ké<í„`ÑP¥¨Å""<y%JÑÈ''V∞8˙ˆ/
ê"?CVR§Gí!ÅëÙËLPûë   ¬¢Ç;yˆÃÙÌg∂lfl~~€f'(8£·œÖs ÙÈ6®M•B
'µÈ∑¨Z±J=:'˘+"©Yù~+«'≥cªt±Zuj'´Ns7mrdifiEÑ>Ys'é-Pé¢E<é<}˙tä0i÷∞y´åMÎ7kö5{ÛñÕ
Z,2,BÑ8a˙ä@//t…#ŸÑ÷x¨e…<Krú--x·J<Px„Δ % Kî•êÅAá†K†n∏
Z$™fÕ/wÒ·…èo≠Y5fÃêÛµë'.VÒYA~ı ì™Us-m/ã'0-B°'r0Ó >ÉËé;•X$èD6Èç6È§ìZb)$ëDZ%`T
QDñxÈàLÚò4P†ßwM®oÄB
)•öÇ
´´¶*´*≠
´*Æ¿ƒä¨$∑rÍ,ß°a&ò]‡:ÂîWNÒdøNÍ∫ãœ¡√Ø5ƒl   VcàG¯pÑ¢˘,C°°¥ ΔõoÍ¥ÊN°>≥2B-†4'X`Ì
éE:πÔµKadëK>kêA¸Z,2Ë"2P·ÑDŒ8nX°"Á2àÄÅT3ê
∞n;$»°f √¶m¬´Ü◊ÒƒSoΩˆ|Ÿeé/öÔî∂§Ù%œNV±Îø1
:¬¿O=EHA(,àH"DIdÆ0Fa•èê-êCê>"   G-C9b•ë)ZAù8Äß0‡fl˘kÿF≈ZÍ˘«$É§ ™
$ô:™«≥Ç8aáô"åÿ*ôΩ/.∫ÏÚoØœ˙S∞Ñ:c±+Úd_|±ï‡ÕÍ°°Œhd%

4¡7"XXÇå   ≠|≈ï∫>§ïN\!∫hK¸:®4-¥Ñû(Ë   %:ÓÑÊ.e8PµÏÿN
jµÊ∂√ªF◊∏≠ë°j"c/˜xaÂX]®¨è ¿´Dîê¿ö˘∏©-à!-»‡vëE°m§OFÈH]èLB)]„˝\ƒ9Ú§ Bêqß˜5 ı°
\'
«£2{j« É<r«•&n…ˆQ´ã/÷*≠c«Ú>ONÒxÀ»øìd<ZM¢äÍzeó`÷´Êu;9#fiN<AÛf3úu.
-'†pdh+;qîKA˙œ\^˘≈Q°‡MjJ8B7)à@êêà™_Î@™®ìWÂã!à¬)ÆA>_Ì <÷πê·2˘•≠>»<‡:°
GHDP¿¬ÄÆ•êÉ
ç˙ãÉ™GpY°0◊Ê-µπuôƒ%-,à>,2P$B
"hÍRá÷©N(Ø√á¡∂°îà%ÏaV9Ìx§;!%¨H¬À>6"2,çU q¡íñ>ÊàêSËb8AVÑ#à¡é®<+ÊsâcˆGN∞ììÃ4≥
ô8}Ê8˙"üŒó-lÇJÆ˘P"∫426<Åà∏ƒ&[±â.Üé78,∞-¨p   ^•êp¨@H'tñ(Å0@V†@XÄ_•ÿ07™-ç
πìn·±ï4ò¡Lµ∏Lá-'![g?-YLÇ!L≠eêΔâa[ôÑ,"   *≈Ds,°Y¬πî1%ÇE#ÙØÜËD'K%ø
Ä˘ÏCπ-PdwÒnwºªbY˘™xëa]R9¥Ú$c.˜¡Oñ∂ìà˘¿qL1%Õ¢ëçΔG{Î°Q˜23ßBäoOflÄE©3
úx0ß\¥îø;ÿ&ÜZ•Ó˙âMnB~É0Â˘m≤Sb^PÉñÄÑ,¿9îÃˆ™J†P¿3,s≥û'¨œjÜ3Ÿ"V˙,\-'Öfl<-â<Δ1

QÿÊÅÚ©#ÿë§‡Dô8%bCOxÇ:∆1|®NnHà•lâ/>«
=∞h˘ÇQO¯µØ~™N`Ø+(Wê≤-‹Ø,©˝"ÓÑ¥£/:¨•·Ò≈≠tX∑‘ïçâ»#F&¶
-éQXÃ&Í≥ãcÿ
OŒ†”QôB,â(÷†”PX!Ü\PƒYfl)j!óʃ$ÇíxSn’;h≤ié,À√^pû2™∂a•UsÀUÕÚñ∑D¿´<•É<‘¢%#x ˇö÷
+ìWÎaÊÇ◊"`dÀèÔqÖ#Am,fk|Â+„#¿HÑÜ’£d|¡ÿuˆ∞s@Ùe·)íöΠ(_¿Ÿ…ùx˘˘`8éb¡0cPãëÂw≤èX€“
‡ÕnI¥”
9¥RçhHÈ>p¡“*ÍʃüʃŸ•"n/D¥ˇW3E¡Aõ ÷d<„;•N.m)"53>òzB@`ÅjJ†‹ÅΠØ¿ƒ&0q J~IL"e»PãZó
NZbΩp™PYâ-Lï™πAV=∞¿ÈÄ
ó©ö’N!ç∂Õ≠u;´Øz%
ı\£ô◊®™õiÍjH>u/ò»¥öƒ«Ö1<DPñˇn≠©rÂÇ+>/Au¬K≤¢„0ÊI”i∂õe,œxrÄÇT,£XD#äE,i¥X<≤•(Z
Qe^Tc=lñ¥î«<.B"è;à^˘™ö√,Ê/´∆g©'£∞|ivÛt•kçS‡AØfʃntZ•={¶âP≥J°¬ÅF≠
¢iáA™Cï™≤@’I6@®íUÄñ˜Wµ‡ïôl`k8£8w∆Õ{ïûÙ°övkFzX-
\UπΠƒ∆ ò(¨P59`ÅrT”©‡"∆√(ã„„»@ë ù"&ƒ>{ŒUƒ≈û}à•à ,˙â<!≥€Å-i‹i‹˘Ô˛/Òøáûˆ
¥œ{Jj¡≠/≠yI„62˘§!çc¯M£T~ªØl◊wÉIé1Ù≤q≤òSÏ¬‘4üöÏ“‹oÆºn•fiÿ˘<Åá«i¡L9Ä!ÍB…OR!@‡M
+®†Û"≠à∞ÑRü:ê™Fï
…W•*´öx†`9À
ˆº0¶Äitûù„<‘º¬`Ç’”Û^÷ºË#jsõ‹H]Í7`ArrçƒƒqÀSàÇbn®ΠÆgs».,C4Á
%“NŸX¡ÌÇ`•E_ÍÆ/Rgü®≠%€dßµPµ~áã\•ÇOå¶ÇÒé! / ‘Õ /-Àˇ´ÚÖ¢Ü†¿LnÓà1X·•$Õ2Cı“lı-
Ã•zPO¶kπò!ˆÚÄ7)dC˛"§ $!pÕ ñ
÷¿®îÊ≠¯Zi Ìÿ¡©T)ò J U@´‡‘-†Äé°Çd4FÌÊ“ÇÁ¿œV‘=‘C~Á~Nò`Ì6·ßncõ
%,˛¶ÆSV#∞xçÓÚ™§¯`XfÿPÀŒ±>Ç±@&FGƒ‡^Ú¢m'ÙEF@Îåà¢π∆»•ú
¢G~Dµ2µ*ÒnqGòÃ§aX§d.•√J4∆c‹ÌÑ˙bL¢ÏHÍX
Ñãe˛».fypıÊ%˘UoπV*Ω·Œp
^a‡Äƒ¿®˛Ç!bh†Fj∞Ö7û` ÷Ä\AU°KLiqp úÄÜJj√6É V¿ˆ%Ä
€-¶ êAò^™Êln‘ƒè|ŒnœÉ2àWbÕÿO0àébÍT#Ídè!ΠLé$±§6,ÆÄÅLb/ %É¡$‹CXD%%(Î∞ ‡&bmJQF"
`/.-Ô˙.åjqãè)]KbO£“,àß÷Ç¨ÈPÇ±Yû≈∞ÃQ(ÖB·refåÃºá…òÏà¨¢~ê(∞
±‡VJʃ≤¡Ât·ÓÄ•,¯~ 6˛ë˘˘4ÂÑJ@D]V·
≤Êp@˛ÁÄê
TI0HŒ†¿˘ˆÖ
˜e@»`¨ ™Õ
Ó<,R‘2(<~é<(≤¬„\ʃÎq√¯bŒÆ´S:E5Çk◊NR”±Z’)CÇAX:®$í”eb·?°%¿û
óZé`óñó¶
X
…`qH¢"µ<∞c1wîDà∂Ç…2£*w!™dy®åJíáç∞Lú˛",Å†≠n1åKΩ-ßqπ˛Ì éfl‹lıƒ n`ÏÁê` !
~¡∞…/,»îr¿RT‡éî
B,¡V¡.¡9,•T¿8˘ûT7ñœ2Ä3r"`%‡ò¡uˆ0¬≠œ„5}éÁ^ì˛¬„Ò^a∆ V©™®E˛ñ±Spm!
¢7ıjˇÚ¿∂\Ê$^≤≠bJàÌ#ÇÅ±Ú∆=J¬#8ÙÄ§ÄH±afM˜k'¶søZŒNEÎ`4∂fë)ï¢7ê¥$jx¬«Ò‹K™,y°ktÀ
NË» é4?ßƒ@y»j”“NÑgÎ€à0ä>cG∑AÈÓ„é ,·ñ!ZAQx+,%s
Åv#\cT°pñ‡ ÇıD/•8û¿AsC ñÔ$Üü˙XA
I(˘,"Å£nvŒnÇÆ"Åîôê:Ó õ‘ZqÍ‡/§®4ÛJ
Åè≤«8É&€£ÏÄ¡8ç”#hR_]ÜD`Å&ÚÄM)¿:ÄΔ•IVa;v˙bá+˛ÆaÆhw\Kã≤à)˛tPeß•¬°I÷Ã¢¡
œ='∑ú•>"',à◊C·tì,af&3òÃfß-?ÁD´ï` N
,I¥ .¡j¡ÏÁ5•¢/JF,Äî*@¬Æˆ V»-ÌúTÆFUG YU <¿∆hÙ4@
<¡Æ°4kŒÇ¬c2Ï0≠,2=0H-x·.·÷` ˘ú ¨Í p`pùo35"õ±ÛJ¨4M@ÅL€#]Ü·r˜LıU_À‘e\F`
°†Ä∂[éÓdÂll m _^˜U∞Õ`ñr•&ckó•ä-eëÌ§*€B+õ≈YÍbe·Õe!ÇfidÍ4¢¿tÅ¨“ì:ı¶wgeıv¥ß
v¨¡ëe1Kı.!ívià¶.ˆÇΩ¢÷©"0N Âg
”-,V9û†2°ä ™J®∆
JÄ3˘ N‡øê·”ÙZ
åsŒ"L=¢¡x^·îD≈Äp¿pÉ-U5Z`qWÑØ4bJ¥Á\˘br&ÃoÚ$ƒîsiAsÇÅ9V§‡Ÿba˙u{8_÷`Û%3dábªmG¿A
ãʃ-cÔOm-c◊å|÷,/sp™åyv´Axm0
bÒ•‡»*3÷R+÷gŸrgÈ%-£àF`áx»≤?&Eî,! ∑ÍòhR-à/´òΩ°è’`Æñ,‡n†~#®Â-˙ëLÇ0ó†‡3≤~`ê¡”â
GO3-∂«Q<»é¡ʃÎÿ`Ö2T^ÈÄäÉW5`(Øö"ölkÜ°^-◊rÒsç≥&M9L9◊=>wû•@JóΔpi;\˘´zÿ˘~XÄXJ
G^1)i±ââL,¿Ç-GÉJ÷o OeÁ”>œ$é¥ f)55N∆ƒ¯âΩ«f˝≥Nûò†\g≈áø¡¥≈,X$Ë8taiˇ!TAQ¶ñΩ`
Πîê˙8„Ra·êYT
¥ ,,iQ§@3O`âàí
%`F·<m|VØG=XÊñÅ-÷÷Ç-/” „Äé´ö£RÄzÍ|ÊʃŸ•]Û ◊Ñl=Pÿ%ü˙rœe_MÃ$•òô”b°Ÿ~≤ÂfLu]7_¶Y
™_(¿Â¨%Üµb1<

å¨4)>ñ¥ê¢n÷√*Øí<gïe˘1Ôqc(c÷7^¿¶µûç{◊ç∑q‡iO<åk©éÌ∏¿±K$%L/˜<wêSAè°ı‡ﬁ‰B‡†i≠ÌÒ
2 ˙Ù©Bñ·ÿˆM{¥W^≠Òz%∑sõwQ-ÊäÑ<…Zi9ä√˘b…B†BÄ4xΔ4v&5Z¿Î√¥'•–r1óá0óKıïr˝ï&
PDË≈Ÿòy'\¨{X;<†B`œE¿œO¿œY¿G(wså èw¡sH»bxfàå'äÛf-/Çäyäçﬁm̃ÑdCπ¶ŒÄ¿é°¢ª¢
€`ŒÏﬂÙYêXq(ò·K˘,∏ †äV°éziÌá°!•≥1)
„¶v8Aèıêª‡'@˙X≤d[¸b≤IíUÄUH1XXìÁP¬Áòr{Î[Àè=÷¢=qÀœƒ´ 0¥v¿RöC<†ÃœPL#PRƒKÎeÇ
%™πtÜ-o¢ö&Û9ÉAÜqR´Y!¶ÄIëÓ|X<@Ë;PZ`5Z†~\
0&åƒ»¶Ôj«OΩ»¿Á˙•÷≥eÊ√o,"ctãQ@,§d0ˆQg•‡¬¡zÕ¢Ù2CNJØwˆ-ôKTıπ@≠a˙¢1GiT°|ã°|
ç¡ñ·≈]Aè-ÅÆ∂Ÿo@ú=‘‡
,†PÅ¡î6Z0JåΔ#˚N¿RÜC8ò¿®°∏–°Ã<0Δc2%¶Òò…èà%Øu·öŒïnÄÃ3T§&Œ'PF ·ÀÄ!±éŸŒ€ä=ÜÅºıï
xôK"ïóïìDŒõŸùE/¥Ω
=Õ%D`Ä VûÂÉ`wœB°ûBGtƒ«º9PÉáã∞¬";cﬁqZ>ÁJ&dQıƒƒÑﬁbÔ∫¢€7<·"A+ ·ûwPçU/±äÍπó◊w4r
¡„ î‡Co˚≤è}ñ!$¯å=V!T¡ÌU!û}/©ù·/«U·j˘s¢Ÿ0LI‡û8D`r¿0A©Å¥Åò¥
°•y{WbËÚùÌöÂ &DKƒk >25@8§Δbå8–}*`Œ¢ @As@ÇKÉ%ò)∑=.¸,ç3òÅÁó)œL=wªŸ.–
M«ôk)"+‡"O¸%Á¨Ñ@
¶`
í_˘!¶•Í)ïÇÜáÊü˘"Δ√√ADVèXz±>8fy∂å◊e…§ãªFg0|3Œ¬√<–≥añ´;|¸I<Tıƒt°Çêö#0∞XZï´ò±b
ß9úΔ0.\™Z©∫'*ï%T©P°≤ƒ…T•@o,TRÖ+a.U©≈â£eMôK˘r‹P°¢ƒ
$Nê¬E≠[5kŸ˝5˙≠ö7mﬁ™iì&-ö'c∫rΩR•j"%≠õ∫bÍäàë 8Nî(BÉj3®'".\π4…
√ 2fÕò1∂0fÅÉÌˆóY0¬à,∞…¡|YÀ,Vyf!ÅÑ–<ƒç+,4ã/ÄH"E îŸcœŸ¸n€m€·p„WÆ78€∫oÁΩ-úÚ
%œwÛvÓÕTi«vÌbu"'´W†VyÍ∫…–"<É÷àY Gr∞8qBCÉãé›ˆ÷ú8¸o≈ÒÎŒÊﬂ7Ÿ∏ç7≈8†Qfi≈`t–ºb
LOt1»˘*´#CΔLcåJπ<2Qâ±îJ*,yfå"äÚÜÉ§íí0π¨íJy/¡§≈7îê"
K®·ö¸Ç5JuîÇ÷4UM4«<iLU´®r…%ñXReWål^%ê√Yo±ïAôn¡ÖñZui0x˘,WúÅ
∂◊˚¡8ˆ2è)Δßù¿†ìYFh,ß%1E!H–¿hãÜP¡i!à¿B•9√lSàaûnìs√)◊[©œıΔq©Ç£s®û`\~ªEWç4~Y«ä
.ßh«äÖﬂÖ'!x‹±Ü^hE{`öUÇZbË,MoŒ
]™∫˘g`∂©,7`6fizK'˘Ç,~#M.ñ‹°ÜXƒÅ -≈®§êJ2¶ÑÀ+∏¨ÇKF%ﬁRb*úTRå"î¢%ïp≤/
Eñîó.]`Òƒé*‹†ΔÇ(" 2',„M7La3îSOi#Dƒ‡rÀ-°†¢…G¶\JW\ Ã»Q
%`÷ZoΩïÅs5;◊jQ8¬ b~ı≈X`Ä¶ò"|,yßb˘JFµe¿¯í,† ™ËhëŒuZjïÆDPÃF/ù*Áõnπı∆¨π≈:‹nÆö*
´s∂–
'iªË∫Îv0x"I']ââ«∞≈´òafi_@Ë29ﬂÏg˜~"µ _∂≠j[`Ëﬁdl≠µ£Ô≤åK7¢J˘BÔs°å´Ã+EYbJå'¢p
%îfH¿ä¨ëFïƒ°X°|;‹êldrå2"l|ŒË◊4•M≠NÊ2£Fñhß~%-ø°r(muI+Z1"8Á[ΩÛ\'Ñ-b
$ã≈Ï•{a/`ÄÅ¡4
1«hå_s'√DfjÄÚ02C(XxQ`¡¢|)'Pj5-`¡ Ö)ê¡
*§¬:*P±Ìn·©œQ7k à?ú√ç€ÚÛ*qÏFK™'ì®≤ä]igpÖ÷"ÚpbåAÍ™…≤JÄ3
∞`÷∏\8¥7ΩaNt°Ï\/gõ}Ò[„˛Ü˘5é±
Ò,ÇÑÑ%n±êEÑ!∑¯PÌX≤∞AT"≤(ë)RDåêàƒ`úh%Gà%µoËBƒ
å-„z‹Ë:<F
d,£Δ¯EœX6å@¸¨úD%LÅ
SÙ"I≈&‹◊œK‡A?8¡éŒ†Ò®-jÅœ ˙'Ü<xNG#L2òA':ÇÜq†–åv@™M&2Ö∫ + AÜ(å@^öÀB0∂%
@ÄÇlΔ00…≥dxÁLE*∂¡Õ6uÎaq∂1™Á†JØr£Qúb+(n;ﬁ1ú!≈)R é≥… ‹íGT£"„Ô≥√n »sR
#∑<˘W£∞ÒrÅ/Ñ%aå:d!∞{›ª¿óí)iDphQ#˘¨!x¶0≈F8ÒëFBÚF7¢,√' $†@Cc›ËΔΔjÒ
ØåÔÅÄ ‹-C§aïì-Ñ,{-å`≈JX"ÑjRÇ"©†~¨´Î[,Íû@!ôüÄúÄ-`•NÇI `êaò`#j√h‡""£¿ƒZ-
j~eE' -AHi Ñq¡ FPB ¥3
RÉ
…O'~ä?ˆUrÚô™Te„üi'€ÚvY£FT®.í\á:B<åñ$™e›‡=qeÅvΔÓÌ?hå-Ä»([miN[‡∫Æ∂™±ã˘W"b™∏R*
"åÕ.v~ºK415Ñ¡ NxCã/†%$A u%P!ã[»B9d¿|á`)yiÑ)pÒeCSÕ◊%°ApPC/–;à∏v0ƒ&a¥
Ç(_©∏ÔáöàÝ9AKŒöïZ8.Ú- V£ÄubF2Õ&möÄà†ì'((…PΔ2≥ (NåsMùE'Ÿ/Ñ(§P+$%IΔ–û ±a
ç[›`#ŒtFfinsîZ1√oªﬂ)Äª
√
w„ë""sÑ#úgf9÷∞å`‡gth,êﬁ™k∫˘ê˘î∫◊Õnw≈5:oHCWØ%R·Æ\§7Ω7Ì„-hd ûÜ·
JpB∫-Ü.$°5ÿﬁ äv•å¿(
IÔy∞AÇ$ä-D(päL8˚öPá'ê,§·√!±H÷Ià≠∏ F+nWû1:Ã¶ò≠<0bà•Ñ'X¡ãΔÈôLÛã4¯b>50±ÖùfdÖÿÑ
WÊjTÊ+∞,nñ≥Z^Õ•Ä f"n
Õhˆ·m•ôO∂ÂpŒ™≤
…áSúÄ~£Õ)"uvQùcDÈ∑˘ÓD†ö∏; ∑qÓY¥YúÎàXtQ§:©•Mzπ2öT"ñû•C=ÈΩçN˘" 5V,–∫ÑÃÓ–Q±
¢ëA(B]∑.˚ÑÚ´0t·Øp!Àüˆó`å!àLdBzÉ¿/;t·]k∑ÎPáB$ûƒÖ0ä–ö÷Pƒtqhœr·◊"¡áXÑ6ÒäQ'¢zAÜ
≠lE@∞Ä8¿Kµ'Ky¥åî+`•""HD8K®YIç`5≠¡x
7'©NΩ–ÃdxN®X`õˆ–%'á3?Ñ7T–(ı[îX¡PÒ

Zé9ü¢¢◆V+.g,–§ëΔi'v7™¥ÁH/ÈŸj´sóK©®˜|°5u«0#WÇ˜“u´ê2ˇvñ0Ê0 Sv∏÷ˆq
≤ê;FH®u0éf   T¨Ùp◆wa◆`◆\–/hkÖbflFbàWv–x●`≤–k¶#úquãñK ãzµ0dÅ·®áÇÂÑzB≠◊4w¢
pî–dt'\8AÑr5õÅeQ◆◊eqQ)˝S h„)Ò‘)™57¯}∞ïCfl@rªëá=47zS “±gäe‡≥
,/5√¢sT§VdLãvœµ$_Ñ Úwˇû DFfiU[° °¶
∫ê:Ñ`fipßH2+¡   õ0SÇ0ñ2$í"¶.Ûˇ”oPÅ8   î@   EÂV`ΔÜ`E●TîÇ◆a‡Ö@_@\\‡IP◊ò$
ˆm~P‹Ë8xÉÖ●`öP b∑<8◆Kh269d‡ûP°†t
Å–°D
ÑA@îdz¢4à≈4âeíeTœPeöÒpd e)¬óÜ¢%c¶B*‘)ú≤|>47œ◊%]÷wi©RPöV sˇì57^]a
¡R~S‘àeL9ÄßP
Ù∑C‹]E']fi●t:‘-ìufiÄ«∞   wêhõ¿Á@Á†
Δ†
kÄu·u°ïa∑`j–"Z``_mÄπfÅìΩ(
ØTTKØÑ`âKuÁaÉGv◆u◆_êMP6`D`I–ÇàG›àxv¿çâ◊hI   ¶Éoódê0ê   dèˇò@{±èÑ
°oÅ°oå–@«pÖÜÂX
iêwB{ì5Ybò6@†(Z9–«á|dVfÚd!y*o#ú%y™¬*¨“ …-F¡gÉXàÂR·!,ÑEbbÎaìì©ùpKˇˆót=…ˇEπ
◊%î„u£É£√
–∞
ÉÄJêq
“¿
$CÄñ‡"(Å∞xÓï
◆µjp#äq†ˇã∏f_´ì0<É;q∑Hç…HÜå∫»\êówiE@E@404`E¿I∞°\0àÁ¢ààâ˜†*_7a?
pL9†wdyÅ@ùô@ÕêzQöQXXœÑKsMU®p©©ê●íÅìu5U
üÄeR@õÁ\äN-†ÜbfZ«áWO¨ı6–Gá(Gú$I¶“–Fa+¡Ä+U18/ìé◆R‘EÊ°à¶,>oéÄñ]Ûw–”ÖiÇûå∫Cúci
¯ÅflÄ––!ú0ü:°ñ`8WByX‡q‡ü$"$R"(vä H ¡   »»"
˙opÅ¢ ˇ
HÂñ¶`0œËãtÁ;$ëkM†¢Z j#J¢%z¢I`W∞°Öˇ¢s¿à˜±˙≥Δ#◊™zıyß†∞–ôˇòè…
0§©G@©◊o7XM√'àeê©πöi{ï1●Uä5°peyA|]VqjxëörZd@0˚cø!P¿âúŒq≈â¶¬9üh
∑Rˇ∂5ìz*GQcÒG ?Â≤yP‡p,Fπ'â'%RõˇGjüàF£sË ≥‹`≤]†7∞JêhJ¿#¥†Kp^¶//%íTï@úpj≠¿/¯/
ì¿Jq∞J¡ÛÅI{`
&0»®π÷ˇM†_–òóF†Δjg;¢'äç`Pl˙s0çpKb∑ˆ6ë`ÇqbÄû∞$$$ÆD
·j§ÖõdÉ±4á°dÈz‘§z±pÜaA«@0ì¡õëe0¢ÂA]∫?√«@pë>&wÄdê8©{∫w∞[…Yí´Rú}8 ±'~0∞
+7W^zä1Eõ9`9%¿9@:Yª˝FD˜≤¸7id¥úfl¬F€–û%0≥”p®◆¥V7p5†Ä¿†œpÑPH€GÎÉ&íµ
VHãÅ@ ÇtH ÿøçTqpÅˆhóˇ úó`@¨#j30&êD†E†¢”Xr≠:çˇ%œ=qÄ@÷  ∫`z°u
ŒÖGvdÂ§öyÆJñÆKñpù)0‹Dð70ÙjA±¿§êà–π^
∫≠qëÔ»õxPw ß€fd À!≈¸Q7¶Õ´*¥ï∞ˆîFíí{vÂ¶6hâ8ìo●,å÷h'ù∏A]tR·P:fi2iBS'
Ò„†
L¡Ë≥4+)RI;∞(êA´œ†œÍ´q`ÒÀG[™1¬fp2)3l√¯SJulçπ`ï‘`Ä +™\†_.∏°
\Fˇò~©:∞˚ï_“NÄ Ùı¨Ï¡;†–sß¿∑œ`4qr4F FÍ¬ÇÂoá+' °¶È@–$A‹D●ê;(W„√∞0
ò–ú´y_¶Q‡cdp®€fÌ,ox@á7§0t¶w»∞q√i“7#8ûpsªßäÿc»≤ ¬\8 Pê¡ «óñ«vLt
íí‘A32%,q–0
–◆û“0»Ê0
™0ÄpkJÄ(–Á…ê…pñ‡¥Hå   #8Ö¯ã”µsÁ;≥µ,¢v©*∫_{©¢ß,òFê¢)ö¿`€N†/MÄ ª’´|I†œsˇÑ∞
   ¯¶Ã`+ <√R¯ÃD√'àAÕ{ˆ   á@»lAqçXs–Øìõ0ù¡Nc„e`*∫b6«0●
´±Ϊ¨Œ∞íCsX®¬¶ı¸0i/á∫±$_¸7πÎœõ`jñ◆ªs§à«Ö,o&,p°Ÿ*≤ß––Üä9˚––"µ$FÈ$∫p 1√JÄ¶`≤mΔ
¿
<0
fP   ¨bCÕk`)Ωœppp/“
q%·XÅ›˝b`!åËÅ«0Â¶µjp ®ú_”»‘DΩ¢zπ°/_@_S’ˇ≈ÀÙE_7†;–k£´Ä“∞“` XÃÏˇÃÓ¬*åddÕ¶
Aπé;πr
îKπG●∞†AyN≈[)ˇ}q¢Ö~RêR‡N$ÓPê,^‡q≤€uÉú≈yã˝C(9÷T!8‡qàó0G¬¢±SÑh£çy¶Ω˜&«0}Á@Rªı
X^Ñ0vv–,¢2e!]g
0j¨»*¿»¿“‡‹0;∞©2çTL˙ß™ 0∫j0"Ò/ˇ¢l√£µ ∫`¯Övˊ° Kù¿/jËbflJ_µðh’7‡:{(¿œxpÕ[Ñ±
[ÕõÕ,'g=√Eð÷dù∏≠á@qç·ÛJ●™~AóÀûêˇcê0@06iòj(ZÏT°≈[Q≈08¥¬·¶”©€±Ã`KÙ+:.¿;:á\/…
~ÒÅLé†¨
°f›√Pw9–ÇL∫†
ÑIï$x_.ç/XWÆ√C ¢ µaımzJP(çî~œÍ˚íå´(>’ÁflHy¿πä`Á(vØ"L¿qÄ≥   ¨¢π¸ ∞¨fi-
XËânflÚ˝Á8ê≥œÛ<ìPñ

ì¶g’-®˜ôÃ|÷-,ÖG¶÷d≠dé’@y◊U:•ÖµpÆëÚSÎ$Ñ∑ï°'¿yDÿh%@gÙ¸q≈…
¶ˆÃÿƒ1‡÷Aˇ jÉs81Èıå¿ß“ŒàV¥,ÔGÄÖË ß
°e
D¥[nO:-qz˜
UkÉ≥”x 5XÉÇg_≤/†3Ë¢™ÔbÆ)˝ÔÍ{Bõäp A>Wr%L€HÑ0Ç§´>≠"yû™ä†¿££è≥D`Ò˚µ
¢ÜO‘*/Ò{9’NÉÛùflàL˚:Ä”†õÄÈ°U
¸∏Ã¡ÔÈ√ÔÈÃÏèÆ◊XàÅÆ’<M õUz5A/=<ÙüÄ)¥n)…
´NÍT°ÍT)'0cNœnP_r•≤∞ı„pVœŒ«∆·≈ıé,zJã†lƒ"åò,$Ç,NúÇˇ'O¢MùvÉàL/ƒå/™i”MZ
¥c∆<Ê ïä”†7]¿Ä·¬Lñu¸°|i«œü6m…¥”í%4JîËPÅE8L@ä°√
5öRY“ïS‘®ñ8]ΩZ©“ ≠\}ÙıkEqRÛF-%5vI7%ó∏Iä±[◊àè&}ö8q¢$✱¬ÖUV°!
ÉäTt™πö5iÕò]œlπ2fõ3sÓåL43Œ¿0Éœål ÿ1f¡Z∑>L6≤`¥i˙BÊÀ◊1`°è·ÃW0>œbÒÇı
2PÄ∞h10GtÍ[<¢ÑvÌ%Jà¯∂Ì[xÚ,Õèˇ˝zˇpŸ÷õ7~[6oŸ¨1;∂Î’¸Mõ˝_dB$
%é5‘Bã(¥X"2ËÑÄG6AdOtaÉócty»òéÚ[•ƒU^)Ò©≤‘™…¶6¸0f%Cf2dFC/¯cF;v¥c4∏ò£%înJ(0à`Ç
$ïR·E†"´©†≤ ´≤ j´Jƒ*+ê5Œ:+±C "fi™KÆîÏ∫Ká$ˆäkå∏ö✱I ¬íÿ·0Ç
ÉÎÄ^ÒF≤˚§¡ÏŒMÕ3d%ç”@3
’.}ç6¸Ü©≠”/Ä©Õ·FòQåN7XbÅÂïD%ò"äÁXòN:Í®†ˇ∏€éªÚ%XÒ<;O<Ùƒã/°ˇœ…∆>i>D-
ìM<ˇœëƒ¿5ƒHP(ñ,OË Z)¥p<qÑëMVqÂîW˙Îœ Ø%§J%
õj¥£ê
X`IF∆õXÚ£é9˙✱qåŸJBÑ* (§&X Md£¥≤d)≥
9¨∞Å#êñ„PÉfl6∫†O∏,LbM.Ó",Æ"th”MÏ,ÃbãU®!®:Ë $<†ÑN,íÜ≤Ã"MÌ≥-Æfi,“°6mfÜÕ5≥I3€60ë
1’R>ÿŒ-7Qãï`ê˚D<ƒêà¢£5∫ZsxÆ<]5@<qƒ√äoõ∆Ö%Ô◊_≈SœÒaø±&Û˚éaE√
±ƒZ≥e1÷Hp '<·ÜO` ¢®✱<n'Ñ]K6Y$%;¥çƒ≥ôÑfl7y√é6
±É‡B
ë˙Á~œ∆òˆCbâ!Óc•2+œc6∆@Ö0¢9%J¢§ iØ,jÂ≤‡hY
5∞P´¡ ƒ´6w∏]ÏBÑû’‡g:0Ç–v†É<-PE
J˙ßu 8d™!çjXÊZ!g eIç≠Ñ≤ë
i»)◊¥Ü6≥ ïhÇÒõTë
7¢ çpê„Xå"y ÉÇ‡†[Æ÷¡Œ J†Ñ@Klb∞åü»Enäô9≥Ïi9¸ËGZ˛-Ì✱✱ªm´[flW\wÉÉå‡
\@–Ç¥µÜ;å,}ÉfiÏÁØ7¸ÄÿÚû?H,%ÜîD"£=5,H~@$yÇá9åbEäQ0é© k8D R6†EX,ñ@V1fl±å~˜
C¬pÑ¿∆N4/œ‡,3h:∞Å-íÜÇ•ò≈
Q(»
R0jØê6.Û¡HAj3ûπ&f°VB±«6´içklŒz”R®ò[<ä™π>-U∞✱"Ú Ü(»
W˜HÆ"Ç]-QK‹éy:9ˇ…ùÁÿá±7üf™ã´ËOµAà€˝.®”Çø’ Å∏Œ !Ä]>iáá˝.[&MY±êñŸÑ&7ë !gt
HÈAœ6ç©KtÍ£IR≤'©É¿ßÇ£ %%¿Å|wb Å
w»V+Â2EPu~ØL√,ª✱¢Õˇ5®Åà¥^éï¥Å
h@L∂”HFbíîî§D‡∞Dd§Å
D]MÑèBçg¥Iv”4)ÃT¶“÷)µY m∫!ï
ÔÜúª± ?$√†Ñ|.üqPΩ£D%zß†ß
÷x∞!Eıh1sŒ∏Ã.°Ëfi®¢q0Pπµ (|ˇÀA7hÅÎB.¬Åv/Bi»÷@'?™Ö&vXIN
¡0B2/âÙYHÏuw~ËCO'§9úÑDRAQ&®Hh*÷/ƒ°œ^–B∫•flã([ÇÉ}'ê-Ñ0N å–∏@Äµ¡E®ÅY{i4#!
Û≠k5&8>éŸı»Å.§qç7„ÉŸDÕ÷¸ÍômäÕÑ(‘í/4µ6∆~*7ËTÁ
#ª!gç–√¶ Ö(pVvGF2hØ3\&ü†X5(yVõ-ı»'ˆ…Ü3™-ö]∞b^'„≈nqKAQË-hÅ+
\sy∂∑q§#n}2BPBˇgÈW†˚”J>≤‹{X-h?\◊-/ÈÉKñh@Oí?BÉ˜ÿí'¢prP¡°@flMk¡X-®óê PwK
¡û`âÖ0<¡ *»SP.v1∑Ñ5i4®
pçÎ±Æı≠ø6
Ll•(IJR(HÄh·◊®6"£µk64ÇeÜ◊0Â,¶✱R+¥
mx#fiúi8rkÁ:Q≈vÛ-≤ò»ˇ÷[z◊\≤{P`ÁQZ1t>¸n÷øâı´Åü'>öªL~°,-kUTÃb0sÇ-¸--nW¡’éê
‹v<πa ƒ$A=î$Ô†-¿ΩA∑<}ˇ/xafirAØ°Êh8ORríü%IÎçÄ{Ω0t3CK-∏∆spÑ'<A„XÄB®çéÑ#¥/’yz
k“¥œ@∞¢`≠∫Œ5XsÕVbâ8íÜ3ñˆ 0Û0@¡ándn/ö
gÙéô≠]&l*°ßdå¬‡ûmü:ßhzìN‡✱fnu,Ó∆„O`BûÃâU=âåf"”˚fiØx≤±
Åì^Y·∏S[9f9√[Ü~XF<ËwcÜ¯ΩÂ[÷±±…Ká¬∆„HÊ2öÙ+`πÚ∫✱”π<Z°9g9Õ˝rôÀ‹Êh∏nx√iÛ˙
%0„;¿z=P$ °[K8zÉˇÚ}52=ÈÓo:`p@§¢˙◊Ic [uΩÎ±{ÿg7ä
¿Ä3
(
e¢†%:8o¿kÄ∂ª∂GÔ@HAÜd‡≤È&Í6:<∏ ésl»í¨‡®_`7X`¡OËÑx#É1Ä81✱)ê/àïåÇŒsé%ÿ('Qùa¬
Ä;ΩmX-É∫¢ai-ªåÿõ-G≥;ê#2ä#Qflú-ÄÉ(ås\êmô¡1ª‹Ç™/ì.`∫¶”∏:πÅ3È.®î´>È#¥õõ
$Èìò:x4>¸û#ŸÄ x¿ÅCt&Pùpqêˇ+≠∏ˆ√ÅòƒCˇåD¨„4> 6ã¡;±Û∫˛

ê†6Ò)6â±†hÄ$iÄ ∏Éõâ/¡J1
¥Ãp1N˘în
≤)∆bT
dF∑ëö[°«s'DVxÑÀÀ,1òÇÃFœô-∞A)‡özGÕΩr
\“=ei≠`Y≠, ÜlBŸÎjY2òA)≥8™ßfi,(πê"≠·z'â∫)3àä24µPÇ'∏ÅáT5∫∑ †îò√á˘.;¥@/õ¥?câ a>
.X ‡§îÏÔXÀI¸ XÇó|ê˘+∏HâƒúâD'∏L|Ä ˘6êiä ªb
≈cJÒ…ò∏*∂ÃÄ•âÄWâJÄÄ¶î„ªj´∂H±∂¬â≥Ò¶‡'OÅ°D'»∫!Ñ¨ÉJéx¢1ÿ∆mÑ8ª{Ñ8¨¡âï“cñs4=¡T≠Ù
H=lx«^î«S`∏âÀΩ*ú8ä≠ŸéÌ.◊˘BÇ,H3õ¡ä"≥@Ä,ÄHù,âZSû¥ñ…é‹›û4D…ëd
î®ƒAø'*Å»$¯B •MÉ•HNÔàDH¥Iü{ÅHEaCO µ/?\k+#…ðÎƒŒ46©âJ;^¿Ï jjÀH1Ã–â‘˘¿@
±·âb<bPA°÷-@/‡î≤<'*7T±!%!%8V•=»<-KúA\É1 :˙ùΩ…,{¥à¬–
√Ü¡îúÉ2Lfñwâ≠.P/õ¡ÈoA3ò| -ÿÈB, L<≥z:H2C5,ÿ™à$âû‹ÅZã∞úqœÏaπÎ´π÷Ï©;| ùj!
˘ ÅıZÄÄø'rI¬Y?,Ùé'∫I,ºfûƒÄÿ¥Û?+£Q+≈µ
+°0∂Ï,ä≥À∞6m¶Ó<Ä∏dèk∞Üfÿ≤^Ù ^%ªŒ(¨Ï&aº1Oi
˘D!NyœŸ õR)g$éπ˘9≥Tx˙°2∏F1êA2`2∏P}P9¿9∞GÊ8U20«ÉL#L(UΩÛ@Lij
VPœ·•'q‘"z≥“XÅ,Âé&ÛBF‘ÃÅÇ!–µQü∏ƒ¬ÿ–h%Çî†$J,»èƒπ<$¥çD“ñ`ä"HÿNDÚfi¥R$àñ÷·T¢&2N
“DA”R
ãI+]S+b*S∏jS$…X$Q&%…ÄXÃÅF®ÜÉ™g∏Üf®âœ;
√å¬BõN<Ÿêœ◊X"çF√kõd'≤õKıV¯Ñ“UeÉ”6x™l %ë9Ñ;%ú9Xñ–˘CGÅz≤
+“PÒòUÿÜîı2P†(‘K/ŸGœ-fiN‡'ê,ß»Ã<Çz{3o 5-P√Ktã<-:±€Åπ∞÷áYπï;ÉAÀπI 9Ëc4Ï
–)ùHâ"6W(çsıMQ˙Ω…G‹›D™hÇK<;1
¥3 3≈5±≥∂:≈∏Í[Å5@ß…ò%È€X‘2`Öh{=l‡”Ù$
º€¶Œ•ömöb\çP±1¬ì›rz!/`ß¬+YtäÖ˘D%h¡D–õ√òÖ∏Ax™õ=%ÑC¿ÉP
•“;B5=…9B){«˙ê
ıÑÅ U2ò– E≥âBJlI%ø~˘)Ì•¬â+Æ‡äÇ≠5.œC:%âƒ∏XCå¸ı%HâÌëœµ≈V‘%GÍÆJ,Ç&HÇÙKã
Ë Xê¢`‹8Åwù/Ó–IûƒD¥K ≤€ø¯∫QÑ†d
ÿcsö9E
ü»ÄpŒê∂»•S
Tlª@˙%¿e¥]√KŸ=K€ï*Ÿ«´õfiΩ‘ïe9ê¬óçØ¶öYÁ%ÑC`Ñ)∂bÊ=Ñ˘ã^bπ–ÅBè)sè'∫–
ÏE≤UMG»'¥ÇÈ<p -‡BÔı˝éù‡!Á‡c¯M∫–âµX„#ŸQ¸ç%ûïÛë>x€è|ò?˚.Ü˘!Ø9òâü¡Ä&Â§V
¯ß.fZ)_.ŒöúZHú?fi∏WUð`[´†ÅÄePÅ`,ìÄuö 0
Õ≈ÄX·¶
ÉS`DÈ†ª€ªŒPÊlªâmJ]Ü°föêb éœv >t;éY•]fl=ÖFêßP=ô˝ùflA^ú•,%ù,%•bBZmU(„–ÙPBƒ
¥âÿ≥UPxÖÅRc≈°»‹(Â ¨Ã´e2È`ˆsê#Ç‡shÜqπfl¸Eâ≈ÿc2 .∏ûp
Ì “FÉâëòÏôCÊ„9(Åp^ÇÄ6Wâc‡MÿÂx◊È%:efU÷04W òÅ0_´ìîSÅe·$iä≈¯ì¶i^Öjà@>eÜ˚
Ø ‘JÅ&ÙXNŸXs≥Ê/ù
îç!fk¥TflÌ≤SÉÑpn™18ôm™Â]^B`N`ÑK∞FÏ9ÑÄÉgÛË,"î"Ù„ÎÖ=§E„4.–2¿ÉXÈ¡Pø9Å&,é:n–.
\#Z‹_≈∑fläDâV@9Edä∞"†VáÅòEìÒz4ÁØ=íI ;1H^B∂
˙ñ‘∑∏õ>ÿM&*ΩÅ£?»◊0Å
®ÓaõÅ`ÉÂ§
∆`ÍÒX£¢†Xdö˘ ÂÑ8
dÜ–Î´ØÃ¶¡¬@˙ª¿„¿dTT¬ª›j∆]ƒkk›‡ÊJı›3ÖxbÊΩÎ˘0úEgFÏøœ¡NfiA0Ωt$Ω.~2'#∏Ér\
%2P`HHÑD‡É\''œ¡∑‡BÅv"Ó?êZ–÷!-˙k}”∑úT£@N≈@ú©&
¶ë >Åã+8%=ÅûŸÊâ3ÿË3PrÁ≥mù”Ì5˘ô∆e¶ñ¶ >◊ñc
¶isAnúÓ*=e¥”Å§¥nÎnÂ0&¬–ebÍ¶ÈÅ8g©ŒÄ-dÅ%XÑW•ÖbfiÍbÓJΩ
gN
˙¨œ˙4õcÏ˘é· íœG˘KBßTŸ]wCéZ`X∞'O¿F£∫ıùù,E–ÑøÑS/•'√6B“3=
«pÖí2EÃ˙hçX∞UOÒöÏ1®∏}ÍÏhÒ;»áDÉ∏q6ö◊÷AŒâ~;À=@ÁDÅ ß÷ëIàÈ)$«π3pœŸ˘÷'èã˘ÌMä*«XÔ
êc„^ËÆÓ8◊'r/ûlÇã…Dò\0~oÅT%Ój·ÇMa`ñÍf 6%XÉW`÷ËÛâ•≠·âgŒ@¿¡≥
$'+°ç_ksCÎì}tSÅ"∑âÖ»C,LÔ°W¿ÑN˘ùßíYßÇ™%eÑR:TøuœÉü˘ù•Vèg°ç2˜––Ã…ÜePËÑFÒx3–
œôéè≤„›tÌé.ƒ…Hlù¡e£"∑IføflöLâH¶Æ •64A€CΔv'«9"–ˆê÷‹.Èπ`∞¥kisg√]Óv˜◊ÒÚ¬'ÄsE*¿Ë
I3˜`˚°˘˜4˘N:4X_ˆÅfö«ò‡%∏ÉÜÄá01,!øcf¿S
I!Îc"–ø]hdtH«]PÜ§tÇÀi"X¿ÙQP˘M(•öÖ™;Pù≠,R?•TœYEpètÏ,#,8v¨2
~f±Ü,'V`ÃNqD@Ñ€ë(¯(≈©„Òªcfôz–œz%≤Ò„˘Ï˙,Õ“•YöÔœŒa≥»$ÚçHì˘∏mdD^vù[£I]éRÄÄ<®Qb
!é+Nú(°P· =d»®«
'8vË@¡aä6P†0°re
:TÏP°Eá5ûêπPE
Z†h≥H◊±eœÄ!c¶Y≥§Ãò>}ä,ô“•TôSä4X0`√∏~ı/5,≤`Gª˙JÃÏZ_\∑éı

lÓ-¥≥x≈¬À_^¨Xç:Â ”&FÜ
∫sH±bBá=œƒË“!ƒwÿ|€ˆ
[Êoù5có≠ÛÊo¢I{NÕˇõ5÷÷û˙/%∏SßFàÂ!
"BxˇPXBƒâ!.<π♠FâÃì/WQB:ıÈkvA;ïJ÷("^¸.\Æ†ÁÇÜÀˆÂœ†A3g>}4u‘õWíD 0@0Atê
ï∞¬
∆9¬C!P‰Å0–@9·Ñ~!ë¿Å)ËP√J*•@"˘1Iá√F9–¢G,Pxl,»"Ø♠r2;&’„SÕD≈‘éA>uUè√`Ã0by
ÖUXaΩ’UW¿E%ïi¡¬[Rðue,¿♠,K,œdŸ+e≤ÚÀ)Ø∏≤…&îYvÉràcÑôùâ¡¡∆h£ÅVgö•F®fÑû®gŸxÉç5è*
/˘≥%RXbà!E,ÒCß@±^HK†zDs;=GùtÃÈ§Å%h†¬Ñt–€i«vWÉ∞:!«^QzW†Å^≥♠≈'ü¥s¨∑ûyI
$QƒK(Ä¡ÿmÅ†Ä‡B+L$–BÖ@·v9◊D8Q"&î§C
˚~®
¬$Yx¡!Ü1≤!ã\“âõßú¬J-“HC
2‘,•3@6dVN}’«HÆı§íoô|2u’ueZ±♠ï-¡-2óY-√Lô}¡rf-∞‘,W-£å,
&í¢XbåŸâÿcñ±¡Ü€d≥Õ6ÿXùu÷Uäöf£y∆÷ﬂTMðg’T√å/¨ú“Hmõ$í«d‰Åy‰Åõxêë»ﬁuÛMF@‰P87-
¨”Õ*k„∑NPì∑ÄÀ¡∑œzÿ
*{l«±lyÃ,g≠¥Ú©g-Ip±°œ˛
†vaî-p'@òªDπ_7¡†ÄJ4±ü4®Ñˇ:ÿ`ø6ò‡(<·≈&µΩ/ªfZﬁ˜8§¯√8≈£ˇRi¸ˇ‰cµ#R»|¸>2$√è]i·ˇ2
ôyÒ’ˇñc,Äbbôòˆ,ø˛ÌÂØxd.„¿ƒ$ÌrH/e∆‡1P-ÉW€‡†>S(v≠kf˚ì£ò-=ˇ∂}nàpD"-â0|"bÒÑ'·â&
¢çha›ƒ0-H!
PX¬¶r"+ZŸ q7ŸU¿uπ_aÓW(A¡àPE-! W>ËöµhïÆZÊπVîíPN@ÿU¿Äö`!ÏNª$$!
`ƒ[ë€»°à∑ü§Dy˛d
˛5Éî‘$7Ä!r°#ä1#> è§">Kb“|;"_VF6øOv%)H¡
);9•.Uâ/`,ﬂ8¶1ÈLgzQ%,»D¶Ω♠L∫x&,QôÀ∞·åaÑ)á1¿¡ÇZ[&3=¬Jl•ˇŸ∞ë∂ïÌÂñi©‰Rö–î†Òˇ•ˇ
9`NÒ O–∆r˚âqh%´õ4¿Bà@ÿ.oYé˙L^Áí@. +t¨;èÈ∆(FÛ®[
MÇ
RªnAt o<HOh5YI@B7a>;Ä!'4A J(
R"Ω »√◊Iv‡ÑKL„íî2¢°i0ß:]ä(K øL˛tH£ÑﬂéÇ¡#£ı}Juü˝÷,≤ÇÈ.Ïﬂ.Œ‘ó1Â¨ñ¨d
%ô˙3Üóà`D1…∞a
s1∆¨†1»Ã∑fFÑ”Tç3=¯'œ\H8EF/òÅ∂jX£ÿ¿Ü7ØqçjÌ£*UiäSûrX°,5∫ÉåS+
‰*ûˇÒlbvv≈Å‰ä˚O
<W¨ˇ˛≥<Î!›Täü^îgåÿrù
öH†p
;ÌI<ê-âN#/ïAv-êÍß"¬◊∞Ñ»í“M ÑØÆ°çcPC’Ä$ë G…ˆëO|A=ü˝H˘…ıï)ÏÛ§S€“≤/
euÄ:Î*9≠˙≤0È˝ñ˙Âü-[ˇóZú¢∑ë€∆0Ü®3òó!ÉÅΩ@*´U
kAå´°@8◊’H35#lT`≠ë
¿ZÉ3ﬁ(ç7∫·(◊PÒä{XlhÂªx≈+±Ü%0'Òå@l“ÌlG@rhˇea![…/
,äÇñN=Ãˇ΅ à≠Ü¶s♠q;‡PÏx¿&êÄzÇG<Í∏rõ√A2RÂ˙Ky5âJQrî8A‘-
Fv7¶ïùÊT)ÛQ˛ƒ˚1°>•ìR1*Rë*?•™œftÒRò♠,ã0≈¨ˇ„˛;≠ﬂ2}ïg∞ÿEœŒ4ä,&7d ÉÊv÷πÿ¡§ö/
['l5∫z
◊“Ã♠h8c
od¡÷♠7∫-ôl {∞¨i‘7Ämð¡˛5í«»≈&(ë«W€a£Âà<}%·1ñ±bkj•Ó<Ô9èyb{ÖÍ«˙,÷∑œµ∆Å§`¢∫ï@
$¿2˜ñV˙,®à7'wπ˜Zﬁsˇ≈MÁ'p√|ÉÆb5Ÿ›û~r®B’‰VÇj^N™w*¢tﬂÕZ¶ø°‹Öïö˛(8
ò♠´]-ìHŒs/od‡õ÷∞Íπy¡Çî-0êmt¨;¬‡x&iDÕ“u4#[≥KcÏE•∆ÿ¡n∞WS◊Äÿ’à∆2${á(‰@‡:÷@èµ#
‰!˚€Fû≥∆ì¨&œÅsCﬁõ‹dwóß I(ﬁK-Ç ûr ò®C
RÇlð
ëN)∑π¡É¥ ´[È¬óáØ#+/xä‡F7®
on¨±ä
í˚/JFC~=RÙ&ìZñ/C`}Köt˛∆dÈØÂÊ+ß®Öèˇó˛Õ°ï•f≈91ë=‰¶´^µV=QàA@∂É}µÃp≠3cÎZ1,®ØÔ∫Í
Œˆå±Ø~ıa6ƒ\M7Â®lxÿ˙◊Ü4é!Y<D¡∞Ä;i[ê9-<Ä>ˇ
œ®@›ïõxòòGÙ]ªô[ªY†B≠é°5|÷ˇÂ‘QqqÙVDx@ ‘”)õeHrqû Ì¿úJÏ¿‡¬ûEÉM)E_iR¯xLR¯BY!
QÖè&’P±œ''èä\"‡ï|…YÕΩ\.±BÀﬂ®µRÕˇ©ı_p/©ÌnXÅí¡∏°ëPç˘˜Öü÷ƒ’◊äI°‡ÿ8õàaÉ÷Qù◊)õ f
É±âç£Ëü˛˝/ØçNÒB'Beù€"X˝Œl@‹çVIåG(éQ‹áﬁ±õ≤∞‡eKí%Y♠G
px ó˝áó=ﬁóÈV,ŒCî@ò5ëÚœ~ œ,\
œ†Ñ ÏÄ&L5pCü·T∆|W¯áí˝òO£≈ëCT0/Ì5v“≤≈ıﬁQÏóˇ˝≈(êSÚÖê÷◊:2_Û=ü™MﬂLÅA
ÅDÅl◊ÿ!“>·†àM†§_Ø]ÿˇ£ÄM"2§âùü∞5[∞≠áçF5xCkË_±aÉ70/x#à‹¿ÑÙòg≈>êmó1◊~Ñbç,ﬂ%
*b‡íâ«Bq J˛˛G é†óa.÷D¿·@·∞‡„5`0èr° ò¿ÃY
Ñ2¶Ñ†4Ú∆T≈'-TwâLOçc0ƒè°Y·Z£u‹\ÃÖÌ›œöc♠Ì‡n·^Zï¶ë°ÊÚ–„∆`‰‹Ù≠°¯P$c¡cV
˜y_÷d∆¨!§Öïÿ|]‘=d÷U$±)bä

◊≈áÖd#ûf±}Cb-√(ò§™\«Æ»>H(`wlŒ$ôBÅflÒ¶≤Ï¶π)À*Æ,,e ñ‡˘œÏKQ¢¿œ`áL,»
‡¿
'ñÊ4•Ê-@1™Ñƒ -£J`Å2♣YvïíîèʃŒ»'ÌUZʃÁÆÃVƒÂÎ%US-'ö£|eöW
fl<z!+ƒ+êßYU}µ\À}B=¬:≈çÙMflBAL(@DÅ-ih≤}ev(CÓ°†ÙhpÜfvfjõ":§Ø
ÿ ¢≥}d#÷_H™5¥¶I¶O4∏¸JèRéápN'∂$Y˙>xÎÁMnëx'ù°Õõ,BQr•Ê¿¢ÊdJxT œ¶‡@/
zîwÓÄØrÅ∂îîT2óUÇß
,√8Tå4ÿ'˘4™ßΔè˙åúYïéaÏù%£!R§eÍ|&W‰è¸ÙóB'\®¶å°.l/é;.(F-P#ÏÅŒµ°LAPË®¡‡`É3ñ3õ
™jhPSØùFh0‰¨f¶à.J˙Y$Æn¸mÜ4ô¶G¸ZF^◊]Cπ¬‡XsÃƒéñ†áR"eëbKoû«Á¯S≤(ÈÁdQ
±♣áð♣«ùuáÂM,6ÂÊ¿b
»ʃΔDrMîãwÊÊÁlÁàpHX•H`@ DC7îw]"8C2(ZY¸T°j«ÕÁY
™|Δe√÷èî'≈+ñÄú ïZÇé((fl_Õ˘¶aÏ'dÏ(¿-9¡-BËäjÖR(® õ™fÉÀd ÷ ùŸ<ù4-
jâ≤ÿ'flEv&"ïFk¥Ü4ÖòámGΔËà
Î"z√5#xA8«tÃJtG|^ΩB´(*¡Í(ô±ÄŒ◊*Àðãr'>+Në,Ç
|J§¿ú5‡KT≠L°óÓÑF4 q:†∞Ã`IƒmËmÄ
p4Vå≈T{
,Yí"z%Z|Δûû¨†/[§◊ 'O~&™¢f·ÊÚ+9Í§Í•ƒ-„ˆÃ•2(Ûô"+|
&4®öFA Æl,ÑF¶áRÕÿ<']QìŒ,l≠ÍÏü0$∞ı/˘å:JÚÌ£0ÔÚ¸k@/çz$gt2` ¡<¡
ÏäTÌ· q÷Ä¥ÓÊ@EÎð˙˙Ó$ÖGx'HÄØ'ñks.œ∑¶ksÃtîʃ™Î¯Äd±ÃÎJ¯m
ÃÑ∞È
¥B·Ó»†öÜz°W£ô%0(¨°fiûQ©åÔ)}.ÖîîƒƒÍœŒPÚ],+êÇ»R™Õ-#;äÏ√ê»6®»n*n®°¸£ÖÍ♣Ö.Å58√
£¸0™J&A/!Ÿ°Í]Ôg&qØ5
çŒÏÃ,flâ≠Ú2/#B"∞qò5hÉ5tCåu√%¿¡Ñ˜÷‡lé∏â[
&AiçGï±"˘ŸéÔ¯fëµ"1∏Øì~k/ÇÔ€ûàw÷ÔÀÑN2>vØ∂|fl"œÖD"©¿
PŒ∏5Xà·éex
l)1C7UÏm≈„∂•ü≤e*¸®•î--*fle</ú^Æ♣¶
ÊÇlè¨'¿ê9ìj
%¬…NÅPËÎ0Û¢Í£¥®∞%>Æí
Ôé-ÆJ‰≥õÕ◊]>B*3≤ôÕ£p>#"mHkÛ: ∞r§èò9 É&ÑÅåqtÅH>ÄùHUä)qv/n:`>9ósÀ_QiÅéìäá
'¿πàúH˜.œá^!{îóm˘H+ëíá0◊˜,%W≤èà˘[fr7é„&ø'6™Lï°ß°™å√:ï[¢E]**˘fÅ „
ìÆ`¬-§p»~(»pNÛ4(åÏ#4BîAL¡?Œa© 5HÅ1Sáòh"≥5˜.Ô2≥ÆéPœ¶ÿS„üá]sWÒ7Ô£÷X˘`ï{5(É"Ñ¡
¥uö-<ÉƒÚ)H»‰ŸjKs·&flqßØÁ¯3ÛòÑJÙà)∂'5˘Ãƒ ˜¢LêʃÍÄ°)víÖHIe≠œÑ tÄ0¬2\CFãO»
Ä„&kÚÌıì\ʃ≈H˘#Âb£†ñ≈„>.IClKVU,©¡L_ñÈ÷ó^éB
◊r= ∞˘9˘4(¯Ù»~$<(♣ÄŒ°R+5X(S˘∞´™-F1F&["ï(Ò2‰≥÷9€]ÅµÛ¢7kåµ5Ûãùsdâ iC7LC
+®¡dHtÅÄÅÏ∑HâîΩÓÄú≠wOÅÉGàhÎUë?vŸ~éì/@à$¯!/T,∂∞®Ä
4'Å†kC¯`„1fóDâ≥m¡ÖÅ+DCvÖ%54ES<Hï|.·¬jî*}Üí[ÿÃYí¥é[… -Thœê<'e,˜ˆpÛtOÁ≤r˚
¥`'PP´° °ÖJÛR7C`9C5¸♣å>flÌZdÔˆ¸I‰3ªhÒ˙ZXm˘-≤ÜS
±1{≥c√wád5hC4¸Ç&`¡(Å˘´~É~k»\œ÷wÎ °TÇ+ó?ÒsÉ'¡À˙Ô§xk",µï)'bOœ _» /O˜♣Ÿíà0≤
¸ ®Ä"‰ÇÈ´˘0÷xï◊ÌπûéT♣|nIïàÙé∏Ö8-ÂlK…Zê-ΩRÕ≈BÅ¬L®˘o?ª©1(îÎ2(wìoj<¨!
tc9uw{S[∑„-10qÓBÒw/sʃ¢5ÁÍÜùk8
°"yùwY÷{ásâU5'B(¿¡~∑3ÄÔ∑°gàÜ¯Ä3\"ÕŸ=óxs>siï+Égëœ±¶Î°µN˘HyÌ¶S¯Kx¸Ñ«-+Å
h◊YIÕ)Å%,CöÁ†m\Ì}c˚§◊Z<.l™Âj0}œÁ)£∂§'ˆÃ ˘.¿Ã/tÓë˘;r,+¯Öo˘) ∑ì√Pî+˜-
ø¬`‡ΔÅ®>ÊcNËc~π5t9ò˘p∞iwvùwø{ÆBux◊ÿ0oG~ıy"yÚzıÚ^Éùo±6<˘ØI√2∏¬ ú≥Üò
±˚w<¡˘xd∏-flsI>Ûàß:
tŒ±\:ÑóÔBi~◊jôÍ="]¬ƒ«◊/"#Úe◊ôË;´∏v≈$ÖW…Q'°[Δ6]¿è…M/ü¶Â[fi~Ïm0}fÓ˘≤ø‹ß≠ç-
+˝ΔÊRoG}'O˝Û_j=πÄÅÜ§Ìp0CÅS1˜˚∞ÚÇ˘Ór(ÓΔ˘#ÛfxÿÜ>Jú„_◊π˘#z9àëıXãøRÉ1Ä±†<˘(@ÄÈ2
∞Àó.Nö(iídáá(t'@!Q"äåkd§±ëcΔDÜYÑ$ìILrAŸ$%òî,ìƒ$È-°
ö7u-ë$'"1>DÅÉíEÀ®Eã&
2¶ÃêAm
u≤`»ÄYÕÍ+ÎVd\øZ=l,◊`]∑˙/≥¡|É€÷W"ʃ°Í˙b•W/,V±`Ìä≈ Ô`ø∞#ˆK÷(VüXÅ˙$YÚ˘ßGü&cΔ|
3(ŒûÂ!3FJ(PÇD¢:JÎ'÷ö¡ñÌÄ6/ÿ"ÂŒF€Z∂fiø±e√ˆ-€∑·πk#Oé
õ∑‡ °„ˆ&9nÎ…±_≥VMõ5m<≠yªV≠[¥Qá¬‡∏·ƒIC;ú3- ò&Mp♣tXcøä&P0Å"è8*ê#ë°Çà+N˙B%Y,¬•
YRB%ût¢iõ≤Å&ùf"B'"¯£IÖ°0-óh¥a*™®®ÅJΔ¶ö J≠∂Œ˙j."‡öã+ÆΔZÀó∞Æ&«´,/™≠
%·Ú%/fbÃ.X¢LÃ0œ"‹Â∞≈cÖ0P(",≥ $„3OŒÏDè;Δò"
)RÉ¬¥"P;-
kx√ì6fiˆƒ37€j„M∏AôcªC√£Œ7Â≠ÓOË†
´f;fi™©T;Ú∏"Üõ_4y„â&vPÇßk';¬@'"'Ó„)#ãTVi@¡¿[iÇÜëÆ@)•9œvéñ∏Ä♣%cä'ú@l˚ß"<,PT$i
∞eäöôa&FÅÅj«´r2Æ∞Ã≈ä≠Ájsfl%À,∏˙B"…Xx¡7 }˜Ç≈(µ$â±˘SÃÀ»ƒP ˘daÕ*{ÃìFM7Kõ"¥(,ús"

júOê%ç-7/|KŸ6B≥°.7ÁΩn-ﬂmT9I˘´¡
;<b√9%J ªÛÜªn§ô¶A¬xbáPïàh"îË'0<¿¢ ˆzà"ã∏∂®Üçœ.-∆Œu◊K2©ëîÿá/\2© 0,5áóı-!s™Å
§á˘´IÖ',Y[ß§ÇÍ©©ö*"*dÜ!´„Â™r"ÖT˜Gtq4ÀH≥Óu20¿Ï/V.á1˘ÊR±Q:ã=·ÃÃ¸4ã•(-
c9°êÇN:ÉÄ¢œìÛ‰3Ê?ùIπ∑‡û3nyo¢{ôQÂ∞¡YgH%˝8%Íª´Ss®ÊOõ÷ai∫N¢ã0"h7¬°˚v∞
°ÎÆ˙˚/"é 6aÜ≤i•1˘Ë
u÷/Ë¿Ö™Õm: `B°•@6»àOJ$¡ú‡Ì!*∏¡^±d|Î€Z∏§"#π4Èq6 <êﬁB9v¡À,A¢K°öîó)Ìk_•
£í¿Ü%øL`àEe2„0%>LLs»‡&'ÔwœﬁÈ¥Ÿƒ Ü6=ôüPÜßE1Oy◊√
uÆ3=õi;í∫'vpì3Î·l;ﬁkë6á
8t° Ë{œ"d<°
i¿Bﬁ0ü/ ‰N#[ÔÁë∞ëm#&•_ÅÜ•ë"∞≠u†»6™§B∫õá-°âPY#/‡Grb¢a∆à∆∂öçc-(˘4z∏ƒr
£ÆX≈Iï3"1Ω,ïÕ-∞sü+Ê]`¡÷Ò∞_WbÃÈ£•Çy…1é˘Ï∆4¶0Å¬
ßÄ
ÎDÕÇ¿Œﬂ'I6"ìçü•©3Ê'FyÉRY6`f≥4NÔf_4n¯D≤ê˝áçÂ1ö"≤-ûÒg±§
,Ûœ7§a>Ûkà"Ó'+Ijdl%µ§%øVÉêÅAg@√`SòJà¶2!…>ÓVÑT/¿~_KÅ˘√'CN"¡âJ∞W e)Ω§ëT|…
∏…]N._í2ŸÇ$Ìàr^°óª~Tói&¶áÉ1>ïf∞Éyâﬂ8g¶3A,úQ%˘X;ó¿N ‰5Øx]Á_€©EI%¥û√#rfFùÄ÷z◊
CÏot„®?ÕQ∞qle´·
máH√ßv¿5Û' V¿Ä ¢Ü7≤£N•ÅP)+ØPíd˚Ÿ ˆ5"Ïä•W@Ê‡á‡wÅîâO2-ı'V˘â≤ûÀ∑†¢@*8B+ê"
ß¸≤ó./%3¿¬âa÷-rVu"yŸEeœãs]ùaËXG∞Ú+Ü-fS/˘v‡<,c0"0πB|hÑh
¢®ŒuÊuØ¡cg˙*0øn17&˚bœEù‰≠ly-{nœ±≥ÂÙflfo,ã·Ï-q;À∏˘¬‡ÑFz≠T9È{¿ˆ%rëY´»˝.2
êV&5Ø-ê‰9-°KûC<.Tyd 6òr≠fê∞Œ'{„õPn¿chóóπâÍ.k§.rôÎ,Ú∫aW}dÃw…pIsŒ!0ÏM¿‰
+1^ä"~≥:@∆õÊáô<&…@"e C»`+¥&û˘µÙ^1>NMc˙¡P,oLÜa.&g√4{ClFHAñf-qÜvT
\Ω<'éŸs5rq5Äv¢©(iM¿Ï@ ™≈BáÔ„êY"©ÄT+€•l"9\:á$"aX'ô…ñ∂çà)òAs=≤˘∑ú∏*ñ'ÌB
+®AçcÙÕNeF4†r4Ish!¶ë^8g-9sôm±™¿˘DãgB3õàÈó¿≥Õ≈Ïvè'ö Èâ<4Ç„eà¬FÇê∑`,`AZê ®\Â÷
kÑ·πÈ°ŒÊûÕ•ô§tñ<öµáÁ)´Yœyb„ÑòÁ¨~¨Œù°ÍÍaCKØîx¥-
m,£0vB",bÇ¯Á'"
t‡‰ qO÷•Ω ØyÕiaÉ∂%/ΩëL&(…h†ìª}J^§V˜´ï R ¡ß† HîØiàPkñóp /q U_2
ÈòGZ!πpÑÃbàKÜî√]:üÁ°`àé·˘Ç¯.Æ9q@W°á∂KD"‡&!‰
PnØ T@‰'œAÄ•Éïcz ≈áBÒóOß"∞s ïZ®»J«=ÈÃ7:Ôß?O>†'8-ÉŒnRVj|≤-éﬁ6àˆ
K¿ Ì9*◊™H`Äa˘¬/Ô/Ü∏ß"I˚E",käÃ§Rj#dA∞≠Óí,&RÈUl•kœíÔ§@ÄV(H®è†•"n
é,ò¬EÓÕó»e-,ﬁ¬H»ÖÛé)¨-Ω,ÖÄAnÙtHt√J∆0•k≠√1¸2>·&`D *@nœ††- u/N˘¿˜Çè¯ L
¬ÊáäÙ™ãÓi{¢/{:Ã˚ÄÆ8í√Á»∞e`ÊzîÁ6°/yÜ«±2gp&Í¥¡à>K Bk"dE**VNKî!∞Ê|ÑbkFÎi-
VPÍ§†ç@Ë

ð‡∑Œ@&úÜk,)@ ëM†Q@À ç&r* ,ÇP‡8˘¢˘DØ™R»Ü<ÁH'l.lDI¿ ò~N„ÉLUDÓ_DGö
$nà"Í`F°K`«·œ…ı»@Z@ú
°0 ¥
ßpJ.ÂÆ•¯Í¯êo ÊâõÔ˘'ëé∏Ëá¯âàò«:¶£˚¥OyZmçÈ™ÉRthÃ˘Ø;§é8%
é¿˝≤n¢Ò®:±p?•√!Qk^e"oBí¸∞Q<ÑØ‡(1 H$ÎÑ
TQ•NKÿ*∞M`§Ì&4±Çcî‡r·ÒjƒSÑ§Ú`Ëò"ß°∂*.¬ÍŒŒ+Ä¡_∏"œÏb)ÛÂ_r∞u•K,VªÈ1°‰aêP¿≥Ò≥Ò+
@x/¿Q¯ê¿ùÄÄ †Ä-œ-˘jÛ$6,,{KuÜË∫ØËäŒPŒ(¸äënârCéÑg§N¶ABA
,ßi,™˘0V bn‡µé™!ÃÁ®h"0p r ¸√=Ä$QDF˘A†%éÑçF2ÎN2cRGëYN…"n@ñ™ÆÅÆ°)`s",,'Û‰
¢S09c!hœ~_f/¶ìu¢ 1§Iö•Â:çK^k≠„∫i»Û;√Ù`
^ ®Ò †¿+`>‡@B¿,Y ¯Ñ˘ê
≤
°Ä tûáœÊöAaC≈Ó ±»h:ñÁO˙©˘#f k7ÿ≤ú°'T≠é0E≥äÊ.A"Äè˙∞Ω∆&6Ñk(*3!r4'Çj?
~Ì«ﬁÓ?"qÀT
$Ü@W2I•\SÿËØ5Á/ÿH2@PR¥\R'L@¿¿ZêbRp˘…+'‡∆¬‡íSk-,b·òñ"ôÇë+¸e;áQ1áëJŒ'·Æ…
≠K~∞ø0√,œ Áh/¿`>±1>≥±O
‡>5†˜ˆs Ñè-óÄ µ¯ïNuØ6TO6t°ö¡Í2ÈfΔ'äN7ˆ
µ(Âî#Èz√˙ÚOf°Á0%Ep
ÅfL'F+¢∫/VéJEóf˘ñ%Ww¿U%·Œ∂p•l,Çb≤XÖ¥HÈ/ÿdì6Q¿~*Ë3!r·ñ•MF(]Äì-Æô|í9µ
¥Úöì9Î¬9AÔ9ë/®ƒLüí;°Ú;W«à<î<á2NaNÅÏı^A„¢˘X@¿¸t`±±O@˜4‡N ÑoØï-∂-Q-qRª»
£œdœQDÏBçé
çg¸6t7™#{zΔéòéÍA
8ÍS^GVdK=V|‡Vœß!f4"îÀ!Ç'~Ì"?Gq∑Lä»Ü6i]Û¥,©ä¥5èu$/ÎP‡ÇM∫`¶A)œÆ¡LêFn§,,eI¥,8Â
¢K≈'9k1œÓÂ(∑ÛL"tn≥ <Ò^ô-,<vÌ∑ú:°(¶ƒ@Ÿ≥`>ñq„≥@ıV‡,ó¯ˆ™˘$vQ˝§RCÜ.Âr˙NÊd®
üf-≤B5≤á¸D÷O˙Í¨·¥!'Oìè∞@¸'EO}6ëkR@EÕgWw5Wï≈oz"#|µy}j-âH jâYÁèk8∏F{U6`.`t

T·ñ·Òò°“Ï°,HÃ∂Ú2Ôü≥(C'¨ñ“fAtérö“Tõ/52ˆÎ,_ü-oÕ^ap7aÚ»¿4˛U$ ‡”q1∏‡>Ûìña- ˆw
˘ƒ-R#ïãjÖø-tKåJwOÜ9,R\WTKÜ∑√úÉ≥4AÁÉ◊N˙NêûΔ3;`+”||v
¥*joî˘7ñÇ*™íöóhWrVRYµXã]SYâîjábå«X{AŒx‡t@
Pa¢aJàFíÅ-,%‡Æ
ô≤ÍsåÈmÛB‡¬¥ªTöΔ´§u‘
ø
ò-˙’Äá-wÅ+ÓÇÔ@ƒ†5/)4¿Ç1x¿q7XrK‡\ \‡>∏ïïó‡Ä¿Ra√òaCWx°P76C÷g^xQ¨GC¡àd≈90¨6∏„È
°Ajat≠£Œ«"˛GƏNdö˝hŸ‡Ô&pï&JÑgw†pÍn¨ÿy7`zΩ8HÉ‘XëïLKƏÓ«öœÿ"ÜÙ=ª®·|'ØF¿∂Û¿¢ôÏ8ﬂ
%Ü1œ,E†õdá¥3ör˙ê”jK°C¨<øÈ-Ù6Å∏íÔ`
8z
(ôí/
89`O?ôq58rC†X¿p ÂñØ0W¶Û
4}kπRôÅ¬ØåRZÿOÍÖ
+Ü£gT´®´{œC<§·÷/ÊT,Ô ©Ÿ<3"¨πké*®*™´kZr¢õ{∂oò˜§pkúïˆ{øóHøXÿîE§ô¥lbÆﬂÔ~T†4îaÊ
xÚŒ7^à+‹Ã‡Í~È∑rË◊Iﬁ6œ£L±*ΩSM≠“≠é®≤üQ_À !A˙Ä£Ô ¥+˘£Ò˘Ä˙‡¥≈` X@¿§Á3î∑>Ä<
@r`<8p ¶Å -kö¯ä*u6¥ñi˘∏#uR%uO¬ê6%Hd¯ƒóM¨OfXåú˙ãË˙;Æ°Eé°Ó@
ê@w;ìjcµk¶ûï˛0¢´oB'åw›,U>-ú’/5ì÷úc3ê(ìƒ®´Tn¿fm∂ƒñ-p
4aØëaŒ◊û’•+äiŒê)-ß™Δ%·Œka˙¬Â´·u‘JıN·≠D‹L*õ3F¡¢ò<{£◊Ä@{Ó`aΔK{!µ99\˚§„”>∑Qy∑U
ŸP{ªÂ¯ -°tkô∏ó°∏ì˘[O`8dü/ó_∏tÍd¿è∞%(©3K ≤†˝§z?∂Üùß˘«∂ó©À?
ﬁ#®¿Z'íE&í¿#Ê;ÿíˆŒ[ÛÎä‘Ã´´øóÊø˘˚V/s˘- ‡ î!)êÇ¡’xAs-eÜt1¨>ß†ü √ﬂE)ü$_˛ó
°’‘;◊
¢#„àL‹\A≥A≈E{÷ ΔÒ`^}Δeùl˛íóÄì`Oa˚§e;V»s ˆÛé@Âé@ÈD
°¿ƒ¿à{Rü›bìõƒô˚glNã4ñƒ}d¥ÉƒÒ…fR≥§°Eå°¡"!ÇÕ!˘ê˙≤:@¥˜1F˘£gw˘u¨#µ8&Õyœ!
V&¬?2¬f˘P
Ò}CT¿p a©F®ûÂç¡’+|nŸórb®lÈÏô@/¨∞s]Œ”%˚”◊
`·≤G°oQ\’ÔÄ
BΔg\Δgù÷!ÁÒ †‡4 ◊y‹Oe[r)7∑-∑ÿáOÂNCŸ1ä6î∏üÍ-÷∏% _ò€±Ωó£„tâ/∞%(t∑„;T5Δ
¢ëÑ,ÔΔÊ""âEóÕíòñE!Ç´ªlix"&41oÏììùY¥‡K≈?±˛·Ò ÿ#-w¬`
.¡|GàZõ,|Ω¡5«[ÜX-I,˝~ãÚ~-T1˛˝7*
ocÂ˘Î˘ˆÂW|ÊÔ‡Êq>Á-afﬂΔy>J ◊˜îÄ˜c>†2@™ØÑÉÔ∑ë rÁbƒä»`§>Íù]Í©û/
®±€xÜ«¬FlRJWc«z∞◊LwëM?Ç7‡P"j≈ÇœVﬁ?Î¢@dÓÖ
Ô,î&RYO ØpØÅÖ (PË-±£°CIn$QB±,ç7î4‘Å˙â•_ÀB.£vôId¿LKôí◊J`œV"ÛE≥¶Õò8asÁÕX8}ı
´(¨]Fë¬b≈j©“¶LôÇb
Î”®O†FMez&Då˙‡π#ÊŒùAÑ˘-,¥»R%Kñ8≈mk)≠-7JdàO`ÄÄ˙
.0†@
B∏»ä/Q†@â≈ã±rÚ‰a¥yòÁœ†ù
sΔåô≥”Œ¨ùVÕ/Y5g◊\[kf≠Zm÷∏≠ÈﬁÕõ6Î◊°]€ÆF\µhÆ
”•Iu†∞ÅbFB ≥”HXç5lÄOa˙ƒâÛÿπ◊XØ£»¬$·+â^=vÏQ‘àŒ∞°ƒ$;L‡9°ÑÅJd
¥√B*®†∏ÑÑáÑ'-√J,±”L:›d”J<¡ƒSP1
e"QD¡¬,)UTTMΩ∏U[Y5''Q·¯…'ßtrIw»añYj˘-◊ëHZ“÷"Ñƒ°EzEp¿ÇıXaÑ
p@b.˛Öcà1bêqö!≤#à¥…Ã0oäv/hp“iZj©ÂF€5ª-fmyÊñ/p÷`£6˘÷&õnyÊYç4/D
*Ä∏·ΔŒ-∏uŸ]Á]y€}û~5Ä∑]z(pê™4-¿P{ƒßDE∏ß√z(dÄBÉ˙-‰ÅU§¬RîëÅ1à-
ñ,3·≥Œ¶§íL0a∏íK:Ωîâ0’-%"4TQD≈ãπËeÓã0∂+,£@•#S§4e’)ül¬àêwàÖáZG^í
%¿p≤ÜOD9Â`UfY¿à¿fâGfâË¡H"ó4“1"{ˆÊ»uößi¶5„Z3’4Cõü.ﬂÊÁmÄËf[o≥ó(°∂…F®6èFM.á˛·F
ò&·√Ç;Ló]~ Ööß6îƒy°ﬁáûA°Ó]˙%-ƒ¨¥ﬁ*ùÉ*8¥ÿ5a†Npw‹NLdlCIp‰©
X∏B
5Œ~aK(ŒJ.aõ80°xãÌ∂¿ES∑(≤®,πòØª‘πPπÀ VUÅ2Ô°ÒZµc'˚ûyGëã¥uâ¿√ï ¿mráGúêPȪï#Ä@+
˛ ≈r$œõà$ÇI«ó|ı’%o”L…ÿãVj™˘
«r˜-ﬂ6‹¢çäœ®˘Ø•œöo∂ÕM4≈òà_Ä-DŸ:ÿê˘‘%q>Èw4†é’¿3*N>« Á)OvÇ∑h#ØäéCÚ&6∑9¡Ç!
÷Å4¢∂Ë ∂Ä
Qãh√B'QI·VråóΠ-%JIL«∏˘D(,¬!-^§s¨à(bÒπµk+RaEÈXA:%Ó»ûhDÚÃràÂµÖØ€Ñ%Të
Ul-≥õ>ë°‹›¿@ïs•ÄØÜAÄJ‡(åÅ
UÃ"Ù-&è=Ôu C˜Æ◊å8Ω©êŒPôiZœF
«g∑·
Œ˛§>ûÕFQ7”˘-¶ëä@t°`|¢S5ßu
)ÿŒR…ùËo?˙À_©à@ò@U¨zœ¨˙ëIé@ ês.x¡±çM «åï¶§cêp‡ô∏A+ñqå√=´p»8\µá°2
Óõ

Já<ÑCsUN]A4JåHADV'ÎsÓ/‹ËòHO´xùHƒê‰¿&FXã™∏ÑgÁEU®¬^„ëdh†kÙ•ÄGò$¿]Ú™®±>F/zàxû.
ÒôC¬…eÃ@ìùPÉß◊∏fPÉ"Ÿ%Ò¥õõa≤6àB_mt¶IipÉ≈‡ƒ∫.p°   µ≤A'ÿ™Ô\áSü‡~˘`)ùMug;®<è-
Ì√@Ã€Ç4$·®ns2¯U˛·6•ƒ°)ƒ-¥ÙÍ¬~"Ø.   ßO"'†úÇÍ,úπ"YØvN≈àù´◊åFWïx]ÂûËD#a9T
-ü˛h*∫ Énëã   ]Ë∞‡-4FT¢ÅâmaÄ∞¿xcËhõBÍ±◊Ö°Iëëå:â¨4'K©ÀPÛ2Eu/
ëfi≥iMÛ4≥ÊZ2∫;≠Ü6"eå[¬]0Íÿä@Ñ•:çñ¸'x¶ì?˛•g<ß"öA@∞Å[í™™¸)"z   ù∞9gl
§ï/'ùÎD ©öÄ.˘
íXËp÷î·µV∏¬   √êrìÛâ$'îΔaÆ\AL'
XÒàù[
)‡5∫´‡≥Q‹ê:{Eÿâå§Ì,
ó'Ê@XòDÅ'€á]T.Ç‰†1>zî°XfiH!≤„","d»YúV√"D™¶•È{iK-«2FÚÙÃ<ÖT§¢1
\T,
‡%ñQG©'•/`;¨˛÷°§¿l±T™t®„'Îl¿ñ(∞•™TµMmdø2Çå†6MÂÕVI»@‡
◊
<ì(‡5O¯◊ó`ãC}5ı_ßjX(óCQ9◊EƒZ«(ƒ+1<©íDx)ÒFÙ|Ò)†àâD˘®   LÉ®¢%.Å≈KxQãõHE¥
cΠ\bp@¬
BêΔ*˝E¢àÌ#"Ä1»€ÌnC°v˜∑ûIΔõíA‹"»ª4•A)i^Í"D˙õßÕ∏F¿_ÊÇ_Ú∫µëΔ£µÊg†"X∞CQ…Êû"°í-
Pu™zπÛJ˜Δ≤Ä|˛é @0í?s ™RHw$ëWÂç?'Tw
|ûì€¸ñxÇ+¢·,leKC@ß÷Kb¯∏~ËD<Ñ5è≤"6>ùÓlzΩ$õƒ]?∂≤Y…
è`|œ6·ak¿É≤õ---F˚ã-.hµ±m{¢T"¿_˛Äπ˜≈0eÄb°Ñ±>zÏ˘∑Ä.0òåa\flÉ'<3‰Mß.üÊN_6x˙)≥ùñY
g,sY¯œ>HA√ƒ®D/fiY'™=Ÿè"ÆäµT∂^TÌ'fl«˝°Í∫ñ8˜Ù3ApJÑ∏óî®g ˘pehËÁ)fl!
îQíh6':u_g∏Å'àı·äVDî)es!~ë"¡œk˘ö≈Uy±Vv4Ï{db√ÍBã¥[,Ï<≠%PÅ$lh¥Ffl&·8[¥E"-cêz-
d`e√làPx√`Åıfo¯∂x˛Ü2(≥o®Aô«H0spÍ„'êî>Õ
êB
ëRπ-ì•˘mJa∂≤€A˝igR„˘£^|'UC#á|6˜LvJN®T
K"_&∞ıeÖV¯LÅ;†∏P≤8=¡!(îj~ı`◊r>ÇX:ƒ"¥ñX·2"Ctbªfb•Ñ#,v#ÏE˜¥Y•&f±<˘Ù:∞C0bt$¸ß
É‡P¢AFÄ‡FdU¢%Êf<l¿O"[PfàóÜäâóÅ≈µxÖ'xr2é˜>33;3Çeã≈°]>µπ
Ú„«¥R+Ó1U∑≤€Q`!˜z* h≤˜{©7sƒà|&'∫«Ñ î* ÑđÑUNà@Δg|Xç˘∑§Oê
ø•`ÿ÷◊+Åé»"G-Ÿ'jîì}*bNEÅ^»trh~˘X~0/TÅ#ó%lòïOj&ñqcá$£E
Âa¥…   Ñ¿¨µ-S"@l≤uw`√P0Lñ1`-nMΔl+·ƒUo»-ıΔx*3äÙx X3,#;IÇ9ÉÇ«oóƒ8∏p   ô0z
mPW¿8U·-Øó^@ÿq h6øW*ou`-4‡ï_πçû6YHUxKıerf…$`|»w@‡äêtIéàì-œÄ-Ñy˘Ïò-
ÇÜF7C0±t)"˝`ò3áL·tùKÅDSôL¥áL$:¯íYõïb RPIàÕ∂lp¡ê\$F¸'Fö¿ â%†R,˘mtÁëwWQ
¿≈s<e¿dS2#ı[/ëÖGoƒπx&u=â§ã®»Rê∑2ƒ·úñ'Çò7ùów
Δa®†ì-m`u`TµB‰≈ÎQûS£ü¬gViïfÛîUSJO#'∑dÈïp•˜©ü-ç˛©{zK   î±q‡
Pıı¿
µp-'Bfj÷¬Çé.d!=-85q.‹Á"IÅè°Y˚»è˝»;,b¢ÛDö•&dRûIá•O˘2Ís$•˘q¡x°   pY%±uÄâwGΔÄ
f¬OÃÜEÀSÅ®x†àÃpeuÇú*#' Ëx-%eΔìZäI]
î≈1
Æ†   £gª»œHÂIûF¯?‡q^‡°?
AJNÈîÌE˘ÉiÇaüayüdIü˙π¯i¯yV8®X(†ö
°Jp   À˙µ@é°-BÅ‡-:Å°ŸR°•xaÑô8;‰°J°å   ~™/.íô•ô,Vôóâôéêd".z0∫†e$„ê≤É£u±K•c
}1Ä≤Pïhd"∞@†õ¸¥GÃ6e/1•'≈%o4IH£a2®q'wÇ•ß˚2ôßyÍ/2Í/ìÿ
◊ ® £J‡I^ß˜ã¡hûGàJ   1∂)ÌUáØ≤gq±gÄ+WrUü±€ü˘±Ùπü˘y`˝Ÿñ˜!Ñïvk‡
Z≤%{é÷7N∫8,˚M§
/∑"´#0«èõ#¢Ó,è&zLcç-â`´c í1˝rK¢$p-4z$•âc
%âêm8† @9ÄÄ±µ9 ê†"JzÄêÃe Sx}URΔU=ßòär"Æ89ÆÁ∫2÷P3ãD≥ÒR/CpΔÅöP)g WÄØ˘Ó
°¶Ìï˛Z*!Ñ¸j«8Ñ:ÄßxjKz∫+πÇ\˘ïñÚ)üœ†ÙE∂ƒ{È
±rÇJ‡øpB»Pyy8y99:Òé9a}¨N5î8àu9s8#¬ªèFÑáé˘òIlï…≥*ööd_b&j¡W§¥mgáZ˙ß´Ÿ∂¿
w)âÀ∫µŒjdÂΔAp<ûµ§∏•{ÅÉWxΔ…≠áTH€É\XÆ_F∑'`C˘Rx{∑?©(Ä"
ä`4u•ù√R∏,Ix˙î∏"¶a{˙15ª)kπòK^" zürUç["8¬÷BàðU˜Òg
±˘*ê0† A±-«PªËhªc{   a.ƒãkZ£°√Àò(VDé #%vYÏ˜ ò¥yÄS¿ôR-ôd∞´2/:JÎ
´\îΩ[$0á0Pê+êWKÄ·6õBjœÅaZí
®œR ˘Utó†   å¥";qÅÇ,2Úvä»i=6   'W/eÂ™ì:I¿;Ÿ∑≥Ap'•Åõfi9gWÄ¶\Ïîk˙¶'·∏
NSU5på-Aπìõß|ë
√*êa¬PÀŸÿ?Ÿh‰ëJ,±7Ä
·Yp#ªŸª¿ê√:"'X◊h»j£
*R.2+≥Glƒ˘ÏB~≈uû„ƒZ·DLT:ßclr@SÄ´õI$'[$÷{$§˘E\4Δ√Íà%¿3â\ÀµÅ{ÄÜqõ -
pê<á•Yü»é˘‹íÙ{oáó.-*E÷≥o€≥»!òHã§HwÎ}∑"`ãIYıcTJP∏Ep,YßÌyg|¡

”‘ë¡kπ6mßázKÛ*±ÃLNàª¨π±â ~f{•ÚKKÉOp∏-µ;πª-ì„s;<Ôÿ≤ç„a‘,≥/F|kä)¢ÏH‘.:¬~£Eà
e`R†Z$ZJ,≈M¿
mcÃppΔ"pµXKw±%ÿ˘ËΔÄaáëÄd^êâyº<¡Ÿ˙óUΔx)Ö»‡J(≥Rx•xÀoz˚»óH+ÿÀ-
ìÄ…ˆJ,)M^|z´¸û√∞éã_…ÿq™ú€®gµ,;Ì BΩ+
2‘√ÕéΔrÓÂJÄ8∞‘~8VÕ!ÑÏòª∑Îö*ƒ°:º‡a¿/7Î’™ä≥&6ºeMáy¯9Zq
):
â†d0Èùπ“KΩ1JΩ÷K4äP£9;Øc l◊PÑiÄ˝[YdðãÕvîâÌ«;±-¥0»’cúòoóùRx•™QÆM¿|˚øÌ-˘8°0?˘u
@FuØ˘:πÓ r| ¸îì[^∫]∞Ì·`≥4M∞LŸÀÀ˘ˆ{ï˘_LÉ6-Ã≠]¿‘#A
&!ªQ
°9!’Ô®ª™â£}‘Ï"µ†ÕŸ|≥T1≥NlDH¥:{÷}∏/c‡oMbBEC_úÁ5˙≈ç∏, „∂œ˝§˝åÿ˘L-%Lp<c-
Ë1Á·Ÿ™ðäW2¯vo,äºÅöùø{ã,(ﬁ–≥ëR'@Â † ∫¯ù1é¶*Ω“xZßJUt¡§µ=Ñ¿hπÂµ¡9m¥
¢4˙≈”Ã‘É A≈Ω4J”≥L≥47OLpØMTœ”pÃ&ëóXœ˘!í°œºhHò9Ê
cÆÕFëÕ)∂ƒL‹.jOU¡Dó)≈♦=¥îA¥ña¥0J‘ÎOIK£F¢◊ñ-¥©@P=ä‡v7Ë\ÎF
GÀÒ‡
`nåÅR∞Ë‡»Ï(øÇº·ñéoòç»…πø9©- ^H¯KÚ•¡H“pƒ† Éûº L„ûÏ…UÎ¢≤zÂŸû∑Rß≠^+ºûºÕÎ
`sÉ˘# ö{JPÖJC∏ yì‘ "?C¸ÀYp >»\ª›í-Ÿn}∏ƒﬂŒ8íÌÜåSƒ_]ˆ€¸ÕNL÷´:Y;≤#Ø-å-
÷∏*o-k∞:jÁÁtù¥x›˜épEâ0˘wëÄXKdÀJËAJõWÇ%ÄË≠]Ú.˘|Ò˘Ÿíﬁè»o-q´Ÿ8 ,§-2¢Æ\D˘(À
ä`1ûª¸Úû,ûª@w˚¶ñÛðø ðÔÛµrVœHiíV¸˙ìç»üG>h®ú6˘Ê5;ÄrÈ
Œ--úÃ…l’ìﬂπÎŒ¸0!Ÿ>¸F¡’G\Ê,≠èËûÓç :M°.Ê ü-zÁDÎQP&váZdiQ¡É-)D∏-°;Zñ%
hP‡ÄÄ10†£«
t%Ë-%Gë"#0†‡Aƒä.b˘äò/Z¿r/6˘ÿ∞aÃò%:th≥†√ê:c6åÈ”¶Lõ uZçŸ‘©WµVk÷¨Z¥\ö’√Â
J¥Eà‘`KƒÌZ"6lƒµQÉÜ
yÎ≤≠´£FëøÁ’Í Ç÷Hë√:ä(VlDnä(Pÿ@ëB2
&,”@1C≤fë)Ké|π¥%'Ç0-CF
kd«ê˘ö]€◊Õ€6mÊﬁmì∞ﬂ∑Öœ,Â÷mXƒè√bﬁ÷(VŒ°3gΩ:+P∞ÆgøéΩ∫v♦€Y}ı…¶Dw§@Y/%ä1cÿê!T†
%FÛ|∏∞!#Fπ-ê(!Çå4J0#îNrê£BZ0AãHÄÅg™©&>Ç˘-I∑üíAÜ`ÆBÜ®§êää¶úbÒEg\‘ ´ß≤F
+iöYΔE-®É≥"RäÜ!j(l-¿ÛÎ.Œ(√+2ðj♦ã∞)âP1!≥íÆ(9´Ï20@A3>3-¿”ƒ40-éP~ÅÌµ◊Àëç6>}…-Z
Ç F8?oŒ-ﬂ~;Œ8%xÅ≈-Ê¢ÂπËû£ºIª”TSÓ¢•ª♦`9≈ºÛÙ
ˆ†àBä)ƒcç;Ó8§>Z 2àê¸"(?BY√$r»‡¸Ëÿ¿Aì0 »"b-P'Zr …√û~jä®díI*©¶Ñäq‹qùó©”˘E+Øt±
%è.Ä<À-¿÷jK±(Á“∑πÏ™kØ(ï‹“Hzâ0,Hº% +/»R♦≤Ãœ $s4M∞ÿ,13.sÉ /%Än»,íe®YF∂ÿR^FOñ
f-m¢≈œB=πFciRÍ§Ô“Mª˚t;Ì4≈ÙªÒ>˘ìNëCä ñÄ"(¥♦>˘ÓÑV<≤è ∞ ad F9%/
∞»àùê$è:¬HπìÖª§éñÕªÄ`-pÊöÆÂ♦'mÅ
˜€√À%ó≈†ZlJE√ï“J(´r9ƒç≤∏(L≠Â€JrK*„LÆ"X`øCÀÜ“âXò˘ΩƒÏ21A˘33Œ,FãyÔ˝38ﬁ%'Ë¨%öcñ
ÒÖféfeÁ£«Õ-Éâ≈˙Ω-8‡ê[ÓQÁXŸÂhÊ&ùN“Î`˘T}ÎÿÒéÎÜSÛA§(Ä¯TŸsu
1ËΩ˙A8·µ≤ÅmÇÉûÄ¥≠XŒ¢€((7ΔÌ$$· GËF7ù˝
'≤ñOLà"oE.EI„-’8s≠(+3ºä4~1àxqaW∏¬ëÍe$Δ,&I¨#¢R'%$ÒáHRÀ¡∂Ù∫◊•¿3g
.¶)ƒ¶w&ÿõ∏∏Å·q`¿¿
·äí-É'CF é-ßÈáf∑ôŸÀnSìömœ ˘^såS©¢ï}ÊC¸“™¯ëèRÌS/'-FêÅ ?ÿü‘™1∞!VÉ¿Í”µZ
P@dƒ,f -∏ëπUPñ†Â+-»¡-ín~Û0b1öƒ,'@1a%êî«EÂ\ÀJàÑ9NÖ
+πÄí0Ø-Ö0˜]7u¿∫‘MIJVBbí¸RÑL_ØKÿ√,Cª1˘MÛ‹¢ÔxwOL`:@'-
5÷bçmD/
Í2ö·Ê6Éööµ¸T^D¥&‡3sΔûC^j:üÄGYaH§]§ﬁ±v˘âÙ5≤ç0rê ♦
WÀ$49¿;xlxÿd"÷♦”ü^-X%Ë¿‹ñ†π>R©tì[,uŸ¡∏AHó¥ÙõŒhÇì` ZÄ"fWërÃÆ*Œ)1WWâÆ…5C∫‡D-
BÑl¶Â-nŸf©¥ò$~Œ-˘±íÖƒÖ∑âIÀ¢√<ì♦)¡b…T1ﬁYÜ±bjìÌt♦M‡bõÂ, /à2ŸË ¿òçpÍ!ÑÓ
±QΔâÖ£.™ùXºñ:ïíT˘BEÓÄ¥£° N-»îV«ûHD"!JÊ‡Kêö’¸ÁSX≈jÄûº√O„†é¡∫Å
:Vj§ñsÅ ﬁ !˘úWΩÈU/Gò#-
©÷Z2!·º
î•|À¨aFOz“ﬂ≥"3Ã@Ü.*-Öπ¿usõì´ñÆÑØ$ë0ZLí‘í≥vHC R-f¿∞√œÛ2Ôt+Ü¶âÖ)ôËÙepv≥kîMç
ΩÑ˙,çªÒ”†Ó8«÷≤|ë˙ŸmëFœçéßhÈÉé-¥ùOÁ¢…û2zÒ4 ∞¿•ñú)&ŸTÈR"kâÉ÷`5/
8(Å¿;©ðîeð∫ëÙ≤7œÿ3Gˆºgù-GZWù…|á˘ì˝"@Ò/Ä%®¸6∫-h♦1<°0Lòsq>aˆJ◊œ·À˘à¶+ÉkêÑ"p!
Ú“ú[Ú2ÑÑ·Öùw¡ä3Δ0á•@◊X¥Ãb;® áÄqåYS5 Δ†€+-¢ÙH®ô(Ù™¿Äµá*@ñî∂O¶)FëùL=‹
Ré≤vHÅ©°ç;ühÚ(Œc‹S!·GXÓ¥-Â¸ÙU`Ê§Ãƒ†Äúπ9hs †ëVé7ÉÏ‡yŸ€ﬁáCúó!‹c°≥Í°a-¢œΔ∞˘≠UÆ
PZ
‘YÖBZ_∏B
M♦:˜JÍΩ&¡H2∑p˘r•ó’WXuÜQÕ9¿÷LreàŒôÜY/π¶ÅÆs]t¿c)»Ç%pÒ;qvçœ˘Kôé
≈ßÓIª8Äªjÿ[>P",£ﬂŸ-t&≈Q∏oÁ€Ìñ≤§÷«-Q•£8Ö'6ëà<x
K˜Aé¿‹ô¢˝W˙‡O•á˘kK`¬≤P˘Çª-·KçÂ-Ìï˘àÛYÜzΩÈ›ËN‹67ô/WÌãﬂÆ˙∑Zπ»Ø'ÚG˘7»

/6ëÜ0qÆh±˘[Ç¸∑~˙‘8ÁÜ3$nÅsqÅu¬L Î¶Û:Ä
TPÉîŒ˙6∞¯U♠ŒHP.-
¨˘Ÿk‰≈ûf3Ωœ73ôcŸ˚∏dåjüŸ¬6ÌÄªÁÄèÚ6uC)¯A¿Óh2Ωªé•¡˘D (ò$Â ƒ[Ç´Å¯»7«´Æ;à°%@ÇDÇ#
8hbI∏í®•œãA
B/àkØı,3X87RêñâÛ¨24ü–8ç3+ŸÎ/Z∏i±@¡ @πó˘ ly^@ÑØÿÿÅã∑z∞∑í9"œ
$ùHÇ.,åõKœkZµ+Ä>4@ ŸÇ√8«påª∏>ái:#∫C#R#"=ÃCP H©kàFpÖ_»Ö_0Ü[ôìY∂È·1g≤´böpî≥[≤
tö#CKÅÖÚò;rcÖ°´ªè˙∂U,Tl7Ù`ÑSπ@
,AÊ°¸S*X˘˘)Ä√Ç√;Çd3†Äp]Z*jñ®™¡¸3”ÉêáV!¯ö `¶j±!Ã8Dk4!î¯«B
´ñÍâB/®ÖEËÇhã∑∏∞+)/¨Åvl«≈–T;µ1¸¬-‘9ËSC:¯Ç-êœ+ÄC÷°ã¡JÅœ∞Å;<p>«∏C=TÅÛC©c¿HxÇK
PD¨(Ë°çñ°û<Ë?DQ(ø·ûèÍËDDbéOÅP RÏ(RÃªÒ Eu´îB©éZ¿SP7P °#.9É,ò§yî\°ö_ÅW˘2W∏
%H¡µQêÄ7S¶Z*í•eåF¥¡?ì˘…Xÿ¡å/B≠0†(π%4k$G_j(_,?<®DpÇ‘ô>!Qå$√„”πQÃ.LôCµüK√˘d√9
¯ë6L#8+qπ»LÌ˚&#/œ|H÷°HÖúHÀH?»»`¿bcD]òøc0(Âi6CÅ¸≥D
ë≠ŸjIVD¿JÅı)R¯-Ú8Ö(CNú πÎ…è†DE
Dõ ”¿zö<ß¥ÁJ≥WÈNaÆ'X6S
/ /èË<Ù,K”Î≥“=˜ÇµTK‘êX0«ŸÀOèÀ∏%¯∫™#°Àm¨ñôÄZX_®<%-zAãüKã¡‘9ùSLCΔLUíTÉœ
»:‡Ç=TÉC0Ç;ƒÃ{ÏÃ"♠Å$p–Œ¸C]ÎAlåLM♠`MWPƒZ®Ö7äçë4≠Ö"îBô ^∏?qéÒ))óúü<j·ÃRt≈*
Oï+˝é°£Ú»ªQqŒF˙ÑN`9°`y©√ª≈¥È¿j 3Éè{°ó Å8¯Æ∞Ñ€\2/ˆÙ≥@%Ω=SjÖ˙¨*iYΩm§/”
ot(_"¥˘å6¯:B¿APö®Ö;xÇMœ¬‡9 UÕ–U;’S>–˘Ñœ:àÃV |CÉYe,+<tHáÃ˘√Û;ø<Ω»åd»SPÅ
;ÖWI≥?ﬁ∞£/‘Ì)
Åî^ŸóD≤°ôROqE•·÷Á\≈∏”Ú¯î,≈“Q9Hzö¡”$Ç…C,¿EÌ<ÆÌ˙ÅK¡;-»ÄËJÒÀØ|A≥åF˜§¡ıíODMX‰
%ö¬ñ¸ k±OÜı¡Y∏Δ_∫Δµ™_∏íPE'ΔÑ–¥‡9¿ÇœûÉœ4TÇUí9ò.®É:¯.H
Kã=–ƒ"#˙¬]≈C“Ù.A¨QXAV♠ÇMÅ™?Áπøí‘{(B3;j
¿NJrU7ÌXü¢Yü01≈Êl§qm˘§°Àªnõ“FJV.w√Ñ<PèÃÅ`1¡¶lS-»z’N8x:eÅ(
-Ä~=™9Û°ì¯†ÜsF=˜<R˘IÀ‘¥ãeTùHıêÜ¬ ‘{ØJ≈ÿ#‘jÛÖ$6`-=UMŸ˘tÃ
eŸñÖ]V}Ÿò˝ô
Q.8å&¬íúÂ]Z>≈√?‰>ß≥HALø<M
†Ä»S$8ÑM8Ö˙´?Ñ“ #•/¸[“G-ôMqíJ♠♠(qCEPS‰DŒﬁWùd7•¥U[•IﬂÙÑ+(†7∫=°¶å◊ƒk”x’Œ{õàµ
\~/√• XÚ†ª)Àá#Ω@˘Ω+%≈X»kL“q¶ö¿\s°‘=,%é/R]–µ*^p6Ë'ÿ–4\aU}>«t>ñıP.ÄŸ»åŸ»t’ô˝G
8‹›¡‘]’ëG·5"…íå8?M?]cﬁ<ç:$ÿÑZ0dKû◊Ä#_P¬±Ài’ôã™Vñ‰ÕÍ¯6t˚éÏ@)r[ˆÌVn˝Ñ,|_-SËÏ…
+°y+<ª
åW<Δ[°å8
(‡êê B\˙J¶™A«-ΩTﬂ*ï…Êò<B≥œrX¯Ú‡˜˙`iŸ¡˙°OÜÖV8·VŸeVù·ò5eòµa0pUœ]ΔU,´L ƒ«ƒ¯
¬/ƒ/!˘,/È’8?%n^Hø∏Ñ˘Î∫É:RÜÚåØ$uM\2ﬁÃ/ÙY‡jü&ÉÊû<[≠=ﬂq˝∂4Ü_•ÒÑ∂5WOê≈¸°€¸µE,ò)
°c=<9&8¬5`√]Δ§≤3°IœT&K>#Äœ"»Ωd´/J’ÿµ¸‡KÆ*MÆÀAÉŒ!
YC6\U6°h.@Éó’ËóÌËéû·U~ŸVïŸ9♠:pÂÅ‘>ƒ@–7\ÿÅ>¯√PÔ≥ïõn∫/)bälﬁ•–<-6∞Ÿl#ÓQÊ°âññgÜ
Ö&≈6û¸buõ≤è2©j5¿Ò♠f¥ÖNıS¥E€s-èû˘ïÛ»)∏:µ[Ê ´…„˘>.…c. ¿Å‡J>eêd$Øª
ÿft8≤ÑFø÷3ÚÄR$uËáKTä£À‘s«œ%‘d^:¬îÑL∏É.»çnYòΩh»úÉ>♠hòmUë¸ëéñŸ:Ë‘ˆ’Δ>-xXÈ][~H
|¸√\FÅ–5…∞Å^UÅHÓ†Ä˙Nø,H÷Ä(ÉíVCi(Î±O
ql.ö/Ìf˘QüqÎTî≤1e€Äè,kÛS•È;,}7,FƒN/‡¿°mkÄK>v)‡ πg[:Øçà*?ÌÁÅÖO>ã`Å¸®i‰%H!
é@s˘éM!åéŒ%«küZhMhÉÃÊÇê¶–œa“nU?8Ì.iéL?èŸ˜oq:0i4884–ñ6"#♠#êi<
…R:…D@‰i·&ÓåéÉQ¯¶ÂÖZ >&¸2ù·ôHY;ˆ±“ñè˘)Ò¯≠òÙér
hÄÛ3>ÔF
°Ï;D∏(hWyso `Æ;ûô,Ë_vF¬À–Ä@A.%?ÌÎÓ3(tC?tD7Ù®R¬œ“ ¶ΔΔn♠jcéYxdEm♠Ë8∑
¥dM<% nB»Ï≤¯ë5Ùh€-È‘&ÈTWmOq‘fı:♠ÉBhqì¶:x˘Ì◊6pBQ]ﬁÃúßŸ1♠´åä¸Ì^ÓÑ@<ÿÑË]r/
(éC·™}Øïƒ(hœ4œr*
ﬁ2©(ª…Ú@NRDŒ1/[Ûp73Î•Ys(¯7’<"]Çuéo˘µoxñ„♠Ä8FA¶%íx|N™Cn<øfiÁ≤ÖFáöl%GGTÖñÙ«n♠¥
¨jÎ°](ËKw“mJ·Ã±uwU–6u’fqôUÌTOqñ/ó˘˘>∏ı2]/ùo*π¯¶‡>Ó£,™Àê–Û˚√^Ev≠L?♠ä¯6êÉdç(Á
±õ¿#j£6H°Δ@“6ˆâﬂ„˜p_¿ü$˘7√Δéıın0.[Ún_OÁÜÜﬂRaÉÑ˜Â:Ç8ß˜ôbk∏f´<>Δ°≠<™Ω^†
ÇA˘FÑXRàåÅ~Ù™jépÄ¯Ä∏¸LápI˘(jDl«û\HiÃ0®üé&ÌU~ÒÌëm‘Δaïèıó/:∞}4p√Çå
+âÌ""ÖøÜŸi"Mﬂ¸mÅ♠¯’`û
»/¿ÉN8ÖQ♠G± ,ò`jføy≠í víJNn’IO%MÄŒ…ÙÔIt'ÔÚX{Ûf7¯˚9”wGgÂ:d,-K°`…2/^ñ0Ãë£
Ñ˘P Δ4Z<(`¿Eá"1Pr§…î%W™lI®Îb¿ÑI
T,ú8aÔt†.^èyz¨Î¡ä')R±`ë,©Û(˝•<aÌÇÂki¨¨Ry¡r5®M.`ÍpôCgéü9u÷™]€g-‹µ~¸»≠C˜nù>tÍ
Kß:h∏)BÑàâåÿ∞Q£1ä)T§àôFÅÃ(TÏ†¨¬s:åfÅAÇD]bå9Ø`„ZX,_Wy≈, ≥*+‡∞X≈Í”ÒOßê{be¶s
%ΔëK'¸ zÕ„†F}ÍÍ:xÔ>ª{˙ÑiT˘Ò<=5btgì%@ê0ï˜œa(XÑíø>?%@EuÑ“Hqƒ`K'A8°H%=ä#8♠ÅV-
·<h¯aáÙíÿ°v∏a#§@¬aÜ+:♠å2é@ETSÒƒã+áÑ–`-Qsòed\v) WZt%È%êÄı5%`tp±EFØF
ç5V

]¶PÉecZÊŸd)tˆŸg§0Z0`öDÿyg
xPdåå/∑–÷0¿Ï»TG)Í<r ÀÁâqê>óqãéÚ(ß|ß>wô:˙x†é7^zÁ•g"rê≈? ·ÍG∏Z_˘Y Dê@¨6¥Ç
DP¿Ö˘‰‡FÜÑíÑ#±¥¨K¬TÅâ»≥é<˜P{èè»√éâ˜XÎÄP‡v(O;ÚÏÒ,òO<˜P¡Ó;UTœµ◊:ÄUV\˘ÇÀ!
`â5uúïñ¿L“ÒVíuπU•]~˝ÂóV^q≈a^ÇiCòWf
£–•!Ī¿Ê»†©@Z)–i'E0¨e¿@9l(,\˘¶3oSU˙3£”◊–ôB
ix£^◊h®MãßÙ®ê|Áâ'òtguzTc¢ác@¡ƒ≠ wÑ|H Ñü˙
¥6ÿüQ¡Ç47F+±2K!ﬂ#ÅÚà&V`O‹S∏âÔÙ@Ö='J˘Îx==ÙèæcÖ‡°cFf°„·Ü#ÓSRÌ¯ä%?÷1ñ¿o9◊\J“a«
ím9I◊ê˘ŸA%`O\1∆aff
3†`<«)ÿ0Ÿg#ß‡√g°Öß @¿2Ã¡|¿DpÄwX≈’,9Íãœï>G›q…!}4(•_◊rö/O®0Ö∫\£ùÇ'uw
Q™ÒXç<ò»√§ÖW1Ñ>Kp‡/r∂%d ˝:BX‡Åƒ
$ñEt7ëáêBÃbIﬂDì«-¿D-¸êâ‰·∏pEKÜÁ;(*
ô®7å=>$î¨‰»|π–ƒÇ¥ñ!≈nIv†]ﬁÚ˘ƒ:¬.Øªù]x7•¿pÅbFB∆Ç&–Äåô1A
h–±ê˘Äç*ÄõDì291 ∏ﬁDZ≤óŸâPÅx!®ZX≈|Èk_˙ÏÁ)¢)áj"Ä’,˜âSAM<”ïx Ò   MpìTU±Ü D
‰¡kLCòÖUÆ2m¸9à≤†/h!>:Åf^=ê@XZJÚ¶¨f•êoÇñ„\ò∏Ù†qè{f¥"◊x8†p•†Ç·,°òÅöB–·∏–î¶
äØ•Qêæ@ñ¿‰ÖùLRí¸•D° Ãùt∏À√ Fá+la¸ÒfP°ÅöhÙò   BF˘¯zŒì ÍÅÔ>©eË•À`6ÄîÄß‡E˘¶
Ç>ûr8÷©_¶RÍùÚ@Úhêú$Lµú¯–¥iÌkZ¸&©…™ôßT,mD"» Ö≤ÕÕÇIµ   ˙©
)A$–ÎÉâG8b∑ï∞ò^ıÜÄòÃlÕcı´∏ÁéxÏ°Í‡f<‡·.xƒõ–¢°8YëD¡ãÎÜ;∂‘ÅvJäòaó$°°.ãÄâXâpc¡Ë
L†Y4j36–¡gm†ÇíQeq¬@)zÄó]¥µ’(V@L∞Çêµ§ Mä(†ÁgÕQ%)öäW¿˘i4Ωﬂ–ÊóL)2<ùÚa:@Û\≠cêB|
P9V™í?˘ë•,ıSAµàõk?ÿë≠2Hò"¶ﬁR¬∑ø}†œı›ê}9íåj 0ø¸Ω·Üb Ñ ¿HC+¢ë˘Ì•ƒBQ°»Ö%“–
Ö¬æ≥âkâg¡.¸Œ¬b/sCƒ–∞Ö+¯s6ò
2ªŸõ`yòÒl
t ôáJ&¿j'ä«>j4{sCP4•É1 bΩ1‘Tlª€üh‘°üsÑ+©ö@˘:Ìì§ú£Â&K'<∆}‘~j])†VLàCñ∫W
K@3rpÇH¿°v≤™˚Æ:B˚3Y&˘‰$ ¡á=ÏÀÅﬁC†ÕÉY°C§»$–àI7çW¢+ËGp˙zÑËâGâ/;úÑi+ÿÜ&(_@√åƒÖ
Äl0e9ÀS§:¥•`VZ,Yróx3 ÅfëMÇ0õŸ&∏@
∫±ée& à
p¨f5™EP/?“Àñ@+¬‰–Û=0%’H=I™–∫TÉD'•–¿Döﬂâ‡7{<ëO‰;ﬂ^Nt†Qozá·âf•1–L$Ç“©"≥Ä,êW…Í
H•x>.r˙`PŒ%–@LsgåZµn≈bêÇÑ¬–ú$z¡˙`†s|`ÁØàçd‰ÇÅËCoŒâÛ•0‘ÁúGÍOáÂûu,<@KÒJ¸œ!∆üf
ß¸)Ÿ!PÏ0n˘˙a&F1[2   ,∞ÏfÛ>Ÿ&   @`~≥(é  ?Å       ‡1ªS¡ÌKä`§@Ü2d>ÛßÑ˙
™¸ÇàœÙ@@zRœÇ¨ûı,x˝Î_êz’æ>ıßoAj˙¢„|Ë?pAÌÉüz¢Ë∆wAÒÅ¿‰RÕUêK
x@%∞œÙUêÅd_“œ@ÃªK<{0ÑÍu˘±∫jÛ0Ú- !˘ˆ,há

###""$$$%
%!&'*
+++,
,,,+)--!-$-%.(!012!3%4444& 55)!5,&66,!61&775883&:::';!;%!;)";;9<<<-#===.(=1
(=5*=92AA.)BB*#B.%CCCC%!C1*D D!DDBE5+E5/E9/G<4H?3II3,JJ/&J6,J60KK !K$"L$$L)
$L-(L:1L=2L>7MB7OH@PMJQQ"R:3R>3RF>S!#S+(S1+S61S7.S>7TB8TE9TKBU%$UNGV
$'WPHWQFX%(Y1,YXMZ#$Z6/Z:2ZB9ZOG[-*[>4[?9[F;\((\F?\J@\LA\QE\UL]XL_))_XP`
%&``Ra41a>6aWPbGAbLEcA9cF;cJ>cRFdMBdUIdZMe]Sf`ThcWiF=iJ@iZQi_SjMCjRGjRJjZMj
bVkVMk_WldYleXnh
\oonpLEpPHpf[pi^pl^rYOr^SrcVsVLsj^sj_umawsexSPxWOx_Xxk_xqey[Py^SycXzf[zf^zn
c{qd|
pe}ug}uh˘xjÄndÅ`YÅjbÅpfÅsfÅvjÇe]ÇykÇ~mÉzoÜ˘páÇvài_àzlâvkâ~oâÅtâÇsäneäsjäÅrå
oiçççèÄsêtkêÑuízqÆÆ≠≥≥≤≥≥≥øøø………ÕÕÕ“““◊◊◊€€€‹‹‹„„„ÍÍÍÏÏÏ˘˘˘0/”®¡Ç*l‰®`√FêB˙D
±¢≈0†0fU
cGé™Tµr%“U´ë'M¢l5ÎïÆó∫jÈ,ıäÃõ7wΩ‘©ãßœù6m,‘Ård»ã/*ΩË©©"¶3bâJuÍ∆ãR≥R>™´◊Ø
\5jKˆ´ÿÆüTQTõv≠€∂ü:∆]J∑Æ>∫û>Â≠%©QﬂJç/ÃHOa=v+NlßÒ;èæú1#y≤%=Ü‹LP3¬áê
ÜÓÎ   í'GüPÎÕË   TÎ÷€∆E≤U…ë≥X∫öµõÂ´>ØZŒ‰Uäq„»yÈ<eYÛÁ°úG:|ÊLóDsìl´
îZU•@Œ˘•¯Í]´gØ¢Ωä^+˙Ó•Ω{Oè1œ}˘Ò√∑œ»∂˘[∂r8WGûßTÅÊ•†^UÚI`ê÷WAÇ
Vê,¡x(ÜcF6dmòA,aÿYC,2Ùôh≈ÿöiYä#ÆI“é]µˆ]Zjô$§v≠¸VdëÆÏfQ/’¬\u7QÃKSÍRÂï/!Su/
a˜ I)Öímbr‰ù\Ve£UÍ©©ï{fµ9ﬂúj…ŸﬁXuUgGjÖ«g\±˝ÿQ+ü∞BWRv≤g)1˙â£VaiíVchò"Ñ°Ü/±
°ß:vbñUf¢@y¶ê/B“â´£ç˘ñé´ΩÊZèzä _Iπµ%ÎØ¡Ò÷ä.ÆDi\q…!ßãñ”5+>≥–)´Lÿ
7,òÿäDÊÆ∫ˆ9 \m¢7Uù¡9ïU|,'üWÙ>ÁÆôâ~$0GÙ∆VhE°|ãfö±!xóÉüD
°`Çeöi#"‹Hßzpÿ0àêAFŸ§÷qÜ≈gdðŸ`é0“bC3˙âi˘¢#E:,JI,´BRK√∫$só4«‹•N«%kúu =Á‹œ”9/

C#3%≥;È2LKÔ,Ù¥ªúDð'u+í'>±ªﬁV\Kï{`èEVw˙©WY'÷ûıŒkØ°Ö,ËEpüÁµRu+È'ïT˘ÿﬂ∆x·¬Í
±»áà}bf•ZV,®r÷±ìw<"¶•πZZ^FeÎ≠Ú%)∫ê√œT˙M^"ìŒ…BãàñØGÙÏA?7"r=≠û<Ì6·œ<µSOM5',Ø{
ÆŸ]ã+ßüf,Ygw<E#|bAo}[~b(UrSwﬁq'˘∑˜%_
‰Ë<˘M)ÖúP¬Ç«Û"0bhúH1≈fêZYaûÒòÅ,Á"øPs)Y≠õÓ$â6-ìÕpB.Ωdg¨KŒ≥fÚ≥ Óg…pNCÿÁXß'-
aNrû4-ZÙn9NÎâKhAùú‰K≠ÖÀÙ§Æ≤ë«N«„äW˘®=9ùmllKRÙ√fàdÔ{xK"'Ú%EãÏ≠RÄ…"D,
5<Ôaà˘˝√∏UÊbhå<äÚ1á\™/+
y*B´!"ÇÆÄ†∞¥sôdpw‰E/à3H&Éáå]2πHD2"ê$Å≤,È4G»8‰
w∆Bˆ.i∫†·+œd$™+kwjÕj0¢J˛Ãá\q
À)O˘   BÅ"_ÎŸHˆ˙‰f^é_Â≥+$æ)ò˜
&§'†ÄÊAÿ B">M
éaÛcò'ôIÃT
y»«X‰àWôg)˘
ÖI'È≤-%©~ pê£…Ÿâ0:òD§tπD˙≥ëãa&:¬Ä4†ı ≥~ñOFF+ÉÛ˛£MäCî#aKHY"/÷dôðPî¬£ueZ8™\~g
ñ≥Y¢G±ó/V¥î"hÇ,y"Ÿ®Û,soÈãê>w∞˜5¢0
ÍáÜJF∆Ÿ°
G=9]'FG8bFíí„oYÀZÊ∞ù¢•+xQ,ô¿$û»°0…œG:"ëΩH∆ ˙…VG&ë
¨g«ö…∏Œ'íCãé.í-PLÊ"g∆aé'{&ÿûÒ¬Ö»2Œ+v·íZàá9$…%[f¨Y6Q<‰°ªVö-;Ao^¬¯*2Zã-Ù¥H
°õR-wEœ=»oY%©OØY8m˘ëÒ_d
»":ı4i πW
VÄ,¢+!Â+d,GiÒ
Ω'?œ
Pœr¨Çtku]ÓfR†é|ùB9VÎB7ì˘ÑV≥Z'-dÌ¬IèìË"˚¿<œÀ6∂ÒNHui∂ÆPqàµD©†VÍ6ÏU'ò.T
°^Ãé¨î¶‡É¿Ë∞J≠/∂ïÿl;dNÖqõv»ﬂá@\'•:ïEù¯≠^Ü[ëV7°∏Í
;J¢EZ:≥n@Ö±àdÙx«‰
Ú""/äß'∫?^$Az◊π'≠Ë°t·Z◊Îû◊ØÎ≠ù%≥<ﬁ‰'á E.ÈN¢√2´§W3≥~cnó¡%ßB(ŸË«P£-Ì˘çYE
+¶œµ¶»¿"Ñ)˜U"aÉ˚¢á!∂Õ»8ÊCMıÀoO≥˘jãj¥®±K&äúZ≤êZ(/il>Úv◊°ÀkyW≠‰SÎ°≠hB˙:c"°∏vÎ
Ä∆a¯˙◊œÓµ∞ãô-∂π2ª°≤áÁªÿî"·
úÛE6˘Ñß;Tmø,í/ 3ô§=&√
„N-Q2e¶∫]˚ggÚM`í˙[Üß∞FÿO-Öc4Qœ¢ß˙˙4Nï4V4"
„è≥,≤àù>µR˜'=^ÜfπÀcµ˙ò«ó8∆è,jÚ¢∑…
/ì*^ÇﬁÆ0˘ŒuXk◊:a¯ÛÂ]&Œ{u_€≤W'°∂é˚ ë~Ñ™TïÛH„<s8zuÆ≥T5n∏ç{•Ö"fü€=·@GUR#sΩ≠√t=
1à{˛¯MF<45≈îÆ„FŒ<ELÔÇà5lr÷*qéè:†O3zÃ_ú'7Ú"˘\qWªöÆ#/(ì).dÎ˛ÛÒ…PF‰#˘◊Q''¨´ÖÀã
Û^∆≤ŒÖ1aNMBIîQZÙÄ>±
ú";E≤˘|]"ñãTd?'Ç€È‰√}<‰Útá˚"C_ªÕ∑F<àRŒBmÕÇhHÉ;âÀﬁh<lÓﬂ'ÊúzŒÃ
lÔIO˚#˘ëG˝„âß/Ô{gÜ˙ß¡wøg|Ô˘Ò2ä<˘°ﬁ•ó˛wgMr&´/†~u^)˜x.Árâfc.◊.◊0
h.ÁÄäEûÙÄ¯^3·B4°¶˜%1Ff'!Ê¶6"ñ'·Qg/ÛQ˘¬Yﬂvn‡∆gv„S+∏n~|Óf|Ñf|:HM'Ñ^'!"acÙ0Cï?
ç·4¬ yaG˜Ö-_B3ó3Ní˛4q~7xÂ'•˘«ÖÒówÀÓßwWÜaÿ~}◊w¯∑Ü%
‹ÂÜl»]r'qOs»¡ÿu]v»:®Sz∆¶`"Å`ricízh·zl1ﬁ"/!u.˚˘2{ﬂB(Ñ7j1ntq>ÃfZf«7{·g∞≈>
1â¿ˆ≥¢àã-#VT¬•R
ßC9§l Es≠"Hˆ'xi®wãîÜÔg~Ë˜äÓÁÖf8Ü`xÖ«8
±ñx≥áã‰Ü ÿc ®åwÄ‡uPêg*'*¥,÷¯rÆ\23∆∂Acñ(ãﬁëQ'fí}R•@(‰,-#uf˘¢Kﬂbh≤/ÊSÉì!|
ÉS~"ÉÇ1ˆÊÉÉ∞-óáSTdD2ëC∑%R¯fçu930"e˘eµãœ»"-ÏW
#˘ã«ÖÈå}«w]¯íójÄ◊Ü…‡Ü6Yìœ˘òì>&
À‡ÜIÊå¯ß]dÖwt8]-1eò^vh:AéL¬$Ò•UFí$#Qf.∆-Óx°tmsA(\©"£à<Ò!uR`Ÿ<f
nV«9"GˆZÚäˆFä§Ë)ÜÉäv•ê¨∏@9%R.uiE¢iâc+7d~óVVíËwí'∞$yå*iÜ/YÜ∆Xô«(çWÿ]p∏ô'c6q<
         î<ídw«Oóá˛'c‡(éπ∆WSˆV9#ÖisG2ï+ë_XŸ-ÎËlÛËQí»∞x\US5i°Ç^=Ù „√nW‰ñ
, qôâˆS-∑!9bä@FÂ"Œ&àpW$§WGlfÂëΩ»ääŸÀ-ò$ÈûeËÖ[xÜ-âí   âÎiP7ŸüÆç8yÖŒ8ìeU†Ü
ÁH¨¶O-w^ŸËPsÄïèe•D∫2Ke"(ÿ
Û»+u\mAèÙ¢µó°‰â®
b
)ûpu8Çê¢∏0ã}v-ê©8}v`-ÊÑÅ…XÃ¡p»Òióáwáò:¶ò}7
Ã-òP˙Ö√òüÛôw˜yüàYq…ÿ]Ã y˛)ö;†=†∏x†ÁgytH]˛D;≠ôç[°ùÅIcH2Ωy5WÉ_yöß≤®
°ŒñßM¯##è≤ïÙ,è{·+∂¢˘˘va†Xù?5ó®h8†í£iz"ã`¢\ûóÅ'√ëV©)˘ù…û¶∫wÒY
Õ•f˘&IíPjå≠Jô«ÿ]c
†6©~-†w"†∏Z™pxô˜óôôyåGV^w˜x/ÿ†∏VOD√r:c§˘$õ',á√3àY¿âè∂QU °€ä_Û(Æz Y ÖÇU•u÷úc
õ√ |°®˘¡\îê   }/˘0üb©GeÄc§DûãU≥Y§Ç'ÉTöÅq¶6VLö#•™j•Ú«òéyígòïïyü¬Íô99ç†ΩJ¶ò
yì+öÄóãåwj®Ÿ,mää»JOÎï∞ Î†ô˘WlÃ53≈r-Ä®ÄYúÉ¥iFâ@Î≠kf`2®ˆRÌ â•*ë$Cç-

Aµï¿÷9ä–«ê©ÿê
YTöƒÅöAXd1YwA˘cÙÜÈß~nª~Õ◆§´ƒ™Ôáí7∑™™™Ï«~"ÈûçYüv+ô{ª +
Ã`∏Ωj∏π
±=Èô≤ç+•í[ôJ*Üiej:&î+[]ŸÿVád§ÿpÌ´Sƒà®ÂÍß{ä_÷b"·≠0E/!¯Ks¥¢
≤ %aO≈ùÄµ Y¢8äXT#÷êäÄ+∞à,(lgyÛßV≈Ëíì©~¶Z
ÍW
P/Ωt+±O˘Z∑Pä∑~{±ÂüU/ìáãô{;
NÍæä{∏Ú´∏;)q°Ÿ∏>yøÑk~˘â~¶ äWhjjz¶ÁgP… πjey◊OÇÑjó7~…AQNrA]¬œ¡Äÿ
+√iß„ ≠«Öz◊f&|2®Ä“˘’è5’9ƒ´Ñza@ïPNQ£°à¢òóç!?¢\5D∞ËÄüköıGG÷~]ÿòÔ+íÎ∑ΩfiÀΩ´*
±ÊÀƒPü“@œuãœP Ò9∏Ì+
&I∏Ó+í [∏`<∏Z°ø<Èc–»ìÏwøjÏø-yü√jVj¿l¿úÀÄ@,Ω
<¿¢jy5O'î:Ä¡¡@´ƒà<°#˘ °q÷ïiQ
ÃK± lIu2ùW+°ˆ˙S–wóxi©2sX2á¡ÜÄ¶iqà)ônkü#˘œÔâƒ≠ú™Lå
çâ
ÔIœõ∑µ|À´ÀMLœP±MÃΩ^ÏœΔ¸≈«lÃ≈lÃ“0
ÕÃ≈ \Δ“<Ö+ôÜ÷°cÑÄàçÁ7VlUV¢:Ω
Ïx·|y£ñ∞q*éÄ<áOIC1¥◆œ/2&Û¢‡±úS4(lfªJ»N˚g.,£¿√Üqäy˘!Ÿâr:OΩ2…c©\dB<ÖÏôqÓ9íI¨∑
√<Ã'@Àð¨–SÏƒ¥,œ°L“R¸Ω∑<
FÏÃÕ¿≈&˘“*
ΔG¸œÓ˘€“6Ìƒ*m“Ñõ≈YáÜz∑í°®§§©∞á˘j¢ñdÑ7ΩMŒzLd?‹eÄõü$§=¡SìÜú’QìÛc~ƒRÙ÷<v(zÒ
‘ñÈ#µÆ≤|ˆäµ2L√/âäm;w®,ì©<Ω^ÿ$ À·˚™˚´ΩÒy
πÃΩ÷@À÷––>ª#Ì–â¨ûðŸ,Ãƒ\ŸÔ≈<´“ö
”…Ïœ/Ì“’‡“¢ÕΩSú”Ø ≈Ô9≈•Ì◊|˚”¶*xÙ7]fldwW~¶vdEð‘|¸‘xúÄ
◊VƒQ∏SCO)§‡G’4$<Û¨ßfl:&ÄÚ'• (LÀ¥äã÷ëoÛ
ä§»ê€˘îäü–-*HlÖqƒòVígÜÓÈ∑·À<À◊◆À’p
äÌ–ª<ÿµ\flåùfl¸Ωfl˝MÀ¸ÕΩ.‡õ]‡&yÃ/ û‡,;í\‹ƒóM∑Váƒˆ…ãµJ™y'Ω@÷xj+xFF¿N}¨™ŸVEÊ¶…
¿3%XœC»OÈ%K3Qs≠å|Ïbà ¬eÕ9Ïñ÷°!íE¿K£@µêD~ói,†6Ωx˝”ΩêfiÃ–‰Û«◊Ï=œy+œO Ù=
Ò–‡◊`fl^nÿ`~flƒ¸–˚Ìflfé
Ç
‡œÊ¸“mÆ‡lŒÊ/ûŸ<≠∑Ñk·.€zlÖF=üAΩwPû€¸tπ•F¿Ñ˘§«m™eÄã’œì;N3∞œb»ÄZ¥¯∏≠Àô•◆9>U˜n}
£ÉC¬ãØ†r8™û]A\w™åÜˆŸ∑¬,ÂRÓòy€ÿÄÎQLflï=‡uãflh¸ÂçÊı>–√~ÏûÏΩ
ÿ∞
qœÊ% Á\/Œì„ã/ƒL/Ô¨ò’ÃðÎòTÓlãƒ®˙∞¥
åÓ∑ü?Δ˘Z˘¶ÌUXLI»E2áp2œ<ƒ¬'~, ù¸˘ÜSùÿ7R´E‘Y°á1®¢Á<ÁÆ¸~Nfi~'Èfi∑œÀâm
´öÿ∏Nfl¥úÒà>–ƒ¸ΩQjfl≈.‡é]Ú<ÎÂ Æÿ>∞Ï’‡Ï.˘Ï0œ‡Ÿ˘•!“:=±zg∏!+Ó¥Z–iË }Õ∑mÜÎ©Üjk•ˆö
:Bk™kÓHOBz:!JœÇpQ„ÅÍQ‡qœˆò
zA
û¿(bhë2Íèó`!ô@–V”+–/ôfi3>∑HÏƒ÷◆ÿwoÀ_
â=‡Õ¿Î\û‡%?ÏΔ^fl¡éÏΔÏ≈¸Â’∞Ú+ø¯1˘œ.ÁœÌ»LÓ/ö˘Ôâ±™°∑∞Üè•!+ødh·j»¬–wMPpÏj"ƒH◊†≥6
OÖE»œ"CåıîY]úxöÔ˙2ªs3ˆÒ &oAfi÷^'^∑Ä“äÜMŒ◊X°∑èYíØ<À∏Œÿ◊/Ÿÿpÿ˘è
]fi¨≈éÒäùflƒ^¸„o¸Ëü¯#flÏÕÏ/ÔÏ–œΩ◆˘”N/3o“û“€^≈|’ñ5õ÷lô¿i´dh∞≥ÉÃ.õΔåYEàóALΔ,Ÿ≤é!
ìçÈëd…d»RÆLΔk§Jd.cð§Èí◊Mú–yÌƒ©kßÆ]@É““5Î’¨]≥àÓj’jVS®™TµíZµÍ'UüJieıâ)ØüƒÇ≠T©
ëßJêÃöm‘àm[∏xˆØöªgnÀeΩíıZ&,oFÉÆ6∏p·f≠U≥ðl±5lêóEÆVŸr≥k’2'∂\
õ¿œÿ&áˆL[h"¶=ó^>mıðœ∞W˘Óly[˘Â€µ´I»[˜ÔÉ+W°,¥à
É>Lú"ƒá)6c&p" ä(=n)l§0èfiOûtπ≤|Jõ5iío'O]ØvΩ
T>}˙≠,=ÍîÍ¨©¨–™PX)◆ìÆðÀ+a–H<i§ìð(‹§F0dDè
Á“cœ°”´Øç6
l†ÇúkÆ≤ƒÌ1Δ@Éáð Æ¡¨≥Ã6˚,1–RõÕ«”~d–H"+Møn`ª–7€tÛÕ∑j>Z ,™¨M8,™”íƒäN¨R≈íŒ:Èé
€H:é<â;êíè$ì∏”KaT" ô:€KoœönÍìdxÍ)(BÂ”ÂPZê“˘Ö®¸éz≈?ß¶Ç ï
´¢™ïR®SL∑ÎA;â.R3‰–Cƒqs/f¸:""Í„L÷¬
b–≤{úl2»bÏu1“¨πÊ3açúÌ«”íUvYfì“ÿj\S◊tcÚ∑ŒF
&ihƒ÷≤…Xlh‹
3ÃÉŒ≥÷âlfè:™hÕêËïs$Ó∏ofl}”[Ô<óÍƒ…=¯v,≈ßEÎK∏œ†ti ·YûíÿâgQ%R®.Â¥ï≈Ú¯¡≥*qÑBí€
¢Î√ìÒÀ;êz±ËØX´Sqπ·zl,2úaúëΔÃ
ÎWhâ–ç/”ƒìðh§â≤Ÿ>sçZ£Ø≠–7fi™fi˘m∑dðÓ[–Æ\WfÑfiU>w]7¢Ëê{9ã,Õ•Ô◆Eâ^~_b)Öë +œ;Äı|
œ`ü‡£è(˚n•a˝ vä,≈%¸Oïß6nj*≠¸ƒìOŒ“úT∏N>êÆ=H‘K/f\∂H¢Ç»&Ækœö9
ÿ– ”ŸXaÉÕëG◊ÉNöh£{O/h•â$≠µhq≥¨j*£•Qö)A:‘]íø“€ŒCπ√¥|(8,–ÌÍáð?

€†„.íÆfiπE“N˝∫Î0<?m
¯;ò¸ƒÈ¸õx“ˇ‡•ıˇ¢ËÇq0   P%7ïR$∞r≥<Â4!ŒÌ°--   x:Ú2âTG]ª˙sˇ;œåÜ1¥·LçnDöa)\
ª≥Zÿ¨câxF[Meòw√Œ\km:.t±µÈKÏ2fl≠4òÆ/}œlh” FÿVœq• n´   È“wf(£}x#
˛‘≥Ô•Õo7âILU0Üj˛[£Q<ÿ8ˇ8ì„X+>–¨,–ÂîêÑ/≤G¿•t1ùÈŒ´öu-
L4b÷åÈ,·•êÑ=ZjÇg4q`Ú4,‡]'üu¨¶)…Ü;lû4§«°¨î¬≈îÇ.Í%FK”   ün°∑ƒÔ…2|≥¥érëa∞DÂ◊
€÷'- -ãu„E_Ú^LöàëO|sœ¿Ó∏Éˇ ÒOaÑ‡°,ÿÅ”?ÃÂ@¡@ÃÒ±Å‰aØ5mƒeÅ°U∏¬U≥p…g0Ïïg23°F5CK•
8â
NÙh¬#fië∞±çj>¶M$9î™ñµC©¢ûpE2åßõ{/“Vh™
≠äsÀ±çã Êc€s¿∂ëÎuD˙R&˙h∫Ød,Kã,ôhMñ°∑.UÚãâ&®lÂ'ájSˇ∑F≈Ulúª A°†À-BÎt;9Hœ∏Ãe&JÌ
        K:K2îy‰lrt,Õ‘∞GFÚù≤öPÑvxB"ç¥úð°`lã[=^eF"@U§ÇA∏‡çB/ô≥&∆ˇóÈîUE£‡
%2•÷kgSãlO#¿<!DHIJ”ír<ÀƒbN√àÿ,MåxRIiø°5ÉrjoΩy(G=%™˛ô£F´™ä´^uÅ†ÇÑW◊Ÿ{Ö
$fÕ®Áb@#¬éêW-RhRx£kXπCÕ≤Íz◊°Ìiù
l˛%^v$U˚*uÅUxR≈G:Cõ{>V\±Ï˙,%•™∞lÏEJÀ61ÿ^3E∞M„íâ≤∂µ[|üzŒÛ/ΩEì∂´&N∞˘ø¶r≥©PÖÍ~
àã±®HEπ€£#<–'ß6µ‘ïèk¨öÖf4<%Úi(¥'à7xß˘˘^Ò™◊ÓzÊ6¥ëñÚò•C£< Ê
HÇA))v˝MûÄmπYê„`sÙ\í`Á%R•Ω¥hÃ•ã8ëò√<Ì0ˇeí}Ω^MÕ4M•‘E;•ßN†|8n÷'õ(fiO~)Bä*Rˇ(≤¢
OHÇAíËé
“ãSü»0^•• [%eMÎOÛãhdeˇŒ†y=Ëï˘,”¿ÜZ∆
Üðµ->ƒÉTåÉPo8∞
o$<çV∏b+7^D©%f8+ÒK≈1”EƒÜ∫Èd9jK≠j1|`ù¬)ßÏÀ€D7ÔåxUãÆÌL•◊ËG#l“Ñ:Xˇ Sªˇ€:ÂQØhÛ•î
õGË6ÜuSó¢±%RÑ “´ã¸B_´◊4!ˇìiUrÓ>KîuoµıÉ`tïÍD∑=°n˝¶'û°·BriàYx¢u0C®pt*HÅ
f∞C#TÅsäbkkËj¢É°ê•çÎz«πI€v:ë<î¢0fl"ø`ì<ˇ1–2PÜåÔÓá8√îÇip^ÃbëêßÛ¯i2„(rHfQc
$’èhO^„ök§qrØáá|QérÓ^J5¢<∆m™U
\¨RÄYûÔaµ>mF<(8è!d±q ÖË¢vêBZpÇ€€œØÄÅ§ˇ@Ü¶{b*PèÎa£%á‘*"Ô2˜ñ>;Óô±õyYfl◊·Tv≥Ã-
Üvt˜u-vπÎÓpœf±Ulw«•fl(õ\Vê´ïsûÅÌrNãî(d≈ªpì˚O/z˝ø;"{≤í„§í˚k¯Ü<@ëã
áö+[%UX%:îè(6]H,OÿÑ‘{êVÍñ/
fi†ç°/iH\X*•p   h¡
-àAÅÄ!X:;`ÑO@äÚ®é[QàÀP©Ü¯r≥:#°K‰ê5π∞4Ï€;1ÛX;Ôõª¯ BÅk;∑?Ñá4ßË¶‡ 6ãøÉ∏¨ò
±OË,iåˇ62d!®«[<^´√'´√ÙÇ2]KÙ¬°°ù9πö≤%±◊–6´»2óx≈JΩ‘S¨õÛ(&Ò¨Nbû`ÿ2h
ê¯D‘Ä
ÄA∞=2`:F®¨‡     |1,ƒ@¬•…íZ<%ËÉ>µŸ°iP¬ÊQ¬è(Af(A`∆(°ÌÉ   ô *-ÑÚÛ¬∑´t*Bâ®HøG
±Fá´ä‰røN€äRà6újCñ=TÖJG˛ª√^Éµ]@?T¿lÕì!^bπ$π≤RH~LÖ$Ω–€®N–
@FP,~å§DCti‡ÖT®)8ÅNÙDlA xAˇQÃ»R|A¿=!òÇ*®ÉtÑ©p   f∞ëÏ-œZ…CBót0ÑhûÛr¬wÀ∞ÎÉ¬}-
∞D˙Ùøl˝∠gÙ |å∆§Ç,0ålâÜ;Æ¶ÿîR•F¿;ß/Q\+/_k!'>√¨˚øv<√∫¢√˛ã«4@±dñ÷„°
+ciÿ(’˚«¿“∂TËF`ÑEXOP¨Ràû+Û°Ω$SJWË2•A0ÅR§»PÃ»úHãl¡‡»¯HVt:a∞„¿≈ó∫≈Ã$G#Ñ$D∫âié
H¶∑¡…g™e¥¬h4 ,J/ú;i§F†.qÇ≈âä™jÖM·F‰/
Uòà¬C"ˇcyµw<J<ÃJ'CŒ£ˇ?≠$@?|NÃk$Üj/ß•<«¨πR¿/,«¨ÀE‡ÑN‡«R@6$´ånp
]F0!0ÿH ¿Ot¡ãdÃ∆¨OO\Ä≈ÿΩ!X:Oÿs˚ß)!Œ-ûózIó¨3_åó^˛≈%∆^dÜhèy#Õú2™/≤â2ö4Ñ!?•8h˛
BÖÒáÆ¶∏J–“ÕM˚ª5$Œ‡†·|<…KÁƒ´|NÆDöØ˛Qı√?,“Dé≥Gœ\◊(A≈HFÿˇâ@\`
¨Àπl6ˇfi(ƒ%
◊PF É EäEã¨˙¥»ˇOTÄO|Sä\òSX   `ÄÅ*hü•®kîÃ:]õÕ˛ió%E{∑&¥“˛≥
e‘¨ì’≤Ò;Ú JmòÛ´F˝h#“M:B†P»¨∏™ÀòðÚ∏RŒq(¿°Í-'RÑRŒM/<¿?ÑŒ]çN•Iœfiâi…\àÀM–@-
ΩÀÔ¨Àd’R\Ä∂´Å„¡]®!(S
¿ÄOåã<LxA0tSr]∞”surU8Ä95p`∫FhÖdx+™Õ‘Ñ8àÁsé)èŒdõ’/∞–tT≥[∆%#Ü];%QU±]ä†8ˇ§U2ÃQ
’<TÖÀ ßDbU:RXÂµ\UN≠$‘ÊÙ–YÖNËT¿»¯U˛Kœ¢Vàbö¨¡¿(ç“N®πÅ<•åR…Àú#¡¥Dœ>–0êQW   ‡Ä7
◊pE   òHu%WuWuΩZ`WwEP
hÅµÉVl¯ÇBñ\[ˇΩ∂$<≠ƒ0TÍEa§0
k±£ï•–eDèð´‘õ†TÑ   Ü†0<Ô˚âHk§‡¶Vp^'RÌX™2VÎ0eíuŸWMŸd©Uñ≈’–mŸ^E@
±,>,ŸLB®aeπ>¯≤∏§À(>ÑûΩ“:¿“Òå@dªtØdËˇ3•Å∆dAò/¶ÕH5ïÄu•”ÂùSx^€∞ÌZx¡!
ÿùÜÕ∏ïAΩ≈Çx√Ôç>^∆ç@•öîë–¢dõ∑d––∫Q∆ûlX2*–.ú¥ÉI#â≠CQ8·b<îî;RÖPWS’[{<fl¡UX=Ÿ
–>¨ÏQÆC.“?îGñ'&K(flÅ®jëÜ`H¨üÕ“g•À°[–˝>niR£eπ÷lm/
‡Äˇâœ¨a%mAv}fiÆefi»·Ë=Ävefi9ïÄ0ÉO•â–™$‘[<çf∞∂òƒûD%•%§∫   ª∫afl^   œ
2öâI]Õ¡u¥Ô€&˛M#á
§@äF±F’œîr:å≈ŸƒkM“We`vÙ<\UY@~Y”Ì’≤4N
÷$!A^6(}Ve≠ÀC8Ñ(MÖh5%µT%ΩT%M»VâÏƒ,ùOÆaåú»ÆçfiË’av5e∞m◊Uv◊!÷Ä!∞ÉNhó@–ë/W
$™®'¶?µπ°wõPêËEy„,–û∑e“∞ìH;/ckrèòÄX°$ 3ûX¶¢èÜi„G–X -ÖnπbùÏ“√ï-Ÿfi<>]tF®±¨`ñ«
–ÌÜLZ]aΩ
·d>Ÿ{ÆÀ€M÷’3%§ÁiEOi•38ÅN.EHË™’RQ~ÃqÌZËïËˇSûh0ÂSû” ,!0F8úd∏∂%ÏAbÁ¯¨è»à*võSfl-

™<yfl»µk4-\ÒkÕÿ4∏MeãU„D©ÿ‡j-çù<™™§84K·…c^K]?4gCnŸtd#d±ÑYîCNxûÁj‡cEV†ÂÑπÑ
%E8>.eö€‡KñÜˇád8¬4Å¬ÂR,SphQ|Ã◊T¶h¿VeåÜ◊UvS
hÅ*0∞◊¬‹¡∂ubÖhC…~b´€:Í3ª-Æü°ZªÌã7)<,øÌ[-ı_h¥_Å€£<cflZ
,∏ÕÎÿ…ıÿ`Yç!À+Ø§C¶Ó\ïÕ'uî`˘©> &R^=R˛√XΩUX≈$D¶Á`ÿG(≠KN(kHfigJÊ
nHnXiH¶IO\®
ØË‹œÎ6ÃÜfiH
ÄË´ufiÈ-Ïä[¡˛· ñ†;8,a∫E0ÒçìÊLÏ°…èË€î‡∑"úÈ
˙∞û˛-ñ∏Èlr/<Û˙œ¶*8˛eäŸL
ß∫X˙∏Iô
ßÏÿ[ì+∆´=LŒX=q˘jo≤ß÷Ì'@˘q7πÁ%_ÖŒf>aMi@UäÀü'¿Ë.k∫l6∆bkSJÚ∂ÓÓd¿VmïHR<oáéA™ïÄ
∞Äœ¶H!ñSÊ=/øhxÄSé^:]Ä
ˇ‡ÉúKàã©i¯"7ßÖÿ∫7èÛ^¥€d¯œ6"†àî˙! a°>]â)¥õ–fª˚Ω_üxFˇÈi°`òˇP
˙‹¶7¬M™ò\"Ä´\©´>∆o0Y"ı'gqrû'gqTuU«‡?Ò,&"%˛aïıÙ\ÎúuÓ ZÈ>)≠
%mAg‡lg∏≤Ù,)ÄÉmmhúÚ∏r
∞Äho¡t•"¨U®SçV ^eH!vÄ
®Äé^Ï]êZÜ ä¿Ü@à; ªï*ëä5˙uª1Xb¶D#1ô`ÊôXt∫Î¬ÅÔiÉ.DQä€
¥FéÕP@jÛrYˇMöxO˜tXm2åwNßFuóUrVu◊xçı'mD%Z7•–„«N8Op˘dÖ%(ÕK.
,õ∑˘ÓÜ`(Ë0hºéÚfá¡†Äâ%k6ÂÚ:≠^l?9=¯∂hË·9]Äh)XU@my˜¡ \w´õÛ<´sÍ{Û¡JÜV¿/JI†Tx 5∫
õ¡BfdFÕªÒ[Ù@KÌ¬gF\Ÿ<¯°(
F±è«Õœ ªÙLë´{"ß∆´O_|ã_qQy«'ı»ˇT«qSWÁ/ˇVOÓnêu®°gc>GÉ|R†5ÎEËÑÚ¨¯R}úóÜr¿ÜN
‡=ü/Sfè¡†r,∑rˇœWuïzÂeÄlg™o˙RFÂ"
~®Äy]lÒióÑ˜µÌ◊7ØéwØs% F`T b¨h{Õ.˚anfl7…7%ÙÙ¯-gÜM''‘i>„˝≠4âY ˆ„O√?è˚m
£˘Ù"l,∞y˜M<¡Ëÿœ-g‹°√Ü:|(Q!FÉZdË1°«â,∫yÏf"%∂j"Ç√U*ÃTûRu,¥ËÊ¶T∏pÈ¬e¨ß.c<q´&N/
¢$>n¿‹∆â®'@P≠™!ÉÜ
™V¿`AÉb%,ê AÉ,´¡[∑
¬û{Ç
£R∫x%c6≠Yµ¿ÄNöðÃ0·fà˘/´vxZ2»íìïÚD 2ÕU©JÕ
ÜÏ≥4d"îIKföö2"™ë%cÕ/Ùk◊≠?ÀÊ•ômd{ÉŸfie[óÆ]¡á/N¯¨Wf_%o'jñsW™ZMUäz5lŸkœfiM
¯ÅΩÅ'?fi°7â
jåÿœ°FÜÌ;B/>«âfl<"Ï˘í!J*±%"K3¡' #ã¬H'™˛$î*;I∏ì."TÉKBqÉSû-¬áQÖ`BUTiÄAUPUÅa
±eñØ@VZ¥◊\s-@óFÅ Ñç®≤Kdçv$céU„◊4~UCÿìÖðâ4ÃîVö'ïx"âLùtBä*≥|÷ˇö3≠çñÃhW¢ôöj´…
Ê_ÆìO∏Èñ€^¿
wúq}∑À+¬µ¢À†Ñ>˜ä+ŒAG>t•X'ÿvÀháMxï/gAï&Ñê~Ö$ßÒQÍEâöë~õÓwIùdR5<¨'Å1yπ…"ú
%DTO™<R
∞¡ñÇÀJöH·≤…>•C äX"XSôHVé0J0#∑¥eÄX8 -ä≈ÄÑ‡uxröìH>˘òìç!Ê◊càM÷&)ùlÈ…
*^vÇäò»8√Zô"î+&√ÆÖ[kœˆYú≠ÒrÒùªÒ≤ãn¿˘˘ÒûÅähsœµíËt)[◊ §<qG˘)6flŸwixÁ%'©{‹ÈÃflE‡
ÒáÍßÒ=§fiß;öÙÕw()<†Ø.¡¥Â&∏z¬S0B {5Q•,≤≤2ÂÉ0¥‡C≥'¨p¬à
%öê6UT‡,∂1≤»≠ç7¬5.Vuç•Ac9ã0Ü)/3ÛV8îâ3&Õ4jzÚx'ït≤…ó•∞Ñp2Œ§
öÃp^%Äkð˘ÊlóŒ2ºÒv€^¬È 2Ï¡
öú.≥-2®s'ÁÆJ çn◊>§I◊|ûxfîû™yÍi~©:_©õB$}ÖDí‹1√™ØùµÔ%ÎKìGMy'ß<SL•<≤Sgõ!'
Bt>'ÿÕ6{v÷Ê˘¬
ˇSU.∫f#≠∞àEgAêÅ0.r4¢œ
aÆH∆‡c§iTC1äi"î@(•¬DF5 òÖ'6¡… Ãú°çg@ie∞iÜ¨Qmr1ŸÏê5s¬çiPg';]Ãc:,.ä£f‡ÿÜ¡QN
s5È®Ï:™–Œ5ZF)ôQ§f90¶œ·çÙXèS˙1»ÕŒ∏3,lyÎ–ıDíú
{/;I`V2†YÏX4ô#¢Ê•S¿$XõQ˙Ç±áú¿'HV≤Ígøâ†˘$™VP-êàEt-`≠ò≈[p@&É–Çê%=,[Ú'Ñ:®˘ÉÉ,
£%A…^àAìiNÿâF,`ùXgbHõ+…áÆy"òHG±ŸTu…àÎl£:<ÒÇ7"òoZgD@«dœI£®„úÈdÒŸqgcñ©à§<f+˚s
∆˛§™#ùjóß0660hmÄé≥m,M-ëêo•´Mx¬|Jfl∞ÜÇ6ú@é'≤@™Éë2K*";ÅÃ∂J¥ë»Z0*ãY,@Åôä"-
jãRÑéö+]˘„»-^L£;F
√ò√ÖpÑT:ç2Ç-
/1ËV^"Egñ)"|Üc∫˘™£π√>ì7◊ú&nl"è%±0I˘N0í®VÂîs≠x≈]-πNU¨åwÿhg;Âô)Ú'ìû]áè"HP3öÒy
˝Ï-:%GüπqU%!IIê¶:Ih‡_'!»ãœd3:!XK:!ÕFj‡7êÿ»Fðâ ñg[A\‡îÄ •)AVn™
TÖêV)QtÇ ¯@ìLóC ¡vï¬ñGÃíû¥À^j7Ñ¿úk7ÃMìrõ®gö√œ9¿ÈY«
M Œâ/'¥òùn£+<©5úª"«úH2Êòe)£N(Tÿjˆ;ÑùÁ
[ê1%# -ÁŒ<ıœ Vdç"€YãV¥ë≠)-„˘˜œ…>$ê\2üi_Räµ˜ä‹Å <˙H !∂$-àÏ7)AD[âH)
Wq€ñÀ)õ`gÀ1â¯&>®i®◊EÍì¢%|1U_%Ñ
2¶8Ã[ùór√b úç¡GóDà`ù)ÿzÛM=1õgUk{wWA'q-ÅN77fÂ0áPã"]:˘j≈øœÛ0î∫∆ÉÒ
aÛâÁ"bd,Œ¯£º4Z/f>É#{~F=QëiÆ"Ï"p°

?/j∏Rƒ!i/Ck}ù   F)Ë–QGfi§±mAÿ¬÷¨4Î)T C®‡jM≈l'ZëäB Çà†€VnL˘ê
\2+‡[GC†ÓHÅ°∏•°<»¡¬!ÓÊà¶4Ñ„Yëw|õX)v   ëÇ´`a%¿dg>ã¶·°9ÈÑflkR3–˚ÌÔ≈√9Ëq
«âx%∞9¨Œkê°%$Ô¶cñrMs:¬I,B@"=ÂïQhŒcı@UuüÈEVƒ%6Ò¨úÜæ[-Bã®Éh˝UH^◊Ÿ°©ÿÇ
R@Ïdõ§b≥_SÑ@3òÅ
™J¸pÀ[uáÄŸ.»mn≠¨I®` X…π∂Bv
–}≥|∑í«¡≈8Uó$Ñåj/€äR¨9êÁı¿   dpÒâñrõa√#0&ˆûµœ´ÎÊÎ<Z˘o*/7å.ß£Ûz2fiµΩ,``Í
Lg:¬_<uÖfl(FTÁsç¸Ÿìi_*˚®:≥»˘∫!]<,i]b¸!Ípà§ßO'àDm@ûûÇ÷¬¿µ>HÇHÎ∑€
±˘@Cf®C◊a<™àΩYõÅÌ\‡Ç®_˝flûÚâñw
TãÓZ–@Ã‡ä¡…ÉaNa<∆SuùÏÇK4yâœ%T¬y\ø®–]'T¬!Õ¬m@ƒ9úLÕ   ≈QZ>   †˝óΔ<Δ[«qÿ]
ùÃ£ëû:ÂÀ0•©•êA‡i®Yœ~ OÃYÿÛÙœï–¶òZŒMè{aEpDá><Hà˘√•·¬–§–&pÇÆ<D–ùÚU'f'Y‡ÂKTp
$yÕRƒñtü8Å'Å–Å<p°à   ≤}»JçT:A A¨¿
ò@€ïã VV\À∏hªuBdË>˘˝fl9¢¬îF4DU≠∞N&FM*Ç–>óDHgxïûïéXï"ZaS¢múù ˇq^8
°Ñ^t%é:Mudw∏"'`EBTò!œßáòc–ÄJÔ≠ETDÒ0£@9„HlÉá¡Ÿ,°Dh>'fc–Û=fi,¸ƒÂ$L'lAV_˙¿#1ÖÊ°
¥#ê¡±%>ë¸4π9˘≤ÅÕHı!πatÄYú>¢–>(bîF#Öù#é–ïxö`eàè·µôø
B–q"'`d'Ã.ö2}ƒILlå…±6QL~ë¢ÒWÎZ[ÌâÎ8ë°@/ÅŸb Lä. †<qÛM©ÌGBTÿÃÒÕ>\F°,Ã•·2>c9åD
5t√"<î≠e$'&_Ú–%/LÀØÕI$*L*ò#ï°á§%:
AH¡∏•å¡HA∞ê"/#á§   0≥%`fic íâˇc¸â> Å'X–§#/=Ü$&C4§é*êÇ%®êfn¬%ld6~¶n˘)pF
Xr JöïŒYSún¨Ü°¡$°%ö˘q,2«Ì, Ÿ,:'b•…†QÙd%…YAyòÏ˝ÌÒû6„Ã°¬3CuèK'DV÷wr
%ê7ÊX¬ö(L„LC)∞¡R<RT À   ú%á¥Âê}œÂH>£G9k–>πùõ~Í@T&π©`ÄAd<ïä'¢î¬fi5&CFhB>®y
¢â]& EÕ%Æ]¥AwBh∫–Ø–Ü|eŒâ¬âÈÙôJÆdKbü8'[
,:–,JG–ÓésÃ‡Ô'=œ0¸bÚàJVQÊìR*#˘»˘42#u:„ˆ»Äê¬≠ußw"'}.BGÓKXh¬07`à{zÕ{ö„k   ¡åx
Å8¡
®Ä§Ä'Iù=ûHπpÄÅ~Äö¿" ¢$a
"πàÀ∏PÅ*<ËëH®î4d„HC4âÜ3DC0∞Må#`$'&¬6r%pß"L V±ÕΔ¡új)ˆ–ƒDÍ∏Êü•,*GÁ–Ê¨"®ö–
ˆ&NnG;1ÿw–réZ¢öíöÚ
c

?uXÒtë6©IáÂÄX„"pÍß"¡w ÂwÓ
QÃI0pè3òß4`àR®cıï©¥„'Å 'Æ–¡lÅÙ˘È{#Ÿ©pπú€
¥#ô@ò®@?hàa–à°ä8hî8&Ñ
‡fi1Nöpée¶Ç&'‡Zßí¡w≤(üh%¡8Wç'¡úËƒHúùPJœÊ≈|mΔïå"Q»<†%t‡(o™À‡b•e Ø÷"Zòı'¶GëäÜ%
´≈\s>ÂÔ5)tF%–S{πÑ≠)Çïœ#»%»z´CÖk∏^   „LÉ"m:™e[í¡ÚQ°&hÇ"h¬!ÃÎÏ≠hÄN‡)ûfi
%œ¸a¿¸i€u4Ï†jä8¿8®;5*£.§îD"ÁL0Da%>!Ä˘≠\ÜÓÄ'(¬
•–®ÆIií I>LôHSÃ~`´"Ékf2pÃ!öo¯lœh«'NË°åé,d+¸ŒNÓ"¶îÖ!"
%rˆênòÕ ÎÀ5È®8c9Lk∏¶NK<†"¥Åßjkÿé.p   'Ä´ƒçkÊí´"(E:¢#≤HàVEM!R°"%Ø"Ç
hkΩöÄÄÓ´ÅÓHn‡¿ÄNŸ,&lã („JÄ$Íì¿iƒéê‡<Í4pNÊŒ+tÌ6í¡[:   «ÂË~j®~…–àI¬§ÏÎ¢
(jöhƒ˝Ÿòdìo<n˘˘âÕ≤,LáçÊÍÅ˘Ïé–Ão∞£ÛÓ˘‡Ãïë™Io?%©s>´ì
îBT–âU√6tOKLlBn%»bÈoÇ^¿ŸJ<‹ú@\)']¬÷ıµc˝RTÒŸÇ≠Q!*¨¬*ÿB*ËÒ&ÿÌ8Å»iK]_&ˆ[èÈ`Ï?
j¬2ÆòÖ,¬.…1°!'RÖ„DÍh§·qÇ°∫%   ü≤éAÈ&>*¨∞g®ÖV°(Î¶hÀz ¸ô2†N8   G\–&ÄeÎÏÚ…Œ
9ïÔ3ÔÄÇ<mÉ`9¶4/>5oPÁb!e">Á':¥V1ˆJ´âU√I»•zh|'ÿÆ}"#Ëúµ≥;õ"e[Œ˘3'A ≈ƒ*Ë/>j–&%q
Ás≤Åp'Ωß 2ˆ¥Åà'
∞∏D@√éã¬ûõxÇ2\√4LÆƒNhœXl„D√¡‡Bø(<J   ≥e∫e=ÔÕ1)úV•â¬0–≥&úÙô≈¸WÛ…
7Ânû‡'ûË2˘¬„@$4B%4˘U–ñG
ee0û–#Ufl@ΩáâG'>ÂìV¨0≠ÏDÒÅØÇp%}~Á≥Å"Lg8p¥ó\;Tz∂#]/ı2_˘¸q˘"Å Ã¡tÂ¸^¬ÙfiÍalÅ%Ì`
Ån`Å`ü#w@\v†N4ä¿@√Fèê;m2£>j44µÑ≠'¡¡û·ı•2<&ù…f'ÀàäÁ¶âÎ>Ï>"4ÒÂr.„•†¡h7°†q"¬¢‡(
|B#ÿÅs€¡@∑∞°@∑ ˝*ÚFÿqZRn˘v3k´Q,¥Ó^täG¥Bi÷∂Ñ¨lO'Ç(˘ñÔ◊AN'ŸÑ'YùµÒ[∂•]√mEmIMp¬
%$–ÁÆAõ¶)Ç&6>fi≠_ã¨Ñ36`¡ ˝B'`.n@ÄD∏°ZÄîÅ'Ä6&sÉFo√FsCî
%äb@*åßéwÇ"∏aHa_œ'[óÏ„√òî   i‡6äblãñ'¢˘§ÏZ/ÀÊÓéì°«+Û' àt>h»ïkà¡ïaÕâ©Gx˜
Ö©ëUK'VÁLe÷SBÁÇµ•≈.§BÒògzn9á–üè.x∂ı„E»Æï÷f'¡I'[∂´–ƒ)LN«"≠∂rÅT∏öñ.'†¬Œ–
Ñä¨˝ÅfibAö6ˆB3≤_6fG¿†∫dÄ(¬.òäkthflRÑ^.§"ÉHï&8ê'Hë•   ß0¿
ãèÉFhH√,sïnè'}ÌP6∑Ìˆ ÓÓÓW/œÇqÔ≈∆usõAëç–VPqmEV<…ìÉEêJ≠TèZ"˘Âá} °/gÊt.c¥nœ2»ù„
s'l"wnkfié.:˘*Û˘ëåLÇ°Å±ˉ<n&x°ŒAÿépöéÅ (¬)ú–&òB«,≠»ÍÌh¡fi"∏®/Ù
®Äeß`eßz™ÉÄBFc2…}v◊zì8¢H;É3¥ƒ◊x '4I≠Î|r#'|â7."ÊÃMØ,ÏNå5–Æk∏fZÌÆ[y"q`;>Æ*t{Y
°ç\ú˝XP
3˘« πfiS7ê™
yXµc–ªÜ%®A„õ/#UeOîñf†ná*∂"∑ÿö/"9°£·ïsÙ7ê
%ã>ƒVz∫4∂`Å[r˘xÇÆÄ<'hfi ¡fiû°fiz∫ßsAd˚z©C@°>™#@Ä¿4¬Õ„<äO√6∏SJpÙB*{Íú–ê'BfiÓaΩïT

[é.º:^¡·¬1ºÚ,+ª,S&-"_¨&YΩ.„Ü   "fÎ˛ÜÌÔxÇò¡ÿ√@Ÿ£/¿(¿˙ª∫≥˝∫œ=ÚË`">mùyıƒ7qÿæ$
(N Bq6\h∞‡CÀÿV¥∏Ø!El€™IKL.\©R≠2ô™"¶Kä'©Cgô11iíaSÁ–¢N©J•Ú%hJóuÃHI"ÖLùEãp,$≥f
ãQ7tTE,dÀñ5tPmBujì&:lð»…™%Î6k◊àY√Öäë"ÄÄÅÇºVî©§Ï/4¡ÇØœVm,j€7VZØ\¨VuB•àT'U©Íh
q4&ùEõ6ë"U
◊,d»ú%ì¶Ã#ld…¢%C&mvn€ªW€÷ÕÀ6Ø'ºxÌ,ló Æ%…ã+Wœ´ïÆY≠<
¢"$D€∑Pp‡ª∆{˜~∂nÿº±˜ˆÕõ¬áflËø˘/ê>¡˙
·;Ñ1œÖ•†/2AªIºn™IBêp)•'†<©l)EiáôΔ†bãô»∞…àör/Ñ§;©á'ÃÿÑ2éb„êC`*ãá¨áJ,˘L¿A
$írã:8AeïM9Ñ,,úJ-‹bÉé9Δòb
)úXºÓäØVØ√ì¡õΔØ≈Û»LipsΔò…íTiA¨î™™®Bä1Ë†C√"xJ≠∑◊íìÌ5èp3¬F!úm∑>ÄC8,éª'RJy-
e"%tâÆïO>iƒ!P‡'Sª#èUΔ;†UÚbèVÜ B(>˛%"/W¨˙CHW˘§à!/"ñAì]»¡%SÖBí.Ï$•MX/••«ê"™¥F
,'ù®>i‹1Ñ®£NÃÿÇ:8Y%ê¥ÿ
qn–íx"á£·diUParã$Çº˘aí•vŸòi∏∂ÏÚ.º ô≈L√„h∞e§âfµ€Ç9yñRL"ÌN8Èp,F¯ÜvPNv"Öï'ÇaÕµ
€`£çh7u;ö∑£'Æ∏Mè"jNºˆ∫P+Y%!DX`∏['<`}UÏ≤5≤ì>Ö–ΔO?_Ô^="˙o>Z+"b:®õœ
,Ánf∑ÒË%êT·…ß LJiCl;'ë[*»êÇ€–øñ¥Mñ¢˛O:9d&EkçµΔzÿá8p¿Ñ$Δÿb*,–
%Å5Y#â&p¯Qz¯qH,∏à8´)∏–É•J@/$†Çî]c˘M¬
´1€ê˙ô˙Yf¡eÂKZfi¨-ûDXœ=˚˛3P"T¡Âòfij´-Q◊àVB‹ÏÁç˘Jìa:ó
‡.(Ö®mJ¥–≈+tÔ   Fò°
BXAºñ™ÌêG<≠ `yØx6Ω5DnlK}˙sä•=jª≤Ñ¨≥·Ì@˙F9¥ûéH–Í…¥VT≠
±§dÂ(ïÂà[Hi◊P\,Ñ1,¢$äò'Nëä∞hÇ,±§p/‹@t(òú¿,
Ï\ØpƒÇ§)P¡
Æ,,HÁ!¢BØÅ ‡èÃ;Å"Tº¿ú…cÉAF J1Æv¢]˘πƒ"4¡íDîÔ|z:ÅÕí‡∞:hhg®ô≈œ%¥E
Õh…¿ü*'øF
ßÄRs/ùCãÈÑ Ch$`¡ØÂ•<,Ÿ†Ø√ñûä‹*#˛˘|%√`5ìn
‹fig,
à }Û
i(érÙmp7îL£µäS§%úõË#ò¬¢ëàR†Â$'9"≤Àr#íB6·âM'·u¢3g'NaŒ,àG7P¡¥ÄñCh,ú KÑ4ºÒçU!í
∏–ß∏d¿bsÄ*1ã]$cØÀAb¶ë]®–üKY'ë9"("ã,Qì^∑ôô a|Ú†FCäTÙL5´I'˘m\#õD≠≤Q≠A/lò,Ë¬ÄY
≈™rx¡¿V®Bç®†*T)¿k>Ÿ†9»¡Ys>ºH
˘¬fiıW¬*PÅdàÕà∞p=P7hË7mˆ
{Ñ3‹Ñ*Tíî†≥KiJ&œ"1üïE ºrt"P6*ûM"*JBlë%+d(ƒZP´,*b
Z "¥ÄØ·Jvƒ •ΔÄ `BÄ»• CÜz';á4tQ
FpËìK!Õ röà%   b,\x"Tn{ç"ÖJ†L≈i|¥S÷o©íÍ+]ô¶Q*Ä≤4çÛ)U|¢B®ÄY∑c÷≤ôáò±*&
\ã˘ïÃðë•ô¡œÇSH7µŸ
¬z!É
˙M¬Ç≥#"8ôH»yãT‹,û8'X¿¢πCÿ¡%f®,
,90 }Î&õÕ'äÉhî–à÷´»1X*)6%hº1(ƒ!Ã¢ÖŸq"[@¥ ≤h   cÚfG‹¬≈tA@ÄóÿaöFr"î=ÁÕfpâÜÄ
¯í9¨E&/>.w}§'!Df jiH!í§fiœ#Ùs*£Úáø©Á˘˘€™/≈'Oç*ó!
(´œñ™≤≠5ò¶¯ÏÃcDX#4°]'f¡K¬1á∞7kÿçml§#1\)n≠ûTÜ4€;ô8"˘!% |Bä<_<w2ë(áò\VÜ
%ŸÇöfeðèQÀZëEEÚê–Ñ≤∞º»IhËL",§–L¡|ø>≤◊pÇNHc¯3ì`∞7ç`îb*ñIáÙM<U˘I
€EÿÓΔI•~Rg„EÕ1H¥R.ähè"Ùº ÉAY6çSı•é™ØÑÙ≤"i'¨ΔΔ™íspl«Ñ+   È
Õ˛Ï«m¢°Æ™yîe}'Ù7+ç≈∏…•9¨u¥lAí êF2uâ>ÉÌ
Ö≤ñcóö›πîö˙ìI;""&NQE[|>ekø]à'ô¶Ø≈Ìrßp"∂°e°v°"+%˘a¯r:ÄV)®"0(-Ãıiòdï,Ã
%≤‹ÎÓ"ôP9uËÛ–èL‡]'Ùi&J!
)nºä¯ïLQÙk™˛Z√ ˆJ
–ƒ–™u@Kµ¬ÿ–Ä$0is˛ö^v˘¡Ìx∞"   ·‹XÛ,õØ¡·+_%\së•fi\ê´3Ï¶eàZµFIJÏ2ó¡
+≈ïu∫"•`ÜCØ,hV3Q"√y°E\ƒ≥mqb‹b«ö8µY;dA˘L¡e4Å
¥@–,,àƒ…XÀ–ÊÄé«TÄÔÙé∏vÅ1P™z∞áÍ≠•ö´ÿÏá–3ÊÆJÄl*N`wT†Œ®,(˘ÔìJ5X!©ŒÀ5ÍG6e˘ÕbÈ,®
S§„™†2@¿á≠vØà©ΔÊ;˛ãòÙmàÔ¿^éôhnöá¯/√"ä≈Ølõœ°özŒ#EBt®±H"sfiÂ]4ÑΔê»N¿`
í¬˛á◊"œÿF#Zò¢`:ÈÍ/r¡àº–<,¢!ºF4AA3AÌ4!
J
!ä¨ºXk˘v/4¿G$†Ï ∫Å•Á8b£YjêºÅ"rà√f¡H!I¡«Δ‡|~Jp¿ª|‡Ú•Ia'J·{~ΔîjêËß6Z6çït∞Äfi´|
´Ñc¬j@`øz…k‡¨R≈;îGòö/`e%•Bò®Ø¯"?ˆq'dN¡Ä%XnÂY2bY¢úÄÓd@b÷¢≈'Δ%◊tjßZ,TL
h`a|ÄOÍÄxB%À%ò¢¶\!§a6Å,Ïe4·•Ø˛úä¡Oã…2A'nÌ"QÍ»*±úÃ…'¬/ú $L t|†¶°ΔL{£
oDΔM‹dØ∏·¢¡$c.·%ÿ@ªÏewL†*ò±OlB)Vºœ|¶hÜ&Âk£QÙGêfiûΔi˘‡´S†„Ï
*@jœª≠∏¶øð„ñ–;.Õ<¿<ö–ÖÍâœ
„fÑdŒ3ÂÍ!Zh /B¯L@ ap2BB≤<"3dß¯–TlûúÆ|ÄÆÓÍvçùÿ…Ï†˝<¡|ÆR!^x%Δ>Ãr¡˛äÅ®!á·˛û≥
Î∫Nlr'M·zR†¬Ì2·rºÎ÷é◊–-á¿ãØ`ú¿ NÄ

J·∞°•–Ñ±R?ÈMØ   6ÓÚ.Y#éÅ¨Ëj*:Éå*á4ØxîÅ©ï,--"e6†JUÔ™≤J8§f:Å
DÄózâ“êê+(˜ˇ†rœ
‡E…Fï'Fa–¶?ÏcÑí0ôZ.Æjé˘döRçY|Œh6å√&q~ÇZ2áù¯–%ÿ7Áå≈|Ä••'ÚêKkäœ48;ñ§·*   ÿ‡œ
Œ˛¢sÒ/V!NÕ3Nø";yR˘˛0~≤
s!jÑ_' LÄÔ0@å«Í†∂°Ô0≤2+_mqq‡
Ë∫rd∆"TFØcå¥·RtVÑBpA,Ìá~‡móä/!E˘æçS|\°H≈$@†ˆ   AékΠà5˜ÄEQEl$sEÉEGÔ˘h.Ñ‰Í
ÈÜmJÛ'ˆ*'ÙF=∫≤pñZRƒ'Ú∞Zœ˛¯êJåç≈0ã#UA\jp¡¿
¶Úp°üt°∞°paVã,h:ÔoÏOÒONuåNÕSÃ…N50a(˜T0!dÅ'9A˘Út¿çÚ≈"Ü
6B•c_M?É:/d~6ıпÅ¬3'h*∆-c¬AI,Ta#QÄnUá∆ ™Œêu√ıf   j(ea
®‡‡W   À
k X'1['kQ≈kπ¶Eìu
ªêÑrW¯√3, ùµ˘•f˘b= T√\ì{¢B∂'svçoèçJ˘-«≤$«Ï‡EfñA+‰ı¨∏']´¡Aå·"oÏ
aMâÅ-r]s,P¡s;7d'n
A(Â -6Fa4ñ»òçGu)]gÃ†^±0£˘Ue9Pë/%Rß@ë¡lA%8†6C£ˆ%4Nd°L„"TÙ§·]„z
•~Xiïç-,ãSàRTÅÚT%1≠vªfX∑U3Uí'XWîk§'~˜ëÂƒÅŸÉôÿ#ö/@¶•ö@-A˙!1åπœ'5»   qb%
û8–Ÿ÷%*÷ı≈Ã`¡8…4=ó_Ñ!£B∞ßú¡_5ñí˘Ål°p°`-óÜ·9ïÜ∑"FAÌNAv(!!(!báX$ˆVÎ,
¶Gn‡(FdfÅjq8b_©{>ã±á1ﬁ¢·RãV2˛ÈüÍ%gÖ¿-©DÛHb.ŒzQ){Ì«#z„hzcRÑAS,≈R8Ö8\™0©`óLt;
(≠ΩÜ"¿ê YëYkπë
9ë`
ÏÑ°!ÙwÆƒ˘ât4[(XPs@fH˙˙ÊõÅ>D2B¬8("K%x(∑≈◊4ÿx¯ƒ¡A™·pÉÅ+Ix!4,f*,f*oAÜ/
7ÜáP˘Po¡Ï˘Z7bQ‡àÖxáE!ä¯àWkO"bH./&ÅîaãÉä˘ıÉØ"ùwô1∏SªR:µfÕrF£<2)A†<·4FIJÔq-†[
È7ê¡éÌ8d)|3Â™<!6Z¿(-ê@êä01ôˆπ1±÷êŸ7k
YWÏ*ÑﬁF˘">4bo˙ ø∞""˙¢∞´#∞Ë ƒ5WôBb≥d3%¿4J√OüZ,ÕÜ3É=°q˜5ÜlZ='„∞∂¡ÑG,,™àp·:
1wÜU*
÷ ~ﬁ ° ‡D¡uGÅá3!P◊Ï÷¢(¡Õ-¡¢xã·Õù˘Øíù˙∫ﬁX™ä˚"œ«40CK<C˙ÂÚ–x4LUÉ¡
•P
ï‡∏m√éeµRçCÒxâ√:¡Ü@(Ëkå–ìµXõ£c[∂
π¿ b?¬,C∑UÆ¯mOÕ!BôA®o5ë4÷"5¡*Z®%ƒÇ^‡%ÛâûrDÕˆ†ü˙…xÅ©ç   ™ßo#∫˙Ø
±Aû…,®(ˆ9ma÷õ´ø~   ¬ ¥†¨µ ††zÄ   nÄÿZbA<z‡:æyµ"èJBÑú¡QßÅ.∞±aªØ}nMFfd
$£f[brú¿™b±…ôrBgTÉaõJï Bb±Qí6–/≥˘Á,ññ8(¨JÖóœ¶ˆ0öµ+†4@2Ä»1‡µ[ªµè\…
%@3U»Ñ,ä∑"◊ /[ahÄôEó9¢+ÛG!üF^Ö.ZÄz◊$ã∆n"rpÛ[Í`85∏ü
∑∞)∞Dó˚ÊØÀ'«¨ã°Œ˛"[Ü€€2!· ò ¬‡∫Ä   z¿z†ÇXL!¿c¡u5a¿)·õ!±¿¶A5√a0‹Y¬±¡¨°L
ùL˙zp∏X0ú!cHa(À]äìûÆú•ÎA}∆V   ™ ˘$'◊OØ™:€Rñ6¥7EÏ¿
|`«1£}51˘Å\Ç\»Ö<22_∞_4‡/å<3`WÍÍlÁc•€c ıóV™)3;±\õ¥\!}˘A"
ÀÅ]YÈàBﬂ»¿
"åﬂÎ É¡Ù^=Aía¬ü˙©D=%v1œ€∞∂a‰r˜èä4˜0€{¿£Yœ∫°Ï˚œ‡∫`‰√‡
 ù≠]ó≠5Åõ)"ÕN©ç%ı'ÈÌ*…ÎLM}_)<¬/ïû…
RFKòw·ì]rb4‰rz˘¶hìì`<76{ÿMèÒ¯™§¶èaµ1%1•ù/å@`»«ﬁÏÕﬁVNV V†l·Fœ]#®úªdH]:Ô˘ß
±∫IW÷\#>,U
I,IΩ˛Ãú$Áﬂ'˛KQÏ7Û•]CóôEŒ◊ÉŒm+Î\,'ûåA¢4!œÓOmAB˜\WBqO=œ°=Ó‡
‡õÉx≠wÿ≠ªô¿Õn»
˛˘·ú!ä¡"¡{p^–yô˘'°Ø|Màp°(´£¥‰√Ìå±ëÈ'âTaiNœ{Sœ≥ØÍ∆ôvS<°®@Î)çjΩ»¡>Ï«˛6…
f`†*lF¬Ö:\¯h1•õ8Öﬂ∞5d∏Pú∑Üﬁ∞Uá
£7ç3ää¯£Bå!KöÏ÷
€∂m'XJK&-X0^2˘a"ÖNU•J•ÚÙì-&Fã≤SßÉ2Töí1Sá#ORßz∫™J◊≤jQv´V-•XØ)U∂
€r7nÂ§≠tË1[πË/íuJñ©Qô
í#éñ¡a¥<-R@Ä¢Ñ "®…ë1Q:D©P!Lôís»ñ¥µ◊∏Mö&MZµeÿ™Ycm
≠l¥™•°N-M´El§HŸ,$I7NË•·ƒâ2á-/¥ä´Y2É!ªé=ªvd…∏{ÔŒ+Y¯Ò,iÚ:^ózıüÏÅ°aÅ$h-Pø˛
@úh-BAA`Å:!Ç

!íC1‰-7MR˘EaìI$y‰ëÜ~òK'§∂L0…TGìN3Éã
+∏®ÇKO•x"IçEiîRf4E≈SvTuU'ûl,IV∫≥å4öÑak,îÖMî_Õ÷Z<lS7≈¨r *∂úíKòß‰uä)ö`Ú`j
Fÿao°áçA&Jù¢rYfö,Y!l∞°I1·LcZ°`'FÂV[:,àŒ iö2-"   ¿9°C¶: §© ±AásútBJN≥
£L2™Æ∫Íwﬁe«2„…+z∂Íb/∫°¢ã+ûÏÿB0 A∆ÊW Ç¬ ˘°Såìm\T1∂ÿñ°Ì-‰†˘ÑI8íCmhaGL~'!á!
çÙJ-·v¢L4©wìL;Âƒì04v≤…&ã$UlÙH∆èD^T)™®,b2IrÖRHd°îë°#*∫XQÆÑe9ËH
.]~9&ôß•ÖI ˘9ˆôƒå¢XÕ}4dïY∂ßü{≤Qà&ƒ8ŒZßôVÕ4"RÈÒl€§ñÃ£1ÕRä"d$·Éörz¬
- '≈t'°H¿•Rå3¨≤∫ù´,â'´.¥ö7Æ3•ßﬁ+™8b∆'Kﬂ}˘-´l

¨ÄêRLA≈dîAΔêóA9ÂèCnFÉÅKÓ79‰ÕÁÏ^4zÜÜ‰ÆI%âh[í'ûx$NÎ©˜"å2¶✱PE)El,ï∞UW●ÒÏÀ|5÷í
+ÂK∫,öÃj≠UÉŒïYré3≈p≤J.¶‰µä^{e"à Ö¬Ÿ(¶ò©â(ñQ2s`Ä–È~dòi&'ûb
.–Ñi–JkQ»§·F!pDµqÜ●AµMÃS[ªÅ∫÷Í ÀaŸ6A*\PG‹ÅI™r≥6UΩ
;±í≠Óf+Ù‡*o∫P≈Ø®Ç˙+YÑcV≥Bpú1.[ò3ÉËpD®(Q)tÄHπ»E!q}ŒsÁRó∫,ñëvu#[|í∑X%i
$â;˘äãr¬"ŸŒ_
˘R÷;2(E(+ÖNé¥™ñ0oã[ﬁjí·
_y¬aÆò!/r"BVÿb®P'r±äıïi}fE&,i
ºÑ)≤–ã,&„>J∏,gîÄL)1aœBÇ
r–L&‰,âµç£)°ûvnp-"b -●Åh»ï¶úu¡,x≠8]Û'rΔV∂NÿQ&»P[™T®¬Ït‹‹OÀs7\·mW™hDﬂ@ ¨
b–+ÏlÄZ@†!NŒàe@¢=œ`œ%j.BQÁ.¥çh(ã%!hì2ˆ$≤êò')£ÏtÇ»~ı(m‹Ô» ®L≈X– 2>∫Àj<©I}åW9
˘Ò§ß„õPéqàÄqb¶t†√∏Äú"·Ç"˜|∫ı≠Of ΔØË¶N*5£®")M…3=~…Q©sÄc´‡«8H@+∞Q∏)´eråU(¢Z3
é≥úeÇƒµ8:¬»™Átb:¡PΔ£Z●*`≤mõÿœuËÜögÜÎQ#˙¶
H¿>ÖÛœ˘Zaqç{äÛI|∂!âJa¢Ÿ%°ÖHtA@3B:'yq§bi".±Qõó C_7YãpQWÙ$●"Pàí£ﬂ≈±õP
©ïÈQ¨I ≠Ì6ºr"'eåd,=Ó/;˘9êa[êt†Çt)ËÄ
°â2qÇíÍ*^à …IÆ/ô≈'õôR
xO.ìa
[Pc¡/–ΔÇçßÕ"†✱h äa
;ΔÜ-a©M)"$.±\ç√A.ÇõH≈-vavÁ%…∏fa>ÊB∏Ÿ™<2å!
?¡+!¯·a;[0Ç»)FL,ÿD€●DπQûÚ>≈µ9rÅÀB˙H@ŸÂ!Ç÷ñ6ÑZ'Ïeù§9'mQà~2$>%x%R*@]±pë§¥Ì£Wû
3 ÇïZH¬N°ÄÉ§ ,‡8ÄÄ`‡¿
Ç6_Mh˘zöÍ˜ÙR¶ˆeb'v™"%>WøÃà≤îSï ‰@ Aàb®zÒÖ,6iãa£≈0Ü1Ç!Lµ–XmŒH∞"º
MÇR¶\KÌπ/ØŒ!.éQMH]ÛÑ)d€u‡¶„ªÕú∫Z¨Æ\°ä=êA@'ôuÇ˙ñ@DòB?kÜ–÷âJA ﬂh;úV$X¸gD≤¯s≈v
§≈Hîò§e¨J∞˘ÇËCÅ‹·"hD¡ër{ï´"Öâûmkª E)'∂∫(Qiå!àøf07∏Õl ÄêÄ Xz
ö†‰˙:çÙ˙F}ïa˙Œﬁ˜TQ∫Lî˘çQì√KJF}±@Ö,P1¶\ú¬∂@§Ÿ–»¢[‡bëöòp25Wk@àv◊|6≤=á∑êõ/
¢1ÒÔ†ê∞>…qk√fèÛ@¶B78√±ÛYBÇS</±)q 9
xøì"eœaπsŸ@ÌD<∑ë–µVu✱ä◊W\R·j6¥:œNÛÅQü‰Æ(ªËüÍS†✱$]K7VRén¨EdÊ¿:∫–|tHÊ†F.¯B
Db˚oz√<–&ÙÄ(˘ŒÅÛGÄ*ÿB"8q K\b2óµ˝ôû «T2=;ü˘±˘Ç]o"}73˘?÷ö0ÂH,∂
0ß0´– ã`)>Ps'Ä$&p$®!@ÇÚ&=bE1≥–m1ÿm¬@X„!74!+¢
+ΩÖ7¬eV0ÏDDFÑÚïGU‡YøSSMò#8í¿wtS¿W¢:"!●Á9¢z°ìp
!&ÅR%°1©6{¡‡k∫PàÑ{∂3r∏0ó„uW˙S-vG"ı◊'
…«
¡‹–|Wr%'«
[ı∂
~±/∑}ÑÄwp_‡,7~,–h†sï∂~/‡✱e ●h Ió |a˘£ΔóaÊ
£j˝4k¿k∞˘à_w✱ªÿ}o@}✱
®∂¯'ÉsØ●à ËRú†u¿lx–Fw%àÇÏW0@FÙ#S±…¿·xM2∏6ﬂ&+*T+,¶xÜ¥+@FAYÏtÇÚ HrLhOcCÖ¿óUËè
ËÖ:™'–Öõ√Z©◊Ö&°d1=wV2Qll¯k∏`nxv>ë
ô
£;8ráø{Hrº†ÿp,Pi±
Œpe2&
ñU·'✱ø ✱Ñàà†}@iâò~õH~:ósês`sê¨xä£¶ Rô ö∂ä£Ü>ôÅ&ökÄÄàπ_`ñfŸa†ãa✱&`
†ñaPI†R†‰Gl‡;c✱'r@c‡Z"–VÇ˜qDñÇ'∞ÇOQä`●¿Ã
Ã0é‰∏*‰Åé‰ñ+·Tn≥„
ü†nC0EÿNIvÑR–#VÄè˙86˚÷/●˝ÿèá–öá@E#µê¸Ñz◊≠Áz"5"™≤Üø˘Ü¡PΔâë¸bsgá#qT^Ã!?Å&π$ÒB
Kl∏ á c Ö0
êdf∞`œ✱Iô@ ÿ}@˘îXâCôâ=˙úà(ês9✱9∞áÄ ñUIï:ïù·ô∞tz¬˘ï]Ä∂[pYÄ7✱]P°_P`°P‡^¿
°˙=`!H¢7 I@^‰% ë'h*£ÑYòá©0‡€pv–™éì©*4ò@™¬G§Á:ò+‰&N∏2@f4p#P¢ >∞Ç€àW5ï˙h
Ö0ï.%¶Ø)¶!êY»∏)ê
i¶´gÜs(Fj"kxú∏Äú9Q∏wŸëö`áó¶)Gœë
htí≤EÂ∞
,r
ä [êã∫ÿßT'±
î–Ñ`âÔy˘îü˙ûnP°Lp6`¿¿˘©^êq âÄ>Oi˘˘áP†Vπä¸πõaΩjã™&cH–ei°/ö°§zÕzÚπh–ä,∞h$Vs5ß
ÁµSÑ˘¢$XçÄ2zÇ„j£TPZàP
ﬂ(ô‡Hô)4§óâxÍXnõπØ@f Ò÷NìWèY™ò˚V0cÛRd"d/Õ¶≠≈Omä¶
…ZΩ©p_Ñ1≠!q˙íGbú»ôßoààH∑∞ßâÅ~ÍqxΠÉZ$v∫à
(Q+≈[@¨_@°∫'p¢Ä

Ë}Ín`âù
îë@â˘¿ﬁwâP ~ÛŸh✱†îÏáΩä'Ü ùQ´öfïá ï®D
Ω/ˇµêË†p0ñZ@¨j∂…/h[î=0mã3Pü¯yüû¯hu;≠ãV)@Ç)PwÑÆ,JÑ'x/Xg∞ü-
<°$Tc?/mEZé±§/twìÉÈë°“ôá@Ô∏Ï 6:RP¯ñ#]
|m@¶ä¿ʃ≠ÎʃÅza]»Zqêïz√ú'Ú<n®±,ÚÜõ∑`Èëú|ˇ,;Âµã…Öjí™Å1^12© r7~]✱≥ñËì>…ãflóðì‡Á˚
ˇ¥†zï¯hŸG†^9<óü*Äs0´óa†ù1ïS   sÂs®T>Ç`Ö`kÄÅbêa-≈z∂<´¨…™°E`n[°(‡âÁ∑s´*∑!
Ã}À∑~˚≠ˇõÖ)∏/pü0±BôC
πD*qCÍ··BÊ¡cõˇªªrØÔöÛË,ôeèGî#´ˇ•vP∞ä†   a
≈e:.yp9≈±´pÊBM≤4'∞*≥„Ü…Ÿ±gg°|äÅõ@≤Éó„ıI1ù™`"}îää@∂P-=`°?î¿œ°öÂ{œïË©†Z¥„Î°y<
ø-åúü&Ä±jT[µ✱ÂøÂ£@s>Ëc¿Ωä¿r†¿p d∈8Äf{^Ä∂ …ö¥m∈∂Ï˘¡#,¬ïViKY¬'°∑,*£+‚π0‡T–∏B
+‡(éAʃ*Fj§)Ñ¬Ä§qCπJ:ØÆpnP*0†ØGFä√Ç®õƒVËʃ·Ãʃö¿ʃõ.¢√!ü≥¶•.)AVb‰Pœµ±gW°yΔˇ™Δxô
¢ø¡œ-bGÇ@t|«˜4‡`≤Pàq]Pâ†
î∈îo¿Í˚}Ák-ûöœà†œ|✱≥f…!™©˚@iáú\´<hˇ¬“¨D,ï¢‰
zã¢<ƒä?†”!z Hã¥L‘E…Ï∂p´¥G©sûhÀHÈh)ÄO
Æ2˙≠E÷nÅ[£>0u†
áÖˇ* ¿ã+É‰A√‡∂√î´xªô00Æ`NTÄÕÚ¯6J ÛYßkÖ‡|QLŒ[ŒÁ/YtŒ®Ö.·p*!F´Q±?¨ÛLœ«õ
ß∞{ ñ˙‚œ±tû`ß©--7/1Ò%ô >∑©
"©îËûÌ[ân✱>œÖ<œ=îfâ¥=✱/∞™%Õ»¯;TkÅ¿“c0[<f
ZêZÄX'bª<H>≈˙âñy<À˙”·‘œ*ü∞<¶ â·müJΩsûòs)‡hO≠ﬁ2˙∑``C8Ñ✱Dâ‡
ÕÃ··£ê˚Æk£√≥Úfl:h/ö…éΩRˇNu 4Ót••I◊r¥ö ÈöÆKŒ≠{∞äÄ.Q¢Œ£ìê≠%Üí”✱G4v±`Qf≤é¨ÿq&0‚
®œfA%|õP
¡¿
Å®®j±a-✱íñ   8âû   ëÄë✱B˙©û/©Kfi/Í∈@È©=∈ô¯-/†™îVı˙F0T[ãlP<‰Â»-
>0X#óI‡¿b>≈ö”åΔúò«8¿?}≠åÁ<ç¡ly<ü‘∑,∑”JËÌ-Æ≈≤Cœ¨É+Z-√≤í*˙
§Ó˙65‚flÜusSÃ=FCz√7T -‡,°ã•œ¡Çˇ¨öLl◊tÇPÇ¿ˇÍSsu¿Œÿœ≈Í%◊p
I;∈[8·".Ú±©†,èù;~™lœI^(˙óSß`ß¥‘
Ë✱4≈VΔõú ?ﬁì>âèP‰·NÓÌîÑ<©ÍÀ/Lé–Ì{R‚óà°L†VŒ@“ıã9Ä˘“ï¬=<RÄ…°5fÒÅ7¡fJ¨âhP0>,p~
qfit^Á@çÁ§*~Y`>yÃ>÷ΩhHùsÊÁÈ
'Ü^†C(_P•Õ≤Ç√úÈŒ¨flaΩÃïÈªÜuπàCʃÄ÷øãnm-ÿ<É˚5£{yΩ„Ñ™   *x9†Bs@NflÑ£3PÇù
ÒeXüˇEΩﬁ^\,∞C;Å1sÏf<$ú@≤0ı'Õé¢2Æ   Öj‰@≈ff‡=SÈ„ì0âèp‰G>‰C^ÓPÆ-ØùœM^¯à¿
/Ööâ>{â @¿,✱¯éı∈&ê\Ê\✱+˙ó√Ape≠◊j •ÊøBW>!z>ÒŒzY ˚Õ
‘øÒúàîÊmüËΩﬁÑâ,ÓÌﬁΔÇÏtÑf¿™P+Ê¯6©"§5oôD
n2lfÕcÆ77Í1∏6-<2„8·✱Ok‡;œÛ'MœUDıU§Îπ0 ◊”∞»@;<Øhèf3áë V™Tß<ù/îpì¶Eá'©√fÀ)Iíê
asHS*c¡ù9fÏñ≠R©8q“$(-J@r&BÑË¢Hë‚<,â¶LDˇzfiˇTË7Aç‚A
‘Õù•_Ú|Å“Â«ã @òê B7úLf"≈…ÿ$> Í--,Ü   ∂&n‡Ä˜é?R∞ÿ0°t˘09“É   ı.Ñú81(s
°ÙËaÉ(8î‡êÜ0ht-!Bå8#Δê:út%C[2^»f'ñL¯Ó>°z'Ûù,✱ÿµyÒ
Ü‚8p^ʃé;◊•Îï.W™ô°"Δ   ‘-|¯"E°*,ù9è˝˘ˇ$Î'nˇÃ2kfa√võ∑‚˙¨ã-q‚f¿˚ʃπ¶fñ.:WÇqP
\TIEOT°ê†MRŸ°Ñr"6‰†(äð(dë
qÒ(\/‰$M¡D%9‡§è>!Dßö~‚√¶Hr/…'§é*Jç#ë*ä…?‘p# /°Ë,   &¶≤jÇ´à|0¬â$Δ
¬â2-CÎÑ/2!Æ6U®.ª✱“kÉ‚ÇÏf#lœ¯,¨ã#†˘¢±ʃ~ËÅ 8ÿ ≥…R‡L40AÉ,5ÌÑ`ÄA!Ü ¬å3@
n7/`KFTy„ÖAﬁ^]é6dhKÓ8Âé´59˘E¢{EGÍbàÌ`hÅS<5o¨Ô“"·nhˆÑ§E¬áØ∞òàã1‡ÀÔ>˚+-
[ˇœÒèøÒ√ÜftÉW¢”eB/LÂBÉNÈf√z("6$™»fâ:Âcå)|Q:DêÜa8ﬁÑê7f,„èåÖÚ¶û1r…¢<H„èíüDJ…&
'ËÇÂ•°✱(ÀÅ¨p†+ãí(s,üù@+Z6qÄ”ÑπT†K Ùj`ÖÏœ¡
;lœ©ÉΔz@TQ ,Àå8ËåR
àe∂X✱f£¬
3˘`óðTWU/îô-7>Ze8ø}Û-9·Ç3N✱ˇ[muÆπØÀŒáá·ÿÙ–˚ŒÒì◊fúMhëHBä·„]-
E'õpDΩlʃ©f>hç¬vqqó
ÎUhF·¢à»òh<·1:ÂYé7eîL(ô$@ûÔB`äâ'ô¯xd»ö4ÊœßûéºÉ©4Hjdí”HCç4≤Xü¨ñªhˇâ"l(·É¥Ñ
4aŒîÇz îñ¨â-¿AõåßÂπ@
/
h¿Ppÿ2G¿ `”É@yÅ Ù `ò òÆ°¿Ñ%òÅ   Q¿Ç@J&-ÂÑGÖ1P¡7¨É·   WËF>‘ç™P5´øŒàðbé≠î∏
D&FGqŒôuQ+HAXèã·±(w¨eM´-/Ùå§@`gçÕSòÇ¶ÄÖ–°+‚1~f–ç9Œqu'¿£ÎÄ#ªxEávÆòPÖ<Å;OËÆ!
ããàÿ<äåá„Åè&4ëåIb¢Ä¿Q0Ω>X¨z1¡…ë6ΔáúhÃ{K:“¯ΔßD)}ÍÉ˚≤†ñ©!YX¬jP‹Ô*êΔ¯øÛ8a≈B-V
`Ç≤ÂÃ$Zú~'°l†iä≤l¿ÉÚiO](ïB®¿ËIõ*T!&®Ç®‡2î¬
…ÄCfl1Ç•¿Ö.~òå}öjà®<flˆ®D˘√:œiN≠
ØÈX®fñäÂ-∂ß,flÒ,§&Â|ÊÖ9-Å¶¿.la,S@ˇ‡àü“…ëé™S´!
A»è¥√) oWØB.Ñá@‰C»°ÒtéI8™:∑Õ5b

òÑC¬†Ö7Lı
W≈ÍN   2ö<$H_ÌòNDF2Ú•Å)D1…biK˜•oñ∏ú_
Ïß•≠80H=59#¡q9X&[T•¬gN3öui^Ó«óX•Çz/S¡BQmÑz*°   gP§êÖ=òî§00ﬂÂ•vXÑ=U°ã·1U…àΔ
?cSÅq†LD¢sí°[ÑÓ˘J:‘°é'ˆ`Ü*z*r1•TrøSñ5u‘3õÒLKΔÑ)çSãVä.rëã?oT]´±çô“T8• iÌB!
OÙ‘°kàÔy¢ÛTN1°ÅYí†˛J   å˘BÄ,’0Ñ/|F˙^»¿/=§ú≤¨dçRÑ–óœXÆ/
Ôck.Èg?¨‰œÆxı_Ç Ñ2ç8ô:(†`A0Õ¡
HÉK+^PÇ
‘Xõê·Å
¨ÊM√ÄP1Ç   dl∞BÕôÖUÅ∂`Ü‘v¬ûN^ƒÒifiHCà≥ïÌlä´%&1∑∏E\s≈W∏¢SƒN∞∏ò<ˆTNl…¿f‰å
ÅDóô&Bò|+WÓ¬Q•*uÈcZ
WŸ¥èöêÌÿ€S>ÌÆ!vë»0!¯-7ÿéö‘¥ñ∑‡Wrö¿òÿ¿@ApÉ√÷EïÆ$
Y/<œ+‹ÚñÌS√rYÉl‡~PÄ˛>úW˛0ƒy∂tZ{g°∏≈HcLK„
(
Q<¯S7øIq*&»QcA
-i¬œb@> Cj=–âu∑∑öEÏààÂ◊e˘T[fŒmï∏[0syWä{◊, <;ú!ÕCHÆr+˝f¿·-’@ƒhS§«ù7¨1.ñΔ?0-/
ª-»QàΩπsÙC ˝PI7≤=7∏ú¶,≈Lt¿k+TT
z†ÛB1¶S* 2Ü #Ÿ§íß˛û+_aW¬ØY®u≠◊GÀ[Íz   6Ëuç7‡·‹ï-.hÅ\Pπª
ÅpÏ≥ÅH[/ûÆ&_∏V©yS≤ƒªeòl™≥≥úUÁg)Â:0¢••D)Øàx≥÷8±y’lÛf/,∑˛Ê˜ó1ü8Œ√Î∑ʃh≈'¡r
+ñ>πÈ9ÀöŸ4F∂àëıƒúÇ˙Ñé„G„ﬂ∞4Œ<bÉ°Ñ>/¿´≥SÇ¥wÖ¥'|Â€ÚI–“öœTh*•`Ä`îÕ's‰0&*^`
ö‘j§lœ&_Â*R˘TŸèœ
NOC‘m}a[„R~°°¿Ë™ø`,50a˘ü‘Å"1z°¥{!∂5ikÇ'†ôj”ì?≤Î °;åk≥Ål2ø7m“9E∏êYpWh°yC¡/†°
€¿2À+"√ 3%J0[(^à"xΩÇ≥*†Ç!‡¡ÚècíS6,†8$Ã∂14¬.3I©à3kx#”ë)<rï◊∏)ù*>·êÑH>DB
$ñûÚx9Pì-àœÈì3EaG   õäö.¯œ(1
TC%!…òSJäıs?   ã•[ãʃßK/®:
ì´®1sÄÆì.cS¶∂˘ê.fz1Oì6Qk ê„öl°nÍ1:§˙
T'q3°œÎòK6ÿΔÉó`ò,É</≤7ﬂò-\"¡·<1Î7~´A(jP`Ñ·"ÆdΔÚ¬!L6¥@e
ª2–ñ* ì-¥˝ÿ8˛∞ÜiXi¯!>Ú#Wœˆ*§û≤ß>Èó:òß°j$Òx'5©î
òœ`í8|C~|îòö/ü
†¯ûÛ+:üàâ>à0ˆª∞˜õ5YÇ:á"?˙´ Å‡Ä˛∂ªzÅeÚüHt\∂J4Èj&§…Å&5(Çô©1`&‡&≤…õ§C*ÅÇJ≈‘&E˘
È,«Ç$∏YRà"zï•d Ÿ∏∑{≥/‡2a,Fa<°È≠'Ú°O•Ñʃ!Ï¿é°¢2®°-(ë"ì<;6ø:1!òÇ*à'¥=7/8çp4/œã
ó·≥F”ùFÎùH™I£•íñ5çJ–   ¶
¶Ãp˘%«úÉå.Ä¶Pä£H»=L»ÚQ´?l»à"»˙≥•%»Ç"ÿ•PÕ‡»F<∂XÅ∞+∂»ÅJ±1ʃDìÇ6aIi{Çó¨&(î°I ';
!;ß

7°˛Å&(1XÑRH•˛°Î‰ßÏ"‰≈Sëï√©1õ¡™FÒléW∞¡ﬂ˘Ç38,À¡$À¯<ÇÎÚ!0˚ìc).(É2)î
¢KmDófpï>9IP0œF[G†:-ﬂÅGJ[8M”{îœ≈fP
ÄCÏ„ÄËP8°» 5òyø;0¢k∞üË Wä^+Qß{ʃ™Õ[ÚÇ\BM^Zƒ≠àÄÆÎÄK§ÕDäÿTìpΩ÷3ÅHª/Ù>Δ¯Å‡˛ã
+â,
':L!SE
t¨CaIÉM`Ö]∞E¶|ï~ä°-õï}[¢˘3œ§J≈YSÜäéRpD282∞°wÑœ°íè3B£ü˘# ©2ò˘-*t#–±Üf`ià
õíê·BbPÅ˘[πﬂ™Ò¿®ÀQL–hL `√`õ±·GQµ>ù¬∞Lˆs–ëA–§¯ Ò)Q   ˚Lß´ʃ"8Õâ°%˘)»»
¯÷"´ÌÄ∂•í"%<0e=“;, X…MÇ&eË>o;å¡»nCN @UdŒ®πQ+ 9ÿÑY•ŒÏƒNÏ®v}° ≥-Âp¢™<®0˚7ﬂ“ÀW
8≥ïìßwî'E":É2èê1–ñ5¬.Ï:#. É9†É˛4ÿ6ùçSTf8ïr¨éECœîâ0“L
L*4‹KπPœ`ÃΔ‹àÎÎÄïeŸÍsYÕê√Ó€Ip¢Y;ä;Läú--ál?p˘Ç»ß´µ[≠5”ÃU˘π»^˝%˝YŸªj&/\Å@¬-
2ZVÑ≥¿∏ÿfQÇjBôM´á…Ú†S2òu ¶ʃíB¡$hÇãXÖÏ"1%S<ÿç<0"}œ5Ì≠Zp¿uSœ<Öö¿ç"PË;Ä4ILEb:ê
\…ùÉ ùÉ5‘5ÿSí"©ÜuX:‘1êXl0TuaaàùË09ûJ«0|-Je«ûJ;ÅLã>

ïÄ≈tL}<ñeŸPÅÄ»¥>Ea€©©YÇ<
°äV,Y¶SUB°•"∏Í•^´S£≠EÑÄ_
+µD∂(†$§G"%RÍ˘BR9S¿MtIö˘/û3á@Iå„N¿àå!√_z“û5HÇ9•Ñh¿≤Î\‘dòe¯!fPΩ¡€/zA$OΩ|
Sa<ZpÖZpóˆ°(, Eh<w§Éyä\:®A†¶\–µ<5–\Õùè»5· e–1‘ΩÜ”mé|:«1>G√“ÃK≈TÜKCç>=b>≈-
ﬂÖﬁ·ÕâsVÆôf‰m%¶≥Y£h--V'ümü,8Ç+„"»•°%„‡UÓÅ»≠Ë:¶mVÿL¬Ä>Åä≥ÆSIΔ5DÅòÙ9üÎ
±®∞Ã≤MŒ»•,„ÂÅ''c(Ä≈2 »€'◊˘ëﬁ
+„
v‡#2"]Ò[z'¿}sÑóÛ˛<ılÆ:p<Ea…MÑ:HÑXñÂDPaÀÉ9‡Ãï\A¯ó9ÿÆ8"ófh<‡Ö/qÖE«F3$ N$<-
Ò¯éaëπíEb|¥ÊÈ{.XŸËʃÍ”fG)ﬁœ:Uf†ŸUe'ë
YuH.œ∞≠'Í≠52ñg]BÅÌM/]Ÿ8cÿ§ZÛ•8$d&mÓ»Å∂5ΔHF)·˛cS$*·∂®–

†#•… ¿‡Å¡XRñƒ`R`TZóIF`ÌÏ'ΩAÈ{˚õ•T®ÊpÖ5<òÜóP6«wŸ2Éó3CeÄU
$E*É]ÜÂYÍ∆Â8¿à9àa:òa?√è7∫ÜiXAP<√%{Pñ˚W±Ò®¥«±G≠î€
–˛)k–•(é^Q'áúk!SÌËπAÆ•ñ°%/0Q*)gü'˙*Çõ°%À|Ç'‡ÅzVD'%‡}Å6f/J#Å…6ç°"¿öÀáÇÉf§±Öf
ÇQk…%/‡ì®Iî ª•H%πËM$@±µ@: =/çuyJNÙÔ%EÓÁÄé¬eö6«23GÅsÖVòéÈpÖW∏VΩÖÿEPÑﬂ˘ó^6·D8Ñ
DÑL∞KÔ•∂A˘HC`aû60aApoA8áΩÜaF]òÖí $´ÓXàa±˛AÆ˛ØûZíç≥∆]˛A•≤¶8ç
çŒHY∂Æ> ∏ã∑ék'ˆÇÔ'ñπ0(â°ˆ•r~Qp Çß≥'"0Ò"<Ç.XÇ'®–√.ÁÓUMËÄËÄ∆÷f:€áÀÄ…ÊÒdµÕË®≈Ê
`IÔ{˙Ÿ–&µ–&B)m˙mz¢Ú÷Œö&®M$®MJÑRà≠uqùu¡mJ"^‰m*Ûm.céy\2SnÈòÖöéÛVòÖV†;=Å8°ÓE∏n
…˝áÿÂÓVÑLHJí$I¢A06p™F˘Wj^>a:X¶∆èÆo]7¿|à1bLñ ë/5ôl≥Æî≤.uTﬂÒül:¶D∂ËHÅî±Èªjk*o
!vRÅPLΩÒo°vòß/ÿÎá|:Ac∑I\™í'XÇ√FÅWl‡≠Ò•ula¢8ÚEã/¨π∆vm((¯Mí ÜÊl"Vl„ÅvÁÅ∆z™HÅ÷
éã/¨ÕP#PÑY¯Úd†%"◊j¡ﬁú3'∑Â®¡óÊ–ÛÂÆsÈÜxÈéÓàÈ˛ÑOp2?ofÌ¶á8K–
êyM•ÓFOÔ5`à˘ó^˛8âf]PÖR¿xNØOWÂw%AäH«•VoıíEı/u:∆z<'YØ>mk≤a°∑û•Pú@≤µñ)QbﬂÎû•Ÿ«
1¶ﬁ#∞''»r7ÏDTM´òÒïml'ñ≥ﬂ^ÿÑÅd&¨}"oÇq'wó xŒE^"ø∞√Œ±ôtyO™òäÿÏz?ª1
eÄÍÿ∫ÌWY` „EÄ"¢ﬂ^é#*∆œ≥sÊéÓäüÛÂ}:óxàèsU¿¯N–xV^§I7oEyI∫ëwÕB8yîœÓ<WKoÜi‡Ö–
€Ù^>«ç ÙîdÇ$$ı†kœzÿq≥#9÷4™§«ıP,õúc!Œ†•∫I˘bqbôü€ÎËMv0ˆ˙f?Ç/l√û±á¯U¥øˆÆã˜È˙QÄ
h°#à#Ar‡PÅ·Ö
MByÚÑ
PÙ¯äóç°0ŸÚG?R†L¡Â.s ƒa¬Dé âfEìñl'3iÃí1S∂s'≤dEâÚJñYR^LãÚä5/™∫xÈ"Â*´ÆWY_Õj¨
´VfgπRe∂UYWØÿÆ"T SßMãÍ–°CÜ
õ°Ç:§Ië¶Kñ+4áÕö∆é˘Úï√õ7lñ/ck∆ló*∫ù–:TgÙh3lÃê≥e)Rú ,C‡
@ÿ÷Boﬁ*Ë˘Œ"Cn€∑m◊>°<ÑÜ0`‡ùı'©ß‡êÇE
,:xGŸc|è#ÊÕwQ"≈À˙.Óﬂ√á˘$Kë,GäπüÂIñà@(¢•uv–
°ÄR)t†ÇÉ:Ë‡CA¿6EIËêC?h'–AQ %†¿BHP4Å,Gq»áqóJ*§†BI?8®Bs:H±
…, ıP;ÈîàPM)Öâ0D'TQOU'îT\Ò,
V^u5ã.≠lñXhô•ñZiùeô™»ïJ]°·≈ó_á$Bÿ`öv_çm¡≈jc•©ü[`"M†ïUñY2∫t÷ #ä'ai®°FFj˘
TP±l±Õ÷¬
«>Fúo√u ©®∏ÅpB©∏17"s–Iá¡™X'ùv)A∑ù≠)Ù¿√xL¡+|ÏuÒÓ1ü{Ytq^~Ûô˜DO@"E»ÅÅ/
`õ†∂ëÉHaêSÑì
∂¥ëD<ÿ`√E%∞–Cä¬~ƒ.∫®?òÄ£L2ô•Ô
œ¥¬ä®â2EN√PBiîR35q≈N–%UîJ]•K–\aIã.¥¥2À[[ÆUñ*+Øl&[jµ≤≤\§êÚŸ"áíQÜ_uFÿ
%âht"Ö4¶ÁrΩö"Ä
äôeÃ•3]âêV«i{I™Z•Æ Å©@˘+"˙úpª>¶õŸª1áõŸ∆!ß∂rΩEù<¨^Á]t€Ÿ=k°6âg^y≈∂Á{√
€‡•1ëÖ}ˆ·wﬁ≥–˛WQ%Pä Ç<"ê J·‡–A·Ñ\$aÑπ*˝¿PÄ!–6∞P¬E(ÑDÔäLd¥oX`Å[•ûÁj\?∆o!≈õ∞¢
L0»@ 3–udíPQ<§Q+Eï∆Xu<'WYq˘%X\ñ÷ †ƒ<r˚b™J)§–e£n"ÿ!Ñ]q`é–MKKû§`ônä2÷P
ö*¡àª<*k…s
l|‡¥@Sö:AHïõ·∞
T»@o|£N%G3q´%÷ú∏IgA(P¬ƒã]Â)œ%√´2!à∆JVy∑,&,°ÍzB%ÑÇlΩÄ*‡AÍx†≠°§
ﬂ*BrƒÉ•Kx¬x¿ÆäTÑo*Ú»â8î$ha
ú∞Da41àKÄfãXWA≥Tê¢∏P≈,é"∞° R¬@íú•ãIÖ)ﬁõ
¯∞r%•eEdªô…÷≤ñﬁ}~û˛% UQ
E>L/}ÒK˘Ç¶âCBF„–•Ä)0óMs6Ñ±ãV|¬¨É"EÜ%ë¡5¥`N†Éúö¶"ï/ &>Á6/<f6S∑Ë8˘
úsÉxfhN'•Ü{"'z∞¨dıÍ<=»Ó,¯d°W¿œ≤–ÛÑ÷Eƒä/x,µÃ¯É˘T1u®S¡K`,Púkä/H>û•É˚ÿçÒ"HΩ8Jí
»A®»≈*f¡
V<Ç∏P©Jgqó¬t¡ÿUÄ4î†8{L¡ò≈öB™ÏÜß&y·ì!UdgqEX ">PÑ2–SÃ¬d Jÿ%™\e˛4Ø
ÇsP/ÔxÁ,8!yJ3`†∞q
Àx√FuE*¶ñI•fÇ ¨†8(MSMS8* €`–ÊA€ ±∏ ¡rN∑pr≤hïv,vN>êo˘=∞ä¿CÛ•™W=ËyÏ
∏/.üÙ)è
Œ„,â<AZËlE*ö«áõÂ≤ï9ó»G8˙¢yƒ%°Æ%™HNíiGI–+äqácDÉë/'.êê!
àÏƒ¶ `dx´'®(W–n∆©I'íYtí¯ƒ'2ëeÈ–o1" BQ
µî"L£$d)Ia?¨–Å
s»ú`À9¨a5e≠Å¥∞)˝¶≠oç+6˝ÒK`NÕz¡k2˜Í^U9¶
….÷!òâ0Çø2÷±œi'd√ Ÿπô3»7LÏr≈∑v^Sû„QÌxﬁÉ/bÂ?≠Ì˘gla;3÷ñ]a¨(xu–,Ú÷∂&ŸPé
¥E–xÚ E`
f∞–π®π?¿]¡ähD#xFÜ3î–gËy–»†^"√ª§à!≤Ω´ÿSöÙﬁ®<Z*´%¯œ¢%Ø¥bìÂk™˙d^âV∞è™T
À,TQ≥õ·2o˙KX#@.L¯w</eviZ∏¬s&£T))

¡¡Nq4Oeú≥ç
±3Nÿ4∂Ñ`∆9^Œs$ÄÄ3p¿∂•ÉŒ"®Üò>N°v€∑œz…•m·ﬁi8Û®YÕÊI"lè∞Œr∂∏K`¬¯çf2öë≥<yAÆ"ä–

îÄ˘¢@»≠r˘3™Ÿ6í'#Lÿ¬*ú¡
n‰DªŒ ÔìYîÒéWb"GÙítJ…$% cè*§-âï≠Ä,ì∫ò≈&_Ò·/}R™¿∞Ä=9ã∞‡¬çH%+ÿ∞:ƒ≤≠∆ì¨/|K'l
°ËÜ´5∞A{¬Åäq✱:ÿ$·ÇRXl™"XŸ-'`1àAÅ¥>nÔ+o8`mÍÑs€÷iawdt+ÓYÀØ3O,ÌŒ¬Î≥…≈∫Å{ÜÖ‰∫
¥˝>BøØ\\ãˆ{#œ
bn√\€ıñFõKáépQÜØπDÖÓxtï:<¬·êFNú±ΩÏQ¨„ç^ "á"{£,r-éLyìòÚ˘ﬁ´L≤ÂÛ
ñ≤$2õóemy_(ÅY'™ä -•>%™çœó˙ÈãY√&|V¥na.˙5ﬁjô™ªuK¶˛*¡(´•ÜØ°ÿî3„√ñäç)G≠Ä
@ÑL*`R PJkP¡âÕƒ2µê<tG
qÄË…HƒÈäÎyV°µãöë=ù÷±ëö•õΩIøëëïAã‡<À≥úîë¿©D°0ÑÊD-ôûö'
<\F¥ìë5ó&CNDÉÌeóÌÈìﬂN¥zu<R†◊z9íì`≈N±ú˜ÑOÛa/W˛R&uíó|0UU•LÃ‡B
+>g(jù*âü˘X1ÜÒ8AËàé¶ÜEùòÅ[µü[Y√['ÇòLÕ&ÿ°∆kÃ∆
-∆ASŸÅÄ¶‡%∂@@àÑHAŒîF(ö("i-Å|ùÖ§sÄì¨h`ﬂ˘ùxúÆÅ
é†
ÃÄ.∂ãg-Y±<Y≤0ﬂ4Â!-˙[ÊÖDÀkÒä
Ço©ÑÉ®Dç‡÷ÈÒrµÒÕ5íª∞Ä
¡&(!ÌI√Q RyzIåìÙﬁ"ı^z üN°óSﬂN≈'çEWÏÇ…å˘ÑYX(ÙWÄaˆ≠Ã ù" (¬)ˆ≈^Ù_,@]X‰E&Å8ÅE
*Õ1U√˘G6É˚πïRƒå˛S#4#ÿÅ£†∆d
ı'U¢å¡RPüTT¡Nö¡JÇ®$#%Q2BJ,¡"¨‰Õî^)èk¯¿ §∂Uu»PIdDƒÂ VíÑ.Œ¿·.ˆ¢ﬂ-˘M·âe≈",°á0
AG{ƒ%\rƒsQQÎ·ÂneØîÂyà%g!y‡-pÄ‡Ç4-Qú„∆m◊:∂c i◊"=≈dfaÒ±\$uå|YETJV|}aIYtI °BÆï
Sı\Ä¡Ã|R˛@$§§ìî¡lñÅ-œkÅ$¡Ö\àâé∏ÜZ5C5g˚Ω'˘5˛DïƒO0 #0¬åÜH¡¿¿ŒÜ∞ ¡åA
ÿC/ü(Çw6J£ÿ¡"†$]@B'TÇ#∞g#TB|>Á"tJÇÜ˝±I◊mÜ@T˘r È(ÆÙ¡mÂ¬NFπôõµy‡ÁÖ÷ÎÙ¢°≈S =≠á
%GÃ%GWFËÒe<>`ª¥ì
§Nå†u`¡,H√4xWvëó«QL<Æ£j£eåˆDIîXÖz Èî¥¯X ÃÈñÏ£ˆïLiä≈"‰˚¥L(|
ïfùJ∂ÅXm"fjîü°∆âÒ¶Ì¶Endp¢U50√GV6¥ÈG.«»å˘'xÇ#@ßJ6b∞uç‰§-ÅwnB|∆'JÇQ¢d}zBÀêZ…
löUïB)˛<ˆïB*ÃE'‡Ã19Å<$A<ÄÉÙÆàáàJWnX:<_Y_ö%F}ekùG,N‡Ã%≠éuÅ
Ê
Iå«7é®Èı%°≈[;È p÷vp¨v%Ê9.¶vµ„#aÃ¥6FÖµ˛hîpafvÃf*¯|Ã|] RπZ°≈Ù°ÖS
$˚§Z∞œ'¿Î'†$ÿ¡îAmﬁkjÄ©Ë¯¿n˛&o^Fû)õg5\√õj«î$°÷È0Õ¶§@J(BJVÇ'îB
%∞'{ g≈v˘]xÇ20√40√»í¨√˛ê$EìÉ.C0íöÑF^X
Z%‰¿Iå™Ä~£Ø≤KÇ
°YyêD´¬[Ïb·Ö˛ä\^h≠∆•AÅÈ}'ÄÓÍàBcâ¬[;•ËE˝@°†
‡Ä C2|ó÷hˆ§WO±<ÒŸc€^¶PMí˜¿≠À]ÖÚmE∏"ÈXòS1Y†&ZàZ+î˚$A™ï~Z°VΩmñÅœrÓ!oÓfÂ
Al§EÚfÁql¡~‰rfÖ…†â0AgyS◊˝‰ *|¢dJvÏ˘±LÀ$√¡Ï6|‰6 ÁÓ¨Ó6Ã9EÀŒ.<B*l˘'ÿü"Ü lA
‰ä≠∞qÂeÆÑ#õUo8jñúï%Áπ"Ó,ﬂÃ™‡®Å§Gz®á®"∫{✱ È%©ÊJ\˘Õ‡πoƒ»whA.bRœ∆=kˆ,$I+∆xèÒ…m
$]+ê ◊≤ÌPyÃ|y¶VÏmﬂV0\8È∫´‡^_,∆+√Âÿ´Ï$p'∞¡F
A
˚ÄDÿYêö≤)H"pË∆i2√|-)t
•£'zv¨'»Ö\ò"˘e/Ä◊PÏG/nõ6±ÌÍ.ÓV√4 fì≠Q∏Ï-h±-êB.lÇ ŒrGÎπëØnVâ∏ôVoØr--nV.¬j˘
±»•xÅêÔóo˙íØÀ3™e'Í%;5Á'Ø;È÷7"´≤É2P°AÎ>…:pîD/S"è
'¢>cfZ"°@ZÉÚVX∞ì2)ßå®…Ö˘¡Î‡V)°"Æ°bióVkòòË"✱
ßpp&AAîHNCÁÏö˛Ú7√4ƒiïÃ≈"✱✱"XÏ î≈.ÏB *OLC˚lr≤È3Ò6?
q5t√5LC√ÑÛ4tC9w√6LÉ38C0\◊1+X°¬ë^VÍÂÅ≤>/hÆ‡Àú·y(-r»∞xA˙éØèoB#4˚Phm•'œé
Qh•[yÎI∞¿
˘.dÌÒŸG;!≈(∞ QÚ$≥mVd+&ß4∑™WëBﬁJpWî´ﬁñÖì¶è∫RU(•r)®r)|∞OWB#‡1ïA'd‰œÜ2)u-„r
sq˛rË~§e∏_5ƒ)¢»klvÇ*§„NÑÛ5Ñ‰
Zs6ás†ÏYg3ZkÛGéÛGñs5l√6p_ÌA√1†¬∏ëëﬁGÒ,oÖ#Ø1˜sœtÂıÚÕúÕ
±ªA(tB4◊q{ÄVsi≠=ìáÆ≤™<ïàrà
P«
$¬"'Êì@rÒMrK#ü|©∂êv´%%ﬂOπvKo&áÎmSpi"ïnÛ-òú&*Î¥O˚Ù+´2˘°6¬ úAóRä^-usÁs'ı≥qJw
O5U˘ƒÃ©Ç+‡Ç+å≠7WÛÓ"Á5ÎÆ5/± ¢ı6üu„.8≥)W7¿ıÀı≈qC8p√6@√%Ñ1á¥ƒÍlΩH`óÏvÆ◊úAÓ∏Í%ˆ
z0∂ÛAc´A4vcóÔØú«e≤n+h2_ñ%¥ƒl»)@√˘/ﬁ∆1Êv1"<2✱joÊfÆ∂I∈8&qï$∑Êö(ã2o˘x∫¬E[ú…·.+
£ T˘Ù√++@BP/Bñí∞p&`scwÊ§Ë…t˘|Ó4P∑lHê†®)Óå˘6t7gsrœïªÈyßµõkÛÌ≤©|oÉ4∞5:«
˜\OC8l:DÉ!òÑç4Ä≥ûÅß±√ï5ËúIúÇ∑$h°»±ÄÅ[¯‰¡$4˙Q≤4®+r÷CÎ
`ä∏·Ä_Çƒœ®Ñ-GKÉãÁ$õÙNù4lÛzçÛ˙é£4∑Ú∫|MpÆiêﬂtë9‡Z'Œ
±I¢I+K;√
µd© c9óÛ)k§ﬂ§∆∑{;ôO˜öé9õ¬ï8òu¡∂ï†|Ûz_sÔ/ÓXøïÓ¬ıØuùœ˜Û9ÓÚ˚4»ı4ÿ77†√1Ù5áx
äê8Ó∏ı¬ŒêÒ§ëÇ„.:xF\h˘ÑÛÅcc8∞ãD8¥Æbˆ!ö±jYÆéK-H†B4LC#/ã√xµRçóté˚z∞"vV¨,MÈB4«◊
g˘±k_[Äâ-„¥ª¢ 0Å+|ÇIœ≤ìwP∂A$‡m¡'; k✱INíâgTá9uádõ-eÏ∫ós°ø{/'gõc√6Ãπúœp7ª˘˜

{|˘§|€7¿ﬂ7+¨çdÑIpî¬„ÄÆ∞Y-1hÇ∂ÇìX∫Yπππs:ßä˙{(Œd¡Ï_6WÎÈ D(`r±ò<∞¶ãKå
+HC8$√˘íc>¶ÒÕ∂I≥v«∏VÆª∞áOésÖ(kÖ˘VTIMÉ…Òìå ¥è≥˚4ìSiì˘∞”˘BP1UAk`π˙ı
^ï¡ê¡t˘˜S∑ò˘≤ò¨Ω,ePÜ†»Ω<ós<ª©[≈øø©['ø<œ•¸œ˘zÛ;@T€V≠∑j“4»ç€4Ü–XiJ¬"Eä/,h“
î=l†`1íÖçí,zÙ¿˘É   Kó-ô0È¡Ö»6~tÅ,Âé/nÚ®Q”ÖËì%Fè,9≤tiè#<xÙàöÇ««®Qè§
\3ÊÆG0B¡Å„∆°`<¢IsÜLö2d»íΩï+ó2^uÔ„•ãó^ø{˙Ê´w∞`¡∫ÔJàäØ·Z∫ªäŸï˘´Yï[Ωr’
3gŒ™Tµ•™‘'PüT°¸Ù©Ùj◊Ø+1¬sÜÃ*R§L¡Ωõ ò*d~ìN¶Ãp·’¶5´¶úyÚÂÀ
±U√Ü≠6oÿ∂QØﬁ≠zˆÈ'©cª}ºÙk“–cèNê}˙jÁœGè>P {Ñ∑9‹ÜÓÿ!,9n`£P˙°#èR2)$íT…¡ã<Ç…
•èhB¡$î°Ë¬ã
>ËP
0àRäá"H¥·≥ *%R0i&ÑEÆ∫`Ç)ô¿∫HÖ,Ëöiîâ&ôµ§Af≠µ,J“.],/√
+å∞¿C,ƒö$å1ƒ¯Í±»t©,LW–ÃÃ≤V.ª,¥À––¥0Za-÷VK–µ9?¡ÛìJ¡√é2™†Çä)n+7Am.8„ÜkÆôi™a∆Ω
˜ﬁ˚.<ÓÆÛÜ;Ó¶Ûn<Ò–+oœı÷õîΩÛÿ®Ç∞ìF†˚∂qï!n∂·f.ö∏° ã.bÅÉíDêáKrë¢î0j…@&<ÇÇYôB™©
§òÿ–5~ É®.îÇ±XäHI™q   ¥Å¿ìb¥*ØbÍÇ©¶T¥»   MfÅ∆-g/ZÆπﬁ™ÀÆ˘ÒöÚ/Å
#J≈tA∏K(”a2!∂l≥â=„åb–F£ìNPJ9≠µ◊^ƒ3»T∑>xì¢PD{≥mó« HπÁñsnfl˘$˝4°kÅ€ÊöÎ∫π°Ì™äØ
RÙ§HœÙê&œıV≠/!©hõhPIBp‡ï@DÇ•#©åMa&qt…Yò]v&ëPò%&4‹Pç∑Ì∂¶öd,bXcâ•H¡íPp)Ællj
\T@,V“äF»hÿ2≤Ú}ï‹+À'Ó≤I&A◊ºÀ+€ ΩœÀÀÜ+ãb4-{ÖM6] ≠ˆ7ÌT≠¥89˘V>È”3 ‘PCQF˘∂>NûÇ
ôiûèfiπÁîìÙ=ûß≥4˚Ï«Î^<TQ•T|S>ü|ˆ∏ëF¨Xk≠’ñBnòi$+©á&TÚË£±–ñ™*∞`Ç∏gÅ$n%àäðù,a
    0öA‹ˆA•-$0≤ê‹jíA=Ö   O†õΩb∏®pÇ¿Ö%îë$%≈≈.Z*Ã]`®∫”u02DÃ^∏îCÓ•a≠
´å*ZDœPl3≠0,E≥PÃÈ4¶qÕç¯ª’4¢m ŸÚp„>h17SpBœhà-B(c∆ËÍ=GRèä‘sDu=•XGh,˘û„∏
¥Ò¡áR·Cï| s>Ü∏
!≥íÜ&,-µâ´B¿â¸Ùñ¨å-*˚£Kdg9äÄ<‡ªòpî¶L∞Ä%0%Âñ
¶í¨â
j†Æ%|•]x¬††¢ô§   ˘óÄFœí-%-%å1fchòÃá8‹·+M]Hsöa∫.@ÉMU`”3°pÖ7Cafoßi,9ù2
V@¢ïPÑK6Ö-PaR‡Ç=ÂÈ.8ÅüF£ÇÄFî†“{ûif=öMß{<kË˜x&>•9m=Êkè˘,/¥TUÕê
·Ü3÷†ÖnZ-ÚU
î?ó8hq¸ì…KË¨=prÉâéÄS‹d¶Ù©
Hìë\à®≠å`±nÈA/tG? V   ã1çi#H+<WÛ'Èeô Ïó^Õ∞Vs≤õÊ,t-
]Ã"MÆ¿≈Ì‹‘
-T¨vú   Áf¿)ö‘î”úN4'(,4EE/û(sÇ∞‡E.L·û˚£“HPË`≤:X£§ò°úÈ=J9|f„∫¥ËXC:ÕÌ§¯Ë«=Mê¥
í∆B^ã9 a§“BIÑÇ
Ñç%8à§˘Z˙øädíœÍ»å,÷Jöﬁ§¨iMLIÇ
Hw∑“Zd∏…à|ÇË¡ñ∏Ëk`4-B9dÈ™˘>1ÌCzµ´7§¶4e˜
µ1≠˘µf]„‡Vx∞·ç+k;–4–wÊM(JQåAX±
Ñr¬ú Ñ√J°û˜L¨>˘, Ë¿:Beu∞Çú†ô]F3`°úœò=§:öç>”>ˆë«®ùîh€3≥ˆ§/VÉîÜ1N±Ö0Ù∫Û3[˝n,(
<(+W©%%ìÔ2!$7)ðÀ÷¿ßÄÆu-5T∏πÙÍÍÆ°•9«ÑB(HA|çiLnò-àÕÀ3•Nàœ^ML~–ZÕÃîMöôöå8ã-
hS“≠‡fh%öi-Ãu4™`∞”πHx¬¬£?u#Ukx√âùÇ<_ÌX'!%±p>Çú¿Ã©Y3ñ±∆_É9˘°±®Æaç<¶«¥'P6
E[¯(Õ&ü!k%
húÇ
Xh¬HÇ:≠îËl*€Td˘ïÅ•∏†qc™≤π#ÇQ
,À/6ª€µIS   8À9Œ6ÇjBBM#rn°K2•ﬂ˜.åJ\ÌÍ¡ZM¸¶1C‹Lö”
W#ŒuÆ#?"ÄıjßÉ/úç–√ÜwÜ3J
B¬™¡(Ñö„fSHÏœ•†≈~÷≈∏^¡Æs-b`œò9Lwy.d©/Á<Bé˙©.ZÌÈh‘T∞e4n!1à¥B$)ÅvÀÅ¥)+∏QQ
1©Åg1·o]û‡M†íw7CE]ÉÍﬂÕ>íÂœÄGòsG<X\ƒlXÄ\%ˆÂ/^@¸òÇ©°|mxÒØ*Ïàe}¥ÏŒT¶ê˘ÀU¿ô&Ω…
1=rO´Êê†¢Å<îÂ-¡D–Ç¡AËΩÕ3°·†„ƒ±=«ß˝øË$‡Z-»AÛûÔÎ•∑Qÿk$6è°.≥´ÛÿéÈY6µY’4´§V
¥bH0l±$-ˆm∫-ìw[s≥"•U^QqÁOwM2+ÒÚNÆ‹b)ÔpS¢EpÀ\"LAPI]zkŒû>™B,p   Ê¿¬AÑ$í!
îa,/D-ò$Ü¢DÛÉƒÍ¨ÚÀ@œb&¶2Õ“,Í-TÅi-ÙL4 Ã5¸ƒ™†
Ñ \†$`Ä*D@≈`‡fn.√tãÓIã>˘¨±¥»hç˘òØrçñ¡[¨^∆»0mÜ ®O˙h¶È÷∞˙‘∞ÿÿC
ME! oú¡2–†Œ2H‹p+•lYê,ÇÎ#Ëø$R…BÜe°b   ∫ã q*Ê%%ÔdF$´,†–WX@~   4!¢AúAÆ.°
$t<«ùdœx®ôx(ö“Jb`'ÌLHoK°~1Y°”6–ÆF#äÏ˙\¿D,Äåp``(˜\†ûP'†„d8ÃûΠ`±Ó…ÁBi≠ƒ¥0tç%
Â≈2Îç“ê E°$Jfí„ëÉR∆ÎÆŒ◊Ù®=ñ°T•£V¬…A•ÁEl%T‡EFB$ÊG\ÆB>¢ÇÓ˙*ÀZ,å*πQ'*ÄÄÄÄlN"%
JÇ@pÎl∏kÔx†$¢Ç&8`0   ËÄÇ¡^ﬁ,ıb‹+∆,Tá´í…Kúij¡t†È–n1ç3vëMpA”âàå(!ı0&w¡Ñàp¿
∆¶Ò   G†~O√Ñ`PTF7ãû`≠ÁÆP√j-nMu‡ó¡/Ω–≈¶≥‹pç¥Ø˙úÜÍﬁ-0•. g& '≈ê®„†
ú™~¨ãëN¢&6ÄAÇkq-
¶°ã©Ënﬁ^ $<˘Úïb)†B~Ü
$˙G+D-»Ï^Ä6†"@÷‡îÅ™ÊBœn»ÉtrhœúåKh1„rö"M3>ÓáË32Ì-~14~µSB¡”%™”Z¡™4`¶q…2»R
-+‡TÃJ°Ë’∫-¯-±.ÖÆüf-†J/µ00Û≈‹QÈ|MR•£4Àç/®Íh&1!Utâ9Ù«‹£!¬!n·,   <¢~<ì
$ÃÊskLÕZj\ë%§Ec"*Hâ#YR‡•)`TÉFT\^¬ñËÆπn”nÛfÇ:¿∞`L-ä©_êÅ'-çôà˘r(ßT1ˆB"<œ-bßs3

&M;MN;KÅÆíNR„Q£
lo‡<>'¿M@Æ±¥q   %7r£Á÷˙…åàN   ø∞òQµ…0ÿŒPÿàÌ0g°§Œµ3 !”=\9≤≠PÅ
¬Ä#à3√Õ\§¬uÀDO¥X»fq,5   ÑÜÇ,5>üÇ5YÛmD"U¢%6©Z° Œlt†BH_‡"^¿∂`é!®
8AÛ@∞–†DáhÒJüÈ2à»3f7#*©≤®Ú\œNÄgwZ#[°lO/'M«rΔR,€ì,`∞˘1ÁÏìPå®†¯^mÑn
¸åËíÄƒt å   í`ÈTb)÷◊Ê1««9Rä≠≥äì¥Œ¥D»ÇM'%ú¡V!÷@œ¿©ˆ-D#“$ìÇU7‡î~µflm'xñg„Ì
o(ØFØh{5FR¬∏:b#¿¿Z*VÇkp`8·îtZÊ.L«t∞µkùÈk£ Mv-M4√≈)Æ»Ù
\À4N,xzß4>ÊÃ@NÄ√=Îï,@¿*`   πê_
.Âí±k´å^aJåí †u5QÙ/_ÏS«tf¬G»,ıRSS≤=¶˘a êP·÷FµVœ¨]dY¡Ìfm∂WDE/I vfi$A\dÔvµ•@i
\¬ÖZî÷ö‡œœ`C,,zÅ@Å å‡H~s§'-x¡t¥ˆ.,Kk±°Il˘,|uhúÛ2†Súî“MÍ*”÷ˆ*À]ÁÑ4\ÉO¯§°Ü¿n5
†√≤^˚∂o…““R   W†˜¥»>ıt
≈-ûÀã¯3/ì‡ag-ƒ(◊r{¡/õ°ÄMÑ©ÔbsÜ76Ö;
7µú¶csi6ı0Û1eQA∏@ÑîLi∑HmÑJ∑JÄJ‡fQ EÆÇZ™BìäµXy∂XªBfiP˘,àèZ$ >°ÇÉ4È@äïyù
övâó
6b,ö‡Hg®Í7!N/ÏbkóDtLpa^l°ÑFö'*:Õñà‰WmCÉLÕ5Ä¬»t˘cÉd£
FÜ
ÑB†€îo·T„TÅÄÅ˘œ>
˜¯Δ‡¯^MË◊BP∑Pô!z!ñïYyÑ·_9≥2ãÈ.U»l9Öç
€êz¸¸“ÇÕQ∑aòßÅr¡ZW8,2˜mflÑÍÔ2Hàml¸Óà≥B˘òeCò˜xñõÈNfi¿≈DƒYú·≈+j$à"
Ñ¢<‡n:‰ÚûΩxCF5ö¿z/x°Ê{øó'y≤¶tJ'9©I„0Cøà(øê®àö:{±IÆ;Åë∞”\KÅ4*··ÍÄËÄ
F˙e∂   x
¿^Ä\/^´@LÏÊ¿Ë∞zÆûP±¿ß}/Ç©0_f»`Ê ïô·ïô/ïW9ïSyÈ8ÀQ0+4Öß«0'UR„∞/úç H§j∫!}Ä0a
∞   ñ˘!=…ôöœlÑ"≈mäwï+†ÄõùwØ{v)¬\F§•¸&E∂,∂e[÷Ÿ
ÿ˘'¿¿
œ ûwi7 ∞‡l·:P|≥™.∂6|w20J'aH˘€Ül±ö8Œ28n–Œˆ‰P/LKO¿‡DXaL3zO6A·A§Eö§Gö
Δ`t¿Tö•aZ`:¶`$ @ kç'tƒûpå¿ß˘å∞•`µËeÿ`¬[§ìA ˚°_ôïózïïNΔdå
clóŸËç8ñ´€P˙hR§*?f!F¡∞@¬†#Δ-f˚•fl'öá¿Δ∫`d\ÆYâ˜ööΩö¿âôÄDñ¿oö´√s
îËÜ   –πÜÇ±±Â'≤≈'¨Â@&–°é·≤ˆ.6€t¸Ç{w·Δqú¥G;uÏÎ¥!Ü–:/“¶Súé”<D¿pg;k;£+a˘!ÅÅ
®° ÈÄ∑Î†∑'˙0 Z/^ó;¶
†$¿@¿zœ<íã¨[ªA,ƒ¥à®πÄÿÄD:§Î™YYœ◊öï)ˆßÿ‡ëœ7V˚‰2>óÉiR'!§.AZˆö`ÒX$ÉfiZZ HkS¡Î∫
ø%>,ãyˆ¬)¸∏Nd√ªVs)î¢Fõ(Ü[ÜBCT<ZËÏ"ƒ‡ú`ú´¯˘{õ'ü?ªwº¥[Òœ:“˙+3Ç\„*•í;;·§4H°…
AË@°◊Ä÷∏{[·<Õù
à[`•     @î˚•Ìµ`‡πA˘`n∫÷¯i¯6∏Qm±^fÑ√∑Î‡‡Î‡–ΩùzœìˆΩ76–µ/>œ∑ö≥®gzΔ˙µÇa‡Ä≠ı$0Æâ
ÍGIB”C•‰¶ïdD*ÑµE7¬“D)î¬'¡e√a>•>H'4[Í¶n;C2ƒY†ˆn`
N(∏™ÿäùΔ;;aÇÅ†ß^«Kªt^aÏX–¶Ièçbêà:ç*Kn•(4<°…flâjcΔù
¡<·£œΩÓ'Ω∏u≥•   `πÈ},È>fi% fl]Ä≤ÙŒìÄ?˘ÈÁΔ`
¸®Ô¸‡Î¸‡ı\œü:ñ˙îïŒeÃ≈fi(sÜÒ™Îª0w˘πœì¨fêc'B“A^ô#D%¥ÀÄ\â”–•Õ“¨ô„oflÇñ/
ÈªZ'“iûGWs√ÉøÉlI'6DC~¸Z2Ñ(ñfl]lÑXê@îÅL-IL¥ç˝È¨πKí|˘B1∂û}gaÑâöí»'&ı®ù;ßNV
£"LÏ†
Ñ€ÌÈÓÂ¸4°Ù ƒfK @ÄÄÄ!P`ÅÑ+V¥•¡-áê$?:1Ç≈ ñ)R»∞!3áNùóu…ú©HX2a6q/Ïïá'3aÀò5[V≠ô
–¢Eç*E/å)“iÕ¶UÉ*ï(Q™'à6Eö5´'©<¶9+ÜJ1aö˘@a“£(,Δ-!ó
,Xÿx±/fi°rQî‡@óÆ>°6l•¯¡Ñ1î'P†4˘"JóÀ]ñt9≤‰àÁ,]@_ˆ¬ƒãÈ”¶ªxQ>Â…&Gz‡E±!
≈[«éSÜå◊.døÉÛ
6<7/]ªêCû°9ÚÁœuÒzı¸'.ÍØfΩj5ÀwÔ≠°œj≈ù°™VÁœ£Gü~}©R≠fi≥˙ƒ®Mù9,Y“$H†
¢Cö†@áÑDDê0(QPÄ8`È‡Ç   aÑI¯‡ƒàSl1Δt∏T«!v–¥'ãÃÑS2°•ƒKO…0Ü”2@   ‰T5Ã
$ETêC˘NUTFBUçS[–πUSMYu'íE}‰4∏h2oÑŸn˝0ö`Å°p^<•†_|Èeó\
‰lÄaÅŸêBòç9Y`@ÒfóâvDKdÒƒeáB±/in, öÆyvÑ
3ÃπâcL0ªÒ“öß°ÑJ<.Δçäåt§Ír™sÕ˜<u…È¢K+≥íxflÖß+y°Æ«û{°ú˜â*ü[ )ñ¡FKá$rà"ö@‡¥ö(»
F A
E‰-ÑTÑ-î´C>à"&!ÖcP1ΔL1r2»&ú‰À   œ/“»è°s£¿3/¥LPÀ(ï∞P•„4Ã˘@¨cíW<MPÃ,s
±Δ_ú'PO#27ŒHM.ÜúÖePÄôïñiÊ]à±êfönïπAú<ÔLóôåµ≈DdD´•ñeò˙ÑhÄé¶ö
¢•)jökù¡D=éó]‡@1…(√©o¡Ïb˚®gõmð¨¨2Áv¨∫Xá>¨∫–í–≤“Zfiwȷ≠ flÈÏzüƒ«J%å(“ÜlòA«≥ä
$m&–‡"ö`>–I‰†B
6ÿ ÑA8Ä,paÜËv‰Q#¬KΔ≥ã'cœ/Ó´oœ˜*çΩËt”ø=bå√Õ ïîÈ<î[¸0¬@Í8ƒÿä<M8–˘Pc q†ï÷Z=àÈÊ
\qfÊöäπ≈C
jé'm'øs˙n.6t–^4–``M”(µ“tAQëyi$5©ƒ»eh¬!pçhÏÊ7°Í
©~É™„DßmÙ‡ëCù‰Ëçmµ™Uvp'+ÛÓW˘[œy‡Säb}¢É∞îÂíD–$Z”∫\&™‰êB∞¡7¯\Ë°@\®[Ä»•!
aDXt¬ªΔ02∏Dä∏DÌƒ®åKÏ_¯ …•xÙ)Òh>IX–Ür§!EEcäÛÇ1=©é@ÇXT.Fççl‡pÜ-Ò8Ñ_•¬ZbÛô•èfÏ

{˘Œ3¡Ïl$∞_ùX¶¢˘©2´9îƒ(-ïO{/- C&4&6ìÍ$6--l,»@ß‘ñú,4'9e·sP»™Ïlá;€©€
…”^π¢o◊4èœ
¬µ¢õü®a%°C/¶(>Dgµ§%DUkFDB1ÄÄ9"OÄN'Ehh
S†Ç@/E/
"&ô√◊ÓÚÖ∆3
,T5Ç(¿xtì†Ù"cCÚÏHH>:oHJÙ¢óï>   §Üá3n°â8Ñ·ë_†l/Ú≤ò˝Ïín“Œx†…ƒ¿%0ü¥_˝ÍbÉ∂ÄhH
U[£‘,55ñQ†-˘ßzÀPÚß°H°õ`T¶Jp\•Ãµ9án¥“5i5´g∂,ôfiQ0x‘√ˆt3=›§°8gÜ2òÛq2bµ27XNv@lH
BAóo=ƒâ¢®Å∏@Ú2ÉÊ∞ó-Óv
m®œL±   “öÇj2r205Úatlÿ¬™w1@ÈyÕ≠ ±ó-àRc1E -IIŒ‘™/ìô˙Ûõ>Ã-
~ôÅMÖzÅ˙>t}m˘Âû"É¶≤Fj
<ÕVy¿Z/í1õÙi•~∆`aõ/qî±6„§ ¨)Î´^µ∑˛fá„ ≠Ë*C~≥¿™|ä˘
R|bvX°XtFNZá-lœ{98A*pÄÇ∫ë|Bƒ
êÄ<2Ü2°ƒ/Vƒœ6ÅFÖÊÎ¥¯:≠é9q/Ä˘ò`´mÌMz¬ââ%y[fië)“%/πbPÜJ≈ñ<1Cä≈πHƒ œ0’ÿ∞ÂeX-
Ãj¶ò∏≈ÃEıK`,$‘˙Ì˘Ÿ’Æúy-Vza   ß¡Ûj.côµ%â4ÖÀzy∆§¿k©‡‘n Ê©‡g¨
£"Î~À:û]Ù7¿˝µ&Å[ÿ∑Áµ√™°'pX3Lò
uh%¢Ö·jmÿ∞ß0lÄ
·Ñ$:çÇHÈÄ”ùN W®‡,˘…$w4>E≤ukóñ«–>≠jU{£lµ…XFE1FGç^èéTq≤íÑ"e/&Ob%Frƒ¶<[Xb
]ä$l`CIŸ‡≈¶Å9ÿ¥S@´˜M¥a≥P„Dß°UªÂ„Åk∏pÜ◊·´Ñ‘yè`>Äó‡,ß
T†E∞,≥‡Ö2â)¬„SeõÙ~ói¬∂-“{s≈x\`O”<Ü•®ƒ J]P«˘PóHƒ%.°âQpbE?:'N°âS ˝Ö-ÇR\;»!N|
,È¢XÅ∏@
U®CÌÏ`ªd”xÈ•≈◊)vl
Îò`õvêoí†h;cGVûÒ8Rqflë˘∑TÈ#U$6RC£,·É$%e’@è)fl3˙ÀÃ|≥(∆flîzì¿Ì«Ê¡`-◊.l)Hµ∆Ù
<†-)fiÄîröŸ
÷`ä[ÃøÈ
qv_úHßÍÉ*?´•1>´ôœ°WŸîk6∑isb≈5dÑL-ª Drí´“a>ÙQ0ùÈî(»‘#PO-=÷ƒ@]äCPE*‘ÅÏµ£
±˛˜•Ï}ôvÈmÁ±)4a
£CÙ˘ø#0nΩGUÄxáw<VnSx}t<Që1hRN≤$"#
‘êñ-o•n∞ûÅ\ìÚ`∂>1cÊSäqy6-@mASÄ'°4˘∞5XÉ‘á?Â√O•OAòTDÉ8•ÉiÇ>lvp¿Ì≈)-q´¿
∏Ä¡-¿|≤≤ ¡Ötc|ú6Ì-B„ë|Ï8uu`wËNÒqCâpÒ¬Ek0¨ÊjÜÖtßê   fiátáURb∑ñπ÷DâYÈl#
SPv0ãp/7f
k◊vö∏â˙«˘Äh
*3d9q0ÖQEGΩ-´(=·∆Ä#R£Ä≥xw£1$ò¿ÅËâ65≤!3p>?5f√ËlryoÒK∞I0Û@ı4XÉ‡f¥>˙v3iriÚ˘
K Ñ•7û‘f6ÖyëXp∂`Ö≥0cÅΛ“Qà~aè˙Ë*x+Œ%r/$Wr≈+/%7Á,ÉiW
f,ê∞st@\4ÀÚC2V-˙â£‡}Eß}ú Xê
-X∞kPí¶ì~R B‡E«∆ßïâòÿv£-˜nßc˛óë°˜Pœ≥5“pTdΩPÄDî•#HôîSGw…ê#9¬Q©m…pÅ&É≤`o@y∞$ì
boâ±>(P)v}ëÀ»â+x3˘°y-hÉ7hç◊à]f&Ö§§Iz…S<µ5s-3=ìÉR®≥Áq∏0˘«ÄAß¬L(∑_)wr»ar‘-
VgòiÈ+qEse®
mÿ·ÙôüêC˜·êÊYñ-≠vXLóë&N‡ëPOPbâ®Oµπu)ñ-â.VâπcZ:Vì5ô˘˙gìÉä°80?Yä@ë#@-
#XdÉQPπGQÜ0Q   ïR)ïP   ï“ê≈@
ñÿï àKifo(hég   4w¡<≈Ço¡ç+XÇr˘iÉ68˛ŸFÖVhÅ-^ÿ•ÅŸfq-Ì•z[† ®Pπ!èâyßrèD˘˜{˚8ô≠0
|nÂ2ßMó…iù˜7â`∆R,ï0}…E*-˘!--bX≤Üt8 ö˚Áö9†UwàNîu%…k°ñ~¿ R@l`î;˙ó˘¬yZF◊˘9ô£°P
……CQDYîDââ•îb™#∑ÿùT˘îO©m6ë»ê“†hq•Êyû±Å5Xìy˜f'˜û3ê|-ñ6∞ ò&ä·óq±KOXÉ∞ç/üçöéîP
©ì:©ª‘f’EêqÎ£?Ä?ÄÇ∞   ¨ÄòÀÒU˘ÿ™Ü+xCè™V’s¶|'∫ù)C
j5Ù   „dj¶l‡Y®I£ñ¨∆Øô §¢ââ®uø¶∞ÕS@ìX£˘^WZ;6•SZú9
œÅ•˘< ˘F<±ÆDîî5ùÖ0â#¡#˜Z#8Ò/OL“pxk@ûyI]@oË)$ò√cVñ˚∂5∞ñÀ8®mπño   ÖÄÉé ü"Ÿ+ç“
HÉ”(ó$€Ñ-©†Ù˜≥oF(™FêU®cs*Jè6kè%7iŸëBÍ!¢%J¢«Cª/7Ω*,{cU@ö*¡,?D6:Æ¨©
CDDÜ %ßkB≠A/k()˛$c-2a£-Üt˝ß˘ùxëPQÊ*6±ú\`úÍ*ù-ywQ˘C∂#ˆ:dı/’Ê/l˙“pó˘éÙ©aß¿òf/
£>'ÿûÄZ±<P´çÕ„ªîπ˙È®úÀ±˘â˘∫¢∫   Äé†ö>äë£ä9∞óp∏†Ú•*≤r≥∂[è±B*ØpxS7q£VkU¢eòô'Z
¥Ò-´ÓÒ´âêC¶ëY¨˛A-®©¨P+µ,+•ëÒ-°Võ&…à† A0f--Bt<¶ Gß}Ó€œ9:
ô`µ@*m;0»Æ¡√#˙€¬Pdlw”ú>±√<°,;=©*Y
∆`   \ÚH{f∞45Ç07â;3°&5†ñ=µâî[πÂhÌÖ˙ÉÉè˙®£K∫∏÷¬˘©˘˜Skí&&¿∫H0
´Äò≥P6e≥*∑kªÙhëÈª˝Xô":s=[Üs≈MÓA>T`•-
ÛAã`f£Ê‘œ"X6
 ‘;XÇ0ÿõ ˚f$˘ΩêÂk®lª∂mDÍª}Fóì{®∂¢†   w|•§¬∂ä¡≥Æp%ÆLQ€iQ”«’«…ôA¬‘`îH∞ûQE-
Çy™ûn"yw4/•ßÏ”ìk®ñh/ÿ\y-&°πBUçU˜ ã:∫ë 3rÒ…i"g/Ö:∞m¿UäAÍ™≠/A©,°/1sØê´Á±|.
¥Ü3%ƒn®•†`¨
ƒR   ä†Y˘Õ˚°èXœB9ë   ^úa€GD◊¢& €•ÛDëeíC

!
p`ª)/t 9ÎKŒÜ'v'r«9*ªªªã,ä~;Q˝ãÄEÊøR˘∂n[-Õ)∆`¨Ä
Åb©Q…ã;)‹zoŸ…h˘û}ÒÃÇ!,πî˜>©<'õ∫πôã±Pu3-∫{r1yÓ≥?†80Üp §∞hèFª?,ÃÀ4
´€ëñ9W˘®ô∫/ƒ¿Û8ö”ÅWπ*ë"¢‡lΩÜÖ9áe∂D$~‡≥âug|ö'™O©#&PEU∞t` e4Xi£Yt~ËáxC”±˘µ†
X/∂Ω£¿E)∑¯ZQZ/-ä-l{á>ÖΔp¶`Ñ@ßÀY-Wp…ùf ÎÀ•f>ı…Ï¬"úpií®Ã5&å±4=€§π˛ySg ü∏@
m\P
±p#+Jm‹»mBlBN=€ë|ÀêâW68˘´6tCŸLT0aÚ¬πèC á
ŒÂÎ≈dù¨¡X∞Äµ¯§•œ¶s:`!"†N0s∞≈DGtÖ5«…ätmÿ!4ŸUÄ[/ÿ˚˚ú
≠ã|ÿW:·ïç•Ü-ÀÀ´¡í¨xÙŸóú…ôf[É¡hôå&
®ú&¨]®˘ãÒ,?•)êyA€(-8ÆÉÖ¶†<ûπ¥]hÄ∫Åz3L/8`kè;å°øóè∑öBLƒ„-V-ÑÜ∑*' œ,54,'
9/)1a]ƒ≈zP‰Œr9…jX±I`∞ΩQ&fö•,ﬂœÄñÖ\¿Ç 9ñÄ◊yÕœFøÉÖ◊7ıKÊ/∂=YÈ=Ò/ïﬁÿ'·ìé‡N·WZΔ0
≈∞
î y-ã∞ëGÄß-¯ÍK,≥Ò{ÒßµûâäëﬁÏ˚"6gÕı/`&:ÿ4N„[„óÍìogπyCC™9¿óÄòƒÙÀ
±«˘˘WèÖ=^èΩkzS2«Ã?'BKs",teCï- ç¿u@KJPc¿'≈´8Zú Ç†ÔÊùﬁ JX† ∞
"è%!ﬂ;≠ﬂ[ﬂ˚Ñës
‹l0á^÷Ï+k…∫xÛ
ıã7ıÀÌ Q=Y#]
îœŸ«áÕÒÜ
Í^ÿÆPÿí~ò∑p Ä-'î<S°>Í¿òß•Ω5#π)ûñ•i∫Æç°ŒÎ§ Î= „[CÏ)@Ï∞5®<ı˚6„3æÎ˜É?X
‰PÄM†‰ó ªëY≥"·Aç•MŸq„Sé|óŸi4''‡'•QÕ¢÷ f(±§cê‹¨Êbﬁ˘,<
„‹ökPk@•ﬁ,DêOÛ=§Ωvb◊†À[∞˝ëSÎjú‡Üı
†/7k´∫[ˆ#?îZJ<´/;°íÚ'Aı˙.·/˘•ª[ÿ¡Äﬂ˘ÇûqY,¡XTîK,dVÎ©-Ù5¿/ÀwÙ>ΩLü RËÙ∞Ωoy-
\∞}À0æ¢´ ÙCÑ]¿M®ÄòÀÑ‹µkÆ~s≥ª£è·^+∂,èòy´ÈÅºQ™B©j™T+U¨>5™ƒ®
*R®åCfõãl:¥qc&éi"tà‰…ît‰$¡±†¿òò)≥ÄLú-‰ sÄÅ®»ëÑÀ:ÇYB©âìSNO•jj•´'´W∫hΩ,•´÷.Æ
_yÒÍE6Y^À ˆZñvÏ€±µ∞bıJã◊´Z^≥÷,%7Î+Wrg·∫«î.âô)"„Jè"Elô‹ÿ,2gf1É
6^\~1#ÙâôyYÕ√µÎ<bœñù"≈πS∞∞ç·Ü<^∏Ó·:≈‰…Å$áÚ
(-°ÅÚ#z1s.ëölóˇ]∫∫v/ûo\ØÈÎ"ñ}'VÒgπä0->¬˙¯ ÷ø0î~˛*%î0<ih3ΔêÞ¡)®ÿ"#6ÿ®£
£é2°-¬éJ"•$ìT˘J¬Ñ`"@Äòh*@ÄúR4q&@@H!#∂X£C4aÍ§©úÚëì
´Æ¬Í.œäÏÎH∏ΔÍ•ód÷R2ÆZ˛öÎï≠Ó"R=º¶Ãä\V¡ä&cb±# 4”…"DÕ'-î,48„îNÃxH
≥À.+Æ∏‹˙Ùì^@·3ÕÎ‰ÅCë{.∫'û`Ç∫Eì˙T@Ç
:Qeó]»cÔ"•>ïΩ•‹£≈™¯RM'´\Ÿ0?Ñˆ K+˘:®ï0lÖïPH˘§í!¬å)∏‡Ç¢åË`Éé§Ë8D£g34i
MR#,L‡&HDë¶neZÒ¶öp, s˘X¿ Z-!à)òMDëK-DëEÚ'7ﬂÇ^Ú
+œÏ8Æ#◊jRòô "∏/]¶‹kHÆ"ˆÍ.¨BôK\H˘Ú0/»$≥á#@πLë!Y‰…R¶å5÷ÿd9ORM¥"2ÙfB'O8k-L4◊ò¯
°QÍí;B"T¯°",5C0f o°ÚBmèóN_)5´SFU>´,sVU´#{÷˚nÕ'œPZE!ÖdDë*¶pÇX*∏òb
2ÿË{Ÿ§&˛ê ´=DAú=d
,åPÇHå˛ƒ…≈M-‹ö»
¿Ä(@Å¡ú®»YEË'd|SO}˙£2bÄi˘Ka'V≤Hπ‰
´S÷/aøHeC∞√ä'∫0SdΔ ìœ±Δ(≥>ÂÚ¨S˚Ï≥ø,µ'@ﬂ-FC·|Ù"W˘˛'<mÜ◊$ç-~‰T∞Õ~0¿ãE:¡edå .§
jO√:%û≠Ye•iÿ ˚DÇ±*€@2†ÉT∞…Æ~'àAÿÅR±∂0Ö˘MÖÄD$-éxdYlƒ!Ê¿#‰‡•I‰œ'-û'Ñ&5!
,Â`Úπ`&X±»@áDÃÅuSL](\a±)ÒÇyëãïêÑ>ë≈H_ôîêÆRª-Nk~¡"`™ÇãJB`hB«˘HV&ïÅ¨dw‹cä2ËëÄ
<Çkj0É•'@P‰[‰˘Ö≥ô≠0|>ö¡˘Ë,í˜Îp:-48A•¯2∫r@OÁÍîÌëÿ,^·JUπ™≤<õh6
, V∏jE
V‡™çPÑ∏‡ÑaÔ∞XcX3˘Δ¨J»Öœ"HÑÿ áe1 &Ë@à°E9!ZNúC,WybƒH»¿ª4h∂!ÚîÁ<ªVÃ+ªX_Ñ±ª€¨H
ÛâÖá∞»E/~q≈+weä8à·^•ÇÛÃt¶aÓqdÕe ÉèZÜ26®d¯*âÇ§è|í
\"w˘RıÂf3;√çmz"h‡R8ƒ*∫ìàd•SY)`®¯ïR¨nÅÛy/&hK\
‰Ç˘•{yU^ë¢ÉhCÏV¬ªÎAs ﬂ"ƒ,g'°uP+5Ÿ•Näp!&xA-√o±s·"ÊÙ/C`] X¡ª¶ ÖcïaeP,cÁ¿*ã5+K
#ÜñÖÒe≤
3®ø<ãPπú
çel≈[aãKƒ¡_¯Bb.z«ê}∂-$»\C»€ÚöIi%ôœî:íü·@ 8•∑À-Å˙öªœ?±"≈© §¿Fî¢;»8Ky®
&™•h
ï•u(/nyK"˘'j n£jŸjU´´ÊáÉÒÂÂ€Ú+;ò·´>0¬>àu,f:pr°Ñ¨˘÷maç£T 0¢»EòEÊú ∫»©
◊qˆùê@L•Æ˛N°A\†¬Δ- +ˆk.`ô?è4ΔkVxBj®éÍ0,.πHmñG-,d·¢Exmë7
[ç&π}$E¡Ia RÙï‡Åù≤îô{eÊ¶Ø∏‡ró;ê?ò¿l∞C'R1] #ÄVkÿ*Øv¿˙KU≥ä~˛
U'™lËe€yÔäR|BÇ˛†
Ë]"äâ(ÉÇêÑ Ù◊ø\Ä´Ägh`k A¡[pÇ§êÑ®¿˘H@à|-Wq±\„¥∑4¨Æ∂ÓrA≠mÌÇ+,s.˙î"ã„ÚOÙ≥Wi[d?
ã≈ﬂë≥D¬páä∫A»">ÇêÕ¥l!€€6rëô`öC≤ÄìNf_îì{n*ßÀVF.rœß\ƒõ‡Ä"fê_õ•."LûÔUï
\ŸEiKK¶ﬁÚ?

-z'(h]˛í-ƒÃ'ƒ?¡
@À˜\C }†!H/ ∆¢H3ì•,kX¡wKÇí†twï\Õ)åjø^n&>ëL∞ÄuI∞@,†Å>äKÏ\∂,bèq.…
&∂Ï∞b∆P'¬†»~Â,°nâ@°¡«wpC¥+ö¥wÅ jg˚/ŸŒvía{LLÄ>«ÑG”ƒâ…%flgXZe+ûÃ|
qã˚Åƒõfip@°5†)∞µûPEw@≈ûıpxDÕ
AhÈfi©j- øƒ‡@˛#h˚:-üÙ† ˝˙@É,°`E)|5à2ê0ë˚Ô∞p,ÛÕ%}#CÒ∑Ä`N'! H-Å
0Åç®Êfiíps2DûP_'í ıÖ8ÄE@'∆Ôä\•∆Müã≠4∆}^]˛≤˚>˙+fı6^e©¨∞ƒfÜ<˘Ç≤SÉƒpÉ.
8ªä:ª¥[@◊*πcª≥ª;9˘ü&´@l.L.uC7¬À2Â™≤ƒ√©zã7 ˘0*®ÉE◆Ì"ï`◆î¨(Õ”ÖY†©yÖ 3?√
†´ÖØb∏í∏A¥ås=",¥@4∏ÅEh4'◆Gπb∞√≥"9 É„S∞ñ{πÊ5Rãú¢»´V´ AëÀ a7Ù
àC9å√0ÄXƒ•S1”
.,ßS©í≠ò:˙ÀøW∞ò~π"fl¡","à¡`Ö[HÑ5x0»≤s7P$@Dª<@0Ïƒéa@0E&∞∂óiü&#Ú9$|
≤wC∑sì§Ê:<≈√)∆„1”∑M†<43
ï™ ™˜Ä%T1≠2ΩÏ•-À†”˚AÜ„ !lΩBSΩ!4BYΩJhÉ1@&#‡Ω˛,ÇflÉc·õã†à∑ÚõMKœóªÅ-p√4î∞6Ãâ° œ
…QCo!C3<ßüHû<[:VQ?ˆƒƒ†2Ú˜™s#,í,˛õã6
õFdCà±K,ªéÙÇKÙHê§®≤IìTP<¿§®,ìAZìû-ªΩ´@flöÅ◆≠
L©.(CÅ.„.√\Ù2Ëü]◆°ZWB≥ØY 9£•:öØÖª™<≥ Ω¥˚ƒFB{öiD¥O`=Öÿ*:†˘#9˛r#¿fl3±wj¶≤™à∑¬B
,˛4.°ÁÎË√+j√»¡G óÓ√«2‰œ"-›ùªÇlLÅ»√6∞†Ö@Ùó≠¯ùàúíıãE,ƒZàÃ¡®Ñéç‰»<ËH'LM'\Õíd…
îT@ÁYÇ#êÕÌ¡ì-¿ìC Õfl:$œõflÃIîBAøÀçxÅ/„Ä0K:ÿÑTX6D Q¡<˛´◆ó•™èÅX∆X¡8^íØÔΩ^z ÿc=ˇ
JÛdΩ±tΩR®;òÉ)ËΔG3Ç˚=‡Cr‰ª‹4-pÊ”KÁs·∏´1ÃÍ√ 5§0-√≈\Ã4L˘ëilLÙÀ57ö?á§Ö
í∂Dà°?œRD6ƒƒ“ÍÑD8Ñ@Ä¿<»>p-”dMç-'….0@/@…\å'à÷xç◊êôöÅq#©ò)Rü°8¡
-î`ÅOJË`N3´<ÀK ©…
Ú2∏˘õYõ=€%A„Œ[™™´¬≥\9=]¬†±îΔÚ44ASàF†É1ñG„='∞œ‡+G·ª,T0°Ùv4∞∑tä∞~TT7ú0¿t-¬T-
ùTIEëBìΩΔÖÌ°¢©ã
ï3á4ƒ≈-ÕÏÃB<U¨ò8¬ÑD-»9ÍH>pÉX}-•D>∏É;∏'\Ω˘ÕÉ?†Q'$@aEª 3"„Å%¿ñi;âI◆1
p3“%≠·®ÕxõÍç0'Ë)UX∂Y◆EÔpAB∏VëY“4êe˝*6Ωï≤ÒŒRxŸ#¥"¥WıtΩ±°:àœ<M˙tKcA,dq&π°BAÌO
$(TwåÄDı!ì>G¢…«8ëÌ3CJ>ÿ0pÇ°'ÇL1át»
mOçÆ;UÃúã±¢Z‡T7Ç#C»H8xÉ/»ê|Qù˝7˘ûÌYK˛Y°%;Z=ÕµQ°ƒ.»ãrI êÕ%‰Å®m
5Qì9˚9R ≈÷€»÷m≈ExN\◊§˘Ø˜å˘†è¶Z€:+S‹%<àf$ê∂ï=8¥yù◊ÙîF€√Ω)à¥è
£œª1íGst¶@>°,T»0µn°π˝!qÒœ!JC~åTtAó≈‹\ú◆\êPê–]M
P(DŒî™∂àTiõÙª'É°¢P∞¢\ìH¨ê,V©<VXÖ˛{‡5/Yı''Y5^„˝UÂZKTL|fi.pfi,PÉ»∏(n{ÇBz≠l$ÓÌ^
‡ _Ÿ-Z◊ ç§©HE∏ÌÚ:NÅ¡ˆ(≠ÏƒÖ¶íJ¥[<√8Ç(”¶z*™zSÙ˛X^Ω±KÖ-*Fªõ̃H€Ω˛,˘”íc¶fö‡1∏¬ë8
† êPÍsµnQCÎ€XŒ•T-'âú8·ú >-}aM=]˙H1:k]ˆ"àb;»≥]É<D¿àù∞©°áÅDBfi”4fi,uQÊ]bû
%^YuÉ
÷ÊufiË-÷, 2kì;m;ö◊,^Õfi€J°„Úùü◊é˘Å˚Q#P\†_ÅK4ì:Û‹;¶†=1‹”•˘1e'Aà|≈[Ÿ-àÛ O◆ï
±'™áp4HÉ4I”√≈œ∂ëÇ§Û`tR'÷>¬ÃeaV·÷9œ5eSè-]ÇD>\ã¨Ìt]î≈·6»●c˘>Ü,NçeãÏífl}É%;,U^,
'Y‰Efi„˝É;˘'ÊÕbL¨,.H"3!+≈m§mÀ6B≤≠Ë˘1„#uç4xhcØ{c© ©©ä*W≥Ÿ≥X¡≥<%ØÑ◊©,A≠d=ª≠∏
=‡◊SO_©ÑK®Émå4#‡Ød"\J^É£∞ëÇª Å
êEŒY'G≈ç˘‹RNÂRœúfaR∆ -•"êÇ]'Ìa˛ÿÅÅô˘Ä "àè;+]÷TÙÀCœ
õegflçDa6/_}Q^Uf¶~,·},ûÕÁïj©ûf¶-Ç+∂∂-fibl˚Åπ˚Íª[åÿb‰`pÎ◊(éj=†9Á•1$PÑ`òeêR©
§A±y„ „3U@?˜*Öh§WçSOı,d'c=¥˚ÖΔ çΩ'Sd≠R:®Ç¥ÃS¡≈ÇëiB¬ÌÏ1P‹ª§˚˙◆K)ßåµ
FÂÈS&Èë.i-ïÅu "}eœ¢ÇxÄtpáàáÿuÿÅ˙\œ"Å^∆e¿à¨≤ôV H4bKT,YujÏ^%ï'#ÓH•b´ÆÊ2πf‰
,±^ªƒÎòƒ3k^Ê≥ñü≥VÎ
˙ç4Vfl•Ó‡©qJ” Œyð¿lf¬ \"˙¬8,J7≈˘€ıÀz≠W√F‡_aØÍ∆ñ[ËIÛlqÏpf4äm‡ÒÅ«]Ì÷ñáT>i◊VÂø-
}è∑q
xÄ Ç»qöñÓwÅ˜=pÖF◆ÄÁÒÿq◆ÄœÒàÇ∞ Ö7ÊHlQ%Ó¢eÍ„ÕÓ„}ÍÍœDÈ
2¨∆,ÚÊjmõ;µ[;∞ÎoÎo~
ôb“†ÔM,•1Ç1PØÛ:Ã[Ω˛oÑòÖ™Á=SS?¥eTœ'˚g√^Ωÿ√WL-fË_Ÿ™ÆíÇÖNK˙πcrÀ-†4S/ıfl„4ó˚∏ã.
qŒ±«¡°«ÜÌ/ÈQémUF“}!wXx∞átÄrx?v!œa˘"Ôıw`x◆@wp{àÇvpávàÇxu^p/v'=ÙY
ÖfìD^≠ncn˜„u-dÜ˜XU,®VÉ_≠Í ªÇ%Ô#hZÆ^åƒxª˚jØ.x°âo∂ÆÔE s>Ás¿Ç9®Ñ±>Ö@oÖÇÀŒ/
ÂÎ]¡3{^tΩ=◆ÚDœÅ |.p#<`OÖî◊Ùb≤SG[K∞<Õ˛lq,usKÕ˚V7?çœ‹ bq¬Ï\«u÷~Ì¢Ô<-•Ä^Øx{xz!
˜Ì®á!øzf∑ÒzÿÅháÖË˘ˆPv4x4∞á†áßèz^˘Ä∞ëèfi˝>å-„]Í\ï˜1œ{dvbg˛ÁUÉ|?Ç
+®∂kã;mÛj8o;GqÈ®ª‰g˘
N·
¥o5^#òÉMòÖcòÖ +ÙU)≠DàéÁ˘<l«÷[»ÆWût>lìîSïWyÅˆOh˘FhÉ v4∞ÍØ˙<¶S«yN√änBhå.ÒÈ«ãµ
úèÈ§è~[?˙iI˘¶˘Ú^óáÚf«zx∞ÒÌ˘fg)r"h˚ÌÔ˛Øè¨*tWûõÌrK‰d∆˘˛◊˘y>y˘(∞‡ü<y<®…íÂ ï"˘ã
°X±«åL22ÈË±#&P~0˘a≤Jî,l∞hπÚ≈/l◆x-„≈?t-)5ÎÁÆY≠Z ùÂÍg+UIáñjU
''U†§ñ˙U'ß™ü≤n'™µÎ÷∞b√~"
"'¥h"zÚDÍS•At∆8qƒâ!ußL¡“◊ .[¶l¡ÇÖñƒFú˘-abÅÇ ÄÄ…ò/W¶åŸ3hûEãP4Í'™Wê

$ÈA°∞Pà=€ûâıd√ì-è∑lzπ€=êA°]î˜‹·yÄÜx<
~√¶ ï´§≥pëJÑ%œó;&t„&è¯ÅÍ\ø˛¸ÛÚ’%I˘”Âaâı€∏òë„G%ït$Ò¿C"hS
2Ÿ‡‡L3¯*òÑÉâ∞Ú.Hµí›P™¢î*"(UV^ÅR’Wcπ¯"âUAeUVPù%âZüt≤\vòAWy±X]àMÅRò~aaD>%Ç
`ÄdòY¶ŸdôQ¶Yj•ùFôò¶ôIki¢ä$P◊€tœ=   <Î-#gúyŒ√<zÏêésÓ¥cOÌö‹ör∫ P™¸¥ä%X|
ﬁBÁôWﬁ|∏¡«uÍ{°™óêj‹˜-D˙-C˛˜<lÙ√±&ò‡)ŸêB
≤·Å4Ò˘ @òÙÉ
8ò`D"≥SQéJ;ÀàK5’TTSM’V3Ê¯"ä\Ö;ÆU(÷H#(gÕò ªït2HS8!D^v9¡W_\Fò[ÿx%°√
`†¿tfeôqˆƒaíiÊƒjZú¶$üx‡¡{‹±¿Ú¿Ωy|ÚΔyz 2Ñ¸¿≤…Ü2 ◊
ı”,¨X≤Δ
ıLà=¥-è}t-H#¥-1§D©/ -‘6ƒ%*J<d§uÇôtDÆ∂ƒ“J--X”Å≈X!
*aÑ"8„BTàu∑2˜R¨Ä,∑O=5"‡T≠88ä/Ju∏·Ü/•TRR•˘˙¯Sb°’à"c»K/
^u5Ÿ◊_NJëÈPÍ‡ò(Äee®fÍ<â/icΔ~&Ì´Èà~‡éªÓ∫;,»∞¥O(s:“$ç(Ø¸ΩAÚ˙Ôü¸.â#œC˘"ı“áÂ…*õ
$á·{aÍ”¶™¡êyÁ´è¸˙Ìó˙œ˘i8%P‘Y"‡W?hC˙≥Ù nï5≤πƒ%3€K^ !
Ω
Ã¡HAäRL-„
Z*ë¡J8¢-ê•ƒé8ËâFØùhƒOÿâ„uD!GËâJ∏PÜü¯ \‘,â¸nGÀÎ#*°à3‘%£ÇëhÑ
©âIh,êêê˘É-Â¿êÄPÁ•/uÊb≥+SöΔdª‘-†âf<£_63!ƒ 1à,®F°Òç4
ÿHÉ%±éw°c•8"A
R¿Rêø¸)açTB
 ©ÑIR≤íñ°$&#I…à§jE•%"Û∑ø††î§$%P•?§≤ï¨|%_`JYœ†ÄËÄr@á2XN
BÇÑ‡a¸ÚóH|«e23é dfñML3é.•Å`pÕl.”»B6cpÕ76≥BÄ¡9¡ŸÇ`‡äÓlg;3†Çyb‡ò'>Áiò‡+A;≥ò•.
Alã™ô]h&Ü&4çQM!˘˙,há

"#
###""$% %!&&&(++,,,,!,*&---% -,).
.$13!4444&4&!555*!6,%60%6629993&:::&:*";%!;;9<<<!<-$<.(<80==1'=71>5*@ABB.
%B.(C
CC)#C1)DD$ D5+E E!E6/E9/FCAFE>G=5G?3HJJ$$J/&J2+J6,J60KK !K$!K)$L-)L:
1L=2L>7MB7OH@PPNKQ!R:2R=3RF?S!"S+(S1*S50S6-S>7T%#T
%'TA7TE9TKBVNGVPHWRFXWMY"#Z%%Z.+Z6/Z91[2.[>8[?5[B9[E:[NE\)(\F?\J>\JA\QE
\UL]XL^XO`&'a)*a73a>7aB8aG@aWOa_TcF;cJ>cLBcRFcZNdUJe]Sf`ThC<h_VhdXiF>iJ?
jMBjNIjQFjVKjWOjZNj^QjbVldYleXnh
\nkbpICpeZpl^qNFqRIrVKrWQrZOr^Sr_XrdVsj^sj_umawVMwsex^Txj_xqeyf[ynbzaY{h_{q
e|pe}ug}uh˘ykÄpfÅ^ZÅe\ÅodÅsfÅvjÇjaÇykÑ|
oÖ~nà{màÅrâsjâvkâÅrâÇrändäÉwàâàèÅsèÇsê|rëtjízoòòòûûû
´´´ØØÆ≤≤≤µµ≥œœœ¿¿¿»»»………ÕÕÕÿÿÿ€€€‹‹‹···ÍÍÍÌÌÌ˘EHí§Ç*\(âíAá
Röä“®äIeÃHJ#"Q§>Δ)kV¨í≤P™ºEKV∞60iFkX0\3a¬ˆíg0ü@s„IÙ•Âî≤Fbº¯Q„“ßOCIù*u#H
´N≥jtä1+Vê√äÌ∂Ïÿ≥d”n
        ÷Z≥o…öÇJ∑Æ>ªP©Ü/$iÔ$œ¢
éÙá•ü>˘¸ F¨Xq6è≥ôLy2†¬f>»y!ƒœ}CWƒ8…ÎUR°B≤U}Ú%,î¿d£uÎ5≠Ÿ¡d“¶{òo
\øÖ˙Ó[YÒ„√âœÍ{&oûªë*I*÷®XnaY˘8*T˘©ﬂΩä˘˜œt+‹ÛÊO_]ø5ªj˜q5Zü˘Ω~,ÛqÎ£èrÆQ˘·
%‡Rs}4óx>a¥   %°H≤†(îΔó`   ˝aPbë(ñÿb*Ÿdk»,à"DòAMbêäí®àä†5‘%î,»†wì
\îözbe‘T,&ΩfRm≤¥Ù/l≥πtãNπ>$îM61Ã1/Q9ÅK ,◊sFÒ$R&ç§ò¯πÖù]
%ëß^yßÂ∑{p™Öñu™’∑Z’ÅDß[ıπ◊&z÷]4◊Ssùrë˚<&ä_]‹
: &>Ò’‡^°…(ë•J,GÜ˙Ò#ˆ-áè…¡Ü©ïM÷á@˘lvä(¬˘jÈÇJ2JC
éb-V©ÒäZu’Õ7_JØ›ÇTlI/[ì3…§Â0¿7úqΔ%áµ…iÈ\QŒ¸T§ê%9&êÒÈg◊¢k:uﬂö¶•'_ûÙ-âﬂù˜’")i
°◊‘uÒπ'~si‡ÄíÚü£   *xÎ≠6»◊Ñ   ]*âÖkzÿ≈âÊÿá ñzÍd≠Ñ
¢Bì°òâ5ò≤CYdF;¶u_Gaä9Àë.Õí€l¥›àK>6…S¥-˜lµHLñ+*#âpEıtsL€J7ì©µ¡¬ˆËÆ¢ÈçRZú·Y/
\˙./oûÒâ§(/N
<•°tøçÓSíÁ £ﬁm˘"©§zq¶õz
™Ä¯™Δ£
"k<f¢´/F¬,ÂòZH£wÍx-ÿd≈rJΩAñ§KE2ìÍÃJÎ:qÿ*CÌÏ……^{”√√%QP
g4’R"%º÷I’ö‘ËßÀ#üvó}’|¿œıÔV^/Xt“Yœw∂…gG#\7¡ux◊&ì:»`‡cz°AÜ{ä®ÄÙ-ÿá¶Ü¯±
„¨jvyÂí∞ã“W£-ËÍÄú8MØÓs3RÃ¬Å7ªJà≤:)ÈDZœzÏöFªf√ÉÕà]r¢6ìjΩN(L·QÑ«B#eÌÅ¿≤W¢bñ.∞
x

_gÀóúÆ=;©gOzjKG˘¥ó/Î8J|Cî/E†Pò¬;¶Ä§.B´b1Jà4E
yëq~¯êd÷πSÖ(dõàä÷8â5∂HF”TËA “¢éÆëKò%;Á@â9”¬÷0ä·B~0Ñ˛†2ŸÜ•ëΔA§Gò¥/Åê8~˛…
0û^úM˛Ñ†%RNÒ¿ÍEN>-HÃb&íËë≈Pq¡ø•≈Ω∞ëz˝AO¢÷†#(Å£H ¢»†b/}¥Rü√N^êÖPÃBâŸ-
Ü8%*èMΔTéõÃ»b’"7≤qFj¢ãFíRGR
/îwdâ±`ÚG
∫ŒÑ,ÜüëHz:íëç\d#õÅ˘âF^3Ñ»X§3<òª„Gêó¥ñ;á#?BÕuπ)Mr°Ó]oâÚπŒ)pÿüyç%ákëe{ÏÛßµ©E|
Δ'P:†a

@}{"˙¬#-•ÂR…bBì°Ö Í6ÒW™Ö`Æç°h#RSv¿óe%)©TI˘öî†37Qäâ¥"ôHF*#†÷¬Á „9{ñµ´âTd@!
-E~-‘Ü”í√œK&Ù8ï\(qjÇag72¡E(%öµ-
-$-õôb/j√!Δê§k1eGZñÏ˝p=≤-¡d(S¨înÜ
Ì(D+Zâ∞4aR|‘¬V#eéBÚ,|j?˚˘9&2cÿ•Mo6HEIùî8I!Z∑ÖE
%Vá1õ‡§ù\ıß#˘y»zŒg•ß<˜πœCr˜ªçTd3úVgp∞v˘t$]ªjBÊUØœ:Ø÷@ Qu≤¶LJR‡UR±»ñ`õÀÙb
0cn^óû%&TÃ˜ƒîBÖ/èr-$ T÷N"£#
Û©h.Δ1nhâ®ƒ»Ü7œq§àä´¬âpéB=Ó9AŸ$ô¯5É(Î!◊ﬁ´˜˚Ïß<á\◊≤¶7ülU+$y˛UÅÆµ∫”çn"ì-*7Ÿ }
váS¥°‘%j`∂*÷T",öπÃh& q©3≥qÚK˘t8|lF’ÊÈΩ‘¿£Õ≥gïg“^9œ¶≠Àë©/ôŒË¶ÕÃ©k1l±.ˆ
¥1"£˝•«€nv≥ç¢@*EƒV[û§ÖÄÖ÷M~ﬂÓπ«;/ê”K]z>£ü»8ı©π»˘ô≠ã®ÏvΩkÛJWΩv’q∞/âàb
€ÿœ¡Óñ_˜Â/7+¢añ®•÷,’&/£efÏX¿“îôâTz[Tf˘<®=œËt1˝Cû√La˘
£à≠j‘Zâm,ﬁT4Åä1«H˙cèÒÊâÉõ#Á
Õ
e-nø∫ìêÚT$ZÉ,k•r7Ωœ(Δ3^ùÒfl˜÷˝Ã5[ª˚»Å"Y°©˘vWß<Ïïß5ÿÓ\6Mx"≠œ
vœËﬁTO≤Û2ãÓy/~,ÙË4(∂ -ád-œf˜˛YD)Ò*Ê πõH≈BÛço|-h
[.v˘√ã!’§qªbM'u"Ïq,ö[¬˚Á‘Zœ#v]
Ây6r„@ﬁ¯ØÂ˘Íf%Ωë€ı8ﬁ˝N¯ø[°ÆM.y…:ﬁΔõ°hÖ≤ï'˘e~≤ê2óV±âcs◊ÖKÄ,-x~í„ ¨#QoÏı•ı=˛
\‘`ΔÏÏ∫W˙Ÿ•8>^„√HﬁVóŒUësË≥»M≠ämQﬂÚcmEÏΔﬂ∂H*Nµeuê˚eÁΔ=Ÿ ^∏‡_÷ªC£-
ÄΔ˘3œ_xÓû∫üy«˚Δ5Æ~Ìüº˙%Æx xëÎ+uU5îÎnÎ_è˘T[Ü]¿!s
WÄ»--Úe}w4!mPc”FtÉ_˜,Aks?rÊüï`°UnÇ"0∏áD.^`™ı(ÎCoıVoÕ§E√aä#??Ö[^≥9Rp]·iÁT$’y
Ø3dÆ÷wv∑OÈ7x,ß~L»Ñ˛fq/wk˘˜]kÂVçwx‡E˘T∏O_’]Mv^∂^À&Äı4ô∑eo7YÜò
%πqGﬂbU5m)!:vËsât›Ê›ÊC„véÚzç50bZNtà
6E}√ 35S%˘1?
¡í∞aâ-*µµ|r-úΔÉ1DwhU-as∑%…6±Δ~€GxÆ»w‡7~≤8xIXx˘˜}Í«~´^w@F~X∏OZàä^˘˘˘îHΔa^%UW
»@^’OgO _©hy≈÷^
%∫Qc∫ësp.thXmV&˛/¨q¥dù%0∞ßmf!>‹¡"E}Ûà}√7~8˙Ë
îHâïÿa†râü≤â’%âsÙ<¿ÇlXq«W“rO>g~È~±®~,ÁwKàãKÿÑz◊ãðÿ~ç%ãg
Õ@í&Yí(yí$˘ã•˜HH&rÚgOS8O+'-œSd®vW9°€HcŒ“ç¢˜Ê$îQU/ZC|®Δe&/’éf
¶QïFÙ/Òb'ŸÒZô&Ç>‡qu
8êËè-èöbâäc?ó ˘ée<?»êB˜:\EãÑ˜}xIë˘◊ÄwYã≤òë~∑q)ãÂ
˘¥]"íè«íç¥í*ôw$9kóîx\ËíFñì.áâ[ıA`’r&ƒeœXNB4œÜN≥pGwACiÅG˘öbíYgsQôÔb\÷$’≤
¥Ø‡9¡«9{!|ﬁQ)˚?õ@â[ƒy1óHêBeé6t˙Å§¯
∏PΔëw˘ky©ëŸ•·˘
◊@ûM8òôûÂóÑ≥xw‡

“êíÕp
Œ†íÚYí•âíﬂµí˛Èòﬂı~ﬂUw5π%-sPÚ$‘N‘ì?C,X,[cJ˘uÅΔEõ∞IReÇï∫ŸénÛn4ï T°
+5ï>˙1˛X8Ãôñ,
˛6/<j≤ µ05§ˆ:˘WVÉãzyóÕ@û@ZûvYò≥X§~Ÿëáπ0%∑ü«§âŸüÓy
%)ôÜádZhâgV29]ö)B:eÇdBE-ôWsÕB7«v%ÒiU<Ø©_pJïG)°≠°_oÊC°ôK€·Ò(¢ûSè
$∫àTâÜj®†“Sjπ®’˘‘âaAQ£ìß∞êyäÓƒOn•wÆí»•ùiû- ûâ§Èy§ôw{©w±6ì‹eí˘IíR
´ı9´'Ix˛yí˙k,˘~-hÑ˚∑ÜäxŸöß]¢)ö´JU5ák™_u˙¨≈E°kFùì6:¥9K!Å°◊¡î¥…L-ïù”Å˙
¢ÒFÑ*ÉÀyñ5ÿóì¢¢ÊDJjZ©Ÿ©ä^:HÖ§jwßwÚ%ãû:~Bû·ióÑ…ó%û◊0∞πûõ∫òL˙™≥:´^Ií•i
%˜+â±ÜÁüo5r‡˘x}á˘Ñy®¶P√&¨YV-eHÆqáØÆÉ¶7·†™√B6˘Î¨u»Bu≠˙ïn*&(KÎrï@Ùßﬂ°#2õ0a°qÆ
ëúe˘èèññk…Æ~PÊ$fΩ°eõ∑ä@¶q>Iã∑~·'~
Ÿê
-†∂jk
Làã7ûB*§>˙∂zÁ©x9P+´Rz
{ªO±JüKüπzxNJëHd¶ñ£'K†Ü∑ôdeH,KO‘h48ÅL“3≥¿õ[U:<±Yz-/j^é≥iD´0Êí ì&H´2Å!¡˛Hñ
∏ãªÓ™3ñ:]¶yÿu]uïqΩËëi∂ﬂ

◊†°k+™€°F ∂k;ΩÂŸóNàãi∂„∑§ª∑ {
‡˘˙ΩÀk
}[üK˙òÆà±S˙ãNz±Èª™Óπ∏–Ë]OËû–Ëc·EHEπ∆:dŸEH∆ä¨6A5Ò≤ëN-õ+m“ë≥/Fpö≥Pâ∫–£∫n0n≥¨À
7ù”∫}±¥ÅÒëê)ä®QãñóêÛö:ıH¶ ∂àÚ‘´|W∂Å9ã…ª°}ô
h;Ω+™Êô∞,)~=<ƒ∑°[∞J®óR
~fiKœ8œ{[œR\ünK´U\≈íà˚û'ëÄ«OÁGr¬´jÈE≤ŸUVqîõHj<VØE#›Úì,·%¡¿8¡-
gÔ ›
YÓÇÇ,è4U©%EïâˇµˇêòòñYc¿ÎôÃ®}∫HdflYƒ‰©°ú§@ ∂lª
Œ™ü°∂†Ã√®ƒj[Ωõâ√|˘Ωúœ‡+À≥¸ƒ≥<´ÎàW≈RÍëxK∂·ãÉôƒÓ;Ö’%†›yÑ@ë`€∆gEdåØÆ∆≤ÖA$4ü$x|
≥ü¶≥ZÅŸ!D∏È≠Fª_π…¥L ¥k®´@1 ©Æä°âNB£iÜıÑˇ±∂™,keã√±§>å√•úð†¸€¿∂,©–œ{-i; ˝
û,Ω≤,œµœŸê∞∂À|Ÿ–}È∑|È∂∫‹ƒ–@“≤j∂‹ÖΩÈû_kwtß™G(≤¬Õˇ√n‹∆/ªP
%
>}«3™G¥a,7+P%ß>*ï‡\.Ù,Ò#Jèê2ú„ZAª&â+ ÆèååŒÂ:[F°k®Z©

û,§ÊŸ…¨\Ω†¨∂ ç–j–¶¸–q- -Ωœ˚–™Ï÷≥l–ÿ=ÿ~[ÿ|È∑‰ˇ–±°ÿM–ÑY∂4¨≈â;ò›˜w…|
dÜ≤ï‹´ˇúô7–Õ9˝^∂ƒRìÕπÒ4ÄU«®Ûπ≈£_”Jé¸Në,ÅØ€¡
"ªÍÏ Ï,~–Œç¸)Ö#j7ö]´/ã˝
fÃfΩΩim Œ˚ ;ÿ
ù
wù∂–˝–·ô›Õˇ€––›–lÎ◊õ–≠–iõ∞Õ◊k
Ÿ`
–‡fiÓ–™çÕÿ›ó(ÌÀxkÁj4YÑc|ÑÓy…ß£–‹∆”¨}g¨]R∂%;
Q=s«?ÈÜªÒIDù≥œ
õÛŒ°„Ò∫U◊àâ|úÌLñµ[É≠ÇÄ†A«wfΩ‹Ÿ4â÷›÷°∫ <
/†›/Ω
>é›¢¸„r=‰ Ì„‰›fi¶\◊<N>Äù∞NéfiPÓ‰ÓÕ›i[Â,ˇƒ∞\fl‡™Znƒˇ=òÎ…
•÷∂¯çà•VTRßπp‘t \∫p√d¿ve-t•
ÉLçÂÒùπ“ª¿K‰¯[∂%7hÇ]©`ä¨£0°¿∏„˜ıÁk°„<~¿
t@˙qnÊ∑–…Ωâ¨ÄÉ~8@o°…,dFA§Çadè M°.†Ç~A‡ù&#~dîÙ >D(†ç¿›ü5Íìb≈dnŒ–n.HQ
\ÁıfÉ•d¸òÈë^*˛@ˇEñ»Rí‘Vx‘sBgÏ°[»T˙‡ˇâ∏·ñC``Â0‡¬3¢¬(ò©Ô 2Ë2ËZá9!∫°¿L…)•…^xƒ
§–¶∞@9A¶®éSQ›;ˆ•÷·ÂÄj›
∏∆ú›õ4™¯„µ…âˆF˝Â@¥¿
®ao §ŒÄvläAPΩPyDàÇ,,"Ü¶Ñ&¿ãjç&∆&a9åÚEåœa%
ë˚•&‘4öK∏DPÑ
!ÒÑ0åÕPL™ç/l)kE©…m+YL©€ÄGçî®}1^ßì,`IÈH`XØë©ôûÈ(¯fií'–Yˇ„z_–i®êÇ:!
+âA§ 0XC.ÿ]∫¿»™†Nùˆ…ê÷}ÄÄ~Ä~:ËÎ∆õHÄ¯Å_§ûflŸ1¿µq¿
¥†∂¿Ë•Ü@ÄdÜ™»ÇA'
ÀÙ_ˇ]Üv`1ÅÅ‹¨ıÅú4†&òGF¸álŒh' ËIÓïKÍì√È®√ˇ+˙Ë
±k÷‡Ñ “,PêfifmVç°`V»î:gáÖCW®òàâ+…ˇ ïí€ökâ¨ãÅã5â3ËÇª
¢B(‘Çô÷.Ñ•Æ≈È*ê¬‡.œyL} ßLééL)ËõüfäΩ.lö§IÚ%^í@Í†@¢@¢rˇŸ≠·‹ˆgnp]◊≈
†¡Ë¿
@(ù‘flÄ∫ÜÍ8Ë¬2pß¢¯ÔVÜ;%DΩj) œ~A»A&\Çß\
D∏Êâ>†}DÙF‡¨°‰0~ƒ¬ôÑÄ<o∫bØP±ËÇNãM<íZ»QÂ◊ík∫zÖGΩoGM)óÜ≠lÈ†/íö€,oZ∞ònC^<„(∞ô¢
fl∂Èõ“´X›·‡[Wv
.•+øÍúÒ1Óœf 6X†ÍÄÍHÓ‰“êkË~v¿»–¢≤Ä;Œ<“„õd@◊iƒ~ü¯m¿<Î•v¿
‰@†v¿àùÏ†®)∏Â qHZˇ_4∏–ŒXˇB{ Øù·Ä•Ï†B&hB'(ÔÇàu¢lBûà˙U“"‹¨îLè™+6+:
±ËÖDH≤ÑÕ¸¶·»™umJ°∂Œ‡
:êó ˇ±πé\ ÉòÀ––2î)fiœkÁòL·\Œ˝û«n[BWÆ¨!ÓXI2¨ea!(Ï•r0}Vné°Ü·
ÿ≈í¿
úÚ¶ pˇ~¿∏∞–w¿~Ü*^∂∆
,$ ËÂ◊iÓÏ∂∆®Z¬íÜg˝‘§,≥5ÿÿ0`–|91,9±8A§!ÙA!Ç6wÇßƒJÛ÷®¿=fi¡1^ˆlÑ™¿b/ko
)ÇUçÑPˇà.Ù«Ÿ"√‹#êóém∑í‘∑b'
í/6'©ëÀA«»óÍàˇ&Úôöi(<¥–®)ÔıfiÑ_2·Z≤F.O–ÒA†ëŸhh•è2IØé ª∆D€JØ≤
ÿ@pÆ*œ4<ä°É:(‘¿d.§ ãaÊ~¿,G€.À8A!(Ég–EÀhá,‘–*®Aı
ËÄP≥†A6B&®ÅhÛ7˚ésÆN ∫–ÂMÑ´8‹D4Ì”F\‘B
ê2öπÒ∞@Oh‹O≈™©öâ#∂t`oÎsÙâ»M¸£uZ)∏ñRrÉ74£–âÇfiÍÌ,•Ô!
√V/Çfi¬kWnˇÙEw•Œ˘DHN4¥&ôÈ¬|™Ã%)„Ä

∞
Ñ·Øt
ÿ@AÿÄ;™2NøÚ+ªr
8(¶bÍK≥¿k˚≤ˇí°÷ùp<˛ †õ.DwÚÆ∞>ö^Ã(-w€Ä-Ä|B6˜Å®d ˆQœî≥EÏó
Õ˘¯◊>ïqˇÎc1∞(KHà>ˇBk^KX∏ÿ1è∏oäaÀsûVb˙q˝2ïÚHuãπaì@2p%Cc-Hv˙°éÇ$àÇ(HÇ$†¬â˘6&0
P°§•nÖtpY¬I{!”•ø4
‘¿)7Åh¡∞r¥-jéøtq◊ˇv‘¿pÁ˜dËj|ù<ˆg~¿p=≤∆®
Âà£,Å„2ﬂ3˜Aù-¿vo7
ÿ@ö[&dB&û©òH@/KéÛ=9^Æ˙ÍoD√ÒGM÷ÉàDJ∏Ñ˘#àˇÛ!À¸E˙ˆµ>t∂¿ÔXúÖ[ßÌ†à])ßÎØ!ß‘ÖÁ¬fpﬁ
jˆÔ˘*à¬(dÇ$àÇ´?ÙE;p)QølP6€˜»¡j€@:÷x¶îëkÀ¿
Ù¿
‘@mgÅsÅ¸vÁ˜KÁ∂
‘v
¥Äí/Aqˇ+Î∞c,ÿΩ„˜-∆C∞°á7{3.`#πß¨uˇB&¬X¡v£
†Äë€¿`uh≥∞G!X¬ÇM|Ø$K“®|À HX≈§ˇC-]ÔQ¢è‡¯÷b-&íÛıâ±»ì‘î&8ïÊ Åz¶≤!
CÁJ•í7àid06◊ÇÔ©z´√z&à∏c4)ÿB≠≥“˜$pÅQ9TÓØ{Ω4wÀ≤◊Äh†¡ÅnÔxéS{m;hpg˚‡6nÁˆMè°
≥∞,˘˜Ì0t]ÑÔ$X¬€7D'á%°‘Ωôf!d∑<©πëÅ
¡p≠f≥#ˆÅ%°∞n±lí≥lr1¬]ﬁ:Cú;°ƒ°cM≈+ƒ@àˇ/£_V÷rÌ/lÀÅîé°sBiséúÎ•_á-lïÉ8pÁòv˙^'-|
ÕÎ-Œ√yŒG#*leœá∂^[u/ù mé5É¨J06„,, ”ø¥¡ú¡ XÅnØ¥Ê,{NÁÙ±ÀÙ*Åúø’∑lÀ„ÔpÈÇ>
mË>rò
ﬁ`ä£BÕo%*D§HÑ¡9„Dàì,ƒq‰öAê
§¶è•N∞Ü1s¶ÏY≤è!?.˚ËÃ§≤e…B™L¶àó≤óƒ^ ¥ˇÚÂ d…xÒÏ…®.^BÖ%î®-X∞t5Öµ
V™TQ£¶ ï
\8pÿ¬q>/5ˇúV±a…ñ7.k8¥·ƒÖÌv¨ÿ¨sÂ÷ùÔ]±Â‰äÁ◊/∑hŒpuB’…bT∂l·≤Öj‘®Lë2e5
’bT∏8ì¬ïkò∞a√>F3Ω-ö5k©U∑∂∆mŸ0P†`¡BtË»ç√•Ö6ä¢•L†@húÿ qÇ È(h†®ÅBzˆ6Ä ÆêF
È#6î_∞ √÷KÄ•~Ω
,%- $G
ABÖ"áBU9ã§å-é-¡Äk!é@êAîKÉêL$È‰ïa@R %e6|Ü√eòQ¶CóL\È&ópJF'û`,eò°`Ï
†ÇƒÒ(•ò“eˇ^Rij™ ≠
õ¨°:R+Æ∏2ã¨∂ﬁ"Î0≤“À´∞ÚƒÀ+Â“≤-∂°°Rúr∏±fò¬Î§4m ∆1»&•2Ã6sÏ3ar…E¥]4tÜO”VsÌœ?
aÀ:P•∑>v√ÅÜFs+Bà,Ç
4¥8ÇÜÁN8AƒÍdêƒ
FËÄÑ µÅÖj»î
ÃKè‘ÉﬁfÄ
têÉW8‡‡U?Ç"8 8vãd≠p¬âÜJ(ã-|ï£"B˙»díKHA$îD-Cê^*…CQƒ…
&ezŸI¶ù<}˜ßüj¸IüäíQ®õ2j)®ÑÑÖî ø*R…$≠d≤˘,ÑÆkI*Ìz¯.°ÍzòØä˘,fõarÈD1∆√
%ò«DÅì299;ŸN-t
“˙4-oV[¶µ‘∞·FR
≠
DyC∞!œõ‘#äxP+Ñ®AË6Õ‘ €îS"]“lèÑÚ2`‡°¿Ü@
»œ5WËê„W^¡˜bã/‡®(H˙(√ÿ3Œ∞b&é8¬lHH'¥8cn8≤Pç`qƒKBiDEú‹‹óbJ1Ew€ıâ'°B∑-
∆y©1¢˙’Â)]ÇX»\∂¬À´Ÿª˙j &uﬂ]J∏Ï xƒ≤Ù≤≠.Û
ß1≠!L1ƒcì17-3Ÿˇ NaDM„-4‹”ò[∆œ‘X≥&ÁÌ˘∑<l®é:°µ"ã#àà_°07>ÄSö>AÑ
0Ëˇú Çî‡¨"\á#‡Äy¸'+ZΩ'0[~ê 5Ç ÅÄ√œÄ7bY«:C≤∂‡+¯¶!Œr-""ëAÙ°ô(Ñ$P
ñ®dD)âpXÆö§Ë\ÁƒILíAì≈´^3ùÈí"D^¨¬)˘z)Êr$/≈%a]ZXY÷Úñ)È`¬ÉòñfƒC<¿Ä
£y¡òΔ8ñ¶∆‘Ç1¬ŸehΠŒ`O+[2¥«2ôÊ-(ó =fe†Çg4`pYÍXÌ|˘c·¨†4ÒPÌ#-_¶¯Á?˘˝oS
IàxhPÑÖ0≠U^ÄÄ[πÁV@A$Qà>ËÁÇøR$îà2|¡
g-≥Ç4
kF--07B`¢-,ƒ$^Ò≠çƒCñ˚;¥ietŒ&:˘‹ª\D/ûÃ+^7-WÍÜíƒ¡¢_L˘W¿`énp•z!£ó≤ÿ§µ¯•åœãX•
$6P.Ò”JsIû`òó8zÃcêëfj1ßœ 4vB∆grQ'-∏àá!
kÜ±â‹(7àl ®” 'úoÄ@√A.9ÇLû <6(DÄüb`j#∞Z®@«Zcˇyd%6±ë
ñ∑“@¿-âTí®A*R Âb™d%ù ú€.8Y`Ê‹˙MÇÙa∞ËV6{Hππ\9¡…π-’◊d¨K&?ùIá/£‰±ÆRU`WïØ‰¨Ïä
sá∞µîÂI`(X*°„uV+,Ë∆+å%√LèaÃCÂXã»TÙc∏Ül;˙œxûπ”hx∏=e•÷C´)|ìE&àQÿ
°N·"Y@(«XVh‘tuJ∏˙˘è»Æ8%!(Õ®G;BL˘©T¬jÆî @Å0!ƒpF2ÜÅàWÿB´u#ÑÑúK…eU2iÍªMmX˘PÑ
%DdÅ!ÿ÷TË¬#$˙Ê5W≤Mpq(\,Dó∑Ê˚πû°ÀàAI:õ#v¬≥)©KqT\Gï◊eE≤o…ßdß‘%-ÚŒxqIãfµB-
Çˆ xÖRZ
h‡¢U+ö¶&?ÜN'såa2SÂ*˘Ü∑-ÿÖûî°'

)Cê∫p
Y††ıı L:Ö+,ûà,Y®¬≤@òfi°="$¸dPJ:_-áÔ÷HûÛÄM=†<"^TUœxüvÇTÑBò‡%¿Z[·Rfiq$©X-#l!¡ƒÍ∏
‡0°Ç◊»…IB¥°…·ıá,Í´áÿ'Î˜qΔ$ù1ä–Ër¥Ø¶•G?,Qã_7{,sv¯G>ßΩE!C…atih
1+â<^≠içà'«4IFS∫Uªôè EØ íê˜°3QÂèª)√‡2¯∫\ﬂPÁòÌ´é
®á@Ë◊ÕÉà–Ä<¸Aä»4ŒEØÍ¶D é
ïäT¨PK…ok,1ÿ'+ı$@–@ËC*x!Èo∏\»PEfD–ÂàPo√ı°UöÅ≠ÅC¨ÙWH˙$ﬂL 6W¢ê|◊7·kª<Ã"†•
$BAÈˆÖ#ı(ŸNÅ,è\\v"@[/4~Bo-œe€œ∑è∑D–k{)çh<Ü3Bì‰*S4>Å¸c4Ûwy@î±*Óî]8~eª®…6á!
∞Ø:W$¿P°tèBëPp$F
ZÑ¢òÆÅ,©Zç«*√»êÖ, ne–B¸°#rÙûà>ñPàû\„Â/üt}Ì[QÙt–◊˜úÏM®ÓC$V≠Ö(¡ Ö–E∏".ıT8%>
¸fMtmìQ>◊;˘•ΩDlCØ3ÒÿÓ"ë.,ŸÏ®¿/∂bΔƒb¸â,
∞–.Îã6kI™§à>À€ˆyÄ/ƒd0êÅ•"Ü"c #•**3Ø•F·•0?*c∑Úme~+√˘~ât¿ëb˚í#íÃTa4≠à≈2.cB!2‡
D",*Èˆ8Õ´‡"í ¿djvØh∂ƒÅ„<`Pé¯Añ·¥A"¥A˘ò!ÏÀûœóú¿ø¨†˙HÄXJAú˙@Çhi¸,Ï"8,%ŒÔöT¬Dv
çWd'ÍÖ'Ñ≠∞b§(L"F¬N(~DŸöçŸûm/+wÚÈ,˙)ã(ã±ÕÓ*»nÃΔÚ¬4 2|P243‰DN¨,3X1$@N–oË+F¬•ê
¿L^êN;Úß!∂@"° 0çó–`@*≈„fi,LÙLÅ!˘¡Õfi¨fiÏfi ÃofÍR¸Δ;ä`
¿

‡

@ñ@ZüA˘ûÅè™Å†°l‰†Ë
òØ≈˙Ù«ÄÓôé†X@'†6'r$àÈƒeáînØjEîaDV‰s÷e¸Hgƒ≤éÎã$wƒG¢¬_R¡_\Ãu`Lb®≠a
–Ìxáw*ã«∏çΩMà¯,- !üÚ¯Nd$N@od6èìÚ2fQ´Ñ–A?4xËõ %P¬4°gûÜS8≈Œ (
"ØÅ"‡Xlè
é†
*È¡!¡N·-K·ﬂÃ≤ˆg@‡
÷à¥`˜é`
œ√/±
`
@¢†°ê%m"úÅ&≤Åê·˘" (IÂSdé`(%ñ‡` úÉ‡±^∂iá|H\»≈DJ‰&–•sQ¸ËãF
K$≥Ó(zDu\g($*VR©Ç/∫·8ﬂbFã–ñ"//ŒJ™$Óê!–«é«ΔÜL+Δ$Ü¡0Hp¢,%2Δ)5∞)'™(·ƒ)bqPa{h-
¯MêV£¥:v¶+m†Í–ıhq5Ë¸ÜpÊq·fi"5ÌÓ"ÙΔ»@Ïl"n¶Œ‡/µ` Œ–† 1`4HA"∞·¨aêrœ!˘†!1"°ÏΔ,
ÛêI4oI–
àÄ8†%œlõ/èE ≈%Z¬"e"s<‰",oà±'Í•^jD$
Î7wdÏäS*Ã.*¶MΔêÛ√–9ãg&≠Õ–∞Ì`,Ó≠3alÛ/ΔÑÔc¢4p<–£2ä<ã@'3,'#†r?00 >√G|$AÓs:ûC
A3B"2–Ü,xOîâ '¬MËÚ.◊àÃ‡jœ!A%Ñ/gäé 6‡ V1†"@ÆÆA¨·∑ÅWü!EYÙÂÍA%ÄíÖ∫
g
¸¶P82¡Ü˘ËjI≈" •√j3]zç#…I$ÈOùLl_vd)|§≈V·G¸ÖŸ\gΔñD≤™–◊LœTΔÏI
€"î,ƒÌa≤≠`FëL√"ç¬DNá3|P´Δì2Ffd2·JÒ"∂2,@
!n1\JÃX|ZCú†8ÄÚá•éÄl·*J2¢IÉ¯Ú¢Ëb6¯Δπ‡"2
*aÕ°–ˆvœ
!qÄV¶ Äô∏†>‡3≥ DÂû¡DØ¨·DØ·°∞ûak%Õ;3∂ !ZMòàΔ»c‡‡í¡#
SØNDÁ÷õ/èxÌ¬¿']<(Üç˘∂nÊ˘à_†ËtΔéuäñM<LëS9ë≥Ì¶
%'ıIMı.ƒ®v¬hv:ó}≤ƒc†¡"î˜D·ñ2(Cb'6Pœ.÷=yH5L£c«g5,Å Ç1IÄ∂ ¢ßÊA¶è~Ñ@8¢Aé
ˆPïa=µAΩë
™◊8ÊáÃ@XàŒnàˆH`ñ÷ñv@PÄX,fÆPûÅW[„œñ
§¨E°§˜h†<l@:a\B¬rÿo¬|ËÈr
¸¿II±$QùGñB)Ñ¬7–]ÂIqY* k/§–≤$Fw°H<êd:1w,4ã:˘¶HÙ)+*f/D+ç*cJ7)#ÉÙ&C
rv)6b)ñb7c¸Pt◊™ftlß+˙¬≤Êä•@é@y«÷˙•gf˘ fa@°ˆ∞†àUd@LÂoç-
∑†Rñ††ññV†t`îÅjc≠j≠V5h¶"Ak˘.e3!ƒv}Ñfpòw}2eH¿ 2°ödnÒ6]≤ïÆ/Øl¢√°']ÊØJgÑÅ0g
\O«â]YGÇ•BÉöb™ÌI,ı'œ4â&€¿"Ó@–wNxâÆ"ûêÁ/ AQë(É∞N6Ù¬âÖ2àGàc∑fi2#H˘ùnΔ¥ΔP∂Å;iòm
∂ÄQûÂœ Wí≈ é†A,9•«Ä®„∂∏hA !Œ∞†Äà@ P†˘..S„gf∑∑ôà¿6ÄViu6Ü·ÆÅLÙ5%~„wœ^·P
!ú†Ñ∫Ve∫l ‡@%
r8ÍŒØHÒj¡È[·ÂìKGF˜Fò,â"ÙàÚjÉWŸéá/¬¥Δˆ U«¸uIÚ5_•$_Uò≥VxÖ◊4ç–Åœa£j¯Nèó,B9Z7ö-
A2¸#Pùy3@#∏Å'hè[c°√¬YÉ¿£ G˜noòäNäï∑k0‡ÆXääCnÔhÅ˘fAÅ≤†
hàI 0Ääü√ˆ¸k{√1FÄC∫H`û°œ¥Å°>˜D˙¯WÈ"qâ©6§4ı« °ÜF"§i≥",ráÙ™ng•„%F"…ÅèBF+Ÿ
H9û†q%ëïa°Êµ"Δ•UΔ.´ñ≈hb¬"®£s,.◊≥>ã†¸¢–Aú"£äë≤a·d¡x©6ŒÛ2´°9öA√∂!NØ|E≠ô|2AœÄ¡
dpéàêíif"bVN¿Ë:˙ˆ¶QÇ·fg¡Sœ†
ΔX àÊ|Íä`f"kf≠‡

ñ@|#†Û
¿BA˘.ªö>˜}yukMb^!¿*!xY °Ä◊–†fi®rn®nÕÂ˝~˛áh€ØΔIÚËo¢t∑
ã_éÇ)fi *ñç8ï
∏◊-‡ï.2ãü¶ƒ®•"aLxbÆ»®≥©´"¥ƒ‰H◊µÇp·ƒ0b°1Ë‡¢93†´Q¡34ƒL(ö<îAP‡Q#!œRé 0£XHH
√
p`¬Ä~¨@,ä†zœ‡SE¡Å™†z´@∞y"†¬ÉiÑ»Íp¯Úz`8Té` :°¥A≥oΩjU\k≥d$.%πX;Lõl¿
<ØöDnwçá<"˘g˚[?'∞–'î\¶ÔØ7I∏%ü¢u´qw9K/Ü€rßÑœT≥PxêÑÃ£ML¿z'úò>|z¸t™Ô£™
·Q·°}∏´I#ƒZ0nW5•Ç|òÄu2‡†3Ö‡dë°˘óé≈XœS∏Î+-Bl´W∞‡T?ı¸Ä®∞‡
Fµ
àÄªà'ƒø`

ÿê¥+é†``·ƒ5;÷¯ÿ5‡◊◊èœ`!–Äm‡ΔK4/n0¡?2Ñ%ò3ßnù=•ªı◊ä"…G"t÷ ¶ôBÇOÁGNR%Ylq°¬∏
°Õ^â¨w®.0°ΔbÑ±ÕÀ3∑s ¶s˘±$y–¡é¨¢ñíaAOCá«˚3Å¨Ï°œßπ‡≈z5Zõ«Dr¡ 6`,Ñê•K"°£
,Â\ÓÉ@,ª0àı∂@∞ã‡'˝†
î@%î®ä`-ÒΔX˛`Õê≈@j†<¥® c ^ƒaTúè≥vk~'-^°fÙÆYä:†+9Â8‡†fiB· ¨µ"E¸Ÿ/
úäT/g3¸:y∞ÄbÓ%∑YŒ\◊uTY*äS]Áfl*Zyã÷Œ-b∏pª7!¡Ñ±)ÁPaƒÖNdà
úΔç3f'X7o√Ñ'ï e¶H,E©å¥2°@4˘·–ÃÑ™ù®,eB5
UŒ\Œ¢m‰
€6kLìr√Ê,órÇf
dÖÜH®l·≤5+ìÿHÑfñŸb≈J@Äh*CFï3êJïÇ®ä,o¯òyì%≠ô2g˛î9N4g≤'±aCÜ(4ê‡ÇLƒkLôrÓ¸ÏY≥g÷
ñë~6,!8_¨Ë¿AÉ $:ú8AB»ñAôBuz5,3gÀò)„µ,ô≤d…ó)k˛\˘ÚÈ ¶'Sé={2^√xmfl≈<x]°xë7èû|
*]±`È"+÷˚ı©`≠≤üjUÆTÙuÒ?8éAé@·t#ŒÅ
§BVd-A -'ê˘ÑV®ëG‡|‰–Ç°√Õ3–Ë4
Jë@Ç"L+≠ƒR$4'Ù!8ë¢O=ÌD#Q–p√ÕÜHaMg÷Äcç2R°•"(.
AÉëåRã0∂'2ä$bARa[úqΔZâïadrä)òî<(ëY°ô≈VêaEóp$÷VbZåP =¿K7!
rˆô5üçVö5ß9ÛJ&r|±ÕB‡`Cl∏·F
8î!c-®®ÇåpΔIß1ÿQ∑*tÕ]∑<u≤ ƒúw>ïWfivÂùG^ØÈΩ˜/´€^~∞õJ.˙Èóü≤>D‡≥RÙ‡Ç]HQáZ®ÌD}
‰a˘∏·p≥M4– cKå& T…åÓñàãr¸!Ñáí.πêÇ
ø@Y≤SN√8c
60 iMê÷<e§,¸‰bL: •-Øà™RYoïÒ≈[êÒEpFóïúR&$éX·ÖoêaΔfXÁú[∂V ï,«Fê ¬ÄQÉ
p£ç6§uñË"ß5cç3…t")L8Å)
≤…∂)
B†Aà(˘ääÂØÅ¨Å™≠∠«\t'©>ä/÷≈öLw€u∑y„Ìü´Ø©ò'ü|ÍÈr¨˜–wx≥Ùî Çâ`ÇÖ[mÉ^˚‡C
jK–∑n§·ÇjÑî3√|5J&©£˘ (ñ5"ãÅ¿
°XëïoN5/ÿo.√,à'èIaS07EJÖLÅÄIÉßêà"U0¢*âÂóáy<g¬Âé†l
è¸éTR ~tŸ=ó^öeÖ<l
YpaDi$"ç6ä¸Ô¶,£Qé≤F2`!â'Ä°RôjfimHpõ4
°ôƒ®`a6„ú*9'y[u§&µπqpV$§ï≠°s]%/WÈi!∞ÇÛ¨Ç>¯Aú≤ˆ√¨g®@ñÅ*∑ëœmÓ ™–∂å»9ÑÑ.CjbÜz
sù&"M‡%ª÷'ÎäÅ√OrF\–»_7/âÔäG<•,ÃK1û˘2ÜÒ'»Ók^‡•§Zÿ((ôâb∂%12‡¨u\˙√…nq
Qú¢ï‡Ca 1ãZ–,ë†%)•Bò.±ÕfE8¡dpÑ2B[Ë"∏ë(2ei`2pë 5∞Δ
GÄ

PAlÄ2¬Åâü®BtF'VúË8gÑtÛN ae¬ƒ·™<yõÊy\ÿB¿Y˛Òœ~á√\Lnú«„(Dq‰rüC'Ö≤-Ö0tÙlbFûÇîh°
ëD+AQ[tÊ<–geD&lëa‰N(Â)Ñ°â©–xL1ò¡<X//QABêÅ¨•Q<ÇJz§!ÿ˘¢Ω√¸·:´Ñ#¸¿á?||Æ∞À#¡
>T¢¡Ëi–~:äYú¢töìQÂ'dl"õÑ3û"
UJUH®ÈD!&Õñ#d
Ç]£ü◊¿ á>¸‰qÿÊ¡UùJn°®N[ì∑„'™V"‰Nxt'7œ˘ä=1\≈Ø¸ä∏˙Ã–p…¢è≥ ¡8Å$hÂ0HÄ$ Qàî]gÊ
‰Yë
–ëCOÒ–Eï!µa†(d9i@Q0Ÿ)Ü[†] Ñ2flâQå®»óøÙUãn√¢
ÎÏS™&1!·£˘àÑ(D5"ØP©DóåD%hÇ"9˘hƒ…jj
SîéPDNø◊"˘û£¡$¸ê*ÃâTên®PÜ4ÿãœËΔ5¸¿¸pi÷ÄÖ%VÛÖ÷°y≤°
n6p¡&Ñ∏Yë¡å,§Ö:NÜ3Ê6ù∑ZÁô–\Œ.ÓÜ´dÏ≠özÂÖ}˜7œ´>4T8çU §
1biL„ÅNâïMßè)7œé0ët>*óHòbƒÖ¢BVîj>"ƒ/±6–äÖÆF0Δvc„RœLÆ0oÉG<¿MŒ@Ö"–Ä
ï∏≈xG:^`¯t∑ PV<ª'é∞ä)\Q"Ì:ÇÇx√qäY#®AΩ$Òá=¿ÂÏnÊ4B®˘"4,6>˝Èf`„3ŒF'0!-
eA6‡ÍmhÉ`√AaÕD' &·LÁT∂0€∞∑∂zgnfi)ˆàWÂù£õΩjè.ÜıÏ∑∏õ¸1ú·†Â√rJ(CràCh¸Ì–
È¯«òï,eG◊ŸãlxÂz£mwí ,/Ñ-¥Ϊ∞¥l!–ªÚÊª–¨çª>ΔóôBf
„*qQ¬öè[√Õ„˝ÈH],í;[EËªnôPäO∏¥{¯ÓL]q

W(≤ÀX©À…¿^*dÅK3¡.ûÅflgÄ:'◊¿'Fì]H¢X•e¥¡üÄ¿Åf-£Éñu8˘îŒr.|u∑ÕUm◊q¶rÑm∑]ÿ-
ÿvÀÎÆ¸F∏Ú‡ÁXÙa±ãìµ,g5nÓäï1é'çoÉ[A‡†±<+'Dq©ì«óH÷m•hîÎ¬ß√E'ñºB8Ÿ…w:Ã«Ú]T
+b9 PŒÂ∫=√j4∏Rîf„Òð òäpÈJå¬ÕØ≈-FZÁ<'„îÑƒ"ÛúÚ[¥¢¶ü¯'Å|‰;,•Ù"+a›FËl•Ç,‰âL √ì
¢u3Æ!j®≠R»†ÄµPGpÌ'∫L•ÇÌï I®8feÜréô¥v8;ÀðÜ∑#+Ω-√@€
±q≥7%68Äc˘&∆W,v,∞p,˚Q8Öµ±Cëëc}ßwyß (nÍ4nÂˆw‰6dsxHQ.Q§O\ñè'
4rê6hyi°ÉiQ_$Z»é@ò∞@fLŒ•ecÊelƒÑ á√
ÄE &êg∏g{TrßHïtgua•pgÆp• rú¿gúP|k(ÜÄf◊q.«+∑ÉŒpäÇ
“~◊
÷•}éí§ jP/h!\±ët¥t'ÄGx$ ®- Sßºñ!tâtaŸ+ †*tl◊(‰˘_w+∑b{'1‰≠Å±Ëãh
˘ã(O·V"àw“c$(xøË¯dQ@R. £O¶s:èy•R/â¡E˘¶Éra7#
∂¿eŸ®†
G¯äwp™ßÑ,Hf€
®‡za"Ç'f∏w{[∏Öá2•p"êáê• †P v¡]9Ö»«|Ôh(hÕg÷eèËcdÚ
Ã`
fl†(P#
{~£A †®@tg±´V4∞)ØÜÄZu;Ò
ØP*ˆáu∞íVÀ1B˘Áâ≤"lHv·°(b;Yä',√,|î√ãXî-Ê!~ßÿ àcKŸwœ∏w(hÇñxˆƒ
ëO sÑ\F¸b˘%ÒÊG≥6PSFN?jQ∞Â-êçŸhaúˆ
œ•eJapLhpcñp€‡∂‡"ÜÒ1d•ß‡é)ßq(gò_/ïS1ıåÄS{‡ìŸú‡
œ`ôydËÜ¨p-∑èü‡Ol1»ëäB~Ëáfl◊'·$ ≥C)G …â∏)≥q8∞ıBìHVfsâö(5ôà«$5 aüà√v7 +Tl±Rl
,'+‰·W@ib°∞≥xîF û©∞!yÇœ(ï,îfiV≤w~w9@¶cWôÇ¯Ù.hL√‡n˘¬3HÖ;##ÇÑÍ%:H;µÄ∆˘

…-†›h
fipàyó™∑F™á°Ë•»‡.4a˘`Ö¿ÄHàÑòwÜHä$]gPiJÄT•2íâJ-Jpo-¨pòôôœp{nhÜçp>bhÜãY µØfl
p
€5TëÄXu»Ä
ò¿ijÊjK◊~ $‡t¥Vì®
eeLÿ¡Lhì◊a˘-4+«WmjWv5q#Ä·-7Ω,WÆ®<˘DûûˌıûRï1:flïO…ã‡6ï§3.ç
â@+¯iˆôç_i#3(~ƒ1!h°éh©=ÅÄ5Ø
Z™ıeäG.KòóxÈÑ€•
√P"™ì˘ Á5ònv{ÜY¢«q‹ÛJ <pJ@X‡1zIØ£np£9z∆Äôäðôƒ§ãÙÜœß
√‡
§aÆπÕÆÀPj∞@5¯¶ñ¬jÍÁIZz"¿t$∞π·r #;qkfÉáßBº∆ØÀ±ú ©6fi7q∫ìÊÅ7§ËBv™b€©bflÈv} m‡Êã
ÿ-
~ß®°ûÜ/û•i-'2Çûı@,Ç†ïç¥µñØÉV;®≈EáA)˘&≥,%¬∞†GX.Ë
öØ)°NXé‰»#fl∞
' ≥†.∂Jòä¥´)'
*wIˆé4\J`µX-¢1jµW@£6ä˘£ò…£ahgx>ß r.ÂêP»P6›Ò6Ω-AÀ·Ñ∏g@KBP•5p7 A„Æ¥Kπ-
Zr•®ú∫f'17j+
™¶ãë€°b,m˙a◊¥äÄµäœ∆ùz ¸aîØpîEi±ˆ$-ÊI®k±8¶ûãÍ±=“#
¢√D≈òQdÑ^â≤ñ‡îê:bYÉ¨qS¶od‡dÒR™m
fiP€™xJól‰Ñe<mîpfl•
¶#=(Z œGÜÛÿÜÛHIáƒ=ÏÖµEÄµ1ä^`¨n•zphüh9:œØêvÒ |§ˆ8hé•b” ˘´ ö-
§pbªB
ùØ˘tÄ-ëG∞j6P20Ì4¡∆•L@Øí0¡9°ì∆ú/B
öa"F∑rπõÎLbW
{ù+ÜÆ»ùò
¢Àv±(∫µ∏∫´äänªäQi®Ö«cÊ©-N‰!†÷Ç%˙F±ın;Q%V¬≤•R;!√Z2{/í -‡
kL]$;+°xip‰®
´öz¿Ûfl‡
Ÿ@
∂ÄH*≥èÑi≠B*Ü(SIGi.J}\¨VKôd∞É¨ç¿|È¨(«
≈«g÷≈».◊g)ë ìê Ö˘ì¯
∏•
op-GP•E`ö<†"P * 4"ÑV†ô0ø°˘¡Zùò6d∫˘¢Ë∏tìipölΩúìΩú+◊âŸâÎQ,Ûq8°±†À˙ë
j<|±‰IûfiñûÎÅA≤ñ•NÖ©†#<QTï∫P£≤òÍªî«1U©ˆŒ2Ò$Œ∆]°©/™c¶ó wQuYΩ∞˙

nl¢0rÜwQ-≈q-s~âµJPÏkh{†'ê•øäÃHh§|V   '≈~‡è   }
#&MØÖ••ò*y` ¬ÖD•¿§,)ê#` #0F:∞e1âøFÏk3yú´B¬k*lë{¬¡R+x„¬Ç„Ä)ñvÒÀ3dî5ÏÃ6±
„yÕ◊°ãAÛÁÍ!(ïL d>Ãm¢%|anôeπõŒbë©íœ!≥o¥CkN6™É
/≈€‡
‡ÿ°IXΔ˙àJi,fdF¥Á`ﬂ
'ßo•ﬂÜË√H€+ö"i{&aR¨X`œT -}h-ÜùiÜ˜Î@J]Õà¿ç‡é0≥ChÄm1y¥ct¬E∞˜ë\ )@?:˝'#¡(Pª-üì
p   Ó°œêVgïVHù¶rÄ]'b%b"˘BBπäÌqßDyÀÃ'l«v9Ãva>√eÌyó!ÌŸ∫ÂI ƒFL9#∏n
%kŒ˘≤G)ª≤aŸ˘üîßZÌ¸d4·"d-∏@ÿ€`äG¥y   éyôz@;Ω¿„ÿ÷{mú
-é £o Üïpøp®,ë÷-ß>¢òMòmhÇ°/Ü¸   ûârˆ€»ç@]|0»Óªç g¿h•hp'`4c)ôÚëJPD@2¨…ù*Ä":=
≤QF¿É0>¨ Ä> ∏â'πv'¢(ß Òa,ÃµùÁ·W¿¬Ä0%lÕ¸ﬁﬂ§PX"Õ‡V∫∫xﬂÇJ÷€Ï±Ix‡2©†e≤√∞
O<Ò◊ªvÌàä2øƒ‡dO,Ê-≈É=JXΔM®ÿ3f◊ÄΔ<pΔC´°m
ŸP
≥EpEP   Æ‡RÄ§-öês|LÖo &ê∂RÉàÏÉú|a∏»fX
ig∞o¿œs‡œo`Ì0~~@iÒ&G`/4`µ4P<S¡<¿)` '∞Â:M+04•
$V6@V9IÊ,°Δ∏JΩ˘§ËÔ8,Á¡¶u/BA˘lkm8¸π^Ì'«2û"/l®(ÇÒC,ü±ËIL<-¿xoI
¸¬/ñ≈ñœŒ®≥N÷"ëG£`∂Í◊[·KQÿwôó˚¥^Fü<‡!é&Q¥ŒJ0¨'Û °N]°"ï>,ÏdSé¿Ω÷˙   °=»
Õ|YøÜç°Rç1ô®=s‡sÄµ]{rÅ∑T`oR¿JÂ≈
ÂSN<Ä"XÆÂ$∞ÂèQG¿ÑÄ   D¿c^a …*ã∞∞≤'»vóÄπl'§WÇ#w
,√2√»í√^"πÏÃ"¸•ˆÌm[÷ˆç±hïNƒ!≤Àd∂#äÁÒ8€ƒYñ≤ê«≤œ;}
;,""0-√EK-°búØÂbpÖ=ÿÇ}ΩØÓ
l<Δ'Ä« =¶   É‡Y@6 &@gp"È„˝ã
…E0'ò€Kò∏:qΔ@|-Á»ÃgÜ˘ÿqàIÌ«JôY¨Ìäë∫'~±·ƒ   #H-†A˘§G5àb£ékêêA
¢F8ìB¡J2Ÿ≤ê LûTñ,ÂJf*KB[πrXØ]*w
„ïâó2^=wÚÏπãóÆ°∫à=∫JóR]∞V¡J•+'XØRM≈
ı*÷T‡∞yÌ^'k∏∞a…b-/∞c-ÇÉã≠\∫tøä≠ó6n-∂EãÊÃ¥aÖáÂ Öä*Tñ$Y 9°…Ñ,´   »2ÂLô"y˘
        Æa~∑">Δç[j'ß]{€Êç€∑ofilGÀMwði¬hArÈO"2NàHë√Úo*ErËO†È'+QØÈî®[∑jÛò1•ÆJ}
*ï=˙˘Jü }™%®->nÏcπÔä7Dàÿ @ƒ@ÑÅFêA¢°áÑ8,à"â(¢ÜkËÀä‡bêP^Åôêò!)$gX2I•ER
¶adí©ók ©'ùíÈE'^v9™']b1J)¶zLe®Tû:R´#≥∫J…Trë+J∞¶d+ πÿã,pÊj+Ø°∏L
±¿<K5øL7√ÑIL1\klîL%¨¨À%ÿÃ2…:Ûâ3"ú9≥/kZ;Õndãm/ŒâÕõ¡®¶ñYFπ∏7äPxaπ0˘4ÇOm˘É@§
£.'Î©íHðÎÓ`bΩÖ<[…ä5Ω˘Ù ©§◊˘¸v*∞`√7à≈bø&n0°"Â¿`Éh£
-@ÇdËÅ+ö•àpê»¢ÜâÃ£T:IƒêHBÈ$óVÇ©$yS"i&ì™&°z,Iô^| G£&
ôR*®êt
*'πíÍ*Ø&éÚ¨≥Æß ±' 8-°,œ&.S5l¸,öa+Lò√Ê"ö3ëDìLÏ<U<ı%≥g>Göh˘Í´Ëm¨Òn-9ÌõΓΩ…Δõoú
A&òQÑ;É2ﬁÿÕÜ°^TOAm†¨@®´§∫@·ıUJk©E÷[D1œîÓâo÷ÓN)•=¡„ìéœ˘3Ù√-6ÙÛ-%nàA§>ÄÀ1Ä/jO
‡!"àX-#r"àä∑#:Ù(ƒêê!¶•íòI-§>çóEëp,'ﬂiJ«îÇ"ä(Çó**)®ö¬J*$∑r˘™Å•≤RJ±%¢˘)ÕÍ&≠.
7«cª»$∫Ë3lÂ¬êA[:Àì±»Dôl29OìcgŒCÂÁ9GAÖ-≈óh¥FiË`ö9ïçj4ê¡ò≈)*¡*»‡M‡ÅO"ó\
ï®pÄl@p®ƒ/R≈™Ã-U€ﬁN∏J4¢Wü-≠ó_ı ˘h ˘êµd±!qä√¬˘◊¨∞AÎYa+-4ÇÅ6 Èr`o·¿F∞A∏é-T°°`
FKZRªìú»v xãrî£~ıÆ'°ÀIœ|ÚØ^¸ã`>˙£¡úR∞ß,%*IZRƒV!=%ÂBbwôÿï¥∑•ØîÖb√"«&F±0ï
eÿ•öNT
√ ÉM∏¿¸?K-©2˘"Ãf
Ià¬"Îà$Éa8√|˘À^X≥
tîÅß±M5LQà,ê†î`jö 0A
ê≥F‡e+ 1 Ñ3é»â€¸pH°∞Ô©!ÅhC]ï,ËÁÑ
£ƒ ¸°g8G¨˘ΔKâ"î<≥27≠jYKAVD>Ñ íÉ#8àH
D«:U°Ç""Δ∫Ê•îït%ÚIN|◊ª≠x8Èó{ä?Æb(L·ETx±H#!I*Zâﬁ√∂RΩ∞`œ®f1™≈Êíñ≥ÿdz
S'UcçøÑ2M,c˙PÈ>TàÄ®®Yœ,5XΔg5Îj+k9
[‡¢BKÕ6NV¿◊j-®Δ%eûS-ádp√≠âj&G9ûU†ÿlÄ[ÄÑ©'Ÿ-F∞Í:˙V∞Ê   üˆêp-â∞ÜH*(¡WPÆêD,,
+°Àqµd≠Åú†!W|H"ƒEê˘Ó9·Ä T®Ç}hLÜÏÊu;8œq…ÄÜJv2>·>qG˘
 œ˙»ãÌâ4-Jx∂S¢D≈ßWâÿí'ªï´8Ú.ê°KΔÃ¬±∂`Âí´^»ßnP')VáÅâ\ C®¥cFQ≥∞Ú)O<Éàcß˘·œ%Ôj
x¶™/¶°€3†µ≠Ω¡
T¨˘™iÇ(«»®2≈.∂ A÷÷∂TU««ô¨ 1d ˙äΩöèØÒ√Ëú
˘hi0Øe*tâŒäÌr§˘üÅ<Ä<x(&îÖ#ha   `Ù,°h-†i@óH'(R¡»§˘ÙJiIvrì<Í»^z¸óø^Ç)Ã¶Q)ÿT"
ÀïCFœëObo*DV'≤dRœ‡„û|;Ê%®ñèø-Ä
®°œ81∂HpW3AøŒl¶OÑòed,˜ò¯>í4-ÄÕi•k•≈f0'0f¡+˘•AT@1~íÿÑƒ'4¨6c¸A:@Tp¿ét¬¬˘xÖô·Á
€xÂC_Ÿ-<Ò…Lì
G/,a çª¬,Æ‡%™òâÀô≠Å2,eÑ†é•#≥'âQxÎ[D&:aFdÃyŒ#ô◊õ˙\óÃ_7∫Óui$„   Z¶
±•IòzD")ßä<d§#MäT∞°+|â˘R%Ô¬•JRR©t©4T≈î·'PıfŸÄŸD`^œØ´n5¨#·jŒDΔñÒÉ"b/öe8C◊≠Y

l¨™öˆE…ô›Éﬁ0¨d]aYÃrv
``X%L;Ñ◊∆@N`Ñµı¿íNﬁ0eYG¥JpÎÒ’:Å’∂&.kdh∑îHe’ÆVâI✱è%$∑Å…9#∂m
ä†[.
¸ãG(∏¥êL|$π…
iHôëë¿h,''›Nt¢}ŸQ_ı/wV°ÔH'˜nRR=ïoÖû8˛*é/È¢¬°“m±ûñ<÷±˘n≤L'ÎÔ–∂ÒàmΔ˚Ña_ÅQ)Tv¢
]ï´\ø7Íªdbtqö\+PÅﬁ∏ø3X5Ø;Ç{@‘É˙h°&Ä<»ãÅl &∂€Ä∞∂∑ãª !®;8ÄÉ2∞@°;9ò@✱¨w
ú¿·,K!'À¨˘B<*(h%òÇxõ≤∆´7˙è/ª/Kê©Å*∞Ç, ≥-ÿ'pÇ-à-pÇ/
ÄÑëI#›)âì∏ùôò8=8]∏ëö0@Îâ^êÖ˘ëêKû,±)ö ©î[§&Q9RX$7d9%[ÖIãπÔ±π-ÈÏ°9-
yãΩË§
Côo%¡ 5Ú€*˜1:Ø≤ô§sµŒxøUÍ\»Ö˘3@˘–5CÅ
/ÜspÜj»ÖZÖgíé∞3±7¿;±ƒô≤&`∂t6ã∂˘à1l√∂xÄ∏ö@48ï¸ß2✱≈?ÿ¿È✱˜pè¡Î®¨ SΔ';<*¸‡V|¡
+ÉD≠eI¿˘hπÅ∏Å¡àÉ(Ç"»3(4Ä4¯tÉ/ÿÇ4»„JÿQÆ&LbÄ©dòBâ£∏î∫BÏ™ „¡Ω}…=é$✱*Cœì„
áY√ˆjπ7D›%€ÑñÛÑÎìµxã¯/CKÎ0 l∞îh¯9gxB$C‹*TK•ÛS5ı√–Ö[røUö∫¬✱œh¯Ø‘`t˘0†4€
»a✱:!˙ø=ò<p¶dJ˚(ñ)õÇ$HÑúC%PÅ»Ä ∏[¥≈h¿ @‡≈3✱E¥ÙE≥4'^·ïw*FHx'^1ßÃ¨3±v´¸P%Ç&ò
Ç¿î¡)C@…˚èn¥ „¯∆ô-0É2@]ÑA¿ìA 5ÄÉL`B˜aÜÜk8ëP÷kóííë7
å°e-¬å√ÆÇ‘Ωû94$CëDSò#I/'9œ›DœT®»›dœ(Ÿãäë§µÿ¥=§π
+·Øπ¬¿@ìî4∞CD∞˜I∞ììHËÉ•kDØÇ:UBâÅB…o∞ÜgXçÛ †dös®:ïø*±•4ETDEb°2ƒ∆\@√Ç± òÄÆ
ÃÄh¿ÿ#–E8x≤2✱'_\ÀΩk˜®Ñ¿·ïÏ"Ä"
IêMë%êF¡§F*õÇdñ„ËΔoDÃƒ§! É3✱ÉGÀ$ÌƒÌÃ,í«yåù”S£–GÁ“8 3zÈ3–%ëÅÃ=Ó/ÅMB#
õrä‡cC¨xû´ ñ´»M Ö,]ÖﬂD›Ø *JJ*.±π*Ÿ¥Ø»∞`:ÔSÜ†#ø∂BµWpüTbåfÍì»"Ñ»
Ô<ósÈÑ?ÕÖÁÚÓ;öû€sHOtHoòÜrÑt=pJ6˘¿É;ÄJ7Xúcâ ¿dE§&…I˚ àÄ–XÄ–Ä"@É40KÄÍEµdK
j'∑ÏHp°^1ßœ˙É3¬ƒ€ÿ≈†¿°Ç)ê¡)∞ °¡TÄ%%3@ÉÃà¨AÄL®–ÌIX∏K.œâù«y.6ä#˘i.y…£îÿå„ù/£
^πﬂ3ﬁ„Ω(M9Db/ñ€RﬂX˘ıÕ.
Nµà§±Äœ˘ö∏@ŒΩ✱Øîå™ã#¨jDÜ∂rÛCÖP»Œ±ö–¶˙*¯˘S[ÖútÚ$œÌ{Ügêög†
o8ˆ4Üz/ ¸h ≈©T7∞TL˘≈≈QΩJòñ(Å¸tÄ∞T'SÕÅ3Ñ4HG48É-`Pu2s¬Z'”Z≠ÂÉ2 É¨+Bm/î&ËÅ5÷|
AV$–√DQoÙF «2¿÷l'VVõQ®%[pùyú«tQÆ'âﬁââ}4)ä€Ö:/B|!
ú®=Ç\RêC»°PHÊy
$yH„€“›Ã“M†HÄ%ünÿãnê§-)”âô<\ë±Ü◊˝ØîìS8rÜı!∫ñƒXTÉìÏå¨Ã∞H†®#ÖNp…@@ƒ/®
†§çE9ò=ál‡Ñ=¿/6¿ﬁ;`É;‡ﬁÌÂYÓµ˚Pú”2ª™Ñh„ ª˘4’HUS≠–ÄÉA∞@4ÿÇ3–Ç˚ı≈°ª≥°ﬂ˚µÇ©ÖUÄ
#¿"PÇ✱ö¯%@‡ÇÃ¥]≈‡–„ @#∞Å,(HËLËÉLòÖPòÑ2 -‘¬êÇ∏{âêÚQ◊≥ù“$)<{;™ë˜.ÄÒ.'
X3\,kπ$NÖﬁ¸Mãƒ“T(›(FSÂå/„\›+ÓØA˘Øÿïÿ/≠›ñ…ñúSTS%Ø

B✱›»˙åL∏…– T
T›0I≠´
EÒ∞®¡cf†ÜiPÑ9pÉ)∏ﬁÏ›^J›^K5%L≈TL]E´â¢Â ∏#U˘5’›Ä¯ùﬂ˙UG+∞'∞Ç%–%3–
%Ø’%,†ÇM&≥,Â,!∞¢∞†(, V(h Ç!0÷ÉbE‡3AXÂ,ÿÇ·¬N·PËÑ·}ÖW✱[ïÚQÜ∏ú»ë{Aâ
€Q*“êxÜ’$√Ä–ü†)ö∫WõJ»Ü9/„≥R‡Ã“ÅuÁ:°Ü“n(ãΩiê/ÎÅ9ÿ0âÖ£¬X…a@∞Í
TH5:Y∫@@PÕ‡
CÖ7N„å¶˘Ü˚Éa8Üc[ç›`✱ÖV01ÌeÉÎµÉA÷^✱Â^✱Md†ïJ∂M¿Yé∞≈H6U X˘]Å%@GÑ.(É% ¬1Í“Åg
XÂ¶nj‘©ˆeXœ‡&÷[fE¿t¡]ﬁîf‡‡ã ˘ùLèHaQkd0#÷\v=ÕŸõ£üpΩô∞kÈ/c8¢ ∆µ;2üg✱™\|
MÛ*]9+],'ﬁÇŒ”’ÁõÁ∞∞Á¯“g:ØÄ›ÿàÄ60&?1∆XÑ›:œh°YÌEÑìƒ8Å5DÅç©AÜZÖI©ÌPòÖZ†ÖSpF–Ïn
ïÊŸÔÂYBœ‘≈©∆UÑ<jZQ]ﬂ˘|Ä˜U’8.j4É2¯+®(àZÂ0™‘ £ÒÔY–I+,Å∏Ä(Å´Ü"ÿÍ¿eÆﬁj/âêå
R≥3ÄHÑ“´UPÖaürÖBÈ∫óëΩ~πÓö °Êk/ªaË¢∏Ê¢ëd0R@Í=BÎΩ§'≠ÕÖZ$©àòGÛ◊âƒRÂX
%ôkôêqJãÒ|.*0…ÿµ7˙Ï¬„√†N8’›Û3„H–
åÃ∞@Õ†ØJ∞✱,å™≥Dn@‘°ÃfjèG∞ß*P`›Ldì^iñ÷^<Xú3s07ªeanpçË~ÄT]
XÅÍ∆n.PG.ÿÇ%=äÿ`ç2oÿ`Ù
›o+¢%êl˘/h˘œÂ[V÷)✱P%30£à0j!\Çry≥if9#u·–÷\"˝GÍ¢£∑ñ=Õëm~p.‹Ωô,rÓp{Õ©!
6o√ñª“$ˆRﬁ\›ò£g“≈û∏0ãÀn›◊Â…ì`ô]à?ƒ†N˜y”7I5V√’Ã‡¿bc8)^ó9¡✱ã•I
s»[ÈX≤œ[2FêA–É7»É¶4ÛïŒ^LÌﬁJıﬁD^Kï∑cMÇ◊∫ãÄ–ˆ≠s≤Ã_.8›wG'0ÍãÔCOt
¶Åÿ¯çœ°Ω¸àÅˆ0[JØteΩÔhÏú*ÿ-Ä˘ulG ✱àWxÆŒ˘<Ω%ÕUüÆä[påf✱ŸÎÊnVMó–<¬
«uXpz§ﬁìä!íúBl≈ˆW-
ı≠˘◊g9ÃÓøœJìÒ≤˜geàÁ™vI<•ñ¨N[0c˙âÑn9®{ `âÛ√Xó)å¿@{”@áÅ≠ÚRh›0|√ÑƒO|D»ÉƒÉ«oÈB.
%2s}œ˜✱=s%jsS≈Ä xÄR•ÛT›Ä†Ó%¯.»ﬂ›ÔdäÔ∏÷`‡¯DtÙÉ∞ê˘”ñË†HÅh§t˙∂Ù•ÅÉKP≥Ñ›
Ññ«j`ëúWΩ%ÇÖñ(ëÈ B°ßÆ=ÛGò´˘ÆâqÁÉ¸.Ö˘È✱"y˙©$ùJ4'âÀÌ\-
ıMcGœ›Nπ… ~v0•òk✱gÄà¶l‡0e√ÜÈñ◊B\/¬q"*T£"EÇT)P†?Å‡påî©¢≠à∏ÑÂÕô3eŒ¢E
€∂Õú∑j¿*Ò!ÛfœAÇˆ°yìGè<o✱‡π£t)6vö.eäß©õ;n<∞©ä’Õï&10\ö!¬ÿú=ªaEçK¥Dq≤dÀ'vù-
Åã(V†LÇD`4◊êQÉë"Dî✱("Dä&=ö4ídÁ)òo<‡QDàêÉNäT(”´a»ò%Kˆz6ld…òÒJãXÏe

±sÔ˘ûõó2,ƒw≈Óï¨◊0„ø
*ﬂÖêx2^÷´WÁ•À:¨T∞buÁïJ¸˜•„SÈ“Ö>’*Ò©÷øèüä}˙ûHmJï˘©˚û¯{Ç
6>\#†Åv3‡ÅZ”†@4átÂ≤PÖITRD¿HT*¢D¬Q eîà"RÜ∏¥K/¡‰á7Œ@#L-ïuTO{Ë!TQW·dRv<¡SJô
$íEôdíX±·Ud‡¿L‡ÄY8‡¿l0¬
F»≈Ñuï…D]yÅÉ
(°…BaF' 4¨†Ñ
X·Xd\êBh<±√7l¶ƒJÏ†ÑYú!˘è@Ri#ΩÀ0∞¡õß∞x*[®ÿ-Áin•ójqœ%≥*s´.∑]2€]«Kp∂jã{Úy«ãÆør
◊ﬁyæ¬«+)Û!À~˙È∑ ˘Œ,∑   6◊X-7
»çÇ‡0hÕ2-,Cêtª˘ËÇL.»(¥¢DÎNTíEô¬$¸q"!ôáÇJÜ∂#Ã0/z”3ﬁM56ûí”dËë„WΩq’UF,aHTJ…§íM:
ŸIau≈
0`÷\0A^≤º¿$¨ê√rŸƒ@8¡xÂÂÊõqVa(‘`CüéqC
ì   J®˚1ƒ0fò)Å≈[!êd2   &˘¢†Ú
4õﬁ3∂∂/iÛ2©∆)É\u»ßL©qcW-©ØÊ&Îp÷Ÿ∫>vﬁΩ˜ {>!¸ûx/°óûzÉ¸^.Ô[9}˚1Î,¥-^”`Á"xç∂Z#`
Éﬂ.”íA •«ê∫˚j®aE¶&˘êXb ôáÑJI˝+£7{Õ73VÉL0≥úÇ„
Î}?IU∆€ÒìDfú±∆CÂdW_ôêñZ≤‹e.ãâÉÔ≥©√]q°Én≤∞
˘f•A˘˘¶éÈà \¿&ÿû6Ñ®MçDÄî¥âIòB˘j
3úëé*Ñ±’®◊ú˘Ê$#8√ËÖpbÉÍ(«8zK·p≤”ã[Yg;›·’·¿Ú,Ó;Ëèzá%ü˙l,>ò„è&H°âM<Q•]É¥Òπ)ÇŒ
Õ8ù2 Tê\§«\Ø{Hª<TëQàÇw…â@r/KTÑ'F4à
U„ ˝™≈(JàF•(=¬ÉÇ§≠l•HC"í∆ŸH•yÏmP
VîêÑ`‡dZäÄYX¶
ê¿2´ﬂÕﬁó3ª∞)6®¡
Z¥†ë†hGk"cÅò ;p h®∆´˘òËC$4ààPº’•`ßn„∂≤â•7(L·‹/f´jœ08‘T·5o’]Ã˘™Vs'≠"W8Ôî«<∫:
\|ä»N Õßr Rb≥4˜,¸L•3ù>ÛÈOkD£™;àtRr!à∞+vf<„(x"m°
âHzwmcx-2$>6Ô: äÙêB∫!3Rû2IÔ)¶wêiˆfSè5E8ıWöÄ…âEìûÙ“@i‰ ÔSÍÕj&?®í,ÿ`>@´∫r15(
Wy∞4Ñ ª,‘•÷Ñ+fD D"âcv"SnkÊ¨Í*BdÄ 6†'p™ÉB\5á7§a8OÿMøj«ö÷¡!
πtU»á<„Å≈#WŸ#"ã>˘Õ \˘•£â&ÇäPlê5:W/|VkZ‹-,@ƒU°
•kEø≥EEÃË!QH"ëàóâ$ZêÏéwq<àL∂QGg$è∂h$q2d¡
TêXI∑≤S6¥acJ©)Mg∫>Ôf≈c:} S<ÊübÚ¿@≤Üı1†®0Â^Ù¢É°»ÔœÔ;*+˘,ﬂ¸Ÿ`ï&c£Ñ$•ñ)kY
’"\°
f@√#DRëW`¯ Tl¨âêP≠Mm}√`≠”ÈX'nÅ=qv¥iÕlNáƒ)§ï;ye∏uã<´`O|*{¨xZnâ˙¡O¥ÏI‰Mê6…
JnêÄœEê\Ï¢B´8hCˆÂ;íúëw
Dº‰•Ö/¸$ô-‡Hr!å.÷1Õ-Ë®EDq
H¯aYò.ÿÄ;Ø‘)Mqií≤ã›§8•H25íˆ}]=ñ◊WHÅ   J∆IÙu…»4•©,†ı’o~uê©FN¸L
˙b"‘@   è) £L`ÄjÜ*Tn0ü¡éÄÑ(B°
R†Î ûz¶€NŒd∏
m»ßm¸ŒÉs;8D·©MÿÌ6;Ÿ\bªc8™3ﬂFúèÎ£Ÿ ˝gYBV÷g€>n-¬ª®Õgi≠-/]êÎµ§∞m-
Tx(_¡óñE¬9x[à®∏Ü/Tƒ%,Y…0$rﬁ¸·πT¿°-q/@È-ÛsvÌ0$ÔrØªÖˆBSÆ Ú¶xa
á6_Y"-i@†®êÍQèÍœ˜]/|ÒK+W∞Û•∑E´Aî¿U7Å&XcpŒ
QMÄÇ¸¿àAòb™Ä∫™≥õŸà±e”∂∫ÚU:Ç{∂_o®ÿjèÿö2\tóû]•≤=&\e˜cXÎÁœëÈiO{∫€>K^Ú˚Å±Brî
£C:·Æ/éç∫≈!xk;ân·e•»Ω2! a¨$"Í!à2<7Y‡xZsÖﬂ˘
S√Ñ/˘Ü„ø¸ë>CyÀõS1ê7-^8/£¡Nb˘e@>@ò”s∏È~9ÿ¸Ú'UàÈIÁ*Wï•¿$0ó<‘
ı`/úa◊˘¬Öm8*=F€¨Äì€ÄìÆ÷
‡á¡≤-ç€pÆ@‡≠§ <A†‡ù∏Ωì·‘Gf%ÀêÌá≥Dëhç`   6HÂ)ŸEÉΩ].-áÓõí.\m•-
Ëïo¡¡°íÅ¯‡WpçB.T√¡ÖHêÅ4°8J6Åúï•π<`·Ô±¡∞ÅNÒTx!IR8RÛeOy!üzåÀMüƒ@.eÄz±ˆu
∏L˘˜±úÿ¯©_’
∞Ä
¯a-ı≈*]b»®ö™Ò¿
Ä.•Ä8Õ`Ü$ <¬◊ÿBk@4$'v 3±é/!õáÈ>`€ Î|XBñµµMt‘>7’
ç1é9ÒJy<ùSÂdV„u÷≥t9-&tB%}í•‡í   ÖTÜƒ†ïƒøeöﬁ°l¡Z¡P¡xG¬¸’ÇádBsâî8a(:F!NÕYAÒ¡
£•q!v°À©aÛÖ‹#Eüxπú\Å?˙#•MüOï@   Ñ']¿&e0@%ÃÏO©Xœ"!®ë@¸Ü®Md!Ú@GBA˘]˝Ö\e0DM
£<X<(dB(82@EÉ2Â%˘âJﬁ≈é,3˝FlD[b≠¢_Q†`á>I†`iGvX†„Ìò||€∑a‡·ê,!ûvB˘tB==
ë`Wñ†&4C@-CímQXD≈5ƒE9ÑZJ)-ñr9TÈ‹í¡¬9Å¡p£Ì¬(‰àhƒG,!“
8ù»¿"F];∆#ÒaaÒüx±úÀödì ¢=Ò@b!Òi°∞·ÃÖ≈…∞◊X®è˘p¿¿L+Q%QUd-Ü+¡f_∞ÖÏ ,c°†ò@t§°ä
¡<Ç˘)áB-$ìJx,Â§OöJtéò_Y'+~”¶b81«+6ﬁ-

        év0ez$;˝òÂK'dÂUzB0jB1∂„}~ñ∑¨`Y6à2∞†BÁ… *‰Ç[ŒŒÏ&Ô§ÜââÍm¡‰eÄPò!únu‘•&
(¶‹¿Åe°`ÜgDÊÔ

flâ¸„Ó'ˆ$…>rãx•(<ü<fl¬@A6bX®L∞8@ƒó|¡+ïÄÂ`¯◊–“±íê¿XA¡Ô!bâd¿¿
Ãü°<¿ÉÕ$Á(∫»$M/Õ∞''à`PÚb÷Ob[*^á˘¥· Q.∑Âê.ƒBzÄ«‡ŸbTÓbfΩg*°g¥|e í‡}äeÍDîΩ÷C
®œ–«ÅVÑ$‰°úê»lÅ<•
&
à*ADÈN,eàÍáñàÇF/u©Y
ÅçNAHd
flN&Ny◊ûqfNu!ÚE¶gF¶â^¡ÙÖ§é^¿X$dB¢Ã)•©¿`àZ öüí¢¿`]m
»¿Ï&"vE‰("JÃ/x¡Ï/-®∫Lú–d'ébNû à•"B∞)<Õ©vÜS™'i7–Õpâgz¨,ÏÿeÒ/∆{∂'°™5–}DëªŸ'~„
∑8É˘£Bà2°÷AMƒ∫ê¬ïÕŒ[5°»•Ì¿¡ómA^x®µf.úD Åbfi¿ Ël¨ûÄÏlh4Ad÷
AŒ®kÒ˝„ä*IyuÊ∞´?.m'*-"íÊ§ÄAœ·XxÌ<Äz≠òÑ ∑, l∂\'`ÜUŸ `ê¿®'ÍîN$¡d
¿Ø°ä'∏Å8B)àÇ*®ƒƒqÿôF"©Ù‰4
«ZSú&÷¡,
ä…>b Œ* ÏùÁ√b÷zÚ,†∫Á|¶BùÓ1^,¢ÆÆ&X¬&°n«v–@@HBDj.å,m–
®%åÑÇÆ,â,<À
Å^∆˘p€/Ä8A6,% Ï¨HØ¸lÙm¨b–mf´Ò!+<d$9yï<gk'b·'.≠¢†'¿¿ ïd¿ïi˝n_tÄò,õ†_ ¢@¨≠
€í∆HÔ.mZ>ZÃ@ß–jÜ'\¡'à-ÿÇ°“à>x'íJuÿÕ´4nn@Óõ“>v“ä¿N‡‰&∑9Œy|Æ-:,<%ûfΩg1Í|
ŒgΔ÷ßΔ™nªµVkIà.@Y§ZŸ[bÇú "ú¬-<Œ/
∏…`ú@o´z®T1ı¸ÏÁ∆ıfi_]ój/–öh'/jä"T4…g_˙¢Ø˘'6ÅgÑ–fl÷vmïY¨PçmŸ¬ÃðÚ•å(Å€rü
lÌ@¡≠aafƒ@√@'t‰KÕÆØÉs"H®ú©>\«Å≤bÚ2êß„∞∞∞Œÿ¿*VvúòˆÈy¶Á‰§.Î2ÂD¨{„/Éñ„Á!X¬"s1ªƒ@
8√gûÊım-Tñ•¨nÇ \Óÿ%^,@(
˜qüêÄì@Oo9-Ù∆jó^>ˆñhúË≠^≠k¨öûÈ''^≠˙F¶“Ís¢'•@d@ ‰1√·<¿–ÚÇ“∂Æ¿˘ h¿Dì@kÊ/"è@
®ÄP"ÅA¿ñ^]G¸Ì
x¡8Ç)®BK£Åÿ,≥aÆ,
˝%¨4á¶`P¶v•'tòò≠úò≠‡õ¿“ÿz';5%†Ú2)™„%Ï∞|
s∑ÆADÄÍø–ñ•Üfi4èó!úó
/ÎÖ`úllÄ ò≥Ùö¿Zo¿[ÔÏ Ä∆"viˆ≤Û"hÒÒuH_∆∏±K¡ac·#˘5Œqcw≈Ô–©Ää˚1ïÄ…)
€∆E´µ7#oò≤Ô“<-rFâ4pFG6A/a$`•+ÿÎ&*Æ>ƒOfl9Ò¥‰≤N+∑∞¬r˘üég)Ø2|®±x.Sã.°∫g;uÈÍ0~/Á
"∏Æ1g,ÏBë1„B®•ZöÏWkY\vôÌlÅßÍÃ]/
p¿{˘ˆ\öÛ\cÄÙ w9€ıŒ∫ˆ'ioâŒ± -jö®;#´e∂±˘ä¡a#6?GÊ#£ÔY±/JAvm≥6+PM+P-
fsü∞Uy¯!«wQu∏h´@I,<2÷©ˆfi∆¿k„5(¡T$®Çø∏çJ<ìA¥ „5rÏ¥MõXÓ¥¶¨≤v&•
Éìã)ñ„ËB¬≤á-œSwÏÿ‰X≤Í{Bıñ"'ª€!∏Æ}3ò[Ç&ÄπÌqÅ `xÛÆE°K˘¡ÌñÈqjzØw∆àsü[«5}–Õı}KÔ
´∆∏–Íucœq•Ω„-*≠¢3mÒ·Ç/¯ ˆiG¶˘#kPÏÄ
P∏Ö[6Pa6ï0ïx≥ïàûwxµ™¿•Ä´7-#;¯HÅjœk^ÉêÅ#`¬-†KlxpM^x´XnPG.#Ñ˝‰≤%£¢≤,œwbÌX
%NzÇÓï◊0{{uœßT˘vkÇ1˘÷Î~÷!B!¬∫◊ª◊ø®öø‡Ê]YË-qúsô\Z
£zkÛalÎ{É∂7«µ}O/}«µ[_oG∫6°êË'ò®c€ÌH:g'∫äÆË˘={fÆN˙aœ˙¨OÄá¸Y>d
ßÙÖ7+A˘∫Bg6[w∏¿s_fÁ\QπÊ@©kÃ∫§∑∏'Ω6©•ÅØœ/–(˘'oøbê˜fl Œ71{z,;qì
r˜5ëg{(l◊Cπü“p<âΩ
´Ç&®ÇT{ª∏ã{‰A-!à˘∫áAÄ¡-˝0¡ö„Ωxül¶oàT£ÀÆ˜Y„
§5 »µ7◊∑üKo}+°|Wq]3|√∑„RÕ. Ôù?'Å;;∂dRÌÒÂÍ±JœãÅ¨":œfl/{∆îN)@¡Ñ£<†∞¸eg@
§@Ìfl/ŸÇ∂Ó+Ù¥:Œwd•&˘î®ÈkÜH«¿fH,´bÅ·éù±{l@á±«+^«≤ØrOC˝Nür%%'N‡‡€í"©~=î„".ê≈Á˚
V'ƒÁñ„gô€'-B!-Å>˘@Ë`1-)\§"<äâCÜñ,ç îâP≈äÅ0 ÅßÃó-[ú-Å
ì'8lÿ¿@eÀ
"`∆î)B%Ã<p ‡-'%Mí4i2•…ï°EØ(π2E…)C†N *eË1Wñä3E ÆP¥v•äÿ)PÆ@QÇ
î≥Pàâ£Ñä%2<Ωõ!DÜ)gë!ïZ"V±A≈∆FêË–Cg˘%D/ûı˙4 Ivπ1dD3~Jâ
ulX2e…`«vöó≤]…x
„ïªóÓ>∫xÈ.<∏n]√`'~\9q„°vèœ{◊n>-ÅØÇ•]{*Ô∞RÅ˜ûä˘ÚÁÅo*Ø©˚ˆÌŸkä/ü¸"˘ã,m/§i˘
°:ttpÅÖ(Ø\lA–[PY∞¡Qëh¢â"πHé@‰-®àéúI!h@°$PJiî^R…Ñ
Löd∫AÑhºaÑ¬±âüvÍ'¢ñä()ûr*â©í•ä(%õ†JIÕû|“≠)àÄ“≠°2ÉjáJË“Ø∫¸ ¬•JA¿6 1f˘T“`Ñ7·
îÅ≤zjb(v'™#wÄ!–‰ã3…DïC[C∂÷íNÿ^ïÆ∂]vπnòGÖk48MÅ√4∏OaÈ47,¶õ.∏REÌ4ÒtI•'Òfʼn CH÷Y'{
o>ˆ.-$W]y>'>KÏ£O>K
É $@Y:aQâ÷Ÿ%%ìHÆµ(#9˙§#Ñ¿¡ìN,EsÕm ∆`Z1&Gÿ!fiî‡Åà&•‰œ<Ö:j)ØÑtjà
†ÇZ2…&Öt“´.°rk Ü÷Ãa<ß,"!∂T/ç˝R!èÀ¸k„“t…M,°Üj Bßû‡¬Ú,)†ÿ≥$˘0çà*–Äd5aê©Üôd™â
öG[„•Q<Ü°Ù8JGut∏Êr„%T‡.≈∫"≠˘É.'O"eU•^Öu<Ô:Ò.œT4I%mˆ<Åo◊\s•DªÁ¶[à
‰ÎècHÄeÄŸf;q(/àPëDíâ,≤0√7˙¢+ú8b§qM"Å8•úsO8QÑPow¶T‡a◊]«Ã^}â•©_£ñ<ä+ã˜Í»$ël≤`
â£lÿ¯âfl¢ôfá1éAcçÎ/∏K¿¢?ÛL°±»xXôà(¬Â/∑'∑≠¥pÁ}‡-cÿr!
¥ƒPdïÕ~‡ñ∆MkË†"¥πNüs5N}˘jkç"î®PÂµÂl«Ufl9€x“Ê∂∑µÌmlÉOØt•∑KlpÉ∫Zƒ%¡¡K¿G˘ã
(êÄ`ÖËD,`-«e,qèfàE&798xÑCô:á–s' Póf< u1aNZ7ÿÕÆ-¯ÍèÑ¬Ä

I`G≤¡§2î·Y,J;íP3®X,bCÄÕÜp¶.uÈye˙R]úò`o#`Y
jP#°
FflÀ¶ËF> l}3ÄÅ\v–Ñ,ú™@£í°®ÿ¥ÊQJ√
l:ïåJA-j\†rîs)^–ÔktÂß∞≥
]pÁÅ±J≈+$(∑µç=ˇ©PÖ|l%¬KÿÕ>"'’!4qàCH¢ñHÑ3Aá4Ä,®¿‡`D+Zâìƒ(lX°
ENá;¥;tq°`\GbèHÉ#"ë2X"dƒÉ1±'˝ƒSÌj€È(Y¨ÿS83∞#!lH¿íÃ¶P%=*j¨YfÑ,∞&∏q.súûG£WhÃy
10”õÍ)»*¨¥
XÏ∂4(“äEZ˚ZßÑ78¬í’(Z–Ïáõ,lj7ö™ŒQ85·Ë&TQ#‡ßT…úWNGÿ   Œ™R-ùíÇl≥
05ÒK˘àÉ¬‘D"qâD»ÑìHD!‡J:®!
r˘¢†tÄ†œi   «’0Öà9πµ√
}¡
L»úlƒw,†Å
0KÉdñ4ê¡g˚âÖV_T\K0„£~Èn(°ìŒˆ;·ÂµC*#î$7: _πõ¬ùú7Rî¿§MqU0ó-● è"xìj∞RB∫¥vÆsflù"
9Ñ÷,å3;¬ñlDFî,‘`£îÊ…ÿÑ≤®Xe”™cUÜJS…!*ù√µ¶Úè˘[Îî,√£UÒú
!hãYÖEπâ●É$÷%$ëL¥¬µs
¿¿Ö(hX |˝+0√   AéÜ%D°Ür~Åá qÇ˘¿ÖÀà,"IÑ`!Ï∏=∂ÅÍE/◊Ö∂-T,ÌœÜ
¢Ñ<âQ*Øı>BÉÂá.ÈaΔ;#QÆ§;äπqt1)sÊπ(cÓ≥ë
X◊Ω@ˆò‰≥Óus∂–çv„A™‡3a`2≠Iö2vìfi¢ï˘GΩç˘ßvµÁ'SÀŸT
+àùVµ™;eÀ≈x É6∂ëuÑV'4∏Ad™’ôíxk‘†b0Ñ¡#Q`Ç´ô●ÍXÎt`¿D
9√ö8≈î€HGX°Ã·±# QàH∞Ç»/ 8»AåpÑAA/‡b3êe
%zÒ§'=®@ø>#,≤ñ(Ö≤¡˘°0rÂIK©≤F©åÂ≥dO2Ì2`œ¿óπ[Õu∑tàÄR°3z●.√Yªk\cgŒ!ú¡µ@F–d„I@√
Ü–œÒ
●†VùQÅ 9Ã/S3u5F{çÂVï●VœV6LóÁmû+X/∏+∂
Ûä8\·öj0<A√Q0´´;'»ö   'ÏÄ_{ÿT˚ö#`¯¬Ñç9*Ñ≤òÂ<≤ô≠Wjè>ZÄq
âÑ°^€Ó6i
Ö!Grµ@±;îçÙ;ΩÃÓSŒ"Có$%Õ»LÀD·róMJ0ß`§ÌÕgÍ>ò\÷sr>Á¯˘Ce£/ÛùÛ¨äc˘\2ì»Yt◊ä ã^Z%ñ
9'P/●ŒWTî/rÑ≥
íÌÅ≤,Í€.|˘Ñ"Éì‡†Òã˘÷ï™a’E7:H`Õb&∞ÿÍ_pÇ
Fuä§z#aÒ'94lpÖ≥(†ÅeY¿lË‡Kpøñ†-8!fóvÿ~ô{’é€≈Ië{B¶●6*(ÓéÔ^ÎwnðûL*∞bÿçåðh●å¢-
,ÔÊm(∞knÃ/Ò/g∞Àp"c∞{¬".íÕJ
ÒrÊlJÓ%Æ∞¿L·.Iìí.●œFeÄJ%“T‰@nàêóc–h%-U^N<to´2Ì<<˘&nn>.à%FW<
ÑDÌÁòè4l   :Ñó
ú¿'¢¿Í¨N#4¬   J¢‘ ≈"gÏÏ™˙-†≈ò@ÎΔè≥0+¨öMØ<e   Œp∏¿≠`   "@≤⊥™‡2
Ò^î`»pÇNJPÓf*Â¨_¯ÓH§,<í ÙÓÓ|ã<Ñ$●àÁJ“Ç●.¶   î´}ΔsÊ¢<®-0ü¥'0¸,∏¿,cΔÏfl*äd
£"â≤`BhZ„jPé:ú:J●–dÅ°Q8¢„´JjlœîÖÄvAñfi;¿É˜.- =<Ê´lÓÇB°=Ë‘6H∞ñ)òâ˘‘∞CñÓ≠¿Ëœè
˙¿˘Í
∂†$N áRM≈2%ÆÄÕ[@B¸∫Æ.äù0k˝/Ø£¿#∏‡Í∏¿
>b¸âÄ
ƒÁ2≤m'Ñ¶fi,¶FcÖ¢ &˜éß¢I∏B&%●ìLãîÏJ2pfi í@√FhƒÒ<®flÇ'2&ÃΔƒƒÑπT†Àí+¶ÔÒ80(0
å‡AppQÙïHx,c°:¿2: An8X˜«S0%UñLÊ∂ ;-É¨∞=ƒäÉË£ÉËÊ&·&Ë
Å˘ñ¿±ñN
µ‡#2ÚÓI1ª–‡˙<'átH˙Ò˚∂¿±\Ãá∫ŒŒœdå˝îÆ≈●ƒ˘●
-Ï¨¿ê/»Ñb'n†'ÊÓ$N4ÑB%Ô(\R4pf°l>o ò§8uR…0●(v4%Ç9°b4¸§ôGç¥%ÀDf=pπNKfSŒ,ΔNv¸¿¶
a8…:ñ√˘®J9¨
Å†Wa)eıBÆïîÍf)?%´Í≤˜∏™¿,h„cÑÚ&É6Hà●¡ÄëŒ[6Ñ †- 27B#~Õ
l@6†˚(Á˚Ãi˙<Ç1'ù¬Ö$ƒ≥ÙJù¿"32#À‡USé ä@Ì~'ö`6_ßu^G·`ëS≤üÃwûL0>|+●îL…ñb)ñTãLQ9
˘d;GÉÛ*Íx*¶fÿ'∏®gflHä90g8êÓ®≤fiv‡
fiÄ0Å`!˘DEïîΔT
ñd:¶Q>wAtOÛ‘i¿Δidè™Ù3˜f…ÅÃq<Œë´Ï2=÷C/¡jÁ4Å¯.AR/A∞Änâ●±±∂¿r$¥S)‘B·$”
pâœ@±2”1UıËb
ù‡CH¢Dq@sàmE   Ò"◊5aÙë
I|v$mdZßX}ë)c1%µKH_À%˘G°∏´`¸nä”°î(
j
Ê,Hå¥¢∞Ñ-éGK%,ÚékéL OnL≥+GwbµÆ 4î†ÃBa¨ï¬¶Nı‘_˘âT“R--2;E“¿1.   u.√√?ÕÉ
å‘£¿nEW‡ÒÇv¬‡JA∂ÄA7B·`&t#FvdI
D5.ßÏI37µcm˙¢†3_5sFBVmÄ˝ÙjE£‡7LWø
T≥#●ç∫ƒÌ'n ^xÄGó´§J*πÊ¬7sÙÅb`8a´%c≤8}´Iß†ãÇ●L1Eg¶$b∫Ä,"FÓ …

À4Ê∏<÷Ò06ü≥]µK(äq˛¿hÅË>U%OÁ‘T÷Û®≤±ıî´J“˛Î`Û”P•êaÌÚ?!6aó 5‘˛RW,µ˙¿Æ-- ≥˚J
∂d˘a·tauI6“‰…[ò‡#4svc˘UÅ Eıj˝xwwŸœUÀpf
±#ì≥ ©@äÙ)ŸÂySêa¿∂8âÙHúU°T≤`í‡_&•ΩWI*ê)∞B…J-•ˆÑá™LI“ˆb‰ßÚ®∏j›á$©íä§b
÷àu
h·,<…©§◊Û©®J‰n09
V9∆í
._Ö“xè¿&©P=ss‘‘@E»‘<◊Ækf1LdS7u#ÅÅÖ aÖ1buœ 2¥Cˆ0÷6≥±Z’±rWwıäFB∆Lî/V˛~¿g
øÄÑπ ˛¥¿¨‡xì˘◊eBù∑KùOOÊb4˙Ó‹û, ∞Vπw¢‰ôÙ&¡`û9Œ,œV3f),B3ØÚÙÌ/Í∏∑D†˙•Jù,†û≥Õ(
Æ°ÖœL -˝ÙOßj_Ìskb¡Q¢„Â∂ÅÍ2Q÷Ç=aV6m:MÉ-∂‘#:‰e3‰ÑO˜Ö[x ¡ÖY# ÄFi fw˘v≥ÈÙ™á]`
˝¢ó"wWtE…pf7lxQ˛Òx©ü:0ŒzvRÄzM†ö±ÿäóu%Ö' jÍ´µ›ƒYäöîIœ"H∞Bª +ñÇaÿ˘- ¨GπflÃï∏‹…
˙≈Û÷h4áqL·,êAiíC7≤fqlw=qè_Å#8ÙT-ıS.[e¿.m“ÍRr1òVVmRAÉ8òÁ Çôòá0ì3g˜T3‰Ö+Ü
·*bï!aï]ñù"Å}8EwŸóYÄ$~˜0ó‡àÅ@W≈
˛
Œ†Œ‡-yï†zc̈õ)©8§Yö±zÃFÉ%cÎH∫˙YÖ'I√yI°◊|˘éqÚkOë›∫@ÿ‡≠bƒ‘}ín£g~/íJ´Ó¨ñëbÄj•˛◊o
zwêΩé∞°ø&ßCïNéPw8¥#)Ì“¢QΩ„“¶•?e%£œ#m49RŸ˘™W,¬Ëòœ±fwS·`rV˘bª• !¶k˚∂+°ÖU÷
@D^UsjVsvZØ\ @F¬wÅZ´g ±πQ”
” OWu!Ñ†∫•)Ò™8Ã≤´•yz´w7ÀÁµ†’ä≥V(Fw¢ƒ{ä¬+Ã˜á¡V≠£§
,:Æ£dè’yªƒ0–u71ä“*ÊÇfiL¡ííÅ¨7ö™†∂–XØNeØYN≤ÂÅµÅ ±3€≥1ÿV/É˙F¡Ñ%W$5É,°RAŸs
¡Ípò≈*TVÿ•Uõ∂W˘∂a∫∂sx[t÷∑?DπuZwäªó[zZ BÈ“ê7˘l
≤ÆR≠"˙‡0!fi`ôOÄ√Ïô=pfl¥öö±ÿzΩ˙…∞gåd(∫"úÖd|›{≠’∫I-,ùß†
∫Ä
∂¢xÆÚÃÑØì∏`±*k¶Û:Ô·r44ä‡
AêÅ%†W ø®√i(e¬≤:M`q/™í'íW°H‘I!
?{>‡√m ˆ=L°/9H∞>π0sÈN•/D•Wπ∆°Br¶eö«Ö†Ü€aó¿áä°ßG3Ecñ
ÌjÍ‘Ä¬‡j˙ 0!P!≤Ä§(π\ÒèÒ¶yö≈◊õë4ZaÀõëTΩägΩ€]|€ÿkß`+/`+,:œ/˘¶ÃV∞\ªTdœû-
\ëËÓn◊(Ï‰î`P*)!}ë≠±™
Ml¢ëÂ¬ÜSú–QVE´,[í1M
V?Hµ/∑0o‘&ÅX,µ≈Y˙§_;•Uzh«o«!! »`«Ü]πá›óï\ØbÌÆ‰` '†¬<∑$·P0'&A¢EÙ
¥ÄÌpqLöy§•-‹∑öö˘q{ë_kªı`P-Z>|øvŒΩ÷kÊfiÔú
Ïª,ˆ§)Èhé®g˘[Û/¢fi6±·ˆY¶v∆0¡ë!9ó≤ÒÁÄ√R,±ÒT&\©TÖ≤Õ&´<*çr+ì7!ƒ;?
>DfiV ˘JÑËq≈Mçôf}È<,_>≈T9ï!A∑i˛∂q#v^h9f{>E˘@Øz?÷ÛÆÊ™˙¿s
Î?ÅÄAQ°pTÃÄeï¿YGFJ§´¡õπD–HØ7Ï ÊØ{g°∫¢≠äá8óáë‘[fiÁ∫ÊŒ·üJ‰ÓÚ@jzØÀÆäÜ Üi2‰∆çÇ
Cv(…S-d√íÔJkbE]∫xaƒ∏kòÆ]wÅ‹®£F^%3n‘µ
cKX´`¶“ï™&˝T´j,¨I*UOR?Im:Tì¶NöHEztiS§ù.I’$µÍ•Bó$“ZLNúD˘GéY≥Ñ˘
"4!Bê‹œÖ˙÷-§@p∂)ÚøL˛·d∞ìÇüÄYFç0}‘R√µêeKÖ4YB'©–T∞t%C¶*‘"‹î(·¡cá¡%bîHa"FÌ0L¿Ä
a;IíMíLfiDäp,∆ÉÒ≠°xí,S¶4ëN}zÙÎ‘ØK!(eˆ+‡ØDÔ2•ÀÛËŸà∏CEÿ•S»èΩ£œ@(PÜ‡'ò_‡Å‘Y"ä*»
á∆KEû§íF…|/≤Ñ§“.-ôÑQh¶‰M†Èîäà5ç8bP>
íP+j≤I'/:ıîSLUEUóX"…!;Z&aâıYr¢F r9H wR…[O>ÈV%q1˘áB-¿òb˘=!ÿó*∂Xr–AGf“aô
$íX,ÊR='¥Q2t2Cö(ß±FÑ ›∞Cl±• €†µ’Cø1˜s…7‹¢ ˜<pŸa>tò^ó©u≈âfiyltj®^¥·Ö‡Eı≈†¬
lÔÕÉ{ı±÷Ô–Ä°6q+•ƒƒèÑÚ
2(5òëF√,ËëJ√tƒH”≤§íJ±¨tmF-e8”N:˝ƒS∏>˘îä>y’åÎ X#éV]ïU"Zı·◊:01eôF Å°pZt-%
\Låea<Ê0ôc˘2Fc
õYàöñeáŸQ=›îKN¢Mƒä2t.Ûá3∞®2â{∂Ã™ü≥äömπÌoê.:úsÿ='È£¡móÑx'Uäùuñ^:≈ß£ä◊Fß
¢äÍDHóêl*¿õ{1Ï–ıJ¯™ƒ™˙6–_˘¨˚Áök<`a ¬í ,¢Ù†Ü”zD–µ&9∏H1mî°∑flñhÆO
´êí∏πä˜§,P©@#R©∏KcSGMu °áLRàéÖÙ!«:Ä5+êe!IàY',óîìŸH$w¢WiÊûªcfR!Æ±Qàá6Q/…
ê¨ÃÚÀ/<c≤…œ$£ä)f±Zÿ›ph 6˘kÌΩmáΔpCŒ;˚|útœ–ösqôZ∫©¶ïz'≈ulL¡Üz˜ö◊∆yÁM
°j~^Û˜≤Ê™$˛gP‡ˆ¥*Ï‰ÅC‡¡@“?˘á@h¿*êäf-ÎÉ%añ.<°h]´$ …VÖ≤e≠n≠"'0Ñ°N¬µäïä'DY-
O‘U9•ÃsL1äk/©¥i+˙ÇépÑ%laDB“í÷í0ÅŸ•.ö]¬Æ¥:®°wø≥•Çó±C|ÓMƒöá2t±°%)c Ë≈ù˜8:O◊àû
0BÒá*˙ÅT„ì˜≤ñµÿx07°·
pû„+‰úÔ:ÎKB£&•4§-iò°˘B˝»#ÒàjjP∏Ç/vêWÕä>];†~à`6˘äÇ‹!®=Y·m°@–0ƒ zDÑ°0aY8¡±
$Cz!NdÆäE,b–&R·•Ö)ÎjWT∂ππnfi®*ùC"‰•∞0a\‡ñ$0ÇUÒuYàÑìà2`ádû·&7ÒÛ(öHJ*F$í]LK"Ãc
õQ«ÁAÔ‘PE%Œ•G%\!l^€
˜pÉöö
QÍŒuœÈòOíÍ„ô%flWI£%Ì
bXö¨RÖüö˛'|ÖtU*cfi

acç@f9KY‰P©…Ç2°

X–
%±õÉ°é✱MB&ë≈¥V±Ys°ËMb“ÃgéÎ3)”!5ß9ÕÀ Ò≠pb77âD✱»GQ`BÈt∞&|Å
pXÁ:óØÇ5Èäõ'¿ ∞ËàG¸<£f*–øçld]ûì·°ŒŒÒwt^2ûAZf~òöÄ=Ì…
f73C§n5>Ë∏t8W8Npr¶3Jﬁˆ∑ñO˝Íg)Ú¨*!W;‘ü`PÇÿ§“?â`%¯ïU≥àüö‡Ö3bØM≥êeëìî‰Y%ÕÖ¨’BY
´B39fKvíì~&(9Ãaπ¶ŸìNPìö@d◊%∏£ƒG[âÏ8ÛZˇ: Ë´/p¯◊K·+∫.`ë†ß=MùH®†$ì
£àïóY;Œë≥(ÜﬁÛÍH/;Éµ∏ã¸H<@*»qR∞„õÕ6}âÙ’v§0øÔXj»¡ŸY#ïP…ˆaÍ}ñ°é®∫Ä/,{Æ1ÂlÊ£
\˚¸Wò4TÌﬁÍ#hçÜ T°,
¶D✱&’eÌM[xˆP∑t√ö»öé+~Õ’ uΩ(õ√f\
ïn∏ÆìÒJÈ✱≈+|°hÄí÷:z∂SvÑ»pZÍIÜ{“ œ–°V3ÀÍUœqéwdÒäÈ8Îì∂™à Œp3P°DËD übˇÔf7@€êQä
…Ë,[∑:{rv05‰)lá:◊¶ü˝ QRçµ¨qM†,#(Ø!WÇÿ
3rì Ï˙™>7‡ÅhÖA#ÕíTÎVÁdIh™x”VX]Ve°ôgu<3=Òô°✱–3Í
✱Â≤â9√ú\QúØÈ|=±e–tëËIÚ@H)`w…∞ Àÿ,– ¨…ÍÕÄW–,ö+Éq\F/ÏhG“.É≥?èµ¨YúG“~Cz¶$·@òÅY
(B
Z£°'|à
N#ì\ú"YSÛÉ6˚ñlmË»Øh”ô_îßÖMFÁˇÿ£Ó{`c»´◊«ÀaN˜ò˜√ûYDˇﬁD∞B B!
^ˇÛÇ°SΩ≥yØägnsœg&NPπÜﬂWáÜV¥¢
◊u9˙áêJ!a8D_8»ó†ài8#ßp[:Ìi
/÷
G(
N¿∆<Á;>E¨ÛùÛ°°C_3h˝Ü>¥≈Ãÿc(î¸àG˜·o–B(É°ÍPØ˜Õ@)G9¶G.–Ç<ÌJŒ…S✱é“Æ˙5Å✱ˆ”†\%®r#
‰ÀygTc6AÈˆn~¢@Jï ·–,(!¸f!’2Å‘,7∫R.4V R_´¿p9î∑p§ÇûQ9õGGqpÂM‡%9ë∂@êzˇa
qNór∞GO#Á¥∑r+w{.w∫P!…Ç6«;áÑ:ßsot@ZoÖœ„|≈P∂f'™p°`
q1°ÜZu=†=VG[ÏV[\Gd–Ò~✱≥ÜŒëdê,+î¬¬~H3ıW5–Q˘‘'‘5W'(]FfŸAe¶w$AÒ&Ym÷APÖ»≤,¢x|
√7)°1bµgÙÖpà#h˚5Ç˝U9¶¯CAƒyñÛMUa Ùba∞:p8p5∏ óiØGOï@XûV;ÓîÜªó,ZµΩÄÑ»”
8'GœòsJÿYû'P‘¯FÕg2Õ=Œ`t˘–ÉØ†
¢Ä èØÉ‡h‡fP=®qw»EAr»3_◊l%C~C√)ÌWmÚá4|»v¯·CàÇH[]V+HÄˇ@–AËvÄ©qKê
Ø–Äò,)ÀàâÜ∑õ∏ú.2Cl%h'.ïó.ùAMõá6`ÏRq.à#TÅD≤®µhãOtÉhÄØÄ†XïPr(Ø∆r˜t'¿U±`PF»áHH
s–∏àRÿ<∞fb»WÖuZt‘b’é, ÉÊ8ÈhQáÖÜ‰+Z7dÔ'ÛH)H∂>rXáeóó”vmOF6–ı˙'à˘\∫,ñˇò+$AàŸ
±∆Ç‰u7ÊB¯ äßùhLﬂ,ÅäCC°π8Ë!¯L¸● ¶∏í™8D◊ ñ∞9±)zñ°qá/∂ËVÄä\rÆ7ñœX{Ö'$∂GàBê%J©
Ÿ≤MÈîQâÑƒ∞â2ór42AwsVIkRòçŸhb–√“£
””ÖÂË~ÄÎl¨èmiRtâIHsÊ„ñ˜àv‘!?–1LfòØò·”ˇ73êê T–è y†zá]∏pp
√Ä,ΩTÑRe7ñòëv∂b≈7öıö¢IÇ$∏ö©†
û✱í–πÇ–x#ö1òAzë@0ã: a|zg–õ?ô£dIî⁄#àZD˘`OT~{'Ä›¢MŸîI∏§qÙî2∑°t…PØvùù'|‹iÖ,]»
™Ä
°ê oaéÊy}YP≠Å+n…Rl8óóf>’qròÈsmÊ≥–ÖQJX∑=°an_SfÏπ¶ÑZ®Ñ™;ê7x‰f°
±–)a^:Ä¯&1_ˆï™8ùZí+≤_¢ÿ%™ ™ #≠ÈVAõ≥ô°≥`∑π5∫õgpiôˆõ9Z$#7j:
ØEíVÄ2¿`§ÔePŒÈ§1«å 02Õÿ<úkÿ∏Pu‰|MHZŒ0£éˇ®0 è–
Â8◊˜®a®whmSÄ~◊A4Ó”dE„HÅ◊[œÇòy3É¬\áRˆjØÉö)a#ßL∞¨≈v¨Â+¨î@ !UPêØô
pEHâóX©ãöL÷R87°86dCq,L;≤¢(¢$™yö
/ôä,9Y≠j ·íπYiOÑ\P´ÇÅïÉ∫∫igÅ$ER[êîÄ✱B ô¥JJ!…“¨“Ÿ¨ÿtÀÄsvîb‘xµûıs–7Z…∞
K_: ò∞tcâueAuu[1≈ÆÕ&mô,HphRZ'~è©\€Üü‡',GÄTl«d´b∞∏´·+¨!oB†Åê
§pÅ1g;UBõ)80öX83d_„≤˜%ä”‰_ÕF9¶ÍVúD≤i +:õì0 ı¢q2[∞zÁÑ∂™äÅµ$r‡z∫ZÅr!
GàOD8†îEÎÀDL°U(aPÀXÑ2'GÿÈ¨KÖVZ●°UGÃ†Ã¿/F'·
”∂bÈoÄV¶∑21Ö–ü"Sürj'ÒX>o∏3B”ñ·üw˚=^sd6E∏ﬁJ¬Z~ª¶∏n2ÄZ‡}P°
°UíkôïZÅ∆D7qõkC7%Lguö&Ï_ÅÊ_%ä™HÅ≤,® ˇ® D™Î&G/â@6Y:N‡D[`Éeph–z°{:+:
ˇ@âepÉKâãNÄúEê°`µ¥ÃÈîœ˚¥Œ®PrZ∆«sXÎ<T
GÕ„ @Z…„™– °p ≠[œgä●ûÇùîÆDS,Q?·aüú≤lÏ#ü√,Æ¡Øá23X LAS¿di€èPv)yh6M–
øBçÿíg
¢,û,π’Çâz–Û28¬ˆÂ±¢'j%.(,ho●≤«hB$õö°∫9“∫[A/∂9äÖ1$¨◊õΩy´ÅUÃ˝≤ªƒxiOÙqC+6
‡P∞,Å§]5–˘Õ´§ »§òÂ<ƒpµÿ˘≈aúµœp∆>Ëpœo˚●®†t,˙Ú\{øzúÆùîœ¬’mû≤Ò˘∂˘+vœA»¿Úø●\Dàû
“,Q5LV5U∏dcø“6Û¶2Pg@âÎT1âëg<πÃ^!2V®,¬‰Ú±,2ä()™˝Ößz™7,¬/…¬∑°¢π\ûì
±8ä@ $C≤ƒAúi¡{ƒ∆d±ƒBªÃOdN@$
p
2ŸB!®UÕπ§–ªj8Œù5∆cúsX€≈PΩ∞çw§Œf¨Œ‡IN'°Ä ●‡â†éo@X0øz¨œ·q«˘|‹œhgì"–ä,'Ül3Xò
»l˚ı«v,∏ôB6J¿J5Vçò ÑwÅx°$°Eàâ x●"õ+hfÖV!Î È".%ä●ZqµÀo5√,€™í`√Ö
¿LpAÕNÃh∞AeX≈âF
rK|O=¥VÄ{«IEÍ@ÕÄ¥/î,‹,…“ÕZ¨T˙F%¨ﬁpD●¬Á<ÕPÕ–÷ÕûŸ˙suB'œ¶Péä†éY@^`QÉ

S˘¨ùÑ?ÜÌ∂Ô˙ñÁ≥(ôe;tw±]ÁzéÃ–¸≥4U„mx(ı«–n)4,É0 ù‡–§}˘
Ωw≈'Å/i7 ôã 3$¬œM•YÇØ˝_2>ß∫.6D/do2õø≠ô–_∞9p˙,WCùãÄEÅ≈<WÆÃ◊
'T¿DGpú8@QÏ>'<g‡>{ È°Ã
çqî<◊òPdúù%Ê<;Wï%ñflî¶\ËéêZ˜É?ÉÓ˜cËlÄËö¥Ëƒ'¸áò¬Hœa†{zS§T]Ì∂4€».Jl◊·†ÓñŸQ6
DB•6¥ÄLùlÅq÷°wÉgd'/!°“ás_¸e.&ÿV§0∫W™ï„ö™πä«¢≤y0òPœW5Í'\piZû'Å'K|>KÑ>E`4∞{¿`
0%œLÊNL\•ÕÍ.ùQâsVYïfi˘ÓÏ>≈Òéço¥Ω‡Y
·
Ô,
†‡ä sp?ö§3E•_ÿÍ∞DA>AÈâî–Ôêè+éüN‡élŸ'¡á"1rä+Dg•∞«Rt√ Q7îhx≤Æ#ëfi,¡¨m8∏~y)íÎ%Y
.'XÇû!∫©©€+ŸM∂€õ≥¢M^ôp1ß«WΔçNO'õC≠N≈<:L˝O%a.8‡Ã>~"¿‡^0gü
û‡Å/'0ß§J™≈"ÊÓufijuoïÛmÁtÓF…=‡I«†
¥P
è†y‡√ï•âû•öƒm%±áV
ŸCeàÑòêr®ÒœÈöœÎ/mïùvıßP∞@<L'A
íQ'Í€2!áGÛ·g|fÎ$¸¸≈_∏™@oh'ÙC§©x"ÿ$®‡M±â`0ÿi ä9∞VÀÌ"°g·ªCÃ∏Gã€ŒÌR–P^%.„ÓÅ
¥˘ÕMπ°…Í§
ÖtÓ¸Ã#Ωy>flÕ‡¸U[ï\õÔ»@
'«ZÅb§õ+ŸLa√ΔKCàl/\se ≈ãMÜh"q Δ!9jlÚqcî(Añ, Â¢í+MbŒ°rfMòâ
\tiR˘J«üõÒRÂçS®ê¡Δ+,X°t=u ´©.^R•bÂ/U◊™Ø∫R•äÏÿ
±πRëZ;ñm[∂§,Δ>7U]πl;ëÚ')ï&∂Ä5u<ò0·¬ö.)÷'òÔ•≈ñ4Y∫THR
°IÖ'»YrDá&[∂pŸÚ•Ã"_‡¿ë≥z5ò'[úXR€
2Hà¿Ä¡@ÅÇOÂiïÒT´îÎä•kØXœyıí5}∫≤^"ó)[ñ¨W1efza/
>¸2•Âñı/Œ>Ω2˜œ‡oOˆ,Ÿvf˘ôAõVã†¡6jË°ÜzËäâÍbäMÏËAW/H§ç§∞–¬)§»#;˘ƒ»¢cö¬%(Æ(1%;Ç
¢,ézƒîPñJôd¥,%™≥ÍJ*∞∏/™G©ÃÎ¨¥–Bk.ª6Aí°ËÇ´/OÙí´±N6È§ØM4˘´0ƒÏïN "$Δ(ªƒíD
$I§ê>'‡¬âtXB¥"J˙bä" √µ=¡8ÌN&¨8BpfÖ8ÿÄÅ‡@ †8RVIé,∞ûkÔπ]¢„4´È K&<˘ÿ[oªÙ¿
+U=˜T>Ó'˘ÍSoVfîa&ôj°°ÊP¸»#èà*0"à.j•£
§
KöP£{Í…√),≤ˆ"kk∫∂ZGâ$(öË,
3Å$îW^°ëdú¬–«®∫í´¡Jéó%Ã*–µñ§+/%ï\À…∏RÒk/+£¸ã…*¶"±ƒkl1à≈ÑLÕÀ2Èâ(t–·à
%ú˜"ä"¸Ã≥08TC
µ–¨pÇ–€h ·Ñu ·'yÄ(£¥ÙÁÂvYÖYúÉN∫Ïz…œR±sz<®…√nΩf∏cœΩˆñ©ïœd∫VΔ>˝≤°ÖA~V"¥âm®
6∫ÉA
Cíäoó%â%ñ†–pÔ/§∂§)d™v•¡Ø1#)X
i(à¿¬§hQE€≠*™/'
´z√Íq¨≤R–◊R#èÑk.%ÂR0&◊¬´≠∫Í´––˘Î´vRÛrw0ªÑLfl'[líÀ
aì3r8¬ :E˚,'ÚLyz"Ít¬ nCÅ8‡ÄF>Ÿ–,VŸ%∏K¡ZÆπ£±™Œ:ßâÒnÍ®Î˘˙'^™ûèi¸'Û˙œd<*∫˙E
) Ü<∏!@lpC/ÿ÷ê1#˙IPñı ín
JH÷fi6ƒ°ΩâACÖ„ê·Hÿ†û!q*/ä,P–Brï{
,®í#≠¿Çs∫‡°˙xà±àÖt°ããX
ñóµDIu™´"¿f«Å˘E.˘1ÿîrÁ∞+rÈa¡£ÿƒ–%ª3%"btú>+'â©AÉ V£≤2–â /
˘∂◊=õ˝¶QÄT=°$„T*}Ã–EuV¡©Ë•B:°z'˘4˙≠'jÛÅw°÷L>CÄÃò–@Ò*PîúTJ∑¡
(âÛ>N¢í¿ùDÉPË…€l)[BA∫CÉ¥UnÎ#·búF¬ï¢.˜¡èÖ*TÅàvuçF7ƒJT,u£œâ_AãYÙÂñJvLX¡√óΩlI/
£¢\†Dò<ÂÓ/àqa∏8¶«@&2î!fiö
ëÜ(ƒiy◊£"Û¢ó'§ÏN[òcmtP((ä†®˜†≥ã¿Å%œís»U∞Øhœy_vI©)Ì~ˆ´flzfi£˘âQY•\F5ÚìçcòÇyò√/
pêûñ≤îßÑ B&h¡%°n(I‹,5"7ÕMSù™.IÃ´Àïvä„ñiäVŒÜ]´ë
≠YMÊËpB¬,÷:")úsôb^ñË§ÜY…˘∑L[°§EyÍNVJL•»%ò≈01œC"e/Ü%|◊sYù=?±PBpÇÍh«EMt8é@">
‡èÁ„ÀqÄˆ∞T':CÉuî™Î'Ø•Ps){Δ√¥ˆXí˘(≠U~™Q
^)Çß ƒ√öÎS65∫i„Ñ†êÑÎnïY(<P7≠Ì2YV–Qyi¬¡_˘öhDƒ
v‡^∏óYXÊ$T°.]hŒöÔ"QT»¢/∑bÍõ´PÀ7˝µäJr˘$Á´8O«\ë∞Yîgï»©ªÑÌ%1aR=˘W1ãô 3lh
d=3Ê9oe=®hÂŸá/|ø…ô£Ä<x®'®˘\+H∏*áBñ≠,vq%]ÙB:çL)˝ È[ßÌ>ó%EwÊìüaTÉøx"xzá†Ç9Å?
çÆ0ÿÜ6†•'JUÍÇ∞•÷ÌïM†€Ü˜F–âÏDD,ÈnJ°≈ë·ÀœÅ† MÑ7Œ§°
ŸUï®„˝€¥ó[ÕÚVµî./N∞˘≈MÑ:˘uÔÂí©d%T_ ûÖô'ñì∞ƒ(VL„¢>œdÕ§·ëΩhPlß«qe÷{ô¥˜=g
|•e6éq,Í(ùÔ|§≥◊êc{%ËƒB…J„ˆ#πçûÒÄ«∑Ωm¶<öfi ∏»h#Å@ÁΔÃ`fP≈<¿.\aA[>ú˙ùÑ@À˘ï;†e¡
>^û¨àŒJh√QÙp°%M4|„{Éd°òx&TjÑ√Ê»öœT7·j∫#/â*∑+ƒˆ0z™√2wX^!àò.Çâ1á–1 ˜™!
0‡ı˘≠`˘i°
'ı>ÎΩ•ß¥9¶∫≥©¸«ç˙∏µÈ˘É,b1¥0Ô¬»büNíª˝mï:í‹ì47MÔSÂÆÌ'"àØÚÄ27˜πÒ÷;x†Ìd1pÛ`px8«
IX|°çÇüdÖt£Âxªu"í<‡t"»}–áœg‡84üBÕêÎPıÿ°¥Y'b)}'ï"≠m]ÎF≠rQ3…

0ØÁÀªÙ∞<5&¯øœ,Œ31‰Î≥ïql‰¶œÙ/e)œ"äõß{vÑ£0Zu;/≠eÌœœ,VœÌ+ùB2#«ùvIJ PÊflx∫Δò¶
€∏'†E+ÅΩs.Ω€ªy„ªÒãÇƒÉ√k@`<≈S<Δ3˘4˜/ÅáSâp)8cj∏ìË˜¢∏&∞@¬Î∑~ªÅºP`AÄt1´¨-°A
+÷#í∑2íÿ£´∫b9r≤´Äëã*-¢ò€90†¬@5.!¨!L¬$˛íä¡ß|≤µCÄåB»Õ‡òêYÇ9í
Ÿ∞ÇÍì#&√È{ôóÅ®Ô-£GøÀ1¨3éÚCéı¡î08ö#S§≤;ªn;ï˜{≤(õ2Ïp;≠qÜ˝ÜN"ä@7Ä7F@B¿pa<√c@(
Å à@Δªƒ!∏~S@åêªY î»@ç¯@BS@T4Ä[≈àH∏X,ÇAù•x4-∑∫˘Kª"1RA
'Åyw˙A'i5MÿΩ.A¬fiÛΩ¡J {µ¬˙")Ï∞Zª5±„˘'.ô…
ç¶ìçÍ6ÜB13ƒBâ(ìîäö:g"±{6QÉ6%A¥≤ÊPü£Q§Á@;ı≠≥ª'„∂+É;
[QÜlÿùÚï9»7∏;:ü™É•9òÉ/ƒ$†ƒ(òD$ºåÅÄÀì,AåIô44≈‰Å¿Iú¥ò¨¿WLÿÅPÅ
P»®‡E•'!•<

-19◊≥ãïÛA‹òr"ßÿŸ´ø:¨m˛="lå,B(<œ(˘#[ªòDòÑI »Í¨Â9ÇÂq+∞Ç@
ªÙBªD1Ìã(ÄÒ©:C≠≥«ÿÑE»«¨€«ÚIé ¢≠!
ªCYP≤<Lªp{(fiJHePÔ∞≤Q©ïl@ÆSp7=ò=XƒåƒÉ;¿ªRj.QjM4ª"ITƒ´DJ$<ó,IhIflLÅ`…Ñ…
òDEBÛ<Â˛<ôLñtNÃÄ¢<'@Ödhäk,°Õ-ëX-°|!µË#∞µ8FÇQF$J∫ÿ=t∫Uêòà°'ficµ
#,„S≈:¨n¨¬Ã»5‡π(v¨À_cv°û∏`†ÿôÄì-{<1À«P√:;Æ˚G»˛î L)=L;?¥üep
î ?f®d¯HhÑ=∞HãÃHC¿;÷‰»ËjÆè,%ì∏8<(√"Jå!ıÕí,…∏ÄH"·T<P<Áî…
úIï<¡~ÉŒÿ"(.xÖÎLÜ©("¨PøßÏ°-IÖLÀ4∂pSÛÏA¨|
ıd'¿»ígtπ¬{¬'˘Ù∞óC,@E>/"ß≈Çåü3ûA‡Ç(ËåÎ…´Àñ°À∫î'^ìKBa††(≥-¡4-
H1-"Ä{Å¯Åã∂Ò§6±Å®®[Âî$3;•-ÃFr$qK»Ò¿?ˆà)˛≥ïd»d$>8M'tÉ÷ƒÉª´∑ÈÇÕm.Ñ∏Ç¡…!
RJtIW'ÕXR`R(◊∞ÄXRì˛Õ-U<Å§…4N„Ù°(-…»ÄÅ(B"¶∏
≠¨-¢\∞î6uÛ'ÖpBΔºP"ªJ" ¨,Ç∞ãOà!"π"<0¬ßƒ2À¥¨å49û]Î¨^-Ÿ∞KJ•,'êK8Çç®Nm'∫Yàî5-MÃ
∏UÕPÛÛSvàòÅv…>"√_'-HÇ)˘˘-≤ aòÖJX÷7@MhÖ÷E†z˙˘)ê\ƒäl.ŸD7ÎV<<Å#ı÷ -ÅX"(WhºeR
'µ◊ò"ÑIû<Å)ÖŒøÂ"WTÅ #Ë1e
ØP§]¨€óµ0"Ü=qíÉX€ª,ŸΩ>€∞‰„∞≤úΔ≈êOƒ∫XBÂΔ„"'KPìB Ñ0ÿÇ-tHçT-PŸ∫PòÕ¯K¿(>"',ΩŸ
5-ƒîUÊUË≠Äx^Y•ËU/ËıËmfiEËÖMpfiY≠Êu®
ÿ^Ò
™Ωöfl≤≤[A.QpAxã4àå°;Ÿƒ-ç.4 ≈;°"•D<ƒM≈+…ª≈[ΩÕ[∂Äh`ªm˘"-NÁÑRw%Œ(˝V·ŒüƒW
Å#@ aê4b ßî<±¥%Ëó\8"Û$œ¨TœMÎARx¬,Ú˝'"*I>/
ŸÿéÂíZŸ„Î9»8†ªå4`TìçÇπåT•'#pπÙ,wDÅ‡≠ ÕY,ΔbRΩYÅ]∞^àá{êu`y
8yhÎá{`¿^0ñwêáDÄ]pÅ1àáxXá'xáxÄ$„1.„3Æù§¡§¬ïc(?ÿÉä[<@Ñ±=à™77xMÁj/Pöå0"o
%"(=ÂJ,Åf"hÄ∞ÄW.◊UûÂ∫Ì[{M\W¥˘‡TNeXJ¨-∏d»/¶åóı"ŒŒIaπ,¡™,OŒçÖ©=&°ÿjƒ"fi€X◊]>{Í
¢≥|√ÊC'ßCp,]S,êiôŸò£ÈÀ∫tHÕÇ(>»POù«-.',Œ,√<Ñ/Ü^{x∏Å∂fiw$®Ëù„Öh[ÖËxá'PÄqxá1PÄ
1xËÅ.ËàÓ∂˘©≤bue-≤ZÄ>xÉ7¿É7lÕª√l≤';zã∑G@@»c<>‰V
$‡o}≈p]"H‡rmeûe§nR[ñ`Ë4"·Ù[XlA‡Å@ÉNÄ\d ÌD"œQ#Rπ"◊-˘J´òN¬<…í-
uπø/a(Ï÷]>˚˛X√J>ÂÀåçyì-Ù¬Hçgw¥Åà/Éî}F≠QÂb,^/∂^
Äl0∂^9Ü^yhh∏Ï˘˛gYà„Y˝Áä∂fi…^h
ÿÖßa$ßËÖQÈgHU0G0Éó¶_=-ôŒHbë.á® "-à˘5Rxj ıMVeUF`¢^eFÍ¿Ä»Ä‡Δ®ŒÄHÂ$'`_ÊÅ# RÜh
*·2U"Û+ÕΩ"ª
¬'-J
µ¡Íí,±0/π·ê•Î◊Õa"ùœ>°5*º5„P9
œΔ>#ÄgflòïÁÏA0l©;≠ƒNlRELœfl…
ûË{¿Ï VÄz¯‡hPx®Ë{àáåfiËÕΔ^•5;"»Åb(÷[°ÖSÑ7pÉM^D'ºdxõÆ°j Ïï-ÈJÓÍ>r#≠WWtRÂ.ÍhÄ
ªùÜr§ÆÚxÓÓ[hRÍn¡¯Z«'°W∞!•%!4US-ßÅŸãx∫ úfKòO>ô·¡HÎ!|o«XÎ˛.¬∞$ØîOTò¬¥¨oÅªÑÃ .
åèY4jg&ûçP!êbôŸÄ
®ŸCÏœY}ŒŸP€lÕ÷lÎU„{PËÃΔlQØ„5v®Ä=éu@>Üá0òpQW˘≥SÜ<"u^˜ö[Ii?
7†Ç<hi'\ML.≥9¿q∂A¿ö‡"ØÓÿióÅd…$ÕÄ+øÄh‡nÔv
Ë^'o`.˜*œÚpMw„œÄWúÍ¯§ÑÖaÿ4US Uÿπöañ ìXïc≥K»¢UcÔiÃÔ=≈Ê‡-"àIxó˙·¥4û>(1ÇÂë
4B1H(Δ'(ûg Å-˙
-ÙM◊,õulÁ•UÁıñflXPÄ∏lïo˘ñfl¯Ì˝ÏÌ•yü«„§ëJ
ƒÆZÄ@ ÉóFÕ/Δ»<ØÑ<∏ÉÈ"™R¬Çõ&ÇòË<º#◊JŒßf˘…(˚Êfiv§wpßrrØrUv`
°V˜ƒÂ"‡ÇLÜW»Ø•Ùäz∑'wRÛ∫JÛ.k≠¨ísœiàòk.ç≈aèY‡·πp,5)ÄÇÂëìv˛¬H«'/ w^êg¯
>ríÁÅC8Ñ:X˝÷o˝'_˝àÖxêO®=
5R¯Á,Ë˝„ÑèBé œÙÒ°Â8ã-IóÑ,¿Ò?v©'ñÑ¯%Tê∏Åë¨ƒt
ÿ˛†Vj•.IËçpnn˜ˆ*üÄUVı˜+7˘Ê[∫mw 'ÄÉIÖ≥Œ¿àNõ
<DJì&Å5YbhÈ!DÜ˘7=t±a√C5i<$©P!Kå%*ií"•Ió(©úfrÃIåd"Lti& ê:-J$…%Ãí2ÉÇŸß§j"|-ëG
é:é-!U!Zç‡¿!ƒX4X†@AÇ√ <∏r„PÄzıÊ>ÀW`-^-Ò£&?WH˛%«c&èüHÜYÚìÃòöÄ…<9
ò(O∏å˛¶ì<Dƒh

FAfœN$I)∫ßi2%˜
◊0LÑa‹r% ,Ñ∞p!ƒÖË–°_»PB˙Ö“µkèfi;¯ÍÿC4q]EâÈE»»±eâì¯UÎXtƒâa'@ËÎËÔø?,‡‡B:∏`
Çz»É.»Ç,8»`Ñ.∞–¬Ö^ÿá2à!àä8"âzx·ÄR·†CÅ)≤ËT9Ñ»‡
¨@p†A$êpBè>
9%   Brp÷h•µV[∏5ìs!˘¯,há

#
#
#""$$$%%&&+
++,

,,,,,)-"-(.#2333"3%4444)5& 6)!6-!61$64/9::%;;& ;+;:1<<<+#<1$<;9==2(=8-
@BB.#CCC*#C.(CCBDD%!D1'EE5+E80E9,F F<1GG@4II3-J/%J2*J5,K KK)%K-*K:-
L#"L91L>6M!$M=2M@3ND:NG;OICQQ!R:3R=3S!"S"%S//S1+S5.S;0S>7T%&TA5TD:TI=TLEU$
$U)&U.)UE7WOHXRFY"#Z%&Z96Z>8[))[-*[2-[92[>4[B8[F:[KB[OF\/
0\60\F?]J<]QC]TK^YL_'(_**`20a83a>6aXObB7bK>bVMcF:cG@cMCcZNdQDdUFe]Sf`Tg>8gC
9hOIhWPh_UhbWiF<iGAjRFjVHjbVkJ?
kMCkZLk]NleYnMGnh[pl_qMCqSGqcYqeVqi_rVPr[Mrh^sVKs]TsaSsj^ulaum`wqcxRHxWTyVK
yZPy^Ry^YydWyk^yncyufzg_{rd|uh˜xiÅ`WÅf^ÅjbÅncÅogÅqeÅxhÇc]ÇvkÇykÖ|
pÖ}lànġàvlàÅrâ}nätgäÄqäÉsäÉuäàäéÄqètjè~pèÖuê{o≠¨´ÆÆÆ≤≤≤µµ¥∑∂
¥»»»   ÕÕÕ"""ÿÿÿ€€€‹‹‹fififlÎÎÎÏÏÏ˘Û,¬#0#F2j¥P!√Üç"jíÿ®ì≈ã3vj')U«T SπÈ*ó+X
$IöÑ'´•À^∞~ıäı≤¶Õõ/}…'Ÿäßœù2SíLÂ©h'Oëµ®TÈE§M5.ùÍîÈ"•P≥%öµ®W®\øä˝:
iŸNgçB=∫÷cGãn„¬ïJWÎ(ãwÎv"ƒ∑Ø•IñVxp0·√âÊR<áq„«s∆»feÀaÚ‡Y§ô3·á†2mâb£âù*^'dë„F
0≠êz‹
"U≠ë∞nÎ∂}Ú6Ãû¿a˘˛˙7Kú7}ıD˜≥'PÁŒyfl   "SX´j◊.'¥V{FÌUßR˘ç™v+XÎ=ï-∫5˝lÙÊ-
öùœk˝ŸsflÍó{∑?/˛xQ^yYf/Ä˝eâ&á0(ÿÉ
∂âBÜ0≤ò!x@∂XccpÿarÄ,úïàBç&/ä£Mtj®ŸÁâ&©∞&~©â≤'HΩÿñ€I∏˘V‹L--ÙK %È,π
¥'%ìΩ4ÈRíÃÌî§ï-)˜öP¥qµR‹Ö9#ò›Ÿ◊y˘YÖVY•ÁJwŸµ^}^±÷[•'Ê}™˜VYwÂÈß^zıG
Åx%zë%)aÑ∆»Ñ&v°cê=6Fñ]¢As%YB,≤8-B•f kgÓ%[G4Ç˘Ñßuµë'£+=ÊäÎq-˘§MZ˙r9ıÇpJÓú≤Zœ
ÙcJ§òg{cŸ)#Uÿä'µ©á'õ\ïıQlô◊fiπF(ËziÕâû∑˘˘)ØÄÙ¨ü¢˜"≈h'á¶ `J*È£6ñXcrßñq:ey4-
g*™xÍi/™ÜqùËq4[H ÉâÎÆƒßì/ ©S,¬*eK∏Ê¬dÆœ4©\2YÊ‹‹ïK¬ÑJ)'ñ
,!öH"ñ©fTA≈S%ùÁäùwÎeW]≠ÁÌ]Ù©≈f~8 «u†Ñ/ÖQÂ^$J£ç:˙§ëV°Öónxp®
oäô√M˘|©-iì♦•1j3÷˘Z»â'"qê/   '…ø†\yÂŒù<Ïê5'<, :3;˘Â/-DK@˘LÙÍ'm]-'eı4xfñ
       g'‡BË ªÁô'.ÔDÌœ˘◊GY-˘ŸÛèùhΩ.è{œh≠ù-œÄπçaô67cbòwdzáOä%ã∂»hß-
ÙÔD˘™z‡å‹ı˛±HB•TÁΩ˛rπ˛îüúLÂ˘Î_Â4Á§óAIJSbsBá,+1√'…}¡≤X¿,ÇÃ`áÜA ç$ZaOòD;®ƒ∆["
z' %R,ÖHq°'¶Ê   Í^ÔJä}∫%.95ele;õ˘Ôì∂E- éÍDa,&∞πUäbÜi°)6Ã2sC˘¶ê<4,|®
„$'à¬≠∆+Ò„Nó®3˙-odúi…Â|ëïÄxFÅÙ®f‹QK&√ï/i≥)eIé-yŒH:î9≤Y.ë#ÍXr∫ìhêKm ŒZƒÙñ8M]
sÍñß6¯ÃKN◊b·˘÷Ö'TÊ…^ırœ2"Ωªˇ´ÄQb`fi∞1˝R"ƒb™ò©»,¨Cc(_≈ZÑ1œL")Eâfl'IQø÷·*Wπí˛2ó
`tìø`%√YG>B-fi'\.L≤Œ(±ƒ$ §„…ÊÈ+-=ßH˛ô%5à˘∫˛I˘5ŒÅ¥°Q'Z`Å°X∆e;6ÈêccÈ÷ùÇ<0J´á˘2
Ä¬c6X®á""]DÒLFıkóosT¿Æ77(∫4S:fd&≥"FÄ±b
ifIU∆ÙIÉ,∆Cª M6[r§öpëœh3â'n&c©%£ΩπT ƒ%2À'ßD«^âÛ9¬≤ú∞∂4K¬dõ±8@˘ë÷GÆ,˘˙C>I`,¡µç
@ïmfH≠7Ωâ=≈sœÛZxRjk(D◊R*
®•ú%lØE˘öÁë~'""ìû˘0ÌR0*"l•Ä   EÔSa≈
N#BF÷˝âZDÍœÜf+ó˘"ÆkETw®˘ñ∑K"-0Ü€[t"uIÏ,IJ^v≥ûÿ1˘ŒÌt]Ê≥≤~♦¨î<ÎLÿ:O>≤eflÂâÈà4-
TêbuÆ†&I¯ö^§â2∂HSaQdï√J'á=ƒœW,˛¬À-˘B'Ûû7
NÕyEîäf˘ÂY¿Tóªò‹r")û2»4&k-G2ûÊ)∞ù·ÍFå¡,ƒ$˘tD™ä!¯[f(u∑œÖ1pô-€of&Q.<πä≥;÷∫fz
\è"´^≥fó˘s$.0-…%&≥l&';1?   j›˙}®04ÔzptX6µÁ∞fi]˘œÉÿ·5÷[Ø♦Åà∂ãÑ
¥˘.i[∞Ç˛•†ÍI¯≥°8H0ÈÊ"BLµô
£DPÂ"g2$Eq*,Ë3ÌN◊røÖ‡7øÈ€À˘"ï¶Ò•õï„›‹FJ7"-1◊≥~ßYL"   5π¢∫Írwè{'4q-
9kG◊ëÈùÆvÍAîPÑ-Ú´u;flC˙,2^z∫"›ı∑ìg9≥G)kØjW6≥òùÑ´◊‡˘R{âp).˛Ω°èAÕlP˙≤"fiìpp-gM
+ëRFπd<ÇL≈7œó/å~C'"ö¨äÅ·oCıπQ∫+S-πÛs â\œË∫íı˙'ßù„{ÀqéÀ:™KÓ∏#aQA
˘%t˘MyïÖ
Æ`˘.Ül±Øz¿¨û˘Ë…\≠Ñ,û˛üêÜÙ¿b;!=$:∏Œö∞fi£Ù¨Á"œ'{≈|∆'GU)Ö6)Y›oåÂ9äs∏¡}j§aÏÔ~ó]©
h78ø   NcÄW'%y•H%û
P{µè£ñJñª%ÇÈ†Ôœ`-bÇ2=^Æ`/Ó≠ïÌÒfiVXú£ÅL≠:∂1ZáÇ!À?"…£Ñ'#§©Á{ÿñúõfiÊ.≥e+kØ5j¡©Éí

Ng∑˘r•L7Ü˛”L1Ñ}ﬁiQ≤œO‘±ïÛ¨S©„ÂÛÌ◊¿/”ÆvÉøX÷7xqµîΔÅ‰eŒ≈˘RØ
ôÎ*´3Sn]aÏ÷–÷˙kÎ/à+ÎΔ/ø„!ﬂ…¨•∫%B^†eıFÊE?√f^áPÆ <ˆe-Uf®lïR¨WYÆß(ÿVD
$eRπtt˛"∑ntca√Ñ7QßS√&¥ÚSTiuUd9ÁG-Üi˘ÊbfwÉ8hÉŸáÉfU^%¥¿©¿í%Ñº-N»êÑI¯É0S?ª¡%µê
”ÖàìÙ√U¥Vx"Gc¯g\Ët9m≈qÛ7\H&^PFyV63DÄÊulò7ÄÃ÷.DC∂˘ï4xH.6tSì@á?á;a^f
F(¨I◊ G0Üy˘&7.uQ◊™Ú^±‘Ù3Δq|nıÖLEiÕwi=òv/fv◊o Ää9¯o’∞T^ÜµêBÿ
©-
FX±h,øÄª»ã-1¨√p@Öƒ®pΩ`Pﬁ«pCCTŒUx◊q\XG¥UGÜævÁÑk∏ñ]±Ärñ4\lkàetàyF<∏#QÍ»S35H`Ô
hÌÿzC‘fÅ Æµ/H0Éa{^DÜ∞{°2E~÷Ö0Ö` ≠R'!A+h:(#bÂHŒWc3∏v§h}e«©à}6»ÉiÁÃ‡")íJï«rQà
©¿í∂(Ö˜s,»Äí(w!C4R˘¯#∫ì«àã∂°à!ÉMgµq^WîÁTîN◊XUãÙpi≈2*£q∏Vr°¶0wıÜ,á
3éB#:“ê9íW¢óy|àa÷áoÒ&d√sE‰Z¬/lìKàÄK“àç®=ëâ0!â‡{©·4¥íhŸ%ë/H0¡
%É~Ñi§Ëë”ßT'‡oŒ0}©»ë Ÿ%…≠Ë≠»I¯±hÑ≠@ã∏`∏®Ñ∫Ëã¿àåT(Ö¨πì>Iá!3Ù3xΩkßTWîWoÃ˜M√ec
Æ8˘t2˘7Uùhr∂‡3%FYáÄÌ«Ü5˜:Q`Ôqï£0◊Ÿáoz6«gq¯qèo ap)∫ÙYÉaóz&ÇPTLÈ*“_Êµ:
2Ò]·≈d˜TW\ôVä<ËbèŸ:í:}˛f}$Ií’†ôö UIX°¿¥ÿ
£pãµ∞Δ¢Ñ¶âã!Aã ÅìΠ¢ƒ¢R»õπÅ≈RÉnwòTµo0ËM˛NÃ«<b>$yD…˘JΔdë^$vñ!a◊˘ï±e§árW:2ùÌ®<˘
y97(≤Ñ(ÆU•˘XRã∏è{á˘RYê9^ˆ:û0bg'â!ÁÖGÉjÁü£x
Õ ß“W†ììí;∏†#ô†zÍ†Δ°∏ °,®!™°°x,>ôå∞yã&˘j&*ÑCòåπ<që/◊˚∂õ,îbÃGcbú,ˆÖYÿx¬%k`¯V
IÇreıúB£§ÓU¡TañÇkxùZñQ˘’J8%C•¢(£‡ñF%6ËY!ñL)ERê…:ÇóòÇ
$ñ¶∞&Uc®üLEvlßÉ7òä7(}ôäßÕ }ÿ¿†èπ†’`Æöâ
õ˘†êÍíä°2õÑΔ“öå%˙®â°:ãµhP∫QGı[‘G≠cg£ƒ)ÉﬂN
NMiçΔïxd®¨∑£>•9™ä&ÒF
ßp∑±KQ‘)à3'<h÷J#«cè{ó˙»YFÁàL7Z^/g"¶˘ ´Óv^Z◊Ç_»xøÈq°’>Tä˘ë˛fÆ·/o™T‡Íbÿ¿,Æ
JÆ’•¥’¿ã!∫:
≠¿í˙z*Ø∫ö˝
2˚°˜ääh°ê ö!A~ŒÒ‘jió©-¶oOEiÃWcãto∑ü3*™I6Uâ7GPŸw∑icC;ÎF-∂
TEJ £´'[JiSà,ÎYå
'≥¿4ZR$¶Ÿ∏aPÇ◊ÇEkâc-&∞;x†∫ëJÎ,öÆJ≈òK5ÆQ+}
*í
°Kı†≤ÿ
¨ö°i¢±h®«,d[∂jÑh;®Cà°°ŸØ™Mvp‘ä´Gá˘œ3X™?ÀÖ 7ÜåßI±6Ü'#oO6qLíj&A
#ëcäª∏`ôùZz}.ÅÛÚ*%-ã•/Íè°KZ…äÈgÖ†:44EÖd≠ç◊ ¢≥ªÉr*ß$Y†Ωõ
¥ëiôôËƒ†Í:í¡{ÆòÈ†∞(°¨√\´Ø•Z2y∞H0QË°!#°kõ°µhΩƒI ˜∏ªàg}|KUbÉ¿5œ≤ˆƒ´i°∫xE)™Ìd\
Ã 5dÊó∏’$ü ∏±:í§∞jzÈm~“XiΔ
/fRH4«¢U¨¢n~V7U$¡çΔâÙ◊xπ€vJªú¥œô ªº˘Ï≠xöÆ∂ÄªR{Æöâ¬)‹äI∏ᵁ√1á≠∞*y8å˚,ì˜≥√∞!ƒ>
lã÷{°Δ´… AÖQxUrî∑ñF}‹€|Íä.˙âÈ∫ÊÀü@€qÛGc¥≠§”å5·≈◊‰##øä€™;s^ .96ß7Ω
`R°ÅH$
˙≥sn»Í¿lD¢]«∑qÇà}∏)ôF;ß˝&ßŸ-¡Œp
∂+¬„ö»UÆ(ú†"…≠˙¨Æèlª Œ†
ìúÆ-°ÑØÃ
∏0
ÑJ 8‹`ã’ù-»´…Δ€ ©#ZıT4Jä=ò}@ää˘[‘œœ,»∫Y≈§™œΔ˘©≈˝£°2qB3∫¬%>Ml¥Ü&´ s#,…
≤l”Õ'Û(†Œ¡1óRü≈≥Ä‹/™≠Vm†•lœ\ù¥Ò\œ`°ñYµè¨»˘µç
jù÷„äÆ/Pµ,\
‘êÑ°Ä≠µ_À°µ†í;¨ ú-ö-
ú––ú√öpºà>-«©±‹ã;∑f'ßg†·{N0ΔbmWà∑ƒà7”˛àV°}dÿ˘î√H<ë‘≈9Ô$ø‡Ëï.óWïksÔÇ´‡â¨Q $Â
≤’CRàx=ï,¿√î«˙k"xä±ÀŒî)†>j»Ã>ª˙Ω»ä\÷Mí“˜òf≠÷m˝÷≠»Á/ä‘˘¿ô°…°π{}°¢°6úﬁ'+ÿú-ﬁÓ
˝ﬁ•Õ
ám°Å}°!m√>(cJœì>¢0f©◊ül∑ƒπŸ∫KŸx¨ÎâGÈMr{”I"V«<,«G{wWxe·C·}≠ƒΔçµ°èsúÅqŒ
¢;ŒŸ]¬ »îô‹fß≠.6¬ ’`>≠ˆ,Æ-mª-«÷fM-ÿΩ÷äl-/†>Uã>r-
‘P◊öåx°°°¢åö~ΩT^Ââ∞ õpÂã•ﬁΔ;ÿBL¢UJπT¿kvÂzÉ5ÿîªïë'g“™H‡ı˜∑2à¡j±2zT£Ê?vÙH
Õÿâ:Õ/ke@M+9íQÿ˛ùj˘ópigùµt¢5Z<3Lè«˘≤ÜÊﬁ ëŸGí·j„i„ıÏ„-≠»ŸÄ>èl»dΩ÷/ê
/@Í´^-AœÍﬁpÆ‘
Pﬁ ú‹…Lû8\-˚öü•EVÆã Ï√>Ïõ‡ﬁRûÿ%¢ªàiz∫‹‹™v")cD¥5ÿbπ˙ÊK5ôlwõ>˛∑F˘À∫ú∞í¶ˆV
\“®çéÙcß}ÎG∑¡cãE€w«ë€ <«†≈è≥MEs`)Ñ+”'íÿß%π•˛Ã†-Æ5>=é
´œÍ>£.>fùÍj=Í?Ò’•ÒÍä
« ÿöÃ-l´Ø°pl€ÂXÆ0/Ïï˘∞3_ úpÏ»nΩ∞ì∏Ëô»∞TﬂMv>:%ö9ß∫ëŸW¥‹òß•#ôÉ7ò¡’Á¶Nı
õ}˙@ÁûÔrªıı6Aù(ë9çc(Ô”€"X
ï8Ÿñ ‹vtè^«NEâa!xPœ`'»Vù†ﬂ∫ß˛åÆ7œ÷9ŒÍ™ÆÍüÍ?Í=^÷ÿm¯Aé¯ﬂ„AÓ

O≠
±fi¨Ä
wçÎ,ø˘um◊®∞   ïP   0OÛ∆~ÂXfifi®ÿB‹ö"™??/äê\Íœk›Lo¥âÙ
%lôñyôó~'+Npì9ı¬ˇ∑¯ñ∑âô∑0l£¥?%ÁΩ"OÂ◊:Vé˙W\A./L &≈`m˘√`wŒíB,6eS,Æie◊⁄ âô
% †=Ò:é
ÍÚ?ˇçØ¯ˇ¯ÔÒÉoÒ¸'°i´Ü≠/±VúX-ƒµã◊√á«,¬'
'&áä)™¥#FN!Q-l≈™'…Z)S•Lâ¨÷/døòÕ§9[≥jŒ∞›°â≥ô≥j8Å6zçËQ
¢Äö)EJ'ŸOgQôIç∫Ùi"•HïnÂöï+≥d`g&∂,Y≤f√ûı∂m≤∂3e˙J^À◊]_ΩÚ^,€∑WÆœÆr Œï 'a√ÆèZ|x
TßQè!O÷'…Rß ñ,1"Ã(#Qúç∂dh4#<ãRØ.ÀX≥≤Õî9ù
4j˘'úπÀt¶≠∑Nù;ÖÔÏù
õ∂„…ë/?ÆÕ¯ŒÁœµMóM[uÊ»wNü>⁄[µ^   M,≈WDá≈xÌ*…Í"∆éC*\»È%"VµPÆd˘≤3dj™Ißf∞qÊo
™¿£r*-6›4ã©£û¢ ô/0¥√©òôçB)Ùj©÷ƒ21,±÷™©-`-j±,∫|±kFÒ≤1/X¸,0W¸:ÏG Å≈ï…"ö"$ë",
3Õ&9Ì¥Õû-5FÚMð•fSf´€∫ä›|Àâ;fl Ù≤ÃÈúÈÜL6…LõÃÑC;p¶kŒŒÊv®Ç∞AÜÖZŸÂ<à$íh"ä‹{ˇoNP
        t!ìJíÙ>˝R è•_^
P¿jò·â∏Çl30'ÉD}êAQ´Ú∏ú°Ã∞C
≥\äK≥Ú™¶∞,Bq◊{u-5Ì™Æ∫Ë¢-.ì'k0fCLH«"s%2jè'IÕ6Î 'WÕ ,k/≤K›ls∑fl¯D≥7Ó~ÛmÕÏîSn:Î
ÜìÛ8p∞…∑Œ:πSn ÄΩœ¢í 2ÿ!á≈REGäÙ§áÒÀo,¸jq &ô6•   ®õ8÷   A£x˙   dK6ê\îqªçôs
°ÍêV
g¬jÊ≠J0Æ∏Ã´ƒ∑ jëΩÏÚòπòôÎXΩ¯¬kY_"ñ¡ÇtZ"Syˇ L2À.eíÕB"ñ4"û¥íë-=4CeV"‹1€fóÕ;"U≥M
∏"Nª9Ò•no„ÿ®OÑÏcœ`CyQÔòÛ*ZÿaÜ+2âïÖøèä˙À4@çgÍ'∑ÌÑN%R'd† -˘7ï#,0ß©"ˆC
°d∆J@/«¢i◊öŒb&Æ÷T|K¨_\V∆†˙ ´Èªí^≈Â°Ü/Z~â~/´ñ$∑Œök-úâr *OÀC∂◊∑t]*fln
+67ˆß„S]<≥CSfiÂÏâ∑ÛÂ¯ΩnfiªèHÅ!cR!e»1RíR‹§$áüT\ ?øÄ   Ì8f ôâTùP÷¶®ò)Ñ#TÑ¥
Úî©d≈6`≤UÌ\ÿ^   HE5ëâÕÜ6¥b   kFp©-^é«¥Íe/PÀÖ-3ΩËÒ0¥0L*RÅ$¨YbkM∫ñh§T•F0¬l
fóó÷°Vµç h≤sfiF7ˇπ   o"„óœ‡døÊ'Às6bíÑäÜ™,Ãì(Tâd$≥p√
i»áU bö òLj2F>áU%"Õ…"ÑtçPÉ'®$}≤ïY-`¬PP®1+°≤vøãÀà|6ì≤¸m…Ÿ]rX£‡-Hi»ÀE"î◊Ê¡
¢iDtÖ/„¨$*fjF∫∂¥ó=ÔâèYWÎ`5ï˘uâ}Ωyüªʻh?v≈
çŒë_‹Ù•{qßN˘;¿ÍT
,-`{â»"ì®≤ÇêäjT Â(ÖÃ«>(¡TL2ß9wÈÑTù4…FÂ61ùÎ\È*·TP"
*ù¬
5j €•hw∞K∏l,
ÇEá$ı]±\ ódÙRy»3^.Ñ   Ã^1ß-ìO´7≠fbÀ2ÿ,#úÙ≠+çÀö´J"ò" ∂o¬´M -_ø/T/tÊo^Ÿ-
fluúpÃ1¨s¨Ü~4-
≈Âa)E‹™œrßêœ&.-˘8Í$°h   LjQñÖiL£€‡ßÄS&ß6gm€,óÉ:ÜQØ¿é˘î£ÏGg,Qf\„+.
4ëkHÍYüQ⁄Ω†-HÉ˜≥∂'.¬´aLÈ"SÊeiΩ,&≥öïã®AØâC™VP°Ÿ§iN3äY¸…Î`•≤Ù!ñöëÍ°ˆ«q>´Ÿ
±éVΩ∫Œ6Uá´Ù∆XÀÍàç,>ª8‡=∑0Ù˙sÆîeÔG‹íÖ§ƒØ.¨§D≈Ñ¡T•,ÕbflÁ>€§é'AäRƒBü®nAÕ-ÏQ8ÀŸ÷
°H.'ë]@ÎŸë"•E¨Ì\zI"Ê%∂FD^mwj[dN
®EJ∂,1 Mw∏[4flô<F∆"ñnVÕÕu'©FyÅk;mÙ1ø¿
Vw"Òµ˘T„ñVä¥'≠®¿E ›s
∫¬«ΩZVHB¬◊øb67«A◊G≈π=(íUÏ6ïÀ…TÖÒ' MX8J<'òÖì]FGTªXzv¥Ω¯QéÙí+ΩàÇ2m2v9SH◊
¥iF§mNçy[eRoHêë÷ê4âFÑz∏á»íÜ4'™ÑïëM⁄#Sù∫QUØìiM<6'ÒfÎ|Ì/"]›◊u∆/]Å'BõÄ'H˙…V ≠∫
HÔ,¸IWho˘#ëOKj,Q8gõÃ| `$wí_áøé\"˙∆».äÜJ›?Òâ(KW Oë SÏá¸úQmI&¢¥"›#k.j1˘]îÅhb/
yGâqõS€,÷òŒÚ)o7Ì[ÃhBçÿ¯∆ã{°.ñ]Neu´˘<©¬zo"¢fløÓ0ÍúÛ'¿+Õ´Ò
^pÇQÅlFPqäë†◊≠∏-≈,™"(†˘|Ωß‡]'eèp"%Ã¿ve#'m5^ÊÃi∆ 7)zn˘ˆ¨\]Yªø-î°EÌ
ˆI)5¨ˆfàycrââhÌD0<-0§",IÔ"¥§uÿFΩt¥¬ì[KSZßM+¶`¢˜xÍiöHèô|
í4„çs¸liKôôV≠„ìøzÂ^ïÍfiJœ¶z   ŸNfiËÎ◊Ÿ>Î¨…ıH¸µ¿rNÏFYbQVÜ‹≤˘Âl˘üLÁG<R   ù[ÿ
"˚»7ù§ës·∆ π#JÊ<π97◊'ïmD9Äß'π>JY˙ûißJÆâí&≤≠haÅwMx¢=/Ó»"≥›˚Rà°o¥K^≤
¥á¿bJ&ûâfiÍÑ ;îOSíIà™hœ3∑5fõWkΩ$=#ΩYÛ±Î∞é6¢üÓ¿¿n¿¿Ÿ´+32Å°Üú[î,{A+"Ö@™2ÙÇ
+BR:~"9Å"¡®≥òÊHÇ$≠´2≥˙˚°œ‡@≥∑©¿LÚ$üP:≠h∑v£3C?€© ˘s¢Z‡ãT-NhNËÑΩ+û%˘ã¡0ßÒ˙dH8
^Z√+1°X°b2";âKÉñã#ÖQ⁄√ÛÑND$qÛ°íC#Wc=âÏ@ï£'õ™-„◊3¡W+/5o`V`üc/,œ££¡»â˘*$û˙'@
            ê@Üà˘Í&sÀ†%p¬5+ïP∑ËÛEL/:Î+,Oz"Ò>ÚÀ¬¶ äQ`§3'"Ñ3ÏÖ0Cçs
¢d©ƒË¬Tê©â◊∫Ö˙0:Dû¶91J0∏È˘ë!ë<»DBÙÑ¯Sö¿ËÍWsDâ=~ô5tD|<ß}»Î™™™∫¿#˙õ]ÉßVÿKp∫•≥
+†√2˘®2*õA*ÉúCîHQàU   ã°N"u)…4'U≥uI6"$3œ˙úm{*R*êa;∂Sª¥É∑§‡,G
√.≠T⁄Ñ1°F'ÍB€∆"¿∞•YÜªÄJÉ±8¸∞ú¬√´§ù:@ü:08R8âADyÙALsIµœ{Æ~   ÄD»Fâ=∫D_ª.
lpΩ"£XsƒÓ:2øÏÀ9†Q¥Ñ•˙9√ƒHã§A*;∫fiC+âyúÅë≈$àø˘Ø"™n[ojésóÆ£œ2ó-MÆc"\;f"…+D!/A
£içkÖ3â é"∏≥,F'j$ÅÕ â„·!‡d8˘9"CáªÂ3"fl</Z¢üR&∆p¢AÑ«≤%≈ØKDs3π∂%G∏|À'GØb=ò√ÀÅË
5"œÔ|K#+Op`HªBÖáƒ≤ı2Ã^Ù'%=HYò^púHÅLB·Y…±Lìlπ©"ÃâBBœé‡(nS∑è9∆ÇË)¸LÖ2!>#
Ã¢ù

3öåıΔï†F¢¥MÃêø°;+€QΔ Gb…˚F™¥J„4&„L«Kc<kñLK4K5KJJÀàRƒΩ Ø
áF<D$'GœD»Î“ƒΩÙµM<»œ∑%D`c»L§•√≤âœ§ì´˘R†Ö$1Uú=¢∫ë¬=πN˘≠kSYc=L˙"m¯âìIéfl†>_M¸
-)FvCÕãJÕ[Ÿ¨-\øV`NØ ˜„Õk<QF'∏D≠Ã8Nr$ûqúQΩJå%lXíƒh¢°À;3ÃªnÛ∫ ƒ±°$RW'
∑ÑÀŸK“Ó∫@ÿ+O[ÖƒsÍD_ÛK∞äR_E2d¿ªbÖÑHh„R¯§´LxØ~í6F å…ÈÖÂ…ª˛[cUq™πaÑ"î≥«8éÃ
%6{AB¬,ò9ª«"
å%Ã“¬]-∏/Ï¬=-EXFX€dç√åQ¯∞ÑÉC°(<·å-r¨-≠-Δ#4LÀ4≈0ÀQÄ«¯◊˘-R6…«"-“$Ω¿X5H∫\'-OÏ:
HNƒG`
Vp áıDÜª
≈L∫-ΩùÉ∂L®ÑõmV/så»≤˜jÖáIN∫÷ø˘õ∫â<Y?~√&O ◊v±él0éÅ∑ŒAW%%6?Ω∫˛˙í∏Î/Æp
°_H~µM˘ÉM2Ù◊|UÑ<-~=[M¿fl$ñJu-Ö@!*&Ñ]°NΔ{©i¢àJ≥
;¯y˝!RX]<èHÙ<NÄ¨Àìï“êΩ◊´“*eR∑ÏÀp +&:cı9eù+,´ÑM®”≠Ñ.ÀÑLPÑfîãPŸïŸ'N
îY§#[[”=q=ΩY˘å çÀ◊<»WiÏÖüëù yêÌ´ÇP… ïtM
]∞‘•P;ö-¬0Ã◊¢îMyÑTM ^9X[}ÂÑEHT»h ∞@ãaQ¬≥ãQ¨J¨%•œ»ëQŒg±◊'jOHUΔZ.
6È@W≠ìè5“«ç<~42…=2(Ω'Ù+"ù`ïufij0èFÖM`>˜L∫FÅO‘ΩŸJ0ÑFœÖ∂çPB∏ŸEa˘˛¡ªO\ã5Ì®ìQ
èÒï0&¯·Ë&Ä10fi…HÖË·ö0
Æ2é%%Lô¸-u,O,$ú øÕÍ/≠V8€DçFç”◊|]9(„,Â◊--∏˘!±%J7˛Δ‡%!˙ù¥Ñ5NKk°I≥©<Î1UΩÎÑ--
†Î¸1N¨`F`f`»5Y«}<Zù\~VÑL<Ñd¡Üa]ú>ÑU¿àU•Ÿπ R>ÊE0bcÖa€ÑçêBê]è`^Hj•ÜÊÆ ¨a˘≤dË9Ä
&»ÅHÅ•Ä¯`ÊP'pÇ/à9`f90
MP&6~bË]Iå*ù>åy≥B-Δ≥xsF0ê^¿}˝WÜ‘|-c9∏/=fl±Öåq„dhr 7û%dGs¥4sƒ„J3¶§tÿ√-Δ&¬M'Í6
Î;£D|U∑Ñ'ÓÜèç“\}À˘Y=≤Ó<ƒ.dÓUç¶`$≥%¶ÉéP>õç»S•`P^eŸ>à-
π/u·ïveëîe:˙òªN"πÜ^X&f¯i†Ê¯È`f`Å»`¿XÇ/xfŒËM_∑v-1)Æ§”çöÃç)L%/
°Δ0÷8˘≥ÕE»ÉuØÉ2ŒW∑ïFÅmë7^-™ÜcŸäCs§C,Œ¡hQ<°ÏT0-≥Lì´‡Îxh∑\lGT‡î%œúπúlÉî<(≠“_m
dXıÀjêÜÖë»-·ëŒdù>Ñ/ï]BHmE‡ IóÆ]è ∂c†Ü¶iÓ≤µ˘*/QJÖ8»Å˘ h‡ûÄ°Í†jüÓ
@nPhÓ%`'êÉÄUä¨Öù¶∫fä©ê-µÎÒ/˘í/Î±>-ÒUœÙnÎê √fiXjz∂gß°r¨Ô9∂J/hWpä˙©.|
NOPÆîå5XS<v'WÀ<ñËÃv%(ï\À=%ÇÑ`Ã≈DdhAåh>JHmB∏Ñ-6]”eŸu·UvÂrùãÌè»/ÓÆ/Œ÷5uì_-0XÅ
%NÄhÄ%nj°ÓÒüÄ˜q
‡Ä‡Fn!Á9•◊^•;≈±=óÏ¶§ÏuW∂≥7åz◊∞Ì^kƒ◊uÓa0vV˘Â˘5√˘CõÁÅùÎ◊∞ë¬É-°]û
´≠,ÙCåP'Fm<FW(U˘c'Uù◊ç.
%ÕvÏ∑h»ˆÀê•ÏF>≤Δ≈lH'áO°≤ük]Á•”V]”Æ]BÄÉVV®^8qXåVùcÖc`n∞9ÓÎM¯Çò-qflÒ
Í
Hn_˘u(Ú%^Ä(v‡VòÄPÇ%CHÖd∏Ü2¬Ó≠fi>Éêfiù?£ø™ùd„E®MtÊ·/sv^^M∏å!-∑Ä
°™ñ[ª¶Ô9ÆC°Œo<ß-ø
U>ÊF3L2±Ê!mK*]<çflå¶Ro%ôCOE÷ãVt*x˘I˜UIÔ¨`Ø‘ÜEA‡•A∏'n]‘n·OaEhÜ\|∏p yEÖ6˙↓/
´Ô]˝ôåEpÇ¯Ì_Á·˛qùüÄ»Ò%fiı%ˆ_eÄPcoÄnÅ‡Å.`Ñ¡Éú(võ˘ÇÈ≈åkT+˘¨k¢!Ò6ÛÂÛ÷'`-
Ëa/M‘2‘;6ûk∫@zv˜¢KΩo9Ø <&4œÔëœvÖ=? ~JÎN…ÏT\
<ŒÉwlΔfxá˘Ü%m•ìù¸àá
ßRJè
$'>xE-œt&Ñç◊x8ÄÉ3ÑJ8ÜîÄÒbòbùÌj´;Ÿ >aπjòq0»Å˘ ˜uùÚ†Æ‡nÄ¯ı Ëı †Ä
%Fz dW˙d?´ '`W¯f≈±<®§ï;êkÁ$Ì≠¨pÆ, 0d{Sf2œ0H{0ó}ET<å4?äyé{ùk¡àdπ|
ËÎ`¡ÉÆ˙Zhp`/X]ırÀU.W©<•Í»1ïòjŒ¥ë,©
úðp)¡uÆ%Lñ‡XÜsŸ≤fÕn/s/îŸr¶O†3˘çÈrÊK†IiÆÁ≠Z4\∏P°:UI°AÑ‡Í∫ŒW8\·ú9”Ê*dÀjÒJ≈ãW´
V¨ÊrB≈µkfiúbÎãç$∏œ'ò•Zƒ$Öá˘/ˆ¿¡%»84XPôÒ,lVê‡3h (•°òGKΩí5´Êõ≥j'BΔ÷÷◊llÆEVª÷
[ÎjøÖo>öòpfÿë3˙ïV*NöPIÁfiëØNúØqÊéúE÷;• ÿ´◊Af¨i±oÊ´Y2_Ò„3;ò˝A˘/JXp†Cı“flyÆPÑë
Åç,å+£tdI≥ïÖAQX”P;•SO%TP(Ö¨Q,Ñäfi 3U®lR !1¬qáXYç5YZ¥°Z¬
2µ∞ıV\¨»'
'F^,ö6fi4i€k}ı¢ 8$ñÿbL•ÿcëy9ÅeûÏ6˘fû5‡àF@îŸ¿gx¿ÉñPfÃo±>¶õ6∏ÈÈl°·&í_≤G
sƒ1[3Ã4'§&¨hbù%õ(r«Zh¡Ñ¶w(¢'ñtr‡yÚΩ∑fi©ÚÕß™|Ë≠ñP~
±k˘≥‘K.∞òá‡Eu‘ëØ&IXíà”å"u”á<≈í7Dù‘Õ^E…Dä◊bË·LO!3*¨úÚbåYi%édï•£¶mú°.Ω°'\£
¥bÖë°∞ÊÕ_ÅΩf8◊0Úã)¶ÿñtY ñXe†I<ÒgiíñõÀ…Cåå,
û∫≈F®n%˚y€n±9”Z_ø%z˘\qé.∑2Ω‘“…§÷Yö>¶ú2rXß…(µTîã´Ì≠«fi{¶ööåsœ‡güAð˙bzıW
+ÄUd‡Eµ®ŸøíÙÑÄUxÌOÃ*´”M»ÊŒ<1%'ˆà
≈ÏQJe5°Ã5◊∏ï¿Hçw‡h÷∫U8Æ≈J¥¡ .»•≤ÀÂ©Ï“JÊÛ∫íåkÅ9 %6‡d£
3_§†%¬YjÈ•
K&hûQ¸õ†¿ÓËN•orê¬shí3œ˘fÚ_ÉñÏö ÄΔvÕ».fËıÃ9ÍhE9/bà"Ÿ}¡Ñ>k·È"ñ¥í
©H€'|¿¿◊Ù|ı≠2∞%˘*za§+“r¥edlec˙“ÜðhQ(Z¬VRNÙìmmC: Rår-UPot…^°A
\∞ÇÑ,zë"*qáØ‡®
ô“Ç„™ÄÑ¢Öl¡*Ó5

z-"5C6úƒôn<`LeV/ëvê-"ƒp¶-`åw°≥'îE-`,(,p<GÁ7Ö
ÙÜõFïÃe∫1ˆés` „µhE'B%á;ú!SJPÇ©9»aD+œ-é?•Õáiı{/'™&5©HjÁπ$,†ÇçìÏÛïF¢díP´î2â
ﬁ8D∑
¬
Çleà4ƒΩÅË˘D}õ   9»sxÉÇUR®àK Ó+fÅ°„ê0d˙à«@-ﬁ≤ãÕqé>Ï2íAç~E©_Ÿ»ÜVô ¿©ä·RÏ
#;«x¿`]°Xipß>Õ≥wW<bG#ö §ÄNö∏ì£ÆÒÁ·&P-õYpp≥=<ÒÊ8olNÕR
°âImS_¯#FÈ©M∞,c∏BêAÿ#øı∏«=…Pè|Ï˜>Å §•¸cHÄ6˘øå∞"LêÅ"vbµd/©ƒVá
$ò,du»&CÕQ÷vA°ŸÚ‡ á7Dx§π†•*[Q\v9e*   HÄa*qi¨%ö°ÿ°5üôÕjl"_˘˘ÒK6¿ü.
¥ìuóëü»•…L4ª+Õô»d≈z>x°ûÔ•…(aÎ≈ˆñÁÁÌ8ñEıÆ(Â»å8'sîsŒ#-E(_®¬QãZNmî©†ÇØÇ´EÆÏq§m
YÂdÿä•≤™p5yI^∞lΔ=I\„J,¿h#n≥$*>T9îV~ê'å†-üEÀ[R∞oN¢Δ1pQ$Y5]gËë¶d$¨Ó'ê§ëd„Ü6\{
≈ç ínõ¬¡F6Æ·ã9X©ùõ¿#CÄ@20p,iªD†¬c"
Hcœ>˝éL¯L@¿9<ˆ§FŸ˘ûN&ò@5cyç,Ïrÿ®(G'-f¨∏N¿†ZØ*°
Z8/
a   ◊ÊiÂë≠/•4¯ƒè5)MÜm„Û¥YYm?ŸO.˙„RHl7ö6≤-
1'˜õ¶ëROÈí°,∫ÃíÆ≥ﬁÀ
ö»o3©Ü4ÿbBNú,SàÀëV'ÎﬁA°
mhÖ4®!
˙ZŒö>'&5∂πó!>œ/Õ`≈<Œ≈(Lù-¥c(@Å   <òli"∞óÊc*¨{w1çè‰Å,ı∫9õÁùL8 ""B˙,Ö&„fãÿÑ‡p
-?Ê   =¸Ò°é"4Â)è}PÂHìÆ™>*•≤$√˘ùüÕ∑»1-ù≤!%b.r≠{J∑Èdï4Å[≤'¨JË~oZ≥øq
¢K®>ÖµØ§®s¨à•
`Ä·ÿÎ^-†-H .û¬Vl"#HŸå4[)}F∏ˆb,Äùñ¸∞4ò-íÀ]~&sF
∞yÖs~jW˜Æ∞égÕAÏ%»¡cêm±@ªâΔîâL≥¿I3úÏ¡hìΔ-πîΩÍ'ıV°,gàÉê[kè}5$]œ4XÂ‰€NŸ∑V
£≤'*Ÿµ~≠We[∑+¬<çùÜπÔg¸i*ì≈f|ÔªÕ°POØ≠lyHó¬oÃ   ?˘EG®e/≈i-
Ñ˘ä;nµà*[≥ŸÒé#J6'aì"õ¿4#™ã]
ñ∞»§Ä¡
s9©6Í   Tx1ÛT@ÑÉ˘Í(÷ˆ$Mip.≈@`<ËÇÏtR3¢±†"C„"[Ï≤ÖF{≠Y+∞ŒØÊ`ΩÂw<Œ‡BT¬£x˘Ø\-
√Å,çi•I;∑mÂX±Tí-Âœ˘AhYÆdÑÿ∏B-@áó¡rΩ[rôNKƒU7ƒÕø]>lÀ^†RL-õ   P}Hﬁçﬂ'ÑSu3
   \H
'†-•‡HzIh≈Z∞Ç4x√7`C§iS2HrT√~_ÿÜΔQ6$√"•@Ï•<˘Ãd§Àï@M>òñåö®ïiDÄ®ô/©ﬂaÒé
´ﬂÕüÕ<¨tÅc·ı   FHÙI•µ'[∞!J«ıB+T'¯±Ê˘aèïEƒÅ!XÇ(‡åÉ¿_*`ì™ØY|Ãè#Õ«¸IôîÈOKa
÷†«2\ÆqAG*@(ÜK|"òM‡ﬂ˘[+µÕNlã€<€Üt≤t *f-u^∂8≈„   é\ËÂ¡Å√AŒ úO-|8‰†lP√2û^Ò4¶^
_J§B‰@ |-@¬NÌ5å
8ÜÀYa®â©E∏•ôòa¨Ö·Óp·®I•ù   î˘•ØB*∞Δ[
@™ëo[s¸¬y¸BAŒ◊|±≈‰i-¿CŒ`≈9[◊
b"¬&XÇ®°¸ız®«m¡™4ôH¶äî…
JNíDÿJ˘Ë
EÙ Üb*$ H∏õà¥õ±åúŸRQ∞ô+Ÿí,©bõY-ÍR∑Fê¥B§<ÿ&p¬¬Ò-é<é„T\ÆW(Ç4•í7p√S<≈~EïìÄ•S·Õ
D6XXI
‰@4·:5Àë@8r¿P!‡ﬁdT¿<í!;∫„Ú\<b°ñÿé•·
¨jhB/d@Te qÄ3\í-`6   \XÇ"|‡¿C>dUV˘<tù˙Ç!d§%D
GŒﬂy8¢˝)
¸,R€•$J¢G&πnPF¿Çÿ•¶LÜbﬂëƒÈòYZKú¡Ÿö·b,°H+Œ,-Œ€øUœ>í∑ÿ-§,•ŒX'§óEŒzI\¿*P9•"7D'
3äeµDïËÃlÄ3»A‡@*A-b¨<ß≈•8äöc<%8@ÀµC™)Ä®q°;ññ©1Lpëú¨@   î¿
,¡ÄcœΔlËInHp,T/¸¬/âF   ΔÖ\ õ≤i>÷U<>Œ Ç#l#∏Gœ÷%>÷ŸΩ¶/q€˚8M|¨Ü´PÆƒ˘lô>˘˘
(˙¶pÍ>¥ƒ*B-*·Ñ^WΩM'MDPﬂ¨,ﬁ<-5À9í‡^Δ1¥BUT≈&lB&XïXúWT
/D"(+T√9<8ú^TïR¥¸ÈﬁÌö•ŸÜ&|A§/'4!b|\Ç¿Δ\É-ÿ§™åZŒ_Ñy!ZXÑëPÄÖ¶Ä
•ﬁhx&‡„,B/ÙÈÿΔn$JÈu' ÉFƒ\»E∏l¯@•Å&1Œ‡Wπ¡ ƒÅ"B!ú¶˚•¬(∞f.∞áí-MI:bnQ"z∞'êûd˘ú«
}<äÄpô◊¯J-ttÏ'M&Wq≤ç‡ô»MDó,aw>[œâ˘†})a»ÈQÉÂ∞u†Ç%úB&dB!»YƒÈ÷yUM€1Êi†Üe:…È…*p
(!‰Ä¢,'¢B°¶>%ÄB*…™¿\b*•m©Q¿®©ÒûgD®@>äS_1_x¿
ƒû√‰@tÇr•Kîäk «∞YÊLÊêRÆ‡Œ([zuUWa≈
¡'Œ¿¡ *Ç!0Îπ-'Bë!
#9bIj€™Ï/Œ }ƒJëIÕ≠8ƒπ}
∫ÅÕ'È>p/dÖ'kœ÷õ*e r"Uóﬁ
∑¿Ñs∫íPP,R
Œ)åÀ∏,VfÅ l'Õê2y<éù~^ûö√X: Jå˘NÑƒ°Ñú3x√/<AΔ¶
‰∞n["j~Æ™dp@Éô¨•z¿Ìz¿dÜiΔ¥,Àé/Ób@ú"
‡@ΔíÔÕúŒäì√∞ÄÇ+0ânø÷òê¨]X ßl' QÀàØƒ‡}Δ@-@˙rùò¡◊I€ivî≥Fìµ!Õj®«¥2çzòTí©'˝Ë«I≤

‘&j¢€/äÆ4ó˝ Ljfì
gLƒUOn)á‘õtnHflˆMœ!g>∞R/OÑçù)uåÀöfÇü
Ç◊%ìã˙è¿'¥2Ñ{Vfl≈°Ë/∞nÄÉ+Ä«"*[∫.72jÖNÍˇváÌAF8ˆ˘'9-∆Àh]÷Âc`¿`Ì,Ä€lÑ5@™¬e ¨
%hB-¢Õäeç’ëêî´“j¬ö*Bõ“H¶úV2e˙¶/±ZÌÄÿedG-¬≥∂- “IÅ§#zõ¥ûî!õ
o¡ùo©˚l"“<2A-ÿÑ,ßà(órq-ïÆôïÓmvraÀ* ô‡JflÖlåfi1-õ:Æ",K\ƒ}-x
*‘BÈ““NIÏ
ãnı∂Ç∞•≥e∆œ.¢:j±, ThÖ %3;Üoq]ä,Ì>Ü¶uI3Ê
<Â„n»&™!¸¬ÆA„7¢ äÕ`&[•™øZÇã`Öl˘¯Fdó˙fèAõiÍÒ˚ÌÇ≥˙Ò£·Ô¸rí¥zÿ÷∑·œ$>«IÊè/∞≠ÙGÆT
ÑKíçF¨[c2€ÄÉ8úR[i°ŒÕñ*Öfiz»wÙ+˝[ì»∆ Sl&Äœ„ñE2πóWç&è¨°êÛ√J,J‘∞
Ô∫#0¡Í~@
-Áflß[* D5§™@ ®¿
P5d@j\fi%0µÌ™Ä\~ızÄ\6ÿ4{√Ùì,âø≠k¯¢®áÂ∞E*‡BGLï ±¬c¡P“>ß¿Se°•fl0´§tîbÎh6·ÔŸ%
ô!„ÔAS,$9M~,~Dk˘Ù_F˘ÑEÔfπûhfiùô•IœM+(w√G_iJè≤<tÙì¥E"LØ©Ø¢-±6é†πWè>ÅpO/
êÛ0†ÎIåJånËÓZ5úÓÎv1 oS7·ŒJaEµ
X1wì¿cd∑\ÆSX_57¶US5Xã#óPÒwc5_y@ÄA**ÈÙ∆ã2Ω∏≈T
∏∏»öŒ+;dÊ9sÖ“Ò˘»¥¡≥!Yb?´Ÿ9ˆmI∂∑ô§êÓñ‘ƒ/∂DflJE#
Å¸Fá¢Åú)6Wò~t’+W)k3Á/õä\ó¸õΩ™∑t\
n¬"d¬öÇO%»Möè}ä"àG-T˘Ü wPıìÃs;£Î-!0!
¥Ó”'
¨¿`∑…Z±≥!¡
DıwÉÄ
,µ…VµÖn7Úr˜Sh8∂,]¬<2ÀÆñH±√|A*0_∏’•3{¨3f™(˘SÖn:!úAƒ`‡3v„3Á}!d¬êY¬
j§??Z O™Ä$HfiCß$C˜èÖcYCT¥E-/g±∞kr≤∏Ó§)Ôƒ,¬bOE%ΩvKH eπ" •Î∏ øÚ¡öÅPÅƒQ¥Å
¥ë÷"∞B-0◊Mäàà(˜P7Wìx'`#Ï1·∆^˘|“gÖÇµö+tÅ‡F5 ê*®@PuY˘Ø•ÄXÒv√˙L{?!Y?ë9m
|k-∫¥:
øÕ1à÷ê ú(¯´öûU¿»v∆†J·=∆(¡ª•8•Ø`˙ÑJjZBè“á}(ÙlÚoI4Bƒá#O"#SÑgó:Z˙•¶+'âø€µv·≠vï
úïJó°∂´-fl+J˘ÈÆü†êàW]TäØ¶!ƒAM.°-" | ör/PCì‘ƒìD;ÑØwÚó F√ ÍÍ“'Ãg¥,uUœ¿Ò,ÑÅ ¡Ä7
sÖn9vfl% oZ¡t´¿àªœ03°<^QÜ9iqp3ÑÑnF:c>3‡˘a6±áA÷L¬ÉÌ2•°oƒ[≈+üÅ‡g≈fl#D∂A•∏(¨‡÷[•
∑B¥¸ÊoœIMvÔCô#Ì÷IÊCØ-D ƒli
Mùzÿ◊ÈD;{ÙI%´'˝Nœ:l64flRP-À´LP,ø/Q
ÜJ®¥r!¸∏%+N˘J%°àu¿p5»s!∑ÁñsÛIT…Âct±Í9r-¿¡Ç‡¡8,¿ÅÑãõ.HVå¿¿¡âå%Jê-Ëë IŒò
°¬#â0¥úÄaô&Lhĉ†AÉ
)ZU√V≠Ÿœf@â6£6îµjKóRsJMö¥dÀX±ÖÍ‘¶JÑ∂¬iÉÑ˘FI-®GQ&KõRtG-¢Eö,•BnåYfiªxÒ2KñX2_x˙
*\82_À|ı2Ï+ó·»évú´ó´^Ω`eŒÏ
t*W©Dk”N[6p™ªÅk>:úÎÿ·∫Öõ
Œvm<≥iœ÷n·∑kfl∂-9p/¡µy”∂î≤Z°Z±,ƒ ï%Nö6)RDËÃó6U™PÑÜíJ€πsjUäY5‘®ù”?
mu5ÁœM˜oéÌôRêÑbÅRhAíàx®ã8î†àÉñd´#d“#Jöì<Åñ&- Çó&ÿ ¶mj`År-ƒß¯Çbä)lÆŸÒ˘´πÊG
πÒÊß§·Öñ]X¡*E.!ƒ´*-ãÅ#ê8CÓ!%9ÓàC∂8a•dí:Mœ|Ò+∞5’ÙE1≈"k,ô»%l≤∆zâ3[6É%2Õ@´E3“F
Î%œ’\[4∏F≈Ÿm∏,ÜÎmR„jªT∂◊l3N∂%Ç.∏n¯ãJ∫T™”d;MPaœ≠;Œ-Ç<Úh -V=ïMP)SœÊÌo>_˝3M?
¸¿aFã
8HAAÉJp¿B áî‡BãjI®∞•2"°•pª
%¡§b0â îLåÉH¶öP†õ&»°ßï/QGy¸w«jòÒwGn™·Ê˘öhñYÊòcp·§I•`EèÜ±h-"Ãµ˘Bâ3¿ÄK∫RÈ
%jÙ29∫Ω¸∞ø/l∞\ªÃ2…ÚúLO[0‘Õ2À¥-`!≠DUÀÊµPm
∑fl$ÌÕ8J°ÊÌ”· Ö∫8Â™FÆÁ|BÔ^¶k’ÎV’“ªA∞%)ëh„éMN1ªd%´?”ˆ≥/?_´µ?o~£òe!
\A¨BBâ»ï®bBP"-Bï<
∑ÅÃÀäÅ ÖŒ±B
fi5>Ùö&H±^elÖöÄ÷-/{<õ<˚%·´˘∆HiV≤E/ÄuäÛ‘-ÏÅÉZ%œ∏√˘V,yœL4ı ÀÃñÃØñÈáÊ9q∆,œÀ6sÃg
ù]…Ë-’DìD[c≠Qpçöjfléϕi¸”ì¶Æfµ€ 'Tœ¡Ü3¿∆S±BU◊-
[<R8úÅmThÛ1∑π·,ÒπœØÇµ∑¸T#p(¨œ‡-f-Ä#1|<%∏PC.(·÷Rbhà¿¿F¡\ÁQ∫J‘.õ∞.E™õóM*Ä/ÄÒ
àÿ»,5∆/~e£Gã´!d•ÇZâRêÄ-Ä!Kl!Ñ$=ÍU«.˘âö≤∑óø$„+c∆aSÙ…){¬Œ4„'@ıBg•˘{_-
jA4˙•Ê~M”£xÛŸƒÊiízßH9©j-R˚X√j-
≤Y«lh˚Œ∆CÖXµÅ+ÿ©
/ê!
fx£WxV∞ÑÂ,Áw Ph∞Çï)ÅA «8|◊TB8¿Cãëb±Í:'qa]àbÄïp¿t9ôWΩ¢Ë∫p_±”"èà§£-j±_a
èˆi∞j@Egfï"°XµM Z•éwÓ•∆†Vw‡Ñ©d÷óìÂ≈dŸ%/¿ßGƒêœfxzŒ≥>HÇhÄî¸ÊWø˘drQèJö÷x≥©>Ù4Ä
`¶@Y‘Nô26Œ˘I˘5¸"6Ï¿Ú:Z*ƒw‡8h!r9Ä!ÅWÚ,πÛF¸Ç3V≥Ç£>%<!±ËÉ9((Z ZAX§ π*|
·q D,†∂-â≈àG¨ò0Å ÒúÁâ¡p0áÃ†b€,Äª(˚Æö§(äHAòAP~ÂÆä\$?GÀ£1&Â»ÿÒ^+∂I¥xg`¢âÑè)Ç≠

ŸˆPñ≤@˙Ö§Å$Ãa,D2»8¶NíQ$2dv3√¯4ôÅLÉFMØ"©Y£ı?Om
ºê /&èc¿%¸º†
Œ9òÛlÑ¥TÆºéŸ÷bà,AÈö_¿Í%¥¿ï]Çu`z+ÎM∑˘;L¸†ê?leΔ"rÕq$œ4à•jUœÇØfP≠(´
”¿"h¿Ñ»√ƒ@±$Œ„†§Bà"†S‡≤/ÒÄ,qçlË.wa®≥¡çlxÉH◊‡ùÏÄ‘â"9%«PR!^59ªr•UPP8ô9ƒEwÒ® ÿ
ƒ·Æi§Äâ`,§RúUFëêI%ÕZöãÈ-~AsE'±à9$J5JÛÕw˘öfiÙk†T/÷‘´4ÿ4
ò&£FbéÒ¿ng-lQÑU√ÛéQÓ\Å.jQãø¯$≠LCÎ™Õ:B˘†¡ˆΔÇsP8s$FƒA,P˘CLµØ¡œ`^áb”í
a±àÄ8D--
œ∂≤c€π≠vπÀ≤ò]]äVáT¸ÿ?+]ÌÑ‹#›˘?„w‘Ÿ©ÏbÑp-µ¶¿Ñ*84Ÿ„@ ¥E-Ø ’_Äœñ·Ö§+
%`6'9;O4KdtI;ØØ3öâ_/L≈C»AªIc/¸¨Ü¿pê#Å•È …ä‘¸)ößúR58†ÛdÉ:’â*{4M’÷FŒºpŸô§
ºÉ’Á¨6∞1L,kÇ Ö√Ü"ΩÍUEKïHÑ"
ë Ó|=Õ£-Œ"UòÅÄ"‘êçèE…fi5œØ˘é
x ëtÉ∂_„≤∫Ω%ü\c(◊Ë,5¶AV"\`#4H-6ÜÂù4Ër\‹≥€1Û0fd¬ÉªÊ_,èInû&>ô?mΔŒ6§+öNØ
Ba8M&Gö©ZÂ·
Ø”ºªµG{
Ådá…l~àZÏ,TQ>ƒv‹,NGér˝ˆ+xI
lî5QJ;ÎYGàöÓ"'hRí!è`¥◊®`≈(FaΩB‹ü]flÑ(ˆ/äSÑ}ØÃÄ<Ã„<™‡.ËxÃ£
Ã¿
$O $áV¬]hLΔ&@Ôjàñ@úLtßÅm«_ÜlGÜ¢P+µF¡®àm˘h%Ä ù"Ks.FËÅvÎLòœèL™eÑ´Ù£∏¬Δ1¬
NÜ∞•••§ë˙œ|&3nO¿‡4≤!6ÂQ™Δ8ÿKÂÇ/¯çÂ¸gìòïΔP7-8‡´‘îÑl§o¡-ºÉΔ.<∞äÉ≤§rÅΔØ9,TºA%•
FïÑe≠h.ú†ˆ-$BÇR†
¡™¢*VØØÃ¬Ø√ÚØ¬•ÎUÓÌxŒ‡€¿ñØ<ÿ¶Zr\jLΔlLÔ@8@ :!éÏCPwÜ"† mëÒ:Îz!ç,àrÃ¢
ÜTÇàH$=‡`6!∑p∞≥¸BŸ§˚,˘CÕéê·ÄØ,C1é•,z&~öØ¶ûPƒ‡Nc-∫Kj-Â‹qSHnºH˘8%˘fn÷c:vaNeÇ
ºI·
„¿UÙÀº‡h.,Åó¶vêl>Úg˝,"Gh?÷
¡|%¢Cq,¥`ËÍœ÷¢"
êçÿàÃ†Øº*ºØAÎûDŒ¿h©
-ñRÓñ àÄFb≤ÏÆΔ x¨≤ºÅ¨Éb†O»úÃ;KGú¨4!,†$Øç"≤x®öà(6œ6!Ã•b¸,˙Ç/ânØH Hj
#ëâdé∞·Ù2íØP|¶3˘.ÓgÜ¶rœ vØQçî¥•3¯
ÌßËÄñc9m-N„˚º!1§Éx hUÍK ' Ádã¬‡bLF·."2ã“™¨Z£9`Û!QÖÓc¨b≥jAAÇ‡¿hAÈ"/ÇØJ-'©
%ÌÃ`&µÆ%'ë&c●<lI%>†ÕÄñ†
\l Ä G°GÇLùA(|»Ã-•ÍS>ò!,Å, ÀZÏ!ƒBs,,˝î†™¡,ºeÿrê•b∑÷Ñd~P/gΔ·œ1/ëØgØC3%ØÌÃgR
ºÚ ≥¿¬pS≤Ê˘PÆ1ΩØR˘à£-≠ºÄ*8Üja¶„3≠Ç¥ '
L6Õ™•
õ∫j¸xAfb«!¡·˙¯"YçòÃØòÙÊ>RÅptËBh@Fç¯è-äsñ8 r¿!Ä@
PØö3Å‹Ä&ê
ê
∏Ä%¬Üñ` p`d ≥< Ä6†FaA∞ó>Â”‹
>'«ØSÒhaΔéçXà!»b[$kfl4%¿AÙ®/Ø-AÔèFUBI1Ê¨BµÒ1ˆ≤g¸d„@C¶6c44a¿` e%‘ëîPÆUN∫Ø
EKiÂéœÂíI˘Çra:Ñ≥*≤É;‹-˙Ó`ØÓ`ÿ˘∞ÈÀ1êA)P
≠"21Wm˜¸-5éâÈÃœ\ `à#ˆmJ@ 2I¨á-F∏‡j´®●ç¨i9Y22AÎΔÆM©Ä
§¿:{≠,;k®NA à≤<¿<`¬Ä®¡?ò2üÚÔl1wNÉHêÅ
!4¬à2d&1=¿ a,a˝éf'Õ‡§1T'ÏÙ"nŒÏ≤BGØ3©●:C∫d’32#<
nïivJ2wc˘»a˘ÿ+Âƒ!-Kî&
“äÏ`&≠3Sº≠'”v‘;,‡-"
•ÍÓ`=Pº˙Úp¸X
d!m’Ó6p\Õ?ˆ¶R·˘
¢ »,bÜN^G2Ú&ÑZb!,</Δ∏™≤`˙@ßÄ`{"˙
,;ÔµÓ 6OÛ¥<ÄH h·‹3c;ØQ»'Ç,=˘Ï«Ç¢»¬-Y7¡
Ó
®-V¿",uYRÄ \f-¡S¨¢∑L*|HJÕcÕ∂-ØËÚ1¶◊b·B}!hsº,¯DC¨d4&
ºVô`eE¡ÅjOn6Äu7Ω™-ı¥VΩÓGã*:ŒhlöU;∂√
)äØÚØ--,yºÙ)ÈZç¨^C\●WÃ/Qà>é≈oµÄ Ë(,Rœ†,√n$e+q"%¬)LœÉy2-˘¥n<˘`pÎ‹Æ
$ØÜÃ@øœ Bî@&ÄÙtO@
VwPaMú¡uC∞Gh∑G‡≥àÄ±∏@9Cg,Rbe$î
Ó`A¯¬dNp-Cgqˆ/úwgâzØQç'∏b¡●$#Øi•}2~û-%ò†is™Q¯'Â/◊jÖœºtCìkHTñä
~xº¸™B&Hñí Ò ºB-fwA[ïàIΩ“Z„ÄJö≠†‘Wé●÷6ö¿=® ‘,ë?oh√∫s ®@2ÒBÅ ®`
@tTbùàÄÚ&áÜœ ñ‡Üuxb#Ä6∞Gµ?ú¡'¨yàmë<‡3ú·º˘

F≤
XâkD<"#V÷†Iz¬`°ãŸ≤d¸¢xêTI◊Ñ·~A1‘x.:†>,# -Óë^DʃÏÃC5A†Ä|É„
;ÖSƒÀÙÁèUîE#≥‰◊¯¬M`¸Çπ¶„Åy-&h ≥Iø*òÉP·}1È$íîÛßkd≥k~Eoü√Åá   òÄ´˙3Ì™jw…
ô=F†ƒh@É¬,<‡@WN·*!®`é‡kòm@ƒò{í
Æ≈
¬†pÄ»sb˘î,¿v$àá8¡.≤=±¡vœMw¿Ÿ)ê!,aw€»\ê1ΩE#HdC<˘¬`‰˘£ò·û…XeZ∆‡ÃXOê†Oœçµw}ÄF
°≈}4hnOú@èu£Hï
Õ6πj{ DK˙iµ6˘Ä£E˙á:K˘±¸TÖ.zé ØjøÓÍ‰Ø§A?–Ãá;"=ô¨ñoïŒoÚÊXaV,FŒ†çxm+Œ@   œö:
+g ‡H^%/ÄÄ
!r{πÃ¿<é`±bÄ∞4Ä±–N_7HôªÄHÄtw:A…V∑=â∏ö´Àà„öÆ"•‡ÛA
TPmzRùàD¿°ÖD*'hÄú ‰Äê/Óπd˘ö!-'ƒ‡F5·„gØ–z˘!d<2ÿ«¸Ñ3,Ó3˙PpÔò °Ã´RʃÂê/~œÎîÌ¯ʃA
G6ì*©F†/3≠;‰†∑WËœ@∏ØdÙπÕ!"ëªπ–™k%\oʃÛ÷Wò·¶âP!ÓÄé™†6!+«É<j®ª©! ˙Î–„<B≠B!.°
Œ¶`@àäΩÀ£m™)œÄ<‡&Ùî ÄFa5~"≠
°ö?–öÂ:w¿®úLÒDZ„¿$t*\Ã V¢õ4§R˜-x†x∑∏ãô!≈Ù·p6.Òfü˙÷X{∫3˘*nO8~ÓÄd
hRA!¥…∑DÆß°pÕ+7∆}kî/@VÒ¬Ü§ô¸:ÅlT%$Å¡;ÆâÇ¡ |ör!)∞aÃÌ≠êª>TÌÃcZ¶oòå)?RA
`qË¥¢–QaµNa"¬√™Åœ Ÿ¬©°¡cÚÜ¿ïaVÌÄ¿rÅyn†àäÄ:OíŒÓH@˙˚"†ê!
8î¨=õŒöQ(wàÿ'/wN•(ﬁmD!§¿úg¿™ìqpΩõ0B&&¿Æﬁ,4u<°∑ébÿq60TÜ§Ä!
∏ñ]1™WÌw∂•0Œ•8Ùg&)^^åƒ@¥ø'®¬a˘˘ôΩÆ–Ôî&SÑ„»ÈqQÃ08é,™ûú4Ëo:!íC2$˘7.Ó`m+¯K
tx·ÀìT˘°ÅÃ!M·sÅ#RÅo˙o–5ZA   R†
‰œ°w·Ä˙<œßÍœ"*[Pn´ ™@.°0a®Z‰oí™üM¥3À^<"@ó6ÄÄt9 í≠ö°[Q£=QË¿˘>´R±ábM|-2Åñ∫\ÃÖ
Â+<\®ûù;§◊ó`°\§[A"Y2fd^·ØdΩ|5¸ıÀ◊ØÜ:ÏEÒb/X1ʃ ı1$HWÆ:-í"ÖI∑ï·Xv3fLq‡˘jvw≥fMq
9mÓ¨\–°-iÍ'yÕõ∑j'ò'™≈+'®QùZi"d ´%Kõ-R$ÁŒ-Lê‰@¢EQ*dÿ™aÛV"8πpu¬ı¶
g]mwk÷Ω…∑[‡j/∞i;ÃW[´4qBµi pt–*∂kÆMß6RDh–ô*U¥úÅ3hú6ZÄTt©R•ASb°"Ü
ï…@ÿú>s¶
ó/¿œ|QÇcƒÑ h¿@¢PRp◊í6¨ÕY5–Ü±ioÀáY"dπê±24(!.@ffx˘cf
(Fl¡!?Ü¸&x•¿¡˘)¨∞Ñá§,Kx)XA   &òØ%≥P˘Df‰ãDmËê/¡r,πà(¢+ΩÑtbIåƒ≈-µÙRá2≈t'Q7
>xO‡àìóP@˝Tç|yÉMë'0ÉT©ÏB+ö8πWõ,2•qÄAVYH0q+ΩPÛ8uŸ5óò5öŸÕ_‡‰ïfõz ÜWaEz#6≠î•*
ôTr4Ç .°£ô(®Xí hpßÖU∞–pp¥V!≤ÕF≈{SË6CQ≈¢W\ã"g"l@   802
8ŸXáWëÿ9c§v/5CM2œ‰"'(áòQgP1C   #,+_≥(`∞(‰7Å˘X+ KÃ°I/ÕÙm∏
éÀ0-dn/Jî°ØràëÖàG$ÅÑ/I$u¬àP0ÅìNDÖ#ŒáA<çQ;˙'PC˘xp√5…T2» 'Tù8y'UQ.b»gaáÑ9(«&
µ0£'QËò)óôf¬ï\iŒ,sMÅ–yvouSÕùJ≤ !£–0ƒÅ™+êUBã≤FU†÷FURIl°\B≈ClJYau§¶ù6!
n«QErå–*8 aTRŸàyùE,Í>vÕÑqq.π•Ç'&õ¿Mƒn8ƒ∞,
7†PﬂïCõ_~\Àﬂ˘‰‡#£¯2∏Ç
^–Éî˘2¿XÿÖeÿaÌ9ƒQ°Üì8bœ •¬Ø_,!Tå8
S¡>¸Ñp¿6:o|ê◊ÿ7€!âq∞c≈Jîúx&2«)A√YZ,"
2n˘ï3˙‡°,3ù2ª   ò¸l"Y´aq,ïJ£rLZ ƒJ√Ef»äSdÇq0p∏êµ"¥kYªƒ**±
UT¢
SË‡·¿™ï∆Åß!Ñ"1à/ƒçY8ê¬î¿M$≈Ÿÿ[ë
#'gd"≠∞D+ʃß   œf!_`èßÜÉ,K#Â*wå s‡@™¯§Äq∞Ñ+í!Æ¡}+<ÊrA"‰:
!d]≤H˘á8të7,ÆπËHäJ}ØEG KÑB#ò˘G:…   !w"ìá0ë∂jKØé–ãZLeP/äV–ïJ–T$c
î†àÙΩ•e2{Y]Ërîò'è}cj¸ÍÑC"•©wê/¶ÃÑ)åmß–.~âã.05¿iÉ"%b&≥™»‡*.16¨°
<ShD#àHâ
nb@ʃe!Ñg≈5∏·
n‰Õ(]2$…äÛ»!dõ,qÄÄ<.âê[~F†*)fs˘¡bÄƒ'bt`4»ÈÃe.˘"BrD ¢°Aƒ"≥ã„F<d«‹çËD)™I`˘A‡ı
Nx!arìá¡¥F8™ÉéSô6èHÿ†F≈êI^¸∞{QbÑ%°œMäEJ@h@&(¢}!G]∆Ùœ1yï}–Ÿõ•á0¸…©;áY36QÀShC
%pQ`p   ÏhT#*K]"4Àl¶MAâ@¥óò≈/uqäS\pQ¡)¶÷¸π°fQq`≈4Æ!çò®$©H≈QßTCƒ!`Z#¿˜êrÀ,ÄÊ
∂¨ÄN?¸È\=êÉ80,ã`lFÇÄ·[Çîq¢/°πf◊–çf(#¢HCr·Õ±wõu,LZäŒÓëx2˝£ ø˚«˘Ê9z‰]òƒÜBéö\
{IR"$;∆ Fp"œ'¨ÂXö`T®™¨Ji\b∂'´ñi/„ŒÿÁJW )1`c+*á*a≠l ƒ)tÅâa«Ëp1x±ãb†B±≤πÑ*^MA
\¬Ç´hq%(!AÇ
™0l\uÅÿU"7SxT'h∞¨P°®)+ñÅàeã*≠ËÑ'Z·êYiàRªoîÄœ¥*ú·ú"¥D ˚° nÎÅÕi
H2¶!!f@HB™s–Í~ÅâFD"qÌh«\áÿ¢é©◊GPʃŸZ /M> iÉÚíÓ˙Òª„µiyw"£„ç˘˜(÷√^P≥ÀâQX≈ÒÂƒ"N
˝N: ,ìAã&'◊>≈Z=0˝÷Ù&\#&ñçƒ8™¡ãMDxM@Ç Vaÿ
#Æ«(ÜáqÅX≈f0Ï/ J–,´b≈0Fƒéça\</ßÄ¶÷Eµ'
ŸnÀ+23KH˘$ß∂KøÄo%Ë   v£ÅñÕÃ¨em¿ÀÕœ
ÓÅ3ß‡)–¢ù áN‰B ∂h(ù√£:,û±B,≥F{1ª@ﬂ#ΩêóOt>ÎZ◊ävE*<°   FÃÅ¥ÀkIÕ˘d^ÒÓÌ&;/
$y¶»Ù.Ök//é.ÍÓÕ◊'õ8°»∆B,ó˘úXô7"´
}¿sëµòn''œÏÖgq"ÎÆ}ç

d†bUxÍQâdgxŸqΩ±.F<≈J{O≤…∂∂/A   I6Å†ƒ%^±
YH•;ÜTf\◊≠¬◊≠Ç˜Ïå¢4 ˝åð W˙å‘îÅä”Ä VôΣ9Õ>≠|L60…ëhΔªA¬ ñ(í,<9V≠%AÆ»5tÉO¡O¸$/
(ê¡aC(¸¿ÊlﬁQqû-Ê¿Ï•ÄS:•4n^Ä@¡¿Ä{MÉÕ◊ÏÖ@ Ä@   •† Ä3¬Ä, B@£Y„5œ7RSt≈y@BÑ°Û
ú#¨UOœ=ü=eÇ;·Qå<BÅd–£òúÿò9$<óΔòI:é£åıi‰ˇ)ègFú$CmÏÃ•Üı»ëÑyˇ]ÿIT°ËÃ+†j:á/I
¢HÂ÷ 8°¶∏Y,-<¢”t§JâO)◊ëxb;œ#·…$) ‰ä4¬°’S5îÉ9hJwµ¢u»GÑ@B0%Á·¢R∂SÇû.ÆWx…ÏÄS≈ó
xeWÆßzœD8£Ï@wJ£SmÄ£5/£˝^ä¨À11¸àpÃâ•‘F9zåˇpÜ+ Ü;"÷ó‘c0faRÜ‰#MB'=Δäaî?
e¶úfàVf hfÅΔh˙Iı«jEî :äŒHT¸˝å/eÉ/ïèì}x,
πq[H`èñîyJ∏“&íåa°¬ïÑˇBÉ"÷êÑMåò"–ôÿ0,gø5–ú‰®Ñ5Ï(@
¸ÄúÈR/,ÏÄS,¿≈•@ ÏÄ=gU∫ó7f{Ü{¬Ä,öð¿
î¿SQ£`@Í°VZ
5ÄS¨–BòD¬__9∫ö:∫¬ïfb„¸ÄßíAÑ „<ô¢LÈ“mFä˝N.Q‘•ìAb¶±≈ÿùÜk†_ <jÃ°¥Ö¶À–i,iRFœá"Ç
î<q
9–&nj«kû[ﬁ·]löGëΔY^(Lív·o
^b…AêÆßÆÙá)Ç/ò
ItFﬁÖ)0¿/û)Sð`§@îõ ÁÏï¿ÿcÄ¡ÿ^£¡◊Ì≠ÁÌq–RµÄ¡Ë@∏È4™°"™*HäØÄ1ıß∑x¿•¡$0äÅè9vò±£É
fû(AÀ„dx*e‰Å©Óáˆu™e“l   fQ√\¯lå…™Ü≠à¬Δ©®Ñµü†ú÷p! >®ç“®çÀ–Lk‹1
H2´ß%VyL%Iê5tCÂS(\ $åYLfiàï∏m‡ ‡ıGîR70ß@¸îeú°Ñ5úÏà°ßö2•zŸÎ{*A|
≤ÈÄAeÃR‡˙fi6’¡ÈI#Ï¿,¬ÄõÇ^†ˇ@l8¢ìé\,ÍF¿1A*ú¡$ÑÇ(®B(‹Ã+å÷Ò   ötåˇHfl ∫Ïô*
®ÜÁÖ<¡î*(]h'uüdï”œÃ!fOfñQ±–j…§fl?Eœ≥!¡_êuØDåù£%L/ç/{Hm€ëJ≤n≠#B´∏å‹
i%Ç%‘•î¸¿ŒÕù–°z+î ¡€F`ôŸÌõ
ùUflÇ4Óé»+Á’k
‡úbß£ËÄú>,L£ÿÁÏí1¬◊}jéUY∞¥‡¿√:%ËfLÏ£N¿£Œ~…ÀΣ0Ä_&àÏŒ.9Â¨ÒoLë+»yðlÀÇˇj0
ÔÑA≈%A≠ò‘‘sIf=÷FåúT√\ö¨zq@Ö®AôË–n/ı –¢Ò◊>sPTEÍwTm’fih˜ü“ç÷¶ok*kn5Î#≈«&*fó>Ôð
B`·π–î∫≠Æò¢)8Ç)§¬NˆöqÈfi
ÀµN%ÄÄ´z©ó.œÁ|¡¯È3¨ÌÖÆ%Ç∞ıÓ°JÄUÂ‘+œ¢∞.¢Ä{MÏL¿XòS‘•1ÌHŸ_ô<flfdR&fl1s_fÑAÊ £ÀN
pÑäje‡#M°·5˜Øq
9âéÛj–ûΔàä≥Auñ…ÃQ¥ı™v/ˆÑù;√V!/Ç¸)¢jÍ(ïy
πE"ÿ`¶X,#Ô®k¶/(∂ÊìíND≠2|Î∑¬ÅCÁ ∏ö¬#050ÁŸp)±t…"à%R:ÂR–ïΩN0e8qy
jhŒ}>UU·'¢"Í§¿,AÄÓ
∞ÈΩ>%p.øÀ£Æ–
9Ö‘∞YúÅ(4ä*f.£°¬ÇsÛ≥:n™ÉR∞ß
c®ÓfŸ$˘`hΔh(Øˇ•D>iV¡x1âÊÍ’È™CΔëlXO≥·ÇD∂V˝9
sDm/]«¯ìπ}õ÷∫flÆ`˙ı#R¢+UM…ÙªÖ"ˇíòˇ.60M9–'Ã5 HÇp%{óflð∂fL∏ˇß
ZïS¸b(ìATÏÄ†j8öUyeÂðÚKGƒ¥úÓ@
†@   Æ;ÂSEÄ'Ä\Œ5X>·#|DmÜf∏£dÜSÛ•K≤„LùÅ3[ıÀJ≥3cı°ôŸ5wıˆeËÃ\
fÕX¨ÜshÂ™˝Ó–m/ÕLhBTêkivœ∞/h•DRˇ`'´ïΩoI ñMŸπYô¸¢OëÌB%”÷°ñ¯«€œm<xcGÈ
–D£eÛ§fi™´1úA¥–íãfiHÉ   iìv(nNÎ,WB#¨∂lj.G°•Ä,A<v(n
?Â4Í$@ê#PC≈åˇ@,¥@¸éıò©„äm
D$]/(3oUWµ≠…fl∑M)Üb$fcdL(Ïl?¡ò∞…Íˇ≈…‘!îkÄ“˙FÃlo≥…_ÿÅØiÆ¬]«qüõ€ì9Î€ã¢oîÅ§≥*
_fëb“ÕÙ)xk3;qÑ7Ùˇf AŸ§ü¬#†Ç/TˆÇ°ÉÏÌ$˜≠7ú`
“RËÖ6F‡JÆH©„jˇÔÔ÷,Ïπ∞oÁ≤œˆ+¡(;e,n
C•mènê+¿ª∑âêUâPÄ%Åipq”ıœ“qa(dðc;(Ä¬së»˙ñáåó%Õ:÷◊îô#ÏcpÇıë•fOÒHˇÔ]Úh–%ÙTèBõ[
iJŒ‘7m>Ëj/hßÙ1®Ïq>ë[◊F,≤/ùm*´%z«ØxŸ~YÕÖô#x´•n°GiîÜçc5≤d£·j8Q+I8√8Å
Çt/Ê¿f¡1F≠4N:r õ¸ígyÆóÎ:t<•éá¡8•,ÍvΩB•y≤+¿¥»SúH∑P¿¸¡+Ã5\√¿TÉ¯Y¸+Ùe*∞#È
£b8(P:€üxÿ@ä|#êÆÑ"#Äuà:Ø¬PÉÒêÛë†uúÎåk%¬1õ{Ûåiyù"/_˜¸ˇu(b‹˙HIY°ˇw#Ó∑πÈËØˇ˜}d
b°ΔWu«ˇ+»7÷9¬~°5§√Ø§´z†<¿ù4@Ç ˝Ω–gnc*lªV c<¬'§(»Ç•ˇ
då™<´øØÙ¢
Ô∏(ß∞fAhAÚ≥)ø∞£%;RtEX1{ß˝¿!‡B_xC◊[É◊óÕìp4d
S˜Åðɬ#ÿ<ß∂ÏîÇÎàΩ}‡|˘Ñ)Åé2bÑaÑßlŸ"FZ≤áìE§ñå±dø4r¸µÎ◊/\!s   “%»[#q
S9“.ô1q≈¥µÍ’™[™lÒTıÍg6pB≥7t∏§„»Å#«î©SqJ…å[öÜiV•J°r•5+XpÊ°y≥
±aØfÕz≈6’©Ce¬<±´EJò0e‡»ëc!¡Sé>•B≠[9peèzk|2doÊ";ΔÊ
6H?.§h¡ÅCä)vêa
T[Tüt˝ (Y®R°BEêÆ%;p§ËëCw>Jû|Ÿ‹o%9ò˜NÅC (ê†Îtá•„œ∞k◊0cœ÷≠zÙ’†Qˆﬁ®/üX;“£«–
°=z•»ÈÔ_é<%(#@<Úp‰@¬1≈ Gq$Ω‡p$ïÜöËBç2˙%"è:"Ü#\b)
$ëDrI§ïpYâ&ô`™È[nπÂïùÄR≈'úÜ/qˇ«lí/j¨∂ÚÍ©©†j*H•¶“jI∞âT»$ÎÊ,áô%îT/j+G
%xB9ªÍ“Ké8•ÏL¡Aej∫IÃ1«"[Ï±9+ÀkB)–R–4 8$Y@A•5øÓ∞Éå8»∞GÅÌð¸» „ä·‡ÿ4å/¥N70·–K7
'rË

$†Æ∫Î `Ì0Ä
~8Ñk ∫lﬁ<Økﬁ‰ÜöiﬁCΔïYlõÙGˆ∞è?ÑÚòðë˛®≈£ë#}- É¸Ç„ - †ê&ç0<H¢à.D7DAâêP"ÒÎçÒg/w
ïûfT'ÅZ%2°Ê\ ˇ©•¬Ú*IÖôÁ©® N¯(á≥™™)r4ßo-RK-gIÖdÇ•-ÎÆp%$∞øâÙTfyÊM»(ìÃN9ÂÑõ^1E
?˚Ã`¥'Ù-2ïD˝"â/ä[bâ/
¬xTRÇaƒØ8,ËKÎ≠G˝l>¥ê0åO6;U4 "`µÄXH`ÄXµSÜ)DIØ¨n :Ô<aªAãb®˘æP@ÅƒY¸ˆ√√AG¬#
é2¥-ØF™0¿<â√i>¬êÉdá8|»"=/»>_6QDxO©%ñP\I≈YáÒ¶ú~Ú…FUx¥Û·âª∫j´à˘RH∞∞ö·§&nJ2o®Ñ
f˘≠∂N!ôdπ/É.0¡£/øŒD»rG"E≈j•ÓòNù€∑ÛŒÚlë¢œ@HÅÇ¢ôîCXk≠ez/éC0»¡r':S∑∫•Øµ°S√QŸ®
¶Ê§@4kk<0ÄŒ™
‡¿2·∑≤‰ÕÁYz∏QçjPcpÑÀí~Óc<'êq˘Ò§Ñµ¨ï)e≤`¬@°Wÿb!\Í–"'©ŒCyùÎRí/ô§Ë1Å>LX'/
Ì§'ª[O$c0ÉM•IOIXëñb(i%HH¬JÛ÷1!Ml1¬ÇFCF(Ï•,ë√^ÙRHñ1Ç?â»√Ég
-Q1z√ŸŒËÑ≥¯a√ÿ ΔZêÅ˚Å hAˆ6 /¯Ø5z»û‡>P éò<À«imTp•'BE¶*«ÇΩ…
@¶"∂∏uPÿN†0ãÙêÁÑø,zÄÖñˆ†≈ôhçk•„8D6B;ƒ</Â®K1-SÀ˘¡†<,ña ëp âÅ˘éÄ$#1…/
raOçƒ^/iëãd"ØÜÙ+`∫
P‡w4.anlXêåß$$YEévt
ê®R1…dÚ,ø•≈+≤óChÔq|°K!˝rD˙ß ëÖ/ÜÒhË*Nì¨LC{Ü'k¢‡¿'EI-nY"í√˘8gWÍ T_C,•2Åƒ ∏õ¥
¿K%h'Z!_π®Ì:@>ÿ6\`
ŒT· S®˛≠◊‡F7ZË¬_°¬î≠i~nË8/
àrKì√•¿0'¶Ò"«ÒË∞ÙäP°,ùIL¢I:r∫(∫† Å◊G\,íóÃH&π¿ÖjäÉG?cOðÉÌç≥#DØÚ§Ö¡cs<ä!ΩΔX£J
k…",N/\ì·A•"Åbÿ8¿Ã5©xœ0ì"J∫oßèπØÙT¢ÖÊ~;(C&/rD ®.ù{%sr∞>Ä≠™ëH)≤)]r'l`í√Ç˘î
µBÚr%êÄ'*ÄΔ 0Ä ‡äjLsoyœÜÛ

ˆ\√√Ïë°)QqΔŸ–@"¢VÓ†(¶È•sÕiA§@(∂Ñ¬ùH\ââJ/–≥u) âxª|e±vU.ñ<üÙd
°ãå8°a0pàÉyEäíÒå§ÊH"ê'h<≈`-YÑ °=ìM±,{êk°˘âS|¬k/.$3âôfÙ¨Ws¢dc "3=ï·¨ hA
R‡=Ã"†@P"¥Ñ˘û*%¿ pî‡8\˜™x&#‡-Ü≠ÇJ ‡Kì∑Äà≤'Ï v∞É=®¿!»√-Ú™7˘Ω•p√»Ω•3{ùÓ
Ò=#kV≥ÏÛÕÎ![”rT],≠ÉL{fELEñRÒogñ%>ñÁ°%)EÅ$*Ÿ"ÌD¢Z÷Ù&2 ¿t◊ì£dÉ Sπ≤C±\âq
¥y}ﬁë÷ï®lEﬂÕcr·â¡ΔdÇC9ÉËü4≈Ù|®8Ek>1ö˜ÿﬂ}Ã†Ìhp#e»¡¢>0ÓŸÍﬁ"Àõ<°®¬Aí†Ñ/\∑Ù9Ö)S
õÌlú.ŒßwƒKÌÖO•Ä¨0kXU>0‡√/§W◊l'ïo¬∫Δ∞ç}
aßep∂Xs≥ˆs†9∑fRÊ√¬`È„à˘&9•)˜G2ˆ∫ÅÆê–ª8,ÆA–û¨#F?_wE«ãd†.b.X–
êÉ:˘F7≤¸°ÅF©•6b]ÛU†–!)¨£íAÛCn»€∏!e†;>ß÷®ñŒπ ∂ëE\!3∑¯BÌ…$ŒL^ßΔÙ3M˘≈!®•É»÷∑©&
√tùfÈÂ$8ÿπoÌ0/ÅßêE-CÍt±9;ÁÙFÂ®â;™P(¡t™Ó‡˙YÁ4∫ﬁÎ
õ>.l<¨¡Ïâ
π–ö®GÌîç •„<5R·PB¿˙/M˙2 'Á¿,.p«éhE–ÕûËiRG»®»Ò F˘n¡>‡çÚX$ﬁË
'¶1•≠ ÚÌ ö§£(ÍÅ∏Bx¸m∑é$y†'c¸πê
"ÿá 4ÁRŒè8œ†QŒ§õêA∏$f¥$°≠!î¡ª-°xÂ(-/ÏÇÄà√´ÑÓåÄr &`2J R`Áp ¬†j°ËÉË°
r¿T'è˚RÄ9ú@l
I/ÂKZ¿ÿj÷™énM| 8döŒ√W-Ï®âö0Xé´-lèladÈ<+>!5/BöÂÚÄÊÓ0˚$ààqH¸"íE\ÅvVd%,OpD|
¨ü'I^`EXb_RKÚjBF^ÎÚ˘jÛˆm˜M∑ &,$ Àä«πyn∏§è~‰2\H-‡ÇŸ°œÍB |`8Ù"à<é∞C^¡¯Áè2a
€x"WäœÃâØ14Δcˆ‡ ~ÄÊN≤ÇHL©sxÈ'2Ä:Ê0ûmn¥ Ëda¸‰±q†70•êA•l ¶†" nÓÔ÷ (`
^¡√z≠˘¶o.L0=êJ¶'§Zèd@!"∂Ñe√¿Ê2B##aŒz S#íÂ-bFn˚ë19KÒZ]dãVãcÇnÁ†éËàx,¸L˙
ÀÜ€®a,™‡Ç0x:Í˘èpWDÏJrö0'Í"à9ÓkjÇ®∞†k@(Ñ¶òrdzÒ≤j-rj2öÇ•`Δ•‡•@ R@
hC§fLT≥S|¿" rëñc4p@ ‰‡é°VÉ2ewé7R:vT∫jlqÓÉ0¡fMZ@T|Â28qö'#0ÑÂµ≥(©ÑŒbª≤ -\
!Yf¡Pö•'nÓO0(€ ‡fÙ# A)C·≤D·≤j$ã`gü,>¯ @˘iã¸I&íå†&œÚj¢-
„Õ 1Ï≤ﬂÆ"*¬Q)îIØ∑úıêDcÄ¨,-=ÿ"òmi0≈´ò√œ¢pj˘,Œ/Ë,Qˆg-Æd Wq€l·ÜÔ(
í‰Ñ°· ¿3•Äπû ¬†-aˆqjî#& n*1hÁ/Ä√ŒzÛSzN7p"`0Ä8%®˙X"™?v@&=h÷fM~ 8§¿Æ'˘•ÿÄ
%Ôî;oÍ;oÍ<£-¸Æ-ŒÛPZ#fÛ84
≥ÌRBûe'D!"ı-t¥¸ì,9À^"íÇµf≠-ΩËj0'Ju</∑tk°¢B)'À<(+vk‡Ç–)4fb(#o∞ghu™° Ëä%Wt±/ê
jfaFjKâdB°!t•°,)N&É2˘ÜH[Äj„à®|!…Èk±¬ P˙4RÌdñC%«&JaË8l<Eœ¿ 2†0‡
\=gl(rl(gâU÷42†ÜÅ4Ï˘z2oTËM"„M'C;á"ˆTpb¥≤ M>J,qÊn70®J`ËÒ .Âjh#&A)#ı2WP&íëuaá
@c-Ø!jÇ≠-ÚÙÌ°∞LBÌ(éÜñB¡-1Ta2F∑(£c§Áÿﬁ "Vë?¶Ì ñÄ≠çÁîLdâˆàÉYEä-ñÏ"FqT·*âÛΔ
¢fA
ÚlA#„@Kf„∏Es áÓñÉ8>'9˘'U?áËz≥¥ó¿g[ÀuÁée>elëî`4h≠X≈8‡8Ø¯&√˙œÿÚ
({-ˆoí•Öðã-{VÒRIˆ4ÁZ dÌB
¿nH· · !Í3xÇ&l¥$8+SC$tUf&tg≠Q.Ihsc</b\'B}P/Êy>O(√pUzêp,+§ñ{®çﬂp1áCjÖÓ"á6 0
´zñ /k «bm£),§»¡R¡L3n∑µN°k°KË¨?\MeT™lN≈ ¬@<ï,@l≤Jk†-o#§lœ'¨2x&ó:6a3Z†¡'A*34
,ÖÑÂsñ;Ôä˝¶Öä%âﬁb˜l„˘X7Ä^
˙XnFv˙ ÙÄ¯`{7&aBAˆÖ&
/f/$Hfã[•El"&V¡yk±qﬂî÷zã',Z'UGè£áP*jı{øóì˘Ö=/qRgÊé†ÄÊ|‡˘r¿/Ï+â•-Q….ò„ @á¶

&SuÛW¯(zHn1√,·•†^·¬Ä[G¶îÖ¸% hØLY™.LE   ‡‡^Ÿ,†8ÚaS%@∂ÍÁ¸¢?‡`•îT
J`0`"Òû46ñ˘∆À<Ã¬o“1˘Üít
∞öñX'ŸJ¨u·Œ5ÈqÆ\Ó   §`
∏ßd˜äe{˜sVg_∂$teñSœ≤å≈g„
.q¢'labPµ*˙çç1Ù.=oC≥◊çÿéçhƒ≤˙A^7ÍÜÉœR4’jO|HÖ"ÖÜ=F™SAí
Z£Uß„ß~ @ßKá4N¡g°é!.%ÅùÜq   Ã<¶Ô6ú‡Zl ËËÿ/à·[HÕøx)V ¿Tß:6‡ @¡ÃAÙ¶ﬁdov8
p;«/ÆDÏsü∞¢ÿΩ÷/>
u7ò√ô√hé8∏áâıW !˘~¢+-ØDPÇû˘©ä•ŸFg"l!±ª!Ùüyñ`Pu9ThI¢4ä¢"ÊÙ$Í{G.W´A"≤H
Å? ¿{v„
sé”R-àÃDê%Ò6OYijl'5?9√kmÈjÄÌöEÂR@ÆáÅG,¿µêéSj(®pÂñkÅA‡@ q^˜´|NjÇàÅiTJ:&L£&7
û`|Ì<∂oP¨ÖÌNG±("Ê,-Öÿc-≤íwY∑•‡≠oEâc~¿.¶œ@ØØ˜˙]·àdd$Ê9SÀí†Rb&¥H±≥h±-ØÚ4.’ŒNÙ
Ìaƒ-H0¥‡®ƒ˘…2<Ø}ËjÏ*ÚT!ˆ[dO
ŸàÌ0<µˆI!N°M¸t2Apl4W¿À âÔÃRµ¢4â˚ïcö¸§’<Ö8Æ[B∫ JcA ÜÆv/ ∫†
åN8zÓS<Â”∫ª[®˚V:ﬁÀµ `.Û¶c|
ìDw;/åJ∏ì;ª3áÌjWŸk>KÏ>•ÄóZ†ëÿ~`vú{
k‘zRÒÛ'dDäR'fø&;±?ù±ªÚ2¸±/è”ÿbBo¢‘HaÙ
zúßb‹(·V°Cª&` iËu•ÄÊv@-Ÿ”â√L/åBda0…|ûaªíKÚà˘Hz3Ì‰Î-NB∫œ˚W˙ïaπMr"ÈœJ5ø¨ÆT
ba‘J
¨LÅÀeπ∫øä´ê/ J¡Ïkñ™·<’ídÒ`»¢´˚/Ïˆ„[ÿÊ{œø="ˆÿGîÜÊÓ’=«q`∆B÷◊‹.û@ˆö∏Q'˝P„[v
¥d6¬O±â·¬‘Ê+o√ùÏüOI
nx8äoû’nég>2™sÏ™Aû‘∆'¸`ÚÄ
x}!   h-•}é"Ö)ªÑm·ö®≥,Kúı!†’íÁ-êÔ‰Ê"§¿ªÄ¸-€ãÅ¸¯´¿¿ øZJ¸´ß››˘Na‘lπ
zZé·b!É˘iS¥¶A¯Ϊ{£˘ía Ä£ÜÅÆ|-ØÚ\;≈öœ£Y·´Å·âÚÆ‘É“∞4ñ,mN”>v-†^vCñ¿=ûâoh¸@Ø˘
:x¢ãœ
,<D.‹”]ﬁ!V^¯˜π‘_´b°¢≤}ﬁ‡XıÙ∂ÒfFÆ¥˜HÕBÈi»PªÚœ≠Bc42≤Íi£-ú,fÜ=-,Ä/dÃñCJZ% √ é
Ô(†!Â¸€BÀ©ZµNùöEê`1_0•2h∞î#Fq‡¿ad*ñ©å¶1RÙÅúX“∂MC&´ñ©S¡isëë8J˘îtqí¢=î(2ıE…óC
‘°y+Á≠[“n◊∫Yª˚‘ö‘©÷™1ΩjÕi7´’†I≠fµÍVn`´{ï*'!=e¬(…Q"Ö\%ZÿÖ¬nã>û<
C¶Lô3z˚˙s(P§L°l·¬ıÎq%[ëâ·≤l92.[ƒl˝≤ïÀË-§s±}/÷*[™X
€z5é8p„¿âì=ÓvÏqπ≈â≥M{vp‹≤o.‹€loÿÆ97çÿØ»ØUÖöÈö3e§¯˝Òc2d‡êBhûG©fπÚ5å·√C≥àu
+◊ç/0[√-¶
 +∂x•r…!áÕr
bcO(-Ç\aƒ2K˘,ßƒRK1˘¬°3œ8£aCßî,ë"äp¬ë)¥ò¬…Gä¥1∆¶î%å4≥»RLJ¶(¢ÖΩ°EMA¢-A/ÙG#q
¥á,JïTRM5ßWU5’MñYeñSRmµeñYB”
ô˙Õ !yÑ1ƒq•py îPW   sÓ’B_~ïAÜgÏÅÿ!á@I(≠EÜËtó-jŸcêÖ)g¢ÖFöh§•÷ö-
∑¨6[n‡‡ˆ)o,Ïˆ[nû∆÷in%‘∆*8Ÿ¸¶`6‡0˜\2ƒHôhØX7   v{ËaFOÒ√>
¥0^y†ê√q4Çä,≥Ã2Lµ≥§ÂH*œ<W4-¸“_˘(Ñ8†5 X†Å-%NÇ   ¸rH>% to1≥,§!C d D&zƒ-
ä,∫«MmêRÀ1∆sLƒ≈‘,RJÙ(dê=°Ä¡ë]
$i«≥√@ÉîK5ıÂñP•¨óarUÕW[UCV7‹dYÕ0Æ†ÚHK∏ô-Êô«wMß]zÓYÜzËqbìd“.√@∂Ë/πTñµ
£‘}Êÿ§ñöÜö•ôÆ÷ö*√Gön´Æ:Ío•“V9£“*¨2◊<s∑Ng©+°dBËazp'Öw?¯ ≤Âë◊Çq¨áJ*“Œ¬-µiQ
ç7%òc31◊ög-®†p≤∫∫7˘8ƒ§R∆[ÙÜQ
œ÷r{B∏_»ª)•ê¯Q)*“äF§¥»…Kch°à•-Dú·ƒ••Ëƒpha}¬8¨∞BNtÒ∆"çòRÀ0böÏçTÿòªÂRYi
%&6ÈCU÷Vˆá)¶∑‡∫íäO∏   Ç°Q îS ä6ß;ÌEOR†¬`Ù¿ƒ¸A1”¡åf∏ñØÅÊ3ë¢T•,ïö”¨B@™
±pjÉ7°ë
n•ö€‹VÖ7X≠N9Ÿ`N6òrçj$c:√∏≈kG8H,ø2§û≈µ¿NËIA¥P94,©≈¥¨u≠ •eÂPá:»Qé_hn\°•Jr
%á:uÕ*Aﬁù˘¥0/(A˜∫ÓiêRƒ∏”âH§ë,-¢èkëâ‡`E0Çaµ†Ö0j!åX0Hà¥»K¥`±.Ù®^¯à)éA
nd}›¿F)≈íœñŸ/fN…·WÍWñ≤|k‡“Y&>±&-/»„Ù-%y±_˙“¿2<
PÉRÖde5Ø9
kèMh6√AñÕ5ÆA€kBï¬Q¡m7ßí[´L™π±Æ]ﬁ»6≤Q´[mÊ5¢v≥á|"ŒX>ÿ≤ê∂%ê!x-*¨»êaÃ,)¡P¥|-
r®√Ê‡Ü-BÒü˘t¬)ﬁ0«¨/ıQ5ÆÎ£-xÑ˘UìâlÇ ∑≥cB0”ÇòÇç ≈•`AäúΔÇ•‡'Häå-"EÒ`jHF$œím•-
G0ŸÜ°d%î%'ø-I%ïa¢
U°-oEÁV“©÷+\ÅVW@¬môï5¿∆©q2Z1ïˆÉ"HA0g Ã1â∆pÊ2ú¶f6∏µV Éñ2€f^±N
°Pù®™[€ZòçV•S6¬˘ç¨âœxÓØ≈,Æ£"Ó
¡¢¬îÿ∏-OO‡AÅ
WTk∑
)^{®ë¸P4)fÒ≈k~ëïë™ku´)≠1åC‡Aaà]Ó”‹›.w+jÑäLƒâ˘F¸îßú0"©«XËÇxƒÀ»Q}◊Süƒfz#-ı/-
àF»bb•¸“∑œı±,+¶úJWbY-Ùg?ØòV&™à
T*e

ï≈Kê<EãÛÇ∆ˇ†X{%¸ ∆h™ÇπÇÊc:"ô-t&4`c¨hpqöL±≤¢iÕ+fC€¿06w„¨pPXõªÖÎƒÜ¸úc
[·j3÷±gvëœ√ fXãÛgÑîV]ÇÊAé8D&f·jÄkôx∞áq§îY‹/
àaî'ùKçÕ)8¨ÒãTLd"a∞œlßªÇºîπâúP?¥¡âlC∏‡Ñ1ˇ≠à≈Ûñ°°G>2≠h≈Ô,Ki84œè.πH#êA
úôÀîˇ]üó
Lk≠zÖ-9∞ËN{/6_ŸdŒC#Úáˇ B%-pÜ)ÄπrÄ¯•]Ô
ΩÚuêl'EM¨YSRê Ê5I3œmz≥Ñª U>vÛ6&#Yol3P6>ã'k(√V'±Ö‡ÏôZGÏ·¡ÍŒkè'Çeèÿ/-C
#·àGÄ"Ø1'¨36#c±ÓF:é≤5flπ!
)ª"'‹'±-òÖ†q
9»Ê¡êArßªÓJ,7("™œ7ºa=‡Å
ö-CËQÀ8F3öqåP˜±¶Ó©"TÕ=é»#!˚ƒ∂ŒógÊÿπˆä5à1ØTÉ"··+"tàGÏÀsZ¶õ2ê·;ÿ\ö=¿^n†óê+/…
skè'/2XxâX":ÊŒÑ>Z5a<XŒ%b∆b˚Ãf6É©yÆF4#dÕ>xC'ì9ûŒmå3Y… …¥ä2Æz¨äLL"á…
Á¿[õ∏É˚``¯z
ÉÃ
ÒCL|#ó•Y´E¶'ï√F…"QBöÆ'≠3≥≤˜39=ãSîŸ#z¨EzãWÍ>OQDà~ÇúÈc√£{˘°zù.∆2ñÒtÕ ≈I∏cj¶∆
&r"Guˇ<q†r@-`∑fi-9RQU˙6∂0-¬fU§ê@DzÄNc#xRr@~ÒoípbÉ'm Ñwáàx§#¶mz
≥@B"QABËb„¶Xîrn76=Üê≈c£*v„npoùNp"YFÊ*Õ-7…‡Öñ°+ºíDƒá,âCä√0;•ÅÀ|ƒˆ®pf
`±%]qqV·q 7\H-Q'ógí}»ëYÆÇB≤AÅ√ h·,;¶HÔ>empM-=-èÜâô6∞˚˜ú†^uRßË˜;>•ÄÈÂ;¡é0
7\aó˘>c5Vƒ.B(kueˆ4z0f&XpÇ!ÅAa‡O)P‡åª "XÉ5òø$'&øÙK:ÿ‡ë8x@5ûqgú!Ñ
¥Aô«AZ3naìn>d6%$ ™pß≤*™BN®g7% Ö,Qs¶FfiêCf8˝·
ô
©•rßr«>!E•Zã„JP[Ö±à[≤Ø5BƒP
&≥>1r‡0gyÊQ5+•}"≈dÚ9≥
sqs¶• •¿S°¿sum•ú'ıÁò∂âè&E…B« ≠0Ä†&ÄI≈3"ÒETMi!3≈çp
√
<‡˘-`
œ@V˝1-◊
ö#a"ÖIp%xÇ|íÇ~*®:.84É'Ëó-&Pç'xÉägW>PeŒÜóAõ˜bé °1cÎ()ç•Ñ¨•éŒ%≠YÈîB¯»è™b7)à
ÿgX%9'v¸·omˆrøR#ëYIbÅ! qü@EÁ Y
hd2L±íPB}'gíÀ9àÈí}öurü2+I1ñ≥@°ï3•ì°.≤$ò'·9îˆÁõ»ÿ#tàdM)Ì)uÌyTòÄ'Ú;¡ù„√¬!
ÂØÄQ©êœ¯ãøq"Xp%@{≈˘'m»OÚ?:`o,åêÄ…ó'ÿóÑwx'xç◊¯av%?pÖ"πôtπ∞y%vÑÈòÑ¢gòèÆÅ*≤
±è"ÈØ'Ö{ñg' %"9?1˝VZjw¡hgxD~!ëOÄÜePPqufû°á&cöFëìïíÃ©úô}É®FÏÄË
Ë‡
<‡ßã4•T¡Sø≥úP◊£IûDYîè∂îBg"ò@ü≠êäI)jëDï´8üÜ˘^,aŠäÅ
ß aß•ãß•'{ÄóäØ∆E«òÜ¡Á~Ò?0
9,ÇŒ∏Ç©™5çÅÈóÆ/K4»™'»˘ŸxmyQ,<çrgZÉóAnÈàyòáô8¶ÑñBeùi)üÚ0%¨5*ù iãU}Pˆ Jˇ Ûg58ë•
¬Hp∆ËZfiAfiqDÇq©eqè• Â¸A "9\ïísFØÀYØ*Ÿú»!¶ÎÑíPÇ6„≤¿®[y<Å";ı◊ûI‡kˇF…öÙîài
>'îùÊi[Òπäò@iä'î*ëå6qdaP]aê8Y[â„)#6≥±ÂVF341ç0=€≥;ª≥@çØx5X´z∞x !*ê-Ûb[ìâïXú)
õëµKËXiÉˇô>daã£Í¬£Ë%`·%e!µÙ¥≠ó§|rDi¯„/≤%Hd&(üp
ÏAq√0-p
˘h¶,â]zí^jØ-πØ˙äU«âhä6C
«Pé‡]fi^E≈"ÒJ•hüªßû@"to^>EuÍ{TU…äWóH·ï∞M$*¯Z∞89~G|∫Dtu¶,-Ë≥<Î≥†° •«¥BKç2®aq•
¥Öóarb∏*g-ê c%´´"Qü¡´·ˆy™qœ»Íiìc¢+û+∆a£øq.WE+MKfiBVB¯ØõDÙòùÍ§fië8§LÖ
±˘Wf6q-WáJ¡•&ÈØe™•*YØ')≠`ZrÈÇB*G≠LØÂ\"Ã
«@ók∞€9S/,πèvõ8A◊•K√BG±D'˘ŸEj´¯©v"kïhâIÄ8)@™ÙrWNDL„¡K@¥
ê†Ãõ[¨≈Àã]‹°?¥5(É-Wqbçdmv¢Éqª/(SKyç≤5¡j¢é1MÓàô´ÄëUB¨ën≠a£"9»G6Ä8ù¶e`!VC˙-
µtVô&>Jam!S•ò\¿Ç±LÅ"(Ç
V%
óQ
Åk~(} 7}¡+yú]öFb;˘ÙÎØfi\ÈpÁqÈ†¶ü`
fiµï¡úljâükìÜ<VßÄÜP√ã Á◊∫»âƒÃp•0ë~•}`˘=∞1+@°C√-+∆'∏≥ 0
`º\l -Œœ•úÒœœ¿ºÂ-&É±/ç'&'√€lFc?∞W<
∑by7œèBîyôÔòœaì\ÀM^´≥¨Fo#ù"YJ8ºÜ≠èÃC=liRÜlQ`@¿ôÏ§S@~RÇbü-
WíÊrGq>"g,P∏â;}âÎ ≤∏û§PÇÀ∏ñ<•'∞q¿L~Óe
s1/±jûfˇ®ËáÄä¿Ã´9|TßfH`≠∞·…bÄâLê<-1;¡≥@ª≥Xlºvù ŒÄœ\Ã◊[LœÛLœÒâœ¯<◊-m-
F4Jƒ$_ÊD{Q,P∫ì•
óa+&JÚÑ5\cnÁÎŸJ8zÈ∂
™@/ÕMÑå/F]kŒ1ê¸vqD¯"◊Cï ÇB…¡Bò.Ì@N„{Xf5ù

ô†[¶s
htØÖk~®‹eÍ‹^™•â,àL≠bb›_
"Ø«
®–RÙµ∙ çÄ˘'¶QïuêdÕ`«–ûéD®•∆ DÖ Ju~°≥u$b^Ã‹¬E)L‡÷<∙â/¿˘1:!¥;°◊É]≈UÏ
≥–◊ê@·À"≈∙,ÀÕ‡Â´±*mãMLy2|d–e`Â≈˘Éö7e∏–îô+z<03n)£∑ª¬§Ìµ§}IF∂5ÙN""–vmÁ∑GÓCÇ√{
>
,rôÇö|…NS©áÒ…à1‹@»qÄKvÃ!g™¸á@]∏Â'âKQ'öú˙Íg˙ZøL±v"†›ï
„–`∙x˘r∞Æ%ùë·q
â&<a∆–tÕ∞#ÕPÜNÄ§Vjk!Rï>âHMÖi|/Œæ–ÍfiØ\¸≈[L·û·éœÆN˘œ¿°a°≥ÂI°Ü'!n†:ëN*ŸT"´è˘´
éπ(ê1ÏÁˆ¢«äú9z=ñ„ Z/j#R{#`Uaº FÑªu"AZÆ–Âø∏f |`∙PP6Ø≠L˘
$AÇ†âQqfib∂XınÔÀMQˆnÔŒ¡Ï Éâ¡1iöYr
–†»p#ß†$AAƒ,∞:ë_∙pflMÒ|Œ°Ût«pË∙≠!Ä†jG%È•¿¶âHÒZ‡–,é˘üùfiÈüœœ>Î=
ÿ¶Œ≈ÓÛ≠ÿ@o·ÇùœœkΩΩÿz±liË%%Ü–)NÏ√.OûΣùAœ¿öœÙ˘é§á{∂– Æa('"u.NVÌjK%ø@Vì
%>nZô¿{øBadPÔuÈP0Mc¿ÌÀB:â·∑u8ÔHg]^ÓÚ∫‹r&Ê¸œ•–ÌQFví%`÷n∙
±≠P®0'a†8p‡"‡ ªîì_2G'±(<€51ÒùäΩ£¶»Ò˘∑∙π±äa≤–TèÜôûÈLÛA0Û3èûè°{Ì◊ŒÛ¿≈0?øÍÒÙÒl
œZl◊"Œ!fiw#ÊQÙ∂'UPáê
ïÏÚTµ%*√¸ŸaC)TÊ¸ô¬ôôÚıç±„dèUTR&ÑVc)Ò '"Lô@ÂJu˘»ëû<r êÛ%ID0`»î¡£Gœ
°C˘¸t<4)"§W∂âUÎÊ≠[7pfiZ∂,Á≠‹Ãò4göõÈÕ∏r‡vˆ‹©≥ÂOü8gvC◊
/Øa√\π:¯…–;pœt¡qcEá<@Ä`BäØrÚƒëi£µâôäu*V"Z±J›Âîwn,a}k˘ù{J∙]∑á≈Q–cú‹h,§
ì&=ò±$»äù1d¿!¬Ñ 8HêÅÍ'™$ê‡ul'"√fiœÌÍØ§#`ê<CR
¥@œ√áDZO»hÑnœûCôT·"FÏW.bπ~√n<x[fiÀ„˙Ö]=.˘ˆ∏lπ˘ÔûΩ–˙Ôm©∫oÎ~U¯C·˘…%óZ¬∆ì©&;b†–
Nª_Í{ÂÇBËêG „°ä&z"âå 0K>·Ë£? I%ìPJÇ%o^Í≈ª)'•öl™…ötƒä'ü|îi(ô ¡))h†yfòYfAGŒ
„–î†2âPÿä+∞–r`%»hÑ9–íÉ–√ª´F∙bN1DNJiÖŒVZâœRNIÛLF[Ïã6∫p¢á (≥¨Ã]!àŒP¿`Ö‡H+–5LC
–¨'6çMÄNT‹FÂÌÂ D˙M–â+°Öî{,á'§(£3»ÿC£˘\˘¨(Ò¸Æ;∙"√nX˜âmoœdÁ´o˙úÖ÷œ¸¸≥Âø˙T
0@l
LP¡Ï~∑©aÙ{*ÉR≈BG0t»√àœ#2,»£ëy§ƒC ˘oò≠qÈ'údZI«t"È&V8ùr¸±«ûzr ®r–πònûq¶ôc
d9•9ÏcJ%íH¬ ï≥baÖ
:‡ Ø¿ 2∙ S–F tƒ05Të8ÂdÑì5 SSM?wñ≈¥–¢–D)c¬2Õ0sî3∂ç4SªJ¿4M7ï–µ:}Õ∂/Rõ˘´
–¥fl(8N9duÓâZ3Çn^9RÒ◊âUo<˘ÔrAè;ˆnIèÿÙlyêX¯Í£¸Y˙¸Î/øPlöŒ?«∆âQF¡•¥Ê"$TÒ†Ñ.|Ñ°Z
%
„>x¡0´ëuÒ%qflI6˘ÆöjNI%„ªπ•kNx•n∏Iÿ·Üâ¢Hs\JÍé})¶òSL9¨çì≥∫°¸+!
À™á^¿†É .=mÇûâÉây""πL?·PÑ¸"W&@£aMdZb,–)•"ä™Z0¶ôıyÜk•1M/
•)"lj5mZìAK©¶7iöRàd¿U–F§c=¸¡–u !í˘+X"∆.œÉûcNrí#"}%˘\®.Z–∫‹µÚìπ¸»ä÷ûÈ'†MN?
°XíπR1FH(DÌÇafi%ïá<Ë¡˘¬◊!Pë _„'∙J
∂íkÄ„ŒöQËfd∞ÖÈ»êsMh§∞â=o„Ü3§QâXpBm∙É¥ê≤Tç'Ë¿ N∞Œ°‡†ÏÄW‹Å|
a^˜"¸Ûß•qB˘ K^nyÀ¢˘ eR†UÆíDê Lÿ¬1ô¿$ÿ¿ôò…Ã T†
|Ef2ãnFU–∆l>%&X:øû
8(hÅ u%Ü7<ë}/ìÌpÁª0∑ì{"=%!,≤Ï˘%¥Y∂p˘§H≈+®…∙ñv ˜† ΩbE°¿Ë≤‹‹™9iÑóò/®|}üH–
+Ïÿ"≈–P¡i<5Ï˙áD$éj4tlÃ?=F]! C°°]pLnê®OÇÚ/ Å)£
≥Tñj^re˝"¬ñ≠ñ Ü1ZXãñ&5q–Ä§ÂŒ¡?¸≈APS™Lx†eZÜœ|AfL) T≥ö^AM`·∑ö'§–m≠Ä»V™ö¶x,6
PHÂ§{xÙ≈H∙KûÏ1‹Î˘≠√;˙dœ–#œÂ∫«Y∑àñÍ.á9ÕÂ«°÷@ê2∫Â† u˘¢Z™∞(FCAFHÏg¿C≠» ˙@
Œ¡CrµªCÄB°hJã∙x=äπT@0•ÿÒÜHÚ¶„ÂMGR–ëçA#í≈ÈÀ\,iàB'a}∂ƒ ôC≠ONÌ 3P™Úk5SBÌ»¥
ñ≠™MdÂYïñ÷Ø¶MSLî6Y®ıΩÄ <&DÏL€‡î*∂fW∞π,–aäõâMkV„,ö™4)¸ÕdøD"ÃÊã#â(6ó,zng
¥FœÁxÁœeîµK§úlm[Ñ÷ââÎO2¥¸Pkx´q˙°œÊÑ+\,*ƒ∏ e.Ò&Ø>Ω1_©ò2V:<'πŒ˘0–â8ZöÙFí‹8«9¸
L
g¸'{∂ QÎ∙Ü>‡W˙ùÃd»ÉSˆï¶™€,ÜÂ%¿9d,™Éèˆ=¡»e0.Ö–xy¶¶5
QÍÇ„®à8 Ê¡ÓZ,°J≥*x¿_Ω≤AóP5"$[ÿîÕö†∙7)Ù"s|ÃŸHâ$¢¿E´%~é6;†}œ«%'&Ó…}"Â†µ,Á
¢"ˆjÂª9äZ¥Z√MEa‹%ñ!ç±íà¬PÜ<°q_ÄõES~ç?œh`0ÖQêÃ!Ö
…`t†ùqnlC€ò∆6úçhH√µ†≈õfi0Ü:'°.üCÃ≈¿1$≥ íf¬)A©LSU'pW"ã%@ `àà '4ùö'p1
≈ûê∂¥W=a`â"'∑ößfÒw}™)uœÛòõÃî8_‹M‹úÊ+`∂ç€á¬
ê!'ùD$ 1íP∏¢$∑@= ß†n9üıNië(üs;K>Ué˘ˆ√Ó¸°fi•‹˘.:Ê·v÷Ã"œ∫áû∞ú'|
A^fY* ∏0L∏b'pë√u"R°»>&2!¬}éGÜú€¯Ω4ê
cD∆–ja
["uC¢èfl9–‹˙5?f4Û…P¸\>áŸ˜Ω"Â≠°)H0,˘ÕdGÏI0Q˘∫'≥&™7–ÙTöı^OÈuefiµ©¢¥œ,9jR
±Æõ¿Ú†/ï◊ê±0Ä∑{;J ç–x"ÿÄFÖ÷àyÖ[Ü&¬Ö¸ß√è¬A2Ó»'ƒ)2d)∑$b¢÷Ç¢u"èUÿ*¢
¢U‡"Û» ±®Y‡°TË°Ñ8≥Z)`Æ∙ÁÍi£fiŸtI8h$Ór©±∏à;óá10@€Üm–í√hXÜ`
√`ËÖ`†Ö^†X0êÑÁÎ6ê√òc.`5ÿ5»Ç,1E1%∙£™œ¢™Ò€ÄH»Äîõ¥¯%<Xâˆ˘G(5S0R˘„Idµ≈∞?–ì5'¿,

%ù{¶¸ã¶¯πP,πœ™¶¨ØÄfC ,¬Z∂∑Â@“x¨
∏*KPpÖ‘°[-é”“6o3≤”$˚!:°ƒkAf!ÜsÛ¢*{Öt.Öí°Î®èhåF+.2Î,œ3Æ= ¬4ìÁJBΩëçp¬ΩB;*ò
€ªëŸ3áù@òqûïp/êÎBí[cÄ\CRR »Q‡Ñ¢rœFìæ:ÑH1ÿ√=d><¶Ì´¥TøçÑô†ãîhô–<¸ëÉG|ãI|ã˜Î/ô
≈xµ´{¸ÀÅÙY¿°,?gz*S%S˘Ù…`{Ä™R1∑;ç‘õXKëE[D°ç–E]$ç
`%@j`ú˘óÄ/J-:-4AÓ¿'Ï0"#j¡pkèÚ`≠År<g) ¸®∆¨°§®h§(˙¯∆Ç.K»7}¬2H3êÅ$
\é0‡õu·G(àYÄ)Lâ˚ "©GpØÊyHÚ∏„£2ÑX‡^¯L6<ÑD•ÑM∏Ñ“°Á+?®Ø>(Ñ> Ñ>9<Ç4»,–M
$@Ç ò´e:1A¸>ò @§™ÿÄöAãF@•sD∑XóÈl…•qƒ¥(ôú…‡Œö,ü8•ΩÍ∫Ãh&gªS¸>j˘˙
´T2@À†Ñ;Yîœ∞ÄOSJÅÄ°°™P°
–2∞#p–a–∆I#C¡,¡`1°∞<$ñpìß.*®)≥(¢"∫¨<±∑oÆL«p<É}´ïŸ9GÓ$ΩÅ√Í<ÑI∏ìX ö¿Ωàã Ó Ω
n†j`äa@Ü»Q“ =Õ7LÑD∏Ñ"MÑBH?x>ó´ÉŸl¥/°√=‘Õ#»ﬁ%M¨ ¿çN.>H´<ƒ≠…09(…úYÆì5-
Éò,ôTÇÓ%ŒÔ°íıÈIQ¬ö]%Q,πiN
ò¢4@U∫Yõ˘î
˘tJ¬ET»"ç∞Y¯ÖiH˘ÈJÌ"fdúƒÛ∂U±T-'[À’/¡dK∑Ñ°πú¡l¨À≥z„°·öÑTòıõ„™#î$L¬8L9òNuÅ≥a†
)°âzíò»«fÕLê>„[ÜŒd√7îÑ#=“"%B@Ÿ<÷o–Ñÿt»8åC9úR>ƒ$8&@vµ&ÿST˙S@Ï´ x!∏Ú”ÅØ∫
¥®ü8ΩÅ≥âí“õ…É•tå”hÜ≈C,ü"•xı:û@ûÛIj™◊jJ•Uƒ˜4°˝\ç¶ÑFΩ1
G-/Ö¶∞TpIÜ_àYm3–cÏéÔ8À}R]è%˘Í¢$2∆Z˙∏Öπ§A°∆∫ú‡ä13
Ã7MÖ@8Í•ö3ÿ’#D¬Ü5∫YQGHTHàT•Ö±Ü≠Gö∞Q}\äœi@∏5YØÅ$Ö7d“:(RD¯÷Ÿ$Ñ9Ë
€mïÕFÛ[/§Õ;‘C,»M$¿vu\„´y%N…ÌÄHÅxHÇ0àÉŒÌ<2=å†%pÆP”ï”Ó4ƒ0ƒ÷m>ÔÏ∞ÅÄ\,1i XıÙ9°T
%¿:ç¯,‘˘úO"ìu6…ZÇG@nòÜ!
°d¯'mÛéÏ@¡¬Q‘<…ë–¯(U∂d<˙`Ö);/…[Z•˘Ω∆¸∆ßÖø<°’+#~K.â¯Â‡ŒÜVP–uAYòW8Ë–Bõ∞8Ñ-
ò¶ê3dœ∫•Ö5MX∏Ñ< BÑ∂`BpÉ
¸VádÉ/Ñ4–√<D◊∆ÂÕ%…Âÿœ*NòyÅÇ˜¡'ì˙·ƒWŸÜm»Å¯·„b◊5D„8Dà]™≠3•˘
¿h¢”?>ÿ`öéuÄør|õ¿2‘◊0Ä$
G≈≈ÄÄ«äõ(Å;pΩn`
ò-P!˙ ‘,Ÿo”Ÿ}–Júh\-˜0èK]–ä¢P¢Ωè¢E/…ÖW¿∂§ù{{ZK@ëå\˝%G¡å√DéË4˝=…u±ÆYxÖc]
ËÂï`ûÃl^Y∞.Îj`Z0»QPIÄe‘LÑ ﬁ÷Æ‡[¶[∂‡Í¿%6òÕ
VÉaŒ<úHäTW_K≈ÙÏH„¸>%DÆ–</∞ƒË<Ê•“çSL.ÅnNo&,qÊDÃCÏÁP™ åÕ∞+±˘ö&S§¶*.N+nOqß¶•¸,
X¥11T™§î`xÇG0÷jòÜó–]häÄ˙∆A≠¨cQmd±è‹„'Z˜ %Ï§]%íÆ¡ÙÀø¸±}[~£dt%Œ÷Â/≤XQ
±ç3cÅÜ>g˘pÜê”A˚Ü.<Ü1¸RhÑle7ÃV%ùeB»e]œÂZ∂‡ŒÂ\ûÍ[\&5bNÉ4ÿ6ÿÇ≈Ωÿåea•Î“ ’
ÆxÅ$†fœX)»aÙÎq˜ÄoÁ°Å,h°,8gCƒÚâ+E ¿'ñ¶w~,iö&Æ•´“T≥≥¶∑s∏S6íïœíùÅÆJÚã¨•
¥FH∏ÜÆTô}c;
¡∆ñù
ÏMlyJel
¡?¡˜óƒπU»Ì<ﬁèUW•ÌUpÖÛeZ2ÖŒ ∑Ûõrƒ]=–K.
,sŒM∆ì∫Èg†Üa•Ög@ÜcËQdËiêìì[CN˘h;h;ÄeXvœ$˝VœùjßœÅ˘∆‡ßÆÍ˘¸Â¸ÊF\5H9$f,
80ÏåµÁƒCŒ≠xÄpkß¡·–ÕÊnÅnÓf„g»•œ6é:ÁÏ:&¬¸/€ïg>Âÿ@uüU‘¿*¿B%ß/v¿∑…lJ)ﬁ´"ø
–Ò¢[Ç;pÑÑÀÓ6¢
<àÓ {≤Ÿ≤Lm;ÜÌ˘xé¸Ësã≤)õÀ<n>ÖCNdÛÌèFViøYÓ<0ÉZ°Ç#îÅÅÿ•Í
¥ãÉØE˘üÖcòÛèëÖ0˘ÑZà3Y8Üè°ÖFPÑ6P;HÑ6 ™%≠◊tÔZ∂ÅA®˘éjGóR5¯`57»‡AêMs•tJßπ-u, 1„
‘RwüT∫„<Ä ø•0@o0Äl=Æ•Å0,7,é·H#Ïõ£ö…h¶ƒÊIy˘5@ı´ØT\T∑˘ö∞örB!2&„k◊Òsﬁ0p_Ù@Á}^È
=Úöµﬁ |/ŸdQÀÄ“6mÉúxèú
ï≠uSZı%Ó•Æ„¸À|≥/\Û2(Û' Ç≠UsÿÎ·‡Äœ0ƒ“ìFxÑ&iíZxÑO0G–SxÑZ@î3ÖÛîAÈÇF
£Éñ#<¿mÙîWy[¸`suy9¥`NG\NuvpçÑS˘èv°+N0•6YÅX82=ô*Ÿa∫ÓȪÓ• œ˜ka«…0î…H&& p&&1<N
*¶™R/ı0–í †v’èÒ0Òö]<ï@ÕoÿÄs.ΩyÑLP©7.PÌ w"•PwtœÖÎïË
%rÌ&{¿c≠ð∂P'∫>>_∫‘P}GGGé†çË®2òÇ'($<ÛËıP`7ƒÀ"í“ùFP˝¥Ë◊ŒV'ø$«‡'É1‡ÇFªØò√}
œÍ´Ny5¯eÆÕÆ,∑t@`%G¸ñÕÙ;ÉƒpøR‘S'Œ@tò ˙%î¢èó…fx
%˘∞p#fø˜ıßÁl»àå&cø˘&&1≈Vœ·¨,D±« ÄH•
<ò0!°¬"LpàaCä>¿%5Î’∞_øÜu‹ıK§»_∏~ÛxW≤ëπv€ï+&1\5qŸ¬â”VŒú∏~≈5L(–°∑n·°≈S©™W
´^©j*ujTUù™FÕ
R*Hêr¥G¨=f»HyÚ%áè-@îëÅBÑ$d»õBI2r%%iÙ®Q#9d≈±Áú0q/|Èí%∆
&N∏8ô3fŒ1ú?
†A•’R„5l^ßé≠f∂@≥m£~"/ın5[≤ ˘9bÉFé;L>A√ÉêﬂÜ¢√Ü7°ÄiÊÀv00¬<Q"~á-Jî•êÇ√˙ıÿsëB>z
îõ4„DÃñ-Lêÿ†Ç
6ÿ`Ä*hê`Ç<†A@ßú
M êÖ<Ä-B:ÙÖL@–OËqH&yÙÀ-)¶îíH5ôîíG0¡4M$ôÑRH˝%”09Â#è:.eãRJŸÚTTPU≈§*
´DuïUSvÂ’Wb9Ç«eïQFE¸•√2¥•P A]vaå¯Ee%ëGrî±ùJ$°C|äóÑïı–¯â¡b∞1oØπ·∆ ˘´ôV
€l©ŸÜ)o∏YJß¥µ÷ökjdAjGú@tÕE‘*É06·

%$±Ñ_<˙Ñwj≠Â√;¿P¬y)x¿¬z°wÊ|)ÃW9‡‡D˙q!FøGÉ4H‡.¯@É«E'†´≠.îê@&‡CË*‰fCdP¬Å¬QG
+¶à#J&çã-"Ñ11ÂÿcR9%Ï„R√9RFˆdÀ+NŸ¢JΔJ:Èdî´b%$é≤e·ÅGdê±+òÊµ‡≤wA§¿CuΩôÉxK,1ƒC
úC
(¨@/
7§@–+¨Dá2QÌã≤±ÖkVÛÊißü,Δ/m˘i–∂+¥Õ++[§\Ä*óÑ±Î°¿¬ü^ÿ∫ÑZP<Öfim¡Pz≈¶ê¡z, {f ,^fl
¯ÌóüœK
G0aCk+aD»ù€!CÑ°∏6T◊mä≈#ô∏"qG˝RçG.#J+>x∞M0,í¬#…ìN<±¢îé/|À+G% ï«"ã2%VùXñ…
z‡…rÀ?À≥ôl∞¶>\WÎóP8
Ô√ØPB0]˘A‡˘(¢[à1˘‰eèälïmƒÜö∞©¡Ä`Kÿ¨Ê@"%êT9¡
å"œMH9ü{ŒÁ†≥Å§‡0,Qœû∑˘_ë'p¡Z\Eíıû≈…áqË…e¨'?1∏°?Y∞¡∂
HAÕ–\'ê+âó@ƒ7$í´ME<¿6†0‡ÆxûÏ¯ıãdú§EªXm""õåƒE)J0p±
\∞"(@y£ët"#$1≈yOÅ«öÑï™\EJW2Ÿ…VF®e>(SBp&
@@MkzHÍÚm´[DîàD˙1ÌMûf(10Å?j¯ü}c*¬ÇL n"Ä∂[¬rÅ
tÂlŒF*ù†¡ùC2»úUΩ
9+`p0B¯@ ?XÇz∂`¡ õƒBú{Œ§8Œ˘P¯ë\˘˙ÉÖl <P'4L∂!–à»@ö¯9Åhä–§&u9h–
ëQä04¢Qx∑£Q
†(oIr#sB«ùP,£∑ê®ÛÙ(=¨xL'E'™g ëvb*MYóœßh∫•ë2õÍb$†B*¢
{:ÅO.du,:"^`TÕëj◊ÍO˘6&pñ≥Dm˙cÀfld!´YH√V}…KWfÅ G‡Å™à:X±ç:`f˛îÑ!
(AëKÿ¡t@`ïƒZèz°0.Œ¢Ã»â√¨û ä]¨
*ËÿA9PîüáÍ.VÅnn˘GTÏïáGÑB_mMŒ∏Δ€˝"UcM∫ú¨B¢
J)öìâÈD¢IÚhT2F&π"*'≥^UJ¶≤ï•Â•0-ì{Å–Ãí9ùÓªDWƒD:È"™QÒóøC°ÚZLMSqyK,¿r6≥Ã*WŸKfi
fl¥w´ÏΩe/"P5flƒ@ƒÅ–q2Ë™Ê¿mà–©/™Ñk˛JëqVy◊8√%é2Û@\õq"™˘Ypbãπ≈¢™±*¿°ÉƒañK~È™"'∫:
LdC√!6≤Øµ‰ã3„iUªÉΩË°Ω…ƒí§±8^'¨P2Oà◊d<>ÔSa˘ìÜ+"®Ñ•$≈Œ–•‰>°-◊å)±.@Å3´…¿iÖ@:
ùµ!È †0W†πu2!œ˛Ÿsy≥ÄU˘˙´•Í*/˛ÃT?#Z´äΔØU≠fKÆäï6¶Y˝À_#«™n¨∂.aÑC®kÉWòû'k¬˛+
{ÊÉ4&<¿ÜíÀÇ≤∫X$˛gù©™ •˘Ÿ≈j≈Cı†(E…OMñçHT4Z£vçß=…Ó÷PÑ˝Fsî(+∏Õ‰‰…6I,∑DüÁî‡J˘èX
©^(≤,%¨t©°
≥÷W¶¡=ÕiΔi=ߪ°"-$â…¯qåz?Ä I'3˘M™[" ˙ïÚ}¥¢µ˙g≠6°·Z}¥y¡™U˝ˆ◊¨ÇÉtœxZ9H]u‡
ÚRgspߌÄjÿ «e=7(A0¨·Zk5±∑6)}˛öøFD‹å Çß?>"Õ\Ç#¥(±è<ª
$8BcåΔFòL»rd2î4FÓoÈ…KÒ®Ûñ4QÑBÏΔ≤ñ;äíz9iaK[ÓçûЗÕÕ‡∑ö˙ÕDÉ$d
q,€.XÓ"◊˘ kû
ùËfl`œ,«xX;˘üåá7¥-´fK@gu¨'(Ò´ŒïA'&–"Ÿdß˙§'ïÆ*,œ
)L·U7ó'ƒjfl
Ñ†˘ø˛-∫÷ÿRlXq-ÈQ0˙«A¢
(®ÅwJñ®P$ßÉ ÑòÑP∞É'õçı{$«blËè}ÏªÇπ6a‡˛„í¡-n˙üΩ‹ŒE∫◊]ï,≥IeŸIô'óΩîÙ≥V^@Wö§Y·
±K=Uñ∏òŒe9Īꢒ
@$\ûÅ ËçûÁë Áyfi9e|û
"ptV¡‡|e©@»aflY%"¿µÕ<,S¥°\
Ò^^˘fi©_|HX1e<NDÅDrXV˝Æ±‡ÛIZÙ"0e·qút·'˝à"¡˜'J≠`w4Ç+ É˘]¥•flI°ÒX˘¿ÄQiŸƒk˝ƒF©õl
QT∏©ùF9≈-»>GaYª¡"∂õ*†>ïTH¡fi±EôTÑ|0‡]lÄ$!D·YàA\ DA0fi∞ur°¬Â)QaûI˙YÂ¡"ÂÅ^û±
+fi/Á±¢˘°`W%Í¨2-G´ƒ
f•UD–œ˜'UÓ©P¨–§áÃ,éÃ|≥Xc"0Ü1aa–ö*÷Á)÷ÛuKÙy!T_ÙΩ>t@˝Ù@
¥cÙÄxzA=/¡‹Å<BÏåÌ8[Aù–ø(≈ƒCÌ¬AÊ!P ô∫=â∏ôO‰fln=è+¨BpUÖ(@≈<‡>mYI1b˘$Ú#ô
fΩÿÖ$q"=!@ª<¿eµãª\VÉtú¿).\∫,, "Âu^Û˘$Æ!Å–Ÿ¿•Δ5úMÍâ^êqìÁ¥Õrê<qê¿TeÅ°ê∞AÃı^ÕQ
ÕI#`-N´]XÒ r£¢%c»ÿ\"ç¢„'‰ˆÄß9A¥H]'£ÿf>Δ#¥·≥˝cA·à¥>©ñL¥V∂ÌÇU'ìTô]lâ[FÈVπ©!
∫Çïe§*ƒ]i†(XjÜBjûΩ-R0{0 @Wt)N·îõÈÊnÇ,¨$Ct»Ü<>'$¬u N≤
¢˘ÁÈÁeP≤"%Ä˛G∑»b·bΔÈPÊU`Å§)H»çÀ0ÿL~NUí®UßŸUÉ°GÃÄezHò4*ã5≤
¡Öâì˛dAl˘ˆÁvN°§â„ÄÏ/ ¡˝¿„
¿„¥8AhÅ|¡(A=rG‡£ƒAb¯≈#0€GÃŒGÀä‹¬.¨»I ÖåÃ·L§ñåàëÓ·FÖ'G…Ë*lTÙ(…íXCJI
©&<˘h‹YLπEl"K^–&tE@M≠âõÂÊn∫ª ^NÁ"ŸÂ)'rÊ$ÏY¿,uÇ„72ñXà8™"
N^OVsá–ïÿ02¶
\U ^˘à@G∫ÃãÑÄÔ'‹ô»L{§Ä±
~VFeßñjÈ≈µ`Û©ì
<fl ê' » Ù@<é`*¶éAD(êÄ*ÿ¡=Δ¡_Ü©~?b>™ÜËGèâ™®◊˝Àè-èoQÖT‹Ë+dL€≈
å ù∫ydı\Öïuǰ¨¶%(k&©ê…Ω)Ω‰E˘d¢]úœMµôìÑ'œ°òQß¬·§
Ú§ûÈ"-Ç„óNaÅ%u≤kpÄcËÂÊ}ú:–Î!ïKVeÙ+˜I+
‡¿fúÇ52|ã†ˆ¿–(h~¶¢Í"öv^8éï£N*Å4M°4®˘¥Åtß2Fcƒdh(ÇaFË#*®ÍÏà®äÏ¬0êËP8õcV[å
‰·,Iåùnı÷T¯ñëEŸgbT¢ïâÇ&#BÌj2,jä¬$dÇ'2+≥:´[‰\ëí&û§í÷ÖìÍfõ9ë=…Yr

ë¡u‡,§s˙GñriH^-*ªfªnéªÚ@:EßºΩ¶©¢µ†ÅÙ˘5¶¡ç<U%à$-Z•òGûF#\¿i^pì±Õ; #‘Hl¢¶©-à£äc
¸8Ap™‘#Ñ~Aîl… A,b¨l¥l#|÷yƒç˝cÕÖ≠∆jäP€cj[&Ã˘ÚÍQôTdT4o∫=œïIE”éèñîGûTˆR≠%d≠%º8
óëjíhíõ‹E$IRÿåøı€ö©À≈KDd◊/vófidN ¢˘p)ÏÔ-Ü#Äån∑pK∑û9g+R¨6Å‡+”Ω©C∞äògyv-‹-O˚
$Ï™ôôA@Á≤†Ä±4,‹&®ÒÖ‡ƒ¢©∆])aj¿pÎ∂¡®Ç®b®ÌÊ#®,a‡.`‰ÅêÃF‹¬’âhÕfi,P
‰HÔ,Ó®÷c∫®âfiëDÂÍ∆H≈≈|¶€IEhé‘‡‘≤Êˆö‘$(Îã¬ûÇ@œÕΩêÔ]¥ &~Ìí∫Ÿ˘BLuú5˝n`€
,Oœ=M--ñÊóÆS¬·öfl6ÎpXéÂ»Ätãp∞s&ñNb‹Ë]√^,J•rÙ+1ufòëR≤p00Äx0ˆ4¨§r<VÍbÊ1U∆ùS:ŸÄ
pà„˚åA(¬®˙èÍ®û¨_;ÓÍA#8BoëÕ:≥G ≈P¿Íè•¿‡lâ¶V6flÑ≠≈f∫›Únâàä‘*Î”jÇ‹]Ø‘f/£¶*à±’V¬
$TÇ˜.‡\êd&ñoí™…-Ö$y˙ËîøØXÍ`W(âíwgRqi+"g¸- fl/:›ÚD+rc-
@™®Ä8:™˘:}c∫¬,πNÁ/§ïvÈ‡ÁX%VÍ†'CMùYKÄ)+¿˘f¿˚l. √#f
v^fiƒÆ≈ZaàA‘ *B>fi¡…"5∆2Û#8ÇSÇqìËÒR&!1ê‰aÒ≤-Ò,DB$∆hÃ7+-9c‰HâÇY£ÊZg/[≥5≤*´è1≥∆
‡Ÿ3mjíÌ”]@ó^è-@WíoHÍ¿XQúM
hRÚÁÕ-:GØ”˘r¥G™»p•-d#¡•´7c9fiıEJG»&≥M´$)?C@KìrºÙkM‘'+fl4<2\‹ ≤˚Èb-˘"fkéeºÅ!
0¬"0Ç˘R#ÜÌF,ÛR;¬'<¬swÏ`$ÌLÛèØEv˘Ó˘ÿÒ∂lÅu-.âÚNÔ+†µH…›ñµı:≥∑%à±jrÔ[BYí
‰ëBWµFÄ=Ok°â]¨ @√Ÿ˚¬YrÃ
∂
êDA‰'É≥¬ëÆ§±”!#2
»e»Ö3r∑ .∫Ìf\Êàq4∞q2iè∂D@ÄjG“˘®Ô˘∏∏-ê0¸ÿ6~‰Ÿ6ZÊıèo0Í›éUZG¥)-Ç)ò)8í„n7¬'|
8˜ìÉ¬î€äØYµ·ÏudBÆDêËÑ‡˘ÆíÊhkz´9k≤9\√7˘j ı;ª∑'Œ∑\)ö§Ò}Ø∏}ø¿òö¥âC∏`£
rLáQ'$∆BÍ 3zÉ;zÑ≥∆íUıàÖ/Úe_4áè'fs4òˆ‰ggà˜Buò˙HäC$iMùºÙä´ŒL£@<V™ê+Wfi°&*SM
SaAbŸ2ÅHZ8¡0--B-»ÇìC˘ì£¬≥£Ç,hD¥g¬,∞˚æòflkaµu”·èıD¬$qÔé˘ÚDœì@≈˘ëÙö7z´π‹•f
‰Tj∆∑¶≥{ØÊ$Ë˙;Î{sK<Â©~Kk° D◊Öz,µMvE».∫£k6Éc¨∞´”X
G˘e[8ÙYzÜ«ÜcÏc_gX˝Fû9Ú-˚:€h÷ikóª§O]∏˜˘´Œ>4)>:,ø"SÒá©“¨0∆{`
˚tÅ"êB-22(=2»Ç“É“ª¬, É+ƒHX˝GP€∂s≥∂≈ñõÑv€∏w∑˙Ñ∆4ÔXäÛíÑñp©ıª”˚<À∑[≥¶á¬œ€˝
$¿`â≤_ë§1Æé¥â%˚k-Ø-§0I™ï:zÉK˙„h≈_∫
t‹Ü_˙ì.dõ©r∞q]0MGZ≠¸<ê>I?áÀflåÿvp]x≤¨-‘z6Ç†°J4…˜°˘ Âfl/F3¡
¥'‘Ç˘1l√6LÉÒO√4p√4PCÛS√0LH8Ùßà?~yñ[˜km9N¸√0ÃIÑΩówsìÖ∫GîdÃŸäîÙ§∑ªß∑‰Ã˚
$¨&≥N3¢{«ı›Ô˚¡∆@p»¿Å√Ç ñP»!E
(2l¿ CÑä&t»8!„ç@fâí$»Nú‡±íeÀï6x¿î9”FÕö4Tÿ»©B≈ ú‹y¸¥i L$<ê a¢4ì-
Yö.µÅe íWAí¿@¢WÆX;8ò‡‡¡Ñ
"XÑ∞Åm[∂+VÙ`"ÑI]∫uùfŸ≤ó õ-b‘lQ˜)ñ,Ió&µ¡fIE±âI„∂ç˘5nï©eŒ<å/ØŒù={&6˙Wi
\øí·:Ω˙óÍ_∑^∑éÕó≠÷∂UÁnù€ñ≠/µm±≤•Íï*U√ã7œ<îqQ™DEó.*î(Kñ*]◊œ¨z(Kì&e˙û‹x
<§‡pü¨ Ñ‰Z¿èØ∞fù1T‘òc∆è¸˘+IÉ4PÅïX¢i(õb7p¡ùpÚ ®û~/i®òéJJ)$†/Çâ®é∞·$
´F§Í§í^»™˙I•j≈ê@rkÉ"öë≠ázËAàπ¢h"äπöh*1¢ÿÎØ¿f¯ÀH,√"1Í£èRÑëfõi¶˚fj≤ÁíKj8+
4-J+S∂’r”
Õ÷Üi
6flÜºMN◊|˚≠∑‡ÜÀì∏„TYÂ?˜teOQ^y.:K¨;TºE-aTºJB)º@&˚îRA˚,õ>˘Zÿa%vH"áÜhîH¢
¥ˆ˚F˘`i@ìR,·ôb ’¡]á,I'ùÄ:AÖâÕi®ã¬´ΩßÍB¢ß4(´ìœÚ™≈ZÃ6[íHêÆ
b"V ∑\πÍÚ0!∑(r»u≥Hí∞¡+Ï√§ÇPäâ.˚gâÀa/$òLÇ˘!&¥Ö©!-·[h;óaviâàÈ¨Ì‹Ê¥Õ∑è{[eO>˜T
n9BùÉn:È&¡ŒÂÏ≤"Œ∫ÕhñtR˘BÿÑ`‡‘ÁPw•·á'Ü~,%NΩUÚ)øç:•Ë#è`‰∞h}ÈV&Ç◊õ,¸®
˘™PÏëB*_&ú‘K>¢¶"±DiMBÈÖîÓ∆˚Öª±≈∂+^`AiJA‹à»ÕëÆ-ÿ>Kâ$á,îâyK≤0,4D"à∫∏0ÑìZ§qfgú
xÅQ'ÛhƒLÿÃ2ÁTs,”ÿ|Ì∑8Y´s„>4¸ÿŒUÙé8?EFŒ∏ÊV>4QÏDô§˘ö≠Ñ°Ò»≥
¥“ÔznAÑ~¬á'¿˘)§xÇâÚ…xbâ/º•Bâ$J∏·¢ 0
©¨Ë∑,O∏õØW≤π|’fk^≥Å◊|r±X¡äV¥R"¨îÎ§A!*äÚíï¢‡§*u€_ã•FÇΩÌÌ@$··Ç¡ !AX¡V`
´˘méG>≤!ºf/∑m¡/Fz
T>‘"•4°":2ÜQ∫_aÆ+ç¬Êfd$å4ªàb2 ∆;à•iã¥3Mi<;ŸpÃNw≤≈+Ù‘ßÂ,GdÑäésí'äLPßy‡…DyjÍï
ñ†‘äœ)Hºe8ü
YD&2f»C#Â á;f¡G€AC$íüß˚˘¯ÛœÄ@IíΩ¿V∏zâmr´öXhX;·â∞z¢ÇÙdñ)Å`J.tËÚ(˘m-≥LT∑q´+ f
dH [ΩpX¡‡“ÅpÅ!LÇ∞π ©H›|
`:ÙîΩ&0PiäìúÑ.Ç¬@∆3V∞2
É
c>=ëãÑ-Ó4S,Õ.xßöä
T7∞y”Ωx€X¨wf<„-å'ºÂtbçpTŸtEDefë £ßGû>ÇzS(§Ùê=Ë¡x¿√#W∫RïD¥zpD#ëáF»¡a@/©,Lt¿i
*X\0´œÄBLûz@Â'¿¬IŸbYKî<kX ¨IÆ“¶/º0Å40ë¥NtÇ≠≥˘•L&Lêy¬¸Ì
.qY˘AN@ª¨KH}ÕBròCΩÑ*i0gÒ§.`¢»¿“ÈñXö6ï)äPâ".P(bvünBSöTÉ;1 fw§U(. 6à>Çµf+˚DV-
äJGÕh(*!«J@
§!œG:û@@bg8Éˆ∞>¸a1’qàG<Ç“ùÓ#ÒâÈ,tßqÄ¬î†É(çiöffIQY$ Æ‡
™,)

R§ﬂ)X∞¥/âûuÀî–Äœ5y/R✱≤Ö£òïD&Í0ªrd™ô$ÄâYrB®ïÆu•Îiÿ."Â∞è3ß`sËÜ,÷úÜ©ƒö¿Ö7ê¬Œ¿å
<˘ÂY|ƒÓ≤0%,kLÉZØ÷v°E–B¡∏±0/&µ∂`ÌëoÒßW‹b9≈â≠q,±∆ÍT' –©G±|Â✱HØe]ióÅ
+àIWœÂCuëÊC47ƒëÄÑö'<]Ì~ÇŒÿ}$¬`4%(7 W~åËaí`@_I0)√öM®>ÿ&®|êÿÆZK
nuÇ¸ÂØÉvIC°ÿÄøZ–✱‹Pr 4XÜ§ékﬁ':W&ì'x™]˙Öør¯]:4ß†¢Ü&çHcËó¿23œ◊=–≤NÑ
¢zÄÓ"ã≤ÀÕy∑±"ﬁF«qÇòëYkdU0Ÿ8ÇímîUAQUTG:à/rx»s˘e.SÔ£"ùx»<âH¸·Ù˛ÉΩ"âHD˝E$P–ÔLÄ
b†ê≈,\äO8BÖ°√˘ÿó¸ô$Ë5t°≥"÷ÆD)jÀPT[2UH?À*$'y´JÉ!F):ëõ'Jïéz%à∂π
ñ)¬TSÂ¬§åa67◊£"≈:áBÇ
`Õ),,Ë:
$∆Kö‡Ñ7ò¬XÍÎ`˛:"8ÃL∏Hç¬|ú„'Óxv´âìhU„±Ÿ≈ NßÅËë∑˝ZËå,‹ﬁw'°≥<Q®˚éì–2GÒh3öıq<ê≥
ò#!ÔC∏9©H|& ë …ªBîœÂ_·äWâÛ»H¯#j˙»<˘H≤íZ¿A
Vhô´à–¸S…SaœMÀœ.P
ÎK4F0Ç&ó`,]û˙≤Ñ¨"ä`U–J´kπµî∑j✱Çyü7e˛è˙P¬ã–{ÙW!›Ë∂Cöû√D!
PjÇØ9qå"©nÿðŸz±âÅY/˛¢b™â˘ö¢ÕEèqÌøŸ¢A˝œ»^!9TÅÚ(oÓ∆≠9B¡;»–:°#zÏà<∞LR^hÃ$àKﬁ
%çR∆¨Ò$0Ú™coÅÛ~a¶a4√3Ü¡PAªa•r™¡° ˛¨ÆàÈEîäΩ`OsîÇÜlè¨ñb7$Arè˜∏™ÉL¯vÔ
´"∆Â@–
´,Vj˘Œ%Lç˜F o✱jÜ®O^~%G/≈G«]ﬁÈñ.¸˛™˚òÄ¸†¸%K
Êàa≤&À‡o≥ƒ.˛¿N6 vÆÕ˘rw,Ñ˘ä¨≠Õ!*9V¡Va:ÊÓ9¶ÃÕMé4a9*2!˛éÀ Ú––ÚàKﬂ!!O":7f4≥†!®·
®™°¿d"!Õa·v™,¿∆Å\F»EZ§ò¶ê%^ç◊2HàÑhCö%)êb˜x/ZbiÇ∞±œ.Ì¡bG$˘R,Zp&éi'Ï@°qî¶Øy†¸
¢ <–˙~Ñ dÕõÃI¸ƒØ≈¿.∆¿L·faÃDaÙâ ühcàÅå‹ƒ≥~,†\CvpÁMÄ£wfÁ'No°Ú
PP*èð®Ã"ë ¨fØ$•á›Õ3–èRè<\!4œ»q4àAì!â!°°'o˘L2Ø‡ZÙ·‡i»^f≠÷´+4oE–≤â^∆**✱B¨∆J_"
Oé´&Ëï®'§yÔ¨®,¨ñ ¬hÆ¡ÃßAÕ(nYÇÓC‹%˚ƒÈØé.*R¨
>Á_¶aÿ(ã∆Ú)üF#íwwÃŒ•ÌªHÌvß7j„/ Jµz„Ìj€D!#ìÁx%Q@≤Q%»:˘ÂézﬁÓà∏oﬂÙmﬂ^≠!˛@/MF#z
ì'ì°ÇÛ†Â™Å†·î38´A9´Aa¿ƒfÅŒvJÇq˜¶FËEDIÒò *«J]ú1à∞r¨û–¯~o´Lƒ˜"h•*ø±É¬[öØoå
>Gâ–õ*m
õQ/ä§]~ha≠Ï‡f·t>C°3aÏ✱A2B)Û«j√/t¥í7fßN|£2çL/åÏ2qa˝D#„H5äéDQ≤£5mF˜mX"Õ`îÒrÛF
1t"&m"7}¥8Õ3Há≥8s"oÒéÙƒ°∆ÛZpß°`,Ï˘∆–^_0Øhhqò±∑t"
%˘è˜DdWÁÄÈ¯dÈÂ¬QÑD®˘FÌò"1.],´ËÚ(JîB÷✱Úá˛™]✱íØÿêd·_,©2°»ì1"Ùâ"qá»*"v|ÁbxccÿŒ
N.3€j…ñÏ3;íÚ¢„«≠QÚn£F≥E€MRb3k4FeS7¡6I–Gì!Wè3HçÛ'ö"8ì9ì·ÜuXõ≥ú≥9°°∏df
°>Åj∞^®©$lËforúÇY<ƒ)Ú±òÒ%jgi=·"=q?„Û¯ËSÑpŒMAË–ÕUoZçî î(pO3˘Ñ¨Œ /È
±4H°@>¡6 Dü\ÁQB3bwGN'ŒBÒ/M>Â!}«w µlPDııg©,Ô"∑Â:°lem&6k
¥ÔÕ·ÊMpÙzÛ&q5W˘AHëîXùì9õ3I≠aIªaYo±YëA¢5ú@Rd;´T;©/%≈¯¬C¥\∑\y–%åÔ+O¢'¨qNïŒ2m
€µE[¬ë^"vopÆ˘Ù'& /ClOõ"*ƒìO«ê∆†
eu$ãvlÉaG√ïQSüzC/ŒéSS+Ì"≥Ï™c7∂á6ÛcáÙ√•ÉT£cé»Ìd5 QÃ˘≠U[V1ë6Âm6i'✱ØsugÉ58çìÄ6X
âïtó|˜ò¡ÆAxùÛ∏°ƒ!yπa\Å>°
î† ™ıZ◊–˛á≈àñ\£¢{ø∂\'Ë\±˘ñ™˘∆''vløÒ–…7–GƒJ€ïo§,Ìî?}êmUrÊÒ.ò¿˛`Xslc
B#Tü÷a?´˘,÷!ü–2wc}cÄá8`ã#%éú5s´y≤â£ZÙE/F5p6aÙfk^fì|
sf∑Xwu9Å7Xw5xïAx≠·Üè'hç◊ƒ!Äòú·>Åh∞ †∂É∏Ço∞t¨ö@kó˘ekøu{©/BŒ+)–˘∆V L…
WmÂÛÂ∂Â@‡W–˜Ê^1–W.HOÎ¢m+ÈB¸`¸â≤§L:¥73Bxq%6c–§N˙oÏ6ï/86ÇÅ„NéC5íT0t9 %e≥%m&≠Á
UcsìeìIÒuWQ#Ö"Xo˜gcQ9o¯nxììaxìÛgììí7íóêH·/@Ñ˙®§∆nòÍÁ∂ı??Dú´[>Ü5ßA&%ïÆópâ%^
X¢9L£eñT†@
dñ§*¨î|◊5_Ì'î\B°¢¿6∞≤¸x‡¸ãÛ*!èıÿ°Ã˘»q"MÛbA∆2;Cı9…J∆92:DV:$ØE?X>Ïàg@!
ÀÉ61ƒucVﬁ✱≠ﬁÍ–HcäÇÜÂıgãh≠!x≠°X≠·8sòxëwñ˘ÿñówi?·œ Ñ`Æ,nÓ
√4GYéY/∏6à^Çäøµ„6M&∆RlÅR,À◊©#Ëñ÷ılÖÂj¢2*{b^"∑'."doüj
%ÇàCœê¸✱B∏†íàÛ∆âÓYQÙAsRÒ:!ÒZ°2∑1˘ÉS˘:ÌÃ8ë≈@Ûë±#Á®±Ø,ís¢OF7˘ﬂ(˚5;êÑM£1z˜
Gg5Dz§õ˘hÅ•_y•á˜ïoáÉ¯XçWIï∑*√¶°ôî[ÿã©»zçy∞ƒIúÜZ<≈äÂÙïê;B$ÑLó*oí✱≥yVbâ–H@∞∆
$œŸsèúÕπ%4^ƒP_ƒ˚ÈÑ‡¸/‡fuË)äà
RÒ!kCØı˙Æ˘C/;è[ê˚y˘NnxòÏ0843∏T„hÔÂÔ∞c≤Aa∑¯–6–[6U≤ìeUV;êﬁ</fAZgßXgóïYπ•ï
°F°µsxhU;µá˜ëïñπÅ¶iõKd¡!ßo EƒììzêÜ^vo•ò{ΩuôâØm¢™»Ú%&H˙ Ù%ÇInÆ˘kd)´∑EoHI
%ÑAàÇ„"f)≤©ô◊¶m/ú¿ °@P!A=4éÌaåÓz7✱˙Õ˜d¯ôÄÁ<ÇÌdÆ
x>∂8ëT3¯∞˙¢Ã
À(˘Ô–Õé41¬°ÑI86ı
f;€qGo5fxvoRƒõÛïì!•ÖwXY'áWxK[IQ=ygª¶ëÅzÖ`÷´VZ¢òΩW<•∏äΩ7+·&πÖ=√¥|±ÒöèÔ
dñ∞k»¯mS ˜n)§±„"O"ƒp»ápGnp˚ë";LœË0÷cÿ{å*ÛØodÏÑü%¯Ø%8†?6P¶ÉÚÒ¿UÙ ¢≤õ˜
¢°hÛﬂ`'≤C£7€¬!√ì∂"Aög_¯Ö[˚"≠a•Eúï´,?˝"UZáïyiô∂ìª*£¶e·'ì ✱JDlE%H
{çƒ®'%∏Ö‹{5hÉƒ™L©1˙∆…ãZ˙Á˜f=Oû'‹+OC+≠Oüé^†ÒamƒT
Å|aû·✱xÎûHQóh»,/è*†k√qÈë/N
x≈8^Àç:éHïÔΩ7±Ô¿cug4£7/–9Y£isûfKc¥QCgIúƒÖ◊"Sz,Aú'q˜gMYëU∂ç◊≈3crπhPßÖÄ

\v>ÄfÔ÷Yû{Å<\≈˘≥Y8
πç•™˙´©…í]£oÿÖ•Efª{[_¢@+√°KHÄÍ"_Ç@n‡ú†È%°w≤3»¬®¥pc˘©≠ü◊˝ÆıöSÒ[†96s–^eùfi1 •
¥Ï<‘ç631˘m£gS‡5˙ÑÁm5¸D5~Åw}tµ!¸ƒoÿÜü,IΩ9Ö ∫]ÎF∞∑kØqÎ∂ê2YüyIr£âê<^h
¥ÑâGèYòÑ<"í …ëY∂lII≤e…ïëÿòIc¶M'l®∞i3'N8O=tË FÖ/‡¡‘∆¶L:~Y2KîêC6iÖ W&B
¢2··ë,ì^õ˘tÒbg–)Y√~˝ä;◊ñ\[ƒ•¸≤ª∑Ø][∏pŸx/a[Ä'>,XÒbƒ∂VŸR•ÍeÀ™
\â/¨y≥ÁœôDÖE/R¶Jß'E 4iRj÷ì*≠éDªvÌIêZÁéÑ[5mflë E˙Èê†C√ãÔZ¸+YÛÊ…™
%≥VMôÙË÷ß_≥vÌö≤Ó<≠Qfl^m|µÓË
4Xm/¥aÆ@} cÃó6Zú–§˘T™µ%íI"≠ìJ(!»Úd3Ah”6‘D÷¥‘RH»Ñ!ÜQ–≈àHD–aá˘Å≈
+ÆÿD)âÙïGQS8ÊòIhG#¶Ã2Ãês˘…%]ø≥óíê
¶XcP∆bÇÂÇ◊bRòbí©≤
e`R^ôgöïôâ+°u&ä%õÖñ…öß•ÊZ%Æ≈F[&≥Ÿ&n∂ŸúoêÚ«Ç˙á ƒ‡"◊.–AWv–
%sÕt÷1#fivfl}áÈvú"44qs–®Q3ÕC–bámt·D∞∆*VIëfÑ∂
£Äª≤tÉ'v»√nÿ·RàaÖ[Ïâ&öàbH]yÙ,ãQpµ∂€¬∏¢H'v≈√çféÖ#±<Ù◊Cm»·H–»HCdë}›EìyÌeÂ/S2Ü
ÀØá=fÂñP>&òd]R^eò™pvfö¢˘®qh¢Ñ≤¶≈®UÇ/jÛÊök}FJmπÂ¶Zo¥Ì©2q,”F<!ª≥ãs4'ì16€¸hu'm
«ù2·˘|fi–Ãî«›yûvWMBKwc*|5≤»"≠:QQg•ËïW$51†Å)ç§íÇ
b¡HdÏÇ¡K·Ö'/–°‹vàÖâLââY`ÅEflfiä¡¢UVuõÖb|kç&/pcéAØDNâÒDé|"‰°H∆≈óëw˝
%øfXøT¶ÓdíAÊdì6ffüÕBqõlÜbZúÉ“öjxÇI%†Øgp¿wo!'ËÛ«˝ÛrŒÕú3Œ…(©5”˘I˙ù5ñm©w·Õ)“MÑ
–®
ô˙–¶4"I´I8aøM8±≠µ˚{]´I#…’ÿv• µùÌliK`€êpÑπ1– ™[∞Ó∆∑∞]Öp–∫ ã¨¬–Æ$.q+Ÿ€à§≈b
+r<XAGî‡áØ4Bs»ÁÓ:#yŒtÉ1ÃcJW∞ÅÌ1≠bdØ;UX¨bn¢ùfíh;–å)cß)fi$|Á±·Yë6≤ Nv2Êµ&8∆
„q∆∏ô%√zÿª^§x>üÕ|Â9œ–2>ÙÌ–X_˚Ü!
Y»Ç§P’∫êÑ.âa\ÿ
÷∂r+ÆΩ(Wa†Ät†ê†Õl{˘€ÿ@jÚD"˘€fl*Ë–RÜ•p+*ú¯¬©T]: àFx@9…·ôx≈ØnÅ$–≈ÂóÙZ“_¸¬/íŒJ•
√ïÇà∞!^Ü2°xE(*3Õ#:ëbn

(úXâãÌ.ä≤ÅÕ…Ç7<çLd¡AfinÇ<*í”eÇJïä22jzi°Œ∏«O£YÍü÷/v∆'©Ú˘åS›XZ”ñ∆çRπ«≤†)a?°°
^•"ô»&àÅë.–ÅfÜ†I"m|S ∞Pz¨™MÑwÛõHW8Ré2
´lëU≤5B¨ò–o%äSN∞£¨†cp·#d°À_•“ÜE,ãT˘ç4Lœl áòï|∞»xıô´≈¨yÕ%∂È¨£©7<,ŸI5Y
lÚx≥õ./åc4Œ#∆®(\Ãügf^Æ√=Ä4hq<ü¯¿«ÿNëÁéÏ˘∆C#/F∞äj~•ÇËØ'|‘£mdH#yïòdlc[ÂKœföM•
ùñ/:d@ø˘Õ¶#≤–Ma§/TÚçß‘í\,5B<¨¿ _`Ñ#f·
Óí™yQí\§KUfúÆ/äjRcTóUÌ
3‡≠Äe™ ¶iVlLlL¢'a”èxx:çAGE‡’˜útÂ”o°»*¬ìeq¸C`Â◊_LÔàÅ’ô§∫˜˘3Ú––;πîA%Ã©KUÉ–
8OCßa*i Éüàü$(Z–:≤≥üı_Æ8RJ¶vÇ‹)I…∑ô¶mADÈÇ,πc
$à“oW9ÂmYiƒ.pWÈJµ∆Â,ê¿)9q)áπO8WÜQÕWΩäD–
cuM““Í∂+ƒ…4Ü2∞c≈k^ã±iMgıÃ6Eä7[dÌ¸
ÎÀfl?Â◊dÃkÁ]!‡1Ófª®ßÃp}fiÎ^6√ôt*∆!÷˘ÉÈœ8R'é“YZ–∫çßA$~"¶FÈ@»é*r*.©qkQª5°¯≈´`Ç`
6RûvÍÈŸÆ2Ï
˘¸Ì*ÏÈàhî∑πI»RJF&Á8Ø^√pØÁR•+Uı€>‹*a§‘’r´¬´∂`Ed¬ nhÇ…2≥Ûõ‹§â”l&ÏÕÑ{Y√Ô:˝Ówœl
R1Etí¨O S^m,…CÇ‹πX¥`ùœúEßh@ã‘@≈ì)Ô•,”fp˜BÍdàÌi≥®≈'>1–©I¢¢^ËBG∑∂ïXê÷cS,ÿ
ùÎ°Á1∆9Œ#YJ¬(Å}Â{z”R.N.…@u`Ñ†
m°•gpØE–f·gLÉÀr¡E.Ùu%+EW™∂ÿÍ £Órß›[ò*X–Óiñ˜°
kÿfÿdQt≥˘õ”›f&
‘‘ 6,\
†[#Nî1ÔÒÈTx¬k#C%Áπªÿâëãàw>fÇU£Õ(≠ùüQßh˝Ñ•œ 30«–:$Wh©©üY†,ç®¨¸XEH¸–
Ú#è,)flrÆ[˚|Á»[ıÅÑé/HÜ≠∆…fi–ØKYíÊ–od6∞xBÇ°°@(ÈÅÅäc8w.qπ≈1…ÓE Sá®cEW
€~nØœbØ@Ã‹€Õnª7ÏàFgü¡w˜ÜDáág„oΩ·otÖxΩQ2w<ë≈A
ÛDnõq3√yêv3ß@√OîÇ)ç4÷¡O∆z$»=,»3’
A
˘¶Ú
» éê{RSQù'h±H∂bZÚk©≈s[¿Gt?'c2ÜZA7tM6f#JI∆c°%?≈lQ
7%73ÒdIm=•ØteËWL>vvc7L¸rU>≈vÄ°
gáBtn´Ä¸&ù&§°wzgl“Mìp^nvg˝÷oâW_%£Äøã¯Ä)Ç@ ìXñ7O«ëyôW∏‡Å®$
¢7i)84‹rß◊`≠Wä‘–ä$∑FKì–Øãƒ0$ÆØÚ¡rç_–É>∏5ßµkƒÁµ∂ƒc<á8«ßOcGËâÃËGÜ8X†Ø¢[S8ÖÑ.@
E"˘±D,<A>ÜFuqP«†mÔA$}Uk8vŸµ$Ì0;T%m◊$r®˘@d˜˜:˙˜è–¥áF‰nû1V¢‡HÄì ˘'Ë;œÛo¨
±àêê èòàU$ÅÃ#¬aÜRyÇ≤%ù¯âùäft='A(ÿ3ú∆X<sifl#r–∏ä<i
…@{P#®?U„{[√+.∆â©%8fËÇÉÑ<gÑ<ßsI¯âL®áâ„sY`ç∆vçñTS$–caB9274AI–R^N†≤pÎ¯EÚ/§ìvp
9:ÖaU•„Coßn˘8zπóh÷%t«âî!ê'$;πwoB'˘É8•°VyxÜÁoπAp&√àâ˜àôNë∏N¥qÒÙèp(◊mù»yûäœ°3

ñíz”qzq4>÷ÅäÆÁä∞ã1àa18äø•Æ‡
A
w‡I†H@XT|≈®»yúK)ÀâÑ1ÊîA«ÑS #“∏J™E}◊òJ¨˘”!&í#!!2éC–diûF’¶ÄÓ±ét–Wôó(ø∞Üm
X/ÉAèsÚßóÁV{Ÿ%iñáÂiD3êÚÊÄó1ÏU
˘&ÿoÓÙo≠!ôhëçHë˙5Å¥qâ¬AÅÑ"ü è¿| ö‰ñ(û˜Åë¶`ô÷3ñFG/ÅÇ˘&ìΔÇî{≥(ã1¯4√p≤@QÆ¬
·˘#|°fçbPùGiâΔ»úNöâÀ˘§à√âàcùHjç«c4ñ©îd%“lÿ«!8rI°'pû'Pmµ
‘¿
Ô¡ñmò%»Dü√‰~â0]ïnx8áo◊ü˚(†uGòp&oq“^°AxÆ–w/àÆ±à'ë:ô[4yÈò®W
˜ôù«
ùqb◊yg3ß ÇŸ”¢Ø∏`·°`°{ØäkÙ™6)ã•VjŒÄµ∞í‡*N¿∏Ç8,Δ7iêicX §ΔóÑÕ…úf
t»Í§àÉî–
≠)q¨©ï/2Ñ%lé!˘N÷6@‡z‰Ÿfz¶+†§C/6¥ÁTû(y±Ü˛“~•ó:ÑqnÍ÷L≠É0,ED˘˘óî∞{H^°– π&ß
Qxq¬†Ñ∑;®–êÜë®Äë˘Ä∏1ëi@p6©˘ #(èÄÅÛT¢úúHöçñ6+ 39#'”ëö0/ÇWr
%ÁÇ≤hõ;JÉÔÒGä‡à‰Yâ$ÑBVïY çGô¥I/§Œ/îRö¨SZ•=Gâ:gµD)t{s}“,83±Öfl*e_XuÂy¶dâ+†üÄÍ
H$ßbFÿµflv?§nxÎßzŸ:˝Ÿ∑¸'êz8Vov^Éã˘Ü ∞©o)Nh°äÿxî˘;ä∏±óY2:¢$˙pÚW≤ù˜yúó*kqó=–qa
ì÷=‰s´Z
ECö¥˘™“!Ç“q/°ÜõÓÅΔ@í‡Üfs¿´ÇC 3Ed=ó¥j‡¡ä°JòîQµ…cHyµI/s≈≠”äsÃ&!`K/@û‰iÁŸÅ=©pe
o´Åâaó”~∂`∑?4x ®r®™∏ÊÄÉÀò„w˜÷†¢qx¡Cp…∏K°k2ZW*ÉYyÛD($/âú™yúÿπäÜFÃ@∫/
´™úä·sä4JÇ¶K¶´=ëf¬KC>;˘TSúU}P••JÄcï“à•÷hkœcOã|TÀå>|îSÎ√Dâî–¯t„r#K!éd˚}91ñ,+
œΔïâ $Î˙\Íó]>ñ]Ù˘/Ò¯evøtàØÚkø
∏:Vc∞8x~Áêâ˙
àà{ëê€xJπ¨_Y(Ö¢gÄÚö[≤âðh&∫§˙–P4ÿëîkÑq.Ì∫–A$¨…&åa•Ü~ΔP§∞ ~‡t–}Ps•° A°”ÿ√Q`çZ
kú≈®ÑOπ¨ŒËsØf6,ºQ,S˜≠„Hñ%x¶'Ä/Ä‰´k{~v˙Æp9ß•É]âq#á˘˝ ∞a¬Õk&l\∞¢•á{WêÜ
´oÜª®ıïxí{2%Cëé;±t52
å<|(«10úyfPÚ˜œ#i¡ª†(1≥¢jƒ≤8π¡.K>2˘Ç))8
+!i≤™£–Ä~«†rõ∞ªu √sPÑ–<˘ªeù≈´i0ÀT D˘Ñ@\kMxk≈¯b)Ç+aJ< éF°Δlud˘?
≠pvÓ¡ÆC"Δâói7:˜ CèÔõ::wÎ&ﬁ¸ÕÏðáù ∏ÇgMG§∞P¥®¸Ê1˝Δ¿[îàê/Œiâ»ÉÜ(Ç¬eÜ|
◊wÕ©l`˜ƒ≤èF3rÒ∫ÁÇ–öi•{ÿf
ö<ú
ä=ã‘Ÿœ0Δêª§ â∞ªâ–s–4<°5äÑS/rùH[83≈“Bß|2¶|CGkç§562¶_œËYðg€†ÃÄç $Ó)Δ‰6Õ8f
UfÑeån~
êjÃ’˘ ΔEtD°1∏πS›9'˘+,°lÌŒõ¿Î+flMW(◊Ñrè†K‡íÒœ&+%–ä£Z34C
Ã`¬/C…ì"¬*È–%'–≥€…–¿¬•6œ‡> rßÏuê~êâ`}¿´¿H#\q·÷ö¥¶T ﬁJ–àƒF6C∏–6˝Ÿ˜la[û*p€=ç
˘…,eÃ¸9–ÊÁ\∏`∑§c˙ŸmÓküa¶˘}†Z=†…’˜{ø,ÄÉz^Ñx^à:'à(±ö±∫Ò>wÃ>iõ2ì»7OÈ]0–Ú∑
˘–áúyΩ˘ï∏–»é‹™$óÇÜÕ= –≠ÿ‹ÉiíÉKs–ø‡≥@0, õ··
ûU™5‹ï–;ıAÀ¶5≥"í^Èð2H–(‰≠_8é*˘¶∞,+éÃeY\∞h˚éÄœb,fCûSüMù%SΩC~®–
Œa2ŒÄK1‘ÌMû°∏tb«jÌàë;π˙52]DWÃë¡·pÑÚ#˙dP˘%@ÊÈvwËfix]Of`˜z÷3™°V4®7…◊O(XÁ"‡Ç%ê≠
ì>*Q£–N¸‡têu¿¶UÈ◊í·T–˘±6_È)Ç≤"ïœˆΩ£~fÒeYÍ+pÒ8@pÅe¯Iè>Ñ~Ue¬î%∏ Ç1øì
±fa≈ΔEVÆêwõ·n˙{;πcMf>«√˝Uô
Ï¿¡–¿ÀÄñÍ1ìÅÅÖ2O{‡é†O´@ÊQØßá|»ˆ¥h‘£O◊iF8´Ó]–≤ÉÓ%,´‘êõð(µ
£ÄŸåÄt0nO˝é é5Qxü7\1"n•x,ëÈ˘Ç˘ _#yCÈóAêÈQ±È/ê,*ﬁ*˙ðìou±ó˘ÒI–Õµé°t„√ù]‹E
%Ìàdˆ„π’∫´´/ò0ÛÉ…%ñ–˘À^àJ1k≈è)°õÄiJfiZ¥ Œë]~|‡úπe‡ ¨–ﬁëÅ∑ym»ùÁWüXFò¿0Ó–´=Ÿq∫
:+Ôô‡≤ 73‡:È
»Ë¶pŸ]Ëà‡‡nüËmÄH{ÔözflËÿL¢0!àÑIÉôr–a√Ü#Ú X–"D<Çd%Ò–Δâè'DéÏ†¢É»'^t\Ò"»ä7œ|V≥Ê
Øa∏~·≤•≥˘ß≠\9˘,"˙ËO[?WŸZ/‘ñ™ß™^ÖRU'Í'N™Be≠JµjVK™,âR%JT®Pg'ZB;)î[∑ô,…
5[)ì¶Lï&eödΣ®Ωë&A\afÜ#–,„¬ë?ÜÙÅêÂ?|ÌytËQû0%6˙XUµ¥*V´p©fE'ıÆ_ªvÀÖkW./…íÌ“ù
+1>øÖC"]MYµd–é≥Δ<˘ÚÊ∫°·vÃÿ±Z¥HçÚ$)Q"DàçûŒ1bö4 ≤ëáçAÑÿd`EÉQ§» BãlËœÃh
£˘4,·Ñé©Éí:–‡Ñîl»Ë_Ç &,˘ê≈¶ö|Íâß£x"Öß\ÄJ1≈ûXIÍ≈°≤ä*≤∏∫Jq≈íNDÈÑ™±»2+–≠f*Ú
–Q‹™‰–&Ì¬À/øÚ,äØI™¥21«"”R2Δ{,K¬$‰225„CèC)√á$††4VP´ ≈÷X√Öblã
7ÿpKΔ∑?u#8b™)∏dåKÙ9C≠YT9Â™©Ü8b®¡ÈòYd°ÂXðÛ$IØ<BÃC‰°–Ïõ0à(2¢ÅÇ–è b–h!\r®?
ZoÖ(¿&*¢®Ω›ªP•ë(Lð<R Cô^‡∞ëY@Ã)'üä*1)W<™5ôzj‹•∫*G´≤˘R∑Htw4´«≈
%»≥‹MÀ›πÚïk_ª2•Q§¨2Øœ¶àØ0
õ$ÀΔ[xÀ¡∏å≥À˘√=–â8ê É„Lm5ûZ#j€h£
7`ŒOó˘3Ù–Ë†9‘–I≠ëtRúâ¡ ôY6’nîMàﬁ$ëK°$<¶KMÑ.∏XØ!
·kÔU3°˘˘„ââ¸ÉhlbwçH"awΩ∞¡éHz¬ìûm√
1XAäOê± 'â,∂'£lW•£RtQï /∑™WÃ2>#–˝q«±,]K¬
ã*ŒÀ/q_}Ÿö$H(˜“À`+µfRaf˚≤À«$í1˘∞ÃÃC¯pfå'J‡`É

‡°™4\WÌ◊Úú
bf#¶e`¸|~P·%Ó8eî!n˚BçÉÙ∏I≠)SRHÈt¢%IëK¬[ziBœKdé9ÏkB¯Ñàv>éÃU Z!AÄ¸!‡AΔ^b%?
§àÿ,É†ï0(% r[Ñ!¥DZ_®ñfinräù`À(fiJâZ>âpÑÉJRVÒä#ë%,_Å\W47ØwÖ≈Gfãëÿrñ±|.t˚/À]¸
%øòn/K¨Rbú®0áEÒaáëXelW±=%Óè(√JêÅHÄÜ¨‡
·¬5"€006|
îpZF=Î
äP¿±Yœ˘¬∑3õŸÃg√»‘'>QœQxG~JSyJU™>úáÍ–O˘¨v ˘Ò™Å¥" ÿ¿Ü†¸eí#ŸàáEIM≤
ZœÇ¥2∏í
ΩNàC-Ù^äa‹,ZÆ)\-YQõôàN+î„Ãı∏u^8ƒ˚&ÊUñx>-r@\Ëú9Ä˝ÀàßS" ìâ'esaØ˚es•¬ê…
2d/√»∞P â5¥JúVà<◊úÏπò
†¢3È*9'≥c°í√ÁLÁ8Ö,¸ÿàQ,BêÚ[öxâà9 "ëQ[O#1∏Ç¨mr ·§%,ü"äjƒ)ÇhÉçÄ
í¡ËFVÇ˘°gëÉ/E•¥dí∑axpFŸââjÈ≠]ûpóNW/;'√™Ï•\BÍë1«Ú'y=5sîSKZÿ2ƒ'Ö`ìR
%íHØÇÅ3a/LòF≈'éLù9"`ê
lÄÈ™·
ôOùÙÈr$Ù‡8·<áPÜípêCXb√≥≈A°-D¯Åi‡i© "ÃŒÅcà¸8¢øΔá"≈œ≠ë˘úñ ¨%j„ÉRçà4AYâ(;"RûRZ
0A¡
,Ä
…yÄ#·OUòB¡Òd)·∫–çÑÑL§fi™ÙRuÛ,8¥à˚¬À^Ùµ/EâC>Uß:◊˘ui1ä©L$0s;Ã<¬?h(p_≈IN˚=c<w2œ
ÿä7˜ µœS™∞â¢ôá·
T4°í'yË•9'

=!Ë•·˙5·=lìœ'ËÉ6"ˆ'µ¸'i=/µî"®X
rO\r†/œTÇúÈP%†≤–©Mt,7∂¶6)D\r°,N=Ü0dSehcÓp∫"™ª˙2â$å.?'óx ¶'° –taµÊü¯Êá9,Lî
$Δtô %ÓvéΠX~‡˚ÇQ]dÑî˚O◊Xeœycı~#«˘V¡Ñ=Ïo~ÒäY†,§@® œ3ÀRb˘î5"
!–Dé¡~#f ,É@Y·™¥U-åWÀ…∞Îµ∫∂q(ÙRÃ-%L
oS†ÖGtp≤ÃñOVtBoÈ"å0é≤W~©`:ª'5äø¨Ê°h5I"D¢öÕÏ'ÆéwÕzaŒ;÷ÖyIΩrß qoäŸ.3|òB¿\‡ù 8
W≤¢fl's–=' n¸≥9ÿe 8•Õ'≥Aπ""çhÑB%·?|'Ñ†…)±a¯IîuXyâ?¯h%UràB∫÷
´I¶ˆì8áq◊¸#„é4£4ÓüGÄΩcW"≠∑Nê*ê·õ‹ÇŸÿ2.Å*8ï´x"˘6◊åäÙ8:n.õ◊òπ∞±•kJ'ÔW≈{:∏ìW/f
f"Î°yòáA,LÈ≠wœ5s±?úA
;ÙÏπ]Ed∂∏„y≤pÊ·¬·œyfi£´i:.Qøqr5ãL|¢„ƒ˘ß>0àRïú'§FD…
Á@B'°ëUè™hµíÜÄß=≤àBzesY[≤í??J-%k%ØÌ◊0>
rTTÎ&5±√ÅÇd¡ÄB®E=\˜•ä®®b◊÷6≈^~◊´ÖÏv"‹◊\∞%ûõ`pGw€‹D¸œY2TLØ°3&{ß|ªá?–3Ä•√£¯ëN
Çª¬y˘°Δ√ÖÖCá´∏À#õa0Gã8¿ÚWh¨FêÑ6π1†ü9pBDÑ
Ñ"cA|=ŸπÙ`è#) ã∏èõ3-"˙9·S)îz ÿÚ5ï*∫_;e°õxÇfl˙d°Xäú!¬•í)û≈£∂^bØ#"Å™≥‡™˘I√
±X¥+;$R;ÒÇ?∞rªÆ27ÅòvãŸ¬.ô7Δ∏≥$@>¯ã…3•≥˘3<†ÄÃ…uI<9ó·°%©ç‹»Öñ¡
H‡PÜÊ∞ä√ô}"£ÓAPØÖF®É.É%57hDÿ0Y:É/ª˘˘∫ŸÚ¡à8õ≥ππ¨†¸h±>C)±aÿZ¬·∂Ø±êãZÅËÅñX%`Tp
ÖXí:oƒ´Bä°Ÿ∫,ë@¥`úŒIä™´¬.≤;∏ù˘Å&∞*ò∑{?%b∑∫´ªoB(bØH¬ÑÖ©≥@H»Ñƒå@Ãå‹π7>ƒ‹Ò3∞Ø
¥F°*vB
Δs°.*
…ká˚
@¡·†8O'@J1¨d0EZXÑ.X≈®QABp˙a<[å\ÏÉ1ê^ú9_§π`DéÚΩa 6á0œ 0>fDß<>∞±∏J¨4:
∫ Ç¯±¿õYÄ•o¨@ø°••P˘
z¢Z
≤™ËÑ©¯œ#π®J4d√•¢4úGK®Ñ|°ªs√GÚ˙2Å±ãHêío+o*å@òAêAòù«ƒ˜¢‹1‹)@*ÇPßädƒß"∏≠∏y°û@4
¢»'TMïÈ+b†88RÜñiéCIG·@>pYpÑ;XEV§AûúE[ÏD8µ„D5]|πWô©ò„™–öâ¯=câ±]
°§ˆ@©®L≠#<¬•M–1ñ» òË%êYòÖ[x©Ûõètç&;üRK˚|°Ø∞ÖWË∑dŒI˘±Kv§u0É&¡C1ã;j∫«*9Ã(˘¡–
ã å√,å):Ç\ØΔúù@¯ÉA@¯≤òøã»3ÅXDub¿Ã1Ö¿èYäΔª ∏Ä8Ä
¯ ËQ÷¸QË˘çñ°∏d"A ≈#}M}≤0%;`≈ütE˙±…Ñ(ÒË∞>•0û,:•I†ƒüÉ˙Å±˙ÿΩî
ä8-ç•(öö ßLΔÉ@©ï`S/¢SÚ:jÏ¯SpÖWb∂_Äß°•"ëΔsä™`ä)[T¥ÿä≠ËOØxGÌªg¬°M–$yKÄã∏∑[7P
+ -/'–P√0»Ÿ°Ç¸˜"@À–Hà»Y≈Ãà|>(H˘¿∏E|Qv0Å ±∂EM
%Y|Ä†áàvàÅ'\',“ ÉŸ|M`@…ÏŸ÷îúbÿ80`E:X$.∞I'´¡àbA-Ö=âè:Ëä
ñW-`´±á-L¬◊´±"8ùJ=Ö≠^ª≠ö∫Δ<EPÇ;¯ê+!$ß8KVh°ûP
πÖääW(
ŒÅK•KG≠‡úmãGn#;˘¢πP–yúª¬îªï–Je∑HàY 'ÅúÑŸqLù=Ñ˝Ÿ?¿€1–à$D=ì)Ç`–pQKX®˝Ä=®
Ö/®ÄÖ/`÷≠•/∏©•ZòÑd∞Ñ8≠/©eÄ™e∏nEéG#W¯Ñ;•(%◊)µI*ùEPã®ÿèDH§9XŒ˚ô◊&,Δ%∫|Ì◊|
Ìüç¯◊8ÌŒ†´≠µ°©Ríi·"/pYT·'CUçÅ"GâΩOFeú"Ä°è}TØ„ú±3|Ò∫h√ Qí.['%"'¯sP∂√CPàC+H
¥jL*zLH-†ÖUX}AD\≈'ADQÏ∑˘ªØ

Ë'Ã9Äy@€xXy¿Ú
áÑÚe÷p¿v_¥e÷àávêá?∞Ä\¨Ä*Äx¿#x6Çàv(flÛ≠Ä◊<VÍ1dx;-ˇÇÕä1p
û¡)≠I,<C-¨ü¥Ç¿í\Yô9,ñ6a~ †≥Å`·ßÏn   ìaR   Q"†@'∏S†¬öê∫éÑ¢
bΔ;ÀW-O´h'π4óPp]ë}GíÌ6)Ê2î•œ‡'t[;∂≥bù¿(ﬁfÑ-õM=%ÉlﬁÉÙŸ†]„+¢ﬁ¢Ω'£5¿]U¿^ÌU¯^ÆΩ
á@÷=f÷wØÅ∏¥
flÆ-%{àÅxáÜpá8Äpxá+8Ä*pá∞á=Δá>^%◊ÏdNtS%ÿ¨ütÉ   f
^¡
Ñ◊πëª∞>8</ª^Ë, xˇ§–"5HJB…
∂8≠-£Sbnacfaå¢)bCsâkD%hPêœ-ÌH©;K¢rœç=bF≈Oi>»ÈúÆ†ë ….b2"®Ú6î>'„e¢,^∑ˇK~Ã
¿¯≤'aù3É§/acXµùÈ'">¿'};ï\Ç˙
∏Ë^¯^BÊZB_BÆá¯E[y»–ã.dfÕ¯µÄÆ}dfÖËA>ÄÜÕEˇÖnÉ$àöôú"ú6pÈ
πÒÄΩÏ‡`!ñhπeûœöñ1:Eß¥±8Õ |Uê°÷i`cö&Ññ[ÅPÇOòΩÒ†˜t°§‡fDÖ
˜%¶2*Át¥ˇ6¥®*b2Y°♣6u6ã∑∫£flı]~ò≈Ö∫œká±k/9åC¯?:£¢Ñ$HuØÅd„[>∑Ã(hÎ53ÇÄc¿Xh-,
%áÊZfuádãŒQÀF[{ÄQKÇp%H÷*†dEÓÏÆ}£7Ç£Yh%p'hÇÙNóÜiUÜÈ
Æ…Òà(Õ"E€√ödΔ\…-H/àÀıàÀÊaNÊ`√®MXif·î0:ΔêÛD-ÄP8Ü"cðä=bU†ÿ'ê≤åı•∞ñ
ı¸œufó{a¶¥SCQ¿≤À'ﬁuÁ*°&v[-
{¸Ô8Àª∆∞3;;Ñ:˙É 8p5Æ}"ˇ∑ÎUl8÷Éà'É3(∞ØE<˚jhKÄflÈÆU_v∞ää÷Ë¯≠fl5àÅu®Ä¨ÌflÖáw‡y»-
gf%∞ä˙÷F-ê`€VAV∂I1ài*
<Rieñ^!ËÅÈ1£^Óéò±vèhqJÂûõÒe„ÀÅUÓ€,àõ=EÅ/2Bú♣Δ≥î≤'Õj^nT*s´ C±éúπÏ'œ≥Ä±o)6"˚Æ
,'±,vÜkv˚b?\ØÕü=»ÏgW„Z?ZJó♣31°É°Ø¿p–¨∞PuQ∑ÄÿÖy8ÄPouWÔ/®@%∞≈–"" ˇWwı†8ó#d¯Ñ8Ë
U\πOcÂWú`#ß¡AØvÕJ&òπÂ√r`srè†nha·ÍnaÎ„√JoœJa{©è∏†¿ÂgÅâh∫öoäe<
6÷ÛvOofÿWÄs^^•Êä!œ1ÎíuúÙS?v¸∏(≥,Óó$íøfl•ªQ>&=<ÔÁ«Q5ÆäüE-ÇÆt38É<Ø*XQ
XfÓ4Öˇ yXÖwêM®Ä*…∑@óÆUÖUòˇ'êy¶h
éT©ç&Àˇ∂¥PhÑ/-5ÿ§?˙-&P7@eTV5ò`
ÉTaèÊÃàìÿ˙Pîò Hˇd!   ì0   ëò
(â   âëhñ±G ∏â≤g˚©˚>*ÛZêY((≥NEãì}'0˚]{%G':Kòß¿Gˇ'ÁïUWu'íQUcÑ'7-fñH©yp-ß
Ù7∂ù=@É"?¨3`Ï3X"äœ¯'_"◊?+`lΔ.ÉC¥]€7É)-}*@@mQÅ·~·hêÅò/òÅÄ¸"ò"(Ç™
%Í'"êÌØ¸ÓóÇ"ÿ¸ÓÈ/ˇ(Ç¯Å'†Ç8xXÅd°p†Å#∞¿ˇ8ÇˇGâÇâ
<Hÿ8q¢√
•'R'–¡¢≈%^tPÒ£«ä*ThYr"Iä!?Jt‡Ú%Ç8ñ-§   Â…èú2~»♣!£ÁOCÄ˙ò·"'I[»h·4("ü-D8•*Fà
¨!∞Ü¯√Îáa±~€"fŸ≥Y[x»
"f[mÂÜ†kW.ﬁ°z˜¢ùZ'i>8pl¯Bà=$Æ¿¡±c$?ÊêÅÇ

H@¿!ˇ^,há
"""#
$
$$$$#%&+
+,,-
-- -(#.$.,*1
2
22"33"3&4444(!4,&5+ 55561&:::&:*:95;;)"<<"<-#==/(=1%>4)>=:@8+BB/%B>;CC&C)
$C0)DD7+D8/DDCE!F=0HJKKK!K%"K)$K-'K2*K3/
K5+K60L*'L9.L=2LA4M=60B90F<0JCONMPQLDRR7,S0*S2/S61S<2S>7T""T#
%T)'TA7TF:TJAUNDVOHYYTJZ!![&$[&([1+[92[?4[B8[B=[E:[MC\)*\-*\61\>8\J=\QE
\RJ]10]JA]UL^XM_"!`ZQb&%b)*b--b53b>3c11c:4c=;cB7cH<cIBcPDcRJcVJdB@d\Qd\Sg*-
g.0g_WgaUh54h=9h^Ui:
8iB:iF:i[RibXjREjVLkB@kHCkJ=kNDkQKkZMkbUleZmfYoi]onjpl^qC@qIDqM@qf[rPDrYRr`
TrbYsQKsj^tWKukaumawpcwrfySHyk^ytfzRNzWKzYTzkazpc{]R{aZ{qf}viÄ[PÄymÄzkÅ]RÅ^
YÅc]Åf^ÅneÅsfÇk`ÇkdÇvkÇylÉqiÑzoÖ}náÅqàymàÉràjdäc`ärjäˇräÉsçÑvçávéÜwèxnèÉvê{
rêÄtíql±∞∞∞≤≤≤∏∏∏∑»»»   ŒŒŒ---◊◊◊€€€‹‹‹,,,ÍÍÍÏÏÏˇˇ(-@¸ôÑPCI#FútIR≈ã3^°Ñ™
£*TU©J•Íñ»T$Qﬁ∫µjeÀñ∫b åπãÿÆc5uŸ$¶ÎÿŒüfÇ≠I'ÊÆ]3c∂"'jï*ßNI™,x§Fá!Rú41+÷´/
Q¨¯ÈRŸäeÀÇLK5Ì'Oo„ö}k∂m]∏sÛ≤][óØ/ªTA
L8¨V√5M˙$I1„≈#sù¨uí†Iñ1_îê ÉCDÉ&
È"ßœ†πrÜµÎ?k^f&»ôÛ¬?õZñtY,≈ÆÅ˜<ï»X"YΔB+U¨ï,°∑∫5ù¶Æ£7sÎ©≥ÊO¢»≤Ûˇ Î(ŒÎ26ΔT'ÍÈ
…µ 5e<:)÷≠ÒÎ˜¨i´¶Kˇ)÷c/ı[¶bñÇü0» `~9∏†Å˙e◊`Ê}bˇÊ·bÇ∏òˇòïàôX6A
$àCÄ8$»f∂MÇõhk¿&€hÏaöihúëΔXúqÜhX1déˇ†!Pl†§Cê¨»[EøU)‡}^≤qΔMeI-
ôtäJaBóîz4ŸûOf♣BàOﬁı¶P9ŸtOË1•ÁtN±4RJ~R+û®flYˇQ4®ñeåÿ![u)

·§
¢¬‡[nô5ÇwaZ◊˘ˆEÈßñ†©uâ’(ïÖvËÄ˝1˘¶ÿà!˙Vbä+fñ∈BûA2ch{Ïë§éh•AZ¶©¶kD2;
[∞ÄÏaB2 Hî*Fñ´e¢ö%[©˜Qr&Èrãπ̂ÊöyÓ∫z Ñ‘Qvµ]õov'îõ·}gTõHÕ§ûz,≈¥ä./ç$îYÇ¢ò†
"Ë]ú&Lj¢
¢zÍ©zÆ√úÇ ÉemÃ÷≈6laf§VπU£´∆J´'ìX"†âÜ˙vŸn+
¬+C>÷‰@≥°Vi>û°≈ëÃˆ(ê¥Lt$‘zÜôVÇ∞ ÍïT¶Öä[(u)í¡%°+ªIï}RF≠igP=ÌƒùPƒ „6ΩÿÂÈÆRxœ§
¡Ó≠˘Ç“flÄ+x»©:!§ß≈Ú¬à˘°^6í:Ú·û.äÚÂ•∆G’˘ö˜◊*~Ûâ•âÃ#X,¨#fiZhŒ∫2$Hî2ÍÏ+A–fiò
±Cÿc“Ã/-hQÛºPŒ˜qàYYíÙß‡G
¶î“I#=∑˜J4˘“ØNÿ≥çv;’Ùú>ıt”NpÓÙ}ù:ïGØuLΩªÀ/ÓewtP-˘“*-Æ?Iö~jâ,ç
`Ç2e8º4lrsòÇ'@¿xÏÅõs†™∞
¥2UÅht0£ffU(Õ∏»Eùâ]œb&·®X§1VÓñu§f˝AZNSHBjSöØlKÚKÚ¶íKç§O%°^R˘ºÛ°ÿ+{E…Wã»
d∏â^>qõÊ$∑)>'FÈ/hrî_Ï"<‡Ÿó¸ÃÜ¶òPá~ˆ<%
wóµHÅ•≤∏ËF…-dk<Y…H∆@èuŒ.˚©‡°B$ ó°Nt5Àå"oð´ûÈl a/çPòdıËGGk÷êŒØ≠^ã3P´Õd<DAU¡Í
cp˘["¶SÆs…(rÛ<,Dá%÷≤ñ·…%2é±À^Ú¿îõ0kÈπ3;n/ºñ©fZÂzu{ó> VùÇ©±A”ÀZ“¬∆ÜL/y<úÖ0÷?
ë¡1-˘ªK:-¡øê3Q≠¬
<3:MÙgf/3Õ.A˘º>(í3õÒ’##)-%
-wDKMè-†ÖN"$î·å$$ö+´>•pCâ¡†≤∑ΩâÕ]∑Äe<ÜYfa ≠§_f<,∆Kñöt•¿ÑiKÖyàÛŸfM…èm©K5eqôt
≥I¸Í&ìÅ5*Ä˚F¥T6bp(ÛãΩ ≤:êBòT:˘¯«¥<G2¡O¢ËY"≥hPü™Zäh∆âËJ4N

-Ä¨ÈÓ
MH(i¯ê9ÑC™,&J∞˘'®†Î_IÒEPä8“`™Ù•éç∈qâàÔìóøú)LÖYa6q|6}fl-ã¯≈…
¸"¶ß]iM*["c|^…º^R÷ıíÄ˘>ÔOuŸ_ÛBü’$mò8¡…Gz≥˘éÎfl÷î©œuKQ 2dÈ&±!KËS3< ä¸…»Ÿ9mI8J
“Ì“¿#ªûfGüÂ''ZôœP˘}3…tÊ˚Q:>≤±#ÕÔcaJY«˙∑óú˝Âc{πY≥vMK¨ÏK/ÿì≥
¥¿l"1ÛµK&“Õl3ëmQë™["].Y=\≠ö’7œ%rxYÆq8≤(äáŸêÁ6T´Èvk>Ù°YÆ>£≥GäFG∆oi|tIe•·IÎı
+◊πFl.-È(Ü”ƒÿí∆À®2¥
`R_≥2ê1Ê7≥óï∈ó7Kâ0Î˘òñµÏÇsâ“ Xòìçpö„ˆŸöÂÂQ¶2˘:F?°ÙKÖflú≤
N©˘Je∏<N5.A,¶ú^¶Úëº X*R7> 7t¡„-J@üÀ±Zß‰AÀDÈœÍdí2◊!tGúâËC∫≤ïuÜÃ…(A¥|
©cÂôto•˜m∞ñóΩe0oY_÷Ú˘ÉYÊ˙RÉóaÊóè·Ê5ØŸ±ºl¢/0;Áëû˜øÊ¸Âik
n'∂¥|EÒáŸ/Í‰"=Ë2™Kî∏52ÓAìF]¶9P=(π";1r◊"ó≠≠J?‘bd&ÒOêÓû"
§ ’ú>F :˙ôîbì>òYF˘VÕëy¶‰"$/Ä√_î”eÆ2fn»n,≥óÕÛfGªŸ”¶6òÏRns6naNzö+˙`]û6µvz‘ÏÀ¢
9•_l,˜<dı8∑ˆ{^Ã•î∈•ËßtX£O}„Ç>ù<à5Ë◊ácê`‰b¿JáïJ≈ÀR©/3AQ7D2#]:oË!
µ˙së∑®µ¬áaïúº•±µìhx¸ÄK˘}¡ŒUΓÓyÔÈWÊ,6öççùk˘ÁÃñ:0«<f[#Ù˘Ö^ñ©!˙v_ù§ú
ÊËUøÓ”j˝ ˘µ¨Ñœ
‡÷“Èï^"ÍÿZ¶¸"MN6ÿflfi¿9FÏ-‘7 >ñ˜˝ºJ∆#*<˘àî<àÏÁØ≈´wgÙ∫Ô$
ÔrÓ»K˘ÜpKN>flK∆~∂¢§v•ƒLZ6z’0ÄÕñzŸ&m¿¥{ªÁ_HS¥˜e‘ ÅŒÊe@ßz¸ÄXÜ
¯_ôueÏ∆œ◊t˝’t_TLfi°ˆE' ÑozR[ã∆o˝Üi
É1 îJ
§
“A!°%W2JXbJØ¢8"W*âd+¸‘VãDBØ„c¢˘ïTÖi‡vS¢%ı¡Th˜ClÌ¬E¸7ZLßz’êeÀ0z®{8Äÿá
(u’∂zhmXÅŸF`«Äf1UÇ
¯_ÚFnBL3’Z≠U|√§ZCÅlÿ˘aL˘2FgB√2'sñ®JIÖ0„FŸGù∆vªN$+ÙWSC]‘’~GO}∑éOıqr34c/ÚqÒ3|
0díWNX^sÁ,Q\‘Òf>íz”ñeHzà
-»Üj8f‘àxÅeñmflÊl©wzŒÜf.µm8á™◊XÁ»tΩLMÙ{√f&≈d'xVK§’=íà7KÅ&Ì¡ÛÖ?}i¸bÕ√?p}-9-
˜h;9ˆÅ:®ÿìºä≥“«cO∞xj≠"ãLà3¸t+$$#pıΩh;∆RWñ‡b)äV.ù∑Lfi„S©ee˘UÄ[∆s˘X
•óÜÃçY¶ÿì∈∏sXî&zmevàK˜_£∑¿ï¸iRg(u~`Ü8R-eKÛxKN‘K•Öè≤ÅJy„/≥7ŒU=‰8ìÜêÃc8ÿ<·Ñ!Ò
®S"í•ä¶∂A™àqü0:[° ˙Q%Ç]…Q®#Ÿxìdr(á,d!pŒC-±úóa>Ca¶LPÁ_;'çÃˆîZVç®Ü
¢yÄ='mfiÿYúEÅ'0fw»î{xÅ<)ufPml∏Å8mºD|¸5ofSÚñKª•D óañaÎq[œ˜|©d)-
Ÿño˜hº5<$ëöàîÅ:ê0 >9~.+\˘Xc¨íM85óëû◊¬+ 1ç˘|†#{Ä,u@üi•v#±Fœ„∫Äà»
T1yÜ∏‘`Qìì©ôì•ï8ö< î@ŸlYv†(éêU`?∑mœ`-F{
L“àqC|üìì´WÅðgÅéU¥R8aàkÇ/„3Ç&ñ∈csö«|Œ-Õ·œb#·CTA+ˆo° ˆÑùß0 IÍ
yâùœ¬fiijâëfÙ\&Úëô·"üfiUB{‡òÙG'ë≈ü6
TtÊ`Œ8t¡ç8yìjÄ>˘övZçÄ•†¶˜†>ÁÄä®ff¿lŸ∆îøÑznàÅ:îâZ¢‘˘p
<ftiˆm,∫ZfiQE·Y`◊áŸqRíuK¸'hí».e:™
:˙<; <Ÿd?Ë8SAVäë§QäÙ§è@íÑë±òZ,\9÷*∂à]6±3äç«Ò˘xUàU?˝π˘dT‰ÊïÁF†éçß9iìÿ†ß-
òõ÷Hß∈zì}Ílf-e9ó{^õ„∏KHgt°çÿä≠éf∏®ÇjÅ∏KŸ6©»Vèã¯& àJïT˙t2:ÎŒá<J•öJn…MwaOÚ¡§ò
-ùflπAê »˙Ç•R:]O˙˝´ñûºQ-3S¶(àh¿Q˝…≠˘
¥ÀxööK÷ö®»Ü< ≠òì>È_j¯ö>ööÀ¶ß,8õ¸7j÷ßÍRéeß£y≠/Xµâ*¥˘ °N+©∆

%S¡9è*≈_ÙˆL˙–©ÏàK•≈>≈p;™¶Í<ê6äÙêM
3I/±ê ´fi˘èÄ¨flã±ícqÑÉâÍ«7√!<?Cí˘üAfrUXïâF˙ò&ayè=Ö®s»Äá£ªìjì?   Æflö†@ª≠v
t\∂çògH°œÙÆßgµÆé¯JÆ™®^v
˙*``+KÓ*Sê8af¢òJúŒì916E[È∑+Ò∑¿ W·   dÖä˘Îù>â¨uÄ¨çG≤ÇbOyÅd+≠÷:0"J#
˘,•#;Rsóâú>ı°†ÀÜ(Ø€°@9∫∏ÜJö‘ò¥¨{∫œöØ“÷ä@°¢yÿálREúu
ø˚°©'ß®˘≠<)®“&°» ¬ê˙ß-*∂ñ%Sfªï®ÖKveKñ«)ΩÆƒ.6úÃó?√·©   z+œ|Îù
%kœßC≤v429¶∏Ü…:1"kp%ü%%c?Ãhe¡◊≥X&mP©· Å^¸¡°ì:yßÃìöç§°:9¿|z)∫Xø§¢obEm“òezC´®
8î–¥œV
¬€®∂t¸Ød{ê˘•Æ3≈ô
¶S^π=„¡˘4&<Íh F*d≈∑C¶Â+∏ì•ä·…)wáT3â‘335∆Jí52πI≥
{∑‡EfxÜÎËXmXç∫≈YVzÿp
qHÃe°∆π˘ìHõ¿q»Ãeúì¸ª±tlSdLXt=˜ñÕ=±e§ª«r8Æ–,ÃC+Œ•wìx
∞9»bÊf˘h`lÜ¢:ï∫ú{%ÖR≥À6¯L…qeÉµœ ´,k,[ƒ¢lj±x8£Ñœa]â+âãÍeR¯ãJÚB$âkÄÔ“
∂,Z∂tgAwöÏÀ^∆√|“:iÃ'ákòÜ§€Ãqò
0}Ã˘lµn¨eçò|p≥E1°Õp{oq»dlzA)Ã@k‘î‘•ö({'†_5µ°¿7'fÎ»Ê»Ña˜HK„ÅsFÑ'c≥o¬µ0•FÍΩ˚ê
†÷iÕ°Ã>)c,M£A%œTr˘x   -èWÙkr≤<,f¥∑¿= ∆tR“[¸≠`á^\ö:)Ã«ú“¬LÃ ú¥@πÜ1ç
2
”/-Ÿ€ZŒ”˜ΩŸ|πÄ/©Õ|°‘Ãë≠∫°I¥«ÏŸ§äìßkµ@ß_ çt≤◊Ø4%ufÄ†ó{)«E°”ì°|&ÒhÄQöP÷õ¨ iÌ…
Î÷Ê˚ùS∫˘)1…µ5S˘·(â4òZ¡P¢ò_JUø†Z©Í™ÿâÌøGÆ¶I€Ù>Ã&>ÿù-”Ÿ–Ÿ0mÃc¸∫∆ÑDˆÖ˜Ü/+Å√aí
``ˆflíΩ«j“Æ"“:9¥väzM]îw∂YM[Å
÷z~JYÃ;œ*ïZ≈-ª97KB!v@®P-Ó‹F:>j≠÷
•}…0/'(-∑\ˆƒFÍ˚w∆É~Z1Q%-4",•áBílK√
ïÀêÿÔ˝≠¡Ã%·Õ¸
ÿ•
XÆÂYfiÂXÓŸö
”˙ÕŸúù
[fiÃƒâ“;πfB•Çh£Ç>ç‡8 ‹<¥¡<Œ
<‘•K€îx"%j¢ «≥∑ØwÏÅN˘¸â”zìu»âîj_“êÊ,Œm÷°∞÷öfi÷o›ù8é„ì∂5•A%®@"|ßä|W<J°WRÿã/k‡
’¨l7IŒQûç:€¥˝ÂœfiÂ¿ûÊ¥ù
‡Ä
≈~ÏXnÊ2}ÊzÆR–ã|
Îk‡@ÕÅ~Ìœîı
/ÂL∆H{]+Å(Å’∞‘œçÿª‘ä.†GzJEAÒn>”>&]„8-Æ
.ƒÄ;ü∞∆∑∞◊pM]<∫ŸÀêÖ„8S8•.òüÉ~[P∞VÒœ,±í˘¬2r≤aL8R*ï±¥÷àÌ¥]Ï nÏú˝
)√°Ïq»Ú¿˘¸Îfá≈>Û.ªFÁr/Bîq#Ï¸Ã¸/bŒÁ·¸Áfi¿F9Å>WÓ€ËÌ#˙ô1°Ùj¥|ö’R,:'_Õ∞¯≈Q¸.ê,u∞
l>±fl±äQπ0X“âêlŸ\¢ˆb*R"_Ò1;Ô   ≥ÜTΩÿz‹∫§7·,m‘€~Êé˘Ú¿Ï)üÏ(_˘Y~
7øÂÀ^
/¿˘#^ÿfb=Ë"Ì´poØT«[¶ÏgŒÎëMÃÃ¸Â¨O·ÄfiÁXÄKΩ°ÂœÎµÌÀfiªÄ üÓ\ïpFa¬
»VL–¿K∆oÕ8gF+¡£é„,-é
y   iÔˆ|À∑/ù®˘∞fiüÿä©Íúø(¯Å±ÜBfi{ì∞¨Ç–x¥c#ê{øoÄ@kÁë]‘-Ãì
ÿ™a#ò
∂lfl≤a«õBàø§ò•°≈É-R°6Ò€@ê’ê#πÎ÷…[&wÈ:π
ÂI]πt”ul2j3.ÿ≥/¿k.‹xê,Qü´)˚)Ú'2ß‘ò6•∫4'2lX±Ç‹/U†VßPâA%ãl2¥i’¶ç6ñ$µ
±mèëD6.±πsgÍäy2U*TÅkFÂi“ü:u-‘˘…qcH|{˙î*V¨\ôoiœµ*V™ ï˘™˙{I“ßO6&•û4…Ù$I∞c∑
%∏v˘m…t˘·≥ÊœûfIk-“E6Îq≥!µâmR§JúN},5È   µODx-,BÓ”ØQ˘©≠©[ì/’´"ù™Û-ñ1I,ÖJΩ:Ù
ƒflvb+ ˘>»©úZÍßsíÍß´Íâ9ü°
K§¨™e \ãòhÜkÆëé©√∂:úoÆ˘¯Ú0¬õí=;£G Y-1…dî§ÃrŸÏña˙r…
Øœ>˚ÎìX*ªµ#S”D◊&§µŸìíè√yD>v”-çflÜKk¨„öz¨
Ëπj-$ øÇ°Û.¢oÆY®˚ã•€ËMÉÏc•'•~öèòóÿS%UbAÖ¥X`Ç˘o¶]∆™Ø?Î™„N!˘"Bä'ü¨
¡™r™∆S™ hπÊ ¥P§,–äé,   ´…0√/Ôë∏>%pCíH4±3UP°Ö0Tòd±é3Ã®c«fÑ§±I4±L«\|-
ëØòb Â«ìuo»T.)
5$õÑ≤µ÷ πÌsµT˜èµR5+Q˘LsOÁ•ªàª¸∏”N:ÖÆ   ;˘å™t;=«ì∑©h™!
Êb“cÔñ^Ÿã•◊¿‹SîZœ∆jRË¬#»®5ß;HölÑJ
§
ôÇÍ©M[NäπÂdU   W
ãU≤‹Ú0öùE¥∆-k>ƒkhít¸åñOÇ≠Eìÿ IÃcëïQY5©˘e3is!FkåM¨V¶œ¸ª≤"IC%50.ar\rÕ5˜ëuµzf¨
z™∞¬Â"lÓ(•¶√t'àÇSNKë¬!J7¬f°>>è§@)Feb…uâ%ıfBÊ•Í∆Û\d¸ÙÒlÚ\0Ãñ9˝)(÷´iÂRO¸Í+Tqn

ï,XEãöëh•kËπÈ~Dö¸B≈¿ñtL1®K∂<dùÂq3@{§i/∞1ñ©≥ -˚Î≥-PõƒM‘&w6∑‰èıwÎçd`…T2   Bì^
°LFàÕâå*ä‡É4`ª◊}.Rî˛%(üIÜ6ü[¥¬Ï Ã)$Å
IPÉ«”V{në˘
DC'”°”Ágüœ≠)$c”QP6¶((ã£ õR∑Q$faÍäÓlá3õ})x^-¬≥∑∏•.˘/Z∂4,¶ùÇE≈Çö±£
HHQFû-ƒet4å[l-cô1¥‡≥£˜`ÎA˙DØí&âµôè\sîín/˜@®™,¶Z{≤ïÁT€X°
?6∫|¨!t¢îw^WÖ$P<KπP['¡AFí∞ a$áäYQá∫≈1î¡1Ò,Nïq8"   @DR$<6î◊ØÅ,P) _©*$
±∏+UAl‡óÊ3$fËwB/œle¢"+y¬/Cß5H˘¿qéKJÖ∑ÊãÆâ±k‘“J\≤ä\`fH™¯ƒj‘Vœ’--INb
Ïâ«€Õ^ı °Ï^∑êm∏r;át¿ëßƒ©!˝´Œ@Z'Ç,0~Ω˚”.|A(Ul“Çí»&a,x   T°áWBä≈*p≤/Etï≤ÿ@˝2
Ê1¨ µAC◊ıâ)e¬aö,§°>ÏTßö™îH<∑lâÒªïàH§#=qIÂ™‘Æi,«ú¢Y[}¢•’#Æ]O&4!+ÿ∂w≠Õî3[
∏‘v§◊úoûì]È∫G≤¯s^1≠à#∑A≤ÉLí˛"\G˙÷BèŸádà2åYíãûÑ˘ÇÂ(:ä¡ûfP˚ J¯íåPÁsïHû
$Y)Ú»r@T…ÂÍÆ±@/eÛ*’V∏íçΩã*∏Cã2) ƒ°ïD∑J*I>E(Æ1f∞¬ÆâÜA…ÇK"í7¡XìôpÕ¨{·À^™UF
Ñ†◊ŸV•M"6uµg´~:êeÚt=ŸQbê¡é.pÆ$ùF(ï∏ÅÏëÚE-ä-_q‘1Rª`Ø6 û¯¿ßatJF í†˝>üQ^ì
à)≠˝…DÄ¢†ÊlEü0CùW,í_,LCçâàvc◊-,I/í¶∫"G†¡epn- µfIÇã]˘≈èdb=ÏfåªŸıöw’∫FnÅ∆l©i£
kò§ö&©wìí¯!É^&_˝‰∞t¯ç%ıÎ}1‘(â’s¨Ú[@ΩÑr®∞†cX‰N™"¡õ∆÷Ra˛©‘`’i»A#â¿∂-
áh·Ôz«¿Ê∞N„ŸtN} K§@»L4Î°m'‰•äíd&«ò   é˘gc¢È(Xõå,ÇÎ‡<)Hj~Ü
£&Ps∂&GKPf5Mé6qjM&ﬁÖèπÁ=&|Òlí Lõÿò*∆˘¥_)"∞˘Ö;ñl∑B\™ëG N9°õ0z ˆ…1;éƒm®N™Ç/
4°€ùç≈“<lÒ˘w1ˆ&b;5™NùvÚbq>∞í[Ø%5,J   ç[>j&"Ugπjb*òÊ %7≠EfpÆÆ≠ÿ,g]Ê2œ,-L
¬∏óÎQ{,1£fÚú(†ãç≠£i+ò_õKX{TOaNôé"_l‹‘X$Z--uG?¶5mK˘EëÿçÍCª ˚Eu
>Üe-bâC
É>¶”£3∫Èò,"˘ù∫@L¢äz+F1h ¸bZs®„ù$¨≤Ùﬁ>mfP”èáz™èI÷≠©ö¨{)vç˘§´Àhs´∂∂ë•põc-IÊ-
68á÷)gL¬÷Qcr-rñ4Q·ıû¥√˘•‡√f+≥≠>Ì5H{ô^ÍEŸ/˜¬ΩıG÷t0{l«'1>[hÁœcÑ¨…
Ö_ßHT4éuW.^!íLhùÚÂüjX‰&éÜ*™9Ñ˛`4òA˘gÉ˝˚3Xâ:‡D   ©±öäG)>> 8„`€Iò§jî˜à∞ÕﬂﬂÎ*ë5
¬"HxGhëƒ-É!+,=»"´âÖaÖáf9FŸ<@ßÌöh·9sr>!!/÷œK∏…S±¸Ÿüm@œ%lB&L ∫/5ª:˛
7D Ó(0£BÜ_p∑≥S0?”>?så!?…,≥ôh
m-År%˘Åäœ{$8A(˘új-ÖI@)ò∞Ä
∞fA$Å˛˚@ƒ¸˚ ÇÁ,@8îAiîï   Äcêïâ±°˙!e 9j-@¯'
E&ÍfôàƒÍ¡-É:0¡<A4ÄMÖXÄAp∫®a®û≠-ö   „.≤∫9Ø-aî   ó(©ÕâfiΣj’¯ü≤-
ä≥6&<àÄz©Â#∑6,;D“ä∞°Ö˘å∫ÖÌ”"©…¶1ÑP»*_…>√Á”FÜÇCHÅ(* ˝(®Ñ T@˝ÛCàÅHA¸CAÙCÄ§AÅê
)∞≈∞∑C-˘™0ñ¶ä∞xdèIp≤9ñEö_ Üïd"]∏(TÑÑ‘?-É3†®):¿IZPIïâAZTI≠±ûF-ã,¡ò
£YîÕ¿sj ,˚¡Òò˚_SõÉπõ~Z≥'Ù "!§ÉRœÇ“«≤4K¥DK¸Í∫˜ST«ØîÒ€=p;Gp1\«¨Bª>À®X!˝¯Ü≈*®¿
dKI·â9#°oáp¿∫j∏Ö?ò»hÇ,»…$H?dHÅLÄÃ∞LÜLH‡C òÇ3-7,„ì,<¬[:+õ∞(ã,ãí°≈ó4I&∫pr"ß±
…*Ç˘ú‘:-ÉÑZ¯…Zx¡ZtAY…±ö0¸E\î¯ßÑJœH£d‘?Í|:Ú¡J‰ß®s-±°Ø*\œ≥Lœ≤$K¸∫∫|Ã«x¨«ÖàüfI)
        A·$0§À=Ëœ∑€>«°$?Z\#I∏Û€:p˙C¿ «
∑o´B"˙ÃÎ TÿÉòÃ-¥ÃÀÙC å†ÄÅÕH(ÄP-Ãh- +ÿU»-Á´≠> QNd&U…î…<$… ÖAÎ…≈ãä,U-G®*·4É·
<FHGÖSHNcÖZc®Eï‰Õ\πQJÎ¸.+£2©)î¯5˘¨d"∞;ù“§Ût9Ω/Æ+K^lO¬|O)|OÁ{3X˘ìhπ\0«®K„¨
Kvî¢S-Êƒ>_∏©¿<K=Ω«"°˚˚>¸∫d-I8ÉÅ-âHµÄœ'%URE-X-à'W]-WM¯+Äªõ®ÜÉ`: d∫íK“<ŸC…
î§Õ»,M!ÜÑJT\R4A?8öÑëªåMHN+•ÖÊT…Zƒ<Œ”<Î\ Ÿ´ñY6ÅŸ¨s“ñﬁ;û≥q+‘‡∂Ω¢àH7∂ƒF<=ÀW/”|
•T7´GÊ8*»)Ãj;4HT„§É2<>PX«S¿Öüfì Ü>∆ä%L¨ÀXÅA∑5âàk-T¯+ò†ÀÙL <»Å,-
Õ?- lÄM-ÄXΩYZmÄ?4Å)¯É]ô>¢$ÙU,âªHIÈÑ ñ¥®#Ì÷ì8“l¡7∫§Vj≠V)ΩV*ÖXmMN†¨E^$
+]#Í°¿e{ ßfúsðŸŒ!AçnaSâKäÆ9õœ´{œª•T>’S˜ÃÿJy
Å≈œ>ÎOD≠&„4=P*UG*˝I9âhp√Ç*=U-˘u$è(¸∏Üc∏Ñ3òí5YÅ¥LÀDHB$’mŸÅ»-u’Wï’öµŸW‰> Å)ÿ
Tòâ©1÷J1˙   ã˘£mµFiIãÇ@YIe•≈X¿ëÀX£ÀàﬂﬂI¥IÈ}ëc)ÖPÖÌõ0ÿZ_‡÷oe"^ƒòE´Æiô32W‘œ
•„¬-HÖ3ŸõCZœÓê-}ÒWç’_˝≈[˛≈∫è˘»jÁP∫‘ÉÉ=\:à∫\‹ÜΩﬁüÙÖàI•‘¯¥_¨Ûõ˘ùNï3êÅQM
(·Ñ‹L‘}QÀl-HaÒΩY∞Yõ≈Ÿ‘µÄ∞(I)]Hµ®}“ê?©ñÏ¬ñúèï<R]àn≈ëZ†Ö&6î_ë"b   N„Ñ∑--
^Ì>œlﬂ=§îMúõΩ≤˙öÓÍä®°˘ñp   5
-üxM±•«ñ“ÜÄ∫GΩUœ≥\K…uœ<NO•ò(íx ≥K0ô<`Wå'5Nuâëuâ« µ‡Çb√~≈ªÃ
ÀÖI8àY-¨Ã6a?Å.-WùŸH>ïUZ≠ŸXïaX^Å∆’?òÑT†/Å8;Î!G   b
”ê;,.UbCY^¬-¥˚Õ&5j=ñª\«Ü
Ö,.G_1fZ#¢¡ÆúSr2SâèUà∞óÉNi#/7˛Ñ„Kœ|‘‘Ë„_˘Ω∆<˘ﬂxfiâRÖ±§   äÖrl;v“„åÇœ÷S°õZC…}
06ƒ/Ë≥¬ÖàhÒ∏^`ﬁPQQfHSfiÄ&’õU-êié]XñÂYEÄò4ê≠˚®¥ê”
A&9≠-fël∑?!Iì∏Uxb_Qf-2AúlRV¥÷)u‰ª$√S»V†Kî±™   ó˛E´&_3Ff6`âV∏hÎ=∑M7∆èzdµT-
x˛ﬂ<^W°ïBCïN$ ≥Î≥CM‘ú0-I:p;∑ìIG`TêKœX´€ﬂ¡6ÃL^d@+ -
U’ıËDP»M>ëFñÄ’éÅYñeUiûÇ:ÄiΩ-úò Ïùﬁ-M#ñki…#FâÅ•Ö%1GWD¡!ªI˘4É=A¶^kôúÑß^,>£Í
Ãã≤1W*+SıuâÃ(ß6^û 8!4H„„KNÀJ]kﬁ„˘eìOÈ-ëÎ5*«Fu=`ÑÑç:(°ﬁ…ƒçÊª<Zàm†<s¿ÿj<À¡v>
À-à"a!p»4êÅòEYù5»í-YÖÅ˝Ã ÈUFQÊê˛l-Ìöm-†Å!8òNﬂAvê_∫°êãm~+bñ$fôkbefë√-
ñ„m·°ZjnjÕﬁIKNô£≈©Æjõ≥¡Ì∫ŒÍ°¯Á˜PS   ÎÎñﬂK©¬-Q>|ıWq(®;o=¸n-◊€^Vñd…
[†ΩK˜NÿñoØ‡ù¨oøœÀ¸á˛Ï.gk¯D®®∞j- »ÄUD

(e ˜ËÕˆÏ˘QÌÏÄ»•ñÂ÷pZçÇ3¯Éò”Ê©hõFµ˘»EÃìÌ?,O^CA∫d9) ≤h?ÄÊGP-
Ó,°lfißTµcSµÛî≤ÕÎtΩ>4m„•Ò=uÊ©ÀSœÛ,«Û>Ú≥î^;¶î/ÈifiT,Ìª∨˜^‡5os.à0†Fhd-w Óo}
ıW;˘cÀ· Ó–+•óÙÉ¨Ï
Q}üpTF–õ’Ïe˜HÔlI?iÑwÂ◊-Q@N?ûòê1°]qÛ1WI2á¡5JN)™¶\ì0òÇÑö™≈/h>Ì’/¶≈-
Ω(cìMŸ∆ÏQ6±µŒ3ÍjëB∆
v:Í∞SáKÔ.®gµ¶TiOkΩ
``§®.Â÷FuÔnfl…ù,É8w.3¿ZøÖH>o6¸ÜrHãÌ_ø1Ç∏©á®ÜI∞É>Ä¨ÄA§{ »í5Ÿp’êÆUT¯¯/iõ
ñ]∑Ÿ∞Ç#kmÜêu±(ÆÃ+ Ÿ÷xÕøEUÁ3H0A)àÇW'yíŒπ,)U«áÌ,‰ÃRmıZ, `«π
>„ß‹î`_≈˚†˘ "n1¿X3âéË“ëg?¶‘,O¸≤‹Ú;ñ^§OÀ>°¿∂à’vWs)pÓÁ~.(Œk
˘H- •<v÷flÛw≥•®O¸êwÄtıÄ>§ÏQÆ˜ìmŸÖUZVTP`ÄÄP®∞Dá
"ÃêbÊÃT∑tQ√VmY5d'Fí$ÜáòIb∫Pfi/ËÎ÷._ƒvµ¨ÈKóL_√n≈¢•È‘=f¶DëΔLô2Hı˜©S
$Gê@ù™äÎ.Z¥à-ÚE+ñØX±Z¢$vlWŸïjUÀ•ÎXÆ\m€Í™´k£>ªwo≠äµäo™T´R≈Rï™V`ƒŸ˘/
ΔñÕq6pé¡Eg˘2eÃÂ.ä√Ï˘≥ÂŒ¢¡çΔ¸
õ«ê-PÊ|$=zËîëÊ^Ì(\¢0q¬≈ã£‡SÀÂÎ[πÕ‡í{÷ˆ˘€g«®%ßÆÜ ,Dÿn!ªá¥S0°A
Í4`ü‡†¬ (x_@‡}Ç.Ï¸Ïy√SH±á&)3H"SÕÉ'ùî“L8≠tÀLƒ‹Ú“Ü˙¬·K√–Ç)±!e†I
%eSu˜"$UaEKVYmÂKV™áïÀIø†¥ÀYl≠Ñ÷Zr≈Öó[∫∏U"^∫¸≈◊X˘ñ '©†Úâ*XF6óáe^Ye°ë6˘¶ò
£ô9fghíâYdŸ|3R4√·Ü±T5[∑Üªq·Do\–qPAÂä6Â@∑t–9ghñπ˘ò6ëçÑÃ3x^>iÁ®‰E@AzÍÄz§&‡ê|
ı’˜fi{‰'@A¸Ÿ
QD |˜É?ÏäH$äLjñ5a]2aòÜ/$ñX>i…fòaRJïAGä/ÇRh(°‘®∫¥úÚ’X2ïÖJC
Ÿ÷1tÕÂñÜzŸµ–ì|µÙ◊*´fñ?v∞tm.vYò†u6ée„àSŒôì¶≈À•ÈYuƒ¨6Áá–ŸzraT`D·LÄ1˘(qêÑ\(-
8wéeäF
)«ÿÄSÕñ!È2≈Ek◊]†éß¥zÈ•g©
®GÍA´ ◊¿Ù`ü@%ÙµCºœ∑´Aª0–>
…-‘T≥†H≈ÜìI YñÜ1Àÿ°Xa’2bâ± EáÑ{ÀbSáá;ÆTTaµÓUË^Ö
*π`àZA9ÔΩm
£$Ë¯.©◊F5•¬”_™¨Bïß¢ä¬îa≥Õ¬mÓ°1ghRáqgÁû&•k~Ûf4C˙íW¥@¬RQ8Ô°+∑‹2rW\(†îÎ
9…)˙˝sñAÁŸ6ñ°Ê≥œJÚ 4Ã@Çw„e?®MO
5ÏQ`˘A{ª¬JÁ@Xm≠?¸)[{˘M$>°@“Ü0]ä$röÖ•VñiàN’˙ WPÒì¿E6x¢ÉË@?8Bq•W(dC…
®DöP≈M4òñxÒ•-tQRœVó}ÌÖ_∑»¿&∞XKT™]Ì$cªÜ©ÈwÀÿô–$öáë)x_¬Ü6V”öy•'ßpm¿∞õï·Ä7-√ÅÀ
°ö-Æfâ:«•¿ë«Àá4a/eÜW
]‘a4¯¡˙∆£H˙}jjÿ‘úÜ?lçWö@zÊC@àWWCè|
@6L§S·Œw¶†â∏ÕÕÇtêÉ4òì9ÒÑ™–ï¥,â™@"*é(a·ÇÈ?4"8/¨£„jÿK_J,tx#RΩÿ"Õ∑È^B
¥Kœítƒ˘çÂt}1a Lä‡(_Ó‹Û0p@l4ÌLgöfi9±uNáMÂ–>BñûÑE+ßê
mÛ='
Nx#Æ˜¢Sÿèz<«£˙(œâÇÊ4„Û*àF$rë†¢flvÓIRÌ0i°úØ∂5à$Ä˜9HA∂ñıúßfÎ’)«”©NY`hF[97A´˘k@
V'≠hB¥•Ñ&†äIú*Q©CPHõìOya^B1ï™ñàP≤qÑ$b±í’öj˘Á1Ü¡C#ÂÂöu)>]Zaπœ‰,t~m¢aPë
(Nëúí ùƒ¨1yRl±Ï‘ò:#ª±"è5‰ß∫h·°®zlt].B’Q/ «r(™«H-*µzÙô´
Iá‘‘ßœ≥©‹,j¡‘(Ç
§T>∆ÕüX∏‘•∏ZÓ¸* Ó$‡¶9/v∞rª‡+[È±£ï5Æâ≈O¢:¬±∑¨é(‹∑à…îÑ>%f«+TÇcB¥™%=˙Q{XØk“≈-
œ¶ÂéƒÕœ2Ò0·¨“`
€•(FVLXìc+°wv3é˘Fë≤S°F+=…l˘U9+PÈ·†≈óQLG–B–†àÜ∏«F≠V¢óAüsP£HX3@$ Ê*•È4§
€¡t˜Â¸Ω*ÀD}Í≥5ƒ™Rî©÷+ˆ$ç…>èºã
ë†&®¨I»€öû8ı≥8TeÙ_Œ¶p~` f˜¢AZé0>Ö*÷äá EÛ-•Z+5„Zóœ·/J¸$˙Eu‡4cB>ò-Ÿ3ÚºÃÓÃîÍ
T_lùèçÁò"£
lÔ%ôMó?’u
Êï!e*€MA
z:0Bézh(∫,ãh∏
9Æ¥#Â≥olâ™8√<Á>Äg~ä| $Å˘;],¸+XO{≤¶IíPÀ+}O+0»`‘ï©…ù3ì
˘†‡H∞Ò¶j¿9®≤=¯¡+;ßj·ŸŒºt{{È?®\≤aDºZBZéI◊)ZÇ aéºHÀÄ
£©∏“5IòV“Ô,ñM«bØûûR`lÁ3R{©a¡£ò8+éu∂S·M8∏òEÃlá≤]8
˝πÆ™®+*¥ÈuØUFP@"fl¬∏âÎêÏZ¯–®ÜD°[ÛÒµíy”êÕÄ»‡¿}‡Y≤N=∞Â
L
~nI#0∫'˙sZrçÎ*·“ô2Æ| O)ÚîBà•˘6[∞‡$¡ßHä'€hH„C…ãjâƒ∫Ã¿mñpLt∆Qflçè´ÿz`Ñ∏•2àì
%ÉÔ ºTÚ9ñÉÆ.?|˘F,'ÛÙÙµ%ÂπÖ`T7XQì/∞üŸphXΩ≈y]Lémıö.ß~÷pÍËZWÎUdÜ‹¸ ¥}ŸëPHhÖÉ––
1§"Ì>Z‘gf@Ö"Ÿñë¡Ä
ÑJfiE¿t«LóflyÃîA Maí·±G{Wzd÷îJàÄÀá¿óy
“îí–¿\¬É†]j≤>¡…Ëèy≈fl¸ƒTâïT˜R∆ÕÜ≈ù}ëVö‰IÙîƒ©ï¢öZ‹·≈ÀÄUì\ƒ‹Ö

òÃ>_5ü`DÙ≠Baâ9Qõg@áÓ ˜ùhÃƒÑÉöpQƒÄÉF5à-k»àÆMùålRƒ|ÂIgTƒÅ$TB9.É1ÿ_4Ã/ì¨ñ˛
±e†ùõ√L¡‡¿¿Ä!Õ>)M“(‡ﬁyÄﬂAöÚ>‘`“˛◊π-îp¡ΩµÄû·ï“ô’‘Dê¿@B
<\5Ã‡Ÿù]¬ç^NÙÑQï/«∏ŒFW>^)°)êBÌ·I8A&FäPŒÜËê˘- ÕEΩ∏•Ë‡UÇ≈ß!ëß)ëÍ0ddÖˆì>-
•önd!]:˘Lúh‡î_
AÖ°)Öûn¢,SòÇˆ‘¬"z\€ÈQ$RîGÄ2®Ç<Õ'f€ xX¿pﬂÌîµàÄv¥$"§z®¢,>Y)ö")œ$)-¬¿Lﬁ".Óq™DÄL
¡$<¡Q€ì<•ú6P√÷!5deyÅ3ÚíƒÌ¡fÈAV1E#Ãëã<Eqå)§ü TôAáà≈FdHÜ°Ö9öc:ŒE]>Ñœ‘≈ÅQÕ!-Ü¿
@_9≈NaÂ¡·´ëÜdÓ∏°FÊaYV’≈à°åüÈÅäTú
≈m¯˘a|ãhOπÃB˝yÖ*‘1<jIÜg@õõ6X,®¿•!ô‰'Ü,ﬁ5†»$ ¥¿Oö"M.YnëbíëÄ¿¿pŒd®, ®ÿ"qj
¿N!
R÷4ÄL §B¿E%1KV"5»ç€ÿ 1@√N•
ˇ Vö¢Ï≈Ã∏°ê#ê¬˙≠L&"íËá©*å≈©ú4È%Ÿ^üK¥cÃ-ìa2QÉÖlZh6†SÖYÃ<©a?%]-Å_ö8∞DBNÖär\
q÷m|úòhNh∫†ÊVòò-(¡u$€ΩñGh√.òAv‡&nvbnrõ“x˘@ßå¢L÷€„’M∆§)fq&Y-‘õ„ıÄ¿@|)®ÏùR¿ﬁo
Òœy»˛ÅS
„¿ÅQê ‡H∏ç€òg-Q√z0?5ïƒ9Ç4n«ô-Ã0N~[û˛®n˛\RÂà≈ÅöÖ§NÍ§√Áƒ^DÀÇÍãÚYî Q8˘E8·
ƒa≈Œ9ïIƒÃ”´ù-=VÜ©jacœ K†WYÅeT¯X Üä∏˛*ç R-Wl≈âå-
ÜIê·è˜òõ§œu$M-¿@ãebã->¶¿§@
Ä
-˛Äl"NÍ>G©ÄLz©P
eóˆ¿!·ªz)q¶Äî©uj˘ôR@+÷éJ:¡|Ç6h√•ƒ)1l1VCVV%>1€«D4îÖ≠z%ãäUUEä±50 Å4*Â®¬jFﬁË]§
)h_.®ÚÒÖì@ËÜ*aÄ!>"ÊóàÉÜ™=dc“ìr-;π!ƒ(«œ<>k\À/˘©4ñê∞ÊIîÅ!¯· ™Pû(°Èì§µîà8Æƒk~-
ÈõÇ
pÁë>!Rã ∑vk∑ dQÑ¡Ù@M.ç®@szqÍmsr¢˛¿»Äª¬+îΩ¿ﬁÖ¿¥b+Ê$„“í{$@+ˆ¿<¬5è %¨ú&,>mn#f•
V˘ceACX4ïW Ã)8U∫4~eï"FA&Ê&'$8ÍÄ∂Dô£Y‡nΩ»U ˆ•Ö˛Æ_ﬁUM@ü`N
ÖòìÕn:çF™Èl8°SÜ5oáÒ,-&ã≠ïVôã-ûT (E≈˝·ÄÅ#dmÚl≠$‘nk™÷◊z$8Ã≠ÌÅp'‡Zk«ﬁoJ*j€~)∏j
ã»Ä
ÏT®4ÁﬁÓÌ §ªfbtltÎË>
^,&Æ,™,®ê†áÄÄßZîÊÜ-õÃ†¬*¨U*lU•lyÆQqÂzù*ÄXÄÖVH\òÅÛ¥ëë·Än˛¢$TE»éEK»≈JhÓ®…
Ml˘*·’/ı≈ÃéÚñÍelC•ù´ˆ#Ù™â
≠ò¨ÍdΩ…I•ƒµDcViRŒQ8Ì÷È∆’bRL‘Jç}à≤’ÇùÇ$hBÌˆh§ÑmTû(úá
‘Øëı> .µÚµ~©πFA Ö¿Äÿ+*Ö
%áÈíâ¿ë-•Ù¿ójÎon¿Kp˛‡+A-D¥ vß&åD¡¬ÔÊj.Ê~^ [e üùñ◊â˝ª èÈ˝çÍ’Å∞Q-»
%¢ Æ$Ù•˜◊3IÍZ5ö•±#_·Å-…1ÙÖS8Ö°9ïè©™@˙¨ceÿcù3™• jƒâk¬#†gVOR˘
°◊, ¯ÜQ°qRË∆”ÏX3ùç*¨&1<b≥zò
r2hµòª“¥ÄCØÌ6>≠»mD∞uB‡tÍôä¢§Ät,••@Óh¿JO•‡%.÷ú+œ
œQÄLÇ€†∆Çÿl#lâ0
∫
>p%µÑEù|W ≠ü™ÃÎ ®h"\ˆRßÔÄäœ
± ˘ê]Æ≈]aì:ËÃoÕÖ¶¬©ñ:©uZü”aÀ™≈ú/>õGDÉﬂLÇü“ÜÑn˛µûînÏ…ã™LgëØ≤ôùÆU˚≤˛1§°…âNAwh
¢&R+Ïñ¥
∏k8˘A0∞ÑA<Å0Èt
ô.çﬁÌ‘îÛùnÜÄI„∑˛¶ur@,BÓ|∞b&≠2HØ\ﬁ$Ñß±Ñp1,ÚU∑6"IuúTñ˘&µ˚˙iØÅñí+˛Á2ABª•@œ•\%Æ
m5 Ê¶ïÀrjMÙÖ{SË`ƒ¬©∂ı©Ü Óås8¯£]9√ı˜ezû√àËu$EHÅÇ+∏ 0∏˜ÓÜaßÃ=;è¨ã˘jÂT
Ü√˙∆¶¥ 1L¡vú->5r$j
,pÙ•Üäª.TÚiGÄué"K∞‡)`
¿@¥mDÛ@€ÆpLÄ%È˜%˘+HxÄ°2/˜¨Õ©€ı^√ú2“ Rç->YãÃ`ã‡ÿ•&‡œ¿Ë¡ÄπwÔ1-‘¬X•Ó\@!êqë∞E•Ÿ
_∂^¨Ö_ÙπÄ¶[W∆Zªı“?§8˘„Ö≠aŒ∏a∆D%û∆B-î1gÖ<è <A FÑcù◊Mx-ÅÖá≈á0#.≈JT€m£<-
Pv∞-]â∑Ä¢™@
HtÙÄA8A0Ä≤òÄ∏ò÷xßîÚ<•∑¿°¿l7p
°Ä¨¥CÓò!πqM@Ä(à@|B1
\PèDUñprıWP4§ËÆßRıSñU/ï˘ê êyTOÅEö¬ö£B-å¨ÕÂZ°5°w_Úe;*…;¶B.îµ®éjd∞ı|
këöò3£œì>™%>Âå
œÄﬂ!$‘Ø‘Úâ72A0k,ä0∏0Ix %z‡@‡¬Öc¯É≤<
˚Fád®¬òÌÎ
%≠áÙ≠Î8$Áâ<%[ÁiyìÆ∂C‘C˝p@ä?hÄ∏%Js´ﬁiÄπ%Yk“{(Ñ Ä ‘¡-%ò6\C€◊≤úZy€5¬!£UﬁﬂHà.ô^
-•û#®ûT°8Å
Pr·õπ∂†˘§π$@ø3QÀb”.@”°ÿ’◊UÒïŒ{C˘1|Àw˘<|[É≥cÇﬂˆ≠3V{®
¢K¶¯°I√§ü¬#‘ÅP@mÙ¿J«.ßO∏ b7FOÙ0Bbg§-±Ü§{áÛåèzƒ´˘G-≠ì˘ó∫´ØïA%Iu*

tJGÎ>W◊êOK«6hπ@
¿–I;{
DªuÜ}u≈?¨óC
8Ç.Ï€'¨ïƒµjµ]√¶m`5Ö©)t®0Z5jµEãF#1_ƒÜˇäEÎT(GéBAÈ®éû2Qf®
)R¶òô≤gœü?ì4°BıÈ"≠\√t"u¥ËÆcʃñ.'ï´®.¢ʃn≠J¥™P≠πr≈Z+ˇW™T±ƒ¶/.∏≥‡'∂Ó≠∏∏‡∆–
ÕN.ﬁpvﬂ÷–'Æ∏øÉ«ï3Œ∑rﬂœ!¥∆1ñ¶Iê^¯1cFJîLzÙ¿ÅÉá–Q∏Ä1]¶ù'zËÄ!≠á1hœ|ÛHÎ£™XEåa˚∆
ñÌo‡‡Ñœ^
€–3$<ÃòÒÜ
<§¿Ò√4ò2r∂ÉqÚ9ÖÀÍ0pÃÄ·¡CÑ   ÿ;Ä0aC
ÎNûÏÿÄ√ <v●êøA^@ÅHAH¡~0j"¶†ÑzH!%¥iÏöj(zË√©ihƒã§!fhn°EH\tÒîS qDï¢¿¡
%H∏Ó˘ö¶@ç:röÑ'MR©Âñ$´ä**åv1 ®£àÅ
´ßê:
*™Z·*ï∞¬Új¨T–j+≠µ‹í.œ"Ù∞6·˙kØ6·°k0ƒSå1mF'…f'√:¢x,≥œZ¿Å<¸úàÇQ.R£É=hå#
0 ëhû°ç6ZhAÖñ[6Rh∏RÅ+πoàAcTpnÜ™SÜ'∂ªáÓ∏cå'~p,á`£¯á<–`Ω @
%„"px4˝†ma\pÇ``¿¿e¡<bè\&¢●ä∞IH Ç™Òç1;°ﬂàÙ‹w¢eìÕ£>CöD∆ÎH…˘åa[Öih¯aà)¨8√4ˆp±H
üRQ%+™†d
%¢† eJë●° ™ß∏ʃe¨/≈"+ñ≥Œ*≥≠mÊZÛM7ÛÇKúpÍÍôÕpk0°ÀAå8∆ʃhòTP9eîM¯œZÄA>T(Ù&*–CFH
Ùîh*äf∂X|QÖU8&ôh∞   Ó'·"29pàŸ£Uh=Ø:pxÇ?y§∆ÒÉéFÍpDq?¸P   )~Ä
°!‡Ä=\ÿaøh„¿ÅÙ"úXb?¸ÛÇd\
P0AÃ–Ñ øi¯öx™0ﬁ9§(Drà°©â∆hÎË˘#M†v–ë=6£bÕÉ¡°Çïÿ+Çƒ…EI4ë%ßTñî%(âöí¸\¥≤©ëìÃe/
…
s,c¢ô["'ó5ÕÖMÉâÀ_Ëb'8π©TâÈ–û®¬¢…8Çbe®ÇgäÖ˘d–Q£1ç Ê©S8Çê●Ö*2èƒ±àEU",S«Tø¡∆ªÅ
0GkÖkÅ @0x"°x(–ƒ$zb1
E,ÖÔ® >H˜–HÎã≠Ò"xR†Å…ÆvHÌ
∞†4†g@1<¥!‡^/x◊Ωﬁ'<"–yä»B®çﬁ=#√∏Ö*¨ó=ÌPö˘CT¯ƒ◊£ê0bu¯∆x"åvJM9
Q¶B%¸çå*)KXʃ4ñ0à%–±lÁ¢≥øƒE.=3`œ
ò3:·●‡®5êa≤†b2˘®˜fB,Œµ‡ÉÇ£U°EGƒ»S qÑ
µq
πpEq„ÿ®™¡≤≈7œ©Ü$~Äwn >–ÚC(<A$öbqçhƒ,L≈#"Ò4 ‹wvêÇ'eá¢É~úÜ÷,î   KË¡Îê%;!
Ä∂ó"êÄ Ä†∑–●*¥öÙ]Û"cÚ(î"Ö°¥"–à¢«_¨{#–
©4ÜÒh„ìò&«IILÓK˘¸0b≤˙MI('3ôPÏ∑●Ø∏ÏebíÂ®3œ‡%/µƒã¥4˝≠ÿ∏∆Û¶√£ƒ/ÉÕ,Vu‡ô≈Yëß
°`≈)h·ãlé–/(á7üß∆pÜt,g`pX™Ω}„8w[Á<@ó¿SzD=ì–\ïA;‹Q(LëD%÷A5†Ö(%–Z9òF4˙)MkΩÛŒL
¥âË÷∑œ●∆â®[ênA°∆ÔèÌ"–5¯x!ò≤è §/(2S¶Ü9"H–SòîßÍ¡üŒ§Ab2Hç·Rçrå\∏∑d$1¢ʃ
$®,â™∑●
+√%ïs,MπÃe„˘4÷6·ÖgûSp¬°¥=Éœ?ië^T#ÖÃ!
ö˘qf?"PkÚ7~ç–)VËMoŒFøüRü*t°Ω8áŸ–F6∞ã(∏Û≤PÍäS4±ç†√@;®'4a∞f@G¬H…ÅãêÉî●,á8ò∆ä"
Ãéw"/É˘®ß(Ä∏PÊÄ∑Å<qåvx cÓU™N%%]y÷c●˚!}–zÜ±å˙à HQâöAƒ+T3Ëaè8Ø˙P
°_˚q●IOr*Rﬁá●ßde∑Ëﬂ*˙KÍXÄ„n●ö]~÷À∏¯Ï´]U†œ–î7   é®nÙ]$2G≤Ã˘ÃÕQX‹¿
\ê≈ʃÚ¿krêå≥È)P¯"ﬂ8«b*,ã>ı%™●2¥¬8ÈúÒ–¶@Ç
à'=ʃ€,°«8'pŸ3=Xî#π∞5Ç˘Œwk„pe0$T°¶y≠il€hn ∏j4≥ô
î
DaÒ
sB<W£C7LSʃ<ñ2Ôœ/∞∆Û:¢   O@B"ã£bfœ«ÉÔ.:Xïú¬Œ $mr'ı¯Ñ"îTb<ÈcH1
…ú™ïP+…}˘‡pR
°¡e}   p.,ÎÎr'u©Kpî∂Vj`ƒ~Nìå'0c·(`ÕÿÇg]Ò=$Òö¿çßpÅS˘h/Ü°Üµ{,TË¬ClI
dã≥7,‹má/¯õ
,‡óËÿ°0yH:Kπ÷ô38ÿåvÊ)F‡€˙E#\Îo◊àf∂tàÑÚ0|!?ùôÇ`f‡Ã   PcÄ†âëwΩCö∆âè,˜qá√ﬂ
3Ö   »åxh§"˙z¿<Q0H§DíWÛ©f É8'X~Ù%F≤IHƒ"Iù°«2¬$`¶ÏJGiUB}US˜WLlŸKÉüŒ¿VÔLóÏ
.Ëg/dÎ–≠~G"¿.I>·íiô `&Ü●@4¿÷Nàäñ»«öÌÏÓâÎJp∞¶07t√öé1˘Å±PÌŒ¿° a®=T@«Ë@våPŒ 5\
√äòÄ3û¿5BKlJA   QH ˙
°ŒöÙ)WÆå
éL^(`
`·pÕÃ á®@éAB‡ÃCBy^,„–PyŒ˘ò01¯ÃèÙD!§2`(j AŒ@í¢CkÆVœg¢Ä&Ã¿∂À¸2&©ÿ´(ñ¢dä,ÒJ™äî
$'`∆'H–8œÈúnhàÜg0¿XMMﬁ,Å"ù◊deP·®(cô¶†òàÂ≤ÃH®#>ò†¸†Lõ≤)F@Å¥¡„£Ô¶D0.8+ù Pa6 §
È>¯†j°EöËl2ßWl+^†Ö>*"ßJ¡FèÙ‡‡ı¸–∂ÃqüJAü†¨Ú …2£D k/ Ä‡;Ä
>·˜~GÂl„●œùË,¬●Z™●¸Ë˘●●ʃD`bAF^Pn%ô§„%`BŒ|¬ØÃ‡`Ωx¬'¿Ç7%J:Ì(v)Êot˚¸Dçeà,Ùoı/N
¸èóp…¿™g~fhH≤dÎÎTÒ|,®îÈ2¶†–pÄÆÃà§)Zá$@á6b°h°ÓÇ–J∞●ç1.b#ñQ8ﬁ≤±/ªMU¡*Î%p●B·#N

·r %˘¨P?&*√Ö œ,‡Ûî-LaøÄœÄ+…‰@
sÖ;@+™
dÄj ≤qOŒ &Çπ Ç'¯/e¯•¨!r•<ny…Ò`úè¨!¶fÑbœG\"<@D|tÑ9xD
R≤ÊlÓE&AÁ÷è+ËÀ~Ri&ë¬&Ø$+zŒe`ù¯ÔåFÍH¿>Q¡¨Än…iL"ä ¬†ÍòZq–†|§ ®Ç≈X¨Q" û∞C<AjÅS
\hÓåK-Ò§1z"∏K841ΔΔÑNa
pf<T`~‡4aäË¿ı§@4¨Δ?Zã^ †%4˘Ú`1a¬‡∫†2=Z:c û†4¬ t%P£¬4u˜‡2ÄD†rAÇV"](Æ!
gs6¢„òÁ!Ó•˘Ù$´(d‰Ùƒز¿`så≈X–√–Éê"HÄ<~@S2ì.Δ¸VL(fièœfiè",0¸raK¨ä']ÈeVA˘~#ˆo/
îÚ¿tâ¨ÚBÎ2ëò2bÜd®0éj®“&ÜEa44˙ûÆ#
Ã@l$-hIà¡"2e#¶-ã±´6$ä<ûÒÒÉ ¡Ç™<<Ë"≈r‰ÄQéåX>cÿ,„Év†ñÄ ¿@lL°ÓËQ˘(ìu& É¸√uZ
@EK√4\ØÊÄ{ÄÄÑ ‡@Í‡ÏËwÙË6aÛ¯dÛ!œ•è^
Cê˙F ˆEOå$xıÏZ¿XD=(¿“‘U< &Mk¢ºÍpN:É,e“Áö$lr;Ø$'Ωìe`F,ûq/6N¢ég¨j©¨¢N/
¸Ô-∞°ò™!#)>ÅE0ı¥«
¨@s~Ä =¸SßR
%∂…P/ûœ∫0N/Ç√0pH1.Û&ÇöNQ!af,;»√äz@
TøÉ<#@úEv¿D°e ú@Jap°L°Ú`uZÁÉ^E˘≠î`3å•S√2Ä@jØÃ‘]ÄÄ‡é¡òÎw\≥1$_ó'œ^"J17#Bm†è
Ö¯≈<B$§†ß≤(‡©#M€î9œKXh¬
*}–ã}|Óc¶"Ë¥)BvKxr'y2Är˘81QW6qÈÅé“.L0–¢ê°ò|¡~k}n'(Δ*cŒ<<Ipp
%‡–ˆI“öv#&BÇb∞Ç…}
#0k8–™~s®j£aÜÂ– ‡3z‡>Δ◊Ñ–WÄ"ÄY `ıãx` Ú@Zg°1Ûˆp+m)™ÿXÛB√;*%–û 4 IãT
çŒ ˘&◊é‰µ§®Tœî/∫<e˘@%"ÛïK^K9Ç°ú‡<v“î“|’îVûÉ–z§&Êtìx,NIO˘Täè"d/mïœÇenÅ¡ÏÑMË"
¨,¨bñhÅÿBh,◊¨Ü$C2z∂gÌs
Ú"9–Ì ª¢l$c¯j7¨Ajèë1à#0Ç)ò#0<◊ù–VÒF1ΔAUÙ`kH®<» |¨5älÀ*≈ 4Ä@ *Â
%Ét¿†paBaJA∏ ¢n‘À8`@ <ÉuB£°.3qû`Ãét@¯ÄƒP!flÃ,˘"ô7W_∂Ü´k¶§œ˘éab¡Å|ÿX“‘?≠–Çÿ€Ù
aÂa.Ibœ AÊÊ©6÷(ñ‰cua¸naKRiåóP7Qhıñn
åëRgÜf'p'l∂ò®{ådFp¬>Å6ÊàVMEU;Ë†Å`4a˝jH0fi7iy£ ô£ yê˘øÑ#0|¡^6!
:|Åá
A´»6Ä=4†+£ [∂Ü Ë‡n'82ÛÉ öÄ ^‹ßùïÉΩ#;r–® ¸qóÀÏd Gé^¢§fi¨J◊p¯•uœfi
Âô]3#/r7ß«4aôú†≈„õØ1Ê/Æ|ô√U¿b»G˘,Ê‘«}†ÿπ3¸¸,Y'©¬~éãìÓdçΔNåu©ñz zKeávË)Z˙d2
*∂>Ì"&Ç
VîÛUú†9!E@„.±¯ò1Ún~„OÊW0,ë%‘úZ˚§ÔÙBAß¡‡å~êÙË¿∏„><»:ΔWå<hñÄ‰Äîê¿†¿ Ú†4œÄêÖR‡
Y+Âëåµt1R`@Ä@Úó
RsDüYK*"◊•!ôπ
∑t±¥!úÚ"l√°û :¿◊ØëuΩyaVúÛZ|Ü`Å‰bÿÁì<ÜËÚt∞Û«*î$ï@Mxo·Èà<[ñ÷"{.˘NvÌfi¬≤/{z˙e*P
Åë$°b{∂@Ωg¥+ Œ¿öå*Ój°(≠ °0‰∑jGZêC/êÌUŒÈ7f5§¿p‡ö¢i!@°…¸ÄXC5D√ ≈∏ÀÄ~††¢EÅÛ
¢¿`Ë ª´µuzª]oÀ≤CàÏ ^†[Äv÷&†fi5^W"òe¯,4WôW™œ˘uB˘;˙.Ç-k¡ûÍ¥ä>œô:XwÆÁ/_∑MU
ÄÜ:
fŒv!Å¬˚Ç~≤ìO;F(Çó')Qø≤¯‘[†ÌDTå∑†)[oP-•ûÚ¶À2'j°|fNsÜˆWÖ%P˘$%†¥Îò–µ√a/C∂G∫
€#òÎnπ~Ø∂N·6h§`Äª6¥úÅuÍÀãåÏ∏Œ¥*∫JÅ,` x† ‰ ,Ä∂(≥°†Ãµ∫#œ¡†* £œç`¸‡]Ç
rçŸ!ÄÜïπœi≥˘ÚU¶$,"ˆNø,˝ö≠\D{@ÿ÷Ó"≠1=>ΩÆåÿùÚÜ-kBì<I©na~àÆIR ¸®÷;|'C
QcfŸ"f_ç-∂Ód0•Úlw¡vaç;;Ÿ03X Ni"R&ß¢˘*UU'^‰W/ŒA€ç‹£§_˙~M‰zô|q˘^¿`«¯™ÓÏÊùF^+0
5 Yπ¿flÔïó`ìª"41Á@»Z+W E5¢Ä x†tK∑<ÍFüI≠°Ux,(¬5µtôΩs]DÊH§néÅt˚‰~êL=„É‡…?
Îöu=›"?=“îaK˝9 ú&.Fˆ߃Ü‘’˜+i›´mùeP∂¿ÓfaðgÙ¢f‘¬Lph,»´)uÌ#hA{˙>!Êl
XFI5@∑)Óbà7îa‹nÓ\πr„ Ö38p†¿ÖÅ¿5¸DàŸ$ZåhÒõ6å’ E¡°Á‘)=QRÄUåñ `ßBArfàù2\˘¢Ä±
LöL∏f‰W)9`v•`ÚÖK&^ú$˝Fé:TeΔî«å
&xÖ¿a√
Z8≤VÓõFm◊ÿ^´W‹πrµŸç˜[5ªu´E√Fw/µj‘®Û• î£GéÍÃåÚè-Då•†¬ÉÊ6téö≥hÕ§I® 1cΔê)S–
Hä•äÿ≠ÿ≥uŸœ≠Î÷-b∂}Ì∫];w+›´n?~‹8p,òGWN\∏Â–õ7wœ
‹∂Ï€≤y˘Ü
õ6lo©;/˚ñJMß◊©Éç+SÜ¸∏O„œ)SÃ–q‰á#é@, *∞!SMxENÉÑPB ÙM˘ZÂ,¥‡Çeáa£$SD
°á#zÄÅ√`ÑÇK1-,r KÍ!'M\‰TFqÄ·Ñ`0RJ)†ÑRJ#\,¡yÄ–≈K0ÂçQ–SïØÖWÄ≈Å=0–Ç0<BMZÊhÙM[z
±%◊\{ÏÕõmfó^p
6W4Á
KbÔ5fFQÙÄe-`FZgD∞hçRöD™ †ñku†≤o√ÿΔ1πà™Àß¡g€-™‰¶™n∑frK*ØÆÇÉ 17ùr,Ïjùvœ'V‘ùw
ÇxMyfsûn±†ÇJ{éÏÅFfÃ'≈}Cÿ0f¨ïaÜ%
¯»˘$ö8j518ÑTaD^ÿºu6}≥aáefiáß™mu."ÇëW≈#NDq„Nqp¡E@
ìÀ(å¿¡DqÔ«RNBŸÖpX|±#•»Δ)h¿.°¿DT=lÄ$/§•çZ„ÕXùk…˘&aqÊ5– Éûl±‘¢å&û@,GÄ3Ö!≈2¿–
BföyvꆆAZ§†Y`A•ôëÄ/S¸±j®ßfiFjn©Ó,™n©∂í[q™¯-+EÁ8Ì∫u·•öùw¡Üó

±w2}^.∑'ÇJ'÷°«ÛMQ≠}÷!E∑u»«Äßhã˘/ÁQS+DtPÑÛ6Ô°ÔràœÙV{6}sÀÅñÅ*Ï(?è
(åLEî√NP¨StL)A y¿Ü"¶cK#y<ïSNp»" 29°ƒ.ÄÅ8Ä–à=§‡ÑPîÈÊËôZÃU¥éG.-
@Dò¬Ë)YØ \b„=¯'GO¯∏ñô\fi£@g, ∂≤©pQé*ç•f•É!†™8OlFu√∫·FœŸÕ-vÅ∑°Â≠8±öÆúC∏]
%Òà·¿àwÑûb±%ÇîÜ/n·ãÃµgÔôñ¯#∫–ï.Z‡ê∏:usEd·PK˘i‹›NwÌîcZ¿ë/{›À"˘/8à 3L¡
KÅØÁAoeÚãÉ#©T%ô82~"ÿ",@>F‡¬œ@ü)äìKV~"£îÏô)Å˘F¬Ah±3ªúC-Äèõ|¶ó&»Mp-4
à·ãXƒBôõ$ Ò=îA
`ÿè…µ ¥@ÑbÈàg'(ê
4 Pa§"v§∆m{êÑ.v™∆Ü6π·ÕflÈ™]Á√YU'êÊ,Ó9IåéAö<{Ö.¢2êµßW'ÇRsè:"YÎ>¨ACâˆ•àc
Ü¬@√ ∆`'b8à¥Ò\Á«C˘Ú.›©¥!È]Ωú‡ÅT/™ !S`Y∏»y¥Hâ¡ä·ãî®‰y1#, áN©≤¯$#¡àêua≈
‡∆3¶·cÃ¬Ba"ˆU&<… Jp@¿ÅÄa~C¬PmÃ"ÄÄ©k\'Ç◊çÄcÅqîã"à!Lï†Bûòƒˆ‡π@UÎ>Ñ˙¡dT
êôÃ™ö&˛ «V∂mN
$¨î•T†3––ÜÈîçlRe∑ŸË&àA\≠´˛ˆ∑U¿JVÖÎßt◊úÅtXµ°ìG≠°ßéÛiÖƒ#∏8≠ÌG¢ã]M˘Ù∞á?@bê8Ö'd
EeòÎ¡´D QR˘;>dñsîWÓbz=ûãw fi-1H»¶ /2X0äQf<cø"ÿ/~]=RÑ2~≤`j),…E¥¨åòE3û°Ua‡W(ã†
òÖ{B1T™í H%J#|!WœÙl†sÈWxƒÉbøDCi-∏"CO1 cÓZ…ç¬}í7M§‡P§9'7@
±TìQDfi¶7ï6ÃÄ÷%4'1–πN‹§SùÒ§Á;á3œœÆ8'ëŒ≠ƒAùƒ#√≤"%òfbXÒ|Ç/'‹„àÓ'Üãç·¨`¯†Å∫''D-
vÉ ÔÍv"i¡´+$;Dów^Îáz_Jëó::"Ä,Év†„Ê!˘,(∏∏/~Éä_ZÄ§_$;·=YÿÇ©£XÑ
´„Äá.‡a∂ò≈}iqfl`H/∞w§¯`;PBO19ò"fi»@{kK7aCO"–¨t5Ióã"Ç®ç?à¶Ä4Bœfπ≈Bdk^÷» €§@ì(-
¬P
3˛!obÉNπ©7xk-fiÊŸ™øΩ™à±Xú?≠3ùÍåCâ!V±™Aπ¶„ój&'/Ûà:ƒY±Œ°èµ¯3-.Œ¯òö†Eß‡"
≠woÌ"êî*ƒ°©ïÕo>ÈÅHƒ¯!3≠H˚
=œü–√W
£ö™ÊjÅ5÷N\í|áXƒ(Jak°ìb's§◊)∂.˛z k#A_xÊÕÆú˛LŸ\1¥P≈Í äc:Ç]
‰÷çg»í[˛πœôlZs4•∆lŸÆô¿˘¿
£%Ì:OªNfl¯¢7©u-¿W•ãU!p∏íNuœ–Î8úä§ÕE.Ü˚π˘Bì»∏∆U)Da˜ßsÈÃ0c>è+•FxËÖªë÷Ó&myÑ,»h1
Á°si≠¯UëjƒBÉLË
¢ΩœD?∫,¿'‡TõB'∏Xµ,F- FhÃíypı'ôäãÛÿ'Øˆ:fi˜Tc1ç‡∆¿l{¡~°b-¿Ä.6XÌ1]
{†Ú·E«cc˜ëë5ÖGx†Änÿƒ(çÇÇä")è2)ìRY('’$o1|®LsyQvZøÅ7∏±y¨í7ˆî7≤"+±∞
âÛeÑ≥p-¡FQ,◊PifC£,C
5S"we@∫◊{ˆA:˝ëg{0 ê•ªÅ'¥ÑWÜÊŒw.◊Ü3áRqhG-usÁŸÅ^Aé`7=ÅH¡ ¡ ~D'~˘˜<·3
fwuWgÁ7
#uùâÔ'§0
ò»TÁß˘§‡âØá`1fisTàH"-vLWîE¥p
b"ƒÂq8˘x!î@x_1 â•ÅÖwÇ(Ë(«ËÄB*ËM*Y™Ò\44ÁeOvoß≈?8‹òZπ!Ñ
±E¯'+¶∑pπ;PÖ5Ö¨"LP"P∑qZ∏N•6˚ÜgP-uLúBG£FÙ¢‰^2‹U!"G
)á6W}◊á^‡ë}œ â0zp=A=ù&tú¶jñD>p†ã u≠vpÄb∑ùp~ÑHà˘ì˙ûÿ óPE
† `O5ç0B„W≤At'yg"Të#6V-©A0ü-(ƒ(âΩ êêïZÈœÿ†˘hxË&6»hÇì¬BçG„$e]í¿)óáç9∏o
<Ù®•Z†ß*‡ÿ*FËó˛T;–q8∑"!oÅÊÅî¨+%5ÌÒqVX£{@‡qN∞"¢˝(]}fÜˆBhm$
9K‹'Fi1K áÒRGãF/8gsxò
Ÿ~Å
ä! ;A
œS~àÿë,W$ã•J‡B∞x•˘âpx@BÄd0kØ–-ê¬¿ÃP0…âó¯âãPuù§˘1°°
!∆bY'Î©$(\¯Pi)õ±WôîWŸïXâ˚â∞üÄWå
PåÜ'(XMfI˘dô•00˘r'e ±*Ë¥«†Étâóùó*B‰*DDÜìO"∫6G◊4»BÖØÚ ®@Õr
è è9≤ÖQ`ôN-?–Q-˛Ëè«4 EI»† Åfiı^mX!≥'ÜÀ'/QJG∞ŸRráxîsfl
∑‡,†0†p
Ew~)t≥1K•,¿I–Jkƒ©¶>–â¿t¡`ù◊ô0ô˘≤Pì,yì:y~F
fG°‡ÿbœ¿PçÒP‹≤LÅ=ï*ÄàX©ü˛9˛…ü˛ †õ†X ¡ÇΔHñŸƒ(ÿ§Çh…kÈ6"Ú{† ™∞y§5˘ótÉ*<
¥C™'y{)zÅCÑØ2¢;‡
Ös©ê9®052Íta∞{Ù@Ä˙ag¿g@ä
˘C€Ö.&5ö¶…§N]Nz© s)ï;Ôj}vë‹;–°
-VT1A
Â«â∏c:àA±jQJ l√÷]†Jê>‡qäp¿ ≤–Ñ»π&àΩpâ‹Ÿ R◊íLó˘ëT"z¿ú3~xè…£≤3 xBVå[π
©ôzô/ü˚ úä
†°/M^1™Ÿ¥çí6äódö·qRÄg¨HÜfl∫öÉS*M{N<§7™ïó@¯Z[∂e"z!πÂ˘hƒ:R®fñc*±• ¥p ìcã
°q4˙0ñŸ?–AªW:upLê0 piÜ€ïÜÂö·eRÕ7g¢ÆÎ:G¨IsB•÷˜+XÍ.‡P
ä˙ä?AàLıà˝Z~Kï˙ø÷$K∞∞∞d¿∞Iê;ÄH‡H–o¿ ∞P±¡êß0…Ø5Ÿ
79ªûÇJ#Ì≥{°ß<*xê•†¡™»≥˚94K≥˚â©êï¿ùz≥œ(ΩÈ¶x`£Çâ¢3ryV˘ „RCW* πe∂/C=Xµµ±ó

£G≥¨7«/-VMCÖWt9O≥,/¶w»e¿XŸjã˙¡è“ˇœˇQ3/FÍ¿“/Å˚F2öä[s}';7g¡~k-
ä:=ö4S`I∞]uT_u#mö∞ûª∞   õ∫\ÄúUG±ÆªÑ®±€±:ûKÂr@H.∞\3#»Iº
%`¡ƒ[Ú¿ûjºôJ≈öZ≥õÍ˛Ÿï<ñ^-(cYMÒFØ Ÿäg-Ç¿ö∞o£Çç•'∆Æ„Nπ˙ç{Èº~£W˜2,aª4g9ñÛ*tÁ
¢ŒÍ,I©XQ`èðÿ9˙H˚“Ur±•:$Öh!µCÆÚbá$%∏¡RÛbö|µ“¡ëKÁ`-
¥ØØQ
¶`Ø\Â˘=ﬂ”~ÚS=P“/√J-¶xê ˘ù¨€∫∞Àâ§ ªÆ&uû(AB
D¡;-ƒ√{VK,Õ√Îƒ:õ≥û:∞Õ4k≈ ‡˛üŸ<â£:•äBÿY0p¥†≥ô,Ú≠∞ryR{,sYººD◊hóxÈ*¨z˚˜Z∫@D≤
+˜rb   qq   ≈òƒï9û•fœBrˆm3Äe˛ˆ»-JÀ:≥'≤√h∏√|ïlÆqî¡<;Êz¡ü,Ø£Ï“.Â3/¿v-
ﬁ‡
-P†•I˚Ø˚`
HGÀÔ'I\%N≤k∞d'k¿<í≥˚Ø/â´±Îâ,Èj¢∏ª$ç ˘\n)ê≥7ãÕ˚
å',†Í©ù ü€ÃÕ˛©©oÕ†≥˚˙£ ÖGB   ™* ØùQdË*ËÒ¥˜÷∆◊hœPã´sp@X|â«∫-[n“«4´U˜éÌ
ÕÃ9wÅm-:/ñ,]Äð¿1W§EÍÜÅõö%ö§'óhÆü¨∏ ˝…˙B}>c!¨œØ
äâé-,
'ºTL
&ø&V;‡$HÕÀJ˝* &Yª0≠±Ç(àù˜ßXù'ˇW
ñ%w-÷¿†¿àÕ]©©j˝üù
≥«€÷ØÀü◊p≈[<≥"hΩä,ªØ-mÈ|‡   ¨√¨±¿ˇ∆ÖÌ∆ˆlÿª‡˜Vø±y∫™7ˆDD,ø≠'Æ.qöóÅï
/5ÏÅõ&[7qcØ†≤9
>" $ÁQ2>3-F©9“6∏%}Ì¬;ÃG∏(≠[†º ≤qd§hb‘
ä/”E“ü4C~º
åQ
*3
*S`+ÃJÄƒVlFM√]•kx`Êâá uú-
ˇJt;ÃùV=u3ªó§∞˜„‡{û≥Èç÷ÏçÕRlºmÕ÷l=Œr}ﬂ[lŒbinòˇ¡v+.©`‡Æáy«bÿ~,ËÑ˚ˆl
˚∑ÒÉﬁÿœBx«é]D,ÿK»êò™é˙*™•ˇ¢".äÅLÓŸLﬂﬂã…≥£<béœuG
h"ÏﬁUê$m!*ÌêVz/Ë:€b¡CéÔb§ÒW´à
UÓ“ör∞$r•N :Ì/qÂ≥$Glı„$4úì8ôîâ†íƒø|
m∞ê˘˝/ß˛óoÄIø∆∞B‡•{œÁrÕÁa>üùŒ`ﬂX,ËÜnËWÏ•Ø≈Í>Kå◊‘ö≠ áû• ïN*ñWZOãÊãÚãçÆó≥!
Ñv<é≠bPê…¢ø˜ÍÀ£ˇ€ŸÃÖðY_g∞ôêÄiw+÷∑RÏÃ7KÕ'ı•9ö~; Qö
qˇ¡w‘“-Üs•
KÆ=m
¬ÌÃP“^†)‡Ù%*cTrÂ·CG%\?©V
}ZÁáÔ”≠úY€Èâ1`¢vƒ©,¿†Áﬂ©;õÕVÃﬁìÒ ;ÒY˛ºŸáUˇ≥ö-Øt≠ wé7'(q÷*ˇ÷∆ÿòo˙\´˛˚´j¨≤
∞e√‘*∆±˙÷(D√§
™∞,ß-,'5]ﬁ,EœÙwBˇèn©¥ßPWhÇÆƒjh©çh€o^$Ø§ˇ]-œ¡)”(ˆ¥Pˆç ≠6Ò_ V<∞ﬂ†8‡T˛ç@ÄΔH!ã.
\,Øb$ˇW∞`q·íL,X§¬x®)X≤<NEäT'Fã,ƒÈ≤dá XÄ˜Ê8@ÄxÊ˛âÄA-úCÉ ˙'Ç8•ƒÈ`Ñ"l•
£Gî*~ˆ@,3I*Z∫à”ïÎ±cf◊Í2Klö\∫sŸ/5õ-Z∏∑tˇ˛˜Ô≠[™.¨
Ò*¬∑«:y◊≠…çU©BE'©ÕíNA≠G3e§DqÇc≠a8)£ÁËS¥ÜQ”ˆM˜7pÁ¿È∆∆{˜∑s·ŒÌ>N\wπﬁøô3Ów8mÁ¨
+ˇVÓ˜ˆﬂ\/œiã&
ö¥g∆ñbÁˇ&K†(Y“Eâí$B^ƒ˜-¬Ø¶L9rº)îP@aDFÅeºbd&òbJ¶òdÇºH§ëDíI   !
9,0âï\-Å8xI&ôjÇ *®à±¶û8‡©ßàZ*®êB©ÄräH¿)6¿·)Ã8£Hƒ"Îñ\Ã Ö≠\Æà,.∫Ë .0·
ìL¡kâØ√niEÕøSLïUbπ,UË\ÂÀ4√,3ŒPëƒ3- Ÿc43Ãê"-(~`≠µ÷~à¬G'ƒb¥…
π·~N∑ﬂé+«8Q≥Àé9ﬂHïÆ;OÕ!Óúrts5;ÈP'
”h|1∆ˇZjÑé8ZBâÑVcçı¡Ö@∞È
ú•√îFiDGÙX-CP
Tó'∑!f∆ó˚`zô»#P:âÑJ:)WrAE\fkÍë_~êÄÅâB`H®Ñ¬â‡|R
®ßúr‡·ù^Î·I?˚≤ñTb±rØ+≥9KΩÊZk.,„BôÃΩ˙:≥e¿ˆtâœƒbŸ8ïçUAã≤4/ÀLŒ$Ù3-
'„-2¿ò"äEq`/5¢(£HB©Ìñh¨…
T‰~˙÷>âÛ∫∏,LmÆ≥IŒV≠3Áú∂ﬂ∂ŒmL•˚ªºb<Íd<•∏£2íñ•Y•Åˇ eUÃÔÄ ¿ÅéGÆuÑÑ∞@PzËAÜä(rôπ-
\Ö÷˝-]wÈêCéE‡èè%√Yúâ&öj¥1'ó∏«§Çä§èb˜H®à˜Å   éü`…û•ÉH$©≈Ø≥∂$F-∂ŒäÎëøú/
ïMﬁÀ/ï-<¨Ø¡3â1ƒ,ºe„9€∏˛ÀÓÃ¨˛SN¥k
-#ä§ónö
ò5FLM±à¶¬÷ﬂúÍ`#ãÛ@ÏòÕ9-ÒÕÀÅ)≤ ‘Ü988i˜,A∏pƒ"ÚÄá.º¡oIÄaêP/©hp.ÄIMn“9P
+râÕª≤uπuAd]•‡)Jˇ-s5Q"bóH·.'çH^*aI·\Ä√ˇÀ_∂˚Wév«,Ô)„   {ß#¶ØE*L-óR-
É9˜¡ö˜DÙÿbç»úE{';∆0tÒ«ëˇqe9√_Ù">Úùo0Âkúﬁ˜œ;ŸI}∑†Sfb·ßÕtˇêpƒˆp(3˜OiåböjX)ØH
∂πTo,¶ú%l;Œ´Æ∂qX•9Ø˙<ÃAo”ò<‡∆4í…

hxÉnŒ(DdA
N$Ço]∏ƒ∞M1¿ >P†"ó|‡;πáÁáF¯Åÿ≤÷Ç≤Â}!$YƒIëÆè∞+$!
PIRw˘÷%Å%.p9ÕÈs“ƒä˘zÒr‘;°Tîw FÉDF"O*Mâÿ:êÊÖ¢Y∫[÷
¢R@ÍE°8%.d*óÓ≠LL‡ÉÀïÈ2ó1∆ß1≥%€W3éÖØO˚‘'áF¥C˝ÔáZÕZ√4'ò·ù°†Ö•0e6Î°
ò¶
áwlôRÅÕ´Õ!8tYr` "Ä4íìáa8√wΩ+4qÅƒCƒ#p`a/‡71h á=äX–Ps∫»°˙IÿI JûBƒ,°L
¢ëçòÆ"í¢1–_…ÁõÑ"A·Z$;Ü÷ƒ°QâXé–üP¥¢´ËΔÄ¶ ˇ)Δõ¿0
•Äe0E–¶±ñï^Ô–'´ﬁ ≈§2]Ï¢∫_Ç©òR∫óπà,-fo˘.π'ü“)Ô;o%Ô§
Zp“ìI%$Ù0 ¶ûR5Rù¡Rê¶ïÅ°pƒ,|1
mê√Uc>év<Ê6µ=ê"√Å•p2ıπyCÆŒÄ¶]ç!a4É√¬∞Ö–ÇaäQá,xx√ﬁ•D<¡≈whCáπy∏1éÀY£úh†rp'e/+
ö "Ñ≤ä8ÚIË∞à|2Ÿ]SÃ"@Míá“vÂ‡¥·‡bÁÄ0Ùµ¸ähDmKQÉÅƒ`F1änÖ„I«ìJ^–É&¯°˘√∞Ü5êaçc•q•
kŸﬁï&Ó“Ùx·KMÕ>ø#MéFa‘˜SI"iΩ´PÔ–Í◊Iœt:˘°DiÃ`Ö)LaOUÂjR∞Å
§Ä epƒ)∞:à∂M¡mC[/œÒ¡>ÙΔkﬂ»M∞klm‡&Æt3ΔÑpaäYÑÿŸ!~Eáe1ää≈/Œf!`„6àaH8Bjuê¢
ÿ¡ƒE1™pÜ
àz∞leÛYz3yyc2œ°,D=á÷$øZè∞¿Y8' ÑµeÌáó∞ä&†wef¿êÜÇîàG<∏»C8P<'Ñ!÷¿ÛZ¨Q
jØ∑-Ä¸#óœäôŒ'.&Î˘K"√G]+ıMπhE."ô&8)"4∫Õ:…ô˚ABh˙˚
ëõ:Tœ@™éÚÄ
†¶£üBYµ"∏JÌx'¬◊·5¥·
±sgÁF7ö∫d$CΩË≈+¢-wQ–>Æ»Ñ(8ë Ed"oHÑ!VÏ,B¥·Ñ0|∂∞¯pﬂq
ùIπaîì
0!eêC%‡n íh…&©˜ª:±ë–/b$˜ûwíMÿ>tú»¿8Y†‡
}(vRQQÙ)etnÖ_–äO@*«¡í?Å9KvÀÏcÜ•/"ÊR˘K{ìK˘¢SFFÁ:gâŒcf≥†ßw®5:¸˘N1 °Ö2î¢!
ML"Tß;ä*à'"5)´[*∏–:WÈ∫RÅ∞Î–
;m∞j»3h»3er`Ëgä6NXQ»ÑΩKEÿEË@<Ë≥6Dx¡K1ms±ƒk6X°–7q“1Δä /c").ÿ∏<9Ä7F•ïEË∑
%ª'F â
Ÿ“≥7}C≤xë8ÄÉ/êè@Å†Bq∫ò»1.Û""i#(£ÄÈ¬‡ûß05ä8‡*>„Iœ7õÄ®≥Y»3ÊrÆ>CZô∂ÿ<D=d9Gõ.õÚ
ÆH{§Iì4+aáö±ì¬†¢ö¢€àık?Q“É:òƒ2˘0
)@5◊∏?¸√?ê:àµ/•Öaà+<à¥%[∞`
&µ)¶i0¶iòª≤+∫{WW‡ÑM0_DC@ÑaDÑJ@ÑB F3Am{,°6(<\°,»Ç"p<»1sÉ àâÙó6Ï0É2®,19≤w1–í
¢'À'wa2Ñ@≤ä9R∏1 êÄ®°√=˘©$1ä‡##1,#ä*≥á
$¡8%c√©òÄ
hÅ'c∞ËÉÜ≥»»Ë§»®œ.±Cπ84õB^/≥h§=…ıø4qüEDDò°ıîP"– %˘[FQ©ä:˘
hç"ÉZ†ÖZ•Ö§1¶;@VY∂¬tx´i∏+Yƒ+a®{QACHÑ∞4a<∆c°ÉB@K¥<FµT±K±%∂|
¡,ÿÇ"∞F§AÙF/Ÿè9äÕ{ß¡,uD¢m)Ö"\«y+âŒ; 0ê˘/À}<qZ,ΔíÄ÷j
6˙Ω‡£ÉÏÃ·(äbÄÜ\>òä7Sß(Ox>hhÆ?#Üa˜HAb¥?“Ëíèqä͡ÚM2!4Ø·táı™§ÛZD†ìÑA–˜€ :îVJîp∫
†Ù`5VÎI®≈PÖY8JZ»ïì Ek¯ ©˘°ÜÙDœäT&oH¶<∞
1[®OWÿLF¥"Ñ¥,BPµB–"œ√+;–6B–6mÉΔîFj<Ç,∏Åkl,á:ß|qÄô∞'|ÄçrLtâ–Ù0ù}≥à≈<â£!ày)}ƒ
»Ä≈ÚG÷íêj
7,(/2».,Ç
ä+"xH‡Å'(ÉG∏3hòÜê%#:¥œ>ÚÏ)öö.BCIó!á7*JõLküÛbD˜©…P/É:†ƒB)çDL§NÄ†¥Ä´∏ä
àH'y'PòH0ÖGx•Z∞çg∏»<{¿a`T∫rÜ∫∫+s6˘+±Q∏@LF˘¸œE°APO
%Pµh<K√k–;ÑciúPk,ÇqÍ∆múo¸êrXx59∞* ¢, $Zê5Vıï∆%‘ê¬…ƒ*°Qÿ„≤Õâòkm
£ﬂªﬁÀ÷•Éq∏·.% Å%–U]MÅ(púä$Eÿ$Üä¸Hét©=…A¬.π@<')ù,)H2ƒòô5ÅIòâIP*¶öƒ
¢A•ëS∞N†âÄà≠ä–Ä´P'êÇÕÛÉ:ÿX?•G0ÖP0ÖY®ÖZ0ÜZxÜa†´ì
%O≠ÜY®œW0ÖÆÙ;a"Â‘ùUB˘UQÎŸÖ∆M––ÑAhU5ò– ≠PÉ{ë|…ósÚΔkM
ê£^><x€<…YÙGx2¡,=àq'p'XXâó†BÂ2»<£â}–
ßËù'÷>, 6C>Å√8‘‘Ä
`ÕFp“Q|W;àÜÎôM?™C;4z=ä»…D“>œ•ñÈœB$DL?%<N¢™ôÉ≈IRzß7}™ßíÅ;çÿ„°
™(<h%:ÿÿG`'v¢ñhy\†ÖY∏´]9êR0√,ÖJUÑkzKPQçﬁı‘P•ü≠^B†ÑA∏^Qm=ZB8°S=/UçP˘°¬≈:
7©'ó÷∫Uö0W´}5:òÉvÀZ±
[zÃ…ëGM[&`ö‡dë[*%2ÿ√ΩxŒ–k'Ü–√à„â @Ä p∏Ü,◊r}‘<Äp5«ÒÑZ KqWbh<Íä◊@
äœÌáú:ò".3yô3Ÿ9Äm+QÖD$ø9È·T 2Q3ÉVµDÇÇËÄÄÅ◊ÕŒäµ
Ÿ•
&ëK¥,ú¥b öñRxÑRpj£≤<•∑œÎª¿ÀµﬂΩﬁÎ'P
UÏÕ^7˜Ÿù"ﬁÔù„;F<UÉj°0∑âZ}·Δ êùÕL>
P∑<¿] //`≈ Çd'˘Iù°É£±dÇàN%∂•ñ(ß.Î≤És‡öÿQŸÃà®ï`û•-àT√„–%Ÿ8VÉ*∞£;{◊xçá:
%Â«ù>Ωp<À%Î¬œ.âÕç¥BøC]NNö!?héÖ:

Ö5ç2®#~*%ûÅ
ÄŸ≠ä hÄ©†Xb'` 8
•Q'Õõdâ'Ù´zVÑÊ5c≤l±ùfiü'^8v„ÅÜ„6§ç±U-Zƒ+°¬C<B`e/ÙıFf dÑs_sU∑0ËF^_¡°ÕsQ≥}
-e]V'HÁ¥M•`[-Ø@®«e.ÂÿGRΔi†p8Ñˇ·-û¸QWßØœ¿M¡-\^5ÉG8†:Ï»êå\È<¥◊Îf0·E˙ÆÒ·‹≠Sœ-
Séfi∂ô¢)öJæƒ(8,$ñ:mbàgqÖÄ7õ,®€ØV€Ø¿Å`u.`&ËÇz‹‹b
$FùZÅËPmÉU≠„Ï'UuÏΔéËÑ∂c:Œ„àv¡"@m<-^ç/ »ÃöêâsÅÄ%à:à'1_=öwN€¥˝&-
ÎM^i÷ÿó÷mó`ò&Å.€Ü≤Vk˝-∂`Ne .•`6ìä„kH´ù#) T\ÜMRlj¶~\^œR;¨ÍÁj≥¿)‡ˇ'd6ôó!
ØJÀaDâÊ0†çITà,6
•9,ËhÅ¸^Êp¶ÄHÄ™í#9í∏œä¬Up
†ÄCafiÓÌ¯X±¡[±.P¡€'ÀnÏΔ^lè±Δ>h6ËTo¡ØÏóÏ«fUπ‹ÇêUs€-œéZŸ…ÃP>®≈8òÉ'
i≥UÈTj¿Ä‹÷Ì¨jç˝RÚ‡mHƒ°¬π•á.ª÷k• êj£#)£àÇ &û1 ÷ãK>ç+\¯:Ä§°ûû>ê|
\Ω».fò#IÈÆÊ‹ú+ƒ°"ÿ†Éf;Aƒ"êK<çmñÅ˝Óox>
†ÄÁˇ(≥úò>∏.jŸj,rÄiÑöè.l˚Öé±gÏÉÑÉFu§
6Xu68ı7hÉfıV]ıZÑ
wlÖÜu¶} 08˘Ï˜ı2n‰Ü:mØògzâS'XÈPÅXr&ó^‡"˝ÚÄ
p$áp'j®ôΔ-Q.Â"a#Â
Œä!Ò à!Â7Î`6'ËÁ0®É•ûÕé‹H«≠_Ó£Ê$ê Êî9§F:ÔVo+]∞é¯NÖOÄfçÒÛç±ƒ8=
u^bßkHåFp
·ä∏~ëkπF"©†Δ^-Z % mjÉóáıQGqVΩı@¿yVˇóıZßuù◊l§m'Y˙†oıUüyV≠K∏Bs„Δ¶ÌÉ
´AöàÅ%¯ÇyiÿΔ¸v^ËÔâßvj˜ÄLˇz±OÅÄ2ßπ'B*∑Ú*Ô≠k-Õ-HÇÏÃÇiTfw‡"UpîÇ:·:ÑÕât◊é‰n:4
€Ãíx≈Ã˝CÎØÕe¡HÔ«òì\ ]Ü˜Ûf¯Têo"X^EÈXÎãfl¯
ÿx
`t´◊oEH†N"°N>]µZ‡Ä-ÚÅ@Çm"&%‡&1Ë∂‡üy†WûÔˇ¢˜y°◊Ï°g5Ëˇ´ÁoUïh"P˙r !®
^∫ïù}-∏%«88ztQ'-doh∑^∫Œt¨»Ù∞fl/(˚0(q¬Δ(o-RœÚö „{Ä`‡ÄÇ<@êP
8pË‡¡ƒâ@Ä‡†a-ÜQ¸@™5âÿ1h«Ní$¶rÂ»ñ∫V-$^2óLï«`Í IÏ÷Àó<}È,ôÛ÷N
¢∑|>Jö4Ë™XπR≈Jï™÷™0Q?Iµ
u´'XRœFqÚG-Hxh±aÿR†ê`BÉ‡uàÇ L‡0¡Ø_sp°ÿá$Hƒ(i"2õ-b/lëÃF≤f6û=´a:Ë@°=ìF˝y5h5ßY
{n„YLÂ,:nÄ˘êÑfl!|˙ò¡¡p>âªXÚ%òÊŒ•4è¬Ñ,è÷S§ë,Ö6xfl-=Öá*v®H≤cá,P|81<Cn,}è„wò-¡>
*`BxATQE LX!§èhÀ1#Ac
1™4RL1π$"M+3ìá$ïì.πòòbQH≈ìR∑‰rÀ*IAïKSUEïäV9J%ï*9N1Ö?9√8¿†ÇKÆï¬ZliAÇ &ÄÄ
@yÂ5PDM9∏fibç9^ÿcbàAΔdk ÷ÊgØÅ&ökÆâΔÜjlÅÁg[TôÖü|Δ Ál≥mQ,`Ñp^ı5-≈%ö®ˇ<0ÒñÇÒïQI
ñ3X◊Çv"¸Y™òZ^
;∞CÍˇ¿¬≥ÇêÅn∑/Jk£ª:ÄQEÉQÙo°Ú'h^ ¶ëÅ,ÑèN"RJ7QK-
I√‹4å.«-'"1ª»¥KNºË'1(ñ[SM(Ó§O/∂{Óã0/∏èQÒ®c,®Ëò
øBF1Dß3$…‰ìt@¡≤LêÄ\ PÂUÓïe[>0Å∞Åi†ÿò;8∂dhí‹Üöv¢hhj-vgûx¬|ßÀxÚˇgü}˙©ge;J®°(Ï
Δ€∞^}p‹óê~¿A<,QÈ_DFö:!V2îeVyKí'fiwˇLñßÇ
-®'H·Bn≥Œóõ¨âΔó-ëbî`Ø°€h±$B°Ä]
=ÄC`íí'µ-4mJ$5œ≠á/q¢J‡Çã1òo.ìN(¢´bË1ñ£/1∫cå3v'zè\©"ÔU©H!XFé≠>wk)°0√7‹ÄaQ
B?òpØØòå9Üf$ólßl-{^2mv"Zû;"¸ß¯„€Ë^un/F°á&
oœ=@Q-∑Bh¢°¿CM?Q0ËAf Îà@T/È¿◊/¬µÚ¥ <‡ÅŸê@A˜`dVÙ-
:»∂lp7∫Å8ˇ (A˚Ç4∏‡Ä,=p¬üÜ0Ñ°rC ·âXƒ¬&é≥‹M$gπs©d[ª∏ /à¡p˝¢âMÃ ÈLÑ
ƒaQ/M-ïã/¬()3¬WvÙ∫T®"çjLë~`§(…`-¿"†Å∏pxsâÄ]2†°@‡bZ"H¸&p∞¿â|fiêê
$lí'€ûlP÷'◊àØ{2Îˇ»IÒa&{<KŸéû[çh|ã_Øà&Ñ¿/PBò¿Ñ'0
@†·(ò%Ç¡ZPU*Re'TBHBs(YiêÉ≤Çœ]3BòP1ÃC75¿a« ∑îZs¬p√0Ï∞~xD Dãaåƒz
¢ñi¬-»%Ò&ªÿ'1~Ò-'Nâ†>πR§:0¢h©£o·∫ae*R·ø.Òâ4∂Ò0(ÿÓÍX«e-,Aøõí]"V•@B`/
Ã≈4ñëƒ∞Ä1àl§cí`4≠ M„´Me'ß>?]í|E"äZT$ıñjÕDI®B¡'Q∫Yî¸
%,©f0.‹~‡Ñ]^œ°Z¨S|iòÅv"ò¿ RdéB{EÕ¿Á=-Ã@_ ÖlzÃÀ¨¸^«Ñ™!
éäıcQG4,¶e=qäX¯"%πêßØE9Å™d≥üï"@yÅpQ1E<wÇÆwtaTùCoÅØ¶dÖå˝B≈%¸ÖFãðÒHU¡ìÏ8«P¿é#
ió^íÄ@nI/·[≤S42ªéÒ…Ï®öÂ©i?Ì‰≤P£!Ω:0j)?πTÃÑi0-ÛS@¥©Œ™Øy{p.Ú(/≈"8hzˇ 0ÅÄd=‡[p
÷µ0pŸik‡z∂e>í1à<Ò˙LYAì8◊âA"ÛÇ¸é
ÂîÉ 0áG¿X≤°Ñ'fA„Z‡X$µàE<◊ƒ%NÎ≥í€÷fØ»ƒ"ûsÙƒ¢∂P$"≠V3rˇr.N£9F¨„Jœ"J-fiZ4v?
†Åë`P™'>1Jö3)1w.»,K≈rúUNÄ$~fiÛ∞ãT«-îªhÚ.yK©T•u|CM/
£uPÑı&5íKıS(5âß#jÑä*flä#¨gV!àA«&∏ø0¨
ΔZÃ÷8)¬lÕN2+L¡e
¡1ÿeÅ
‡U<‡=weFögbV5· 0Cdc„PÃ"«"ÆÖ1åOxfñ(Û,?õH¢Ÿ»í◊à®Ö/ôò( ) …*Jß/§|-)MqhœZ7ªOÄfl
©∏ƒ%6Z*T,ÕQ∫có~ß\‡uÈ/

ôàB˘9êÿ2ı≥v∑Î”õ&Z“â.j);~ﬁè™–E∏Åù^ˆJí|4√ŸœDH’ä∞Úh¿)/4¢ .a
bU♣X[ç@∑"L<∞UmM¡≥ï¡◊uΩÎ
t‡ûûrÊ!µ∂≥Tá·≈¶®q–¢Ìë\€/÷ˆ≈µ°1h®CÊ¸gë®≠"œ}[ı["êÈ.ÀΩV zJ+r–ä†¥Ç^ã>OÈóóöÕﬂ|∑œ
á∆ö–ÕÉdVv¶lË‡ /;¸4é><QÖáxxï◊·ʃ_©&^Y# ˇ,ñÇ1!&ŒSAƒ·“ˆä™1éó'~f
öœÈõ>ûÕÈ/Ω„/∞
;^>Bœ
Õã%©~◊D Vé–<‹%LÓ%¥¸÷ËÿÈùÎSÿ≥^>/Õ ≠°€{™˘Ω‡Óﬂƒ(ëÍ«ﬂ«ÌÊ}˜øÒ4O◊rŸàWtÁBQ/–
Ò3GAA}5:˚≥gÇ
N’Ö®~S≤ŒÅcñg˘Ún"òÅjÀ<“G~„◊‹»´ÈŒ+Ω∞%,©È}>¶~♣r>„@ﬁ>En>ÿÌ♣r%?%?n♣µNÎLn RÆ–
Éù+ÅﬁÂIƒ–[“/ªq° ëNËwË7„e~óﬁÑʃÿwÏˇ«äÖ/ßrsûPt^πü‘%‹.‘Íî≥,Æª©{RQnçàuWÙ¥Ò€¬S!S÷
’}|g∑5à°>>o>õ¸È®◊Ÿ∞„÷≠
_♣<é–è>Gé>l_%ﬂˆ m>_Òpø
<p M^ÎÓ}ÎQÓ%MÎŒàðÇ_°záÚãƒΩ(Ï¨çﬂÅ)íyπ©…œÖ¨I±„V”bÌÇ¥;6–3∑ .·ª¡}ʃZ£ï£‡‘ß/(3E!û
èA)¡#LQˇµØ‡˜û∏
ˆù√Ç/Ω÷♣¡ØÈ®Óˆ;û–£ˆKŒÍE^Ò/Òl◊q?ÒsÔˆ◊Õ
_ÎΩ.ÿÊ˘=Àá“>˘ﬁ"‹\.∞nm¯°z√7éðÌÀ¿âÊ[dè˘Û¯{å.Ÿcîπ`:/R¬Ç §uãñ0Ye…ʃ≈p·¬X%Nå
´,(X¶Bô25JcGSõBâ$9IîII¢$mäIí§H˘b˙hf§fÕÜ=€ô≥Ÿ≥üÕ†=É–/µhœ≤=;–i∂hP°näF’Í3
´V≥m≠öM€∂©/≤AÌ:vÏ6¥`”Æe€÷≠Zµg–n●[7j]°yıÓ>U)¥●Pë&ʃÙ(”kœV™¯¥«å!%˙òÚ–
°9ÀB/≤Õ>Ö"À…πò0e9I7S6LgÍ+9]œ+Y€uÎa√îÀMP≠`É,∏¡Ö∑f=ÑH–yDS;œ
5*‘uI◊)Ö ¸“˙wI6m ø/gœùœà6Cä¯)SkQõN≠Z˘S˚]´ä●Í’+X≥¶¬
+π,ÇÀ¨ÁJPA≥∏ÀAʃÓʃä´ʃ∂Ap+n¯ ä¿ΩÀ0»àR,»ﬁã&>©%c∞øÀf∞£Ñ≤Ü≥«B„å3–öAÊF“Ä q5dRc–ß‘
\#í6$m{–∑ﬁzH aʃEò)ŒJÉÄq®°Öñõ≈9Yû„h2´ªniI–TiMÔbri¶ôd”I=Õ|ä®√
\Ùã.˝Ú≥ œ≤¿,œ¨hfÍ ¿≥
|˘k–µ
LÙA5<J©ʃ2ƒÀö≠0≠ãC©:Uƒ¿@±±√ˆ<Qœˆ,S¨®CT0ƒ;=*≥”pÙ…«œ6[MH9o[R…
$É’çIÀÜ·ç∑É~Sv†,éì● Y¥úEπ[®e.Lleâ"â62sîÌʃ„°♣∆ãÒnmµÃäJÒ]●¸"ÎOzÌc∞P≤ƒ˙*Qy L
AÄXÆÄ«r–¬œ¯·°4’40I7
ıCäÉ¯.¨)=dÔ√=9%M≥ì≥–rTye9ks9… ÉdrÊaÑ1∂ffì]÷∏[ÇaH9Y¶eHK¢ìã%€££≥éLÎÆ√éªPPR
¶@"©˘Z¶?t‘ʃô”f*ƒ=3ﬁx,@Î’**˜Ìèø∂eÙÌ∑>∏`∏4ò/k(ù@N+lÒÔa<¨±¸,u–cê
%ä¨2∆3Ûʃ®–Ï%ZV[W.rHüV3rÛó[ˆïf–gfñ8‡å3ΩgÉ|n®°£Z]"mGâ≈#¶Õ<sÓ&!
7<IV∂µ®áíJÏ●Ó3ªl≠¸ÎäøØ&\X.pðÈÜõn¢∑~õËßÔ{Ó£∑ê¡∏TöÓ’≤ÙAʃ0}ðÆH7ã@¯/,l√ä7Uœâ?
f1©§S\±“»™Núa◊„:√2ñ°á'¿jêî§%µ75´ôÕnf3”ùN <ÛY0Ñ∂ʃ[çKa2,Hã2≠L÷
°ƒIN>,;#ì‹ç*„∆O>q±óü–Rïð♣ßPÏü¢®∑®#zØ–€c¡œG>HeB‹p–Ö÷ßım+¨â◊E¡%IlʃOa§8»DÜU!Ç\
g6„∏QŒç[C }¥$Es™y‡gÊGﬁ`–t‹†ÈÄÉʃÑ8DÑFc]D¬ÑBX‘ŒiPìƒ$tßªó»04DŸç$#°·èàÙbã∑Úïmä*
bÒJ+´B=&^ÔzLLã,–27D5ËâÊÉ‘øœ=KY*b[Ïê`¸∑'ªÑíâ¢,òB™ˆP3_√Ãm$´ï'–$M7]V=zN5µë‡6ôt
–QêΔb÷ËÇ–≥ÆÔg[BZs 9;IÜÇó¨d%–) îpd´B
ƒ≤¯°¨¿MA©ã°‘∂PE)–€ÀıÆÁZ˙B∑LÂ.ELé^ä/Y%”ﬁ»VPΔùRyå õ(]*Ã®–ˇ
´búPBÛÕ°JßØäUé∂@hl3® tŸ∑võn>07K
:õT»B2g=√R"πƒʃM´êfà
Ø3
<YíüìΠÊ@YÂy~∆˙°Bµ“–∞úmõh˜ÏjK¥‡óﬂ¿x˘Ω)HSœ∏bÄà…°πPäc¸„SÜ76√i˘¶É¶çBõ≤q=
(P<{@°¸‘'¢]ó÷âdT◊éÊÅ„TRI3"&>,7R%$;3¯NœsKZeéDH!;ØZ«íπ´àv S»œOπèöW)> y*ʃM
EÛ*=ÔIt–e–¡6j∞("ää¿,a öó˜EJ)jâaÆAŸ:Ωäojµﬂcô…(Üqíi◊OJ§";ÒT¿i+YEÛ£ûßs´’ëRm√
$ ŒñùP2N±hkúDß ”ZŒÍ†ı●0ë"í˜ÃÄv¬* ﬂ)¿ÎZ∞¢\˘µ5––ÿ^}ʃƒX¢Å+Ã˚D
´k◊ÎVÔʃ“≥(˜œ'∞ÓÜWAﬂÄ7¿!≈IÂM Ï£Û§*°≈ÆG'>[p“√˙6ìbãµo{86î≈–%1¸lõ}$πÜ∂3ﬁ‹#Pzb
âXÄ°Ÿ±,<·vV˙∂6–∏¥ú†i5Ö∞E$UH¶I,çD¿„§QàÇVb"Ë≈ö~[F´ícµ*PdSãDeyΩpyâ@lÇûÏÀ–
NTÑÀ<2●û¬,%RÌkÃLﬂ˘€2I¢i±ÖâmÃ»\√ø3ùÈdö>å5Eø…¶i5˙[9
’¿
Áé™$÷Dx7„6Œn=ê>öÉ
Ò0:°`GhâF·Ï~
?zóF´Sò“E§Ù+AcyÒ˘v●∑Ωn \z=,€ZY∑!_˜`ŸΩÓEõ∏ñ¡:∞‘õ[Ü™Â≠4c xY+ÇKóúÃ,}‡√÷pÖ–
\AÊk`C$Üçú*6BÔç 5òÌÏâëàøí1„}#eÛŒ
xq(iÎÿ£;˜™µ∑Vk¸<âc♣ù¡ÿM0≤hB«–B”RΩîhŸâüéñ%(^%s∏Ω†är€ÆpÓY»0ûëmπ˜TÔΩÆ2Üu/
q©cér<@ Ü5êéﬁL«@œÜ2`–á+ƒ –8ÅÊÉ†ˇ"!
¢à◊°≠ó¡¨9Ÿ/Zî≥A¥òû˚e¶j÷/¨6Y'†n[˜D¬jh˘ÉÆü7X7ññπ∑.êÆSX Úd¸≥“€0Wƒ¿^ö
˚Ìîéyäö@49ƒÒ~˜Ô/¸Æ™fw%Î5ú♣&Ô+XÛ|∑(~¸ª|y˘¨Ã>'g ¡àDÇÇx
†‡Ä8@àÅ+ËÉ>êÑXà˘Íî˜ä∑{4˚ògB©£¯òSâè¯X†P6¸ k¯ e#,Œ(¡qʃ>Î6€à

fl∑c œ>Î3AJ7
À0á-≠JD£‡™Î*åx#åó^ÍîÊr+ÖJµYÀ; £+é2&
T#?Òs]z(*3<Ñ˙∏({ï\[ò!s°a˘„Ä|@ˇ(@4¿hÅ"òÇ4`@Q¿7Y0»x^`ïU±@äA©»à
0 <Æ6Ûœÿ&-"ôÿêçÿò
s+>t>erÛ:cÅ*f°ßBcZH§á±ãàÈ√`√'ˇC&√ëêFaÚ∫¬Ñ ªE\L∏Y≤%Ìr
p∞.Óq¬`Ùª&Û4_ä"ÄÈ∏¯É≤Ô¬9Ωå":ò˝ÉÖGòÇ‡X√ÿF¯∆|√7ÅŒÇ"∏Ç5`@aäfi
ˇ±)ü#≥ˇ∏,éÈ5D4/§Àõ†¯˝"êÜïˇ)ÇƒI!Åç™£¡r§úANÙ≥-±™Ás+ô∑ÁPEVå$ˇ+)SA∫,®^42a45U
´(Ó,EÓFÔ±ÆË …∫Ç¬ˇÒÆ#ÉT¬d,ê+AÕ»5ÉπÀ√°hÅ¿Ä
`C7ÙFm|√@°GòÅ)-Ç5àQÖ[hVÚπ…ƒø!=Ò¿'Ø}ú£ƒIec:9ÀâürƒƒH-ZKI|çòQq√ƒc!7rCœ[œà§'üÅñ
k¡ñ:!SH!H"Ößh&œÒ1Z2a<alLñ2äsä"˙ªTsB*l2,d5y≤πy?∆Õ#}îÀ'†î*B'€ÜfÜXà>(Ç °Ï∆5ÙF
€¿'M
`√@h˘Ñ >´'Ü!"ó˜ö,iî¶«∫GØ-/4Kô 9K>{ƒmr≠Ç7™ã∞™[HúôØ∫ÃA/¡Ö‡≤†I4liùTté˙Q˚)ûπ‡L°
¢8ÔIµÒìLÏ¬¬ÒÀPÛ0!≥B«tL%b"°€≈ÉøD·∏3¬≠xØIügÿçYÜáÅ`z`Ö5(Çl‰∆m°M€
‰∆p'Õ`UQ@êÅ>ÖÀ`Ïa%c3ƒ˛Å
{<&}\DnÛe»8"6;IK∑Ñ†ÀŸπ§∫÷¥K,C'tÍ∫≠À Â4 ∞˚KGÚ≠z;°ñ Y®ZPª∫Ãa\…
E"Ó©û˘ã Y*≤ÀD"8e"˛°;ÏïLÉy≤Ë1ãƒ» ˇÅP≠}lÕYÜ`9ö¨mPÜHXÉ 8m$Qo\JËÕ˝Õ>¥'\Q0=Ä‡Ä"H
GQ∏h-T'±9ä¢Éë√YäTf˙ :9A∂‹¶!-"]A¥ÃëÀôDÉdç€¿
<ÿ∫tÀƒÅ07wÇíBC,pù.Åàıì Sàé≠äÖ}8RÉã6∆«<"4Iø´r˝E˙'E«îL]áïDSwM◊[PÔqœÑ5¬

h"…A>çäòe-êÀÜfÖ+»∆H≠ÕTCÖ}†Ä}Ä¯MåuXMÄˇNePMÄxÄ0«å´mx?
Ti'ˇ●J1/:Ò,†(A~˛«"Ut2íuI"%}
≠Àç÷ÄR
™∞‰¥*çw"¡‰HœG:Ö§A!YY Y%˙j±∫ªœpç"wmÃpEñ<5r≠LªÍÜ¿P≤≈ûM◊p∞Bñƒû¿,-»≈¿"e3éä¿7e-
5iX‡ÉpC5\√°'F8˛∆fid√áïX6L≈ÌTç]\†‡(ÇHü"eUå°,»¡îe6∞‰GπtKÎT"-Û¿ú>,=>®ƒ
%ïAe5éØ3\VAõ™RL$Z¯AiU≈●M˙ÄÈ
2ÍœnΩBv-o}WÆ%Fs-WÌ1Wp€v%-25€pH8‰µêÈa€&öP"π"√ê∆s<ù``4ã∞P∫HÕ`‡l˛∆
<‹Ä7Ñ√p<
h`ãÂT˛Â_HÄ‡h√áçÅ5NtÆ(≥≈BŸƒ9}≥#â
µd∫"mÀ∑L>!Q≠Óú
Æ´>„À:€Y†íÇàí"yyÍ>÷Ÿ™TT+9(_L3µ±ΩZp}◊ï'OÜfi¨Õ^≤˝aw%W±[v˝/Ì}µHVÆKç)sÜXh
¥Î`«●5ãÅùÇhÜ>F5åfl
(@Hï\§ÑX˘˛U‹˛]„˙OÕyórCòÇïÖ'ò,0"ü⊥y'ÑªΔ˙|µDõÂï°"'"∏†]ëƒEIÑ-
ª<ñc¿†O<ñJ/'§Ó¡h}§ß●÷£Å/0aêÉ,œ["ûä{^:-[Å%"î4IïƒÃY
-Èï"a‹·ït≤Èôµ˜õÅ≈:Ÿ9ı…÷ÜÛe¥<Xh£"*≤˙‡É94ÿ˘ÂÄ¿çC…m'M˛ïcä˝Ên\0ÄÄo~‹0Ç=p@apGc¿!
¨^ @ÓS>4õÅ¡^ïŸ}ÊΩÀŸö_V ÍYH.>€ :õ1aL^œ
J·"ia+©ß●]œˇ£°aÂÇ∏Ì:ÌbÏ…·tΩBÊç^ W[6""NSuΩfiðBUvƒƒÿ:an<îKÛ
QPÖPx`8k®"nPÜG●PÉ-¿(c˚=Åê\8ÏÕä˝flˇ`≈
Á7&Á‡x\à5`™lÜíï«π"éT
îU†0é/ëàÙ'
™Œ"B
fi£k}~¡ÅœÁõ1V/œ°=$¢]ñ&EEÚdU'ñ≠∫81Ì^2ãZbp∞¬_,b6-€‰%ÈÏÖ^ÃL,N∏±]ix●fiêt2é´◊iÛuMv
lå"tMd~Ññ‡ÈP®PqêYXÉ9<Å£∂_9,@ˇmÅ®T hÄo'œX‰6Ä8rg™6Ó«
Å#(ŒCÖ6ùê®¯@/c=üs*KepÎXàX‡Dπ'Uú*πfÌ4
7rj]∫¥>à™Ö&/„X‡pDìVäV/Qfiœ%˝SYbSsµlwµe„≈lY.SrΩLœ^i ø^
ßev}S"eòÖBΩbf÷«4Ê+ÖñhâÎXfDu2k∏FljH}Ò●vÍ˙˝
ê√mc˘ùÍå5pnO}Xr\@ ∂aå¿->ŸÎ5é‰°¡●Ü(è§FÎô÷uKg∞#≠ˇÑ Û(»="da>≤
œ‡[Ëväíˇflxßé CÚÀáÂi=ãMSXfl≥]bµµûGfiU◊ ˛ËÍΩfiYV,ÈÕsC[…
∆=_MZÛ∏mÜX∞bFŸ"Ã∫Û'iPàÑùÊiX∞PL°¢X»<>ÓÌ3S◊ÊflfiÄ»ÄÜ≠q>\HQå-‡ÂÜc™^fl¯∆QÖvdèπî∏uå
4r/A¡``4ÍËÈÎÊôÅ∆Új» úTAÏTôI˛ï-
÷úï†‡3a≠√Áfv∫„ÁCœi
ÂX®õé\" Ÿ;gW…~p>?i≤Ìs#&,ëÆ●B7bZ^l«îl=∑êYÕcòtúÜÖû`
ÛÖù÷tûÊt`PÜOe‡€ òfáTSœfm¶Ä†_G-çÿeàıOm\™^'˝%JhÄòÓÙâπ≥≤£8¶ T3&åk∏ÜcøÍÿ
ÑúN"îx)
fldA"≠kŒˇ=B^RŸÍ^˙^øVaÆ'9/7üVSòÆ√ä]°Û;ŸÊùÏ»6,„●˜vçS'<^^V-.bCøL
/b^fÙ*∫Ü9vXx˘Ö`®e8Üc∞bÍ»tMû6_ë„Üp‡ÜPêÕÕõfŒ3„SÁÄ¿ÄÕßÄ`ı§Ñj Œflí˘ˇX/`O˝Ê6Ü\√≈Ä‡
ÉPH·"T∫X∏K#Ô^πbgè˘`¿i°˙úœÖcêK¬oÜgOzë£"˝)'ÍÚj÷kíaÅRKû]°µ˙fπí˝/≈RÏÔı¨VRü≈fw…Ÿ
rΩpµ˝wxˇ˜ˇ_eT¯9]{¥áW%éS"Vˇ%Vˇª ?*àl‹Æ{Jî®H¢bv,X,X°@E¢

T®X¿îYÀñ≠\3>:Zƒ(#Fãî'NÄ¡°%à6P†•!√õ$0Ë˘¿AM8h¿¿(É z˙l•Ä(--¥ÙÅuKY≥k-
<FÀˆÃÎµØ[≈fªÌ/g÷†YÀÏ BÑ†D>:÷¨ö≤°õ5sð÷ö≥fk7ÉFò/_¨ ê˘5÷LÒ„»zÛS6Ïÿ∞a¡2cﬁLX√œ
¢AìáñØY¡dÅFΩzı-Y≤Ä…ñÀv¨‹€vÛŒΔ{8‡€¬Ôú6pΔ¡!W‹ÛÁΔá?áŒ<∏tË√±oœ°˚ÛÌ>™/
ŒxtËÀªçOû9∑m‹,sÛh
X®W¢,œÊ,˚UdQ(¿#XGı√GAËDAêîR,µÙÅK7ŸÑ¡d¿<`TM%'ÄP
µîOH0,S<Ä¡ E¨I,éAsçG=ñu÷éZ°dZ˘!&å~íƒÖP]ÇÈUç`áVà!vcèA∂%Vé)Fôe #˘Êe†5Tö¶
„/ikﬁ≤Zj≤-Bõl≥‡&)±l„õoø «ùr‹Lß‹q/TÁútÈçg‹xÑöGËyÿ]û§‡m')vå2G
\8úZw8‹¿'_}m#Eë<"
ÄÈóÍE°¿≤ë5 Z(i4(!Ñ¢D!L-q ”K¡Ç ¢S
‘"PEQpTRK=@A5=Âq£âπcW}ıèfÒ¯ïπ` Üò2∑H¢ê\Lr§ó5Q9ô^VÚec["≥edZÍÂeeóiv•¡ù©&√ß>b
&j¥8,ß,v∆vß)zÚπßG° z\7ó\röð>°óZ'y·m ˘ß„Q*ú{ÂUZÛyùV˙ÚqÛÖöÕ≠¯
xë(˘●˙H¨3L≠{∂uLÆAH˝`Ø'°√ )ÎaKZÉ-BL" xbà!Rp,SKQÇ-`•¿>q@RÑkÑ2è=>√qXi
Ÿ7πY M3«ƒí#åT¥âU÷ö◊1zùYÂ∫ÜÈÀWñíiûWd^*ÊXeì°i●Vzf¬®Ò-Æ©&-
±Õ"˚m∑ÂI 6/Ïπ˙Ó «M§Ã-GËuäÊlùÃÈŸ¸®yö7©{7≥,}Õç«‹ı°÷˜s6Õ$À´èàP$™ñ/+0±”ë@YS8(µÉ
3HM7J0a˘SÖ˙ì‡Râîµ,8f£¿ä•a«Úâ8∞‘®±¯äè°,ëtm≈\%∫∆∫¢4å√EBq˚aU%„e<%.°0`8& !∆rãÅL
c6'ô…h…s†kL¬<3aåà§˙åf¶∫6ΩF6´Mnlcõ>Ènc ªî†œs,/Q)Kß()ÔP/S7+„Ã"Eú%8¢
N}Ê≥ço4#œPE4P<¢èsÒÖCj5kƒØò¬HË'µË†$œäA€,Çú¿. A¸@"
-¯dàx¬ |†BêAD#ÙÔA∞[3:¶AΩ ©o∂Tãïƒtƒ1b.åª
Géqå[‹ÒΔÃO,ﬁî¬}F_^˙óª‘√«¸0Lïìf Ñq-lSõ™√h≤IÕH4Øìiù“Y;),Æäπ{ßpuΩÂîåã'ÎT{¶FÁ@je
-√ﬁ?≈£ù/û†ç¬‘EÂ3˘‘
"ŸF"*>O(§?P"§@≤Ò
†µb -H%"●!∫ıÔk-A &SB≠q Äe≥,‡…OÓdî8¡ y¨üÃàÇsk¡1ã°˘]?,-VvÑK^cÖ¡¿c,àfï»
Ø∏àED±âW∏0Öñ≥íórMÅqL£¶e<#D"1õõ˘Ÿ¶[á(1◊¡¶6P¥>ußWx&ÁOƒK˚ôû,©'S˚$
£ßöw∆Ô‡Lüå5œ6íÁWP¡±T÷HFA‡Q!
˝ !Á£-é|CëXJ@Ñ¨B"Å˘Z`…ìT»§-1‡A@Ç>∆4&’≤…R KpY)ê‡ ZpXˆ(\Qj-É$8v„PÖD/
E¡’dÉV# Å>ä%g™{πª6áØıÚ•Kiòí&’
ÆHt
jÃôZ8-b≤YgΔﬁπWΩ"«8$€"=πù|é1:_‹NtÆGF1Ú<ö¬-„ù˘RV{§z¯ååêV@4≈˘¨é¡
å÷Áﬂ∞∆14íèÜt-∏JX“6»†&iõnçe@≠d∑Fv¡Öˆß5ññ»ß»ç¡D1åñ%<ÀY ñu5µ]≤ÄÖ$¿ã]P∏øx·U√âG`
WªVq»∫/≤iÙÂrä©ûÁ≈^ 4ΔöÛô:c_˙é&â¯m]Îjcß(ÊÊ6~ÚìfÏ…úz
„‡ŸÀr∂aÎ4ÿàãÂ' *ÏûÁ●Q9˙‹,ıö-ﬂß "&qâ˜”éfÒµ∫50ˆ∞>òµ≠Â'Ñí€Ç·WòÇIJ*€ Í˜$
ABmƒ +ù%>∞Åò¥î¨P∂8˘É#0"ñŸpnW-¢nuì´V-êV™âQ•≤óΔÑ≈}±ü5Ûõ¨2E]î·ó¬4≥ŒÅ°Y˜‹^ÀtŒ2ò
QXÈËKö"í≥5≠˘å,.Fßª ,∫Òç;˚ú,ä“ÎU£•©`Ë-«x=cÀ,=ßëyÔ¡}/W∏S”
Ø¬*äi≈ÍZ>Ö#∞àCDµ÷ﬁBW≥/∏”∞Ü4k§ µ!Y…ì»†Î^è¡p]†µ
ê}-●áV¢l’à¡-õè UÂr©0vF˙$RB6œ●ÁØÿ(>ﬁ>¥˘ÊïÛ¿Ô§*/éW^ˆ‹ÁÇÖi3#]\∑È˘#Ü”,M
%Ôj*väY¨≥vÔ˘;iBùúıúNπs6≠<54gj$ôÃ_n·‡»˝Qã“Bﬂ8À¸ÁTêA("
`¨Ô1ı:Û_•!aÿı“)µùdEòÇ‘ßóp)HâçØ÷ÇúJ
P¬x`¸hª&¯Pá& ÇÃH‹kòπàÀQaôπÑE[X…CÄœ~Ñ◊#Ùíg˝x©õ}BE$S]Dé3@ 3Ò≈azESYΩW¡
‹‹7Ω°
e.êj°Nl-¬¢˝W,êÇ,òB;ù^ÍÂŒ_IZ`°Ú| ÉÅëy
@Añß8÷Õ0{4ÿ¢ ˘
ˆLJ®0ùä/hfY'Õ/„L!à/,¬ƒ¡HÕÆ-kÌ¿˙òè%∑•¡LAxL“˘●ƒ¸'!Æ÷•Äÿ●h€dÄŸQ¿∞»·S<+],ƒRñeô‹
Â
Z`4É0‹¬´$$^/û‡=¬"∞Y/UW'EË†ú'Yb§±ÀøPûQ,fÜÂqÁù
÷,ö4DÏ¿éAëeLûPëÄÌFsLÒO{,òŒ0JÈLßèÕU/À%·^JÔI«ÔµŒπë”‘ã˘|„7Z'Ωi8Úúà”#Ï\¡,Å¸ÃœÉ¨
_,Å˚A¡L¡‘°AŸÕÕ˘-˘'aåfŒüð'M"àp˘=¿‹(bVîKG<¢ñ°≈)"Ù!D,0Ç'b◊'\DxÒÅHéög¡Ç6ÂûM,a'À
∫P 4IFñ|ZΩ√Y ë0hàI[1Q¬VLÌÃ £·`ic=i√Am …®«>Uá¢döÎAÂ2vöÃ©Ñ¡LzuGœ|å
A_9¸áœı8”íSı●A‹¿¡É4í\nﬂ€Ñ»Oó∑ùü∞p@ŸΩf˙
§≤¯°∂I¿PM4&c™!^0î$Œ]ïiY≠4'Û¡Ç+D G™#õâ˘óH.åB\%†$V-bL"™¢œTI5Ö√-
deQ}ëÊIùNNLË=QÈ·Δ0¢û6‘ìÅUG
è3œÎ≈LÑ-^cUÿ¶ÏÒD÷töZÚ, ©·®ÿf¡--`œµ¬Ω!ü8äåµB~°§ALA;Ó/G●÷G^¶ÑÅ¸ËÄ&¨¿‹∞`z@cn@
Ë#Ì%Ä˙°ñ,¶˝Ÿ_C,RU&E™€∫-}#êÊ†§¡¨¡¨®:B¬GSa≈E π¶kœÊ,>P*ˆãdÑNËÃdóXΔ)C-Q\qì,Êbƒ ÏW
Δ’˘â'é«Mëq¶^7åL●˘ ®%äS>%ÙTßß®aÓ]JÜ·yXO6/LB˝L≠àeï£U●●·a!¨¡|Ü;ﬁO<6˝L¨Ë|B¡xõŸ
®¶ŸÒﬂx@˘≠üð@Ëé¿°»¥îMHÄ‘¨¡-T§e>¢∫]d·¿‡A¬•Á]ﬁ%†Å|Ó¡"@BﬂqU0\î_¯Ö¢,RŒ*“Ë‘Ê
%5‹%u[ë8¡ïÍ¥'5D//â]
eì%o®ﬁ†<ßs$#ßU)Ã®\V>Á¶˘ﬁñÍ^bÅ´diZA!Œµ˙yö#Dçv˘]~∞g(Ë\R˘ÖPç;ΔÅ´ÇaL#≠@
¨ÄÉÍÄ(Ç"(Ÿ-(#®ÙaÑ^™LËNPËÖn@ÜvPáŒùEZÉ4p,%!â(|B|˙Á=ñ,´ΔAi*D+¿Ç)$CNB…°D _

¥≈¡Ö-c°db@ìLÜ…Á‘&e)Oí…ƒâÜò-0$)/2)≥F
öfi^°^sL´°Ä
:Âµ:XamJv¿ß’öQ©±«vÆ-Ã¡|
Œ
8"flEò-ËGYÆgLÕG›kÑÄ_xb•c¨™ˇ~¡]*ÄhŸ,É2“ÇÍ<(ê›ã`Í<ÓNT*∏›5hZ|
ÍeÜ™›Afi1§ˇYøÓ@ÅıÌggijrŒE5k÷Ë,∆*:Sü’$üÅI+
È°   Oö È‘,gÏ"0ÏbΔ-Ì:-‡£!Â_EJ¸yÎÖ5£NgÃaAyZòÜ«V>œ2-Ï\˙iú ≈fi˙QI,Ä|
#(ÑÅΩ¶’LÅ:zVy¬'x˝~¬'.¬"(B“g¡Ê¨¬∂#¡¢·§°F¿DÄãPËN0fKπ@$dÖ6hŸˇ*è°ÿ≠¡õ·
\†A=ƒ=fi#†¨øΩ¬/ƒ-C-Í$fi™ÃRéKV…
ù’ŒŒfôUNé   NÊfÓzF.¬é≤ÚW≈•˝ó,‰âû¥ëÓËˇ†…œ(#ß=%u\Îv-ßx
56#Ùÿfi;Â:G|ÄJ|•Öyüà…GÚ¡fiVƒª™≠ˇDé(\ÅˇÌeÍÄ~"ç¨ÙB+∞¬'|$(¥Ç˚q‡}BâÍ£Ï˙-#Ï/-#ò·¯
°b>@.¶RÓÅ)8ÊÁÊZ∞ƒu¨20CA|ÇÑ˝ÏZÿ#¯ÌÅãjó%É0…l5∞‰îËk¶b¿§bØˆ*Á•Ë
›Ê-fipÁ!Q7^È
qì±û‰`‘ñ∂ÏÌìÎE±¶DÒ÷nÒ†t'ÿjoáy%∏JXu®ö0}£/Et,fiä$«
;GX(,ˇAÔeJÃ„
´‡1(àó#Ï1+∞(t+ÏÒ#(B‡%ÑƒAC[_;ñ.0»flåÄ$G¶nt¶R@
§¡UdÓcn∆^É7ÿ`¥ãU1B¸8rkπflƒAfiÇ¬Vï'0ÕÀ“ô)∆ŸÄäZÈÏÕÃLŒn¡‰dê˚¶}=Ñ[≠I%JL/
6+3óûpß3œ’:£Kssf«>ùö{\¡•h„4RV˘
e…G6î3Yä#|$•ãÆh;kó/¥Ò1Ã2Fâ¬¯£=flò˚æm+^¸ÓÑ·(Ç#∏h‡Òë"‰oaÎkflÜê.àA$Úà]Cˇ¿
$øàª»»$CD^7hCãQŸ7ÿökW√0ˇB(2}¢°ç±ñ=¶ ¸-“Î:â‹~`Á‰è
L√˝êÍfo≤°â°'ÕN2◊∆≈0≠,Ë‡ü(1JÀ!œSflÛäusR«°TÃp)†tXZC%{√áB¡X0ƒê%¶Ÿ#»ı© t•¡'†ú]j
£6,Ñ¡q…ÒÇ.¡<¬AàX‡A¬"ƒABªü†Å"<@Ô±'<Ç'<∏C/t|ÈZüT6<2HÄgGÄF;≈(Qå¬Zl≤ƒMpá¢Ù5¿õ(ø
\„¡˚çAŒ#Ù)≥JyFî-ˇŸës ƒ ôÂ7¬’‰ÌÚPÁ≈Ì,&i•dô(-k,Qúú”pB
r»LöÇˇ^srÌÒ4cWcGv°bë˜Ö°ZÀ•L˚Ä≥á≠i0,√ÙA ~Î¯™Ó∑(‹u
e&-ÿ7ƒÇ˙R»qÈ∑°ß\4Æ*0Å™ƒ*$4ÜG∂áC¥ııgàA•[tx60ÄF∑∏òBSßåOp}dîFç°µã1ô*n›¢°;≤jiƒr
‰8_î¥_…~ïX˝
˜≤èÈ√)?åh0--^LËÖ^£ç¬(ê¬(òÇ∂èB¥
…ë‹sb≠e)’~ä…`mÀ-ÿ@M£m˘/ˇÈ°wò≠ò˜Ú\‡·∑nÛ'ˇ.¬¨≈≥5ÿ/ã
7¯GçƒˇAxÚ!ÑAØhfl¢d˚ß«¡"|§ˇ¬A;tÈñ.4Ù™¢Åå.p@©3¿Rúz$¿\Å)°Z°˚@Xf!]6C2ú3(8BÑ/¨Éz_
ê˜)“p3¨Jî¯≈^bËÙk>ˇÊ∑/LëIsÉSi|∆√ë]Uw£ÂÜ∂áÇ$(IŸKŸ«ì6ûvıVÉ˜ƒ_´AˇVíZ3ÜÈÂ=Z#eYA_
1ã g†£°¬¨fiö`\∞@p√'0•¿+= Dy,dCå.ÈÜˇxü4(l8B[fl,¡|x4¥a˜≠XÅ§ä'¿,E(@|Ä∞ƒ3¨Ig¨
s¨4‰∏+∏Ç©≤•2(Ö,2ü
πg]‡
un≠8}k/,z>-ø\?üıhMÇŒ5ñ+i®Ü.fiQéŸó}$ÙA∞Å˙≥ˇÙ¡˚0?∞Å<ë;2ˆöªúw Vƒ∂p¡Öw•†AÑv3(∞BÇ
*\H∆ÉÀq„ñÖö5e«Ä≈ÊÎ‰+Qå ÒâìÊ%4èD%S÷Ldµêfl≤Ò%*áé
%St]Á®Gè1MÉf í:vT] î0qÅb ˇ”4a†,ëƒ√Ï’≠q‘¿ë   e«   0Pê`¿
knAs¶
∞∂o◊_Àv8€5nÕœYÉıj(Pê,åÖª£EãTÉd
ì¶´+X∑pZ√y:d3i¶W7ªÊÃ/jøÕú5S¶ŸM›√î
≥Õªôôfl¡è6Ï∏0‰√é
÷<ò¨Ë∑Ñ ãNjî®>}¥\YsÂ ê#Wé)2~yıGðelˇû¢CÜ‡Ü3hüa}Ü˜Á‘oÒ"   -øå
á¢ˆ.í¿*nR#   òì|Å≈»>iiè4<D#
öÄ9Ê6eD
…   ≠Ò$å%¬£Çòbè•q©√óBˇáXÿÄ¨≤†‡ÍìVZ°å%ä“àÄ0j®0d≤
+òHAÇ∏@Àh!gÆπEõkÃ,Sõè¥IÃÄk¨qÜôW$˚ÑóΔí™®RhaáŒ¥JÉFD≠ö“T
6”=ÙÕCöy‘∂H}Û≠∑‡nÆ“fizcéSËúS&π`në≈ƒaêÀÓää!ÜNXA·U8òıVNË>˙2Ú’Wˇ/Ô?˙¯ªA¸V¡Öt#ˇ"
•Ÿa‹»Ÿ#Ã∆6eí©-ó/|E•…\JkòdH°
≈ê"Å¢à4ˆÉ«0Ò‰ë8^¸˜E(t‡`É
t¿Jˇ™%-Ë HO,„   &SXÅbuxb   0fcc4†p·.∏kÄ¶0Ö61Õ‰Ü04πY”4géπ…
πyë=‡Éâı‘≥0œ@˚Dî^n11Qú†ë'ÿ]˙4’hÉî“H3’‘“Gy€‘”„å3lÁê´.òX$·ÓäU0‡`‡Å∑·v n∑p
€mn"/FoΩ+ œ>ˇ‰„Øÿ˙flØøç,j•Ÿ˜î([lwˆΩÉ∏'õ≈é°•§«»Õ∞\Fr¸¶5¯HÍïXéq∑ƒ€Ÿëè∞Ã
Qáˇ>cçóÇ,ÉuD
EädÂ8ÃöäIä)∂J-+§¥bá
¥ú^ˇ¯zMe4   KÏ∞k°F•ïXÇÑ√4»“A≥S®*´)Ùï£fl¥fÈDÈoçÈ÷bãöiHõA∆ˇï
Œp*≈õÂ4ß9À±éuÇaYÃ"}XCH0+P‡vì€9»¡ΩuÑÙâ»çÖdKY∆:VAW-ç`DAä»„¬8çË!Ò»6LS!`xé\F"◊&
^_
PÙa{x…EîT(õ€Ü,   Q•!*i•ÑJÆ,B|Ë-R‡Å≈_Kx¬V<

U,¢EK¯ÇYû†ô§cW§T•ËiÈ"#\Sõ6ïâ{f 0B!äH@bC7˘ÉDùq'¯àöiAg¯F¥"~7…
j`ÉEΩÜ5ê∫ImtÛøö<™ï'o°∂„(Á8≤–%)Lâ   íÄ
ÿ†`ÄÄò…<¿1ä…Ä0Äô°˙UüU†√%q…Z!6ï≈∏»1Ñ@   \„bëfi!,Δ6@¢íÎ¨ÖdZäV¿"29ÎL'U£H
>Ù!◊ äWÙk
pE/Z°
O|,¸zD"“@ÖAâ:z–œ>Ò0µ<°E+
œ0h
bp^ÙÊÅ∏% Æ(”£Ã
¬Ê0÷F,@Q'>•°%ê∞ëX»2ïp@O|∫ ˇü¯@¥P*JQLC'¸`5©˙RTÂ§X5Jô
Åú˙ZçäQH"Zê¡ Ã°ÕòΔ\f\È◊ÿ'”Ã»fiBëc]ÛöÄ+!·»9πj%‰Öè+HÉöï∏oÆsB
¢(ÊYŸyñÎb,]˜•”§î\∞-,,p>ê˜BÉ'@i$P≤Ç_
ÉV,†DùÖ°§ä•Ñ√ÊXR8ÄÙ0ÆîvRé°Ar°KKØpphÉ~g,^OÆ–åXàπ≥óï(®ò•G,`R[#°-BP
£AZ*≠Å "‡OQ•tö'"ÂJ˙f ÄΩ©•◊n9ZòïkPÉN˘Ã¥Æ≈°ÎÇÈzW°ΔµzäfilÂü^pÉ˚·∫˘M =dYa°Ø`hNÖ
4VrIÕH$[DPPV2/Ö#ÒäŒn∑≥<=>gCK.ò–%†pòRËŸä^|Ö6^WÓêÜ;ƒ!9i:±€8˜w¯-nÂ¯%VÊEh®WÄ¡PÄ
{q8™€&√‡T∂ë≈ü"ÛMÅ^C9^xë∫ß>iÂ
qh*πnë˝-çΩÆ1t3
K¨∞ï\~{÷ö 8≤Ö™bp¡øÌ”oMÊ1\j4òƒ–káQòBWgÛ?6lâ=\kg-ŒƒÒH;G“π˘…Jfû≠†,f;ï˘ÙF7¢Iå%(
Pé
c-+å¥VDT›ùÌìΩ®DéÍ¢äÄÿ˘'[n«¡-p®≠vp'lÄ`‡@ö¡fø¨   1/;L3éP•a
"K™“Óü©OO:(¬ÆÄQ>°¯∞`âh3ø´:cîÓMÙ£Xô'VF˙7¥\é~ΩVYD∞ h¿ÅÖ˘∂ñ;S'^ÊÃM›LPòØ”˙+
ˇ√sü[XÖŸ,Á7§◊l)à'^f‰ÿiö,TË1ïäÖ-lÃ°,k®–R2ÎŸG'8†àDàÜ/¢0L€».^DŒ±%y1JLƒnaªà;˘WÀ
w∏Co∑í.4®ª∂P‡¡x7†>
Ï@äqìk÷¥Ωè,^<ΩS†Ç˙H°>˙ôRnØœb(ä∞1jÆ¡¥BM'Ó}îi¸G_IÀrRòråSKM˜¡
nk<%^r+Ø6¸]ÅU≠võÅµ•   ÅŒ◊_Õ˙ZGÒÛKM√B65¡•°h_ärqΔ√v%#û2Özy})bÙÏé3ª^å*)^1r/Ë
flák{â_^¢"ëEÏK*‡`éÓ`:a!ÙŒ_û&°à   Z`6‡÷á0`
b°0†°•Ì#ÉMlCT‡âœ
Z`°ƒÎé.˘ñ‡
–†≥û–~nÅ4LdΩ®™i†
6ÆÍ4:ÆıÓKR*M‰Ù´“rcß˙‡
bÄñ∞ÉZ.ôÄO˘•Í˜Ú @D¨Ü^m˘8l±íÔ'≤eqéÓ˘°Èr<Ï7"ûñ*$.à™Œ+`,îÇÃÁñ`ªœ.jåÎ˙ ≥Ü |td
        ˆÄvÅ¸|¡1\âh∑÷Ó=u+#™0À:AX·aÎÀ∏ÌÔÆ§`6Ää‡”¿π<,ë^FM√M°«éªJ.0©V 3Ã£·ìDÎl
,ÙPj^g~ÌΩe6%7$•´`èñáÉ‰é„RdA“ 2@ò2Ë”˘BM¡Ü0
ÌäÊådÑ®o"ÓCp•pƒQ∞äeY(¬Ö áSlAíŒ∞¸Ê˘^m$H¬$FûäHœ"ΔÚ0≥n
<«t¬é≤D!IÏ¿Æ_ñÃ,Œn¸z¡"rñ¡™v#™ <·0∂ÃÜaFr•/Ó<¬§îÑ<`\@ê+
4•π†+M÷s¯Üo√#ÿl0na%
bƒéí™O\0D^¨Bh•r∞îV#5§&$§ÍõÜ„∞
/e^Ç!+ãC+Me"Æ .(ÕÑâ,flÜ'≤ëòöI-ImØEÁ≤i+Ëò∂˘À±<ÏÖ†%rîŒú~efl6«á˘b¡$"é\°œà
$√Ù•ÔÃ}:ÎÎJ
cA%Ú0µ¸e(,¿Ë"!{!ûÏO>ÅF3¢R°#ä˘aÔÙÆ
∂•oM Úfiv
'¿}b¡rÆ„◊)   c0‹ƒnANa¶‡   ~f3˙§áÏ»h0
E™íΔ4P)5,ıVœ-p„Rí–7é£kä”Ne
é†¨Ââ˜‰ÜòŒíôfi
öû)
õIÖbM∞ÜÆ>¥êöZmƒ®≈ÖÜé˙¨ÂAΔ≈∞ÖùräflåfÍ∏/àäH=°~Íß“‡
*J =Îü`¡$¥Ôâ$„†“»EÅ4Û#≤"{¡/FE3•S°0!A5Ô†!2°6“Ó^œ"Ü
/db
>¡ÙM1@04ë/§Ω§¡87§ïDOû§vd
`0>górQ •∫¸Çı\CM£¶†fj¥JïÄ•ÄhœT4•l˙ ÂñPO)¿n “,óI¯ÿR¡ıÆ†©òÎ>BYáó÷uÖlçr$'AomR∑
aAüÅ[ûN
˘à
·iΔ3˝~j
¬‡
<«}∂ÀCA!†F‰Aa!Ä¡aL3!“4WçFeîF1QR!~'Ü5p'GÅ˙OOÃ˘†R‰Òp
˘tZ>„Δ%8≈H*ÖDFÆ¬EúM¥FD™ÅCÇUÔLô¶Õ†°Ω¨Ú„ƒ≥´†C+ô–ÉAÆ@Â(‡Ç0`Â¸5n>–í'u',ØBQÌÚÁ»±
!ÇÑ'QV˙'Ë>,ôN!.Á#VlsD'+<”≈¿B)∫Ó;¿<LuC?√CÓPÄ·6¯
ñD·^,)\¥"R3â°tÅ$u!;AY!H30¡

°
¡2¶vjÉî)p…Ó
^–C A^¶Mx,Xf◊~3s¿a0cZAt*.2-∫¥-‡·^%H´ËßMYèıŒ'4˘8∞â±6úA7r#7
h^ëcS°FøŒ&Â.®ÿì¸Tnö-
'òU'Ã2 È¯ı?X&bóÓ˘-…Ü.ˆ∞˛&á¥e◊XØ∑œS·Iÿ¿,z
‡*j   n@+÷xq'‡¯iªXıP§H∫»ã∂E–Fh]TÑñr¡2°œ‡Í‡ö^ÍÄÃ†œ‡§VrXQa◊ŒãfiCb¢†§5l„#ÓóM
zÇ∫Æa0˙≠ßÄí‡–«9gÑnA!,~°–°s6Ö~j„okÉ"4pÅ♠p
<«¶+ÈÇ÷@N¿"ËFò–Ï"vòö…r˘
ñ¡‡'¥§Ñ™iËNàb„CÑÇ•¯'ÒÜ‹íu-VR/,~Q0¡e¥@∆$ó¢C"&ä`
°C˘*âÜ◊Cé·l[-j&grÜ+
W   -EGRÆW2aÔ™†
§¿Ã‡»∑
àÄ¢†0R!Ó80"¢l,nã≈Çn}·ÿ¨LpÍ•Ù3's#äÂƒ∆–†*¯§(˙DJ-†íAi
âoßÜı80Ç€Ç±™„¿qπäqÔµl¥√@`   ˘5ÕÓÊ¿lÉ»r0wfiäfi ñsÈì>B?¬.%ˆaiòò%ù.)ıƒ<#ßPÑfl
8'\˘0%1ÏiûîB¢FÁTc@b`
÷˝CŒT˘ ¨ °1B,÷n¡ãÈèÁy∆¯W˙Øû@
¢@
˙Y
–ésÄ jÌ8}sÅÚx∑¢,g∏Nµ¡äY∆L†Ù0§Tq™1¿ÁàJê‡2£°6
@„ül·ñRMÀ'*CyÇß&î„u7ƒT»≥NÉ!¸`Ç¸ÕËÑYnrWÆß†0wñ]N®ÂÊñÄó!õDõlèò§˘eb'V@!ßr¨∫@=åc
ABv>   dÌˆ1D´àøÆÎ*ä†b‡¸B!fA07öª4Ù·"/∏·"$î"∆Å˘^·»¬∏ƒmT
Å{˚π(†
∆@é£†
ÃÄÅéÅU}˘'l4st∑°í,¨·
ôZÉù0ï¢?♠)2yäÇ0v‡"@xDÅ§èóı∂Õúap±jÇCπ*;N"¬3ˆñÉ∏Òï
Æ†¿¨ë˜2ËïExr#Ä†€Â&óó©ªß@∫flf$ÄÄŸa∑iƒHÏ ¥X
¥!"»ò§b¡∞r/ª÷0ïá@Eä≥Ä®˚ EÏFwŒ:Z†ä¿úÉñ ∆fljàT©ù#dá™å,FèlGíåm4vÙ∞À@ ¿§Ä√ÈÄûV≤;
Åj:H˘: 0Râ¡o8)1û¡¢√4 hµ˘‡
∏°ö
¶HHöVœ∑ 7Ràlj •6åêpè–•áÉ´∑Në#litÔmt/±°$@∂ª±;∫ø<$`Ã√úÀΩlÀ%`©Elti∏=Ã€W»õ°#÷5
´Îú"dÈ<¢cAÂ[D4♠ë\
rûÙäãÕ¸˙˚ø˘ é„Q¢·F"–«œúÅ·¯‹Æ#ƒíq_ÏF_°=RÔˆnç…˜'9°D\≤˘¥éSívåıôÇ˘Z°œa8›$b<¢aÄ?
bÆ!µ   ‡Æ@§Z¿[a4%˘Ç<îôfîã¸∑„Tkl„po#ø¬∆Ä¬&Å@Ö"aÇ¿Ėó'ËÕ0hÄ∏‹>flfi"úÁó∞AËi(¿ªøE
ƒ[A»ª=H®r¶ZP◊b◊)B¸
!>vCTl»≠%t–o◊àªnüœ4–':
"!¸Q∏gë`UÏ`Av"#Œ·#„%$˘:û`F˘µ0lWΩçÖÎ'Õ Vù'1!J°jì6GÉ˘/n^!m':ëœSÅùù4JM„∫V{
¶ÄG ´G®¢«˜‡«w±ïFπuZG€¡"5k^zñ6‹Ωù¶π#8 ò‰∆"l   /HOÔ]O·˝$`O˘˜^O›~ÕßC©v°„\Ø%
\™$˙<˚™›€rÇcüù∫≈AK,E´ë]2]å^%
ñ‡øô¯¬Ä`!ûßÿ©c˘
V[A¿πl˘°[·}ßÌÂ–¬w¥'K=ƒ≈ó∫w'¯ó6Êì5 2!Ó†l_ò◊Ä¡C◊C"È£4Ñ=ß¨'é˝.Ù
®}ˆÑOœÙÎB!†fiÂÎ_ ^ô<)e€1eR6ÂÏ√Fø68   ˝Un∞\O˚ïÚümfOÇÖÅ
§♠·CÜ(p¯.b∑p·¿Öõh1c≈ã‡∫I∑≠#8m#EÜ¸x2‰Iê[¶d   í€ÀàÂ˘¿q≥i"ö≤c¡Ä˘åñ–†Ø^â:

'£•K˘Ï s%ÃîKnLôfÕ£YÕ≤mÀ1∑±ŸöÒfÕN≤6πù;˜
òßØKÅÚ§
Ø™Ωû:%JdËé°ø~3%2lÿP°BuJÑ©TßL~-Jt'NÀå^ÄZÜÌ€7o◊œe3ùÕZ∂g–Vo{ñ-vlk‹R7É%Íü+St
¥¯ù"ES"♠'
÷≠` ö9fi\ôÙÈœ´;WÜL˙∞Ê√öMÔÆlÿvÒ‰≈3/~ñ§5GNP`ÉƒÄÅC~Rÿ♠∏êB   ÅÄ`Ç^TH
n'QE}TR˘D/4Ë–G›‹'Rá+©%Rà'>$7
,îñY=˝ã/B¡Ú
,°Ñ"ä(JE¢:¶ëoW]±ƒèZÖàXÇcdm‹§•/X6mCñXflpSŒ7œ,≤D"w±íW^©t2Ÿ_áu¢◊^{°í
*®`bàbÜ`íIúò("&fôu≤à'¨Sçh•˝©ö5_}Âïl≥'6ö2∏È6≈-Ï–Bp¬µpÖqëƒ¯À1fiMùu–y◊xŸÖÁ›v"ÅJ
jxÃçfix¡úL,ë¨QÑ{ÚÕá
ÌäÄ~♠ ò¬   .Ä‡B1∏∞l
ÃÓ√≤;Ï–"DZdÌFFtíGfHRÜ(±ÙaáØùKnD2µEñ5*¸'ã0¬àîRLÈ∏FèWÌ[DW\¡G$°Ûâáj„§íP*Y
¢XµâFe:«¥íßû¨‡ÂI∆®ÄŸI*zÊ¬
»"´íK…π§ô   &*´ú2ùó›Ûd∂ã5¢›,öX: 3¢JÓî€SS·p'<:«≈ã¶û>›<"•Nj©§≤Zfiv∞Ûj0≥í∆Ó

¡Á¿π,ßü@˘
B
….+mB1wt!Ñx˜Er˙`Fâ$∏G~[∏π<û,,ãì“6P>i[s<Ê¿¿ +ùáb#é8ÊòØTçZUqZ≈L˘3™ãd[fl$÷Ï OÈ÷
í‘°“JΔcàJ_©§≤◊.ªË¬•ô™§í…©ÿíäú)´\gô%,â1‘`ÉN˜Ë¯â3mS“¢Ü÷V
0¢•±FT=*ip-@a(°ƒrä3Q;Á®’xßìÎx';†B®úûNißU·iïyƒFãX0,
µz}-ñÆ≠m-ƒ[òPÑœY·*#·èÆÄÜ˘°∞Zq∂(ÇëâÑ$ÑÛ
«
è4n&!r<,†ƒ≥¥Ï%ó√,Ä#œyÆ^ë•DSÿóÜ‘]%ΔYÉé"eÄe],¬DÜMn,≥;8“Ò
lc†`≈˘≈Ú¢10xáxÕì£'6÷ 5Èqx®à”Ù0Q';aœÿá8œÒΩtX√÷®F#mñöáôF5©°§mÄ
°ö9™h)‡¿ovP„0,∑8F˘‹Ö f∏Î9˝iöµSµË|<„!è™ÃCØçWòÅ~†+¸dê
¡ b∞!@°Ñº˘ó“†hÚ(öi»◊÷†Ü=§·oíP!%-¬’∞%°êπV""≈ô´aK™§wxrπ†Eâ†KJ(@Å#AëGΔ-
QñÇ£˙µŒIÍBI¥•n»Δ∞ëÕƒ ·§tº%‡•Δ1z-F°|,K}¡„¡ß√&N`¬c ,˘§√@2ÅπC":A
j,Ëûhº1ö•q„îTlÍÆXı°}7¬oÄ”…flg}pE)•ÊúU¶≤˘‹9 ™÷ùÓ\ßñ/©%Å1ä>\!cªO/@`ù¿X»‘õ
y§5¨as>˙•e◊>•AV%Ø!o 0$,2g8;≤Æó4Nùéì…lò§JqsB>ìÇœHËhtÂëVÏZ˚>OÇZgKˆ$D=£+
±ëúìbCöoH£>ù*XÒ ;~§ô∏L ˇÇ ÑÙ/s™”`Zjò≤¶4˝fi˜Dc3ûJ7-ÌLçuüqàXÄ"_@ä'è&˘((ç qÜªÆ-
Ù^ï≠|Œ*=•U~*TU’◊î±5ÆΩjaÎ/-&¨¥™5 ¢€¨ÄÜg µÆrh•%pW9Ùa¬Üƒ# DNãPd√€*l8€!è»Pù)
±Ï*π ÈL6^Û*äç2;:|ÒàèÖ¿B!£Ã°6Pö]DÆπ/]„ßBeZu`0„…∏Ö/âÒ
VÄ¢K¨‡J¨àÂóÆ4§Ä¨ì"œ¸ó¡¶•âË≈ˆôé4#c)çÕ≈$ÎZWï:˚nP£URø)÷0 [CÕh
%4/ÎúC≥≤j˝”Í¶XE@™ùßÅ„ ’´r9ãPà˘5àC‘ƒVe1+˝öB•<´Õ=-’Æ˙lı"±àX?bè»∞âÕÂa¬-êÜ
6Iƒv®Œ◊BV:D$,´Ä±¢y.1tL…ëSË á>LbF±ò≤5U>»i{-JJMxÄ
°_pflwØ≈'>aaM@BpPDF3fÂî˙efiãÓK3°@v˘∑aÃÓ•E≤5MG"«Ú
ªyI<=MO+©ı
u z¸
íÍ…¯ô%}™‘˝h@µ˘ØDUV®5¸„^
FC¡Ü+¥†”ƒµ≥¢%É¡‘h®f]UÕj}ˆaz]çiΩàO$}◊ 7C\≠ÉQ(◊˘Öe,:oΔ«:«ÿ•ΔÂ¨mDŒ%%á»ë]È/◊
áb≥-™√d¢…ù]ç¨Å·`ÙB≠hÖã{ßÍ0@Å a√XÄOú€ö†Äd3oéÖâ∑)•K·∞ôD`>0Å©√ÍÄ=bhØê2].Nqz
≥7Û4ŒìL2#vSeYºûÏ§pñpÖ=0¬Ot3çËBfl$9®N~UZbçU]ãï$¯pÑË'?Δ\´N ÙÎßœÊ\[-t¢”x¬¥vƒ",|
~ONÜ˘öê∏>L°pïƒ[âM◊,ÑuôjS\˘U<Y$#HAvfßjN±} Zk◊:
µ˘EÍ¢IÚ0i1[≈ñÂñÕ6k|PxP¿¡°:∞?Û d,G)%\é˜x˜ñRÄîo˘ÜÉq ÉÖpu‡yû3ù@2!√
ª∞…∞='@[ã]™]w∞•k0A@`-pW,¬·gk• q÷`h¡˜{^¯%*çÜ©B_[√r-Aî∞Wp Ä ≤V8◊/˘,YflÁ‡
∑YC«F7tN§xè‡ ê†8!.&ñkªÜ-àebãÅÄÌ¢C%u¡êî∏"ô.¬;I¡JÒl/íá
§¿:8F√.c°äi$ÑΔpÀ†wcñG'p‡˘y?@¿+∞+¿8Ç%ÿ)Uoó±xB&`í' hòÄàêà1Hçp38¯f`t-Éq ÄÀ
ƒ†ª-”0
BHp-5]FX
…†∞hP(Ögèù%I¸¬T ·h U¸C@˚”ŸQ|TÜÙ≈|t¬Î}pà6wL€w-%}w~Fßyt≥ ¥¶ ÇËM,4uâ£!Q'
Nfi¬¢CË¬p∑PiQl=Qâ»vl≥0.Üâ¿}†j<RÄ¢»:ÕPbä£äπÉFfl-éœ-
À`¿-
≥Ü0Sïw_†Dê?∞º»ã,¿@∞ä† ù• Wˆeù†íá'¯vålô à`à É”àów¿têçRPt†çy†çfêu
òêG™-ΔÄéâ$i¡HçÑ
œ
|ÄCS4p˜H{≈¢q√£¬êh˝#r!gh_hUu|XKgà_§*£Aër-E¿}[‡]™÷Wõ’á4+l˘ÙCó'è‡è• µ÷
„„êk∏&uá’kRÊê BF´◊ÛNIΔd¿êd>·/¢ì∏YkÄh`WK!
GƒM,0¥ë;ÖHfi#‘@©P
ô@%£ •Ä óp ápÑ†˘†t@eQ@+•0•#,0,¿q`ñlIâ∞÷ñ±kñó äoà†-Év`◊Y˘OPRPfP
7:7Zc`£f-òÄ
∂`/C
DòDhwP˘p0ÛxTë2 BL'WpÄ§$˝„Ö¸(|≠9ê(7|…W*,õ´B.◊êm∏VìıÜs∏ö¶VM@ß#™¶√)¢Hwßy:k≥6Nà
„ß))NÚßàUW≤. !™4Dò,IûÊâw0Ròu/ùıgè¿¢•
±@ZL"ìÂôG*Á
,Ä
‘`ƒê
ò‡π`Ä¥Ñê†Ñ¿˘†öc°/•
00ê°jñï˜e≈J't≤ò7ç%˙e(
ç2x-˙¢_£~)R¿£UPc‡óJ6†9ÄQPç1<¨-
ΩP∞`yeèWAqêÇqöIL)-6¸¬~
≤ ËÂ{™˘è¬'êıÂö‹iÿr£È|1«i'¿¶Δ§,1p¶fMv’W{`tu*¢πßèÄ'{ƒtüÄíß5C(i8 6ù∞;µÛLbw≈&≥¿
ê%˘îêäûÂΔ™=,ûß©%I]KrvÁª∞„(zÀS‘0

ΔP2¨J´t@ä†
j Yk É¿µsp˘´J@9†´#@∂eªRÄ≈™ ≈ƒpÄa@Ew∑s;∑0#Év`pg∞fp0 Ä[◊:∏7ƒ≠cP
°9†/êJPdÄÉÉ–ñ#à≥EP∞)¬! o»Rä 20k‡õ h¡GU÷|±D@€ë√†?Œ`*îfªÃa¶Ø2µπC@V≈t4§Ê/V:WflW
Äª¥≤Ã©°ê0àÕŸúµˆßàs≤Üs$'Kíàwµ¡P÷P¥flÀd… œêjû0©âà#úµ=õ–ñ©œpÕ°$KÈΩ†
Øv¨xAG$≥&ÜptêLç` <l˘ Ñ`
yØy‡µ∏™b[°fK∂<`_Üo_∂œhsãK¬A∞_Pxu8®∑1˙ÇUêãU0∏<Z/ƒ£fiö7l,
°0¸f@≠UÌI; ?:∑ôùfÑ 2∂ ± ≠kZ/•¨ê◊Aêe∏≈¥¥*≠≤5£…êí∞iRj«3‡/k†ΔõáFßë¥6àÁíÀãt≥Ê
ÍgC◊kΩ,¬kâÛ«'πN!q]fa2+œ+B≥>ÒîO #RF©ú'≥qêL!
œÄß±SV¬%}ë äqu ´ó`§l Öpç@s@y‡ Ép¿ˇÀñ@¿ç–µÉ¿ c∂c;P∂#†aP¨°¡Ç!°”ÇA•
#°|[≠~È¬?•D`Õ-Ïó9ƒ£àõ∏9°flLz√é˚ï\©O@ƒ+¿Ω()m√ˆXLG∞ê∞ ¸/•VÏÖK'∑@¶–©r_¸@πD
Î–Ko(á[{MgÁj8àNΩÕô«Œõ«K‘»64ÑeX%ªN
ÚS'≥·´»57ÎE…ˆí|@…põòö©¿†@@÷H≠•äPÉ8XÍ£Sk´dÄ‘s†‘^À¿ÃµÉ∞µ[€‘Lc@°dÎÀ@ ˇÃk´¡x ƒP
pÃ…°πòx≠Ä+:∞÷πHÕ*ñD√;ä≠àk◊V=◊s˝†(†çª´ƒ)°hb)ñˆ®ô
,ô1`Z–°êƒŒ!_ïÕöã∂?[U©Ç∞dƒrù˝*¬ ¥ 1{
jª…}+‘jvu«y,°Ø˝!ô–´úÍ7Ní≤>4®&˘a/ˆë•)à\ì¿@
>°“0˘
ÍzÅNÙl<∑k@k6’`$-U
‘‡ lÇ
Jç‡ y† ¥Í¿<m@m†‘Çêfis•‘ï∞µÇ \K'd•ê'∞)Ïx‡o+x!\÷Ò˘¯Âfi¬@‡ï/‡†+ ◊Qê◊wÌóD0wù∏D†|ç
†∞"nÍÿÒ3)¬-∞,»Jh £ŸW%ê¬Áh]à*∂KKÙ•*±õ5.7ö
π3põΩõˇrMyt}®°K·°Ç¯%s‹úù€KaCW»Ò«•W!$9íc*b»wg‹7€»õS∏≥ö1∑Ì+àÒâ”nS,
vgä :¿∂:T´ fi
¿Æ¨‘%=Í
flá¸‘É y∞ËÆLƒ#–#b†é0óx‡∂o`pÃ”≤πÇ-)πàÍ?†œã/–‡/põ
√é≠;
πvç≠,Æƒ'◊``ï)ÿœAÏOÖRòPXj„3œö$_´€)'iÌÀ«ri»∞4 bUø{/Î/'ß©ë≥¶tè`a¥-kÌœ>@X¢
>•aÙéí7¥«Ö„-{ÃΩ©Ò÷-:ÕGâÂ…“ê/èúû`tùE4ã
Ø‡…@[«H“∞ªê
€›
‹ï†ËÒ}¿M˝‘àéÀÏΩ‘ÖÆË\fl]+Ëe@fl>‡´–‡)x–¨hÌâ`W1èO¿πß¶¸]È÷/†† Î÷L·Q¿≠∂é∏Tü
£vMˇıΩfi∏°∏´Ê¸ÅõKÍc- BdÂPj–®ÎTıƒí}Urˇ∞&Gªè Ü∞`˝„]#±¢iZ•Ì°Δ-
])ht9rß˝ª!ôßç˘Ó€ÔÙNÔê?ÔaÔ˘ûÔ&Y·B(˘¸?âçzoœœêÊ/≠ÎEA“œKC>I˝
“pÃ‡î™‘u0´¥l Ò
flÏ=’
¸ÃfiËmËãfiÚÍÕËK
ÛÈp–øO qÄ`ù`B|LûÛ\ƒ(¸¸,‡Í†·r-◊µé≠€:√/¨ıQ0Œœfiã+p‡;–ÃÕl7D‡Ç1Z∏8ÿ˘"Ü!W÷@
uKò≥f-6SfFé=6R%0g!C*Ü$ c√Ç)6Ã•0Z¬bÖÍ£ÂHà'Ú,rdJö5kàÚAöt“=M-RƒG-ES´J]¥*ün
€ƒiÎ÷
úWpaΩÇó∂¨/µb¡i{Wõ∂l÷ö;,o≤`}˚L∞/`Ω^ïÿ”#ΔY„Ñ ≥dJò…{‹ı™f≠/
±dÀZAZúAñ*ôntƒ“†AÇ\œiì'œ/≤ÂπM6l2∞g˜÷MõÃõ9Q~¯x1,¬Ö
‹ÿ†
%0`¶àôbe
(A∂Hûã@~ê˘ë^=˘4tPAÑHî(d¢àC˘ï˝¯Òó#
"l∞AÖ„#¢
)Ã0à:‡®à%¢pûNà¡bDñ[Lƒ»¢î2™h£f6/hògN‘®ƒîdÇ–%cä ΔœhâÖí>Æ(¬ ü0à°à)¶∏"
#”àcè5,‡C…=íLrç'üÑ≤)™ö¬$≈"k0∂ä¨Ø“rk-∂‹Æπ≤Å#ΩfiòY%_|ÅÂ∞WZÖP{$¥'”àL≤0íÂ`∞©&ô^Z
ÂE,Ä
8¿$µ‘L´$µ÷\kCê‡Çd‘1ÊËÌT‡Êò-∏S´0.9öK 6Haá˘%ñ‡ä…~Ì.Z/R8ŸÛ‘¢ä^@°¯%£œœ¸¸Éµø˝™
â^»·€%S-:Ó∏é;™Ébâ"Çà¡Bûzí!#ÿÿDíH¨®ÕE »ƒƒä $
û1FÖ_°1òXDYÉGÉ&é!!â°"„4Æ@
é;¸¯c4êâ#é4•àè&±4é/ª2+,.¡
´¨ö¡g3”RSõk/¥Fôc€+Œ9Áâ0=[Å41ΔEÍ1 v
C´Àz1Δó^TÈDëDq∞±Èµ’*YÕAZ£-6TÁ£UV]mÉåƒ€Ä;∏fiÜ.
*|»AÑöc˘ é›!Ó¨∏"â+ÜÑBà%Z6c…#0ŸÙö≠Ç
ˆ:–@Öq˘£Ôœk«‡/ı˝$"\øù0ä2Ã¯¢éB‡0§„Ìfi˝âßÉd8,ä>FAâ_ªön¶h(˙%FX¶
n&¶ÍC™Q˙œdôd«[¿»"†Íq»°flb≈Áï;Í:éç$≥ƒ£c1ƒÄ˘À∑∏Ù™f˘mfãöΔÚ6)$C{Sùfâ£¡¬áaZbúðð&M
2ªöL·âW<ä\É√¬Pá/–Ó_†É÷â÷¨f´qç®h£™°ùJ7x;UÛ∂√¬Ì

cP‡T0´Â@‡VÅv˘ Ñ_er)÷Â0óÚ4ãs?»A¢ı%D![ıÈèÍV%t´u„í§0;:ÿâ†¶¿;fl-KHkÿD,ò7k¥È9^3(2
»ä<o%1r¬≤'=Ë-àõÆ∞äU¨B¬d∞Ç@¨¥†ì;OîˆAf2a∞ƒÜ^q)M2;˘/Ç&∂âÖŸ»∆5ûaeÕ/Å1ùbã<ΩB
¢pcVf29∂K2_ÿ(ò¶
TxÌ)dÈ@€TBh[€7Y8õŸúNáÆC✱s7ªŸ≠ús¯!<∆‡'%& b @Å
∞¿KDü∑√˘aπ¿rRœ9«*8KZ%"¨Ós˝Ñu´#B[ó∆ëÅçu∞‡@)B°oìíAd†FáB_aÛ,""ã"`≈ì…ı∂HUèF7∫
&˘Ωâ]ÚíËõêw≈ÉZéìä"vTi+@Å B àóœKòç%ñ≥,7¿¡çm‡óaIÎ$§≈bòzBf§îπá4
Äâ2CR"∞V|Ç_#a§ ;2x'£eêçk>ÂÕOï™T3Ã· †NÿËpù≠[
kX∑.t!à*¿ß"p â`HÅñX!âÔíWıNÄÄPÃ°ä<®Bn●ÄE¡©˘¿●ªËµTg∫h>J@.πr;;sÅ4§ï/°ÊÖ°#✱a
≤F!ó¢Ì
≤#Ö,ÿ¬zö0FFèë¥á,D-áà^?àQ)%ùN¶Ä-‡@~7∞Àìœrv∞cUÇ✱¿1Î X\πU±»¨-b>Ysπ^¬$/
q™S,ÄãaÛ°àÎ"öT◊∫fiuHÎòe™R3%ñ[Éu1˘ãõ÷xÖsÉ¨˘✱#0yÍ8ù˙QÁ©fi0úœ°ÙÃ◊Àt@†jsµD!Xá ëÇl
9§‡ œÊ™Ä€‹RZxÅ≠E-¸‹ß
ÖUªH"¸@Õ˘eò>Ë‡†Î∞2∫)AéêÜHƒ"$ £)L˘U"✱œß:●Q¬¶W#ø<r£`ÔPÁ§£ÆèB,ÈÔ~EÕflËÄBÄ¬˝Æ Ó\
ïñcÅŒ-ÀX6∏¡âp7$lçgÙ/jL/b-bn8O°ê†\1,éQ¶WÆùÇP¶P);ÄÅ[+XAÅÖmªX≤
¢≤Òk[NGVûÍD˜eÃNvv∂û80AD∞úH˙ø®˝g≈¬Zÿ÷÷`Œ‹pc*G(‡"fiÃü,w¢˙)ùúDÁ7ØëπgΔ¡‡+°aüÅ✱
\™ºÂR¶ÑÃ!m*fiE:",ç˘…#I∞°Ω3ºá˙.R∆Vø£fi/˙ôÇ˘.éïë"rX✱Å
»f1ÉK¸/≤/ôµ.…ÀÖÅ14¡hòòy:vb"°L¶'Ué€ô/Öä∞+^ôÅ DX¡‡. §1∑í-√¿≠wœ"2'Ò}Tn¬w÷?
ôEU>¸Û7†@pE?●ú!Ç§ q¡ñΩº˘✱¿Ûûá±ã} 8¸∂
Jh8~JWÿ7ÁßtØœ-}d«\/aú;ª˙=Ö>H¬_>=ë2ê°ì‡¥x√˘û£_iI€H{øé$¡fi5·=/π˙fiUÑN.ùø‡ß®90yT
C°™B`¬j¨°¨K∂~ô≠πÑÀkX#+∫Àõ¯¬`˙ÎzB6dãÑ±K
)Ÿ»·πÔP0/Ç|Åá@l√∂4Ú"¸òçΩ7™,2"á"± ≤.Ïuj'°±õÏ*PÇÉ{<0ú»;-¢sÅx¡™%*✱Ë≤c9ñœ„ ¿-/
≥*✱ÅhÈÄ®˙✱7¡'±è(Ù¢"À-èb9É%˜Ç%®<!ûHÖœËóEkû·C>áXÁqππñkœÏq9ôc†QàÑL™ù€œµã-/?Ò∫?¢
(§+∞¶r●±©C˘Èä [_Ú©_Í:+¶dªe˘+ª∫z¢ÿÚü cŸÄ |xÅ
✱Äÿ
L#)»è";°π!¸ Ç.àE"h8,Ú1u2°À ¨»*HÇ∆-}≤∑"Ú' âóx±{5.≥ú˘rÅBœã±#F%¨0Ç∏,z3˝P8'Q8÷É
+:`.)ê%(‡ÉG¿8¥~°)äH9Ô,3œÖy9Á[√Ò\˜©œ Ö9¥π‡±œÎ3*ÙI@Ñ8(`Å.„°✱ÿÓü´¬<¿H≠Æä∫ò-≥-
Üh†∞´ûµZ´b:áÖ$;>8ífBüN,A»/†I°{HéQER≈
˘)H°fih°1JyäE$ê≈2íE¬Û4Av,
≈k¡zB«S√)≠{{FàØKÉHàÏ2ÿÅf∏À-"¯P"Ò±ârΩ6ª®q°;<√3sYê'x0HÉG¯¬ÿ:òP gê©%!
C·Sâ^R„s9ÊÄÄá4Ä§Ló†ööö§Œ$°ä6ì¢0AK¢;5Û£*ã<ÀœC∞B4˝°ô±…†ÈÃƒ∞Û0ƒ†D≤+
L(À¸"Øü€8≈OÙR\NR¸flõè),¨¸(S¡.@÷ë≈¶t d¡ "°v˙°™ƒÙáÄ˘0-¶{FÃS?0âÑ»Tø∞≠
TÀ8∏i©)<∆jÆ(GÖ„Uƒ3sdêQÑOh`∏Ö[8Ü^,±àÓ¢P!>ë8$6Ï«5Ù°ÄZ†ÜÅ§>‡Éà…òUQÛ(Ô-≤Ç0K˜<Å"
∞1∏Ç™,ÇZ"Y„üC|?X/Üh»ÜBÇì¿@:ŸMP@6 z]í48üÿ-/°€0'E≤"µù$≈XŒÂ≈®¿Ë|3[<A2 ¡
$.@3ö≈1†E¬√E¸ ¡ªyõtö''P{rº-ßÅ≠:Ñ»°°ÜÄg¸'¿≠"tpº *˘∞ñk±¸-o\B˙p1°<-6BÑO‡``e∞Ü
5Uï∏˘ÒÆE3$DRœÄïëëLó†LöΩÕ€°âÕ¥π-∏`>Çç1íè¡´^©2ÙÀ≤,≥<ÛC5™:?Ü
u∫.ã0Òíhİ¸ª0#ù3∂bZ"ï¨DuI#q∂w©Ø¸ÚC✱É≤†Ä✱€/"rŒ.UNÁÑNrô3Óú"ŒR"pÒñ5çE,°ßd¡9'!
v*A<m<«Û>ı√µ●≥úa°úÑ@8')5ÄÅf Ω*pÇ˝D%dΩîÕñnÃ˘\∏ª#«¢D-]0Üc»å†©Ü
#ë6˘g∏P Øëp≈LÌπUÄ\ ●e ZòìGí9ß≈âçòa=í´5ªU√-gã&»≤Ú˚5@ïï÷)à?∏¿VÎ
mÿhhÌ…U
Î0˚∫r]…&E
£pú9í".3ŒyÂ'z≠◊S4≈¬mN(E0S˘∞3%B..`¡$XSo±ÅXSY|S[îSÙŒJuJáU≤ySb§¡/{∆gÃÿ✱É¬HxÇ
ŸfqT✱|™î£1
mÙ∆'ë¬ª3PmJMhÖe8lpeÿYâË%
E¥·[¥Z¡©£˝-_öÖaQKÀUßïïYêÕÏïÖPÑ>˘∞πç÷flt#1ä∫b≤5øc]úg€Uã÷¸µÿúôö…±∫●
´√à_3I¡¯øSRsmI%!î«ôôƒ/ö<✱3≠
¸D TÅÃ` %` Ã9s\%H«E%(a$®\0#.»E;¡ŒÍ¡1¯!
˝†'°'xÏ¡Å¯·ú3ci»éÌ≤˘:À0s1/®/»a=µ'3"Ñ%¡ «1ı¢,VKAG/Y4PPêà
#√1D´)éXâ≈î îxπ€‹fiÌïL®}/:YfiY¯:~F8-´-¢H∫*ô=x÷JÈò©"flhM1,π_Ï@%4¯öÈü"≤∫●˙
´∞ø8IcKI bIKDä#Ÿ[fi!ñ»/?¿ız≠`ÄÅoÒ✱ÅÄÅπó\¸."#˙HÆÌLJÀÕ@ÇÀ]SŒ≠b\ÑaÜ·u˙°^
°·.Oà¡ÿÄWN®/C-)K iÕ-…!lb¸0≥´âb0ÚW9e3âZBŸã1Ö[#3‡K4p1FUE˚‡C+Äy£}√JÎ
=¶Ö[†ëÖÖ∆c<¸%Y†9F`Øı
d£à)±í=P<ÿËéN%è~V+YÉ˙È+✱4x:ùâø™£?k∞ã_KÜµÚ?aC`et˝c«πÇ˘ÓD,Ã/
¿y<~J(ıP„8;{Ωàªè9√ŒÌ,aˆñpI"XÏ¨(0A;ı◊nfuz#kAhFh°Êˆ∏Ê-I%DŒ˝≤X'j]'lÕÒ✱Å
%¶T*†Ç®∞Õ'±¬ÍO)\ÍPK¡zzÉ=ÿÑ[‡óähIVU4≈Lâé(œ…V>˘,hÃâZ`8ËÑVhÒmËXflŒà^/
ˆ¬Z#1ô¶XÖâ∆É=†<®8P8»í=p,IdT™W¢5Ø∫ø˙R7…∂ÍøØÉÖP@‡ïT6ú6í!ŸïM,ÍÍ~U‹E≈¯ÀÜÚÓŒQKÖ&
'{Ω.˘Ú˝. £ûÍ…mS√´b*éa%Äa|'ËE'¿kÉCÅË¸bPk"Jé„Ï'o˙4ÀW[ñ¡b,È¨'AYLıF'kŸw&
£à˙ÅëùäSê2à](PÏdpl5Æ-Dc9é(>ÑÅ Úäœè/"ñOÑFË[XË\EË7m?~fl'∂EpÑ Ú!

œmÿ¶4®ü◊ŒmEPÉíI•¯yô˝Y€Ø…fÿ%°–∫HD…Â6◊J¥ƒ´ïS¸RÂÎﬁÄÎ¶◊>ÙAÛ0è),3•∆k°v∏ÖÎèÛ∆j˘FÆ
p±\˘∂jÑΩNœ,%`f&œ·Œ±]˘·œf¸ƒ„¥ÂÆÃ7ÀcŸ-è&∆Ù&¶Ç(HmSN≠K˚†≥0".ÊK¥ÇEpÖ[($˘Ÿã $4¸Æ
î>
h~%^Ë-®EhÖnËYà_¿ò9IêËAÈ$!÷¶ä óvH-G®ä,)€~Ìß†íìÒ^8H0J^í ≠r¨Ûãõ€Ùì.Â'}nœ'Å-Å)>
ØÍﬁ‡ÄyÂU¸Ä~≥Ú8u8WL•ÛäREÜ#.2B.bN£Œ¢EœÍ<8Ì¨$‡Ç$‡Í¨ÔàÛDGÅ!ÚﬂIù\Å∞Â$˙B?&•/èe!Ãt
2àfΩéb¿.,)AX9.∆˘%lëEG)‡ÀÿM0ÄX8•jU24C«> ÈµuÂSâ_r ®}ÒË´qöêÒÒ]hcm-
∆„õàîtïü∫2ô$rHpÑEÄÑO¯MP{G¯Ñ™PÑ◊FÑ™-
©Ë^$iäßÀrgUò0…tVX“ÙÚ§d(•àä9Â)
Í}Ä«˘Ä}ÁØÒcÅ¸iá±Ü¬a•œ®ª^6U°(Ÿ√è<ﬂÛá2<,™,˘û¯äW˝Œ:Ù^
¥]PÅŸﬂ‡òÂ∏ÉÅPÿÂKïÔïÁÅÛ‡Óó∑·(fŒènf‘â b1é:´31ÎyüO•ÄH∏iàl¶◊gíp^Á)ûGk„]˘g§»$ËÌÒ
´óY•Ï[‡zà^Ë“v+dÉ>0’ñüB÷äEpÄË%®ì¶059R§Dà^(ZQ-û8-*Ï∂M#8ç/¢iÉ^Ÿ∞a«ÇK9¨W∞B±
j&®Hèn>,£3
œ)>ã--"FF1lxÄT)•0pÿ•ã™,Ä`≠¢µ
ÆU∆|
l±e∆áç2&
[%9êA¢D ë.jª†E€fLóœI∫¸ÂíÑo2}©ê-JÂá/^àx¸¬e0r¿ÄÒ„«é'L>C#
î'<Äh¸°ò
Î°9lÿ»Af6Ì(d‘F°¬6
e">6o˘"E∏<àüNÅ∆≥kŒö5É÷LÙÁ»î!{>LŸ∞f€∑s˜>˝{0Ó%ïñ>{ZÏÉπá/˘-a¥n…¬/k˘¨X±d˝∑Ä
£Ä¬{§0
Zë"ê,Ú A‘âDàfG"xP§Dq(r-E>Ä≥ë6>hM4Õ ÛJ±cK2… (èÿÙH9È¥0i†·”
KQ'≈¡Jm-PAıA
,§@UU?`ƒV[nŸïóâ%6Üeà%÷\D†IWJ‡ïóõh≠…fs&
°Ñ}9·bzR·e*™BeøUÊ[pUHÒŸbàv∆@¸√o˘Zyq^(ñDlJÃVmiï•Uõ˝FXb•É<ò^ÑT~Ä«+œAW
´xÕ<«ùÆÁ}∑ùw∫Ójíz√≤GÏ{˜πGü}^¡Gü,≥¯ü˘˘ıgJ(¢»G<°ÅFÇqÏ±á#ãhÚà&êxÚ…'è
\ò!)¬GDãXÙÆΩqlcb8E
I¡ÃL¿,±ÙJ(Ø-Ié7È‘0∑W¸TDCµÄ%SJ"≈G5i‘Äê¬îTb úb[%¶àuïÚX_âIVJD!s·°÷õpF
±ÊúJp¡&_Üëq'k~¸IÉÍFcín∆C¨~∆ƒ™ë≤0)óhQAl˘ITqVßc<∂ñ®UlÜfp?Ë√È-
ˆî-,¡»- HS>t∂^'ûÆÈÌ™Îxﬁï◊ÎzÍÕ¢û{Ò'ü,¬∞'K0˚·w¥“N; ,ÿ2“GE<¶-†B„™õÆ∫ü(ÑbÑ«ª"∆-
m≥”ébG$nM6œx7K˘±¸íL†Ñ¢0N˜·0001dë[¸‘IÇp1T L5e»$ßPrYZrÈ•W]ïU÷eò/÷ni±ñZ;Á•õ@◊9
WT<_4cÙôg>,ç∠18/Ãî‡VAdRìÇHıõÆp≈c•¬¸®êÑ◊»¶¥πMŸî†¥mfWπä»Äê˘RId)Ä¬B¡Í@ß;,¢øcû]
nW„Aè∞xX¨^+{b}öU……Çœ/è˘d1äi≈b£x≈&≤Æœ5hã$>·àOë!r]ƒ4úÒàh†]¶-F7Ê
+_ŸFH∑íó¿ÇxzúâMr‘∞≠¡G=âÿƒZPî¢d-HA@-H@d¯¿X`•Óùj3,ﬂ¯°RÖÙçE
ü,‡ôŒd<¿-Û˚Y_•∑≤¸ı©->•iÏƒ>4
ÅDxå§RdÜ1?hYk¯G%läIµ-[ÄC-aIOËÄñ`M&XsAò$^qàc(˘√‘qÜm’Ílß<9ÙUxzeûcq.
,,î˚ËG?˘-˘H!Rƒ¬£h ∂ ¡#Ω+\[àPÑ‘EÆ1Æëçl$Õ(˙(|E$:QÓ†Å∏ó lx√Sò˘¿£@¶aÇ°ƒÄÚ
<Cû‡õ©ëjj»Le*ñ%ï™)H©KhõZ'7˘…-ëe-4£]¢->T¢Â}ÒÉ˝îPøœ
˘µÃ
kÊRK\íç˘c®%s•ø d≠ï ïß<µøπòïSc˚
[®JÑ‡|K .G»¡ê,$
SW'ÈxÜAŒΩ5ñW<)<tîÒ7ÙòÁp@\ú'79-Z¥ÿ≥¸s
Å^”?∞ò¢("¡àEà'W\Ñ∫(08,àpÎ¿Ü;Ñ
¡ÖÇ5≠y-äÜa%,Ë6§'ä[5¬us¬£Ü 2
,m©ƒnJ1äi;êòäTSHBíHA%≠ÚÉS>ï5@x-’@ê-ü]wÉ34uÅmyüT>‘3´"∏NÑπe-
≈ ö<îÖe_Ÿ_np¶÷«¯`2ô1e(U¡WZµNû"õ¸h6≥¡`PÑ&%äV∏,¶Ë≈+n·ã_¯"∑bxh%∏Z°sp-≤ac√sC^≠G
>Jfú0ÚC`∏g£µ˘úÂ¢5-˘öä,ë #èìmÖ.\˚,∫4!8-Œ∑``qâ[-ãóçAQœ˙5πQ\ã§cÿ¥0/
-ÖB^JîB«@õA ¨0†aGR!U¨ÑLnfT¯µÔbnyKM≥ï,U`*r@Ñ$∞œf:ÉﬂÅ°¶
≤¶/≤F¬ZÎ[ª©ñµÙ¡˘z˝≥N∆2ï bƒj◊ÿÜÉÙÔ
œÄáO∏,∞øH3nqf„õñ˝¶0îqqä;Ë<wvòŒ…π$&ôßzí< 6´=Ôñî+≠$B¸¸'j°PÑu|]Ë˙™≈ÅêK"{@3˘¬∞Ê
%\£u£D√ÄÜçò(w-¬≥($±ÁÎ(\≥†!∆<ó&:ÂFíÿ¢°PG[·
V8B ƒ¿2UaO˙É¯jr1^&.GU" 77ÀÅ[,¢&ß/ÂMg-ô˝ÍTø˝ΩrM})0ÆqÕ5¸Õlñï˘flezﬂ¯Qâ©
˘ÊR'€‡g8Ç"\·c<Ç“®F5úQçfH√÷˜ﬁ†cv6÷o¿ä¨e>Y8"Û∞>∏ò<^,ÀOÓ…£ï¥Óùπ'˙Û?;Á˙†û
\§0ÛWÍÓp0Hß]Ó:ãp$Eç,(å∑£¯AD)Û"&±ö∆†-Ö.B£c.h …
Bê¡ƒ\†B^nÄ*Ïï.ù•,'”e)öú:3óíÈÏ3øVƒ3∫.H`∫‡tø±œ…SÎ>5·Q˚Äo†>†úï∞∆Ñìn-ÖÄïœœ9 öTA
Ù¬1H√ﬁÂ
â
ÌM8˝äeŸuËc9ﬁ0ô∞¿S·Ã”ªqV|îÕ€%@KΩÕ¬-H’`Âƒ¬µtŸ¿uÍÅã°PDE∞N¡ûo

◊Ï•T"Ñ‹ÕŸâ"»h·#DvÒ¡•Y°è†î§ÅO–\∏‹Û$ö$ü∏Ã]®¡ \Õ ,í
}¿lüU∞¿ˇxflU"Õ|"¿®4DÀÓ!˙ùI\†I©b]ÖÕWH¡X®R¿E'I8ÅÉ≠EõÿöΩ¡≠i,˛x ÕØF!
Æ¿†¨k°"+Ö]Ï·(†8ïúÅ#$√fiYC5Ãb3˛ù≠˜Õu d˘M,çõëëö"fië={LûÔ†ƒ,Ï«g!Á–õ›-ƒBËà
" ,xúÁ˛»∂ƒÅÍ9»¬ET√¡ûD›(a",¬®#ÌKÓîƒ,\K$OV·•"à†ï>öÀ°ÚiiƒºúO∞îh◊J_°ÒúîPOÅàzA
‰»A˜|PÖPôS–™ô\,‡ˇn¨öÅçAö\Œ‹_ûXb^êA&œKŒA&ÜâQSıFMVÜë"'∂Œ∞≈m‹
¨¿‹,T√5âì"êÓπıä;©[ʃ•ìzfi·±«I®ìʃ≠„∞04ÅLh9À:cU£¥Péé]K∂¡]Q∏‡ÅÍÙ÷°ù!¡ÅK[^ΔùH6Émc
Iv˝»$KM¡<P∞Ú'îÖ£…‹vE§…Xflî4‰Ù8dUlÄâPUò U@
/•a¶˝úSÕjö'jöU!>UÃLùõ¨…©A"`'€π…lâ¡Kí¡K˙Ên,ömÿ*¢§•e§&ˇÀ¨L≠≤ÌFÙΔc–›-%-
ZÉ2˛]5¿/ûìxò`I•:q<¡%}y™±Dfi{°î…G·GÊÉ3ʃ‡≥XéY»)`éé≈¬+túÅ»V˛ŸT
\Ñ√AõëFhÃ^ÑŒ'âΩ¿ÅÕIÃÇ$àèîúdÊv…a≈"öyÖW8¶4ZäZiÑ®AÚÀ»P"HÖfr&çÆx¿
tfUPd˜≠Õ>]∞fë2U˘â"ŸƒùUA¢‹ÌÃJÆ‰nœ¡oŒ¡Ké¡°â‹–≈qÆ,(¶œ Ï$Õà/o˛¿¨Ë¬-
X√5‰ÕuZ÷&e„-˘ëI%Øÿ)f≠û/P0úÑûñDz°€í
ëìŸß}ÂÊUŸΩ1QY2–¥â%lcX°†'∂tÀ∏YqUiT\ßΔQ±H0x‹¿±T¶©‰ò\b*&âöó§5¶ÃÄbZÅbz
°c÷ú§X_"(OmÄ%•@g"®ÎgN…{áEfiï9´´ïZ˛Zk¢öâôTµì"…´ÂÊJVÈîN©îVi˘¡dXÕj–fi$+*Á≠ek˘•!P
™¿ Ç18É‡>+Æ`ßrßwz« ÇÁ ,)1%yP•z&ô† áî–}@Y–
[Õ‡}»¢öÅˇâ)‡Y(xú˘ÙP*•ÆÅAv`ì¶ûÏ¶a}¶FÄDÃÊéwåÇ$HÍ`≤ìv˝ÑO∞Í¢–&¨ñ®ÏıÖ(ÃYAÃÌ–v·0Å
x±◊$I œ'°±+çNœgû
˜©3E+∞ôUlú^k˛˜ó[\ê'ÕÖJÁ∏NÈ∏ʃmKZ)ñŒ‰Õ≈*û'Âdò¨Lj&F3mΔx›-É3^õœ©"êy,¿Ê©f
Kz¨xÜ'z,VnV{‡≤@À°FÏ˘Ni1j?ùÇëÆ$HÇH*â,•I∑XëAyïëWõYS¶WÓËÆFHGfhlIÊa´c´÷‹ÒI˘¨Å–
"N™Åh ±ÓàÅ¥àW˜Ó@
‰h±ZmgéÃa…3=‡iñ/ƒΔ¥Æ¶F÷Å≈è‹A¢\§–≠ı_ïÍÅ€
¬ÙØoŒ¡ïʃ…˛◊>Æ+Õ ΔQXOÍ/"¿<¡'PÉ2fiuʃ©vn`e
KyÜgx˙–w6.ùé„ÆSEŒ /QïŸgÁÕßX6Í?Eë5éÇ)h¨A*ÍJ*ıjàÅ£1A°–n0Åƒ…
A6=¡4)Òd√GhÉ6dÉt<√0ÃBÔ%Jôj?2Å%ØAM=OÚΔn¢¡ÌèP*Haó1Ívê¨˘»‹Ûû·A¡˜ÆóPÄÔ
LI˘b˙˛≥fò¥˛ö˚¢=gâµïR}m\â)ZÃ¡˛V© Ë¡˘˙&ñ∂d≠…Ì‹n‰ô˛/qΔ.q≈[Ò$Õ'8•6˜>‡Yñvbgì‹ˇ–
£Á·,nª=nùäÁU˛©,-„Â€Ê>[Áu^Ê˙ŒËJ3„Ü˙ÀÙ™ÅF&¶¡q6±Ù–.1Ì.dÉÓdıK64¿Ù ÙH™/™KëhÃcœÛ$
=zé«2Ç$l¬&DÇ$túÈ:Ç°»Å,Ç•lÈΩÑÏ…ƒMƒÕ•±¿3uœ3¡◊≤ˇ
l¥©ôSÌ°˚ÃLX¥E©¡Fi™≈≠ÈÔÙ/%ókc2Z»Ìù»]©çØùUnf$˛à©~ç_ô"]2xfl++%
,FÂπ]ÂRo•„˙PU/ʃë0z∏àÔPl~@~LÏΩiı≥tËb,ÈíÇ@e¨XKë?˚∞APÛ±®À¡ı≠íÙÌ˛06
¡d√^Ôı6ÏµH®GF ∞l¡∞Tza±§Ÿ*b"KiÅP*=J°ÏÛ&è≠÷Ê#@˘¬&0¬'¶À◊7/¡4≈Õf`ö˛\!KÜ¥öö/•!
í:ï®∞E◊Ç≠òBÈ∑Í¡˛ÍK÷Z^‡ErÛ¥–§(RΔ|ïmÑ≈ö‡F Ä,
(`√75uh',#e„ùVv0ÂKSÛiªπ»SÛ©ääÊ9ÏhYV;ôÔTY´•ï9Í4íÓ(ú÷Xs,#®n
öO,®Δ5\A]«n8_"5çÛG4±_"–5l‹$ˆ«ÆAbfl¿î±™>/∞'¯»†' ¥>˚AhG¬&Ñ,<Œ–√âøG,ÿHtâ¬+Ã∞¡TQ
h/B»]ÜÀ°AΩ,A€Å]UÙœ°Im≤¥¢I:‡é_0éö42"ŸZ$Oi˘ñÎXıâ¨IbúúÎô†ö››∑qòä'nÏ˘
˛Ç7∞Èœʃie…2fy0S;Æy´"±7%"¨z√á^uh·[V≥ÁÇıinùV˘Û^ÕàÒ»nóÅ#&¶j:`ÍÇ¬56%h®≥_ì3ÁÀÓ§≥
`ÇÜ#ˆ•õx Ì•>´u ·sÇ¬ÑÇ"G∑E«5H∞CÉ2`£)‹Ç±˘¬éô,hv+•M‹»"‹ƒ'Ä¬'¿¡£¿∂íkÙ.'ˆ
D9+ÓaiéflVâ
]˛G˘Ù˚@Èî˜≠ë'F¢≠ñFyî?ÜmOF8ÅNª'ö‰V∞ç"√7Æ–Üxá˜SÓ©wüwpzdõ{CÓ<Õ",'õìπ
~Ãß˘]˛W« ?çı«Y˙w3;zÕ¢Æ§!œxä™º5{˙À{˙8ìʃÓh√©ØH< „$Ï»™´uœØAÏ≥Æì«Ü¬ÆÛzØ˚:
4\√Û5_/=7\C'Wp8a'{J`˘+ ÃL∞Ç+X;x˚íW4öx{Ω˘/
¥¶î;ïéÚ·QÖ ®D´
fFʃ+S+◊–j"…œíí/ªΩ„¿˘ÿInÄi¡ù~A
,+HÉ7`‡Qp‰µé›≤TÉ0ú∑ycœ:A±X•f}pí)ëÊΩ‡~@c¢vu/–˘–•@e,,'pÀ>Ü~¨ŒÆº [Å© ÒàA
£ı~Ó≥N•óë˘Ãì≥Ã"_?√èV(`xÒ–#éD–$àBΔˆ2˙ŒÊv~I@∞/=3}ÕÉ8Ï5'C}'G=7@17pC6\œV√7%0‡é
±"<A˜ÂœÖ"∑;9@º ÚÇ‡è(?~TREaïÑ´$î#âäâ9îDÛÊÕò9s»â!C%äí6,/Híce".s˜»Òb&Õ0pÃÙëƒG*
c™â˛9Fcìà˘∞ÄÛÀ/5f÷úUSfMŸ'™WõU¶lÿ+a¡î˚ñ¨X≥√Ñï˘â≠∞c_øc;ó≠\∂¥ÿŒʃEkÔ,Y~o…
¢5äñ`¬~˘ï%+)S§`AÅxTeÅßLç2J#?{'\ô2z¥ï–aD£πÇ&M÷¨"à ÉFm4a≤AÅv-ö∂h◊≤iÀˆ;
[ÒhÕp≈
j"ÚÂ≥fùm+UŸ≥f◊Ø#ÉÌwÓ/Ñá^∏6nÁÕ_˙vÌ<7pÓπ}"¶>ö7k"∞;Ü–/<O
∞ "^†â¶rXÅ¶Å
2(°(Ç(¢Ö$B…Ül¿Hâ.ΔÿH$2ʃ†¬§äTP·$l»ê•â(ö©¶J,ë"ú†Çä†F"J§(»à–®Z,l°ëFg¨ëÍ*¨¥"
,∞ºz.±fi™r ±®\+aŒí≤K∂d F0`˘,+ò√˛ÇN±ƒˇÛ+ñΔ`©,ñQ"õÃŒ H±l?˙XC–†ò"–)¬∞,
'–H4
<,¿c–8çTQ„ä"–ö·à€f∏g"öÆ´aÆ≥é"Î∂)u∏RKçΔTU¡Æ∏W_/
õm¿{µº•÷„Δ°l∏πΔW_•˘ΔõcXa"©"à¿a,p& r0¿É2£~$–Eg5T¬â(jTbDQ@AœÕê¶îNR#ôî
"£â:¨ó(%z

à0@qFöfêT¶™Æ[2´¨°,jÆ)'K,À,R,OØÏ≤+±‡¬+ò¡h!≥cœ¸ZSdÀÀS≥QÊ<Ÿ≤ NES`eH‰@√¥"ˇ†»
'UTç="X#°◊ÕQ◊hÛN7>r√î"W˘Î'È>Ç€&U≠>'Í≠U-N<Yc≠j‡`Âu7nv[/Wkœ˘ÜôOå]!"Ç¿õ-p¢¥Bj
ö0€ô,Zó"óƒ≈®≈À-7∆sML√…/¥PEqï *§uåWâhüpÑ©k†¢j…%ÜÎ-Æ
Kıa¨¥∏bʃhß=„πʃ>'9±XJ~ÛÕ 2Ààx ñU6~f6B≥ä"FÀy5ÿ"P#ç8Æ∑>5∂«i+-
¿tißyN<M5ù',hEkÆ∑ˆÕjWÀn_õÙgÕfl÷≤Õ>Ôõ^'"∂kxÉä0√^‡†à(ãYŒZfl¢U-jÂGä»DË
¢√)é"8HW„Ãe.°'d[ŒJ-I("/%TAGı,QF|@êË@ø8Üø≤"0"v∞∆[†$◊ùÂ-#b´Ù√-Ÿ•vªÌÄq¶YËn±®¢
sø„/∑^IF
Yà¢ey"eÓt°ómÇ{∞ŸhpÜ3+Ä6'{çkZsΩ÷$J£·Œo úKá}bC8P'œS©äU¨z÷%IX>Ô~¸#[q-ÜIL™çmm
ì+¿ô ´nÀzQÇÏ∆†Õçî\†0®¡Â¿ ,°‰-•'o˘rQ‰&wëÀ…Ksú+J°|ê@4∏,"®
¿vʃ'qà¨ªòZ"2Mã9lvxÒ¶5V¶ΩàâãZÙb,°(/≤Èã˘fiõ≥≤ìôÏdôcgògÖ"ÏsüP∞B°¶pÖ'
ië™çA˚(((\m8uhCÕ«>˚ï
µRü#±∆»GVíf ß™‰´75¸ôÌ˘j+©/,‡E∞n"*ÌFê~p>≤ÈM±EXûƒ&9»ILd,Xd[Ñ3Q·(,@a»]ÚÚz'í¯ñ/
ÄÜÙ
g:#ö @W*Ü•OÀïbd-+u-:;'n,0ÀYåòÇqã∏Çå1Ôƒˇ,b◊ä◊êù,åglôÀ,Cœ3Ø2íÉúW!(ˆy9˚Áh˙(-
7ö∆4Ces&Ñ%·Rœ‰3 ˙PıÅ'}â,'˝RøfiÃíecU¶‰µëòÕV&Ï7™Ò Ò-ïuC†@zSù¬2
ë†AVà-jQuD9◊Lr,òD®'≠nRãj† ¡Ë$)q™F»Ä#E$
∞ÙÏ∞i‹g`-‹ä5≠ƒ±¿EKM§ÀîFa‡e/rå8Ω8ù¿30…ÿ$ãSèçôL<Ây„VX∞ôÑ ÉÅüB-YŒ
búÂlƒ#Bvêb\ç≈,Ì ˇÁ«>JíV8¥"h$5ö*·4íV˘Î±¶|3[¸°ÌlcO€œa;ËÄ,X÷ÄÏ‹U*K¶?»MdSÚRµ°±ê
M^TÎ
ï
cfiÅñ'¿ôúê" /TflÃ¬*|Æ@?√'ö Å9É+ûkó\G1˙
ö-3¥}√)¶o1LÍtt]- °s,ı~©ÙbN!ãÁ)˘"+]÷È ÏIsƒ∞b∞Éú8é~0kÅ÷'¶5≠S°¥†)$ 15HÛ
ª∆ÙC-jmú/'ˆÊ∆Sˆ•0•©ÆAª1ô¥∆6J˙ø$µ,L»ÅbZ Dk :-nq•E˘≠‰nŸ¶=π%Jh2f2[Wʃ"™
>îÔ:Îπ,,Qú{'Óäx†
ü06åTçÎp5uÒ}ùX√bfl¸Üıâx…k_s&≈∏'M&…°‡Yà±"¢>c#lJ-L2pπÜcêÍ≈Ós≥Ü5jÑú£8≈1‡ÅÆ]-Î¯ʃ
≈.vË
üÌ4j{ç≈œa∂"π∂cŸʃ UΩ…''@;d˘©'È0"ûÑ4Á *Ä@ínùÆñv[Ær}BfiÈNÑq&ä˜òù•É°«êÔm˘6ö3à!b
$(e¿C|T7Å,·Î'3¿∂2ù?3Ï,f%t°' ˙D'6˙L^][‘â≈˘G‰vep &cä°éÇ~`É¸á√^!√1flÅÇ Ñ€Á>˜8"y
nÆYfi/°Á;‡ı-Öû§Ä;úʃhç"ßQõŸ∆q˙ã}#?´G4ÿŒ©ê_'…"ãaê+Ú (@ª¥Ïf^ô°°o?
oî»(&@•-òÒ%ÔÌÔœ-APâ"ê@Ö¬(p*¶B
‡ÄäDœÓa"Æu≤%-2Øâ(n-œi/ʃ»/C∏à-÷‰M√-ÈeÄGÎJåNo"´2Zè
Æ†d†å‡
åe¿b@l/√6l±ÇÄ ä` ÑÄ é∞ ô≈b†åÔ¨Ü˘.@`Ë8†Ë<¥†!ñ&Èîn<†&kénëXÏj
Ç,È™/4Íœ/¸≤°»¨¡°A4·ŒO‹f¬çÍ˝Í>÷.^¨Ã¸å,F
-GX%À¬¨˘™´°_¶K®∏kAR©1snÍs¢&öLHé*ú…¨0Fœ≤%," Ú(fõËÇ∏d≠Éa±ã„ä" ‰√U◊M`∞d åı
$¡∞\Æ@H (¿&ÄB]†I Ê4,k≠rè °@≥tÔfrm
y íáéS8û°ªpYÃRxcªœÍ'0¥bKµ‰Q£ÙGS‹0ÓÒU-¶WÏCñ˘œ‡H$˝tä V FfiØZÿn∏‰Ìå"Œ∂_n…@fÃʃ~‡
#qßFhÌ÷Ó"KU®î©@V‡j»Hòƒ+H1,òh,œ§vfÁvÓ¬-¯"LDêMCÙc[PxÃág¸Ä
¸Ñã @ ¿†0H@É0Ê\‡ˆ6l'®q èê+ôê ∂q~ÆxÄ
≠∞
[`;»q-ã.†œŸDä~ -°∏&¥Ç-˚'êë◊qUfi0>/∆?·§
÷Öª (òE∏d!a)À +"§
™Ç"",Ö"Td∏_Í0'0ß™≤ «Gt§$%%ïÑ™∏¨ˇjÄ`·î¡5ïÅœ.?≈/Ø60§œû(L DM,aå' {û`xlq$A
p0äÒ¿ `Ä ,`c¿Ñ;QL√Xç√† 2ã 1◊Tm=£∞
wM◊b äA>°a>>Ú>ØÆRâj,•'¨È/-5j@Â±¥∂!G ˘œ·ZAË@
0»πÙ∆ Ó&1•Ï"3_¥Ï!%≥CnD(bÃ´!#1?rœ‹∞Ö!‡ÏC1Ç¸" V@ƒÄòa´P'7êa∞ƒœtÛv∏ÑÆÉ„7#ã‡È¿
åc!1ÉB¡÷ˇ 0‡)¿ ®S≤î)
†(@*ôÒˆV-˜t˜å∞<7Îù≈†∞Át fi3≈hm ∆Ò>=ã≈Ú'Ë'ÿ'Ë¢é@ïkX}ˆ≤8îmíf:œ†
ƒ˝ƒ@ƒ@ÏNïÿé∏¸∆fl¨‹µ:î2AtF‰•ÌfÖ¸4Ûsd"ï|DB™‡S·Ì^.2ÀBÓÏ`SInì6√*má-t3-j8GêL£ùÄ°
_ÊenAı`ÊeéeÑGÿ`
b¿Æ'K≥¥:©≥[;ì±;_Ó'nm9¯-µ±lçÁRm=sç÷t¶>ü°Êï≈-^;ÎRÄc|¸˘ÈûçµÍÚŸ∆RÂPÙ
yÂ∞°Aø‡ FBHoƒ®J§,"¸8≤∏b»(3"ÄÇ<5°B÷E[$®»é'TÁE39∂c?5@™îã!D
†@LÅÙ„"B"B-éH,¥D≠÷b° ø')¿äïHgÒãFo1~a1úµ8õtx4M"¡
N¿ °'Æt`†l≠L'\ d‡ƒƒ†√zo÷''<ó-√|Ô÷‹ïNè-±¬†^Îï^ã°>>r-flí˙°&lƒ0óÓSÓÒ@5Î≤A¸ƒ¡<A0
ãÎq<‡RÒ-B;†P‡ÏdDÀè¸˘ÇG&3°X(Œ∆†4e¢˘V"&xbʃß:§8§#fiÄb6<u@U2BB
ò|!6o»55a-bKîH,Ó&ÛXWÒ.¥®ã8&MûƒÆd·P-ö5"RPxNx"aSÄ¿:¿:±'[·˜≤S*ΩS¶`éûáwÄ'4
ÕSÁx.,√r °@¨ p∏^ÎÛÀÈu;Ùµiòfl qÉl8.â

ü¶˙<-
UEr≥Ó™!X!Ã‡¸H§\,÷D`j$=‡sAwsGw"ÃÎ z¢eYóEÉó2Àã'x"&ÏÕfl™Ön◊C6"$Ê` Z‘S•˘†
¢§œ‡zWówyë®+≤I≠$∆z≠whüHK◆"H≈$¿6n¿ú÷ùMı 7“-)„)e2#}ã‡ÿ◊kô≤:∑ïK©”†~I@+˘˜È+-ÄÀ
øR˜zé|ŒÁvÄ ò‡Ä≈ ì≈¿:ä°†ûî9îA9ÇãŒ.ñ
À'˜ıW\˘Wt„íUÈÆÕW∏¡∂Í¿™Ä«\h∏``YX¯sE®Ü€NSGZ¥S'Û#ï ¢Ÿ ¢πö˝Msxd(∆
wìÿ#xówùÿwAñ§†ú• Ag˘Ï*∂,a‹9õÏ´€¢zøÈõ¿©,◆™}˘“Ï {}∞'ßx4#dF$A !
®(†k±‘è!/è
@(`*Ør±¸)érØ<Áv ò wí X˜.Yì3
ê°Rz•Cπ:9î≠CÇπ◆Ë/RÿÒ¶iÿëêfiQ_Ö-Î:KÉ…#mé°>Œ†
$Qó«ÖykYÃ,∂6◊Ö ‰fib»t±•S
™@5xE” ®Y\¬ööIb°Ä¬^:dwwW$:$fÂd_Uäü¿>¡v÷5”¬·|ˆJä(,†∑zuú≤CäD¶€¯ìì¥IßvYUp†7!"
Â˙†‰`
«`
Ç‡8Ä}˙8¢!˙:‡>†1¨üã÷í-˘ò£è◆]Î‘Ä1π6‘-`îá·vªì_öìÒ@˚”_+∏|Tß_Ÿïwc()Ö/@8|Âí
°AÌ‡Q˘F*6tÌï*F< tècoxcuÓUfl®†Glƒ[|B\~B#VWõÎ™DB≠…Ä#íŒ¢úó |a‘˘Ω°"-‹v¬Xû˘:àÕ"
p·û7OL◆™0√≠‹ ç
L±;çéc|õ’`LaD([%è-@Pv@˘ fi¥˝ò ;?ÄÓwÊŸ£ÿ£}\˜B:≈ñÁr.Î≤E
‡@
Pz:x˘{^öÂì]: ≠√-s√*?ΩÿÆfï˘ïßçª˙bπ˙&˜ßâ∫Ø0
û©È.FD»ÓîJ‹b§ÖôÖÏJ˜Ì‡"´AT°ÍED2« t‰'¢™ô€:øCbs:b÷ö(|d!¬Äí!Ù£ù_≥ù-bØ_Á%˘5∞√âL»
ƒú‘)¡‹$Øª¡§eéƒ„dL˜`
^„P$E≥]$‡}†:†@õ" 2†¥C/L©qµ=Ä◊înâè û
J˙§·
j
lª∂aö^W∫ì°¡iKπ∂|`√\Ào˙¶q˙Ãw„ïóª||Â-…É˘v°Ï Ö
˘bßÖë™ª±˙ªß˙Œ-ñÊ•e!"d'≠o∑ú†6≠7ßC-#û≠.ïû@ñA?bÛgª¬¶Ø>Bû>zzÕx≠4F0Úä¬ÛÍ-
Äí¡°ehœÆ@¸H\÷Â&R¶‡6,‡Á˘¬‡ X` †◊>lπ¥: ‡[# Lq<’ãµY
€«ì»ó◆íß@6◆`œj[ÏWTêa∑ß‹∑¡˝>y˙“ÀüÕ∏ÀΩ>)»†a>v√7»8∏ê<àc=®axŸ ƒ-ŒÕÓ®d[éÍ©Éπ®bb∏
h*´Ø§@uÌÖC~õ!~,õ™‹ö≠-˘:#dJíÙúA≠dØúÜ◆´vå(∞7o‘A¶/≤˜wPΩÙlN(É±a!`Ä&Hc6n˙z˘@˘`‡Ä
R`$@Ä]íÿg°∆%‡‘V<g
gê-«[˙√†•6°œ˘˜@‘flh‡‡ÏCy∑I˘ìø"ì´°äÀÔÛ1 ÆEÀ-õ¿É◊†]K∏◆öðÇ-¥
T˜b∂gØ¸fç¢3f™áÚÉH(Q†\˘,Eéñ/_®ê©Eï,sÒaRâN%>¢D©Bî-2HÀê√¥À'cúFç*ïÈò•KôíŸäU+W£Q
àYA‰…ûW«“6S6â≠≥apè
ìKWX∞ªxÉŸ&lX0œ˘ı,Fã0·ª≤h>í5Kñ„≈≤KéÃ8ñ¨Xñcë∫|yî,S°d¡
INú4W¬ÑAÉNö={≈^§à∂"4Px¿àê@¡Ä@|Á
2H»@¬Eâ;Ç)"JÎP≤CYí=1aƒ†âCð¢=éÌëÉO<Õê
ä˜≤˜ÒÔ€èv0/≥h˜L6H†@Ÿ®`Ç1§4.§-AQQCYcç1wòÒQ?¸◆“J$ŒdL.•Ë“L®-"NØÂ
£å<)!‘çUUQUh’]TÂ£UT˘\e
%VWÕÂdVLE1ÜPbµÖ*∑`sâ3 £•ñ«Ùµ•]}>¶^¡tY¶^rÈÂ◊ò`&K0â>¢Xbé’ißùôevŸ)¶`f (ö0"jSL^
k{ƒ±ã$¬hmÁ¡¡,HpÂd*úqƒ-@
H◆2∏∞C2DÑ÷-q>´>Ö'^ÂÒqûzä»qfiÌ≈!fl0≈cfl0Ú!s2≈4”Ã3Ã˙ß`E¸˘ME‘‡Ñ^·∂vã-5Ò◊ê8“¨rÜRÑX
4ïàíL/˘◆Ç°1-tì
∞Ùnä;acCï£QMi◆?πTêVuıWc˘ÙX§çaâÂa∞r%[¬∞◊«rÖ…ó]yïlröv-å ä≠¸fùç>“0å…BÛ,òavŸf
±◆ôÛgfà¬»iL,¡Qû"â4Í4m¥¡∆,âp)p√◊)r
4@AsŒô*C™·ÍvŸÂ°i°¶à¢{,Çûé(Ç+Ø‰>7flØœÃ'¨∞»ÿ˜L1ÕF
Ä~xÄ%N-@÷r+π∑ad-EUìL*Á\íà'•ÑRä2•˘“È*Œ†”Í˙öËRA
CE‘Uø°{∫˜Æ˙o4|%¿KI¸dJ(aRK/§«+Œ"ï%\√•eô\í…¶ˆd˘ä©Úan bbp¬IÀùËÁ…fõç,'ì|†Ü
´)™Hmã%fl®'ãt“I‘SK¡"†ÄMGkH‡@ÂQÖÌ9ßíNuÇêC±nã`‘"¡áÙ
% nË¡Ø‡@,`.≈êè}öë¨äLÎp˙œ˘Çë˘8ÀB‡ÍO∑∂ï-h4√á-∞≥Äx
Iœ¿Ñ§PÖÑ%,Ì*°Z"/Xë^-YIœl≤°À4äù¿» Ö%ÒH∫#√∆ª¶XÂ*H Qéút#Â…(ãn±ñœÃ≈z|Òò»¬d≤ì>eM
flããbT&'E>&2çôÖÃjÜ≥ıqÜÚ˘”(B!
9®Â5l·yÚáø¶ıØû◆fl€¿¿É|@
¿‘p≤¿`@r@SA'dÊu†P(∂≈≠ÉèÄD2ìπàG8¬ô TÂΩ-põ8·3,38jMÀp¸âÄÆ√
»"//°≤öa
e]Éù?Ñß1dçj,ÉÜX¢Á¢:wïuVÑÂ[,≈îlm-]B1*ËHé=B„œò;5/xj‹äCçBª-yÀ≥ÂF∫H$CYZ˙òJ˘≤¶Ìπ
¥{/Sú^ß-ò2çAeìû˘Ã2£ÿ‰&˙p1§∂“¸Ùóø˘°“èx[˘û◆É
å`±‘öáÉK$@T$8’v ÍHP;Ü

C<ÒF0,ü`ƒ'Ê Hÿ5˘u€É4Q,b–ßX«∫0≤X¯MrFKÜôaÑ*¢√…A»èbÁŸàå
\CsΩpDB"ƒä¡Dt˙BQ ƒƒ†6ÈÄjÔe¢ôËd'<Bó %Hz»h¬Ä‰Ö7¬Qé[Ò¨∏°ñå
†8F3ú°¶ï˙Ò/!SF!
åóÛ–tßçúÈLgV≥õUÅí±Ëì,0πIFÙÅhWhç°ø˚1≠QN}ƒSôÜ·#à%¶~≥Uó∑'%H Ña:√§ 1ß¿˘∂4∞ı†Ä•
\!aO@¬s}¶&l√W¸î–√Ÿƒ0‡äÒBh…0úÊåñùuŒ>ƒ◊Ä¨å+õ≠x6ÆûΣX≈GBôDu$*>å`BZ¨u+±åíSãìúÏ
$D<,–U∂[4ÍVx\ëcƒhá°∞åH&X¡
¬ äËeÈ/+•ﬁı¿¥&Óë,/r∆ug∫»F¬2:≠ìûH°>kfë•√" ûPnp©NÌü|=¡hF/"aX¨/ﬂhm`Ä8‡$XUÑ0ÃÏa
ÈÖõÑ#ÃjVOüxÑ&:¡^€§πÑ%'õ‡l|bà®x[.¨ê7◊ ƒË˘≠Ûÿ ¬í±ï'NkHÉ°@E!ËÂô%é
-@KkEl0ƒ©]mFZ:ó QñÚW∫‡Öá}ÂHs®PB%/û»H9@È<¿4†eπmS!˝"ÊóLŒ
+≥À#u:úZ¶í≥à§û8√"Œ °Dkõ(Ì˜Ã0<µ– gÙ˘1'X5´ñˆo¶
\†pAY0@ÛÙ¶∑mäb[=·jVL¯>Ö*>rT.¬∑Œﬀﬂ Ë≥¬déƒÜÌµ_XêƒëΔ»œ~é≠ıu.˚"∞Á.2Q•Ä'$¶≤gb∫+Ÿ
¥≈'¢∏≈
Ó}åÂsN™‡'t¡˘°N∏Ì√Æ,Pyœª_D£ö0ô¨ q0Ö2ﬁb=Å_œ/fí.õ„õÜÔ∫øE, Ég<Èi,◊Y,<öHúW
¥ZZzéœÊê€¸~ëN êU,l"–0–ú‡'m[÷∞ÊÛaÁpÖ+(@¡äWËû•˘–S UT¢r•øJa}T8b¬B+@Ëá–'g8Ç@h∞–
Ë˙0(d(√¸!fä2ñ[Olcòp¥£<Jê◊ˆŸV:¯Ü"V¥ƒeZßd´•†Z#ï/§"Á¶.!¢TP$
Hxdx}GhÇ&0$qÄ4°»"+∞ép˘'†√y–•&ÅQ2l-SgWzËs3Ísz:cIÓTí‡Ò√0at„û† ∂WÖçí∂–{ƒ±r
ö÷r∏ƒBpì¿|–h¯|6}nt™†
/7tqË u»}¸√?√ÄIG~+
PGbÑ√,Ñ8DŸ,MÜ£~Ò∑,\∑u…f˘~ì˘6hÉ"ê¨ê ó@*Ëx4ÒåÆEdWƒ.<±<8ws«E3!xnB°}ãT•w#H
x3{w<ÙEå˜Ç+∞@Äc
6h˘w;àå/CpÅ1 ópqíg:ïSïTÑóqz<ïÑ†¡Àß˘
fÈ1Ö∂Gtå
EßX®¿\òìpKaà' Sêk o≈Vå0}¢•Ü'7t>7ê™`áYê!˜}∑ÜBÙ¡BÅ38"B8Ä8ëT∑~πà«Úam±êiâ
«†ÿ•OÄ"F»£8#®iE'–í3bZWî∞##'"w®∏Z0né˜wÁÄ?@ÈT îXî>•ÅÛˆ•ïm,VÅ„Ê∞:†–3ã©RhñfyacR
r≤ÁIî§''x'™gç∑z´
í–kê^lìsÏÂê Ög{©‡ ©Äê˘ÉÖ&◊\àì_èÚH|cXW∞}`^nEa"W}¨¿
™ tqHáïYô"7k©' √@{®R}'7NëOà§98ÅëÒÁBI=∑vHú|¯"ï…–òt@…„úxG–
dû∏í0 ;≈9#+Ç®X–Õ˘î."bÊ@;'yE@·'íúJP¶'.„¶ZÄìaÊ,•ê•i
°˘~ÅÃX2Ã8&áÅpÿµpe˘HeYÑÍsç%(lÄW@+g®u)kwåáy©6B
äéK†# ê5]®i•òì∏tÄdòò}†èå †•'«sŸôó)ôvòó™ê
h˙DGt#|¬Ÿî,«"8Å"£'uë?lÅÛ7õ8Hppëå∑p…pO$I^ê<D`Ä>Aì)¬vÆs"3 ;ÛbZNê÷&#bP
,Ÿúh˙ú–…<ÚíEÃ„¶l'(/@ßYT™e7!n# f,†p–
MJJ åÖ˙û<„y
wSaY3ﬂ•gßgñ±„µ'^õ%zÉó0°?ü∞ö•÷ 0J™{©ó0∫óùÄé_ @PñÊé r•8|∫tApW¿n'è¶
¢ë)ôìyôq∏óßö
®P™®– ®∞2ü)õı'b}"MOG≠™Ib,ÙC"£˘◊t§Ü:]ŒÍôx·§À–
öPu@eê<p'ì»π"2q"\∫"eú≈yE3ô•6°ßà¶79n"–# #0˘2* †∞"∞Z.Ç#–ã†ß{™Zé˜,L∞Æ∞Mk–ûﬂ*≤I
Ú˘ıπH"òñv"ÿ¯≤©á'k†a0†äí?Œ' ê@Ö<óó@ªóôó¸ì≤–†Òà°•éÚòK§RV†ò˙∏j)áŸáí)ti¨õŸ
ô ∂bªá^¬áıW%
Ñ„£#6ë ui,∏∆ëv€ôùyi¡¿∞
Ëz'÷õ9éìß3ú˘,È:∞É3ŸmaÎ£X/xöìpìÎú¸/
±/pÅ0ù;R+π†¯Çä†ßJ&ù»?q•…êW9≤%€û6ï2w1'3µ7Czñ¡≤éQç0;©G¯'ö/6i0∞Ò˘"}E«¨®£
rãA`r°qK]¯¥<èOk´¿Kà©|v5WB«¢≈˙¢∆öœAã¨Óõ¨®‡ô6ÍGô£)öÇSöÈCZó,å+ìª&;¿\¿<û«P
%˘áá`R
R(ÅH˜å\∫ÄÛ2Z>ì¯J/eä/xÕYÅNIw™∫(i
¬&†
€x∫˘{™äT"<RÈªi≤ëµ€√ Á&
w>çd]î°ï$zÁS}ÚSü!≥°‡Õáºm7Gwtê– 3Ω©¥∂∑h¿ïíΩZÛé>˚Ω–wÄ– ˜»˙Wüêµ≈ö™Í˚¢–™ó¸„?≥¶
©`ÉÒ«i,É√BO7b§IXÇòBø¢R|à∂œ*Æå∑ûŸ»„õÄ•HtêÇK∏wÙjWìÖ¯ÍI` lúYÍ"OπZ"ååî¬
pp≥<À Ïú´u√r xl˜@Ä±RÄÇ/%YrÉﬂ
Æœàª ÁS>è±üëjIÎfzM¨>˘Aı'€?Zêﬂ¸ÑÕU%ò†ç£z…hC∑ıÂK€Ö≥:œòf´ œhêè∞fœŸ◊¢/öœi«\£xÏ
ûY,j∑,6ø'ä»ÄòëÚ–»œ:≥¿¥¿2å–*S¿Ãp'–πÄ ª©ÎjGbäúx∏†l:ˆjúˆ∫¡<–.ùk∞∫å
ì¸:πj∞0πïÀÀ°¯Z#¨Z™ËZ∞!"±ä†ûiÒë¡]¥Kªﬂ¿ã!gvÊ®ÈCq¬˚≤ßw
öì©4;†»õ≥ÃõáW<£Õ≈!ßb ï≤ P≤ZΔÒ¯Ωπ§Δl¨}∞sÊKá0zê.J–˘Ñù«Ü> ,ì∑¥»ÅL»ŸÍtY~t≠ç
îúÿì°ÿ˝ñmŸwëœ∞–v^†f@Wz]
ú+"ímß>∞ÄVî™
Ŷ˜zG'ìì™ıú¢k∞6Ì¿∞ìõÀAΩ€´'dß#PH}n@¿K åpX,1;°R|–mˆ√r¶≤ã1SﬂïÙ>,Àgï/3ì∫>£A#(®!

≈ã“°ãñ†suêÈ\Ö{ ;‡ŒJ˚{ÑŸΩd,|π–Eêœt)™fáÁåaJÿû∞¨yÃ}àù+36
≠*,Ná,Ÿ*Xπ»üy–ã˝ô=¿òΩ2õçö}∑–˘˜D“^êJQÄ2,∏]
ØB÷“80/∞=/ä;€®| ß<P+Èπ∫}”9∫VSπ?≠À@}=>∞M&€>†.VÙÆpÃ ªyÿç>¿V≠ª-ÀHúzë˙ª√kI,ı'¢
å∞©™‘LùP{%rË\tx0;•ñB◊ÚÃΩflö°∏îB`j‡∆ü∞œ¶Œ>£
Œ≈figÿ}>≠2xÀŸ≤)»¿rø»,tÒ°·≤©,,s––SΩ,fl”Ÿ,À•
°pÆgÄxmU Ç+9ØÖÎ;fií≥]€•¨¡Ú≤*`¬·ûJfi€π±Ï%: Ìçß•˘∆©î/N√P‡œªl
±√Yy§}≠Né§H§ßÊkÆÊmn,µñõ†©h@÷O¯|GU£:ÈåñóT¯qç∂ip-s=[ıfl˛˝éÍr_ulIТµ1fls≈‡Í«Èå
^Öå^&úNÖÅ∑hãÚÅÍN8ˆQ¡Ú1ó}–˘l≤´é,ç,œËÚ6ÂëåßΩC„)-¡Xt∏ß€.!Ï£%ìAûÙngú+ ∞üõ%5Ìπ R∫
Ifi==R•ûã#nß.UPÂR †`
É/f»(…!Æˆõ ÕHBL'EÃÊWÕrØ{≤ƒ}Bfiõa
q>4j†ˆÓl˘Ú%™"rÊÃ÷PUΩL‡¿_≤:œœ•èèK
¿.¿∆hÄGWÒ”>W©@é¨êŒ@•‹Áù"˘¨élB‘*ö+’Ÿ"˛Òö=≥ü,$ÆÍ*~¡õ∞
:œD»ìΩIÄ0mo◊ˆ:.±„¬fiv@û¡ÿ ˝u <k”÷˛πœΩ∞/?w
ÀıÃS∏_ZÂ$A@P˛LÄ¨†ûY“%G˙Â·j,ü.gè!ƒª+©◊x˘ófi^mÕ´¶b≈
≈HŒ4 –ƒaGëßEè:-ÍÙhëßNû4jLïj„ßOåŸëÇ¬Ç¨¿r@ÄbŒlŸ2 bÏ∞˘è#Hû@™JU»çI5fd
*Îî,ZQq–6W’´Uá€:Ï≤Ø\πjµå‘®¥¶
√≈6Ì∞¥q£∫çjVñ¨[†>¡9#ÖL%ÅÁPBDID|$~A‰Eé«è}®@¨¬«ã≈H|$…ëdsÁ≈°}˛
c≈ã#Tå·A≈Í‘#^¿n]õµkŸ®1Á@/≥*¿˘©¬É…û[…è6,X0ÁœùSué:-≥po>Â.k÷>Ô·ÔîE>VyÙËœØØfi‘(S
°Låb¥fMö4S–¿YËp–Eä$Í$#04Y èÙ%(ã,ÉH`%ï^z©&ò2‘p%n˘ â!
¬ÄcèE>qDìê>Ie(ê4JÒ@¶2öÕñÁ∫ÍF´¨B¶´gƒÍJ´ßä-α%í.$i)2.\†JP4Å√ø®Ã0,;åfiÎ≤Kp¯í71=˚
M¥–î@Ûá`•·4‘THmÖ‡‘-ŒŸ%îÛÖ”`ËM4*r†Çäî¯Å–*|‡¡éOîkN:Á¢ìÓπÁ∞{NòJe F<°:eœ°Ú>
5TRb!EñQb9e=Rfi%îM˙ê#
4h
#!Ü^ Òøâ2YDëã<ëh#Ö2Vë8¶H!îVzIò.@&bí©%ú]ÄÅXpÅ 0FTƒëNPäEt[˘‘Ëa-:eñSŒz´-zŸ™
«±ÄÃÒ™¥–ä+I˘çúJ»!Ô2ÖMƒ0Éâ*»0¿¥%“ƒ∏ÙrLå˘44Œú`”5Ic≥Õ‡îmÖ
¯TπœNÛ"‹tS%–Hã,P*¢•·fDÅ¯A
86Yf9aòã:Jü≥ÆÎä4kªˆƒ˚éªı>µZΩ™eË°Ú‡EP˙¿cä+ÆP®ø=Ä"ï¢E|ù®X4ˆW8òHAg+T)Z
a∫6[gX`€>‡a 1‡PDAÚËPåE◊Xa7rÍª¥p‘ú¨bvÏ*´ÅÇÍ.#·
ò≠"S'òñÌnâ≈ï0±É ø∆˘êXÀ+€LÕ√„Õw…(£x3–sbg·t91Vfi`”60ÌeÊG∂˛˙ö
•¢äAª?¥ä·òPƒï[òS§)}Sˆ˘É¡îu%πöÖ=™”cµ°U≥>Ø‘SL95’˘ù>õåƒ'feÖ['
p`»,x•_E∞r˙7≤4ÑAà@‡Rb!œUÎZ"@‡–Äl ;Ä∑GÄ%ËbHj»åv±À"è¯N°˛ï§a‘¬^û#Ë¯Öù®†EâFíW¿ò
Ø≥‡ÂuéPÃ–02ÿN Ä…íaÉ•$LÃK√#bpP&hÜ3 +Úñ«ï•∆4/êÙ˘`@ö;^ƒŸcÄ@(ûÂ¨

d˛ú*¿°QÃps(UI£–”afl]Ç!øÅàj~fiπ/˝TeûLä*UÒŸÑ$ ±1X¡
g[H/Ä¨^µ–@¡êPäıE¿
;ÿJ¯AÅ0C”ö TR!, xÖƒ°„Úƒ
Öı fÛ€˛èEÒ.x¨ãBTãΩpë¨Ï.jÈ◊Y|≈Ä˘ÀâÚ:Eì:Â:V(`8É»êE–
F0 ”»SF2"Ü3°!ûoÄS≥‡ 4ê–
úÊÿ°(fbÂ^GBÍı„!˜»(Ï·ŒPÜ2‘ó˘ùóûœ}–A,v.ŸûLéßj†Zœ™ S*Yîj§≈Pã˙ûXåU¶êÑA–`(¨2!
Ùå˘≥∏Dt"÷Dîî_°a .à¿Ñ>∏7…Ñò#$fl.Ä'HÅÑ–¬=•¡€¨&6¡àø≤Î"Ç>&°0˜Cµ¿Ö^Èƒ≈XŒ)∫&“hâiÅ'
=i·C–qÁøÿãŒ@˘éA¥π#BJã;√%d´Â]hr†19°3ΩIBHµGö;>)e®±(C{R>ät§Ç°ŸÕ™p≥Î±‡{03ZÍ“G1Õ
}JCöíŒ≈(#ß°{NıI≠U ÂŸ/÷Ñ/*¯˘¿ ©VòÇƒÄ5•Æ°Í€∂ ¶hD˘ª ±á0,!f=&Öô°l]´≠^•Jní¬∫Ú†•%
$ Ò gÿ¬ï„ÎEfiıay…eIÍíYíŸÀRˆƒÚÑbT,ıŒüe;œxEg?ÎÖ9ê·
cåè! yã[LLa(61fiY,«SìôV;öê]FO©ôMng,c¢á¢YpBc=ad,XÅ•ä[Cëî%
–.eñ˜=ßS≤–.P˘∑”PÅÔßZÀ$|àj‘¢˛©^Éï$˛∞®"•
b∏CA"´™Ì?¯ï»§Q"G8à @¿[fi<ÃTÀ˘o}¶TB}um°ÊÀÚ¡¬å†5$aÎà</∞fi]à•Bïr>V±KZb°fï’Ë
≤-Ü
Î©,(Œb≥ÆêR˙YÜœ·
@Ê±|˛„!Cå†¨5Ãjy£'ìqx√ììjT3wØFfiØ}(ô≈êM¢–
hbJF2ØP¯,‘¨ïÙIw¶ÿq/]Ñ¡Iùöäœ™Ú™Œ#êV]°TLïü˝7ËVë£ÄU$%ÄáDª7âc }’∆áE¿|“˛’,1Õ=¿!v
ªÄßkb‡fãÑ2f/∫»U†vpW1òMö∫í√%¿X√˙Íy˘=’)@\ŸπÑ]ILDväèùb%∂ÿ≤·L±≥õÙ$V@Bv÷÷CÙ†„T
¥=ÊÒ∑Ö\òà•÷0Qò-o8#&1uILèyçû˘¯«Á)Ú¿ÉåiVêe«îåÃõ˜¿
–
``ÍhHîd“%<g¯qm~flH˘∏ªÒüö
îÙ»–õ‘ëè‹õ0H~†0Ö˜œ7
x®j/~≈áW.b´[]\Cê]âÅ <`A
pVAKZ–í µ2TÙÌ;äÉã@”] ÑªFµlZ–Ç‹ø5¿_˛j ˘€C_≥s`Kjß°ŒnlwJãp@¥x±∂°ÄπÉ;†É~ É9à¿9˘

É°À¢ø¯ßÜ-ø2 25ìƒC°8£å«õ2Ä<T@Å◊»ì<zA,;çÃÛ`ÄÉV•ÖÚ Üc`3Üc≥∏)÷ÈéÓBï†,3¸Ø≠·≥=S™è
*€õB£J*XÖfiõÇfl´\Å>E†/HC>ôK2lÇ<¿8Ç0+`¶`"5∑™ c˙†¿Iπ/Usx:!(Ç@,
+8UR•ˆbØ˙[DU'ß±^ãƒ-i6À¢ë√úªƒg€Dtù"'œ2É∫À6m≠.ÉS'@U≠Éòo22A<∞Ä≠®≈◊¬…
É<˘ÙEd¡lAHA=ÈE*€ì∞°∏¡<Å0‡PÜ4s$JQI≤!°®˘é[ÿ§ÿª8Ÿ"8Ÿ†Si¬§J«°™=
¢ÚüQ9XÒ>@(Ä¶"Xà˘J]1æ˘êπI"GÜX†/É8@ı`Å®Ä¿˘πÄ:|Hál»ñ®"Äi
ÿÄ¶ ÅÅÅ êÅë,I0™EúR•∫≥[±&öƒÀÍµ®86(
ß¥ƒs63ª[ÿ*Bk3˘"∂É€±UL Îª¡HÇ√Ax≠Z¨JÿRÅZ\AËÄ≠lA@∆∞K»ªç÷x˘Afizû
`Å–Å0ò°W†∆t"´ÀÌ`Nô˚±∏R†úbBÚHï¸Ÿ8wπ§9¢¬=Ø·ΩSz*‡KÉ8ÄLË"}$%;>µaà;Œ%Ã8Ä
+∞∏ÄÎÛπ8,∞á|â;¨ (°Û†–√mip¶À
¿–MÿM*¢ZDRP…Ày…ó|
ßê…w @KåãKð´…∏àÖ%hÖÿAÑ'É∫{ |É£ÙŒ£4J
LE
§Çœ--ôY§≈™DÅ¨|O≠ÏbKÀ§O_ÙE≤\
ŸX
î)ôÁIÅ'ÄiÍ<ú.oƒã∫∏$`‡5•‡)RQ◊[ï¡,«âÀ©é;ÃéÎ8X¯≥ë#†ì"¬)ò¸Ä>/'ï/ƒÃÀTÑDàÉÕ%Ã/(‡L
(‡ÅÄÄ•ä»á'átHc2µ≥ÄjA+XR8@ÄàR)mê"QòÑ˙N˚[Œ$,éß¯"Ó@Œö…òı¨∂ÉóGúëÁú6=è_Öÿ):p¿<¿1
ú@Ôœ -§DJ
%;@ı¿†E¨dO¥¨P'˙FbT¡˚$F˘KÙ®
'∞<g%ÄÄÇ8Ö∏,üÂòÆK2"Yx•Ä∏úÙ¿∏≠àWUè;ªP/ÛPÙ"**§è=P˘z‹¬»là=xQ„É
¥E∞ÃDHÉ≠«%X(XH∞œ",¥BM9LM;45÷LâñÄj10o]R8rÌê%MÄsÂR‡uU◊ïdI
%S#LŒx5¨≥W{%S2}D¿©IÿÅÉB8:-É;ıŒ-ÍÇ•¸NÔTXUÏÇSÑÿà(ƒ#'Y°ÿ´¥∑¿˜∆ÙE˚%J¨|çZ<E»"
∏#¯ÄÅ ``à[hR
Ü4kùªx-M«PÈ3Ÿõ-¸Ò©Ôjt*\≠øA+*>€˙®∫m4…$H]…:…´™U>ËÃ)¯Çe]Ç ‡(´∏>†˘V#'>¥Ö
%5h–÷Ì„:!ö∏Rc◊uΩ€ï|W5•ÖÛSüÍ©œ≈WßPïb"ÀyDÈ@œ-Ä'D8Ç5X¢$J3 ÖœÀÌ"àÌÁÚ∏X©¥∑Z
¥7{[Tç]T®èY∏≈A≈ ◊z- à'®<6YŸ\F∏XHéÈÜ[`‡}8®ŸÚ«Màç#èê„3Åp=X
9à˚î£N˘πwÑèWPÄÑy¨-.D-}V>HX_ËÎÄe}Ç–HÅ7°œ0€cö»c">ÜÏõ0S[µÂ÷µ
R#5R¿"v≠øSŒ{≈)/•WUπú{}˘‡¬56c¶öÖz)Å\Ì°"1òÉ2‡S£lÉ>≈\Ò
%"Õ=ED∑@Çìœ}·ëÂÿœEéU>«sAíç>Ã2fi•ì«HŸóq∆HHÍlü·'îKjù%
%'Œ§‡¥√•SÈK(~¬X∏fiékGë;™Ù/>‡'ÖZ©•LXãπÒ'Ü‡Lf]ÇhÅHÅ
êÛ keM¸•√à°VÓ„Ó>u•Å!†Å˙S◊ßxÈ∫òF˘H#Ë#¿|Œ˙S…∂ƒΩÌ5ÅyÍƒãV–< Ñ95X…'É7»É,zÉ6
É9Xe•lÉV∆"F≈T%<ß$$®ÿ-]ÿz·3:#≠'·fl¡≤?YÃ¿ò¡]îbÑcòYLôYMâf,ù3◊Qk^fiå£=ÈMLØI™Sÿ-nÊ
b?Û≥-ÁÚfi¸˝Ä…\ÉÒ≠LÛïZMÉ[V-Å‡Ä
ÿ±Õ≥Â÷îÿ„¸'flâÏ„Óõ π%µÑÄ@~á!pW>`yäÛòv†á∏á ËAwËÅ**,¸R¬}FSí~
±p"KÍ¸jc@Bÿ‡9ê<¨<XVÅXÜe•¸Œ1hÉu¶ÅnS'ρÇ$•ƒ Tfi 'àYu€7ßF
•Åñu&&(bG
^öùfõäPP*è'ÉbwTG±fi˘PÈ˘∏ê3ï(%-v,*/~QhÃUà\Å>}åg¨ìÁ_ecØm_9ûcòj˝Á#˝Q?ñH)Ï¬>hôPW
FûÄhÏ ∞Ä 8Å…nlçû{hlxlFÅ@òI(ÅÀÅ∆.œÜÏ»6•ßÀà[†1)ÂÇ-
eAòiÔ'6XfÂ^Â>Œ"<UÿàEO†>û°^£fl-à0Í1¡ƒc(fi%Zû≈•ôÅÅ©f4ÿ]flM,{˙Ójfi)â
€u¸P≥VGÙÚö‡4LØyè‡$kÏM™¢zÖQË=4àÎ¨ÄÃ4òZÛ≠Î}ÃzNÉe
œNÅêÄ`Ä-€c¢˘_∫E´√&ËŸõQµøAh?hÖf◊ »ÏzpázPáv®ròÄ@®á}–hrÿw-lFŒÏ}Äáz8Öpz†áu¿Çyòy
¿`ÒÖø¨˚#ÈPπWp8Â
÷É€6XÉÂ§r+è¿<-≈78Eû>≈{J'Í4Û„&êŸòÁƒƒ(àÅ˘û}£fTÆ4@≥%†Ê9ª)◊aÛrbƒÏP˘∂=ıÎ-vopé^fk
E˙ÊΩ=H^J ¥Å>ò´/ÚÅË"ÔÕ¥gH‡uc•≥≈œ˘_?œpfÓ≈ŒêuµÄ{∞»òÄ}†˘ÀàuâÓ}`%Õvq`◊áËÅyòRòÄy-
Ç ypÉ pÉbßu[Øuçfiµìû◊aÈNhr'üAêiVû<*'JÓ°mrfl±.G≈–,<$Í„&sxW£œê-Ÿsœ•-
ÉíÓëπßvì>Y]ÚfiN^b•∆)?GƒLÙ√|Ï}x∂∆fiÏ]Ù.~ÔEáïXQZ¡ovŒ ÷©E-0àÃ¸h_8÷Á
HÄË-±55j•ê˙≠CVœ•
ßâVøyöüy‡ÑQÄıóÏXwÒz`d|•uF˙ @˙Ã÷ËS∞ÄÕ6mçÇü¨˙ Ä`Ç'W`Mh¿Ç•Éò^˘^Fêi
ÑA∏"ö∆ÚÓ<+QÇ.h˜vÍwü˚0'œ-$j¡pÛ,bC˙£è¡≠ÀXFËa xÊJh∆Yn%5ÌÍdR)«¬4à¥Eœ|EÙ
Ã˘œ0Øfic/V t])÷Û"'Ç§Á)†-7nÿÄP•¿qyS;[PCı UuöXı?fi}ÜÊ`W˙£üy^^•g%|ˆb7,«Ç
Xz¯Égó∑§∑Ë∫˚kUXpPp0®m=ò>{lÛvıè¿€6wm˚NOUÑ˚$Ë'Ä˚A jœ'ÛéI|
8Ií§†@JFâÚ√·èà˘#˙•ë„≈E/^¿`Ò#≈ı=∑F∆∫%K÷,î∑Rfiäu"•KS±Fôk'(R7u/ƒÈÁÕü@á^Ù¥(ŒP
£B1U∫âëú+h¶\Iì&ú´{∂ÓI¥®Îû;{"¿AÊ í%-Rpx• Ér(Ä.fiÙ†Å7‡¿.•`ƒÑnÃ¯∞,¡§8Y∏7aÇÂ
ı.[ÊTœ]œÀõ5_∂«9Ω?=/MpCèfi:,Ûf≥¡Ã˘ˆ©YπwœäÎ¶+PéÍx°£Á¯úAsÙÃi.hŒsAœ
°øT˝yûÊofiàŸ>¶;ôÔcvÈ¢dLó1N*®%†B%Nr8q˘"∞‡z*J™P©,•?Em¥ë¡‡,¡$#9(KK-…Ñœ…"SL§Ã%
€(3•îPJ>4"QAÒD
N3ù¯ìRN1≤∆Tg°1#q\G\quiÃx≈EpÄ`¿\<µd^{ îQ
∂ïRZYïÑq2J]ÜP¬ó%à¬»L@√fa™Ÿ•mî@√4ÃpŸd^Êóy,π[,ßÙy"Ñ∞lä&p-aúqz¢h#À

2àtèJ7©t…
í›‹u°©xÙi}I°'P9%0P©   °zAQEEDœ†Æ∏j√
?$»‡É˘j±.Mx¨L¢äN2À·Ü=i8Ì≥‘j®¨o2ä4Å8 &O≠a‰Œ«π5Êà„∫a†;„SDë0êÄ\z)π◊œ~=…Øïé6Âcú
ÂîâM»$/Ã0√
QÀ<ıú2%îH¢±$ìll[√
s2   %ìå‹p…!ó\Ú…
è,Ú$/É $ê(bádËÃ›vol/]œmx∑ù–Eè!t\(ù¥“û"ëƒ”ütj™•ñj*÷8h≠ı@J°ÑD¥äΩ¬E∑™ÄÇ(†0Ç
m<®Òä)ØE,›-ö¬T∏°L,7Sí0% ﬂÇw, ·ì
·¢Ñ˘"x„å˘Õ8Sì3ï2,íh.I$P]EP@1E§õÍi∏{Í•á!:A–ˆ2`Äœw)â◊ìÄÌ’◊ï#|îéAyÚ…#?√
ÃﬂPù»0É3Ã ˆ2ƒ`¡ù÷œPƒG|Ô}Ûr"˘ƒ
‡A√Ëª?ƒG<±Ç
˘€–¸Û_C˘ö ¿∞Ä¨¡¯) ·iQ˙‘©L•µ‡¿9∞Aıß?¨Â¿µ™’»∂\°†&
E–ÅxÄÖ#ÿ¨bÖ)°E®°
qX!Ïêá2Çˆ ÇÉ!qD<"c†=Ï)1◊["gJDÅâJƒ^o(Ä‡ÿ¬»ÅpÄ)8ct†FÅçKÿA‡ÿÇú‡Hí˙µØœÏ±wÉí¡sò@ê

www.ingramcontent.com/pod-product-compliance
Lightning Source LLC
Chambersburg PA
CBHW021402170526
45164CB00002B/476
* 9 7 8 1 5 0 2 4 5 2 1 6 0 *